新
悦

拉美西斯五部曲 1：

光明之子

Ramsès, tome 1 :
Le Fils de la lumière

［法］克里斯蒂安·贾克（Christian Jacq） 著

解玲玲 译

中国社会科学出版社

图字：01-2017-5280号

图书在版编目（CIP）数据

拉美西斯五部曲：全五册 / （法）克里斯蒂安·贾克著；
解玲玲，彭楚译. —北京：中国社会科学出版社，2018.8（2024.11重印）
ISBN 978-7-5203-2800-5

Ⅰ．①拉… Ⅱ．①克… ②解… ③彭… Ⅲ．①长篇历史
小说—法国—现代 Ⅳ．①I565.45

中国版本图书馆CIP数据核字(2018)第154217号

Originally published in France as:
" Ramsès, tome 1 : Le Fils de la lumière" by Christian Jacq
© Editions Robert Laffont, Paris, 1995
Current Chinese translation rights arranged through Divas International, Paris
迪法国际版权代理

出 版 人	赵剑英
项目统筹	侯苗苗
责任编辑	侯苗苗　郭晓娟
责任校对	周晓东
责任印制	王　超

出　　版	中国社会科学出版社
社　　址	北京鼓楼西大街甲 158 号
邮　　编	100720
网　　址	http://www.csspw.cn
发 行 部	010-84083685
门 市 部	010-84029450
经　　销	新华书店及其他书店

印刷装订	北京君升印刷有限公司
版　　次	2018 年 8 月第 1 版
印　　次	2024 年 11 月第 3 次印刷

开　　本	880×1230　1/32
印　　张	62.625
字　　数	1419 千字
定　　价	228.00 元（全五册）

出 版 序

破译了古埃及文字、使人们能一睹古埃及文明风采的商博良[1]，曾用这样的话描述他最崇拜的埃及法老："拉美西斯，永恒不灭的太阳之王，最伟大的君主，真理常伴左右。"

拉美西斯是西方文明的源头，他是埃及法老王时期最伟大的象征。从公元前1279年到前1212年，拉美西斯经历了六十七年的统治，创造出埃及辉煌灿烂的文明，将自己的智慧和才能发挥得淋漓尽致。他把自己的名字永远烙印在了历史的长河中。

拉美西斯的行迹遍布埃及大地，在皇家建造或者重修的无数建筑上，总能看到拉美西斯留下的印记。位于阿布辛贝的两座神殿、卡纳克神庙的圆柱大厅，还有卢克索面露笑容的巨像，无不昭示着伟大的拉美西斯和大皇后妮菲塔莉将永远统治埃及。

在不止一部的小说中，拉美西斯都是英雄式的人物。这部小说讲述的是，拉美西斯接受父亲塞提的教导，克服诸多考验和磨难，终于凭借无与伦比的才华，创造出辉煌的盛世，展现出这位真实英雄波澜壮阔的一生。

本书共有五册，除了拉美西斯，还记述了一些各具特色的人物：法老塞提、塞提的皇后图雅、大皇后妮菲塔莉、美貌的伊瑟、诗人

---

[1] 让·弗朗索瓦·商博良（1790—1832），法国历史学家、埃及学家，是第一个破译古埃及象形文字的人，他开创了埃及学，被人们称为"埃及学之父"。——译者注

荷马、御蛇巫师塞达武、希伯来人摩西，另外还有很多形形色色的人物，他们共同组成了这幅绚烂的巨大画卷。

拉美西斯的木乃伊如今保存在开罗博物馆，他的身体至今仍散发着无穷的魅力。不少人在参观过他的木乃伊后，都觉得他好像即将复活一般。

他的肉体生命虽然终结了，不过他的精神生命在这部小说中得以重现。从野史和埃及学中，我们可以了解到拉美西斯的成功与失败，体会他的欢乐与痛苦，了解他最爱的女人。他曾遭到最令人痛苦的背叛，也拥有至死不渝的友情，他以强大的内心对抗邪恶，寻找光明。这些曲折的过程，我们都可以在这部小说中亲历。

从第一次与野牛搏斗，到安息在洋槐树下，拉美西斯把自己的一生都融入了埃及——这个被众神宠爱的国家。在这片孕育无数生灵的大地上，忠诚、公平和美貌都有其特定的含义，生命可以重来，爱情崇高而美好。我们在现实生活中憧憬的一切，都可以在这片神奇的土地上实现。

埃及属于拉美西斯。

01

　　一头棕黑色的公牛正死死地盯着年轻的拉美西斯。它有柱子一样粗壮的四肢和又尖又利的角，可以轻而易举地撕碎一切敌人的肉体。这不能不引起拉美西斯的注意。

　　如此强壮的公牛，拉美西斯还是第一次看到，他向后退了一步。

　　野牛不允许任何人进入自己的地盘——那片满是大芒草的、临近沼泽的牧场，所以它将尾巴扬向天空，眼睛凶狠地瞪着拉美西斯这个胆大包天的闯入者。不远处，有一头母牛正在同伴的陪伴下分娩。在清冷的尼罗河河畔，这头野兽是这个群落的统治者，它不允许外来者接近这里。

　　野牛深邃的栗色眼睛一直盯着这个躲在草丛后的年轻人。拉美西斯知道，躲是没用的。

他慢慢地转回身，脸色苍白地走向自己的父亲。

塞提就站在儿子身后大概十几步远的地方，他是埃及的法老王，是人们交口称赞的"胜利的公牛"，据说敌人只要看到他，就有转身逃走的冲动。这位智者，像鹰隼一样敏锐，他能看透一切，掌控一切。身形伟岸的他一脸严肃，饱满的额头下方颧骨高耸，鼻尖微弯，状似鹰钩。他站在那里，代表的就是权威。人们对他既尊敬又畏惧，埃及因他再次繁盛。

拉美西斯身形健壮、体态优美。他直到十四岁才第一次见到自己的父亲，在此之前一直由宫廷的私人教师照顾和调教。他身份高贵，是国王的儿子，以后必将位高权重，所以一直过得既安逸又舒适。可是这天，塞提忽然打断了他的文字课，将他带到了远离城市的野外，一路上塞提始终一言不发。

草丛越来越密，国王和他的儿子不得不离开双马车徒步前进。他们隐身在高高的草丛里，绕开障碍物，潜进了野牛的领地。

谁更恐怖呢？是那头野兽，还是这个法老？两者身上都有一种掌控一切的气势，这让稚嫩的拉美西斯觉得难以抵挡。说书人不能告诉你，这头野兽的生命之源是另一个世界的火，它是一只天兽；他也不能告诉你，法老和众神有着兄弟般的紧密联系。好在他足够强壮，并不畏惧它。年轻的拉美西斯觉得，两方的力量是一样的，而自己被夹在了中间。

他假装镇定地说："它看见我了。"

"那很好。"父亲用指责的口吻说出了这几个字。

"它太大了，它……"

"那你呢？你是谁？"

拉美西斯没想到父亲会这样问。野牛用左前蹄刨打着地面，白鹭鸶和爸鹭像要远离战场一般，飞向了遥远的天际。

塞提的眼神有穿透人心的力量："你是要做一个懦夫，还是要当国王的儿子？"

"我愿意豁出性命，可是……"

"真正的男人除非耗尽了所有的力气，否则他是不会放弃的，国王更是如此。你要是连这一点都做不到，如何统治一个国家？若当真如此，以后我们也不用再见了。你必须直面一切考验。除非你想逃跑，不然，就把它抓过来。"

拉美西斯鼓起勇气，抬头看着父亲的眼睛说："我会死的，你想我死吗？"

"年轻的野牛要有强壮的身体、坚定的意志，就要磨砺双角，所向披靡。而你，要成为这样的野牛。拉美西斯，你出生的时候就像是一头野牛，可你必须成为光辉灿烂的、能够造福百姓的太阳。过去，你是我捧在掌中的星星，现在我要张开双手，看看你是会在天空中继续闪耀，还是陨落消失。"

闯入者的对话惹恼了那头野牛，它开始怒吼咆哮。方圆十米之内，所有的动物，不管是啮齿类还是鸟类，全部没有声响，它们都闻到了战火将起的味道。

拉美西斯看着自己的敌人。

他和宫廷教师学过空手搏斗，还曾用这些技巧打败过比自己强大的人，可对面是这样一个大家伙，他有胜算吗？

塞提给了儿子一条很长的绳子，上面打着活扣。"角是它的力量之源，套住它的角，你就赢了。"

这让年轻人有了一些信心。他很早之前就在皇宫池塘里的水上比武中，学会了使用绳索的技巧。

塞提警告儿子："野牛一听到你挥动套索的声音，就会向你冲过来，你只有一次机会，绝不能失手。"

拉美西斯一边在脑袋里模拟动作，一边思考策略，并悄悄地给自己鼓劲。他虽然年纪还小，但身高已经有一米七了，那结实的肌肉就是和那些会很多体育项目的运动员比，也不遑多让。他不喜欢那个系在自己耳朵上缠着锦带的童环，尽管这种传统的饰品和自己漂亮的金发搭配得非常协调，但它太孩子气了。他希望以后等自己在皇宫里有了职务，可以换一种装束。

可是命运会给他这样长的时间吗？这个生机勃勃的年轻人，一直渴望通过某些考验来证明自己的能力。真的，他不止一次幻想过这种情况，可是他从未想过自己的渴望，会得到法老如此血腥的回应。

人类的气息不断地刺激着那头野牛，它终于按捺不住了。拉美西斯把绳索攥得死紧，在抓到这头野兽之后，他还要有巨人般的力气才能制服它，可是他现在的气力明显不够。既然如此，他就只能超越身体的极限，甚至让自己忍受极大的痛苦。

不，他绝不能让法老失望。

拉美西斯挥动套索，野牛压下双角向前狂奔。

他被野牛的速度吓了一跳，不由自主地向旁边退了一步。与此同时，他扬起右手抛出套索，套索像蛇一样卷曲着身体扑到了怪兽的背上。在做完这一系列动作之后，拉美西斯身体失控，摔在了泥泞湿滑的草地上。就在他倒地的那一瞬间，牛角几乎是贴着他的胸膛划过去的，他以为自己必死无疑，眼睛都没眨一下。

野牛冲到芒草地的边缘，跳转身面向拉美西斯。拉美西斯站起来直视野牛，在分出胜负之前，他绝不会退缩。他要告诉塞提，他是国王的儿子，就算死，也不会丧失尊严。

蛮牛停了下来。法老用手中的套索缠住了它的双角。野牛又惊又怒，疯狂地甩动头部，连颈骨都要折断了。可惜，它再怎么努力也逃脱不了，塞提以无可抵挡的力量将它拉拽了过去。

"抓它的尾巴！"他对儿子下令。

拉美西斯跑过去一把抓住野牛尾巴。这条尾巴通体光滑只有末端有一小撮毛，法老的腰带上就挂着一条这样的尾巴，这表示他是野牛的征服者。

在被抓住之后，这头野兽除了喘息呻吟，再没有其他动作。国王做了一个手势，暗示拉美西斯站到自己后边，拉美西斯照做之后，国王便放开了野牛。

"想要制服这种动物并不容易，这样大的公牛既不怕水，也不怕火，而且还知道藏在树后伏击对手。"

野牛摇头晃脑地打量着它的敌人，它断定自己无法取胜，于是慢慢后撤，最后回到了自己的地盘。

"它打不过你！"

"我们有了共识，所以它不再视为我敌人了。"

塞提拔出皮套里的匕首，迅速而精准地割断了拉美西斯的童环。

"爸爸……"

"拉美西斯，你不再是孩子了，明天开始，你要开启新的生命。"

"可我输给了那头野兽。"

"但你战胜了恐惧，它是智慧最大的敌人。"

"智慧的敌人很多吗？"

"沙漠里的沙子可能都没那么多。"

年轻人实在按捺不住心头的疑问，他说："或许我可以这么认为……我是你选定的继承人？"

"你觉得勇气是统御臣民唯一的条件吗？"

02

　　萨力是拉美西斯的家庭教师，他正在皇宫里到处寻找自己的学生。把数学课扔到一边跑去喂马，或者去和那些酒肉朋友来一场游泳比赛，这种事拉美西斯已经不是第一次做了。

　　萨力天性乐观，他不喜欢运动，是个大肚子男人。王子的家庭教师，这份工作不知有多少人眼红，而他能得到是因为他娶了拉美西斯的大姐杜兰特，杜兰特的年纪比他小很多。

　　塞提的小儿子并不好伺候，他性格直接且喜怒不定。萨力是一个很有耐心的人，他希望这个既傲慢又过于自负的小男孩能够对他敞开心扉，这是他坚持工作的动力。法老不参与孩子的童年教育，只在他们将要成年时，和他们见面并加以考验，衡量谁更适合成为国家的统治者，这是旧有的传统。现在的形势几乎没有任何疑问：即将成为国王的是拉美西斯的哥哥谢纳。不过弟弟日后如何发展，谢纳必须安排好，就算不让他成为一个将军，起码也要让他做一个合格的大臣。

萨力刚过三十岁，他的妻子才二十岁，芳华正茂，他完全可以在自己府邸的池塘边与她相亲相爱，以此来打发时间。可是这样的日子太无趣了，可以说是拉美西斯让他的生活有了更多的色彩。这个小男孩的想象力极为丰富，对生活充满了好奇心。在萨力之前，拉美西斯其实还有过好几任家庭教师，不过都被他弄得苦不堪言。萨力上任后，虽然也是冲突不断，但总算成功地让小男孩对其本该了解的科目产生了兴趣，并开始练字。萨力虽然没有明确说过，但他确实喜欢教导头脑灵活的拉美西斯，特别是在对方灵光乍现、有了特别的感悟时，这种喜欢的感觉会更加强烈。

这个年轻人这段时间有了一些变化，他开始认真地翻阅老智者卜塔·霍特普的格言集，甚至会在清晨时，满腹心事地看着飞舞的燕群。要知道，他过去可是连一分钟都静不下来的，这让萨力感到非常惊讶。这是一个很多人都没有经历过的蜕变的过程。这位家庭教师一边猜测是什么改变了拉美西斯，一边期望年轻人的激情可以变成另一种不那么叛逆但一样生机勃勃的特质。

拉美西斯在很多方面都天分极高，把皇宫里那些所谓的才子都比下去了。他们厌恶他，甚至憎恨他。他既没有因为塞提的皇位继承人问题受到影响，也不曾把朝臣们的阴谋诡计放在心上，尽管那是他必须面对的事。他的未来或许远没有预想中的平顺。在这些阴谋中，他的亲哥哥也出了一份力，正计划着将他排除在朝廷要员的名单之外。他以后会怎么样？会被赶到偏远的边塞去吗？

那种季节单一的不毛之地，他受得了吗？

为了不让自己的担忧变成人们无所事事时的闲言碎语，萨力对自己的妻子都只字未提。他更不可能直接和塞提说，一来法老国事繁忙，没时间和一个家庭教师谈心；再者，他们父子二人也确实不需要沟通什么，因为拉美西斯在塞提这样无所不能的人面前，如果不想造反，就只能言听计从了。总而言之，传统自有其优势，父亲在教育子女上并不是最合适的人选。

拉美西斯的母亲图雅是皇家的大皇后，她就是另一种态度了，萨力发现她非常喜欢自己的小儿子。她是一个素养极高且非常敏锐的人，对每一个臣子的优缺点都了若指掌。所有的皇家事宜都由她负责，她从不违反皇室的规矩，不管是贵族还是平民，都对她颇为敬重。可是，萨力并不敢拿那些不知所谓的烦恼去打搅她，因为皇后讨厌传闲话的人。在她看来，没有根据的指控和撒谎一样恶劣，萨力害怕失去她的信任。相比于当一个只会预测坏事的预言家，直接闭嘴反倒更好。

萨力强忍着厌恶去了马厩。他害怕马和马的蹄子，也不愿意和马夫们待在一起，更担心好高骛远的骑兵团坏事。家庭教师任由马夫们嘲笑自己，他只想找到他的学生，拉美西斯已经失踪两天了，大家多少都觉得有点不寻常。

萨力一连找了几个小时，甚至忘了吃饭，最后只能在傍晚时分，带着满身的尘土和一身的疲惫返回皇宫。

这位愁眉不展的家庭教师甚至没有搭理那些离开教室的同僚。他准备明天早上再去问问拉美西斯的朋友们，希望能找到一些线索，不然，他就只能承认他把这个学生丢了。

萨力想不通自己上辈子到底造了什么孽，这辈子要摊上这么一个磨人的天才？自己要是因为这件事丢了工作、被驱逐出宫、被妻子休弃，甚至被贬黜为洗衣工，那真是太冤枉了。萨力坐在平时写字的地方，满心的苦楚和忐忑。

　　拉美西斯一般会坐在他对面，不是一脸认真，就是魂游天外，动不动就要弄出些出人意料的事情来。拉美西斯八岁时，字就写得很好了，还会测算金字塔的斜角……他对演算极有兴趣。

　　家庭教师闭着眼睛追忆自己攀上高枝后的这段美好的时光。

　　"萨力，你生病了吗？"

　　这个不再稚嫩清脆的声音响起……听上去，仍有些陌生。

　　"是你，真的是你？"

　　"你要是睡着了就继续睡，要是没睡着就看清楚一点。"

　　萨力睁大眼睛。

　　确实是拉美西斯，他和自己一样满身尘土，但双眼炯炯有神。

　　"咱们两个，你还有我，都需要先洗个澡。老师，你去哪儿了？"

　　"一个非常脏的地方，丝毫不比马厩逊色。"

　　"你去找我了？"

　　萨力吃惊地站起身，走向拉美西斯："你的童环呢？弄到哪里去了？"

　　"切断了，是我的父亲亲手切断的。"

　　"这不可能！只有……才能接受这种仪式。"

　　"你觉得我在说谎？"

　　"很抱歉。"

"老师你坐下，我跟你说。"

王子变得沉稳的声音让萨力有些吃惊，他接受了王子的建议。

"我父亲让我和野牛对战。"

"这……这不可能！"

"我输给了那头野牛，不过我表现得很勇敢，如果我没猜错……我父亲准备日后把储君的位置传给我。"

"不，王子，你的哥哥才是那个被选中的人。"

"他和野牛对战了吗？"

"你不是一直很喜欢冒险吗？或许塞提只是想提供一个机会让你感受一下。"

"他怎么会把时间浪费在这种小事上？我敢说，他就是想把王位传给我。"

"这太疯狂了，你不要自欺欺人了。"

"疯狂？"

"宫里的大人物，有几个是支持你的？"

"我做错了什么？"

"你的天赋。"

"难道你的意思是我应该做个庸才？"

"你根本想象不到权力的游戏有多凶险，想要获得最终的胜利，只有勇气是不够的。"

"那我要你做我的帮手。"

"什么？"

"宫里的情况，你非常了解，告诉我谁是朋友、谁是敌人，为我出谋划策。"

"我只是你的家庭教师……无法满足你那么多的要求。"

"别忘了，我的童年结束了。你如果不再是我的家庭教师，就没有留下的理由了。"

"你没有掌权的机会，却在这里逼我盲目冒险；要知道你哥哥已经做足了准备，你敢挑衅他，就一定会被他杀了。"

03

夜色漆黑如墨。

拉美西斯和他的同窗们说好，要在城中心集合探讨一个重要的问题。不知道大家能不能顺利地避开负责巡视的警卫。

拉美西斯从自己二楼房间的窗口翻下来，悄无声息地落在了花园松软的土地上。他前进时紧贴建筑物，警卫们不是正在酣睡，就是在掷骰子玩，所以拉美西斯不担心遇到他们，就算运气不好恰巧遇到了某个尽职尽责的警卫，他也可以一拳打晕对方，或者找个借口搪塞过去。

他太激动了，以致忘了还有一名"狱警"——一只矮壮的黄毛卷尾中型犬，它正垂着耳朵端坐在马路中央。

拉美西斯不由自主地和它对视了一下。那条狗坐在那儿，尾巴规律地摇晃着。年轻人慢慢走过去，摩挲它的身体，他们第一次见面就互相有了好感。那条狗戴着一条红色的皮质颈圈，上面写着"夜巡"两个字。

"你和我一起去吧。"

夜巡黑色的扁鼻子上下晃动，看样子是答应了。它带着自己的新主人走出校门，这里是埃及培养未来的王公大臣的地方。

天虽然已经晚了，孟菲斯的街头依旧人来人往。孟菲斯是埃及最具历史的古都，虽然在商业方面比不得南部的底比斯，但仍保持着旧日的光辉。这里汇聚了所有著名的高等学府，无论是贵族后裔，还是那些得到认可的、有机会出任高官的人，都被送到这里接受严格的教育，进行高强度的学习。很多人都渴望进入贵族学校这种"与世隔绝且吃喝不愁的安全之所"，可是像拉美西斯这种自小生活在其中的人，只想逃出去。

拉美西斯身上的长衫袖子很短，因为材质一般，看上去和普通的路人并无区别。聚会的地点是医学院边上名声最响的啤酒屋，在紧张地学习了一天之后，那些未来的医生们很喜欢到这里娱乐放松。王子任由夜巡紧跟着自己，他们一起走了进去，虽然按规定贵族学校的孩子是不该来这儿的。

在石灰墙砌成的啤酒屋大厅里，烈酒、棕榈酒和烈性啤酒的爱好者正在草席上享受热情的款待。酒店老板滔滔不绝地吹嘘着自己的产品和那尊出产于尼罗河三角洲、绿洲或希腊的双耳尖底瓶。拉美西斯找了一个可以看到门口的偏僻角落。

一名侍者问："你要喝些什么？"

"等会再说。"

"我们这里只有熟客才能最后付账。"

王子拿出一只玉质手环，说："够了吧？"

侍者看了看，说："够了。要葡萄酒还是要啤酒？"

"我要这里最好的啤酒。"

"多少个杯子？"

"还不确定。"

"那我先把酒拿过来……等你确定了，我再拿酒杯来。"

拉美西斯很清楚，自己不知道物价，很可能被侍者骗了。现在无疑已经到了从学校这个与外界几乎隔绝的地方走出来的时候了。

在王子脚边蹲守的夜巡紧盯着啤酒屋的大门。他的那些同学，会有谁敢冒险过来呢？如果把最胆小的和最有野心的家伙排除出去，他敢确定的有三个人，他们绝不会当逃兵。

看到出现在门口的塞达武，拉美西斯露出了笑容。

塞达武的母亲是努比亚人，父亲是一名水手。他本人虽然个子不高但非常健壮，肌肉结实，发黑如墨，四方大脸，看上去男子气十足。他是一个非常有耐心的人，贵族学校的老师非常喜欢他，因为他在化学和植物学上颇具天分，这也是他能进入高等学府的一个重要原因。

塞达武坐到拉美西斯身边，什么都还没来得及说，亚梅尼就来了。

亚梅尼长得又瘦又小，面色惨白，小小年纪就没多少毛发了。他明显不会是体育运动和体力劳动方面的好手，不过他的作文写得非常好，超过了毕业班的所有同学。他非常刻苦，每天的睡眠时间只有三四个小时，比他的文学老师都了解那些大作家。他的家人是粉刷匠，而他是家里的英雄。

他自得地说："我把晚餐给了一个警卫，就成功逃脱了。"

亚夏居然是到这里的第三个人，这让王子非常惊讶，因为对方没有冒险的理由。进贵族学校学习，对亚夏来说只是为走完出任高官前必需和理所当然的步骤，因为他有一位富可敌国的父亲。他本人长得文质彬彬，身形纤瘦，脸孔狭长，下巴上的小胡子也修得非常整齐。不过，他看人时眼睛里总有那么一丝轻蔑的味道。他低沉的声音和光芒四射的眼睛，对大部分和他交谈的人来说，都颇具迷惑性。

他坐到三个人面前。

"拉美西斯，吓到没有？"

"吓到了。"

"我觉得日子太无聊了，想和你们堕落一晚。"

"我们会受罚的。"

"有了处罚，这份尚在锅中的佳肴才会更美味。还有人没来吗？"

"是的。"

"你最好的朋友？他或许抛弃你了。"

"他一定会来。"

亚夏带着一种讽刺的神态为大家倒酒……不过拉美西斯没喝，他现在既担心又失望。他不相信自己会看错人，这太荒唐了。

"他来了！"亚梅尼喊道。

摩西身形挺拔，肩膀宽阔，头发又厚又密，下巴上还有一圈胡子，他的外貌很难让人相信他只有十五岁。摩西祖上是希伯来工人，几代之前移民到了埃及，他很小的时候就因为高人一等的智商被选入贵族学校读书了。体力上的势均力敌，让摩西和拉美西斯很早就开始互相较劲，那时他们在功课上甚至还没表现出不相伯仲的架势，也没有达成互不侵犯的共识。

"我被一个老警卫截住了，我不想把他打晕，所以只能想办法编了一个合理的说辞。"

拉美西斯说："我现在想问的重要问题只有一个，就是要怎么做才能获得真正的权力。"

亚梅尼立即说："书上说，我们和神使用相同的语言，智者用语言教诲我们。'你的祖先比你更早认识生命，所以请追随他们。知识是权力之源，唯文字永垂不朽。'"

塞达武驳斥道："这些掉书袋的话有什么用处？"

亚梅尼气得涨红了脸："难道在你看来文字拥有的不是真正的权力？言行举止、礼仪规范、准时重诺、对肉欲和野心的抵制、谦谨、沉默的艺术，都比不上文字，这些就是我想学习的品质。"

亚夏说："不止如此，外交的力量也无与伦比。为此我准备漂洋过海去学习友国和敌国的语言，去了解国际贸易的门道，弄清其他国家领导者真正关心的问题是什么，然后掌握使用这些知识的技巧。"

塞达武遗憾地说："只有生活在世外桃源的城里人，才会有这样的豪情壮志。"

亚夏单刀直入，反问道："那你呢？你准备如何获得权力？"

"路只有一条，就是用生和死、美丽和凶险、毒药和解药铺就的蛇鬼之路。"

"你不是认真的吧？"

"蛇在哪儿？田地里、沼泽里、尼罗河河畔、运河岸边、晒谷场、牧羊人的家里和放牧的地方，甚至是我们自己家中清凉而隐蔽的地方。蛇到处都是，它们掌握了创造的秘密。我要消灭它们，就算牺牲性命也在所不惜。"

他的这番话必定是考虑了很久才说出来的，所以没有人敢反驳他。

"摩西，你又是怎么想的呢？"拉美西斯说。

"朋友们，我真羡慕你们，因为我无法给出答案，"摩西迟疑地说，"我被一些古怪的念头搅得心乱如麻，我的未来尚在迷雾之中。我准备接受后殿[1]的那个高级职务了，希望以后的路可以更加惊险和刺激。"

拉美西斯迎着四个年轻人的目光。

他说："世间真正的权力只有一种，就是法老的权力。"

---

[1] 在古埃及，后殿并非禁锢美丽女人们的地方，而是一个非常庞大的经济机构，这和我们以往描述的相去甚远。

04

亚夏感叹道："你这种说法很寻常啊。"

拉美西斯说："我接受了野牛试炼，父亲带我去的。他为什么这么做，我唯一能想到的理由就是，他选择的下一任法老是我。"

王子的四位同学听他这么说，全都沉默了下来。最后还是亚夏第一个开口。

"可是塞提选定的王位继承人明明是你大哥。"

"如果真是这样，他为什么不让我大哥和那头野兽交手呢？"

亚梅尼激动地说："拉美西斯，这太棒了，我的朋友是未来的法老，还有比这更棒的吗？"

摩西嘱咐道："别高兴得太早，塞提可能还没有做出最终决定。"

拉美西斯问他："你们会支持我，还是反对我？"

亚梅尼答道："我永远支持你。"

摩西重重地点了一下头，表示支持。

"这不是一个可以立即回答的问题，"亚夏说，"如果我觉得你更有机会，自然会渐渐远离你大哥；如果你大哥更有机会，我也没理由非得跟着一个失败者。"

"你怎么……"亚梅尼攥紧拳头。

亚夏，这位未来的外交官解释道："说不定我才是所有人中最诚恳的。"

"怎么可能？"塞达武反驳道，"只有我的看法才最符合现实。"

"说来听听。"

"我不喜欢说，只喜欢做。未来的国王不能怕蛇，我会在下个月圆之夜带拉美西斯和群蛇对战，在那个时候蛇类会倾巢而出。如此一来，大家自然就知道他的志气和他的野心是否匹配了。"

亚梅尼以悲伤的口吻恳求道："不要答应！"

拉美西斯说："我接受。"

这场密会让埃及历史上最古老也最著名的贵族学校受到了极大的震动。要知道，建校至今，从未有哪个学生敢违背校规擅自离校，即使是毕业班最优秀的学生。萨力的同事们把他推出来审问并重罚了这五名违规者，这让他感到非常无奈。更糟糕的是，学校本来才刚根据这五个小伙子的勤勉和能力，给他们推荐了不错的职位。对他们来说，贵族学校只不过是踏上康庄大道的一个敲门砖而已。

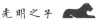

拉美西斯正在逗狗，他已教会了它如何与自己共享食物。家庭教师不明白这条狗为什么对王子手里的破布球那么痴迷，只要王子扔，它就疯狂地追过去。萨力虽然觉得这非常无聊，奈何他的王子学生不肯停手。拉美西斯说，这条狗在给别人当宠物时，受到过虐待，现在只有这个游戏能让它高兴起来。

"拉美西斯，你这么做是要受罚的。"

"为什么？"

"你私自离校，违反了纪律……"

"萨力，没那么严重吧，我们又没喝醉。"

"更蠢的是你们私自离校，你要知道你的那些同学就要毕业了！"

拉美西斯一把按住家庭教师的肩膀。

"太好了，你知道什么？快和我说说。"

"处罚……"

"这个晚点再说！摩西被分配到哪儿了？"

"他被安排到了法尤姆市[1]的梅室后殿当总管助理，这项工作的任务未免太重了。"

"有些古板的老公务员只知道抓着职权享福，摩西到了那儿，会让这些人振奋起来的。亚梅尼呢？"

"他被安排到了宫里的文书部。"

"太棒了！塞达武呢？"

"要是没有处罚的事，他会成为有执照的治疗师和御蛇巫师，

---

[1]　在开罗西南方大概一百公里处。

负责收集毒液配制解药……"

"亚夏呢？"

"等他学完了利比亚语、叙利亚语和赫梯语，会被派往彼布罗斯当传译官。但是现在这些任命已经中止了！"

"谁做的？"

"贵族学校的校长、老师，还有我。你们做的事，越界了。"

拉美西斯心想：事情要是恶化下去，首相就会看到报告，最后塞提也会听到风声；这确实是一个惹怒国王的绝好的办法。

"萨力，这件事难道已成定局了？"

"还没有。"

"那就把责任推到我一个人身上，只处罚我好了。"

"可是……"

"筹划这次聚会的人是我，聚会的地点是我定的，他们只是受我胁迫。他们只是因为我的名字而不敢拒绝我。"

"或许，可是……"

"把这个好消息告诉他们，拟定了什么惩罚由我来扛。好了，就这样吧，现在我要和这条可怜的狗玩一会儿，让它高兴高兴。"

萨力开心极了，他原本觉得这件事很难处理，没想到拉美西斯自有主意，一下子就把他摘出来了。

最后王子接受的处罚是，在洪水节期间不能出校，要补习数学和文学课程，且不能去马厩玩。当法老在7月新年主持尼罗河盈溢开学典礼时，人们只会看到拉美西斯的大哥而看不到他，自然会认为小王子确实无足轻重。

在禁闭期间，唯一能够逗笑拉美西斯的，就只有那条大黄狗了。后来拉美西斯得到允许，总算能送一送他的同学们。

亚梅尼的工作就在孟菲斯。他可以和自己的老朋友在一起，不用每天惦记对方，还能想方设法逗拉美西斯开心，所以他看上去非常高兴，整个人兴高采烈的。想想小王子被放出来之后的日子，一定会很快活。

摩西只是拥抱了拉美西斯一下，他相信去往遥远的梅室正可以让自己受到最好的磨炼。有一些想法，他始终放不下，准备晚些时候，等他的朋友获得自由之后再说出来。

亚夏表现得非常冷淡。他对王子的到来表示感谢，并承诺说，只要有机会，以后会做出同等的回报，但与此同时，他又表示自己对这种情况不抱期待，因为他们可能很难再见了。

塞达武又和拉美西斯说起迎战蛇群的事，并表示既然做了承诺，就应该说到做到。这次的意外虽然让人恼火，但塞达武决定借此机会去寻找一个最理想的地点让他迎接挑战。能够全身心地投入到技巧的研究中，每天和真正的权力打交道，这让他看上去格外兴奋。

面对孤独的考验，拉美西斯居然如此平静，这让他的家庭教师感到非常惊讶。那段时间，和王子同龄的年轻人都在畅享洪水节的欢乐，他却一心扑在数学与古典文学的研究上，只有偶尔才会带着他的狗去花园里小逛一圈。拉美西斯和萨力探讨的所有话题都极为严肃，他本就出众的记忆力又提升了，他的专注程度也让人备感惊讶。不过几周时间，他就从一个年轻的小伙子变成了一个男人。很快，他的家庭教师就发现自己已经没有什么可教的了。

这段时间，拉美西斯虽然不得不安分守己，但他其实从未离开过战场，他像正在空手搏斗一样热情地与自己厮杀着。野牛挑战让他对另一个怪兽——那个自以为是、野心勃勃、鲁莽急躁的规则挑战者，产生了兴趣，他一直想打败它。这或许是一场更加危险的战争。

拉美西斯总会想起自己的父亲。还能见到父亲吗？这次来自至高无上的法老的宠爱和回忆，难道就是他唯一能够获得的东西？塞提放走公牛之后，曾经将马车的缰绳交给拉美西斯，可是很快又夺走了，拉美西斯不知道父亲为什么这么做，他不敢发问。事实上，虽然只和父亲待了几个小时，但他已经觉得非常幸运了。

他不再考虑成为法老的事，而是像往常一样，心潮澎湃地任由想象肆意飞翔。

然而他接受了野牛考验，这是一个早就废弃了的古老仪式，而且，塞提并不是一个盲目行事的人。

他并不准备遮掩自己的无知，于是找来了好友亚梅尼询问这件事。拉美西斯很清楚，无论自己以后的官职是什么，只有勇气和激情都是不够的，而且塞提和其他法老一样重视传统。

疯狂的想法以翻天覆地之势再一次向他扑来，紧紧地缠绕着他，他虽然努力压制，却始终没有成功。可是，萨力同他说，宫里的人差不多已经忘了他是谁了，大家都觉得他不再具有危险性，因为他被贬到了塞外的都城。

对于这种情况，拉美西斯不想做任何解释，他开始转移话题，去探讨如何以神圣三角形修筑神庙，如何以纤弱完美、自然正义为标准为女神玛亚特建造神像，以及如何把握神庙的外观尺寸。

　　他喜欢骑马、游泳和空手搏斗，可是现在他依从萨力热情的教导，就像彻底忘记了大自然和外围世界一样。照此下去，再过几年，这个曾经的浪荡子就能和古书上的贤者一较高下了。年轻的拉美西斯虽然因为这次违纪受到了严厉的惩罚，但这反倒让他走上了正路。

　　在获得自由的前一晚，王子和萨力一起吃了顿晚饭。他们在教室的屋顶上铺了一层草席，坐在上边嚼着鱼干、辣蚕豆，喝着生啤酒。

　　"恭喜你，你进步得很快。"

　　"有个小问题：给我安排的工作是什么？"

　　家庭教师看上去非常窘迫："……你下了这样大的苦工，或许你可以考虑，先休息一阵子。"

　　"这就是你的建议？"

　　"这件事有点难办，不过……王子地位尊崇，这是不会变的。"

　　"萨力，到底给我安排了什么职位？"

　　家庭教师不敢看自己学生的眼睛。

　　"暂时，没有任何职位。"

　　"谁决定的？"

　　"你的父亲，塞提陛下。"

05

塞达武说："诺言就是诺言。"

"是你，居然真是你？"

塞达武没戴假发，胡子拉碴，一身羚羊皮长衫，上面全是口袋。眼前的他完全是另一副样子，和当初在全国最高学府就读的学生模样简直是天壤之别。他之所以没被粗暴地赶出去，完全是因为一个皇家警卫认出了他。

"发生了什么事？"

"我只是忠于职守且信守承诺。"

"你准备带我去哪儿？"

"很快你就知道了……当然，前提是你有这个胆量，且不想毁约。"

拉美西斯愤怒地看着他。

"我很抱歉。"

他们骑驴穿过城中心，从南边出城，在沿着运河走了一段路之后，开始转向沙漠，他们的目的地是一个古老的大墓场。离开河谷，进入一个不受法律制约的让人毛骨悚然的世界，这对拉美西斯来说，尚属第一次。

塞达武两眼放光，斩钉截铁地说："今晚是月圆之夜，蛇类将倾巢而出。"

驴子以适当的速度和稳健的步调走在一条小径上，王子几乎看不到路。终于，他们走进了这个荒僻的墓场。

遥望远方，看到的是蓝色的尼罗河与绿色的田地；而眼前，则是无边无际的沙漠，这里除了呼呼的风声，什么都听不到。神庙里的人说沙漠是"塞特的红土地"——塞特是雷雨和天火之神，过去拉美西斯一直不明白其中的含义，现在终于懂了。塞特烧毁了这片荒芜的土地，但与此同时，他也让人类远离时间与腐坏的侵扰，变得纯净。人类能够建造永恒的居所安放不朽的木乃伊，正是因为他的恩赐。

拉美西斯享受着这里的空气，它是那样的干净与清爽。

法老掌控的埃及可不只有肥美丰饶可以带来累累果实的黑土地，还有这块红土地；他应该知道它的秘密，并让它的力量和潜能得以发挥。

"你要是不愿意，现在还有放弃的机会。"

"我对夜晚的降临十分期待。"

一条蛇向拉美西斯爬过来，它的背是红色的、肚子是黄色的，潜伏在两块石头中间。

塞达武说："这种蛇并不伤人，它们通常以废弃的建筑物为巢穴，昼伏夜出……跟在我后边。"

在一条陡峭的斜坡下方，有一座废弃的洞穴。两个年轻人慢慢地走过去，在进入洞穴之前，拉美西斯有些迟疑。

"你很快就会知道，里面既凉爽又干净，一个木乃伊都没有，也不会有妖魔鬼怪突然冒出来攻击你。"

塞达武将油灯点亮。

呈现在拉美西斯眼前的洞穴，只有顶部和四面墙有开凿的痕迹，不像有人住过的样子。洞穴里的那几张矮桌和上面的东西都是御蛇巫师先前放在这里的。有磨刀石、青铜刮胡刀、木梳、葫芦、写字板，及若干小木板和一大堆装满制药材料的瓶瓶罐罐，还有沥青、铜屑、铅化物、红赭石、明矾、黏土和泻根、草木犀与缬草等。

夜幕降临，橘红色的太阳将大漠上被狂风吹起的浮沙染成了一缕缕金色的沙带。

塞达武下令说："把衣服脱了。"

在王子脱光了所有的衣物之后，他的朋友将一种以捣碎的洋葱为主要原料的混合物涂满了他的全身。

他告诉王子："蛇非常害怕这种味道。他们给你安排的职位是什么？"

"什么职位都没有。"

"让我们的王子闲着吗？这不会又是你那位家庭教师的主意吧！"

"不，这道命令是我父亲下的。"

"听说你在野牛考验中失败了？"

这种说法，拉美西斯并不认可，可是他被闲置也是事实。

"把皇宫、阴谋陷害，还有卑鄙的中伤放在一边，不如和我一起工作吧。蛇这种敌人确实可怕，但它们有一个好处，就是不会说谎。"

拉美西斯浑身颤抖，他想不明白父亲欺瞒他的理由，这是在讥讽他吗？竟然斩断了一切可以让他有所作为的路。

"现在你要面临一场真正的考验，这种用蓖麻的根熬制的药水，不仅味道苦，还非常危险，它可以减慢甚至终止你血液的流动……你要是呕吐就死定了。我可不敢对亚梅尼做这种实验，不过你的身体素质不错，应该没什么问题。事实上，你也必须喝下去，它可以让你对某些毒蛇的毒液免疫。"

"不是所有的吗？"

"有些大蛇的毒，要每天注射一点经过稀释的眼镜蛇的血液才能免疫。这种优待，只有专业人员才能享受得到。喝吧。"

药水的味道恐怖极了，冰凉的感觉几乎直接涌入血管，拉美西斯恶心得想吐。

塞达武紧抓着拉美西斯的手腕，说："坚持住，睁大眼睛！"

土子猛地清醒过来，翻涌的胃得到安抚，冰冷的感觉褪去。

"你身体真不错，可惜无法成为掌权者。"

"为什么？"

"你不该相信我，万一我下毒害你怎么办？"

"我们不是朋友吗？"

"你能肯定？"

"当然。"

"我只相信蛇。它们遵从天性，从不虚伪矫饰，可人不是这样，人一辈子都在见风使舵，蝇营狗苟。"

"你也这样吗？"

"我？我生活的地方离城市很远。"

"你会眼看着别人杀掉我吗？"

"把这件长衫穿上，我们得出发了，你比看上去精明多了。"

这天晚上，拉美西斯既没有听到鬣狗凶险的笑声，也没有听到豺狼虎豹的吼叫，或者其他古怪的声音。这种让人惊叹的完美夜晚，在沙漠中是很罕见的。复活者的话在塞特的红土地上飘荡，在这里起主导作用的，不是河谷的魅力，而是冥土的神力。

塞达武在前边带路，他用手里的长棍子不时地敲打着地面。他的目标是一座砂石堆成的土丘，在月光的映衬下，那就像一座魔鬼的城堡。拉美西斯安心地跟在塞达武身后。他的领队的腰带上绑着好几个小袋子，里面装满了在被毒蛇咬伤后用来救急的药丸。

走到山丘下，塞达武停住了脚步。

他说："这是我师父的住所，他不喜欢生人，所以未必会现身。有点耐心，我们祈祷吧，希望这位隐形人会出来见见我们。"

拉美西斯有一种在空中飘荡的感觉，沙漠里的空气像甜点一般愉悦着他的心情。他离开了封闭的教室，走到了繁星之下。

一条黑色的眼镜蛇爬出洞穴，出现在山丘中间，它的长度足有一米五，身上的鳞片光华灼灼，正以一种优雅的姿势蜿蜒着向前爬行。满月为它披上了一层银色的光纱，它左右窜动的头预示着即将发动攻击。

黑色眼镜蛇咝咝作响的蛇信，并未阻挡塞达武前行的脚步。

拉美西斯紧跟着塞达武往前走了两步，现在塞达武和眼镜蛇只有一米的距离了。

塞达武以最低沉的语调一字一句、缓慢地念道："你主宰着黑夜，你滋养着土地，你让土地丰饶富庶。"

他反复念了十几遍这句咒语，还让拉美西斯也跟着念。那条蛇似乎被咒语的节奏安抚了，它有两次差点咬下来，但都停在了塞达武的脸孔前。那条眼镜蛇安静地接受了塞达武用手抚摸自己头顶的行为。拉美西斯确信自己在它眼中看到了红色的光芒。

"王子，轮到你了。"

拉美西斯伸出手臂，这条爬行动物向他爬了过来。

这条蛇猛地张开嘴，可是并没有咬下去。拉美西斯还以为自己一定会被咬伤，好在它讨厌洋葱的味道。

"用你的手摸摸它的头。"

拉美西斯十分勇敢，眼镜蛇却有后退的意思。王子并拢的手指触碰着眼镜蛇的头顶，几分钟后，帝王之子终于征服了黑夜之主。

塞达武突然抓着拉美西斯往后一拽，化解了眼镜蛇的攻势。

"朋友，你停留的时间有点长，别忘了，黑夜的力量是不会消失的。一条眼镜蛇盘踞于法老的头上，可如果它拒绝接受你，你能拿它怎样呢？"

拉美西斯长出一口气，望着星辰陷入了思考。

"你太大意了，好在运气不错。要知道，被这种蛇咬伤是没有解药的。"

06

拉美西斯朝那只普通的木筏冲过去，那是一只用纸莎草枝条捆扎而成的木筏，看上去非常脆弱，根本无法支撑十个回合的比赛。在今天的这场比赛中，拉美西斯要对战一群游泳选手。这些人一想到要打败的是拉美西斯，尤其是还有不少年轻的女孩儿在运河边观赛，就忍不住热血沸腾。这些渴望马到功成的年轻人，脖子上无一不挂着护身符，有的是青蛙图案，有的是牛蹄图案，还有一些是守护神眼睛的图案。而拉美西斯什么都没带，他不必祈求神力，也是游得最快的。

选手们的斗志大多来自心爱的女人，拉美西斯的斗志却来源于自己，他要告诉大家，无论何时，他都能超越自己的极限。第一个到达河岸的，果然是他。

比赛结束时，拉美西斯比第二名快五个身长，他没有任何疲惫感，还可以轻轻松松地再游几个小时。对手们只得垂头丧气地恭喜他的胜利。所有人都知道小王子永远不会握有大权，不仅如此，他还遭到了贬谪，成了一个需要尽快离开孟菲斯和首都，去极远的大南方安居的闲散读书人。

一个十五岁的棕发少女向他走过来，长得非常漂亮，递了一条毛巾给他。

"用这个擦一下身体吧，风很冷的。"

"不用。"

她一脸顽皮的表情，用充满了诱惑的绿眼睛看着他。她的嘴唇很薄，鼻子小巧而挺拔，下巴也长得十分精致。这个雅致的姑娘穿着一身高级服装店的裁缝专门缝制的亚麻洋装，明媚透亮，与插在她头巾上的莲花十分相配。

"你说得不对，再强壮的人也会感冒的。"

"我从未病过。"

"伊瑟，是我的名字。今晚我会和几个朋友开一个小舞会，你能来吗？"

"不。"

"你要是改变主意，我会随时恭候。"

她一脸笑容地转过身，径自离开了。

在花园中央的无花果树下，家庭教师萨力正在酣睡，靠坐在长椅上的杜兰特则打量着在自己面前走来走去的弟弟拉美西斯。杜兰特是个喜欢享受的利己主义者，她丈夫的职位刚好可以让她无需为生计发愁，舒舒服服地过日子。她个子十分高挑，涂满香膏的皮肤油滑细腻，给人一种慵懒妩媚的感觉。手握上流社会的各种小秘密，对她来说是一件非常值得骄傲的事。

"亲爱的弟弟，你难得来看看我。"

"我太忙了。"

"我听人说，你根本无事可做。"

"这要问你的丈夫了。"

"你来找我一定是有事……"

"是的，我想你或许能给我一些建议。"

这下杜兰特来了精神。拉美西斯不是个喜欢拉关系、套感情的人，是什么让他改变了作风？

"和我说说吧。我要是觉得有趣，就给你出出主意。"

"有个叫伊瑟的姑娘，你认识吗？"

"说说她的相貌。"

王子描绘起来。

"伊瑟，那个大美人啊！她是个调情的高手，很可怕的哦。别看她年纪不大，追求她的人可一点都不少。她被公认为孟菲斯最美的女人。"

"她的家世怎么样？"

"她的家族世代都在宫里服务，是当朝权贵。伊瑟喜欢你吗？"

"她说有个舞会，希望我能参加。"

"你会感受到她的热情的。这个女孩子没有一天不在办舞会。你喜欢她……"

"她引诱我。"

"她是主动的一方？我亲爱的弟弟，你太古板了吧。伊瑟的意思只是你还算能入她的眼，仅此而已。"

"她这么年轻，不该……"

"有什么不该的？我们可不是那些蒙昧的野蛮人，我们是埃及人。如果你想娶她，我建议你放弃，不过……"

"闭嘴。"

"我还有很多关于伊瑟的建议哦，你不想知道吗？"

"亲爱的大姐，谢谢你了，你自己留着吧。"

"尽快离开孟菲斯吧。"

"为什么这么说？"

"你在这里一无是处，留在这儿，只会像一朵小花一样因为缺水而死掉。可是到了城外，你会得到民众的尊敬。伊瑟讨厌失败者，所以不要妄想带她一起去。你的大哥，那位埃及未来的王，据说对她的美貌没什么抵抗力。拉美西斯，如果你不想生命遭到严重威胁，就赶紧离她远点。"

这是一场特别的舞会，几位上流社会的小姐准备展示一下自己的舞姿，她们都和专业的舞蹈老师学过跳舞。拉美西斯不想参加晚宴，特意很晚才到，结果却被挤到了观众的最前边。

在开满蓝莲花和白莲花的水池边，十二位女孩正在跳舞，几支长竿上的火把将舞台照得分外明亮。女孩儿们头上都戴着三条假辫子，颈间戴着大串的项链，手腕上戴着青天石手环，身穿短式紧身衣，外罩一层珍珠网衫。她们的舞蹈柔软而协调，向前微弯的身体和伸出的手臂像在邀人共舞，她们与假想中的舞伴耳鬓厮磨，轻缓典雅的动作让所有人都屏住了呼吸。

忽然，舞者扔掉假发，脱下了紧身衣和网衫，这些盘着发髻的姑娘们袒露酥胸，身上除了一条裹腰布，再无任何遮挡之物。她们用右脚踩踏地砖，然后像鲤鱼一样旋转着弹跳转身，协调一致的动作在场内引起了一片惊叹声。在一个漂亮的躬背弯腰之后，她们又完成了一系列高难度的表演，同样精彩而华丽。

随后，四位舞者走出队伍，剩下的舞者则一边唱歌一边用手打着节拍。这是一首古老的曲子，四位舞者站在四个方向，模仿不同类型的风声。伊瑟站在北方，她模仿的是温柔的清风，在这炎热的夜晚，这阵清风难免给人一种清爽之感，让人的呼吸都轻快了不少。她的同伴在表演上明显比她逊色很多，她成了所有人视线的焦点。

这样的诱惑，拉美西斯如何抵挡得住，她太厉害了，超过了所有的人。她像弹奏乐器一般，用自己的身体演奏出了一首淡雅唯美的曲调，陶醉其中。这是拉美西斯第一次想要拥抱一个女孩儿。

看完舞蹈演出，他走出人群，在远处一个拴驴子的角落坐了下来。

伊瑟明知道自己未来的丈夫是他的哥哥，仍要引诱他，给他造成激烈的冲击，让他对自己的失宠有更鲜明的认知，这让她感到快乐吗？他以为自己前途无量，却一次次地遭遇打击。这个圈子对他来说像地狱一样，魔鬼们死死地抓着他的双脚，他必须逃走。或许城外是个不错的选择。在那里，他将竭尽所能地证明自己，如果失败了，他会去和塞达武学习如何控制最厉害的毒蛇。

"你在烦恼些什么？"

伊瑟悄无声息地走到他身边，面带笑容地看着他。

"没什么，我在想一些事情。"

"想得很认真啊……客人们都走了，我的父母和家里的仆人也都睡下了。"

拉美西斯没想到时间过得这么快，赶紧站起身。

"抱歉，我这就走。"

伊瑟挡在他身前，说："有哪个女人告诉过你，你非常英俊、非常性感吗？"她披散着头发，裸露着酥胸，让人躁动的激情几乎要从她深邃眼眸中迸射而出。

"你未来的丈夫是我哥哥吧？"

"你是国王的儿子，也相信这些流言蜚语吗？我不喜欢你哥哥，我喜欢自己喜欢的，而现在，在这个地方，我想要的是你。"

"国王的儿子……我已经不是了吧？"

"跟我做爱。"

两人一起解下裹腰布。

"我欣赏美的东西，而你，拉美西斯，就是美的化身。"

王子的双手抚摸着这位年轻的姑娘，他想讨她欢心，他愿意不求回报地付出，让自己的情人充分感受到他灵魂的热度。他征服了她，得到了她。拉美西斯准确地找到了挑起她情欲的密地，这是一种难以描述的本能。他非常热情，但也足够温柔。

这对两个人来说，都是第一次。这是一个温柔的夜晚，他们把身体献给彼此，在渴望中一次次地尝试。

07

夜巡饿了。这只大黄狗舔舐着拉美西斯沉静的睡脸。拉美西斯并没有起身，他还在回味刚才的梦。在梦里，他抱着自己心爱的女人，她有着成熟苹果一样的乳房，柔软甜美，有如同芦苇一般的嘴唇，还有灵活敏捷如青藤一般的双腿。

那是一个梦……不，并不是梦！确实有这么一个人，一个名为伊瑟的姑娘，将身体奉献给他，让他感受到爱情之美。

王子沉浸在回忆中，无暇理会夜巡，它的叫声充满绝望。终于，拉美西斯意识到夜巡估计是饿坏了，马上将它带去了厨房。夜巡风卷残云地吃光了碗里所有的饭，拉美西斯准备带它去马厩逛逛。

马厩里有不少非常健壮的好马，它们会得到很好的照料，并接受严格的体检。夜巡谨慎地跟在主人身后一路小跑，它对这些马总是非常警觉，因为这些身高腿长的四脚生物时常会有一些意外之举。

一个新学徒艰难地抱着怀中装满马粪的篮子。一些马夫正在边上看热闹，有人忽然绊了那个新学徒一脚，他跌了个跟头，篮子里的东西撒出来，刚好落到王子跟前。

一个五十多岁、看守一样的家伙，在后边凶神恶煞地喊道："捡起来！"

那个倒霉鬼转过身，立即被拉美西斯认了出来。

"亚梅尼！"王子冲过去一把掀翻了马夫，扶起浑身发抖的他的朋友。

"你在这儿做什么？"

精神上的打击让这位年轻人有些语无伦次，没有人能听懂他的回答。

这时，一只饱含怒火的手压在了拉美西斯的肩膀上。

"喂，你……你是谁啊，胆子不小，这种闲事也敢管？"

拉美西斯抬起手肘挡在胸前，又顺势一挥，将那位问话的人推翻在地。那人丢了个大丑，当即恼羞成怒，狞笑着把同伴们都召集了过来。

"这两个不知礼数的浑小子，太傲慢了，看样子我们得好好教育他们一下……"

大黄狗张开嘴巴，露出牙齿，开始低声吠叫。

拉美西斯对亚梅尼说："你躲一下。"

这位书记员哪里还有力气走动。

拉美西斯的对手有六个人，他想取胜难度极大。不过这些马夫过于自负，只知道用蛮力，拉美西斯或许能冲出一道缺口来。最壮的马夫冲过来，对着他就是一拳，拉美西斯迅速躲开，对方狠狠地栽了一跤。攻击者摔得晕头转向，刚爬起来就又重重地跌了回去。那个马夫的两个同伴也是这种情况。

拉美西斯非常庆幸自己曾在武艺上下了苦功，看样子这些人根本不懂武术，以为只靠蛮力就能轻而易举地拿下他。夜巡在第四个人的腿肚上咬了一口就跑，在躲过了对方的攻击之后，又跑回来加入战斗。亚梅尼闭着眼睛，不住地掉眼泪。

马夫们有些迟疑，普通人家的孩子是不可能会这些招数的。

"你从哪儿冒出来的？"

"六个打一个，你们都害怕吗？"

一个情绪极为激动的家伙挥舞着刀子说："你小子长得不错，不过只要一场意外就成大花脸了。"

王子盯着那把锋利的匕首。那位马夫为了吓他，正一边舞动匕首，一边围着他转圈。王子镇定自若，他的狗却急于守护自己的主人。

"夜巡，坐下！"

"哦！你喜欢这个畜生……这么丑的东西，还是死了的好。"

"你不会只敢攻击比自己弱的家伙吧？"

拉美西斯觉得自己充满了力量，他心里只有消灭不公的怒火，没有一点害怕畏惧的感觉。

王子先发制人击倒了两个对手，又躲过了对方报仇的利刃。

"兄弟们，快停手！"一个马夫高喊。

就在此时，马厩的门廊中出现了一顶十分华美的轿子。轿子的主人明显身份贵重，他靠在高高的软枕上，额前盖着一块洒过香水的锦布，前臂搭在扶手上，脚下踩着一只矮凳，头顶支着遮阳伞。他二十出头的年纪，脸盘圆润如同满月，鼓胀的双颊让人几乎看不到他栗色的眼珠。他贪吃的习惯从肥厚的嘴唇上，就能看出一二。这位被养得膘肥体壮的皇家子嗣，对一切体育运动都没有兴趣。十二位轿夫扛着这肩上的重担，只为用体力换取丰厚的报酬。

马夫们一哄而散。拉美西斯走到这位访客跟前，他的狗则舔着饱受摧残的亚梅尼的小腿，以此来抚慰对方。

"拉美西斯，你怎么又到马厩来了……哦，你一直和那些畜生交朋友吗？"

"谢纳！这种臭名远扬的地方，你怎么会来？"

"巡视啊，这是法老王的要求，我是未来的国王，总要对自己的国家有所了解。"

"你来得正好。"

"这话怎么说？"

"这是亚梅尼，一个小书记员。有六个马夫让他做苦力，还羞辱他。"

谢纳笑了笑。

"拉美西斯，真是可怜，你都是这么后知后觉的吗？你的这位小朋友难道没有告诉你，他正在接受惩罚？"

王子转过身看向无力辩驳的亚梅尼。

"这位书记员不过刚刚上任，居然敢指责上级的错处，对方提出抗议，且态度强硬。我自然得让这个狂妄的家伙受到些教训，最有效的惩处办法就是让他到马厩来清理马粪、搬运粮草，这样他才能知道什么叫听命行事。"

"亚梅尼根本没什么力气。"

谢纳下令落轿。他的仆从马上摆好凳子，服侍主人穿鞋、下轿。

"走。"谢纳发出指令，"有些话，我要和你私下说。"

拉美西斯让夜巡留下来照顾亚梅尼。

在用瓷砖搭建的阴凉的顶棚下，兄弟俩一道走着。谢纳个子不高，身材壮硕，纸醉金迷、饱食终日的生活把他养得有些臃肿。与他相比，身形高挑健美、行动敏捷迅速的拉美西斯要年轻有活力得多。前者声音尖细虚浮，后者声音低沉爽利，两人唯一相同的地方或许只有都是法老王的儿子了。

拉美西斯提出请求："收回你的命令。"

"把那个弱不禁风的家伙忘了吧，我们说点正事。你是不是应该及早离开都城？"

"这不是死命令吧。"

"那我现在就给你下这个令。"

"你还命令不到我。"

"别忘了你是什么身份，我又是什么身份。"

"真庆幸我们还是一母同胞。"

"收起你的讥讽，尽情地赛跑、游泳和健身吧。哪天要是我和父亲同意，给你在常备军团里安排一个职位也不是不可能。要知道，为国效命这种荣耀也不是所有人都有机会获得的。孟菲斯的

氛围对你这种男孩儿来说，没有任何好处。"

"我这几周已经适应孟菲斯的氛围了。"

"不要作无谓的挣扎了，我并不想让父亲下达残忍的命令。准备一下，悄悄地离开吧。我会在两到三周之内把落脚之处告诉你。"

"你要如何处置亚梅尼？"

"我说了，不要去管那个悲惨的叛徒。同样的话，不要让我说两遍。最后，不要再和伊瑟见面。对于失败者，她从来不会多看一眼，这点你要记住。"

08

　　日益增多的召见让图雅感到疲惫。她的丈夫去了东北部的边防线巡察，现在不在宫内，所以召见首相、财务大臣、两位省长和一位史料书记员的工作，就落到了她的身上。如果不想引发灾祸，很多紧急事项就必须立即处理。

　　赫梯 [1] 人在亚洲，尤其是叙利亚、巴勒斯坦等小国家，煽动了一系列暴乱，给塞提增加了很多工作量。他必须以正式的外交拜会与那些不常联系的小国国主见面，这通常是一种很有效的安抚手段。

　　图雅不是皇族和贵族出身，她的父亲只是一个骑兵队长。但

---

　　[1]　赫梯国的所在地是现在的土耳其。——译者注

她有自己的长处，且很快就运用这些优势得到了皇室臣民和普通民众的尊重。她身材纤细高挑，大大的眼睛像杏仁一般，鼻子端正秀气，整个人看起来既高雅又尊贵。她的丈夫不喜欢别人违背自己，并且对狂妄轻浮的行为心存厌恶，她也一样。守护埃及和皇室的威严，是她的主要工作，她做的每一件事，都以保证领土完整和民众利益为基本原则。

拉美西斯是她最喜欢的儿子，一想到接下来要见的是他，图雅就觉得所有疲惫感都消失了。图雅身穿金边亚麻长袍，外罩百褶短披肩，颈子上是一串六圈的紫水晶项链，头上卷曲的发辫刚好遮住了耳朵和脖颈。他们约好在宫里的花园见面，徜徉在洋槐、柳树和石榴树间，对她来说是一件乐事。矢车菊、雏菊和飞燕草在这些树的根部悠然绽放，还有什么事物比这样一个花园更加神圣美丽呢？这里的花草，每一个季节都在为神的恩德唱着赞歌。这座花园就像一个天堂，图雅每天早上上朝理政前，都要在这里做几分钟美梦。

皇后看见走过来的拉美西斯，不由得大吃一惊。要知道几个月前，他还是一个稚嫩的孩子，现在却成了一个俊美的男人。他的眼神充满威严，举手投足间虽然还带着一点少年的稚气，但显然已不再是那个无忧无虑的孩童了。

拉美西斯弯腰向母亲行礼。

"有哪条规矩禁止你拥抱我吗？"

他上前抱住她，发现她是这样的柔弱。

"过来看看这棵无花果树，你三岁时种的，还记得吗？它长得不错。"

　　马上，图雅就发现自己无法纾解儿子心中的郁结。拉美西斯曾经花很多时间照顾这座花园，但现在一切都陌生起来了。

　　"那是一场血腥的考验？"

　　"你指的是野牛，还是去年夏天的监禁？无论哪个，在不公面前，勇气都无济于事。"

　　"你有什么怨言想要说一说吗？"

　　"亚梅尼，我的朋友，受到了诬陷。他们说他羞辱违逆某位长官，他被赶出了文书部办公室，现在在马厩里做苦工，这都是因为我的哥哥从中作梗。亚梅尼身体很弱，这种不合理惩罚会害死他的。"

　　"这是一项严重的指控。只有这个吗？你很清楚我不相信流言蜚语。"

　　"亚梅尼这个人非常简单，也非常正直，他不会骗我的，难道因为他是我的朋友，碍了谢纳的眼，就非死不可？"

　　"你恨你的哥哥吗？"

　　"他下了死命令，让我及早离开孟菲斯。"

　　"你告诉过他，你和伊瑟是恋人吗？"

　　拉美西斯一脸吃惊地说："你怎么知道的？"

　　"这是我的工作啊！"

　　"难道我一直在被监视吗？"

　　"这有两个原因，首先你是国王的儿子，其次伊瑟并没有守口如瓶。"

　　"把贞操给了一个失败者，有什么可炫耀的呢？"

　　"我不知道。拉美西斯，你爱她吗？"

年轻人对此并不确定。

"我喜欢她的身体，也希望可以和她再次相见，可是……"

"你有和她结婚的打算吗？"

"和她结婚？"

"伊瑟这个人非常固执，她既然相中了你，短时间内就不会放手。"

"我的哥哥才是更好的丈夫人选吧？"

"看样子她选的并不是谢纳。"

"或许她准备同时引诱我们兄弟两个。"

"这样一个年轻的姑娘，你怎么把她想得那么奸诈？"

"看到亚梅尼吃苦受罪，我都不知道可以相信谁了。"

"你最信赖的人，已经不是我了吗？"

拉美西斯拉住母亲的右手，握在掌中。

"我知道的，您永远不会背弃我。"

"我倒是有个不错的主意可以解决亚梅尼的事。"

"什么主意？"

"你要是当了皇宫的书记员，选谁做秘书，还不是你说了算？"

繁重的体力劳动并没有击垮亚梅尼。那些马夫知道他的朋友是塞提的儿子之后，也不敢再欺辱他了，毕竟没人能保证拉美西斯不会再次出手干预。因此，亚梅尼篮子里的东西也没那么重了，还有一位马夫会照顾一下这个瘦弱的男孩儿。不过，亚梅尼的身体已经越来越虚弱了。

拉美西斯没有经过充分的准备就参加了皇家书记员的考试。

考场临近首相办公室，以免考生被日头灼伤，木匠在地面上楔入了一些挂有布条的圆木桩。

为了不违背玛亚特准则[1]，拉美西斯没有借助父母的力量，也没使用任何特权。这种对于亚梅尼来说早晚都要参加的考试，对拉美西斯而言就有些勉强了，毕竟他的才华和学识都不如亚梅尼。但他必须参加，他要为自己而战。

拄着一根手杖的老书记员正在对下方的五十几位考生训话，在这些考生之中，只有两个人可以成为书记员。

"你们为什么读书，是为了获得一个可以行使权力的职位吧？可是你们学会如何做人了吗？要穿干净整洁的衣物和纤尘不染的鞋子，要珍惜手中的纸莎草卷，要抵抗自身的惰性。我希望你们下笔时没有任何犹豫，说话时没有任何不公；我希望你们能坚持读书，不停地读书；我希望你们要执行上级的命令，以准确地完成工作、为他人效命为唯一目标。不要做纪律的破坏者，连猴子都懂人话，连狮子都能被驯服，如果说有什么人最为愚蠢，那必定是违纪的书记员。只有棍子可以治好无所事事这种病，被棍子打过的违纪者听力会更好，思想会更正确。现在，开始考试。"

所有考生都分到一块无花果树木板，上面涂着一层硬石灰。考场中央有一个洞，里面装的芦苇草是用来写字答题的。大家用少量水稀释好红色和黑色的墨块。所有人都在向书记员的领头人——大智者伊姆霍特普祈祷，希望自己的脑袋里能有几滴"灵水"。

考生必须在几个小时之内完成以下几项工作：抄写碑文、解答

---

[1] 玛亚特为古代埃及宗教中代表正义、真理的女神。玛亚特准则是古时候埃及社会的最高准则。——译者注

文法题和词汇题、解决数学题和几何题、写几封信、抄写某些古籍。不少考生都心不在焉，还有几个考生直接放弃了考试。最后一项是猜谜测验。

第四道问题是"书记员要怎么做才能起死回生？"这道题难住了拉美西斯。在他看来，这种事不是一个读书人可以做到的。他没有合适的答案，便放弃了这个问题。除此之外，还有一些难以避免的小失误，为此，他差点被考官淘汰。他无论怎么冥思苦想都想不出答案。

就算失败了，他也不会丢下亚梅尼不管，那是他的朋友。他会带他去沙漠投奔御蛇巫师塞达武和他的蛇群，宁可逃走，他也不要委曲求全地活着。

忽然，一只狒狒跳下棕榈树，在监考老师尚未回神时蹿进考场，跳上拉美西斯的肩头，然后镇定自若地坐了下来。这只狒狒先是在年轻人的耳边轻声说了几句话，接着就像风一样呼啸而去了。

狒狒是文字的创造者天神透特的灵宠。国王的儿子不消片刻就像被那只灵宠附体了一般，与天神产生了思想上的共鸣，在天神心灵的指引下，他动手写了起来。

那只狒狒告诉拉美西斯的那句话是：书记员只要用薄砂岩做成的刮字刀将写过字的石灰刮下一层，写字板就是新的了，除旧换新让写字板能够重新投入使用，便是起死回生。拉美西斯按照它的话写下了答案。

饱受折磨的亚梅尼已经精疲力竭，再也搬不动篮子了。他的骨头都要断了，颈椎和脖子还不如枯树枝结实。就算被打，也动不了了。命运是何等的残酷，他原本设想的美好生活——读书、写字、临摹象形文字、听先贤训导、抄写缔造文明的篇章，看上去那么遥远……最后一次，他尝试着拖动那个装着马粪的篮子。

忽然，一只充满力量的手帮助了他。

"拉美西斯！"

"你觉得这个东西怎么样？"

王子拿出一个长方形的木质笔盒给他的朋友看，这支笔盒是金色的，下端有一朵可以用来打磨碑文的锥形百合花。

"真漂亮！"

"你要想得到它，就告诉我碑文上写的是什么。"

"这很容易，'……愿透特的狒狒守护皇家书记员……'"

"我是皇家书记员拉美西斯，你愿意成为我的机要秘书吗？"

09

拉美西斯和伊瑟将搭在稻田边的芒草小屋当成了他们的爱巢，当夜色笼罩时，这里会非常隐蔽。还有负责巡视的夜巡，也能保证他们不会被某个讨厌鬼打扰。

这两个年轻人在情事上极为默契，他们以旺盛的精力、火一般的热情投入其中。他们可以一言不发地缠绵上几个小时。

那天晚上，在获得了满足之后，伊瑟疲惫地躺在情人的怀中轻声哼唱起来。

"你和我在一起的理由是什么？"

"你当上了皇家书记员。"

"以你的条件，难道没有对一段美妙婚姻的向往吗？"

"和塞提的儿子分享生命……这已经是最美妙的事了吧？"

"最美妙的事，难道不是成为未来法老王的夫人？"

"这件事，我不是没想过……"伊瑟嘟起嘴唇道，"可是，他太胖、太重、太奸险，我实在喜欢不起来。我不愿意让他碰我，所以，我决定与你相爱。"

"决定？"

"爱情的力量存在于每个人心中，就算是国王也无法将我变成玩物。拉美西斯，我知道我们是一类人，所以我选定了你。"

早上，直到穿过办公地点附近的花园时，拉美西斯还在回味昨晚与情人肢体缠绕的欢愉，不过从鸢尾花圃对面的办公室里走出来的亚梅尼，阻住了他的去路，打断了他的回想。

"和我谈谈吧。"

"我很困……晚些时候再说好吗？"

"不行！事关重大！"

"好吧，先给我弄点喝的。"

"已经为你准备了早餐，牛奶、新鲜的面包、椰枣，还有蜂蜜。不过，拉美西斯，皇家书记员！在这之前，你是不是应该先了解一下，皇室有个招待会邀请了你和你的同僚的事？"

"你的意思是……去见我父亲？"

"世界上还有第二个塞提吗？"

"你在开玩笑吧？以客人的身份去皇宫？"

"我的一项工作，就是把重要消息通报给你。"

"去皇宫……"

拉美西斯一直希望能和父亲再见一面。他是皇家书记员，或许可以简短地和父亲说上几句话。说什么好呢？问问他为什么舍弃我，指责他的态度，弄清楚他想让我做什么，问问他对我的未来有什么打算……拉美西斯还有思考的时间。

"还有一件怪事。"

"怎么回事？"

"昨天分给我的墨块，有两块质量非常糟糕。好在我有使用之前先试用的习惯。"

"这很严重吗？"

"非常严重！这种事绝不能发生在一个皇家书记员身上，所以我准备打着你的旗号，查清楚这件事。"

"可以。我想先睡一会儿。"

萨力来恭贺自己以前的学生，以后他再也不用费心为拉美西斯如何通过各种艰难的考试而心神俱疲了，因为对方已经不再需要家庭教师了。好在学生的成功也让他的教导者得到了一个在贵族学校出任行政官的机会，这个提名让萨力有了一份稳定的工作。

"我不得不说你让我大吃一惊，不过千万不要被胜利冲昏头脑。它让你脱离了窘境，还帮到了亚梅尼，但事情远没有结束。"

"你这话是什么意思？"

"你要分辨清楚，谁是你的朋友谁是你的敌人，这件事不能只有你的秘书在做。你的成绩已惹人猜忌，不过没关系，只要你离开孟菲斯去大南方，就什么问题都没有了。"

"你是我哥哥的说客吗？"

萨力一脸恼怒地说："把你脑袋里的阴谋诡计收一收……别去

皇宫参加那个与你无关的酒会。"

"我是皇家书记员。"

"相信我，没有人希望你去，你去也不合适。"

"如果我一定要去呢？"

"皇家书记官的职务不会变……但你不会得到任何实权。和谢纳作对只会让你麻烦不断。"

为了烘焙上千个蛋糕和花式繁多的小面包，以搭配醇厚的啤酒和来自尼罗河绿洲的酒，皇宫已经接收了一千六百袋小麦和同等数量的面粉。这是专门为皇家书记员举办的酒会，司酒官非常努力。天刚一擦黑，面包师和糕点师的杰作就送到了宾客的面前。

第一个出现在皇家城墙大门口的客人就是拉美西斯，负责看守城门的是法老的私人警卫，他们不分白天黑夜地在此坚守，非常尽责。虽然拉美西斯是塞提的小儿子，但在放他进入那座栽满各种树木的大花园之前，他们仍旧检查了他的皇家书记员证书。水池倒映着花园中那些颇有年头的洋槐树。装有糕点、面包和水果篮的桌子，以及饰有梯形花束的独脚小圆桌在花园中随处可见。调酒师将果酒、啤酒倒入了精致明亮的酒杯中。

中央那栋建筑是用来招待贵宾的，里面的墙壁都是色彩绚丽的瓷砖，让人惊叹不已。王子不由自主地盯着那栋建筑。在去贵族学校住宿之前，皇宫里的所有房间都曾留下他玩耍的身影，连国王宫殿的台阶，他也爬上去玩过，虽然奶妈因此责骂了他。他直到三岁才不再喝奶妈的乳汁。他记得那个代表公正玛亚特的台阶上，安放着法老的御座。

拉美西斯希望国王可以在大厅召见书记员，但其实他很清楚，塞提多半只会在皇宫里站在窗户边，对着聚集在宴会厅里的宾客做一个简短的演讲，然后告诉大家，他们的工作有多重要以及大家应该尽忠职守。

如此一来，他就很难和父亲当面交谈了。不过，这种场合里国王有时会亲自向其中最优秀的那几个人道贺，到人群里待上几分钟。拉美西斯在这次考试中不仅一分没丢，还成功地找出了如何让写字板起死回生这一谜题的答案，要知道这道题可是只有他答对了。这样说来，他或许还有面见国王的机会。到时候，他一定要抗议对方的沉默。如果他非离开孟菲斯，去遥远荒僻的乡下做一个不起眼的书记员，那么这道命令的发布者，他希望是法老本人，而非其他什么人。

其他书记官及其家人，还有众多流连于各种宴会的上流阶层的人，正在一边享受着美酒与美食，一边交际应酬。拉美西斯喝了点来自绿洲的酒，又喝了点烈性啤酒。第三杯酒下肚，他忽然发现在花架下石椅上坐着一对恋人。正是他的哥哥谢纳和伊瑟。

拉美西斯大步走过去。

"我的美人儿，你还没做出最终决定吗？"

伊瑟猛地站起身，谢纳镇定自若。

"亲爱的弟弟，你太失礼了。我难道没有资格和一位尊贵的女士闲聊吗？"

"她？"

"请保持礼仪。"

满面通红的伊瑟把对峙的两兄弟扔在一边，急急忙忙地跑掉了。

"拉美西斯，你怎么变得如此惹人厌烦，这里以后不再欢迎你了。"

"我还是皇家书记员吧？"

"不要把话说得太满，你是什么职位，得经过我的同意。"

"我已经听你的朋友萨力说过了。"

"他什么时候从你的朋友变成我的朋友了？他只是想在你再次摔倒前，拉你一把。"

"离那个女人远一点。"

"你在恐吓我？"

"既然我什么都不是，你还怕什么呢？"

谢纳不再争吵，转以温柔的口吻说："没错，女人不该三心二意。让她自己选如何？"

"好。"

"你来都来了，痛痛快快地享受一下吧。"

"法老什么时候开始致辞？"

"哈……你居然不知道！法老现在在北方，向皇家书记员道贺的工作已经由我接手了。为了祝贺你的成功，我们特地为你安排了一场沙漠猎兽之旅。"

谢纳转身离去。

火冒三丈的拉美西斯将酒杯里的酒一饮而尽。他不但没有见到父亲，还被谢纳抓住机会羞辱了一番。烂醉如泥的王子不肯加入那些只会聊些八卦的小团体，事实上，那些对话只会让他更加生气。他郁郁寡欢地蹒跚而行，几乎和一位潇洒帅气的书记官撞个正着。

"拉美西斯！能再见到你，真让人开心。"

"亚夏……你怎么还在孟菲斯？"

"我后天才走，要去北方。有个大新闻你知道吗？特洛伊之战有了重要突破。希腊的蛮族还在猛攻普赖安城，我还听说赫克特被阿喀琉斯杀死了。跟着那些身经百战的使节去验证或者驳斥这些消息，就是我的第一项工作。你呢……有什么要立即接手的大项目吗？"

"我不知道。"

"近日的成功为你带来了不少称赞和嫉妒吧？"

"总有一天，我会习以为常的。"

"你考虑过出国吗？啊，你很快要结婚了吧？抱歉！我恐怕去不了了，请接受我诚挚的祝福。"

未来的外交官应酬繁忙，很快就被他的同事连拖带拽地弄走了。

醉得头晕目眩的拉美西斯就像一支支离破碎的桨、一所左摇右摆的房子，他狠狠地把杯子向远方扔出去，发誓再也不会让自己落到如此微贱的地步。

10

一大群猎人在天刚亮时就已出发，向西部沙漠行进。拉美西斯将狗交给了准备深入调查劣质墨块事件的亚梅尼照顾。为了找出一条可以指向罪首的线索，亚梅尼花了一整天的时间，不间断地审问制造商。

在高大的轿子里安坐的谢纳，当然不会和狩猎队同行，但他要为他们送行，并祈求神赐福给这些负责带回野味的勇士。

猎人逐一登上一辆轻型马车，操控这辆马车的是一位老兵。能够再次见到野山羊、非洲巨羚、小羚羊、狮子、美洲豹、鹿、鸵鸟、鬣狗、野兔、狐狸等各种生活在沙漠里的戒备着人类袭击的野兽，拉美西斯感到非常高兴。

狩猎队长决意要抓到他看到的所有动物，马车后边是训练有素的猎狗，车队里还有一些车专门装着食物和饮用水，因为有在野外过夜的可能，人们连帐篷都准备好了。套索、崭新的弩弓和一大把箭，是猎人的基本装备。

车夫问："狩猎的时候，你是喜欢射杀还是喜欢抓活的？"

拉美西斯回答说："抓活的。"

"那套索给你用，我用弓箭。不要以为射杀没有必要，若是不想死，就必须这么做。我很清楚你父亲是塞提，不过在危险面前，咱们没有高下之分。"

"不。"

"你觉得自己更高贵？"

"你比我有经验，所以现在你更高贵。毕竟我以前没有参与过狩猎。"

那位老兵耸了耸肩。

"这个就不用争辩了。注意观察，发现猎物，马上告诉我。"

紧密相连的狩猎队很快就分散开了。

王子看中了一群羚羊。

他的同伴一边喊着"棒极了！"一边朝羚羊冲了过去。

在追击中，有三只年老孱弱的羚羊慌不择路和同伴走散了，它们冲进一处崎岖的峭壁间的干河床。老兵停下马车，说："我们走过去。"

"为什么？"

"坑坑洼洼的路面会弄坏车轮。"

"可是羚羊都跑没影了。"

"我可不这么想，这个地方我非常熟悉，它们一定是在某个岩洞中躲着呢，很容易就能抓到。"

于是他们开始徒步前行。三个多小时后，精神高度紧张的两人已经到了崩溃的边缘，基本感觉不到食物和狩猎工具的重量了。在光线过强的时候，他们会躲到肉质植物较多的石梯的阴影里休息一下，吃些东西恢复气力。

"很累？"

"还好。"

"那说明你和沙漠很契合。在沙漠里，有些人一步都走不了，有些人却能通过和灼热的沙粒的接触得到力量，走向新生。"

岩石上掉落的石块在峭壁间一路翻滚，最后落到了干河床上的石堆里。谁能想到这样一片荒芜的红土地中间，居然藏着一块有河水、树木、耕田的绿洲。人们认为沙漠属于另一个世界，而拉美西斯在这里感受到的是生命的无常和一种赋予沉寂的灵魂以自然之力的力量。神明希望人类学会沉默，倾听神秘之火的声音，于是就有了沙漠。

老兵检查了一下身上的弓箭，箭身上配有打火石，末端槽口因为两侧的圆形尾翼也更重一些。

"这些东西虽然不是最好的，但也够用了。"

"还有多远才能看到岩洞？"

"再有一个小时吧，怎么，你想回去了？"

"出发。"

在这片荒地上既没有毒蛇，也没有毒蝎，事实上，几乎看不到任何生物。或许，他们只是在沙漠里或岩石中蛰伏着，只要清凉的夜晚一到，就会出来行动。

拉美西斯向自己的同伴诉苦:"我们休息一下吧,我的左脚有点疼,应该是旧伤复发了。"

只要夜晚一到,人们就要承受痛苦。

他建议拉美西斯先睡一觉。

"我想睡的时候会和你说的,现在有点疼,想睡也睡不着。"

没过多久,一开始的轻抚就变成了火一般的炽热。只有黎明那一小段时间,太阳才是温柔的,之后就是激烈的热浪。

拉美西斯睁开眼睛。

他被同伴抛弃了。王子只身一人,既没有吃的,也没有狩猎工具,如果想回到狩猎队最后的集合点,步行需要好几个小时。他没有任何拖延,立即行动,为了避免浪费体力,他尽量让自己走得平稳一些。

抛弃他的那个家伙,一定想让王子死在这种无可奈何的行走中。是谁给他下的令,具体说了些什么?这是一场即将被伪装成狩猎事故的谋杀,它的策划者是谁呢?所有人都知道拉美西斯是一个容易冲动的年轻人,只要狩猎开始就会不顾生死,在沙漠中迷路也不是不可能。

谢纳……是谢纳,这毫无疑问,还有比他更狡诈的人吗?因为弟弟不肯离开孟菲斯,就将他送上绝路。拉美西斯痛恨由别人来安排自己的命运。他记忆力很好,绝不会忘掉走过的路。靠征服者的坚韧,他一路向前。

有一只羚羊在他面前跑过去,在这之后没多久,他又看到了一只犄角卷曲的野山羊,它们在跑走之前,还好奇地看了这个陌生人一会儿。王子的同伴并没有和他说过，有动物地方就有水源。他有两个选择，一个是坚持之前的路线——有可能会被渴死，另一个是相信这些动物。

王子选了第二条路。

野山羊、羚羊，远方还有个十米高、乌龟一样的物体，当他看到这些东西时，他决定遵从本能继续前进。那是一棵生长得极为茂盛的树，它的树皮是灰色的，树上黄绿色小花香气袭人，上面挂满了肉质肥厚、气味香甜的椭圆形果子，这种四厘米长的果子，被猎人称为"沙漠椰枣"，是可以吃的。不过这种树为保护自己配备了一种很有杀伤力的武器——很多又长又直、尾端浅绿的尖刺。这棵树非常漂亮，还在地上形成了一小块树荫，更重要的是树下藏有神秘的水源——它是从沙漠深处溢出来的，带着天神塞特的祝福。

一个人靠着树干坐在地上，正慢条斯理地享用面包。

拉美西斯走过去，发现这个人是当初的那个马厩的副团长，曾欺辱过他的好友亚梅尼。

"我的王子，神明待你不薄啊，怎么，迷路了？"

口干舌燥的拉美西斯觉得头都要烧着了，他现在根本看不到那个蓬头垢面、邋里邋遢的男人，视线里只有对方左脚边的羊皮袋，那里一定有水。

"是不是很渴？可是你都要死了，水这么珍贵的东西，我怎么能浪费在一个死人身上呢！"

只要十步，拉美西斯就能够到自己的"救星"。

"如果你的父亲不是国王，你怎么能羞辱到我。现在我成了自己手下人的笑柄……"

"谎话就不用说了，你的雇主是谁？"

马夫团长一脸险恶笑着，说："……和你一起狩猎的那个人，他说只要我能把你赶走，就给我五头牛、十匹亚麻，我马上就答应了。你当然会到这儿来，一直赶路却不喝水，那和自杀没什么区别。你觉得羚羊和野山羊是你的救星吗？不，它们是抓捕你的人。"

男人握着手上的刀，站起身来。

他知道拉美西斯不会坐以待毙，他想要一场和之前一样的搏斗，他准备打败一个受过贵族教育、知道如何在马上战斗的人。年轻的拉美西斯没有任何武器，他口干舌燥，精疲力竭，现在只能靠着那些无足轻重的技巧和一个残暴的对手交锋。

可是，除了善用这些技巧，他又能做什么呢？

拉美西斯提起全身的力气，怒吼着向马夫冲了过去。后者被吓了一跳，还没来得及挥舞刀子，就被撞倒在带尖刺的树干上，那些利刃一般的刺直接穿透了他的皮肉。

猎人们非常开心，通过抓住兽角的办法，他们活捉了一只野山羊和两只羚羊。有个猎人背上的小羚羊不过刚刚出生，另一个猎人的手里有只被攥住了耳朵的野兔正在死命挣扎。两个助手用竹竿抬着一只被捆牢了四肢的鬣狗，下边的猎狗想要咬它，跳起来几次都没够到。这几只动物是用来驯养的，会被送到专家那里先研究一下习性。

为了让鬣狗的肝脏拥有更加肥厚的脂肪，人们会给它们大量填喂食物，虽然效果一直都不怎么好，可是从未放弃过。其他大部分猎物会被送到神殿的肉商手里，它们先是用来祭祀神灵，后被用来祭祀人的五脏庙。

除了拉美西斯王子及其车夫和马车，所有猎人都到集合点集合了。负责此次狩猎的书记员根本找不到王子，他知道必须派一辆马车去把失踪的人找回来，空等只是浪费时间，可是哪个方向才是对的？王子要是真的出了事，这个书记员一定会受到处罚，他的仕途也将因此走到尽头。拉美西斯终究是位王子，他就算再不得宠，骤然失踪也会引起轩然大波。

那些必须将猎物带回山谷的猎人，被安排去沙漠警卫队报案，剩下的书记员和两名猎人只能耐下心来原地守候，一直等到下午。

忐忑不安的书记员一遍遍地在写字板上写报告，他总是写一会儿就刮一层石灰重写，最终还是放弃了，因为这些套话根本保护不了他。他怎么写都改变不了丢了两个人，其中一个还是国王幼子的事实。

太阳在天空中高悬，他模模糊糊发现阳光中有个移动得极慢的影子。在沙漠里出现幻觉是十分寻常的事，书记员问身边的两位猎人："是不是有个人影在向我们走过来？"两个人都说是。

慢慢地，这个虎口逃生的人越来越清楚了。

拉美西斯终究没被困死在陷阱中。

11

　　谢纳任由那些在皇家学校深造过的顶尖美甲师摆弄自己。塞提的长子是一个十分注意仪表的人，在这样一个繁盛的国家里，作为一个公众人物和未来的储君，无论何时，他都必须是潮流的引导者。文明的一个很大的特征，不就是考究吗？形体、力量和干净是其中最基本的原则。在发型师到达之前，他要求人们像打理雕塑一般打理他，他最看重的就是被洒上香水的那一刻。

　　孟菲斯大别墅的宁静被乒乒乓乓的声音打断了，谢纳猛地瞪起眼珠。

　　"怎么回事？禁止……"

　　拉美西斯冲进谢纳富丽堂皇的浴室，说："谢纳，我要知道实情，立刻。"

遭到质问的人让美甲师退下。

"亲爱的弟弟，你冷静一点，实情？什么意思？"

"你派人杀我！"

"你怎么会这么想？这种指控太伤我的心了。"

"凶手有两个……一个死了，一个跑了。"

"求你了，把事情说清楚，别忘了我是你哥哥。"

"如果你是幕后黑手，就承认吧，瞒不过的。"

"幕后黑手……你居然把这种词儿安到我身上。"

"不是你让我参加沙漠狩猎的吗？想要杀我的人就在里面。"

谢纳把手按在拉美西斯的肩上，"我们的关系和别人是不一样的。虽然不喜欢对方，这我并不否认，可是难道因为这样我们就要针锋相对、争斗不休吗？干吗不接受既定的事实和自己的命运？有些事是命中注定的。我承认我想让你走，因为我觉得以宫里的标准而言，你的性格不太合适。可是，我没想过伤害你，更何况我也不是一个暴戾的人。求你相信我吧，你的敌人不是我。"

"那你来帮我查，把引我入陷阱的那辆马车找出来。"

"相信我。"

亚梅尼对于文具的打理几乎到了苛刻的程度，颜料盘他要用水冲；毛笔要洗两次而不是一次；写字板一定要刮得平滑如镜；刮刀和擦子只要达不到他要的标准，就要立时更换。作为皇家书记员的秘书，他得到了一些获得文具的便利，不过在莎草纸方面，他用得非常节省，通常都要在石灰碎块上打个草稿，再往纸上书写。为了得到朱红色和深黑色颜料，他会在一片旧龟壳上调和一些矿石色素。

看到拉美西斯，亚梅尼不由得尖叫出声，他太高兴了。

"你要是出事，我一定能感觉到，既然没有感觉，你就绝不会出事。我一直在做事……你会为我骄傲的。"

"有什么发现吗？"

"我们的行政机构真不简单，部门非常多，那些长官也都是凶神恶煞的……好在，你的名字和头衔是一块很有用的敲门砖。你或许不讨他们喜欢，但他们总算对你心存惧意。"

他成功地挑起了拉美西斯的好奇心。"详细说说。"

"墨块是我们国家的一种重要原料，有了它才有了文字，进而有了文明！"

"你是要当我的老师吗？"

"我曾经想过这方面的管理会很严。事实确实如此，每一块墨想要出厂，都要先经过检验，根本无法鱼目混珠。"

"所以……"

"所以，这里面有徇私舞弊和违法倒卖的事。"

"你是工作太累傻掉了吗？"

亚梅尼孩子般气恼起来："你觉得我在胡言乱语？"

拉美西斯把自己遇险的事说了一遍，亚梅尼低头聆听。

"我和我的墨块在你看来一定很可笑吧……好在神明是站在你那边的，他从未舍弃过你。"

"希望你的话能传到他的耳中。"

夜色将芒草小屋笼罩在一片柔和之中，蟾蜍在运河边、小屋周边鸣叫。拉美西斯在等待伊瑟，他准备给她一夜的时间。她若是不来，他便再不与她来往。他始终无法忘记自己为了活命，把那位马夫推到沙漠椰枣树的尖刺上的情景，现在这一幕景象再次浮上心头。那是他下意识的动作，当时愤怒主导了他的情绪，让他充满了力量。他是否来自某个神秘的世界，他父亲的名字来源于天神塞特，那他自己又是否拥有塞特的力量呢？

拉美西斯以前一直认为命运掌握在自己手里。所有作战的天才，不管是人还是神，他都能与之一战。可是他忘了，这是要付出代价的，死亡一直窥探在侧，而在这场关乎生死的战斗里，他的武器只有自己。他不后悔，一点也不，他相信这场悲剧会让自己从梦中醒过来，或者，也会在未知世界前为他竖起屏障。

流浪狗的吠叫表明有人在靠近这里。

拉美西斯的警惕性高了很多。在找到那个元凶之前，他是无法安心的。来人可能是那个杀手，他带着武器跟在王子身后，企图在这个荒僻无人的角落击杀王子。

拉美西斯感觉到敌人越来越近了，虽然看不见对方，但他能感觉到他们之间的距离。他能勾勒出那个人的一举一动，听到那个人刻意放低的脚步声……对方已经渐渐走到门口了。王子骤然跳起，直接把对方按在了地上。

"我的王子啊，你怎么这样粗暴？"

"伊瑟？你怎么鬼鬼祟祟的？"

"我们不是说好了，要小心一点儿吗？"

她一脸情欲之色地抱着自己的情人："你可以继续进攻了。"

"你选好了吗？"

"我以为我的出现就是回答。"

"你见过谢纳了吗？"

"你怎么这么啰唆？"

除了外边那件宽松的袍子，她什么都没穿。她像疯了一样爱着这个男人，任由他抚摸揉弄，连自己原本打算嫁给未来的埃及之王这件事都抛在了脑后。拉美西斯俊美的容颜，并不是她如此热情的全部原因。年轻的王子自己都没注意到存在于自己身上的某种力量，而她则被这种力量迷得神魂颠倒。拉美西斯会如何运用这种力量？他愿意成为毁灭者吗？即将成为未来的国王、掌握大权的人是谢纳，可是他看上去如此衰老、可恶。伊瑟被爱情和年轻迷昏了头脑，很长时间都无法安眠。

他们紧紧地抱着对方直到黎明时分，拉美西斯温柔地摩挲着情人的头发。

"听说打猎的时候你杀人了。"

"他想杀我。"

"为什么？"

"报复。"

"他不知道你是王子吗？"

"在我身边的马夫花大价钱雇用他之前，应该是不知道的。"

伊瑟坐起身。"你抓到他了吗？"

"没有，我向安全部门报案了，搜捕队已经行动了。"

"可是，如果……"

"谢纳说他不是他们的同伙，听起来还挺诚恳的。"

"你要小心！他聪明，也奸诈。"

"你下定决心了吗？"

她热情地亲吻他，就像初升的太阳。

亚梅尼不在办公室里，没有人知道他去哪儿了，他走前一句话都没留下。拉美西斯很清楚，他的秘书一定在追查非法倒卖墨块的事。亚梅尼这个人能言善辩，也非常执拗，他受不了这种不完美，所以除非厘清案情，惩处了犯罪者，否则是不会善罢甘休的。亚梅尼虽然看上去弱不禁风，但他只要认准目标，就会爆发出让人惊讶的行动力。

拉美西斯找了皇家安全部门的负责人。皇家安全部门已经竭尽所能地缉捕凶手了，可是这个案子仍旧悬而未决，甚至一点进展都没有。那个卑鄙的车夫早就逃走了，缉凶工作看着声势浩大，却不像是能抓到凶手的样子。负责人必定积极调查的承诺，并不能抚平王子心中的气闷。

拉美西斯非常失望，他决定自己调查。因为很多战车和马车都集中在兵营，所以王子到孟菲斯城里的兵营不停地召见士兵加以盘问。他是皇家书记员，有权召见与他同级别的、负责记录贵重马车的官员。他想知道这个部门是否用过那辆逃走的马车。他把那辆车的样子详细地和这位官员说了一遍。官员告诉他有位马厩管理员名叫巴肯，或许能帮到他。

马厩里那个管理员正在给一匹瘦得连马辔都套不上去的灰马做检查。他絮絮叨叨地斥责着一个马夫，怨他对这匹马太过残暴。巴肯是一个二十多岁壮小伙，方形的面孔看上去不太讨喜。他下巴上留着短胡须，二头肌上戴着两个铜环。他言辞激烈，声音沙哑地一直说着咒骂的话。

巴肯将犯错的家伙赶走，然后开始安慰那匹马，而那匹马则回以感激的眼神。

年轻人向管理员打招呼："我是拉美西斯王子，有件事想问问你。"

"找警察去。"

"除了你别人帮不上忙。"

"怎么可能。"

"我要找一个马夫。"

"我负责的是马车和马匹。"

"那人是逃犯。"

"和我有什么关系。"

"难道你不希望他被抓捕归案？"

巴肯怒视拉美西斯，"你不会把我当成他的同伙了吧？就算你是王子，也请滚远点。"

"难道你要我求你吗？"

巴肯狂笑出声："还不走？"

"你肯定知道什么，告诉我吧。"

"你太狂妄了。"

马声嘶鸣，一匹深栗色的马为了挣脱缰绳，正疯狂地踩踏地面，巴肯一脸紧张地跑了过去。

"宝贝，安静，安静下来。"

巴肯的安抚看样子对这匹名贵的公马产生了作用。它不再排斥人们的接近，就是拉美西斯也不得不说它确实漂亮。

"它叫什么？"

"'天神阿蒙圣谕其勇'，它是我最喜欢的马。"

回答这个问题的人，不是巴肯，因为声音是从他们身后传来的。那是一个可以让拉美西斯血液凝固的声音，来自他的父亲塞提。拉美西斯转身行礼。

"拉美西斯，跟我来。"

王子怀疑自己听错了，但就算如此，他也不会要求父亲再说一遍，只是开心地眨了眨眼睛。

塞提的马非常温顺，自觉地跟在塞提的身后。人们把一辆轻型马车套在它身上，它也没有任何反抗。负责守卫兵营大门的，是国王的私人警卫。

上车后，国王坐在右侧，王子坐在左侧。

"抓住缰绳。"

拉美西斯驾着皇家马车直奔码头，骄傲得就像一个统治者。而码头边正停靠着一列即将开往南方的舰队。

因为事发突然，拉美西斯根本来不及和亚梅尼通气，至于和伊瑟在芒草小屋幽会的事，也只能暂且抛在一边。他不知道伊瑟会如何看待他的失约，不过这并不重要，重要的是，他在偶然的情况下登上了皇家军舰，并将和他们一起旅行。这艘军舰在北风的大力助推下，航行速度极快。

拉美西斯是皇家书记员，所以航行日志由他负责。他非常喜欢这项工作，要知道四周的景致是多么迷人。此次航程的目的地是西利西亚山，距离孟菲斯有八百公里远，他们用了十七天才到。在此期间，王子一直在称颂尼罗河两岸的风光和波光粼粼的水面，以及在河岸山峦间若隐若现的宁静的小村庄。

在旅程中，拉美西斯再也没有见到自己的父亲。时光飞逝，日志本很快就被写满了。

西利西亚山区石场是在塞提登基的第六年开始大规模开采工作的，当时有数以千计的士兵、石匠和水手被派到那里，现在它已经成了国家重要的采石场。这里的道路非常狭窄，两侧高耸的山丘不仅挨得非常近，还十分陡峭。河水形成的旋涡非常危险，是船只倾覆和船员溺水的首要原因。

塞提站在船头看着忙忙碌碌的船员们，他们正跟着队长一起搬运装满食物和器械的货物箱。他们一边唱歌说笑，一边以平稳的速度工作着。

这天，还没到休息时间，有位王室传令官告诉大家，国王下令增加所有工作人员的配给，以后大家每天将得到五磅面包、一捆蔬菜、一份烤肉，以及一些芝麻油、蜂蜜、无花果、葡萄、鱼干和酒，除此之外，每人每月还能拿到两袋种子。听到这个消息，大家非常开心，干起活来也更卖力了。

石匠们在努力挖掘砂岩石堆，不敢有一刻懈怠，为了从母岩中运出石块，他们必须先凿出一条狭窄的路堑。这项工作很有难度，绝不能随意进行。首先，队长要找到并标记出矿脉的具体地点，以便工人的后续开采。为了获得大型石块，工人有时会大力捶打四个楔入横向切口的木头，让它们尽可能地陷得深一些，然后再把木头淋湿，因为湿木头变干会膨胀，对两侧石块产生巨大的压力，石块就可以直接撬下来了。

这些石块，一部分会直接交给石匠打磨，一部分会通过倾斜的泥槽送到河岸，然后由货船送到终点站——神庙工地。

对于工匠们持续不断的工作，及其点算产品的技巧，拉美西斯没有任何概念，所以他决定从头开始学，先了解工地的流程。为了让大家更好地接受自己，他刻意讨好工人，跟他们用一样的词语、一样的手势。他们给了他一把铁锤和凿子想要考验他，结果连那些最讨厌他的人都得承认，拉美西斯切割石块的熟练度和精准度无可挑剔。那种华美的亚麻长袍，王子早就不穿了，他现在只穿一件质量很差的皮质围裙。不管有多热、流多少汗，他都不在意。相比于皇宫大内，他更喜欢采石场的世界。他很清楚，带着有钱学生的虚荣心，摆出一副高高在上的架势，是无法得到这些经验丰富的工人的认可的。

他决定不走了，和采石工人待在一起，探寻他们的秘密，了解他们的生活。城市的繁华让人堕落，他要离开那里，在神明的砂岩石块中积蓄力量。

忘记金色的童年和学到的知识，在采石场这个笼罩在太阳残忍炙烤的地方，找到属于他的最本源的东西，这应该就是父亲想让他做到的事。他原以为与野牛的那一战会让他走向王位，可是塞提将他扔到了真正的力量面前，以此打破了他的幻想。

拉美西斯对贵族的生活没有任何好感，谢纳明显比他适合在安逸和习惯中故步自封。他躺在甲板上心平气和地遥望星空，眼里没有任何情绪。

采石场安静极了，这里前天晚上挖掘出不少石块。通常天刚蒙蒙亮的时候，采石场的工人们就开始工作了，因为那时天气还算凉快。可是今天采矿队长们在做什么呢？为什么还不将工人召集起来准备上工？

陡峭的岩壁边有条小路吸引了王子的注意，他迈步走过去，现在他已经融入了这里的生活。外部的世界对他来说再无意义，工具的噪声尚未影响他的心绪，这短暂的宁静让他觉得分外美好。

为了和那些工人生活在一起，更好地感受他们的喜怒哀乐，拉美西斯正在努力忘记自己皇家书记员的身份，放弃自己懒散的贵族习惯。

采石场边缘有块巨型岩石，上面建有一座小庙。小庙左侧入口处，立着一块称颂日出的石碑。塞提法老在这块圣碑面前举起双手，张开五指，拜祭新升的太阳，整座采石场都笼罩在太阳的光芒下。

拉美西斯跪在地上倾听父亲的祷告词。

塞提在完成祈祷仪式之后，转过身看着儿子。"你觉得自己在这个地方能找到什么？"

"我的命运的轨迹。"

法老说："造物主做了四件非常完美的事：让人间拥有四种风，如此活着的人才能正常呼吸；创造了无论是弱者还是强者都能平等享用的水和酒；让人类拥有其后裔才有的容貌；最后，是让所有人都铭记西方世界和冥土，都懂得要向无形之神献上祭礼。但是人类把造物者的警告扔到一边，专注于篡改它的成就。你呢？你也在这么做吗？"

"我……我杀了人。"

"你是为了杀戮而存在的吗？"

"我要保护自己，某种力量推我出手！"

"既然如此，就面对你做过的事，这没什么可难过和后悔的。"

"我要查出幕后黑手。"

"这些鸡毛蒜皮的小事，不值得你浪费时间。你做好献身于神明的准备了吗？"

王子点头称是。

塞提走进神庙，抱出了一条大黄狗。拉美西斯高兴地笑了起来。

"夜巡。"

"你的狗？"

"是，不过……"

"如果你想洗清自己的杀孽，就用石头敲碎它的头，让它成为供奉这座采石场神祇的祭品。"

夜巡刚一被法老放开，就向自己的主人冲了过来，对于此次重逢，它显然非常开心。

"父亲……"

"动手。"

夜巡满眼的热情与温柔。

"不。"

"你知道自己在说什么吗？"

"我不回皇宫了，我宁可当一辈子采石工人。"

"为了一条狗，你连自己的身份也不要了？"

"我不能辜负它的信任，我要保护它。"

"跟我来。"

塞提、拉美西斯和夜巡沿着丘陵边一条狭窄的小径爬上一座岩石山，在那里他们可以俯瞰整个采石场。

"还好你没有行动，不然你就是最卑鄙的屠夫。你长大了，又往前走了一步。"

拉美西斯开心极了。"我要在这里实现自己的价值。"

"不。"

"这些重活我都能干！"

"这种工作可以延续我们的传统。国王来此巡视，是为了确保采石的工人和石匠能够照章办事。要知道，工人们若是不尽责，神祇的住所就容易出差错，神祇就会离开我们的土地。政府必须和这方面的工作者保持联系，这非常重要，要知道石头与木块是不会骗人的。埃及和法老是互相成就的关系，最神圣的工作就是建造神庙和为人民谋福祉，所以法老必须不停地建设，再建设。"

塞提每说一句，拉美西斯的心就像被照入了一道光，变得明亮而开阔。这就像一个口干舌燥的旅人获得了清水的滋润。

"我应该待在这儿。"

"不，我的孩子。西利西亚山的采石场只有砂岩，你还要去见识一下花岗岩、大理石、石灰，以及别的石头和矿石。不要把自己禁锢在避难所里，即使它是某个可以护佑你的机构，也一样如此。你该去北方了。"

13

亚梅尼正在宽阔的办公室里聚精会神地整理资料。拉美西斯的这位机要秘书，在找了不少喜欢说八卦的小官了解情况之后，对自己的调查结果满意极了。他是一个侦探般敏锐的人，现在他离真相已经非常近了。一定有人走私，这毫无疑问，关键是谁才是这桩舞弊案的受惠者。这位年轻人在将罪魁祸首抓捕归案之前，必定会勇往直前。

亚梅尼正在检查自己写在木板上的笔记，拉美西斯办公室的大门忽然就被大力推开了，伊瑟出现在他面前。

亚梅尼手足无措地站起身来，他真不知道该如何面对这位国色天香、倾国倾城的年轻姑娘。

"拉美西斯去哪儿了？"

"我不清楚。"

"你说谎。"

"我没有，真的。"

"不是说拉美西斯什么事都会和你说吗？"

"我们是朋友，可是我完全不知道他会离开孟菲斯。"

"怎么可能！"

"我不想惹你讨厌，所以我没理由骗你。"

"你看上去太镇定了。"

"我不该镇定吗？"

"你知道他在哪儿，只是不愿意和我说。"

"你冤枉我了。"

"只有他能保护你。"

"别担心，拉美西斯会回来的。他如果有危险，我一定能感觉到。我们之间有一种隐秘的联系，我之所以如此镇定就是因为这个。"

宫里说什么的都有，且互相矛盾。有人说拉美西斯被塞提贬斥到南方去了，有人说王子只是按照命令去外地巡视堤坝，以应对下一次的洪灾。情人的失约和戏弄，让伊瑟火冒三丈。最开始发现幽会的芒草小屋空无一人时，她还当拉美西斯在和她闹着玩。她对着空荡荡的屋子，喊着拉美西斯的名字却得不到回应，她忽然发现那里居然是一个充满了蟾蜍、毒蛇和流浪狗的地方，因此疯了一般落荒而逃。

这个野蛮的王子让她失去了理智，满眼都是些诡异的景象……可她还是那么地担心他。如果亚梅尼说的是真的，那拉美西斯一定是掉进了别人的陷阱里。

事实究竟如何，只有一个人知道。

早餐刚刚结束，谢纳对那道烤鹌鹑非常满意。

"伊瑟，亲爱的，见到你很高兴……我的无花果泥味道好极了，不是我自吹自擂，整个孟菲斯都找不到比它更好的，要尝尝吗？"

"是不是你把拉美西斯藏起来了，他去哪儿了？"

"我可爱的、温柔的朋友……我真的什么都不知道啊！"

"事情已到了这个地步，未来的国王会不管不问吗？"

谢纳惊讶地笑了一下。"不得不说，你的敏锐让人欣赏。"

"求求你，告诉我吧。"

"坐下吃点果泥吧，你会满意的。"

年轻的姑娘在一个铺有松软的绿椅垫的椅子上坐了下来。

"既然我们生在贵族阶层，就该安享这种好运。"

"什么意思？"

"难道你不觉得我们十分相配吗？认真考虑一下吧，想想你该有的未来，选择和我弟弟在一起是不是太草率了？"

"该有的未来，指的是？"

"和我在一起，幸福美满地过日子。"

伊瑟认真地看着这位大王子。他觉得自己既优雅又稳重，充满魅力，他将自己视为未来的国王，事实上，他也在像国王一样行事。可是他既没有拉美西斯的英俊，也没有拉美西斯身上那种让她心动不已的诱惑力。

"你真想知道我弟弟在哪儿吗？"

"是的，我想知道。"

"你会伤心的，而我不想让你伤心。"

"我会认真听你说。"

"相信我，不知道你就不会失望。"

"我没那么脆弱。"

谢纳摆出一副伤心难过的样子。

"拉美西斯被任命为舰队书记员，去了西利西亚山的砂岩采石场。他的工作很奇怪，也很普通，就是写一些工作报告，他要和那些采石工人待上好几个月，之后就要去南方定居了。我父亲真是个伯乐，这个工作太适合我弟弟了。现在，我们是不是可以畅想一下属于我们的未来了？"

"我有点晕，谢纳，我……"

他站起来握住她的右手。"在很早之前，我就提醒过你了，不是吗？"

年轻的姑娘对他的触碰感到反胃。拉美西斯没有希望了，谢纳才是未来的国王，被他选中的女人该有多幸福啊，那么多的财富和荣耀。是的，确实是这样。想要嫁给这位王位继承人的贵族小姐怕有几十个吧。

"放开我！"她猛地推开他。

"你在浪费机会。"

"我爱拉美西斯。"

"爱情真那么重要？我不关心这些，忘了他吧，这是你最好的选择。你只要够美，能为我繁衍子嗣就行了，你会是埃及的皇后。只有疯子才会犹豫迟疑。"

"或许我就是疯了。"

谢纳伸手想要拦住她。"别走！不然……"

"不然如何？"

谢纳的圆脸上露出非常紧张的表情。"你考虑清楚……成了敌人，就太可惜了。"

"谢纳，再见。以后我们桥归桥，路归路。"

孟菲斯这座城市繁华而热闹。码头边通宵达旦地进行着各种活动，运载南北货物的商船来来往往、川流不息。负责河运的政府机关要严查所有出行船只，一大批书记官正在记录核查船上的货物。货柜很多，其中一个装文具的箱子里有几十个墨块。

作为法老小儿子的秘书，亚梅尼是有权力对这些货物进行检查的。他查验的都是最值钱的高等货品，可惜毫无进展。

他走上一条非常拥挤的小路，在摩肩接踵的行人间，还有很多驴子或是驮着蔬菜瓜果，或是驮着粮食器具。好在他身材瘦小、手脚灵活，很快就钻到了记录着塞提成长的卜塔神庙附近。在七十五米宽的塔门前，矗立着皇室成员的巨型人像，这些人像由粉红花岗岩雕刻而成，给人一种庄严肃穆之感。这座古城的创建者是一统南北的梅内斯，亚梅尼很喜欢这里，因为它就像是一盏受到了黄金女神庇佑的圣餐杯。池塘里大片大片的莲花散发出迷人的香气，亚梅尼看着它们，真想坐下来好好休息一下，在树荫下懒散惬意地欣赏尼罗河风光，还有比这更美妙的事吗？可是，他不能浪费时间。

亚梅尼先是探访了军方的武器库，然后又找到了一家专门生产上等墨块输送到城里各名校的制造厂。

虽然接待者异常冷漠，可他打着拉美西斯的旗号，对方也无法将他拒之门外。他找到一些已到退休年龄的老工匠，他们非常配合。对于皇室竟然会对某些低劣的产品表示认可，他们觉得非常吃惊。亚梅尼运用高超的谈话技巧问到了一个地址，就在颇有历史的白墙城堡那边。

因为码头人太多，年轻的书记员特意绕过那里，从安科·塔乌依区穿了过去，然后沿着一个兵营走到了市郊。生活在市郊的人很多，这里既有高楼别墅，也有一些二层小楼，和工匠的店铺紧紧地挨在一起。他一次次地迷路，之所以最后还能找到那家他想要调查的工厂，真要感谢那几位在路边闲聊的家庭主妇，她们热心极了。亚梅尼已经很累了，但他不肯放过任何一个可疑之处，在他看来，制造墨块的过程一定有猫腻。

工厂门口的守卫大概四十多岁，手里拿着木棒，极难说话。

"你好，我想进去看看。"

"不行。"

"我是一名机要秘书，我的上级是皇家书记员。"

"小子，你最好老实点。"

"这位皇家书记员是塞提的儿子拉美西斯。"

"现在不是上班时间。"

"那更适合进行调查了。"

"我也是奉命行事。

"请你通融一下，不然我就要提起官方诉状了。"

"滚！"

亚梅尼觉得自己身形瘦小非常吃亏，拉美西斯要是遇到这种情况，轻轻松松就能把这个莽汉提溜起来，一把扔到运河里。看武力行不通，他决定智取。

他假装放弃，和守卫道了别，然后借助在工厂后边找到的梯子爬上了工厂后院阁楼的屋顶。天黑之后，他从屋顶的天窗爬了进去。货架上的油灯为他搜查仓库提供了便利。第一排都是上等墨块这让他有些失望。不过到了第二排，那些标有"上等"字样的墨块明显存在瑕疵，除了体积和重量不达标，颜色也不够均匀。亚梅尼试写了一下，马上就确定了：那些走私物品就是在这里制造出来的。

兴奋异常的亚梅尼并没有注意到警卫走近的脚步声，在挨了一棍子后，当即晕了过去。警卫扛起亚梅尼僵硬的身体，扔到了附近的公共垃圾收集场，这里的垃圾每天早上都有专人点火焚烧。

14

　　垃圾场的清理者和他困意十足的女儿走在孟菲斯北区的街道上——这条街也是一样的睡眼蒙眬。他要在天亮前，把住宅区内所有垃圾场的垃圾焚烧干净，并做好消毒工作，这是他每天必做的事。这是一份枯燥但报酬丰厚的工作，同时也是一份对其同胞有好处的工作——至少他是这么认为的。

　　运气不错，今天没那么多垃圾。清理者同时引燃了好几个垃圾场，想要尽快完成清理工作。

　　"爸爸……我可以要那个大娃娃吗？"

　　"什么？"

　　"那边有个大娃娃。"

　　小女孩指着垃圾堆里露出来的一只胳膊。

"爸爸，我想要那个。"

清理者吓了一跳，连忙冲进垃圾场，脚都差点被烧着了。

那是一只胳膊……一个少年的胳膊！那个少年一动不动，已经昏死过去，脖子上还有早已凝固的血迹。他小心翼翼地将对方拉了出来。

返航的时候，拉美西斯没再见到自己的父亲。他的航行日志写得很细，至于具体内容，我们在记载塞提执政第六年丰功伟绩的皇家年鉴上可以看到。王子将书记员的文具和服饰扔到一边，和船上的人打成了一片。他和他们一起劳作，他们教他如何打结，如何升帆，甚至教他掌舵。更重要的是，他掌握了风的脾气秉性。人们说阿蒙神诡秘莫测、无人得见，但只要看到被风鼓胀的船帆和平安回到港口的船，就能知道它确实存在。无形的神，不会因为你看不见就不存在。

既然拉美西斯不肯摆王子的谱，愿意不要特权，和众多水手一样去做杂事，船长又有什么可反对的呢？他自然要尊重王子的心愿。拉美西斯开心地刷着甲板，坚定地坐在固定的位置上划动船桨。只有水性绝佳、悍勇无畏的船员才有机会去北方效命。他可以感受到船在水流的作用下如何加速滑行，这种感觉太美妙了。

船队回港是件大事，场面非常热烈。在孟菲斯"顺风"港口——这个名字来源于神恩——的码头上，聚集了大量民众。他们用花环和冰啤酒来迎接这些重返埃及的水手们；他们唱歌、跳舞，祝贺水手们的成功，感激河水的宽仁——在航程中给水手们的正确引导。

一双温柔的手将一串矢车菊花环挂到拉美西斯的脖子上。

伊瑟俏皮地说："希望王子殿下，不会觉得这个奖赏太过寒酸。"

拉美西斯说："你不生气吗？"

她假意拒绝他的拥抱。"别以为我会轻易原谅你的无礼。"

"我才不怕，毕竟我没做错什么，不是吗？"

"你就算走得再匆忙，也该告诉我一声啊。"

"法老下的命令，我哪敢有一时片刻的延误。"

"你的意思是……"

"我父亲并不是为了惩罚我才将我带去西利西亚山的。"

伊瑟看上去非常兴奋。"你跟他旅行了这么久……他和你说了一些心里话吗？"

"别做梦啦！我只是去做书记员、采石工和水兵而已。"

"那他逼着你一块旅行做什么？"

"谁知道他心里怎么想的。"

"我和你的哥哥见过面，他的说法是，你被罢免了，你要去南方干一份普普通通的工作，一辈子生活在那儿。"

"能让我哥哥觉得不普通的，恐怕只有他自己了。"

"可是你回到了孟菲斯，而我选择了你。"

"你有王妃必备的两个优点，就是美丽、睿智。"

"谢纳还是想娶我。"

"你为什么会迟疑？有哪个聪明人会将美好的命运拒之门外呢？"

"我只是个爱你的傻子。"

"以后……"

"我不关心以后。我的父母去了乡下，你觉得和茅屋相比……空无一人的别墅会不会更舒服呢？"

难道他和伊瑟的爱情只是对肉体欢愉的追逐吗？拉美西斯在心底微弱地怀疑着。他只想在蒸腾的肉欲中，在两个身体密不可分的纠缠中，享受两人被爱的激流席卷的那一刻，毕竟那种感觉是那样的迷人。他的情人感受着他的抚慰，她知道要怎么做才能让他既不感到疲惫，又能兴致高昂。他舍不得不要她，她是他的情人，一丝不挂，娇柔绵软，正用纤长的手臂抱着他。

伊瑟第一次说起结婚，但王子并不是一个循规蹈矩的人，他对此没有任何兴趣。他们虽然还很年轻，但已经是成熟的男人和女人了，只要他们想结婚，没人可以阻止。问题是拉美西斯还没有准备好去做这项冒险。对此，伊瑟没有任何不快，她决心要打动他。她相信他，而且是越了解就越相信。肯为爱如此付出的人就像一个无与伦比的宝藏，没有人会舍弃的。

拉美西斯的目的地是市中心的皇宫区，亚梅尼怕是等急了，他的调查结束了吗？也不知道有没有结论。

在王子的办公室门前，有个带着武器的警卫正在站岗。

"出什么事了？"

"您是拉美西斯王子？"

"是我。"

"我接到命令保护您的秘书，他受伤了。"

拉美西斯连忙跑去他朋友的房间。

亚梅尼头上缠着绷带，正在卧床休息，有个护士站在床头。

她命令道："他睡着了，不要吵醒他。"然后拉着王子走到外边。

"发生了什么事？"

"他被人发现时，倒在北区的垃圾场里昏迷不醒。"

"他不会死吧？"

"医生觉得没那么严重。"

"他说过什么吗？"

"模模糊糊地说了几个字，听不清。刚给他用过麻醉药，以减轻他的痛苦，但如此一来，他要睡上一阵子了。"

拉美西斯找到负责孟菲斯南区的皇家安全局副局长，沟通了一下情况。可惜这位长官找不到任何线索，案发现场没有目击者，他的追问也都徒劳无功。这件事和马车事件一模一样，元凶肯定已经跑了，可能连孟菲斯都不待了。

王子回到办公室时，亚梅尼刚好醒过来，这位病患一看到拉美西斯，眼睛立马亮了。

亚梅尼虚弱而清楚地说："你回来了……我果然没想错！"

"好些了吗？"

"拉美西斯，我做到了，我成功了！"

"你再这样冒险，早晚会没命的。"

"你看，我硬实着呢。"

"打你的人是谁？"

"一个警卫，他负责看守藏有走私墨块的工厂。"

"那你确实成功了。"

亚梅尼满脸的骄傲自得。

拉美西斯提出要求："把地址告诉我。"

"非常危险……你要带上警察才能去。"

"不要担心，好好休息，快点康复，你只有把身体养好了才能帮上我的忙，对吗？"

在日出三个小时之后，拉美西斯找到了那家走私工厂，有了亚梅尼的说明，这很容易做到。让王子感到奇怪的是，都这时候了工厂还没开门，他在四周逛了逛，没找到任何疑点。这座仓库看上去已经荒废了。

为避免落入圈套，拉美西斯准备等天黑再行动，他非常有耐心。路上来往的行人非常多，但走入这栋建筑的一个都没有。

他找了一个给工匠送水的搬运工打听情况。

"你对这家工厂有了解吗？"

"只知道是生产墨块的。"

"他们怎么关门了？"

"都关了一周了，挺奇怪的。"

"是不是老板出事了？"

"这我可不知道。"

"他们是谁？"

"我没见过这里的老板，只见过工人。"

"你知道谁买了他们的产品吗？"

"这和我有什么关系？"

搬运工走了。

拉美西斯进入仓库的方法和亚梅尼一样，都是爬梯子，然后翻阁楼的屋顶。

他很快就查完了，因为仓库里已经什么都没有了。

拉美西斯和其他皇家书记员一起走进卜塔神庙——卜塔神用文字创造了天地，他们是被传召来的，要在主祭面前做一份关于近期工作情况的简报。工匠首领告诫他们，要认真打磨文字，就像雕琢石块一般；内容要饱满丰富，就像先贤话语。

仪式结束后，拉美西斯之前的老师萨力走过来向他道贺。

"做过你的家庭教师，让我备感荣耀。虽然有些词用得不恰当，但你貌似已经掌握了学习的方法。继续努力吧，你会得到人们的爱戴的。"

"我觉得找到生命的真谛比这更重要。"

萨力对他的说法明显不太满意。"你不像过去那么傻了，但是有些关于你的消息听起来非常荒唐。"

"什么消息？"

"你在追查一个逃跑的车夫，你的机要秘书受到袭击伤势严重。"

"这些消息都是真的。"

"不要总想着那些意外，把它们交给相关部门去处理。相信我，安全部门早晚会抓到凶手的，而你不会比他们更能干。你要做的事还有很多，还有什么比尊重你的身份更重要的呢？"

拉美西斯非常重视和母亲的这次会餐。除了国家大事要处理，皇后每个季节，甚至每天都要参加宗教典礼，再加上宫里那些杂七杂八的工作，她留给自己和亲人欢聚的时间非常有限。

在一座安静凉爽的木制凉亭里，茶几上摆着大理石餐具。图雅穿着一身亚麻百褶长袍，颈间戴一条宽大的黄金项链，款款而来。她刚刚参加完一个推选主唱歌手的会议，获选者将在颂扬阿蒙神的祭典中负起音乐方面的责任。拉美西斯对母亲非常热情，事实上在他的热情之中，还有越来越浓厚的敬重。所有女人都无法与她比肩，也不敢与她比肩。她的出身虽然不高，但皇后之位，她当之无愧。除了她，再没有人能够让塞提产生爱意，能让埃及如此温顺。

他们吃了莴苣、黄瓜、一小块牛排、羊乳酪、一块蜂蜜圆蛋糕、几片小麦饼干，还喝了一点度数很低的绿洲酒。皇后不允许任何人打扰他们的午餐，不速之客也好，陈情者也罢，一概不见。厨师精心挑选的食物能让她恢复精力，位于中央水池的宁静的私人花园也一样如此。

"这趟西利西亚山之旅，你是怎么过的？"

"我当了一阵子采石工人和水手。"

"这两件事都没能让你停下来。"

"我父亲不希望我做这些。"

"作为主人，他非常严苛，他对你的要求会超越你的极限。"

"你知道他对我作出了什么决定吗？"

"你今天没有一点胃口。"

"一定要让我对发生的事一无所知吗？"

"你害怕法老吗？你信任他吗？"

"我心里从来就没有害怕过。"

　　无论他让你做什么，你都要竭尽所能，永远往前看，不要后悔、愧疚，不要羡慕、嫉恨。你要以感恩的心与你父亲相处，珍惜每一分每一秒。至于其他的事，根本不值一提。"

　　"安全部门并没有认真去做我交代的事。"

　　"孩子，这个指控是很重的。"

　　"我没有胡说……"

　　"你找到证据了？"

　　"没有。我之所以找你帮忙就是因为这个。"

　　"那些事已经超出了我的权力范围。"

　　"你可以要求彻查，只要是你的命令，他们就会行动起来。买凶杀我的人是谁，制造假墨块然后以上等品的价格卖给书记员的人是谁，难道不该查一查吗？我的朋友亚梅尼找到了那家工厂，可是他差点死在那儿，随后凶手就清空了仓库。生活在那里的居民，没一个人敢指证这件事。他明显位高权重，以致老百姓根本不敢说话。"

　　"你认为是谁？"

　　拉美西斯沉默不语。

　　图雅做出承诺："我会调查的。"

15

　　法老的船向北方行进。它从孟菲斯起航，沿着尼罗河的干流航行，然后转入支流以三角洲核心为目的地。

　　拉美西斯一路走马观花。

　　这里看不到沙漠，上帝将宇宙和埃及交给荷鲁斯和塞特两兄弟共享：荷鲁斯掌管这片土地，塞特掌管这里的山谷。为了与干旱对战，河流生生楔入两个河岸之间，开辟了一条通道，谁能与水抗衡呢？未被开发的三角洲就像一个大沼泽，里面有各种各样的鸟、一片片的纸莎草和成群结队的游鱼。这里只有几家住在山上的渔民，连乡镇都没有，更不要说城市了。

　　就像在山谷里一样，阳光的轨迹十分隐秘。在海风吹拂下，芦花摇曳荡漾，这是一片尚未被人类征服的辽阔区域，栖息着黑火鹤、鸭子、鹭鸶及其他鹈鹕类动物，蜿蜒的运河由此流入大海。

　　这里地形错综复杂，诡秘异常，好在船长对此地颇为熟悉，在他的带领下，舰队谨慎地以越来越慢的速度向前航行着。除了站在船头的国王，船上有大概二十名水兵。偷偷打量父亲的王子，陷入了深思。塞提代表着埃及，或者说他就是埃及，这民族有着上千年的历史，而他作为这个民族的传承者深知神明有多伟大，人类又有多渺小。人们认为法老神秘莫测，以布满星辰的宇宙为家，认为他是联结着世俗和幽冥之地的桥梁，人们只要通过他的眼神就能穿过空间之门走入另一个世界。没有他，未来就没有永恒的保障；有了他，蛮族就不会马上发兵河岸。

　　拉美西斯不知道为什么会有这次旅行，但他认真地记录了此次航行的经过。不管是他的父亲，还是船上的船员，都没有和他说过任何与之有关的话。王子有一种受到威胁的感觉，就像一只危险的船舰正在暗处蛰伏，随时会像一只猛兽攻击这只小船，甚至把它吃掉。

　　第一次旅行时，塞提就没给儿子留下与伊瑟和亚梅尼告别的时间，这次也一样。拉美西斯知道伊瑟一定会非常生气，亚梅尼一定会非常担心，可是爱情也好、友情也罢，都无法阻挡他的脚步，他要跟着父亲去他想去的地方。

　　河道的出现降低了航行的难度，在一个郁郁葱葱的小岛旁，小船停了下来，岛上建有一座怪模怪样的木质尖塔。王子跟在父亲身后，利用绳梯滑到船下。法老带着儿子，爬上城楼的最高处，那里树枝繁密，只能抬头遥望天空。

　　塞提专注的神情让拉美西斯心生怯意，他什么都不敢问。

塞提的眼睛忽然亮了起来。"拉美西斯，看啊，仔细看。"

一群排成"V"字的候鸟，划过高空，正在向南飞去。

塞提说："它们来自我们不知道的另一个世界，那是一个广阔的天地，在那里神祇时刻都在创造生命。在生机勃勃的海里，它们长着人的头、鸟的身体，以阳光为食物；在浩渺的天际，它们有时幻化成燕子，有时幻化成另一种候鸟。它们是我们重生的先祖，为了不让我们被阳光摧毁而向太阳提出请求。它们启迪着法老的思想，为他指引了一条世人看不到的路，所以你一定要注意它们的动向。"

夜幕降临，塞提指着闪烁的星星教儿子认识夜空。他告诉儿子这个是什么星座，那个又是什么星座；各个星球、太阳和月亮以什么样的规律不停地转动；黄道十二宫的含义是什么。法老的力量难道无法超越宇宙的界限，覆盖所有土地？

拉美西斯竖起耳朵认真聆听，敞开心扉接纳父亲赐予的每一粒"粮食"，然后彻底吸收，一点儿都没有浪费。可是天很快就亮了。

过多的杂草阻碍了皇家船舰的行进。塞提、拉美西斯和四个船员携长矛、弓箭、标枪，上了一艘轻便的纸莎草船，法老亲自负责掌舵。

拉美西斯发现自己进入了一个新世界，一个和河谷截然不同的世界。这里荒无人烟，高达八米的纸莎草大部分时间会将阳光挡在外边。小飞虫一群群地飞过，发出的声音几乎能把耳朵震聋，若非身上涂了一层厚厚的油脂，拉美西斯觉得自己一定会被咬得很惨。

这艘轻舟在划过一片水沼森林之后，进入了一个类似于池塘的地方。在这片池塘中间，耸立着两座小岛。

法老说："这是冕圣城和德贝圣城。"

拉美西斯惊讶地问："是城市？"

"这是自然形成的城市。它原本是海底的山峰，在海洋开始创造生命的时候，升到了海面以上。你不妨在心底把这里的两座圣峰演化成供诸神安居的唯一乐土。"

拉美西斯和父亲一起走入"圣城"，还在一座小庙前做了冥想。在一座芒草遍布的土丘前，他看到了一根棍子，顶端被削成了螺旋的形状。

法老说："它代表了责任，这是所有人都应该找到并守护好的东西，它比生命更重要。法老的责任不是变成暴君，而是成为诸神最重要的使者。"

他们被潜藏在身边的、无数惹人不安的力量搅扰得心浮气躁。在这种朦胧的状态下，所有人都要提高了警惕，只有塞提看起来镇定自若，就像这个变幻莫测的大自然已经被他征服了一般。拉美西斯还能在这片辽阔的纸莎草丛中保持心智不失，和他父亲眼中的淡定与从容有很大关系。

忽然，地平线出现了。小船划过深绿色的水面，岸边出现了渔户。全身赤裸、不修边幅的渔夫们生活在简陋的茅草屋里，他们用渔网、钓竿和捕鱼篓抓鱼，用长刀把鱼剖开、挖出内脏，晾晒鱼干。在这些人中，有两个人用棍子抬着一条尼罗河鲈鱼，这条鱼非常重，把他们的棍子都压弯了。

不速之客的到来让这些渔夫受到了惊吓，他们紧紧地靠在一起，充满敌意地舞动着手里的长刀。

那些人凶狠地瞪着走过来的拉美西斯。

"低头鞠躬，向法老行礼。"

他们放松手指，把长刀和武器扔到了松软的土地上，然后跪在国王面前，之后又拿出各种美食与国王分享。

水手们拿出两坛啤酒交给与他们谈天说地的渔夫们。看到大家有了一些醉意，塞提让儿子点起火把，以驱赶飞蚊和黄色的小虫子。"没有人比他们更穷了，在做了自己该做的事情之后，他们唯一的期待就是你的救助。消除贫困、保护寡妇、养育孤儿，为人民谋福祉，这是法老应尽的义务，就好像不分白天黑夜地巡视守卫是一个勇敢的牧人该做的事，保护民众是一面盾牌该做的事。如此人们会称颂这个神明选定的履行最高义务的人说：'他掌权时，大家都能填饱肚子。'孩子，世间最尊贵的工作就是成为埃及的法老、喂养全国的百姓。"

和渔夫、纸莎草收割工一起生活的那几周，让拉美西斯学会了很多东西，比如什么鱼能吃，什么鱼不能吃；比如如何制造轻型小舟。他打猎的技术也越来越好了，在地形错综复杂的运河和湿地里，他可以说沉就沉，说浮就浮。那些水性极好的人，可以在水下待好几个小时，抓很多很多的鱼，他认真地听着他们的故事。

他们并不想改变这种野蛮的生活方式，事实上，在他们眼中，那些生活在山谷里的人，日子是非常乏味的。他们只要在那个高度文明的地方偶尔待上一阵子就够了。他们会在享受过美味的食物和女人的温存之后，重新回到三角洲的沼泽里。

王子学习他们的能力，接受他们的建议，与他们融洽相处。就算身体再累，他也没有一言半语的抱怨之词，又一次，他忘了自己来自特权阶层。他的能力和技术越来越完美，三个经验丰富的渔夫都比不上他一个人。不要以为这种成功会让他得到多少赞美，事实上，人们更多的是嫉妒和排斥。

他都想舍弃自己出众的天赋，和普通人保持相同的水平，像采石工人、水手或渔夫那样生活了，可是塞提打破了他这份念想，把他带去了边疆。这些地方荒无人烟，直逼眼底的大海似乎正在展开吞噬大地的征程，法老让他远离童年的幻想，神志清醒地直面生命的真谛。

父亲走了，但在他出发的前一晚把通往王权的路告诉了王子。他的话不是说给别人的，就是说给拉美西斯的。他得到的只是一个梦和一点宠爱。塞提和风交谈、和水交谈、和漫无边际的三角洲交谈。他只把自己的儿子视为一个可以彰显出国王之尊贵的陪衬。他是为了打破拉美西斯的幻想和骄傲，才将其带到世界尽头的。拉美西斯的生活和国王并不相同。

可是拉美西斯又觉得自己离塞提很近，父亲的性格确实让人有些无措，不容易亲近，可是他想听父亲的训斥，想竭尽所能地向父亲证明自己的价值。不，父亲已经看到了他身上燃烧着的那种特殊的火焰，也在慢慢地将皇位的秘密展示给他看。

不会再有访客，是时候离开了。

天还没亮，拉美西斯和这些渔夫道别。他带了些鱼干，然后用两支桨匀速地滑动着自己的纸莎草小船，朝正南方驶去了。他会观星，所以不会走错方向，他顺利地驶入干流，并骄傲于自己的能力。他感受着北风的吹拂，感觉有一丝疲倦，但仍一直在划桨，目标明确地向南前进，一路顺风顺水。

那里，孟菲斯的白墙就是三角洲的边缘。

16

炎热潮湿的天气分外难熬。大家的工作效率，不管是人还是动物，都变慢了。所有在法老的田地上被迫劳作的人都期待着洪水泛滥的那一刻，因为这意味着长假的到来。田地在收割后露出一副萧索的模样，而被染成栗色的尼罗河则昭示着为埃及提供财富的幸福之源即将开启。

城里的人四处寻找遮阴的地方，市场上的商人用木桩撑起太阳伞，躲在下边纳凉。每年年底的这五天是一年之中最危险的时日。按照埃及历法，一年有十二个三十天，这五天不在年历之内。塞赫迈特每年都会在相同的时间段，派手下掌管疾病和瘴气的宵小们袭击这个国家，到时候，那些恶棍、阴谋家和奸猾鬼也会涌入世间为非作歹。神庙祭司会昼夜不停地诵读祷告词以安抚塞赫迈特；法老也举行一个神秘的祭祀仪式，由他亲自主持，如果国王公正无私，国家就能转危为安。

这五天非常可怕，期间几乎没有任何经济活动，人们会延迟自己的计划，也不会出去旅行；各种船只全部停靠在岸边，田里的工作也都停了。有一部分堤坝必须进行最后的加固工作，有几个施工者正在抓紧赶工，生怕代表复仇女神的风暴以狂怒之势骤然来袭。邪恶肆意攻击着这个国家，若非有法老从中斡旋，还不知道会如何呢。

人们在等待中期盼着新年庆典的到来，到了那个时候，心中的恐惧将转变成无尽的欣喜喷涌而出，守卫孟菲斯皇宫的侍卫长也躲在办公室里等着这一刻。可是，他忽然接到了图雅皇后召见的谕令。平时他只能见到大皇后的内侍，此次召见非常诡异，他反复思量着的原因。

很多大臣都害怕图雅，他也不例外。她严格遵守着埃及皇室的行为准则，厌恶无能之辈。他不想惹她厌烦，那样会很糟糕。

在他出任皇家侍卫长期间，日子一直过得非常顺遂，虽然没多少赞誉，但也没多少斥责。他按部就班地一级一级往上爬。他知道怎么做才能悄无声息地坐稳自己的位置，上任之后，皇宫内院的平静从未被任何突发状况打破过。

这道召见令，是迄今为止他遇到的唯一的意外。

他手下有个人一直想抢占他的位置，难道对方诬陷他了？或者他有什么失误被抓到了？他不停地思考着这些问题，弄得自己头痛欲裂。

当这位侍卫长按照指令走进皇后的会客厅时，不由得浑身僵硬，双腿战栗，眼皮直跳。皇后虽然看着比他娇小，却给他一种威严的感觉。

他跪地行礼："皇后陛下。"

"起来！赐坐。"

大皇后让人给他搬了一把舒适的椅子，这位官员战战兢兢地坐下，头都不敢抬一下。

"若我所料不错，你应该知道拉美西斯差点被一个马夫杀死吧？"

"是的，皇后陛下。"

"那你知道我们正在找那个车夫吗？就是那个和拉美西斯一起去打猎，有可能策划了整个案件的家伙？"

"是的，皇后陛下。"

"案子查得怎么样了？有什么消息吗？"

"恐怕要等一阵子，这个案子很棘手。"

"'恐怕……'这种说法是不是太吓人了？你不敢查出真相吗？"

侍卫长像被蜜蜂蜇了一样，猛地站起身。"怎么会！我……"

"坐下，认真听我说。我认为有人私下动了手脚，想让这件事大事化小，变成一个简单的斗殴。拉美西斯差点儿被杀，凶手死了，主谋跑了。这样一个恶性事件，停止调查的原因是什么？我的儿子如此坚持，为什么一点儿进展都没有？不要告诉我，我们已经退化成了一个野蛮之邦，法律在这里毫无作用。"

"皇后陛下！调查从未停止……"

"那他们的效率未免太低了，这种情况不会持续很久吧？这可不是我想要看到的。谁敢妨碍调查，我就揪谁出来，说得更准确一点，就是让你去把他揪出来。"

"我去？可是……"

"迅速解决这种案件，不是你的分内之事吗？找到那个设计谋害拉美西斯的车夫，依律处罚。"

"皇后陛下，我……"

"你有不同看法？"

这名侍卫长像中箭了一样灰心丧气。他不知道要怎么做才能在不得罪人的前提下，平安顺利地完成皇后的命令。如果策划刺杀的幕后黑手地位极高，那图雅的态度弄不好还算是温和的……可是图雅也不是一个轻言放弃的人。

"不，怎么可能……但这件事情有点复杂。"

"说过的话就不用再说了。这件事只要照章办事即可，我专门找你过来，除了这个，还有一件事，好办得多。"

图雅说起走私墨块的事，以及窝藏那些墨块的秘密工厂。她根据拉美西斯给出的线索，指出了厂房的地址，让侍卫长查出谁是工厂的负责人。

"皇后陛下，这两件事情有什么联系吗？"

"不知道，或许有点吧！你若是够勤奋，我们就能知道答案了。"

"是。"

"我很欣慰。快去做事吧。"

侍卫长没精打采，头疼不已。要是没有奇迹发生，他怕是只有死路一条了。

谢纳正在应酬身边的那群人。

在皇宫的一个大厅里，这位法老的长子召见了数十位来自世界各地的商人。在这些人中，既有塞浦路斯人、腓尼基人、爱琴海地区的人，也有叙利亚人、黎巴嫩人、非洲人和黄皮肤的东方人，除此之外，还有面色惨白的、来自多雾地区的北方人。对他们来说，收到皇室的邀请函是一种荣耀，这也彰显了塞提统治下的埃及的国际地位。不过，赫梯国的代表并没有出席此次召见，事实上，赫梯国明显和法老处于敌对状态。

谢纳认为人类的未来取决于国际贸易的进程。来自克里特岛、非洲和远东的轮船在腓尼基、彼布罗斯、乌加里特的港口随处可见，埃及却以维持自身地位和传统为由，迟迟不肯推进此种交通运输方式。谢纳敬佩自己的父亲，但私下里并不认同父亲轻视外交和对外贸易的做法。遇到干旱时期，塞提会像他的祖先们那样将大多数三角洲地区变成耕地，并在地中海地区建立众多商业港口，他非常看重这两个地区的安全。可是相比于增强防卫体系、储备作战用具，更好的做法难道不是以赫梯人为起点，与好战的民族建立和平关系并促进其发展吗？

他要是成了国王，定会消除暴力。他不喜欢军队，不喜欢将军和士兵，对穷兵黩武的思想及其统治更是尤为厌恶。在他看来，想要长久地保持君王的权力，靠这些东西是不行的。统治者早晚会被落败的民族打败。与之相反，若对敌方进行经济制裁，就能迅速瓦解一切反抗思想，因为懂得操控和抵制经济制裁方法的人，其实是非常少的。谢纳生来就是国王的长子和王位继承人，他对自己的命运充满感激。而拉美西斯这种无能之辈再如何上蹿下跳，也阻止不了他实现宏伟目标的脚步。在文明世界里，他将成为商业领域唯一的王者；他会在保护自身利益的前提下和其他国家结成同盟，让埃及成为唯一没有地方主义和保守心理的国家……

外国商人以前从未被邀请到皇宫，现在塞提的继承人不仅盛情款待他们，还强调了他们带给他的好处，勾勒出了一个近乎完美的未来。塞提不是一个容易说服的人，不过作为一个国王，除了要遵守玛亚特准则，也该学会审时度势，不是吗？谢纳的口才相当不错。

这是一场成功的招待会。外国商人们表示会拿出本国艺术家雕刻的最完美的花瓶，作为礼物送给他。如此一来，他的藏品的声名就会更加响亮了，事实上，他在收藏方面在整个近东地区，甚至克里特岛都是很有名气的。他要拿什么去换那件线条优美、颜色诱人的上等佳作呢？占有的喜悦在他的眼中迸射出来，谢纳只有在看到自己的收藏时，才会有这种无与伦比的幸福感。

谢纳和一个来自亚洲的批发商正聊得口沫横飞，一位传令官忽然走过来打断了他们的对话。

传令官轻声说："出了点状况。"

"什么状况？"

"您的母亲认为调查结果有问题。"

谢纳做了个鬼脸："发了点火吗？"

"更严重一些。"

"她要自己查？"

"她让皇家侍卫长去查。"

"那个家伙可没什么本事。"

"他在无路可走的情况下，或许会给我们惹些麻烦。"

"让他查，不用管。"

"他要是查出什么……"

"这不可能。"

"需要盯着他吗？"

"不要节外生枝，那些蠢货是没那么聪明的。再者说，他也找不到有用的东西。"

"您的意思是？"

"随时跟进，并向我报告。"

传令官悄然退场，谢纳回去继续招待客人。此时，他心中虽然火冒三丈，脸上却带着笑。

17

海关警察不分白天黑夜地对孟菲斯北港入港的船只进行着严密的监控，为避免走私事件的发生，过往所有船只都要进行登记。所有船只都要严查，海关若查得太久，大家就只能耐心等待，先去看看入港停靠的位置被安排在哪儿了。

到了午饭时间，海上交通较为舒缓，所以大运河的警卫在精神上也比较放松。灼热的阳光将海警巡防的白塔映衬得十分渺小，一位海警骄傲地注视着尼罗河、运河，以及那边郁郁葱葱的平原，三角洲正是以那片河口的开阔处为起点的。现在距离天黑还有不到一个小时，到那时他就可以下班回家了。他家在郊区南边，在陪家里的孩子玩闹之前，他会先睡一会儿养养精神。

为了安抚饥饿的肚子，他吃了一片蔬菜饼，里面的蔬菜还是今天早上现摘的。事实上，他的工作要求注意力高度集中，所以非常辛苦。

忽然，他看到了一件怪事。

他一开始还以为是夏天的阳光在碧波如洗的河面上形成的幻影，他放下吃的仔细打量才发现那是一艘小船。它出现得非常突兀，现在已经驶入了两艘平底驳船中间，这两艘驳船一艘装着双耳尖底瓶，一艘装着粮食。那是一艘纸莎草小船，这一点确定无疑……船上的那个年轻人摇桨的速度非常快。

这种小船通常只出现在三角洲以内地形复杂的水域……不过更关键的问题是，在当天获准出行的船只中，可没有它的名字。这名海警用镜子传讯给紧急应对小组。

经验丰富的舵手驾着三艘小艇，以极快的速度冲向那艘不请自来的小船，然后两名海警押着拉美西斯下了船。

伊瑟暴跳如雷。

"拉美西斯不肯见我，为什么？"

亚梅尼回道："我不清楚。"他还是有点头疼。

"他生病了？"

"我希望没有。"

"你跟他说是我要见他了吗？"

"没有。"

"亚梅尼，你真应该多话一些。"

"那不是一个机要秘书该做的事。"

"明天我还会来的。"

"可以。"

"你为什么不善解人意一些呢？你若肯让我进去，我一定会奖励你的。"

"我觉得自己的薪水已经不错了。"

年轻的姑娘耸了一下肩膀，转身走了。

亚梅尼心里有些慌，拉美西斯从三角洲回来之后，一直闭门不出，连话都不说一句；朋友给他送去的饭菜，他只是勉强吃几口，剩下的时间，不是研读卜塔的格言集，就是站在阳台上望着城中心发呆。

亚梅尼不知道要怎么做才能让拉美西斯开心起来，只好汇报了一下自己的调查结果。初步资料显示，那家有问题的工厂里有不少手工匠人，其所有者无疑是某位达官显贵。不过亚梅尼遇到了阻碍，他无论如何也冲不过去。

主人的归来让夜巡十分兴奋，它紧紧地跟在主人身后，期待着主人的抚慰。它小心翼翼地守卫着拉美西斯，拉美西斯的心里话也只会告诉它。

在除夕夜和洪水节的前一夜，耐心告罄的伊瑟终于不顾情人的意愿，到他和狗相伴的阳台——就是他沉思的地方——来见他。夜巡竖起耳朵，龇牙咧嘴地呜呜吠叫着。

"畜生，给我闭嘴！"

拉美西斯冷冷地看着伊瑟，不让她靠近。

"出什么事了？求你了，说话。"

拉美西斯板着脸转过身去。

"你怎么能这样对我……我爱你，担心你，你看都不想看我一眼吗？”

“别管我了。”

她跪下来求他：“一个字，你和我说一个字也好啊！”

夜巡看上去没那么排斥她了。

“告诉我该怎么做？”

“伊瑟，看看尼罗河。”

“我能过去吗？”

他沉默不语，伊瑟勇敢地走上前去，夜巡没有挡在他们之间。

拉美西斯说：“明天，天狼星将和太阳一起在东方的天空上升起，预示着洪水的到来。”

“年年如此，不是吗？”

“难不成，你不知道今年和往年不一样？”

他的口吻太过严肃，伊瑟被吓了一跳，连谎都不敢说了。

她温顺地靠着他的手臂，说：“我们又不是敌对关系，你无须这么深不可测的。在三角洲，发生什么事了吗？”

“我的父亲让我直面自己。”

“怎么说？”

“逃避无济于事，我该直面问题的。”

“拉美西斯，无论你以后如何，我都相信你。”

他轻抚着她的头发，她神情专注地看着他：在北方遇到的考验，已经让他发生了彻底的改变。

这个少年已经成了一个充满魅力的男人，她对他心醉神迷、爱之若狂。

监测尼罗河的专家准确地估算出了孟菲斯河岸遭遇洪灾的

日子。

庆典即将开启。伊希斯女神经过漫长的寻找终于找到并复活了奥西里斯，这个流言甚嚣尘上。连接大运河和城市堤坝的水闸，一直处于闭合状态，在天亮之后，很快就会开启，到时河水将以迅猛之势涌入城内，而民众则会将数千座象征尼罗河的丰饶和力量的小雕像丢进河里，以防止洪灾的形成。这种雕像外形像是一个头顶纸莎草丛、乳房下垂的男人，他手捧着的托盘里装满了食物。每家每户都有一只彩色的瓷葫芦，葫芦里装着河水，寓意五谷丰登。

皇宫里人流涌动，还有不到一个小时，游行就要开始了。法老将带领游行队伍走到尼罗河畔，亲自主持祭祀仪式。在这种公开场合，所有人都要按照官阶身份找到自己在队伍中所处的位置。

谢纳在房间里走来走去，问侍卫说："我父亲还没决定好我的位置吗？"

"是的。"

"太奇怪了！去找祭司问问。"

"国王会在游行队伍的最前方，命令也由他亲自下达。"

"这件事众所周知！"

"抱歉，我只知道这些。"

谢纳拽了拽他的亚麻长袍以抚平上面的褶皱，然后又调整了一下脖子上那串足足绕了三圈的玉髓珍珠项链。他比过去更崇尚奢华了，好在他还知道不能超过自己的父亲。传言说塞提打算改变典礼进程且皇后也首肯了，传得和真的一样。可是他却没有得到任何消息。如果国王和皇后将他的位置排在后面，那就是在向人们宣布他失宠了。要说有谁在里面搞鬼挑事，一定是那个狼子野心的拉美西斯。

谢纳自忖，难不成小瞧了自己的弟弟？这个像毒蛇一样的家伙躲在暗处不停地诬陷他，给了他致命的一击；图雅被拉美西斯蒙蔽，于是说动了她的丈夫。

对，拉美西斯就是这样打算的，他要在一个重要的典礼上取代其兄长的位置，公开站在国王夫妇身后，向世人宣告他的哥哥被舍弃了。

大皇后正在两位女祭司的服侍下整理着装，她头上的双羽皇冠羽毛很长，代表她是来自宇宙的风和为生命提供力量的水源，干旱会随着她的出现而消失，农业生产将得到恢复。

谢纳向母亲行礼问安，接着说："对于我的安排，有什么可犹豫的吗？"

"你为什么会有这种抱怨？"

"尼罗河的祭典，比我地位高的，应该只有我父亲吧？"

"这得看他怎么想。"

"他怎么想的，您不知道吗？"

"你在怀疑你父亲。以前最先称赞他行事睿智果决的人，可一直是你。"

谢纳沉默下来，他觉得自己这次有些鲁莽了。他无法坦然地面对自己的母亲。她不强势，却非常精准而可怕地一语中的，将他的铠甲直接刺穿了。

"您放心，我会一如既往地遵从他的安排。"

"既然如此，你还有什么可担心的？塞提无论做什么都是为了埃及的利益，还有比这更重要的吗？"

拉美西斯不想自己因为无事可做而备受折磨，于是把智者卜塔的格言一条条地抄在莎草纸上。王子被这些智慧深深感染着，就像是跨越时空在和作者直接交流。

不出一个小时，就有一位辅祭来告诉他游行队伍中他所在的确切位置。如果他所料不错，应该就是谢纳之前一直占有的那个位置。如果塞提足够冷静，就会严守旧有规则。可是在这场即将在尼罗河岸公开举行的神圣游行中，他偏偏在密谋着什么，他为什么要这么做？法老准备让拉美西斯取代谢纳，然后让人们大吃一惊吗？

国王是选长子作为皇位继承人，还是在贵族中挑选一位皇位继承人，在法律上没有任何的硬性规定。不少法老和皇后都不是皇室中人，比如图雅，她之前就是个乡下人，日子过得并不富裕。

回想和父亲相处的那些画面，拉美西斯发现所有的事都是安排好的。塞提让他通过一次次的试练，从幻想中走出来，看到真正的自己。拉美西斯认为自己命中注定要成为统治者，就像狮子天生就是狮子一样。命运之路已经铺就，塞提的责任就是一步都不让他走错。

从皇宫到大河，路上到处都是围观的民众。这个庆典一方面是为了庆祝新年，另一方面也是为了祭祀再次泛滥的尼罗河。同时，这也是人们为数不多的能够同时看见法老、皇后、他们的子女，还有众多达官显贵的机会。

谢纳透过房间的窗户遥望着那些好奇的民众，几分钟之后，他们就会看到他是如何变成一个弃子的。他连为自己辩白的机会都没有，更不要说向塞提证明拉美西斯不配当法老了。

有很多贵族都是谢纳的支持者，支持拉美西斯的大臣不多。不少臣子会在谢纳的煽动下站出来反对拉美西斯，这股力量，就是塞提本人也不敢小觑。不要说谢纳会在拉美西斯犯错时趁势而起，就算拉美西斯一点错都不犯，谢纳也会使些手段陷害他。

游行即将开始，按照大祭司的意思，国王的长子应该跟着自己，拉美西斯应该跟着辅祭。

从宫门口到神庙区的出口，游行队伍蜿蜒绵展。国王和皇后所在队伍的前列是一些负责撒花、开路的姑娘，王子被引向这支队伍的前排。当那些身穿白袍、头顶锃亮的神父们，看到从面前经过的塞提的幼子时，不由得要对他的仪表心生赞叹。人们意识到他已不是一个只知游戏、玩闹的孩子，他追求的也绝非宁静而朴素的生活。

拉美西斯一路向前，从几位颇有势力的高官和锦衣华服的贵妇前经过，小王子此前从未在公众面前露过面。这是梦吗？不，当然不是。就在新年的这天，他的父亲让他走到了和王位更近的地方。

但是，希望忽然中断。

辅祭让他跟着大祭司卜塔，那里离国王夫妇很远，离总在炫耀自己是王位继承人的谢纳也很远。

18

拉美西斯已经连续两天滴水未进了，他一句话都不说。

亚梅尼知道自己的朋友有多绝望，所以沉默地待在一边，悄无声息地照顾着王子，并不开口去打扰他。当然，拉美西斯以后可以名正言顺地和其他达官显贵一起出席各种国家大典了，可惜他只是一个最普通的配角。所有人都认为谢纳才是王位继承人。

夜巡没有让主人带它去散步，或者陪它玩，因为它可以感觉到他的难过。它的信任让王子从自我封闭的牢笼中走了出来。他喂夜巡的时候，终于把机要秘书给他准备的食物吃了下去。

"亚梅尼，我太自负了，又没什么本事。我父亲狠狠地教训了我，这没什么不好的。"

"你为什么要伤害自己呢？"

"这会让我长点儿记性，变得聪明一些。"

"权力就那么重要？"

"重要的不是权力，是我想要证明自己的价值！我坚信自己就是为安邦定国而生的。父亲没想让我继承王位，我对此居然一点儿感觉都没有。"

"你准备认命了？"

"我的命运是什么呢？"

亚梅尼怕他伤害自己。强烈的失望感，弄不好会影响拉美西斯的神智，让他不停地折磨自己。时间是减轻失望感的唯一良药，可王子通常不会把忍耐这种美德放在心上。

亚梅尼轻声说："刚刚接到萨力的邀请，他想让我们一起去钓鱼，你想不想去放松一下？"

"无所谓。"

亚梅尼强忍笑意想，拉美西斯要是能像过去一样玩乐，痊愈起来也就没那么难了。

一众年轻的学术精英在拉美西斯的前家庭教师及其夫人的邀请下，聚集到一起。这是主人家推荐了一项优雅的娱乐活动——在养满鱼的池塘里钓鱼。大家每人分到了一把三脚椅和一支洋槐木钓竿，赢得比赛的高手将获得一卷讲述冒险家西努耶生平事迹的精美的莎草纸，这本古典小说一直备受历代专家学者喜爱和称赞。

亚梅尼很喜欢这种新兴的娱乐活动，拉美西斯便把位子让给了他。王子不知道燃烧他灵魂的欲望之火为什么如此炽烈，连友情和伊瑟的爱情都无法将其扑灭。这道烈焰胃口太大，并不会随着时间的流逝而减弱，它耗费的燃料只会越来越多。无论命运如何安排，他都不会让自己去过平庸的日子。他只在乎他的父亲和母亲，也就是法老王和皇后，并不在意其他人如何想。

萨力搭着学生的肩膀，一副非常热情的样子。

"这种游戏在你看来没什么意思吧？"

"你组织得很好。"

"你要是参加一定能赢。"

"你在嘲讽我，以前你可不爱这么做。"

"我不是这个意思，现在谁也动摇不了你的地位了。你在游行时表现得不错，不少大官都这么想。"

萨力说得很直白，也很真诚，他将拉美西斯带到凉亭里，拿了一些鲜啤酒招待他。

他兴奋地说："说起来，再没有什么工作比皇家书记员更惹人羡慕的了，你不仅可以得到国王的倚重，还能涉足财库和谷仓之地，占有祭祀之后的供品。你可以穿锦衣华服，还能养些马匹，弄一艘小船。你可以在华丽的别墅里生活，巡视丰收的田地，你的衣食住行都有忠实的仆从照料准备。你的手臂不用出苦力，双手将一直白嫩柔软下去；你挺拔的脊背不会被重物压弯；你不用扛锄头，也不用挥十字镐，那些徭役更是与你无关，没有人敢对你的命令敷衍塞责。有了写字板、芦苇笔和莎草纸卷，你自能出人头地，变成一个富裕的、备受尊敬的人。你可能要问我，荣耀又将如何？你会得到它的。人们忘了自己的先祖，却还在颂扬那些作家，那些与其先祖同时代的睿智的书记员。"

拉美西斯平静地背诵道："我是书记员，书比一切建筑物都更能完整地记录你的名字，因为它比石碑或者金字塔更有深度。书记员以自己的智慧进行传承，那些主持葬礼的祭司所诵读的悼词，正是出自他们之手。他们创作的石板就是其子孙后代，他们的妻子就是写满象形文字的石头。再坚硬的建筑也有风化的一天，可是书记官的文章却能万古长存。”

"太棒了！"萨力喊道："我教给你的东西你全都记得。"

"是我们的先祖教给我的。"

"对，对……不过，确实是我和你说的。"

"请接受我的感谢。"

"我为你骄傲。好好当你的书记员吧，不要想太多。"

还有其他客人需要男主人招待。拉美西斯百无聊赖地看着那些在谈天说地、喝酒钓鱼、闲话家常的人，他不知道这些人为什么如此热衷于平庸地生活和使用特权。

他的姐姐挽着他的手臂，神色温和，问："高兴吗？"

"你觉得我高兴吗？"

"我这样装扮漂不漂亮？"

他放开手，打量了她一番。她穿着带有浓重异域风情的艳丽长袍，戴着繁复的假发，看上去确实比平时精神。

"作为女主人，你非常美丽。"

"能得你一句赞美，真不容易！"

"所以越发可贵。"

"你在尼罗河祭典上的表现非常不错。"

"我什么都没做，连句话都没说。"

"正因为这样……才无可挑剔，大家都很吃惊，要知道皇族的设想可不是这样。"

"那是哪样？"

杜兰特眸光闪烁，带着某种敌意。"反抗，甚至是诉诸武力的反抗。你在大失所望的时候，做出来的事远没有平时那么克制。一头狮子怎么会成了羔羊呢？"

若非握紧了双拳，拉美西斯怕自己的巴掌已经扇在她脸上了。

"杜兰特，你以为我要的是什么？"

"属于你哥哥的，且永远不会属于你的那些东西。"

"不是，我没有嫉妒他。我的想法很单纯，就是要找到真正的自己。"

"假期一来，集中到孟菲斯的人会非常多，我们准备去度假，地点是尼罗河三角洲的别墅，怎么样，和我们一起吗？我们去游泳、钓大鱼，你还可以教我们怎么划船。"

"我有工作……"

"拉美西斯，别推脱了。现在事情已成定局，你为什么不关心你的亲人和朋友，感受一下他们的深情呢？"

赢得钓鱼比赛的人兴奋得又叫又跳，女主人上前向他道贺，男主人则送上了讲述西努耶冒险记的莎草纸卷。

拉美西斯向亚梅尼使眼色。

亚梅尼坦白道："鱼线断了。"

"我们走。"

"这就回去了吗？"

"亚梅尼，比赛已经结束了。"

衣着考究的谢纳向拉美西斯走过来。

"抱歉，我迟到了，没看到你的精彩演出。"

"上场的是亚梅尼，不是我。"

"没力气了？"

"你想怎么说都行。"

"很好，拉美西斯，你会越来越有自知之明的。在这件事上，你是不是该谢谢我？"

"谢你什么？"

"若不是我的推动，你怎么有机会参加那种引人注目的游行？塞提很不放心你，一直想把你放逐到其他国家去。其实他这么想没什么不对，你确实做了很多不合时宜的事。好在你这次做得不错，保持下去，我们应该融洽相处。"

谢纳转身走了，身后跟着一大批追随者，看到这位不请自来的访客，萨力夫妇高兴地向他躬身行礼。

夜巡闭着眼睛，陶醉地享受着拉美西斯在其头顶上的轻抚。王子抬起头，遥望星辰。按照智者的说法，一旦去世的法老被神圣的法庭确认是公正的，它的心脏就会化作星辰。

伊瑟浑身赤裸地靠在他身上。

"我要嫉妒死了……可以先不要管这条狗吗？我们做爱吧，我要你！"

"你困了，可我并不想睡。"

"我有个小秘密要告诉你，但你得先亲我一下。"

"你这是勒索，我不喜欢。"

"经过我多番努力，终于得到了你姐姐的邀请。所以，你不用担心和家人在一起时会感到无聊了，另外我们即将结婚的消息，也会传得更真实。"

她太温柔、太妩媚了，王子怎能对她的抚触无动于衷呢？他抱着她穿过阳台一直走到床边，将她放到床上，两人缠绵起来。

拉美西斯恢复了食欲，这让亚梅尼非常开心。

他兴奋地说："该准备的都准备好了，行李我都亲自检查过，可以走了。度个假也许对我们有好处。"

"你是该放个假，你想休息一阵子吗？"

"我只要一开工，就停不下来。"

"到了我姐姐那，你也找不到事做。"

"我可不这么想，你眼下的工作有很多资料要看，再说……"

"你一定不知道什么是放松，亚梅尼。"

"主人是这样，我这个仆人自然也是如此。"

拉美西斯按住他的肩膀。

"不要说你是我的仆人，你是我的朋友。我劝你休息几天，听话。"

"我会试一下的，不过……"

"你遇到麻烦了？"

"走私墨块的事，还有那家有问题的工厂……我想弄清楚到底是怎么回事。"

"我们可以吗？"

"埃及有些脏事，我们不得不管。"

"以你的性格，能成为一名政治家吗？"

"我知道我们的想法是一样的。"

"我找过我的母亲，希望她能帮助我们。"

"这……这太棒了！"

"直到现在也没什么进展。"

"真相终有一天会浮出水面。"

"那些墨块和那家工厂我可以不管，可是那个想要害死你的人，还有那个幕后真凶，我一定要抓到。"

拉美西斯的态度居然如此强硬，这让他的机要秘书非常吃惊。

"亚梅尼，我的记性很好的。"

萨力租了艘帆船，看起来非常漂亮。他只要想到自己可以在汛期形成的大水面上航行，可以在长满棕榈树的山顶小屋中度过一个舒适的假期，就忍不住满心欢喜。这边的气候让人连气都喘不过来，那边可不是，而且那边的生活节奏也没这么快。

船长有点着急，他得起航了，刚刚海警已经下达了可以出发的通知。如果轮到他们起航的时候，他们还不走，就要再等两到三个小时才能走了。

拉美西斯的姐姐遗憾地说："拉美西斯还没来。"

萨力说："可伊瑟早就到了，已经在船上了。"

"他的行李到了吗？"

"太阳还没升起来的时候就送到船上了。"

杜兰特不住地跺脚。

亚梅尼一路小跑，到了近前，还没开口，先深吸了一口气。

"我找不到拉美西斯！"他说。

19

　　拉美西斯是带着夜巡走的，他背上是一个行李袋和一块绑着皮带的草席，左边的皮袋里装着一块裹腰布、一双凉鞋，右手拿着一根拐杖。休息时，他在树荫下铺好草席，然后在上面小睡一会儿，他忠诚的伙伴则会为他站岗放哨。

　　拉美西斯第一段旅行是在船上完成的，现在的步行是第二阶段。在离开海面之后，他沿着小路向山顶迈进，他走过不计其数的村镇，和为了恢复体力的农夫们一起吃饭。都市的生活让他厌倦，他发现了一个人间仙境，在这里他可以按照四季和节庆的顺序过着平静的生活。

　　拉美西斯谁都没告诉，包括亚梅尼和伊瑟。埃及人在走亲访友时，或者在汛期前往大部分已经开工的工地上工时，不都是独自上路的吗？他也想那样做。

他在一个小村子里雇了一个以给穷人摆渡为生的船夫。在开阔的水面上，船只渐多，大大小小有几十只。有些拉着小孩的船一直左摇右摆地晃动，孩子们为了在水里来一场游泳竞赛，故意失足落进水里。

埃及人民的呼吸，以及他们因为对法老充满信心而表现出的那种显而易见的愉悦和安稳，拉美西斯不管是在休息、游玩，还是在旅行……都能清楚地感受到。拉美西斯时常听到有人用尊重和赞美的语气提起塞提，这让他备感骄傲。他暗自发誓，就算自己只能做一个小书记员，只负责监督谷仓存储或者服从长官的命令，也绝不给父亲丢脸。

由鳄神索贝克统治的梅室是一个充满绿意的省份，它就在法尤姆的入口处。"伟大的爱"是梅室的皇家后殿的名字，有好几公顷大，由优秀的园丁负责打理。这片辽阔的地区是埃及人心中最美的地方，这里的运河网络十分发达、精巧。这里是贵妇们的养老之所，看到年轻貌美的姑娘成为纺织厂的员工，成为诗歌、音乐和舞蹈学校的学员，她们羡慕极了。珐琅大师在珠宝设计师身边努力地提高着自己的技术。无穷无尽的工作将后殿渲染得分外热闹。

拉美西斯现在的形象有些丢人，所以在靠近大门之前，他先是换了件裹腰布，然后又穿上了凉鞋，接着又把狗身上的灰往下掸了掸，直到把自己收拾得差不多了，才向一位贼眉鼠眼的守卫走过去。

"我来探访朋友。"

"小伙子，把你的推荐信拿给我看看。"

"我用不着推荐信。"

那守卫梗着脖子说："你这么狂妄的理由是什么？"

"我是塞提的儿子，拉美西斯王子。"

"你玩我呢！王子出巡会没有护卫？"

"我有一只狗啊。"

"臭小子，滚远点，我没心情跟你开玩笑。"

"闪开，这是命令。"

这个守卫被他强硬的语气和尖锐的眼神吓到了，不知道是应该把这个讨厌鬼赶走，还是谨慎地周旋一下。

"告诉我你朋友的名字。"

"摩西。"

"等一会儿。"

夜巡在树荫下安坐，那是一棵波斯木，浓郁的香气在空气中飘荡。在后殿的树上栖息着几百只鸟，最甜美的生活也不过如此吧。

"拉美西斯！"

摩西一把推开警卫，朝拉美西斯跑过去。这两个朋友紧紧相拥，互相拉扯着走进门里。跟在他们身后的夜巡，扬起鼻子使劲闻了闻，看样子它很喜欢从警卫室飘出来的香气。

在无花果树丛里，一条用瓷砖铺就的小路蜿蜒伸展，摩西和拉美西斯走在这条小路上，其尽头的水房里长着枝叶繁茂、沽白如玉的荷花。在一张由三块石灰石并排砌成的石椅上，两人安然落座。

"拉美西斯，这太不可思议了，我太开心了，你要到这里来工作了吗？"

"不是，我想你了。"

"你自己来的？没带随从吗？"

"你吓了一跳吧？"

"这事也就你干得出来！我们的小集体散了之后，你做什么了？"

"我做了皇家书记员，另外，我以为我父亲会选我继承皇位。"

"谢纳答应吗？"

"只是个梦而已，不过我倒真的是百折不挠了。我父亲在众目睽睽之下戳破了我的幻想，不过……"

"不过？"

"不过那种让我备感无力的力量也在激励着我。我不想像无事可做的有钱人那样只知道混吃等死。可是摩西，我们应该怎样生活呢？"

"关键就在这里，你说得很对。"

"我不想泯于众人，可我不知道该怎么做？"

"你感到迷茫，我也一样如此。我给这座后殿的总管当助理，除我之外，他还有别的助理。我在一家纺织厂当监工，监督工人的工作情况。我有一栋房子，里面有五个房间和一座花园，我还能得到一份精心制作的餐点。好在后殿还有一座图书馆，让我能够吸收全埃及人的智慧！如此看来，我什么都有了。"

"你还缺一个美女。"

摩西笑着说："这里最不缺的就是美女，你有喜欢的人了？"

"或许吧。"

"谁？"

"伊瑟。"

"我听说过这个人，未来的国王对她志在必得。让人羡慕的家伙……可是你说'或许'，为什么？"

"她长得很美，和我处得也不错，可是我不知道自己是不是真的爱她。我对爱情的想象不是这样的，要更热烈、更疯狂、更……"

"'不要折磨自己了，你该享受当下。'晚宴时竖琴家在我们耳边唱的这句话，你还记得吧？"

"你呢，爱上谁了吗？"

"有几个情人，或许……可是没有我中意的。我也是，我说不清楚，感觉有一把火在燃烧，可是我不知道是应该忘掉它，还是让它燃起来。"

"摩西，我们要有选择。如果我们不想像倒霉的影子那样消失无踪，就不能逃避。"

"你觉得这是一个光明的世界吗？"

"这个世界上是有光明存在的。"

摩西抬起头，望着天空。

"它藏在太阳里面吗？"

拉美西斯按下朋友的脑袋。

"你要是不想瞎掉，就别盯着它看。"

"我会找出暗处的东西。"

他们的对话被一声惊叫打断了。两个纺织女工在与他们相对的另一条小路上飞快地跑走了。

摩西说："轮到我吓你一跳了，有个坏蛋快把那些倒霉鬼吓死了，我们去收拾收拾他。"

那个坏蛋根本没想跑，他单膝跪地，将一条美丽的墨绿色的蛇抓起来，放到袋子里。

"塞达武！"

御蛇巫师面无表情。在这里看到他，让拉美西斯非常惊讶。塞达武告诉他，后殿的实验室会向他购买毒液，这也是他的经济来源。另外，最让他高兴的是，能和摩西待几天。

"拉美西斯，闭上眼睛，我有几个绝招要教给摩西。"

王子听到可以睁眼的命令时，摩西正用右手捏着一根深褐色的细长的棍子，笔直地站在那里。

"这有什么稀奇的？"

塞达武嘱咐道："仔细看！"

那根棍子忽然扭动起来，是蛇！摩西一把将蛇扔到地上，塞达武马上捡了起来。

"这是个自然魔法，是不是很有意思？有点吓人，吓谁都行，包括国王的儿子。"

"教教我吧，我也要操控这种'棍子'。"

"没问题。"

朋友三人躲在果园里，塞达武将操控活蛇的窍门告诉了他的两个同伴。

离他们没多远，有一群年轻的姑娘正在练习一种和特技有些相像的舞蹈。姑娘们身上紧紧地裹着半长不短的裹腰布，胸前和后背的布带交叉着绑在一起。她们梳着高高的马尾辫，垂在脑后的辫子的末端还系着一颗木头珠子。舞蹈动作虽然复杂，不过大家的步调很一致。

塞达武并没有把心思放在舞蹈上，他只专注于寻找那些能让人生不如死的毒蛇，似乎这就是他的全部梦想。塞达武活得专心致志，摩西想过自己是不是也要这样过日子，可是他有太多公文要处理。他做事非常严谨认真，事实上，只要再给他一点时间，他就能轻轻松松地登上后殿总管的位置。

他向拉美西斯许诺："我早晚有一天会丢下这一切。"

"怎么说？"

"这很难解释，我只知道自己不喜欢这种生活，而且是越来越不喜欢。"

"我和你一起走。"

那些女孩在跳完舞之后，聚在淡蓝色的水池边分享某种小吃，并成功地邀请到了他们。面对那些关于皇宫、书记员的职责和他未来计划的追问，拉美西斯王子表现得极不耐烦，甚至有些粗鲁。那些找他闲聊的人失望地离开了，她们还有一项考验知识储备的诗词比赛要参加。

拉美西斯发现有个黑发碧眼的姑娘坐在一边一直没有出声，她看起来比其他女孩都小，长得也很漂亮。

他问摩西："那个人是谁？"

"妮菲塔莉。"

"她看起来很害羞。"

"她是最近才来后殿的，出身一般，布织得很好，事实上，她无论哪方面在这个团体里都是拔尖的，只是那些贵族小姐不愿意接受她。"

虽然有传言说拉美西斯王子即将迎娶伊瑟，可是考虑到国王的儿子或许会比普通男人更加博爱，所以有好几个跳舞的姑娘试图勾引这位王子。王子甩开她们，走到妮菲塔莉身边坐下。

"希望你不会因为我的出现而感到不愉快。"

听他这样说话,她便没那么警惕了。她抬头看了一眼拉美西斯,目光带了一丝忐忑。

"抱歉,我可能有点失礼,但你看起来很孤单。"

"那是因为……我在思考一些事。"

"遇到什么麻烦了吗?"

"关于卜塔智者的格言,我们必须选一首加以解读。"

"他的作品非常棒,你选了哪首?"

"我还没想好。"

"妮菲塔莉,你以后想做什么工作?"

"花艺。我希望每年都能在神庙里待很久,越久越好,然后为神明准备花束。"

"这种生活不是很苦?"

"我喜欢思考,喜欢把精力用在思考上。书上说:宁静可以让灵魂璨如花树,正是如此。"

下一节是文法课,舞蹈监察将她们召集到一起,让她们在上课前换好衣服。妮菲塔莉站起身,准备走了。

"等等……你能帮我个忙吗?"

"我们不能迟到,舞蹈监察非常严厉。"

"你选了哪首格言?"

她的笑容足以让最亢奋的战士平静下来。

"我们可以在石磨女工身上找到最完美的话语,尽管它藏得比绿色石头更隐蔽。"

她说完这句话,就灵巧地跑开了。

20/

　　拉美西斯在梅室后殿待了一周，却只和妮菲塔莉见过那一次。至于摩西，他因为工作效率高，被上司安排了很多工作，忙得不可开交，根本没多少时间和朋友聊叙。好在短暂的交流似乎让双方都有了新的力量，他们彼此许诺将永远保持理智。

　　塞提小儿子来访的消息没过多久就传开了，那些贵族出身的老妇人无不想方设法地找机会和他闲话家常，她们的回忆和建议更是弄得他头昏脑涨。工匠和公职人员希望他能提供帮助，学院的负责人不停地以最高的规格向他表达敬意，只为了让他在塞提面前称赞一下他们的管理成绩。拉美西斯很少有机会能静静地躲在花园里翻一翻古书，他忽然觉得自己又被人扔到监牢里了，连喘口气都那么费劲。于是，他重新背起行李袋和草席，拿着拐杖，悄无声息地走掉了。他知道摩西并不会因此而误解他。

夜巡胖了，不过没关系，只要飞快地走上几天，它的身材就能像以前一样纤瘦了。

皇家侍卫长第一次如此努力地工作。他忙得脚不沾地，东奔西走，光主管就见了几十位。他认真分析了某些细节，将犯人提出来重新审讯，连刑讯逼供的手段都用了。

也不知道究竟是因调查被压制了，还是行政体系本身就有问题，他试着恫吓了某些高官，可仍没什么效果。然而皇后凶起来，却是比所有大臣都要恐怖。

最后，在他做了所有能做的事情后，他提出和图雅会面。

"陛下，我敢说自己已经竭尽所能。"

"我更想知道，你得出的结论是什么。"

"您让我调查真相，不问其他。"

"对。"

"恐怕您要伤心了，因为……"

"我会有自己的判断，说正题吧。"

侍卫长想了想说："我先声明一下，我的工作是……"

这位高官本想解释一下自己力有未逮的原因，不过皇后用眼神阻止了他。

"所以有两个坏消息，我准备向您汇报。"

亚梅尼在认真地抄写法律条文，这是每个书记员都要背熟的。拉美西斯并没完全信任他，他却坚信王子一定会回来，所以照常履行自己机要秘书的职责。

当夜巡蹿到亚梅尼膝盖上、用柔软的舌头在他脸上一顿乱舔时，他热情地欢迎拉美西斯，把所有的埋怨都抛到了脑后。

王子坦言："我果然没猜错，像你这么能干的人，办公桌上肯定什么都没剩下。这么多工作，我要是你肯定不干。"

"可是，我们每个人有每个人的职责，我接受上帝的安排。"

"亚梅尼，我很抱歉。"

"我发誓我会诚心诚意地对待你，我若背弃誓言，地狱恶魔可以割断我的喉咙。就像你看到的那样，我做事尽职尽责。你的旅行过得怎么样，高兴吗？"

拉美西斯和他说了后殿、摩西和塞达武的事，却没有说和妮菲塔莉的那次短暂的相遇。在他的记忆里，那次谈话虽然只有几分钟，却莫名珍贵。

亚梅尼说："正好你回来了，皇后让你尽快和她见一面，亚夏也说请我们过去吃晚饭。"

亚夏款待拉美西斯和亚梅尼的地方，是他自己的宅邸——外交部最近分给他的在城中心的宅邸，距离他工作的行政区非常近。他虽然年纪不大，但已经有了成熟外交官的架势，他的行为举止亲切热情，说起话来诚意十足。他衣着考究，紧跟孟菲斯的潮流，古风古韵，又带着点意气风发的意味。他原本就气质高雅，现在又多了一种稳重的感觉。拉美西斯几乎要认不出他了，亚夏已经走上了他该走的路。

拉美西斯评判道："看样子你很喜欢自己现在的状态。"

"我在合适的时机做了正确的选择。人们认为我对特洛伊战争所做的分析是对的。"

"到底是怎么回事？"

"这场败仗和特洛伊人有很大关系。有些人认为阿伽门农的人不会下重手，我却认为他们将大肆劫掠，甚至屠城。不过，埃及和这场战争没有任何关系，所以我们不会插手。"

"塞提最大的目标，就是保持和平的状态。"

"所以他才如此忧心。"

拉美西斯和亚梅尼不约而同地问出心中的忧虑："你担心会发生冲突？"

"赫梯人蠢蠢欲动。"

塞提掌权的第一年，贝都因人就在赫梯人的怂恿下，进攻了巴勒斯坦，还建立了一个独立的国家，以致塞提不得不想办法平定叛乱。好在没过多久，那些乱臣贼子就发生了内斗。之后，法老御驾亲征平定了迦南之乱，将叙利亚以南的要塞和进出腓尼基的要塞拿到了手里。

塞提掌权的第三年，埃及和赫梯人必有一战的情况已经成了所有人的共识，可是双方的军队在摆好架势后，又各自收兵了。

拉美西斯问："还有什么消息吗？"

亚夏用右手的食指摸了摸自己剪得完美无缺的胡子，说："那些消息都是机密。你虽贵为皇家书记员，可惜还是级别不够啊。"

拉美西斯揣摩着亚夏的意思，不知道他是不是真这么想的。他马上就安下心来，因为他这位朋友眼睛里露出的是一丝戏谑。

"赫梯人准备搅乱叙利亚，而腓尼基有几个收了他们重礼的王子，已经成了他们的帮手。国王的军事顾问认为我们必须尽快出手干预，最新的消息是，塞提觉得兵贵神速。"

"你要上战场吗？"

"不。"

"你被扔出来了吗？"

"有点那个意思。"亚夏白嫩的面皮抽动了一下，看上去对拉美西斯的这个问题有点排斥。"我有别的事要做。"

"什么事？"

"这回真的不能说了。"

亚梅尼喊道："一次秘密行动，太刺激了，可是……会很危险吧。"

"为国尽忠。"

"一点都不能透露吗？"

"我唯一可以说的，就是我会去南方。"

夜巡也享受了一次来自特权的优待：在皇后的花园里尽情地享用美食。它用舌头温柔而热情地向图雅表达了自己的谢意，图雅愉快地接受了。拉美西斯拿着一根小树枝，无聊地嚼起来。

"调查进行得如何了？"

"皇家侍卫长的工作效率还不错，至少比我想象得快。调查有了些结果，不过是坏消息。他在孟菲斯南方一个荒废的粮仓里，找到了那个设计陷害你的马夫，不过找到的是尸体。而那家制造墨块的工厂的主人究竟是谁，他没查到，因为有人去档案室毁掉了记录厂主姓名的莎草纸。"

"这个阴谋，只有有权有势的人才能做到！"

"你说得对，位高权重的人能够买通一些人帮自己做事。"

"这个贪腐案真让人恶心……我们必须追查下去！"

"你觉得我会妥协？"

"母后！"

"我喜欢你这种不服输的劲儿，对于不公，永远不要低头。"

"现在要怎么办？"

"我准备换人了，毕竟皇家侍卫长已经招数用尽。"

"下令吧，您让我做什么，我都会奉命的。"

"你愿意为了查出真相，而牺牲性命吗？"

"如果那个想要杀我的幕后真凶是谢纳的话。"

皇后露出悲伤神情。"这个指控，太可怕了。"

"你为这样的怀疑感到伤心吗？"

"你是我的孩子，他也是。你们虽然性格不同，但我对你们的爱没什么不同。就算你们对各自的野心都心知肚明，你也不该把你哥哥想得这么坏啊。"

拉美西斯浑身颤抖，这种阴谋如此险恶，如果不是对掌政的渴望蒙蔽了他的双眼，他怎么会怀疑到谢纳身上。

"亚夏，我的一个朋友，说担心国家有危险。"

"他的消息可靠吗？"

"我父亲是不是做好了和赫梯人开战的准备？"

"他也是被逼无奈。"

"让他带上我吧。我愿意为了国家浴血奋战。"

21/

　　谢纳的办公室位于皇宫的偏殿，现在正在重新装修。他手下的员工们脸色凝重，负责装修的工人们谨小慎微、严格执行他的命令，不敢发出一丝嬉笑、交谈的声音，因此这里的气氛十分压抑。

　　临近中午时就有风声传过来了：说是要立即派两个团的精兵进行紧急救援。毫无疑问，这是要和赫梯人交战了。谢纳非常吃惊，在他的商业政策刚刚推进、第一批成果马上就要到手的时候，怎么能出现这种军事行动？

　　这种争端太蠢了，它催生出的新问题会严重影响和解进程。塞提现在骑虎难下，就像他的大多数先祖那样。人力、物力明明可以用在更有用的地方，却因为这种早就过时了的捍卫埃及国土、传承伟大文明的观念，白白浪费掉了。谢纳之前为什么没有提出罢免国王的军事顾问的建议，就是想让大家看看他们的行为将如何虚耗国力，这些崇尚战争的家伙，还以为自己的成就会得到所有国民的称赞呢。谢纳准备只要这些蠢货打了败仗，就把他们驱逐出宫。

如果法老、首相和大将军都在外边，国政自然要交由皇后图雅处理。虽然她和谢纳想法不同，有时还会大吵一架，可是他们对彼此的爱是毋庸置疑的。既然图雅什么都知道，还劝解塞提和谈，那就必须和她开门见山地说清楚，是时候该这么做了。所以就算她日程表排得非常满，谢纳仍极力要求尽快和她见一面。

午后，图雅在会客室召见了谢纳。

"我没猜错的话，你找我应该是为了公事。"

"您从未猜错过，让人钦佩的第六感。"

"作为儿子，你没必要刻意奉承自己的母亲。"

"我知道您不喜欢战争。"

"没人喜欢。"

"我父亲的决定未免太草率了？"

"在你眼里，他是一个会草率行动的人吗？"

"怎么会？可是眼下……赫梯人……"

"你更喜欢华美漂亮的衣服，是吗？"

谢纳看上去有些窘迫。"是的，不过……"

"来吧。"

图雅将长子带往边上的一间附属会客室。在会客室的桌子上分别摆着一顶带有长辫子的假发，一件宽袖子的衬衫，一条带有流苏的百褶长裙，一条可以系在腰上、垂至臀部的交叉领巾。

"很漂亮吧？"

"一件上等佳作。"

"这套衣服是为你准备的。这次出征叙利亚，你父亲准备让你做他的右旗手。"

谢纳面色惨白。

旗手，拿着一支镶有牡羊头——象征胜利之神阿蒙——的长杆，站在国王的右侧。法老要带着他的长子御驾亲征，冲在战场的最前沿。

拉美西斯坐立不安。

塞提此次出征会有一批皇室成员随行，亚梅尼去取随行名单的告示，可是不知道为什么，直到现在还没回来。王子迫不及待地想要知道自己将在哪支队伍里效命。他不关心自己即将得到的头衔会有多夸张，只要能参战就行。

"你怎么才回来？喂，快把名单给我。"

亚梅尼低着头。

"你怎么这么沮丧？"

"你自己看吧。"

按照这份皇家谕令，法老的右旗手是谢纳，至于拉美西斯，根本没这个名字。

孟菲斯城的军营无一不在备战。大军明天开拔，法老将亲自带领步兵团和马车队发兵叙利亚。

拉美西斯在军营总部的大厅里待了一天，直到傍晚，才看到父亲走出战略会议室。他赶紧走过去，毫无畏惧。

"我有个请求。"

"说。"

"我想和您一起上战场。"

"我的决定在政令上已经写得很清楚了。"

"只要能上阵杀敌,我可以不做军官。"

"这样看来,我的决定果然没错。"

"我……我不明白。"

"如果你的希望毫无可能,就没有任何意义。没有足够的能力,如何上阵杀敌?拉美西斯,这件事超出了你的能力范围。"

谢纳当然不会因为可以为自己增色的新职位而有任何的不满。实际上,每个想要成为国王的人都要具有作战能力。保家卫国和驱逐外侮,自底比斯王朝早期开始,就是所有国王都要首先证明的能力。这是一种可悲的传统,可是为了顺应民意,谢纳也只能接受。旗手所在的先锋营从拉美西斯面前经过时,他与拉美西斯四目相接,当从对方眼中看到懊恼的神色时,他忽然觉得这种传统也蛮有意思的。

所有特殊事件都伴随着宴会,军队开拔自然也不例外。民众休假一天,自然要趁此机会在啤酒里大醉一场,再说所有人都坚信塞提会成为胜利的一方。

就谢纳本身而言,他虽然赢了却也不是什么顾虑都没有,毕竟只要上了战场就有遇险的可能,再优秀的士兵,也一样如此。只要想到自己会受伤、生病,甚至残废,谢纳就心惊胆战。到了战场,他一定会保护好自己,至于那些危险的事,交给那些行家好了。

他这次运气不错,这场战争让他有了和父亲交流,进而为将来铺路的机会。就算为了这个前景，他也得好好努力一番，虽然离开宫廷舒适的环境，日子必定非常难熬。

另外，拉美西斯越失望，他就越开心。

巴肯不喜欢民兵。每次发生战争，那些渴望在遥远的边疆立下赫赫战功的志愿兵和未来的士兵就会来到这里参加训练，可是这些农村来的莽汉最远也就走到孟菲斯的郊区，之后就会逃回乡下种地去了。这位皇家马厩的管理者天生神力，方脸、短髭，也有份参与训练那些年轻的新战士。

他用低沉的声音扯着沙哑的嗓子下达指令：让他们把装满石头的袋子举到右侧的肩头，沿着军营的城垣跑，直到他下令休息为止。

很快就有人被残忍地淘汰了。大多数人体力不支，上气不接下气，只能把肩上的东西放下来。只剩五十几个候选者时，巴肯才在大家冲到他面前后，耐性十足地下达了测试终止的命令。

当他在新兵里看到一个熟悉的面孔时，被吓了一跳。那个家伙比大多数学员高了足有一头，一脸让人惊讶的从容不迫。

"拉美西斯王子！这里没有您的职务。"

"我需要一张可以证明我能力的证书，所以我来接受训练。"

"可是……没这个必要啊！您只要……"

"我不这么想，你也一样如此，我们不能纸上谈兵！"

巴肯无措地抚摸着自己二头肌上的那两个皮环——这两个手环让他看起来更加强壮了。"有点麻烦……"

"巴肯，你怕了？"

"我？害怕？归队！"

巴肯下狠手连着操练了这批男人三天，直到他们耗尽了所有力气。最后，包括拉美西斯在内，他留下最彪悍的那二十个。

第四天是武器训练，有匕首、盾牌和粗硬的短木棍。在讲解了几个注意事项之后，巴肯让这些年轻人开始对战。

拉美西斯看到有人伤了手臂，就把自己的匕首放到了地上，他的同伴们看他这样做，也跟着学。

巴肯怒气冲冲地骂道："在干什么？要是不想继续练，就给我滚出军营！"

新兵们执行了教官的命令。所有胆小的、反应慢的一律惨遭淘汰。只有十二个获得了成为职业军人资格的志愿兵，获准加入先锋营。

拉美西斯坚持到了最后。密集训练了十天，他依然热情不减。

巴肯在第十一天早上宣布："我需要一位头领。"

候选人们先是用洋槐木弓箭射击五十米外的标靶，大家的成绩都差不多，只有一个人例外。

巴肯觉得这个成绩还不错，又拿出了一张正面镶有犀牛角的巨型弓箭，然后让人把铜靶后移，直到和射手拉开一百五十米的距离。

"靶在那儿，用这把弓箭试试。"

不要说射中铜靶，大部分人根本拉不开这张弓，能拉开这张弓的两个人射出的箭也没飞出一百米。

巴肯看着最后一个登场的拉美西斯，眼神中充满挑衅。拉美西斯和同伴们一样也可以射三次。

"既然那些比你优秀的人都没通过，那王子殿下的脸面怎么也保住了。"

拉美西斯专注地看着那面靶，就像其他东西都消失了一般。

这张弓的弓弦是用牛软骨做成的，对力量的要求非常高。拉美西斯强忍着肌肉撕裂的痛楚拉开弓弦。

第一箭射偏了，落在靶的左侧，巴肯发出一声冷笑。

拉美西斯长吸一口气，稳定心神又射一箭，再次落空，这次是射高了。

巴肯说："最后一次。"

王子闭上双眼，屏气凝神足有一分钟。那面铜靶在他心里浮现出来，他对自己说，靶就在前面，我现在是一支急欲与铜靶合二为一的箭。

第三箭以电闪雷鸣之势撕开空气，就像一只迅猛的大胡蜂，朝铜靶直扑过去。

其他新兵欢声雷动，恭贺他的胜利，巴肯从拉美西斯手中拿回弓箭。

他说："我要加一项测试，我们对打，不用武器。"

"有这个规则吗？"

"这是我加的。你和我，怎么，你不敢和我打？"

巴肯虽然个头不如拉美西斯高，但他更强壮，技术也更好，所以拉美西斯只能靠速度取胜。巴肯先发制人，王子闪身但没有完全躲开，左肩和巴肯的拳头有轻微接触。教官接连五次进攻都未能伤到拉美西斯，不由得火气上涌，他一把抓住对手踢过来的左脚，将其掀翻在地。巴肯用脚踹向拉美西斯的脸，后者闪身避开的同时，一个手刀狠狠地劈在了巴肯的脖子上。

拉美西斯自以为已经取胜，却不想巴肯恼羞成怒，站起来之后，低头一个急冲，直接撞上了王子的胸口。

伊瑟将一种特效药膏抹在情人的胸口上，这种药药效很快，极大地减轻了他的痛苦。

拉美西斯轻声说："我太蠢了。"

"那个怪物想置你于死地。"

"那是他的工作。我还当自己赢了，幸好不是战场，不然我就死了。"

伊瑟的手变得非常温柔，也非常放肆。

"你能留下来，我开心死了。我讨厌战争。"

"战争有时是逼不得已的选择。"

"你肯定不知道，我对你的爱有多深。"

伊瑟用莲梗般细滑的双手，痴缠着自己的情人。

"我难道不比战争和武力可爱多了，忘掉它们好吗？"

拉美西斯并未拒绝她带给自己的快感，而是沉醉于其中。可是，还有一件更让他感到快乐的事，拉美西斯没有同她说——他拿到了军官证书。

22

　　胜利的埃及大军得到了人们的热烈欢迎。大军出征曾让皇宫里的人忧心忡忡，可是黎巴嫩叛军只挣扎几天就投降了。他们信誓旦旦地表示忠于法老是他们永恒的信念，发誓将成为法老诚挚的子民。塞提向战败者索要的战争赔偿是大量的极品雪松，他将把它们变成竖立在神庙前的新旗杆和大批游行用的王船。黎巴嫩的王子们异口同声地表示，象征着太阳神的法老，是他们生命的赐予者。

　　敌方军队没想到埃及动作那么快，还没来得及拦截，塞提的部队就已经到了叙利亚。赫梯国王穆瓦靻力本就是一个喜欢浑水摸鱼的人，这次精锐军队还未调派，当然不会硬上。所以赫梯设施最完善的卡迭石城明明筑好了防御工事，却没有任何反抗。这座城市无法应对突如其来的持续性攻击。塞提只是在卡迭石城里竖了一根石柱，却没有摧毁它，他手下的将军们不知道他为什么要采取这种策略，所以批评声极大。

埃及军队刚一走远，穆瓦靼力就带着一个团的精兵夺回了卡迭石城，也就是说，现在卡迭石城还是在赫梯人手里。

此战后双方决定谈判。两国君主为防生灵涂炭，通过各自的驻外使臣签订协议：赫梯人不在黎巴嫩境内和腓尼基要塞寻衅滋事，埃及人撤离卡迭石城，停止向其内地进发。

这种和平虽然不会维持很久，但终究是和平。

谢纳不仅是王位继承人，也是此次战争的新将领，他邀请了一千多个人参加晚宴。人们一边品尝山珍海味，畅饮具有特殊含义的多年陈酿——这酒是塞提掌权后的第二年酿造的，一边欣赏赤身裸体的年轻姑娘在竖笛和竖琴声中的翩然舞姿。

国王只在宴会上待了一会儿，剩下的时间都由他的长子作为代表为这次胜仗庆贺。摩西、亚梅尼和塞达武都是贵族学校上一届的学员，个个前程无量，他们穿着拉美西斯赠予的华服，游走在众多宾客中。

亚梅尼还在坚持。他不停地向孟菲斯的一干显贵询问最近才忽然关门的那家墨块制造厂的事，可惜他的努力只是白费力气。

因为在放置牛奶瓮的储藏室里发现了一条蛇，塞达武忽然被谢纳的总管叫走了。塞达武在蛇藏身的瓮上敲出一个缺口，然后塞了很多大蒜进去，之后又在那个缺口上盖了一条鱼。如此，那条倒霉的蛇就被封在里面了。塞达武觉得自己做得不错，总管对他也挺满意的，可是这种满意很快就消散了，因为这位专家当着他的面拿出了一条红白相间的蛇。那位装腔作势的总管一看到它颌骨后的尖牙，就吓得落荒而逃。

"蠢货，"塞达武心想，"这种蛇很明显是不会伤人的。"

英气十足的摩西吸引了不少年轻貌美的姑娘，而拉美西斯则比他更有女人缘，不过后者被伊瑟盯得很紧。这两个年轻人的名声越发响亮：官员们相信摩西会成为高官，而普通人则认为被皇室拒绝的拉美西斯，能靠自己的本事在军中谋得职位，十分了得。

在两场舞的间隙，这两个朋友总算偷跑出来，在花园里见了一面。

"谢纳的演讲，你听了没有？"

"没听，我温顺的未婚妻有别的更重要的事。"

"你哥哥斩钉截铁地说，此次战争获胜，他居功至伟；要是没有他，埃及将损失惨重；最终取代暴力的，是外交。另外，他还说，塞提看上去非常疲惫，无法像过去那样执掌大权，委任他为储君的提案很快就会通过。他已经确立了掌权后的政策：避免一切武装冲突，全力推动国际贸易，与我们的死敌建立商业联盟。"

"他太让我失望了。"

"我和你一样认为他毫无人品可言，不过更让人侧目的，是他的政策。"

"摩西，如果向赫梯人出手，他们会斩断你的手臂。"

"战争解决不了任何事。"

"埃及若是落到谢纳手里，早晚会变成一个奴颜婢膝、任人践踏的国家。法老的土地是一个独立的王国，只要它有衰败、软弱的迹象，亚洲人就会发动攻击。我们必须有足够多的英雄主义者，才能将这种外敌赶出去，让他们远离我们的国境线。我们若不想亡国，就绝不能放下武器。"

拉美西斯激情勃发的言论，让摩西大为震惊。

"我不得不说只有元首才会说这样的话，可是这样的目标，没问题吗？"

"想要捍卫我国的领土完整，让神明长久地居住于此，只有这一条路可走。"

"神明……真的有神明吗？"

"你怎么会这么问？"

还没等摩西回话，一群年轻姑娘就挤到了他们中间，喋喋不休地询问他们的将来。伊瑟立刻走过来将自己的情人救了出去。

她幽怨地说："你哥哥坚持要娶我，总是缠着我不放。皇室言之凿凿，说塞提会正式推动让谢纳成为国王的计划，其他流言也是这个意思。他说让我成为他的大皇后。"

拉美西斯突然产生了一种奇异的幻觉，好像自己的灵魂出窍了，离开孟菲斯，到了梅室的后殿。在那里，他看到一位年轻姑娘正在油灯的微光中勤奋地抄写着卜塔的格言。

发现情人心神恍惚，伊瑟问道："你是不是生病了？"

他冷漠地说："你知道的，我从不生病。"

她在他的胸口捶了几拳，他一把握住她的手腕。

"拉美西斯，我爱你，我想和你在一起。你怎么就是不懂呢？"

"你再等等，我必须先弄清楚我想要追求的究竟是什么，然后才能成为丈夫和父亲。"

纷乱的脚步声不断逼近，歌舞工作者和那些年老的官员都已离席，准备退场了。人们在皇宫的大花园里或是沟通信息，或是筹谋着党同伐异、升官发财的阴谋。

一声惨叫从厨房的那边传来，打破了宁静的氛围。

第一个赶到的是拉美西斯，他看到那位总管正拿一根烧火棍猛抽一个老人，老人则用双手护着脸。王子伸手从后边紧紧套住攻击者的颈部，像要将其勒死一般用力，后者丢下凶器，受害者则马上跑到洗碗工身后躲了起来。

摩西说："你不是要勒死他吧？"

拉美西斯放开了脸色紫胀的总管，那家伙好不容易才缓过一口气。

他解释说："我必须狠狠地教训一下这个老家伙，他是赫梯战俘。"

"你就是这样对待工人的？"

"我只对赫梯人这样！"

衣着华丽的谢纳带着一大批人出现在门口。他推开好奇的围观者。"借过，让我看看怎么回事。"

拉美西斯大力地抓着总管的头发，将其按倒在地。

"我要控告这个无耻之徒，他滥用私刑。"

"好了，就这样吧，我亲爱的弟弟！这么较真干什么……偶尔，我的总管确实有些严厉，可是……"

"我会提起诉讼，并作为证人出庭。"

"你对赫梯人难道没有恨意？"

"他现在是你的工人而不是你的敌人，他为你工作，你没理由羞辱他。玛亚特强调过这件事。"

"这些冠冕堂皇的话就不用再说了。这不是什么大事，忘了它好吗？我会感激你的。"

摩西宣布："我也会以证人的身份出庭，这种违法行径会遭到所有人的抵制。"

"一定要把事情弄得这么严重吗？"

拉美西斯对摩西说："将那位总管带走，让我们的朋友塞达武看好他。明天我会提请紧急诉讼。"

"你没有权力扣押他！"

"只要你能许诺这位总管一定会出庭。"

谢纳妥协了。可以作证的关键人物太多……一场明显会败的仗，自然没有坚持的必要。这位行凶者将被放逐到沙漠绿洲中。

"你要是用这种方法治国，我会千方百计地与你为敌。"

"拉美西斯，别把话题扯远了，你对我的尊敬呢？"

"能让我尊敬的，只有我们的君主、统治上埃及和下埃及的人，以及塞提。"

"你要把握好冷嘲热讽的尺度，明天你就要听命于我了。"

"还要很久才到明天呢。"

"你一错再错，不会有好结果的。"

"你会像对待赫梯战俘那样对待我吗？"

谢纳失去耐性，忽然终止了对话，转身离开。

经过一番观察，摩西说，"你哥哥权势滔天，又很危险，你为什么要激怒他？"

"我也不知道。我的脑袋里总有些古怪的想法横冲直撞，撕扯着我，如果想要获得宁静，就必须先找出它们的奥秘。"

23

　　亚梅尼还在坚持。他是拉美西斯的机要秘书，经常需要在众多行政部门中行走，交一些对案情有帮助的朋友对他来说并不是难事。他核对了墨块制造厂的名单，并从中得到了一些线索。图雅皇后告诉拉美西斯，那家有问题的工厂的相关资料不知被什么人拿走了，事实确实如此。

　　亚梅尼发现这条线断了，只好像蚂蚁一样下些笨功夫：他先把那些和书记员行动有牵扯的贵族找出来，然后逐一核对他们的财务状况，希望能找到和那家工厂有关系的人。他每天都在调查，可是一直没有结果。

　　最后，只有对垃圾场——那个几乎让亚梅尼丧命的地方——进行排查这一个办法了。一位严谨的书记员，在把资料写在莎草纸上以前，通常会在石灰碎片上打好草稿。而这些碎片，通常会被扔到一个长期的、专门用来丢弃行政文件的大坑里。

亚梅尼连工厂负责人的证书是否存在副本都不知道，就开始这项调查了。无论成功的希望有多渺茫，他每天都会在这上面花两个小时的时间。

拉美西斯和摩西的友情，让伊瑟觉得十分碍眼。在她看来，摩西这个希伯来人不仅黏人，还很不安分，会带坏了拉美西斯。事实上，这位年轻的姑娘正按部就班地将自己的情人带入享乐的旋涡，她谨慎地隐藏起了结婚的计划。拉美西斯中计了，他游走在一栋栋别墅、一座座花园和一场场宴会中间，尽情享乐，过得闲散恣意，就像大多数贵族那样，他把所有的常规工作都扔给了自己的机要秘书。

埃及就像一场落入现实的梦，一个慈母尽心竭力创造出各种奇迹的天堂。如果你喜欢感受棕榈林荫、品尝椰枣蜜汁、倾听风的声音、欣赏莲的美态、细闻百合的清香，那在这里，你可以过得无比幸福，而且还有一位热情的美人相伴，简直不能再完美了。

看着兴高采烈、兴致盎然的拉美西斯，伊瑟相信自己已经赢得了他的心。他们不停地做着爱的游戏，被共同的快乐所包围。夜巡享用美食的能力在孟菲斯上等家庭私人厨师烹饪的山珍海味中，得到了充分的体现。

塞提的两个儿子显然命中注定要走不同的路：谢纳要与国家大事为伍，拉美西斯与平凡而华丽的生活为伍。而伊瑟则很好地完成了对这两种工作的协调。

某天早上，她张开眼睛，发现拉美西斯已经起床离开了，房间里只剩她一个，不由得大惊失色。她连妆都没化，一边往花园跑，一边喊着情人的名字。她急得发疯，却没听到任何回应。最后，她终于在井边找到了盯着鸢尾花丛发呆的拉美西斯。

她在他的身边跪下来，问："发生什么事了？我要吓死了！你又在烦恼些什么？"

"你想让我过的这种生活，并不是我想要的。"

"不，我们过得很快乐啊，难道不是吗？"

"这种快乐无法让我感到满足。"

"你若是对生活的要求太过严格，早晚会被它咬伤的。"

"看上去未来充满挑战。"

"难道骄傲是一种好的品质？"

"严格而超凡脱俗的骄傲确实是。我要去找我的父亲聊一聊了。"

批评的声音，在与赫梯人的战争结束之后已经没那么多了。既然形势尚不清楚，那么塞提选择暂时停战，看上去也没什么问题，虽然埃及的部队原本是有机会打败赫梯大军的。

谢纳虽然大肆宣扬只有他发挥了至关重要的作用，但人们并不相信，因为那些高级将领曾经说过，国王的长子除了躲在后方观战，什么事都没做。

法老非常忙，他要倾听各方的声音。

他知道如何倾听幕僚的建言，有些幕僚为人十分刚正，在得出结论前，会对各种消息进行辨识验证，并分析利弊。

在孟菲斯的大皇宫里，法老那间有三面大百叶窗的办公室朴素至极，只有一张大桌子、一把直背沙发椅——国王就坐在那里办公，几把待客用的铺着草席垫子的椅子和一个用纸莎草做的柜子，除此之外，再无其他装饰，四面墙也都是灰白色的。

两地之主就在这个既安静又孤寂的地方，筹划着这个世界最强大的国家的未来，他要让它在玛亚特——她代表着万能的法则——指定的道路上稳健前行。

一阵嘶鸣声从中庭传来，打破了宁静的氛围。那里停放着国王及其顾问的马车。

塞提透过窗户，看到一匹原本系在墙脚石柱上的马突然发狂了，扯断绳索后横冲直撞，攻击所有想要靠近的人。它先是扬蹄踢翻了一个安全部门的职员，后又踢倒了一个未能及时躲开的老迈书记员。

拉美西斯抓住这匹马停下来喘气的机会，猛地从一根石柱后面跳出来，一个翻身骑了上去，紧紧地抓住缰绳。这匹马疯狂地扬起前蹄，想把这个骑手甩下去，可惜未能成功。没过多久，它就被拉美西斯驯服了，气喘吁吁地安静下来。

一名皇家侍卫走向刚刚跳下马背的拉美西斯。

"你的父亲想要见你。"

能够进入法老的办公室，这对拉美西斯来说尚属第一次。他原以为自己会看到一个非常华丽的地方，却没想到这里简陋得几近空旷，看不到任何摆设，感受不到一点吸引力。国王坐在那儿，看着一卷打开的莎草纸。

拉美西斯和父亲大概有两米的距离，他手足无措地站在那里，法老没说让他坐下。

"这么做很危险。"

"危险，也不危险。我和这匹马很熟，它很好的，只是被阳光弄得有些暴躁。"

"还是太危险了，应该交给我的侍卫，他们完全可以制服它。"

"我表现得很好，不是吗？"

"你是为了获得别人的称赞？"

"可以这么说……让一匹疯马平静下来，还是有一些难度的。"

"如果我所料不错，这是你为了自己的目的，精心安排的一场意外。"

拉美西斯焦急而羞窘地喊道："父亲大人！您怎么猜到的……"

"法老必须懂得谋略。"

"您觉得这种谋略如何？"

"我原本以为以你的年龄，只会口不对心做一些不诚实的事，可是你的反应告诉我，你说的是真话。"

"我做这么多，只是因为想和您谈一谈。"

"谈什么？"

"您带兵去叙利亚时，不是斥责过我，说我连一个士兵都打不过吗？您外出征战的这段时间，我已经获得了军官证书。"

"我听说了，你费了很大的力气。"

拉美西斯一脸吃惊地说："您……您已经知道了？"

"所以，你已经是军官了。"

"我会骑马，会用匕首和标枪搏杀，也会用盾牌和弓箭作战。"

"拉美西斯，你喜欢打仗吗？"

"您觉得战争没有必要？"

"战争会造成很多痛苦，你希望这些痛苦变得越来越多吗？"

"除了战争，是否还有其他办法可以让我们的国家和平而繁荣地发展下去？我们不会主动攻打别人，但如果遭到攻击，就一定要狠狠地打回去，事情就是这样。"

"在现在这种情况下，你觉得卡迭石城是不是一定要毁掉？"

年轻人思索起来。

"我要依据什么来判断呢？对于这场战争，我唯一知道的就是：没有和平，埃及人民无法自由呼吸。随便插嘴并不明智。"

"你还有别的事想和我说吗？"

"等我年纪大一些，我是不是就能平静下来了？"

"除了你自己，谁都不要信，有时候，生命是慈悲仁厚的。"

"父亲，人生是什么？"

"这个问题，你只要认真想就能得到答案。"

塞提不再说话，低下头翻看桌子上的莎草纸。

拉美西斯躬身行礼。他刚准备离开，就被父亲沉稳的声音叫住了。

"你来的时机很好，本来今天我也准备召见你的。明天早上的祭礼之后，你跟我去西奈半岛的绿松石矿场。"

24

塞提掌政的第八年时，拉美西斯十六岁，他的生日就在去往位于东沙漠的著名矿场塞赫比埃尔·卡汀[1]的小路上度过了。安全部门的警备工作虽然做得很充足，可是这条路上仍旧充满危险。这里荒无人烟，少有访客，到处都是妖魔鬼怪和肆意横行的贝都因抢匪，这些家伙无论遭到怎样的抓捕和惩罚，都不会停止对行走在西奈半岛的沙漠商旅的劫掠。

这次长途旅行虽然和战争无关，但是一路上保护法老和矿工人身安全的士兵还是很多。这场旅行因为国王的参加而有了不同的意义。直到出发前一晚的晚祷仪式上，皇室才公布这一消息。国王不在，皇后图雅便暂时充当国家这艘巨轮的掌舵者。

---

[1] 现在依然保留着，在西奈半岛南部，距苏伊士湾160公里。

拉美西斯这次的职务是步兵总指挥，这是他人生中第一次担任要职，巴肯已经升任为远征军队长了，是他的直属上级。他们是在出发时才遇到的，场面尴尬极了，好在两个人都不想在国王面前发生争执。作为警卫，他们在工作期间必须和对方和谐相处，巴肯不想对头离得太近，便将拉美西斯派到了后勤。按照他的说法：新任指挥官首先得尽可能地保证自己随从的安全。

搬运绿松石的部队有六百多人。天神哈托尔将这片荒芜而干旱的土地视为自己的珍宝，并选择在这里降临人间。

这条路因为有人定期维护，道路平顺，且设有防御哨所和清水供应处，所以并不难走。只是它横亘在红山和黄山之间，这两座山巍峨耸立、异常险峻，第一次到此探险的人很容易迷路，所以有些人战战兢兢，生怕魔鬼会从山里忽然冒头，把他们的灵魂带走。不过塞提就在这里，拉美西斯也做了保证，这让大家安心了不少。

拉美西斯非常失望，他觉得工作太轻松了，他本想在遇到危险时好好表现，让父亲看到自己真正的价值。他的职位可以随意指挥手下的三十多个步兵。这些人听说了他高明的箭术和曾经驯服过一匹疯马的故事，都很希望能跟着他立下战功进而升职加薪。

亚梅尼接受了拉美西斯的建议，决定不再冒险调查。因为这种辛苦的劳作让他本就虚弱的身体受到了严重的挑战，而且他在那家有问题的工厂北边的垃圾场里找到了一块石灰石碎片，上面的文字非常古怪。现在还不能说这是一条有用的线索，因为亚梅尼还在努力分析。拉美西斯让他一定要万分小心，还留下夜巡保护他。如果有需要，他还可以找塞达武帮忙。靠着卖毒液给政府实验室和为某些富商别墅驱赶那些让人讨厌的眼镜蛇，塞达武已经攒了一些家底。

拉美西斯从未放松警惕。当初九死一生的经历，没有削减他对沙漠的热爱，但西奈半岛的沙漠，他无论如何都喜欢不起来，因为这里有太多沉默的石头、动荡的影子和模糊不清的地方了。虽然巴肯信誓旦旦地说贝都因人不敢来犯，拉美西斯却始终无法安心。为了埃及的众多百姓，他们当然要尽量不与别国发生争斗，可是如果有人胆敢寻衅滋事或者趁夜袭击营房，就要做好遭受反击的准备。忧心忡忡的王子提高了警戒，并要求手下严格遵守自己的命令。在和巴肯简短地争执了一番后，拉美西斯终于说服对方，让他来负责管理安全问题。

一天晚上，拉美西斯手下的兵丁吵嚷着说被伙房欺负了，一点酒都喝不到，让拉美西斯找负责人讨个说法。在离开后勤部队后，他沿着部队逆向穿行，一个个营地地走了过去，一直到了负责人的帐篷前。当他掀起帆布进到帐篷里时，不由大吃一惊：有个男人正借着油灯的光晕翻看地图。

"摩西！你在这里做什么？"

"这是法老的命令。他让我接手伙房，然后给这个地方画一张精细的地图。"

"我是后勤部队的指挥官。"

"巴肯真是半句话都不想提起你……我都不知道你在这。"

"我们的关系比以前好多了。"

"去外边吧，这里太挤了。"

两个男子的肩膀差不多宽，从后边看一样结实健硕，再加上天生的才华，给人一种成熟稳重的感觉。这成年的躯体已经蜕去了少年的模样。

摩西坦言："这个意外真让人开心，我接到集合的诏令时，正好在后殿待得百无聊赖。要不是那里新鲜的空气，我怕都是要逃走了。"

"梅室不好吗？"

"我不觉得好。我不喜欢轻浮的女人，也不喜欢行政工作，还有那些工匠，从不谈及他们工作的秘密。"

"你如愿换了工作了吗？"

"换了不下千次！我爱上这里了，独一无二的高山，神秘莫测、引人入胜的景色。这里让我有一种无拘无束的感觉。"

"烧着你的那把火已经熄灭了？"

"说真的，没那么旺盛了。这里炽热的岩石和莫测的沟壑让我好了很多。"

"这种说法我接受不了。"

"这片土地在嘶吼，你听不到吗？"

"我只闻到一种危险的味道。"

摩西火冒三丈。"危险的味道？你这种反应和军人没什么区别！"

"你是伙房的老大，怎么能看不起后勤部队？连点酒都不给我的士兵喝。"

摩西大笑起来。"作为主管，我绝不会纵容他们，特别是现在我们必须时刻保持警惕状态，绝不能失去清醒的头脑。"

"少喝一点儿没关系，还能让他们保持斗志。"

摩西说："我们无法达成共识，这还是第一次，谁是对的呢？"

"我们都不对，应该只考虑军队的责任。"

"你选择逃避，用别人交给你的职务来掩藏自己。"

"你觉得我会做这么无耻的事？"

摩西看着拉美西斯的眼睛说："我可以给你酒，可是你要试着爱上西奈半岛的这些大山。"

"这又不是埃及。"

"我也不是埃及人。"

"不，你是。"

"你错了。"

"你在埃及出生，在埃及学习，你的未来也在这里。"

"这种狂妄的话是埃及人说的，不是希伯来人说的，我们的祖先并不相同，虽然他们都曾生活在这里……他们曾经的痕迹、他们的渴望和失败，我都摸得到。"

"摩西，相比于我自己，我更热爱埃及。我最珍视的就是我的国土。如果你觉得你已经找到了自己的追求，相信我，我对你的感受一清二楚。"

摩西在一块岩石上坐下来。"故乡……不，我的故乡不是这片沙漠。我对埃及的爱和你并无不同，它让我感到快乐，可是有其他的地方在召唤我，我听得到。"

"我们并肩而行，我们穿越其他沙漠。你早晚会回埃及的，因为那是唯一闪烁的光芒。"

"你凭什么如此笃定？"

"凭我在后勤部队根本没有思考未来的时间。"

两个人明朗的笑声，在西奈半岛的深夜里直冲天际。

大军和驴子一起以缓慢的步调向前进发，所有人都扛了一些适量的物资，都能分到足够的食物和水。为了让摩西画出精准的地图，国王数次命令远征军停止前进。为了确定新路标，减少专家们的工作量，这位希伯来人在几何学家的帮助下，踩着干涸的河床，攀爬陡峭的山坡。

某种淡淡的不安始终萦绕在拉美西斯心头，他怕那些贝都因匪徒袭击摩西，虽然摩西看上去人高马大完全能够保护自己，可是万一有陷阱怎么办，所以他带着三个经验丰富的步兵在周围不停地巡查。不过，什么坏事都没有发生，摩西完成了一项伟大的工作，大大降低了矿工和沙漠旅队出行的难度。

两个朋友吃过晚饭，坐在火堆边闲聊。鬣狗的奸笑和豹子的悲鸣已经无法影响他们了，对他们来说，这里虽然不像孟菲斯的皇宫和梅室的后殿那样舒适，但也并非无法忍受。他们同样期待明天的日出，相信只要看到它，就能看到他们一直苦苦追寻的那个奇异的新面貌。他们沉默而专注地倾听着夜晚的声音。它轻声告诉这两个人，一切困难都将输给他们的青春年少。

大军一动不动。这种情况出现在清晨，明显有问题。拉美西斯命令手下步兵放下包裹，做好战斗准备。

一个胸口带疤的士兵走过来说："安静，指挥官，恕我失礼，更合适的做法是平静地祷告。"

"怎么会这么安静？"

"因为我们到地方了。"

拉美西斯向边上走了几步，一座几乎难以通行的岩石山在烈日下浮现出来。

这就是属于哈托尔女神的塞赫比埃尔·卡汀——绿松石之王。

25

谢纳强压怒火。这是皇后第二次以塞提没有明确表态为由，驳回他想要直接参与国家治理工作的请求了。按照皇后的说法，他虽然是法老的继承人，可是还没有权力接触那些对他来说尚有难度的文件。

国王的长子无法违背母亲的谕令，只能藏起沮丧的情绪，可是他很清楚，只有扩大交际和信息圈才能真正挫败图雅。他不能干等着，必须一点点地为自己筹谋了。

他把几个重传统且在宫中说话很有分量的人请到一起，吃了个晚饭。他不再夸耀卖弄，全程都是一副需要指点的、谦虚受教的样子。他收起所有的骄傲自满，看上去就像一个以成为第二个父亲为最大目标的好儿子。很多人都对此种论调表示赞赏，谢纳赢得了很多支持者，他的未来已经确定。

可是，他发现自己在外交政治上仍然是个门外汉，他的主要目标就是和别国建立贸易往来，包括敌国。他要怎么做才能掌握外交关系的实际情况呢？看样子他要给自己找一个听话而精干的人才了。他发现商人不仅目光短浅，也领会不到执政者的深意，对他们百依百顺也没什么用处。

把塞提的某位外交官变成自己的人，这是最好的解决方案，可惜有些不现实。不过，想要推进自己的计划，在合适的时候让埃及的政治焕然一新，谢纳必须有自己的消息渠道。

"背叛"这个词忽然从他的脑中闪过，他觉得这非常有意思。传统和过去，就是他要背叛的东西吗？

当人们站在塞赫比埃尔·卡汀岩石山的顶峰俯视高山和河谷时，下方凌乱错落的景象会让人血气上涌、心浮气躁。只有绿松石矿山可以化解这种蕴含在混乱中的、显而易见的敌意，因为它会给人一种宁静平和之感。

拉美西斯往下一看，瞬间惊恐万分，一句话也说不出来：那些贵重的蓝石头并没有深深地潜藏在高原矿脉之中，而是几乎毫无遮掩地袒露在地面上。这种景象在其他地方是很难看到的。这里的人祖祖辈辈都是矿工，他们开凿了地下通道和坑道，然后在两次远征期间，会把工具藏在那里。由于绿松石不能在闷热的季节开采，不然宝石的颜色会变浅，真度也会下降，所以这里没有永久性房屋。

为了能够及早离开这个荒凉的地方，前辈马上带着后辈展开工作。晚上他们住在石头房子里，总算不是太冷。开始工作之前，在哈托尔的小庙里，法老亲自主持了祈求女神帮助和庇护的祭祀大典。埃及人到来是为了收集高山孕育的结果，并将其送往神庙，或做成珠宝以宣扬星辰之主的永恒和重生之美，不是来伤害高山的。

之后，连绵不绝的刻刀声、木槌声和凿子声，就和各小队矿工的吆喝声和谐地响了起来。为了鼓舞士气，塞提亲自到场巡察。而拉美西斯则被竖立在矿场的石碑吸引了。除了感谢天地神恩之外，人们竖立这些石碑还有一层意思，就是纪念几世纪以前，发现了这个矿藏的人，这里宝石储量丰富，他们因此功勋卓著。

作为伙房团长，摩西工作非常认真，他必须保证所有工人都能吃饱饭，所有祭坛都烧过香。神明将一块巨大的绿松石作为礼物，送给懂得感恩的信徒。

想要到达矿场所在的高原，必须先爬过陡峭的山壁，谁能避开岗哨的视线做到这一点呢？所以远征军遇袭的可能性极小，如此一来，拉美西斯的工作难度也就大大降低了。在最开始的那几天，他对纪律的要求还是非常严格的，可是他很快就发现，这么做毫无意义。他允许手下的士兵在保证安全的前提下，稍稍地放松一下，他们喜欢长时间午睡，拉美西斯也默许了。

他不喜欢无事可做，于是想给摩西当助手，可是他的朋友不愿意和他共事，只想独立完成工作。王子想帮矿工干活，可是他们总劝他早点离开坑道，最后巴肯怒气冲冲地下达了命令，让他只做法老交代的任务，禁止他参与别人的开采工作，影响工人们的工作进程。

拉美西斯别无他法，只能去关心自己的下属，他询问他们的工作和家庭生活，倾听他们的埋怨和牢骚，接受某些批评，反驳某些批评。因为离家乡太远，总是在艰苦的环境中工作，所以他们希望年老退休之后，能过上富裕安稳的生活，能对国家有更多的了解。他们所有人都有在采石场和大工地工作的经历，也都参加过这样的远征，但没几个人真正上过战场。工作虽然很辛苦，可他们仍然觉得能从事这份工作是一件非常美妙的事，更不要说还能在那些从未和法老一起旅行过的人面前，吹嘘一下自己的传奇经历。

拉美西斯认真地看着。他想要掌握所有工地每天的工作流程，他认为划分阶层的标准不应该是权力，而应该是能力，他支持区别对待勤劳的人和懒汉、稳健的人和鲁莽的人、沉默的人和长舌的人。他的视线最后一定会落在祖辈们竖立的石碑上，思索一个人要到达怎样的高度，才能像这座伟大的石碑一样，矗立在沙漠中央。

"它们是不是有种打动人心的力量？"

他被自己的父亲吓了一跳。

塞提的装扮和旧帝国时期的法老毫无二致，都是只系着一块简单的裹腰布，但这丝毫没有损伤其法老的威严。拉美西斯每次见到他，都觉得对方身上有一种莫名的力量。塞提的威仪不需要任何特殊装饰的烘托，只要他站在那里，就能显现出来。这种魔力只有他身上有，别人只能靠诡计和装模作样。只要塞提一出现，再混乱的局面也会马上有序起来。

拉美西斯坦言道："它们可以让我集中注意力。"

"这是一种有生命的语言。它们不同于人类的语言，既不会谎话连篇，也不会临阵倒戈。毁灭者的建筑难以留存，骗子的行径会被揭穿。玛亚特才是法老唯一的力量之源。"

拉美西斯听不明白，法老为什么和他说这些，难道他认为自己曾经做过毁灭、背叛的事，或者谎话连篇？他真想站起来飞奔到高原最远处，从山顶上跳下去，在沙漠中消失无踪。可是他做错了什么？他以为会有一项重罪落在头上，可是国王除了遥望远方，什么都没做。

谢纳……对，肯定是谢纳，父亲含沙射影说的是他！父亲知道谢纳有背叛君主之意，所以暗示拉美西斯要看清自己的位置。命运再次发生变化。王子相信塞提这些话说的就是谢纳，父亲的期望有多大，失望就有多大。

"你想从这次旅行中获得什么？"

拉美西斯想了想，这个问题不难回答，后边应该没什么陷阱。"将绿松石带回去献给神明。"

"对于国家的发展壮大，它们是否不可或缺？"

"不是，不过……它们如此美丽，让人难以割舍。"

"利益会腐蚀人心，让人拥有创造威望的特权。换句话说，就是它会影响人的品德和才华，所以我们财富的源泉，最好不是利益。你要找的东西应该带有举世无双这一特殊属性。"

拉美西斯有一种被光线直击内心的感觉，好像自己越发强大了，他将永远铭记塞提的话。

"我希望孩童能像大人那样，从法老身上得到力量。冷落了一个人，要考虑别人是否也会受此影响，要让人们相信与个人相比，集体更加重要。蜂群发展得好，单个的蜜蜂才能得到好的发展，蜂群是蜜蜂的后盾，它应该在其中尽忠职守。"

蜜蜂是法老的代号之一！塞提说的是如何执行这项重要的工作，他正把国王这项工作的秘密一点点地展示给拉美西斯。

塞提又说："生产非常重要，但分配更重要。如果庞大的财富只掌握在某个阶层手里，就会引起灾难和争端，可是对少量财富进行合理的分配却能让大部分人感到快乐。如果你能像打理节庆活动一样执掌政权，就不会有人吃不上饭。我的儿子，你要认真观察，不停地观察，你必须有足够的远见，才能领悟我话中深意。"

拉美西斯看着那条流淌在高原尽头的蓝色矿脉，一夜未眠。他向哈托尔祈祷，希望盘踞在心头的蒙昧无知能够彻底消散，再也感受不到一点儿，哪怕只是轻如麦秆的重量。

一个影子在天尚未亮时，从主坑道中跑了出来。虽然没有朦胧的月光照耀大地，可是拉美西斯相信自己确实看到有个鬼影急匆匆地跑进了另一条坑道。这个鬼影看着像是胸前抱着东西的人。

"谁？"

那个人停下脚步，回头看了一眼王子，就向高原最崎岖的路段跑了过去。在那个方向上，矿工们只设了一个小工棚。

"站住！"

拉美西斯紧紧地追在那个人身后，对方跑得更快了。他们的距离越来越小，还没跑到山顶，拉美西斯就追上他了。

王子向前一扑，抓住了对方的两条腿。这个小偷栽倒在地，仍紧紧地抱着怀中的包袱。他用左手抓起一块石头，去击打抓他的人。拉美西斯则用手肘去撞了小偷喉咙，用力之大几乎令他窒息。出人意料的是，那个人居然还有力气站起来，只可惜他一个踉跄摔到了山后。

接连两声惨叫，然后是一连串身体沿着陡峭的山壁滚落的声音，最后在斜坡的最底端，声音终止了。

拉美西斯追过去时，这个逃跑的家伙已经死了，那个装满绿松石的袋子仍被他紧紧地抱在胸前。

这个小偷居然还是熟人，他正是沙漠狩猎时，将拉美西斯引入陷阱的那个马车夫，他的死是罪有应得。

没有人认得这个小偷，他在这里一个朋友都没有。

偷窃绿松石是死罪，还没有哪个矿工敢做这种事。远征军里所有的人都认为这个不法之徒死有余辜，而且沙漠之法也做出了公正的裁决。这个马车夫因为犯了重罪，被就地掩埋了。

拉美西斯问摩西："这个人是谁雇的？"

摩西拿出名单翻了翻，说："我。"

"什么，你？"

"后殿的总管推荐了几个可以胜任这种工作的人给我，然后我在聘书上签了字。"

拉美西斯长出一口气。"还记得那个想要杀死我的马车夫吗？就是这个窃贼。"

摩西的脸立时白了。"你就不怀疑我……"

"我怎么会怀疑你，一秒都没有，你肯定是被人蒙蔽了。"

"难道是后殿总管？他是个胆小鬼，一点小事都能吓得他寝食不安。"

"如果有人想要控制他，不是难事。我想马上回埃及，查清楚是谁让这个人下手的。"

"你仍然想要获得权力吗？"

"这不重要，重要的是真相。"

"就算它会让你大失所望？"

"你手里的资料，有能起到关键作用的吗？"

"没有，相信我，真的没有……可是谁有这么大的胆量，敢对法老的幼子下手？"

"你会发现这样的人很多，而且是你意料之外的那些人。"

"除非这是意外，否则你不会找到策划者的。"

"摩西，你准备放弃了？"

"这件事太疯狂了，和我们有什么关系呢，你又不是塞提的继承者，杀了你有什么用？"

拉美西斯没有将父亲和自己说的话告诉这位朋友。他还有很多内容没有参透，不确定这是不是一个应该三缄其口的秘密。

"摩西，如果我需要你，你愿意帮我吗？"

"这个问题，你就不该问。"

塞提并没有因为这个意外而改变此次远征的行程，直到在山上采集了足够的绿松石，才下令返回埃及。

　　皇家安全侍卫长向皇后的会客室一路急行，图雅的传令官不敢耽误时间，立即将其带了进去，接受皇后的召见。

　　"陛下，我来了。"

　　"那件事你查得怎么样了……"

　　"已经查完了！"

　　"真的！"

　　"只查到了那些。"

　　"说说那个马车夫……听说他死了，你得到消息了吗？"

　　"唉，那个倒霉的家伙……"

　　"一个死人还有力气跑到绿松石矿场偷矿石？"

　　安全侍卫长吓得站都站不直了。"这……这不可能！"

　　"你的意思是，我在胡言乱语？"

　　"陛下！"

　　"你是拿了别人的钱还是能力有限，或者这两样你都占了。"

　　"陛下……"

　　"你胆子不小，敢搪塞我。"

　　这位高官跪在皇后面前："我保证，是有人跟我撒谎，我上当了……"

　　"我讨厌卑躬屈膝的家伙，你觉得蒙蔽你的人是谁？"

　　只要看到安全侍卫长吞吞吐吐的解释，就能知道他有多无能。在此之前，他一直用亲切的假面遮掩着这种无能。他想保住官职，所以一步不敢多迈。他觉得自己表现得还不错，求皇后能够放过他。

　　"去给我长子的别墅看大门吧，赶走几个不受欢迎的客人这样的工作，你总能胜任吧。"

皇后都离开会客室了，这位官员还在说着各种好话以表达自己的感激之情。

拉美西斯和摩西驾着马车，风一般冲向梅室后殿的行政办公区。这两个好友你赶一会儿马车，我赶一会儿马车，既要比技术又要比胆量。在去往后殿的路上，他们几次换马，驾着马车一路狂奔。

在如此喧嚣的声势下，这个部门哪里还有平静可言，连总管都放弃午睡赶来看了。

"你们是不是疯了？还是把这里当成了军营？"

拉美西斯说："我们在做皇后交代的工作。"

后殿的总管无措地将手放在浑圆的肚皮上。"啊……可是也没必要弄得这么吵吧？"

"任务紧急，不得不如此。"

"在这儿，我负责的这个地方？"

"对，在这儿，而且我们的紧急公务，针对的就是你。"

摩西点了点头，表示同意。后殿总管吓得连退两步。

"你们是不是弄错了？"

摩西说："跟我去绿松石矿场的人里有一个逃犯，这个人是你推荐给我的。"

"我？你不要信口雌黄。"

"向你推荐他的人是谁？"

"你们说的是谁，我不知道啊。"

拉美西斯提出要求："我们要看看档案文件。"

"书面命令，这个你们有吧？"

"上面有皇后的印章，够了吗？"

这位高官放弃了反抗。可惜他那个偷绿松石的家伙的资料上，找不到什么线索，他记录在案的身份不是车夫，而是一个已经参加过数次远征的、在梅室教宝石工人切割绿松石的、有着丰富经验的矿工熟手。所以这个总管一听说摩西接到了召集令，就想着把这个专家派过去，为希伯来人带领的工作组服务了。

这个官员明显受到了蒙骗。现在马夫和车夫都死了，寻找幕后真凶的线索彻底断了。

拉美西斯一直在射箭，已经两个多小时了，不知射穿了多少个靶心。他必须集中精力，通过专注的工作转移怒气。肌肉的疼痛让他不得不换一件事做，于是他开始了一个人的长跑，横贯后殿花园和果园。他的脑袋里乱极了，什么想法都有，现在他只能通过身体的剧烈运动，来安抚疯狂躁动的内心。

王子不觉得累。他直到三岁还在喝奶妈的奶，他是她见过的最强壮的婴儿。王子从未生过病，不管是天有多冷或者有多热，他吃得香、睡得着。他从十岁开始，就坚持每天锻炼，所以他的身材非常好，像运动员一样。

在一条夹在两行柽柳之间的小路上，他似乎听到了某种和鸟鸣声截然不同的歌声。他停下脚步，竖起耳朵。

歌声充满快乐，歌者是个女人。他走过去看着她，一言不发。

妮菲塔莉坐在柳荫下，用一把来自亚洲的细弦琴弹着一首歌，她弹了很多遍，歌声像果汁一样甜美，似乎连温柔的风都在树叶间跳起舞来。这位姑娘的左手边放着一块写字板，上面满是数字和几何图形。

她太美了，几乎不像真的。拉美西斯恍惚间还问自己，是不是正在做梦。

"你怎么不过来……不是害怕音乐吧？"

他撩开挡在身前的灌木的枝叶，来到她跟前。

"你躲起来做什么？"

"因为……"

他不知道该怎么解释，她却被他的窘迫逗笑了。

"你刚才在跑步吗？一身的汗。"

"有个人想要杀我，我原本是来这里找幕后凶手的。"

凝重的神色取代了妮菲塔莉脸上的笑，她的神情让拉美西斯分外着迷。

"还没找到，是吗？"

"唉，是的。"

"再没有别的办法了？"

"恐怕是这样。"

"你会查下去的。"

"为什么这么说？"

"你不是一个轻言放弃的人。"

拉美西斯压低身体，看了看那块写字板。"你在学数学？"

"我要计算体积。"

"你想成为一个几何学家？"

"学习可以让人不必为明天烦恼，所以我喜欢学习。"

"你难道没想过玩乐？"

"我喜欢孤独。"

"这种选择会不会太辛苦？"

碧绿的眼睛变得异常严肃。

"抱歉，我不想冒犯你的。"

妮菲塔莉腼腆的嘴唇上，露出了一抹宽容的笑。"你要在后殿待一段时间吗？"

"不，明天我就回孟菲斯。"

"我猜你的意志坚硬如铁，准备去查出真相，对吗？"

"你觉得我不该这么做？"

"一定要冒这个险吗？"

"妮菲塔莉，就算有所牺牲，我也必须知道真相，这点永远都不会变。"

他从她的目光中看到了鼓励。"如果你来孟菲斯一定来找我，我很想请你吃个晚饭。"

"在回家乡之前，我会在后殿待几个月，学习更多东西。"

"在那里有等着你的未婚夫吗？"

"你太失礼了。"

拉美西斯觉得自己蠢死了。他不知道该如何对待这个稳重而矜持的年轻姑娘。

"妮菲塔莉，祝你幸福！"

27

能够为国家工作这么长时间，并且接连帮助三位法老尽可能地避免外交政策上的失误，这让这位老外交官备感自豪。塞提奉行的原则是如果无法从战争中看到希望，就不如把注意力放在和平上。对于这一稳健的作风，老外交官非常赞赏。

他很快就要退休了，可以到底比斯过几天安心日子，他的家和卡纳克神庙距离很近，不计其数的出行，让他很长时间都没关心过家里了。培养才华横溢的年轻人亚夏，是他最近找到的一个新乐趣。这个年轻人总能找到窍门，所以学东西很快。之前在大南方，有个情报工作非常棘手，他却完成得相当漂亮。这次回来，为了学习外交经验，他主动找到了这位外交官。老外交官马上把他当成儿子一般，又是教理论，又是教各种外交程序，还有那些只有真正经历过才能了解的交际手腕。某些时候，亚夏的观点更加先进，从他对国际形势的分析中，可以看出他对现实世界的观察非常敏锐，对未来又有某种憧憬。

当外交官秘书告诉他，一心向学的谢纳前来拜访时，他并未拒绝，对方毕竟是国王的长子和既定的王位继承人。虽然他有点累，还是款待了这位脸圆圆的、自以为高人一等的家伙。外交官是一个非常敏锐的人，他看着对方栗色的小眼睛，清楚地意识到不能低估这位来访的对手，不然会造成非常严重的后果。

"您的到来，让我这里蓬荜生辉。"

谢纳说："请接受我诚挚的敬意，所有人都知道我父亲所采取的亚洲政策与您密切相关。"

"这种夸奖，我可担当不起，这都是法老自己的决定。"

"您给出的信息非常有价值，不是吗？"

"外交这门艺术并不简单，我只是竭尽所能而已。"

"成果喜人。"

"这要感谢神明的帮忙。来杯淡啤酒怎么样？"

"再好不过。"

坐在葡萄棚架下的两个男人，感受着北风带来的丝丝凉意。一只灰猫跳到老外交官腿上蜷成一团，酣然入梦。

仆从在两个人的酒杯中注入有助于消化的淡啤酒，然后就转身离开了。

"我的贸然来访，没有吓到您吧？"

"说实话，我真有点被吓到了。"

"我们之间的谈话，我希望您能守口如瓶。"

"当然。"

老外交官满面笑容地看着神情凝重的谢纳，他接待过很多找自己帮忙的人，是提供帮助，还是予以拒绝，就要看具体情况如何了。不过，能被一个王子如此逢迎，确实让他有些自得。

"听说您打算退休了。"

"这没什么可隐瞒的，一两年之后，只要国王批准，我就告老返乡。"

"会不会很可惜？"

"我的年龄开始拖后腿了，精力跟不上啊。"

"您丰富的经验是一笔宝藏。"

"所以我要将它留给像亚夏这样的年轻人。以后外交工作就要交给他们来完成了。"

"您觉得塞提的所有决定都是对的吗？"

老外交官窘迫地说："你这是什么意思？"

"赫梯人现在已经不是我们的敌人了吧？"

"你不了解他们。"

"难道他们不愿意做我们的商业伙伴？"

"赫梯人的目标是占领埃及，他们坚定不移地执行着这个计划。对于他们，我们在国防上的政策只有一个，就是攻击。"

"如果我提出其他政策呢？"

"那你不该和我说，应该去找你的父亲。"

"我不准备找别人，只想和您谈。"

"为什么？"

"如果您能把亚洲各国的情况，一丝不漏地全都告诉我，我将非常感激。”

　　“会议中讨论的所有内容都是机密，我无权告诉你。”

　　“可我想听的就是这些内容。”

　　“你放弃吧。”

　　“您最好再考虑考虑，毕竟我将成为掌权者。”

　　老外交官涨红了脸。“你在恐吓我？”

　　“您还没有退休，您的经验对我很有用，而不久的将来我将成为政治的掌舵者，所以和我合作吧！相信我，这将是一个让你庆幸终生的选择。”

　　老外交官很少生气，这次却满腔义愤。

　　“这个要求我绝不答应，无论你是谁！作为法老的长子，你居然准备背叛自己的父亲，太荒谬了。”

　　“求您别生气。”

　　“不，我没法不生气。你做下这种事，还有什么资格做国王？你的父亲又怎么能对此一无所知？”

　　“别扯远了。”

　　“滚！”

　　“你是不是忘了我是谁？”

　　“一个卑鄙小人！”

　　“我命令你三缄其口。”

　　“绝不。”

　　“我不会让你说出去的。”

　　“我，真想……”

　　老外交官捂着胸口忽然僵直着身体倒在了地上，停止了呼吸。

谢纳立即把自己的手下叫过来，将这位高官放到床上，然后找了一位医生过来，证明老外交官死于骤然发作的心脏病。

谢纳运气不错，他用下作的手法达成了自己的目的，且没有被拆穿。

伊瑟在和拉美西斯置气，打着身体太累、气色不好的旗号，把自己关在父母的别墅里，不肯见他。这次他又是匆匆离开，然后好久都不会回来，她非要治治他不可。她藏在二楼的窗帘后，偷听王子和侍女的谈话。

拉美西斯说："请告诉你的女主人，我祝她早日痊愈、恢复健康，以后就不过来了。"

年轻姑娘不由得高声喊道："不！"

她一把掀开帘子，飞奔下楼，抱住自己的情人。

"你看上去好了很多。"

"别走。你要是走了，我就真的病了。"

"国王的命令，你觉得我能反抗？"

"我烦死那些远征了……看不到你，我非常难过。"

"你可以去参加宴会啊。"

"不要。那些年轻贵族总是围过来，我还要一个个地赶走，你要是在场，他们就不敢烦我了。"

"人们有时是为了达成某种目的才去旅行的。"

拉美西斯侧身取出一个小盒子，交给这位年轻的姑娘。她一脸惊讶的表情。

"打开看看。"

"必须看吗？"

"爱看不看。"

伊瑟将盒盖打开，里面的东西让她欣喜地放声大叫。

"送给我的？"

她高兴地抱住他。"帮我一下，给我戴脖子上。"

拉美西斯接受了她的要求。绿松石项链让这位年轻姑娘开心极了，她的绿眼睛里满是愉悦的光。现在她战胜了所有情敌。

亚梅尼翻查垃圾场的工作一直在继续，他固执得堪称坚忍不拔。前天晚上他找到了几个碎片，本以为将它们拼在一起就能找到工厂地址和厂主名字的相关信息，可惜又失败了。上面的文字支离破碎，根本看不出来是什么。

这项查找工作看起来毫无希望，但年轻的书记员并没有因为它损害其机要秘书的本职工作。需要拉美西斯处理的信件越来越多，每一封都得客客气气地妥善回复。他对王子名声极为重视，连远征绿松石矿场的报告都写完了。

拉美西斯："有很多关于你的传言。"

"我可不想听那些嚼舌根的话。"

"他们说现在的职位委屈了你。"

"我想为你工作，没有任何其他想法。"

"亚梅尼，想想你的未来。"

"我的未来早已注定。"

拉美西斯很高兴自己能拥有这种永恒不变的友谊，可是他知道要怎么做才能不辜负它吗？王子若是按照亚梅尼的意思生活，恐怕是无法平庸度日的。

"你的调查有什么收获吗？"

"没有，但我会坚持下去。你怎么样？"

"什么重要线索都没有，虽然皇后已经介入了。"

亚梅尼说："怕是因为那个人的名字无人敢提。"

"虽然听起来很有道理，可是你要知道，没有依据的指控也是重大过失。"

"你能这么说，我开心极了，知道吗？你和塞提越来越像了。"

"我们是父子。"

"谢纳和他一样是父子……可惜人们总觉得他是其他家族的人。"

就在摩西即将出发去梅室后殿的时候，忽然收到了宫里的传召，这让拉美西斯非常担心。他的朋友在远征时不仅一点错处都没有，还博得了矿工和士兵的赞赏，所有人都认为这个年轻的伙房团长出类拔萃，值得其同僚学习。不过各种诽谤和污蔑也是一直都在，难道是哪位高官看摩西风评太好，嫉妒了？

亚梅尼心平气和地写着字。

"你不为摩西担心吗？"

"有什么可担心的。他和你一样，不会被任何考验打败，不仅如此，还会越来越强大。"

他的话并没有让拉美西斯感到安心。摩西是个非常正直的人，但这种品性相比于尊重，更容易招来嫉妒。

亚梅尼提议说："不要干等着了，看看皇室的新规吧。"

拉美西斯看了看，但集中不了注意力。有两次，他直接站起来走上了阳台。

将近正午的时候，他终于看到结束召见的摩西从皇宫里走了出来。他再也等不了了，飞奔到楼下，冲到摩西跟前。

摩西看上去很累。

"什么事？！"

"他们让我去一个皇家工地当工头。以后我的工作就是修建皇宫和神庙，为了按照工匠师傅的指示对那些项目进行监控，我要走访很多城市。"

"你答应了？"

"是，我受够了后殿乏味的生活。"

"这么说，你是升官了！亚夏和塞达武都在城里，我们今晚好好庆祝庆祝。"

28

这天晚上，贵族学校的这些同窗们过得热闹非凡：职业舞女、烈酒、烤肉、糕点……所有的东西都非常棒。塞达武讲了他利用蛇来英雄救美的故事，他说他会把蛇放在姑娘们的私宅里，在她们吓得花容失色的时候，就跳出来解救她们，从而得到美女垂青。他说这种做法虽然有点缺德，但有个好处，就是省了那些不必要的寒暄。

所有人都讲了讲自己的事：拉美西斯在军事上表现优异，业梅尼成了优秀的书记员，亚夏在外交方面收获颇丰，摩西成了公共事业上的大忙人，塞达武专注于研究学习他那些可爱的爬行动物。不知道他们下一次兴高采烈、意气风发的会面，会发生在什么时候。

最先离席的塞达武，带走了一位眼神火辣的、漂亮的努比亚舞女。塞提准备在卡纳克建一个大工地，摩西想在出发前先补个觉。亚梅尼酒量不好，很早就倒在绵软的靠垫上睡着了。这个夜晚的香味格外浓郁。

亚夏对拉美西斯说："这个城市居然能如此安稳，太奇怪了。"

"难道它不该这样吗？"

"去过亚洲和努比亚之后，我已经没那么傻了。我们所处的环境并不是真的那么安全。随时准备劫掠我们财产的、多少有些可怕的民族，不是只存在于北方，南方也有。"

"北边是赫梯人，南边是谁？"

"你不是把努比亚人忘了吧？"

"他们早就臣服了，不是吗？"

"我之前也是这么想的，可是我去那儿做了一次侦查。语言可以揭露很多东西，比如我听到的某些私人交谈。我不相信宫里描绘的那种情况，因为它和我亲眼看见的情况不符。"

"你简直深不可测。"

优雅而敏锐的亚夏居然能走那么远，去那些野蛮的地方做事。可是他从容不迫，轻声细语，平静地接受了各种考验，所有看轻他的人都为他强大而机敏的内心感到吃惊。拉美西斯此刻很清楚，亚夏的所有意见他都应该严肃对待。亚夏文质彬彬的形象颇具迷惑力，很多人只以为他是个上流社会的公子哥，却看不到隐藏在这一形象后的自信和坚决。

"我们说的是国家机密，你知道吧？"

拉美西斯刺了他一句："这是你的特长啊。"

"明天早上，谢纳会以顾问委员的身份出席法老召开的会议。我看在我们是朋友的份上向你透露这件事，让你比谢纳提前一个晚上知道，有一个很重要的原因，就是这件事和你有很大关系。"

"你把自己知道的秘密告诉我了？"

"我不是背弃自己的国家，只是我相信这件事你必须插手。"

"你能说得明白一些吗？"

"我觉得那些专家说得不对。事实上，是我们的一个努比亚省将发动叛乱。这是一次真正意义上的叛乱，而非寻常的抗议活动。埃及如果不想遭遇重大损伤，就必须马上派兵干预。"

拉美西斯吓了一跳。

"你的这个设想太可怕了。"

"为了阐明观点，我已经写好报告交上去了。我知道自己几斤几两，没想做预言家。"

"努比亚王和将军们会对你提出控诉，说你信口雌黄！"

"我说的是真的，我的报告，法老和他的顾问们也会看到。"

"他们会认同你的观点吗？"

"我们统治者的原则是实事求是，而我的报告说的就是事实。"

"对，可是……"

"不用多想了，你自己做好准备。"

"我准备什么？"

"如果法老准备平定叛乱，总要带一个儿子在身边，他难道放着你不选，去选谢纳？如果你想成为一个真正的军人，就抓住这次机会。"

"你要是弄错了呢……"

"不可能，是时候去皇宫了。"

皇宫的偏殿里弥漫着一股不同寻常的气息。在那里，法老正在和顾问团成员召开会议，包括"九位特殊的朋友"、将军，还有几位部长。国王在签署重要文件之前，一般只和首相交换意见。可是那天早上，这个扩大顾问团忽然就接到了召集开会的谕令，事前没有听到任何风声。

拉美西斯找到首相助理要求觐见法老，首相助理让他不要着急，再等一会儿。塞提说话向来言简意赅，他主持的会议通常结束得都很快，可是这次却不一样。午饭时间都过了，一直到了下午，会议还没结束。看样子参会人员有严重的意见分歧，法老也无法马上选出一条确定的路，因此未作最后裁决。

直到太阳偏西，那群人才走出会议大厅，所有人的脸上都带着凝重的神情，将军走在后面。之后又过了十五分钟，首相助理找到了拉美西斯。

来见他的是谢纳，而不是塞提。

"我要见法老。"

"他忙着呢，你想做什么？"

"那我一会儿再来。"

"拉美西斯，你有什么可以问我，我有作答的权利。你要是不肯和我说，那好，我写份报告给父亲，看他会不会认同你的做法。别忘了，你对我要有最起码的尊重。"

拉美西斯已经做好了撕破脸的准备，才不会被吓到。

"谢纳，或许是你忘了，你还是我哥哥。"

"你我在地位上……"

"我们各走各的路，再也不用惺惺作态。"

"所以……你要走哪条路？"

"我要从军。"

谢纳轻抚着下巴。

"说真的，在那里你会有不错的表现……你见法老的目的是什么？"

"我要和他一起去努比亚参战。"

谢纳大吃一惊。"努比亚的战事？谁和你说的？"

拉美西斯镇定地说："我不仅是皇家书记员，也是高级将领，只是没有人正式保举我上战场而已。你可以给我这个名额。"

谢纳站起身，来来回回走了一会儿，最后坐在椅子上。"不可能。"

"为什么？"

"不安全。"

"你会在乎我的生死？"

"你是王子，是皇家血脉，没必要冒这种风险。"

"法老都要御驾亲征。"

"放弃吧，那不是你的路。"

"不，就是我的路！"

"我已经决定了，你反对也没用。"

"我会找父亲帮忙。"

"拉美西斯，不要闹了。除了和别国交战，国家难道就没有别的难处了？"

"谢纳，你拦不住我。"

谢纳浑圆的脸孔彻底沉了下来。

"你没有资格指责我。"

"我提名的事被批准了，是不是？"

"还要看国王怎么说。"

"你觉得……"

"我要想一想。"

"那快点想。"

亚夏打量了一下周边的环境：房间很宽敞；两扇安装得恰到好处的窗户刚好可以保证空气的流通；在墙上和天花板上，有用小巧的花形木板和红蓝几何图形木板做的装饰；另外，屋里还摆了几把椅子、一个小巧的茶几、几块上等草席、一些收纳箱和一个纸莎草柜子……这间办公室是他刚刚分到的，非常棒，配得起他的身份。像他这么年轻的公务员，很少能拥有这么舒服的办公环境。

亚夏先是对自己的秘书口述了信件的内容，然后又接待了一些想要见识一下他这位备受部长称赞的才子的同事，再之后，他又见了见那个希望与每一个前途无量的新官员结交的谢纳。

"你的办公室怎么样？"

"比我想象的好。"

"国王对你的表现非常满意。"

"希望我的功劳永远能被认可。"

谢纳关上门，小声说："我对你的表现也非常满意。要不是你，拉美西斯怎么会毫不犹豫地往陷阱里跳。他唯一的想法，就是去努比亚参战！当然，为了让他更执着，我还欲擒故纵了一下。"

"他的提名通过了？"

"法老答应带他去努比亚了，这将是他的第一场战斗。拉美西斯不知道努比亚人打起仗来有多凶，而且抗议现在已经变成叛乱了。去了一趟绿松石矿场，他就飘飘然起来，还以为自己成了能征善战的老将。他根本不知道这次他去的是真正的战场。亲爱的，所有的事都在掌控之中，对吗？"

"但愿吧。"

"亚夏，我们可以说说你了。我这个人最懂得知恩图报，你这位年轻外交官的能耐，我也已经看得很清楚了。你先等一等，只要再写上两三份精彩绝伦的报告，就能迅速升迁。"

"我只想为国尽忠。"

"我也一样。不过你应该有一个更高的官阶，这样才能尽展所长。你喜欢亚洲吗？"

"它是我国最合适的外交活动区。"

"你这么有用的专业人才正是埃及所需要的。好好磨炼自己，去学习、去倾听，只要你对我忠心，我就不会让你对今天的选择后悔。"

亚夏躬身行礼。

埃及人虽然不喜争战，却也没有因为塞提发兵努比亚就忧心忡忡。在他们看来，那些黑人部落无论如何也不会是一支组织严密的强军的对手。这次出征不像是一场战争，更像是一次平叛。只要处罚得严一些，叛军就会消停一段时间，努比亚也会重新变成一个安分守己的省份。

　　若非亚夏在报告中示警，谢纳怎么会知道埃及遇到了一个劲敌。拉美西斯太年轻了，还什么都不懂，一心想证明自己有多勇敢，却不知道努比亚人曾经用弓箭和斧头杀掉过不少自以为胜券在握的将士。拉美西斯要是倒霉一点，弄不好也要步他们的后尘。

　　谢纳看到了命运的笑脸，他手里的筹码足可以让他在权力的游戏中大获全胜。法老因为行程过密身心俱疲，很快就会将自己的长子推上王储之位，然后慢慢地交出权力。现在成功的关键是自制和耐心，然后伺机而动即可。

　　运动并不是亚梅尼的长项，他一直在跑，只是跑得很慢，终于跑到了孟菲斯最大的港口。有很多人来为远征军送行，他又推又挤，好不容易才到了前边。就在刚才，他在一处新的垃圾场里找到了一个重要线索，有可能会发挥决定性的作用。

　　"王子的船在哪儿？"

　　一位军官回道："走了。"

29

塞提掌权第八年冬天的第二个月第二十四天，埃及大军离开孟菲斯，向南极速行进。军队在阿斯旺靠岸，之后又继续前行，顺着湍急的河流越过第一瀑布的险滩。尼罗河的水位在这个季节正是高的时候，即使是最危险的航道，船只也能轻松渡过，不过法老更喜欢那种能沿着河流逆向驶往努比亚的帆船。

被任命为军队书记员的拉美西斯非常开心，他所在的远征军直接受命于塞提，而且他和塞提就在一条船上。这是一艘新月形的船，两端翘起，与水面相距甚远。船的右舷和左舷各有一个舵，以便能又快又轻松地对船只进行控制。挂在单独一根长桅杆上的一面巨帆，装满了呼啸而来的北风，船上的工作组时刻注意着缆绳的压力。

　　位于船中间的大船舱被分成了几个小房间，船长和两位舵手分别住在靠近船头和船尾的小舱室里。

　　和其他舰艇一样，皇家舰艇上也满是愉悦的氛围，没有哪个将军会告诉那些水手和战士这次旅程其实很危险。军队不能攻击平民，征兵以自愿为原则，行事要光明磊落，抓捕要有根有据，国王的规定人所共知。违反这些规定的人，将受到严惩。

　　这次旅行中，拉美西斯一直站在船头，他太喜欢努比亚的风光了：沙漠高山、花岗岩小岛、盘踞在沙漠上的长形绿洲，在蔚蓝天空的映衬下形成的美妙图景；在险峻的岸边酣然入睡的牛群，在河中戏水的河马，在棕榈树间嬉戏的狒狒及从它们头上飞过的冠鹤、红鹳和燕子。拉美西斯马上就被这片蛮荒之地吸引了，它身上有一种自然的、桀骜的热情，就像他自己一样。

　　埃及军队从阿斯旺行至第二瀑布期间经过了一段较为平顺的路途，之后他们在一个宁静的小镇附近扎营休息，当地民众给他们送来了不少食物和用具。方圆三百五十公里的娲瓦娲瓦特省极端炎热，长期以来一直平和安静。拉美西斯有一种做梦般的愉悦感和幸福感，他觉得自己可以听到这片土地的声音。

　　布衡是阻击努比亚偷袭的最重要的要塞。当拉美西斯睁开眼睛，一座难以描述的建筑出现在他面前，那是布衡的一座由砖块砌成的巨型堡垒，它的城墙有十米高、五米宽。埃及哨兵正站在长形尖塔上监视第三瀑布及其周边的情况，众多圆形小路有序地围绕着这座尖塔。布衡的长驻士兵有三千多名，他们通过邮件运输车和埃及保持联系。

　　这座要塞的正门正对着沙漠的方向，塞提和拉美西斯由此进入堡垒。将堡垒和外界隔开的是一座木桥。所有心怀恶意的偷袭者都会死在疾风骤雨般的弓箭和标枪下，不然也会被投石器投出的石头砸死。为了形成密集的交叉射击网，每个窗洞上都凿了三个射击孔。

在堡垒下边有一些小型村镇，部分部队被安排到那里驻扎。这里的生活因为一座军营、几栋漂亮房子、几座仓库和厂房、一个市场，以及若干卫生设施而变得非常舒适。在进驻努比亚的第二个省库什之前，远征军有几个小时的休息时间，截至目前，他们的军纪都非常严整。

在布衡富丽堂皇的大厅里，指挥官接待了国王和拉美西斯，首相允许他在此审理案件。侍从将生啤酒和椰枣送到尊贵的客人面前。

塞提问："努比亚王怎么还没到？"

"陛下，他应该会按时到达的。"

"或者，他去了别的地方？"

"不，陛下。他只是去了第三瀑布以南的伊兰，想亲自了解一下那里的局势。"

"局势……你指的是一场叛乱吗？"

指挥官不敢看塞提的眼睛。"呃，说叛乱就大了，其实没那么严重。"

"只是几个毛贼，就能让一个国王千里迢迢地赶过去？"

"不，陛下，那里完全在我们的控制之下。而且……"

"你们的报告接连几个月都把事情尽可能往小了说，为什么？"

"我只是想描述得客观一些，伊兰的努比亚人虽然有点儿不安分，可是……"

"两个沙漠商队遇袭，一位传令官遇害，一口井被盗匪占据……在你看来，就只是不安分？"

"陛下，比这严重的情况，我们也见过不少。"

"你说得对。不过这次必须予以严惩，且要切实地作出判决，将惩罚落到实处。你们没抓到凶手，结果他们产生了即使犯错也不会被追究的想法，已经准备来一场真正的叛乱了，这件事你知道吗？"

指挥官辩解道："我的职责只是防守，我们的要塞防线从未被任何一个努比亚暴徒突破过。"

塞提火冒三丈："你的意思是库什和伊兰的叛乱，我们可以不管了？"

"陛下，一分一秒都不能耽误！"

"那就说实话。"

拉美西斯觉得这位高官懦弱得让人恶心，根本没资格为埃及效命。要是可以，他真想把这个软骨头撤了，送到前沿阵地去。

"虽然有些骚乱破坏了我们的宁静，可我觉得还没有严重到非派军队镇压不可的地步。"

"我们死了多少人？"

"暂时没有，我也希望不会有。我们的长官带着一支能征善战的巡逻队赶过去了。那些努比亚人只要看到他就会投降的。"

"我最多等三天，三天之后，我会再回来。"

"陛下，不用这么麻烦。能款待你们是我的荣幸，今天晚上，我准备了一个小宴会欢迎……"

"我不会去的，照顾好将士们的食宿。"

这里的地势和第二瀑布相比，会更凶险吗？在巍峨耸立的悬崖峭壁之间，尼罗河以强大的冲力生生挤出了一些狭窄的通路，在和巨大的玄武岩、花岗岩石块对抗的过程中，它的一部分被击碎成大片的泡沫和浪花。河水呼啸奔涌着，凶猛地击打在障碍物上，之后又毫不迟疑地继续向前。远处，在险峻的河岸边，满是天蓝色的石块和赭红色的沙子。长着两个树干的埃及姜果棕榈随处可见，让大地变得绿意盎然。

拉美西斯能感受到尼罗河每一次涌动的生命力，他和它一起冲击岩石，和它一起享受胜利。他与河流已经合二为一。

拉美西斯走遍营区各个角落，发现所有军人都没有意识到可能要爆发的战争。他们酣然入梦，在宴会中饮酒作乐，和俏丽的努比亚姑娘缠绵。他们沉迷赌博，大谈回到埃及之后的事，却没有将兵器擦亮。

可是，去了伊兰的努比亚王还没回来。

拉美西斯发现，人们就是为了逃避现实才把自己封闭在幻象中的。他们乐于用虚化的幻影来美化存在巨大压力的现实世界，以为这样就能从枷锁中摆脱出来。

在军营最左侧的沙漠里，有个人蹲在地上，像要埋藏宝藏一般挖着沙子。

拉美西斯握着匕首，满心戒备地走过去。

"你在干吗？"

"闭嘴，安静一点！"那个人命令道。他的声音非常轻，很难让人听清楚。

"回答我。"

那个人站了起来说："唉，你怎么这么笨！它跑了吧。"

"塞达武！怎么是你？你什么时候入的伍？"

"我怎么会入伍……我只是在这个洞里发现了一条黑色的眼镜蛇。"

塞达武还是穿着他那身怪模怪样的、有很多口袋的外套，在月光的照射下，可以看到他浓密的黑发和满是胡茬的、晦暗的脸，和军人真是没有一点相像的地方。

"某些厉害的巫师告诉我，努比亚毒蛇的毒液品质特殊，所以我跟着远征军出来，看能不能弄到些意料之外的好东西！"

"这是战争，你就不怕有危险吗？"

"战场上的厮杀与我无关。这些士兵每天无事可做，除了吃就是睡，蠢得要死。他们的工作有什么危险的。"

"这种平静很快就会消失。"

"你说的是真的还是胡乱猜的？"

"如果只是单纯的旅行，你觉得法老会带这么多人出来？"

"没关系，我只要能抓蛇就好了。它们体型优美，颜色也漂亮。如果有生命危险，你最好不要犯傻，和我去沙漠吧，我们会有不小的收获。"

"我会跟着我父亲的命令走。"

"我只听自己的。"

塞达武往地上一躺，马上就睡着了。从没有哪个埃及人像他一样，对晚上爬出洞穴的蛇类没有一丝惧意。

　　拉美西斯看着湍急的河流，感受着尼罗河无尽的力量。天亮了，他感觉到身后有人靠近。

　　"儿子，怎么没睡觉？"

　　"我要看着塞达武，刚刚有几条蛇爬到他身边停了一会儿，又爬走了。他连睡觉的时候都在磨炼自己的能力，更何况君王呢？"

　　塞提说："努比亚王回来了。"

　　拉美西斯看着父亲，说："伊兰的动乱解决了？"

　　"死了五个人，重伤十个人，只有一个人因为跑得够快，平安回来了。你的朋友亚夏说对了。这个男孩有敏锐的观察力，能从收集的资料中总结出正确结论。"

　　"虽然有时候我觉得他不太讨喜，可是他的才智和能力是毋庸置疑的。"

　　"和他持相反意见的顾问有很多，可惜他们都说错了。"

　　"要打仗了？"

　　"是的，拉美西斯。就是战争，最让我厌烦的战争。可是姑息暴动和骚乱的主导者，只会引发更大的暴乱，让所有人都陷入灾难之中，所以法老必须采取行动。埃及在北边已经控制了迦南和叙利亚，不用担心外敌入侵的问题；在南边只有懦弱的努比亚国王，他只会如阿肯那顿那般把国家带入绝境。"

　　"我们会发兵吗？"

　　"只要努比亚人不犯傻。你哥哥貌似非常相信你的能力，极力说服我答应你的请求。可是我们的对手极其凶残，只要狂性上来，就不死不休，根本不在乎造成多少伤亡。"

　　"您觉得我打不了仗？"

"我只是觉得这太危险了，你没必要这么做。"

"请给我一个任务，我一定会完成的。"

"你的命不值钱吗？"

"怎么会？但背弃誓言者不配活着。"

"好，如果叛军不肯投降，就去战斗吧。你要足够凶猛，就像一头野牛、一头狮子和一只鹰一样；你要足够迅速，就像暴风雨一样让人猝不及防，不然，落败的就会是你。"

30

　　大军被迫从布衡出发，穿越第二瀑布。在穿过边城堡垒的防御线——一座水坝——之后，部队进入库什。库什的动乱已经平息下来，城中都是以骁勇闻名的、高大魁梧的努比亚人。没过多久，大军就到了萨伊岛——努比亚王的第二居所，沙亚特的防御堡垒就在这座岛上。拉美西斯发现在下游的几公里处还有一座名为阿玛哈的岛屿，岛上秀美的原始风光格外迷人。如果此次出征得胜而归，他准备求父亲在这座岛上建立一座纪念努比亚之美的小庙。

　　沙亚特到处都是难民，这些人逃出伊兰丰饶的高原，却成了叛军的俘虏。努比亚王不懂得居安思危，自以为胜券在握，居然只派了几个老兵出战，结果很快就被打败了。现在已有两个部落的暴民穿过第三瀑布朝北进发了。

沙亚特最先失守。

塞提让手下传达警讯，一个枪眼配一名弓箭手，派几名哨兵在塔顶站岗，让步兵以壕沟和城墙为掩体，在暗处和角落里藏好。

之后法老带着自己的儿子开始和边防指挥官沟通意见，垂头丧气的努比亚王陪在一边，一言不发。

指挥官坦言："都是坏消息，一周之内，暴乱席卷了大片地区。这些部落以前根本不愿意结盟，总是吵个不停，可是这次他们却达成了协议！我已经和布衡方面说过这件事了，可是……"

指挥官觉得当着努比亚王的面批评他不合适，只好把后面的话咽了下去。

塞提命令道："接着说。"

"如果我们早点插手，在这场暴动刚开始的时候，就能把它压下来。可是现在，我觉得只有撤退才是明智的选择。"

听了这话，拉美西斯觉得脑袋"嗡"的一声，一个埃及的指挥官居然能说出这么怯懦和短视的话。

他问："那些部落就这么恐怖？"

指挥官说："那是一群没有痛感、不怕死的野兽。他们喜欢杀戮、战斗，要是有谁听到他们冲过来的嚎叫声拔腿就跑，我甚至不会多加指责。"

"逃跑！这不是叛国吗？"

"你见过他们就会明白。想要消灭他们，必须有一支装备精良的庞大军队，可是现在我连对手有几百人还是上千人，都不知道。"

塞提下令："你和你们的大王随难民一起去布衡吧。"

"你们需要援军吗，我是不是必须派兵？"

"视情况而定，我的传令官随时会联系你们。截断尼罗河，让所有有作战能力的将士做好战斗准备，我们要守护边疆了。"

努比亚王生怕受到别的责罚，所以走得悄无声息。

两个小时后，做好撤离准备的指挥官率领一支纵队长龙向北走去。只有法老带着拉美西斯和一千名士兵在沙亚特留守。将士们的斗志瞬间低落下来。有传言说，会有一万名黑人攻打这座城堡，他们极为残忍暴戾，预备杀掉所有埃及人。

塞提让拉美西斯慎重地把实际情况和军人说一说，可是拉美西斯认为，只把真相告诉大家，拆穿各种流言蜚语还不够，必须把大家捍卫国家的责任感和胆量激发出来。他说的话通俗易懂、简单明了，很多人都被他的激情所感染。听说王子放弃一切特权，将和他们一起上战场，这些士兵又有了新的希望：塞提战术精妙、拉美西斯勇敢无畏，只要跟着他们就一定能冲破困局。

国王决定带兵南进，先发制人。在他看来这是一种比较合适的战略，如果敌军人数众多，他们被迫撤离，起码也能知道对方有多少人。

拉美西斯陪着塞提研究了一整夜的库什地图，并默默记下了各种地理标志的含义。他学得快极了，并下定决心要记住所有细节。拉美西斯发现法老其实信心十足，他不知道以后会如何，但确信明天绝对会迎来荣胜。

在边疆重地之内，有一个房间是专门为国王准备的。法老回那个房间去了，拉美西斯则在一张小破床上躺了下来。他正做着取胜的美梦，忽然被隔壁的笑闹声和喘息声惊醒了，他连忙起身，一把推开了那间有问题的房间的门。

塞达武正趴在床上，享受一位身材火辣、浑身赤裸的努比亚姑娘玩笑般的按摩。这位姑娘长得非常漂亮，皮肤又黑又亮，身形看起来不像黑人，倒像是底比斯的女贵族。看着塞达武非常享受的神情，她被逗得咯咯直笑。

御蛇巫师说："这是莲花，今年十五岁，她的手指似有无穷的魔力，能让人彻底松弛下来。你要不要试试她的本事？"

"要是从你身边抢走这样一位美丽的尤物，我怕自己会悔不当初。"

"她即使和最危险的毒蛇在一起，也能毫无惧意，事实上，她时常接触毒蛇。我们采集了很多毒液，感谢天神，我们运气不错。这次远征棒极了……我没道理放弃这个好机会。"

"看守城门的工作，明天就交给你们了。"

"怎么，你要上战场？"

"我们要继续前进。"

"好，我和莲花负责巡视，还会抓十来只眼镜蛇。"

冬天的早上非常冷。直到努比亚的太阳让步兵们的血液暖起来，他们才脱下套在外边的长衫。拉美西斯驾着一辆轻型马车，他的前边是侦察兵，后边是埃及大军。塞提在贴身护卫的保护下走在军队中间。

一声哀号打破了草原宁静的氛围。在下达了停止前进的命令后，拉美西斯跳下马车，和侦察兵一起去查看情况。

发出哀号的是一个长着长鼻子的庞然大物，一支标枪插在它的长鼻子的末端。它正竭尽全力想要摆脱这支让它备感痛苦的标枪。埃及南部的象岛，顾名思义就是因它而得名的，不过那是很久以前的事了，现在那里已经看不到这种动物了。

王子以前从未看过大象。

一位侦察兵说："一头公象，它可真大，自卫时，他的每一下拍击都有八十公斤的力量。我们得离它远点。"

"可是它受伤了！"

"想要杀它的是那些努比亚人，我们让他们跑了。"

说话间，它朝这边走了过来。

一位侦察兵跑去找国王汇报情况，拉美西斯则走向大象。在和它相距大概二十米的时候，他停下来凝视它的眼睛。这头有伤在身的动物安静地看着这个矮小的家伙，像在猜测对方是谁。

拉美西斯伸出手，大象似乎明白这个两条腿的人没有恶意，便抬起了鼻子。王子慢慢地走上前去。

若非被同伴及时捂住嘴巴，有一位侦察兵就惊叫出声了。大象谨慎地靠近法老的儿子。

拉美西斯完全没有害怕的感觉，因为这头四条腿的动物深沉的眼神已经告诉他，它知道他想做什么，这是一个非常聪明的家伙。他又往前走了几步，现在和受伤者只有一米的距离了，它开始左右摇动自己的尾巴。

王子抬手，庞然巨物垂下了鼻子。

他说："会有点疼，但这是免不了的。"

拉美西斯抓着标枪的手柄。

"可以吗？"

大象巨大的耳朵回应一般上下扇动着。

王子骤然发力，一把将那个武器拔了出来。获得自由的庞然巨物发出一声大吼，用流着血的鼻子的末端紧紧地缠住了拉美西斯的身体。这一举动吓坏了那些侦察兵，只要几秒，它就能将他撕碎，然后再撕碎他们。必须马上逃走。

"你们看，快看！"

王子的声音听起来非常兴奋，这让他们不由得停下脚步，转回身查探究竟。那头庞然巨物竟然用自己的鼻子轻轻地把王子放在了它的头上。

拉美西斯喊道："我在这座山上可以清楚地看到敌人的行动。"

王子的战利品让军队士气大振。很多人都说王子有超越自然的力量，可以收服最强大的生物，并为此赞叹不已。人们用浸过油和蜜的棉塞为大象疗伤，效果非常好。王子和大象，一个连说带比画，一个晃动鼻子和耳朵，顺利地完成了沟通。这个"大家伙"保护和引领着战士们沿小路一路毫无阻碍地走进了一个村庄，这里的房屋墙壁都是用干泥巴砌成的，屋顶盖着棕榈叶。

放眼望去，都是老人、孩子，还有女人的尸体，他们有的被割开了肚子，有的被刺穿了喉咙。那些不肯屈服的男人的尸体被扔到了更远的地方，几乎找不到一个完整的尸身。所有的粮食都被烧掉了，所有的牲畜也都被杀死了。

拉美西斯非常难过。战争就是这样，用无穷无尽的血和暴力，把人变成了最可怕的强盗。

一个老兵突然大喊："古井的水不能喝！"

可是他说晚了，两个口渴的年轻人已经喝下了井水。不过十分钟，就在骤然发作的如火烧一般的腹痛中死掉了。凶徒在井里下了毒，借此来惩罚当地百姓和他们的准备效忠埃及的亲朋好友。

塞达武叹道："我在这场灾难中真是一点忙都帮不上，我对有毒的植物一无所知，好在还有莲花，我可以跟她学。"

拉美西斯吃惊地问："你怎么在这儿，我不是让你守城吗？"

"那个工作没什么意思……哪比得上眼前的大自然，这里更精彩，也更丰富，不是吗？"

"全村的人都被杀了，你觉得有趣？"

塞达武抬起一只手，按着老友的肩膀。

"我为什么更喜欢和毒蛇在一起，原因就在这里。它们杀人的方式没那么粗鲁，还能给我们提供一些对抗疾病的特效药。"

"难道人类只会做这种可怕的事？"

"也没那么糟糕，喝杯青草茶吧，莲花调的，它可以让你再无敌手。"

塞提的神色非常严肃。他将拉美西斯和一些高级将领召集到自己的帐篷里。

"说说你们的想法。"

一个老兵提议："继续前进，穿过第三瀑布，直取伊兰。如果我们想要取胜，就必须迅速行动。"

一个年轻的军官说："这种战术我们常用，努比亚人也很清楚，会不会已经设好了陷阱。"

法老说："没错，所以为避免落入圈套，我们得知道敌人到底在哪儿。我准备发动一次夜袭，需要几个志愿者。"

那名老兵非常谨慎，说："这太危险了。"

"是的。"

拉美西斯站起身，说："我去。"

那名老兵说："我也去。我再推荐三个和王子一样勇敢的战士。"

31

王子摘掉头饰、脱掉凉鞋和华美的裹腰布，他要进入努比亚的萨王纳稀树草原，所以用木炭涂抹全身，随身只带一把匕首。他在出发前去了一趟塞达武的帐篷。

御蛇巫师正在熬药，那是一种黄色液体。莲花立即给拉美西斯端上了一杯红色的木槿草茶。

塞达武兴奋地说："我太幸运了，就在我的草席底下，有条黑红相间的蛇，是新品种，我以前没看到过。感谢神明，拉美西斯，努比亚简直是个天堂，这里究竟藏了多少蛇啊？"

他抬起头盯着王子看了很长很长时间。"你怎么这副打扮，要去哪儿？"

"去敌军大营查看情况。"

"怎么去？"

"一路向南，总能找到的。"

"去不是关键，回来才是。"

"我觉得自己运气还行。"

塞达武点了点头。

"一块喝点卡咖茶吧，尝尝威猛是什么味，起码在你被黑人抓到之前试一下。"

那种红色的饮料喝起来像某种水果，凉丝丝的非常解渴，拉美西斯一连喝了三杯，莲花负责为他续杯。

塞达武说："我觉得你这么做非常傻。"

"我尽忠职守。"

"啰唆！你不管不顾地一味往前冲，有一点成功的可能吗？"

"正相反，我……"拉美西斯摇摇晃晃地站起来。

"你生病了？"

"没有，不过……"

"先坐下。"

"我得走了。"

"你都这样了。"

"我没事，我……"

拉美西斯一头栽到塞达武怀里晕了过去。塞达武把他放到一张离火堆较近的草席上，独自走出帐篷。他早就知道法老会来，但看到塞提的身影还是印象深刻。

"塞达武，谢谢你。"

"莲花说那种麻醉剂效力不大，拉美西斯明早就会醒来，而且会神清气爽、精神焕发。他的任务你不用担心，我和莲花会替他完成，莲花会为我带路。"

"你们有什么需要的吗？"

"您只要保护好自己的儿子，尽量保证他的安全就行了。"

塞提走后，塞达武感到非常骄傲，毕竟没有多少人能让法老亲口说一句"谢谢"。

拉美西斯被一抹溜进帐篷的阳光叫醒了。他混混沌沌地想了好几分钟，都弄不明白自己在哪儿。忽然，他明白了：他被塞达武和那个努比亚女人弄晕了。

他火冒三丈地冲出去，要找塞达武算账，结果他的老友一边嚼着鱼干，一边书记员一样端坐在那儿。

"这个教训可以让你更聪明一点儿。"

"你怎么敢拦我，我有任务的！"

"你可以亲一下莲花，好好谢谢她。我们能找到敌军大营，她居功至伟。"

"可是……她和他们不是一伙的吗？"

"那些人戮村的时候，杀了她的家人。"

"她，信得过吗？"

"你不是一直非常热情、非常乐观吗？现在倒疑神疑鬼起来了。是的，她信得过。她之所以帮我们，一方面是因为那些暴徒不是她的族人，另一方面，是因为纳西人在努比亚最丰饶的地方没干好事。把牢骚收一收，好好洗刷一下，吃点东西，换身王子的装扮去见你父亲吧，他等着你呢。"

　　埃及大军由莲花做向导向前进发，拉美西斯高高地坐在大象头上走在最前方。这个大家伙的步调在前两个小时里一直非常沉稳，看上去没有一点烦恼，饿了就啃啃树枝来吃。

　　没过多久，它的态度开始发生变化，眼神凝滞，走得越来越慢、越来越轻，它的四肢落地时轻得出奇，几乎没什么声响。忽然，它的长鼻子在一棵棕榈的树梢上一卷、一扔，一个带着投石器的黑人便被拽下来，撞到了树干上，当场折断了腰。

　　这是敌军的哨兵，希望他还没来得及向族人示警。拉美西斯转回身等待指示，法老当即下令：分散队形，准备出击。

　　大象继续向前。

　　当它从挡在面前的一小丛棕榈树中穿过去之后，拉美西斯看到了数百个努比亚战士。他们一身黑色的皮肤，剃着半边的光头，只有脑后有头发且是很短的卷发，扁平鼻子，嘴唇外翻，耳朵上的圆环金光闪闪；他们头上插着羽毛，脸上画着线条。战士们的皮质裹腰布很短，上面画着斑点图案。将领则一身白色长袍，腰上的腰带是红色的。

　　这些人一看到大象和埃及军队的先锋就开始拉弓射箭，根本不理会埃及军队发出的投降警告。埃及的先锋营在发动攻击时，步调始终从容、坚定，这些努比亚人在遭遇突袭时却乱成一团、各行其是，这种反击加速了他们的失败。

　　塞提的弓箭手站在战圈之外，对努比亚手忙脚乱的射击队进行射击，标枪手从侧面攻击营帐，攻击那些使用投石器的黑人。步兵则用盾牌拼命阻挡敌人的斧头，用短剑斩杀敌军。

一些侥幸没死的努比亚人，沮丧地放下了手中的武器，跪在地上乞求埃及人的宽宥。

几分钟之后，塞提举起右手，战斗立时终止。获胜者很快就把俘虏们反剪双手捆了个结实。

大象还在继续战斗，最大那栋房子的屋顶被掀翻，房子中间的隔板被拆掉，露出了两个努比亚人：一个身姿挺拔威风凛凛，身上挂着厚重的红色丝带；一个又瘦又小，卑微怯懦，在篮子后面躲着。

那个瘦小的家伙就是用标枪刺伤大象的凶手。大象像摘去熟果子一般，用鼻子的前端一下子缠住那家伙的身子，高高地举了起来。它缠得很紧，那个小个子声嘶力竭地叫着，拼命挥动手脚，想要从这个"虎头钳"中挣脱出去，可惜徒劳无功。当"大家伙"放下他时，他还以为没事了，刚做出要跑的动作，"大家伙"的大脚掌就将他的头踩了个稀碎。

拉美西斯朝那个高大的努比亚人走过去，对方双手交叉放在胸前一动不动，看起来非常平静，眼前的一切似乎对他没有任何影响。

"你是他们的头领吗？"

"对。但是会用这种方法攻击我们的一定不是你，你太年轻了。"

"这是法老的功劳。"

"这么说他是御驾亲征了……巫师说我们必败无疑，原来是因为这个。我不该无视他的忠告。"

"你的同伙呢？藏到哪儿去了？"

"我可以告诉你，还可以帮你劝降他们，但我希望法老能饶他们一命。"

"这就要看法老自己的意思了。"

塞提没有给敌人留下任何喘息之机，当天又攻下了两个营地。被俘虏的那位首领虽然对这两个营地的人做了一些劝降的工作，可惜毫无效果。但努比亚人在战斗时总顾念着巫师的预言，且亲眼看到了塞提和他火一般燃烧着的眼睛，战斗力大打折扣，无法竭尽全力并肩作战。事实上，他们的眼睛早就露出了败象。

其他部落在第二天早上纷纷放下武器，表示投降。人们只要谈起国王的儿子，就一脸的惊慌，他们说那头公象是王子的养子，已经杀了几十个黑人了。所有人都放弃了与法老为敌、继续作战的念头。

在塞提抓到的六百名俘虏中，有五十四名年轻男人和六十六名年轻女人，以及四十八名孩子会被带回埃及学习各种知识，将来等他们返回努比亚，一方面可以像种子一样进行文化上的传播和补充，另一方面也会努力促进本族与强大邻国的友好往来。

国王清楚伊兰的危机已经彻底解决，这片曾经被暴徒侵占的丰饶土地的居民现在可以返回自己的故乡了。为防止出现新的暴乱，库什的国王以后每个月要来这里巡视一次，聆听百姓的需求，并予以满足。如果遇到了重大案件，则交给法老亲自处理。

拉美西斯觉得自己生病了，他爱上了努比亚，不想离开这里。他觉得努比亚王这一职位是为他量身打造的，可是他不敢和父亲说。父亲和他谈话时，他脑袋里一直想着这件事，可是一看到塞提的眼神，他就生了惧意。国王将自己的计划告诉了他：暂时不动努比亚王的王位，让他继续工作，但再不能有任何差错，否则马上罢免。

大象用自己的长鼻子轻轻地碰了碰拉美西斯的脸。虽然很多士兵都想将它带回孟菲斯，让大家看看这个"大家伙"在街头漫步的风姿，可是王子并不同意，他希望它能在自己故乡过着自由自在的快乐生活。

拉美西斯摸着它的鼻子，上面的伤口已经愈合了。大象像在邀请王子和它一起似的，指了指萨王纳稀树草原的方向，可是这个"大家伙"和王子终究走不到一起。

拉美西斯非常难过，好长时间都缓不过来。能遇到这个战友虽然只是一个巧合，但它的离开让他心酸极了。他真想和它一起去开辟新的道路，去记载它的事迹……可是他必须坐船回北方，这一切终究是梦。王子发誓，总有一天会回到努比亚。

埃及士兵们兴高采烈地收拾行装，并高度称赞塞提和拉美西斯这两个让此次远征转危为安的大功臣，连当地居民点燃的迎接他们的篝火都没熄灭。

王子走过一片小树林时，忽然听到一阵呻吟声，有人受伤了，竟然没有人救他吗？

在推开一层一层的树叶之后，他看到了一只右脚明显有些肿胀的小狮子正不停地哀鸣，它双眼滚烫，呼吸都有些困难了。拉美西斯抱起它时，可以感觉到它的心跳非常混乱。这头小狮子若是没人照顾，怕是很快就会死掉。

拉美西斯赶紧抱着受伤的小狮子去找塞达武，运气不错，对方还没上船。

塞达武说："它被毒蛇咬了，情况非常不好……仔细看，这里有三个小孔，这两个是毒蛇的两个大钩牙，这个是毒蛇的备用钩牙，而这些齿痕对应的是毒蛇的二十六颗牙。所以，咬伤它的是一条眼镜蛇。这头小狮子很特别，不然早死了。"

"很特别？"

"你看它的脚掌，它还这么小，脚就已经这样大了。这头野兽要是能活下来，以后一定会长得非常大。"

"你救救它吧。"

"现在是冬天，眼镜蛇的毒液扩散得不会太快，可以说季节帮了大忙，它的运气好就好在这里。"

塞达武拿出一截来自东沙漠的蛇木，将它的根泡在酒里磨碎了，喂给小狮子喝，然后，他又将小灌木的叶片在油里仔细捣碎，用它涂抹、揉搓小狮子的身体，增强它心脏的活力，改善它呼吸状况。

一路上，拉美西斯都在陪伴照顾这头小狮子，每天喂它喝牛奶，奇怪的是它的身体却越来越弱了。不过，每当王子抚摸它的身体时，它都会感激地看着他。

他对它保证："你不会死的，我会和你成为朋友。"

32

夜巡先是不断后退,然后又慢慢地向前走去。这只黄狗看上去有些怯懦,却又胆大包天地到那只大病初愈的小狮子身上闻了闻,弄得对方像是看到了什么诡异的生物一般惊慌失措。这头稚嫩的野兽虽然还很羸弱,却起了贪玩好动的心思。它扑到夜巡背上,压得夜巡几乎背过气去。黄狗高声吠叫,左躲右闪,可还是被对方划伤了臀部。

拉美西斯将小狮子抓过来,训了它很长时间,小狮子支棱着耳朵乖乖听训。王子给夜巡上了药,幸好只是破了点皮。之后两个小伙伴又玩闹了一会儿,夜巡出于报复给了小狮子一巴掌。小狮子现在叫"屠夫",这个名字是塞达武取的,因为它打败了毒蛇的毒液和紧追不舍的死亡，塞达武认为这个名字符合它旺盛的生命力，也希望能给它带来好运气。塞达武想：一头大象、一头雄狮……看来拉美西斯钟爱强悍、奇异的生物，喜欢照顾脆弱、可怜的生命。

狮子和狗很快就掌握了彼此的性情，屠夫开始约束自己，夜巡也不再寻衅滋事。它们建立了深厚的友情，一起享受游戏和疯跑的乐趣。晚饭过后，这条狗酣然入梦，它的背就靠在小狮子身上。

拉美西斯的战利品在宫里备受瞩目。人们相信只有拥有非凡神力的人才能收服一头狮子和一头大象，伊瑟对此非常骄傲。谢纳却非常气恼，觉得这些贵族真是太幼稚了，谁能和猛兽做朋友？拉美西斯不过是运气好而已，等到哪天狮子野性大发，还不把他撕个稀碎？

可是作为国王的长子，他认为自己必须和同胞兄弟保持友善的关系。谢纳先是和所有埃及人一样称颂了塞提的功绩，然后他又开始夸耀拉美西斯在这场与努比亚叛军的战争中的作用，他说自己的弟弟作为军人表现得非常出色，希望他的这种能力能够得到官方认证。

国王让谢纳主持亚洲退伍战士的授勋仪式，谢纳表示希望能私下和自己的弟弟聊一聊。直到典礼结束，拉美西斯才走进谢纳的办公室。这个办公室刚刚重新装修过，墙上画着有彩蝶翻飞的百花图。

"很漂亮吧？我喜欢华美的环境，因为它可以减轻工作带来的压力。我这有些新酿的酒，要不要尝一尝？"

"不了，谢谢。这些社交活动没劲透了。"

"我和你观点一致，不过这些活动还是有用的，毕竟我们的战士也想得到人们的称赞。他们和你一样冒着生命危险守护了我们的安全，不是吗？你在努比亚做得非常好，大家都应该向你学习，不过当时的情况很危险吧。"

谢纳又胖了。对美食的喜爱和对运动的厌弃，让他看起来颇像那种乡下的胖财主。

"这场战斗的指挥者是我们的父亲，敌人一看见他就吓得望风而逃了。"

"对，自然是这样……不过你的功劳一样不小。听说你很喜欢努比亚。"

"是，那个地方太迷人了。"

"对于努比亚王所做的那些事，你是怎么看的？"

"卑鄙无耻，应该予以处罚。"

"可是，法老没有罢免他……"

"该怎么安排，塞提自有打算。"

"如此严重的错误，努比亚王不会只犯一次，形势很快就会发生变化。"

"这次错误还不足以让他得到教训吗？"

"我亲爱的弟弟，有个词叫作本性难移。人们很难改掉自己的小毛病，我保证，这个家伙也一样如此。"

"那也是他的命。"

"他的失败或许会影响到你。"

"什么意思？"

"装什么傻啊，你不是喜欢努比亚吗？我努力一下让你来当努比亚王如何？"

拉美西斯的沉默让谢纳意识到，对方有些不安了。

他继续说："如果你成了努比亚王，就不会发生暴动了，你会忠于国家，让那里过上幸福快乐的生活。"

拉美西斯以为自己已经忘了这个梦：和他的狮子还有狗，在努比亚漫无边际的沙漠中漫步，尽情倾诉自己对尼罗河、岩石和金色沙漠的爱……还有比这更美好的事吗？

"谢纳，你在嘲笑我。"

"这个职位正适合你，我会向国王证明这一点。你的能力如何，塞提亲自验证过。只要我一提，很多人都会支持，这件事一定能成。"

"我等着。"

谢纳一边恭喜自己的弟弟，一边暗自庆幸：拉美西斯要是去了努比亚，他的处境就不会这么窘迫了。

亚夏有种百无聊赖的感觉。

上级交给他的行政工作，不过几周他就干腻了。他只喜欢实际工作，对官员和公文毫无兴趣。事项交接、为各种各样的人提供直抒胸臆的机会、揭穿谎话、挖掘大大小小的机密、找出被人隐藏起来的真相，这才是他喜欢做的事。

他知道怎么蒙骗自己遇到的那些阅历丰富、沉默寡言的人。他不用恐吓威胁，只要摆出一副礼貌、儒雅的样子，就能得到他们的信任，建立起紧密的联系，没有人会厌恶他。时间长了，有些机密文件的内容，他用不着亲眼看到就能知道内容。为了得到外交部某些官员的认可，他会刻意雕琢自己的语言，然后适当地说些逢迎之词，说些有分量的赞美的话，或者提几个合理的问题。

很多人对年轻的亚夏的评价都不错，听到这些话，谢纳深觉和亚夏联手是自己做过的最正确的一件事。他们时常私下见面，亚夏会将那些位高权重的主管正在做的事告诉他。谢纳认真权衡一番，再和自己从别处得到的消息进行印证，就这样，他每天都在按部就班地准备着，以便自己能早日登上王位。

塞提从努比亚回来之后，总给人一种非常疲惫的感觉，他的顾问们纷纷建议让谢纳出任储君，为他分担一些工作。他们说既然没有人对这件早已定好的事提出质疑，就不要一直拖着了。谢纳很聪明，只说自己年轻没有经验，且相信法老的智慧，除此再无多余的动作。

亚梅尼在外边折腾了一圈，准备向拉美西斯证明一下，自己的调查并非没有收获。这个年轻的书记员工作太拼命了，这对他的身体造成了很大的损害，可是他仍旧认真而勤勉地工作着，而且只要工作效率跟不上，他就会愧疚不已。拉美西斯从未指责过他，可他自己会有很深的负罪感，如果无缘无故就一整天都不做事，他会觉得做了天大的坏事。

他向拉美西斯承诺："每个垃圾场我都翻过了，还找到了一份证据。"

"你确定要用'证据'这么严肃的词？"

"两块石灰碎片：一个写着那家有问题的工厂的名字，一个写着厂主的名字，虽然碎了有些可惜，但可以完美地拼合在一起，而且最后几句话还能看出些破绽。这条线索应该和谢纳有关。"

发生在努比亚之行以前的一系列惨剧，马厩管理员的事、马车夫的事、走私墨块的事……拉美西斯好像都忘了，所有这些在他眼里貌似都成了很久以前的小事。

"亚梅尼，我应该恭喜你的，可是这些证据的分量明显不够，没有哪个法官会因此立案的。"

"这不是我所期待的结果……但我们可以试试啊。"年轻的书记员低垂着眼睛说。

"绝不会成功的。"

"一定还有别的证据，我会找到的。"

"太难了。"

"你不要被谢纳骗了，他是为了把你赶走，才帮你争取努比亚的位置，好让你忘了他的恶行，这样他才能彻底掌控埃及。"

"亚梅尼，这些我都知道，可我想去努比亚。我们一起去吧，那是一个宫廷的阴谋诡计和尔虞我诈触及不到的崇高的国家，你只要去了就会知道。"

亚梅尼没有说话，他很清楚，谢纳故作好心只是为了设下另一个陷阱。除非他离开了孟菲斯，否则必定追查到底。

拉美西斯和他的姐姐杜兰特见了一面。天气炎热，杜兰特刚在澡盆里沐浴过，接下来要敷油、按摩，在此之前她要喘口气休息一下。自从萨力升了官，她每天无所事事，越来越提不起精神了。

她的皮肤之所以还能保持光滑细嫩，是多亏了医师的药油。她也想好好休养一阵子，可是那些社交活动太耗费时间了，那些由埃及上流阶层举办的宴会和典礼，她无论如何都不能错过，除非她想错失那些数都数不清的宫廷秘闻。

杜兰特这几周很有些郁郁寡欢。谢纳的党羽貌似对她产生了怀疑，觉得她一定会传消息给拉美西斯，已经开始对她保密了。

她解释道："你们的矛盾既已化解，他会重视你的意见的。"

"你想让我干吗？"

"我怕谢纳做了储君，手握重权，会彻底无视我。人们也会慢慢地不再与我联系，不久之后，连个乡下的财主都比我强。"

"我能做什么？"

"让谢纳注意到我，让他知道我的人际关系以后会对他非常有用。"

"他只会嘲笑我，且毫无顾忌。在我哥哥眼中，我已是努比亚王，远远地离开了埃及。"

"你们只是看起来和好了。"

"每个人要走什么路，谢纳分得很清楚。"

"被放逐到黑人世界去，难道你就不反抗？"

"我喜欢努比亚。"

杜兰特火冒三丈，一点都不累了。"算我求求你，反了他，行不行？你怎么能摆出这么让人无语的态度。我们结盟，你和我一起打败谢纳。只有这样，那个怪物才会知道自己还有一个需要重视的家庭。"

"亲爱的姐姐，很抱歉，阴谋诡计让我畏惧。"

她气愤地站起身来，说："你不能丢下我不管。"

"你自己也能做到，我知道的。"

哈托尔神庙气氛凝重，晚上，图雅皇后在举行过祈祷仪式并聆听过女祭司的吟唱后，低下头开始冥想。

皇后和自己的丈夫谈了很久，她说谢纳恐怕没有足够的能力执掌政权，塞提认真地听着她的每一句话，就像从前一样。拉美西斯曾遭遇过刺杀，幕后黑手至今仍逍遥法外，若非牵扯到那个死在绿松石矿场的马车夫，他恐怕现在还不知道这件事。谢纳就算已经不恨自己的亲弟弟了，他的罪孽也不会消失。没有切实证据就心存此种怀疑，虽然看起来很残忍，可是在权力面前，有多少人还能保持人性呢？

塞提问清了所有细节，相比于那些支持谢纳、逢迎君主的臣子，他当然更重视他妻子的意见。塞提和图雅决定先观察两个儿子的行为，然后一起做一张评估表。

研究和选择这样的工作虽然由理智来承担，但做决定的却不是它，而是神，是上下两代法老之间的某种直接的心灵感应，它才是未来之路的决策者。

亚梅尼拉开为王子预留的花园大门，惊奇地发现有一张漂亮的洋槐木床摆在那里。要知道埃及人大多睡在草席上，一件这样的家具可不是一笔小数目。

那位年轻的书记员惊讶地连忙去叫醒熟睡的拉美西斯。

拉美西斯也很意外："一张床？不会吧。"

"你自己去看，绝对出自某位大师之手！"

亚梅尼说得对，王子也觉得那位木匠肯定是位非常优秀的手工艺大师。

亚梅尼问："我们要把它搬到屋里去吗？"

"不不不！你帮我看着它。"

拉美西斯翻身上马，朝着伊瑟父母亲的别墅一路狂奔。年轻的姑娘非要精心地打扮了一番，涂好胭脂和香水才肯出来，王子只好耐心等待。

拉美西斯无法抵挡她的美貌。

她满面含笑："我准备好了。"

"伊瑟……那张床是你派人送过去的吗？"

她一把抱住他，开心地说："除了我，谁敢这么做？"

如果王子接受了伊瑟的床，他就必须回赠一张更华丽的、有结成百年之约意味的床给她。

"我的礼物，你收好没有？"

"没有，我还没把它搬进去。"

她自言自语似的轻声说："这对我来说是一种很大的羞辱，求你看看我的心啊。"

"我不想受拘束。"

"你说谎。"

"你愿意和我在努比亚生活吗？"

"努比亚……太可怕了！"

"我的命运就是如此。"

"你可以拒绝！"

"我不会。"

她一把推开拉美西斯，独自跑掉了。

　　塞提拟定的新阁员名单即将公布，拉美西斯和很多高官一起去听消息。大厅里有很多人，那些老官员一脸镇定自若、信心十足的表情。与他们相比，年轻人就显得太过激动了，还有不少人生怕受到塞提的责罚。塞提喜欢精明强干的手下，不喜欢听无能者辩解时的夸大之词。

　　典礼还有几周才会召开，可是人们的情绪已经完全被调动起来了，为了保全自己和盟友的利益，所有官员都表示非常看好且完全支持塞提的政策。

　　文书长开始宣读国王谕令，公布任命名单，全场立时鸦雀无声。拉美西斯看上去非常平静，他前天晚上刚和长兄吃过晚饭，他的命运已经定下来了，所以这时他倒有闲心去研究别人的反应了。有些人兴高采烈，有些人面沉似水，有些人撇着嘴角一脸的抵触，可是谁敢驳斥法老的命令呢？

　　只有少数人关注了一下努比亚的任命，考虑到近来发生的那几件事，还有谢纳反复强调的态度，拉美西斯有很大可能会被任命为新的努比亚王。

　　可是，出人意料的是，塞提扣下了这个提案，根本没有做出相关任命。显然，拉美西斯要和亲爱的谢纳一起，继续在埃及生活了。

33/

拉美西斯没有当上努比亚王，伊瑟为此满心欢喜。王子会像之前一样做一些名义上的工作，不用离开孟菲斯了。这种机会可不多见，这位年轻的姑娘知道该怎么借此用感情捆住拉美西斯，她就是喜欢他反抗的样子。

伊瑟的父母让她答应嫁给谢纳，可是她只喜欢拉美西斯。这个男人从努比亚回来之后变得更加俊朗了，他本就挺拔、匀称的身形，现在更健硕了，整个人英姿勃发，英雄气概十足。他比大多数男人要高一头，本身的贵族气质和他傲人的身高，给人一种难逢敌手之感。

能和他共享生命、感情、愿望……这太奇妙了！她是无论如何都要嫁给拉美西斯的，谁都阻挡不了。

人事任命公布几天后，她一大早就去王子家敲门了，尽管这个时间有点不太合适。现在，拉美西斯已经没那么沮丧了，伊瑟将成为最能给他慰藉的人。

接待她的亚梅尼看起来颇为守礼。可是她并不喜欢这个病恹恹的、弱不禁风的男人，她不知道王子怎么会相信这种每天只知道和写字板打交道、根本不会享受生命的家伙。总有一天，她会让自己未来的丈夫找一个更健壮的人把他换掉。这种凡夫俗子怎么能入拉美西斯的眼？

"跟你的主子说一声，我来了。"

"很抱歉，他不在这里。"

"他什么时候走的？"

"我不知道。"

"到哪儿去了？"

"我不知道。"

"你在戏弄我吗？"

"岂敢。"

"那么你说明白，他走了多久了？"

"法老昨天早上来过，拉美西斯和他一起坐着马车去了码头那边。"

帝王谷是法老绚烂的灵魂重生的天堂，它安身于宁静的矿脉中，智者称此处为"伟大的草原"。在底比斯的西海岸下船之后，法老与拉美西斯直奔这一圣地，入口处有警卫不分昼夜地把守。悬崖峭壁间有一条小路曲折蜿蜒，法老和他的儿子就走在上面。山峰女神鑫温像金字塔的塔尖一般矗立在帝王谷，守护着这座宁静的山谷。

拉美西斯四肢无力。

除了在位的法老和为法老修筑永久居所的工匠，再没有人能进入这一秘地，可是父亲却把他带来了，为什么？要知道为了守卫墓地和里面的大批珍宝，弓箭手只要看到生人连话都不必问，就可以射击。无论是谁，只要意图盗墓，都会被处以死刑，这是危害国家安全的大罪。传说这里有守护神看守，只要闯入者答不出他们的问题，就会被一刀砍倒。

当然，有塞提在没什么可担心的，可是拉美西斯不喜欢来这个恐怖的地方，他宁可去努比亚上阵十次。在这里他的力量和勇敢对自己毫无帮助。他觉得自己没有武器，随时都会被某种他无法抵挡的诡异的力量击败。

帝王谷好像容不下任何生物，无论是草，还是鸟，或者虫子……唯一能看到的，只有那些证明死亡胜利的石头。塞提的马车越往前走，他们离那道巍峨而恐怖的墙就越近，炎热的空气让人呼吸困难，与人类世界的隔绝让人心惊胆战。

一条小径在前方出现，两边站着带着武器的侍卫，尽头是一扇岩石大门。马车不再前进，塞提和拉美西斯走了下来。守卫向他们行礼，法老每隔一段时间，就会来自己的墓地查看进度，将自己想要在墓地墙上看到的内容告诉雕刻师，所以大家都认识他。

走过那扇门，拉美西斯差点闭过气去。

这片"伟大的草原"简直是个火炉，温度太高了。这里看不到地平线，穿过红色山崖的顶端只能看到蓝色的天空，为了让法老的灵魂能在宁静的环境中沉睡，山峰女神鑫温创造了一种近乎完全无声的世界。王子现在不害怕了，但觉得天旋地转，帝王谷的阳光既给王子一种压入地底的感觉，又给他一种被抬得很高的感觉。在这个神秘而伟大的地方，他只是一个卑微的小人物，他从眼前的冥土中看到的不是毁灭，而是孕育。

塞提走向一扇用岩石打造的正门，拉美西斯紧随其后，他推开那扇金色的雪松木大门，沿着一条斜坡走进一个小屋子，房间中央摆着一座石棺。国王点起无烟火把，拉美西斯被墙上绚丽而华美的装饰惊呆了，金色、红色、蓝色和黑色的饰品光华璀璨。他被那条代表黑暗魔鬼和光明死士巨蛇阿波菲斯所吸引。他喜欢由灵感直觉之神西亚神驾驭的那艘太阳船，唯有此神能在黑暗中辨明方向；他喜欢那个年轻英俊、戴着传统头饰和黄金项链、围着一条金色裹腰布的法老，因为对方追逐的是人身鹰头的荷鲁斯、人身犬头的阿努比斯，还有在天堂恭迎宇宙公义的玛亚特；除此之外，还有很多细节引起了王子的注意，比如一篇晦涩难懂的讲述冥土世界的文章。可惜塞提没等他满足自己的好奇心，就让他到石棺前跪拜行礼了。

"拉美西斯，在这里沉睡的国王和你同名。他是我朝的第一位国王。这位先祖放弃了宁静的生活，把所有的精力都献给了埃及。他耗尽心力，掌权的时间连十年都不到，可是他对得起头上的皇冠。'在这两块土地之上，这位严格遵从玛亚特的人在神圣的光明的指引下来到了这个世界。神圣光明以稳重为力量之源，按照造物者的规则做出权衡和解释。'这个睿智而谨慎的男人就是我们的祖先。我们要尊重他，在他的引导下开阔眼界；我们要敬畏他，让他的名字更加显耀，永远不能忘记他。祖先是我们的领路者，我们要紧跟他们的步伐。"

王子似乎又看到了开朝始祖的英灵。写在石棺上的那行字"生命的赐予者"，散发出柔和的如太阳般可以感触的光芒。

"拉美西斯，起来吧。你第一站的行程到此为止。"

这里到处都是金字塔，其中最宏伟的莫过于法老吉萨的那座，它的台阶很大，层层叠叠云梯般直冲天际。拉美西斯跟随父亲走进了另一个墓穴——无垠的萨卡拉，在那里长眠的都是古王国时期的法老及其忠实的仆人。

这里是沙漠高原的尽头，塞提站在此处遥望前方的棕榈树林、田地和尼罗河。距此一公里之外，连绵不绝的大墓茔像皇宫一般矗立在那里，这些坟冢是用生砖块建造的，长大概五十米，高度在五米以上，艳丽的颜色让人一看就心情大好。

其中有一座坟冢外边装饰的，居然是三百个用黏土烧制而成的、插着真牛角的野牛头。拉美西斯看得目瞪口呆，这些牛头把坟冢变成了一支可以打败一切恶势力的强大的军队。

塞提说："在此长眠的法老叫吉德，该名字为永恒之意。围绕在他身边的是我们最古老的祖先，第一王朝的其他国王。在这片土地上，他们是最先推行玛亚特准则，并赋予它平息混乱之能的人，每一位统治者都应该在他们生长的这片土地上坚守，永不退缩。你挑战的那头野牛，还记得吗？这里就是它出生的地方，我们文明和力量的根源也都在这里。"

在看过所有牛头之后，拉美西斯发现它们的表情各不相同。

塞提等他研究过这些神奇的雕塑，又带他登上了七马车。

他们先是驾车向北走，然后又骑马在绿绿油油的田间小路上走，最后在一个小镇上停了下来。法老和王子的来访，让整个小镇一片沸腾。此地是尼罗河三角洲的边缘，位置偏僻，不成想居然能迎来如此尊贵的客人，不过当地民众似乎对国王并不陌生。军队维持现场秩序的手法非常温和，塞提将拉美西斯带进一座潜藏在黑暗中的小神庙里，他们在石板上相对而坐。

"阿瓦瑞斯这个名字，你听说过没有？"

"所有人都听过吧。它是西克索统御的魔城的首都。"

"这里就是阿瓦瑞斯。"

拉美西斯大吃一惊。"可是……它被毁了啊？"

"什么人能摧毁神性？统治此地的是掌控雷电和暴风雨的神祇塞特，也是他为我命名的。"

拉美西斯觉得非常恐惧，似乎塞提只要稍稍有所动作或者使个眼色，自己就会死无葬身之地。这是一个受到诅咒的地方，父亲带自己来这里干什么？

"害怕了？这很好，不知道害怕的人不是狂人就是傻子。有一种力量正是来源于令人恐惧的力量，恰可以压制恐惧，他就是塞特。塞特这位法老正是由那些独一无二的个性之王，比如暴风雨、天空中的雷和闪电，托生而成的。他会把国家带入深渊，让百姓遭受痛苦。可是你有对抗塞特的能力吗？"

一道光从顶棚射入神庙，照亮了一座雕像。那是一脸愁苦、长着两只大耳朵的人形立像，这张恐怖的从黑暗中浮现出来的脸的主人，正是塞特！

拉美西斯站起身，朝雕像走去。

一道透明的墙挡住了他的脚步，他又试了一次还是没有成功，然后他做了第三次尝试，终于穿过了障碍。雕像的双眼像两个火球一样发出红色的光芒，塞特的视线如有了形体，像一条炽热的舌头紧紧地缠在他身上，让他觉得像被火烧了一般越来越疼，可是他一步不退。是的，在塞特面前，他一定要坚持到底，就算有可能被杀。

这一刻至关重要，这场战斗虽然不公平，但他必须取胜。拉美西斯被火焰一般飞出眼眶的红色眼珠点燃了，他一动不动任由自己的头发被烧得干干净净，任由自己的心脏被烧得四分五裂。他被塞特的挑战高高抛起，一下子飞到了神庙的最远处。

暴风雨骤然降临，阿瓦瑞斯大雨倾盆，神庙的墙壁被冰雹凿得乒乒作响。红色的火焰消失无踪，塞特重返黑暗。这位法老没有子嗣，塞提便是他在人世间的子孙，这位法老认为自己的儿子必须有足够的才华，才可以成为塞特的传人。

塞提轻声说：“你第三站的旅行到此为止。”

34

9月中旬，皇宫里的所有人都赶去了底比斯，因为盛大的欧佩特庆典即将召开，届时法老将与隐藏者阿蒙神合二为一，并将其带入人间。所有的贵族都会在这座南方重镇度过总共十五天的假期。宗教典礼只允许教众参加，因此百姓只要尽情地饮酒作乐即可，至于那些有钱的商人，他们可以在自己华美的别墅里互相款待。

亚梅尼一点都不喜欢这次旅行，因为他的文具还有不少莎草纸都得带过去，这种搬迁打乱了他的工作习惯，他当然喜欢不起来。虽然心情极差，但为了让拉美西斯高兴，他还是尽心尽力为此次旅行做了准备。

自从上次回来，王子就像变了一个人，总是落寞地躲开所有人想着自己的心事。亚梅尼没有管他，只是每天帮他写一份活动报告。王子既是皇家书记员，又是高级军官，按理说每天都要处理大量行政方面的杂事，可是这些工作自有他的机要秘书帮忙完成。

亚梅尼总算可以躲过伊瑟的纠缠了，起码在开往底比斯的船上是这样。拉美西斯不在的那段时间，她每天都要找他打探消息，可惜他也什么都不知道。这个年轻的姑娘虽然漂亮，但影响不了他。事实上，他们看向对方的眼神都有些不善。伊瑟还想让拉美西斯换一个秘书，可惜被王子断然拒绝，他因为这个甚至好几天都没理她。王子发誓自己永远不会背叛朋友。

亚梅尼正坐在狭窄的船舱里写信，这些信件都要盖上拉美西斯的官印。王子坐到书记员旁边的草席上。

亚梅尼惊讶地问："太阳这么烈，你居然一点儿事都没有，还不到一个小时，我已经觉得自己快晕过去了。"

"我了解它，它也知道我；我敬重着它，它滋养着我。这就是我和它的相处之道。你要不要先把手里的工作放一放，看看风景？"

"我不做事就难受。你最后那趟旅行遇到什么麻烦了吗？"

"你在指责我吗？"

"你过得有点封闭。"

"你不就这样吗？我被你传染了。"

"不要笑话我，藏好你的秘密。"

"秘密……对，你说得对。"

"所以，你无法信任我吗？"

"恰恰相反，你是唯一可以理解我的人，即使我不说，你也什么都知道。"

亚梅尼双目圆睁："你父亲带你去做了神秘的祭祀？"

"不是，但是他带我去祭祖了……拜祭了他的每一个祖先。"

他说这句话时语气非常严肃。这位书记员被他说的最后那几个字吓住了，就在不久之前，王子经历了人生中最重大的事情之一，这毫无疑问。亚梅尼心中一直有个疑问，现在终于说出来了。

"法老为你指了另一条路？"

"他指给我的，是另一种真相，我看到塞特了。"

"而你……你居然没有死！"亚梅尼浑身发抖。

"你不妨摸摸我。"

"要是别人说自己见到塞特了，我肯定不会信，可你不是别人。"

亚梅尼把拉美西斯的手抓在手中，握得死紧，长出一口气，安下心来。

"你不会变成一个恐怖的魔鬼吧……"

"谁知道呢？"

"我知道，你和伊瑟可不一样！"

"你对她太严格了。"

"难道她没有试着砸掉我的饭碗？"

"我会让她知道，她的想法是错的。"

"我对她好不起来，你不用白费力气了。"

"对了……你有没有觉得自己有点孤僻，有点执拗？"

"女人都不好相处。我还是对自己的工作更感兴趣，在欧佩特庆典上，你也有自己的工作，上点心吧。你会穿着一件新长袍，麻料、有带皱褶的袖子，走在游行队伍的前半部分。我警告你，穿着它的时候身体要尽量挺直，动作一定要轻，它可没那么结实。"

"这种考验太没劲了，我能拒绝吗？"

"一个感受过塞特的神力的人，这些还不是小儿科？"

迦南之乱、叙利亚—巴勒斯坦之乱已经平息，黎巴嫩已被制服，贝都因人和努比亚人已被击退，赫梯人也从欧杭特撤了出去，现在埃及和底比斯可以放心大胆地举行庆祝活动了。世界上最强盛的国家已经控制了南北所有想要劫掠其财产的妖魔鬼怪。塞提经过八年的执政，已经变成了一个值得后世子孙敬畏的伟大的法老。

有些多事者谣传，塞提在帝王谷为自己准备了最华美、最宏伟的长眠之所。有几名建筑师正在卡纳克辛勤劳作，大工地的工程由法老亲自把关。用来歌颂塞提功业的、位于西岸的古尔纳神庙得到了人们的交口称赞，塞提的神力将永世流传。

对于国王不肯轻易和赫梯人开战，却耗费国家资产用神圣的石头来修建神庙这件事，那些持反对意见的老顽固，现在终于低头了。不过，谢纳告诉那些支持他的官员，这次休战对埃及的商业产生了不利影响，事实正是如此。

大多数高官因为和法老的长子见解一致，所以极希望他能尽快掌权。有些人非常抵触严肃、沉稳的塞提，因为他们的意见总会被驳回，而谢纳却是一个和蔼而有风度的人，他们在他面前可以直抒胸臆，他也能说出他们的心里话，且谁都不得罪。欧佩特庆典在谢纳眼里，是一个和阿蒙大祭司长及其各级顾问建立联系，并扩大自己影响力的良机。

拉美西斯也会参加庆典确实让他多少有点慌，可是在塞提驳回了拉美西斯出任比亚王的提案后——他一直弄不明白塞提为什么这么做——那件让他畏惧的事终究没有发生。塞提没有给任何一个皇室子女特权,包括拉美西斯,看样子这位皇家书记员最大的指望就是永远过着奢侈而闲适的生活。

谢纳其实完全不用害怕拉美西斯,更不用把他当成对手。后者的精力和身高虽然容易让人误会,可是他哪有什么魄力,连安排他做努比亚王都多余,这么繁重的工作,他根本干不了。谢纳觉得马车队副队长那种名誉性的工作或许更适合他。到时拉美西斯骑着最彪悍的骏马,管着一群只有肌肉没有脑子的大老粗,伊瑟哪里还会跟他在一起,必定会主动选择家财万贯的自己当丈夫。

关键得让塞提在神庙里待得更久一些,慢慢把国家大事交给自己处理。国王或许会忌惮储君的特权,进而多加干预。他必须得说一些蒙骗国王的花言巧语,在不和国王发生直接冲突的情况下,让对方心安理得地把所有的心思都放在思考冥土上,然后一点点壮大自己的势力,在国王还没有来得及抵抗时将其扼杀,能够做到这一点的只有谢纳。

还有杜兰特,这个有着旺盛好奇心,既胆小又多嘴多舌的女人,她对他将来的政治前途不但毫无帮助,还会因为得到的职位不够高而心生怨怼,进而和几个有权有势的贵族携手与他为敌,所以必须除掉。谢纳倒是考虑过给杜兰特一幢大房子、一些家畜和仆从,可是她能放下那些鬼蜮伎俩吗?总之卧榻之侧,岂容他人酣睡,即使是亲妹妹也不能和自己分权。

这是伊瑟换的第五件长袍,她觉得这件太长、太宽、皱褶太多……还不如前四件,恼火地要求女仆去找别的裁缝店。她做这些都是为在庆典的闭幕晚宴上大放异彩，成为最亮眼的人，她要讥讽谢纳，引诱拉美西斯。

她的发型师跑了过来，整个人气喘吁吁的。

"快，快……坐下，我给你梳好头发，就戴那顶最华丽的假发。"

"这么紧张做什么？"

"古尔纳神庙将举行一场典礼，就在西岸。"

"典礼不是明天才开始？没人通知我啊。"

"现在城里所有的人都疯了，我们必须快点。"

伊瑟勉强换了件古典长袍，配了顶深色的假发，她对这身无法体现其年轻和高雅的装扮并不满意，可是这个约会的机会太珍贵了，她无论如何都不能错过。

古尔纳神庙建好后将承载塞提不灭的灵魂，因此要举办一个庆典来庆祝。正门处有些雕刻师还在忙碌，雕刻一些比如法老参加传统典礼的神秘部分。庙门口的露天广场也还需盖上塔门。此刻，那里挤满了达官显贵。天亮也没多久，太阳已经烤得人非常难受了，不少人在随着阳光变化而移动的长形遮阳伞下躲着。那些大人物们穿着一身宽袖的紧身长袍，头戴黑色假发，看起来非常刻板。拉美西斯一脸嘲讽地看着他们，这些人平时一副高高在上的样子，可是到了塞提面前，却又会露出一副奴才相。

有些大臣自认为掌握了可靠消息，说得斩钉截铁：在卡纳克举行完晨祷仪式后，国王会在古尔纳的船形大厅里祭祀阿蒙神。通过这样一场别具一格的祭祀仪式，国王的灵气将充斥整个天地，使他无所不能的神力将万古长青。国王的归期之所以晚了，就是因为这个。谢纳觉得，塞提是个缺少人道关怀的君主，而他自己，一定会充分利用人性的弱点，开辟一条与父亲截然不同的道路。

一位光头祭司穿着一身简单规矩的白色长袍，拄着一支长手杖，走出露天神庙。所有宾客都未见过这种仪式，一脸惊讶地让了一条路出来。

那个祭司走到拉美西斯面前，停住脚步，说："王子，请跟我来。"

不少女人悄悄地赞美起拉美西斯英俊的外表和他的飒爽英姿，伊瑟心中备感自豪，谢纳脸上带着微笑：那又如何，胜利依然掌握在他的手里，在欧佩特典礼上，他的弟弟会正式受封成为努比亚王，然后马不停蹄地赶往那个蛮荒之地。

拉美西斯疑惑地跟着那位祭司跨过露天神庙的门槛，向左边走去。

在他们身后，雪松木大门再次封闭，引路者将王子带到两根圆柱中间，他的对面是三座隐藏在黑暗中的庙宇。这时塞提庄严的声音从黑暗中传来。

"你是谁？"

"我是塞提法老的儿子，拉美西斯。"

"这是一个普通人无法进入的神秘之地，我们将在这里祭拜开朝先祖——永恒的拉美西斯。墙上刻有他的雕像，他永世长存。你是否愿意和我们一起祭祀他，并诚心敬拜他？"

"我愿意。"

"现在我是隐藏者阿蒙神。我的儿子，走上来。"

头戴阿蒙神王冠的塞提法老和头戴穆特女神皇冠的图雅皇后，分别坐在两个王位上。现在国王夫妻与神祇夫妇融为一体，拉美西斯与天神之子融为一体，日后伟大的三位一体将建立不朽功勋。

拉美西斯从未想过流传在庙宇里隐秘的神话居然会变成真的，他有些忐忑。他跪拜的两个人是谁？正是他的父亲和母亲。

塞提说："我挚爱的儿子，我将我的光明赐予你。"

法老和大皇后一起将双手放在拉美西斯头顶。

一种温暖的感觉瞬间充斥王子全身，某种难以描述的力量驱散了不安和压力，在他的身体每条神经中穿行。从今天开始，他的生命之源将是国王夫妻的灵魂。

人们恭敬地看着出现在神庙的门口塞提，法老头戴双冠，意寓北埃及和南埃及团结一心，站在他的右边是拉美西斯，头上也戴着一顶王冠。

谢纳一下子蹦了起来。

即使是努比亚王也没有这样的权利……太荒唐、太疯狂了！

塞提庄重而有力地宣布："我希望在我尚在人世时，亲眼看到我的儿子拉美西斯执行王权，所以我要封他为王，任命他为国家的储君。从今天开始，我的所有决定，都将有他的身影。他将学习治国之术，他将专注于国家的团结和百姓的福祉，他将成为民众的领导者，相比于自己的幸福，他将更看重人民的幸福。他将抵御外寇、对抗内敌，他要在强者欺辱弱者时挺身而出，他要让世人对玛亚特充满敬意。我给拉美西斯的爱是大爱，他将成为光明之子。"

谢纳咬着嘴唇想：塞提会改变主意的，拉美西斯只有十六岁，根本扛不起这么重的责任，他早晚会倒下的。法老命令祭司长为拉美西斯戴上王冠，挂在这个王冠上的用黄金打造的眼镜蛇，它的呼吸如火焰一般，将消灭储君也就是埃及未来法老的所有敌人，不管是明处的还是暗处的。

亚梅尼正在研究公文上的安排：这次游行的路线是从卡纳克到卢克索，拉美西斯要以缓慢的步调走在两个高官中间，还要走得庄重威严。看样子得让王子练习一下。

拉美西斯走进办公室的时候，忘了关门。一阵冷风袭来，亚梅尼不由得打了个喷嚏。

这个随时都在生气的家伙喊道："关门，你倒是一次都没病过，你……"

"站在你面前的可是埃及的储君，你这是什么口气？"

年轻的书记员看着自己的朋友，一脸的不可思议。"谁是储君？"

"如果我没有做梦，我的父亲确实在宫里当众任命我为王位继承人，他说得非常清楚。"

"你在开玩笑吗？一点儿都不好笑。"

"你的态度怎么这么冷淡，我要生气了。"

"储君，储君……想一想你的职责……"

"亚梅尼，你的工作变多了。让你做书记员，就是我的第一个任命。这样我看你怎么丢开我，不仅如此，你还得给我出谋划策。"

年轻的书记员靠着矮榻的椅背，垂下脑袋，只觉一阵天旋地转。

"书记员和机要秘书……究竟是哪个神让一个可怜的书记员受到这样的打击，太残忍。"

"再看看公文吧，我之前的位置应该是在游行队伍中间，现在可不是了。"

伊瑟怒气冲冲地嚷道："我要见他，立刻、马上！"

亚梅尼擦拭着一双漂亮的白皮鞋，这是拉美西斯出席重要典礼的装备，说："做不到。"

"他在哪儿？这次你总知道吧。"

"我知道。"

"告诉我！"

"我拒绝。"

"你一个小书记员，管得未免太宽。"

亚梅尼把凉鞋放在席子上。"小书记员？美丽的小姐，你或许应该换种说法，拉美西斯可不喜欢看不起别人的人。"

伊瑟努力压下自己想要扇亚梅尼一巴掌的冲动，这个男人虽然无礼但他说的话是对的。储君的器重已经让他成了一个她必须慎重对待的、有身份的官员。她强迫自己换了一种口气。

"请问储君去哪儿了，你能告诉我吗？"

"我之前和你说过我联系不上他，他和法老去卡纳克了。他们会在那里沉思，待上一夜，明天早上，他们将带领游行队伍去卢克索。"

伊瑟转身离开。拉美西斯不想见她吗？不，他们如此相爱。她凭借直觉，选了一条正确的路：远离谢纳，和新的储君在一起。她以后会成为埃及皇室的第一夫人和皇后。

这个想法忽然让她有些害怕。她想到了图雅，想到了这个职位的重量和皇后必须扛起的责任。她会选择拉美西斯，不是因为某种野心，而是因为她的喜好；让她疯狂的不是储君的名头而是拉美西斯本人。

拉美西斯将握有至高无上的权力……这是一个奇迹，可是这个奇迹对她来说，是好事吗？

在庆祝拉美西斯被提名的晚宴上，谢纳看到自己的妹妹杜兰特和妹夫萨力，为了能率先向新储君道贺而努力想要挤出人群。谢纳原以为他的那些支持者会急不可耐地投奔拉美西斯，可他们并没有这么做，但国王的长子很清楚，他们背叛只是早晚的事。

他明显被打败了，被扔到了一边，只能臣服于储君。他对拉美西斯能有什么希冀？给他一个虚头巴脑的名誉爵位吗？

谢纳接受现实，但他不会放弃，谁知道以后会如何呢？拉美西斯终究不是法老，储君比推举他们的国王早死的情况，在埃及的历史上不是没有。塞提的身体非常好，还能活很长时间，在这段时间里，拉美西斯就算可以行权，其权力也不会大到哪儿去，所以储君的日子怕也不好过。谢纳可以将拉美西斯孤立起来，逼他犯错，那种难以挽回的大错。

　　塞提亲自主持了卡纳克的开工典礼，当拉美西斯在这个大工地上看到自己的朋友时，不由得大喊一声："摩西！"凿石队的负责人摩西当即把手下扔到一边，向储君躬身行礼。

　　"祝……"

　　"摩西，不要多礼。"

　　他们互相恭贺对方，为这次重逢而满心欢喜。

　　"你的第一份工作就是这个？"

　　"这是第二份了。来这里工作之前，我在河左岸学了制砖和石雕。塞提想建一座宏伟的圆柱大厅，用纸莎草和含苞待放的莲花形状交叉装饰柱头，周围的墙壁呈波浪形，并用大地丰饶富庶的景象来装饰墙壁，铺洒在整个作品上的山川河流将一直蔓延到云层之中。"

　　"你喜欢这个方案吗？"

　　"这座神庙就像一座装着各种佳作的金杯，是不是？对，我喜欢当建筑师，我觉得这就是我注定要走的路。"

　　找到这两个年轻人之后，塞提说了一下自己的意见。那个由阿门霍特普三世打造的立满圆柱（柱高二十米）的开放式回廊，不符合卡纳克宏伟的氛围。塞提提议建一个真正的石柱森林，让所有石柱都挨在一起，把方形的窗子做得大一些，让投射出来的方形光影呈现出各种精巧的图案。圆柱上神祇和法老形象的石块在这座大厅建完之后，将成为容器，储存作为埃及生命之源的原始的光明。摩西说到材料的来源和硬度问题，国王表示他可以去左岸的"真理之地"公会找隐修院大师们，向他们请教，那是工匠大师教授秘技的地方。

夜色笼罩卡纳克，工人们收好工具离开，工地变得寂静而荒凉。天文学家和星象学家不用一个小时，就爬上神庙的屋顶去观星了。

塞提问拉美西斯："你觉得法老是什么人？"

"是让百姓获得幸福的人。"

"想要实现这一目标，只追求民众的幸福还不够，还得做一些对神祇、对那个不断创造和孕育的本体有益的事。为神明建造天堂般的庙宇。"

"'玛亚特'才是最重要的吧？"

"'玛亚特'是引路者，是操控群体大船的舵手，是王座的基础，它可以精准地评估人类的行为，并加以矫正。它对公理正义的伸张有着至关重要的作用。"

"父王……"

"你在烦恼些什么？"

"我怕自己扛不起这样的责任。"

"如果你不想被踩扁，就得努力向上长。这个世界能够维持平衡，和法老的行为、声音以及他主持的祝祷仪式有很大关系。如果人类傻到用贪婪毁掉了法老制度，那么那一天，玛亚特的统治也就走到了尽头，大地将被黑暗笼罩。人类会毁灭一切，连自己的同类也不放过，强者消灭弱者，邪恶打败正义，大地成了暴力和丑恶的俘虏，太阳就算挂在天上也只是失了主体的日轮，人类会一步步走向深渊。将折弯的手杖掰直，在混乱中不停地建立秩序，这就是法老的工作。这是唯一可以长存的国家形式。"

国王又耐心地回答了拉美西斯的很多问题。

夏天的夜晚过得非常快，如愿以偿的储君靠在一张石椅上，眼里映着天空中不计其数的星辰。

塞提宣布欧佩特庆典正式开始。在跨过神庙门槛之前，塞提和儿子一起向王船献花、祭酒以祭拜神灵，然后人们用帆布将神灵盖好，如此那些俗世凡人就看不到他们了。

这是汛期第二个月的第十九天，人们聚集到卡纳克神庙周围。金色木门轰然开启，人们一边欢呼，一边为国王和王子率领的游行队伍让出一条通道。神明降世意味着明年一年都会风调雨顺。

游行队伍共分两支：一支走陆路，从卡纳克开始，经斯芬克斯神道到卢克索；另一支走水路，从第一座神庙码头开始，经尼罗河到第二座神庙码头。在河上行驶的皇家王船镶满金银珠宝，在阳光下光华璀璨，成了万众瞩目的焦点。塞提带领船队，拉美西斯则带着另一支队伍走陆路，路两条边竖立着守护神斯芬克斯石像。

杂耍演员和女舞者随着喇叭、笛子、铃鼓、叉铃和细弦琴的韵律晃动着身体。尼罗河两岸，小贩正拿着各种美食、烤鸡肉块、糕点、鲜啤和水果向民众兜售。

在喧嚣的氛围中，拉美西斯努力屏气凝神，专注于自己将神明带往卢克索的祭祀工作。在给几座小庙献上祭礼后，游行队伍继续以缓慢的速度向前行进，最终在卢克索的门前与塞提的队伍相遇。

神明的王船被送往神庙内厅，这里民众是无法进入的，外边的庆典还在继续，庙内正在努力重生某种隐藏的力量——它是一切创造形式的根源。这三艘王船在之后的十一天里，将凭借神灵之灵的奥秘获得新的能量。

阿蒙神的女祭司开始奏乐、舞蹈、唱歌。女舞者们长发飘飘、曲线诱人，她们身上涂满了莲花味的油脂，头上戴着淡雅的芦苇花，舞动起来，姿态动人。

妮菲塔莉和女乐师们正在演奏细弦琴，她坐得有些靠后，正聚精会神地弹奏，看起来对外界全不关心。这样一个小姑娘是怎么做到如此严肃的呢？她虽然想泯于众人，却还是吸引了不少目光。拉美西斯凝视着她的眼睛，那双碧眼凝视的却是细弦琴的琴弦。妮菲塔莉的美丽并不受她的态度所影响，阿蒙神的其他女祭司虽然也很出众，在她的映衬下，却显得有些黯淡。

女乐师们在演奏结束后，纷纷走下舞台，一些人因为自己拿到的报酬而兴高采烈，一些人则急不可耐地聊起天来。妮菲塔莉低着头仍在思考，似在心中回味典礼的余韵。

直到那个白色的纤弱背影在夏日的阳光中消失无踪，储君才收回自己的目光。

36

伊瑟紧紧地抱着拉美西斯赤裸的身体，在他耳边轻声唱道："我愿意成为你的奴仆，对你唯命是从；我愿成为一双手，每日为你宽衣解带，为你梳理头发，为你疏松筋骨；我愿意成为你的女人，为你缝洗衣服，为你涂抹香膏；我愿意变成你贴身的手环和饰品，以闻到你的身上的味道。"这是一首所有埃及女人都会唱的情歌。

"这个歌词说的是爱人，而非情妇。"

"有什么关系……我想让你听，一遍遍地听。"

和拉美西斯做爱时，伊瑟也是同样充满激情，她像水一样温柔，像火一样热情。为了吸引她的情人，她总能想出新的更有激情的方法。

"你是储君也好，农夫也好，我根本不在意。我爱的是你这个人，你的力量、你的俊美。"

伊瑟的眼睛没有一点说谎的迹象，拉美西斯被她的热情和真挚打动了。这个十六岁的小伙子用他最狂野的一面来回应她，共享着融为一体的快感。

她提出建议："放手吧！"

"放手，什么意思？"

"不要做储君，以后也不要当法老……拉美西斯，我们为什么不能幸福地生活在一起呢？"

"我小时候想当国王，想得发疯，连觉都睡不着。后来父亲让我意识到这种野心的疯狂之处，然后我就把这个疯狂的念头扔到了一边。现在，是塞提想让我成为国王……我的生命被一道永不熄灭的火引燃了，可它的目标是什么呢？我并不清楚。"

"不要跳下去，你可以留在岸上。"

"这不是我能决定的。"

"我保证我会帮你的。"

"就算你再努力，我也是只有一个人。"

伊瑟泪流满面。"我不会认命的！我们结婚吧，做了夫妻，很多考验我们都能扛过去。"

"我将忠于我的父亲。"

"起码你得带着我。"

伊瑟不敢再提结婚的事，如果实在不行，她宁可无名无分地做个情妇。

塞达武战战兢兢地摆弄着储君的王冠和上面的眼镜蛇冠饰，

拉美西斯看着他，目光颇有些调侃的意思。

"这条毒蛇吓到你了？"

"要是被它咬伤，我可真是无能为力了，它的毒液无药可解。"

"你也觉得我不该出任储君？"

"我也？这么说持反对意见的不止我一个？"

"伊瑟不喜欢动荡不定的生活。"

"这不是什么过错。"

"你一个冒险家，难道指望过平静、寻常的日子？"

"你选了一条非常危险的路。"

"我们不是下定决心要找到真正的权力吗？你没有一天不是在用生命冒险，我自然也不会前怕狼后怕虎？"

"我的对手是毒蛇，你的对手却是比毒蛇恐怖得多的人。"

"储君可以建立自己的队伍……"

"我相信你，也相信亚梅尼。"

"摩西呢，你不相信他吗？"

"他对自己要走什么路一清二楚，你要是有什么工程项目大可以找他，我相信我们团结一致，应该能造几座金碧辉煌的庙宇。"

"亚夏如何？"

"我会找他聊一聊。"

"谢谢你的赏赐，但我不能接受。我和你说过吧，我选莲花做我的妻子。我也认为女人很危险，不过一个能帮上我忙的女人可不多见。拉美西斯，祝你好运。"

不到一个月，谢纳的朋友就少了一半，但这仍比他预期的好很多了，他本以为所有人都会离开，所以现在不算太失望。对于拉美西斯的前途，大多数官员都心存疑虑，尽管塞提最终选了他。当法老或者储君去世时，上位的很有可能是谢纳，毕竟他的经验更加丰富。

当然，谢纳还是非常恼火的。他这个既定的继承人居然被人说扔到一边就扔到一边，一句解释的话都没听到。拉美西斯一定是在父亲面前说了他很多的坏话，除此之外，还能怎么解释？

大家虽然没说，却开始有意识地把谢纳当成受害者！这对谢纳来说是一个意外之喜，他小心地利用这个优势，不停地散播谣言，表面上却是一副时刻准备着声援拉美西斯的豪爽的架势。新储君的办公地点在孟菲斯主厅，法老的身边。谢纳请求见一见新储君。

不过亚梅尼这关不太好过，他对拉美西斯忠心耿耿。怎么才能收买他呢？无论是美食还是美女都打动不了他，他每天除了工作就是工作，似乎唯一的嗜好就是为拉美西斯效命。可是，所有人都有缺点，早晚有一天，谢纳会找到它的。

谢纳走到亚梅尼面前，恭顺地赞美他把有二十几名书记员的新机构打理得井然有序。谢纳的阿谀之词完全无法打动亚梅尼，他甚至连招呼都没跟谢纳打，直接就将对方带到了储君的会客室里。

在国王御座下的台阶上，拉美西斯正坐在那里和他的狮子和狗玩儿。它们相处得很和谐，狮子总摆出一副威风八面的样子，大狗总喜欢捉弄人。这两个动物的个头比之前大多了。这头小狮子跟着夜巡，连怎么从厨房里偷肉不会被抓到都学会了；屠夫也把大黄狗当成自己的朋友，不允许任何人欺负它。

谢纳强压怒火。一个储君，地位仅次于法老的、整个国家的二号人物，就是这样一个人吗？一个身材堪比运动员，只想玩的小男孩儿！塞提犯了一个严重的错误，这会让他后悔终生。谢纳虽然满腔义愤，但强忍着没有发泄出来。

"不知道我有没有这个荣幸跟储君说几句话？"

"你我之间这么客气做什么？来这儿坐。"

那条黄狗四脚朝天地躺在地上，一副臣服于屠夫的样子，拉美西斯觉得它太聪明了：那头洋洋自得的小狮子根本没注意到，自己是毫无反抗之力地跟着这条狗的节奏走。它们的互动给了储君不少启发，在他看来，它们一个代表了力量一个代表了智慧。

谢纳犹豫了一下，坐在离弟弟较远的台阶上。小狮子低声吼叫。

"不用担心，除非我下令，否则它不会伤人的。"

"这头野兽太危险了，要是哪位重要的客人被他咬伤了……"

"没有这个可能。"

夜巡和屠夫明显不太喜欢谢纳，它们停止玩闹，盯着他看。

"我来给你打下手。"

"怎么敢。"

"你打算安排什么工作给我？"

"我从未接触过公职和国家行政，如何能给你安排工作？"

"可你是储君，不是吗？"

"这个国家只有一个国王，就是塞提。除了他，再没有人能在重要事项上进行决策。我的意见影响不到他。"

"可是……"

"我知道自己才能不足，事实上，第一个发现这件事的人正是我自己，对于执行官这一职务，我一点兴趣都没有。我的想法是：国王怎么安排，我就怎么做，这点永远不会变。"

"你应该主动做事！"

"那对法老来说是一种背叛。我很喜欢他交给我任务，我会全力完成的。如果我做不到，我会为自己的失职负责，让别人来做储君。"

谢纳沉默下来。他以为拉美西斯这个篡位者会摆出一副洋洋自得的样子，没想到他居然是一个温顺的、没有杀伤力的小绵羊！或者拉美西斯学聪明了？知道摆出什么表情才能摆脱对手？具体如何，他有个简单的方法可以试一试他。

"如果我没猜错，你对行政等级制度应该有些了解了。"

"想要弄清其中的关键，怕还要几个月，甚至几年的时间。我觉得那些东西没什么用。好在我有亚梅尼，他非常勤劳，帮我解决了很多冗长累赘的文书工作，要不然我哪有时间陪我的狗和狮子玩。"

拉美西斯就像真的对手中的权力无能为力一般，说出这些话毫无讽刺之意。亚梅尼确实很聪明、很勤勉，可他毕竟只有十七岁，皇宫里的秘密一时间怕也无法弄懂。除非拉美西斯愿意找经验丰富的人帮忙，否则他的处境会越来越糟，最后变成一个没有脑子的糊涂蛋。

看样子得有一场激战才行，谢纳先发制人。

"法老和你谈过我的工作安排吧？"

"是。"

谢纳绷紧神经，说实话的时候终于到了！他的弟弟之前一直在演戏，打算给他致命一击，让他失去公职。

"法老是什么意思？"

"他让你当礼宾司长，还做之前的工作。"

礼宾司长……这是一个很重要的位子。

谢纳将以筹备官方典礼、协助国王施行政务、监督律令推进为主要工作内容。他不但没有遭到打压，还得到一个要职。当然，这个职位和储君比还是有些逊色。

"你要监督我的工作状况？"

"我不会，但你要向法老汇报，这些事我又不懂，自然不会妄加评判。"

原来拉美西斯这个储君，只是提线木偶！塞提还是相信自己的长子的，不然一定会削减他的权力。

在圣城艾力欧，一座供奉着神圣光明神的瑞神庙巍峨耸立，神圣光明神是生命的创造者。11月的夜晚，天气有些凉，祭司们正为隐藏着的瑞神奥西里斯的庆典做着准备工作。

塞提对拉美西斯说："你已经了解了孟菲斯和底比斯，现在不妨去探访一下我们先祖的思想成型之地——艾力欧。这是一个值得光大的圣地，有时候我们把底比斯看得太重了。拉美西斯，我们王朝的缔造者认为，应该对艾力欧、孟菲斯和底比斯的祭司进行权力划分，以达到制衡的效果。我认为这种观点是对的，你最好也这么想。不要对任何一个官员卑躬屈膝，要把他们凝结在你身边，辅助你的统治。"

拉美西斯说："我时常想起塞特的城市阿瓦瑞斯。"

"如果成为法老是你既定的命运，那么等我离开人世，你一定会回到那里，融合那股神秘的力量。"

"你才不会死，永远不会！"

年轻的储君不由得大喊出声，这是他心底的声音，塞提微微一笑。

"如果我的观点能得到继任者的认可，那我或许真有这种运气。"

塞提将拉美西斯带入瑞神庙圣殿，在一个类似天井的地方，矗立着一座宏伟的方尖形纪念碑。它顶端嵌金，直冲云霄，代表着破除一切邪恶力量的入侵。

"它象征着那块天地初开时，在初始海洋出现的原始之石，创造力能够被传递，很重要的一个原因就是它能现身于人世间。"

更出人意料的是，接下来，拉美西斯居然被带到了一棵大洋槐树下。这棵树是由两位代表伊希斯和妮芙蒂斯的女祭司一起供奉的。

塞提说："就是在这棵树下，无形之神创造了法老，它用星辰的乳汁哺育他，为他起名。"

让储君惊疑不定的事还有很多，比如一座大神庙里有一座金银相间、两米长、两米半高的天平，摆在一块刷了灰泥的木头上。在这座天平的上方，还有一个金狒狒，它是主宰象形文字和度量衡的透特神的转世。

"艾力欧的天平能够称出所有人、所有事的灵魂和心灵的重量，它的一个表现形式就是那个不断启迪思想和行为的'玛亚特'。"

光明之城这一旅程的最后一站是一处工地，塞提将拉美西斯带到此地时，所有的工人都已经下班了。

"建筑工程无休无止，这里会建起一座新的神庙。法老最重要的一个任务就是建造庙宇，因为神庙是他统治人民的工具。拉美西斯，跪下来，把第一件作品做完。"

拉美西斯从塞提手中接过一把木槌、一根凿子，储君在父亲的帮助下，在唯一一座方尖碑的庇护下，开始打磨一块石头，这将是这座未来建筑物所用的第一块石头。

37

亚梅尼再钦佩拉美西斯，也不敢说他毫无缺点，比如有人恶意攻击他，他说忘就忘；再比如走私墨块那件悬案，他也不会想着追查到底。年轻的亚梅尼作为储君的书记员有着超强的记忆力，现在他要好好利用新职位带来的某些新便利。

他在那二十多个书记员面前把这件事从头到尾讲了一遍，所有细节一丝不落。书记员们盘腿坐在地上，听得非常认真。亚梅尼的口才虽然一般，但还是引起了听众的注意。

一位职员问："需要我们做些什么？"

"去我进不去的档案室搜查。记载着那厂主姓名的原文件的副本，一定还在。你们要是找到了，不要和别人说，马上交给我。储君必有重赏。"

这种大规模的调查一定能成功，到时他会把证据拿给拉美西斯看。办完这件事之后，他将对雇佣马车夫和马夫的人展开调查，把所有凶手绳之以法。

拉美西斯当上储君后多了很多追随者，他收到的信件不计其数。在过滤掉一些无关紧要的信件后，亚梅尼会逐一回复所有信件，并在上面加盖塞提儿子的官印。为防储君遭到抨击，这位机要秘书会认真研读每一封信，尽管这会损耗他本就不多的健康，他也不会遗漏哪怕一封。

亚夏虽然年仅十八岁，但他经验丰富、见多识广，看起来和成年男人并无二致。他是一个敏锐而优雅的人，每天都换新的长袍和裹腰布，总是走在孟菲斯流行风尚的最前沿。他把皮肤打理得非常好，每天喷香水，用贵重的假发遮盖自己天生的卷发；他浓密的胡须被剪得整整齐齐；他精致的脸孔上浮动着来自老牌世家的贵族气息，对此他甚感骄傲。

所有人都觉得这个年轻人的前途不可限量，外交官们总是说他如何如何优秀，并对国王没有指派他去某个大使馆担当要职感到奇怪。亚夏没有表现出一点不满的意思，行事作风和过去毫无不同，他对外交部走廊里的秘密一清二楚，机会早晚会来，他对此深信不疑。

可是，他没想到储君会来看他，有一种做坏事当场被抓的羞愧感。为此，他立刻迎上去，向拉美西斯躬身行礼。

"埃及的储君，我很抱歉。"

"我的朋友，你有什么可抱歉的？"

"我未能恪尽职守。"

"你喜欢现在的工作吗？"

"也还好，只是我不太喜欢长时间待在一个地方。"

"你想去哪儿？"

"亚洲。那里会对未来世界有决定性的影响。如果埃及得到的信息不全，后果非常严重。"

"你认为我们的外交政策有漏洞是吗？"

"我是这么想的。"

"那依你看，应该如何？"

"我们的盟友和敌人的政策如何，他们有什么弱点，军队实力如何，我们应该尽可能去当地深入调查，不能活在我们天下无敌的想象中。"

"你觉得赫梯人很可怕？"

"关于他们的流言，尤其是错误的流言，无处不在……没有人知道他们军队的人数和装备。双方截至目前都不想发生直接冲突。"

"这让你感到遗憾？"

"怎么会？可是稍作思考就能明了，我们尚处在迷雾之中。"

"你在孟菲斯过得不开心？"

"我家里不缺钱，房子宽敞舒适，仕途顺利，还有两三个情人……但这不表示我过得开心。算上赫梯语，我精通好几种外语，难道不该尽展所长？"

"或许我可以帮到你。"

"怎么说？"

"我可以向国王提出建议，把你送去亚洲的某大使馆工作，毕竟我是储君，不是吗？"

"太好了！"

"不要高兴得太早，行不行得看塞提的。"

"你愿意帮忙，非常感谢。"

"希望有用。"

杜兰特想借着自己的生日会宴请当朝的王公大臣。这样的场合塞提是不会参加的。自加冕典礼之后，他再没有参加过宴会，而是将筹备庆典的事宜全权交由谢纳来打理。这个宴会更像是为了亲近或结交权贵而开的，因此拉美西斯原本不想参加，可是亚梅尼这次非常坚持，他只好赶到宴会现场，此时晚宴还没正式开始。

大腹便便的萨力看上去满心欢喜，他推开那些想方设法要结交储君，尤其是求得好处的马屁精，走到拉美西斯面前。

"你能来，真是蓬荜生辉……我为我的学生感到骄傲，但是也有一点灰心。"

"灰心？"

"我恐怕只能教出这么一位储君了！如今贵族学校的那些孩子，和你相比，差太多了。"

"你准备换一份工作吗？"

"我得说我越来越喜欢管理谷仓一类的工作了，而且这可以让我腾出更多时间陪伴杜兰特。我知道你每天会收到很多请愿书，但是如果没忘记自己之前的老师，或许可以特别关注一下……"

拉美西斯点头答应。他的姐姐一脸浓妆地现身，让她看起来起码老了十岁，她向他跑过来。萨力走开了。

"我丈夫和你说了？"

"是。"

"你赢了谢纳，这让我太开心了！那个狡猾的家伙恶毒得要死，就想看我们受苦。"

"他伤害你了？"

"那不重要。他没有当上储君，你当上了。你要善用你的盟友。"

"你和萨力对我的能力判断得不太准确。"

杜兰特忽闪着睫毛，问："怎么说？"

"玩弄权术不是我的长项，我在以父亲为榜样，学习他的思想和治国之道。"

"不要异想天开了。你现在离无上的权力这么近，这多不容易啊，应该想办法巩固你的势力，多找一些盟友，比如我和我丈夫，我们的优势正可以帮到你。"

"亲爱的姐姐，你根本不了解我，更不了解我们的父亲，他是这样管理埃及的吗？当了储君之后，我看到了他处理内政的方法，从中学了不少东西。"

"这种无关大局的观点，我不感兴趣。这个世界，起决定作用的是权力。拉美西斯，不管是谁，包括你，如果不想被踩成泥，就必须遵循生存法则。"

在别墅门前，谢纳一个人站在柱子下方总结了一下刚刚收集到的信息。运气不错，他的朋友没有大面积缩水，拉美西斯的敌人也没有。不管怎么说，谢纳是塞提离世后继承法老之位的第一顺位，所以他们只要看到储君有什么行动，都会和谢纳说。储君没有任何自主行动，他对塞提忠心耿耿，唯命是从，这样看来，他不过是塞提的影子，只会听话办事。

有件烦心事让谢纳无法认同这种太过美好的设想，就是拉美西斯去了艾力欧，虽然时间很短。实际上，所有准法老都是在那里接受正式成为法老的祝福，埃及先王们的加冕程序也是如此。

某位口风不紧的祭司说，塞提对储君的判断力和他恪守"玛亚特"的能力大加赞赏。这个重要仪式虽未公开举行，以赋予其神圣价值，但这无疑表明塞提已经下定了决心。

让他当礼宾司长不过是个缓兵之计！塞提和拉美西斯想用一个安稳的职位麻痹他，让他慢慢忘了那个宏伟的梦，以便拉美西斯最后能顺利掌握国家大权。

所以，拉美西斯根本不像他表现出来的那么愚笨，不过是用一张温驯的皮来遮掩他的贪婪和野心。他在艾力欧的事已经暴露了，他的真实目的也就藏不住了，谢纳的存在会威胁他的地位，因此他会想方设法地除掉自己的兄长。谢纳觉自己有必要改变方针，把拉美西斯视为强敌，现在只是从内部瓦解已经不够了。谢纳心里忽然出现了一些奇怪的、连他自己都有些害怕的念头。

他复仇的心越来越重了。那个神秘的谋划，无论结果如何，他都会坚持到底。

一艘船扬着巨大的白帆在尼罗河上以高雅的身姿向前航行。船长控起船来游刃有余，他常来常往，对这里复杂多变的水流非常了解。谢纳坐在船舱里避开酷烈的阳光，这一方面是因为他不想被晒伤，另一方面则是因为他不想和那些乡巴佬一样有一张大黑脸。

亚夏坐在他对面，喝着角豆树的果汁。

"你上船的时候，没被人看到吧？"

"我谨慎得很。"

"你做起事来，确实很慎重。"

"尤其是好奇心也很重……我有必要这么谨慎吗？"

"在贵族学校念书时，你不是和拉美西斯处得不错？"

"我们是同窗。"

"他当了储君之后，你联系过他吗？"

"我想去亚洲大使馆工作，他觉得这个想法很好。"

"虽然失势之后，我无法兑现之前的允诺，但我保证会努力帮你树立名声。"

"还没有到'失势'这种程度吧？"

"拉美西斯对我心存怨恨，他在乎的只有他自己的前途，拥有至高无上的权力是他唯一的目标。如果我们不想陷入悲惨时代，就必须想办法阻止他。我得到了不少有理智的人的支持。"

亚夏神色不变，提出不同的看法："拉美西斯，我还是了解的，他不会成为你口中这种暴戾的独裁者。"

"他的表演精彩绝伦，看起来真像是塞提的乖儿子和忠仆，宫里人和民众最喜欢这种人了。有一段时间，我也被他骗了，可是他的目的只是掌控上埃及和下埃及。他在艾力欧被大祭司承认了的这件事，你知道吗？"

听到这些话，亚夏大吃一惊："现在走这个程序，还有点早吧。"

"拉美西斯对塞提产生了不好的影响，我认为他在劝国王及早退位，好让他掌权。"

"塞提怎么会听他的？"

"如果塞提不听他的，拉美西斯怎会当上储君？塞提的嫡长子是我，和他走得最近的、充当国家忠仆的人，也应该是我。"

"看起来，你已经做好颠覆传统的准备了。"

"那些东西早就过时了。伟大的贺罕赫勃那么理智的人，不也编订了新法典？那些太老套的东西已经不适合现在了。"

"你准备把埃及推上世界舞台？"

"对，我认为只有国际贸易能让国家走向富强。"

"你会改变想法吗？"

谢纳看起来有些忧伤。"考虑到拉美西斯以后的执政方向，我恐怕不得不修改自己的计划，我之所以希望我们的谈话成为秘密，原因就在这里。我要和你说的这件事非常严重：为了救国救民，我会想办法暗中解决掉拉美西斯。你若愿意和我结盟，就能扮演重要的角色，且成功后，报酬丰厚。"

亚夏想了很久。直接拒绝肯定不行，他知道得太多，谢纳会杀他灭口；那么答应呢，他会成为政坛最有影响力的人。

亚夏说："你能说得具体一些吗？"

"只靠和亚洲的贸易关系是无法打败拉美西斯的，我们不妨把目光放得再远一点。"

"你的意思是……和别国结盟的方法？"

"西克索人和我国的冲突到现在已经持续了几个世纪了，和三角洲那几省的利益关系，让他们拿到了不少好处，而几位省长为了活命，也甘愿与他们合作。亚夏，我们应该成为历史的引领者。让赫梯人除掉拉美西斯，然后由我们组建一个能让国家越来越强盛的领导集团。"

"这太危险了。"

"我们若是坐以待毙，早晚会被拉美西斯踩在脚下，变成肉泥。"

"你打算怎么做？"

"首先安排你去亚洲工作。我知道你擅长和人打交道，你要和敌人交好，让他们成为我们的帮手。"

"谁能知道赫梯人的真实目标呢？"

"我们不是有你吗？你会探明究竟的。同时我将想办法操纵拉美西斯，让他犯下我们可以从中获利的致命错误。"

亚夏十分镇定地交叉着十指："这个计划听起来很好，但危险性太大。"

"想要成功，就不能瞻前顾后。"

"如果赫梯人只有开战一个愿望呢？"

"那我们就想办法让拉美西斯吃败仗，然后把自己变成救世主。"

"这要准备好几年。"

"你说得没错。战斗今天就已拉开帷幕。首先，我们要竭尽所能不让拉美西斯继位；如果我们运气不好，他还是登基了，那么我们里应外合拉他下台。我之所以不肯贸然起义，是因为我相信他是一个强敌，且实力在不断加强。"

亚夏问："帮你我能得到什么？"

"你觉得外交部长的职位如何？"

外交官翘起的嘴角表明他喜欢谢纳的提议。"如果我的活动区域只是孟菲斯的办公室，我怕是起不了多大的作用。"

"你的名声很好，拉美西斯不知道你是我的人，很可能会帮我们一把，不用担心，你早晚会被派出去的。你在埃及这段时间，我们就不要见面了，以后我们都悄悄见面。"

这艘船在远离孟菲斯一个港口靠岸之后，一辆停在岸边的轻型马车——车夫是谢纳的人——把亚夏送回了城里。

谢纳看着外交官越走越远，他派了几个手下暗中监视亚夏。如果对方敢背叛他和拉美西斯联系，这些人就会送亚夏上路。

38

　某个人雇用马夫和马车夫去杀掉拉美西斯，他确实应该这么做，因为拉美西斯是命运选定的王者。他的性格其实在很多方面都和他父亲非常相似。聪明、热情、精力旺盛，似乎所有难题都能解决，他心里燃烧的那把火早晚会将他送上王座。

　他虽然早就做好了准备，可是所有人都觉得他想太多了。当听说拉美西斯成为储君，他的心腹们才大吃一惊，意识到他的计划失败，是多可惜的一件事。好在马夫和马车夫都死了，他没见过这个两个人，中间人也会闭紧嘴巴，调查陷入迷雾。想要查到他头上，或定他的罪，根本不可能。

　他完美地执行着自己的计划，没留下一点可以追查的痕迹。现在只有凶狠而精准的打击才能奏效，可惜拉美西斯的地位极大地增加了落实该计划的难度。储君受到了严密的保护，所有无关人员都被亚梅尼赶走了，还有那头狮子和那条狗俨然成了他的贴身护卫，想要从皇宫下手，看起来难度很大。

那么反过来呢？在他旅行或者外出的时候，设计一个意外，这个应该很容易，不过地点一定要选好。忽然，一个绝妙的想法浮现在他的脑海中。可以先给塞提设个套，让他把儿子带去阿斯旺，如此一来，就可以把拉美西斯永远地留在那儿了。

塞提执政的第九年，拉美西斯十七岁。他的生日是和亚梅尼还有塞达武夫妇一起过的。让他感到遗憾的是摩西待在卡纳克工地不能回来，亚夏被外交部派到黎巴嫩执行情报工作无法到场。除非储君能把他的朋友们全都变成与自己联系紧密的同僚，否则贵族学校的那些同窗好友以后怕是很难聚齐了，再者大家的心思不同，走的路也不一样。亚梅尼借口储君离了自己做不好行政工作，无法及时审阅文件，死活待在拉美西斯身边。

莲花打发了宫里的御厨，自己用葡萄和鹰嘴豆做了一道烤羊肉。

储君称赞道："味道非常鲜美。"

亚梅尼嘱咐道："稍微尝尝就好，不要撑到了，还有活儿等着我们干呢。"

"如此挑剔严格、不解风情的书记员，亏你忍受得了。"

亚梅尼回击："你以为所有人都喜欢抓蛇吗？你研制的那些解毒配方，要是没有我抽时间帮你记下来，你的研究进度怕要大打折扣。"

拉美西斯问："你们刚刚结婚，住的地方准备好了吗？"

"就在沙漠边上，"塞达武说话时不由得两眼放光，"每天晚上毒蛇爬出洞穴的时候，我和莲花都会出门捕猎。希望我们可以活得久一点，这样就能认识更多蛇，深入了解它们的习性了。"

亚梅尼斩钉截铁地说："你的房子还挺华丽的，更像是间实验室。你是用你那少得可怜的用毒液和行医换的钱对它进行扩建的，是吗……我一猜就是。"

这位专业御蛇巫师惊奇地打量着年轻的书记员。

"你听谁说的？你不是一直在办公室里待着吗！"

"我在户籍资料和卫生服务类档案里看到了你的房产登记表，因为我要为储君搜集最可信的资料，我有这个权利。"

"你在监视我？这种行为太可怕了，比毒蝎还可怕。"

法老的传讯官忽然走进来，拉美西斯不得不放下所有事情，马上赶去皇宫。

在巨大的粉红色花岗石块中间有一条狭窄的小路，塞提和拉美西斯在上面缓缓前行。他们早上抵达阿斯旺后，马上就往采石场来了。法老想要亲自看看那份特地写给他的、披露某些坏消息的信的内容是否属实；另外，他也想让自己的儿子对这个制造了众多方尖碑、巨型石像、石门和神庙门槛的矿石世界有所了解，在这里有不计其数的以坚石打造的精美绝伦的旷世杰作。

按照那封信里的话说，首先，工头、工人和那些军人——他们的任务是将数吨重的巨石送到依地势而建的工地上和大型平底驳船上——发生了严重的冲突；其次，专家们认为主要矿脉要挖断了，剩下的那些小型的、零散的矿脉，无法打造巨型尖石碑和巨像了，这个问题更严重。

　　发信人是采石场的领班亚贝尔，他没写官阶。可能是怕自己揭露真相被上级报复，这个技术员直接把信投递到了国王那里。国王的秘书认为这封信写得很诚恳，且涉及现实问题，就把信呈送给国王了。

　　在饱受太阳炙烤的岩石堆中，拉美西斯有一种无拘无束的感觉，他能感受到匠人们精雕细琢的、栩栩如生的雕塑中所蕴含的力量。从第一王朝开始，整个国家都是以阿斯旺辽阔的采石场为基石建立起来的，它有种穿越时光、历经世事的宁静与厚重。

　　负责开采花岗石的部门组织非常严密，各个小组的凿石工人会把合用的石块标记出来，然后进行检测，再之后就是谨慎地敲打。他们的工作做得越好，埃及的生命力就越强盛，创造的力量就来自于他们的双手，供奉着有可被神灵附身神像的神庙也是。

　　采石场和那里的工作人员的状况，所有法老都要密切关注。能够再看到法老和与法老越来越像的储君，所有小队长都一副喜不自胜的样子，他们向两位行礼问好。这里的人还没见过谢纳。

　　塞提让人去找采石场的负责人。

　　亚贝尔个子不高，但长得很结实，一张方形脸孔，双肩又宽又厚，手指既粗且短，他向国王躬身行礼。

　　"工地看起来很平稳啊。"

　　"陛下，所有的事都上了轨道。"

　　"你信上可不是这么说的。"

　　"我的信上？"

　　"不要说你没给我写过信？"

　　"写信……这对我来说可不是一件容易的事。如果真有需要，我也得找书记员帮忙。"

"有人写信告诉我工人和军人发生了冲突，这个人难道不是你？"

"不是，陛下……矛盾确实存在，但都不是什么大事，而且都处理好了。"

"工头呢？"

"我们互相尊重。和那些城里人不同，他们靠双手劳作，活干得非常漂亮，都是熟练工。就算真有人觉得很难，教一教也就好了。"

亚贝尔两只手互相揉搓，好像要把那个以权谋私的家伙抓过来揍一顿似的。

"也没有出现主要矿脉即将挖断的情况？"

这位采石场的负责人张口结舌地说："啊，这个……您是怎么知道的？"

"真有此事？"

"是有点……继续往下挖的话，还能坚持个两三年，之后就得换一个新地方了。还没和您说，您就知道了……真是料事如神！"

"我要去有此危险的地方看看，带路！"

亚贝尔将塞提和拉美西斯带到山上，大部分采矿区都集中在那里。

亚贝尔伸手指了指："就是这儿，您的左边，我们担心以后从这里挖出的石头连一座尖石碑都造不出来了。"

塞提下令："安静。"

塞提聚精会神地看着那些石块，拉美西斯发现父亲的眼神发生了变化，连皮肤好像都成了花岗岩。塞提身边的人有一种即将被点燃的感觉，那位采石场的负责人吓得立即逃走了。紧跟在塞提身边的拉美西斯也想透过岩石表层，看到更多东西，可那些坚硬的石头和他的心发生了激烈的碰撞，他的太阳穴也是一阵阵的刺痛。尽管非常难受，可是他并没放弃，终于一条条矿脉在他眼前清晰地浮现出来。它们像是源于地心的、迎着太阳和天空生长的某种特殊的存在，越往上越坚硬，最后凝结成了周身布满星辰图案的、粉红色的花岗岩。

塞提下令："之前的地方不要开采了，朝右边挖，还有很大一片区域。那些花岗岩就算不停地开采，也够用几十年了。"

那位采石场的负责人到山下拿了把十字镐，他先敲开的是一块黑色的脉石，失望之余，仍继续挖掘，很快，法老的说法得到验证，一块漂亮的花岗岩出现在了他眼前。

"拉美西斯，你也看到了，是吧。不要停下来，当你看到石块的最深处，就什么都明白了。"

不到十五分钟，采石场、码头和整个市区都知道了法老带来的神迹。这表示大工程不会停止，阿斯旺的繁荣仍将继续。

拉美西斯评论道："写那封信的不是亚贝尔，有人在愚弄我们，是谁呢？"

塞提想了想说："他们骗我们的目的，当然不会是让我们发现新的采石场，这是他意料之外的状况。"

"那他想干什么呢？"

国王和他的儿子沿着一条羊肠小道向山下走，塞提慢条斯理地在前边带路。

一阵轰鸣声把拉美西斯吓了一跳。

他刚一转身，两个石块就朝着他的腿疯狂地、跳跃着撞了过来。紧接着，一块巨大的花岗岩从山顶极速滚落，后边好像还有一堆凶猛的碎石块。

拉美西斯的视线被漫天的灰尘挡住了，他大声嘶喊："爸爸，闪开！"

在喊出这句话的同时，这个年轻人闪身后退，摔在地上。

塞提的手非常有劲，一把拉住儿子，把他拽到路边。那块花岗岩则继续以疯狂的速度轰鸣着滚到了山下。这时，采石工人和石匠一边大喊一边追击着一个人影。

亚贝尔喊道："就是他，在那儿呢！是他推的石块！"

人们开始展开追缉。

第一个抓到逃逸者的是亚贝尔，他为了解除对方的行动能力，一个手刀砍到对方脖颈子上。结果，这个采石场的负责人低估了自己的力气，法老只看到了逃逸者的尸体。

塞提问："他叫什么名字？"

亚贝尔说："不认识，他不是这里的工人。"

阿斯旺的警察很快得出结论：这人是个无儿无女的船夫，一直自己住，平时的工作就是运送陶瓷器皿。

塞提斩钉截铁地对拉美西斯说："对方想要杀的人是你，好在你运气不错，死里逃生。"

"这件事能让我自己去查吗？"

"必须查出真相。"

"有一个人一定可以。"

39

拉美西斯把自己险些丧命的遭遇告诉了亚梅尼，对方听得胆战心惊，不过很快他就高兴了，因为储君把那封引塞提去阿斯旺的信交给了他，这是一条非常重要的线索。

他仔细研究了一番说："这么漂亮的字，可见写信人可能来自上流社会且博学多才，这种信对他来说毫无难度。"

"这样说来，塞提可能已经猜到这封信不是采石场的那位负责人写的，而是一个陷阱了。"

"我觉得你们两个都在刺杀名单上，采石场的事显然是蓄意安排的。"

"这件事交给你来调查，你愿意吗？"

"当然！不过……"

"不过什么？"

"我有件事得跟你说清楚，就是那家有问题的工厂，我还在调查。我原本想向你证明，这件事的幕后黑手是谢纳，可惜没能成功，现在你给了我一份更完整的资料。"

"希望是这样。"

"关于那个船夫，还有更多的资料吗？"

"没有，查不到他的帮手是谁。"

"我们得找塞达武帮忙……毕竟我们面对的是一条真正的毒蛇。"

"当然要找他。"

"放心吧，我已经找过了。"

"他怎么说？"

"这件事关系到你的生命安全，他怎么会拒绝。"

谢纳讨厌南方，一方面是因为那里太热，另一方面是因为那里的人比北方的人更局限于国内的生活。不过，宏伟的卡纳克神庙还是非常富庶且有影响力的，且此地大祭司的支持对所有王位候选人来说，都非常重要。所以，谢纳会彬彬有礼地拜会对方。双方见面并没有说一些较严肃的话题，让谢纳感到高兴的是，这位至关重要的人物对他还算友善。孟菲斯的政治斗争，大祭司只是远观，自然可以见机行事，支持更强的那方。对方没有称赞拉美西斯，他已经非常开心了。

谢纳说想在神庙待几天，好安安静静地思考一些事，得到了对方的允准。他被安排到某个祭司的房间，他费了好大的力气才适应了朴素的环境，好在他如愿以偿地见到了摩西。

一天午休的时候，摩西正在研究一根柱子，雕刻师在上面绘制了一些被上帝认可的献祭仪式，还有一些称量世间万物的工具。

"一件上等佳作！你的鉴赏力非常好。"

摩西的体格健壮、身形漂亮，看到来人那身松软肥厚的赘肉和肥头大耳的长相，眼神中不由得带了一丝轻蔑。

"我只是一个学徒，真正的能人是这件作品的创造者。"

"你太谦虚了。"

"我不喜欢听人奉承。"

"你看上去很讨厌我。"

"你不也一样？"

"我来这里，是想让自己平静下来。毋庸讳言，拉美西斯成为储君对我的伤害非常大，但这件事已成定局，我必须接受。而这座神庙非常平和，对我有帮助。"

"确实适合你。"

"拉美西斯是你的朋友，但你不能因此就什么都看不到了，我弟弟可不是什么好人。除非你喜欢混乱和罪恶，否则就张开眼睛。"

"你胆子不小，连塞提的决定也敢质疑。"

"我父亲确实很伟大，但谁又能从不犯错？让我感到遗憾的，不是我再也无法成为掌权者，而是埃及的命运要落到了一个只在乎自己的无能之辈手里。至于我，事实上，只要还能接触到一些行政事务，就已经知足了。"

"谢纳，你到底想干什么？"

"说实话，我相信你是一个很有前途的人，可是如果你指望拉美西斯就大错特错了。日后他登基为王，就再不需要朋友了，哪里还会记得你是谁。"

"那你觉得我应该怎么做？"

"如果不想受苦，就得改变未来。"

"如果我没猜错，你的未来……"

"你想错了，为国家效命是我唯一的目标。"

"谢纳，你说了什么，神明听得见。你不会不知道它憎恨谎言吧？"

"创造埃及政治的不是神，是人。我想和你成为朋友，一起为了最后的胜利竭尽所能。"

"可我不想，借过。"

"你错了。"

"这不是喧哗或者动手的地方，你想和我去外边谈谈吗？"

"这就不用了。不过你若不想抱憾终生，就请记住我的话。"

看到摩西凶狠的眼神，谢纳终于放弃了。因为胆怯，谢纳没能成功地把摩西变成自己人。这个希伯来人不如亚夏好说服，不过是人就有缺点，多花一点时间总能发现的。

亚梅尼非常烦躁，他实在不知道该怎么对付杜兰特这样的泼妇。拉美西斯的姐姐一把推开储君办公室的大门，暴风雨似的冲了进去。

拉美西斯盘着腿，正坐在草席上誊抄塞提下达的有关保护森林的谕令。

"你还是动手了！"

"亲爱的姐姐，谁惹你生气了？"

"你不知道？"

"有什么提示吗？"

"我丈夫的官职难道不该升一升吗？"

"法老怎么说？"

"他认为给家里人特权……有失公允！"

"他都这样说了，我又有什么办法？"

杜兰特怒火更盛。

"难道他这么决定就公平？萨力凭什么不能升迁。你不是储君吗，为什么不推荐他做谷仓的负责人？"

"储君也要听法老命令，不是吗？"

"你怎么跟个胆小鬼似的！"

"我不想冒犯国王，这个罪责可不轻。"

"那原本就属于我，给我。"

"我做不到。"

"装什么清高，和其他人没什么不同……只会和自己的爪牙同流合污。"

"你平时没这么冲动。"

"谢纳那么暴戾我都扛过去了，难道现在要忍着专制的你？你坚决不帮忙，是不是？"

"杜兰特，你已经很富有了，过分的贪婪怕是不太道德。"

她大喊一声："都什么年代了，还拿道德说事，你自己讲道德去吧。"然后转身跑了。

在伊瑟的别墅花园里，郁郁葱葱的无花果树形成了一片清爽的树荫。拉美西斯找了一块松软的土地移植树苗，伊瑟在一边乘凉，北风轻轻地吹拂着储君头上的树枝。

伊瑟将几朵莲花插在鬓边。

"吃点葡萄吗？"

"二十年后，这棵无花果树会把这座花园装点得更漂亮。"

"二十年后，我就成老太婆了。"

拉美西斯看着她，眼神真挚："你若像现在这样精心装扮，会更漂亮的。"

"和我结婚的，会是我所爱的人吗？"

"我不是先知。"

她拿起莲花在他胸口上打了一下。

"听说在阿斯旺采石场，你差点发生意外。"

"有塞提保护我，我怎么会有事。"

"也就是说，针对你的刺杀还在继续？"

"不用怕，很快就会找到凶手的。"

她摘掉假发，将长发打散，扑到拉美西斯的胸口上，用炽热的嘴唇亲吻他。

"我只是想要幸福地过日子，怎么这么难啊？"

"也不难，找到它，然后把握住就行了。"

"你什么时候才能明白，我唯一的心愿就是和你在一起？"

"现在。"

他们紧紧地抱在一起滚向路边。伊瑟迎合着情人的欲望，就像一个被幸福迷醉的小女人。

埃及的一个重要的手工技术就是制作莎草纸，不同品质和长度的莎草纸价格是不一样的。这些莎草纸，一部分会被送往墓场用于"亡灵书"的记载，一部分会被送去各级学校，但更多的是给政府部门送去了。莎草纸若是不够，国家的运行都要受到影响。

按照塞提的要求，储君每隔一段时间就要对莎草纸的制造和分配情况进行严查。所有部门都满腹怨言，说自己没有收到足额的纸，其他部门多拿了。拉美西斯发现，谢纳手下的书记员有严重的浪费纸张的情况，他马上把哥哥找过来要提醒他这件事。

谢纳喜笑颜开地说："拉美西斯，你找我有什么事？我一直等你指教呢。"

"你那些书记员做得有些过分，你需要管束一下。"

"不要鸡蛋里挑骨头。"

"实际上是你的书记员滥用职权，多拿了大量顶级莎草纸。"

"我写字时喜欢用华丽的纸张，这种习惯违纪了，这我是知道的。你放心，违纪的人会受到严惩的。"

储君没想到谢纳不但没反抗，还认错了，吓了一跳。

谢纳说："我觉得你的做法非常好，确实应该革除弊病、净化环境。再微不足道的贪污、浪费也不能纵容和姑息。在这件事上，我会全力协助你，你可以通过处理公文和行政事务，米了解宫廷旧习，有些不当之处也都能看得很清楚。只是警告还不行，一定要让他们改了。"

拉美西斯都怀疑眼前这个人不是他兄长了。难道某个仁慈的神祇，把谢纳从狡猾的官吏变成了正义的使者？

"我觉得你的建议非常好。"

谢纳接着说"如此痛快的合作简直让我欢欣鼓舞！我会从我的部门开始整改，然后我们一起让国家再无贪污受贿之事。"

"我们的国家还没有如此不堪吧？"

"塞提确实是个英明神武的君主，定会名垂千古，可总有些人和事是他照顾不到的。我们既是皇室子孙，又身居要职，一不小心就会染上某些恶习，比如公器私用、狂妄自大。你是储君，如果不想再纵容这种情况，当然应当严惩。我以前是这种情况的受益者，可现在已经是另一个时代了。法老给我们兄弟选好了椅子，而且也没选错，我们互相扶持又有什么不应该的。"

"是战是和？"

谢纳斩钉截铁地说："当然是和，永远是和。我们以前总是针锋相对，这是两个人的错，现在没这个必要了。你是储君，我是礼宾司长，我们应该同心协力造福于国。"

拉美西斯在谢纳离开之后疑惑地想：谢纳这次是真心的，还是又给我挖了个坑？

40

清晨的祭礼结束之后，法老召开了一个特别会议。在炽热的阳光下，人们四处奔走想要找一片阴凉。有些身材臃肿的官员动一下就要满身是汗，需要侍从不停地给他们扇风。

好在国王会客室的窗户很大而且设计合理，一直有风吹过，让人觉得分外凉爽、舒适。国王不是一个讲究形式的人，身上只有一件简单的白袍，与他相比，有几个部长的服饰就显得过于华丽了。出席这次特别会议的包括总理大臣、孟菲斯大祭司、艾力欧大祭司，还有沙漠安全警务司令。

坐在父亲右侧的拉美西斯认真地观察着每个人的表情。他们或是忧心忡忡，或是惶恐不安，或是夸夸其谈，或是冥思苦想……什么样的都有，但他们都臣服于法老的威严。能让所有人和谐相处的只有法老的威严，不然，他们怕是要争斗不休的。

塞提说："听听沙漠警务司令的报告吧，他有个坏消息要告诉大家。"

这位大人已年届六十，当了很多年的官，历经所有品级才有如今的高位。他是一个沉默而精明的人，熟知东部沙漠和西部沙漠的所有小路，一切穿越那片蛮荒之地的商队和矿工远征队的安全都是他的责任。他对名誉毫无野心，只想安安稳稳地在他的辖区阿斯旺享受退休生活。他很少有机会在这么严肃的场合里演讲。所有人都非常认真地听他的讲述。

"一个月前，有一支采金队去了东部沙漠，现在踪影全无。"

这个消息简直像塞特的雷电一般威力十足，让所有人都失去了反应能力。过了很久，卜塔的大祭司表示有话要说，国王同意了他的请求。会议规定，无论会议的主题是什么，与会者都必须保持安静，没有国王的许可不能发言，不能打断他人。想要找出正确的方法解决问题，首先得学会尊重他人的思想。

"你是否能够保证这个消息确定无疑？"

"唉，我可以保证。通常有专门的传信机构定期向我汇报这种远征队的行程，可是我已经有好几天没有收到他们的消息了。"

"以前没有出现过这种情况？"

"只有时局动荡的时候出现过。"

"难道是贝都因人下的手？"

"我们在那片区域有严密的监控，可能性不大。"

"是可能性不大，还是绝无可能？"

"有一支久经战阵的机动部队一直在保护这些金矿勘察员，我不认为有哪个部落有本事消灭这支远征队。"

"你有什么推测？"

"我只是非常担心，想象不出任何可能。"

沙漠的金子是给神庙的神灵打造肌肤用的，象征着不朽的生命，为手工匠人的作品增加一抹难以逾越的光彩。作为一种原料，它是绝对不能私藏的。另外，政府还要用金子进口某些商品，将金子作为外交礼物送给其他国家的君主，以维持和换取和平。任何人胆敢阻碍这种珍贵原料的开采，都要受到非常严厉的惩罚。

法老问警务司令："你有什么建议吗？"

"马上派兵。"

塞提："我会亲自领兵，储君和我一起去。"

特别会议批准了这项决议。除了暗中给弟弟鼓劲，许诺会备齐材料，以便拉美西斯回来后能马上展开工作，谢纳一直尽量减少发言。

在塞提掌政的第九年零三个月第二十天，他和储君率四千远征军穿越沙漠，目标是爱德福城以北、通向乌安第·哈马马特采石场的小径以南一百多公里的地方。此地临近乌安第·米亚，孟菲斯收到的最后一个消息报告就是从那里传回来的。

那份报告没有任何特别之处，既没有让人心慌的坏消息，也没有哪个队员身体出了问题，事实上金矿勘察员貌似心情还不错。书记员也没有记录任何突发状况。

虽然沙漠安全部长再三保证，又带来了精兵在一边守卫，塞提仍要求部队不分白天黑夜地保持作战状态，以防来自西奈半岛的贝都因人发动偷袭。一直靠掠夺和杀戮为生的贝都因人，喜欢发动突然而猛烈的奇袭，这是他们的首领作恶时最野蛮的特点。

"拉美西斯，说说你的感觉。"

"沙漠很美，可我始终无法安下心来。"

"看沙丘那边，告诉我你看到了什么？"

储君屏气凝神。在阿斯旺，塞提为了找到新的挖掘地点，使用了某种怪异的、近乎超越自然的眼神。

"有什么东西挡住了我的视线……在耸立的沙丘背后，什么都没有。"

"对，什么都没有。这种可怕的虚无代表了死亡。"

拉美西斯战栗着问："是贝都因人？"

"不，凶手比他们更狡诈、更冷血。"

"我们要准备开战了？"

"不用。"

拉美西斯努力压下几乎扼住他喉咙的恐惧。

是谁杀了金矿勘察员？是寻常士兵所说的，不惧人类所有武器的沙漠怪兽吗？这些野兽长着翅膀，它们巨大的爪子能迅速、轻易地撕开敌人的皮肉。

所有的马、驴、还有人，在登上沙丘之前都喝了足够的水。天气太热，他们必须抓紧时间赶路，不能走走停停，再说饮用水也要喝完了。在这片区域，不出三公里就有一口大水井，到了那儿，他们的羊皮袋就能重新装满水了。

还有三个小时，太阳就会下山，大军开拔，沙丘过得还算容易。在藏有金矿的那座山的山脚下，他们终于看到了那口用大石块垒成的井。

金矿勘察员和护送他们的军队也在那儿，就在井边，在灼热的沙子上，他们根本没有失踪，只是躺在这里，有的人面朝下，有的人面朝上被太阳炙烤着。他们大张着嘴，带血的舌头已经变成了黑色。

全军覆没。

不少士兵吓得拔腿就跑。塞提让军队在此驻扎，时刻保持警备状态，以免营地遭受突然袭击；然后，他让士兵挖掘坟墓，以旅行用的草席作为遇难者的裹尸布将他们下葬。超度仪式和复活仪式，都由国王亲自主持。

为了让士兵们不那么紧张，葬礼选在气氛较为宁静的傍晚举行。远征队的军医朝塞提走过来。

国王问他："查出死因了吗？"

"陛下，他们是渴死的。"

国王当即朝那口井走过去。扎营时，很多人都想喝点水凉快一下、醒醒神，而国王派私人守卫把它守住了。

这口大井被塞满了石头，直到井口。

拉美西斯说："我们清理一下吧。"

塞提说："好。"

这件事没有动用大军，直接交给了塞提的私人守卫。他们干得非常卖力，效率奇高，拉美西斯负责安排进度、激励士气。

明亮的圆月映入井底，那些上等兵已经耗干了力气。储君用绳子将一个沉重的双耳瓶送到下边，他不是一个耐性十足的人，但以防弄破双耳瓶，还是尽量放缓了动作。

储君将装满水的双耳瓶拿给国王。国王闻了一下，没有喝。

"派人去井下看看。"

拉美西斯把穿过腋下的绳索打了一个死结，然后把另一端交给四个士兵让他们抓牢，自己跨过井口，抓住外凸的石头，一点点向下爬。整体来说，这还是很安全的。距离水面还有两米，他借着月光看到了水里漂浮着的几具驴子的尸体。一点希望都没有了，他开始往回爬。

他轻声说："井水被污染了。"

塞提把瓶里的水倒在沙地上。

"有人在这口井里下了毒，我们的同胞就是这样死的，之后某个杀手集团，比如贝都因人，用石头把井填上了。"

所有人，不管是国王、储君，还是远征军，都受到了影响。他们当然可以马上动身赶去山谷，可是还没到平原，怕是就渴死了。

塞提说："休息吧，我会向天空中的星辰，也就是我们的母亲祈福的。"

清晨，这个悲剧般的消息迅速传开了。将士们的羊皮袋早已空空如也，可让人遗憾是，所有人都不能往里蓄水。

拉美西斯拦住了一个鬼哭狼嚎、呼朋引伴的步兵，这个人因为担心会死在这里，居然敢对储君挥拳头。拉美西斯一把抓住他的手腕，强迫他跪在地上。

"你不冷静下来，死得更快。"

"没水了……"

"法老就在我们身边，不要失去信心。"

这是唯一的一次动乱。拉美西斯当着全军的面，发表讲话："我们手中有一张地图，里面包含了某些关于此地的军事机密，比如通过哪些路线可以找到一些古井，而这些古井或许尚未干涸。法老将和你们待在一起，我会通过这些小路去找饮用水，以便大家能够穿越这半片沙漠。现在我们必须拿出勇气坚持下去，大家请到凉快的地方躲好，保存体力。"

拉美西斯走的时候，带了十几个人和六头驮着空羊皮袋的驴。有位老兵谨慎地留了一些水，用清晨的露水打湿了人们的嘴唇，然后他把最后这点水给队友们分了。

没过多久，迈步就成了一件非常艰难的事，连心都要被炽热和沙土引燃了，可是拉美西斯走得很快，他希望自己的同伴能够坚持下去。所有人都只有一个念头，就是找到一口清冽的井。

第一条路消失在沙漠的风沙中，继续前进无异于自杀。第二条路仍然走不通，它通向的是一条早已干枯的河流，制图的人显然失职了。一圈堆砌的石块出现在第三条路的尽头，大家蜂拥而上却看到里面早已灌满了沙子，人们精疲力竭扑倒在井边。

这张名声显赫的、标着"军事机密"的地图，居然成了一个陷阱。十年前它或许是准的，可是之后的某位书记员为了省事，没有实地考察就随意地照抄了原图，他的后辈也是依样画葫芦。

塞提没有听拉美西斯解释，只是看了他的表情就什么都明白了。

士兵们已经十个小时没喝到水了。

"现在是正午，"国王观察了一下，对将领说："拉美西斯跟我去找水，我们会在黄昏时赶回来。"

塞提登上沙丘。拉美西斯虽然年轻，想跟上塞提也很勉强。

他开始学习父亲的步调。塞提周身只带来一样东西：两根两端用麻绳紧紧捆在一起的洋槐树枝，这两根树枝已经去了皮，非常光滑。

碎石块裹挟着炽热的沙尘一路滚到他们脚边，在沙丘的顶峰，气喘吁吁的拉美西斯终于赶上了父亲。沙漠的景致分外迷人，可惜储君只欣赏了几分钟，冒烟的喉咙就点醒了他，这片沙漠很可能是他们的埋骨之所。

塞提把那两根洋槐树枝抖开，之后不长时间，它们又慢慢地黏在了一起。他带着它们慢慢地往各个方向走动，那根魔棒忽然从他的手中飞出去，一直飞了有几米远，然后"啪"的一声落到地上。

拉美西斯帮父亲捡回洋槐树枝，两人一起下山。在一堆长有带刺植物的石块前，塞提停下脚步。他的棍子正在上蹿下跳。

"让采石工人在这里凿个洞。"

拉美西斯马上就不觉得累了，他全力奔跑，翻过碎石堆。有四十几个工人和他一起回来，然后大家马上开始工作。

那里的地一点都不硬，大概挖了三米，就有泉水涌出来了。

一个工人当即跪倒在地。

"国王得到了神明的指引……这里有很多水，奔流不息！"

塞提说："我的祈祷变成了现实，这口井起名为'愿圣明光辉的真理永存'。大家都喝过水之后，我们要建一座城市以纪念那些金矿勘察员，并建一座神庙供神明安居。这口井将成为他们的寄身之所，那些寻找闪光的原料和光明圣神的人，将得到神明的指引。"

41

在孟菲斯的哈托尔大神庙，大皇后图雅正在主持一个甄选仪式，为祭礼招募女音乐家。这些女孩儿，来自全国各个城市，不管是唱歌的，还是跳舞的，或者是演奏乐器的，都是经过层层选拔挑上来的。

图雅神情冷峻，眼睛专注，面颊丰满圆润，鼻子挺拔精致，她秀气的下巴甚至显得过于方正了，她梳着秃鹰发式——这并不是母仪的专用发型。所有候选人都对图雅印象深刻，还有不少人被吓得在表演时失了方寸。皇后年轻时也经历过这种考验，她认为一个想要侍奉神明的人首先得有冷静沉着这种品性，所以表现得非常严厉。

她对这些音乐家非常失望，认为这是后殿教师们的失职，这几月这些人明显没有认真工作。于是图雅决定要处罚他们。在这次升级考试中，只有一个女孩表现得非常优秀，她不仅长得异常美丽，行为举止也颇为冷静端庄。她全神贯注地弹奏着细弦琴，仿佛身边空无一人。

在神庙的花园里摆着一些点心，它们是专门为这些或是长吁短叹，或是兴高采烈的候选者们准备的。这些年轻姑娘，还都带着孩童的样子。传统女祭司学院任命妮菲塔莉为神庙女乐团的指挥，她的神情丝毫不变，一如既往地从容淡定，就好像这件事和她没什么关系一般。

皇后走到她面前。

"你非常优秀。"

这位琴艺大师向皇后躬身行礼。

"你叫什么？来自何处？"

"我叫妮菲塔莉。出生于底比斯，在梅室学艺。"

"你觉得现在的成绩还不够好吗？"

"我的目标是进入阿蒙神庙，所以我不想留在孟菲斯，我想回底比斯。"

"你要隐居？"

"我最大的梦想，就是能参与到神秘的祭礼中，可惜我年龄不够。"

"你这个年纪的人很少有这种想法。妮菲塔莉，你觉得生活不如意吗？"

"不是的，陛下。我只是很向往宗教祭礼。"

"你对结婚生子没有期待吗？"

"我没想过这件事。"

"神庙里的日子并不好过。"

"我觉得那些不朽的石头非常有趣，让人忍不住想要探寻它们的秘密。"

"如果我让你暂时离开神庙，你愿意吗？"

妮菲塔莉直视着大皇后的眼睛，这是一个非常大胆的行为，图雅喜欢她眼睛里的清澈和坦率。

"为神庙女乐团当指挥虽然也很好，可是我为你准备了其他工作，比如我的家庭总管。"

给皇室的大皇后当家庭总管！要知道这个职务，只有皇后最亲密的朋友才能得到，对此心存期待的贵妇不知凡几。

图雅说："这个工作原本是我的一个老朋友在做，可惜上个月她去世了，宫中很多人想成为继任者，为了减少竞争对手，甚至会互相诋毁攻讦。"

"我没做过这种工作，我……"

"我喜欢杰出的人才，一个人只要足够优秀就能解决一切难题。你愿意接受吗？"

"我需要想一想。"

皇后觉得非常新奇，要知道宫里可没有哪位贵妇敢说出这种话。

"我不同意。神庙里的香味太重，我怕你闻多了会忘了我。"

妮菲塔莉的双手在胸前交叉，躬身行礼："谨遵陛下之命。"

天还没亮，图雅皇后就起床了，她喜欢黎明时的阳光，认为每天神秘的生命都是从第一道射入黑暗的光线开始的。妮菲塔莉和皇后一起吃早餐，然后图雅会把自己一天的工作安排交代给她，让她分担一部分。

做出这个决定之后，只过了三天，图雅就知道自己选对人了。妮菲塔莉不只容貌出众，还充满智慧，她极擅长于分辨事情的轻重缓急，这是一种惊人的才能。这位管家刚一开始工作，就和皇后有了极高的默契。有些事她们根本不用说出来，彼此就能心领神会，有些交流甚至是精神上的。她们早上聊完之后，图雅就去浴室梳洗了。

谢纳来的时候，发型师刚为皇后的假发抹好香水。

谢纳说："请让您的女仆下去吧，我有些事要和您说，任何口风不严的人都不能听。"

"那么严重？"

"就那么严重。"

发型师下去了。谢纳一副忧心忡忡的样子，看起来非常真挚。

"可以说了，儿子。"

"这是一个恐怖的惨剧，我真不知道要不要和您讲。"

图雅这下真的有些不安了。"什么惨剧？"

"我们失去了塞提、拉美西斯和救援队的消息。"

"你的消息准吗？"

"他们去沙漠找金矿勘察队已经有段时间了。我听到很多不利的消息在疯传。"

"一定是假的。塞提若是出事，我不会一点感觉都没有。"

"为什么……"

"我和你父亲就算不在一起，我们之间也有一种感应联系着彼此，所以不用担心。"

"可是实际情况是，这早就超出了国王和远征队应该回来的时限，您看看现实吧，我们必须顾念到国家。"

"日常事务，有我和总理大臣负责。"

"我可以帮忙的。"

"你只要规行矩步做好自己的本职工作，这个世界就要感念你的恩德了。你要是真的很担心，可以带一支远征队去找他们，就像你的父亲和弟弟所做的那样。"

"传言说，那些想要挖掘金矿的人被沙漠怪兽吃掉了。这确实让人费解，但是留在这里才是我的职责。"

"跟随你内心的声音。"

前后相隔四天时间，塞提分别派了两位传令官回去传信，可惜这两人都没回到埃及。几个常在沙漠中行走的人，在去往山谷的小路上设好埋伏，杀了他们，偷了他们的衣物，毁掉了拉美西斯写在木板上的文书。在木板上，拉美西斯告诉皇后远征队已经找到了金矿，正在制定计划修建庙宇、挖掘城市地基和调集矿工。

沙漠老手派人传递消息给谢纳，说法老和储君平安无事，在神灵的指引下，国王在沙漠中心找到了一个存水量极其丰富的泉眼，如此一来，贝都因人在井里下毒的计划就彻底失败了。

皇宫里，认为塞提和拉美西斯已被怪兽吃掉的人不在少数，现在国家失去了领头人，如何把握好这个机会才是关键。图雅紧握王权，除非她的丈夫和小儿子真的死了，否则她是不会让谢纳当储君的。

在远征队回来之前，谢纳都有机会得到王权。其实这个机会已经很渺茫了，但是……贝都因人没有完成的任务，酷暑、毒蛇和毒蝎是不是能帮忙完成呢？

亚梅尼失眠了。

由塞提和拉美西斯统领的远征队失去了消息，各种传言甚嚣尘上。这些流言，这名年轻的书记官一开始是不相信的。可是他到王室传令官的办公厅一问，居然听到了一个让人非常惶恐的消息。法老和储君确实失踪了，不仅如此，还没有任何的救援措施！

所以，亚梅尼去了大皇后的宫殿，因为只有她能够改变这种情况，派兵去东部沙漠救援。他在那儿遇到了一个年轻貌美的姑娘，这位年轻的书记官虽然既不喜欢异性、也不喜欢她们的法术，却对妮菲塔莉毫无瑕疵的脸庞、专注的眼神、和善的声音充满了好感。

"我想觐见陛下。"

"法老不在，她现在非常忙。我能知道你为何而来吗？"

"对不起，可是……"

"我叫妮菲塔莉，是皇后新任命的总管。相信我，你和我说的话，我一定一字不落禀告给她。"

她是一个聪明而真挚的人。

"我是储君的机要秘书，我觉得现在必须马上派精兵去把他们找回来。"

妮菲塔莉笑了一下："不用担心，皇后已经知道远征队的事了。"

"她知道了……可是光知道怎么行！"

"法老平安无事。"

"那宫里怎么会得不到任何消息。"

"我没办法和你解释太多，不过你确实不用担心。"

"求你千万和皇后坚持到最后。"

"相信我，她也担心自己的丈夫和儿子，而且她的担心不会比你少。如果他们真的出事了，她怎么会没有任何动作？"

骑着一头强壮的驴飞奔，实在不是一件容易的事。亚梅尼不喜欢外出，但这次他非见塞达武不可。这位御蛇巫师的家在沙漠边缘，离孟菲斯很远。灌溉用渠边上的泥路长得好像没有尽头，好在几个在河边生活的人认识塞达武和他的努比亚妻子莲花，并为他指了路。

终于到了目的地，亚梅尼一点儿力气都没有了。打个喷嚏，他就全身都在抖，在扬起的灰尘中，他揉了揉红肿发热的眼睛。

屋外，莲花正在熬制某种混合剂，味道非常奇怪，对这位书记员来说甚至有些刺鼻。她请他去屋里坐，这幢白房子看起来规模不小，他刚要迈过门槛，就被一条眼镜蛇吓得又退了回来。

莲花说："这条蛇很老了，不会咬人的。"

那条蛇左右晃动着身体，她摸了摸它的头，蕴含在这个动作里的关心貌似讨好了它。亚梅尼抓住机会，跑进屋里。

客厅里到处都是大大小小的用来装毒液的玻璃瓶，还有各种各样的奇形怪状的东西，塞达武正躬身将一种浓稠的红色液体倒进瓶子里。

"亚梅尼，你是疯掉了吗？居然从办公室里走出来了，这真是个奇迹。"

"更合适的说法是，这是一场灾难。"

"把你从巢穴里弄出来的，究竟是哪位巫师呢？"

"拉美西斯出事了，他落入了某个圈套。"

"你会被自己的想象力害死的。"

"他和塞提一起去了东部沙漠，但是在探勘金矿的路上失去了消息。"

"拉美西斯失踪了？"

"已经失去联系十几天了。"

"是不是行政那边耽误了？"

"不是，我亲自查过……这还没完。"

"还有什么？"

"设计这个陷阱的，还有一个女人，就是图雅皇后。"

塞达武差点没把手里的小杯子扔出去，他转回身，看着这位年轻的书记员。

"你真是疯了？"

"我本想和她谈谈，可是她没同意。"

"这不奇怪。"

"据我所知皇后认为这是一种正常情况，根本没放在心上，甚至不准备派兵救援。"

"会不会是谣言……"

"她的新总管妮菲塔莉告诉我，这确实是她的决定。"

塞达武看上去有些窘迫："所以你的意思是图雅为了独掌皇权，故意把丈夫弄走了……我不信！"

"事实就是如此。"

"塞提和图雅这对夫妻亲密无间。"

"那她为什么不去救他？她为了当王，甚至要把他推上死路。"

"就算你说得都对，你觉得该怎么办？"

"去找拉美西斯。"

"要带什么工具吗？"

"就咱们两个人。"

塞达武骤然起身："你？可怜的亚梅尼，你一定是疯了，你能在沙漠里走几个小时？"

"你肯不肯？"

"当然不肯。"

"你要放着拉美西斯不管？"

"如果你没有猜错，那他已经死了，我们慷慨赴死有什么必要？"

"我准备了一头驴和一些水，你给我些药吧，针对毒蛇咬伤的。"

"你不需要。"

"谢谢。"

"等等……这太疯狂了，你怎么会有这种想法？"

"我为拉美西斯效命，言出必行。"

亚梅尼骑着驴朝东部沙漠迈进。没过多久，那头四脚动物就被波斯木树荫下的一丛干草引诱得停下了脚步，慢悠悠地大吃大嚼起来，再也不肯往前走了，亚梅尼只好合拢双脚，平躺在驴背上，以松弛腰部肌肉。

这位年轻的书记官不知道该怎么办才好，或许应该带个棍子，没准打仗时还能用上。

"怎么，放弃了？"从后边赶上来的塞达武揶揄道。他背着羊皮袋，带着五头驴，还有一些沙漠中必备的工具。

42

　　谢纳正和几位高官有说有笑地品尝着抹了辣味酱料的烤牛排，伊瑟忽然推开门走了进来。

　　"埃及的情况如此危急，你倒还有胡吃海塞的心情！"

　　那些高官被吓了一跳。国王的长子站起身，和客人们说了抱歉，然后一把抓住伊瑟，把她带离了餐厅。

　　"不经通报就随意乱闯，你这么做未免太失礼了。"

　　"放开我！"

　　"你连名声都不要了？我的客人有哪个是无名之辈？"

　　"我哪有心情关心这个？"

　　"你太激动了。"

　　"在沙漠的东部，塞提和拉美西斯双双失踪，别告诉我你不知道这件事。"

"皇后不想将这件事声张出去……"

伊瑟瞬间停止了动作。"皇后不想声张……"

"我母亲认为法老平安无事。"

"可是所有人都得不到他们的任何消息!"

"谁能违逆我的母亲呢?那可是重罪。"

"她的消息来源是什么?"

"她的直觉。"

伊瑟张口结舌:"这个笑话一点都不可笑。"

"亲爱的,毋庸置疑,事实就是如此。"

"怎么能摆出这种模糊不清的态度?"

"法老不在,皇权由皇后主宰,我们自当听命。"

谢纳没什么可生气的,因为惊慌失措、忧心忡忡的伊瑟一定会散播一些最恶毒的关于图雅皇后的揣测,到时遭到大会议质疑的图雅,声誉会严重受损,如此一来,人们就会要求他来做国家事务的掌控者。

远征队在建造了一座庙宇和几间给淘金工人用的舒适的工坊之后,就从东部沙漠启程开始往回走了,拉美西斯走在队伍的最前边。国王发现的那处宁静的泉眼可以源源不断地流上很多年,现在每头驴子的背上都驮着满满一袋子的上等金块。

对法老和储君来说,能够顺利地将整支军队一个都不少地平安带回,是一件非常值得庆幸的事。有几个士兵因为生病步履沉重,他们希望回国后能休息几周,有个采石工人躺在担架上,他被黑毒蝎咬伤后出现了高烧和胸口痛的情况,军医为此忧心不已。

翻过一座小沙丘之后，拉美西斯发现远处有个绿色的小阴影。

是最靠近沙漠的一块耕地！储君把这个好消息一带回军队，霎时欢声雷动。

一个目光敏锐的警卫用食指指着一个石堆喊道："那边，有一个小型的沙漠商队过来了。"

拉美西斯屏气凝神，一开始只看到了一些固定不动的方形，过了一会儿，他才看出来，是两个骑手带着几头驴。

这个警卫的直觉非常敏锐，他说："不太正常，我敢说他们一定是正在逃命的窃贼，得拦住他们。"

部分军队行动起来。

很快，这两名嫌犯就被他们抓住，并带到了储君面前：是满口恶言的塞达武和即将死亡的亚梅尼。

在塞达武被抓去救治那位被毒蝎咬伤的采石工人时，亚梅尼则在拉美西斯的耳边轻声说："我一定能找到你，我知道的。"

谢纳率先向父亲和弟弟道喜，这是一次足以记载在大事记里的真正的探险。塞提拒绝了长子想要主笔的愿望，将这个工作交给了拉美西斯。而亚梅尼，这个对词汇和文体极为挑剔的家伙，则会帮助拉美西斯完成这项工作。远征队成员急不可耐地向大家讲述这个传奇故事：在法老的帮助下，他们挣脱了恐怖的死亡陷阱。

只有亚梅尼郁郁寡欢。拉美西斯以为他在为自己羸弱的身体苦恼，可亚梅尼知道并不是这样。

"你哪里难受？"

年轻的书记员知道若不道出实情，罪恶感会纠缠他一辈子，所以已经做好了遭受斥责的准备。

"我之前怀疑你母亲想要夺权。"

拉美西斯大笑出声:"朋友,过多的劳动果然伤身,你必须出去散散步或者运动一下了,这是命令。"

"因为她不肯派兵展开救援……"

"法老和大皇后之间有某种看不见的默契,你不会不知道吧?"

"我知道的,你相信我。"

"有件怪事,出乎我的意料:都这么长时间了,温柔的伊瑟还没有向我表示关心,为什么?"

亚梅尼垂着头。

"她……就像我那样,也犯了错。"

"她做错什么了?"

"和我一样认为你母亲图谋不轨,散播了不少尖刻毒辣的指控,说你母亲见利忘义。"

"把她叫过来。"

"我们被表面现象蒙蔽了,我们……"

"把她叫过来!"

伊瑟连梳洗打扮都忘了,着急忙慌地在拉美西斯脚边跪下来:"求你,宽恕我吧。"

她披头散发,双手战栗,紧紧地抱着储君的脚踝。

"我太担心、太害怕了……"

"可你不能因此就质疑我的母亲,甚至用如此下作的手段诋毁她的名声。"

伊瑟痛哭流涕："我错了……"

拉美西斯把她拉起来，抱在身边，她倚着他的肩膀吐露自己的感情。

他一脸严肃的神情："那些话你都对谁讲过？"

"某些人……我不记得了……我太担心你，都要疯掉了，我让他们派人找你。"

"毫无理由的批评会把你送上首相法庭，你知道亵渎皇后会有什么处罚吗？不是服劳役，就是流放。"

伊瑟吓得痛哭失声，她绝望地抱紧拉美西斯。

"你的痛苦是真的，所以我会为你求情。"

法老回国后，图雅交还了权杖。中央机构对皇后没有任何疑虑，她不仅游刃有余地摆平了那些让不少高官方寸大乱的政治游戏，还做了不少常规工作。当塞提必须暂时让出国家领导者的权位时，图雅的存在会让他备感安心，因为他很清楚，这个女人将永远忠诚于他，能理智而睿智地领导国家。

他当然可以把储君真正的权力交托给拉美西斯，可是相比于把儿子放在一个充满敌人的尔虞我诈的权力战场中，他更希望用一种奇妙的方式——树立榜样，把经验传给儿子。

拉美西斯是一个充满男子气概和英雄气概的人。无论身处怎样的险境，他都有对抗并加以控制的能力，可是他能忍受一个法老王所必须忍受的深重的孤独吗？塞提之所以让他在精神上和现实中走这么多路，当然还有很多其他计划尚未实行，就是希望他在遇到真正的挑战前能够做好准备。

　　图雅介绍妮菲塔莉给国王认识。这个年轻姑娘非常紧张，躬身行礼之后，一句话都没说。塞提看了她几分钟，告诉她要竭尽所能做好本职工作，在处理大皇后的家事时不仅要认真仔细，还要严肃端庄。妮菲塔莉直至离开都没敢抬眼看国王。

　　图雅说："你怎么这么严肃？"

　　"她太年轻了。"

　　"我只会选有本事的人。"

　　"她的能力确实不错。"

　　"她原本想去神庙工作，然后一直待在那里。"

　　"和我听说的情况一样。所以你给她安排了一项严格的考验？"

　　"确实如此。"

　　"为什么？"

　　"我也不知道。妮菲塔莉一出现，我就有一种感觉：她是与众不同的。她在与世隔绝的神庙里可以过得很愉悦，可是我有一种直觉：她肩负着其他使命。如果我的直觉是错的，她早晚会回到自己的路上。"

　　拉美西斯将大黄狗夜巡和身形庞大得已经有些吓人的努比亚狮子屠夫，介绍给自己的母亲。作为储君的朋友，这两个家伙貌似很清楚自己所肩负的名誉，未曾做出任何不当的举动。它们头挨着头，脚挨着脚，吃完了皇后私人厨师为它们准备的食物之后，就在棕榈树的树荫下惬意地午睡起来。

　　图雅说："这次见面我非常开心，但我更想知道你的真实意图。"

"伊瑟。"

"你们决定放弃婚约了？"

"有一件事，她做得非常过分。"

"有多过分？"

"她诋毁埃及皇后。"

"怎么诋毁的？"

"斥责您为了夺取政权故意陷害国王使其失踪。"

拉美西斯痛心的表情取悦了他的母亲。

"几乎满朝官员和贵妇都是这样想的，指责我为什么不派兵展开救援，可是我很清楚你和塞提安全无虞。不是所有人都知道心灵可以和不受时间与空间限制的冥界沟通，事实上，知道这件事的人非常少，尽管我们有神庙、有祭祀。"

"她会……遭到控告吗？"

"她的做法也算是正常反应。"

"她做出这种事，对您如此不公，您不生气？"

"人类的法律就是这样，统治国家只靠人类的法律是不够的。"

一位年轻姑娘在皇后左侧的茶几上放下几封信后，安静地退了下去。她出现的时间非常短，却像树叶间闪动的光。

拉美西斯问："她是谁？"

"妮菲塔莉，我刚刚任命的管家。"

"这个人我以前见过，您怎么会把这么重要的工作交给她？"

"她想成为哈托尔神庙的女祭司，所以到孟菲斯参加一个小型的晋级比赛，我觉得她不错就留下了。"

"可是……您的安排和她所期待的并不相同啊！"

"我们的姑娘们，在后殿会学习很多东西以应对不同的工作。"

"她如此年轻，能担负得起这样的重任吗？"

"你呢？也不过是十七岁。我和国王都认为最重要的是心灵与行为的契合。"

拉美西斯看上去有点紧张，妮菲塔莉太美了，就像是另外一个世界的人。她出现的时间虽然短，却给他留下了深刻的印象。

图雅说："告诉伊瑟不用担心，我不怪她。不过她得学会明辨是非，如果做不到，那闭紧嘴巴总能做到吧。"

43

　　拉美西斯穿着隆重的服饰，带着孟菲斯市长、舰队长、外交部长和一大批护卫队出现在码头。那十艘希腊船舰最多十五分钟后就会靠岸。

　　负责海岸安全的巡逻艇一度以为会发生激战，为了击退来犯之敌，部分埃及战舰已经采取了防范措施。不过来访者做了一些友好的手势，表示自己来孟菲斯的目的是觐见法老。

　　希腊船舰在护卫队的保护下驶向尼罗河，抵达首都时已临近正午。这一场景把数百名看热闹的路人吸引到了岸边，他们觉得非常惊讶。要知道现在可不像以前那样，外族会在驻外大使和随从的前呼后拥中来埃及进贡了，那种时代已经过去了。可是，那些壮观的船队，难道没有带来某些贵重的珍宝，来访者难道不会向塞提呈上珍贵的礼物？

拉美西斯本就不是一个耐性很好的人，而且也不太相信自己的外交能力。他觉得招待外宾这项工作有点困难，亚梅尼倒是给他写一份正式的讲稿，他本来还觉得安心了一点，然而，那些开场白，他现在已经想不起来了。可惜亚夏不在，不然这种事就能交给他了，毕竟他才是这方面的专家。

那些希腊船舰破损严重，不大修一番，怕是无法重新起航了。这些船在穿越地中海时必定遭遇了海盗且发生过激战，有一些船身上还有火烧过的痕迹。

领航的船舰帆布已有些破损，不过引导工作做得不错。

跳板被放下来之后，所有的嘈杂归于平静。

从船上走下来、踏上埃及土地的人，会是谁呢？

一个肩膀很宽、体型适中的金发男人出现了，这个人五十岁左右，长着一张不太讨喜的脸，戴着护胸甲和护腿甲，怀抱青铜头盔，摆出了一个友好的姿势。

他身后的女人身形高挑，手臂白皙，一身红色的衣服，梳冠冕发式——这表示她来自世家大族。

走下跳板之后，这对男女向拉美西斯走过来。

"我是埃及的储君拉美西斯，在此我代表法老欢迎你们的到来。"

"我是拉塞德蒙国王阿特烈的儿子墨涅拉俄斯，这是海伦，我的妻子。我们是从恶魔城市特洛伊过来的，历经十年的苦战，我们终于占领了那里。我的很多朋友都战死了，这场胜利并不甜美。

你看到了，这些船已经破得不成样子，我手下的将士和水手也都
疲惫不堪，所以在我们返回家乡之前，想在埃及休整一番，希望
能得到你们的允许。"

"这件事要由法老决定，我会代为转告。"

"你在用委婉的言辞拒绝我吗？"

"我只是实话实说。"

"很好，你知道我是一个杀人无数的战士吧？你以前一定没做
过这种事。"

"小事而已！"

墨涅拉俄斯那双黑色的小眼睛里满是怒火："你要是我的臣民，
我一定会打断你的脊梁骨。"

"好在我是埃及人。"

墨涅拉俄斯和拉美西斯用充满怀疑的眼神看着对方，先妥协
的是墨涅拉俄斯。

"我会回到船上等你的消息。"

储君的做法在高层讨论会上引发了激烈的争论。那些人认为，
墨涅拉俄斯和他所剩的兵力现在或者说短时间内，明显不会损害
到埃及，而且对方终究还有国王的名头，给他一些尊敬，也是理
所应当。听到这些非议，拉美西斯反抗得异常激烈，在他看来，
墨涅拉俄斯是一个残忍暴戾、野蛮好战的战士，这种人最喜欢做
的就是焚毁、劫掠城市。而他们没道理要热情地接待一个强盗。

素来保守持重的外交部次长梅布这次也改变了立场。

"储君的这种态度，我觉得非常危险，墨涅拉俄斯不是一个可

以被随意对待的人。为避免其他国家结成联盟对抗我国，我们的外交政策一直是善待所有国家，无论大小。"

拉美西斯说："这个希腊人的眼睛在说谎，他是个骗子。"

梅布六十岁左右，看起来文质彬彬，慈善的面孔颇有说服力，他声音温润，脸上带着宽和的笑意。

"做外交不能靠感觉，有些时候就算你再不喜欢那个人，也要和他打交道。"

拉美西斯又说："墨涅拉俄斯不会忠诚地对待我们，他习惯食言而肥。"

梅布埋怨道："你的指控带有偏见，你如果再年长一些，经验丰富一些，就不会早早地提出这样的指控了。墨涅拉俄斯是希腊人，有哪个希腊人是淳朴率直的？他只是还有一些事没说出来而已。我们可以小心应对，看看他来此的真实目的是什么。"

塞提下令："请墨涅拉俄斯和他的夫人共进晚餐，我们先看看他们表现，再做最后决定。"

墨涅拉俄斯献给法老的礼品包括一些精雕细刻的金属花瓶，以及一些由各种高级木材混合制成的、曾在特洛伊战争中建功立业的弩弓。拉塞德蒙国王的将领身穿带有彩色几何图案的布裙，脚踏长靴，头上卷曲的假发被编成辫子一直垂到肚子上。

海伦身穿绿色的长袍散发着一股清冽的香味，脸上用白色的丝巾罩着，在图雅的左手边落座。塞提坐在墨涅拉俄斯左边，法老威严的面孔给这个希腊人留下了深刻的印象。翻译工作由梅布负责。墨涅拉俄斯非常喜欢绿洲的美酒，他不停地抱怨在特洛伊城堡高墙下待了多长时间，日子有多难熬；他不停地追忆自己的功绩，讲述他的朋友于利斯和他其他伙伴的战功，并指责神明的冷血无情，当然他说得最多的是对故乡的思念和重返家乡的急切心情。外交部长的希腊语说得极好，他貌似被这位贵宾伤感的表述打动了。

图雅也会说希腊语，她问海伦："你为什么遮着脸呢？"

"因为我是条恶狗，所有人都怕我。要不是我，怎么会有那么多英雄战死沙场。特洛伊的帕里斯劫走我的时候，我从未想过，他的荒唐之举会带来十年的屠戮；我一次次地祈求自己能死在狂风和巨浪里。这么多的痛苦和灾难，都是因我而起。"

"你已经被救出来了，不是吗？"

一抹苦涩的笑容出现在白色的面纱下："墨涅拉俄斯还在怪我。"

"你们不是重新在一起了？再多的痛苦，也会被时间抹平。"

"这并不是最糟糕的事……"

海伦停下话头，她看上去非常痛苦，图雅尊重她的沉默，她若想说，总会说的。

这位手臂洁白的美丽的女子坦言道："我怨恨自己的丈夫。"

"短时间的？"

"不是，我根本不爱他，有段时间，我甚至期望获胜的是特洛伊。陛下……"

"什么事，海伦？"

"我害怕回到拉塞德蒙，能让我在这里多留一段时间吗？"

礼宾司长谢纳非常谨慎，他尽量不靠近拉美西斯和墨涅拉俄斯。

在晚宴上，坐在储君身边的是一个老得不知有多少岁的男人，他一脸的皱纹，下巴上的胡子又白又长。他吃东西的动作非常慢、也非常仔细，他的每盘菜里都加了大量的橄榄油。

"王子，健康的秘密就在此处。"

"我叫拉美西斯。"

"我叫荷马。"

"你是将军？"

"不是，我是诗人。我的视力虽然很糟，但记性不错。"

"想不到墨涅拉俄斯这种粗人身边还会有个诗人。"

"风和我说，他的船会把我带到埃及，而这里是智慧和作家的沃土；我旅行了太长的时间，是时候安心写作了，所以我打算在此地安家。"

"我建议你早点离开墨涅拉俄斯。"

"在向我提这项建议的时候，你的身份是什么？"

"储君。"

"你非常年轻……可是你不喜欢希腊人。"

"我说的不是你，是墨涅拉俄斯。你对住的地方有什么要求吗？"

"比船上舒服就行！我在船上的房间非常窄，行李得放在货舱里，还有那些水手，我不喜欢他们。我无法从翻滚的巨浪和暴风雨中得到灵感。"

"我可以帮你，你觉得怎么样？"

"你的希腊语说得非常标准……"

"我有个朋友是外交官，他会说很多国家的语言，和他在一起，学习也是游戏。"

"你对诗感兴趣吗？"

"我觉得我国的大作家就写得很好。"

"我们的欣赏水平如果相差不是很大，应该能处得不错。"

　　法老同意墨涅拉俄斯在埃及短暂地停留一段时间。这个决定，谢纳是从外交部长那里听到的。墨涅拉俄斯的船只会得到维修，他可以在孟菲斯城中心的一幢大别墅里生活，至于他的部队，要遵纪守法，听埃及方面的命令。

　　法老的长子受命带墨涅拉俄斯游览都城。谢纳想讲一些浅显的关于埃及的文化给这位希腊人听，可惜对方以一种稍显粗暴的冷淡回绝了。

　　墨涅拉俄斯更喜欢那些纪念性的建筑，对神庙赞不绝口。

　　"这座城堡太宏伟了，想要攻占它，难度系数很大。"

　　谢纳说："这些地方是给神住的。"

　　"战神吗？"

　　"不，卜塔统御的是手工匠人，它用文字创造了世界，女神哈托尔掌管的是欢乐和音乐。"

　　"固若金汤的城堡，对他们来说有什么用呢？"

　　"只有某些专职人员才能在世俗的庇护下掌控神灵之力，而没有神明的许可，人是无法进入露天神庙的。"

　　"也就是说，虽然我是拉塞德蒙国王，打赢了特洛伊之战，仍然无法跨越这些包裹着黄金的门槛？"

　　"对……在某些节日庆典中，你或许能到露天大祭坛里看看，当然，你要先得到法老的许可。"

　　"有什么神秘之处，是我需要注意的吗？"

"留在庙里的，是献给神灵的重要祭品，而在大地上孕育繁衍的，是神灵之力。"

墨涅拉俄斯虽然表现得有些冷淡，说的话也不中听，但谢纳总觉得自己和这个眼带精光的客人气味相投，所以表现得耐性十足。出于某种需求，谢纳想要勘破他的真实意图，因此要求自己必须慎重对待墨涅拉俄斯。

墨涅拉俄斯一直在讲特洛伊之战，说自己如何获得胜利，哀叹被敌军屠戮的他的盟友们的悲惨命运，说海伦是红颜祸水，说荷马在记述获胜者的神圣事迹时，或许会把他写成一个完美的英雄。

谢纳想要知道特洛伊是如何战败的。墨涅拉俄斯讲述了那场恐怖的混战，英勇的阿喀琉斯和其他不屈不挠想夺回海伦的英雄。

谢纳小心地问道："这场仗打了这么长时间，最后取胜是用了什么绝妙的计策吗？"

墨涅拉俄斯起初并不想说，最终还是说了。

"于利斯想出一个计策，建一匹巨大的木马，让士兵躲在马肚子里，特洛伊人疏忽大意，把木马抬进了城。我们从内部攻破了他们。"

"这个主意你一定了若指掌。"谢纳意有所指，一副钦佩不已的模样。

"我和于利斯研究过，不过……"

"我敢说，他不过是领会了你的意思，并表述了出来。"

墨涅拉俄斯得意扬扬地说："确实如此。"

为了得到这个希腊人的信赖，谢纳花了不少时间。为了成为唯一有机会继承埃及王位的人，他现在有了一个打败拉美西斯的新计划。

44

谢纳在花园里的葡萄架下招待墨涅拉俄斯，晚餐十分丰盛。缀满大串葡萄的深绿色葡萄藤显然极合这位希腊人的胃口，晚餐尚未就绪时，他就吃了不少紫色的晶莹剔透的大葡萄粒。用细草末烹饪的，加了鸽子肉、烤牛肉、蜜汁鹌鹑和动物内脏的猪排也让他食欲大振。他的眼睛一丝不差地跟着那些年轻的女乐师，她们穿着轻薄的衣物，用笛子和细弦琴的声音逗弄着他的耳朵。

他衷心赞叹："埃及这个国家太美了，相比于战场，我更喜欢这里。"

"你的别墅住着怎么样？"

"简直就是皇宫嘛！等我回国，我会让建筑师原样给我盖一个。"

"仆人如何？"

"很能干。"

墨涅拉俄斯让人用花岗岩做了一个浴缸，然后让仆人往里倒满热水，自己就尽情地享受洗澡的乐趣。他的埃及管家觉得这并不是一种干净的洗澡方式，且容易把人的骨头养懒；埃及人大多喜欢盆浴。不过谢纳让他不要多话，只要听命行事即可，按摩师每天都要给这位一身疤痕的英雄敷油、按摩。

"你的按摩师们根本不知道何为恭顺，我们国家的那些奴隶可不会这么多话，沐浴之后，她们会迎合我的心意，想方设法地讨好我。"

谢纳解释道："她们都是技师，是拿薪水的，可不是奴隶。"

"不是奴隶？你们应该朝这方面发展一下。"

"我们缺的是像你这样英勇的男人。"

墨涅拉俄斯将装着蜜汁鹌鹑的大理石盘子推到一边，谢纳最后几句话彻底毁了他的食欲。

"你意有所指。"

"埃及确实是一个繁荣富庶的国家，但是在我们的统治中，是否可以多一些洞察力呢？"

"你可是法老的长子。"

"我不能因为这种血缘关系，就把自己变成一个瞎子。"

"塞提的威仪比阿伽门农还重，是一个值得尊敬的人。你要是想造反，我劝你放弃，不会成功的。在这种国王的身后，有某种超越自然的神力，我自认不是一个胆小鬼，却也不敢直视他的眼睛。"

"我可没说要推翻塞提。他得到了所有人民的爱戴，可是法老不是神仙，就我所知，他的身体已经出了问题。"

"按照你们的风俗，如果我没理解错的话，国王驾崩之后，为防各种王位之争，继任者会是储君。"

"拉美西斯这位储君会把埃及带上绝路。我弟弟根本没有治国之能，只会虚耗埃及的强盛。你若是愿意与我结盟，会有更加美好的未来。"

"我的未来是及早返回自己的国家！就算埃及希望我留下，用种种珍馐美味招待我，我最多也就是个贵宾，无权无职。你的梦想并不现实，忘了吧。"

海伦在妮菲塔莉的陪伴下，参观了梅室后殿。法老金碧辉煌的土地，让这位手臂洁白的金发美女异常欣喜。她的心灵受到了伤害，肉体也疲惫不堪，现在终于能散散步、听听音乐，稍微感受点快乐的味道了。这几个星期，在图雅皇后的安排下，她过得舒适而惬意，很好地缓解了伤痛。不过刚刚传来的消息让海伦非常恐慌：有两艘希腊船舰已经修好了，他们很快就要离开了。

池塘里开满了莲花，她坐在池边不住垂泪。

"妮菲塔莉，我很抱歉。"

"你在你们国家像皇后一样尊贵，不是吗？"

"墨涅拉俄斯只是为了自己的脸面，他想告诉大家，他是一个可以踏平一座城市，消灭敌人，把自己的妻子带回家里的战士。可是在那里，我就像活在地狱里一样，还不如死了的好。"

妮菲塔莉没有多说什么，只是教海伦如何织布。海伦非常热情，每天都在工厂里待着。她跟经验最丰富的工人学习，已经能织一些华丽的长袍了。连专业的织女都称赞她有一双灵巧的手，她借由这些工作遗忘特洛伊、墨涅拉俄斯和早晚要回去的故土，直到那天晚上，图雅的轿子跨越了后殿门槛。

海伦跑回房间，趴在床上痛哭，大皇后一来，就表示她少得可怜的幸福生活走到了终点。她真希望自己能勇敢一点，能自我了断。

妮菲塔莉跟海伦说："皇后想见你。"态度非常温和。

"我要留在这儿。"

"图雅不是一个喜欢等待的人。"

海伦再次妥协了，她的命运从来不由自己做主。

墨涅拉俄斯没想到埃及工匠的手艺竟然如此纯熟，听说法老的船在海上航行几个月都没事，如此看来应该是真的，不然他的那些希腊船舰不会这么快就被孟菲斯的造船厂修好了。墨涅拉俄斯看到很多平底大驳船，足以运载整座方尖碑、快速帆船和战舰，这让他再次下定了不与埃及为敌的决心。不得不说，埃及的威望名副其实。

他把那些让人沉迷的念头扔到一边，为了返程的事欢欣鼓舞。在埃及停留的时间虽然不长，但他的精力已经恢复了，他手下的战士被照料得很好，军队部署妥当，随时都能离开。

墨涅拉俄斯威风凛凛地走向大皇后的宫殿，海伦已经从梅室后殿搬回来了，现在暂时寄居在此。妮菲塔莉和他打过招呼，带他去见自己的妻子。

海伦穿着亚麻质地的背带长袍，是埃及的款式，可他不喜欢她穿成这样，认为这非常轻浮，好在不会有另一个想要抢走她的

帕里斯。这种事，法老是绝不会允许的。不过相比于希腊的女人，这里的女人要独立自由得多，她们不需要藏在闺房里，想去哪儿就去哪儿，也不用面纱遮住脸孔，不仅和男人拥有平等的地位，还能成为高官。墨涅拉俄斯对此非常警惕，绝不能把这种自由的风气带回国内。

海伦正在专心致志地工作，所以墨涅拉俄斯走过来时，她没有起身相迎。

"海伦，是我。"

"我知道。"

"你应该向我躬身行礼的。"

"为什么？"

"因为……我不仅是你的丈夫，也是你的主人！"

"这里的主人只有法老一个。"

"我们要回拉塞德蒙了。"

"我的作品尚未完成，还需要不少时间。"

"你给我起来，走过来。"

"墨涅拉俄斯，我不想和你走。"

这位国王朝他的妻子冲过去，想要抓她的手腕。她挥舞着匕首，强逼他退后。

"不要逼我喊救兵。强迫别人在埃及是会被处死的。"

"可是……我是你丈夫，你属于我！"

"图雅皇后让我管理织布工厂，这对我来是一件非常光荣的事。我会为宫女缝制长袍，只要我厌倦了这份工作，我马上就跟你走。但在此之前，如果你不愿意等，可以先走，我不会阻止你的。"

在自己的别墅里，墨涅拉俄斯在面包师傅的石磨上砍断了两把剑、三杆标枪，他发狂的样子把那些仆人吓坏了。若非谢纳插手，这个疯子弄不好已经被安全人员抓走了。谢纳在边上看着这个还在发怒的英雄，直到墨涅拉俄斯耗尽了所有力气，他才递了一杯烈性啤酒过去。

墨涅拉俄斯仰头灌下啤酒之后，在石磨上坐了下来。

"这个臭女人……她的花样真是层出不穷。"

"我知道你很生气，可是这有什么用呢？海伦有选择的权利，她是自由的。"

"自由，自由！要这种给女人这么多自由的文明做什么？"

"你要待在孟菲斯了？"

"我没得选。我若是不带上海伦自己回拉塞德蒙，就会成为大家的笑柄。你以为只有人民的嘲笑，在我睡着之后，还会有某位忠诚的上尉割断我的脖子。这个女人，我还离不了了。"

"你不要以为图雅是为了好玩才为你的妻子提供一份工作的，皇后很喜欢她。"

墨涅拉俄斯一拳砸在石磨上，吼道："海伦死了才好。"

"抱怨有什么用，我们现在目标一致了。"

这个希腊人·副洗耳恭听的样子。

"如果我成了法老，会把海伦送到你手上。"

"你要我做什么？"

"和我结盟，铲除拉美西斯。"

"塞提要是长命百岁呢？"

"我的父亲历经这九年的统治已经非常疲惫了，他为了埃及不辞劳苦地拼命工作，已到了油尽灯枯的时候。我重复一次，我们要抓紧时间。等到国丧期间权力出现空缺，我们便展开激烈的攻击。但这种做法，事先必须做足准备。"

墨涅拉俄斯的脊背似乎不堪重负地弓了起来。

"要等多久……"

"否极泰来，我保证。不过在此之前，我们要先把一些细节安排好。"

拉美西斯在距离储君府邸侧面三百米的花园中心，为荷马准备了一个新的居所，现在他正扶着荷马到此参观。这是一栋两百平方米的舒适别墅，配有专门的厨师一名、女仆一位、园丁一位。按照这位诗人的要求，这里还准备了不少瓶橄榄油和香味浓郁的酒，还有一些容器里装上了八角和茴香。

荷马的眼睛不太好，所有的树和花，他都要弯腰去闻闻，看样子不太喜欢它们的种类。拉美西斯正在担心这座专门为他盖的漂亮的房子不合他的心意。忽然这位诗人精神大振："总算有棵柠檬树了！它是上天的杰作，我只有挨着它才能写出优美的诗。快，拿把椅子过来。"

拉美西斯拿了把貌似很适合荷马的三脚椅过来。

"还有晒干的鼠尾草，也帮我拿一些。"

"要用它治病吗？"

"以后你就知道了。关于特洛伊战争，你都知道些什么？"

"旷日持久，死伤无数。"

"这个大纲毫无美感。我会写一首名为'伊利亚特'的长诗，以记述阿喀琉斯和他的功绩。我的诗歌会一代一代地传诵下去，让人永世不忘。"

在储君看来，荷马有点太自信了，不过他喜欢诗人的激情。

一只从房间里走出来的黑白花猫，在距离诗人一米远的地方停了下来。它迟疑地看了他一会儿，然后"啪"的一声跳到了他的膝盖上。

"就是这里了，一只猫、一棵柠檬树，还有一些美酒，我的《伊利亚特》会成为千古佳作。"

谢纳非常钦佩墨涅拉俄斯，因为这位希腊英雄即使身陷险境也能想办法自己走出来，更重要的是，他愿意在这个游戏中成为自己的伙伴。墨涅拉俄斯向古尔纳神庙献礼，以此来博得国王和祭司们的好感，他送的希腊双耳尖底瓶非常漂亮，瓶身带有金色的纹饰，瓶底画有含苞待放的莲花，这些器皿将被放在神庙的珍宝房里。

希腊的水手和士兵开始售卖油膏、香水和金银器皿，以此来换一些粮食，因为他们已经得到了会在此逗留很长时间，甚至永远在孟菲斯郊区定居的消息。他们可以开店做买卖，也可以发挥自己的一技之长开一些小工厂，行政机构会为他们提供一些便利。

那些希腊将领和上等兵成了埃及大军中的一员，将以各种工程项目，比如开凿运河或者修缮堤坝，为首要工作来获得酬劳。大多数人会结婚生子、组建自己的家庭，如此一来，他们就真正成为埃及社会的一部分了。相比于第一匹"特洛伊木马"，这匹新马要鲜活得多，刚一落地就扎下了根系，所以塞提和拉美西斯对他们非常放心。

墨涅拉俄斯再一次见到海伦的时候，图雅皇后也在场。他表现得温文尔雅，像一个普通的丈夫那样对待自己的妻子，不过他们以后能不能见、何时见，仍然要由皇后决定，他再也不能粗暴地对待和纠缠她。海伦虽然认为墨涅拉俄斯只是在装模作样，但他总算能克制住自己的脾气了。

墨涅拉俄斯巧妙地缓解了拉美西斯的敌对情绪。他们的交谈总是发生在正式的场合，且尽量不去攻击对方。墨涅拉俄斯作为贵宾，也严守宫里的规矩，努力和储君和谐相处。拉美西斯虽然态度冷漠，但总算没有发生公开的冲突。谢纳和他希腊朋友的阴谋已经开始了，一切发生得悄无声息。

亚夏细腻光滑的脸上，没有一根凌乱的胡须，他指甲整齐干净，双眼精光四射，正坐在谢纳的船舱里品尝着浓郁的啤酒。就像他们约定的那样，这是一场秘密会面。

国王的长子对这位年轻的外交官尚有疑虑，所以虽然谈到了墨涅拉俄斯和海伦来访的事，却没有吐露自己的计划。

"亚洲的局势怎么样了？"

"日益复杂。到处都是分崩离析的小公国，所有小国的国王都做着掌控整个联邦的春秋大梦。这是一种有利于我们的分裂状态，可惜不会持续很长时间。我和我的同事有不同的看法，我坚信赫梯人可以把那些野心勃勃的、不安分的国家收归到自己的旗下。到了那个时候，埃及就有麻烦了。"

"会用很长时间吗？"

"几年。期间都是些毫无意义的谈判。"

"法老知不知道？"

"就算知道也知道得有限。我们的外交官已经和这个时代脱节了，看不到以后的事。"

"你能拿到切实的消息吗？"

"需要时间。有些国王的重要谋臣和我走得很近，我们私下见面时，能打探到一些机密信息。"

"外交部长梅布和我交情极好，说是朋友也不为过。我们的合作若能继续，有我帮忙，你的官职也能往上升一升。"

"相比于拉美西斯，你的名声在亚洲更加响亮。"

"要是有什么大事，一定要告诉我。"

45

储君想要执掌政权，有一个关键的步骤一定要走，就是通过奥西里斯的神秘仪式。拉美西斯是在塞提掌政的第十年，也就是他十八岁的时候，迈出这一步的。法老原打算再过一段时间，等他的儿子再稳重一些，再做这件事，可是他怕命运没有给他留下足够的时间。虽然这个年轻人发展得有点不太均衡，塞提仍旧将他带去了阿拜多斯。

神明塞特杀害了自己的兄长奥西里斯，埃及最大的神庙就是为了压制这股恐怖的毁灭之力而建造的，塞提是塞特在人世的分身。作为法老，他要将这股毁灭之力转化成重生之力。

在父亲的带领下，拉美西穿过神庙的第一道塔门，两位祭司服侍他在石盆里洗净手脚。走过一口古井之后，露天神庙的大门出现在他面前。所有奥西里斯国王的小像前都摆了花束和装满祭品的篮子。

塞提说："这里代表了光明。"

那些包裹着琥珀的、用黎巴嫩雪松石建成的大门，给人一种无法接近的感觉。

"再走近一点儿怎么样？"

拉美西斯点了点头。

那些门半遮半掩。拉美西斯在一位身穿白袍的光头祭司的按压下弯下身体。当他迈入那片洁白的土地时，以为自己走进的是一个充满奶香的仙境。

这里有七座小神庙，塞提每走到一座神庙前，都要举起代表所有祭品的玛亚特女神的小雕像，之后，他带着儿子去了刻有埃及历任法老之名的祖先长廊。

塞提说："他们虽然已经离开了人世，但他们的精神并未消失，它为你的思想提供养分，为你的行为指引方向。神庙与天地同寿。你将在这里聆听神明的声音，探寻他们的秘密，留心他们的存在。他们创造了光明，而你的责任是让光明永存于世。"

刻在圆形的柱子上的象形文字，大意是说法老务必要制定建造神庙的计划，切实履行神庙的皇家职能；为神明的祭礼做准备，敬奉神明，让神明的福泽洒满大地。父子二人认认真真地研读了一遍。

塞提说："缀满繁星的夜空会永远铭记祖先的名字，他们早在几百万年前就已存在了。你要铭记各种规条，然后依法执政，因为它可以将世间万物融合到一起。"

　　拉美西斯被头上壁画中的一幕场景震得木立当场：在法老的帮助下，一个少年抓住了一头野公牛！雕刻师把那一刻永久地记录了下来，所有法老的继任者如果想探析未来，就必须走过这一步。

　　离开神庙之后，塞提和拉美西斯朝一座树荫茂密的小山丘走去。

　　"几乎没什么人能想起奥西里斯的墓穴。"

　　他们一直向下，通过一个入口进入地下。在一段台阶之后，他们踏上了一条百米长的拱顶走廊。刻在走廊墙壁上的文字写的是冥界各个通路的大门的名字。走廊以一个直角拐向左侧，前边的建筑物格外不同：在一个四面临水的小岛上，十根巨大的石柱撑起了一座小神庙的穹顶。

　　"祭奠奥西里斯的神秘仪式每年一次，他会在这个巨大的石棺中复生，是第一个以海洋为神力之源的重要神祇。他和最初天地万物开始生息繁衍时，从海洋神力中涌现的主教一模一样。这片隐秘的海洋是尼罗河、洪水、黎明时分的露珠，以及倾盆的大雨和清澈的泉水的根源，太阳船在它上面航行，因为它，我们的世界才能在宇宙中旋转。我希望你的心能沉入其中，突破固有的疆域，在浩瀚的无边之界获得更多的力量。"

　　奥西里斯的神秘仪式在黄昏时分开始，拉美西斯也是其中一员。

　　他喝的清水来自隐秘的海洋，他吃的麦穗是重生的奥西里斯身上的。他穿着用细亚麻裁制的衣服和神明虔诚的信徒走到一起，在队伍的最前方，领队的祭司戴着豺狼面具。塞特的爪牙拦住他们，想要消灭他们，杀掉奥西里斯。在一阵让人心慌意乱的音乐声中，一场宗教之争拉开帷幕。拉美西斯扮演的是荷鲁斯，奥西里斯的儿子兼继承者。光明之子能够击败黑暗之子，荷鲁斯发挥了至关重要的作用，不过他的父亲在交战的时候被敌人杀死了。

奥西里斯忠诚的信徒抬着他立即赶赴神圣的小山，并安排了守灵的女祭司。图雅扮演的是大术士伊希斯，她通过念诵咒语让肢体分离的奥西里斯得以重新聚合并复生。这是一个不受时间限制的夜晚，拉美西斯把人们说的每句话都记在了心里，为他加冕的是一位女神，而非他的母亲。这是一场将拉美西斯的心卷入重生秘地的宗教仪式。他有好几次在犹疑间，觉得自己与人世彻底隔绝开了，在冥界被切割得支离破碎。可是他没有被这场诡异的战斗打败，他的身、心仍然是一体的。

在阿拜多斯那几周，拉美西斯时常到布满阴云的圣湖边冥想。奥西里斯的帆船在那场神秘的仪式里曾在湖面上驶过，它的制造者是阳光而非人类。"大帝的阶梯"引起了储君的注意，在它周围林立的石碑上记载着往生者的名字，奥西里斯的法庭逐一审判过这些枭首人身者的灵魂，他们为了享用祭司每日准备的祭品，跟着朝圣的队伍来到阿拜多斯。

他走进神庙的藏宝室，里面有金子、银子、专供皇室使用的亚麻布、雕像、圣膏油、乳香、酒、蜂蜜、末药、油脂和花瓶。拉美西斯很喜欢粮仓，里面来自阿拜多斯地区的作物，要先经过祝祷圣化才能分给民众。同样的，公牛、脂肪丰厚的母牛、小牛、公羊和家禽也要接受祝祷，这些动物除了少数被送进了神庙的牲口棚，大多被送回了周边的村庄。

塞提在其掌权的第四年曾经颁布指令，所有神职人员都要尽忠职守，永远守护神明。也正是因为这样，阿拜多斯的工作人员才能拒绝滥权、苦役和征召。总理大臣、法官、部长、市长和王公贵族都收到了这项指令，且必须严格遵守。阿拜多斯的一切资产，不管是船、驴子，还是土地都不能转卖。另外，受到法老和奥西里斯共同保护的每个农民，种地的人、种葡萄的人、酿酒的人和其他园丁，日子都过得非常自在。在努比亚中心地区诺里，有一块二百八十米长，一百五十六米宽的醒目的石碑，塞提的这条指令就刻在上面，所有人都能看见。任何胆敢违抗皇命意图染指神庙土地或者征调神庙工作人员的人，都要受到严厉的处罚：杖刑两百下，然后割掉鼻子或耳朵。

看过神庙的常规仪式，拉美西斯才知道神圣之事虽与经济有着本质的区别，却也密切相关。当法老化身圣者与神灵进行沟通时，物质世界就消失了，可是没有才华横溢的建筑师和雕刻师，就没有金碧辉煌的神庙和惟妙惟肖的神像；没有农夫艰苦的工作，国王哪有最精美的食物，献给无形之神。

神庙不会用教条式的真理束缚压制人的思想，神灵的精神的转生地点，石头军舰的所在地，看上去没有变化，其实这都是表面现象，神庙的职责是洗涤人心、改变模式，并对某些物品进行圣化。埃及社会以此为核心，将法老和神祇联系到一起的是爱，人民就生活在这样的爱里。

拉美西斯在祖先回廊里流连不去，努力探查那些以"玛亚特"为治国标准的国王的名字。前朝帝王的陵墓就在神庙附近，他们的木乃伊被放在萨卡拉永恒的神庙里，陵寝中的其实是他们无形而永恒的躯体，是法老的生命之源。

　　他忽然觉得这个责任太大了。他还年轻，只有十八岁，是个热爱生活的小伙子，就算他身上燃着烈焰，也承受不住这些伟人的基业。他哪有那么厚的脸皮和那么大的自信能当塞提的继任者。

　　拉美西斯被自己的梦迷住了眼睛，可是阿拜多斯把他拖回了现实世界，这也正是他父亲将他带来此地的原因。他有多微不足道，在这座神庙里看得最清楚。

　　储君翻过围栏，迈步走向河边。该回孟菲斯了，他会和伊瑟结婚，和朋友过着灯红酒绿的生活，他会告诉父亲，他不做储君了。他的哥哥既然对执掌国政如此感兴趣，就顺了他的意好了。

　　拉美西斯胡思乱想间迷失了方向，从村子里走到了尼罗河边上的凹地里，陷在芦苇丛中出不来了。他推开芦苇，向前方张望。

　　一头棕黑色的野牛出现在他面前。它长长的耳朵向下垂落，腿像石柱一样粗硬结实，胡髭坚硬，两只角像头盔一样尖利。它凶狠地看着他，就像四年前那样。

　　拉美西斯没有后退。

　　在自然界中，这头公牛是拥有巨大力量的百兽之王，它将昭示他的命运。如果它冲过来，一角扎在他身上，然后用蹄子踢他、踩他，埃及就会失去一位王子，但他不是不可或缺的，皇室很容易就能找到替代品。如果它留下了他的性命，那他的命也不再是自己的了，他必须竭尽所能证明自己配得上这种宠爱。

46

有不少晚宴和庆典向墨涅拉俄斯发出了邀请，海伦表示愿意和他一起去，且会对他唯命是从。那些希腊人也和本地居民处得非常好，为防遭到当地民众的排斥，他们严守埃及法律。

谢纳因为这些成绩获得了很好的声望，文武百官认为他在外交上颇有才华。由于储君明显非常排斥拉塞德蒙国王，所以人们私下里总是指责他的态度，说他太过死板，损害了所有的礼仪规范，并以此作为他没有治国之能的证据。

不过几周的时间，谢纳就夺回了失地。他弟弟去了阿拜多斯，在此期间，他有了一个更加广阔的空间。他虽然没有储君的名头，但他做的是储君的工作。

人们对于塞提的决定虽然不敢提出异议，但总有一些大臣暗中嘀咕法老的决定也未必就对。相比于谢纳，拉美西斯的仪表当然出色得多，可是想当国王只有仪表怎么行？

抗议的浪潮虽未形成，但心存疑虑的人正在增多，只要时机一到，就会成为谢纳的新的助力。上一次的经验明确地告诉国王的长子，拉美西斯不是一个好对付的人，只有对他发动全方位的攻击且不留一点活路，才能真正打败他。谢纳全神贯注地经营着这份隐藏在暗处的工作，不屈不挠且激情勃发。

让两个希腊军官进入皇宫的安全部门，这是他计划里的一个重要环节，就在不久之前，已经落实到位了。这两个人会和其他警卫成为朋友，并慢慢地建立一个小集体，以便在关键时刻能发挥作用，他们之中的某个人或许还会成为储君的私人护卫！墨涅拉俄斯的支持让谢纳备感安心。

拉塞德蒙国王来了之后，他的前途越来越有指望了。现在他唯一要做的，就是收买法老的某位医生，这样他才能对法老的健康状况了若指掌。塞提的身体肯定出了问题，这毫无疑问，但他不能只凭表象去猜测，万一弄错就要坏事了。

谢纳的作战计划尚未完全落实，所以他希望自己的父亲能再坚持一段时间。欠缺耐性的拉美西斯或许觉得时间过得越快越好，他却不这么想，时间长一点，反倒对他有利。如果命运允许的话，他耗费几个月时间布的局能成功地把拉美西斯抓入网中，储君必死无疑。

在柠檬树下，荷马口述了《伊利亚特》的第一篇诗词。亚梅尼记述下来之后，又重新读了一遍，赞叹道："真美！"

这位白发苍苍的诗人从亚梅尼的口气中听出一些未尽之意。

"说说吧，你觉得不合适的地方。"

"在你的叙述中，神明拥有了太多人性。"

"难道埃及是另一种样子？"

"有时在故事里也这样，不过那只是一种假象，目的是愉悦大众，神庙的训谕可不是这样。"

"你太年轻了，还只是个什么都不懂的书记员。"

"我知道的东西确实不多，可是有一点我很清楚，创作的力量来源于神，能够使用这种神力的专家应该格外谨慎。"

"我写的是史诗！神明不是关键，阿喀琉斯才是最伟大的英雄。当你了解了他们的功业，其他人的东西你就再也看不下去了！"

亚梅尼唯唯称是。希腊诗人出了名的激情昂扬，荷马也是如此。相比于声势浩大的战场，就算它们再如何雄伟悲壮，埃及的老作家们大多也只会把篇幅花在对智慧的论述上，再者说，荷马是一个长者，也是一位贵客，哪里轮得到他来说教。

荷马发起牢骚："这都多长时间了，储君怎么不来看我了。"

"他去阿拜多斯了。"

"奥西里斯神庙？传言那里是传承某些神圣而诡秘的道理的地方。"

"确实如此。"

"知道他回来的时间吗？"

"不知道。"

荷马耸了耸肩膀，将一杯用芫荽和八角调制过的浓郁的美酒送入肚："像不像是一种永久的流放。"

亚梅尼猛地站起来："您怎么会这么说？"

"如果这位继任者的态度引起了法老的不满，他会不会把他关到阿卜杜神庙，让他成为一名祭司呢？我是如此期待的。你们这个民族这么虔诚，想要解决一个麻烦的人物，用这种方法最好不过了吧？"

亚梅尼异常灰心。

如果荷马的猜测是对的，那他和拉美西斯怕是再也见不上面了。他希望他的朋友能给他一些建议，可惜他身边一个人都没有，摩西在卡纳克，亚夏在亚洲，塞达武在沙漠里，他只能自己干着急。他想借由工作让烦乱的心平静下来。在办公桌的文件袋里，他的同事塞了不少报告进去，但都是坏消息。他们虽然一直在查，可是关于违法制造墨块的那个工厂主人的信息，一条也没找到。还有那封将国王和王子引去阿斯旺的信，也找不到一点关于写信者的蛛丝马迹。

亚梅尼义愤填膺，他们如此努力，为什么一点好结果都得不到？犯人不是一点痕迹都没留下，可是没有人能勘破其中的关键。亚梅尼盘着腿坐在桌边，把所有的文件都拿出来细看，首先就是他在垃圾场翻出来的东西。

他把那份记录，尤其是写着谢纳最后一部分名字的碎片，又读了一遍。他做了一个假设，以解析这个冷血暴戾的人是如何犯案的。然后亚梅尼又对这封信的笔迹进行了核对，他忽然发现自己的假设再无漏洞。

现在真相已经浮出水面，可是拉美西斯若是真的被囚禁起来，就永远不会知道究竟是怎么回事了。至于那位凶徒，自然是要逍遥法外了。

年轻的书记员被这种不公气得火冒三丈，如果他的朋友能够帮忙，这个无胆的恶棍就能被拉上法庭了。

伊瑟要求马上觐见皇后，她要妮菲塔莉代为通传，态度非常强硬。不过图雅正和哈托尔的女祭司长讨论宗教仪式的事，她着急也没有用。伊瑟心慌意乱地揉搓着身上麻质长袍的一个袖口，后来甚至把袖口扯坏了。

伊瑟一见到妮菲塔莉打开会客室大门，就急不可耐地冲进去，结果一下子摔倒到大皇后脚边。

"陛下，我请求您的帮助！"

"发生什么事了，有人欺负你吗？"

"我知道拉美西斯根本不想被关起来，他没有做错任何事，为什么要受到如此重罚？"

图雅将伊瑟扶起来，拉到一个靠背很矮的椅子上坐好。

"你觉得住在露天神庙里非常可怕？"

"哪个年轻人会喜欢这种事？拉美西斯才十八岁啊！在这个年纪，就要被圈禁在阿卜杜……"

"你听谁说的？"

"亚梅尼，他的机要秘书。"

"现在我的儿子确实是在阿拜多斯，但他去那里不是被圈禁的。他以后要继承法老职位，自然要在奥西里斯接受神秘礼仪的浸洗，以便对神庙的职能有一个更加充分的了解。等他完成自己的功课，就会回来的。"

伊瑟觉得这非常荒唐可笑，但总算没那么担心了。

　　像每天早上一样，妮菲塔莉搭好披肩，第一个起床。她把当天的各项工作以及皇后的约会安排重新读了一遍。她根本无心考虑自己，作为大皇后的管家，她身上的担子非常重，必须谨慎小心，稳扎稳打。妮菲塔莉原本想成为一个女祭司，在神庙里生活，现在的生活虽和梦想差距很远，但或许是因为对皇后十分钦佩，她很快就适应了图雅严格的要求。图雅代表的是人间的玛亚特女神，她时刻提醒人们务必秉持公正之心。看到皇后的工作如此繁重，妮菲塔莉意识到自己不能只局限于世俗生活，这个家庭和这个家庭里的成员是国家的柱石，她既然为其工作就不能犯一点错误，不然后果会非常严重。

　　难道仆人们在房间里躲懒呢？不然厨房里怎么会一个人都没有。妮菲塔莉一个门一个门地敲过去，可始终没人回应。她疑惑地推开一扇门。

　　空无一人。

　　这些女人素来谨慎本分、纪律严谨，今天怎么耍起性子来了？再者说，今天也不是休息日或者节日，就算真有什么特殊情况，也有替班的女仆接手她们工作。既没有新面包，也没有糕点和牛奶，更重要的是，皇后的早餐要在十五分钟内呈上。

　　妮菲塔莉既焦急又惶恐，这对皇宫来说简直是场灾难。

　　她朝谷物堆飞奔，希望那些旷工的家伙会留些食物在那儿。可惜那里除了麦粒，什么都没有，磨粉、揉面和烘烤要用很长时间。毫无疑问，她这个女管家失职了，图雅会斥责她做事不用心、目光短浅，她马上就要被赶走了。

除了丢脸，更让她难过的是她必须离开皇后。在这种悲伤中，妮菲塔莉忽然意识到，她对图雅有了很深的感情，不能继续为皇后效命，对她来说是一件非常痛苦的事。

一个低沉的声音预测道："今天会是美好的一天。"

"储君！您在这儿做什么……"妮菲塔莉缓慢地转身。

拉美西斯倚着墙，双手交握："我不该出现在这儿？"

"不是，我……"

"不用担心我母亲的早餐，侍女们会按时呈上去的，就像平常一样。"

"可是……我一个人都没看到！"

"你不是喜欢这句格言吗：'我们可以在石磨女工身上找到最完美的话语，尽管它藏得比绿色石头更隐蔽。'"

"您把屋里的人都打发走，是想引我来这儿？"

"我就知道你会这么说。"

"看我着急忙慌地捣麦粒，您觉得很有意思？"

"不，妮菲塔莉，我想得到的，是世间最动听的那句话。"

"很抱歉，没能让您得偿所愿。"

"我可不这么想。"

她容貌出众，才华横溢，眼睛像淡蓝的大海一般深邃。

"您或许觉得我张皇失措的样子很可笑，但您的玩笑在我看来也非常无聊。"

储君忽然没那么自信了。"妮菲塔莉，我的意思……"

"所有人都认为您在阿拜多斯。"

"我昨天回来的。"

"您回来之后做的第一件事，就是贿赂皇后的女仆，把我的工作搞得一团糟吗？"

"在尼罗河边上，我遇见了一头野公牛。我们曾经交过手，它原本可以杀了我的，用它那双锋利的角。在它瞪着我的时候我做了一个严肃的决定：除非我死，否则我将掌控自己的命运。"

"您还活着，这真让人高兴，愿您成为国王。"

"这是你的想法，还是我母亲的想法？"

"我只会说实话。我能走了吗？"

"妮菲塔莉，你有一句比那颗绿色的石头更珍贵的话！你可以说出来吗？这会让我感到非常幸福的。"

年轻的姑娘躬身行礼。"埃及的储君，我是您微贱的女仆。"

"妮菲塔莉！"

她挺胸抬头，神情桀骜。她的高雅，让人赞叹。

"我和皇后早上要做一些沟通，她已经在等我了，我不想犯下迟到这样严重的过错。"

拉美西斯一把抱住她："我要娶你为妻，我要怎样，你才能答应？"

"您只要问问我的意见就可以了。"她低声呢喃。

47

塞提执政第十一年的第一件事是祭祀吉萨的高原守护神。这片圣地是全国的精神之源，他曾经下令严禁任何非教内人士进入此地。

拉美西斯以储君的身份陪父亲一起走入一座小神庙。在这座神庙前方，有一座巨大的石雕——双眼仰望苍穹的狮身人面像。在这座石雕旁边还有一座石碑，雕刻家在上面雕刻了塞提擒获塞特的神兽羚羊的景象，法老最重要的工作就是战胜以沙漠猛兽为代表的黑暗力量。

这个景象让拉美西斯心醉神迷，他用身上所有的神经来吸收蕴含在神庙周围的力量。

拉美西斯坦言道："我在尼罗河附近看到它了。我们曾经对峙过，它就像我们第一次遇到时那样死死地盯着我。"

赛提说："你不想当储君，也不想继承王位了是不是？结果它阻止了你。"

父亲知道他在想什么。或许那头野公牛就是塞提变化出来，用来考验他的儿子的。

"阿拜多斯的秘密，我还没有完全掌握，不过那段与世隔绝的长久的思索让我明白了一件事，就是其实神秘就在生活之中。"

"奥西里斯的神秘祭祀仪式在维持国家平衡上有着至关重要的作用，所以你要经常去那里进行祭拜。"

"我还有一个决定。"

"我和你母亲都觉得可以。"

拉美西斯高兴极了，不过这里严肃的氛围让他勉强压下了大声欢呼的想法。或许有一天，他也能像塞提那样看透人心吧？

拉美西斯第一次看到如此生机勃勃的亚梅尼。

"现在没有任何疑问了，我反复验证过了！虽然难以想象，但事实确实如此……你看，好好看看！"

年轻的书记员拿出一堆初始资料，有莎草纸、有木板，还有石灰碎片，在得出结论之前，他把这几个月搜集的所有证据都一遍又一遍地核查过了。

他说得斩钉截铁："就是他，笔迹对得上！我连他和他雇的马车夫、马夫的关系都捋清楚了。拉美西斯，你明白吗？他就是那个盗匪和罪犯！只是他为什么杀你啊？"

起初，拉美西斯怎么都说服不了自己，最后还是相信了。这件事虽然棘手，但亚梅尼完成得非常漂亮，没有一丝漏洞。

"我得问问他。"

拉美西斯的姐姐杜兰特和她的丈夫——越来越胖的萨力，正在给别墅池塘里活泼的热带鱼喂食。杜兰特非常恼火，炎热的天气弄得她气力全无，而且她的皮肤总是出油，一点儿办法都没有，一定要换个医师，试试别的油膏才行。

仆人进来禀告，说拉美西斯来访。

杜兰特惊叫着冲过去，一把抱住弟弟："你能来，我真是太荣幸了。你知道吗？宫里的人都说你被带到阿拜多斯圈禁起来了。"

"宫里的人从未猜对过，好在治国的不是他们。"

这对夫妻被他冷峻的口吻吓住了：如果说之前，年轻的王子说话时还带一些孩子气，那现在已经是埃及储君的沉稳了。

"你答应将谷仓交给我丈夫管了？"

"我亲爱的姐姐，你能先离开一会儿吗？"

杜兰特气恼地说："我丈夫没有避着我的事。"

"你对此深信不疑？"

"是！"

萨力，拉美西斯的前任家庭教师，忽然一改往日积极乐观的态度，坐立不安起来。

"你能看出这是谁的字迹吗？"

拉美西斯拿那封将塞提和拉美西斯引去阿斯旺的信给他们看。

萨力和他的妻子默不作声。

"这封信的名字可以作假，但笔迹做不了假，写得清清楚楚，萨力，就是你。我已经和其他文件比对过了。"

"这是假的，有人仿冒了我的……"

"你觉得只当教师不够，所以无视法律布置了一个以次充好的买卖，给劣质墨块贴上了上等墨块的标签。当你发现有危险时，就竭尽全力抹掉了所有和你有关的痕迹。这对你来说没什么难度，毕竟档案资料和书记员的工作，你太熟悉、太了解了。可是我的机要秘书在一个垃圾场里找到了一份遗留下来的残破的文件复本。他为了查明真相，几乎死在那儿。这么长时间了，不管是他，还是我，都把谢纳当成凶手。直到后来，亚梅尼发现残留下的那点制造厂的厂主的名字，它还很清晰，其实不是谢纳名字的后半部分，而是你的，这才知道我们弄错了方向。另外，一年之前，你还雇用了一个马车夫，想要把我引入陷阱。真正的凶手是你，我哥哥确实被冤枉了。"

拉美西斯的前任家庭教师下巴绷得死紧，不敢直视储君的眼睛，至于杜兰特，居然半点惊慌、惊讶的神色都没有。

萨力说："你手上的证据并不切实，只凭这点线索，法庭是不会将我入罪的。"

"你恨我，为什么？"

拉美西斯的姐姐高声喊道："因为你是我们的绊脚石！你不过是个乳臭未干、自以为是的臭小子，对自己的权力未免太自信了。我丈夫学富五车，既懂变通，又智力超群、出类拔萃。他懂得治国之道，更重要的是，通过我——国王的女儿，他还有了继承王位的资格。"

杜兰特抓着丈夫的手，把他推到前边。

"你们是被野心弄得神志不清了，我可以不提请诉讼，让你们免于父母的惩罚，可是你们必须离开孟菲斯，搬去乡下，再也不要回来。不要再犯错了，不然就算只是小错，也会被驱逐出境的。"

"拉美西斯，我是你的姐姐。"

"你若不是我姐姐，我怎么如此软弱和大度？"

亚梅尼同意不提起诉讼，虽然他为此曾经受过重伤。他知道，杜兰特和萨力，一个是拉美西斯的姐姐，一个是他的前任家庭教师。他们做下这种事，对拉美西斯无疑是一种伤害，而他的这种善意则有利于缓解拉美西斯的伤痛。他若坚持想要求得一个公正的裁决，拉美西斯当然不会反对。不过这个年轻的书记员，现在心里只装着一件事，就是拉美西斯与妮菲塔莉就要结婚了，他得想办法把储君所有亲朋好友都请到才行。

"塞达武收集到不少毒液，现在已经回到实验室了，摩西后天就能到孟菲斯，唯一可惜的是亚夏……他已经走了，不知道什么时候能回来。"

"我们等他。"

"我太开心了……据说妮菲塔莉非常漂亮。"

"难道你持有不同意见？"

"你让我分辨一张莎草纸或一首诗是不是精致优雅，我自信可以做到，但你让我判断一个女人漂不漂亮……我只能说你对我的要求太高了。"

"荷马的身体怎么样？"

"他很想见你。"

"我会派请帖给他的。"

亚梅尼看上去有些紧张。

"有什么棘手的问题吗？"

"有。关于你的……我虽然努力挡驾，但真有点撑不住了。伊瑟要见你，非常坚决。"

伊瑟以为自己会火冒三丈，痛骂自己的情人，可是当拉美西斯走过来的时候，这种欲望却被压制下去了。因为她发现拉美西斯变化极大，再不是她喜欢的那个温润多情的少年郎了，他变成了一个越来越看重其职务的名副其实的储君。

这个年轻的女人发现站在她面前的这个男人，她既不了解，也影响不了，于是敬畏取代了怒火。

"你能来，我真是太高兴了。"

"你做的事，我母亲和我说了。"

"真的，我太担心你了，非常想让你回来！"

"明天，我会娶妮菲塔莉为妻。"

"她很美……可是我，我怀孕了。"

拉美西斯轻轻地握住她的手。

"我不会不要你的。这是我们的孩子。如果以后命运选择我作为掌权者，妮菲塔莉会成为我的大皇后。至于你，只要你肯，你就能在皇宫里生活。"

她紧紧地贴在他身上："拉美西斯，你是爱我的，对吗？"

"伊瑟，我在阿拜多斯的那头野公牛身上，看到了自己的本真，我或许当不了一个普通人。我父亲交给我的担子非常沉重，有可能会压垮我，但我愿意接受这个考验。你代表的是少年人充满激情和欲望的痴狂的爱，而妮菲塔莉，她是女王。"

"总有一天，我会老去，然后被你遗忘。"

"我是国王，国王怎么会忘掉自己的家人呢？你愿意成为我的家人吗？"

她吻住他。

婚礼完全不涉宗教，而且规模也不大。妮菲塔莉的意思是，在野外，不管是棕榈树下、田里地、蚕豆花中间，还是有牛羊饮用的、有淤泥的险峻的运河边，简单地吃个饭即可。

妮菲塔莉穿着一身亚麻质地的短裙礼服，手上戴着天青石手环，颈间一条肉红玉髓项链，装扮得和图雅皇后一样。早上才从亚洲回来的亚夏穿着最为华贵。他没想到婚礼现场居然是这样一个荒无人烟的地方，参加婚礼的，除了大皇后、摩西、亚梅尼、塞达武，还有一位声名赫赫的希腊诗人、一头有着巨大脚掌的狮子和一条喜欢捣乱的狗。

这位外交官更喜欢宫里盛大的宴会，不过他非常克制，尽量忍受着塞达武戏谑的目光，自然地和大家一起在野地里分享粗糙的食物。

御蛇巫师说："怎么，不舒服？"

"是个很漂亮的地方。"

"只是你华丽的长袍被野草弄脏了！日子不好过啊……尤其是周围一条蛇都没有的时候。"

荷马虽然眼神不好，却也被妮菲塔莉的美貌迷住了，最后他不得不承认，她比海伦更美。

摩西对拉美西斯说，"我总算能轻松一天了，多亏有你。"

"卡纳克的任务重吗？"

"是个宏伟的大工程，只要有一点差错就能毁了整个项目，为了能让工程顺利进行，我必须加班加点地核对，一个小细节都不能放过。"

塞提虽然同意了这桩婚事，但他并未参加宴会，埃及的事务太多，以致法老一天轻松自在的日子都过不了。

这一天非常简单也非常幸福。拉美西斯在回都城的路上一直抱着妮菲塔莉。回到皇宫之后，他们一起跨过房门，成为合法夫妻。

48

　　谢纳动作频频，不断地接见达官显贵，举办各种午宴、晚宴、招待会和秘密会谈。作为一个礼宾司长，他的职责就是和这个国家的核心骨干和谐相处，不是吗？

　　实际上，谢纳抓住了他弟弟的一种重大错误：他居然选了一位中等家庭出身的平民百姓做妻子，做大皇后！拉美西斯当然不是第一个这样做的王储，在这方面也没有任何硬性规定，可是塞提的长子想方设法地让人们认为，拉美西斯这么做是在挑衅皇室和贵族，附和他的人非常多。用不了多久，储君桀骜的性格就会削减他现有的优势，到时，妮菲塔莉又能怎么做？她被一份不属于自己的权力迷住了双眼，为了打败皇室旧人和那些贵族，她必须结党。

拉美西斯的名声已经越来越差了。

看到杜兰特，谢纳大吃一惊："你的脸怎么憔悴成这样，日子过得很艰难吗？"

"比你想象的还要艰难。"

"我亲爱的妹妹……和我说说吧。"

"我和我的丈夫要离开孟菲斯了。"

"你不是认真的吧？"

"拉美西斯要求我们必须走。"

"拉美西斯！他有什么权力这么做？"

"还不是那个可恶的亚梅尼，他说萨力罪大恶极，除非我们乖乖听命，不然，他会提起诉讼。"

"他有证据？"

杜兰特撇撇嘴角。"没有……是有些模模糊糊的线索。不过你知道的，在法律上，这些线索对我们来说或许有点麻烦。"

"所以，你和你丈夫确实设计过拉美西斯？"

公主开始吞吞吐吐。

"妹妹，你可以和我说实话的，我又不是法官。"

"我们确实有一些小动作……不过那又怎样！要不是拉美西斯，我们也不会一个个地全都被排除在外！"

"杜兰特，不用喊得这么大声，我相信你。"

她变得非常沮丧："我和萨力准备加入你的阵营，和你携手作战，不知你意下如何？"

"你不说，我也要问你的意思。"

"哎，我们在乡下能发挥什么作用呢？"

"谁说不能？在底比斯附近，我有幢别墅，你们先去那里住一阵子，想办法结交当地的民政部门和大祭司。有几个乡绅对拉美西斯尚有疑虑，你要想办法让他们相信拉美西斯未必能登基。"

"你能雪中送炭，心肠真是太好了。"

谢纳忽然用猜疑的眼光盯着她。

"你们设计的陷阱……最后的受益人是谁呢？"

"我们只想着……要把拉美西斯除掉。"

"你是法老的女儿，你想借此把你丈夫推上王位，对不对？你要是想和我结盟，必须抹掉这种妄念，全心全意为我效命。等我掌握大权，我会重赏所有支持我的人。"

在启程前往亚洲之前，亚夏参加了一场招待会，这场招待会是谢纳主持的，非常成功。会上，人们一边品尝山珍海味，倾听动人的乐声，一边互通消息，非议储君及其年轻的妻子，称颂塞提的盖世功名。所有人都知道国王的长子谢纳和前途无量的年轻外交官亚夏关系极好。

谢纳说："不出一个月，你就会升官，成为亚洲事务处的传译官。这么年轻就坐上这个位置，威风得很啊。"

"我要怎么谢谢你才好呢？"

"继续传消息给我。拉美西斯的婚礼，你去了吧？"

"去了，还有一些他最要好的朋友。"

"遇到麻烦没有？"

"没有。"

"他一点都没有怀疑你？"

"完全没有。"

"他同你打探过亚洲的情况吗？"

"没有。他根本不敢插手他父亲的工作，比较起来，他更喜欢专心宠爱他年轻的妻子。"

"有什么成果吗？"

"很大的成果。有几个小公国，你只要稍微给他们点好处就能收服过来。"

"金子？可是能够动用金子的，只有法老本人啊。"

"我们可以打着你的旗号，用暗中许诺的方式，给他们一些不会兑现的承诺。"

"好主意。"

"在你登位以前，都可以把承诺视为最有效的武器加以使用，而你在我口中将是唯一可以帮大家实现愿望的君主。一旦时机成熟，你就可以按照自己的意思任命部长了。"

拉美西斯和妮菲塔莉的生活方式和过去并无不同。看样子，储君的工作还是在其父亲的保护下进行的，而他的妻子也仍旧是图雅的仆从。谢纳认为他们的谦恭不过是为了打消国王和皇后戒心的伪装，只有这样，国王和皇后才不会担心自己引狼入室。

有些人已经走进了他设计的某些陷阱里，只有摩西他现在还没有找到收服的办法，不过总有机会的。其实想要毁掉储君的联盟，还有一个人值得抓住，这是一步非常关键的棋。

在梅室后殿，有个开幕仪式在巨大的池塘上举行，姑娘们无忧无虑地享受着戏水和划船的乐趣。谢纳向已经怀有身孕的伊瑟问好，她也是这次活动的贵客。

"最近身体怎么样？"

"我身体挺好的。他会是一个让拉美西斯备感骄傲的男孩儿。"

"妮菲塔莉，你见过了吗？"

"我和她已经是朋友了，我很喜欢这个女人。"

"你的身份……"

"拉美西斯的两位夫人之一。我没想当皇后，只想要他的爱。"

"我钦佩你的高姿态，但你不觉得这太假了吗？"

"不管是拉美西斯本人，还是爱拉美西斯的那些人，你都不了解。"

"我弟弟的运气确实好得让人嫉妒，但你会幸福吗？我很怀疑。"

"在我看来最荣耀、最动人的身份，就是有权给他生一个有王位继承权的儿子。"

"用不了多久，你一定会后悔，拉美西斯能不能当上法老还不一定。"

"法老的意思，你还敢质疑不成？"

"我当然不敢……可是未来的事，谁说得好呢？亲爱的，我有多看重你，你不会不知道，可是拉美西斯呢，他对你太无情了吧。你这么优雅聪慧，出身也好，为什么不能当大皇后？"

"与其做一场遥不可及的梦，我宁可接受现实。"

"这不是梦。拉美西斯不能给你的，我会给你。"

"你怎么敢，我已经有了他的孩子！"

"伊瑟，你考虑清楚。一定要认认真真地想一想。"

　　谢纳始终没有成功地收买到塞提的私人医生，一位都没有，虽然他的心腹爱将们挖空心思做了不少事，还通过中间人许了大量好处。这些人不是不动心，而是非常谨慎，因为相比于国王的长子，他们更畏惧塞提。法老的身体状况是国家机密，任何胆敢泄密的人都将受到严惩。

　　医生这条路既然走不通，谢纳只好换一条路走。因为医生开的处方最终要交给某个神庙的实验室去完成配药工作，所以他选择从神庙下手。

　　谢纳为了找出这间神庙花了不少工夫，好在总算成功了，为塞提配置药水和药丸的，是塞赫迈特的一间小神庙。他选择的行贿对象不是实验室主管——那个家财万贯、丧偶多年的老头子，而是他的助手们，因为贿赂前者的危险系数太高了。他很容易就找到了可以下手的猎物，一个大约四十岁的男人，他有个小他很多岁，总是嫌他薪俸太低，无法为自己提供足够的衣服、首饰和香脂的妻子。

　　谢纳拿到药方之后得出结论：塞提得的是一种慢性病，且病势沉重，最多只能在皇位上再撑三四年。

　　收获的季节，塞提给庇佑他们的女神的玄武岩雕像献酒。那是一条象征祥瑞的眼镜蛇，它负责守护大地田园农民们感念国王出现在此地的恩德，兴高采烈地围绕在他身边。相比于文武大臣，塞提更喜欢见这些淳朴的百姓。

　　丰收女神、稻谷之神和法老，是人们眼中可以掌控收成的人，所以他们在祭祀之后，又向这些神祇致意。拉美西斯感受到了民众对父亲的爱戴，百姓敬重他，百官畏惧他。

在井边的棕榈树下，塞提和拉美西斯坐下一起享用一位侍女呈上来的葡萄、椰枣和冰啤酒。拉美西斯以为这次离开皇宫和国事塞提终于能歇息一下了。一缕柔光笼罩在塞提脸上，他似乎闭上了眼睛。

"拉美西斯，你掌权时一定要认真观察人们的灵魂，把工作交给那些性格坚忍、信守诺言和公正的人去做，为他们安排合适的职位，让他们成为'玛亚特'的执行者。严惩贪污受贿之人。"

"父亲，在你任职五十周年的时候，我们还要举行庆祝典礼呢。请你多执政一段时间吧。"

"能做三十年的埃及国王，就已经足够了……我怕没有那么多的时间。"

"你非常健壮，就像花岗岩一样！"

"不，拉美西斯。石块不会消亡，法老的名字也可以打破时光的壁垒，可是我的肉体是会消散的。时间快到了。"

储君觉得心口酸痛："国家离不开你。"

"重重考验让你得到了飞速的成长，但你的人生才刚刚开始。几年之后，当你回忆起那头野公牛的眼神时，会有新的感受，并获得你想要的力量。"

"在你身边，没有什么事是难办的、做不到的……命运为什么不给你多一些时间执掌政权呢？"

"你做好心理准备才是关键。"

"朝廷恐怕不会接受我。"

"我死之后，会有很多人因为嫉妒挡你的路，设计陷害你，到了那个时候，你就得一个人战斗了。"

"我没有盟友吗？"

"谁都不要相信，你再无兄弟姐妹。背叛你的，是你给予了最多赏赐的人；暗中伤害你的，是你给予了很多财富的人；让人为难的，是你曾经帮助过的人。不管是下属还是心腹，都要警惕，你只能靠自己、相信自己。你的处境越是艰难，就越没有帮手。"

49

在底比斯的皇宫，伊瑟产下了一个漂亮的男孩儿，叫作凯[1]。为了恢复原本曼妙的身材，这位年轻的母亲开始接受特殊护理，当然拉美西斯已经看过孩子了。这是拉美西斯的第一个孩子，他非常喜欢，觉得非常幸福。伊瑟信誓旦旦地说，只要他还爱她，她愿意为他生很多小孩。

可是拉美西斯一走，一种强烈的孤独感就袭上她的心头，她又想起谢纳说的那些恶言恶语，拉美西斯离开她去找妮菲塔莉了。那个女人虽然看似寻常却很会献殷勤，颇有些让人丢不开手的本事，靠着自己举世无双的容貌和气质，妮菲塔莉悄无声息地就抓住了大家的心。在妮菲塔莉的迷惑下，伊瑟当初还觉得拉美西斯

[1] 全名凯昂－乌－亚塞，意思是出生于底比斯的人。

的做法没什么问题。

可是她心里的孤独感越来越重，她想孟菲斯富丽堂皇的宫殿，怀念小时候和同伴嬉笑的时光，在尼罗河边漫步、在华美别墅的池塘边戏水的日子是如此让人向往。富庶繁荣的底比斯城终究不是伊瑟的故乡。

谢纳说得没错，她为什么要忍受拉美西斯把她扔到妃嫔的位置上，令她低人一等的做法。

荷马用芦苇引燃了一枚大蜗牛壳里的混合药剂，悠闲自在地抽了起来，这种混合药剂是用切碎的干鼠尾草磨粉制成的。

拉美西斯说："你这个习惯也太奇怪了。"

"这对我写作有好处。你美丽的妻子怎么样了？"

"妮菲塔莉还在做皇后的管家。"

"埃及的女人太喜欢出来走动了，希腊女人更保守一些。"

"你觉得她们不该如此？"

荷马深吸一口气。"说实话……不是。在这方面，你们做得挺好，但我有不少指责要说。"

"我会认真听的。"

他惊异于拉美西斯的谦卑。

"我批评你，你不生气？"

"如果你的意见能让我每天的生活更加美好，我为什么要生气呢？"

"这个国家真怪……希腊人喜欢辩论，会用很多时间来做这件事，所有的演说家都一副慷慨激昂的样子，民众也总是唇枪舌剑地吵个不停。这里的人，谁敢驳斥法老的话呢？"

"落实'玛亚特'是他的使命，他若做不到这一点，就会引发混乱和灾难。"

"你完全不相信别人吗？"

"我不相信。听之任之的统治方式其实是对人民的不负责任，是一种懦弱的行为。有智慧的人永远不会放弃修正弯曲的木棍。"

荷马再次深吸一口气。"在《伊利亚特》里，我加进去了一个预言家，我对这个人非常熟悉，他不仅知道现在和过去，还能通晓未来。你和你父亲都是富有智慧的人，就像你说的那种智者，所以眼下我们还处在十分稳定的状态，可是以后……"

"你也是预言家？"

"所有的诗人都是预言家。我的第一首诗中，有这样几句话，你听听：'阿波罗背着弓、束着箭，一脸懊恼地走下奥林匹斯山；他火冒三丈，弓箭随着他的走动发出碰撞的声音。他无声息地迈步向前，射杀人类，如同黑夜……不计其数的尸体像柴草般燃烧。'"

"在埃及会被处以火刑的只有罪犯，而且是那些罪大恶极、十恶不赦的罪犯。"

荷马看上去有点恼火。"埃及非常稳定……可是能稳定多长时间呢？拉美西斯王子，我做了一场梦，看见不计其数的弓箭从云层中落下来，穿透了年轻的身体。战争就要来了，这场纷争，你改变不了。"

杜兰特和萨力下定决心，要忠心耿耿地为谢纳办事。他们的目标有二，一个是向拉美西斯复仇，另一个在谢纳掌权后求得官位。

他们希望不用付出努力，只凭和胜利者的结盟就获得好处。

能和杜兰特这样的皇亲国戚结交，对底比斯的那些上等阶层的家庭来说，是一件非常荣耀的事，所以杜兰特很容易就和他们打成了一片。按照塞提女儿的说法，她是为了深入了解这个美丽的城市，欣赏醉人的乡村美景，以及拜祭卡纳克的阿蒙大神庙，才会来南方生活的，她打算和丈夫在这里过几天宁静的日子。

不过在一些私人宴会中，杜兰特总会用说悄悄话方式泄露一些关于拉美西斯的私事。要说揭露拉美西斯的隐私，还有比她更合适的人选吗？塞提这位国王虽然非常伟大，没有任何缺点，但拉美西斯却非常暴戾。在埃及的版图上，底比斯这样纯良的社会再也无法拥有重要地位，他会削减阿蒙神庙的补助，让亚梅尼那样的庶民取代贵族的位置。慢慢地，她和拉美西斯的反对者们越走越近。

另一边，萨力成了卡纳克某书记员学校的一位中级教师，以及某个宗教团体的成员，这一教派的主要工作是修饰神坛。他谦虚自持的形象给他加了不少分，教派里的某些重要人物很喜欢和他聊天，还会在家里设宴款待他。萨力也在四处发泄他的怒火，就像他的妻子杜兰特那样。

摩西参与的那个大型工程项目已接近尾声，在获得批准之后，萨力到这里进行参观，并向他的学生道喜。那里所有的圆柱大厅都和卡纳克的毫无二致，神的伟大体现于它的规模，而它的规模也映衬了神的伟大。

摩西长得愈发健硕。太阳长时间的炙烤，让他脸上多了不少皱纹，他没有修剪胡子，正坐在一根巨型圆柱的阴影中冥想。

"能见到你真是太让人高兴了！我的另一个出类拔萃的学

生……"

"现在说这些还为时尚早，只有最后一根柱子落地，我才能安下心来。"

"所有人都在称赞你的能力。"

"我的工作只是监督核查别人的工作。"

"摩西，你的品德远远超过别人。你让我感到骄傲。"

"你是路过底比斯？"

"不是，我和杜兰特在附近的一幢别墅里安家了，我现在是卡纳克一所学校的教师。"

"这听起来像是被免职了。"

"若非拉美西斯，我们也不会落到这个地步，他说我和他姐姐犯了重罪。"

"他有证据吗？"

"什么证据都没有。要不然，他该让我们出庭受审才对？"

他的话让摩西大吃一惊。

萨力接着说："拉美西斯被权力迷住了眼睛，他姐姐总劝他克制，结果惹恼了他。其实他没变，他原本就是个倔强、极端的人，以他这种性格，想要扛起那么重的责任说来并不合适。我敢说第一个为此难过的人就是我。我对他其实有过劝诫，可惜一点儿效果都没有。"

"被流放到此，这种日子你会不会觉得难过？"

"哪有流放那么严重！这是个非常美丽的地方，神庙让我的心灵享用了一次盛宴，再说能教孩子们一些东西，对我来说，也是一件挺愉快的事，我已经过了想要尽展所长的年纪。"

"被人诬陷，你难道不觉得自己是受害者？"

"拉美西斯是储君，是权力的掌控者。"

"可是滥用权力应该受到惩罚。"

"若能如此，当然再好不过。相信我，别被拉美西斯骗了。"

"为什么？"

"我敢说，他会想方设法抛弃当年所有的同学，因为他们除了阻碍他什么都做不了。妮菲塔莉也是个冷酷无情的人，他们结婚之后，似乎只有对方才是重要的。他被这个女人带坏了。摩西，请务必谨慎一些！现在我已经这样了，下一个倒霉的弄不好是你。"

摩西思考了很长时间，比往日久得多。老师说的话都是出于好心，他是尊重他的。难道拉美西斯真的误入歧途了？

那两只野兽，狮子和黄狗，接纳了妮菲塔莉，她可以抚摸它们而不用担心被咬伤或者抓伤，在此之前，只有拉美西斯才能做到这点。这对小夫妻每隔十天就会带着他们的宠物去乡下放松一天。屠夫围着马车跑，夜巡跟着主人跑。他们在田间地头野餐，遥望在天空中飞翔的白鹭、鹈鹕。妮菲塔莉美丽的容貌有时会引起村民的注意，每到这时，夫妻两个都会向对方问好。妮菲塔莉很会讲话，总能根据人们说话的语气和内容，做出合适的回应。对于那些年迈的或者病重的村民，她也总是能帮就帮却从不声张。

不管是面对图雅，还是仆从，她的态度都是一样的，她永远都是那么专注、平和。拉美西斯没有的东西，比如耐心、克制和温柔，她身上都有。她的一举一动都带着皇后的气度。拉美西斯从第一次见到她开始，就知道她是无可取代的。

他们之间的爱情与储君和伊瑟之间的并不相同。在享受做爱的快乐和接受情人的热情这方面，妮菲塔莉和伊瑟毫无二致，她们的不同点在于，妮菲塔莉的眼中总是带着另一种神采，即使是在做爱的过程中。妮菲塔莉不同于伊瑟，她能领悟拉美西斯的那些最隐秘的思想。

拉美西斯向父亲提出请求，要带妮菲塔莉去阿拜多斯接受奥西里斯和伊希斯的神秘祭礼。在塞提掌政的第十二年的冬天，国王批准了他的提议。就这样，国王夫妇和储君夫妇一块去了圣城，在那里，妮菲塔莉经过了一些仪式正式成为教众。

图雅皇后在祭礼之后的第二天，送了一个金手镯给妮菲塔莉。妮菲塔莉自此之后，只要有宗教庆典，需要给大皇后帮忙，都会戴着这个镯子。妮菲塔莉激动得热泪盈眶，她之前还担心自己和拉美西斯结婚会离神庙越来越远，没想到情况刚好相反。

亚梅尼在发牢骚："我讨厌这样。"

拉美西斯很清楚自己机要秘书啰唆的性格，所以偶尔，听到了也会装成没听到。

他又说了一遍："我非常讨厌这样。"

"难道他们给你的莎草纸很差？"

"这个你不用担心，我会拒绝的。某些变化，不要告诉我你没看到。"

"法老的身体还算稳定，我的母亲和妻子成了最好的朋友，国家安定祥和，荷马在写诗……这对我来说已经是最好的情况了，啊，不，等你结了婚才算完美。"

"这种鸡毛蒜皮的小事，我哪有时间管，其他的事你没看到吗？"

"实话实说，我没看到什么。"

"你现在只能看见妮菲塔莉吧！在这件事上我无法指责你，好在还有我在边上给你当耳朵。"

"你听说什么了？"

"一些让人心慌意乱的流言蜚语。有人在诋毁你，污你的名声。"

"谢纳？"

"你哥哥这几个月保密工作做得非常好，反倒是宫里传出不少不好的议论。"

"我会把这些多话的人赶走！"

亚梅尼说："他们心里很清楚，而且会以此为借口进一步中伤你。"

"他们敢从皇宫的走廊里或者那些华丽宅邸的会客室里走出来？我很怀疑！"

"你的话理论上是对的，可我担心的是有人蓄意造成了这种反对的形势。"

"塞提已经选定了继承人，别人的胡思乱想不用放在心上。"

"你觉得谢纳会罢手？"

"你也看到了，他态度很温顺。"

"这正是让我恐慌的地方，他可不是温顺的人！"

"朋友，你想得太多了。塞提不会让人伤害我们的。"

亚梅尼心里说："在他驾崩之前。"他要求拉美西斯一定要注意现在正在日益变差的形势。

50

妮菲塔莉给拉美西斯生了一个女儿，可惜这个孩子只活了两个月就夭折了，这对妮菲塔莉来说是一个非常沉重的打击。她的身体虚弱，食欲不振，医生们对这种情况忧心不已。为了给她力量打败伤痛，拉美西斯连续三周每天都陪在她身边。

妮菲塔莉觉得自己恐怕无法为心爱的拉美西斯孕育另一个孩子了。

伊瑟把健壮的凯交给一位奶妈照顾，自己开始涉足于底比斯上流社会。她认真聆听杜兰特夫妇的指控，对拉美西斯如此不顾天理伦常的做法大为吃惊。这个南方都市里的人，并不想让储君登位，在他们心里储君是一个暴戾的、完全不准守"玛亚特"的君主。伊瑟想帮拉美西斯解释，可是他们拿出的证据她根本无力反驳。她喜欢的人，难不成真是一个贪恋权位的独裁者，一个冷酷无情的恶魔？

她又想起谢纳的那番话。

拼命工作的塞提只要一有空儿，就会把拉美西斯叫到身边。在御花园，父子二人坐在一起，塞提在教导拉美西斯。其他君主喜欢通过文字教导继任者执政技巧，塞提则不同，他喜欢这种长幼相继、口传心授的教育模式。

他告诫道："知识就像是步兵的盾牌和利刃，你可以用它进攻，也可以用它防守，但只有知识是不够的。和平时期所有人都认为自己应该获得幸福，动乱时期，所有的罪责都要由你来扛。当你做错了一件事，不要责怪别人，那没有任何作用，你应当自省然后马上修正错误，你在行权的时候不要用错方式。你要时刻完善自己的思想和行为。我要交给你一件事，你以我的名义去办。"

拉美西斯并没有因为这番话里的深意而欢欣鼓舞，若能永远聆听父亲的教诲该多好啊。

"我看到一份报告说努比亚有个小村子违逆领主的命令，但这份报告有些含糊其词。你以法老的名义到那里去处置一下。"

努比亚的景致依旧让人迷醉，拉美西斯差点忘了自己的使命。他的肩头不再沉重，湿润温和的空气、在浆果树林中穿梭的微风、赭红的沙漠和大红的石头，让他的心得到了彻底的放松。他多想把军队赶回埃及，自己融入这片唯美的景色中啊。

跪在他面前的领主这时说："我的报告，请问您看过了吗？"

"塞提认为你说得不太清楚。"

"可是，事情明明白白，那个村子叛乱了，应该发兵剿灭。"

"你的将士可有死伤？"

"我非常小心，所以尚未出现伤亡。我一直在静候您的到来。"

"你没有马上干预，为什么？"

领主磕磕巴巴地说："不清楚……他们人太多，要是，要是……"

"我要去那里看一看。"

"我这儿备有糕点和……"

"出发。"

"现在天气正热，是不是等到黄昏的时候会比较好？"

　　拉美西斯的马车行走在路上。那是一个宁静的努比亚村庄，掩映在尼罗河畔棕榈树的树荫间。在那里，男人正在挤奶，女人正在做饭，孩子们光溜溜地在河中玩水，几条瘦骨伶仃的狗正在房檐下酣睡。

　　埃及大军密密麻麻地站在周边的丘陵上，看起来，他们在人数上占有绝对的优势。

　　拉美西斯问领主："叛乱者在哪里？"

　　"那些人就是……不要被他们老实的外表蒙蔽了。"

　　这些侦察兵坚信，如果还有其他努比亚战士藏在周围，他们一定能发现。

　　领主说："这里的村长违背我的命令，如果不想其他族群也发生暴动，就应该马上剿灭这伙人。努比亚人得到这个教训就不敢再犯这样的错误了，让我们消灭他们吧。"

一个女人一看到埃及军队就尖叫起来。孩子们马上从河边跑回屋里，藏在母亲身后，拿起弓箭、手握长枪的男人们则聚集到村子中央。

领主大声喊道："看啊，我说得没错。"

村长越过人群，他长着一头卷曲的短发，头上插着两根很长的鸵鸟毛，胸前佩有绶带，右手握着一根长达两米、挂着彩色丝带的长矛，一脸桀骜的神情。

领主提醒道："他会发动突然袭击。我们的弓箭手必须马上动手，把他射死在地上！"

拉美西斯说："我才是指挥官，所有人都不准发动攻击。"

"你要做什么？"

拉美西斯将头盔、护胸甲和护腿铠甲脱下来，将利剑和匕首放到一边，沿着铺满石子的斜坡走下去。

领主大喊："陛下！别过去，他们会杀了你的！"

储君看着那位六十岁左右枯瘦精干的努比亚人，继续慢慢地往前走。

对方上下晃动长矛的动作，一度让拉美西斯以为自己这次的行为有些冒失了，不过一位努比亚酋长，总不会比一头野公牛更恐怖吧？

"你是谁？"

"塞提的儿子，埃及的储君，拉美西斯。"

这位努比亚人放下武器。"这里的首领只有我一个。"

"永远如此。只要你遵守'玛亚特'，你就是这里的首领。"

"违反律令的是我们的保护者，领主本人。"

"你的指控非常严重。"

"我信守承诺，可领主却食言而肥。"

"把你的怨言说给我听。"

"他答应我们用贡品换小麦，贡品我们准备好了，可是小麦在哪儿？"

"我要看看贡品？"

"跟我来。"

当这位酋长领着拉美西斯，从村子里的战士身边走过时，领主还以为储君就算不被杀，也会被俘，连脸都遮起来了，可是没有任何突发情况。

酋长让储君看了那些装满金粉、豹皮、扇子和鸵鸟蛋的袋子，这都是达官显贵们喜欢东西。

"我们不会屈服的，就算牺牲性命也一样如此，除非你们肯信守诺言。在一个充满谎言的世界里，人还能活吗？"

拉美西斯斩钉截铁地说："不会有战争发生的，你们既然信守承诺，自然会得到你们需要的小麦。"

谢纳大肆抨击拉美西斯，说他在叛乱的努比亚人面前表现得软弱无能。不过领主却有不同的看法，他劝谢纳不要传播此种言论。两人私下见面时，领主对谢纳说："拉美西斯在军队里的威望越来越高了，他的彪悍、激情和迅速结束战斗的能力得到了所有士兵的认可。有一些将领根本不怕贵族，你说美西斯懦弱无能，他们恐怕不会同意，到时候影响到你就不好了。"

谢纳觉得他说得没错，虽然得不到军权，让人有些遗憾，但军人在两地之主面前也只有唯命是从的份。在埃及，想要执掌国家大权，只有军权是不够的，还要得到文武百官和某些大祭司的认可，缺一个都不行。

拉美西斯越来越像一个战士了，坚忍不拔得让人心慌。这个年轻人现在在塞提执政的时候倒是一副循规蹈矩的样子，可是以后呢？在和敌人交锋的时候呢？谁知道他会不会做一些疯狂的冒险，把整个埃及军队都赔进去！

就像谢纳说的那样，塞提非常睿智，他没有入侵赫梯，占领那座声名赫赫的卡迭石堡垒，而是和赫梯人签订了一份停战协议，可是拉美西斯也有这样的智慧吗？贵族喜欢无忧无虑的生活，对那些斗志昂扬的将军充满戒心，对战争尤其深恶痛绝。

一个能够挑起大型战争和将近东推入腥风血雨中的英雄，对国家来说，毫无益处。按照那些大使和主持国外情报工作的传信官的说法，赫梯人准备以和平的方式和埃及相处，不准备和埃及开战了。既然如此，要拉美西斯这种人还有什么用呢？不仅没有，反倒有害。如果他的攻击性还是那么强，就该取消他的资格了，不是吗？

谢纳的言论得到了很多人的支持，在他们眼中，谢纳是个稳重而现实的人。事实证明，他说的话确实是对的。

谢纳去了一趟三角洲，收服了两位省长，他们许诺等塞提去世后，会站在谢纳这边。他还在自己奢华的船舱里，和亚夏见了一面。厨师备好了精美的食物，佐餐的是特级果酒。

这位年轻的外交官素来都是一副骄傲的样子，他灵动的眼睛偶尔会流露出一丝迷茫的微光，他温润的声音和镇定的态度带着一股安定人心的力量。"他背叛了拉美西斯，但他如果能忠于自己"，谢纳想，"让他当一个合格的外交部长未免不可。"

亚夏吃得很少。

"食物不合胃口吗？"

"对不起，我有点心烦。"

"私事？"

"不是。"

"有人给你添麻烦了？"

"刚好相反。"

"是拉美西斯吗？难道他发现你是我的人了？"

"不用担心，没人知道我们的秘密。"

"那你烦什么？"

"赫梯人。"

"虽然赫梯人开战的意图已经显露出来了，但送到宫里的报告还是瞒了所有的坏消息。"

"官方说法，确实如此。"

"你有什么不满吗？"

"我的上司太天真了，他只是不想用那些悲观的预测打扰塞提，这是唯一的解释。"

"说得详细一点。"

"赫梯人不是未开化的野蛮人，如果武力无法让他们获益，他们自然会选择用计。"

"他们会贿赂当地的几个掌权者，策划一个恐怖的阴谋。"

"这种论调的支持者其实是某些专家。"

"你不这么看？"

"是的。"

"说说你的焦虑？"

"赫梯人会不会攻打我们的附属国，把我们引入陷阱？"

"这个可能性不大。只要出现重大的反叛，塞提就会立即出兵。"

"塞提还不知道。"

谢纳认真地考虑了一下这位年轻外交官的示警。毕竟亚夏迄今为止一直都表现得非常冷静。

"危机很快就会爆发吗？"

"赫梯人采取拖延战术，其实正在循序渐进地部署，只要再有四到五年的时间，就能布置妥当。"

"好好地盯着他们，这件事只和我一个人说就好。"

"这对我来说并不是一个合理的要求。"

"我会重赏你的。"

51

这是一个驻有海防部队的安定祥和的渔村，村民十人一队作为海防员巡视过往船只。因为离开埃及向北航行的船只极少，所以他们的任务其实非常简单。海防队长是一个六十多岁的大肚子的男人，他的首要工作就是把所有出行者的名字和他们出行的时间写在记事本上。如果国外过来的船只想要进出尼罗河，就要走其他海口了。

这些海防队员还有一项工作就是帮渔夫收网和补船。人们的主要食物是鱼，政府给海防队长配备了少量的酒，每有节日、假日，他都会拿出来和大家分享。

小镇居民最喜欢的娱乐活动就是看海豚表演，他们不知疲倦地看着海豚齐整的跳跃和激烈的追逐。

"长官，有一艘船。"

这位躺在草席上的队长完全没有起身的欲望，毕竟现在还是中午休息的时间。

"引导一下，把船长的名字记下来。"

"它行进的方向是我们这边。"

"你看清楚了……这怎么可能？"

"我保证，它确实是朝我们这边开过来的。"

队长吓得猛然站起身来：他只喝了一点淡啤酒，还没到产生幻觉的程度，再说今天这个日子，也不会有人送酒过来。

在岸边可以清楚地看到径直驶向村庄的船是一艘巨型军舰。

"这艘船不是埃及的……"

埃及的船不可能在这里停靠。

"备战！"队长对他的手下喊道。这些人已经很久都没有拿起过长枪、刀剑、弓箭和盾牌了。

那艘船来此的目的虽然暂且不知，但有一点很清楚，就是它的甲板上站满了头戴牛角盔、身穿护胸甲、手握利刃和圆形盾牌的战士。这些战士皮肤黝黑，长了一脸卷曲的胡须。

站在船头的人个子极高。凶神恶煞的样子吓得埃及的海防人员不住后退。

一个人轻声说："一个怪物！"

队长纠正道："一个人而已，以他为目标，进攻！"

两位弓箭手一起射箭，前一支射空，第二支尚未碰到那个巨人的胸口就被他挥起的长剑砍断了。

一个海防员高喊："看那边！又过来一艘船！"

"这是入侵，"队长急忙下令，"退！"

拉美西斯过得非常幸福。

这是一种长久的、如南风般激烈、如北风般温暖的幸福。妮菲塔莉让他每一分钟都过得非常充实，她能化解他的忧虑，让他的思想更加积极。她就像白日间一道温柔的光，照亮了周围。

让拉美西斯感到惊异的是，在平静富足的生活之外，妮菲塔莉还有别的期待，她像皇后一样端庄优雅。她的命运是什么样的？她会成为一个统治者，还是一个听命行事的人？带着醉人的微笑的妮菲塔莉，和哈托尔女神——他曾经在其祖先拉美西斯一世的坟墓上看到过这位女神——是如此相像，都是谜一般的存在。

如果说伊瑟是天地中的地，那么妮菲塔莉就是天，她们两个对拉美西斯而言都非常重要。不过他对伊瑟的喜欢充满了欲望和激情，对妮菲塔莉却是全身心的爱。

黄昏时分，塞提遥望落日。霞光已经映入宫殿，国王却一盏灯都未曾点亮，拉美西斯向国王问安。

他的父亲对他说："三角洲的海防警卫队送上来一份告急文书，让我有些担心。我的谋士们认为这是一个意外，并不要紧，但我无法认同他们的推断。"

"出了什么事？"

"地中海边上的一个渔村遭到了海盗的袭击，临阵逃跑的海上防卫队却表示局面已经被他们控制住了。"

"他们说谎？"

"你去查查，看看到底是怎么回事。"

"您为什么会有这种担忧呢？"

"那批海盗就像土匪一样穷凶极恶，他们只要落到地上就会挖坑，只要挖出坑来，就会留下可怕的种子。"

拉美西斯恼火地说："海防警卫队连我们的安危都保证不了吗？"

"或许，那些管理者没想到事情会如此危险。"

"我马上动身。"

塞提的视线再次回到远处的夕阳上，他多想以国家领导人的身份再次领兵出征，和儿子一起再去看看三角洲水乡的景色啊。可是十五年的统治让他落下了满身的病痛，好在他身上流失的力气貌似注入到了拉美西斯的血液中。

警卫队的人从临近尼罗河支流的一个小镇里绵延开，一直延伸出三十公里远，他们正一边忙忙碌碌地用木头修筑防御工事，一边等待援军。看到储君带着援兵来了，他们从避难所中蜂拥而出，在那位大肚子长官的带领下奔向援军。

在拉美西斯的马车前，这位长官跪倒在地。"陛下，我们成功撤离，没有一兵一卒的伤亡。"

"起来吧。"

"我们……以我们的人数来说，实在寡不敌众，那些海盗可以让我们全军覆没。"

"他们的动向，你侦查过吗？"

"他们一直在岸边，只是又有一个村庄遭到了袭击。"

"若非你们贪生怕死，怎会如此！"

"陛下……这场仗打起来，对我们太不公平了。"

"滚开，别让我看到你。"

被骂得灰头土脸的警卫队长连忙避到路边。储君的马车继续前行，目标是一艘来自于孟菲斯的重型军舰边上的旗舰。警卫队长追在后边，不过等他赶到岸边，拉美西斯早就下达了以最快的速度向北行进的指令。

那批海盗和那些懦弱的警卫队员让拉美西斯异常恼火。储君要求水手们务必全神贯注。船行的速度非常快，像离弦的箭一样。水手们扬起帆，拿好弓箭和利刃，勇敢地朝敌人冲了过去，看起来和真正的埃及水军并无不同。

拉美西斯全速前进。

在占领了两座村庄之后，海盗暂时停住了脚步，他们正考虑下一步该怎么走，是在陆地上扩大战线，去劫掠其他村庄，还是带着战利品回到船上，为下一次攻击蓄力。

时值正午，海盗们正在享用烤鱼，忽然遭到了拉美西斯的攻击，他们大惊失色，仓皇应战。虽然敌我力量相差极大，这些海盗却并未放弃抵抗，他们凶猛得让人胆战心惊，尤其是那个巨人，他一个人就能对付二十多个步兵，可惜王子的人远不止这些。

这个头领尽管已经沦为阶下囚，却拒不肯屈服，已有超过一半的海盗被杀，他们的船也被烧了。

"你的名字？"

"萨哈马纳。"

"来自何处？"

"撒丁岛。你打败了我又怎么样，我撒丁岛的同伴会来找你报仇的，他们有十几只船，你挡得住吗？我们以埃及的财宝为目标，且已得偿所愿。"

"你自己的国家不好吗？"

"我们以劫掠为生，你的那些士兵太弱了，这若是一场持久战，你们必败无疑。"

一个步兵扬起斧头，想把他的脑袋削下来。

"退下！"拉美西斯呵道，他转过身朝手下的将士走过去，"你们有谁敢和这个野蛮的家伙一对一地比试一下吗？"

全场寂静无声。

萨哈马纳嗤笑道："你们也敢说自己是军人！"

"你有什么想要的？"

巨人被这个问题吓了一跳。"当然是钱！之后，还有女人、美酒、巨大的别墅和田地，还有……"

"我可以雇你做我的贴身护卫队队长，酬劳就是你想要的那些东西，你意下如何？"

巨人像要吃人一般瞪大了眼睛："你可以杀我，但不能戏弄我。"

"真正的战士不会不知道什么是随机应变：你要么答应我的要求，要么慷慨赴死，选吧。"

"我想要自由，您能给吗？"

两名步兵战战兢兢地解开捆着他的绳索。

拉美西斯不矮，但萨哈马纳更高，比他高了足有一头。萨哈马纳走向储君，他迈出了两步，埃及弓箭手全神贯注地用箭头瞄着他。只要他朝拉美西斯冲过去，并有用自己巨大的手掌拍死拉美西斯的意图，他们就会放箭射杀他，可是他们的箭能避开塞提的儿子吗？

　　拉美西斯从这名撒丁人的眼中看到了杀意，但他仍旧双手交叉一动不动地站在那里，看起来毫无惧意。事实上，他的对手也确实无法从他身上闻到一丝半点的畏惧的味道。

　　萨哈马纳跪倒在地，低着头说："我愿接受您的命令，效忠于您。"

52

　　孟菲斯原本宁静的社会现在几乎充满了斥责声，难道他们献给埃及的将士不够多，在这些人中竟然没有一个有能力护卫储君？贵族们认为储君选一个野人做贴身护卫队队长无异于在扇他们的耳光。就普通人来说，萨哈马纳那一身古怪的撒丁服装看起来也非常碍眼，再说，他不是那些被送往矿场服劳役的、犯有劫掠恶行的海盗的首领吗？现在凭什么得到这样一个让人称羡的职位？如果他暗中谋害拉美西斯，后者也得不到任何同情。

　　谢纳觉得拉美西斯又做错了一件事，并为此欢欣鼓舞。看样子唯有崇尚武力才能打动他这位弟弟，不然他怎么会做一个如此让人讨厌的决定。储君对晚宴和招待会没有任何好感，他喜欢的是在沙漠里不停地骑马奔驰，做各种射箭训练和比武训练，他还喜欢和他的狮子玩一些危险的竞技比赛。

萨哈马纳成了拉美西斯身边的红人，他们或是空手搏斗，或是用兵器进行切磋，以研习武技，最后这种比试会以刚柔互用作为结局。这个巨人的埃及手下同样接受了大量训练，这可以让他们成为最优秀的军人，而且他们的吃住环境也非常好，所以没有任何怨愤之词。

拉美西斯说到做到：他送了一栋别墅给萨哈马纳。这栋别墅里有八个房间，一口水井，还有一个郁郁葱葱的花园。在别墅的地窖里，摆满了双耳尖底瓶，里面都是多年陈酿。萨哈马纳还会在自己的床上，招待一些外向的、偏爱雄伟高大的外国人的利比亚女人和努比亚女人。

这个撒丁人虽然没有丢掉头盔、护胸甲、长剑和圆盾牌，却已经忘了撒丁岛。他在那里穷困潦倒，得不到任何尊重，可是在埃及，他不仅有花不完的钱，还得到了人们的敬重。拉美西斯不仅饶了他的性命，还让他实现了自己的梦想，所以他非常感激他。若是有人敢伤害储君，他一定会跟对方拼命。

塞提掌政的第十四年，河水上涨的情况时高时低，极不稳定。控制水位成了一件非常重要的事，因为水位上涨的程度若是不够，很可能会出现饥荒。国王先是从阿斯旺水利探测专家口中得知这种情况确实会出现，后又翻阅了大量关于水资源的文献，最后把拉美西斯叫到身边。他勉强提起一丝力气，准备带儿子去一趟西利西亚山的哈庇，那是一个险峻的河流交汇地。哈庇有两个洞穴可以引出一条清澈而丰沛的水源，按照旧传统，它是水位上涨的源头。

塞提向河神献祭，祭品是牛奶五十四瓮，面包三百块、蛋糕七十块、蜂蜜二十八罐、葡萄二十八篮、无花果二十四篮、椰枣二十八篮，还有石榴、枣类、黄瓜、青豆、上釉陶瓷雕像若干，以及乳香四十八盒，金银、青铜、大理石若干。另外还有一些糕点，有些做成了牛的形状，有些做成了鹅、鳄鱼，还有河马的形状，以此来建立新的平衡。

三天后，水位虽然有所提高，但还是达不到标准。现在希望已经非常渺茫了。

埃及历史最悠久的神庙是艾力欧的生命殿堂，那里包罗万象，既有天地的奥秘、天堂的路线图、宗教礼仪，又有皇家年鉴、预言和各种传说；既有医药书籍、手术宝鉴、数学书、几何书、解梦书、象形文字的字典，又有与建筑、雕刻和绘画有关的教科书；既有神庙必备的宗教物品清单、节庆假日历书，又有魔法典籍、先贤箴言；除此之外，还有可以带人游历其他世界的"传递光明"的文字资料。

塞提说："这个地方对法老非常重要。如果有什么事让你觉得非常恐慌，不妨来此翻阅一下古籍资料。生命殿堂的教诲让我看到了埃及的历史，领悟了埃及的今天和明天，我相信你也一样能够看到。"

塞提让一位避世索居的老祭司——生命殿堂的负责人——把"尼罗河之书"拿过来。当辅祭送资料过来的时候，拉美西斯发现自己居然认识这个人。

"巴肯？你不是皇家马厩的负责人吗？"

"以前是，不过我还兼着神庙的工作。我二十一岁就舍弃了俗世的工作。"

　　他身形健硕，方形的脸孔让人很难升起好感，他之前留的是短须，给人一种冷硬霸道的感觉，现在胡子已经被彻底刮干净了。他手臂很粗，声音喑哑粗粝，怎么看都不像是一个专注于研读前人智慧集的学者。

　　他把那卷莎草纸打开，在石桌上放好，然后就离开了。

　　"这个人非常优秀，他的下一个工作地点是底比斯的卡纳克阿蒙神庙。以后你们还会有交集的。"

　　国王看的那份资料历史非常悠久，是第三王朝的一位国王在一千三百年前写的。这位国王在和尼罗河之神进行过沟通之后，找出了一个有效的办法，专门解决河水涨势不足的问题。

　　塞提找到了应对之策：在西利西亚山举行的献祭仪式，在阿斯旺、底比斯和孟菲斯也要各举行一次。

　　长时间的旅行让塞提身心俱疲。在收到传信官水位已到正常水平的报告后，他严令所有省长要密切注意水坝和蓄水池承重能力，灾荒的问题虽然解决了，但还是一滴水都不能浪费。

　　国王的脸上已经没什么肉了，他每天早上都要召见拉美西斯，和他说正义女神玛亚特的事，这位女神时常化身成一个弱不禁风的女人或者一根羽毛。国王和自己的儿子说，她是唯一能够统治世界并让所有人和谐相处的神；我们尊重神祇的旨意，太阳才会光照大地，麦穗才能生长，强者才会护佑弱者，埃及最基本的原则就是团结友爱；转述并执行玛亚特的法则和公法是法老的本职工作，再多的丰功伟绩也不如这件事重要。

　　父亲的教诲滋养着拉美西斯的心，可是对于父亲的身体状况，他一直不敢问出口。他知道，法老已经开始减少花在公事上的时间了，开始更多地思考另一个世界的事，他可以感觉到父亲正把精力注入自己的身体里。拉美西斯很清楚，父亲每一分钟的训诲都弥足珍贵，为了能心无旁骛，他开始疏远妮菲塔莉、亚梅尼和一些亲人、朋友。

拉美西斯的妻子对此非常支持，不仅如此，她还在亚梅尼的帮助下给他帮忙，让他能在繁忙的公务中抽出时间照顾塞提，接手法老的权力。

塞提告诉拉美西斯：埃及这个国家有着悠久的历史，也有很多棘手的问题等待处理，你要接受它，接受法老王的王位。塞提知道自己正在慢慢地离开人世，他接受了这个事实，但看着父亲遭受这样的折磨，他难免心痛。

谢纳一脸悲痛，眼角带泪地将这一噩耗告诉了文武大臣，并派人告知了阿蒙神庙的大祭司和所有的省长。祭司虽然想延长法老的寿命，却也知道糟糕的结果或许不可避免。谢纳认为这个悲剧还有一个更加沉重的灾难，就是拉美西斯将继任为王。

谢纳想让弟弟明白如此崇高的工作他其实无力承担，可是对方会接受他这一理性的呼唤吗？当国家遭遇威胁时，谁能拦住这个崇尚武力的人，让他不要毁掉埃及的未来呢？应该安排一个挽救措施才行。

谢纳的演讲听起来既谦虚又具有现实意义，博得了很多人的支持。所有人都想让塞提继续执政，可是大家也做好了准备去面对最坏的结果。

墨涅拉俄斯手下的希腊军人已经做了多年的商人，现在重新磨亮兵刃，按照国王的吩咐，他们把那些已经融入埃及社会的老实本分的外国军人召集到一起，随时准备进攻。暴动尚未开始，拉塞德蒙国王就忍耐不住了，他不停地想象自己挥剑刺穿敌人胸膛、破开敌人的肚子、割断敌人的四肢、砍碎敌人脑袋的画面，就像在特洛伊战场上一样亢奋。这次叛乱成功之后，他会把海伦带回家乡，她背叛了他，如此严重的错误，怎么能不受惩罚？

看着身边各种各样的盟友和自己已经取得的成绩，谢纳相信局势对他更为有利，所以还是一如既往地持乐观态度。不过，有一件事让他如鲠在喉，就是那个撒丁人萨哈马纳。拉美西斯让萨哈马纳做自己的贴身护卫队队长，这让谢纳的一项阴谋落空了，他原打算让一个希腊军官打入储君的安全警卫体系内的。更糟糕的是，那个希腊军官想要靠近拉美西斯，必须先过巨人那一关。一定要让墨涅拉俄斯想办法悄无声息地除掉萨哈马纳。

谢纳差不多已经布置妥当了，只要塞提一死，他马上就会下达行动的暗号。

图雅悲伤地说："今天早上，你父亲不能见你了。"

"他病情恶化了？"拉美西斯问。

"外科医生已经放弃手术了。为了减缓他的痛苦，大夫给他打了安眠针，用的是曼德拉草，效果明显。"

图雅看起来还是那样高贵优雅，让人钦佩，可是她话里的伤心和痛苦是遮掩不住的。

"和我说实话吧，还能救治吗？"

"不能，他的身体非常虚弱。你父亲原本就不应该那么操劳，可他是国王，谁能说服一位国王不要为国事奔忙呢？"

看到母亲满眼是泪，拉美西斯紧紧地抱住她。

"塞提不怕死亡，他的陵寝，他永世的安居之所，已经修筑完成，他早就做好了去见奥西里斯和冥界法官的准备。不管是在神灵面前，还是在那个以背叛玛亚特的人为食物的怪兽面前，他做的那些事都足以让他从容应对。"

"我要做些什么才能帮到您呢？"

"儿子，你只要完善自我即可。你要作好让你父亲的名号永垂不朽的准备，你要跟着前人的步伐，直面不可知的命运。"

午夜时分，塞达武和莲花走出家门。水位下降之后，低地显露出来，乡村又恢复了往日的模样。河水此次上涨的幅度虽然有限，但仍让大地换了一副容貌，在底下的洞穴里有很多被淹死的啮齿动物和蛇类，只有最机敏、最顽强的动物才能活下来，更重要的是，毒蛇的毒液在夏末的时候品质最好。

在西沙漠，这名蛇类杀手选了一个自己非常熟悉的地方，那里有很多带着毒牙的极品眼镜蛇。塞达武悄无声息地向一个最大的洞穴走去。他的经验虽然非常丰富，却不想让莲花冒一点儿的险，所以让莲花跟在自己身后。这位美丽的努比亚女子赤着脚，手里拿着一根分叉的木棍、一个布口袋和一个药罐，她平时做得最多的就是把蛇按在地上，让它吐一部分毒液出来。

沙漠里的蛇群在圆月照耀下蠢蠢欲动，急于去最远的地方探险。塞达武低声吟唱，越是有助于引诱眼镜蛇的低音，他唱得就越重。留在两块扁石头中间的沙土的痕迹表明，有一条巨大的眼镜蛇正在此游荡。

　　塞达武坐在地上继续低声吟唱，可是那条眼镜蛇一直没有现身。

　　莲花像跳水一样朝地面扑过去，抓住了那条塞达武想要引到网里的眼镜蛇，塞达武大吃一惊。这位努比亚女人很快就制服了那条蛇，并把它塞进了袋子里。

　　她说："它跑到你的身后，想要攻击你。"

　　塞达武说："这不符合常理，连蛇都没有灵性了，大祸恐怕很快就要来了。"

53

荷马正在念诗："在浓重的夜色将我们分开，让我们狂躁的情绪平静下来之前，我们将马不停蹄，不留一刻的喘息之机。在庇护全身的盾牌下，是大汗淋漓的胸腔和紧握利刃的手。"

拉美西斯说："这句诗是《伊利亚特》里的，带了点战争即将重启的味道，对吗？"

"我只说过去。"

"不预示未来？"

"我对埃及有了感情，不想它在动乱中沉浮。"

"你怎么会产生这样的担心？"

"我和我的同胞们还有一些联系，让我忧心的是他们最近有些躁动。听说他们斗志昂扬，就像面对特洛伊的城墙。"

"还有别的吗？"

"我只是个眼神越来越差的诗人。"

在图雅皇后的庇护下，海伦这段时间过得非常幸福，她对此充满感激。在精心修饰过后，大皇后的脸上看不出一点悲伤的痕迹。

"我怎么做才能……"

"海伦，你什么都不用说。"

"我很难过，我向苍天祈祷，希望国王能恢复健康。"

"你的好意我收到了，谢谢你，我也在向神明祈祷。"

"我很害怕，害怕极了……"

"是什么让你感到害怕？"

"墨涅拉俄斯的情绪非常好，太好了。他往日总是一副郁郁寡欢的样子，可现在却非常兴奋。他坚信能带我回希腊！"

"就算塞提离世，你也还是在我们的保护之下。"

"陛下，我怕你们无法庇护我。"

"墨涅拉俄斯是我的贵客，可是做决定的不是他。"

"我不想离开这里，我可以留在宫里，待在您身边吗？"

"海伦，不用担心。你很安全。"

皇后的保证无法让海伦安下心来，她对墨涅拉俄斯的恶行充满恐惧。他一直想把自己带离埃及，只要看到他的态度，她就知道他一定在谋划某个可以实现这一目标的阴谋。塞提去世会是一个难能可贵的机会。海伦决定要查一查丈夫的动向，也许图雅的生命正在遭受威胁。墨涅拉俄斯是一个只要不合心意就会大发脾气的人，这种暴戾已经很长时间都没出现过了。

亚梅尼正在读杜兰特写给拉美西斯的信。

亲爱的弟弟：

我和我的丈夫都很担心你，我们尊贵的父亲塞提法老的身体怎么样了？听说他病得非常重。宽恕的时候到了吗？请你怀着慈悲之心，原谅我丈夫的过错，我相信你已经忘了这件事。他想向塞提和图雅问安，期待你允许。让我们在这一段痛苦的时光里互相安慰吧。现在，重新建立一个坚实的家庭，比纠缠于过往更重要，不是吗？

你是那样的仁慈，我和萨力会耐心地等候你的好消息。

储君下令："再读一遍，读慢一点。"亚梅尼不安地接受了他的命令。

"重新拿一张莎草纸出来。"

"我们是要妥协了吗？"

"亚梅尼，杜兰特是我姐姐。"

"我不是皇室的人，所以我死了她不会伤心。"

"你太尖刻了！"

"仁慈一定是好的吗？你姐姐和她丈夫根本不会效忠于你。"

"亚梅尼，写。"

"我手腕疼，你自己写吧，可以亲自告诉她你原谅她了。"

"求你了，写吧。"

亚梅尼紧紧地抓着芦苇笔杆，满脸怨怼。

内容非常短：勿存重返孟菲斯之念，如有违抗，将提请首相裁决，请勿妄图接近法老。

亚梅尼的芦苇笔杆在那张莎草纸上轻快地滑动。

看过拉美西斯的这封言辞辛辣的信以后，杜兰特在伊瑟身边待了很久。储君强势、蛮横的个性和冷酷的心肠无疑在告诉他的妃子伊瑟，新的王朝对于她和她的儿子来说并不光明，杜兰特和萨力的未来一样如此。

伊瑟发现谢纳对其弟弟的指控并非没有根据，拉美西斯确实只会在自己身边播撒覆灭和不幸的种子。伊瑟对他的爱再深，也只有一条路可走，就是硬下心肠反对他。他的亲姐姐杜兰特，不也是这样别无选择吗？

谢纳才是埃及未来的掌控者。伊瑟只要忘掉拉美西斯，就可以嫁给这个国家的新主人，组建自己的家。

萨力再三表示，谢纳已经得到了阿蒙神庙大祭司和许多高官的支持，塞提离世后，这些人会加入谢纳的阵营——只要他能证明他能登基为王。新国王的人选一确定下来，伊瑟就可以主宰自己的命运了。

摩西走进工地的时候，天才刚亮没多久。工地空荡荡的，一个干活的工匠都没有。今天又不是休息日，这些非常优秀且素来敬业的完美的工人去哪儿了？按照他们的规矩，只要不来上工，是一定要提供请假证明的。

这个项目完工之后，很可能会成为埃及最宏伟的卡纳克圆柱大厅。可是现在这里居然一个人都没有。摩西第一次感受到没有木槌和凿子敲击声的宁静。看着刻在圆柱上的神祇，他心里不由得赞叹起这种献祭仪式，它将法老和神明融合起来，让这里充满了一种奇妙的超越人心的力量。

这是一个神奇的地方，摩西一个人在这里站了很久，就像他是这里的主宰一般。这里很快就会充满创造之力，这是一种可以解救埃及的不可或缺的力量。可是神明的最贴切的解释真的就是这种创造之力吗？终于，他看到了一个工头，这个人是回来找他落在某根圆柱子下的工具的。

"怎么大家没来上工？"

"你不知道吗？"

"我去西利西亚山了，才回来，所以什么都不知道。"

"今天早上建筑师跟我们说要暂时停工。"

"为什么？"

"因为法老还在孟菲斯，没来和我们讲解设计图的事，这件事不是得他亲自讲过我们才能行动吗？所以等他来了底比斯，我们再开工。"

这个回答无法解开摩西心头的疑惑。这是一个非常宏伟的工程，塞提居然没来，为什么？只有一个可能，就是他病得很重。

塞提会死吗？谁敢做出这样的揣测？拉美西斯一定伤心极了。

摩西坐第一班帆船赶赴孟菲斯。

"拉美西斯，离我近一点。"

一张镶金的木质大床摆在临近窗口的地方，塞提躺在床上，落日的余晖从窗口射入，铺洒到室内，也照亮了塞提的脸。他平静的神情让他的儿子备感吃惊。

希望重新燃起。塞提精神不错，又能召见拉美西斯了，他的病痛解除了吗？难道死神已经被他击败了？

塞提说："法老代表了创世主，他是自己的创造者，他的一切行动都以公正地践行'玛亚特'为目标，他是神明之善举的落实者。拉美西斯，你要守护人民，让人类获得生命，你要随时保持警惕，不管是白天还是黑夜，抓住一切合适的机会展开行动。"

"爸爸，这都是您的工作，您会一直做下去的。"

"我就要死了，我看到了这一幕，也听到了它逼近的脚步，它有着西方女神的脸，带着淡淡的微笑，看起来还很年轻。拉美西斯，这不是终点，是一趟旅行。"

"不要走，我求您。"

"你生存的目的是领导别人，不是让别人帮助你。我的时间已经到了，自然要感受死亡，并在接受过考验后或是成为神灵，或是成为魔鬼。如果我活得足够正直，上天就会接纳我。"

"埃及离不开您。"

"埃及从远古时期开始，就是光明唯一的女儿，埃及的子孙一直坐在光明的王座上。我将这一基业交予你，你要将它发扬光大，拉美西斯，'光明之子'就是你的名字。"

"我还有很多事要问您，您还有很多教诲要和我……"

"我对你的训练是从你和野公牛的交战开始的，所有人都不知道，命运在那个时候其实已经做了抉择，不过你应该知道，你将会成为一个民族的统治者，怎么会感觉不到它的秘密呢？"

"我还没准备好。"

"谁又能做足准备呢？你的祖父拉美西斯一世离开人间、飞升天际的时候，我也非常伤心、非常恐慌，和今天的你并无不同。能够决定一个人是生是死的，只有神明之手。你是法老，是人民最重要的仆从，无权去过普通人那种安逸、快乐的生活。不要因为你孤立无援就像迷失道路的羔羊一般惊慌绝望，你必须把自己变成一个能够透过周边各种神秘力量，找出正确方向的船长。相比于自己，你要更爱埃及，只有这样，你才会走上光明的坦途。"

塞提神态平和，金色晚霞以最后的光芒轻抚着法老的脸，将他全身笼罩在一抹奇异的光芒之中，不，其实法老才更像是光明之源。

他预言道："你以后的路荆棘遍布、坎坷难行，你的对手极难对付，相比于幸福美满，人类更喜欢悲伤苦难，你必须要战胜他。获胜的力量就在你心里，只是要找到壮大它的办法。每个大皇后的心都是一样的，妮菲塔莉也是如此，她的力量可以保护你。儿子，你要像翱翔天际的雄鹰一样，目光锐利，傲视人群和世界。"

塞提的声音沉寂了下去，他看着窗外的落日，看着除他之外，所有人都看不到的另一个世界。

在皇宫里，图雅亲自宣布塞提已经离开人世。法老在其掌权的第十五年回归冥界；回到了天上，他母亲的怀抱，同为神灵的兄弟们对他的归来表示欢迎。在那里，他再无病痛的烦恼，将按照"玛亚特"生活。

丧礼立即启动。

神庙不再对外开放，唯一的宗教活动就是不分昼夜地吟诵灵歌。七十天内，男人不能刮胡子，女人不能盘头束发，所有人严禁喝酒吃肉，书记员不再办公，所有行政部门都暂停工作。

随着法老的离世，王位出现空缺，埃及成了一盘散沙。在这一时期，虽有皇后和储君执掌大权，但王座上确实无人，所有人都担心会有突发情况。那些邪恶的力量看到这种情况，或许会想方设法耗损埃及的生命，将它占为己有。

用不了多久，海外各国就会听说塞提离世的消息，并为此磨刀霍霍，所以埃及的边防军已经进入警戒状态。没有人知道，赫梯人和其他民族的将士是否会对尼罗河三角洲发动攻击，是否会发动一场大型战役，就像海盗和贝都因人所期待的那样。英勇的塞提可以消灭它们，可是现在塞提已经死了，埃及只靠自己，它还有取胜的能力吗？

塞提的尸身在他离世那天就被送去了尼罗河西岸的帝王谷中的神庙大厅。图雅负责主持审判仪式，受审的就是这位离世的国王。首先皇后、她的儿子、首相、国事顾问团成员、一级长官和各家仆役要立下誓言，表明自己不会说谎，然后他们开始袒露自己对国王的看法，所有人都说塞提是一位公正的君主，自己对他没有任何不满。

图雅呈上他们的证明书。如此一来，塞提的灵魂就能在那位船夫的帮助下，穿过河流去往另一个世界，抵达星空之海。之后，他的尸身将获得重生，变成奥西里斯。这项仪式之后，人们会按照皇室的礼仪对其进行防腐处理。

负责防腐工作的装殓人员会取出国王的内脏，用泡碱处理尸身，并在太阳底下炙烤，使其失去水分。这一步完成以后，祭司们会用布带把国王的尸体包起来，送到帝王谷——塞提早已为自己准备好的长眠之地安息。

拉美西斯一句话都不说，这让亚梅尼、塞达武和摩西非常担心。在送走了那些过来致哀的朋友以后，伤痛欲绝的拉美西斯把自己关在了房间里，唯一能和他说上话的，就只有妮菲塔莉了，可是她无法减轻他的伤痛。

谢纳比亚梅尼更加焦虑。在浮夸地表达了自己的痛苦之后，谢纳开展了令人惊讶的行动，他联系了不同部门的负责人，开始参与整个国家的管理；他向大臣们展示了自己的无私奉献，尽管正值国丧期间，他还是表达了对国家财产的忧虑。

图雅应该教训她的长子，但是她不能离开她的丈夫。作为伊希斯女神的代表，她扮演着一个神奇的角色，对复活来说必不可少。在塞提被奥西里斯这个"生命的掌控者"放入石棺之前，皇室妻子还不曾担忧过这个世上的事情。

谢纳则有着行动的自由。

狮子和狗寸步不离地跟着拉美西斯，好像要安慰他一样。

塞提活着的时候，他觉得前途光辉灿烂，自己只要倾听父亲的教导即可，他把父亲当作榜样，对他唯命是从。跟着父亲的指挥棒走，治国也成了一件非常简单和快乐的事。拉美西斯从未想过，有一天会剩下他一个人。

十五年的统治如此短暂，这位建造者可以和古代的任何一位帝王比肩，有这么多的神庙在称颂他的荣光。可是，塞提不在了，拉美西斯只有二十三岁，看起来如此稚嫩和脆弱，他能肩负起埃及的所有神殿吗？弄不好，他反倒要被神殿压垮。

"光明之子"，如此崇高的名字，他当得起吗？

拉美西斯五部曲 2：
百万年神殿

Ramsès, tome 2 :
Le Temple des millions d'années

〔法〕克里斯蒂安·贾克（Christian Jacq） 著

解玲玲 译

中国社会科学出版社

图字：01-2017-5281号

图书在版编目（CIP）数据

拉美西斯五部曲：全五册 ／（法）克里斯蒂安·贾克著；
解玲玲，彭楚译. —北京：中国社会科学出版社，2018.8（2024.11重印）
ISBN 978-7-5203-2800-5

Ⅰ．①拉… Ⅱ．①克… ②解… ③彭… Ⅲ．①长篇历史
小说－法国－现代 Ⅳ．①I565.45

中国版本图书馆CIP数据核字（2018）第154217号

Originally published in France as:
" Ramsès, tome 2 : Le Temple des millions d'années" by Christian Jacq
© Editions Robert Laffont, Paris, 1996
Current Chinese translation rights arranged through Divas International, Paris
迪法国际版权代理

出 版 人	赵剑英
项目统筹	侯苗苗
责任编辑	侯苗苗 郭晓娟
责任校对	周晓东
责任印制	王 超

出 版	中国社会科学出版社
社 址	北京鼓楼西大街甲 158 号
邮 编	100720
网 址	http:// www.csspw.cn
发 行 部	010-84083685
门 市 部	010-84029450
经 销	新华书店及其他书店

印刷装订	北京君升印刷有限公司
版 次	2018 年 8 月第 1 版
印 次	2024 年 11 月第 3 次印刷

开 本	880×1230 1/32
印 张	62.625
字 数	1419 千字
定 价	228.00 元（全五册）

出 版 序

破译了古埃及文字、使人们能一睹古埃及文明风采的商博良[1]，曾用这样的话描述他最崇拜的埃及法老："拉美西斯，永恒不灭的太阳之王，最伟大的君主，真理常伴左右。"

拉美西斯是西方文明的源头，他是埃及法老王时期最伟大的象征。从公元前1279年到前1212年，拉美西斯经历了六十七年的统治，创造出埃及辉煌灿烂的文明，将自己的智慧和才能发挥得淋漓尽致。他把自己的名字永远烙印在了历史的长河中。

拉美西斯的行迹遍布埃及大地，在皇家建造或者重修的无数建筑上，总能看到拉美西斯留下的印记。位于阿布辛贝的两座神殿、卡纳克神庙的圆柱大厅，还有卢克索面露笑容的巨像，无不昭示着伟大的拉美西斯和大皇后妮菲塔莉将永远统治埃及。

在不止一部的小说中，拉美西斯都是英雄式的人物。这部小说讲述的是，拉美西斯接受父亲塞提的教导，克服诸多考验和磨难，终于凭借无与伦比的才华，创造出辉煌的盛世，展现出这位真实英雄波澜壮阔的一生。

本书共有五册，除了拉美西斯，还记述了一些各具特色的人物：法老塞提、塞提的皇后图雅、大皇后妮菲塔莉、美貌的伊瑟、诗人

---

[1] 让·弗朗索瓦·商博良（1790—1832），法国历史学家、埃及学家，是第一个破译古埃及象形文字的人，他开创了埃及学，被人们称为"埃及学之父"。——译者注

荷马、御蛇巫师塞达武、希伯来人摩西，另外还有很多形形色色的人物，他们共同组成了这幅绚烂的巨大画卷。

拉美西斯的木乃伊如今保存在开罗博物馆，他的身体至今仍散发着无穷的魅力。不少人在参观过他的木乃伊后，都觉得他好像即将复活一般。

他的肉体生命虽然终结了，不过他的精神生命在这部小说中得以重现。从野史和埃及学中，我们可以了解到拉美西斯的成功与失败，体会他的欢乐与痛苦，了解他最爱的女人。他曾遭到最令人痛苦的背叛，也拥有至死不渝的友情，他以强大的内心对抗邪恶，寻找光明。这些曲折的过程，我们都可以在这部小说中亲历。

从第一次与野牛搏斗，到安息在洋槐树下，拉美西斯把自己的一生都融入了埃及——这个被众神宠爱的国家。在这片孕育无数生灵的大地上，忠诚、公平和美貌都有其特定的含义，生命可以重来，爱情崇高而美好。我们在现实生活中憧憬的一切，都可以在这片神奇的土地上实现。

埃及属于拉美西斯。

01 /

　　拉美西斯独自站立,远眺的视线毫无阻碍,只有燥热的空气炙烤着他。他渴望有一位神秘者能给些提示。

　　拉美西斯王子今年二十三岁了。他看起来有一米八,骨肉结实;金褐色的头发散发着光芒,长脸蛋上面是宽大浑圆的额头,眉骨凸出,眉毛浓密;眼睛虽小,但目光如炬,鼻子有点鹰钩状;耳轮精致地向内卷起,显出了耳背的圆润;上下唇都比较厚,衬托着坚挺的下巴。总之,他体型健硕,形象既充满威严又魅力四射。

　　虽然还很年轻,但他经历的事情着实不少。他曾担任皇家书记员,也在阿卜杜经受了神秘仪式的洗礼,现在嘛,他是国家的储君。塞提有意让这个最小的儿子继承王位,老早就暗中传授了治国之道。

伟大的塞提法老有安邦定国、造福民众的能力，而且他的这一能力是独一无二的。他的统治堪称完美，可惜只有短暂的十五年。这十五年的辉煌随着他一起溘然长逝了，就像一只朱鹭在夏日午后飞出视野。

为了帮助拉美西斯扎实地掌握操控权力的本领，塞提曾为他安排各种考验。第一个就是制伏一头野公牛。在这次考验中，少年拉美西斯勇气有余，但力量不足，险些被凶猛的公牛抵得骨裂，幸好父亲及时出手才救下了他。从此，拉美西斯深深记住了父亲的教诲：法老必须要懂得帮助弱小者。

权力的真正秘密在于法律，只有君王才配拥有法律。他把这一点也教给了拉美西斯，却都是在日常活动中完成的，任何人都没有发觉他在教导下一代国王。那几年，这对父子有着共同的信仰和动力，心灵已经相通，十分近密。塞提向来沉默寡言，不怒自威，但他特地给拉美西斯与自己交谈机会，借机不遗余力地教他怎样统治上下埃及[1]。当然，这些知识只是初步的。

然而，死亡的沉寂湮没了那些欢乐的、神赐的时光。拉美西斯已经开窍，打算像圣餐杯一样接受、珍藏法老们的家珍，并付诸实践，但随着塞提回归众神之列，拉美西斯只能一个人继续摸索了。

拉美西斯内心的靠山轰然倒塌，觉得自己的肩膀无力扛起国家重担。他十三岁时也曾想过做埃及的王，但那只是一个梦想，

---

[1] 公元前4000年左右，埃及出现了两个独立的王国，南方的为上埃及，北方的为下埃及。上下埃及曾长期对战，直到公元前3100年左右被第一任埃及王美尼斯统一。但统一后，上下埃及的地理观念还是保留了下来。——译者注

就像小孩因为求之不得而梦想一件玩具一样。这个疯狂的想法之后便消失了，他相信只有哥哥谢纳才配做埃及的王。

塞提和他的妻子也就是大皇后图雅，可不是这么想的。他们决定把王位交给拉美西斯，这个决定是在仔细观察两个儿子之后做出的。美中不足的是，拉美西斯不像他的父亲一样足智多谋。拉美西斯有能力与任何人单打独斗，他自己也有这个自信，但当国家航行于未来这片深不可测的大海上时，他恐怕掌不好舵。他那无人可及的勇武早在努比亚战役中就展现出来了，他的精力又似乎是无穷无尽的，所以，在必要的时候保家卫国，于他而言绝非难事。但是，要让一大群显贵的官员和神庙祭司甘心臣服，岂是无智谋者能够做到的？

塞提一直庇护着拉美西斯，拉美西斯对父亲也是言听计从，因为父亲的指示总是让他找到方向，就像迷路者遇到了识途的向导……可惜，这样的天堂永远成了过去，年轻、狂热的拉美西斯要接替塞提了，这简直就是命运的作弄！或许他应该释放自己的疏狂，大笑一场。

母亲图雅是他的密友，对他要求严格，也绝对忠诚；漂亮的妻子妮菲塔莉温柔娴静，从不生事；希伯来人摩西是御用建筑师，也是拉美西斯儿时的玩伴；还有外交官亚夏、御蛇巫师塞达武、机要秘书亚梅尼等，这些人都是值得信赖的伙伴。但是他的哥哥谢纳从来不曾放弃对王位的争夺，并私下建立了自己的团队。

如果哥哥当面要求他让出王位的话，拉美西斯绝对会同意。既然他那么想要那个全埃及的王冠，干脆就给他吧，拉美西斯这样想。可是，父亲的遗嘱是把埃及的统治权交给他，他可以违背吗？假设真让给了哥哥，或许可以用"父亲当时糊涂了"或者"后来改了主意"这样的说辞来自我解释……然而，拉美西斯不会自己骗自己。看来，只有那位神秘者才能为他指明道路了。

于是，拉美西斯站在了这片沙漠里，来这危机四伏的红土地上寻找命运的谶纬。

他等待着。

太阳仍在炙烤，风却减小了一些，不远处的沙丘上跑过一只羚羊。拉美西斯感觉到空气里有一股杀气。

一头狮子突然出现在眼前。它看起来至少有四米长、三百公斤重，颈和脊上的长毛虽然颜色不深，却如同火焰一般。它全身呈褐色，正迈动灵巧的步伐朝他走来，行动时显现出发达的肌肉，看起来像是一位战无不胜的战士。此刻，它露出尖利的犬牙和爪子，并发出一声吼叫，吼声直传到十五公里开外，摄人心魄。它的双目一刻也没有离开眼前的猎物——塞提的幼子，他根本不可能逃脱。

狮子逼近拉美西斯，拉美西斯发现它的眼球也是金色的。狮子与他对峙了许久，忽然躁动了一下，不过很快就继续向年轻的王子逼近了。

拉美西斯站起来，直视着狮子。忽然他说："是你！你是屠夫！在你濒临死亡的时候，是我救了你，现在你要恩将仇报吗？！"

这个庞然大物在拉美西斯的记忆中还是一只幼狮。那是在努比亚，当时它被毒蛇咬了，正在萨王纳草原的一片灌木丛中垂死挣扎。小拉美西斯为他敷解药时，它表现出了非同一般的坚强。

"是成为我永远的盟友还是杀了我，做决定吧，屠夫！"拉美西斯对它说。狮子突然抬起前脚，放在了他的肩膀上。

拉美西斯吓了一跳，但还是笔直地站在原地。狮子凑近拉美西斯嗅了一嗅，并没有用利爪发起攻击。

就在这一刻，这一人一狮之间产生了一份情谊，那情谊是友好、信任和敬重。

"你为我指明了命运。"

从这里开始，光明之子——那是法老塞提赠给他的美名——拉美西斯将像狮子一样战斗。

02

国丧期间，孟菲斯王宫的男子一律蓄胡子，女人一律不能束发。塞提的尸体进行了七十天的防腐处理和存放，在这七十天里，整个埃及一片悲怆。国王离世之后会有一段王位空悬期，因为必须等到尸体入殓以及完成木乃伊与神的光芒合一之后，王位继承人才能宣誓继位。

宫城外围的警卫队已经进入警备状态，储君拉美西斯和大皇后图雅已经让军队待命，任何胆敢在此期间入侵的人，都将被他们围剿。赫梯人[1]已经现身，尽管他们不会立即危及宫城，但一场战斗是免不了的。

"沙漠大盗"和西奈半岛的贝都因人，几个世纪里一直把尼罗

---

[1] 土耳其人的祖先。

河三角洲富庶的农业省份当作盘中美餐。他们入侵的时候，亚洲某些公国[1]的王子也会浑水摸鱼，侵犯埃及的西北部。眼下，塞提的去世使埃及人担心，历代先贤所建立的文明会在这个节骨眼遭遇不测。这两个地方[2]的安全，真的是年轻的拉美西斯可以保证的吗？朝臣们都不相信他，倒觉得相比之下他那位哥哥更机灵、更沉得住气，所以希望他能够登上王位。

塞提的死，并没有使大皇后图雅乱了方寸。她四十多岁了，看起来十分高贵：一双杏眼敏锐而严厉，鼻子小巧而端正，下巴几乎是四四方方的。这一切给了她一种不容任何人冒犯的威严。她现在还担着塞提的担子，塞提在世时每逢外出视察，就是她一力承担了政务。

图雅喜欢在清晨踱步于长满柽柳和无花果树的花园中，同时安排好一天的政务、一般会议和光荣而神圣的宗教仪式。可是，塞提的去世让她对一切俗务丧失了兴趣，她心里想的只是尽快见到九泉之下的丈夫，去到那个没有喧嚣和争执的世界。可是命运不允许她这样做，她还有几年的重任必须承担起来，需要先把自己享受到的幸福以竭尽全力造福国家的形式归还给神明。

每当人们看到拉美西斯的妻子妮菲塔莉从迷蒙的晨雾中显现出来的身影，便赞叹说"她比天上的仙女更美"。妮菲塔莉是孟菲斯哈托尔神庙的一位女乐师，也是优秀的织布设计师。她虽不是官宦世家出身，却从小受到智者卜塔一类古老作家思想的熏陶。

---

[1] 公国：享有封地的诸侯完全从宗主国独立出去而形成的国家，由于该诸侯未独立前多是公爵级别的贵族，所以称公国。——译者注

[2] 指上下埃及、尼罗河谷（南部）和三角洲（北部）。

她虽然很年轻，但有一种成熟的魅力。这一切，美貌、才情和魅力，使拉美西斯如痴如狂地爱上了妮菲塔莉。她也有自己的聪慧和智谋，所以才被图雅选为总管，由此成就了两个尊贵的女人意气相投的一段佳话。

"今天早晨的露很重不是吗，皇后陛下？"

"妮菲塔莉，你怎么这么早就起来了？"

"因为您该休息了，您为了国家都快累坏了。"

"我睡不着。"

"皇后陛下，怎样才能减少您的哀痛？"

图雅嘴角扬起了一点，但哀容不改。

"塞提是无可取代的。对我来说，在世的日子只是无尽的折磨，唯有看到拉美西斯能独立治理好国家了，才能减轻我的痛苦。我选择活下去，也只是因为这个。"

"我有一个担心，塞提陛下的旨意，可能会被某些人违背。"

大皇后问："谁？"

妮菲塔莉却不说话了。

"你想说谢纳是吗？我知道，他确实自负也很有野心，但要说到违抗父亲的遗命，他应该不会。"见妮菲塔莉还不说话，图雅继续道，"妮菲塔莉，你是不是觉得我想得太简单了？你好像有不同意见。"

"皇后陛下……"

"我知道，你心思敏锐而缜密，每次都能直指要害，你也向来不会毁谤别人。或许要阻止拉美西斯登上王位，就只有杀了他这一条路？"

妮菲塔莉说："这正是我所担心的。"

图雅沉默了一小会儿，轻轻地抚摸着柳条，随后又问："如果谢纳执政，他的政权将会是一座以罪恶为基的吗？"

妮菲塔莉答道："眼下的形势让我不得不往那个方向想，尽管那是我所恐惧的。"

"要保证拉美西斯的安全，我们应该怎么办？"

妮菲塔莉答道："得让他的狮子和狗保护好他，他的贴身护卫队队长萨哈马纳也要寸步不离。他从沙漠回来后，我已经劝他尽量避免孤身一人了。"

图雅似乎在提醒妮菲塔莉："全国守丧期才开始两天，塞提的遗体过两个月才会被移到灵宫。到时拉美西斯就可以君临天下了，而你也会成为埃及的皇后。"

就在这时，拉美西斯走近。他鞠躬向母亲请安，然后轻轻地拥抱了她。图雅很憔悴，但丝毫没有损害她的庄重和高贵。

拉美西斯提了一个问题："母后，诸神为什么会把如此严峻的考验加到我们头上？"

"孩子，塞提的心与你同在。他的生命已经终结，你的生命却即将走向辉煌，你继承他的遗志等于他战胜了死神。"

拉美西斯问："您曾经实际掌管政事，又深得臣民敬重，您为什么不做埃及的王呢？"

"因为塞提选择了你，我的孩子。塞提的旨意就是我们欢迎和遵守的埃及法律，所以国家应该由你来统治。我会在旁边给出建议的，当然，如果你需要的话。"

拉美西斯不再坚持。如果他还想逃避命运，逃脱父亲交给他的重任，母亲是唯一能帮他的人，可现在，母亲已经选择遵守塞提的遗愿。她相信拉美西斯的路必须由他自己闯出来，尽管她有些担忧。

萨哈马纳作为未来国王的贴身护卫队队长，从来没有离开过拉美西斯的宫殿。他是撒丁人，留着卷曲的大胡子，身材十分魁梧，但他也是一个金盆洗手的老海盗。所以，当他受命这一需要忠诚的职务时，引起了许多议论，所有人都认为他有一天会背叛拉美西斯。

任何人想进王宫都必须得到萨哈马纳的许可。图雅已经吩咐，让他将一切不请自来者挡在门外，如果有必要，可以武力驱逐。

一阵吵闹声传到了萨哈马纳的耳中，他立即跑向访客接待室。

"发生了什么事？"

警卫指着一个满脸胡茬、发浓肩宽的高个子说："这个人想强行通过。"

萨哈马纳问："你是谁？"

来者答道："我是希伯来人摩西，法老神庙的建筑师，也是拉美西斯小时候的朋友。请问，储君这是被监禁了吗？"

"没有，这只是为了保证他的安全……你为什么而来？"

摩西答道："我跟你说不着。"

萨哈马纳开始强硬起来："赶紧走，如果再敢靠近王宫一步，我就让人把你抓起来。"

对方也不示弱："快去转告拉美西斯，就说他的童年伙伴摩西来了。快去，否则你会后悔的。"

"你的威胁对我无效！"

"我的朋友在等我，你这笨蛋！"

萨哈马纳做了多年的海盗，有无数战斗经历，因而对任何人有习惯性的警觉，但直觉告诉他眼下这个身材魁梧、声如洪钟的家伙诚实可信。所以，他放摩西进去了。

拉美西斯和摩西一见面就热情地拥抱在一起。

摩西先表达了自己的惊奇："这里怎么看也不像王宫了，倒像是一座军营。"

"我的母亲、妻子、机要秘书和贴身护卫队队长以及其他所有人，都担心我发生意外。"

"怎样的意外？你指的是什么？"

"被人杀死。"

摩西问："这两位难道还不足以保证你的安全吗？"说这话时，他看向储君会客室的门。门对着一座花园而开，旁边蹲着拉美西斯那举世无双的狮子——屠夫，它正在瞌睡。一只狗伏在狮子的前脚前，它的名字叫作夜巡。

"谢纳也想自立为王，而且从未放弃，对此妮菲塔莉深信不疑。"

摩西说："你是说他会在法老塞提下葬前攻击你？……这可一点儿也不像他。他应该会看准时机后背地里整垮你，那才是他的作风。"

"眼下，没有有利于他的时机。"

摩西予以肯定："没错。"他停顿了一下，接着说，"那他也不敢挑战你。"

拉美西斯道:"但愿你的话被神明听进去了。埃及现在的情况很危险。卡纳克那边是什么情况?"塞提要在卡纳克工地建造一座雄伟的圆柱形大厅,摩西负责监工,并由一位工艺大师从旁协助。这项工程因国王去世而暂停,摩西的监督也算完成了。

摩西回答说:"对于你将执掌王位,人们私底下表示反对。"

"都有谁?"

"阿蒙神庙的祭司、几位高级官员、南部的大臣们……背后鼓动他们大胆反对你的,是你的姐姐杜兰特和她丈夫。他们被你赶到偏远的地方生活,因此心怀怨恨。"

储君有些发狠:"萨力这个小人,到了那里还要跟我和亚梅尼过不去呢!把他们流放到底比斯,已经是很轻的惩罚了。"

"他们就像娇贵的花儿,在北方就开得鲜艳,到了底比斯这样的南方就会枯萎凋零。依我看,你真该狠一点儿,把他们赶出埃及!"

"怎么忍心?一个是我姐姐,一个曾经是我的保姆兼家庭教师。"

"面对亲人就无计可施,这似乎不是一个国王该有的品性。"摩西这话似乎戳中了拉美西斯的要害,未来的法老说:"我还没有软弱到那个地步,摩西。"

"我建议你提出上诉,把他们交给法庭。"

"我会的。如果他们再敢触犯我的底线,我一定不会手软。"

摩西却说:"但愿你能说到做到。但在我的印象中,你总是不会憎恨自己的敌人。"

拉美西斯试着为自己辩解："摩西，现在是父亲的丧期，我很伤心。"

"这是不顾你的人民和国家的理由吗？已经升入天国的塞提法老难道会赞许你的软弱吗？"

拉美西斯简直想揍这个朋友几拳，但他没有而是反问："心如铁石的君主才是像样的君主吗？"

摩西换了个角度说："你沉浸在悲伤之中无法自拔，虽可以理解，但能治理好国家吗？你还不知道吧，谢纳曾试图贿赂我站在他那一边。你眼下的危机到底到了什么程度，希望你看清楚。"

拉美西斯终于不再辩驳了。摩西接着说："你的敌人声势浩大且志在必得，而你却深陷悲伤变得后知后觉，你要放任这种情形到何时？"

03

全埃及的经济中心是孟菲斯，该城市位于三角洲和尼罗河谷交界处，其码头停靠着全国大部分商船。国丧期间，全国货运呈半休眠状态。禁止举办一切宴会，就算是那些达官贵族在自家的宽敞院落里举办宴会也不行。

塞提的去世使得孟菲斯陷入全面的混乱。商业的繁荣无疑要归功于塞提的统治，现在某些大批发商认为：如果法老的继任者是一个懦弱的国王，将很容易招致外族侵略，发生内部混乱，那样的埃及几乎一触即溃。还有，谁才是更像塞提的人？他的长子谢纳啊，他可是一位卓越的管理者！然而，塞提在染病期间偏偏选择了拉美西斯，他年纪尚轻，又喜欢意气用事。从外表来看，他确实是一个魅力非凡的美男子，但要说他能当好一位君王，实在让人难以相信。塞提是最有远见的人，但这次似乎犯了一个错。在孟菲斯，人们很快像底比斯的人那样议论纷纷，都说塞提更应该选谢纳为继承人。

外交部长梅布的会客室里有一个人正焦躁地走来走去，他就是谢纳。谢纳在等着拉塞德蒙的国王墨涅拉俄斯。梅布已经六十多岁了，很有风度，长着一张慈眉善目的脸，但实际上为人严苛谨慎。他并不与拉美西斯趣味相投，反而更看好谢纳的政治主张和经济观点，所以选择支持谢纳。在地中海和亚洲，梅布有一个相当大的交易场。在那里他努力与各色人等建立贸易关系，为此，有时甘愿放弃几个陈旧的价值原则，并告诉自己这是在换取将来。

谢纳问道："他会来吗？"

梅布答："您放心吧，他是我们的盟友，这一点不会错。"

"他们这些野蛮人惯会见风使舵，我实在不喜欢。"

谢纳又矮又胖，浑身肥肉，故而行动迟缓；脸圆而鼓，嘴唇又宽又厚，足见对美食的挑剔；一双褐色的小眼睛总是飞快地转动着。他讨厌日晒和户外活动，所以非常胖。作为一个王子，言谈举止应该显得尊贵和沉稳，但他一开口说话腔调和嗓音就会显露出他在这方面的欠缺。他是个和平主义者，并且主张把利益放在第一位。在他看来，为保护国家而建立封闭的军事体系，这种做法是荒谬的；国家应该以创造财富为主，只有那些没有财富创造力的道德家才会使用"背叛"这个词。他认为，接受陈腐教育的弟弟没有治理国家的资格，也没有那个能力。对于打算篡位这件事，谢纳一点儿也不羞愧，反而认为如果自己成功了，对埃及而言是一件天大的幸事。

然而，谢纳要实现自己所说的一切，离不开他同盟的支持和坚持。

"你想喝点什么？"

梅布给这位贵宾送来一杯冰啤酒。

谢纳又不耐烦地说："我们不该信任他。"

"我敢打包票，他一定会来。别忘了他也有自己的目的，就是早点回到希腊去。"

等了许久之后，警卫前来报告，这位迟来的宾客终于到了。

墨涅拉俄斯是阿特烈的后裔，也是战神的宠儿，当然也是特洛伊之战的屠杀者。他长着金色的头发和如火的眼睛，穿着两层护胸甲，粗腰带上镶着金色的扣子。彼时，埃及人不但对他盛情款待还不辞辛苦地为他修理战舰，让墨涅拉俄斯感觉仿佛已经回到了家。但是，他的妻子海伦害怕回到希腊之后被他践踏、虐待，再加上得到了图雅皇后的支持和保护，再也不想离开埃及了。海伦不愿离开，墨涅拉俄斯就不能离开。他束手无策，幸好有谢纳的帮助和鼓励。他已经与谢纳达成协议：他帮助谢纳成为法老，事成之后，谢纳立即允许他带海伦回国。

希腊的士兵已经在埃及停留数月，他们有的编入了埃及军队，有的在当地经商，因为积攒了许多财富，每个人都很满足。这支希腊军队已经可以准备一场更大规模的"木马战"了，只要首领下令出击，他们能够立即行动起来。

在梅布的府邸，希腊人墨涅拉俄斯竟然表达了对主人的不信任。他对谢纳说："叫这个人离开，我希望对话只发生在你我之间。"

谢纳说："不用吧，他是我们的盟友。"

"我不想说第二遍。"

谢纳只好做了一个手势命令梅布离开,梅布遵命退下。

墨涅拉俄斯开始问:"事情进展如何?"

"已经到了出剑的时候。"

"真的吗?你们那些奇怪的习俗和无限繁杂的防腐处理,要是换了我们早就崩溃了!"

"我父亲即将下葬,而我们动手的时机必须是在这之前。"

"我的军队随时待命。"

谢纳却说:"这次暴动,我不希望看到它发挥不出效果,也不希望——"

"少啰唆些吧,谢纳!用几年时间歼灭特洛伊的希腊人可跟害怕战争的埃及人不一样,杀死拉美西斯如果真是您内心所愿,那就请您一次把话说清楚,然后静等我的宝剑取得成功即可。"

"他毕竟是我的弟弟。还有,有时候武力不能解决一切,得靠谋略。"

"这我知道。要取胜,武力和谋略缺一不可。您是要教眼前这位特洛伊之战的英雄怎样使用谋略吗?"

谢纳提醒道:"您应该说服海伦。"

"又是海伦,她真是个充满邪性的女人!不过话说回来,没有她我是不会回拉塞德蒙的。"

"这跟我的计划一致,我们一起来实现它吧。"

"什么计划?"

谢纳狡黠地笑了,他相信这次幸运女神眷顾的是他,因为有了这个希腊人的帮助,他的目标已经近在咫尺了。他说:"拉美西斯的狮子和萨哈马纳是两个主要障碍，铲除了它们，一切就轻而易举了。狮子将被我们毒死，萨哈马纳则会命丧刺客之手。最后，拉美西斯会被绑架，由你带到希腊去。"

"直接杀了他不行吗？"

"不行！我的统治不能建立在鲜血之上。拉美西斯将正式让位于我，他自己则必须去进行一次长途旅行。当然，他会死在路上，而且是死于不幸的意外。"

"那么，海伦呢？"

"如果我成了埃及的国王，图雅还能继续对海伦施加保护吗？除非她愿意丧失理智去神庙里过幽禁的日子。"谢纳一脸得意。

墨涅拉俄斯思考了一会儿，然后评价道："这的确是埃及人能够想得出的一个完美计划。"他停了一会儿，继续道："你们有足够的毒药吗？"

"当然有。"

墨涅拉俄斯补充计划的另一半："萨哈马纳将在熟睡时被那名现为您弟弟私人警卫的希腊军官杀死。放心，他作为一名军人有丰富的经验。我们什么时候动手？"

"我接下来要去底比斯，等我回来就动手。"

幸福的时光容易流逝，海伦每一秒都不愿放过。在埃及的王宫里，海伦穿着一袭轻便的长袍，袍子散着花蜜的香气；太阳好毒啊，所以她用薄纱遮着脸。这种日子对她来说，简直就像梦一样。墨涅拉俄斯是个十足的暴君，专门侮辱他人取乐，幸好海伦成功摆脱了他。这要感谢图雅皇后和妮菲塔莉的援助，要不然，她必将只能被圈禁在闺房里。在埃及，包括王宫贵族在内的所有女人都不必这样。

在特洛伊之战中，确有成千上万的希腊人和特洛伊人牺牲了，可这真该归咎于海伦吗？当年进城后的疯狂屠杀，以及长期逼年轻人互相残杀取乐，绝非海伦愿意看到的。可是，舆论对她的指责和怪罪从未停止，她没有机会为自己辩解。然而，孟菲斯的埃及人一点也不怪她，她可以在王宫里纺织、戏水、听音乐和演奏音乐，尽享花花草草，自由而惬意。这里只有鸟儿和虫子的叫声，没有武器的撞击声。这样的美梦不要破碎，但愿过去、希腊和墨涅拉俄斯都永远不要再出现——海伦每天用白玉般的双臂向上苍这样祈求着。

海伦走在一条两边由波斯木夹起来的小沙路上，忽然看到了一只死白鹤。来到尸体近前，她发现这只好看的白鹤肚子被人剖开了。希腊人和特洛伊人都懂得占卜，海伦跪下检查了白鹤的内脏，居然发现了令人胆寒的东西。她待在原地很长时间，非常沮丧。

04

南埃及的大城市底比斯一直是阿蒙神的属地，这位天神的武器是几百年前一批埃及解放者的手臂，他们驱逐了入侵此地的西克索人和残暴的亚洲人。埃及恢复独立地位后，阿蒙神成为法老们世代祭拜的神。他的神庙自然也兴建起来，这其中就包括辽阔且永不停工的卡纳克工地上的那一座。按计划，这座神庙将是埃及境内最壮观、最华丽的，将成为国家核心的核心。阿蒙神庙大祭司的权力越来越大，越来越不像整天只会祈祷的信徒，更像发号施令的统治者。

谢纳刚到达底比斯就要求与大祭司会面。两人交谈的地方是一座忍冬木建造的凉亭，整个亭子被紫藤覆盖着。

大祭司非常惊讶地问谢纳："您身边为何没有随从？"

"只有几个人知道我到这里来了。"

"您的意思是……我知道了,我会守口如瓶。"

"你是不是至今仍然反对拉美西斯?"

谢纳得到了肯定的回答:"是的,而且这种态度跟以前比起来更强烈。把国家交给一个年轻爱冲动的人来统治,意味着不幸。塞提生前的决定是错的。"

"你信任我吗?"

"阿蒙神庙在由您统治的埃及里会有怎样的地位?"大祭司想得到某些承诺。

"当然是第一神庙的地位。"

"我只希望卡纳克的首要地位不会被剥夺,要知道,塞提生前更喜欢艾力欧、孟菲斯等其他地方的神职人员。"

"我,相反,拉美西斯和父亲的想法一样。"

"谢纳王子,您希望我怎么做?"

"尽快采取行动。"

"趁着塞提还没有下葬,是吗?"

"事实上,那是最后的动手时机。"

其实大祭司已经病入膏肓,大夫告知他可能最多再活几个月,甚至几个星期。对这位显贵来说,天神仁慈的救赎是唯一延缓生命的办法。这些事谢纳并不知道。大祭司只是希望死前能够看到拉美西斯让出王位,从而让卡纳克躲过一劫。

大祭司正色而厉声说道:"我不允许出现任何暴力。和平是阿蒙神对我们的恩赐,无论是谁都不能搞破坏。"

"您放心,走下王位的拉美西斯仍然是我的弟弟,我本来就很爱他，所以，会时刻惦记着避免伤害他。"

大祭司问："那么，您成功之后，会怎样处置他呢？"

"国家这个担子对他而言确实太重了，既然他迟早要卸下，到时我会安排他进行一次长途海外旅行。这既能消耗这个年轻人的旺盛精力，又符合他喜欢冒险的兴趣，而且，等他回来之后，他的旅行和游览经验也能帮到我们。"

"关于图雅皇后，我坚持认为她那特别行政顾问的地位不能废弃。"

"这是自然。"

最后，大祭司总结顺带提醒地说道："谢纳，只要您忠于阿蒙神，命运定会向您露出笑容。"塞提的长子虔诚地鞠躬，回敬大祭司。对他来说，这位老祭司的配合是一把无可替代的利器。

拉美西斯的姐姐杜兰特的皮肤是油性的，可她还是会涂上有香味的脂膏。她这个人整天都是一副无所事事的样子。作为一个贵族，她痛恨底比斯和埃及南部，只想住在孟菲斯，并为打听显贵们奢华而琐碎的日常小事消耗自己的全部精力和趣味。所以，到了底比斯，她的百无聊赖达到了顶点。

事实上，即便到了底比斯，美好的社交生活也未曾冷落了伟大塞提的女儿，一个又一个宴会向她发出邀请。然而，这里的时装比孟菲斯差很多。她那身为拉美西斯年幼时家庭教师的丈夫，也就是大腹便便、生性乐观的萨力，倒确实是过得一天不如一天。他原先在贵族学校里任主管，为国家的将来培育英才，可现在变成了一个游手好闲的人。在她看来，自己的丈夫之所以会有这种变化，全是拉美西斯造成的。在一场以消灭拉美西斯为目的的阴谋中，萨力曾起到主导作用，杜兰特也曾经帮着哥哥谢纳对付自己的弟弟。这些都是事实，他们必须承认的确做过错事。杜兰特心想：但是看在已故父亲的面子上，拉美西斯不管多怨恨我们，也该放下了吧。

可拉美西斯执意严厉而残酷地对待他们，于是乎他们觉得自己只有伺机报复这一条路好走了。所以，杜兰特和萨力一定会抓住时机，终结拉美西斯的好运。他们相信那一天总会到来的，现在嘛，杜兰特全心全意地呵护着自己的肌肤，而萨力整天在阅读或睡梦中度日。

这种麻木被谢纳的出现打破了。杜兰特抱着哥哥大声问："我亲爱的哥哥！您这次带来了什么好消息吗？"

"或许有一个。"

萨力说："请别让我们再继续等下去了！"

谢纳宣布道："我即将登上王位。"

"真的吗？我们终于可以为自己报仇了吗？"

"你们和我一起回去。在拉美西斯消失之前，我会一直保护你们的。"

"什么？！让他消失……"杜兰特的脸惨白惨白的，应该是被吓到了。

"我亲爱的妹妹，不用担心，只是让他出国而已。"

萨力问道："我呢？你会让我坐在一个显要官位上吗？"

谢纳答道："你办事总不能令人满意，但对我很忠诚，这个优点正是我所欣赏的，所以，你会有大好的光明前途。"

"谢谢，我保证会一如既往地忠诚于你。"

在底比斯豪华的王宫里，伊瑟已经等得太久了。凯是他和拉美西斯的儿子，有一双碧绿的眼睛，鼻子虽不大却高高翘起。他的小嘴嘟着，嘴唇比较薄。总的来说，这是个优雅、淘气、生机勃勃的孩子。伊瑟用炽热的爱心哺育着他。

她有时候想："只是个妃子吗？……"对于这个头衔，她自然难以接受，这个身份加给她的种种限制也让她难以忍受。可是，一想到妮菲塔莉的美丽、温柔和内涵，她却无法不心生嫉妒。要争当未来的皇后？伊瑟自知没有妮菲塔莉的雍容气度。其实妮菲塔莉也没有那个野心。

的确，她希望自己能够勇敢地反对拉美西斯和妮菲塔莉，哪怕理由只是憎恨。可是，她深深爱着拉美西斯，拉美西斯也给了她太多幸福与快乐，更别说她已经为他生了一个孩子。权力和荣誉并非伊瑟所渴望的，她喜欢的只是拉美西斯这个人以及他的勇敢和威武。她之所以觉得生活变得难以忍受，是因为离拉美西斯太远了。她常常思忖：为什么他不了解我的忧愁呢？

拉美西斯过些时日就会成为法老，她未来的命运是：拉美西斯只能偶尔来看看她。她只能接受这种命运。也许她可以选择与其他男人相爱……可是，追求她的那些人全都无趣又没有个性，只不过有的直接表现出来，有的装成她喜欢的样子。

谢纳也来拜访伊瑟了。管家的报告把她吓了一跳，塞提还没有移进灵宫，拉美西斯的哥哥来底比斯做什么？

她与谢纳见面的客厅通风良好，但能够照进来的阳光很少，

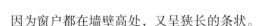

因为窗户都在墙壁高处，又呈狭长的条状。

谢纳先开口："你看起来非常不错，伊瑟。"

"你有什么事？"

"我知道你不待见我。但我也知道你是个聪明人，能给你带来好处的事，你是不会轻易放过的。直说吧，我觉得你应该成为未来的大皇后。"

"可这不是拉美西斯心里的决定。"

"如果他再也不能做出这个决定，又会怎样？"

"什么意思？"

"我弟弟是个有自知之明的人，他知道自己的能力无法统治埃及。"

"你是想说……"

"我想说的是，既然他敬谢不敏，为了国家着想，只好由我来肩负起这个重任。而你，将成为整个埃及的皇后。"

"你胡说！拉美西斯没有放弃王位。"

"是的，他没有明说。我温柔漂亮的朋友，他会和墨涅拉俄斯进行一次长途旅行，而我则会继承父亲塞提的遗志登上王位。不过你不用太担心，他回来之后仍然会拥有尊贵的身份，也会得到相应的一切特权。"

伊瑟怯怯地问："他……提到我了吗？"

"恐怕他早就忘了你们母子了。能够让他激情勃发的，只有外面的世界。"

"那么妮菲塔莉呢？拉美西斯会带她去吗？"

"不会。你难道不知道我弟弟有无穷的情欲吗？所以，他会找其他女人的。"

这些话让伊瑟一时茫然。谢纳想拉她的手，但立即想到这个举动可能会破坏即将成功的计划。对于这个年轻的女人，他打算先博得其信任，事成之后再用温柔好听的话俘获芳心。

谢纳承诺说："凯将得到最好的教育，相信这足以解决你的一切后顾之忧了吧。塞提下葬完毕，我就会把你们接到孟菲斯。"

"拉美西斯他……已经出发了吗？"

"是的。"

"连葬礼也不参加了？"

"这是事实，我也为此感到悲哀。都怪墨涅拉俄斯，他就是不愿把出发时间往后推一推。伊瑟，忘了拉美西斯，准备成为未来的大皇后吧。"

05

伊瑟一整夜都没有睡。

谢纳在说谎，这是肯定的！为了潇洒一把而去国外旅行这种事，拉美西斯从来不会做。他也绝不会缺席塞提的出殡仪式，如果确实缺席了，那一定事出有因。

尽管拉美西斯确实对她不够好，但伊瑟绝不会因此投向谢纳的怀抱。她根本不想当皇后。谢纳充满野心，脸看起来像月亮一样圆，说话油腔滑调，总以为已经胜券在握——这一切都让她感到厌恶。

伊瑟眼下的责任很明显，那就是把这个正处于准备阶段的阴谋以及谢纳亲口说的那些企图告诉拉美西斯。她把要说的话详细写在了莎草纸上。最后写成的信很长，御用传信队的队长应召而来，伊瑟要他务必把这封信尽快送回孟菲斯："这封信既重要又紧急。"

队长说："我会亲自去送。"

在国丧期间不只孟菲斯萧条了不少，底比斯也不例外，河港的航运明显少了很多。有一个码头是专门给开往北部的快速帆船用的，现在，士兵们正在那里休息。队长一到这里就大声要求一名水手起锚开船。

"开不了。"

"为什么？"

"卡纳克神庙的祭司长要用这些船。"

"怎么没有人通知我？"

"命令刚刚传到这里。"

"那也必须开船。我手上有一封急信，必须以最快的速度送到孟菲斯的王宫。"

这个队长来到甲板上，被一个男人拦住："命令就是命令，你也不能违抗。"

"居然用这样的语气跟我说话，你是谁？"

"谢纳，塞提的长子。"

队长立即向谢纳鞠躬，并致歉说："请原谅我刚才的放肆。"

"没事。伊瑟的那封信，不如就交给我吧。"

队长有些犹豫："但是……"

"你不是说要送到孟菲斯的王宫吗？"

"是的，而且是交给您的弟弟拉美西斯。"

"所以交给我就对了。我会马上出发回到王宫，怎么，难道你害怕我代替你做信差会不称职？"

队长不能再说什么，就把信交给了谢纳。

谢纳果真立即出发返回孟菲斯了，不过，离开港口较远之后，他撕毁了伊瑟的信，把碎片撒在了风中。

夏天的夜里，热气难消。法老塞提的功绩足以媲美古代帝国的君主，现在，他却已经离他的子民而去，这实在让人难以接受，全埃及都在为他的去世而哭泣。通常埃及的夜晚是充满欢乐的，人们跳舞、唱歌、听书，讲述拟人化的动物寓言，欢歌笑语充斥着村里的广场和城里的街道。但是现在看不到任何娱乐活动，听不到任何欢笑声，因为正值国丧期间，法老的尸体正在进行防腐处理。

在拉美西斯的那只狮子"屠夫"的背上，那条名为"夜巡"的狗正在酣睡，而狮子腹下是一片新鲜草地，园丁刚刚浇完水。

园丁的队伍当中混进了一个希腊人，他是墨涅拉俄斯手下的一位军官。队伍离开的时候，他把毒丸子放在了百合花圃里。他相信狮子和狗最终会控制不住自己的天性吃掉它们。这两只野兽块头比较大，可能需要一段时间才能死掉，但那毒药是致命的，只要吃进肚里，任何兽医也救不了它们。三名士兵守在花园的高墙上，边看边等待着。

是夜巡首先发现了这些不同寻常的美味。它打了个哈欠、伸了伸懒腰，静静地呼吸着夜晚的空气，然后快速地迈动小步子去到百合花丛中。它嗅了很长时间，并没有开始吃那肉丸子，而是回到了狮子身边。它不想独吞这顿美餐，真是个大方又讲义气的家伙。

狮子也醒了，跟着夜巡走了过去。守在高墙上的那些家伙在想："只需再等一会儿，等那两只畜生吃掉毒丸子，我们的道路就会畅通无阻了。拉美西斯或许会从美梦中醒来，但那时已经来不及了，我们会把他带到墨涅拉俄斯的船上。"

狮子和狗并排着来到百合花丛前，停下脚步，把头伸了进去。吃了一会儿后，它们在花丛中躺下，睡起觉来。"看来是吃饱了。"他们小声嘀咕着。

大约十分钟后，三人中的一个跳下墙来。这名先锋估计了一下药量和时间，认为大野兽应该已经死翘翘了，然后对同伴做了个暗号，相约在通往拉美西斯卧房的小路上会合。

一声狮吼在他们准备进去绑架拉美西斯时在背后响起，三人自然地扭头看，发现那两只野兽正瞪着自己，再看百合花丛，发现毒丸子原封未动。紧接着，他们眼看着狮子用脚捣碎了它们。

三个希腊人紧紧站成了一团，手里拿着刀。

狮子张开血盆大口，伸出切金利爪，向这些不受欢迎的客人扑了过去。

此时，那名顺利加入侍卫队的希腊军官已经悄悄进入了王宫，正在慢慢靠近拉美西斯的寝宫。他的职务是监视走廊，还有驱逐所有身份不明的来客。他早已与这里的几名士兵混熟，所以能够随意走动而不被怀疑。撒丁人萨哈马纳睡在花岗岩的门槛上，这个希腊人正在靠近那里。萨哈马纳当然知道他的职责是杀死一切胆敢擅自靠近拉美西斯的人，可他现在正在睡觉，如果他被这个希腊人杀死，拉美西斯就失去了最主要的屏障，谢纳将收服王宫里所有的侍卫。

黑暗中，希腊人停下脚步仔细听周围的动静，除了酣睡者有规律的呼吸声，什么也听不到。萨哈马纳虽然体型健硕，但几个小时的睡眠仍是必需的。不过，如果感觉到危险，他或许会立即醒来，就像一只猫一样。所以，这个希腊人要在最短的时间内杀死萨哈马纳，不留一秒的时间让他能发起反击。受雇的希腊人再次聆听，确认萨哈马纳仍在熟睡，只要给他一刀就完成任务了。于是，他从刀鞘中抽出匕首，屏住呼吸慢慢靠近萨哈马纳，打算割断他的咽喉。

希腊杀手成功了。可是，一个低沉的声音从背后传来："一个懦夫能发出这样的一击，倒也算相当不错。"

杀手转过身去，居然是"另一个萨哈马纳"。萨哈马纳说："你杀的那个是稻草人。刚才你听到的熟睡打呼声是我模仿出来的，因为我早就料到你会偷袭。"

萨哈马纳命令道："放下武器！"

"不！我还是要杀了你。"

"你可以试试。"萨哈马纳有这个自信，他光是身高就比眼前的敌人高出三头。

匕首在空中急速地或刺或划。杀手虽然也很强壮，但却不及这个撒丁人身手灵活。

萨哈马纳评道："你的格斗技巧烂到家了。"

恼羞成怒的杀手稍稍叉开脚蓄力，趁萨哈马纳不备迅猛地刺向他，刀锋直指萨哈马纳的腹部。萨哈马纳挥右手格挡，于是被划伤了，不过希腊杀手的手腕被他打折了，太阳穴也挨了他左拳的重重一击。这一拳非同小可，杀手登时舌头垂悬，还没等倒在地上就死透了。

萨哈马纳喃喃自语道："又一个无赖被解决了。"

拉美西斯醒了，看到了两桩谋杀未遂的惨案：三名希腊人被狮子抓死咬死，正躺在花园里；走廊上也躺着一个希腊人，旁边站着他的私人侍卫队队长。

萨哈马纳以肯定的语气说："有人想杀死您，储君殿下。"

拉美西斯指着走廊上的希腊人尸体问："他招供了吗？"

"事发突然，没有时间审问他。不用可怜这个蠢材，他根本配不上战士之名。"

"可以确定，这些希腊人都是墨涅拉俄斯的手下。"

"那家伙是个暴君，我讨厌他。如果让我和他单打独斗，我肯定会把他送进监狱，并让里面无数的鬼魂和落寞英雄们再吓死他一次。"

"你目前的工作是这儿的双重警卫，其他的先不要管。"

"最好的策略不是防御，殿下，要想取胜就必须发起攻击。"

"这话不错，但前提是知道敌人是谁。"

萨哈马纳说道："墨涅拉俄斯和他的希腊人部下都是骗子和无赖，趁早把他们赶出埃及才好，否则这样的行刺恐怕还会发生。"

拉美西斯把手搭在萨哈马纳的右肩上说："你对我的忠心坚如磐石，难道还有什么能伤害到我吗？"

天还没有亮，拉美西斯和两只野兽又睡去了，夜巡的呼噜声格外响。塞提的小儿子有一个梦想，那就是维持这个国家的和平，然而，疯狂的敌人已经出手，甚至不顾忌眼下正是为过世法老守丧的时期。

宽宥敌人不是结束暴力的办法；相反，暴徒会把宽厚的人当成弱者，并认定他应该受到欺侮，容易被打倒。还是摩西说得对。

天终于亮了，那个令人痛惜的夜晚终于过去了。拉美西斯开始处理政务，他虽然不能取代伟大的父亲，但知道至少应该全力以赴。

06

　　在塞提时代，埃及人祭祀用的供品和食物都是由神庙分配的。玛亚特是守护脆弱的正义与真理的女神，她从诞生那天起就要求供养每个受天神宠爱的孩子，所以那天是个节日。然而，眼下人民正在遭受冻馁之患，这个节日又该怎样庆贺呢？

　　身为全国第一人的法老，既作为舵手指引着埃及这艘大船的航向，又作为船长有责任保证所有人和谐共处。所以，建立必不可少的团结精神——少了它意味着社会的分裂、内乱和国家灭亡——这项任务，自然落在了他身上。

　　得益于一群公职人员的努力，埃及能够保证供品所供应仍能源源不断，这群人在维持经济发展上起到了重要作用。另外，埃及王朝和神庙的财富和税收能够长盛不衰，也要感谢在各地旅行和经商的商人。

哈伊亚就是这样一个商人。他来自叙利亚，已经在埃及定居十五年了。他有一艘货船和一群运货的骆驼。他常年在南北埃及间奔波，经营的产品有酒、肉罐头和亚洲花瓶。哈伊亚有着最常见的身材，留着小小的山羊胡，衣服经常是贴身的，上面有彩色条纹。他为人谦虚、谨慎、诚实，对货物品质有严格要求，每次开出的价格都很合理。这些品行让他深受喜爱，每年更新经商许可证时，都能顺利通过。这个寄居埃及的叙利亚人，已经在这里找到了真正的家的感觉。他早已习惯了埃及人的习俗，与当地人站在一起，很难看出他是外来人。很多外来人也都能做到这一点。

然而，他的真实身份是赫梯军队的间谍，这一点却几乎没有人知道。

安纳托利亚的战士想要进军埃及，在这之前最好先攻克法老的公国，占领他们的领地。当然，这需要时机恰当，所以赫梯人请哈伊亚全力搜集并传递关于埃及的情报。事实上，哈伊亚能够获取埃及的许多机密，因为他在军队、海关和警力部门都有深厚的人际关系。他会把这些消息以密码信的形式送到哈图沙[1]。通常他会把这些信装进大理石花瓶送给叙利亚南部部族首领，当然该部族已经与埃及建立了邦交。这位实为间谍的叙利亚商人在交货时再把机密信件交给一位来自叙利亚北部的同事。这位同事也受赫梯人的保护，他会把信件送到哈图沙。埃及海关也检查过哈伊亚，但无论他的货物还是相关文件都没有问题，商业信函和收据

---

[1]　哈图沙是赫梯国的首都。——译者注

实在难与国家安危联系起来。这个位于亚洲靠近地中海的军事强国，得以源源不断地收到哈伊亚收集到的第一手资料。

眼下塞提离世，埃及正值国丧期，对赫梯帝国来说是个攻打埃及的绝佳时机。可是，哈伊亚极力反对这么做，于是赫梯人没有随便发动进攻。他们惊奇地发现，埃及的军队非但没有涣散，反而加强了边防。而此举恰是为了防范外族趁新君登基时入侵。哈伊亚还了解到，不甘屈居弟弟之下的谢纳打算在拉美西斯加冕前暴力夺权。他之所以能得到这么高的机密，要感谢拉美西斯的那位喜欢四处嚼舌头的姐姐。

哈伊亚研究谢纳已经很长时间了，觉得他是一个头脑灵活、有事业心和野心的人，会为了自己的利益冷酷地对待任何人；还有，他很奸诈，简直是他父亲和弟弟的反面。哈伊亚发现谢纳已经相信了赫梯人的"诚意"——会与埃及化干戈为玉帛建立友好关系。当然，对赫梯人来说，这意味着谢纳已经进入了他们的陷阱，所以，如果让他成为埃及的法老，对赫梯人来说应该是件大好事。其实，塞提也犯过一个错误，就是没有攻占著名的卡迭石，这个城堡是赫梯国重要的对外交通枢纽。现在，安纳托利亚的最高军事首领对外宣称他愿意放弃一切扩张，以此来迷惑未来的埃及法老，好让他放松警戒。

哈伊亚一直在关注谢纳，分析他行动计划背后的阴谋，同时饶有兴味地留意着希腊在孟菲斯的租界地。墨涅拉俄斯特别像个残忍的雇佣兵，喜欢回忆希腊人在特洛伊城进行的屠杀。根据手下亲信的报告分析，哈伊亚认为这位希腊国王已经无法再忍受埃及的生活了，他现在只想带着海伦回到拉塞德蒙，去庆祝自己的赫赫战功。谢纳都做了些什么呢？为了赶走拉美西斯由自己继承法老之位，他雇用了几名希腊士兵。

哈伊亚已经确定，像塞提一样生性喜欢战斗且英勇果决的拉美西斯一旦成为法老，非但不会友善地对待赫梯人，甚至很可能放纵自己的轻狂对赫梯动武。相比之下，还是支持冷静且容易劝服的谢纳更为保险。

可是，哈伊亚不久前刚刚收到一个坏消息：谢纳的阴谋似乎失败了，暗杀拉美西斯的几名希腊佣兵反被杀死。这个消息来自某位宫廷侍卫。

谢纳不是成功篡位就是等待被消灭，眼下正是生死存亡的关键时刻。

谢纳来找墨涅拉俄斯，告诉他行刺失败了。墨涅拉俄斯很生气，愤愤地看着眼前一面已生锈的盾牌，他曾经多次用它在战场上冲杀突击。他折断一支长矛，这支长矛曾穿透许多特洛伊人的胸膛，又拿起一个花瓶，用力把它摔向墙壁。他的怒火终于发泄完了，这才转向谢纳。

墨涅拉俄斯还是不肯认输："失败……那又怎样？你要明白失败的只是你，我的手下从来没有失败过！我们可是战胜了特洛伊的！"

谢纳的话明显是在拆他的台："很抱歉，事实是另外一个样子。你的三位士兵被拉美西斯的狮子咬死了，另外一位死在了萨哈马纳的手上。"

"他们背叛了我们？"

"不，他们死于无能。你现在已经成为拉美西斯怀疑的对象，可能很快会被他赶出埃及。"

"就是说，只有我一个人离开，不包括海伦……"

"你失败了，墨涅拉俄斯。"这话既是一锤定音，也是把责任推给盟友。

但墨涅拉俄斯并不放过他："你这是什么计划，既荒谬又滑稽！"

"然而你当时说它是可行的。"

"滚出我这里！"

谢纳提醒道："赶紧准备离开吧。"

"该怎么做用不着你教！"

亚梅尼是拉美西斯的机要秘书，也是从小玩到大的朋友。他已经向拉美西斯宣誓誓死效忠，共同进退。亚梅尼身材矮小且偏瘦，虽然还很年轻，却已经开始掉头发，力气小得做不了粗重的活儿。可是，他工作起来从不懈怠，整天在文件资料里苦读深研，挑出里面的重点，以便分析出有用的结论告诉拉美西斯。凭借这一点，他已经成了一个卓尔不凡的书记员。他毫无私心杂念，严格遵守纪律和职业操守。他也这样要求自己管辖的二十位属下，即便他们犯的是小差错，也不会包庇纵容。

亚梅尼不喜欢萨哈马纳，觉得他是个粗鲁的人。但对于萨哈马纳之前在保护拉美西斯一事当中的优秀表现，他也不吝夸赞。可是，拉美西斯对于那次刺杀的反应却让亚梅尼非常吃惊：未来的国王居然还在要求他详细解说国家组织架构、各级官员的职务和相互关系，这也太淡定了吧！

就在他和拉美西斯研究旧的集体渡轮适用法例的时候，萨哈马纳报告说谢纳前来拜访。机要秘书非常生气，当然，原因不只是他与未来法老的讨论被打断了。

亚梅尼建议道："请不要接见他。"

"他是我的哥哥。"

"不！他是个阴谋家，为了自己的利益什么都做得出来。"

"但我必须要听听他想说什么。"

接见谢纳的地点在花园，兄弟两人见面时，夜巡轻轻地啃着一块骨头，而屠夫趴在一棵无花果树下，好像又睡着了。

谢纳带着惊讶的语气说："你现在受到的保护远远超过了我们的父亲，有些还是他从未享用过的。想见你简直难如登天。"

拉美西斯反问道："希腊人曾经试图闯入王宫行刺，难道你不知道吗？"

"事前确实不知。但我现在要向你揭发那件事背后的策划者。"

"背后策划者？我亲爱的哥哥，你是怎么知道的？"

"是墨涅拉俄斯，他想贿赂我。"

"他给你开出的条件是什么？"

"让我取代你成为国王。"

"你拒绝了，对吗？"

"是的，拉美西斯。我喜欢权力，但同时也知道自己的斤两，不愿意逞强。况且，你才是既定的国王，我们都应该遵从父亲的旨意。"

"墨涅拉俄斯为什么会冒险来行刺我呢？"

"因为埃及在他眼里已经成了一座监狱。他心里只想带着海伦返回拉塞德蒙，这个愿望已经侵吞了他的理智。他认为囚禁他妻子的人是你。按照他的计划，我将把你流放到沙漠中的绿洲，然后释放海伦让他们离开埃及。"

"可是，海伦在埃及是完全自由的啊！"

"只是我们看来自由而已，希腊人理解不了这种自由。他们认为女人应该完全受男人支配。"

"你觉得我应该如何应对？"

"立即把他赶出埃及！他犯下的罪过是不可饶恕的。"

07

　　诗人荷马下榻的大房间距离储君的王宫很近，服侍诗人的有一名厨师、一位女仆和一位园丁。这里有一个地窖，里面有许多酒坛子，坛里的美酒来自三角洲，里面添加了八角和芫荽[1]等香料。荷马特别舍不得离开这座花园，这里的东西能够给他创作灵感，特别是他最喜爱的那棵柠檬树。

　　身上涂满橄榄油的荷马惬意地抽着鼠尾草，烟斗是用一个大蜗牛壳子做的，一只黑白相间的猫坐在他的膝盖上。亚梅尼在的时候，他偶尔会吟诵几句《伊利亚特》，如果是亚梅尼派来的书记员，他甚至会得意地唱出来。

　　拉美西斯的来访让荷马非常愉悦，他让厨师拿来了一大瓶酒。

[1] 芫荽（yán suī）：别名胡荽、香菜、香荽。——译者注

酒瓶是细口的，新鲜的美酒只能细水长流。他们栖身于一座凉亭下，这座凉亭的支柱是一棵洋槐树的树干，顶棚则是棕榈树叶。所以，虽然天气酷热，却侵扰不到他俩。

满脸皱纹、须发皆白的荷马说："我在希腊经受的痛苦在埃及的这个长夏都消失不见了……希腊的暴风雨您能受得了吗？"

拉美西斯答道："塞特神有时确实会降下几场令人恐惧的暴风雨……"他一边畅想一边说，"天上布满乌云，骤然银光闪烁，雷声滚滚。干燥的河谷被洪水淹没，泥沙随着激流飞奔。人们心里的恐惧在膨胀，还有些人认为这是国家即将毁灭的征兆。"

荷马问道："塞提的名字不就是塞特吗？"

"说实话，我始终没能解开这个谜题。把奥西里斯的谋杀犯[1]当作自己的保护神，之前从来没有哪个法老有这个胆量。不过我确信，他确实得到了塞特的力量，而且他用那种无与伦比的神力来维持和谐，而不是进行破坏。"

"埃及真是一个奇异的国家！听说您刚刚经历了一场暴风雨，是真的吗？"

"怎么，连你也已经听到了那场惨案的回声吗？"

"我的眼睛已经不中用了，但听力还好得很。"

"所以，那些想要杀死我的人是你的同胞这件事你也知道喽。"

"我看到一个天衣无缝的罗网，担心你会掉进去，那样你就会

---

[1] 奥西里斯（Osiris）：古埃及主神之一，也是公认的葡萄树和葡萄酒之神，形象是胸前双臂交叉，一手拿着弯杖，一手拿着连枷，胡须编成小辫儿，头戴埃及的白色王冠，肩膀两侧各有一根红色羽毛。去世之人、万物的复生、尼罗河的泛滥等都归他管。塞特（Seth）神代表着混乱、暴风雨和沙漠，由于杀害了奥西里斯，埃及人把他看作邪恶和灾难的化身。——译者注

成为敌人的猎物和战利品，你的城市也将遭受洗劫。只有夜以继日地思考和战斗，才有可能躲过那些灾难。这些诗句是我前天写下的。"

"你是预言家吗？"

"您对我已经做到了谦逊礼貌，我也相信您就是那样的人。埃及未来的法老前来探望一个于人无害的希腊老头儿，可能是想聆听一点儿意见。"

拉美西斯笑了。他发现荷马总是以最简单而直接的方式说话，而这也正是他所喜欢的。他又问："你觉得他们为什么攻击我？是自愿的，还是受墨涅拉俄斯的指使？"

"您对希腊人真是知之甚少啊！希腊人最喜欢的游戏就是搞阴谋诡计。墨涅拉俄斯想要带着海伦回希腊，但您保护了她，所以，他要达到目的，只能诉诸暴力。"

"可他的阴谋已经失败了。"

"墨涅拉俄斯是个懦弱又愚笨的人，他不会放弃的。为了达到目的，哪怕在您的境内对您开战他也在所不惜。"

"您的意思是希望我……"

"把他和海伦全都送回希腊。"

"可海伦并不想回去。"

"恐怕由不得她。这个女人只会把不幸和灾难带给您的国家。她的命运无法改变，一切希冀尽是虚幻。"

"可是，选择在哪里定居是她的权利。"

"我已经说出了我的警告，怎么办随您。对了，请再让人给我送一些莎草纸和特级橄榄油来。"

可能会有人觉得这位白胡子诗人对拉美西斯太傲慢了，拉美西斯却认为如此直言不讳比朝臣们冷静沉稳的对答更有用。

亚梅尼一改往日做派，在拉美西斯刚刚跨进王宫大门时就冲了上去。

拉美西斯问："发生了什么事？"

"墨涅拉俄斯，墨涅拉俄斯，墨涅拉俄斯……"亚梅尼一时说不出话来。

"墨涅拉俄斯做了什么事？"

"他劫持了一些海关人员、妇女和小孩，并威胁说要杀死他们，除非储君把海伦交给他。"

"他现在人在哪儿？"

"在他的船上，还有所有人质和士兵，孟菲斯只留下了他的一名士兵。他们随时会起锚。"

"海港安全是谁负责的，没人阻止他们吗？"

"事实上不能怪海防警卫。因为墨涅拉俄斯这次是突然袭击。"

"我母亲知道这件事了吗？"

"她，还有妮菲塔莉和海伦，她们正等着你呢。"

三个女人都一脸忧虑，图雅坐在一张较矮的镶金木椅上，妮菲塔莉坐在一张折椅上，海伦没有坐，背靠着一根莲花形的浅绿色圆柱而立。

大皇后的会客室布置清雅，空气里飘荡着优雅的芳香，让人觉得非常舒服。法老的座席还是空着，只有一束鲜花摆在上面。拉美西斯给母亲请了个安，温柔地拥抱了妻子，问候了海伦。

图雅问儿子："你知道了吗？"

"亚梅尼已经让我知道了事情的严重性。一共有多少名人质？"

"大约一百五十人。"

拉美西斯坚定地说："即便只有一个人在他们手里，我们也有责任保护他的生命。"他走向海伦，问道："如果我们突击希腊人，墨涅拉俄斯会不会杀害人质？"

"一定会的，而且是亲自动手。"

"他怎么敢这么狂暴、这么粗野？"

"他要的人是我……依他的性情，他会在失败身死前先杀别人。"

"包括无辜的人……"

"他以战士自居，在他眼里没有无辜的人，不是盟友就是敌人。"

"他连自己的士兵也不顾了吗？他应该知道，杀死那些人质，他和他的士兵都会死在我们手里。"

"他们有自己的选择，那就是光荣地为国战死，做一名英雄。"

妮菲塔莉向拉美西斯走近了几步。

"你打算怎么办？"

"我要独自到墨涅拉俄斯的船上，愿意尝试跟他讲道理。"

海伦反对道："这样做太危险了。"

"可我必须试一试。"

妮菲塔莉也不赞同："他会把你也劫为人质。"

图雅断言说："你不能去。不要和敌人玩这种游戏，他们早已为你设好了陷阱。"

妮菲塔莉继续预测后面的事:"墨涅拉俄斯会把你带到希腊。埃及将落入另一个人的手里,也就是那个已经与墨涅拉俄斯达成协约的人,而他最后还是会把海伦送给墨涅拉俄斯。开出的条件……是一项商业合作。"

对于妮菲塔莉斯的预言,拉美西斯用眼神询问母亲的意见,图雅没有否认。

拉美西斯有些自言自语地说:"如果不能沟通,我们就只好想个办法让墨涅拉俄斯乖乖听话了……"

就在此时,海伦走向他,他立即明白她要说什么,先开口说:"不!我们不会让你牺牲自己的。对我们来说,保护客人是神圣的职责。"

图雅支持儿子说:"没错。现在向墨涅拉俄斯屈服,会把埃及带上变懦弱的道路。"

海伦还想坚持:"造成这种局面,应该由我来负责。我——"

"不,海伦,你不能这样想。选择住在这里是你的自由,而我们应该保障你的这种自由。"

塞提的儿子说道:"还是让我来想个万全之策吧。"

外交部长梅布浑身战抖、冷汗直冒地站在孟菲斯的码头上,对面是墨涅拉俄斯。两人遥相对话,梅布害怕希腊弓箭手的飞矢会随时射向自己。最终,他还是把拉美西斯的意思传达给了拉塞德蒙的国王:海伦就要永远离开埃及了,埃及要隆重地为她饯别。

协商过程十分不顺利,但最后墨涅拉俄斯还是答应了这个条件,同时言明未来一天将不给埃及人质任何食物,直到海伦上船,而且只有他驶向大海且确认埃及战舰没有追踪的情况下才会释放他们。

在希腊军队的嘲笑声中，梅布飞快地离开了码头。拉美西斯对他的成功会予以赞赏的，这对他将是一点安慰。

然而，留给拉美西斯的时间只有一个晚上，他必须尽快找到救出人质的办法。

御蛇巫师塞达武不高不矮，不胖不瘦，头发乌黑亮泽，皮肤一点也不白，生得力大无比。努比亚人莲花是他的妻子，那性感苗条的身体能随时挑起人的性欲，这不，两人现在就在亲热。这对夫妻住在远离孟菲斯的沙漠边上，他们的大房子简直就是一个实验室。这里有不同容量的药罐、造型奇特的各色物件、萃取用或医用的溶液，每个房间都没有空着。

无比纤柔的莲花似乎有无穷的想象力，随时准备满足塞达武的突发性需求，而塞达武的这一需求似乎是无穷的。被塞达武带回埃及并结婚以后，莲花总是凭借着自己精通的高深的蛇类知识，以巨大的惊喜回报丈夫。两人有共同的兴趣，一起不断进步，已经研发出一种新型解药，这是经过很长时间的研究才得到的。

塞达武抚摸着莲花的乳房，手法轻柔得如同那是即将绽开的花苞。就在这时，那守门的眼镜蛇竖起了身子。

塞达武说："有客人来了。"莲花开始观察漂亮眼镜蛇摆动身体的样子，以此判断来者是不是敌人。她的丈夫则爬下了软床，取出了一根防身用的短棍。蛇很镇静，说明来者非敌，塞达武也不是不信任它，他只是想到深夜前来的人一定有某种目的。

距离房子几米远的地方停下了一匹高头大马，马上的人也跳了下来。塞达武吃惊地问："拉美西斯！你为何深夜造访？"

"希望我没有打扰到你。"

"事实上，我和莲花正在……"

"看来打扰了，那很抱歉。我之所以必须来，是因为需要你们的帮助。"

塞达武曾与拉美西斯同窗共读，但他看不上政府的行政工作，宁愿为蛇这种有关生死奥秘的生灵付出一生。他渐渐对毒液有了免疫能力，成功之后还粗暴地考验了一次年轻的拉美西斯。他们当时在沙漠上，塞达武对面是一条极其危险的眼镜蛇，它是沙漠的主宰者，人被它咬一口必死无疑。然而，两人的友谊经过那次挑战变得更加牢固，塞达武也成了拉美西斯的结拜兄弟之一。这个小团体虽然人数不多，但未来的法老完全信任他们。

塞达武问："怎么，遇到什么危及国家的事了吗？"

"墨涅拉俄斯劫持了埃及人做人质，让我们交出海伦，否则杀死所有人质。"

"太下作了！既然那个希腊女子已经危及城市，为什么不放她走呢？"

"没有那样的待客之道，那会使埃及沦为野蛮国家。"

"那些野蛮人怎么理解是他们的事，管他们呢？"

"身为皇后的海伦希望在我们的国家定居，而把她从墨涅拉俄斯的魔掌中拯救出来是我的责任。"

"你说这话真像一个法老！肩负起疯子和精神病患者才会做的事，或许就是你的命运吧。"

"我必须救出所有的人质，为此需要突击墨涅拉俄斯的船。"

"看来你还是没有变，会在看似不可能的事情上押注。"

"孟菲斯所有军团的将领也想了一些办法，但都不可取，只会引起杀戮。"

"这种结果让你惊讶了吗？"

"我有没有惊讶，你还不知道吗？"

"你想让我出手，扮成军人去突击希腊人的船只，对吗？"

"不是你，是你的蛇。"

"你好像在开玩笑。"

"我会安排一些蛙人[1]带着蛇袋在天亮前悄无声息地潜到他们的船上，在甲板上放蛇，蛇群会攻击那些看管人质的希腊人。几名士兵被咬伤，肯定会引起骚动，那时我们便发起攻击。"

"是个不错的诡计，但也很危险。你觉得我的眼镜蛇会知道谁是敌人谁是自己人吗？"

"是很冒险，但我们只能这么做。我个人很有把握。"

"'我们'是什么意思？"

---

[1] 蛙人：执行水下特殊任务的人，由于装备着形似青蛙脚的游泳工具而得名。——译者注

"就是说，你和我都要参加。"

"你要我去冒丢掉性命的危险，为了一个我从未见过的希腊女人。"

"不，是为了解救身为人质的埃及人。"

"不得不说这样的冒险非常愚蠢。如果我真的牺牲了，莲花和我的蛇怎么办？"

"皇家将养活他们一辈子。"

塞达武还是有些犹豫："不，这太危险了。那些希腊人那么可怕，袭击他们需要无数条蛇的性命。"

"你的蛇平日什么价，我出三倍的钱买下来。而且，你的实验室将成为国家研究中心。"

塞达武看着莲花，在这个溽热的夏夜，她一如往常地迷人。

拉美西斯以命令的语气说道："行了，我不跟你浪费时间了，赶紧把蛇放进袋子里吧。"

在船中央的甲板上，墨涅拉俄斯正在快速地来回走动。这位国王已经断定，埃及人虽然很有人道精神，但天生胆小根本不敢冒险，且哨兵确实没有发现前面码头上有任何动静。劫持人质这种事做得不怎么光彩，但必须承认非常有用，要海伦脱离图雅和妮菲塔莉的保护，只有这一个办法可行了。

人质的哭声和呻吟声已经停止，他们被反剪双手绑着，推搡到了船尾，个个表情沮丧。十几名士兵监视着他们，每两个小时换一次岗。

副官走向墨涅拉俄斯，问道："您认为他们会发起攻击吗？"

"那可是无效的下下策，因为我们到时肯定会杀死这些人质。"

"可是，杀了人质，我们也将遭受敌人毫无顾忌的攻击。"

"开船之前我会下令杀死一部分人质……我不会让他们所有人都面临死亡的。看着吧，到不了天亮我就能夺回海伦，然后返回希腊。"

"就要离开这个国家了，不得不说这很可惜。"

"你脑子糊涂了吧！"头领话里带着责备。

"我们在孟菲斯过了一段平静而快乐的生活，这是事实啊。"

"我们活着是为了战斗，不是为了过安逸的日子。"

"如果您被暗杀了呢？没有首领的士兵将更加渴望安逸的生活。"

"我的剑还是像以前一样锋利，我的权力没有受到一点儿损害。当海伦在我面前屈服时，你们会看到这一点的！"

三十名训练有素的蛙人已经到位，他们是拉美西斯精挑细选出来的。塞达武展示了正确松开袋口的动作：为防止自己被蛇咬伤，不能一次完全打开，而是留一条缝。看到这三十名志愿者紧张的表情，拉美西斯安慰并鼓励了他们一番。最后，他和塞达武终于使这个突击队有了信心，他们个个相信自己能够完成任务。

拉美西斯的这场突袭，必须瞒着母亲和妻子，这使他觉得很对不住她们，但那是因为这确实太疯狂了，她们谁也不会同意的。这样的责任，他只能自己承担起来。如果顺利成为法老是上天的旨意，那么，拉美西斯也会顺利通过这项考验。

塞达武从莲花那学会了一些蛇语，这些语言对人类毫无意义，却能打动蛇的神秘听觉。为了安抚袋子里的蛇，他已经对它们说

了这些话。塞达武终于认为这个突击队已经做好准备了，他们开始向尼罗河进发，士兵们也潜进水里。当然，这些活动刚好在希腊哨兵的视野之外。

塞达武突然拉住了拉美西斯的手腕说："等一下……我确定墨涅拉俄斯正在松开缆绳。"

一切正如塞达武所探测到的。

拉美西斯让队伍待在原地，自己放下蛇袋跑向一只希腊船。在船头，墨涅拉俄斯紧紧地抱着海伦，银白色的月光照亮了他们所在的甲板。拉美西斯大声叫了墨涅拉俄斯的名字，墨涅拉俄斯也立刻认出了他。当时，墨涅拉俄斯正穿着双层护胸甲，裹带上的纽扣是镶金的。

墨涅拉俄斯大声笑道："拉美西斯，你是来祝我一路顺风的吧！看看吧，海伦爱她的丈夫，永远不会背叛我。她是一个拥有真正智慧的人，才会赶来见我。她将成为拉塞德蒙最幸福的女人。"

拉美西斯要求道："放了那些人质！"

拉美西斯用一艘双帆小船跟着墨涅拉俄斯所在的希腊军舰，始终没有靠太近。天终于亮了，希腊士兵们用武器敲打着盾牌，一时之间响声震天。

埃及的海军没有追赶，而是让出一条通道，让墨涅拉俄斯可以自由地驶进地中海。这是储君和大皇后的命令。

尾随着希腊人的拉美西斯曾有一段时间认为墨涅拉俄斯欺骗了自己，因为他觉得他杀了所有的人质。但他很快在海上看到了一只小船，被囚禁的人质正从大船的绳梯上下来。强壮的男人们用力划动船桨，所有人质以最快的速度远离了那座海上监狱。

海伦站在船尾。她双臂白皙，穿着一件绛红色的外套，一条白纱巾遮住了脸，脖子上戴着一条金项链。她望着大海对面的埃及，望着希望在那里能够躲过被墨涅拉俄斯左右的命运的国家，那个给了她几个月幸福时光的国家。

希腊弓箭手再也无法锁定埃及人质的位置时，海伦脱下了右手上的紫晶戒指，又饮下了一小瓶毒液，那是她从孟菲斯的一间实验室里偷来的。她不想再做奴隶了，不想再去墨涅拉俄斯的寝宫，不想再受他的殴打和侮辱。而墨涅拉俄斯，这个骗子和特洛伊战场上的落寞英雄，只能把海伦的尸体带回拉塞德蒙，永远受到鄙视和嘲笑。

埃及夏天的阳光真是太美了！海伦真心希望自己的肤色不是白皙的，而是漂亮埃及女人的古铜色，那样她就可以自由地去爱，任由自己的身体和心灵飞翔。

海伦慢慢地倒下，头歪向了肩膀，但她的眼睛睁得很大，凝视着蓝天。

09

国丧第四十天的时候，年轻的外交官亚夏回到孟菲斯。他之前奉外交部长之命在叙利亚南部从事情报工作，这段时间不算长。图雅、拉美西斯、妮菲塔莉以及其他一些重要人物，将在第二天前往底比斯。塞提的入殓仪式、新国王和皇后的加冕典礼，都将在底比斯举行。

亚夏是拉美西斯的同学，出身豪门，是家里的独子，良好的家教给了他高贵的气质。他有一张长脸，长得非常精细；下巴留着小撮胡子，剪得非常整齐；他的眼睛告诉人们他充满智慧；他虽然偶尔出言不逊，但嗓音很有魅力。他精通许多个国家的语言，从小就爱上了旅行，希望将来的职业也能让他研究别的民族，外交官员的职务刚好满足了他。亚夏才二十三岁，但已经成为一位公认的熟知亚洲情况的专家；他进步得这么快，即便那些经验丰富的官员也对他的成绩赞叹不已。他集理论家和实践者于一身，这种双重优点非常少见。他又被看成是一位灵异专家，因为某些人看到了他分析事情时表现出来的惊人洞察力。

亚夏去拜见外交部长梅布，梅布一脸严肃，才寒暄几句就让他立即去见拉美西斯。

拉美西斯有太多官员要见，只能一个一个地来，所以，暂时由拉美西斯的机要秘书亚梅尼接见亚夏。两人一见面就互相夸奖，亚夏边打量亚梅尼边说："你看起来一丁点也没有长胖。"

"你也不错，身上的衣服总是名牌货，总是最时兴的。"

"我有无数缺点，这就是一个！……回想起来，我们在一起学习的时光似乎很遥远……不过，看到你现在所担任的职务，我为你感到高兴。"

"对拉美西斯永远忠诚是我立下的誓言，我定会遵守承诺。"

"你做得对！拉美西斯马上要成为埃及的王了，如果神明愿意的话。"

"神明当然愿意。前几天墨涅拉俄斯曾对他进行了一场秘密刺杀，你听说了吧？"

"墨涅拉俄斯，他不是一个骗子吗？他的国家拉塞德蒙也是小国，不会有什么前途。"

"完全正确，他就是骗子！他劫持了一些埃及人做人质，要求拉美西斯必须把海伦还给他，否则就撕票。"

"拉美西斯怎样解决的？"

"他没有背叛海伦，并策划突袭那些希腊人。"

"这是件危险的事。"

"如果是你，你有更好的办法吗？"

"……不过是争取协商而已。但是，对墨涅拉俄斯那样的人实行那样的计划，几乎是超人的任务。他成功了吗？"

"最后海伦为了拯救更多的人回到丈夫身边，在墨涅拉俄斯的船远离埃及后结束了自己的生命。"

"这种行为称得上高贵，只可惜是以性命为代价的。"

"你总是这样说话吗，带着讥讽？"

"这不是正常的心理吗？嘲笑别人时，也总在嘲笑自己。"

"看来海伦的死没有震撼你的心。"

亚夏换转移了话题："对埃及来说，摆脱墨涅拉俄斯和他的军队是件好事，他不是一个合适的与埃及合作的希腊人。"

"荷马没有离开埃及。"

"那位老诗人，他可是很有魅力的……他现在正起草特洛伊战争的故事吗？"

"能当他的书记员，我觉得非常荣幸。他是个高贵的诗人，尽管其诗句常带着一种阴沉悲观。"亚梅尼露出了欣悦的神色。

"亚梅尼，你的脑子已经被作家的爱和文字搞糊涂啦。"不过他没有继续嘲笑，"在未来的拉美西斯政府里，是什么样的职务在等待着你？"

"不知道。我觉得现在的职务就是最适合我。"

"不，你应该担任更好的职务。"

亚梅尼不打算深入谈论这个话题，问亚夏前来的目的："那么你呢？你在等什么？"

"我想见到拉美西斯，越早越好。"

"有什么令人不安的事发生了吗？"

"我想把它先告诉储君，对不起。"

亚梅尼这才意识到光顾着跟亚夏聊天了，面露羞愧地说道："非常抱歉，他现在在马厩，你去吧，他不会不见你的。"

让亚夏着实吃惊的是，拉美西斯已经发生了巨大变化。未来国王的高贵与自信显露出来，他的驾车技术已经达到纯熟阶段，训练马匹的动作非常高超，这甚至让一些年长的骑术教练惊讶。拉美西斯少年时的形象已经令人印象深刻了，而如今俨然成为运动家，肌肉厚实，透露出来的君王气质也让人无法置疑。

然而，亚夏从拉美西斯身上看到一种极端的冲动性，这会让他做出错误的判断；可是，拉美西斯的精力似乎又是无穷无尽的，怎样严格地管束才能控制他的冲动？

拉美西斯一见到自己的朋友就调转了方向，随着一声嘶叫，马匹在亚夏面前两米处停了下来。年轻外交官的新衣服沾上了飞尘。

"抱歉，亚夏，这些小战马还没有完全驯服。"说着，拉美西斯跳下马来，把马匹交给两名马夫，然后搂住了亚夏的肩膀。

拉美西斯问起了正事："该死的亚洲依然如故吗？"

"恐怕是的，陛下。"

"陛下？不不不，我现在还没有登基呢。"

"看清形势是一个优秀外交官的素质，从目前的情况知道未来，并不是什么难事。"

"要论说话狂妄，你恐怕是绝无仅有的。"

"这是在指责我吗？"

"还是说说亚洲吧。"

"亚洲现在很平静，但这只是表面现象。我们的小公国正等着你登基，但赫梯人始终严阵以待。"

"你的这个'表面现象'，是确定的结论吗？"

"是的，未来你收到的官方报告里，看到的都是这些表面现象。"

"你的看法似乎有所不同……"

"平静总是风暴将至的预兆，问题是风暴何时到来。"

"我们先去喝一杯。"

拉美西斯和亚夏坐在了一个斜屋檐下，在这之前，他先确认了他的马匹将得到认真的照料。他们的对面就是沙漠，侍者送来了冰啤酒和毛巾，毛巾带着芳香气息。

拉美西斯问："赫梯人说他们愿意维持和平，你相信他们吗？"

亚夏喝了一口美酒，然后若有深思地说："赫梯人都是专事征服的战士，在他们看来，'和平'太不实际了，不过是诗意的幻想。"

"所以他们在蒙骗我们，是吗？"

"他们在等着一位年轻君主掌权，希望他相信和平而轻视国防，甚至希望埃及的防御体系一天天减弱。"

"他们的武器很多吗？"

"一直在加量生产。"

"你是说，战争是不可避免的？"

"不考虑不开战的可能性，这是一个外交官的职责所在。"

"如果必有一战，你有什么意见？"

"对不起，这个问题我无法回答。统观全局并提出合适的解决办法，已经超出了我的能力。"

拉美西斯换了个话题："说说你的工作吧，你想换职业吗？"

"这不能取决于我。"

"很小的时候我认为权力是奇妙的游戏，所以梦想成为像父亲那样的王。后来，父亲逼我面对野牛的挑战，我又觉得事实上我永远不能比肩父亲，并躲进了永远活在他羽翼保护之下的美梦里。可是，父亲的死亡再次终结了我的美梦。我曾经请求一位神秘者带我离开现实，但她只告诉我应该大胆行动起来 [1]。我的狮子、我的狗和我的侍卫长使我躲过了墨涅拉俄斯的暗杀，那件事也使我拥有了父亲的灵魂。从那一刻起，我决定不再逃避命运的安排。"说这些的时候，拉美西斯望着沙漠。

"你、我、塞达武、摩西还有亚梅尼，曾经一起讨论过什么是真正的权力，你肯定还记得吧？亚梅尼考虑的是公职方面，摩西从建筑艺术出发，塞达武诉诸对蛇类的认识，而你是从外交方面来说的。"

"真正的权力……是只有你才能拥有。"

"不是拥有，亚夏。它已经和我融为一体，我的意志与举动只是它的具体化。如果我没有能力保护它，它将离开我。"

"为国家付出自己的全部生命……这样的代价是不是太高了？"

"对我而言，自由已经成为不可企及的梦。"

---

[1]　指他在沙漠里遇到狮子那件事。——译者注

"这么说是不是太可怕了？"

"这是事实。其实我也害怕，亚夏。由我来统治这个国家是塞提的遗志，虽然充满困难但我必须行动起来。我要给后人留下一个智慧、强大又美丽的埃及。你愿意帮助我吗？"

"愿意，吾王。"

现在的谢纳，心里充满焦虑。

依靠那些希腊人的计划彻底失败了。因为墨涅拉俄斯全然忘记计划的基本目的是杀死拉美西斯，一心只想着像猎人抢夺猎物一样占据海伦。尽管谢纳成功地让弟弟相信自己并未参与谋杀，但这对他来说只是个安慰，除此之外毫无意义。墨涅拉俄斯的军队已经离开了埃及，即便谢纳其实是行刺计划的主谋，现在也没有人会追究和指责他。埃及法老的位子，终将归拉美西斯所有，而谢纳也终将像奴仆一样听命于弟弟。这种降级和损失是谢纳无法接受的。

正是因此，谢纳要作最后的尝试，去会见自己最后的一个盟友。此人是拉美西斯无可置疑的亲信，谢纳要夺取王位，他或许将是一个助力。

　　陶瓷商场黄昏时依然熙熙攘攘，店铺前人来人往，形态各异、价位天差地别的花瓶陈列在地，它们都出自手工艺家的妙手。一位挑夫正立在小路的转角处，叫卖清凉可口的饮料。

　　亚夏也在这里，他打扮得像一个普通人，谁也看不出他的特殊身份：穿着常见的裹腰布，戴着常见的假发。他正等着谢纳。谢纳也把自己好好地伪装了一番，所以，两人见面时都像普通农人一样。谢纳用葡萄换了亚夏的水，然后，两人并肩靠着墙坐在草席上。

　　谢纳开口道："见过拉美西斯了？"

　　"是的。我从此直属于储君，外交部长的命令对我无效了。"

　　"什么意思？"

　　"我升官了。"

　　"什么职位？"

　　"目前还不知道。拉美西斯正在考虑组建自己的新政府。他是个重视友谊的人，我的职位应该和摩西、亚梅尼的一样重要吧。"

　　"还有谁？"

　　"除了我们几个，只有塞达武算是他的密友了。不过此人的心思全都集中在他热爱的蛇上，明确表示不想担任任何职务。"

　　"拉美西斯已经决定统治埃及，这一点你确信吗？"

　　"他看到了责任的艰巨和自己经验的缺乏，但仍然选择勇敢承担。你就不要再指望他会逃避了，那根本不可能。"

　　"他跟你谈过阿蒙的大祭司了吗？"

　　"没有。"

"那就好。其实此人非常有影响力和破坏力，幸好被我弟弟低估了。"

"他？他不只是个贵族而已吗？据我所知胆小如鼠。"

"如果是塞提，可能他会害怕。但拉美西斯不是塞提，这个年轻人还太不懂权力斗争的门道。……我已经对亚梅尼不抱希望了，这个该死的书记员会寸步不离拉美西斯，就像狗忠诚地追随主人一样。至于摩西，我相信我能把他引进我的圈套。"

"你试过了吗？"

"试过一次，失败了，但那只是随便试试。这个希伯来人脑子里充满问题，他所追寻的真理，与拉美西斯的并不完全相同。所以，如果我们能够投其所好，相信他会加入我们阵营的。"

"确实是这样。"

谢纳又开始考量亚夏："对摩西施加些影响，你做得到吗？"

"我觉得现在不行，但在未来，我想我会获得那种力量的。"

"亚梅尼呢？"

"他好像是不可贿赂的……但谁也说不准，也许时间久了他的弱点会暴露出来，那时就可以攻破他。"

"现在拉美西斯正在编织一张牢不可破的网，我可不想没有成功却先落入网中。"

"我也是这样，但我们现在只能忍耐。您也应该制定一个面面俱到的策略，墨涅拉俄斯及其军队的教训可要吸取啊。"

"我们还要等多久？"

"先让拉美西斯得意去吧。权力如同火焰，在他的大小宴会中烧起旺盛的奢靡之风，而这会让他慢慢与现实隔离开。何况亚洲

那边的形势还牵制着他，我就是汇报相关情报的人之一，而且我的意见他应该会听的。"

"你有什么计划没有？"

"我要先确认一点：您是不是渴望法老的位子？"

"无论资格还是能力，我都具备。"

"所以，推翻或消灭拉美西斯是必需的。"

"而且，我们必须走合法的道路。"谢纳补充道。

"那么，我们需要在两方面行动起来，在内是发起叛变，在外是利用外族攻击。在内部，如果没有足够多的可影响国家的同党，不可能成功造反，不过这方面您已经占优势了。在外，我们需要寄希望于赫梯人的真正欲望，而且即便埃及真的与之开战，结果也只应该是拉美西斯灭亡，而不是埃及的灭亡。如果孟菲斯沦入赫梯人手中，上下埃及的国土都将不保，那种结果仍是我们的失败。"

谢纳坦白说出了自己的担心："可这太冒险了。"

"因为您夺权的对手是拉美西斯，他并不好对付。"

"赫梯人个个好战，埃及难免沦陷。"谢纳明显没有被说服。

"未必。"

"难道你能创造奇迹？"

"谈不上什么奇迹。我们只是把拉美西斯引进陷阱，让他丢掉性命或为埃及的战败负责，但国家不会直接受到牵连。无论是死还是为战败负责，法老他肯定是做不成了。而到那时，人们需要一位救星，那个人就是您。"

"这简直就像梦一样。"

"我的生活拒绝幻想。我会在知道拉美西斯给我安排的职务后展开行动,当然,前提是您不会半途而废。"

"我从来没有想过放弃!让拉美西斯消失是我无论生死都要达到的目标。"

"事成之后,希望您不要过河拆桥。"

"这一点请你放心,无论从哪个方面看,你都将是我的左膀右臂。"

"对不起,事实上我对此表示怀疑。"

谢纳跳起来说:"你不相信我?"

"完全不是那样。"

"那你还说……"

亚夏抢白道:"我只是出于我的理智才这么说的。冷静与谨慎是我生存的根基,如果我是个天真的人肯定在您手下活不长。您目前的出发点都是个人利益而非其他,若我们成功,您就会拥有权力,叫人如何相信您到时会履行承诺呢?"

"你果真是没有一丝幻想的人。"

"是的,我是个绝对的现实主义者。您登上法老之位后在部长的选任上,将不得不考虑时局,那么和我一样曾经帮助您的人,很有可能被您抛弃。"

谢纳笑了笑,说:"亚夏,你真是绝顶聪明。"

"这要感谢旅行,它让我见识了不同的社会和人群。不管在什么社会、面对什么人,强者支配着一切。"

"不!塞提统治下的埃及就不是这样。"

"但塞提已经成为过去。作为战士的拉美西斯也有暴力倾向,只是还没有爆发，而这段时间就是我们的机会。"

"你的意思是要我现在就给你好处。"

"您让我看到了非凡的智慧。"

"谈不上，直言不讳而已。"

"我已经是富翁了，但说到富有，有谁会知足呢？也许在别人看来，拥有多幢别墅对我这样的大旅行家来说是可喜的，不过，我时而喜欢住在北部，时而喜欢住在南部。所以，我必须要享受埃及的生活，在三角洲有三栋房子，在孟菲斯有两栋，在埃及中部有两栋，底比斯附近有两栋，阿斯旺有一栋。"

"所以，你对我的要求只是这么一笔财富而已吗？"

"是的。我想要的对您来说小菜一碟，这就是我为您提供服务的报酬。"

"宝石和矿产呢，你也想要吗？"

"当然。"

"你是如此贪财的人吗？我不信。"

"我喜欢名贵的高级货。您也算是业余的收藏家了，因为您有许多珍贵的花瓶，那么，我这个爱好您应该能够理解的。"

"理解倒是理解，可那些房子实在太多了……"

"名贵的农具需要装饰精美的房子，就像珠宝需要漂亮的盒子一样。当我在世时，当您一步步登上国王的宝座时，它们将是我的乐园。我将成为那些房子唯一的主人，并尽享尊崇。"

"你要我什么时候开始提供这些给你？"

"现在。"

"可你升职的事现在还没有消息呢！"

"迟早的事，反正我的职务是不可或缺的，而您如果需要我的服务，请现在就奖励我。"

"好吧，那么先从哪里开始？"

"先在三角洲西北部为我建一栋别墅。它要靠近边界，视野要宽敞，要有戏水池、葡萄园和忠诚的仆人。仆人要有对待王子般的服务，即便我一年只在那里住几天。"

"你的野心仅止于此了吗？"

"哦对了，还要有女人！我希望漂亮且风骚的女人，越多越好，不要像我出差时的费用那样是有限的。至于血统，我并不在乎。"

"你的这些要求，我接受。"

"我也保证会让你得偿所愿。记住，千万不能泄露我们约会的秘密，这是基本要求。如果我们的关系让拉美西斯知道了，我的前途就泡汤了。"

"当然，泡汤的还有我的利益。"

"最能保证友谊长存的东西是不存在的。再会，谢纳。"

看着这位年轻外交官远去的背影，谢纳相信自己依然占着好运气。"亚夏是个人物，很了不起，如果不得已必须除掉他，我还真舍不得呢。"谢纳想。

11/

　　图雅所在的船只，正带领着安葬塞提的舰队从孟菲斯出发前往底比斯的帝王谷，那里是安葬木乃伊的地方。妮菲塔莉时刻紧跟着图雅，因为她感到了母后的悲伤，尽管图雅看上去平静得令人吃惊。这位法老的遗孀，通过简单的接触教会了妮菲塔莉作为皇后在遭受残酷考验后该有怎样的表现。同时，这名年轻女子的精心照顾也有力地安慰了图雅。这两个高贵的女人虽然没有语言交流，却都有澎湃的心，并紧密地连在一起。

　　拉美西斯则在工作中度过了整个行程。

　　天气实在酷热难当，亚梅尼还准备了大量资料，内容涉及许多复杂问题，比如外交、领土安全、人民保障、公共工程、生产管理、堤坝与运河维护等。正是他的努力提醒了拉美西斯自己还有许多工作。

当然，国王会将具体的工作分给各级官员，但了解整个行政体系的所有环节，却是拉美西斯逃不掉的工作。而且，他还要学会如何掌权，否则埃及这艘大船将失去舵手，最后沉入大海。未来的法老正在与时间赛跑。拉美西斯的任务是登基后做出重大决策，上下埃及的人民都要求他的行为像一个主宰者。他时不时地担心自己犯下大错，那后果是不可想象的。

不过，每当想到自己的母亲会在背后支持他，拉美西斯的心就安宁了。母亲曾帮他避免犯错，当手下的某些大官员使诡计来保留自己的特权时，图雅会教训他们。

拉美西斯长时间工作——追求完美又极端严肃对待工作的亚梅尼会在一旁协助——之余，喜欢站在船头上望着带来昌盛的尼罗河，呼吸清新空气，那空气里似乎隐藏着神明的气息。在这短暂而美妙的孤独时刻，拉美西斯感觉从三角洲顶点到孤单的努比亚都是他的。整个埃及需要怎样的珍爱？他能付出埃及所需要的真情吗？

与拉美西斯同船的还有摩西、塞达武、亚夏、亚梅尼，拉美西斯邀这几位贵宾同席共餐。于是，当年在孟菲斯贵族学校里一起学习知识、一起研究权力问题的几位好友，今天再度聚齐。重逢和聚餐虽然是件值得高兴的事，但每个人都面露悲伤，因为预感到埃及将因塞提的去世遭遇灾难，而且很可能无法自保。

摩西对拉美西斯说道："你的梦想很快就要变成现实了。"

"这再也不是一个梦，而是一个重担，令人充满忧虑的重担。"

亚夏并不同意这个说法："不，你其实不知道害怕。"

塞达武小声说："换成是我就会放弃，法老的日子有什么可羡慕的？"

"我也曾经长时间犹豫，但我也想到了你们对一个背叛父亲的儿子会有何看法。"

"我只希望他的理智能够压制他的疯狂。你和你的父亲可能都会葬送在底比斯。"

亚梅尼急切地问："怎么，你又听说了一个阴谋吗？"

"一个阴谋？十个、二十个、一百个都有了！也正是因此，我才会随身带着我的爬行好友来到他身边。"

亚夏语带讽刺地说："好一个尽职的保镖！……可是谁会相信那些阴谋呢？"

"至少我相信。而且我是用行动说话的。"

"你是在非议外交吗？"

"外交会把事情搞复杂。生活原本是非常简单的，除了快乐就是痛苦，要么选择快乐，要么选择痛苦，没有折中的办法。"

亚夏不同意："你的想法太肤浅了。"

这时，亚梅尼插嘴道："不过很适合我。对我来说，所有的人不是拉美西斯的支持者，就是他的敌人。"

摩西发问道："如果敌人的数量超过了支持者呢？"

"那我也不会改变立场。"

"拉美西斯即将成为法老，那时他也就不再是我们的朋友了。我们于他而言将与其他臣民没什么两样。"

这话显然戳中了大家心中的痛点，每个人都静静地等着拉美西斯说话。

拉美西斯说："摩西说得对。我不会逃避我的命运。你们依然是我的好友，我希望你们能够帮助我。"

摩西问："那么我们的命运呢，你是怎样安排的？"

"你们都已经在各自的领域有了成就，我希望埃及的繁荣与幸福成为我们共同的前途。"

塞达武表态说："我知道我的未来。你成为法老之后，我就会回到我亲爱的蛇身边。"

"我会尽力说服你的，因为我希望你留在我身边。"

"别白费力气了。我把眼下的保镖任务做完就会离开。依我看，摩西将成为建筑大师，亚梅尼将成为总理，亚夏是外交部长，就看他们爱做不做。"

拉美西斯吃惊地问："难道你不打算加入我的内阁吗？"

塞达武耸了耸肩。

亚夏提议说："我们是不是该尝尝储君赏赐的稀有美酒？"

亚梅尼举杯大声道："愿神明保佑未来的国王，祝他身体康健、万古长青。"

谢纳乘坐的是另外一艘豪华帆船，上面有四十多名水手。他现在是礼宾司长，利用职务之便邀请了几位知名人物。他们当中的大多数是拉美西斯的反对者，正就拉美西斯这个名字发表评论。谢纳没有加入，只是在一旁分辨着哪些人将来可以为己所用。他们似乎一致认为拉美西斯最难以克服的不足就是年轻和缺乏经验。

谢纳发现，自己完美的名声毫发无损，人们却长期把拉美西斯与完美的塞提相比，这会令他的弟弟苦不堪言。大地又裂开了一道缝隙，就像大事和阴谋一件件发生一样。还应该加把火，任何打击这位年轻法老的机会都不要错过，谢纳想。

谢纳请客人们饮用枣汁和冰啤酒，与他们寒暄、聊天。有好几位客人很喜欢谢纳亲切而谦逊的言语，认为自己能和这样一位大人物交谈实属荣幸。他们相信，拉美西斯将来一定会对他的哥哥委以重任。

有一个人一直耐心地等待着被发现和接见。他中等身材，长着一小撮山羊胡子，衣服上有彩色的条纹；他一点也不紧张，谦虚甚至是恭敬地等待着。这样的等待已经持续一个多小时，终于谢纳空闲一点了，把他召至跟前。

男人毕恭毕敬地行礼后，谢纳问："你是谁？"

"哈伊亚，叙利亚人，不过已经在埃及工作多年，是自由商人。"

"你都经营些什么东西？"

"高级肉罐头、亚洲的美丽花瓶。"

谢纳皱眉，带着询问的语气，重复了"花瓶"这个词。

"是的王子殿下，都是非常高级的花瓶，只有我能弄到手。"

"我喜欢收藏珍稀花瓶，你知道吗？"

"最近才知道。也正因如此，我才想把我的藏品展示给您看。希望您会喜欢。"

"贵不贵啊？"

"不一定。"

听了这话，谢纳有些惊奇，随后问道："如果便宜出售，条件是什么？"

哈伊亚没有回答，而是从一个厚布袋中取出一只细颈花瓶，上面鎏着一整片银质的棕榈叶。他问谢纳："您觉得这个怎么样？"

谢纳像着魔了一样捧着花瓶，豆大的汗珠滑过太阳穴，双手也都湿了。

"绝世珍宝！……无与伦比，巧夺天工……多少钱？"

"如果是埃及未来的法老，把它当作礼物送上也无妨。"

谢纳失望地说："那不是我。我弟弟拉美西斯才是未来的法老，你认错人了。还是跟我说说价钱吧。"

"我没有认错人。王子殿下，我的职业不允许我出差错。"

尽管那花瓶非常精美，但谢纳的目光还是移开了："你到底想说什么？"

"拉美西斯不应该成为国王，这是很多人的想法。"

"可他几天后就会登基。"

"也许吧。但这意味着他面临的难题将迎刃而解吗？"

"哈伊亚……你到底是谁？"

"一个未来带给您好运、希望您成为埃及国王的人。"

"你知道我想要什么？"

"加强埃及与外邦的经济往来，改变埃及的傲慢，与亚洲最强的民族建立友好的商业关系，这些不都是您曾经明确表达的愿望吗？"

"亚洲最强的民族……你说是赫梯人。"

哈伊亚笑而不语。

"所以，你是以赫梯人间谍的身份支持我吗？"

哈伊亚点头。

"你希望我做点什么？"说这话的时候，谢纳感动得如同刚才

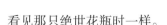

看见那只绝世花瓶时一样。

"拉美西斯像塞提一样喜欢冲动，又崇尚武力。他想彰显埃及的国威，但您不一样。赫梯人只可能与沉着冷静的谢纳王子缔结和约。"

"哈伊亚，背叛埃及对我来说意味着死亡。"谢纳回想起了图坦卡蒙的妻子，她由于串通敌人而被判死刑。那件惊人的事使全国人民都警惕起来。

"如果您想夺取权力，就别想着不冒一点儿风险。"

谢纳闭目不言。他确曾想过利用赫梯人来对付弟弟，但那似乎有些不切实际。然而，眼前这个看似毫不起眼的商人突然使他觉得这个想法有可能成为现实。

谢纳仍然说："我热爱我的国家……"

"没有人敢怀疑这一点，殿下！但是权力难道不是您更喜欢的吗？您想要成功，与赫梯人合作就是不二选择。"

"让我好好考虑一下。"

"时间太宝贵了，它超出了我的业务范围。"

"难道我现在必须答复你吗？"

"这是我的人身安全要求的，如果您不答应，我相信您不会为我的身份保密。"

"如果我不答应呢？"

哈伊亚沉默不语，目光却沉静得神秘难测。

谢纳经过短暂的内心挣扎，思考眼前这个人是不是命运安排给他的重要盟友。他想是命运要让他掌握形势和评估风险。他要攫取利益，前提是不能让埃及因阴谋而遭受灾难。当然，亚夏还是要利用的，他与埃及主要敌人的关系，不能告诉他。

"我接受。"

商人笑了，他说："王子果然非同凡响。过段时间我会再去拜会您，放心，没有人会怀疑我的动机，因为我是一个从事珍贵花瓶交易的商人。您留着这个东西，这是我们结盟的信物。"

谢纳抚摸着这件臻美佳作，相信自己的命运要峰回路转了。

12/

　此刻帝王谷每一小块石头的样子，都进入了拉美西斯的回忆。那片极其干旱的"大草原"，就是父亲在这里展示给他的。塞提接手光荣而强盛的埃及，是在他父亲统治两年之后，而今，拉美西斯二世再度接手。拉美西斯心情很低落，夏日骄阳都把抬棺人员晒晕了，可他就像看不见一样领着送葬队。法老塞提的木乃伊，即将被送到最后的安息之所。

　拉美西斯忽然恨起了这该死的山谷，因为父亲将永远留在这里，这让他无比孤独落寞。这种念头只持续了一小会儿，很快，他的心再次被这个地方孕育生命而非揭示死亡的神奇占领了。

　祖先的声音就回荡在这个寂静的矿石场，诉说着光明与复活。这里是诞生各种生命的王国，要求来者尊敬、崇拜。

在帝王谷里，拉美西斯第一个进入塞提的大坟墓。它最长也最深，埃及的法律已经规定塞提法老的墓穴必须是史上最大的一座，未来的法老也不可超越。因为对于后代来说，塞提是一位空前绝后的法老。

十二名祭司抬着木乃伊，穿着豹皮衣服的拉美西斯身为塞提的继承人，担任安灵仪式的司仪，诵读者使已故法老通往天国并在神殿复活经文。仪礼和经文在"安息墙"面前演示过就会永远有效，永远维持着法老的生命。

感谢防腐师傅完美的技术，塞提的脸孔十分安详，俨然一位圣人。甚至会让人觉得他的双眼还睁着，嘴巴有话要说……"黄金安息地"中央的石棺，由祭司来盖上棺盖，而复活逝者的工作由女神伊希斯完成。

拉美西斯低声说道："法老塞提是一代贤君，他是法律的忠诚执行者，光明喜欢他，他将去往另一个世界，生命也将在那里延续。"

国丧期已结束，埃及各地的剃须匠们又不分昼夜地忙碌起来，为男人恢复面容，刮掉他们的胡子。女人将再度盘起头发，美发师也被允许重新开业了，当然，他们大多为贵族妇女服务。

在加冕之前，拉美西斯和妮菲塔莉在古尔纳神庙里静思了很长时间，每天参加一场纪念塞提的仪式。那些仪式是为了保证法老能够与世长存，永远活在人们心中。然后，他们需要前往卡纳克神庙，大祭司以非常冷漠且极端形式化的脸色接见了他们。两人在阿蒙神庙里的一座行宫用餐，之后要在王座前静思。阿蒙神庙如同一个小岛，它周围的海即是天庭。这里有一句永恒的真言："正直而指引正确方向的女神。"这是用象形文字写的，代表时间的起点，说的是玛亚特女神。它将赐给这对国王和皇后以恩泽雨露，好让他们有一天能够惠及全埃及。

再过几个小时，拉美西斯的生命将具有全新的意义，现在他感到父亲的英灵就在身边。想到自己将成为埃及的国王，他有些惶恐，因为这意味着毫无拘束的自由的终结，人民的幸福和国家的昌盛将成为他今后唯一能关心的事。

这责任太过重大，他再次感到了震惊和恐惧。

这一刻，他太想逃离此地，回到童年，奔向伊瑟身边，追寻那安逸自在的日子。然而，他已经身兼塞提指定的继承者和妮菲塔莉丈夫的双重身份，所以必须克服这份恐惧。这是登上王位前的最后一夜，他必须坚持下来。

黑夜终于被黎明撕破，太阳从恶魔的深渊里获得新生。分别戴着隼面具和朱鹭面具的两名祭司站在拉美西斯两侧，前者象征着宫廷的保护官荷鲁斯，后者象征着掌管象形文字及神奇科学的透特。储君赤身裸体，两名祭司用两大瓶水从上往下淋，象征着他身上的人性被全部洗净。然后，拉美西斯的身体被九种香膏油脂涂涂抹抹，将他装扮成神的样子。此举是为了打开他的精气孔窍，让他看见自己事实上与人类不同。

拉美西斯的服饰非同常人：两条裹腰布交错缠在腰间，一条金色、一条白色，其样式亘古如一；腰上挂了一条象征着可召唤王权的牛尾巴。这位年轻人，忽然又想起了父亲考验他勇气的可怕情形，就是被逼与野公牛对峙那次，而今天这两位祭司的举动，则需要他把从中获得的力量具体且足够恰当地发挥出来。

接下来，几名司仪把一条五彩珍珠大项链挂在拉美西斯的脖子上，绕了足足七圈；给他的手臂和手腕上戴上铜环，脚上穿上白凉鞋。然后，他们递给他一根狼牙棒，它是用来打击敌人的，有驱除黑暗的力量。一条金色的缎带，象征着"畅通无阻的直觉"，绑在了他的前额上。

荷鲁斯的祭司问："你愿意接受权力的考验吗？"拉美西斯答："我愿意。"然后，两名祭司把拉美西斯引领到设有王座的房间。那里有两顶王冠，一位戴着塞特面具的祭司守护着它。

透特的祭司离开，荷鲁斯和塞特友好地抱了一下，这象征着法老有力量让两个彼此敌对的人和平相处。[1]

红王冠代表下埃及，这是一顶相当高的法帽，呈螺旋状，由荷鲁斯把它戴在拉美西斯的头上。白王冠，代表上埃及，椭圆形，帽顶是黑色的，由塞特为新法老戴上。

透特宣布道："你已经获得了'两种力量'，黑色的和红色的土地都将由你统治，这两块土地将因你充满生机，因为你是南部的灯心草，是北部的蜜蜂。"

塞特说："只有你能够接近两顶王冠，任何篡位者都将被它们里面的闪电击毙。"

荷鲁斯递给法老两根权杖，一根上面写着"权力的主人"，拉美西斯主持祭祀时会用到它；另一根是"魔杖"，用来团结管理埃及人民。

---

[1] 在奥西里斯神话中，塞特暗杀了自己的兄长奥西里斯，成为侄子荷鲁斯的死敌。——译者注

透特宣布道："这一刻，光荣加诸你身。"

法老从神秘大厅里三位圣神的后面一步步走向露天大祭坛，大祭坛聚集着一些有资格进入卡纳克神殿的官员。法老的宝座是金色木头做的，样式并不张扬，线型也很朴素，它位于一座阶梯的顶端，上面就是拱顶。这是塞提法老生前的宝座，也将按照仪礼传给拉美西斯。

拉美西斯有些犹豫，母亲图雅走上来向他鞠躬行礼，并说："愿陛下如朝阳升空，登上这人间的宝座。"

这颂歌般的话语震动了拉美西斯，母亲始终是他最敬重的女性。

图雅又说："这是塞提向您的神明立下的誓言。您统治埃及的权力，是塞提合法授予的，他当初也是合法继承的，未来的您也要合法传承。"

图雅交给拉美西斯一个铜盒，这个盒子从文明初期传承下来，里面的莎草纸卷上的字，是透特亲笔所写。拉美西斯接手这个盒子，即将正式成为埃及的新法老。

"这是你的五个名字，"图雅开始大声宣布，声音清晰而沉稳，"拉美西斯，您是强壮的、法律选中的野公牛，是令其他国家臣服于埃及的埃及保护者，是可取得伟大胜利的军事首领，是光明之子，是法律之子。"

所有人都在安静地聆听，连充满野心和怨恨的谢纳都被这庄严而肃穆的伟大时刻震慑住了。

图雅接着说："上下埃及的统治者，向来是夫妇二人。妮菲塔莉，你是法老的大妻子，也是埃及的皇后，上来站在他身边。"

年轻皇后的美丽吸引了拉美西斯，在这庄重的典礼上他竟产生了拥抱她的念头。亚麻长袍、金项链、紫晶耳坠、碧玉手环加身的妮菲塔莉，凝视着法老，开始宣读属于皇后的套词："我见证荷鲁斯与塞特已经结合在同一人身上。我的法老，我歌颂你的名字，你的往日、今天和将来。我将因你的话语获得永生，我将保护你免遭痛苦，免受危险。"

法老的回应词是："我承认你是全埃及的皇后。神祇见到温柔无比的你，定会欢欣鼓舞。你是神明之母和神明之妻，我爱你。"

拉美西斯为妮菲塔莉加冕，使她成为在权力上与法老匹配的大皇后。皇后的凤冠装饰着两根很长的羽毛。

就在此时，太阳里飞出一只巨鹰，它像意欲捕获猎物般在这对王室夫妇头顶上徘徊。忽然，它快速盘旋起来，任何弓箭手都无法瞄准它。最后，这只猛禽的两只巨爪落在了拉美西斯的两肩上，身体则位于拉美西斯的头顶。观众一片惊恐，但塞提的幼子一动不动，大皇后也没有停止对他的凝视。

这是鹰神荷鲁斯，埃及的国土保护者。惊慌的大官们见证了它与拉美西斯耗时颇长的神奇合体过程。拉美西斯是荷鲁斯选中的埃及的王。

然后，这只大鸟又施展开神一般的力量，安宁地飞回了太阳里。

终于，拉美西斯在仲夏的第三个月第二十七天完成登基，众人欢呼雀跃。

13

庆典即将结束的时候，拉美西斯被一群人飞快地拉走了。

法老的私家总管带他来参观底比斯王宫。这王宫里的建筑，一部分是公共的，另一部分是私人住所。于是，新任君主拉美西斯大致看了看圆柱会客厅、几间办公室、几间私人会客室、露天阳台、餐厅、起居室和浴室。会客厅的地面和墙壁上画满了莲花、芦苇、莎草、鱼群和鸟类；办公室是书记员工作用的；阳台的窗口上装饰着一个展开翅膀的太阳；餐厅的中央有张大桌子，桌子上永远有新鲜的水果篮和花束；起居室的床上摆着各色各样的靠枕；浴室地面是用瓷砖铺就的。

拉美西斯已经正式成为国王，这位私家总管便向他介绍了王宫里的职员。他们是几位负责宗教仪式的长者、长生殿的书记员、医生、起居室内侍、宫廷通信室主任、财务主管，其他的都是仆人，负责谷仓、牲畜等事务。所有成员都盼着马上给法老请安，表达他们矢志不渝的忠心。但是，拉美西斯忽然站起来说："接见告一段落。"

私家总管反对说："陛下！不能暂停，重要成员还有很多，他们——"

"比我还重要吗？"

"恕我失言，我只是说——"

"带我去厨房。"

"您不该去那种地方。"

"我该去哪里，难道你比我还清楚？"

"我只是——"

"你总是做寻找借口这种无用的事吗？首相和阿蒙大祭司为什么没有前来晋见？"

"不知道，陛下，我无权过问这种事。"

"去厨房。"

厨房里有一群专家：屠夫、罐头制造工、择菜工、面包工、糕点工、酿酒工，不一而足。他们都不可或缺，对工作时间和假期安排的要求也很严苛。这些人归罗梅管理。此人腆着啤酒肚，长着双下巴，两颊肥厚，体重超高，行动缓慢，但他很乐观，不在意自己的体重和外形，打算退休后再减肥。罗梅想，自己目前最该做的是管好厨房这群人，建立良好的纪律，做出诱人的美味。这些专家之间偶尔会有争执，这也要由他来调解。他对厨房的卫生和食物新鲜度有严格要求，菜肴无不亲自品尝。这位御膳总管

事事追求完美，无论法老或其他宫廷成员在不在底比斯。

私家总管现身厨房，肌肉发达的拉美西斯站在他身边，但穿着朴素的便服，只有裹腰布又白又亮。罗梅见此景象，以为又是一堆麻烦事儿，这狗官肯定是收了这年轻人家人的贿赂，来这里滥用职权把一个无能的助手塞给他。

"你好，罗梅，我带——"

"我知道。"

"那还不快快行礼！"

可罗梅却双手叉腰大笑道："向这个家伙吗？那要看看他会不会洗碗！"

总管面带难色看着法老，抱歉地说："对不起，我……"

拉美西斯却对罗梅说："我会洗。问题是你懂烹饪吗？"

"居然敢怀疑我，你是谁！？"

"我是埃及的法老，拉美西斯。"

罗梅惊呆了，他意识到自己要完蛋了。于是，他利索地脱掉了皮围裙，折好放在一张案几上。依照首相法庭的法律，对法老不敬要受到最严厉的惩罚。

拉美西斯问："午餐准备好了吗？"

罗梅错愕了一会儿，回答说准备好了。他摆出烤鹌鹑、有草香味的尼罗河鲈鱼、无花果泥和蜂蜜蛋糕几个菜点。

"看起来很可口，但外观足以代表实际口感吗？"

"您不相信？陛下，我的名声——"罗梅想为自己正名，却被打断了。

"名声什么的我不考虑，直接上菜。"

总管恭敬地说："那么，我马上请人准备好餐厅。"

"不必了，就在这里吃。"

接下来，总管神色不安，但法老吃得很高兴。

"太好吃了！"他面向罗梅，"你叫什么名字？"

"罗梅，陛下。"

"罗梅的意思是'男人'，你也不愧是个真男人。我要让你做宫廷私家总管、司酒官和御膳总管。现在跟我走，我要问你几个问题。"

刚刚成为前总管的那人急忙问："那……那……那我呢，陛下？"他有些结巴了。

"没有效率和吝啬的人我都不会纵容，你去洗衣房吧，那里总是人手不够。"

法老和罗梅不急不忙地走着，来到前面柱廊的阴凉里。

"亚梅尼是我的机要秘书，他身体比较弱，对美食没有感觉，工作起来却太拼命，重要的是我很珍惜与他的友谊。所以，我会把你安排到他的手下。"

罗梅惊讶地问："可我只是一名厨师，能够胜任这么多工作吗？"

"父亲教导过我，要凭直觉判断人。如果任用你是个错误，只能怪我运气不好。我需要几位忠诚的仆人来治理国家。我问你，你在皇宫里认识的人多吗？"

"其实……"

"罗梅，直接干脆地把话说出来。"

"陛下的王宫窝藏着最多的伪君子和野心家。他们似乎早就把

您的王宫当作巢穴了。您父亲在世时，他们还由于害怕闪电躲在洞穴里，但塞提去世后他们就涌了出来，就像野花在暴风雨后的沙漠生长起来。"

"他们都讨厌我，对吗？"

"客气地说才是讨厌……"

"他们想要的是什么？"

"您尽快暴露出缺点。"

"你能做到百分之百的忠诚吗，如果支持我的话？"

"您觉得我有足够的能力吗？"

"你不是个瘦子，已说明至少还算是个好厨师；很多人惦记你更说明了你的能力。厨房是传播流言之地，你得学会分辨是非，就像知道如何选食材一样。告诉我，反对我的集团主要有哪些？"

"陛下，几乎整个王宫的人都不支持您。他们认为您根本不可能做到像伟大的塞提法老一样，认为您的执政只是一个过渡期，终将被另一个渴望得到王位的人推翻。"

"即便如此危险，你仍然愿意帮我管理王宫吗？"

罗梅轻轻一笑，说："安全可能是件好事，也可能是坏事……我不在乎冒险去做几道菜肴，但有一个条件……"

"什么条件？"

"提出条件之前，恕我斗胆，您不可能成功执掌埃及。"

"为什么这样悲观呢？"

"陛下的年轻和经验不足与阿蒙大祭司等十几位大臣的谙熟政治对比太过悬殊，您不知道怎样使用利益手段和他们对抗。"

"权力在法老手里，你太小看它了吧。"

"当然没有，事实上，让我惊讶的是您太看重它了。一个人去对抗一支军队，这几乎毫无胜算。"

"我拥有像野牛一般的力气。"

"然而，野牛也撼不动大山。"

"你是在劝刚刚加冕法老放下权力吗？"

"您如果把权力让给那些人，会被谁知道或责备呢？"

"你就可能会。"

"我只是最好的宫廷厨师而已，我的意见无足轻重。"

"可你现在已经是宫廷总管了。"

罗梅郑重地问法老："陛下，您愿意听从我的建议吗？"

"视建议本身而定。"

"如果啤酒的味道不好，或者猪肉的品质中等，任何时候都不能接受它，因为一旦接受了不好的，人就开始堕落了。现在，我需要去忙我手里的事，还要开始实际地修正您的行政体系，请放手让我去做，好吗？"

拉美西斯的眼光是对的，罗梅非常适合做宫廷总管。确定这一点后，拉美西斯走向了御花园。

14

妮菲塔莉累得差点儿要流泪,但她忍住了。

她所担心的事,即深思和平静生活的结束,终于还是要发生了,祸首是恐怖的大皇后的职责。完成加冕后,她必须尽快离开拉美西斯身边,去巡察自己辖下的神庙、学校和纺织厂。

为她服务的官员,有的负责管理皇后的土地,有的负责年轻女子的教育,有的负责财务行政的书记员、收税员;还有一批祭司,男女都有,负责代替皇后"神明之妻"的身份举行典礼,以维持神明在俗世的神力。图雅已经把他们介绍给了妮菲塔莉。

妮菲塔莉在一个地方待不了几天,就会被带到另一个地方,根本没有时间休息。接见数以百计的人,恰当地应对每个人,永不疲倦地微笑,这些都是她的日常活动。

美发师、化妆师和修甲师每天清晨都会围着皇后，把她打扮得更加美丽。拉美西斯的全能固然是埃及幸福的保证，但她的魅力让这幸福更锦上添花。妮菲塔莉穿上亚麻长袍，系上尽显其曼妙身材的红裹腰布，迷人的风采无人能及。

难得有时间，妮菲塔莉躺在一张矮床上可以歇息片刻，还有一场为她献上香膏油脂的盛会等着她。可她觉得体力与勇气都已经透支。

灯光昏暗，一个柔弱的身影走来，她认出是图雅。

"妮菲塔莉，你不舒服吗？"

"筋疲力尽。"

图雅在床边坐下，捧着妮菲塔莉的右手说："这种考验我也领略过。一是提神药水，二是法老的阳气，这两副药能够让你恢复气力。"

"我没有皇后的能耐。"

"你爱拉美西斯吗？"

"爱，胜过爱我自己。"

"那你就不能放弃。放弃相当于背叛拉美西斯，他的皇后需要和他并肩战斗。"

"也许他看走眼了。"

"他没有看错人！像你现在这样的疲惫和失望，我不是没有经历过。埃及自建国以来，国家对每一代大皇后的要求都是一个女人力不能及的。"

"您曾想过放弃吗？"

"想过，而且是无数次。我恳求塞提让其他女人顶替我，我宁

可只做一个嫔妃，但他每次都是拥抱并安慰我，事后，我的工作量丝毫不会减轻。"

"我是不是配不上拉美西斯？"

"问得好，我可以回答。"

妮菲塔莉不安地看着图雅，图雅则坚定地说："妮菲塔莉，你必须站起来，不要违抗命运的狂流，而要像个游泳能手出没其中。"

在拉美西斯的指示下，亚梅尼和罗梅用三天的时间全面改革了底比斯的行政系统。这个过程中，上到市长下到渡轮工人都曾向他们提出了自己的建议。底比斯与孟菲斯相距遥远，北方将成为塞提永远的归宿，南部大城底比斯似乎越来越自治了。阿蒙大祭司甚至把自己当成了底比斯的王，凭借神庙里的无穷财富，他在此地的权力似乎比法老还要大。这些报告警醒了拉美西斯，他知道事情已经非常严重：上下埃及有可能变成两个国家，甚至有可能成为敌国。这种分裂意味着不幸，所以拉美西斯必须要有所行动了。

亚梅尼瘦弱而严肃，罗梅丰腴而豁达，两人从对方那里取长补短，合作得非常愉快。他们不受那些大官的影响，坚定地拥护拉美西斯，相信他能够恰当地处理好每件事务。为推翻腐朽的阶级制度，他们提出了许多让人惊讶的提案，并在法老的支持下得以实行。

登基典礼已经过去十五天了，底比斯的喧嚣毫无减弱之势：有人说埃及的新统治者没有能力，有人说法老只是个喜欢打猎和运动的少年。对此，拉美西斯只是在王宫里一一召见臣民，听取多方意见或综合评判，同时严肃地行使着权力，丝毫不逊色于塞提。

他在等，看人民的反应将会有怎样的变化。

然而，拉美西斯毫无收获。底比斯人生性懦弱，被召见时又吓坏了。首相在法老面前又特别听话，只是乖乖地记下法老的命令并按期执行，根本不敢表达意见。

从性格上讲，亚梅尼轻狂急躁，罗梅自信而戏谑，但拉美西斯与两人都不同，他果敢而坚决。他的行动让敌人大为吃惊，他们没有放弃，只是暂时休息一下。关于将要面对的攻击，法老希望都是直接的、面对面的，他厌恶暗中结盟搞阴谋。当然，这不过是他天真的愿望。

拉美西斯习惯在黄昏时分漫步在御花园的小道上。那里的二十名园丁会在这个时间为花坛和树木浇水。带着矢车菊链子的黄狗夜巡保卫在法老的左边，那只动作灵巧、杀人如麻的狮子屠夫在右边，花园入口的葡萄棚下，国王的贴身护卫队队长萨哈马纳时刻警惕着周围的一切。

无花果树、石榴树、榕属植物、波斯木以及其他大型树木，都是拉美西斯的最爱。它们的存在，使整座花园成了供心灵歇脚的天堂。事实上，埃及也像一个平静的避风港，各种树木在这和谐共生。

这天晚上，拉美西斯种下了一棵小无花果树。他认真而小心地为它浇水，一名园丁来到他面前说："陛下，您应该一滴一滴地浇，而且要在种入土里十五分钟之后。"此人从面相上看不出年纪，他颈部有个东西，好像一颗大肿瘤。那其实是长期挑扁担造成的，因为扁担里装的是沉重的泥土。

拉美西斯表示赞同："好建议！"又问，"你叫什么名字？"

"内疆。"

"哦，'甜蜜'的意思。你结婚了吗？"

"我早就跟这座花园、这些植物结合在一起了，它们是我的亲人、祖先和后代。那棵无花果树将伴您终生，即便您是一位可以活一百一十岁的智者。"

拉美西斯笑着问："你在忧虑什么吗？"

"人类的邪恶与奸诈加大了做法老和智者的难度。"

"看来你对我的行政系统并不满意，但我想问，你知道怎样避免犯错吗？"

"不敢肯定。"

"你也教别人专业技能吗？"

"那是园丁长的工作。"

"那么，他的能力跟你比如何？"

"不知道！我从没有在这里见到过他。"

"埃及已经有许多种类的树木了吗？"

"恐怕没有，树木这个族群越多越好，永远不能嫌多。"

法老表示赞同，这位园丁又肯定地说："树木是上天赐给我们的礼物，活着时为人类提供阴凉、花朵和果实，死后成为木材，我们的吃住都有赖于树，当北风轻柔地吹来，我们可以在树荫下享受幸福。我的梦想是住在一个只有鸟类和复生者的国度，也就是一个遍地树木的国家。"

拉美西斯也表达了相同的愿望："我打算让各省种更多的树，让随便一个村镇都有林木覆盖。长者和少年都可以在树荫下乘凉，前者把自己的经验讲授给后者。你愿意帮我实现这个愿望吗？"

"我？"内疆指着自己。

"在这方面，农业部办公室里确实有许多人才，但我所需要的是钟爱大自然、了解大自然的，我相信你能够给他们正确指导。"

"可是，陛下，我只是一个园丁而已，我——"

"你的才能足以胜任农业部长。明天一早你就去亚梅尼那里报到，他会帮你安排新工作。"内疆用不知所措的目光送走了拉美西斯。

花园尽头处有两棵榕树，拉美西斯在那里瞥见了一个白色而细长的背影。是哪位仙女降临这个美妙的地方了呢？拉美西斯快步向前。背影没有动，拉美西斯终于在夕阳的柔光下看清了那动人的形象：乌黑亮丽的头发和一袭白色长袍。天底下竟会有如此漂亮的女人！她若隐若现，令人不能不向往。

"妮菲塔莉！"法老叫出声，仙女奔向了他的怀里。

"总算暂时逃出苦海了！"妮菲塔莉说，"母后答应代我出席今晚的细弦琴演奏会。你是不是已经把我给忘了？"

"我只想疯狂地把你吻个够！你的小嘴是待放的莲花，双唇似乎在引诱着我。"

那一刻的拥吻，像一道青春的甘泉把两人裹在一起，他们全情投入，感觉都获得了新生。拉美西斯又说："我这只小鸟只是循着你的发香而来，你却给了我一座充满芳香的百花园。"

妮菲塔莉解开了头发，拉美西斯轻轻脱掉了她长袍的肩带，两人用柔情让彼此充满力量。彼时的夏夜已经不再酷热，周围一片芬芳与静谧。

清晨的阳光射在了拉美西斯的脸上，他抚摸着妮菲塔莉无懈可击的背脊，轻轻地吻了吻她的脖颈。妮菲塔莉似醒犹睡，闭眼抱着健硕的拉美西斯，身体贴得很紧。

她说："我很幸福。"

"你就是幸福本身。"

"我不想和你分别太久。"

"你我已经失去了无拘无束的自由。"

"难道我们的生活要由权力来支配吗？"

拉美西斯只是紧紧地抱着她，妮菲塔莉轻轻嗔怪他不说话，他说："妮菲塔莉，你已经知道答案了。虽然我们心底最深处希望你不再是皇后、我不再是法老，但这是无法逃避的事实。"

拉美西斯下床来到窗边，眺望着底比斯的原野。阳光照亮了这片大地上的勃勃生机。

"我爱你，妮菲塔莉，可我不只属于你，还属于埃及大地。我应该滋养她，让埃及走向繁荣。我不能罔顾她的召唤。"

妮菲塔莉问："要处理的事还有很多吗？"

"我原本以为这是一片宁静的土地，接过手来才意识到它上面住满了人。和谐最美好，但也最为脆弱。如果要背叛玛亚特，葬送父亲和先祖的伟大基业，只要几个星期就够了。我一刻也不能放松警惕，否则整个国家将被邪恶与黑暗吞噬掉。"

妮菲塔莉一丝不挂地来到拉美西斯身边，紧紧靠着他。拉美西斯一接触到她那散发着诱人香气的胴体就觉得两人已经在精神上合一了。

突然，敲门声急响，紧接着门打开了一条缝隙，披头散发的亚梅尼闪进屋里，见到皇后又立即转过身，说道："拉美西斯，出大事了！"

"什么事，严重到需要一大早就打扰我？"

"必须马上去处理，分秒不能耽搁。"

"可我还没有梳洗，也没有吃早餐！"

"来不及了！"

机要秘书亚梅尼虽然向来性急，但拉美西斯不敢忽视，特别是现在，居然有什么事让他丧失了冷静。

一辆轻型双马车正在飞奔，后面还紧跟着一辆，里面是萨哈马纳和一名弓箭手。前车由法老亲自驾驶，亚梅尼陪驾，虽然颠簸得难受，但亚梅尼还是很高兴法老能够全速赶往现场。

在卡纳克神庙的一个塔门前，一行人跳下马车来到一座石碑前，每个识字的人都能读出上面的文字。

"看第三行！"亚梅尼边说边指。

那些字由三种表示动物皮的符号拼成，代表"降生"的意思，也指明拉美西斯是"光明之子"。唯一的问题是雕刻得很模糊，这样的错误将使法老丧失作为保护神的力量和他本人的神秘性。

"我已经检查过了，所有王位的底座和户外石碑上都有这样的错误。这无疑是恶意挑衅。"亚梅尼告诉法老这一情况时显得很悲痛。

"主谋会是谁？"

"阿蒙大祭司和他的雕刻师。宣布你掌权的所有文告，都由他们负责。"亚梅尼解释早上的冒昧说："要让你相信这些，只能让你亲眼看看。"

文告大意并没有改动，但还是会造成严重影响。

拉美西斯命令道："传雕刻师，请人修改碑文。"

"你不打算依法处置他们吗？"

"他们只是听命于人。"

"你知道阿蒙大祭司为什么不来觐见你吗？因为据说他已经病危了。"

"他是个显要人物，你有指证他是主谋的证据吗？"

"显然就是他干的，还需要什么证据？！"

"亚梅尼，越是看似理所当然的事，越应该有所怀疑。"

"你的意思是不惩处他了吗？他是你的奴仆，富可敌国也改变不了这一点。"

"把他所有的财产开列出来给我。"

罗梅无怨无悔地接受了自己的新职务。他让一些一丝不苟的人随时清洁王宫，又接手了宫廷动物园的工作。

动物园里的三只猫、两只羚羊、一只鬣狗和两只白鹤都由他管理，只有法老的金黄色护卫犬夜巡除外。夜巡有个坏习惯，每天到王宫的池塘里抓鱼吃，因为狮子护着它，所以没有人敢去管。

这天一大早，罗梅把一大箱莎草纸搬到了亚梅尼面前。这个瘦弱的书记员按理根本就没有足够的精力，因为他吃得很少，睡得很晚，睡眠时间只有三四个小时，让人费解的是从没有人见过他露出疲态。在办公室里处理堆积如山的公文，耗时较长，也需要高度集中精力，所以他把自己最清醒的时间安排在这上面。

每天在机要秘书和法老长时间地把自己关在办公室里时，就是罗梅去检查厨房的卫生之时，饮食品质决定了法老的健康，进而也决定全埃及的健康。

亚梅尼把几个案卷摊在几案上，不无骄傲地向拉美西斯汇报说："我调查出来的结果全在这里。"

"调查是不是很难进行？"

"也说不上特别难。对于我的拜访和提问，卡纳克神庙的主管们确实不怎么高兴，但我要审查他们，他们也不敢有异议。"

"卡纳克神庙是个富庶的地方吗？"

"是的。全省共有四十六个工地靠它养活，员工总计八万。它管辖的各类园林，包括花园、果园，总共四百五十座，牲畜四十二万头、船只九十艘，此外还有六十五个大小不一的社区直接替它工作。可以说，大祭司所统治的书记员和农民，足以组成一支军队。另外，阿蒙神的所有资产，六百万头牛、六百万只羊、一千两百万头驴、八百万只骡子和数百万的家禽，也该算进这份清单。"

"阿蒙神所保护着的，是埃及帝国以及它的胜利。"

"这一点没有人怀疑。可祭司也是人，他们名义上是代法老掌管这么大一笔财富，实际上已经瓜分了它。在瓜分法老财富和操控政局上，他们都是高手。深入的调查还没来得及做，但这些足以让我担惊受怕了。"

"说清楚你担心的理由。"

"底比斯的官员就等着法老和皇后回到北方呢，因为你打乱了他们以往的平静，破坏了原先的游戏规则。人们对你的要求是使卡纳克变得更富有且强盛，直至变成国中之国，或者说，直到阿蒙大祭司能够脱离埃及自立为南方国王的那天。"

"分裂等于灭亡。"

"对人民来说同样是灾难。"

"亚梅尼，我需要这起贪污案的确切证据。只有保证分毫不差，我才能跟阿蒙大祭司撕破脸。"

"交给我吧。"

墨涅拉俄斯刺杀案以来，萨哈马纳已经意识到法老的生命受到多方面的威胁；野蛮人离开了，埃及内部的危险却并未结束。所以，萨哈马纳从那以后一直闷闷不乐。

萨哈马纳时常会检查王宫每个可疑的角落、军区、警备部门和精兵器营，他知道那些地方是暴力反叛的起事地点。无论军官还是小卒子，有一丝可疑他都不放过，从事海盗的经验使这个撒丁人只相信自己的直觉。对自称为自己朋友却打算杀死他的人先下手才保全了性命这种事，在他身上发生过几次。

他看起来行动不便，实际上却像猫一样动作敏捷。他喜欢在视线死角观察和窃听别人的谈话。即便天气闷热，他的金属盔甲从不离身，并时刻随身配着匕首和锋利的短刀。他有一张大宽脸，两鬓和下巴上的胡子短而卷曲，俨然戏剧里的彪形大汉，让人见一眼就害怕。职业军官大部分来自上层社会，他们非常讨厌萨哈马纳，不明白法老为什么会让这样一个野人来担任他的贴身护卫队队长。对此，萨哈马纳置若罔闻，认为他的职务与被人喜欢与否无关，何况一名有能力保护好长官的优秀战士，根本不是受人喜欢就能练成的。萨哈马纳的长官就是拉美西斯，这个把埃及号大军舰驶进危机四伏的大海却充满活力的船长。

这个撒丁海盗并没有主动去争取今天的显要职务，但既然已经承担了，就只能盼着自己职权内的一切往好的方向发展，并珍惜一切成果。他有豪华的别墅，赐给他的埃及女人全都有像苹果般多汁而圆润的乳房，还有珍馐美味。可这些不能满足他，他要的是实现自己的价值，即在一场流血战争中证明自己是无可取代的。

每月一日、十一日和二十一日，皇宫的岗哨会换一次班。犒劳警卫的东西有酒、肉、蛋糕和一份谷粮。每次换班时，萨哈马纳会当面审察卫兵，然后重新安排工作；谁不守纪律或者懈怠，就算不被立即革职也会受到鞭笞的惩罚。

现在，一排士兵整齐地站立着，他缓慢地在队列前走动着，停在了一位年轻的金发士兵面前。

"你来自什么地方？"

早就紧张不安的士兵答道："三角洲村落，长官。"

"精通什么武器？"

"长剑，长官。"

萨哈马纳手里拿着一个小瓶子，里面装了八角茴香酒。他递给金发士兵说："喝下它，我看你好像很渴。"

待金发士兵喝过，萨哈马纳给他安排任务："通往宫廷办公室的通道由你看守，记住，在夜晚，特别是天亮前的三个小时，一只蚊子也不能放过。"

"遵命，长官。"

接下来，萨哈马纳检查了所有士兵的武器，纠正了他们格斗中的错误动作，亲自为那些制服歪斜的士兵调正，又交代了几句话，之后让所有人回到了自己的岗位上。

感谢建筑师的设计，王宫所有建筑的窗户都又高又大，在闷热的夏夜也能做到空气流畅，甚至带来丝丝清风。外面静得出奇，青蛙求爱的歌声显得越发清晰。

萨哈马纳悄悄地走在石板地上，这条走廊通向法老的办公室。那名金发士兵已经离开了自己的岗位，正要去打开办公室那道禁止通行的门。这一点撒丁海盗早就料到了，他一手抓住了贼人的后颈，把他举了起来。

"你是希腊人！喝八角茴香酒不被呛到的，只有希腊人。你这该死的东西，说！你是谁派来的？是墨涅拉俄斯的残党吗？还是其他的阴谋党？"

　　然而，金发士兵只是在空中扭动了一阵子，始终没有说出一个字。见他不再挣扎，萨哈马纳把他放下，可他却像个破布娃娃一样瘫倒了。原来，他的脖子刚才被萨哈马纳无意扭断了。

16

萨哈马纳把事情经过口述给了亚梅尼,由后者呈文给拉美西斯,因为他不善于写报告。这个死去的希腊人身材也比较高大,只是没有人能够认出他,所以法老也不知道这阴谋是谁主使的。然而,拉美西斯丝毫没有责怪自己的侍卫长,因为他知道此人的死正说明了他的高度警觉和尽职。

此次阴谋的目标似乎不是法老本人,而是他处理国家事务的办公室。他们想要什么呢?机密资料还是关于法老治国议案的文件?

此次偷窃行为比墨涅拉俄斯意在报复的暗杀更为阴险,尽管它也失败了。有人想阻止法老施政,那么,谁会派这个希腊人前来行窃呢?是谢纳吗?自从拉美西斯加冕后,谢纳一直很安静,没有什么动作。然而，表面的安静并不代表没有地下活动，暗地里搞阴谋比明面上动手脚更轻巧。

罗梅前来行礼，并报告说："陛下，有访客到。"

"带他去花园的凉亭。"

法老没有精心装扮，白裹腰布显得很质朴，不过，右手手腕上戴了个金镯子。这次会谈在很大程度上关系到整个埃及的命运，所以他思考了几分钟。

那座优雅的凉亭是用木头建的，阴凉由上面的柳树提供。剔透的紫葡萄和新鲜的无花果摆在一张几案上，酒杯里的啤酒非常清淡，能够促进消化，正午饮用再合适不过。凉亭里摆放着一张舒适的沙发，沙发上有松软的靠垫，沙发前面有一张搭脚用的小凳子。所有这些都叫阿蒙大祭司用上了。此人的骄横，也通过他的假发、亚麻长袍、珍珠胸链和天青石项链以及银手镯显示出来。

大祭司见到法老起身鞠躬，法老问："喜欢这个地方吗？"

"多谢陛下的精心安排，我的身体会因今天的凉爽而好转。"

"身体怎么样了？"

"我已经老了。这是我最难以接受的现实。"

"之前一直没能见到您，我很失望。"

"请不要这样想。我的病情要我必须在家里养几天；当我能来的时候，我又希望与南方和北方的首相以及努比亚王一起觐见。"

"这个代表团可够气派的。怎么，您的建议被他们否决了？"

"一开始没有，但后来……"

拉美西斯顺着大祭司故意留下的尾巴问："后来是什么让他们不想来了？"

"他们个个位高权重……也许是不想惹陛下生气吧。不管怎么说，他们就是没有到场，我为此感到遗憾。这样一来，我说的话恐怕就没有分量了。"

"有什么您就直说吧。我不会因为任何有道理的话而生气。"

"果真如此？"

"我是玛亚特的仆人，会对您的话做个评判。"

"可我还是很担心。"

"什么让您感到如此阴郁，我可以为您赶走它吗？"

大祭司终于进入正题："听说您要了一份卡纳克的财产清单。"

"是的，而且已经在手。"

"您有什么想法？"

"作为一名经营者，您很有才干。"

"这是指责吗？"

"当然不是。快乐的心灵要为全民谋福祉，这是我们祖先的教导，卡纳克的富有源于法老，但让它变得更多的是您啊。"

"我还是觉得您在责怪我。"

"你把我弄糊涂了。我可以知道是什么让您如此不安吗？"

"我听说陛下嫉妒卡纳克的荣耀与财富，打算让其他神庙分享他们。"

"谁说的？"

"……或许是谣言吧……"

"您开始信谣言了吗？"

"三人成虎，我也不能当作不知道。"

"您知道之后做何感想？"

"我们希望陛下维持您父亲的政策，那就很明智了。"

"整体改革是必要的，塞提的遗憾就是他在位时间太短。"

"即便改革，也轮不到卡纳克。"

"我不这么想。"

"所以说我的担心不是无凭无据的。"

"我也是！"

"您也是？……这是什么意思？"

"阿蒙大祭司还是不是法老忠诚的仆人？"

这句话让这位大祭司不敢直视新法老的眼睛，他吃了一颗无花果，喝了点啤酒，以便调整自己的状态。他那考究的服饰衬托了法老的简朴。看来，他还没有遇到过这样直接的攻击。法老没有再说话，而是给他一点时间喘息并整理思绪。

"陛下，请问您的怀疑从何而来？"

"凭亚梅尼的调查报告。"

大祭司突然满脸通红，开始攻击亚梅尼："谁？他是个营养不良的书记员、好管闲事的家伙，吝啬鬼——"

"他是我的朋友，也是一心为埃及服务的忠诚仆人。无论是谁，我不允许任何人出口玷污他的名誉。"

"对不起，陛下，但他做事的方法……"这位高级神职人员突然被噎住了。

"怎么，他使用暴力了？"

"那倒没有，但他的强悍劲儿超过一只吞食猎物的豺狼。"

"他只是不拘小节而已，这正说明了他工作认真。"

"好吧，那么，您有什么要批评我的？"

法老盯着他的眼睛："您自己不知道吗？"

大祭司再一次把脸转到了其他方向。

拉美西斯又问："埃及的所有土地都属于法老，是吗？"

"神明临走时留下了这样的愿望。"

"对于那些正直、聪慧和勇敢的人，如果法老认为他们值得拥有土地，就可以赐予，是吗？"

"按照习俗，理当如此。"

"阿蒙大祭司的言行具有法老言行的效力，是吗？"

"不，但他是法老在卡纳克的代表。"

"问题正在于，这个代表权是不是被您高估了？"

"我觉得没有……"

"可一些专家已经得到了您赏赐的土地，这里面还有本该效忠于我的军人，结果，他们唯您的命令是从。请问，您的私人属地，需要一支军队来保卫吗？"

"陛下！这只是个区域合作计划而已，您误解我了！"大祭司显然很紧张。

"埃及以三个神庙为象征，它们分别由三座城市保护。创造光明的瑞神的圣城是艾力欧，创造语言、启迪工匠的卜塔神的圣城是圣达菲，最后，阿蒙神的圣城是底比斯。但没有人知道这个神的宗旨是什么。我父亲要求这三位神祇，也即三股力量，保持平衡，但这平衡被您的政策打破了。如今的底比斯已经变成一座浮夸和虚荣的城市。"

"陛下！您是在责备阿蒙神吗？"

"当然不是！我指的是服侍他的大祭司。我要求此人停止所有的世俗活动，全心全意地做好本职工作，即静思和主持仪典。"

阿蒙神的大祭司极缓慢地站起来说："这不可能，您是知道的。"

"为什么？"

"您在精神方面和行政方面都有职务，我也是。"

"卡纳克属于法老。"

"谁都不敢反对这一点，但问题是这个地区由谁来实际管理。"

"我会提名一位专家来管理。"

"那意味着我们的阶级制度将被完全摧毁！陛下，希望您不要犯这样的错误，冒犯阿蒙的祭司意味着不可挽回的灾难。"

"这算是威胁吗？"

"不，只是一位有经验的长者给年轻国王的一个忠告。"

"您觉得他会听从吗？"

"治国这门艺术并不简单。只有结盟才能治好国家，而阿蒙的神职人员就在可以合作的盟友之列。当然，我毕竟是您忠诚的奴仆，您的指示我无论如何会听从的。"

这位一派老相的大祭司似乎找回了自信。他又说："不要挑起一场无用的战争，陛下！否则，您很可能失败。您应该歌颂已有的权力，重新理智地维持原有的一切。神明害怕极端的事情，阿肯那顿曾经在底比斯犯下罪行，结果遭遇悲惨，难道您忘了吗？"

"看来您已经织好了非常坚固的网，但它不会经受得住隼的硬喙和利爪。"

"那将是白费力气！您的王位在孟菲斯而不在这里，在我们之外一心想侵略我们的野蛮民族，才是您应该防范的。如果您把这个地区交给我们来统治，我将支持您。"

"我会考虑的。"

大祭司嘴角咧出一笑："看来您不是只有热情，还有智慧。您将是一位伟大的法老。"

17

　　底比斯的每一位高官心里所想的，都只是与法老面谈，绞尽脑汁地保留既得利益。然而，这位君主的心思难以捉摸，不管哪个集团或派别，他都不偏向。即便是最有影响力的大臣，他也不会曲意保留其面子。而且，每位访客都要接受亚梅尼的过滤，为谨慎起见，这位机要秘书有时会直接把那些不速之客拒之门外。还有巨人萨哈马纳，他搜身之严格简直无法用语言形容。他必须亲自确定来访者身上没有任何武器或可疑物品，否则一律不予通过。

　　一天早上，所有求见者都被法老的一个口令拒之门外，亚梅尼推荐的那位堤防水利官员也没有得到通融。法老今天有事要咨询皇后。

　　这对夫妻刚从水池里游泳出来，现在正赤裸地接受从无花果

树缝隙洒下的阳光，贪婪地观赏着花园的美景。升任农业部长以来，内疆一直在精心打理这个地方。

拉美西斯说："不久前我和阿蒙的大祭司见了一次面。"

"他是不是态度坚决，甚至显露出了敌意？"

"是的。看来如果我不接受他的条件，他就会采取强硬措施。"

"他怎么说的？"

"他说他希望卡纳克仍旧是全埃及的第一神庙，统领其他所有神庙。还说他希望和我南北分治。"

"必须拒绝。"

这简短的几个字让拉美西斯很惊讶，他看着皇后说："我以为你会劝我不要把他逼疯。"

"是该这样，但如果退让意味着国家灭亡，就是罪过。大祭司现在想让法老服从他的法律，破坏全国人民的幸福，维持只属于他的特权，你的让步意味着王权以及塞提一切成果的崩溃和消亡。"妮菲塔莉以温柔、平静的语气说出这些话，却表达出一种异常坚决的态度。

"可是不退让意味着法老和阿蒙大祭司公然开战，其后果也是不可想象的。"

"你执政还没多久，现在表现出软弱的话，会让其他野心家甚至无能的人产生造反的念头，而阿蒙的大祭司将带领那些枭雄分裂国家，进而摧毁法老的权力，让自己的变得强大。"

"如果真的开战，我也不怕，只是……"

"为利益而战，你不愿这样是吗？"

拉美西斯惊讶地说："你看出了我的内心所想？"他没有看着

妮菲塔莉，而是凝视着自己在蓝绿色水中的倒影。

"我是你的妻子啊！"

"可是，对于你的问题，我还没有答案。"

"法老的威权是任何人都不能超越的。你是宽容、热情和权力的象征，你能够登上生命的高峰，就是利用了这些武器。"

"我做错了吗？"

"如果导致国家分裂，那就是错误。那位大祭司是为了自己的利益才制造分裂的。你是法老，所有的土地都属于你，一寸也不该分给他。"

拉美西斯头枕着妮菲塔莉的胸脯，妮菲塔莉抚摸着他的头发。几只燕子在这对夫妻头顶徘徊，同时能够听到婆娑的树叶摩擦声。这种安宁被入口处的吵闹声打断了，只听到一个女人正在跟警卫争吵，说出来的话越来越有火药味儿。拉美西斯系上裹腰布走过去。

"这里发生了什么事？"

警卫闻声让开一条路，拉美西斯立即看到了高贵优雅的伊瑟。伊瑟大声对他说："陛下！求你务必听我说几句话！"

"是谁阻止你进来的？"

"你的警卫、军队、秘书，还有——"

拉美西斯打断说："跟我来。"

一个小男孩从母亲背后闪出来，伊瑟说："这就是你的儿子，拉美西斯。"

"凯！"

拉美西斯把孩子抱起来，又举过头顶。凯有些害怕，开始抽

泣起来。伊瑟说他还很害羞，法老把儿子放在肩上，凯立刻就不怕了还大笑起来。

"四岁……我儿子四岁了！他的保姆还满意这个孩子吗？"

"凯不好玩，只喜欢研究象形文字，所以保姆觉得他太不活泼了。但凯已经认识许多字了，有些还会写呢。"

"他成为书记员的岁数一定比我早！我们去那边凉快一下，我要教他游泳。"

"可是……妮菲塔莉在那里。"

拉美西斯说了一声"当然"，表示这完全没有问题。但伊瑟马上质问道："为什么不让我进来？为什么你对我置之不理？难道我是陌生人吗？我可曾经救过你的命！"

"你这话是什么意思？"

"我之前知道了一桩陷害你的阴谋，特地写信提醒你了啊？"

"什么？"

伊瑟低头小声说道："虽然被你抛弃的孤独很难挨，但我对你的爱一直没有改变。你的家人想谋害你，找到我，我拒绝跟他们合作。"

"可我没有收到你的信啊？"

伊瑟惊得脸都白了，问道："这么说，你一直认为我也站在敌人那边了？"

"我搞错了吗？"

"你当然搞错了！我发誓我没有背叛你，否则必将受到法老的惩罚！"

"我凭什么相信你。"

伊瑟抓住拉美西斯的手臂说："我怎么会欺骗你呢？"

妮菲塔莉走上前来，她的美貌总能令伊瑟惊叹不已。除了仪态上的十足魅力，皇后的神采也令伊瑟折服，使她从心底里叹服，承认她无愧于皇后的位置，没有人敢跟她争锋。

伊瑟只有拜服，毫无嫉妒。妮菲塔莉尊贵的光芒像夏日的蓝天一样笼罩住了伊瑟，令她肃然起敬。

"伊瑟，见到你很高兴。"

伊瑟鞠躬回礼。

"不必拘礼。酷热难当，你进来……游游泳吧。"

这种邀请令伊瑟感到意外，但她很快回过神来，大方地脱掉衣服和妮菲塔莉赤裸地跳进了碧蓝色的水里。

看着两个心爱的女人一起游泳，拉美西斯由衷感到幸福。他想，自己生命中的两个女人居然能够热情而真诚地相处。独一无二的妮菲塔莉是一生至爱，也是他的皇后，他们之间的炽情足以经受一切考验和时间的摧残；伊瑟虽然有太多欲望，但同样高雅而天真，也能给他放纵的欢愉，然而她居然撒谎并加入敌人的阴谋，无奈之下只得惩罚她了。

凯小声地问："我真的是你儿子吗？"

"是。"

"'儿子'的象形文字像一只鸭子。"

"会写吗？"

小男孩认真地用食指在沙地上画出了一只鸭子的轮廓。

"'法老'怎么写？"凯就先画了一间房子，接着画了一根柱子。

拉美西斯解释说："房子代表庇护，柱子表示雄伟。法老这个字的意思就是雄伟的房子，大房子。你知道为什么人们这样称呼我吗？"

"你比任何人都伟大，你住的房子也很大。"

"说得太对了，儿子！整个埃及也是一间大房子，它应该能为每个居民提供所需的住所。"

"教我一些其他的象形文字，好吗？"

"你不喜欢其他游戏吗？"

凯似乎有些生气："当然。"说罢，他用食指画了一个圆圈，在中间点了一点，并解释说："这是太阳，由嘴巴和手臂构成，它的名字叫作瑞。嘴巴代表语言，手臂代表行动。该你写了。"儿子要和父亲比赛。

凯毕竟是孩子，在地上不断地画太阳，眼看这些太阳就要围成一个完美的圆了。伊瑟和妮菲塔莉此时已从水池里出来，看到这个场景很吃惊。

皇后说："真是天资聪颖。"

伊瑟却说："这天赋几乎让我感到害怕，保姆也很担心。"

拉美西斯否定伊瑟说："你们错了。我希望我儿子无论多大年纪都能走自己的路。或许他会继承我，命运已经为他做好安排。既然神明选择让他早熟，我们就应该尊重而不是抑制它。你们在这里等我一下。"

法老离开花园去了王宫。

凯的手指头划破了，开始哭起来。

妮菲塔莉问伊瑟："我能抱抱她吗？"

"可以……当然可以。"

皇后饱含温柔的眼神和温暖的胸怀立即止住了小孩的哭泣。

伊瑟心里一直有一个挥之不去的疑问，她现在决定大胆提出来："虽然你们上次经受了严重打击，但我想问，你们打算再要一个小孩吗？"

"我可能已经怀孕了。"

"呵……愿神保佑你这次顺顺利利！"

"谢谢你的祝福，我想我会因此顺利生产的。"

伊瑟其实心里很不安，但她掩饰住了。她从来不想否认妮菲塔莉皇后的地位，也不想争夺后位，并为此背起重任、承担烦恼；但她想为拉美西斯生许多孩子，作为法老的传宗接代者，享受终生的荣宠。拉美西斯的长子是伊瑟生的，就是凯，可如果妮菲塔莉再生一个男孩，凯的地位很可能会下降。

拉美西斯带着从书记员那里弄来的一块小写字板、一黑一红的两个小墨块和三支小毛笔回来了。他把这些交给凯，凯双目泛光地接受了，并把它们当作珍宝般地紧紧抱在了怀里。

凯说："我爱你！爸爸！"

伊瑟和凯离开了，拉美西斯开始向妮菲塔莉吐露心里话："你觉得伊瑟参加了背叛我的阴谋吗？"

"你没有问她吗？"

"她承认在某些方面不赞同我，但也说当她知道一项阴谋时写信通知了我，可我没有收到。"

"为什么你不相信她呢？"

"我认为她在说谎，对于你成为大皇后这件事，她或许不能释怀。"

"你弄错了。"

"她既然错了，就应该受到惩罚。"

"她哪儿有错？一位法老想要处置一个人，难道可以只凭感觉吗？伊瑟不会害你，否则不会给你生儿子。不管你认为那个错是什么，忘了它吧，也不要去想怎样处罚她了。"

18

在服装上，塞达武与王宫里那些高官和书记员简直差异巨大。他穿着笨重的羚羊皮，不知道的人还以为到冬天了呢；其实谁如果不幸被蛇咬了，把这件大衣泡在水里就可以制造出解药，因为它用解药液体浸泡过。

拉美西斯建议他说："这里又不是沙漠，你这间移动药房似乎用不着吧。"

"这个地方的危险性，超过了努比亚沙漠的最深处。"说着，塞达武拿出一个小瓶子，"你准备好了吗？"

"按照你的要求，我现在完全空腹了。"

"我的方法已经让你具备了基本免疫力，甚至某些眼镜蛇你也不必害怕了。那么，这个额外的保护，你确定要吗？"他指的是喝下小瓶子里的液体。

"把它给我吧。"

"我得说明，还是有一定危险性的。"

"不要浪费时间。"

"妮菲塔莉也同意吗？你问过了吗？"

"我倒想问问，莲花也同意你这么做吗？"

"她觉得我有点疯狂，但还是很好地配合了我。"塞达武再次强调危险性，"如果我剂量弄错了，你可能会变成白痴。"

"这不是威胁，只是提醒，所以我不怕。"

"那么，喝了它吧。"

拉美西斯终于饮下了液体。

塞达武问："感觉如何？"

"简直是天赐的美味！"

"美味的部分是角豆树汁，其余几种蓖麻属植物和眼镜蛇稀释血液可就不那么可口了。现在的你，已经不怕任何毒蛇咬伤了。若要保持这种免疫力，你必须每十个月喝一次这种混合制剂。"

拉美西斯仍不忘劝塞达武进入宫廷："你什么时候才愿意来王宫任职呢？"

"永远不会！你什么时候才会告别天真，要知道我刚才给你的完全可以是毒药？"

"你天生不会害人。"

"好像你已经把我看透了一样！"

"这要感谢墨涅拉俄斯，他教了我不少东西。而且你不要忘了，萨哈马纳、屠夫和夜巡都有灵敏的直觉。"

"必须承认他们三个是绝佳搭档！可你不要忘了，底比斯盼着你早点离开，大部分官员盼着你失败呢。"

"没忘。我记忆力还不错，感谢大自然的恩赐。"

"拉美西斯，人类这种生物，比蛇更可怕。"

"这没错，但同时，公正而和谐世界的创建也要以人为材料。"

"呵！梦想家的想法！我的朋友，你要时刻对人保持怀疑，因为周围都是黑暗与邪恶。不过，你总是有好的运气，我在抓眼镜蛇时也会有这种神秘力量。你和妮菲塔莉的合作关系非同一般，她已经把一个已实现的梦摆在你眼前。你一定会成功的，我相信。"

"如果你加入的话，我的成功会少些困难。"

"你可不是会恭维人的人哦！此行收获了不少毒液，我要载着它们返回孟菲斯。照顾好自己，拉美西斯。"

谢纳没有因为拉美西斯的逼人攻势而气馁，阿蒙的大祭司与年轻法老仍在对峙。这两个人应该会长期坚持自己的意见，直到分出胜负。拉美西斯的话，远没有塞提的话有分量，这正是他不能镇住阿蒙大祭司的原因。

通过点滴积累，谢纳越来越了解自己的弟弟了。

拉美西斯懂得如何反击和扭转局势，所以不能对他实行正面攻击，那样有可能让他得到好处。最好综合利用阴谋、造谣和叛乱等，让他进入一个又一个的陷阱。看不清真正敌人的攻击注定失败，且会耗尽力气，而那时正是谢纳发起反击的好时机。

所以，当拉美西斯为了选拔新人和收管底比斯而忙碌时，谢纳竟然置身事外，不说话，不惹事。然而，他现在不打算再沉默

下去了，他要再策划一个阴谋。

经过一番琢磨，谢纳决定再做一件表面上很卑劣的事。而且，以这次的卑劣程度，拉美西斯肯定会反击；谢纳期望他不会改变习惯，像往常一样冲动地发起反击。这个计策如果成功，谢纳将能够在背后操纵拉美西斯，非常值得一试。

谢纳看到了光明的未来。

夜巡曾在王宫鱼池里抓鱼并分享给屠夫，今天又做了一次，拉美西斯试着让它明白不可以这么做。它们的饲料又不是不够吃。拉美西斯从这只黄狗发光的眼睛中看出它知道自己正受到指责，同时也完全没当回事。它非常依赖那只狮子，知道它是最好的庇护者。

人高马大的萨哈马纳出现在办公室门口："陛下，您的哥哥求见，但不让我搜身。"

"放他进来吧。"

谢纳与萨哈马纳交错行走时瞪了他一眼，并说："我可以和陛下单独待一会儿吗？"

夜巡跟着萨哈马纳出去了，谢纳习惯性地给了夜巡一块蜂蜜蛋糕。

"谢纳，我们好久没有交流意见了。"

"你太忙了，而我不想打扰你。"

拉美西斯围着谢纳走了一圈，边走边打量。谢纳惊讶而不解地问："为什么这样看我？"

"亲爱的兄长，你变瘦了……"

"我最近几个星期在强行节食。"

虽然很努力地减肥，但现在的谢纳依然肿态未消。在深棕色的小眼和鼓胀的两颊的衬托下，他的脸仍然形似月亮。从他又大又厚的嘴唇来看，他贪吃的毛病也没有改。

拉美西斯问："国丧期已经结束了，你怎么还留着胡子？"

谢纳一脸坚定："我要永远为父亲戴孝，不能忘了他。"

"我有着和你一样的痛苦。"

"我知道。法老的身份不允许你显露出悲伤，但我没有关系。"

"你这次为什么而来？"

"因为你在等着我。"

法老沉默不语。

谢纳继续道："我是你哥哥，不甘心只做一个只享受富贵、整天无所事事、对国家毫无用处的大官，况且我本来有响亮的名声。但你不要担心，我这么说不是在为没有成为法老感到可惜，那都过去了。"

"你的心情我明白。"

"你让我做礼宾司长，但这个职位所受到的约束，比罗梅的宫廷总管有过之无不及。"

"那么，你想做什么？"

"决定拜访之前，我已经思之再三，因为我实在不好意思向你提出这个要求。"

"我们是兄弟，有什么不好意思的。"

"难道你对我的要求没有怀疑吗？"

"我还不知道它是什么。"

"你愿意听吗？"

"说吧，谢纳。"

谢纳开始来回走动，同时说出了心中所想："我不可能做首相，那样你将受到给我过多特权的指责。……我想过掌管警政，但那份工作太过复杂了。……书记处总管呢，责任太重大了，休闲和娱乐的时间太少。……大工地上做个总管，我没那个能力。……农业部长，已经有人做了。……财政部长呢，你已经决定留用塞提时的老人。……大祭司？可我一点也不喜欢神庙的生活和这个职务。"

"你想做的究竟是什么？"

"外交部长！只有这个职位才与我的口味和能力相匹配。我很喜欢与附庸国和邻国通商这种事，你知道的。与其让我从事礼宾司长这样的协商工作，不如让我从事外交。前者只是增加我的个人财富，但后者让我有机会促进和平。"

这时谢纳站定了问："我的建议是不是太出你意料了？"

"这个担子很重。"

"我将恪尽职守，全力避免与赫梯人开战。你会答应我的请求吗？战争是谁都不想看见的，而你知道，你这个哥哥极其重视和平。希望法老能够把外交部长的职位赐给他。"

拉美西斯陷入沉思。一段时间后，他说："我答应你，谢纳，但你要有一个帮手。"

"应该的。你想让谁协助我？"

"我的朋友亚夏，他擅长外交。"

"这是不是用他来监督我？"

"不！我希望你们建立有效的合作。"

"如果你已决定的话——"

"你们及早碰个面，制订个详细的工作计划，然后告诉我。"

谢纳狂喜地走出了王宫，但始终忍着没有笑出来。"拉美西斯的反应果然跟我想的一样。"

19

法老的姐姐杜兰特正跪在法老面前。

在亲吻法老的脚之后，杜兰特说："求求你原谅我和我的丈夫。"

"起来吧。这个举动很可笑。"

杜兰特手搭在拉美西斯的手上，目光却不敢直视。从她的神情可以看出惊慌失措。

"我们错得太离谱了！请原谅我们，拉美西斯。"

"你们两度想害死我，你丈夫，我曾经的老师，还在背地里反对我。"

"他，还有我，确实罪过深重。但我们是受人利用的。"

"谁利用你们了，亲爱的姐姐？"

"卡纳克的大祭司。他说你不会是一个优秀的法老，会引发内战。”

“所以你们就一点也不相信我了？”

“萨力……他认为你冲动又喜欢打仗，这种天性是无法遏制的。对于他犯下的错，他很后悔……特别特别后悔！”

“谢纳没有怂恿过你们吗？”

“没有。回想起来，我们真应该听他的。他对父亲的决定毫无怨言地接受了。他承认是你的子民，只想找一份能够发挥他能力为埃及造福的工作。”

“你丈夫怎么没有来？”

“他怕法老的雷霆之怒。”杜兰特低下了头。

“亲爱的姐姐，你运气很好。母亲和妮菲塔莉都不希望我破坏家庭的和谐，也不想让父亲的英灵失望，所以竭力不让你们受到严厉的惩处。”

“你……原谅我了？”

“我想让你做底比斯王宫后殿的荣誉总管。那是个荣誉职位，你不用出力做任何事。姐姐，以后做事要谨慎点儿！”

“那，萨力呢？”

“他会去管理卡纳克工地的制砖工人，这会让他学会如何建设，而不是怎样搞破坏。”

“可萨力曾经的工作都是文职，他恐怕做不来粗重的工作。”

“父亲可不是这样教导我们的。他说人类的双手和心灵能够协作，否则就是个废人。你们两个赶紧上任去吧，工作可不会总是等着人。”

杜兰特终于放下心了。之前谢纳就预料拉美西斯会原谅她和萨力，法老果然没有降罪。法老的母亲和妻子已经劝服了法老，让他不要在执政初期做事强硬，而是宽以待人。

其实，被迫去工作是变相惩罚，不过说到底好过到绿洲服劳役，也比沙漠边缘的生活更舒服。萨力的新工作虽然一点也不体面，但他犯的是死罪啊，所以应该知足。

杜兰特很快就丧失了这种羞耻心，用自己的如簧巧舌恢复了谢纳值得信任、平易近人又令人敬仰的形象和名誉。另外，拉美西斯也相信一切都在往好的方向发展，哥哥姐姐已经从过去的敌人变成只想过安稳日子的顺民。

既然国丧已经结束，拉美西斯决定让卡纳克那个圆柱大厅的建筑工地重新开工，以完成塞提未竟的伟大梦想。摩西因此回到那里，他非常高兴。这个年轻的希伯来人给人的印象是：头发茂密留着胡须，肩膀宽大，胸膛结实，满脸皱纹。工地上的石匠和文字雕刻工都很敬重他。

拉美西斯本打算让摩西去做一个建筑师，但他没有答应。因为他觉得自己力不能及，那份工作要求他协调不同的专家，激励他们做出最完美的成绩。他觉得，要他像城里隐修院的建筑师一样起草图纸都有困难。所以，摩西这段时间经常进行实地演练，听取高人的讲解，熟识建筑材料，总之是从基础学起。现在，他终于知道一个建筑工程是怎么回事了。

粗重的生活磨炼了摩西的身体，他的体力明显增加了。这似乎可以让他结束熬心费神的思考习惯了。可是，他每晚躺在床上都无法入睡，总是问自己何处才有简单的幸福。富有的国家，不错的职业，法老的友谊，对美女的吸引力，生活的优裕与平静，这些似乎都是幸福的理由，但他的心灵还是不安。欲求为什么总是难以满足？疑虑和煎熬为什么难以驱散。能够让他不再苦恼的东西，或许就是眼前的这些东西：锤子、凿子欢快的撞击声，木制滑条车在河泥上把大石块运到需要的地方，确定所有工人的安全，一起竖起一根石柱。他应该投入积极的工作，这是令人兴奋的冒险！

塞提的过世和拉美西斯的加冕礼打乱了人们夏天休息的习惯。摩西把工地的日常工作分为黎明到早上和午后到黄昏两个阶段，所以，每个人每天有较长的休息时间。

摩西正向圆柱形大厅的门岗处走去，这要跨过工地。一位石头匠拦住他的去路说："工作进行不下去了。"

"天气不至于热得无法开工啊。"

"热倒没事……是那位新上任的建材工人的头儿，他的态度让我们无法工作。"

"你认识他吗？"

"他名叫萨力，法老的姐姐杜兰特的丈夫。仗着这一身份，他总是为所欲为！"

"具体地说，他都在什么地方做错了？"

"他每天召集一次自己属下的成员，不让他们休息，还限制他们的饮水量，理由只是他觉得每天工作时间太短。也许他把我们的同胞当成奴隶了吧，可这里是埃及，不是希腊或赫梯！制砖的工人们建议我们团结起来反对他，我表示赞同。"

"你做得对！萨力在哪儿？"

"在帐篷里乘凉哩！"

萨力已经不是以前的萨力了。他身材偏瘦，脸向里凹，言行处处显露着内心的紧张，完全没有了做拉美西斯的家庭教师时的乐观。他的左手腕上戴着一只铜手环，但明显偏大，他经常转着它玩；他右脚大趾疼，是关节炎落下的毛病，得不时地涂上油膏并按摩一会儿。他保留着以前工作时穿的白长袍，以显露自己的富贵阶级和高雅的举止。萨力正坐在椅垫上喝着冰啤酒，冷冷地看了一眼走到眼前的摩西。

"你好，萨力。还记得我吗？"

"摩西嘛，拉美西斯优秀的同学，谁会忘记？怎么你也来到这个让人汗流不止的工地了，也受到惩罚了吗？对于他的旧友，法老一点也不关照啊！"

"这份工作我很满意。"

"说得再好听点吧！满意？"

"这样一个工程如同是一个美丽的梦，不是吗？"

"梦？你是想说这是个噩梦吧？酷热、灰尘、臭汗、大石块、无休止的劳动、工具撞击声、跟工人打交道，就这些，难道是美丽的？可怜的摩西，你真会浪费时间。"

"既然收到了来自人民的任务，我就必须完成它。"

"这态度真是崇高！但我相信烦恼会随时冲垮它。"

"你在这里也是有职务的。"

拉美西斯曾经的家庭教师咧嘴笑了笑，笑得很扭曲。他说："知道，不就是管理那些制砖工人吗？……也许这是最可喜的事儿了。"

"比起那些懒散的、被养肥的书记员，吃苦耐劳的他们个个值得尊敬。"

"这个说法让人觉得奇怪。摩西，你对社会成规有意见吗？"

"你这么说是在指责我喽？"一时无话，摩西又说："关于工作时间，我已经做出规定。"

"我有自己的规定。"

"但它违背了我的规定，萨力，在这里你应该服从于我。"

"我才不听你的！"

"随你吧。不过，你的拒绝我会正式通知建筑师，而他会报告给拉美西斯的首相。"

"你在威胁我……"

"是你先故意违反了王室工地的正常工作规程。"

"羞辱我你很开心吗？"

"我只想参与这座神庙的修建，一切阻碍都将被我扫除。"

"你在笑话我……"

"我们现在是同事，萨力，同事最好的相处办法是保持和睦。"

"看着吧，你将得到像我一样的下场，被拉美西斯放弃！"

"赶紧让你的制砖工人去建造鹰架[1]，还要让他们按时休息，不限制饮水。"

---

[1] 鹰架：施工时的临时支架，常用木、竹或金属管制成，帮助建筑工人在高空或在墙面上作业。——译者注

20

梅布看到特殊的酒、美味牛肉和辣蚕豆摆满了餐桌，心里说："在哪个方面批评谢纳都可以忍受，但他在待客之道上无可挑剔。"

谢纳问："还满意吗？"

"亲爱的朋友，这太棒了！您一定聘用了全埃及最好的厨师。"的确如此，谢纳从来不惜以最高品质的菜肴来款待宾客。六十岁左右的外交部长梅布的话听起来特别真诚，他有足够的外交经验，熟知那些狡猾的外交辞令。

梅布问："你不觉得法老的政策有不对的地方吗？"

"要理解拉美西斯不是件容易的事。"

对于这个低调的评论，梅布很满意。一些异常的紧张表情，在他那一向平静的大脸上浮现出来，他说："法老出台了一系列不合适的提案，我完全反对。他辞退了一些优秀的人民公仆，再不然就是降了他们的职位。"

"对于你的意见，我表示赞同。"

"比方说，他竟然把一个园丁升为农业部长，这真是太讽刺了！我的部门恐怕也免不了厄运啊！"

"今天请你，正是为了说这件事儿。"

梅布调整了一下大热天也不肯摘下的昂贵假发，忍住了心里的紧张。

梅布问："您知道一些关于我的机密消息？"

"为了让你了解具体情况，我会知无不言的。拉美西斯昨天突然给我发了一个召令，我只好停下手上的工作赶过去。可我在那儿干等了一个多小时，他才接见了我。"

"我记得您平时有许多事情压身的。"

"是的。更可气的是，撒丁人萨哈马纳完全不顾我的抗议对我进行搜身。"

"您可是法老的哥哥啊！我们的尊贵之人居然遭到了如此践踏！"

"我为此也很忧心。"

"您把您的抗议告诉法老了吗？"

"他不给我表达抗议的机会。在他看来，尊重亲人当然没有他的安全更重要！"

"如果是塞提在世，这种态度会遭到惩罚。"

"唉，父亲已经故去，他的王位给了拉美西斯，这是不可否认的事实。"

"一朝天子一朝臣，即便您这样重要而显贵的人，恐怕也免不

了被压迫的那一天。"

"我的命运如何，上天会决定的。"

梅布试着回到正题："您不打算说说我吗？"

"我就要说到你，梅布。我向拉美西斯表达了被搜身和羞辱的愤怒，他却说我有可能做外交部长。"

"什么，取代我？真是奇怪透顶！"梅布脸色有些白。

"我在他眼中只是一个随意玩弄的稻草人，没有自由可言。我被他的侍卫那样包围不就是明证吗？亲爱的梅布，你只是不像我一样低声下气才会被我顶替，我是不愿意的，但我不能抗命。法老让他哥哥做外交部长了，这也许是外国政府愿意看到的，可他们哪儿知道我的苦。"

梅布也露出沮丧的神情："我居然是一个不值一钱的……"

"和我一样，只不过，你还没有低头。"

"他真是个妖怪！"

"我们也不要失望，他的面目会被更多有能力的人看清楚。"

"您觉得我该做点什么？"

"要么认命地退休，要么站在我这边设法推翻他。"

"拉美西斯！我想让他万劫不复！"梅布说这话的语气非常狠。

"你先假装让步，等我给你指示。"

梅布笑了，说道："拉美西斯小瞧您了。一个被监督的外交部长也有机会做自己的事。"

"你真是一位聪明而有远见卓识的朋友。你曾在这个机构里献出智慧，也有出色的成就，愿不愿意给我介绍介绍它的功能呢？"

亚夏是谢纳的重要盟友，向他提供王宫的情报，但他没有告诉梅布，因为亚夏对拉美西斯的背叛需要保持绝密。

太阳城曾经被信奉异端的法老阿肯那顿及其妻子妮菲蒂蒂抛弃，现在，巫师欧菲尔牵着莉达的手走在它的要道上。

这里的建筑都完好地保存了下来，只不过，沙漠的狂风袭来时，门和窗户难免遭到猛烈的拍击。这座城在底比斯以北四百公里开外，一百五十年前还是不毛之地。随着阿肯那顿的过世，王宫由埃及中部的这座大城搬回了阿蒙。传统的宗教仪式得到恢复，人们又开始祭拜古老的神，摧毁了阿顿神的那个被称为唯一神明之轮回的红色日轮。是这个日轮本身对真理的背叛导致了阿肯那顿的失败。天上的神与地上的人类不同，他没有任何可描述的形象。埃及没有采用一神教，而是让多位神灵能够生活在这片土地上。

欧菲尔的祖先是阿肯那顿的一位利比亚顾问，他曾经长时间陪伴这位法老。阿肯那顿曾经向他朗诵一些神秘的诗词，而这个外籍人把它们传播到了整个近东地区。那些来自西奈半岛的民族，包括希伯来人在内，也见到了这些诗词。

欧菲尔的祖先，是被贺罕赫勃将军、塞提和其他几人——现在已经成为开国元老的拉美西斯——消灭的，因为他们认为这位顾问是个可怕的煽风点火之徒，作为巫师他是属于魔鬼的。给他判的罪是败坏阿肯那顿，使他忘了自己的义务。

这个利比亚人的目的是为利比亚人洗刷耻辱，在阿肯那顿病危时劝他放弃防卫，是他削弱埃及的手段之一。他的计划险些就成功了。

今天，欧菲尔打算再次挑起战争。他对埃及的恨，使他想不惜一切摧毁埃及。而在眼下，打倒拉美西斯就意味着战胜埃及。

莉达毫无精神地跟着欧菲尔，欧菲尔却不厌其烦地把这里的所有建筑介绍给她，带她参观了手工艺品交易区和商业区、达官贵人们的别墅，还有阿肯那顿的动物园——里面当时收藏着各种珍稀动物。在莉达的祖母——阿肯那顿的一个女儿——曾玩耍过的王宫里，欧菲尔带着莉达转了几个小时。

太阳城的旅行开始深入到荒凉的地方，莉达此时终于打起精神了，欧菲尔从她的眼睛里看到了一种如同惊见一个全新世界的感觉。在阿肯那顿和妮菲蒂蒂的寝室前，莉达停下了脚步弯下腰盯着一个破烂的摇篮，开始大哭起来。

过了好久她终于不哭了，欧菲尔牵着她的手来到了一间雕塑室。几个石膏模型从一些木箱当中露出来，那是女人的头部，如果适得其所，这个形象会雕刻在珍贵的石头上。

欧菲尔把这些模型一个个取了出来，其中有一个脸孔十分清秀，莉达见到它就抚摸起来，并喃喃地叫出了她的名字："妮菲蒂蒂。"她又把手伸向另一个，那人的脑袋比较小，但线条非常精细。

"梅莉特，阿顿的妻子，我的祖母。"莉达指着其他模型继续说道，"这是她的姐姐，那是另一个姐姐……她们都是我的家人！她们已经被遗忘，如今却如此切近而真实地回到我身边！"

莉达紧紧地抱着这些石膏头像，却有一个掉到了地上，摔碎了。欧菲尔以为莉达会发疯般喊叫，但她根本没有出声，只是站着不动。她把其他头像扔到墙角，开始用力踩那些碎片。

她边踩边说："过去的都已经消亡，我要毁了它。"从她的眼里只能看到铁石般的寒冷。

欧菲尔反驳道："不！过去不等于永久消失。你的祖母和母亲只因为信奉阿顿神而被虐待，你也遭受了流放和等死的命运。是我解救并收留了你。"

"的确如此，我忘不了……祖母和母亲就埋在那些山丘之下，要不是你像父亲一样收养我，我恐怕早就跟她们九泉相见了。"

"是时候复仇了，莉达！是塞提和拉美西斯让你经历了痛苦和磨难，让你不知快乐的童年是什么滋味！塞提已经死去，拉美西斯刚刚消灭一个民族，我们应该让他受到惩罚！"

"这里是属于我的城市，我还要走一走。"

莉达抚摸着神庙里的石块和墙壁，产生了一种这座没落已久的城市归她所有的感觉。最后，她走上了妮菲蒂蒂宫殿的阳台，望着夕阳下的她的死城。

"我的灵魂里一无所有，是欧菲尔填满了它，用他自己的思想。"

"莉达，我希望你将来能够掌权，那时你就可以把一神教的信仰推行到全国。"

"不，欧菲尔，你在痴人说梦。驱使着你的力量是痛苦和怨恨。"

"你不打算帮我吗？"

"不，我要为你战斗！你用毁灭性的欲望填满了我空虚的灵魂，耐心地把我塑造成了复仇的工具，我当然要帮，当然要出剑！"

欧菲尔跪在地上，感谢神明积极回应了他多年的祈求。

21

在一家小酒馆里，一群职业女舞者的性感表演活跃了气氛。这些女人有的是来自绿洲的埃及人，有的是黑皮肤的利比亚人。摩西坐在最角落的桌前，面前摆着一杯棕榈酒，看着柔媚的枝条舞动着。麻烦不断的一天总算过去了，在这一天里，他及时消除了两个可能导致事故的危机。于是，他想在热闹的人群中独处一会儿，看看别人的生活。他只是观察，不会加入。

让摩西特别感兴趣的，是不远处的一对男女。迷人的女子看起来非常年轻，金色的头发，体态丰盈。男的似乎岁数比她大很多，脸又瘦又小、颧骨突出、鼻子高挺，有着薄得离谱的嘴唇和线条分明的下巴。这种脸孔很容易让人想起某种野兽。他一脸紧张地跟女子交谈着，周围的吵闹声淹没了他们的声音，但摩西发现大多时候是男子在说话，他的声音比较单调，偶尔能听清一些片段。

一位五十岁上下的醉汉受到努比亚舞女的邀请，可他却把手搭在了那个金发女子的右肩上。他是想请她一起跳，受到惊吓的女子推开了他。醉汉大怒，非要邀请她不可。只见与她说话的男子只是用右手指了一下醉汉，后者便仿佛受了一记重拳，倒退了一米多远。场面立时混乱起来，似乎要失控，醉汉吞吞吐吐道了几声歉就放弃了。

虽然这个一脸忧虑的男子动作很小，且堪称迅捷，但刚才的一幕还是被摩西敏锐的眼睛捕捉到。他怀疑这位少见的客人有一种神奇的力量。

男子和女子离开了小酒馆，摩西跟在他们后面。两人来到底比斯南方的郊区，进入一个居民区。这里人口稠密，街道狭窄，有的还是死胡同。如果不是忽然又听到了那男子沉稳的脚步声，摩西都要断定自己跟丢了。此地进入后半夜就显得非常清冷，只听见一只狗的叫声和几只蝙蝠掠过的声音。摩西越跟越好奇，来到一片无人居住且待拆的房子周围。他看到女子推开其中一间的门，男人消失不见了，只能听到打破寂静的开门声。

摩西开始犹豫。他们的行为如此怪异，他想进去盘问一下，但又觉得自己很可笑，因为他不是安全人员，更没有权力干预别人。他觉得自己居然傻到跟踪别人，可能是受了魔鬼驱使吧。他开始嗔怪自己，决定原路返回。

一个面目凶恶的男人挡住了他的路，并说："摩西，你在跟踪我们吗？"

"你怎么知道我叫什么？"

"拉美西斯的朋友可是非常有名的，小酒馆里谁人不知？"

"你是谁？"

"你为什么跟踪我们？"

"一时没有忍住好奇……"

"没词儿了才这么说的吧？"

"这是事实。"

"我不信。"

"让路！"

男人伸出一只手，摩西面前突然尘土漫漫，随后，一条长角的蛇在他面前吐着信子，一看就是毒蛇。

"不用吃惊，这是魔术！但蛇是真的，能够唤醒它我很高兴。"

摩西转身，打算从另一面走，但被同样的蛇拦住。

"想活命就到那间屋子里去。"

那扇门开了，依旧吱嘎地响。狭路上斗不过蛇又不能求助塞达武的摩西，只好听话。房间的顶很矮，泥做的地面很结实。男人在摩西身后关了上门。

"你如果尝试逃跑，这些毒蛇会咬死你。我不让它们休息，它们就会一直盯着你。"

"你想怎样？"

"跟你谈谈。"

"信不信我一拳就能把你打晕。"

男人笑着说："真会开玩笑！小酒馆里发生的事难道你忘了吗？"

摩西看到金发女子缩在一个角落里，用一块布遮住了脸，于是问："她生病了吗？"

"没事，只是受不了黑暗，太阳出来就好了。"

"你到底是谁？"

"我叫欧菲尔，是来自利比亚的巫师。"

"你在哪间神庙任职。"

"任何神庙里都不会找到我。"

"你是非法的。"

"是的。我和她四处躲藏，漂泊不定。"

"你们是因为犯了什么过错遭受如此命运的吗？"

"只因为塞提和拉美西斯的信仰我们不愿接受。"

摩西惊讶得一时说不出话："……不明白你是什么意思。"

欧菲尔指了指年轻女子："这位脆弱的、身上有伤的女子，名叫莉达，阿肯那顿的六个女儿之一梅莉特·阿顿的孙女。梅莉特已经在一百五十年前死于太阳城，并被驱逐出了王族的年鉴，罪名只是赞同对埃及唯一的神阿顿的信仰。"

"胡说！拥护阿肯那顿的人，没有一个受到迫害。"

"遗忘是最残酷的迫害！图坦卡蒙的妻子，皇后雅坎莎是埃及王位的合法继承人，却含冤而死。上下埃及落入了贺罕赫勃的手里，但他的王朝竟然胆敢亵渎宗教。所以，莉达应该成为埃及的国王，如果世上仍有公道的话。"

"你打算阴谋推翻拉美西斯，对吗？"

欧菲尔又笑了："你们那全能的法老根本不用害怕我们，因为我只是个老巫师而已，莉达则脆弱又落魄。拉美西斯将终结于一种真正的权力和法律。"

"谁？"

"真正的、唯一的神！所有不崇拜他的民族，很快就会被他的震怒击垮。"欧菲尔压低了声音，可还是震动了这间破屋子。摩西莫名地感到恐惧，却又不自主地受它引诱。

"你是希伯来人，摩西。"

"埃及才是我的出生地。"

"那又怎样，你不过和我一样是个流浪汉。我们都在寻找一片圣洁的土地，那里不会像埃及一样被十几个神明亵渎。摩西，你的同胞希伯来人正在遭受苦难，他们的梦想跟阿肯那顿一样，就是恢复祖先的信仰。"

"可是希伯来人在埃及过得很好，薪酬不低，伙食也很不错！"

"他们不会只满足于物质享受的。"

"你那么了解他们，干脆去当他们的先知吧！"

"我这个利比亚人不具备你的威严和辉煌背景。"

"欧菲尔，你不过是个魔鬼罢了！对希伯来人来说，推翻拉美西斯的后果只会招致民族灭亡。且不说法老前程一片光明，我是他忠诚的朋友，只说希伯来人，他们没有一个想造反，或想要离开这个国家。"

"摩西，你和阿肯那顿一样，心里都燃烧着一把火。阿肯那顿理想的支持者非但没有销声匿迹，反而正在会聚起来。我们现在确实需要步步为营，但我们每天都能收获一些宝贵的友谊。"

"对不起，拉美西斯可能不会这么想。"

"所以要你去说服他，你是他的朋友。"

"你难道不认为更该被说服的那个人是我吗？"

"希伯来人信仰的是唯一的神，摩西，你将成为他们的领袖！"

"这是你的预言吗？真滑稽！"

"但它会成为现实。"

"反对法老绝非我所愿。"

"我们或许会留他一条命，如果他不阻碍我们的话。"

"欧菲尔，不要再流亡了，回到你的祖国去吧！"

"不！全新的乐土等着你来创造。"

"我的计划不是这样的。"

"神还是不是你唯一的信仰？"

"对不起，我无法回答。"摩西眼神里充满茫然。

"为你安排的命运，你不要逃避。"

摩西走向门口，欧菲尔说："这些蛇开始回洞了，你大胆走吧，没事的。"

"再见，欧菲尔。"

"再见，摩西。"

22

祭司巴肯从工作的地方走出来时，天刚亮没多久。他已经剃去身体的毛发，系上了洁白的裹腰布，现在正手持瓶子走向圣湖。圣湖之上是几十只燕子，它们正欢快地宣告新一天的到来。永不干涸的繁衍生命的海洋，把精气聚在了此湖；湖水像新抽芽的绿叶一样新鲜。这些珍贵液体，将用在露天神庙的净身仪式中。大湖的四个角都有石阶供人们采湖水用，巴肯取了少许。

"巴肯，还记得我吗？"

巴肯转过头，带着犹疑答道："拉美西斯？……"

"我们曾经在军队里比试拳脚，一会儿你占上风，一会我占优势。那时你还是我的教练。"

巴肯鞠躬行礼，然后说："我不会缅怀过去，陛下，我如今为卡纳克工作。"

巴肯之前管理着拉美西斯的马厩，也是个优秀的骑士。他的脸又方又正，嗓音沙哑，这种形象天然严肃得不讨人喜欢。担任新的工作后，他似乎非常满足和陶醉。

"难道卡纳克不是法老的吗？"

"没有人敢反对这一点。"

"冒昧打扰，我很抱歉。但我此行是为了确认你是我的敌人还是朋友的，我必须有个答案。"

"我有什么理由成为法老的敌人呢？"

"你不知道阿蒙的大祭司已经挑战我了？"

"阶级分歧——"

"巴肯，不要只说空话。一山不容二虎，这个国家容不下两位大祭司。"

巴肯一时无语，似乎有些惊讶，过了一会儿说："新的职衔才接受不久，我还——"

"如果你是我的朋友，那就应该加入我的阵营，我已经开战了。"

"怎样的战争？"

"埃及的每座庙宇都要秉持公正，这间神庙也不例外。可如果它不是这样，你有何打算？"

"谁犯了错我就严厉惩罚谁，就像我训练马匹时那样。"

"我就是冲着这一点请你帮忙的。巴肯，请代我确保这里所有人对玛亚特的忠诚。"

拉美西斯结束谈话走向圣湖，步伐就像其他前去取水的祭司

一样安详。

巴肯不敢仓促做决定。他现在生活在卡纳克，而且很满足、很快乐，但在某种特殊意义上说，法老的心愿不也是圣谕吗？

叙利亚商人哈伊亚在底比斯的中心有三家店铺，看起来都很精致。大官们的厨师和夫人经常光顾这里，前者来买高级肉罐头，后者中意的是做工精细、外观雅致的亚洲花瓶。商业活动在国丧期末期就恢复了，凭谦卑礼让赢得盛名的哈伊亚很快扩大了经营，因为他已经积累了一批忠实的顾客，其数量如今更是有增无减。他雇用的店员也为他努力工作，因为他提升了他们的薪资待遇。

剃胡子的师傅为哈伊亚修剪了山羊胡子，他一离开，哈伊亚就开始审查账本，任何人不得打扰。

他受不了夏天的火热，擦了擦额头上的汗。不久前的失败更让他难以接受，就是那个被萨哈马纳不小心拧断脖子的金发希腊人。他是哈伊亚雇的，任务是去拉美西斯的办公室窃取年轻法老优先处理的一些文件，特别是关于安保措施的。此人的失败不幸地证明拉美西斯和萨哈马纳的安全工作做得滴水不漏。贿赂通常是有用的，但不意味着他也能够轻易获取可靠消息。

这个叙利亚人暂停理账，把耳朵紧贴在办公室的门上，确认没有人监听之后，又轻轻踩在一张小凳子上，把右眼贴在隔板上的小洞上往里看了看，似乎确定了什么。随后他进入了存着大理石小花瓶的仓库，那些小花瓶都来自叙利亚南部的埃及友邦，深受美丽贵妇的喜欢。所以，哈伊亚将它们一个一个地卖了出去。每个瓶子的基本信息，比如高度、口宽、腹宽、底宽、体积、价格等，都记录在瓶内的小木板上。哈伊亚创造了一个专属的代号系统，可以将这些隐藏着信息的密码破译成清晰可辨的内容。

这次他要卖的花瓶，在瓶颈上有个小红点。哈伊亚总算找到它了，并赞叹说："真是美极了！"

在法老的兄长面前，商人不敢随便抬价，其他顾客也不敢横刀夺爱。谢纳一边把玩着哈伊亚的那只花瓶一边评估，对哈伊亚特别介绍的瓶腹部分尤其爱不释手。

"这个杰作出自一位老工匠之手，他以自己的手艺为骄傲。"

"我还是跟你以物易物，出品种最好的乳牛五头、乌木床一张、椅子八把、凉鞋二十双，还有一面铜镜。"

哈伊亚鞠躬答谢："感谢您的慷慨。能否请您在我的贵宾簿上签个名，如肯赏脸不胜荣幸。"

谢纳答应了，并被哈伊亚引到了店铺内室，在那里进行密谈足够安全。

"您做事的风格很受我们外国朋友的赞赏，他们决定支持您。这可是件好事！"

"他们有什么条件？"

"没有任何条件和限制。"

"你说的是梦话吧。"

"待会儿我会详细解释。我们到现在为止的合作只是初步的，但已经取得了一个小胜利，就是他们的承诺。恭喜阁下，虽然您成为法老的路还很长，但我觉得那将是必然。"

这话让谢纳心里美得都找不着北了。与赫梯人联手，既卓有成效又很危险，用救命的毒药来比喻再恰当不过。尽量保全自己和消灭拉美西斯的方法，谢纳认为只有自己知道；他相信自己的经验足以表演一出高超的"杂技"。

哈伊亚问谢纳："您有什么话要我转达给他们吗？"

"告诉他们我的谢意，还有……我这个外交部长很忙。"

"这个职位已经到手啦？太好了，您将为我和我的朋友带来许多便利。"叙利亚人一脸惊喜。

"你的朋友可以大胆攻击受埃及保护但本身不堪一击的国家了。设法收买埃及自认为已经控制住的王子和部落，并让他们尽量散布谣言。"

"什么样的攻击，能说具体点吗？"

"重要的行动比如攻城略地，吞并整个叙利亚，袭击黎巴嫩的港口，瓦解埃及驻外士兵的士气……还可以试着触犯一下拉美西斯，让他冲动起来。"

"真是高明！"

"我的点子还多着呢！哈伊亚，选择我，你的朋友不会失望的。"

"虽然我力量微弱，但也情愿贡献出来。我的建议或许微不足道，但说不定偶尔会有用。"

"要他们在正式付款外给我一袋努比亚黄金作为报酬。"

谢纳喜欢具有异国风情的花瓶已经是众所周知的事，但他毕竟官居高位，不能和生意人交谈太久。所以，谢纳适时走了出来并离开这家店铺。

谢纳自忖：要不要告诉亚夏自己已经与赫梯人秘密结盟？为免出差错，还是不要了。应该尽量避免我的拥护者们产生联系，这样都能更好地操控他们，避免不必要的危险。

　　图雅正在一棵无花果树下誊写塞提时的大事年表。那些岁月是幸福平静的，她尽量去回忆发生过的大事。她清楚记得丈夫的每个想法和手势，也没有忽视他的忧思和烦恼；她的脑海中仍留存着他们的心灵互相感应时的亲密时光。图雅的背影修长，看上去有点像塞提的身影。

　　拉美西斯朝她走来，图雅看着他。她意识到塞提虽然已经故去，但法老的权力仍然坚固。这位年轻法老虽然没怎么经历过伤痛，却像一座由一整块石头打造成的方尖碑，似乎任何风暴都不能撼动他。除了这种不惧伤害的坚毅，他还有青年人的蓬勃朝气。

　　拉美西斯亲吻了母亲的手，在她的右边坐下，问："您一整天都在写它吗？"

　　"晚上会继续写的。如果其中某个细节叫我给忘了，你可别怪我……"图雅看出儿子有心事，她总有这个慧眼，"你似乎有烦心事？"

　　"法老的威权遭到了阿蒙大祭司的挑衅。"

　　"这种冲突已经在塞提的预料之中。"

　　"我该怎么办呢？"

　　"行得通的路只有一条。"

　　"是的，妮菲塔莉也同意。"

　　"她是埃及的皇后，埃及的每位皇后都是法律的监督者。"

　　"似乎有所克制才是您的一贯主张？"

　　"克制自己并不能解决国家统一还是分裂的问题。"

　　"如果撤掉阿蒙的大祭司，造成的动乱会很大。"

　　"我的孩子，谁才是国家的掌权者？你还是他？"

23

　　一个白发老头儿带领着驴队不断往卡纳克神庙里运送货物。老人熟知通往神庙织布厂的每一条道路，并提醒随从可以像散步一样从容地走。

　　巴肯和另一名祭司也被调去仓库帮忙了，因为那里正在交卸很多东西。祭礼服装用的每块麻布都要登记在交货清单上，包括产地、品质等信息。

　　巴肯的同事身材矮小，长着一张奸猾的脸，他赞赏地说："这些货物成色一流。你是新来的吗？"

　　"来了几个月了。"

　　"喜欢卡纳克的生活吗？"

　　"很向往。"

"除了为神庙送货，你还做过些什么？"

"都是过去的事，但那不值一提，我希望永远为神庙工作。"

"仓库的工作我干了两年，后来回城里做了轻松自在的渡轮管理员……这里的人总是有事可做！"

"既然这工作非你所愿，你现在为什么又待在这里了呢？"

巴肯的同事终止闲聊："这是我的事。高级面料我来搬，其他的交给你。"

所有麻布均被小心地卸下了车，并放在了蒙着布的传送车上。巴肯检验了所有货品，在一块木板上登记相关资料与交货日期。他感觉这位同事大多时候都在观察着周围以免被人监视，对本职工作却不上心。

一脸奸相的祭司说："渴了？"又问老者，"你想喝点什么吗？"

"好的，谢谢。"

于是祭司把自己的登记板交给老者并走开了。巴肯瞥了一眼他的板子，发现上面的符号很奇怪，但肯定跟这批高等麻布没有任何关系。

这位同事回来了，手里提着一袋冰凉的水。巴肯则回到自己的工作中。

"拿去喝，很解渴的！"他自己也喝了一口，开始抱怨，"天气这么热还叫我们干活，真不人性。"

"那些驴子可没有抱怨。"

"你真会开玩笑！"

"你不是马上就做完了吗？"

"早着哩！这一步做完了，还要检查归位是不是正确。"

"这些木板是干啥用的？"

"要交到货物登记办公室，还有你的。"

"那个办公室离这里很远吗？"

"说不上远，但也不近。"

"我想为你分担一点工作，不如由我把这些板子送过去吧。"

"登记处的人不认识你。"

"那不正是个介绍我自己的机会吗？"

"他们认人，习惯了就不愿意换。"

"我是考虑到你一路走过去很辛苦。"

"谢谢你的好意，但我还行。"

同事要在登记板上写些什么的时候，脸上露出不安的神情，故意走远一点躲开老头儿。

巴肯问他："你抽筋了吗？"

"没有啊。"

"那，请问你会写字儿吗？"

"为什么有此一问？"身为祭司的同事似乎受到了羞辱，看着巴肯。

"你把登记板放在驴背上时，我看了一眼。"

"你的好奇心真重……"

"其他人看了你写的东西也会问你会不会写字儿的。我可以帮你改正那些字儿，如果你愿意的话。就这样交过去，他们不会接收，你还有可能受到责问。"

"巴肯，你既然已经知道了，为什么还要装作不知道？"

"知道什么？"

"得了吧！我就知道你想分一杯羹。你跟他们……不过也正常，但你为什么跟我在这儿耗呢？"

"不明白你在说什么。"

奸相祭司压低声音说："这是座富得流油的神庙，我们这些底层人员却只能勉强度日。卡纳克这么有钱，缺几匹精美麻布不算事儿。但我们却能拿它们卖个好价钱。明白了吗？"

"……"

"那里只有一位书记员和两个库管。没有登记的麻布就不存在，卖来的钱我们可以私下分了。"

"万一有人发现了呢？"

"不会。"

"上级呢？"

"他们有自己的烦恼事，一般不会追究这种事的。说吧，你想要多少？"

巴肯想了一下，然后说："越多越好。"

"你可真是个狠家伙！算了，还是让我们好好合作吧，过几年我们就能攒很多钱，那时就不稀罕现在的工作了。这次交货就这样了，你看如何？"

巴肯点头以示同意。

日出时分的亮光照亮了整个卧室，妮菲塔莉头靠在拉美西斯的肩膀上。对于日出的神奇力量，以及每天都获得新生战胜黑暗的光明，他们非常崇敬。通过相关宗教仪式，据说可以使这对至尊夫妻乘坐太阳船去到地下，和神祇们一起对抗那条摧毁一切造物的巨龙。

拉美西斯对妮菲塔莉说："我需要你的魔力，就今天最合适。"

"我的看法，你母亲不反对吗？"

"你们俩不谋而合。"

妮菲塔莉会心一笑。拉美西斯说："我决定听你的，今天就解除阿蒙大祭司的职务。"

"为什么今天才行动？"

"以前没有找到他犯错的确凿证据。"

"现在找到了？"

"我曾经的武术教练巴肯，他现在是卡纳克的祭司。他掌握了一桩麻布舞弊案，多名神职人员牵涉其中。大祭司的错误就算不是本人参与贪污，至少也是御下无方。任何一种情况都足以剥夺他作为上级主管的资格。"

"巴肯是个可靠的人吗？"

"他虽然年纪不大，却已经把守护卡纳克当成了终身事业。所以，这桩案子很让他失望。他虽然知道该做些什么，但不想告密，也不希望换取什么。我能够知道真相，还是一句一句逼问出来的呢。"

"那你打算什么时候召见大祭司？"

"今天上午。对质的过程会比较艰难，因为他肯定会找借口推脱，并控诉我对他不公平。"

"你有什么后顾之忧吗？"

"神庙的经济肯定会被他打乱，整顿也需要一段时间，特别是粮食分配方面。要避免国家分裂，或许就要付出这样的代价吧。"

这些话说得相当严肃，让妮菲塔莉非常感动。她这位作为国王的丈夫，并不是只知道享受安逸，而是深知埃及统一的必要性；而且，即便要冒风险，他保护这统一的决心也没有动摇。

妮菲塔莉说："有件事我必须告诉你。"拉美西斯看到了她若有所思的神情。

"你也调查卡纳克了？"

"没有。"

"是关于接下来会面的吗？"

"不是，但有可能影响到国家的治理。"

"不要犹豫，说吧。"

"我怀孕了……过几个月生产。"

拉美西斯温柔地抱住了妻子："我要请宫里最好的医生随时奉命。"

"你不用担心。"

"怎么能不担心？我希望我的孩子健康漂亮，但前提是确保你的生命和健康。"

"我身边有足够多的人照顾我了。"

"我可以命令你从现在开始适当放下工作吗？"

"作为你的皇后却偷懒，这是不可容忍的。"

阿蒙的大祭司迟迟没有现身，这种对法老的不敬让拉美西斯难以容忍。对于自己的迟到，这位高级神职人员将编怎样的瞎话辩解呢？如果他已经知道巴肯揭发了他，会怎么应对呢？阻碍行政调查，毁灭证据，洗清与罪犯及证人的关系？不管怎么做，最后都对他没好处。

　　眼看就要正午了，阿蒙的第四继承人求见法老，法老立刻让他进来。

　　"第一继承人和大祭司呢？"

　　"大祭司去世了，就在刚才。"

24/

　　法老召集并主持了推选新大祭司的会议。阿蒙的第二、第三、第四继承人，以及其他所有神庙的大祭司，都参加了这个大会。法老也召见了丹德拉和亚特雷皮斯，但前者上了岁数不能奔波，后者在三角洲感染重病，两人都派来了自己的代表。这些侍奉神明的中年男女，在各自的神庙里都可以以法老之名主持宗教仪式。

　　开会地点是图特摩斯三世神庙的一个大厅，新命名为"纪念光明加身者"的建筑，这里也是举行历届阿蒙大祭司传授仪式的地方。

　　拉美西斯开口道："卡纳克需要一位新的宗教首领，在这件事上，我想听听你们的意见。"

　　不少人点头表示赞许，或许法老的表现与他们听到的此人易冲动的传闻不太一样。

孟菲斯的大祭司提问："按理不是应该把这个职位传给阿蒙的第二继承人吗？"

"这个人在我看来没有足够的资格。"

第三继承人说话了："请原谅，陛下，请您小心防范自己所选之人的无能。宗教以外领域的职位，或许可以交给一些新人，但这个方法却不能用来解决卡纳克神庙的管理工作。在宗教领域，经验和名誉都是应该优先考虑的。"

"什么名誉？你倒说说看！卡纳克刚刚发生了一件事，不知你们听说没有：这里的高级麻布被偷出去非法买卖了。"

在座各位无不大吃一惊。

"罪犯已经被抓住并接受审查，并被发配到了纺织厂。神庙将永远拒绝他们进入，即使做临时工也不行。"

"我们的死者也涉案了吗？"

"似乎没有。但你们据此应该知道我为什么觉得他的神庙里的剩余人员不适合做继承人了吧？"

一阵安静。

艾力欧的大祭司问："陛下是否已经有一个中意的候选人？"

"我需要各位给我一个严肃的建议，这就是今天会议的目的。"

"我们有多少时间来考虑这件事？"

"接下来，我和皇后，还有其他几位大臣，要按例参观一些城市和神庙。我希望回来时能得到一个结果。"

按照传统，这种巡行礼应该在法老执政的第一年进行。在这之前一天，拉美西斯要先去位于尼罗河左岸祭奠着塞提及其不朽神力的古尔纳神庙祭拜。在古尔纳神庙里，每天有专门的祭司把肉类、面包、蔬菜和水果送到神坛，并吟诵祈祷文。据说，祈祷能让已故法老的英灵永远留在人间。

在父亲的一张侧脸像前，拉美西斯看了许久。塞提虽然已经成为神，但永远是年轻的，拉美西斯诚恳地求父亲从不管哪个地方出来，拥抱他，传给他一位化为天上星辰的法老的力量。

日复一日的时间让拉美西斯加重了这样一种感觉，没有父亲的生活是种考验和召唤：一位绝对自信而慈祥的领头人再也不能提供意见了，所以是考验；父亲的声音总是回荡在拉美西斯的每个思想里，并叮咛他克服阻碍努力向前，所以是召唤。

为维持法老和神祇们的合作关系，法老和大皇后将带着哪些官员在整个埃及旅行呢？这已经成为每个底比斯人热议的话题，普通居民、高官贵族、手工艺人和巷谈的妇女，都议论纷纷。

关于此次旅行的"绝密级"消息，每个人都能得到一些，或者是从权威人士那里，或者是从朝廷要员那里。关于王室军舰的行进路线，传出了一个可靠消息：先南下到阿斯旺，再沿着尼罗河北上到三角洲。船上的工作人员都接到了"路途辛苦少有休息，要加速前进"的通知。每个人都希望看到这次旅行像典礼一般举行，因为这对王室夫妇临幸过的第一寸埃及土地，都将永远符合玛亚特的永恒戒律。

船只刚刚启动，亚梅尼就把一大堆资料交给了拉美西斯，拉美西斯只有读了它们才能接见等候着的省长、庙宇长老和重要地区的市长。还有一份文件简要介绍了每个重要人物，他们的职业经历、家庭状况、野心大小、官场关系等，无不详细在列，机要秘书还特别标明了不确定的地方，以及属于尚未证实的传言。

拉美西斯问："这些宝贝资料花了你好几个昼夜的时间吧？"

"这我倒没有计算。资料的正确性才是我唯一关心的，因为那是你正确执政的前提和保障。"

"我大致看了一遍。支持谢纳的人还真不少呢，而且多数是握有实权的高官。"

"你很吃惊？"

"是的。"

"所以我们要去说服许多人。"

"你倒挺乐观。"

"国家理应由法老统治，也就是你来统治。其他的流言蜚语都是小事。"

"你从来不休息吗？"

"人死后有的是睡觉时间。我现在身为你的书记员必须为你铺平道路。行军椅用着还舒服吗？"

这张行军椅可以折叠，坐垫是皮面的，架子硬而牢固，四个脚也很稳，还镶了象牙制的鸭子头。巡行礼正式开始前，接见来客时，它能给法老以舒适快乐的感觉。

亚梅尼又说："关于随行的护卫队，我已经选好了成员。你的旅行将万物齐备，在宫里有什么可吃的，途中就有什么。"

"你对饮食一直这么严格把握吗？"法老当然知道亚梅尼经常在吃上"虐待"自己。

"吃得好是长寿的一个保证，少饮酒则不致精力分散。我已经给沿途的市长和大祭司发去紧急信函，命令他们准备住宿，所有人都可以放心。你和皇后当然会住在行宫里。"

"妮菲塔莉你也照顾到了？"

"这是必需的。皇后怀孕是国家大事。她的船舱有良好的通风，安全有绝对保障。五位医师照料着她，他们每天会向你发一份皇后的健康报告。对了，还有件头疼的事！"

"关于皇后的？"

"关于码头的。有消息说码头的设备很差，我虽然表示怀疑，但心里不安。我猜会有一些省长以改良码头的设备为由，想方设法要求额外补助。你去他们那里，本是名正言顺的事，要注意别让他们影响了你。每个官员都会竭力为自己牟利，但你应该平等对待，国家利益至上。"

"你和南北两个地方的首相交情怎么样？"

"他们做官还行，只是胆小怕事，整天担心自己被降职。所以，若要他们忠诚，不动他们就行了。"

"我有心……"

"要我做首相吗？不行！首相的政务能把我累死，而且相比之下，我现在可以暗中调查的职位对你更有利。"

"与我随行的人反应如何？"

"由于不用被萨哈马纳搜身了，监督也更少了，所以很高兴能够受邀参加旅行。他们把萨哈马纳看成了大恶人，我也听闻了一些抱怨，但我知道他那是尽职，所以没有放在心上。"

"屠夫和夜巡呢？"

"不用担心，它们都已安顿好，在旅途中仍将做你最称职的私人保镖。"

"罗梅的工作表现怎么样？"

"他是个表里如一的人，甚至'你这一生都将让他做管家'的论断都出来了！此言不虚，没有他，你的家事会是一团糟。你的直觉很准！"

"内疆呢？"

"他非常认真地让自己对得起农业部长的角色。每天会花两个小时向我请教一些行政问题，总是把问题问透明白为止。他本人总是在办公室里工作，还这样要求那些教他工作的前部长的顾问们……这趟旅行中他恐怕没时间看风景！"

"我亲爱的哥哥呢？"

"他的船极其奢华，好似一座海上王宫。这位新外交部长笑迎所有来客，逢人就保证说你将会带领埃及走向繁荣昌盛。"

"也许他把我看成了一个无药可救的傻瓜了。"

"他还有更多我们不知道的事。对于目前的职位，他看起来很满意。"

"我有个大胆的想法：他还有可能成为我们的盟友。你怎么看？"

"在他的内心最深处，这是不可能的。人类虽然都很狡猾，但也知道自己的能耐。你满足他对权力和表演的欲望，这很高明。问题是这样一个可以不断敛财，又有无数官员献殷勤的位置，会让他头脑发昏吗？"

"希望你的这句话上天能够听到！"

"好了，你睡觉吧。明天有至少十次会谈和三位访客，肯定会特别忙。为你准备的床还算舒适吧？"

　　法老的床垫是用大麻藤编成的，木制床沿接合得相当牢靠；床脚是狮爪形的底座，配有一个装饰着矢车菊、曼德拉草[1]和莲花的花架，让人拥香入睡；另外还有一个长枕。拉美西斯心想无论换成谁都会觉得舒服的，并说了出来。

　　亚梅尼想到了什么："好像还缺几个柔软的靠垫。"

　　"只需一个。"

　　"那怎么行！"他走向法老床头上的靠枕，"看看它都邋遢成什么样子了……"

　　说罢拿起它，却忽然往后一跳。显然有什么东西吓到他了。

　　靠垫下面，有一只黑色的毒蝎正挥舞着毒刺。

---

　　[1]　曼德拉草：学名风茄，茄科茄参属植物，每一部分都有毒，原产欧洲。——译者注

25

法老的贴身护卫队队长萨哈马纳非常沮丧，因为不知道毒蝎是怎样带进法老卧室的，严查仆人也没有结果。拉美西斯需要亲自安慰他。

萨哈马纳说："也许不该责怪他们，可以审问一下您的总管吗？"

拉美西斯默认他这样做。

对于萨哈马纳，罗梅一无好感，但法老让他如实回答每个问题，他也没法反抗。

萨哈马纳："你允许几个人进入了那个房间？"

罗梅："五个……应该是五名执勤人员。"

"这里面有问题。"

"中途休息时，我聘请的代工也可能进去过。"

"最近停靠的一站有这样的人吗？"

"有一个，送床单的，还会把脏床单送给洗衣工。"

"他叫什么名字？"

"聘工登记簿里有记录。"

法老肯定地说："看了也没用。他可能报了假名字，我们也不可能再去找到他。"

萨哈马纳再也遏制不住怒火："这些详细规程我怎么都不知道！？它们会让我的安全措施完全失效！"

罗梅惊讶地问："发生了什么事？"

萨哈马纳："告诉你也没用！从即刻起，每个登上法老王船的人，将军、祭司、清洁工谁都不能例外，都要彻底搜身！"

拉美西斯转向罗梅，点头了点头。

罗梅问："餐点也要检查吗？"

"你的一位厨师当着我面尝过没事才行。"

"随便你。"

罗梅出去了，余怒未消的萨哈马纳一拳打在一根柱子上，震动声回荡了好一会儿。

"陛下，那只毒蝎无法毒死您，但会导致高烧。"

"我高烧的后果是巡行礼半途而废……这就违背了神的旨意。看来敌人的主要目的就是让我犯这样的错。"

萨哈马纳保证说："您放心，以后再也不会发生类似的事。"

"这恐怕难以避免，因为元凶还没有找到。"

萨哈马纳脸有嗔色，拉美西斯问："怎么，你在担心什么吗？"

"人有时就是麻烦鬼。"

"你指谁？"

"如果是罗梅干的呢，如果他是主谋，那么……"

"是与不是，不是该由你去调查吗？"

"定不辜负您。"

法老和大皇后的巡行礼，在每一站都收获了良好的反响。各地的省长、大祭司、市长以及其他高官，无不为拉美西斯的威仪折服，无不被妮菲塔莉的美貌吸引。埃及新主人的风采让他们惊叹不已。接见认识谢纳的达官贵人时，拉美西斯无不强调哥哥的重要性，以及任命他做外交部长抚平人心的事实。拉美西斯说，整个王室将继续保持团结，会与哥哥努力合作改善国家，又说埃及文明要有效预防野蛮外族，需要保持稳定的外交政策，这取决于谢纳的爱国情怀和伟大意志。

不管停留在哪一站，他们都会向图雅行礼。因为已故法老妻子的现身，能够激起臣民的感动和崇敬。图雅虽然看起来柔弱，但沉默和谨慎让她具有威严。她代表着埃及的传统及其延续，她的存在使人们承认拉美西斯的统治。

船就要到达阿卜杜雄伟的奥西里斯神庙了，拉美西斯在此时接见了亚夏。这位外交官的装扮和举止总是高雅而得体。

"这次旅行满意吗？"

"我看到了人民对陛下的高度赞许。"

"然而，有些人的赞许只是伪装。"

"也许是吧，但彰显威权不正是此行的目的所在吗？"

"我任命了谢纳为外交部长，你怎么看？"

"惊讶。"

"吓着你了？"

"但这是您的决定，我无权提出异议。"

"怎么，你觉得我哥哥不能胜任？"

"从目前的形势来看，埃及的外交困难重重。"

"全能的埃及会遇到挑战吗？"

"个人胜利不应该成为你了解外界的阻碍因素。我们的敌人赫梯人没有做到百分之百安生。他们认为你不过是假君主，眼下或许正在巩固自己的地位，事后会有很大的动作。"

"有没有什么更明确的事实？"

"目前只有猜测。"

"谢纳是我哥哥，这你知道的。所以他是国家形象的代表。他在会谈和宴席上都表现得很自然、友好而得体。外国使节已经被他的空谈给蒙住了，这很好，但外交并非他唯一的娱乐。他可能也对造反或阴谋叛变感兴趣。他说愿意与我合作，并做国家忠诚的仆人，但我怀疑这只是在蒙蔽我。所以，我再强调一遍，你的角色很重要。"

"我该怎么做？"

"我要任命你为国家机密室主管。和你的祖先一样，管理外交信件，也就是检查谢纳起草的所有文件，将成为你的工作内容。"

"也就是监督他。"

"是的，但这没有超出你的职务范围。"

"谢纳不会怀疑我吗？"

"我已经告诉他我要提名你，他还没有任何行动，看来是打算

永远接受监督了。这或许能让他少犯些错误。"

"万一他躲过我的监督呢？"

"我的朋友，要相信自己，你很有一套的。"

奥西里斯神圣的土地让拉美西斯走了一会儿神，他想起塞提。生而得到上苍神力的塞提，就是现世的塞特神。塞特谋杀了自己的哥哥奥西里斯，建造了这座壮观的神庙，并在那里举行注视礼，纪念这位死而复生的神。拉美西斯和妮菲塔莉的入教仪式，都是在这里举行的。对生命之存续的尊敬和肯定，应该和人民一起分享，这一观念已深深刻入他们的身心。

通往码头的运河两岸一个人也没有。虽然一片歌舞升平的景象，只会在奥西里斯的复活节时出现在这片圣地上，但皇家军舰巡幸至此却遭到如此冷遇，也实在不太正常。所以，参加此次旅行的人，见到此处的冷漠和阴沉，无不感到震惊。

最先下船的是萨哈马纳，他手里拿着匕首。法老紧随其后，身边围着贴身警卫。

萨哈马纳小声地对自己说："一个让我没有好感的地方。"

拉美西斯走下码头，直视奥西里斯神庙时视线被远处的一片洋槐树林挡住了。

萨哈马纳示意法老说："先不要随便动，让我先四处查看查看。"

法老却命令道："马车！我来打头阵！"他显然不认为眼前的冷清是阿卜杜叛逆分子褒渎君权所玩的把戏。

萨哈马纳喊了一声"陛下"，却只能看着拉美西斯的车跑出去。他知道自己无法坚持，开始忧思：这样一位缺乏理性的君主，应该怎样来保护他的人身安全呢？

　　飞驰的马车发现神庙的最外层门居然是敞开的。拉美西斯下车，走进了露天庭院。鹰架架满了神庙的正门，一尊奥西里斯神像躺在地上，建筑工具摆得到处都是，却连一个工匠也没有。愣了一会儿之后，拉美西斯走进了神庙，发现祭坛上没有祭品，也看不见一个念经的祭司。这座神庙显然被废弃了。

　　法老快速来到外面，召稳立在门口的萨哈马纳进去。

　　"工地的负责人是谁，我要马上见到他。"

　　萨哈马纳得令飞了出去，只剩下愤怒的拉美西斯。阿卜杜的晴空都感到他的怒火了。

　　神庙的相关负责人，祭司、官员、工艺家、维修主管、司仪，都聚集在大庭院里。他们先向法老鞠躬，又跪下叩首，鼻尖都碰到地面了。法老认为这是渎职和怠慢的表现，怒斥他们的声音让他们个个不寒而栗。

　　任何道歉都没有用，如此可耻的行为是道歉无法解决的。他们给出了一个借口：神庙之所以变得如此混乱无序，他们对工作如此不上心甚至完全废弃，是因为塞提的去世夺走了他们的精神。

　　所有人都觉得法老的惩罚轻不了，但结果只是被要求用双份贡品祭拜塞提的木乃伊。拉美西斯还命令建造一个果园，种植大量的树，装修神庙大门，完成剩下的工程和雕塑，恢复每天的宗教祭拜。他还宣布要建造一艘船，用途是庆祝奥西里斯的神秘仪式。在神庙工地上工作的农民，可以结束一切劳役，并永远享受大量物资或钱财的供给，条件是神庙不会再像今天这样遭到严重忽视。

　　人群如浪潮般走出大门，庭院又安静下来。能够得到法老的宽容，每个人都深感庆幸，纷纷互相道贺，并保证一定不会再惹怒法老。

　　心神安定之后，拉美西斯走向神庙的正中央。那里虽然一片黑暗，却通向神秘光明即阿卜杜的"天空"。在这天空里，塞提的灵魂已经与星辰合二为一，然后，太阳船将遨游在那个无穷世界，永不停歇。

26

谢纳在很长时间里高兴得如痴如狂。

那只毒蝎的确是他的阴谋，虽然没有毒死拉美西斯。攻击拉美西斯的身体或削弱其体力，看来殊非易事，但经验告诉他防卫得再怎么周到也会有隙可乘。

不过，谢纳不是因为这个而狂喜的，而是因为亚夏告诉他的一个惊人消息。他在自己的船头上举办了一场晚宴，宴会格外成功。其他宾客都已经酩酊大醉，医师正在照顾方才还是焦点现在却呕吐不止的那位大官。谢纳和亚夏两人则来到船头。

"告诉我这不是梦……居然是密使团团长！"

"他已经决定，只差一纸诏书。"

"让我猜猜，你的'任务'是监督我对吗？"

"没错。"

"这样一来，我表面上是个受到十足约束的人，只能在上流社会胡乱交往，不会产生也不能实现自己的野心。"

"正中他的下怀。"

"亲爱的亚夏，我们已经成功地以假象满足了他们！我会把我的角色演到最好的程度。拉美西斯将主要通过你来获得关于赫梯人的消息，我这么理解没错吧？"

"应该是这样。"

"你赞成我们之间这样的合作吗？"

"完全赞同。我已经确定了拉美西斯的残暴，他刚愎自用，目中无人。埃及将毁于他的自负。"

"我至今也是这么认为的。我们将放下一切后顾之忧去冒险，你的决心仍然未变吗？"

"是的，一如从前。"

"拉美西斯哪里让你这么恨他了？"

"只因为他是拉美西斯。"

丹德拉神庙坐落在一个充满生机的乡村正当中，融合天地万籁的美妙赞歌从那里传出。它属于美丽和微笑女神哈托尔。神庙的正门，还有一所音乐学校，坐落在几株高大的无花果树的阴凉之下。这所学校也为神庙所有。来自星辰的神秘舞蹈，在哈托尔女祭司们的身上活灵活现地展示出来。她们的领袖妮菲塔莉，对这一站非常满意，希望有时间在神庙里沉思。所以，她要求必须在这里停留一下，尽管阿卜杜的不和谐插曲需要舰队继续向南。

皇后见法老非常烦恼的样子，于是问："你在想什么？"

"阿蒙大祭司的继任者。亚梅尼给了我一些资料，关于主要候选人的，但我觉得没有一个合适。"

"你参考过图雅的意见了吗？"

"我说那些人都是被塞提过滤掉的人，他们现在不过是想利用时机罢了，母亲同意我的意见。"

这时，妮菲塔莉的视线集中在石雕的拥有惊天之美的哈托尔的脸庞上，突然被一道神奇的光射中。哈托尔女神降临了！

"妮菲塔莉……"奇异的景象似乎使妮菲塔莉丧失了听觉。拉美西斯拉着她的手，怕她被一脸温柔的女神带到天上去。一会儿，妮菲塔莉恢复正常，心有余悸地缩在法老怀里。

"我去了一个遥远的地方……脚下是光明的大海，耳朵里传来一个悦耳的声音，现在还有回响。"

"那声音是什么？"

"关于阿蒙大祭司，那些神职人员提议的人选我们都不要，而是靠我们自己去找。"

"可我一点时间也腾不出来。"

"我们可以听听上天的意见。埃及的法老不都是由上苍指导的吗？"

在神庙的花园里，音乐家和舞蹈家载歌载舞地为至尊夫妻举办了一场欢迎会。对于这些欢乐时间，妮菲塔莉享受其中，但拉美西斯充满焦虑。他满脑子都是阿蒙大祭司的问题：难道还要等待上苍的下一个启示吗？

拉美西斯继续参观神庙、工厂和仓库，尽管他心里实际想的

是回到船上和亚梅尼讨论问题。

圣湖一带充满安详，花圃里百合花和矢车菊温柔地开放着，女祭司们到这里打圣水以备晚祷之用，队伍透着美好的气象。这一切使拉美西斯忘了烦恼，抚平了他内心的狂躁不安。

湖岸上有杂草伸入湖中，一位老者正在缓慢而准确地拔除它们。他单膝跪地，背对着法老和大皇后，这是大不敬，但法老没有生气，也不想打扰他。因为他看到老者拔得非常专心。

妮菲塔莉上前说话："您种的花都很好看。"

"我把它们当成爱人，只有这样它们才不会长歪。"老者嗓音比较粗。

"是的，我看到了。其实我也是这样对待花草的。"

"你？你这么美丽，居然也是花圃里的一位园丁吗？"

"不，只是闲下来的时候。"

"你很忙吗？"

"是的，工作让我鲜有时间娱乐。"

"你是女祭司们的上级？"

"那只是我的一项工作。"

"其他工作是什么？啊！我不该问这么多的，请原谅我的冒昧。认识一个人最美好的方式就是把他当成花朵一样进行心灵的沟通，多说无益。"老者感觉到了某种疼痛，"唉，这该死的左膝，都害得我站不起来了！"

拉美西斯伸出手，把这位老园丁扶起。

"谢谢王子殿下。嗯……您是一位王子没错吧？"

"您必须这样照料这个花园吗？是不是丹德拉的大祭司强迫你

的？"

"是这样。"

"听说他是个残酷的人，现在已经病危出不了门，是这样吗？"

"是的。您也像这位年轻的美女一样爱花吗？"

"是比较喜欢，但我最喜欢的是种树。我一直想跟大祭司谈谈。"

"为什么？"

"推选阿蒙大祭司的会议，他没有参加。他本该在会议上和同僚一起推举出一人，并递交给拉美西斯作为参考意见。"

"可是，神的这位仆人只想照看花朵，您会满足他吗？"

拉美西斯至此已经确定眼前人就是丹德拉大祭司，只是他穿了掩饰身份的服装。

"我认为他的膝盖还没有疼到无法上船。又不用他走着去底比斯。"

"岁月在我身上留下了严重的后遗症，我的右肩也损伤了……"

"怎么，丹德拉大祭司对自己的命运有所抱怨吗？"

"不是的，陛下！相反，他只是希望这座神庙能够成为他安度晚年的家园。"

"如果法老亲自来请他前去呢？只是分享自己的经验而已。"

"年轻的法老也已经掌握一些经验，想必他不舍得让一个老人如此奔波。靠在矮墙那边的拐杖请递给我好吧，陛下？"

拉美西斯表达了对眼前这位老人的尊重。

"陛下，您也看到了勒布已经老成什么样子了。试问谁还忍心让他离开这座花园呢？"

"丹德拉的大祭司给法老一个建议，这样的要求不过分吧？"

"像我这样的老头子，能闭嘴就不该开口。"

"金字塔世纪以来的埃及人一直蒙受智者卜塔的格言的福祉，可他不是这么想的。您的意见很重要，我特别想听。请问，您觉得谁最适合做阿蒙的大祭司呢？"

"我一生都住在丹德拉，底比斯对我而言是个陌生的地方。所以，我无法为您解答这种行政问题，请陛下原谅。而且，平日里这个时候我该去睡觉了。"

有时候，法老和皇后会在神庙的阳台上消夜，一些天文学家陪在左右。观望黑夜的宇宙，极地四周星天倒垂，点缀着几千个灵魂。在那里，有形与无形融合在一起。

之后，法老和皇后回到寝宫。寝宫的窗户面向田野而开。这里并不宽敞，家具也比较简陋，但在被鸟鸣叫醒之前，短暂的夜晚还是非常舒适的。妮菲塔莉和拉美西斯相拥入梦。

一大清早，至尊夫妻便主持了一个祭奠仪式。在享用了一顿丰盛的早餐之后，他们在行宫附近的水池里沐浴。他们就要离开这座神庙了，所有神职人员都来送行。拉美西斯没有上船，忽然离开队伍走向圣湖边的花园。

勒布双膝跪在地上，一一仔细察看着他种下的金盏花和飞燕草。

拉美西斯恭敬地问："您欣赏皇后吗？"

"陛下，您想听到怎样的回答呢？她代表着美丽和智慧。"

"所以，如果她有什么想法，您不会觉得那是虚妄的，对吗？"

"什么想法？"

"我将打断您的安宁，为此十分抱歉。但埃及的皇后希望我必须把您带回底比斯。"

"陛下要做什么？"

"让您做卡纳克神庙的大祭司。"

27

　　卡纳克神庙的码头眼看就要迎来提前返航的王室舰队了。尼罗河水被照亮，底比斯所有人都激动万分，同时猜测着法老早归的原因和目的。有些人认为法老打算把阿蒙的所有神职人员逐到乡下，还有的说他因为得了重病才提前回来，好在宫里度过最后的时光。真是好事不出门坏事传千里。

　　赫梯人的间谍哈伊亚已经等得急不可耐。他第一次体验到了被蒙骗的感觉——拉美西斯这次急速返回南部的事，他居然不知情。但他毕竟有发达的商业圈，于是迅速转换了行动据点。表面看来他仍然是本分的，但他身在底比斯就能够第一时间知道法老的决定，因为尼罗河沿岸的每个重点城市都有他的耳目。

　　在丹德拉的计划外停留，让哈伊亚觉得拉美西斯是个难以捉摸的人。拉美西斯反应迅捷，连顾问的意见也没有征询。其实，那些顾问喜欢说闲话，有秘密也难以守住，这种作风会泄露消息给这个叙利亚人。年轻君主的难以操纵让哈伊亚焦灼起来。他担心谢纳不再把自己当成有用的武器，因而不会善待他；另外，他觉得拉美西斯比预想得危险很多，所以自己应该主动出击了。哈伊亚接下来的行动是清除自己团队里的才能低下者和后知后觉者。

在卡纳克神庙大厅里的大祭司推选会议上，成员们正在讨论人选问题，讨论因法老的忽然到来而中止。拉美西斯头戴蓝色王冠，穿着褶皱的亚麻长袍，右手握着权杖，一派威严。

法老问："你们想好举荐谁做阿蒙的大祭司了吗？"

艾力欧的大祭司答道："陛下，我们还在讨论。"

"讨论可以终止了，这位就是阿蒙的新任大祭司。"说罢，众人往门口方向看过去，只见勒布拄着拐杖缓步而来。

"勒布，真的是您！"萨依斯的女大祭司叫出声来，"您不是一直病重吗？听说都行动困难了。"

"这是事实，但陛下用奇迹征服了我。"

阿蒙的第二继承人反对道："您都这么老了，难道晚年打算在沉重的工作中度过吗？卡纳克和卢克索可不是好管理的。"

"您说得没错！但法老的圣旨在上，谁敢违抗呢？"

"我的任命已经刻在石头上了。"法老又提前告诉众人，"勒布的提名也将刻在石碑上。"然后问，"这个高级职务难道他没有资格担当吗？"

一个反对的声音也没有。拉美西斯把一枚金戒指和一根金银手杖交给勒布，它们象征着大祭司的权力。

法老嘱托道："你从今天起就是阿蒙的大祭司了，负责掌管卡纳克的所有财产和谷仓。小心谨慎、绝对的忠诚和足够的警觉性，是对神庙及其属地领袖的必要要求，而以权谋私是绝对被禁止的。你要让神明的灵魂不断升华。阿蒙神能够探测人的灵魂，每个人的心中所想都逃不过他的法眼。你若能令他满意，他就不会剥夺你此地行政领袖的职位，还会赐给你长寿和万事如意的晚年……你愿意宣誓保证对玛亚特的尊敬并保证完成她的使命吗？"

"我愿以法老的生命起誓，保证神明和您所要求的一切。"说完，勒布向法老鞠躬行礼。

阿蒙的第二继承人和第三继承人非常恼火，也非常失落。原因除了这个身为此地神职人员共同上级的老人唯法老之命是从外，更有巴肯的提升。拉美西斯把巴肯从一个无名之辈提升成了阿蒙的第四继承人。而且，巴肯才是卡纳克真正的主人，新大祭司受他监督。这意味着卡纳克从此再也不是独立的了。而在勒布和巴肯的管辖之下，对埃及这个最富有地区的统治，从此与这两位继承人绝缘了，等待他们的命运只有被迫辞职。于是，他们开始慌张地寻找盟友，并很快想到了谢纳。但他们又怀疑：这位被法老提名上来的部长，是不是也已经不想称王了？

既然已经跌落到谷底，阿蒙的第二继承人决定，以整个反对拉美西斯的阿蒙祭司之代表的身份会见谢纳。

一个池塘，水里有各种各样的鱼，岸上有一个布棚，布棚由两根支柱撑着。第二继承人就被邀请到这里，侍者送来一杯角豆树果汁，他喝下去的时候，谢纳也看完了一卷文件。

谢纳："我对你印象……"

"我叫朵奇，阿蒙的第二继承人。"

朵奇个子矮小，脑门锃亮而狭长，眼睛是淡褐色的。从他皱巴巴而细长的鼻子和下巴——令人想到鳄鱼下颌——来看，他是个凶恶的人。不过，谢纳并不讨厌他。

谢纳问："我能帮你什么忙？"

"我在外交礼仪和宾客礼数上的缺失，可能让您觉得我是个冒失鬼。"

"不必拐弯抹角，有话直说。"

"阿蒙大祭司已经确定了，是一个叫勒布的老头儿。"

"这职位本该属于你这个第二继承人的。"

"已故大祭司也是这么告诉我的，但法老并不把我当回事儿。"

"不要在我面前控诉法老的决定，这很危险。"

"卡纳克这个地方，勒布没有能力去管理。"

"真正的管理者又不是他，而是我弟弟的朋友，巴肯。"

"恕我冒昧，请问您同意这样的决定吗？"

"法老已经把他的想法变成了事实。"

朵奇站起来打算走："多有打扰，告辞！"发现谢纳已经丧失了与拉美西斯争夺的野心，他很失望。

谢纳却叫住了他："等等！"见朵奇停下脚步，谢纳犹豫了一下说："你竟然连事实也不肯承认了吗？"

"事实是阿蒙现有神职人员的权力，法老都想削弱。"

"你知道怎样反抗他吗？"

"我并不是一个人。"

"还有谁？"

"多位行政人员，大部分的祭司。"

"你们的行动计划是什么？"

"谢纳大人，我们不是想造反！"

"朵奇，你的积极性很欠缺。你知道自己真正想要什么吗？"

"我需要帮助。"

"那要让我看到。"

"我该做点什么？"

"我不能帮你找到答案。"

"可我只是个祭司，而且……"

"依我看，你不是充满野心就是个没用的人。我可没兴趣听你说你多么沮丧、多么悲惨。"

"我或许能摧毁法老的盟友所具有的威信。"

"先证明给我看。当然，要记住我们从未见面。"

朵奇信心满满地离开了。路上，一个个计划在心头闪现，尽管只是空想。

对于这位第二继承人，谢纳有所怀疑。此人虽然有才华，但太优柔寡断了，容易被他人左右。如果放松对他的约束，他可能会放弃对拉美西斯的攻击。但是，这毕竟是一个可能的盟友，谢纳从来不敢忽视这样的人。所以，朵奇的人品需要考察，而且谢纳认为自己已经有办法了。

由塞提发起、拉美西斯继续营建的卡纳克工地的每个地方，都已经被拉美西斯、摩西和巴肯三人巡察遍了。各工作小组合作亲密无间，小心翼翼地搬运石块，并把某些特别的石块拼接起来，接成的石杆象征着来自原始海洋的纸莎草的茎。

拉美西斯问摩西："你手下小组的工作态度怎么样？"

"萨力是个刺头，不过我有办法说服他。"

"他有什么过失吗？"

"他对待工人的轻蔑态度让人忍无可忍，他还为了充实自己的腰包而削减工人的配给量。"

"你该依法制裁他。"

摩西用开玩笑式的轻松语气说："现在不必。如果我能亲自控制他，倒也不错。但他如果触碰我的底线，我肯定会制裁他。"

"你不怕他告你看得太紧了吗？"

"绝对不会！他是个懦夫！"

巴肯问拉美西斯："他曾经不是你的家庭教师吗？"

"是，而且还很优秀。只可惜一时头脑发昏犯了重罪。他没有被流放到绿洲去服劳役，真要感谢我呢。希望现在的工作能把理智还给他。"

摩西悲观地聊起了工程："工程已经有初步成果了，但并不令人满意。"

"你有恒心，什么目标都能达成。但这里的……你过几天跟我们一起到北方去！"

"可是，这个圆柱大厅还没有建好。"希伯来人摩西很不高兴。

"巴肯会接管的。他现在是阿蒙的第四继承人。到时你给他一些建议，教给他必要的步骤。至于整个工程的管理，以及卢克索神庙的雄伟壮观，他有自己的方式和思路。"说着，法老畅想起来，

"巨像厅、塔门和方尖碑全部完工之后，那将是多么神奇而壮观的景象啊！"然后对巴肯说，"我希望工程能够尽早完工，我不知道命运给了我多少年月，但我希望能在有生之年看到这些辉煌壮丽的建筑落成。"

巴肯答道："承蒙您的信任，荣幸之至！"

法老提醒道："巴肯，我所选拔的不会是无用之人。勒布虽然年老，但一定有能力完成属于他的任务，而卡纳克和那些大工地就是你的职责范围。无论你还是他，任何困难都要立即报与我知。你们除了为工作尽心尽力，其他的都不必考虑。"

拉美西斯和摩西离开了工地，走在一条小路上。小路两旁是高高的柽柳，尽头是象征着戒律、真理和正义的玛亚特神庙。

法老说："我喜欢在这里沉思。这里的环境能安抚我的心灵，洗清我的眼睛。祭司真是占着一块宝地！每个石块都蕴藏着神明的灵魂，每座神庙能教导他们。不过，前提是他们能够放下自己。"

"你为什么非让我离开卡纳克不可？"

"为了迎接一场奇妙的冒险。我们不是曾经谈论过什么是真正的权力吗？当时有我们俩，还有亚夏、亚梅尼和塞达武。我本来以为权力只属于法老，因为它像火焰一样吸引着我这只飞蛾。可是，我差点就扑上这火焰而死了，幸好父亲安排了我的生活。"

"你的计划是什么？"

"那将是一个无比宏伟的计划，现在还没有想好，路上再想。现在可以告诉你的是，必须有你在我身边，我才能很好地完成它。"

"我必须得说你让我很惊讶。"

"为什么？"

"因为我之前一直以为成为法老的你已经忘了朋友，以为官员、国家利益和绝对权力就是你全部关心的。"

"你把我看错了，摩西。"

"拉美西斯，你会变吗？"

"内心所愿使一个人改变，而国家强大是我永远不会更改的愿望。"

28

萨力心里还是有火。

他觉得自己以前是为国家教育事业作贡献的精英，现在却沦落成了一群可怜制砖工人的工头儿。身材魁梧的摩西也总是在威胁他，侮辱和嘲弄越来越让萨力无法忍受。他曾经试图煽动工人反抗摩西，却只是白费口舌，因为摩西建立了良好的人缘。

萨力又想，摩西只不过是在奉命行事，真正应该推翻的是给他下命令的人，也就是那个把他打入悲惨境地、让他无比沮丧的法老。

杜兰特靠在椅垫上，一副懒得动弹的样子。她对丈夫说："我理解你的怨恨，但你的那个计划太可怕了……"

"你在怕什么？"萨力质问不支持自己的妻子。

"亲爱的，我怕那种妖术最后害的反而是自己。"

"那也值了！你现在被遗忘和蔑视，我则每天遭到嘲笑，这样的生活你还没有过够吗？"

"你说的我都知道，萨力。但你那样做……毫不给自己留后路……我怕……"

"你要么和我一起干，要么我自己去！"

"我是你的妻子。"杜兰特以这个陈述表明了决心。

萨力把她扶起来，杜兰特问："你考虑好了吗？"

"我已经考虑一个月了。"

"如果有人发现并举报我们呢？"

"不会！"

"你哪里来的这种信心？"

"因为我足够小心。"

"这就够了？"

"放心吧，我保证不会出差错。"

"不那样做真的别无他法了吗？"

"对，只有这一个办法，快做决定吧，杜兰特！"萨力又不耐烦了。

"好吧。"

于是，拉美西斯的姐姐和姐夫，出现在了底比斯的一个外来人口聚集区。杜兰特僵硬地紧靠着丈夫，正在犹豫要不要继续跟他走下去。

"萨力，我们这是迷路了吗？"

"当然不是。"

"还有多远？"

"再过两条街就到了。"

人们像看小偷一样看着这对夫妇。萨力生硬地牵着不断颤抖的杜兰特继续往前走。

"我们到了。"说罢，萨力敲敲门。

门很矮，朱红色，左半扇上钉着一只死了的毒蝎子。一位老太太开了门，萨力和杜兰特进去并往地下走。他们沿着木楼梯来到一个洞穴，洞里空气潮湿，点着十几盏油灯。

老太太对两人说："他就来，你们先在椅子上坐会儿。"

杜兰特觉得这个地方非常可怕，宁愿站着。在埃及，法律禁止使用妖术，但只要价钱好，某些术士还是会铤而走险。

他们看到一个身上长满肥肉、腰弯背驼的人迈着小碎步走来。此人是黎巴嫩人。

黎巴嫩巫师问："一切已经准备就绪，钱呢？"

萨力取下身上的皮袋子，打开往巫师右手上倒了倒，几十颗完美无瑕的绿松石闪闪发光。

"在岩洞的尽头有你们想要的东西。旁边有一根鱼刺，你们想对谁施法，就用鱼刺写下他的姓名。写好了就打碎石灰板，被施法的人就会得重病。"

杜兰特一直用披肩挡着自己的脸，她不想被人认出来。现在只有她和萨力了，所以又紧紧抓住他的手。

恐惧再次让她想退缩："我们还是走吧！"

"来吧！就差一步了。"

"拉美西斯是我弟弟。"

"不！他已经成为我们的敌人！我们该反击了。放心吧，他根本不会知道什么人在何处给他伤害，所以不要怕，也不用后悔。我们一点儿也不危险。"

"可是，万一……"

"现在已经没有回头路了，杜兰特。"

洞的尽头是一个石台，到处是奇怪的符号，台上有一块极薄的石灰板和一根长而尖的鱼刺。板子上有几个污点，很不规则，可能是蛇血的残迹。石灰板用蛇血泡过，破坏力就会增加。

萨力拿起鱼刺刻下了拉美西斯的名字，杜兰特站在一旁闭着眼不敢看。

萨力命令道："该你写了！"

"不！别让我写。"

"这个法术要求夫妻一起完成，我一个人写没用。"

"我并不希望拉美西斯死。"

"巫师已经保证过这不会弄死他，只是会让他染上重病。那样他就不能再执政，谢纳成为储君的日子也就是我们返回孟菲斯的日子。"

"我不——"还没有说完，那根鱼刺已经捏在自己指下，自己指头外是萨力有力的手。

"写吧。"

但她的手还是一个劲儿颤抖。萨力只好握着她的手写，结果，写出来的拉美西斯的名字还是很走样。

就差最后一步了：打碎石灰板。

萨力动手，杜兰特再次闭上眼不敢看，她不想见证一场惨剧的发生。萨力使出全身力气也没有把板子打出一道缝，就好像它是花岗岩的。萨力恼怒地从地上不计其数的小石块中捡起一块，用力砸向石灰板，但板子依然一点碎裂的迹象都没有。

"这么薄的一块板子……居然……这是为什么？"

杜兰特大叫起来说："拉美西斯有神力的保护！他是不可伤害的，即便巫师也不行！我们快走吧！"

在这个居民区的窄道上，萨力和杜兰特转来转去。惊慌让萨力也找不到来时的路了。他们接近的人家立即关上门窗，屋里的人从缝隙里窥视着他们。杜兰特怕被人看见，不顾炎热一直用披肩遮着脸。

一个男人挡在他们面前。此人又瘦又矮，脸像禽兽一样，深绿色的眼睛也透着不安。

"你们迷路了吗？"

萨力说："没有，请让开。"

"我不是来找事的，我可以帮助你们。"

"我们自己能出去。"

"这个地方偶尔会发生一些意外情况。"

"我们自有防备。"

"你们如果碰上一群武装的亡命之徒就必死无疑，因为这里的每个人都会把一个携带着宝石的人当成猎物。"

"我们可没有宝石。"

"是吗？那么给黎巴嫩巫师做酬金的绿松石算什么？"

杜兰特向丈夫靠得更紧了，萨力说："纯属胡说，不知道你在说什么！"

"你们两个做事太马虎了，"说着，男人给他们展示了刚才的石灰板，"这个你们还认识吗？"拉美西斯的象形字名字还写在上面。杜兰特眼珠上翻，下一秒就倒在了丈夫怀里。

"你们应该知道，一切陷害法老的巫术行为都是杀头的罪过。不过请放心，我不会告发你们。"

"你……到底想怎样？"

"我已经说过，我想帮助你们。去左边那间屋子吧，必须得给你妻子点水喝。"

屋里朴素而干净，地面很硬。一个胖胖的金发女子帮助萨力把杜兰特平放在一张木头长椅上，椅子上铺着一张草席。另一个金发女子又给萨力的妻子取了些水。

瘦小的男人对萨力说："我叫欧菲尔。这是莉达，她是阿肯那顿的后裔，也是正统的埃及王位继承人。"

一语惊天。杜兰特的意识逐渐恢复了。

萨力表示怀疑："你……开什么玩笑？"

"这是事实。"

"他在说假话，对吧？"这话是冲着金发女子说的。

莉达摇了摇头，然后走到一个角落坐下，似乎对眼前的一切毫不关心。

欧菲尔解释带安慰地说："不必太吃惊。她的命是从水深火热中捡来的，需要很长时间才能学会正常生活。"

"……她怎么了？"

"追杀、威胁、毒打、监禁，这些她都经历过。他们要她放弃对唯一的神阿顿的信仰，要求她忘记自己和父母的名字。她的灵魂受到了迫害。若不是我把她救出来，她恐怕要变成一个可怜的疯子。"

"你救她，因为什么？"

"因为我的家人和她的家人一样惨遭不幸。复仇是支持我们俩活下去的唯一理由。只要想着报复，莉达就会获得力量，把埃及土地上的那些假神全都赶跑。"

"你们要为自己的悲惨命运讨个说法，但不应该找拉美西斯。"

"不找他找谁？他的朝代同样可恶地充满欺骗，百姓同样生活在水深火热之中。"

"你们是怎样渡过生存危机的？"

"有阿顿的信徒为我们提供保护所和粮食。他们也希望阿顿神终将显灵。"

"这样的人还有很多吗？"

"肯定比你想象得多，但都活动在暗处。我们不会放弃战斗，即便最后只剩下我和莉达。"

这时，杜兰特反对道："你想要恢复的是一个已经过去的时代，我们为什么平白无故为你们遭受的痛苦拼命？"

欧菲尔反驳说："错！从现在起，我们是结盟关系了。"

"萨力，我们快离开这里！这个房子里尽是魔鬼。"

"我知道你们是谁。"

"这不可能！"

"杜兰特，你是拉美西斯的姐姐；萨力，杜兰特的丈夫，拉美西斯曾经的老师。你们两个都是法老暴政的无辜牺牲者，报复他也是你们的愿望。"

"报复不报复跟你无关。"

"会有关系的。只要我把这块石灰板交到首相办公室……"

"你这是赤裸裸的威胁!"

"只要你们和我们结盟……"

萨力问:"那对我们有什么好处?"

"我和莉达的巫术。用巫术对付拉美西斯,这个办法很棒。可惜你们不在行,你们购买的魔法只对一般人有效,对法老没用。因为加冕仪式已经为他加持上了一圈无形的保护。我们应该逐一摧毁这些保护,最后再对付法老。"

"你的条件是什么?"

"为我们提供住处和一个隐秘的联络据点。"

杜兰特凑近萨力小声说:"不要听他的,我们快走。这是个危险的家伙,跟他结盟没有好下场。"

萨力却走向欧菲尔,并说:"好!结盟就此达成!"

29

　　在卡纳克神庙的内堂，拉美西斯点燃了几盏照明油灯。这个内堂是神庙最神秘的部分，墙壁是用粉红色的花岗石做的，只允许法老、大祭司或其缺席时的代理人进入。当光明驱走黑暗后，众神之神也就是一个"蒙面人"雕像出现在眼前。没有人见过它的真面目，他是阿蒙在人间的形象。环形香缓慢地燃烧，透过弥漫的香气能够看到有形与无形在这个神的化身上结合起来。

　　拉美西斯除去内堂通往圣骨箱大门的泥封，拉开门闩，打开了大门。

　　"创造万物的原力啊，请缓缓醒过来吧！我前来接受你的建议，请承认我是你的儿子，并让我实现你的功德。这片土地是你爱的果实，请平静地醒过来吧！万物将因你的精魂死而复生。"

　　拉美西斯点亮蒙面者，解掉他身上的彩带，用圣湖水冲洗他的身躯，并为他涂上香脂油膏。这些做完之后，又给他缠上新的洁净的布带。之后，拉美西斯把祭品献给他，在外面的各个神坛上，其他祭司也在同一时刻献上贡品。这样，法老就可以以"蒙面人"的声音唤醒众神。这一宗教仪式，在埃及的每个庙宇里都日复一日地举行着，通常是在早上。

　　最神圣的祭奠——对玛亚特这不朽的生命戒律的祭奠——终于到来了。法老敬告神明："你的生命是神明所赐。神用芳香复活你，用露水滋养你。你目之所见就是法律，你就是法律本身。"

　　祭奠完毕，拉美西斯关上内堂大门，拉上门闩，加上泥封。明天同样的仪式，将由勒布大祭司举行。

　　从内堂里走出来的拉美西斯唤醒了整个神庙的精神。作为祭祀圣物的面包和糕点，来自卡纳克面包店铺，现在正被祭司们拿走。屠宰师傅开始准备肉类，午餐会用到。工艺家们也进入各自的工作，园丁开始用鲜花装点神庙。这是平静而愉悦的时光。

　　萨哈马纳的马车在后，拉美西斯的马车在前，队伍驶向帝王谷。仲夏的清晨也热得让人难以忍受。那个山谷就更是个大火炉了，妮菲塔莉心里虽然害怕炙烤，但仍一如既往地表现得很平静。幸好她的后颈上有一条湿毛巾，还有一把遮阳伞也可以为她祛暑。

　　在动身北上之前，拉美西斯想再去塞提的墓穴看看，并在他的灵柩前沉思一阵。那灵柩上写着"职权和埃及的命主"。已故法老的灵魂可在这个神秘的黄金房间里轮转一世又一世。

　　在帝王谷的狭窄入口处，两辆马车停下来。拉美西斯扶妮菲塔莉下车。萨哈马纳细细察看了周围的环境，尽管已有警卫在场。

他的警觉程度又提高了一个层次，而守在入口的那些警卫似乎没有任何异样。

眼前的小路通向塞提和他们祖先的永生安息处。令妮菲塔莉意外的是，拉美西斯没有走上去，而是向右转，走向一个工地。在工地上，几名工人正在凿挖岩石，一小块一小块的石头掉到篮子里。

城里隐修院工会来的一位工艺大师正在几块光滑而整齐的石块上摊开一份莎草纸，见法老和大皇后走来，便向他们鞠躬行礼。

拉美西斯给妮菲塔莉介绍说："这里是我的墓地。"

"死后的事情，你现在就想到了？"

"实际上这是惯例，每个法老都必须在执政的第一年设计自己的死后居所，而且要同年开工。"这话消除了妮菲塔莉的悲伤："你说得对，我们随时有死亡的危险。准备好了身后事，我们就能过得更轻松愉快。"

"你觉得这个地方怎么样？"

皇后的视线缓慢地在四周移动，仿佛整个空间都在她灵魂的监视之下，每块岩石和每寸土地的最深处，她都触及了。她闭上双目，一段时间内一动不动。

"你的躯体会在这里安然入睡的。"

拉美西斯抱紧妻子说："你百年之后要留在皇后谷，这是不可违抗的法律，但我们将永不分开。在这片神所钟爱的土地上，我也会请人为你建造一座安息所。它将是有史以来最美的，将永远被后人纪念和歌颂。"

在这个严肃的时刻，帝王谷的神力再次使这对王室夫妇合二为一。这两个人不但是彼此恩爱的男女，还是埃及的法老和皇后，他们虽各有生死，但两人的生命已经标记为永不消亡。对于这种神圣的气氛，凿石匠、采石匠和工头都有清晰的感受。

一时之间，每个工匠都停下了手上的工作。这两位统治者的神秘能让苍穹安稳地笼罩着大地，给大地带来欢乐。是他们维持着尼罗河的流动，是他们使鱼群跳出河面，使鸟类在天空翱翔；是他们维持着人类的生存。所以，工匠们知道应该享受这种神秘。

拉美西斯和妮菲塔莉拉开距离并行向前，却始终凝视着对方。他们还是如同新婚燕尔。

工匠的挖凿又开始了，法老向工头要了设计图纸，并仔细看着它说："第一道走廊要加长。第一个四角圆柱厅可以开始建造了。岩面要挖得更深一点。玛亚特大厅的空间要尽量扩大。"法老一边说一边修改了原来的线条，以标明他所要求的空间。笔是工头递给他的毛笔，墨水是红色的。

关于自己的安息所，法老又询问工头的意见："你觉得这样改动怎么样：玛亚特大厅右侧有一条小路可以直通黄金住所，黄金住所里有八根圆柱，中央是石头灵柩；逝者的家具分别安放在几间与黄金住所相通的小神庙。"

工头答："技术上完全可以，陛下。"

"如果施工过程中遇到难题，立即通知我。"

"我会解决的。"

王室夫妇及其随从离开了帝王谷，继续沿着尼罗河前进。拉美西斯没说具体要去什么地方，萨哈马纳坚持认为法老无时无刻不需要战备防护，所以他只好不停地在每个山顶侦察。然而，对

于身边可能的危险，年轻的法老似乎根本没有看见。但是夜路走多了难免遇见鬼。

御驾在耕地深处向右转，经过了高官们的大公墓和纪念图特摩斯三世的神庙。图特摩斯三世是一位很有威名的法老，他征服了亚洲，把埃及文明扩张到了整个近东和更远的地方。

在距离建筑工人村落不远的一个无人区，也就是沙漠和耕地的尽头，拉美西斯下令停车。担心稻田里有埋伏的萨哈马纳立即往法老身边调动人手。

"妮菲塔莉，这个地方如何？"

为了能够真切体验大地的力量，皇后优雅而轻巧地脱掉了凉鞋。她赤脚在高温的沙子上踩了几圈，回到人群旁边的棕榈树下，在一块又平又光的石头上坐下。她评论道："这里有一股全能力量，和你心中的全能力量一模一样。"

拉美西斯双膝跪在地上，轻柔地给妮菲塔莉的双脚按摩。

妮菲塔莉又说："昨天我产生了一股奇怪的感觉，不，那不是奇怪，更像是恐怖。"

"具体是怎样的一种感觉？"

"你被一块长方体形状的石头保护着，外面有人在破除这层保护，想要摧毁你。保护石正在被人打碎。"

"敌人成功了吗？"

"没有，石块完好无损。我用我的灵力战胜了这股邪恶力量。"

"这会不会只是一场噩梦？"

"不是梦。我当时是清醒的。那是突然进入我意识里的影像，虽然不是特别清晰，但我肯定是某种真实的事……"

"你现在还有那种担心吗？"

"是的，仍然存在。好像有个我们视线之外的敌人，正躲在某个角落里，执意要杀死你。"

"妮菲塔莉，这好像不值得惊讶，因为我的敌人很多，而且每个都不惜使用最卑劣的方法攻击我。对于这种阴谋打击，我要么吓得麻木不仁不敢再有所行动，要么冲破一切勇往直前。你知道我选择了后者。"

"所以我要保护你。"

"萨哈马纳会保护我的。"

"如果是看得见的危险，他当然能够保护好你，但那些看不见的攻击让你无从防备。这就是我的责任了，我要用我的爱为你筑一道墙，一道能够阻挡魔鬼的墙。不过，还需要……"妮菲塔莉不说了。

"还需要什么？"

"一个尚未出现但将保证你名字和生命得以延续的人。"

"这里将是他的诞生之地，因为这里留下了你搜寻的足迹。这个盟友是个庞然大物，是这个石头世界，是一个用不朽石头建造起来的灵魂。它就是拉美西斯神庙，将存在百万年之久。它仿佛是我们的孩子，希望我们能够一起想象它的样子。"

30

　　萨哈马纳站在镜子前。他身穿一件紫色的紧身衣，但领口比较宽大。他给自己喷了香水，摸了摸小胡子，又理了理头发。他打算表现出一副有理智、所说意见值得尊敬的样子，因为他很在意接下来要跟拉美西斯说的话。他的反复推论结束了他要不要与拉美西斯对话的犹豫，况且，如果他有什么心事，向来是藏不住的。

　　清晨梳洗完毕后，萨哈马纳前来与法老交谈。他想，如果自己打扮得非常有精神头儿，说出来的话可能更容易被法老接受。

　　果然，法老见到他说："你今天真是异常闪亮！怎么，你不打算做我的贴身护卫队队长，要去追逐孟菲斯的服装潮流了吗？"

　　"我想——"

　　"我知道，你是为了方便说出一些难题才这样打扮的。"

"谁告诉您的？"

"我猜的。放心吧，没有人知道你的秘密。"

"陛下，我没想错！"

"不错的引子！什么事你没想错？"

"那只毒蝎……确实是某人放到您床上的。"

"这我已经知道。还有什么？"

"我对自己的疏忽很是不满，所以详细调查了一番。"

"得到可怕的结果了？"

"是的。陛下……恐怕……"

"你居然也会害怕。"

萨哈马纳气得脸色发白，因为说他害怕等于羞辱他。如果不是法老，换成随便别的谁，萨哈马纳的拳头早就打上他的嘴巴了。

"保证您的安全是我的职责。但是，陛下，这不是件容易的事。"

"你是想说，我的行动让人无法捉摸。"

"如果您……"

"你在担忧什么？"

"您船舱的位置是机密，我怀疑那只毒蝎是您的亲信在搞鬼。"

"是的，我的位置没有多少人知道。"

"直觉告诉我，我肯定有办法找到主谋。"

"什么办法？"

"我有我的办法。"

"萨哈马纳，我要提醒你，埃及的国家基础是公正的法律，法老也不能凌驾于法律之上，而只是它的第一公仆。"

"我可以不用您的正式命令。"

"那你的工作还方便进行吗？"

"我懂您的意思了。"

"我并不确定。萨哈马纳，你可以自行其是，但不能侮辱别人，也不允许敲诈勒索。因为你如果犯了错只能由我负责，无论我有没有正式下令。"

"我谁也不会干扰。"

"我需要你做出保证。"

"海盗的承诺也值得相信？"

"勇敢的人重承诺。"

"其实，我说的'干扰'……"

"我只要你的保证。"

"……我保证！陛下。"

罗梅现在对王宫的卫生十分上心。成为拉美西斯的管家之后，罗梅关注到了法老生活的方方面面。有一个书记员，用自己的挑剔讨好了罗梅，赢得了自己职务上的方便，负责卫生的工人没有一个敢不把他的命令当回事。此人负责检查每个工作小组，无论是谁做得不够好，他都无情地加以指责，并威胁说如有再犯就扣工资。

天黑了，这位书记员从明亮的王宫里走出来。身心俱疲的他感觉口渴，前面就是那家常见的卖可口啤酒的小酒馆，于是快步向前。在中间的一条小路上，送麦子的驴挤得快不能过人了，突然，一只力道十足的手抓住了书记员的领口，并把他硬推进了一间店铺里面。屋里一片漆黑，书记员恐惧极了，脑子里还在回响刚才嘎吱嘎吱的开门关门声。他叫都不敢叫。

　　他的脖子被两只大手掐住，只听对方说："你这混蛋，还不老实交代！"

　　"我不能呼吸了……"

　　萨哈马纳放松了一点手上的力道，又问："你和你上司是同谋，是吗？"

　　"上司……哪个上司？"

　　"法老的管家罗梅！"

　　"我的工作无可挑剔啊！"

　　"罗梅是不是讨厌拉美西斯？"

　　"不知道……不不不，他不讨厌法老！我也是法老忠实的仆人。"

　　"少来！我已经确定他是个不入流的毒蝎专家。"

　　"怎么会！他见了毒蝎怕得要命！"

　　"假话！"

　　"我保证说的是实情。"

　　"你不是见他玩过吗？"

　　"你搞错了……"

　　这种程度的逼问，一般人都会好好交代。所以，萨哈马纳开始觉得这位书记员没有说谎。

　　书记员问萨哈马纳："你……在找一位业余的毒蝎专家？"

　　"你认识这样的人？"

　　"是的。他叫塞达武，法老的朋友……他与毒蛇和毒蝎为伍。听说他能听懂那些毒物的语言，毒物也听他的话。"

　　"他在哪儿？"

"在孟菲斯的实验室里，那是他的家。他的妻子叫莲花，是一位来自努比亚的女巫师，也是个不好惹的主儿。"

萨哈马纳终于完全松手了。恢复呼吸的书记员摸了摸自己的脖子，随后问："我……可以走了吗？"

萨哈马纳挥挥手示意可以，书记员还没有走出屋子，他又安慰性地问："……没弄疼你吧？"

"没有。"

"那走吧。记住，今天的事不能告诉任何人，否则我的双臂将变成蟒蛇缠死你。"

书记员迈开大步跑出去，同时，萨哈马纳平静地走出来，走向与书记员相反的方向。他一边走一边思索。

本来，直觉告诉他最有可能伤害法老的人是罗梅，因为他的职位升得太快了。在萨哈马纳的经验中，这种人善于把野心隐藏在谦逊恭敬的外表之下。但他现在恐怕要承认自己想错了，因为从这位书记员那里得到了塞达武的情况，他个消息似乎更可靠。

萨哈马纳脸上拧了一下。

拉美西斯把友谊看得很神圣，所以对萨哈马纳来说攻击塞达武是一件危险的事，其危险程度超过攻击手持武器的人。可是，萨哈马纳既然已经得到一个有用的消息，就不会当作从未知情。他决定回到孟菲斯后特别留意这对能够轻松与蛇类打交道的异常夫妻。

王宫里，拉美西斯对萨哈马纳说："果然没有谣传在我身边出现。"

"因为我守住了承诺。"

"真的吗？"

"千真万确。"

"查到什么了？"

"目前还没有。"

"失败了？"

"线索不对。"

"但你还是不想放弃，是吗？"

"保护您是我的职责所在。当然，不能超越法律的界限。"

"有一个重要细节你没有告诉我。"

"您觉得我会对您有所隐瞒？"

"海盗什么事都做得出来，不是吗？"

"可现在非海盗的生活才是我喜欢的，那些没有意义的冒险，我不会再尝试。"

拉美西斯盯住萨哈马纳，目光似乎要看穿他的内心，并说："喜欢怀疑人是你的毛病。你还是不肯听我的话放弃调查。"

萨哈马纳随意地点了点头，示意确实如法老所言。

"那你继续去调查吧。"

"我会很小心的。我保证……"但从他的语气里，谁都能听出失望。

"你做得对。明天我们去孟菲斯。"

31

　　宫廷从底比斯到孟菲斯的旅行计划罗梅早已知晓，但他对于怎样展开自己的工作仍毫无头绪，为此非常苦恼。女士要有胭脂盒，高官的椅子要力求舒适，船上的餐饮要完全达到在陆地上的标准，还要满足拉美西斯的狮子和狗的胃口。实际情况却是状况百出：一位厨师生病了，洗衣工人迟到，纺织女工还送错了毛巾。

　　拉美西斯便给了一些只需照办的指示。罗梅本来打算平静度日，致力于研究精妙食谱的。可是，年轻、严峻而好冲动的法老破格提拔了他，他也用自己的不近人情让周围的人吃了一惊。可以说，他点燃了一把火，这火可能会伤害到每个接近他的人。但他同时像一只隼一样保护着法老的安全，他的狂乱飞翔也别有一种魅力。对罗梅来说，就算再也不能享受平静的生活，也要把自己的才能展现出来。

罗梅提着一篮新鲜的无花果来到王船上，被萨哈马纳拦住了。

萨哈马纳："接受搜查。"

罗梅："法老的总管家也要吗？"

"没有例外，接受搜查。"

"为什么跟我过不去？"

"你心里很慌？"

"什么意思？"罗梅颤抖起来。

"你不明白是好事，但如果明白是躲不过我的法眼的。"

"你这个撒丁疯子！好，我就满足你的多疑，你把这个篮子送过去吧，反正我那边还有一大堆事儿呢！"

白布被掀开，新鲜好看的无花果露出来。萨哈马纳怀疑这里面可能有害人的机关，比如毒蝎。所以，他把果子一个个拿起来，微微颤抖地放在甲板上，谨防着毒蝎尾巴出现。

终于证明没有任何机关。有些果实已经熟透了，重新填满篮子时，还得防止压烂它们。

能够见到拉美西斯，伊瑟非常高兴。

她像初来王宫的官员晋见国王一般激动，向法老鞠躬行礼时差点晕倒。

拉美西斯扶住她，严肃又柔和地说："你瘦了。"

"也许是的，陛下。"伊瑟的脸上露出一种不安的阴沉，但眼睛仍然明亮。

"有什么烦心事吗？"

"你愿意倾听吗？"

在一张矮椅上，两人肩挨着肩坐下。拉美西斯说："现在是短暂的非工作时间，你可以说。"

"法老的职位对你就那么有吸引力？"

"必须承认这是事实，但主要原因是时间根本不够用，要做的工作太多了。"

"听说你要返回孟菲斯？"

"没错。"

"我呢？跟你走还是留下……你什么都不对我说。"

"你觉得我为什么会这样？"

"我只确定你这样让我特别难受。"

"我想让你自己做决定。"

"为什么？"

"我爱妮菲塔莉。"

"难道你对我没有爱吗？"

"你该恨我。"

"你管理着一个国家，但你未必了解一个女人的内心。妮菲塔莉很了不起，我却很平凡，但这阻挡不了我爱你。她不能，你不能，神明也不能。不论你会给我安排什么位子，我都不在乎。一个知道怎样利用每一秒来爱你的妃子，难道没有幸福的权利吗？看到你，能和你说说话，分享你的快乐时光，对我来说都是快乐且弥足珍贵的，不能与任何事情交换。"

"也就是你的决定是……"

"我要和你一起回孟菲斯。"

码头上，人们欢送法老和皇后离开底比斯，约四十艘船向北驶向孟菲斯。在此之前，宫里举行了盛大的欢送会。阿蒙大祭司顺利换届，底比斯市长和首相都没有更换。对人民来说，可庆祝的是河水充沛和土地丰饶，这是国家繁荣的保证。

罗梅允许自己放松一下，因为王船上一切正常而顺利。萨哈马纳的监视仍然没有松懈，罗梅也要求严格搜查每艘船和每一位工作人员。罗梅鄙视专业人士，已经树立了不少敌人。人们认为，这个外人迟早会挨一顿揍，而且没有人同情。他能够保住自己的地位，完全只是因为国王支持他。这种地位会维持很久吗？

想到这里不免惊慌，于是罗梅再次进行了安全检查，确定扶椅是坚固的、菜肴是精致可口的。然后，他给篷下纳凉的狮子和狗送去了一袋新鲜水果。

拉美西斯正坐在妮菲塔莉宽敞的船舱里，透过窗户看着罗梅跑来跑去，一副饶有兴趣的样子。

"我们这位总管家总是只关心自己的工作，看来他不会成为一位更关心自己特权的管家吧，你认为呢？"

妮菲塔莉还躺在床上，靓丽的脸庞透着一丝疲倦。拉美西斯走过去，抱住她。妮菲塔莉答道："可是，萨哈马纳有不同意见。他和罗梅似乎互有不满。"

"为什么？"

"萨哈马纳的时刻警惕在罗梅看来是神经过敏。"

"他没有理由怀疑罗梅，不是吗？"

"我倒希望你是对的。"

"其实我也怀疑。"

"我们几乎不了解罗梅。"

"但我让他梦想成真，他理应对我忠诚。"

"这份恩情他会忘记。"

"你今天很悲观。"

"但愿我对罗梅的看法是错的。"

"你发现什么了吗？"

"目前只有萨哈马纳对他的敌视。"

"这个发现已经非常宝贵……"

妮菲塔莉头靠在拉美西斯的肩膀上，说："对于你，没有人是持中立的态度，拉美西斯。不是支持就是反对。反对你的人自然是认为你不该拥有权力。"

拉美西斯躺下，妮菲塔莉曲着身体贴近他。

"塞提的权力不是比我的更大吗？"

"你们很像，但也有不同的地方。塞提的神秘力量使他无需任何语言就能实现统治，你只管开辟新的道路，却不在乎应该用多少力。你就像烈火和湍流。"

"妮菲塔莉，我有一个相当宏伟的计划。"

"就一个吗？"

"但它真的很伟大。它的构思是从加冕典礼开始的，我觉得我不能逃避它。如果这个计划实现了，埃及将是全新的。"

妮菲塔莉用手轻抚着拉美西斯的额头，并问："这个计划已经开始实行还是停留在梦想阶段？"

"即将实行，只是还差一个指示。"

"什么指示让你迟迟不行动起来？"

"上天的同意。神明都同意的计划才坚不可摧。"

"这是为了保持你的神秘吗？"

"我还要把它变成供人瞻仰的文字。作为我的皇后，你肯定懂得我的心灵。"

妮菲塔莉聆听着拉美西斯畅谈自己的计划。

拉美西斯的计划很宏伟，这已经确定无疑。

妮菲塔莉坚定地说："你理应等待上天的指示。我会和你一起等待。"

"我担心它可能不会降临。"

"会降临的。它降临时，只有我们能认出。"

拉美西斯坐起来，看着被亲切称为"最美之人"的妻子，目光一动不动。妮菲塔莉正像情诗中的女人一样完美，也正像陶釉和绿松石器皿上的女人：曼妙光滑的身体，深蓝色的眼睛。

法老把耳朵轻轻贴在妻子的肚子上，妮菲塔莉问："孩子正在长大，你感觉到了吗？"

"我向你保证，他会平安降生的。"

长袍的一条肩带滑落了，妮菲塔莉的一只乳房露出来，拉美西斯又用嘴解下了剩下的一条，妻子的完美胸部就一览无余地展现在他眼前。他从妻子的眼睛里看到了蓝色尼罗河的流动，看到了炽烈欲望，从她的身体感受到了一种神奇魅力，还有融化在里面的无限的爱。

32

在孟菲斯，拉美西斯来到父亲生前的办公室，加冕典礼后这还是第一次。办公室的四壁是白色的，开了三个方形大窗户。室内毫无装饰，一张大桌子、一把靠北笔直的王椅，还有几把客人坐的椅子、一个盛莎草纸的柜子，这是里面所有的摆设。

拉美西斯感到一阵心痛。这个庄严的地方仍充斥着塞提的灵魂。为了管理好埃及，为了给埃及带来幸福，他把无数个日夜贡献在了这里，虽然已经没有一丝哀凄，但那股精神永驻其中。

已故法老的后继人必须建立自己的家园，开辟自己的生命之路。正是应这一传统的要求，年轻的法老来到这间宽阔的办公室。他应该叫人拆掉这间办公室，并建造自己的。

透过一扇窗户可以看到中庭，皇家马车正停在那里，拉美西斯也凝望了许久。之后，他摸了摸办公桌，打开了柜子，最后坐在了王椅上。塞提的英灵允许他坐下来。

拉美西斯心想，既然父亲让他的小儿子做了埃及的主人，他就应该继承父亲的遗志，这间办公室也应该原封不动地保留下来。他就这样决定了，这个简朴的地方，也将成为他在孟菲斯办公的地方。因为他相信这里是块宝地，能够帮助他做出正确的判断。

大桌子上摆着两根非常柔软的槐树枝，树枝两头用麻绳绑在了一起。它是塞提曾用来在沙漠寻找水源的工具，而且他成功了。那其实也是塞提给拉美西斯上的一课，尽管那时拉美西斯对自己的命运一无所知。但他领会了法老与自然力和造物力量的神秘较量，知道还有一个点亮神秘生命的资源世界。

除了实际的管理，统治埃及还包括与神秘力量打交道。

荷马老得手指头都有点麻木了，但他还是搅了搅鼠尾草，并装进烟锅里。烟锅是一个可爱的大蜗牛壳，里面充满烟垢。他一口一口地抽着烟，中间饮下加了八角和芫荽的烧酒。他坐在扶椅上，背后是柔软的靠垫，头上是柠檬树，树缝里是温柔的夕阳。就在此时，侍女通报说国王来了。

拉美西斯走近，他的外表令这位希腊诗人感到惊讶。虽然困难，但他还是站了起来。

"请您赶快坐下吧。"

"陛下，您和以前判若两人。"

"陛下？亲爱的荷马，您比以前更重礼数了啊！"

"既然您已经加冕，就是人民的王。况且，您也拥有了值得尊

敬的国王的神采。刚才看您一眼我就知道您少了许多冲动，再也不是我可以教训的了。法老还愿意听我的意见吗？"

"看到您身体健康，我很高兴。您是否满意这里的生活？"

"满意。一位专供我差遣的女佣、听话的园丁、一流的厨师、一位代我誊诗的优秀书记员，有这种待遇我还有什么不满足的呢？"

突然，伴随着"喵"的一声，一只黑白相间的猫出现在诗人的大腿上。

荷马觉得橄榄油是最卫生最香的香精，所以像往常一样在身上涂了一遍。

"您看我可有什么进步？"

"宙斯对上苍说天上挂着一条金绳索，一拉就能把大地和海洋卷到奥林匹斯山之上，一拉就能倒转天地。我觉得这话说得很好。"

"您的意思是我的统治还不稳定，埃及仍然是随风飘摇的国家，是吗？"

"外面的事，一个退隐的诗人怎么会知道。"

"我以为您已经知道得很详细了，因为您有诗人的直觉，还能听到仆人们的闲扯。"

荷马捋了捋白胡子说："倒是个渠道……行动不便并不代表消息不灵通。人民一直在盼着您回到孟菲斯。"

"在那边有一个重要的问题需要解决。"

"就是重新选拔一位不会背叛您统治的阿蒙大祭司。你的动作很快，而且完全没有违背法律。提名一位没有野心的长者，这是年轻君主的政治才能的表现。这可是很难得的才能哦。"

"我很欣赏这位新大祭司。"

"当然,因为他对您绝对服从。这很重要。"

"南北分裂意味着埃及的毁灭。"

"埃及是一个奇怪但很吸引人的国家。我在这里都被你们的风俗同化了,甚至不再喝自己最喜欢的希腊酒了,真是不该啊!"

"照顾自己的身体才是最重要的,您做到了吗?"

"当然,这个国家医生随处可见!牙医、眼科医生以及其他医师,每天都在我身边照料。不过,他们开出的药,有很多我不愿服用。那些眼药水或许对我的眼睛有用,但我也不想用。如果我在希腊时就使用它们,也许眼睛就不会像现在这样无药可救。我再也不愿回到希腊。那里到处都是党争和武力冲突,太多的酋长和小国王子陷在仇恨里。写作要求宁静而舒适的环境。陛下,请您努力让埃及变成一个伟大的国家。"

"事实上,这项工作是从我父亲开始的。"

"来看看我写的诗句:'哭泣除了增加心灵的恐惧别无他用,人类的痛苦是神明安排的命运,为的是处罚他们,所以神明自己岂会痛苦?'人类共同的命运就是受苦,您也不例外,只不过由于您职权的关系,您的地位比人民高。然而,您的子民还是相信幸福的,并且会贪婪地汲取它,甚至创造它。这一切都是因为法老,因为埃及作为一个完整国家已经存在了几个世纪。"

拉美西斯会心一笑,说道:"看来您已经知道埃及的秘密了。"

"结束对您父亲的怀念和模仿,您应该成为一个独一无二的君主。"

在孟菲斯每一座神庙里，国王和皇后都举行了祭奠仪式，向孟菲斯的大祭司致敬。包括天才雕刻师在内的所有工匠的调度工作，都由这位大祭司负责。法老和皇后则一动不动地坐在王位上，头戴王冠，手持权杖。那些雕刻家的任务就是把这对至尊夫妻永远年轻的容貌刻在石头上。

对于这种考验，妮菲塔莉还能够优雅地忍受，拉美西斯已经有些不耐烦了。第二天，再也无法保持静止不动的法老传唤了亚梅尼。

"河流流量怎么样？"

"刚好满足需要。农民们希望水再大一点儿，实际情况是蓄水池水位相当可观。"

"农业部长的工作开展得怎么样了？"

"从他向我的汇报来看，他没有把自己关在办公室里，而是时常往不同的田庄里跑，亲自管理或从事开垦工作，每天解决的问题成百上千。这种行为已经超出了一个部长的工作范围，但是……"

"农民的生活情况呢？"

"粮食取得了大丰收。"

"牛羊呢？"

"数量增加，死亡率降低，兽医单位的报告没有任何可担心之处。但这只是最近的统计结果。"

"谢纳呢？"

"他堪称高级官员的楷模。外交部所有的合作单位都已被他联合起来，总在颂扬你。他要求手下的每个职员都要认真做事，并提高效率。自己的工作态度也非常积极，天一亮就到岗，不摆架子向顾问请教，也非常尊重我们的朋友亚夏。现在的谢纳已经成为一位卷宗专家，有十足的部长担当。"

"这些都是真的？"

"行政上我不会儿戏。"

"你和他交谈过了吗？"

"谈过了。"

"他怎么对待你的？"

"对我谦恭礼让。我要求他必须每十天递交一份活动报告，他完全没有拒绝。"

"这很奇怪……按照以往性情，他会把你赶走。"

"我想，他这样做也有自己的乐趣吧。你在担心什么呢，他不是没有逃出你的掌控吗？"

"如果他有任何出格行为，一定要制止他。"

"我会的，陛下。"

拉美西斯从王座上站起来，放下王冠和权杖，让那位已经画好草图的雕刻家先下去。妮菲塔莉也放松下来。

法老坦言道："摆姿势这种事真是要人命！如果提前知道这是个圈套，我肯定不会答应！还好这种事做一次就够了。"

亚梅尼说："看来，每个职位都不是完全轻松的，法老也不能例外。"

"亚梅尼，你可要小心喽！你成了智者也有可能遭这个罪呢。"

"那完全没有可能，除非陛下不想再让我从事现在的工作。"

拉美西斯走近一点，问道："你怎么看罗梅？"

"工作效率虽然很高，但似乎充满焦虑。"

"充满焦虑？"

"他总在追求完美，所以会为随便一个细节苦恼。"

"这不是和你很像吗？"

"你这是在指责我吗？"亚梅尼双手交叉，非常生气。

"他的行为举止真的让你担心什么吗？"

"不！相反，我完全不担心他。每个行政官都效仿他我才满意呢。你到底在责怪谁？"

"谁也没有，没什么好担心的。"

"怀疑罗梅似乎是多余的。没事的话，请陛下允许我回去办公。"

妮菲塔莉举起拉美西斯的手臂，动作很温柔。

"亚梅尼的忠诚无可置疑。"

"他与一个政府一般无二。"

"那个指示降临你了吗？"

"还没有。"

"已经降临我了。"

"什么样子的？"

"说不清。只能说它走向我们了，但像马儿一样没有方向地乱蹦。"

33

九月初，河水泛滥，整个埃及成了万岛湖，每个岛都是一个土山加一圈村镇。不在法老工地上工作的人，可以趁此机会度度假，或到码头上转转。土山顶上的牛羊有农民饲养，整天吃得很饱，不知烦恼为何事。原先的耕地区，现在成了人们垂钓的天堂。

尼罗河在远离三角洲靠近孟菲斯的地方达到了二十公里宽，在北边泛滥后水面超过了两百公里宽。涨上来的水汇集在海口，然后流向海洋。水里到处都是莎草和莲花，已经看不到国家的样子，眼前的世界仿佛是人类之前的太古时代。不过，经过这次泛滥，大地得到清洗，害虫被溺死，淤积的泥土松软而肥沃，适宜生命的繁殖和生长。

孟菲斯城有一个测水阁，它的四壁都有刻度，用来测量水涨了几古得。[1] 五月中旬时，会有一位专家每天早晨进行测量，并计算出涨速，而今又开始每天测量计算了。这座测水阁形似一个古井，是用大石块建成的。每年上涨的河水都会在九月底完全退去，但在眼下这段时间，几乎看不到井里的水位在下降。

这位专家下井时非常小心，因为怕滑倒。他右手扶着墙慢慢下去，左手里拿着一小块木板和一根鱼骨，它们是用来记录测量水位的。

水面与脚的接触吓得他停住了脚步，然后专注地观测起墙上的刻度来。他怀疑自己看花眼了，于是反复确定，之后跑了上来。他把自己的结论报告给了孟菲斯地区的运河主管，后者睁圆眼睛看着他。

"这次报告和以前很不一样啊！"

"昨天我就这样想了，今天是百分之百确定！"

"你忘了现在是什么季节？"

"当然知道，九月初啊！"

"你业务水平相当高，如果公务员要晋升，应把你放在靠前位置。我就当这是你忽略日期所犯的差错，改正就行，下不为例。"

"我没有弄错！"

"你是想受到纪律处分吗？"

水位检测师坚持己见："我恳求您亲自去看一眼！"

但他显然惹恼了长官，只听主管说："你说的情况纯属胡扯！"

"为什么会这样，我也不知道，但事实摆在眼前……这种情况

---

[1] 古得：古埃及的长度单位，1 古得 =0.52 米。

已经持续两天了。"

水位检测师的结论是水位不但没有下降反而升高了。两个男人都下井再次确认，那位运河主管也亲眼见证了这个异象。

这次泛滥居然达到了埃及人心目中的理想水位：十六古得！它被称为"完美的幸福"。

这个消息很快传遍全国，速度如同闪电。人们纷纷议论起来，都说法老在执政第一年就创造了一个奇迹。水库达到满容量，即便旱季末期时也不会有缺水之虞了。国王的神力为上下埃及带来了一段幸福的时光。塞提的神力，拉美西斯显然已经继承下来。埃及现在的法老能够控制河水涨落，能够驱除饿殍的怨灵，有足够的能力养活人类——他的力量是超自然的！

谢纳却气得七窍生烟。不过是自然现象，没见识的人居然看成神迹！谢纳虽然这样想，却没有办法制止。这种百年不遇的不退反涨的自然奇观，的确是不可磨灭的事实，但跟拉美西斯有什么关系！？虽然可以这样自我排解，但拉美西斯正在成为城市和乡村歌颂和庆祝的对象，他的名字变得崇高而伟大，很可能不久就与神齐名了！

但谢纳又知道，在这个时候搞特殊就是找死。所以，他跟其他政府官员一样，把之前排好的约会都取消了，给部里的下属放了一天假。

拉美西斯似乎总是在走好运，在这么短的时间内，其声望都要超过塞提了，这简直邪门。他的许多敌人感到害怕，开始怀疑他是一个不可战胜的人。所以，谢纳也告诉自己：要加倍小心行事了，网不能织得太快。他认为自己的坚持一定能战胜拉美西斯的

运气，况且还有经常放弃它理应保护人的老天。他将在拉美西斯的运气用完时采取行动，要想一击致命，还必须准备一些强力武器。

喊叫声从外面的马路传进谢纳耳中，他以为有人在争吵，但紧接着，排山倒海的呼喊声传来。那是孟菲斯人民在欢呼。谢纳只消几步就爬上了阳台，和几千埃及人一样看呆了：一只类似苍鹭的蓝色大鸟正盘旋在城市上空。

这一幕惊奇的场面让谢纳想到了太阳鸟。他转念又想："不可能是太阳鸟回来了……"然而，谢纳虽然觉得太阳鸟的想法可笑，但没办法不让自己继续想。他的视线始终没有离开那只"太阳鸟"。传说中，太阳鸟是代表天庭来人间宣示君主的贤明的，是一个光明灿烂的新时代的预兆。

谢纳想，这样的童话和蠢话，不过是祭司们编造出来愚弄人民的废话罢了！但那只太阳鸟还在高空盘旋，它好像打量着孟菲斯，在为自己选择一个方向。

谢纳如果懂弓箭的话，肯定会把这只大鸟射下来，并告诉人们它就是一只发疯又晕头的候鸟。他倒是可以给士兵下这个命令，但又担心没有人听，还可能反被指责为发疯。人们的目光没有从这只太阳鸟上移开，欢呼声却突然停止了。

人们知道太阳鸟有自己明确的方向，不会像眼前这只大鸟一样只是在孟菲斯上空没有目标地飞翔。也就是说，这只大鸟的犹豫把人群从幻想中拉了回来。这幻想就是拉美西斯会再创造一个奇迹。更严重的后果是，人们可能还因此否定前一个认为是拉美西斯做到的奇迹！所以，这种戛然而止使谢纳恢复了希望。谢纳感觉到好运正在转向自己。

几个孩子惊叫了几声，然后，寂静又成了空气的主旋律。

大鸟还在一大圈一大圈地盘旋，它那优雅的叫声以及布匹起褶沙沙声一般的拍翅声，透过清澈的空气传到人们的耳朵里。

人们的欢乐变成了痛苦，并伴随着哭泣。因为人们终于确信自己根本没有幸运地遇到太阳鸟。太阳鸟十五个世纪才会出现一次，但眼前这只鸟只是一只可怜的苍鹭，它跟伙伴走失了，不知该飞向哪里。

谢纳的心安定下来。这件事让他有绝对的理由否定那些愚弄百姓的陈词滥调。他知道世上根本没有一只能活儿千年的鸟，也根本没有专门来宣示法老命运和新时代到来的太阳鸟。于是，他满足地回到了办公室。他通过这个见闻还懂得了一个想要掌权的人必须学会在精神上掌控群众的道理。给群众的食物固然重要，但给他们梦想和幻想同样重要。一国之主的声望如果不是自然形成的，就有必要借助谣言和传说的力量。

外面再次响起一片聒噪。谢纳以为那是人们由于没有看到奇迹的失望，现在变成了愤怒和抱怨。然而，夹杂在呼声里的拉美西斯这个名字使谢纳越来越沮丧。他再次来到阳台上，见到的情景再次让他惊呆了：人们正目送那只大鸟落在那个用原始石块制成的举世无双的方尖碑上。

大鸟真的是太阳鸟！它真是代表上天来揭晓新纪元的，这是拉美西斯的时代。谢纳愤怒到了极点。

两份报告都送到了拉美西斯的办公桌上，法老正在仔细看着。上天垂恩，尼罗河泛滥到了理想的程度；那只栖身在艾力欧大神庙的那座方尖碑碑顶上的蓝色大鸟，接受了孟菲斯人民的注视与歌颂，而且它没有离开或移动，成了一道亮丽而夺目的风景线，凝视着这个神明垂爱的国家。

"水位难得的涨高和太阳鸟现世，这是两个好预兆！无法想象埃及将有一个震惊世人的开始！"妮菲塔莉说这些话的语气十分肯定，但她看到法老没有回应，就说出了自己的猜测，"你好像很困惑，怎么了？"

"面对上天的这些指示，恐怕谁都会震惊。"

"你不敢向前迈步了吗？"

"不！正好相反，它们已经明确告诉我，我应该无视一切责难、阻碍或困难勇往直前。"

"你的那个宏伟的计划，是时候实现了。"

拉美西斯紧紧抱住了妮菲塔莉，妮菲塔莉继续道："涨水和太阳鸟就是指示。"

亚梅尼闯进来，上气不接下气地说："生命殿堂的……他在外面……想见你。"

"请他进来。"

"但萨哈马纳非要搜他身……恐怕会造成坏影响！"

拉美西斯快步走向会客室门口，见到了正在对峙的两个人：撒丁巨人的头盔、战甲和武器一应俱全，对面的人个子也很高，脑门锃亮，穿着白色的袍子，看起来六十多岁了。

生命殿堂的总管向法老鞠躬行礼，萨哈马纳发现法老面有愠色，有些失声地说："谁也不能例外，否则无法保证您的安全。"

拉美西斯问主管："您有什么事？"

"陛下，请您尽快跟我去生命殿堂看一看。"

34

塞提生前为了考验拉美西斯，曾把他带到艾力欧。那是一场关系到拉美西斯未来命运的考验。今天，成为法老的拉美西斯穿越了瑞神庙，这座神庙的雄伟气派不输卡纳克。

他来到的这个神圣地区通过运河连成一片。这里的建筑有原石神庙、阿图姆庙堂和左塞纪念堂。左塞被誉为创造之神，是他率先在萨卡拉建造了金字塔，并在小神庙的无花果树上刻下了各个朝代的名称。

艾力欧拥有不可思议的景观：洋槐、柽柳、果树和星罗棋布的橄榄树，还有临时搭建的供奉神明用的祭坛——几条小路将它们连通起来，并把树木隔成一片一片的；养蜂户的蜂蜜从不断货，牛栏里的母牛总有挤不完的乳汁，工厂不断培育出出色的手工艺人。

为这座圣城工作的乡镇大约有一百个，圣城以幸福生活回报它们。大学者、祭司和巫师，在这时悄无声息而隐秘地通过宗教仪式和神话传承着埃及的智慧；埃及智慧在这里生根发芽，已经长成参天大树。

全国最古老的地方是艾力欧的生命殿堂，它的总管也是所有大神庙争相模仿的对象。此人深居简出，醉心于沉思和阅读，不喜欢在世俗场合露面。

他告诉拉美西斯："您父亲生前经常来这里小住。离开尘世是他最大的心愿。当然这永远不会实现，他也知道。陛下您还年轻，酝酿着许多计划，这实属正常，但您真的做到您的名字所要求的了吗？"

拉美西斯很生气，但没有发作，问道："你在怀疑什么？"

"请您跟着我，让上天替我回答。"

"你这是在命令我吗？"

"我是您的仆人。"

说这话的时候，总管并没有低头示弱。如果他是拉美西斯的对手，将是最难对付的一位。

他又请示道："您还愿意随我前去吗？"

"请带路。"

这位总管稳步迈向原石神庙。那座刻满象形文字、栖着太阳鸟的方尖碑，就坐落在原石神庙。

"陛下，您敢抬头看着那只鸟吗？"此时是正午，在最刺眼的阳光里，几乎看不出太阳鸟的轮廓。

"您打算弄瞎我的眼睛？"

"是与不是，陛下试过就会知道。"

"对于您的挑战，法老可以拒绝。"

"当然，能够强迫您的人只有您自己。"

"您到底要做什么？请解释清楚。"

"您的统治是由您的一个名字支撑着的[1]，可它至今只是个理想，不是事实。正视太阳和太阳鸟，会使您的统治无人能撼动，或坚定您不惜一切完成它的决心。"

拉美西斯抬起头，毫不躲避地看着太阳。

他的眼睛没有被灼伤，太阳鸟在他的视线中变大，终于飞向高空，消失在阳光里。年轻法老很长时间在那一方向上凝视着。

"您真的是光明之子和太阳的后裔，拉美西斯，愿您的统治坚如磐石，愿黑暗被您除尽。"

拉美西斯这才确认自己的确是太阳的化身，太阳时刻为自己提供着精气。所以，他原本是不必害怕太阳的。

艾力欧的生命殿堂是长条形的，由高而厚的围墙围成。主管在前面一声不吭地走着，拉美西斯在后面跟着，来到了殿堂里面。殿堂中央有一块圣石，上面覆盖着母羊皮，周围有小山丘保护着。这个结构是巫师用来执行复生仪式，要使入教后死去的人复生，还需要在他的石柩上摆一些小石块。

主管请法老进入一间图书馆，馆内收藏着许多大事记，还有天文、星象、先知的预言和王室历史。

他说："查阅我们的大事记可知，艾力欧已经有一千四百

---

[1] 光明之子拉美西斯。——译者注

六十一年没有出现太阳鸟了。天文学家有两份年历，一份是通行的，每四年有一年比其他三年少一天；一份是真正的年历，每年都比通行的年少四分之一天。太阳鸟的再度归来，明确说明在您执政的第一年，也包括您加冕的那一刻，两份年历发生了神奇的重叠。如果您同意，这件事应该立碑昭告天下。"

"您的启示教给了我什么呢？"

"巧合实乃命定。陛下，您的命运是神的旨意。"

谢纳已经看够、听够了拉美西斯带来的好兆头了，河水奇迹般地泛滥、太阳鸟现世、新时代即将到来……他的心情低落到了极点。但是，在为法老举办的庆典上，他的言谈举止仍能保持得体而又适宜。这些预兆证明拉美西斯的统治是神奇而优秀的。上下埃及交由这个年轻人来统治是上天的旨意，这一点已经没有人怀疑了。只要埃及还是统一国家，他的威望就会增加。

不喜反怒的只有萨哈马纳。来庆贺的高官中，很可能有真正想暗杀国王的人，所以萨哈马纳必须时刻警惕，这样才能保证法老的安全；但拉美西斯执意要在孟菲斯的大道上巡行，接受群众的欢呼和追逐。他在这种民心所向中乐不思蜀，完全无视贴身护卫队队长的叮嘱。

在城市的街道大显风光似乎不能令国王满足，他还想到被河水淹没一大半的乡村。所到之处，修理工具的修理工具，照看牛羊的照看牛羊，加固谷仓的加固谷仓，农人们忙得不亦乐乎。孩子们则在利用浮标学游泳，一群群河马在水里悠然自得，天空中有红嘴、黑嘴的白鹤飞过。国王拜访了许多乡镇，夜间只休息了三四个小时。各省省长和诸市市长，都表达了对国王的忠心，人民也信任并拥护他。

河水在法老回到孟菲斯后开始退去，于是，农民们开始准备播种。

妮菲塔莉问丈夫："你一点也不疲乏吗？"

"当然！不过你怎么一副疲劳模样？"

"有点不舒服……"

"医生的意见是什么？"

"让我躺在床上休息，这样才能顺利生产。"

"可你现在没有在床上。"

"我应该在你外出期间——"

"我再也不离开孟菲斯了，直到你分娩！"

"可是，你那个宏伟的计划呢？"

"我确实需要一次短途旅行……我可以离开吗？"拉美西斯脸上的神采黯淡下来。

"法老的意愿我不能反对。"

"妮菲塔莉，埃及真是美极了！这几天的巡视让我觉得它是神明奇迹般的创造，是水和太阳的女儿，她遗传了荷鲁斯的力量和哈托尔的美丽。我们应该把每一分每一秒都奉献给她。我们对她的使命是提供服务，而不是统治。"

"诚如你所言，我也这么认为。"

"你是说……"

"人类最高尚的行为就是提供服务，一切脱离服务就不能实现。加冕典礼还让我明白：我们目前所做的服务还很不够；国家这艘

大船需要正确的航向，所以我们应该肩负只能由我们完成的使命，掌控好舵盘。"

拉美西斯露出了哀伤的神色："父亲去世时我也有过这种感想。真庆幸以前有一位长者指导、规劝和命令着我。只要有他在，一切难题就都可以解决，任何创伤都会愈合！"

"你的子民对你也是这样的期待。"

"太阳没有灼伤我的眼睛。"

"因为太阳在你心里。然而，太阳虽然能赐给各种生命以天恩雨露，也可能使万物焦枯和死亡。它也有残暴的一面。"

"时刻被太阳炙烤着的沙漠也有生物繁衍。"

"但人类不能住在沙漠里。能够跨越并消除时间的人，只有那些能在沙漠中留下永远居所的人。事实上，遗忘人类并在沙漠里繁衍出自己的思想，正是法老的意念。"

"父亲就是这样一位沙漠人。"

"每个法老都应该是沙漠人。每个法老也应该明白，使山谷里开满鲜花，是其职责。"

夜幕将至，晚霞映照在艾力欧唯一的方尖碑上，至尊夫妻欣赏着这宁静的时刻。

35

法老房间的灯灭了，萨哈马纳这才离开王宫。走之前，他像往常一样检查了警卫是否在尽忠职守，尽管这些人是他亲自选出来的。他跳上一匹漂亮的黑马，奔向沙漠。

埃及人认为，黑夜是恶魔集体狂欢的时刻，粗心的人将遭到攻击，所以天一黑都待在屋里。但撒丁人萨哈马纳没有这种观念，他决定要做的事就会义无反顾，而且即使遇到小混混也完全对付得了。

萨哈马纳本来以为塞达武会出席法老的庆典，然而事与愿违，这位御蛇巫师果然像传闻的那样古怪，还待在自己的实验室里。

对于拉美西斯的船舱被人放毒蝎一事，萨哈马纳一直没有放弃调查。他想得到一些关键信息，为此已经打听了许多人、许多地方。

塞达武的巫术令人害怕，他的杰作让人恐惧，所以他并不招人待见。但他用来交易的都是自己制造的产品，也就是医治重症病人的毒蛇液，他将毒液出售给药品制造商，且规模日渐扩大，由此积累了大量财富，对这一点人们只能心悦诚服。

罗梅的嫌疑似乎已经洗清，但塞达武在萨哈马纳的眼中仍然是个重要嫌犯。躲在家里不见拉美西斯，不敢见朋友，这不正是犯下重罪后才有的表现吗？这种表现同时不也是不打自招吗？

萨哈马纳心想，必须要见到塞达武。这位海盗能够活到今天，靠的是他对敌人察言观色的高超能力。只要让他见到塞达武，他就能知道是非真假。现在他既然选择躲起来，就只好逼他现身了。

在一个田园的尽头，萨哈马纳停下来，把马拴在一棵无花果树上。他贴近马耳，轻声细语地说了什么，然后走向塞达武的实验室，他的脚步轻若无声。夜晚被弯月照亮。鬣狗开始狂吠，萨哈马纳不为所动。他的行动好像是突击一艘船之前的潜伏逼近。

明亮的灯光从实验室射入萨哈马纳的眼睛。他问自己：彻底盘查一定能够找到真相吗？他答应过法老不干扰他所怀疑的人，但他又认为法律的存在就是为了满足需要。萨哈马纳弓背前行，绕过一座土山，背紧贴着墙向后门靠近，停下脚步开始探听。

一阵阵的呻吟声从实验室里传出来。萨哈马纳怀疑塞达武可能是受到了什么折磨。他终于来到了门口，透过门缝向里望了望，看见了一些旧玩意儿摆满了木板和工作台：瓶子、罐子、过滤器、笼养的毒蝎和毒蛇、大小不一的刀子、篮子，不一而足。

他看见一对男女正在地板上赤身裸体交欢。完美的努比亚女人身条纤细，却有无限热情，正欢快地呻吟着；男人个子不高，但很壮实，头发乌黑，方脑袋，很有男人味。

萨哈马纳似乎一眼就看上了眼前这位美丽的努比亚女子。他对女人向来是见一个爱一个，但他现在转过了身子，因为实在没有兴致看别人做爱。他又认为打断这种事相当于犯罪，所以选择等待。疲累的塞达武或许审问起来更容易有结果。

萨哈马纳想到了明晚要和他约会的孟菲斯女子，兴致越来越浓。那女人喜欢强壮而满身肌肉的男人，这是他从她的密友那里听来的。他结束遐想，转过了头，突然看到一条眼镜蛇正挺着上半身盯着自己，随时都可能发起攻击。萨哈马纳贴墙后退，又发现后路被另一条眼镜蛇挡住了。他不敢动，大吼道："滚开！该死的东西！"然而，两条毒蛇并不惧怕他手中的匕首，毫不退缩。如果他杀死其中一条，就会立刻被另一条咬死。

"怎么了？"用火把照亮萨哈马纳时，塞达武也把自己一丝不挂的身体暴露在来者面前。

"你是来偷我宝贝的？……这种麻烦根本不必我操心，我有对我忠心、高度警觉又精力旺盛的狗看家。倒是你，要是被它们咬上一口的话，只有等死。"

"你不会杀人的，塞达武！"

"你居然认识我……那又怎样！手里的匕首说明你是个作奸犯科的小偷，可惜被我逮着了。"

"我是法老的私人侍卫队队长萨哈马纳！"

"嗯？……没错，见过。为什么来我这里偷东西。"

"我是来拜访你的。"

"半夜来看我？说谎对你来说真是轻而易举啊！你知道你打断
了我和莲花的好事了吗？"

"保护法老是我职责所在。"

"我对拉美西斯造成威胁了？"

"我没有这么说。"

"但你是这么想的对吧？你是来监视我的。"

"任何细节我都不能放过。"

逼近萨哈马纳的眼镜蛇和塞达武一样目光里充满怒火。

"住手！"

"怎么，海盗也怕死吗？"

"我不想这样死。"

"萨哈马纳，马上给我滚！你若再来找麻烦，我就任由我的警
卫咬死你！"说罢，塞达武用一个手势撤下了两条眼镜蛇。

萨哈马纳一身冷汗地从它们中间走过，远离后才站直了身子
走路，终于消失在了田边的夜幕里。

经过此行，萨哈马纳确定塞达武肯定是个罪犯。

农人正把羊群赶到湿草地，凯见到此景问："他们在做什么？"

农业部长内疆回答说："让羊群把种子踩到泥土里。这河岸和
耕地里又软又湿的泥土，是河水泛滥的结果，种在里面的小麦将
长得非常好。"

"这些绵羊真的那么有用？"

"是的，跟母牛以及其他生产用的动物一样。"

泛滥的河水退去后，人们重新在大河赠送的肥沃湿土上播种，

难掩内心的愉悦。这种土地虽然容易翻耕，但耕种期很短，所以人们老早就起来干活了。农民们用锄头打碎土块，翻地、播种，迅速覆上一层土，再让牲畜把种子踩压下去。

凯说："你的乡村很美，但莎草纸和象形文字才是我喜欢的。"

"你愿意去看个农庄吗？"

"乐意奉陪。"

农业部长牵着凯的手。凯的表情看起来相当严肃，就像读书写字时一样，但这根本不是他这个年龄应该有的。他不会为了玩具或同伴哭闹，对母亲唯一的要求是和自己的家庭教师做同样的事。这种孤独的个性触动了性情温和的内疆，他觉得凯的生活圈子是一间金色的牢房，凯需要走出来，到大自然里发现更多神奇的东西。

农庄里虽然有新鲜奇特的事物，但凯不像一般小孩一样被吸引，而是仔细观察着。看他的样子，好像是打算把眼前所见记录下来，并整理成报告，递交给经验丰富的书记员。

谷物储藏室、牲畜棚、家禽饲养场、面包间、菜园，这些就是这个农庄的全部。两人在门槛处按规矩清洗了手脚，之后受到了主人的招待。能有大官来到自家农场，主人很是高兴。他带王子和农业部长参观了最好看的乳牛，它们得到了主人最精心的饲养和照料。

主人说："好的草料不会让它们体温过热，这样它们就会长得又快又好。这就是我的秘密。"

凯说："母牛之所以既美丽又善良，是因为它属于女神哈托尔。"

"您怎么知道的，王子殿下？"农庄主人很是惊讶。

"故事书上说的。"

"您已经识字了？"

"您能给我一块石灰板和一根芦苇吗？"

"稍等，我马上回来。"

农庄主人回来了，用询问的眼睛看着农业部长，后者缓慢眨了眨眼表示同意。凯拿着这两样东西在农庄牲畜棚外边走边写，把正在工作的农人们都看呆了。

一个小时后，凯把石灰板递给主人。上面已经写满了文字。他自信地说："我已经算清楚了，你的母牛数量一共是一百一十二头。"

说完，凯揉了揉眼睛，靠在内疆的大腿上说："我困了。"内疆就把他抱起来，让他在自己怀里睡了起来。

孩子已经入睡，内疆心里说："这孩子也是拉美西斯创造的奇迹。"

36

摩西缓步走进国王的办公室，他和拉美西斯一样壮实而魁梧。他有宽阔的肩膀、滚圆的额头，头发浓密，两颊也留着胡子，脸上布满皱纹，那是长期日晒的结果。

两位朋友互相拥抱过后，摩西说："这里是已故法老的办公室。"

"原封未动。他的思想还充斥在这间屋子里，希望它们可以启发我，给我带来统治上的灵感。"

四壁有三面开了方形大窗户，空气足以流通，现在正洒进艳而不烈的阳光。时令已到夏末，空气终于凉爽起来。

拉美西斯的王椅是直背的，他现在没有坐，而是坐在一张草席靠背的椅子上。摩西就在他的面前。

"你还好吗，摩西？"

"很好。身体健康，气力无穷。"

"很抱歉太长时间没有跟你见面。"

"即便是贵族，如果他游手好闲我也会避而远之，这你是知道的。"

"你不喜欢孟菲斯的王宫吗？"

"我厌恶那些高官。他们一个劲儿地颂扬你，把你奉若神明，简直愚不可及、俗不可耐！"

"你是在指责我的行为吗？"

"河水奇迹地泛滥到完美高度，太阳鸟来朝，新时代开始……这些事实无可辩驳，它们使你当得起百姓的爱戴。你拥有超自然的能力，但你真是拥有超人的命运吗？所有这些，你的子民真的相信吗？"

"我在意你信不信。"

"你不是神。"

"我也没有说过我是。"

"拉美西斯，你要警惕周围的奉承话，它们有可能让你眼高于顶。"

"摩西，你还没有清楚了解法老是怎样的角色，以及他拥有怎样的职权。而且，你太小看我的能力了。"

"我只想帮你。"

"你肯定会有机会的。"

"你打算让我重新回到卡纳克去了吗？"说这话的时候，摩西的眼中闪烁着光芒。

"不，我打算交给你一个更重要的任务。"

"什么任务比卡纳克的建设还重要？"

"我曾告诉妮菲塔莉我的宏伟计划，而且我们一致认为，应该先等到上天的指示再展开行动。这样的指示已经有两个，就是这次河水泛滥和太阳鸟的出现……在生命殿堂里，我看到我将引领一个新的时代。父亲早就在卡纳克和阿卜杜开始动工的工程，的确被我终止了。既然是新的时代，我应该做全新的事。摩西，你说我这算是自负吗？"

"这是传统对法老的要求，不算。"

"我之所以确定那个计划，是因为埃及的富饶令虎狼日夜窥视。世界是在改变，但赫梯人的威胁始终没有消除。"说这些时，拉美西斯似乎很懊恼。

"你打算加强埃及的武力吗？"

"不，我想给埃及换一个心脏。"

"换心脏？"

"建立一个新首都。"

希伯来人惊愕不已："……这太疯狂了！"

"东北的边防关系到国家的命运，所以，我应该在三角洲地区建立自己的政府。这样，一旦利比亚、叙利亚和其他属地遭到赫梯人的任何威胁，埃及都能迅速得到消息。底比斯作为阿蒙中心城市的地位不会改变，这个拥有巍峨的卡纳克神庙和卢克索神庙的美丽城市，我已经精心打扮过了。尼罗河左岸的帝王谷、皇后谷和其他正直之士的安息所，仍将得到宁静大山的护卫，且永恒不变。"

"孟菲斯呢？"

"上下埃及的杠杆要实现平衡，孟菲斯是支点。我会把经济中心和国内调度中心安置在三角洲与尼罗河交界处，但要向北和东迁移一点。摩西，你应该没有忘记我们曾遭受到的侵袭。埃及就像一块鲜肉，时刻有猎人在垂涎，我们不能再在自己狭小而孤立的舒服世界里潇洒了！"

"我们不是已经在边界上建立了强大的堡垒吗？"

"危急时刻越早得到消息并作出决定越好，这要求我们越靠近边防越好。"

"可是，新建国都毕竟有很大风险，阿肯那顿的失败就是教训。"

"阿肯那顿选择的首都位于埃及中部，这是个不可挽回的错误，所以他必然会受到谴责，从第一块石头奠基时就注定了。而且，他的动机只是自己的神秘梦想，而不是人民的福祉。"

"有一点你和他一样，就是都走在了阿蒙的祭司们的对立面。"

"我攻击阿蒙大祭司不是出于个人目的，而是他胆敢对法律和国王不忠。"

"阿肯那顿相信世上只有唯一一个真神。"

"他父亲亚门的名誉以及传给他的繁荣的埃及，几乎毁在他手上。他性格懦弱，不懂得当机立断，又在自己的祈祷中迷失自己。他的统治使埃及的许多属地被敌人抢去。你还要为他辩护吗，摩西？"

"还有，今天，他的首都是一片废墟。"但摩西说这话的时候已经开始犹豫了。

"我会重建它，以造福后世好几代人。"

"我简直不敢相信眼前的人就是拉美西斯。"

"勇敢点，我的朋友。"

"多少年才能新建一座城市？"

拉美西斯狡黠一笑，说："不能说是新建。"

"什么？"

"父亲不是用几年的时间教导我嘛，其间，他带我参观了几座主要城市。他每次都会提供给我某种信息，引导我去发掘出什么。现在，我已经找到这些旅行的意义所在。那个城市就是阿瓦瑞斯。"

"阿瓦瑞斯！那座被西克索人侵略过如今被称为魔城的城市？"

"塞提有足够的抚慰灾难的能力，这座废城里还隐藏着可资重建的光芒。"

"你打算继承塞提的遗志，把它打造成拉美西斯之城，这简直太疯狂了！"

"拉美西斯城将是一座无比美妙、无比舒适的城市，它的美丽肯定能引来世人的赞颂。"

"需要多少年？"

"我一直记得你的问题，此次召见你也就是为了解答你的问题。"[1]

"什么意思？"

"这个工程的主管，需要足够的自信，我选择了你。摩西，我

---

[1]　见本书第二十七节拉美西斯把自己有一个伟大计划的事告诉摩西时。——译者注

心里很着急，想尽早见到属于我的城市。它不允许任何耽搁，必须尽快完成！"

"你定的期限是……"

"一年。"

"那不可能！"

"可能，只要你肯答应。"

"你以为我搬石头的速度像隼一样快，还是我用意念就能把石头组合起来？"

"事实上，你要用的是砖块。"

"你想……"

"一个由希伯来人组成的工作队。希伯来人现在分散在几个都会区的诸多行业，如果你能把他们集合起来，这样的队伍将是出类拔萃甚至世所罕见的。再大的工程他们也能顺利完成！"

"神庙不都是用石头建造的吗？"

"那里已经有神庙了，如果真的重建恐怕要好几年。我需要的是扩建，包括王宫、办公大楼、官员别墅和其他各种规模样式的房子，这些都可以用砖头。这样来算，拉美西斯城完全可能在一年之内建成，并作为首都运转起来。"

摩西还是有所怀疑："我还是认为不可能。只说这个计划，它本身还——"

"我已经在脑子里画好蓝图了，只等画在莎草纸上，你很快就能看到它，并亲自督建。"

"希伯来人很难团结，族群之间互相独立，有自己的首领。"

"你不必成为希伯来人的主人，管理他们进行建设就行。"

"我很难让自己强迫他人工作。"

"我相信你能。"

"你的这个计划一旦公之于众，你为我预定的位子会有其他希伯来人想要。"

"他们不会如愿的。"

摩西笑了笑，又说："你的期限太短，成功的希望等于零。"

"现在就投入工作吧，摩西！在太阳的照耀之下，三角洲的拉美西斯城会像一颗明珠般闪耀，映衬出整个埃及的美。"

37

亚博内是萨力手下的一名制砖工人。他对萨力的欺压已经快要忍无可忍了。

萨力这样小看并欺压他的工人，只是仰仗着国王姐夫的身份！工人加班的工资被他克扣，工作餐水平被他降低，甚至有些工人的休假都被他取消了，理由只是工作做得不够好。以前有摩西在，他只能背地里使坏，如今摩西已经离开，他便明目张胆、变本加厉了。前天晚上，一个十五岁的男孩由于运砖上船的速度不快而受到他的责骂和棍打。

萨力出现在制砖场的大门口，忍无可忍的希伯来工人仍然围坐在地上没有动。亚博内独自站着，看着眼前的空篮子。

萨力命令道："赶快去工作！"

亚博内平静地说："你不道歉，我们不工作。"

"居然敢这么跟我说话！"

"那个男孩无缘无故遭你毒打，正躺在床上。你必须向他道歉。"

"亚博内，我看你是脑袋糊涂了！"

"你不给个说法让我们满意，我们绝不工作！"

"真是可笑！可怜的家伙！"萨力的笑声充满了嘲讽。

"我们要控诉你对我们的欺凌。"

"可笑又愚蠢的想法。负责安全的人员已经按照我的知会检查了那小子，确认他只是意外受伤，要负责也应该由他自己负责。"

"那纯属胡说！"

"我亲眼看见了一位书记员记录了对他所受伤害的诊断，他想推翻这个结果，就是揭发自己说了谎。"

"随意捏造事实，你好大的胆子！"

"赶快去工作！否则我要更严厉地惩罚你们，让你们把砖块送到丝毫不能忍受迟到的底比斯市长的新宅去。"

"我们可以诉诸法律……"

"希伯来人也敢讲法律，你们能弄明白吗？告诉你吧，控告我就是危害你的家人和亲戚。"

亚博内害怕了，不得不开始工作。其他工人也不再反抗。

利比亚巫师欧菲尔的奇异个性越来越令杜兰特着迷。他虽然有一张近似禽兽且总是露出不安神情的脸，但与人交谈时语调平静。当讲到阿顿神时，他总是热情饱满。杜兰特请求让自己的朋友也见见他，欧菲尔表示同意，并向那些人讲述了阿肯那顿遭到的非人虐待，向他们宣扬了一神教崇拜的必要性。在他暗中施放的巫术的蛊惑下，每个人都被他的话左右了。听了他的话，人们不是非常震惊，就是表示赞同。于是，他逐渐织起了一张大网，网里不乏有价值的猎物。几周之后，许多人成了阿顿的拥护者和莉达的效忠者。这种宗教和神秘策略虽然还远远不能夺取政权，但足以开展初步行动了。

众人会谈时，莉达一向沉默不言，但众人看到了她外表上的尊贵，有几位高官非常赞赏她的优雅举止和自制性。他们想：这个年轻女子确系来自那个值得敬重的王室，她重回王宫并非不可能，只是时间的事。

那位遭到迫害的国王和他的后人莉达，不就是爱与和平的呼唤者吗？爱与和平是个美丽的未来，是埃及和埃及人应该享有的未来！这些诗句表达了欧菲尔对阿顿神的赞美，表达了他对真理的追求，也表达了他对阿肯那顿的信心。欧菲尔习惯性地对杜兰特介绍的高官说出这些话，虽然语调平静没有褒贬，却有极强的说服力。

被拉美西斯放弃、曾对生活麻木不仁的杜兰特，因这位巫师的话语找到了新的人生意义。她开始自豪地从事一件自认为高贵的事业。这次，她想自豪地把前任外交部长梅布介绍给欧菲尔。

但梅布有所怀疑："既然您如此坚持，那么我愿意随您走一趟。但是请记住，我只是为了让您开心。"梅布一如既往地仁慈、宽容而稳重。

"谢谢你，梅布。我保证这对你将是个惊喜。"

杜兰特把梅布带到了巫师身边。在一棵树下，欧菲尔正在用两条麻线编绳子，编成之后用来串护身符。

欧菲尔起身行礼："能够遇见一位部长，真是三生有幸。"

"我现在什么也不是。"这话不无哀凄。

"无论是谁，生活中随时会遭遇不公平待遇。"

"这算不上什么安慰。"

杜兰特对欧菲尔说："我们的朋友梅布已经了解了这边的情况，他或许愿意添加一份助力。"

"亲爱的杜兰特，别做梦了。拉美西斯现在给我的退休生活如同是一只金丝鸟笼。"

欧菲尔郑重且肯定地说："你的目标是报复他！"

梅布不同意"报复"这个说法："没那么严重……我的几个朋友倒是还能有所作为。"

"如果不是涉及切身利益，他们不会关心的。我还有一个目的，就是让莉达的地位大白于天下。"

"这不可能！拉美西斯身上所具有的力量非同一般，他不会把权力让给任何人的。况且百姓因为他执政第一年的奇迹而非常拥戴他。所以，这个幻想行不通。"

"既然对手这么厉害，再在他的眼皮底下做事当然不可以，我不会那样蠢。"

"您的计划是……？"

"你愿意加入吗？"

梅布有些犹豫，手摸着自己肚子上的护身符。

欧菲尔说："我的答案就藏在你的这个动作中，那就是通过巫术。拉美西斯身体周围有保护力量，它们很难摧毁，需要很长时间，尽管如此，我相信我能够做到。"

梅布听闻此言吓了一跳，不由后退了一步。平静之后，他说："对不起，我不能帮什么忙。"

"你不必出力，只需从另一个方面来发起攻击。"

"什么意思？"

"要有一个深得民心的人来领导阿顿的拥护者。当阿顿毁灭其他所有神祇的时候，拉美西斯自然也就战败，且无力反击，这时就由这个首领负责去推翻他。"

"这太危险了！"

"被迫害的只是阿肯那顿，阿顿神是无法迫害的。对他的崇拜，也是任何法律无法禁止的。他不计其数的信徒将坚定地恢复他们唯一的神。我们不会像阿肯那顿那样失败。"

梅布脑袋里一片乱转，双手止不住颤抖："请给我几天时间。"

杜兰特在一旁鼓动道："很振奋人心吧？一个新世界即将到来，在那里，我们有自己的地位。"

"听起来很好……可我……还是得考虑考虑。"

对于这次交谈，欧菲尔非常满意。恢复自己的身份和地位的渴望使梅布恨拉美西斯。虽然他的过度谨慎和快懦不适合做首领，但欧菲尔真正想操控的人可能会上钩，他就是梅布的朋友谢纳。杜兰特早就和欧菲尔谈起过这位新外交部长了。他知道梅布经常询问谢纳的意见，谢纳对拉美西斯的嫉妒由来已久。如果未改初衷，谢纳现在前进的动力应该还是摧毁拉美西斯。所以，梅布是巫师与这位重量级人物建立联系的桥梁，而谢纳很可能成为盟友。

连续工作了一整天，萨力非常累，因关节炎而变形的右脚大脚趾都肿了。体力不允许他长时间站在马车上，但工作要求他必须这样。不过，他处罚了那些希伯来人，让他们明白反抗无益，这倒是一个可喜的安慰。对那些挑砖的工人，他可以随意发泄怒火，底比斯安全官已经被他买通，底比斯的市长也支持他这样做。

巫师和一向沉默的女使者好几次出现在萨力眼前。这让他很烦躁，因为妻子受这两个神秘怪人的影响太严重了。杜兰特发生了一个恼人的变化，就是对阿顿神的虔诚。这种神秘主义似乎让她忘记了做妻子的责任，把欧菲尔的话当成了天恩雨露。

杜兰特站在门槛边，丈夫还没有回来。

萨力一回家就吩咐道："快去拿药膏，给我按几下。"

"亲爱的，你一点儿疼也忍不了吗？"

"什么？我白天的工作有多累，你一点儿也不了解！还有那些希伯来人也根本不把我放在眼里。"

杜兰特把萨力扶到了屋里，给他洗脚、抹香水，给红肿的大脚趾抹药。萨力则倚在靠垫上享受这一切。

"你还跟那个巫师混？"

"梅布拜访了他。"

"就是那个前任外交部长。"

"他们很投机。"

"那个胆小鼠辈真的拥护阿顿神吗？"

"他的关系网还是很大的，敬重他的大官也不在少数。得到他们的帮助对我们来说是一个重要进步。"

"离那俩异端分子远点儿！"

"你怎么能这样说话？！"

萨力知道杜兰特会是这个反应："……当我没说。"

"我们要恢复自己的地位，只能依靠他们。你不觉得对阿顿神的信仰非常美妙和圣洁吗？……欧菲尔的话从来没有打动过你吗？"

"难道对你来说丈夫的重要性还比不上一个利比亚巫师？"

"……这种可比性不存在啊！"

"你整天把自己展现在他眼前，而我能看到的，不过是一些爱偷懒的希伯来人。他竟幸运地跟一个棕发美女同在一个屋檐下，对了，还有一个金发女人。"

杜兰特按摩的手停下了："你发什么神经！欧菲尔只是个巫师，在帮助我们念经祈祷。那种事他早就断了念想了。"

"问题是你，你难道从来没有想过？"

"你真恶心人！"

"脱掉长袍帮我按摩吧，亲爱的。我才不会理会那些祈祷。"

"啊！有件事差点忘了。"

"什么事？"

"一封给你的信，工宫信使送来的。"

"快拿来。"

听到有自己的信，萨力的脚趾似乎不那么疼了。他心想："上面要通知我什么呢？是不是要我做一份更体面的工作？终于可以远离那些希伯来人了。"

萨力迫不及待地打开信，读了起来。读着读着，他脸上的表情僵硬起来。

"是很坏的消息？"

"我和我的制砖小组被召见，要到孟菲斯去。"

"太好了……这是好消息啊！"

"召见我们的是摩西，皇家工地主管。"

38

摩西的信不只送到了萨力手里，还送到了所有工作区，包括萨力属下的制砖工人。希伯来人一片欢喜，并回应了召见。卡纳克的工作经历使摩西在埃及声名鹊起，摩西保护希伯来人不受任何欺侮的情感，也广为人知。对许多人来说，这个为法老带来无尽好处的希伯来人被提名为皇家工地主管，意味着提高劳动报酬和改善工作条件的希望即将变成现实。

这种反应令摩西很是意外，令几位希伯来人族长很不痛快。但王命不可违，所有人都在摩西的指挥下去新工地工作了。为确保孟菲斯北部帐篷营地的舒适和卫生，摩西打算专程去察看一番。

"你为什么要召见我？"拦住摩西问话的人是萨力。

"你很快就会知道。"

"我又不是希伯来人！"

"几名埃及人小队长也在应召之列。"

"别忘了我妻子的身份！"

"我只知道在我负责的工地上，一切都得听我的，包括你。"

"我到了那边还是会用木棍惩罚我手下的希伯来人，因为他们没有纪律。"

"棍打如果能让人听话，你自行其是即可。但如果施刑失当，我一定会亲自处罚打人的人。"

"真够傲慢的！你以为这能唬住我吗？"

"萨力，别忘了我可以革除你的职务。你如果愿意做一名优秀的制砖工人，我也不介意。"

"你有那个胆子吗？"

"我的工作全是拉美西斯授权的。"

摩西不想再和萨力纠缠了，把他推开，继续往前走。萨力把一口痰吐在了摩西的脚印上。

能够返回孟菲斯，杜兰特倒是非常开心。可她没有想到，这趟旅行也是一场厄运。

拉美西斯只是告诉杜兰特陪同丈夫一起回来，其他的什么也没说。于是，这两人打扮成仆人住进了欧菲尔和莉达所在的别墅里。他们之前在底比斯的计划，如今还是要执行，当然，萨力是极不赞成的。在孟菲斯宣扬阿顿神似乎比在南方更容易，因为南方比较传统，反对宗教改革是主流，北方这个经济大城里则住着大量外籍人。

杜兰特看到一个时机，打算借此展开计划，萨力则表示怀疑。

他更担心的其实是自己的前途受到影响。他反复琢磨的问题是：摩西会对自己的几千名同胞说什么呢？

　　外交部大门口立着透特的一尊雕像，材料是玫瑰色的花岗石。透特在人间的形象可怕得如同一只大狒狒，足以吓跑所有野兽。人们相信，透特在神明创造人类时就把语言区分开了。这种观念对外交官提出的要求是，必须会说几种不同的语言；在国外时，大使或其他外交人员不能使用埃及人雕刻在石块上的神圣符号，只能使用当地语言。

　　大门左侧的小神庙是其他高级公务员的活动场所。亚夏受邀来到这里，先把一束水仙献在了透特的祭台上。他觉得必须先向这位神圣的书记员祈福，而后才能开始与一堆关系国家安全的文件打交道的工作。

　　礼毕，亚夏穿过几间办公厅，见证了外交公务员的繁忙，最后来到谢纳的办公室门前等待接见。部长的办公室自然宽敞许多。

　　"总算见到你了，亚夏！"

　　"我为我的迟到抱歉。昨天夜里我有点无聊，又失眠了。没有给你带来什么影响吧？"看到谢纳一副痛苦不安的表情，亚夏又问："出什么大事了吗？"

　　"希伯来籍制砖工人都迁移到孟菲斯北部去了，这件事你知道吗？"

　　"一点风声也没有听到。"

　　"我也是。我们都弄错了。"

　　亚夏完全没有机会接触到那些希伯来工人，他打心眼里瞧不起他们。所以，他抬高下巴，以固执的声调说："我们何必理会那些希伯来人？"

"你肯定知道摩西吧，他现在是皇家工地的主管，他们就是要转移到他那里。"

"这也不值得惊讶吧。摩西曾经在卡纳克从事工地管理，地位提升很正常。"

"如果只是这样我当然不会吃惊，问题是拉美西斯的计划！你知道是什么吗？根据摩西昨天的演讲，是在三角洲建立一座新首都！"

一阵沉默。一向镇定自信的亚夏的脸上居然也出现了惊讶的表情。

"你确定？"

"千真万确！摩西就是这个计划的执行者。"

"建立一个新首都……怎么可能？"

"新首都不是为了满足拉美西斯的利益。"

"难道只是一个计划而已？"

"地址你更想不到，居然是之前一直受西克索人侵略的城市阿瓦瑞斯，我们好不容易才解放它。据说这个地点是拉美西斯亲自选定的。"

谢纳好像忽然想到了什么，月亮脸的愁容瞬间散开了："如果……拉美西斯疯了的话……他的计划一定会失败！我们应该——"

"停止幻想吧。拉美西斯虽然冒了很大风险，但他一向有正确的直觉。把首都设在那里，离边防那样近，明显就是在警告赫梯人埃及已经意识到危险了，一寸土地也不会退让。这样总比自我封闭要好。国王可以在新首都及早得到敌人的行动消息，并立即展开反击。"

谢纳坐下来，心又凉了，泄气地说："真是个灾难。我们的计划要破产了。"

"不要太悲观。拉美西斯未必就一定会成功，我们为什么现在就放弃呢？"

"但那不正意味着他要操控我手上的外交吗？"

"这在情理之中啊。成功不是那么容易的，他所收到的信息、他的判断都是决定性环节。我们现在就装出驯服的样子，让他贬低我们的地位。"

谢纳重新振作起来："亚夏，你说得对！就算他真的建起了一座新首都，难道我们就跨越不了它吗？"

孟菲斯的御花园令图雅想起了过去。御花园种满了石榴树、柽柳，小路两侧有矢车菊、银莲花、羽扇豆和毛茛。她在塞提身边陪伴的时间很短，塞提也很少陪她在这里散步。塞提的话语和眼神一下子全部涌进图雅的脑海。她曾经梦想与塞提在这里携手度过宁静而悠长的暮年，并一起回忆过去，可如今，塞提在冥界走向永生，自己却独自在这里漫步。

图雅有点疲倦，于是在一个爬满紫藤的亭子里坐下来，眼前是一片莲花。拉美西斯的到来扫除了她的悲伤。

她的儿子在位还不到一年就具备了一副信心十足的样子，而且，他的意志似乎不会被任何可怕的事打败。他治理国家的态度，像塞提一样严肃；他的心里似乎有一股力量，这股力量让他永远精力充沛。

温柔而恭敬地拥抱过母亲后，拉美西斯在母亲的右边坐下，说："我想和您谈谈。"

"我的孩子，说吧，你知道我随时恭候你。"

"我选拔的那些官员，您都同意吗？"

"在这方面，你父亲给你的忠告是什么？"

"审视人们的灵魂，选出的官员要坚韧而正直，要能够做出公正判断，恪守自己立下的忠君誓言。我做到这些了吗？结果可能明年才能揭晓。"

"你是在担心会有人暴力造反吗？"

"也许是我想多了。但暴动恐怕是迟早的事，因为有人走在了我的对立面。当我想到建立一个新首都时，脑袋里感受到了摧枯拉朽的风暴力量和刺穿一切的光芒。还有一个声音告诉我这将是件永垂不朽的功绩。"

"这就是无法理解，也不能加以分析的直觉。塞提的许多决定都是在直觉刺激下做出的。他相信每一代法老都传递着这种神奇力量。"

"拉美西斯城的工程，您赞成吗？"

"你已经知道我的回答，为什么还会有此一问？"

"这座花园里有父亲的灵魂，听得见的不只有我，更有您。"

"拉美西斯，相信当下的指示：你将是一个新纪元的开创者。你的首都就该是拉美西斯城。"

拉美西斯紧紧握住了母亲的双手。

"母亲，这座城市会呈现在您眼前，您会喜欢的！"

"我更关心你的安全。"

"萨哈马纳工作有什么疏忽吗？"

"不，不是这个，而是保护着你的神秘力量。你的百万年神殿已在规划中了吗？"

"是的，我已经选好地址了。但我觉得现在最紧要的是新首都。"

"你要记住：黑暗力量与你为敌时，这座神殿将是你最好的盟友。"

39

新首都地段绝佳：阿瓦瑞斯的乡村有辽阔而肥沃的土地，牧草多种多样，鲜花漫小路，苹果如蜜甜；橄榄园里枝丫交错，池塘里鱼群悠游；几块盐田零星分布，几片大草原上的纸莎草株株相连，高大而茂密。

阿瓦瑞斯是一座让人讨厌的城市，只有几间房子和一座塞特神庙孤零零立在废墟之中。然而，拉美西斯作为塞提继承人的事实曾在这里确立，拉美西斯的首都也将在这里诞生。

让摩西惊讶不已的是，这里的风景居然如此美丽，资源如此丰富！拉美西斯亲自率领远征的工队前来，希伯来工人和埃及工头都在队伍里。狮子和狗随王伴驾，萨哈马纳两眼警惕地看着四周，为排除一切威胁的可能性，十几名侦察兵行在国王车驾之前。

太阳照耀下的小镇死一般沉寂，几名公务员照常工作，他们已对升迁不抱任何希望；农人和收割莎草的工人也没有闲着，但动作缓慢。这座城市看不到四季更替，好像被命运遗忘了一样。

从孟菲斯出来的远征队伍，暂时停在了圣城艾力欧，这里有拉美西斯的保护神——瑞，国王需要献上祭礼。下一站是巴萨蒂城，这里属于转世投胎成为母猫的温柔和爱情女神芭丝特。尼罗河有一条支流在佩吕斯[1]附近，名叫"瑞水"，沿着它可以到达阿瓦瑞斯。"荷鲁斯一线"是经过西奈半岛到叙利亚—巴勒斯坦的捷径，而阿瓦瑞斯就在它的最左边，靠近蒙泽尔勒湖。

拉美西斯把阿瓦瑞斯一带的地图给摩西看，摩西说："这可是第一战略要地！"

"现在你知道我为什么选这里了吧。这里的运河加上'瑞水'，可以使我们到达阿尔关大海峡的那些大湖。有紧急情况时，我们可以乘船快速到达西勒堡垒和边防要塞。等我加强了三角洲东部的防御，外国人入侵埃及的道路就控制在我们手里了，而且，发生在我们属地的任何动乱，我们也都能立即得到消息。这里的气候适宜驻军，夏天也不热；哪里需要支援，军队随时可以出发。"

"你看得真远，眼界很广阔。"

"你手下的那些人态度怎样？"

"听我的指挥工作，他们好像很高兴。但据我推断，他们兴奋的最重要原因是你承诺给他们提高报酬。"

"为了我的这座伟大的城市，值得花重金招揽人才。"

---

[1] 佩吕斯是尼罗河三角洲最东部的一个重要城市。

摩西又开始看地图。这里需要建造的神庙有四座，西部是"隐秘者"阿蒙的神庙，东边是"叙利亚女神"阿斯塔德的神庙，北部是"生机与繁荣保证者"乌雅德吉的神庙，中间是"地主"塞特的神庙。"瑞水"和"阿瓦瑞斯之水"为阿瓦瑞斯城提供饮用水，塞特神庙将通过附近的一个大河港与这两条河连通。河港周围要有仓库、谷仓、工厂和工作室等建筑。往北一点是王宫和行政大楼，还有大官的别墅以及贫富混居的住宅区。王宫要位于主干道上，向右到达创造者卜塔的神庙；其他的道路，左侧有一条通向阿蒙神庙，右侧有一条通向瑞的神庙。那条连接"瑞水"和"阿瓦瑞斯之水"的运河对岸，要给塞特神庙留一个相对独立的位置。

阿瓦瑞斯将有四个兵营，第一个位于佩吕斯的支流，第二个在卜塔神庙后面，第三个在住宅区交界处，第四个在瑞的神庙和阿斯塔德神庙附近。后三个均设在"阿瓦瑞斯之水"沿岸。

拉美西斯对摩西说："琉璃瓦制造厂从明天开始将迎来一批专家。我要看到光彩照人的房子，无论是最不普通的房间还是王宫会客室都要如此。但是，摩西，这些建筑需要由你指挥建造起来。"

摩西伸出右手食指，指了一遍所有建筑。它们的规模都是拉美西斯亲自确定的。

"如此大规模的工程，简直让人精神亢奋。不过……"

"什么？"

"恕我斗胆，我发现在阿蒙神庙和卜塔神庙之间还有一片绝佳的空地，这里也应该建造一座神庙。"

"哪位神明的神庙呢？"

"确立法老职务的神。在那里，不是正可以庆祝法老的世代延续吗？"

"执政满三十年的法老才有资格举行那样的仪式，现在就建造这样的神庙，是不尊重命运的表现。"

"但你还是留下了那块地方。"

"如果完全不想这件事，又是对命运的无视了。你，还有我们的童年好友们，都将出现在我在位三十年庆典的前排贵宾席上。"

"三十年啊！……真不知道神明在这三十年里为我们安排了什么。"

"至少我们现在清楚神明的旨意：建造埃及的新首都。"

"那些希伯来人会分成两组，分别安排在神庙和王宫及行政大楼两类工地。其中一组由埃及工头指挥，他们的任务是运送石块，另一组生产砖块。照你说的，石块用于神庙修建，砖块修建王宫和大楼。调动这两个组可是件棘手的事，甚至会急剧拉低我的声望。你知道吗，那些希伯来人称我为'马萨'？意思是一个在水中死里逃生的人。"

"看来奇迹不只发生在我身上。"

"巴比伦有一段关于'获得新生'的古老传说，他们非常喜欢，并把我的名字编成了谜语。因为他们认为我是一个深受神明关照的希伯来人。的确，我接受的教育是贵族教育，我的朋友是埃及的法老；我能够从不幸与庸俗的'水'中获得新生，确实可以归功于神明。制砖工人之所以对我信心十足，就是因为他们觉得跟随一个有这么多好运的人错不了。"

"但愿给他们的配给都是充足的。我现在授权给你，如果情况紧急，你可以动用御用谷仓。"

"你的首都就交给我吧！"

制砖工人的打扮大多是头戴系着白色头巾的黑色假发，把耳朵露出来；额头细短，嘴唇很薄；两鬓有胡子，下巴的胡子较短。他们组成了一个工会，以技术自夸；叙利亚人和埃及人曾挑战他们，但没能改变世上最好的专家是且永远是希伯来人的事实。不过，他们不得不辛勤工作，因为埃及工头监督得很严。还好工资待遇高，有时候可以连续休几天假。埃及丰盛的饮食和良好的居住条件也是一大福利，有些勤快的人甚至用自己搜罗的旧材料建造了住宅。

在新工地上，摩西并不否认工作节奏相比以前更快了，但他们的这种付出也得到了补偿，那就是更高的奖赏：只要不辞劳苦，新首都的建设将使希伯来人富起来。按照正常的制砖速度，三个工人一天可以制八九百块小砖[1]，但他们在这里还承担了原本属于工头和凿石工的一项工作，就是仿制巨型奠基石[2]，它们是用来叠放其他几种体积的小型砖的。

希伯来工人来到这里第一天就知道摩西将会一直绷紧神经，直到新首都正式完成。在这之前，他们会一直以较快的节奏工作。那些想在树下休息整个中午的人，自然要感到失望了。亚博内决定和同事一样努力工作，用手搅和均匀混合在一起的尼罗河软泥和碎稻草时，滴入了大量汗水。要润湿泥土，有专门的几块空地可用，水从一条连通运河的沟渠里打来。为保证砖块的硬度，他们用锄头和十字锹翻搅稠泥浆；为加大干劲，他们边做边唱。

---

[1]　38cm×18cm×12cm。

[2]　每块面积约 6000 平方米。

亚博内总有旺盛的精力，手脚也很灵活。他把觉得已搅拌成熟的黏土装进篮子里，再由一个工人把篮子挑到制砖处，倒进长方形的模子里。脱模这项工作需要较高技巧，有时候摩西会亲自上阵。脱模的砖要先在足够干燥的场地上晒四天，颜色变浅了就表示晒干了，然后被送到需要的工地上，或者暂时堆放起来。

这些砖虽然是由普通材料和尼罗河泥土制成的，却极其坚固，只要根基打得好，用它们建成的建筑可以几个世纪屹立不倒。

由于涨工资和提高奖励的刺激，当然还因为参加世纪工程的自豪以及迎接挑战的冲劲儿，这些希伯来人开始在心里竞赛，工作效率越来越高。偶尔没有工作的热情了，摩西就会给他们重新注入一针兴奋剂，结果往往能多制出几千块完美的砖头。

工头和凿石工人也钦佩法老的计划，筑起了坚固的根基；希伯来人制造出来的砖块，被挑砖工人接连不断地挑到所需之地。

感谢太阳的关照，拉美西斯梦想中的拉美西斯城很快要变成现实了。

每天下班时，亚博内见到摩西的身影都会由衷赞叹一番。这位希伯来人首领总是穿梭在不同的工作队之间，确定饮食的安全和质量，给病号和过度劳累的人送饭。于是，摩西的声望持续高涨。

亚博内已经在阿瓦瑞斯为家人买了一栋房子，花的全是自己攒的奖金。

"亚博内，你好像很满意自己的工作？"萨力虽然面带笑容，但小瘦脸上的奸恶还是遮不住。

"你有什么事？"

"我是你的队长，不能找你吗？"

"我要做我该做的事去了。"

"不行。"

"我犯什么错了吗？"

"你掉了几块砖。"

"不可能！"

"两个工头亲眼所见，举告书就在我手里。如果摩西看到它，你就会遭到处分，甚至被开除。"

"你为什么要诬陷我？"

"要想让我保持沉默，你就把你的薪水给我一部分。这是息事宁人的唯一办法。"

"萨力，你真是只野兽！"

"赶快决定吧，亚博内。"

"是什么让你这么恨我？"

"你希伯来人的身份。你就当你这是牺牲自己救其他人吧。"

"你现在的行为已经超出权限了。"

"赶紧做决定！"

在萨力的强势面前，亚博内无奈地低头让步了。

40

欧菲尔发现孟菲斯确实比底比斯的生活更顺遂。许多外籍人住在这座大城市里，而且大部分能与埃及人和睦相处。有些人原先就是信奉阿肯那顿的，经过欧菲尔的几次鼓吹，这个信仰又死灰复燃了；甚至有人相信未来几年的幸福与繁荣要全靠阿肯那顿。

被诅咒的国王的继承人，也就是莉达，有着无可置疑的王室血统，无论谁见到她都会留下深刻印象。欧菲尔的演讲非常成功，由于他的不厌其烦，这些演讲很有说服力，拥护他那唯一真神的人一天比一天多。孟菲斯有一幢别墅最适合会谈，这是国王的姐姐杜兰特提供的。

关于这个信仰，欧菲尔不是第一个鼓吹者，却是第一个试图恢复者。阿肯那顿的城市和墓地，已经被抛弃成一片废墟。没有任何一个官员会选择阿顿城附近的大墓场做自己的安葬之地。拉美西斯已经成为每个人口中的神明，他按照自己的意愿安排好卡纳克的祭司问题之后，严厉禁止一切宗教叛乱。在对法老本人及其政策提出批评时，欧菲尔总是谨慎地斟词酌句，从不表达正面反对。越来越多的人心被他拉拢过来。

杜兰特手里端着一杯新鲜的角豆树果汁，那是送给巫师的。

"欧菲尔，您看起来很疲惫。"

"是的，我们必须时刻集中注意力。你丈夫还好吗？"

"心情很差。由于上次的那封信，他不得不整天教训散漫而狡猾的希伯来人。"

"我听说新首都建得特别快，是这样吗？"

"人们说它将成为一个雄伟气派的城市。"

"然而它是献给邪恶和黑暗之神塞特的，这是在遮挡太阳、驱逐光明。我们必须阻止拉美西斯！"

"我相信我们能做到。"

"你知道我的成功少不了你的支持，杜兰特，请允许我用法术阻止他，好吗？"

"他是我的弟弟！"

见杜兰特还是心有不忍，欧菲尔温柔地拉起了她的双手说："我们吃了这么多苦，不都是因为他吗！你的决定我会尊重的，但我实在不知道你在犹豫什么。保护他的神力一天强过一天，我们再不能统一意见，恐怕日后就无法成功了。"

"真让人头疼……"

"眼下就是最后的时机，再过一段时间就没有机会了。"

杜兰特欲言又止，犹豫要不要说出她最后的想法，欧菲尔松开了她的手。

"或者还有其他办法。"

"什么？"

"听说皇后怀孕了。"

"还用听说吗，一看便知。"

"你喜欢她吗？"

"完全不喜欢。"

"就从她身上下手！今天晚上我的一位同胞会送过来几件施法的必需品。"

"我会待在房间里装作什么也不知道！"杜兰特大声说出这话，回到了房间。

午夜已至，那个人来到别墅。周围一片寂静，杜兰特和莉达已经睡着了。欧菲尔打开大门，用杜兰特先给他的两匹麻布换取了那人的一只袋子。然后，巫师进入一个小房间，锁上了门窗，微弱的灯光亮起。

欧菲尔把袋里的东西摆在一条几案上：一个小巧的猴子雕像，它能让欧菲尔获得透特神的法力；一只象牙做的手臂，它是行动能力的代表；一个粗糙的裸女雕像，代表要破坏其生殖器官的对象妮菲塔莉；一根小柱子，它能使巫师的攻击维持足够长的时间；一个手持毒蛇的女人雕像，这是注入妮菲塔莉身体的巫毒的实体化代表。

妮菲塔莉本身就有坚强的人格，在加冕时又和拉美西斯一样加持了一些无形的保护力量。所以，巫师要做的是一件非常棘手的事。不过，怀孕会削弱皇后那些神秘的防卫力量，因为她的力气正在被另一个生命慢慢吸走。

诅咒完成，要知道是否成功，至少要等三天三夜。由于杜兰特不肯配合而不能正面打击拉美西斯，欧菲尔有点儿失望。他会继续说服杜兰特，然后再进一步采取行动；现在只能以削弱敌方力量为主。

拉美西斯把日常公务交给了亚梅尼和几位部长，自己则经常去拉美西斯城工地上视察。工程正在迅速开展，这要感谢摩西对工人的激励，还有他周全稳妥的指挥。

工作餐既丰富又好吃，给努力工作者的奖金，将按努力程度按时发放，这两点燃起了工人们的斗志。工作最卖力的一批人，每个都已经攒了不少钱，可以在新城市买房或在其他地方置办田产并定居了。有一支医疗队伍负责照看伤患，该队伍配备齐全，也为工人们提供免费的医疗服务。在其他工地上，有的工人会编造借口骗取休假，但在拉美西斯城的工地上，这样的事一次也没有发生。

拉美西斯非常在意工人的安全，几个工头一刻都不放松地督察着这个问题。在安放阿蒙神庙的大花岗岩石块时，几名工人受了点轻伤，但仅此而已。工作进度有人精心考量着，所以，工人们虽然辛苦，但也不至于用尽所有力气；连续工作六天后就会有两天休息，供他们放松心情，恢复体力。

不休息的只有摩西。察看工程、化解纠纷、应对紧急情况、重新安排有矛盾的工作队、申领工具、草拟报告这些事让他忙得不可开交。他每天只在午饭后休息一小时，夜里只休息三个小时。制砖的希伯来工人无不钦佩自己长官的无穷精力，见摩西为手下工人拼命争取福利，他们觉得这样的长官真是前无古人。

受到萨力欺压一事，亚博内很想告诉摩西，但又怕萨力利用自己与警方的好交情报复。萨力如果指证他制造暴动，那亚博内就会被赶出埃及，再也见不到妻小。亚博内的妥协似乎不但结束了萨力的没事找事，而且还赢得了他的友善对待。于是，亚博内认为自己已经渡过最艰难的时期，现在只需闷不作声地和同事认真制砖。

一天早上，拉美西斯前来视察。所有希伯来人都打理了一下来迎接国王：彻底洗脸、修胡子，戴上节庆日用的假发，再加上一根新的白头带。他们还把砖块码得整整齐齐。

第一辆马车停在制砖厂门前，一位身穿铁甲、手持兵刃、面目狰狞的巨人走下来。这阵势使工人们怀疑有人要受到惩罚了，紧接着，二十几名弓箭手散开，气氛变得更加凝重了。

萨哈马纳一声不吭地行走在这些身体静止但心里打鼓的希伯来人中间。当他满意地得到没有异常的结论时，挥手示意一名士兵为御辇开道。

制砖工人向国王鞠躬行礼，拉美西斯一一询问姓名，并向他们道贺。喜事就是给他们的新假发，以及几桶三角洲的白酒，工人们一片欢呼。当国王查看刚出炉的砖块时，工人们更兴奋了。

拉美西斯拿起几块砖看了看，赞了一声"很好"，当场给制砖队额外增加了一星期的配给和一天的公休。然后他问："制砖队的队长在哪儿？"

萨力走出队伍。对于国王的视察，只有他一个人感到不爽，因为他害怕国王再指责他阴谋造反。

"萨力，对自己的新工作感觉如何？"

"感谢陛下的信任。"

"我本来想更严厉地惩罚你的，只是我母亲不让，妮菲塔莉也不答应。"

"我明白，我正在这里用劳动弥补我犯下的罪。"

"错了就是错了，永远不能抹除的。"

"愧疚就像黄连一般苦，时刻啃噬着我的内心。"

"应该是像蜂蜜一样甜才对吧，这样你才能永远忘记自己犯下的罪。"

"陛下还是不肯原谅我吗？"

"对玛亚特的侮辱让你的灵魂永远堕入了邪恶。如果摩西向我汇报你的一点劣迹，我保证你将再也不能欺侮别人了。"

"我保证不再犯……"

"算了，为你能够参与拉美西斯城的建设庆幸吧！"

国王登上马车，工地再次欢呼雀跃，萨力也违心地跟着欢呼。

41

　　一如先前所料，相比普通民房，神庙的建造速度很慢。石块的运送却没有慢下来，以希伯来人为主的拉纤专家将它们按时送到了工地。

　　市中心的王宫已初具形态，已然成了这座城市的标志性建筑，这多亏制砖工人们勤劳地工作。王宫要全部落成还需要些石块，这部分已经交给专家去做了。河港已经停靠过第一批运输船，仓库已经启用，豪华家具已经从细木工厂产出，琉璃瓦厂也已经投入运营。别墅的围墙已经垒起来，仿佛从地下长出来一般；城市各个角落都有了大致模样，过不了多久就可以入驻第一批军队了。

　　摩西预言道："王宫的中心湖将是个壮丽的景观，估计下月中旬就可以挖好了。拉美西斯城将是一座美丽的城市，它是爱开出的花朵。"

"这要感谢你，你在幕后付出最多。"

"我其实只是做表面工作，它可是你凭一己之力策划的，我不过是落实罢了。"

这话似乎包含着某种责备，拉美西斯正要请摩西说明白，突然见一位信使跳下马来，萨哈马纳把他拦在了十米开外的地方。

信使从孟菲斯王宫飞奔而来，上气不接下气地禀报："请陛下赶紧去孟菲斯……皇后生病了。"

拉美西斯跟御医帕瑞尔马库撞了个正着。帕瑞尔马库大约五十岁，博学而有名。作为外科医生，他双手细长，技术纯熟，经验丰富，不过，他对病人一向非常冷漠。

拉美西斯："我一定要见皇后！"

"陛下，皇后刚刚睡下。护士刚刚为她按摩了身体，按摩油里有安眠成分。"

"她怎样了？"

"可能是早产。"

"很危险吗？"

"我必须承认，是的。"

"一定要救活皇后，这是命令！"

"陛下，顺利生产的可能性还是很大的。"

"你怎么知道的？"

"我的助手做实验证明的。一袋大麦、一袋小麦，浇水时都加入皇后的尿液，结果都发芽了。而且小麦先发芽，这说明你们的孩子将是个女孩。"

"这正好和我学到的知识相反。"

帕瑞尔马库不作声，似乎不屑于回答，但还是说："陛下弄混了。您说的是另一个实验。那个实验也是用大麦和小麦，却是用来祈求孩子的。婴儿的脊柱和骨头将保留您和皇后结合的部分。精液的质量越好，脊髓和骨髓就越趋近完美。还有，孩子的骨头和肌腱是由父亲提供的，肌肉和血液是由母亲提供的。"

就这样，这位御医给最有名望的学生上了一堂医学课，自己十分满意。国王却说："大夫，你在怀疑我在贵族学校学的生理知识吗？"

"不敢！"

"这场意外也在你的意料之外吧？"

"是的，陛下。我也没有掌握无穷的知识——"

"可我有无穷的力量。我再次命令你，保证皇后顺利生产。"

"陛下……"

"怎么，有问题？"

"我反倒更关心您的健康。如果能让我检查一下您的身体，实在是我的荣幸。"

"不用了。我不知道什么是生病。皇后一醒就立即通知我！"

太阳落下山的时候，帕瑞尔马库医生被萨哈马纳放进了国王办公室。

大夫一脸的严肃与不安："陛下，皇后醒了。"拉美西斯闻言站起来，但又听到一声欲言又止的"但是"，于是命令道："快说！怎么了？"

"皇后刚刚被送进了产房。"

"我现在就过去。"

"但是……产婆一致认为……应该优先保住皇后的第二个孩子。"

拉美西斯折断了手上的芦苇笔，他非常害怕失去妮菲塔莉，怕她的去世也会让自己丧失治理国家的能力。

生命殿堂的六位产婆来帮助妮菲塔莉生产，她们身穿紧身长衣、戴着绿松石项链，把皇后送进了产房。产房里空气畅通，装点着鲜花。每个埃及女人生产时都要赤裸全身，上身挺直，妮菲塔莉也不例外。产床是用几块石头铺成的，上面铺着芦苇草席；这种环境象征每个新生儿都将得到透特神赐予的寿命。

一位产婆抱紧皇后的腰，一位负责每一个生产环节，一位张开双手等着接住婴儿，一位负责初步照料新生儿，一位是奶妈，最后一位会在听到婴儿发出第一声啼哭时，给皇后一把生命锁。情况虽然危急，但六位产婆个个镇定，没有慌乱。

为皇后按摩许久之后，产婆又在她的小腹上涂了些泥黾[1]剂，接着捆紧她的腹部，往阴道里塞了些药膏。药膏由笃耨香[2]、洋葱、牛奶、茴香和食盐配成。产婆又在皇后的外阴上涂了烂熟土和温热油的混合物。

六位产婆知道皇后要过很久才能把孩子生下来，但最后结果将是怎样，她们并不确定。其中一位开始单调地吟诵："愿哈托尔

---

　[1]　泥黾（yǎn）剂：一种外用贴膏。——译者注

　[2]　笃耨（dǔ nòu）香：笃耨香树的木材，此树种为落叶小乔木，生长于欧洲南部、非洲北部和亚洲。——译者注

女神把孩子赐给皇后，并为她赶跑一切疾病。魔鬼通通滚开，悄悄地滚回地狱！既然脸向后长，就不要往这边看！别碰这个孩子，不要让他睡着，不要伤害他，更不要带他走！愿这个婴儿得到神明的护佑，愿他充满生气，远离一切妖魔鬼怪。愿天上的星星也疼爱他！"

天黑了，皇后开始感到一阵阵的痛。为了不让她咬到自己，产婆在她的牙齿间放了一块蚕豆糕。

这六名产婆对自己的技术非常自信，她们开始集中精力朗诵驱赶疼痛的古经文。

帕瑞尔马库第十次前来禀报，拉美西斯早就急不可耐了。他以为国王会掐住他的脖子，但国王问："结束了吗？"

"是的，陛下。"

"皇后怎么样？"

"她还活着。恭喜您有了个女儿，很健康。"

"皇后的身体状况呢？"

"……不好说。"

拉美西斯推开阻拦他的大夫冲向产房，看到一位产婆正在清洗和打扫。

"皇后和我的女儿呢？"

"在王宫的休息室里。"

"我要听实情！"

"孩子很脆弱……"

"我要见她们。"

妮菲塔莉已经睡着，因为喝下了产婆给她的镇定药水。

婴儿美丽极了，天真无邪，眼睛里闪出对这个世界的新奇感。这对母女刚刚领略过了生命中的奇迹。

拉美西斯抱着女儿问产婆："她看起来很健康，你们在担心什么？"

"孩子生下来要挂一个护身符，但我们发现为她准备的护身符的带子断了。这似乎预示着什么不好的事。"

"这有什么根据吗？"

"女算命师正在赶来的路上。"

几分钟后，女算命师到了，她和六位产婆再次组成了哈托尔七人组，把婴儿围起来，开始预测公主的命运。据说这样能够窥见婴儿的未来，打开灵魂交流的通道。

无声的预测似乎比往常久一些。结束后，女算命师走向国王，一脸沉重地说："陛下，天时于我们不利，我们无法……"

"务必告诉我实情。"

"这个小孩命运如何，全看未来的二十四小时。她被魔鬼纠缠，心灵正在被吞噬，如果我们找不到驱赶魔鬼的办法，她今夜就会死去。"

42

身强体壮的奶妈为新生的公主喂奶，奶水要求有近似角豆树粉的香味，帕瑞尔马库亲自负责检查。奶妈必须饮用无花果汁，吃下油炒过的鱼脊椎粉，这是为了保证奶量充足。

可是，婴儿不吃不喝，这让奶妈和医生都很失望。换个奶妈还是如此，最后他们又想了一个办法就是喂一种用河马形罐子储藏的特制鲜奶，但孩子还是不吃不喝。微甜的液体从动物奶头上流出，婴儿就是不肯张口吮吸。

拉美西斯把女儿抱在怀里，医生先润湿了她的嘴唇，又想用湿布把她包裹起来。

"陛下，她时刻需要水。"

"你的知识不是个长久之计。要让她活下来，还得靠我的力量。"

　　说罢，拉美西斯紧抱着女儿来到妮菲塔莉的床前。疲惫并没有夺走妮菲塔莉灿烂的容颜。

　　"很高兴能……怎么，对她的保护还够吗？"

　　"你身体怎么样？"

　　"很好。给我们的女儿取个名字吧。"

　　"这应该是母亲的任务。"

　　"叫梅莉达蒙吧，意思是阿蒙神所宠爱的人。她会看到你的百万年神殿。有一个奇怪的想法在我生产时钻进了我脑袋里……要抓紧时间建造……拉美西斯，百万年神殿将是你对付黑暗势力最坚强的堡垒。在那里，我们仍将齐心协力与敌人战斗。"

　　"我会实现你这个心愿的。"

　　"你怎么把孩子抱得那么紧？"

　　目光犀利的妮菲塔莉还是发现了不对的地方，其实拉美西斯也知道不能对她隐瞒："梅莉达蒙生病了。"

　　皇后坐起来抓住丈夫的手问："什么病？！"

　　"不进食。不过你放心，我会治好她的。"

　　皇后又无力地放下手躺下了。

　　"我已经失去一个孩子了……现在这个也面临着邪恶势力的抢夺……黑夜真让人揪心！"

　　说完，皇后就晕过去了。

　　拉美西斯问帕瑞尔马库："皇后怎么样？"

　　"身体很虚弱。"

　　"你有办法吗？"

"不好说。即便身体恢复了，她也再生不了孩子了，因为再次怀孕意味着死亡。"

"这个孩子呢？"

"产婆们的说法很荒谬，但我必须承认可能就是那样。"

"什么说法？"

"孩子受到了诅咒。"

"诅咒？在宫里受到诅咒？"

"我也正是考虑到严密的宫防才认为它荒谬的。但是……我们还是请巫师过来吧。"

"不行！他们里面说不定谁就是凶手。我只有一次机会，不能出错。"

梅莉达蒙在父亲那强健的臂弯里睡着了。

皇后又诞死婴且本人再也不能生孩子了的谣言在宫里传得沸沸扬扬，拉美西斯极端沮丧，几乎再也抑制不住自己的怒火。

对于这些广泛流传的恶毒谣言，谢纳不敢相信，但也希望不是无中生有。于是，他和杜兰特一起进宫探望，装出一副极度悲伤惋惜的样子，杜兰特的神情也非常低落。

进王宫之前，谢纳对杜兰特说："亲爱的妹妹，你什么时候变成一名演技高超的演员了？"

"不是演，我确实吓得不轻。"

"拉美西斯和妮菲塔莉，你不是都不喜欢吗？"

"我伤心的是孩子……孩子不该受到这样的无妄之灾。"

"何必纠结此事？谣言属实的话，意味着我们的前途大好啊！我发现你现在很多愁善感嘛。"

杜兰特自然会感到不安，因为是她纵容巫师欧菲尔施咒的。为了成功地破坏王室夫妇的命运，那个利比亚人居然获得了极少见的魔力。但这个真正的原因，杜兰特不敢告诉哥哥谢纳。

杜兰特和谢纳来到王宫，亚梅尼先负责接待，脸色比平常更惨白。

谢纳说："我们听到传言，认为国王可能需要哥哥和姐姐的陪伴。"

"抱歉，相比之下，他更想一人独处。"

"皇后怎么了？"

"正在休息。"

杜兰特问："那么……孩子呢？"

"有帕瑞尔马库医生在照料。"

"还没有进展吗？"

"目前只能等。"

谢纳和杜兰特离开王宫时，看见一个人在萨哈马纳和几名警卫的包围下进入了皇后的私人寝宫。看得出他们个个很急切，中间那人没戴假发，有些邋遢，羚羊皮长袍缀着许多口袋。

拉美西斯诚恳地说："塞达武，我现在只能指望你了！"

御蛇巫师走近，仔细看着国王抱着的婴儿，评论道："虽然我不喜欢小孩，但必须承认这是个小美人。妮菲塔莉创作了一件完美的作品。"

"她叫梅莉达蒙。然而，她现在命在旦夕，塞达武！"

"你不要胡说！"

"真的，有人诅咒了她。"

"在你这王宫里吗？"

"不能确定。"

"具体什么状况？"

"无法进食。"

"妮菲塔莉呢？"

"痛苦不已。"

"帕瑞尔马库医生恐怕没招可使了吧？"

"是的。"

"这一点儿也不稀奇。把你的女儿放回摇篮里吧，动作轻点。"

梅莉达蒙一离开父亲的臂弯就开始表现出难以呼吸的症状。

"我担心的事还是发生了……要挽救她的生命，只有靠你的力量……王宫里出生的婴儿居然连个护身符都没戴，你们脑袋里在想些什么？！"

说罢，塞达武从口袋中取出一个护身符戴在梅莉达蒙的脖子上。穿这个护身符的细绳上打了七个结，符本身是一只金龟，身上写着："拒绝残暴的死亡，迎接神圣光明的拯救。"

塞达武命令道："先把她抱起来，并替我去打开实验室的大门。"

"你想到救她的办法了？"

"时间紧急，现在来不及跟你说了。"

宫廷实验室共有几个房间，每个房间的功用不同。塞达武进入的房间里，放着一些公象的牙齿，这些牙齿有的甚至超过七十厘米长、十厘米宽。塞达武把其中一只象牙雕成了一弯月牙，拉长了月牙两端，又磨亮了表面，当然前提是不损坏牙质。他又在上面刻了几个图腾的形象，它们都能驱除那些暗中谋害母亲和婴儿的邪恶势力。塞达武认为自己选择的这几种图形最适合用在眼下的难题上，它们是：一只混合型怪兽，狮身、鹰头、有鹰翼；一只母河马，蹄上握着刀；一只青蛙；一颗太阳，散发着耀眼的光芒；一个大胡子侏儒，双手都抓着蛇。

塞达武大声召唤这些东西，命令它们斩断恶魔的咽喉、踩踏、撕碎、驱散他们。然后，他给拉美西斯的女儿准备了一份蛇毒制成的开胃药水。可想而知，一小滴这种药剂都会严重刺激梅莉达蒙的器官，但势在必行。

帕瑞尔马库一见塞达武走出实验室就疯一般跑向他："孩子现在很危险，赶快行动吧！"

拉美西斯一直抱着女儿，凝望着快要落山的太阳。虽然孩子在他的怀里，但是呼吸还是不顺畅。拉美西斯心想，他必须让自己和妮菲塔莉唯一的孩子活下来……万一梅莉达蒙死了，恐怕妮菲塔莉也不想活了。越是这么想，拉美西斯心里的怒火越大，他真想亲自跟黑暗势力较量一番，从恶魔手中救出女儿。

塞达武终于拿着那根已经施好法的象牙来到了国王面前。他向拉美西斯解释道："这个东西的力量只是结束诅咒的魔力，但婴儿身体已经受到的伤害需要另行弥补。这份解药能让她开口进食。"

帕瑞尔马库听了塞达武讲述解药的成分后吓了一跳，并坚决反对。拉美西斯问塞达武："你有把握吗？"

"的确有危险。吃与不吃，由你来定。"

"快动手吧！"

43

　　婴儿被放到摇篮里，塞达武把象牙放到她的胸前，梅莉达蒙的呼吸立即顺畅了，一双大眼睛好奇地看着眼前人。

　　国王、巫师和医生都心照不宣地沉默不语，他们知道起效了，只是不知道这种保护的效用能够维持多久。

　　十分钟后，孩子开始扭动着啼哭。塞达武见状命令道："快叫人拿一个欧珀女神像来！我需要回一趟实验室。医生，你只管持续润湿婴儿的嘴唇，其他的什么都不要做！"

　　欧珀女神原本是只母河马，所有产婆和奶妈都奉她为神。她对应的是天上的大熊星座，这个星座能够破坏重生奥西里斯的安宁。

　　象征婴儿哺乳者的欧珀女神雕像已经架在摇篮上，代表奶水充足，即便神力匮乏也会有生命殿堂的巫师为其补充能量。梅莉达蒙安静下来并睡着了。

塞达武也回来了，左右手各拿着一根象牙，上面均粗粗地雕刻着什么。他解释说："虽然只是大概图像，但应该足够了。"说罢，他把一根象牙放在婴儿的腹部，另一根放在脚边。婴儿没有表现出任何异常。

塞达武下结论说："诅咒已被化解，她已经得到了正义力量的保护。"

拉美西斯问："就是说她会没事，对吗？"

"救她的唯一办法就是让她进食，否则，她还是难逃此劫。"

"把你的解药喂给她吧。"

"这得你来。"

拉美西斯打开盖子，一股龙涎的香味飘出，他又温柔地打开女儿的小嘴巴，喂下药剂。帕瑞尔马库不忍直视，转过了头。

几秒后，婴儿突然睁开眼睛大声啼哭。塞达武下令递来欧珀雕像，将其胸脯靠近婴儿的嘴巴，又拿掉鲜奶瓶的金属塞子，与此同时，拉美西斯抱起女儿，尝试让孩子吮吸鲜奶。梅莉达蒙开始愉快地吸起那营养丰富的鲜奶，偶尔会停下来喘口气。

拉美西斯决定回报恩人塞达武："你想要什么，塞达武？"

"什么也不要。"

"做宫廷巫师如何？"

"他们已经做得很好了，并不需要我。妮菲塔莉怎么样了？"

"她很吃惊。明天她会去花园转转。"

"梅莉达蒙呢？"

"朝气蓬勃。"

"那七位女算命师怎么说？"

"遮住妮菲塔莉命运的黑布已经变成碎片。一件女祭司穿的长袍、一个高贵的女人、几块神庙的石头，这些就是她们看到的全部。"停顿了一下，拉美西斯又说："塞达武，你应该成为一个富有的人。"

"对我来说，有毒蛇、毒蝎和莲花就足够了。"

"好吧，那我将无限制为你提供研究经费，王宫也将以最高的价钱买下你所有的蛇毒产品，然后分给各大医院。"

"我不想要任何特权。"

"不是特权，更高质量的产品就该得到更高报酬，不能只工作没有奖励啊。"

"我倒是想……"

"请说。"

"我想喝塞提三年的法尤姆红酒了。"

"明天我让人送几坛到你家里。"

"恐怕我要用好多瓶毒蛇液交换。"

"不，这是赠礼，恳请你接受。"

"一般人的赠礼我都不愿接受，更不要说国王的。"

"我现在的身份是你朋友，你难道还要拒绝吗？……我有个问题，解救梅莉达蒙的那一套，你是从哪里学来的？"

"蛇几乎教给我了一切知识，剩下的是莲花教我的。努比亚巫师的技术真是不可思议！戴在你女儿脖子上的那个护身符，可以替她挡掉许多坏事，但必须每年换一次，千万别忘了。"

"我为你和莲花准备了一栋官用别墅。"

"在城市的中心？你又在开玩笑了，在那种地方没法研究蛇。沙漠、夜晚和危险才是我们所需要的。那个诅咒真不是一般的危险。"

"你详细说说。"

"它有超强的破坏力，我要用尽我能想到的一切办法才能战胜它。巫术很可能来自外国，叙利亚、利比亚、希伯来三者之一。那个邪恶力量，不使用那三根象牙恐怕根本无法摧毁。另外，施咒的人还有一个目的，就是让婴儿饿死……背后的那个灵魂，居心不知道有多险恶。"

"这个巫师会是宫里的吗？"

"可能性不大。他更擅长妖术，这让我很吃惊。"

"他还会再施妖术吗？"

"很有可能。"

"怎样找到并制止他呢？"

"我不知道。这个恶魔虽然如此兴风作浪，却能同时完美地隐藏自己。他可能就是你见过的一个和善的人，也可能躲在某个查不出、找不到的地方。"

"但妮菲塔莉和梅莉达蒙需要保护，我该做些什么？"

"用护身符，还要举行召唤好运的仪式，刚才已经证明它们有效了。"

"如果这些还不够呢？"

"有一种力量还在妖术之上，必须把它运用起来。"

"建造一座神庙就能获得这种力量。"拉美西斯忽然想到了自己最好的盟友——他的百万年神殿。

拉美西斯城已经初具规模,虽然还不算一座城市,但大多建筑的轮廓已经建好了。王宫已经显现出它的雄伟,特别是它的底座和基石,与孟菲斯和底比斯王宫无异。工程照旧紧张地进行着,摩西仍是精力无穷的模范主管,工人和工头们见到自己的劳动成果,都受到很大激励,希望首都早日建成,有些人甚至打算在这个自己付出汗水的地方定居。

摩西的成功引来了两位希伯来人族长的嫉妒。他们曾经反抗摩西,要求他让出首领的位置,但摩西都不用自己辩解,全体制砖工人就不答应。从那一刻起,摩西的身份变成了无冕之王,臣民则是一群流亡他乡的希伯来人。一神论的事情曾经占据他的脑海,但现在,管理这座城市的建设需要他投入全部精力,他再也没工夫考虑其他烦恼事了。

拉美西斯又来了,这让摩西非常高兴,因为国王的到来证明那些讹传皇后和公主死讯的流言是错的。事实上,工地的气氛紧张了好几天,摩西为了驱散流言,甚至曾经打赌说国王一定会如期来访的。而拉美西斯此次到来,让摩西赢了这场赌约。

国王的马车被夹道欢迎,萨哈马纳无法阻挡。工人们希望摸一下国王的马车,以求更接近法老的神力。拉美西斯对自己的安全问题,似乎毫不在意,这次同样把自己暴露在可能的敌人面前。所以,萨哈马纳心里责骂着国王的轻率。

摩西暂时住在一间别墅里,拉美西斯直接向那里走去。在门口，摩西向国王鞠躬行礼；到了屋内的私密空间，两人像朋友一样拥抱了对方。

摩西预言道："如此努力下去，你这个疯狂的计划肯定会顺利实现。"

"比我预设的时间提前了吗？"

"是的，肯定会提前。"

"我今天是来看整个工程进度的。"

"那一定会让你惊叹的。皇后怎么样了？"

"她很好，我的女儿也很好，跟她的母亲一样美丽。"

"听说她们险些丧命。"

"多亏了塞达武。他救了她们。"

"用他的毒蛇药剂救的？"

"是的。他在巫术上是一位专家，伤害我妻子和女儿的妖术，他都能破除。"

"妖术"两个字吓到了摩西，他问："谁干的？"

"我们无从得知。"

"对女人和孩子下手的人，一定是卑鄙小人；对法老的妻女下手，那人肯定是个疯子。"

"我在想，拉美西斯城的建造可能与这次阴谋有关。许多高官的利益因为我建造这座城市而受到损害。"

"这不可能……你这么做顶多是得罪他们，还不至于让他们犯下那样的罪行。"

"如果……我是说如果……是希伯来人做的，你的态度将是怎样的？"

"这跟民族无关，做下那样的事都是罪大恶极！但是，我觉得你可能想错了。"

"如果你知道些什么，希望不要对我隐瞒。"

"你不相信我的忠诚吗？"

"我没有那样说。"

"我的意思是，如此不可饶恕的罪过，任何一个希伯来人都做不出来。"

"摩西，我要离开几个星期。这段时间由你来照看这座城市。"

"你回来时它肯定又变了个模样。新城市的开城仪式不能没有你，你可不要迟迟不归啊。"

44

塞提离开尘世前往天国的时间是六月，如今又到了炎热的六月，拉美西斯也迎来了自己统治的第二个年头。

两条河流在西利西亚山附近交汇，现在王室夫妇的船正停在那里。传说中此山住着尼罗河河神，而法老来到这里的任务就是唤醒他，让他使河水充分泛滥以滋养大地。

拉美西斯和妮菲塔莉献上牛奶和酒，朗诵了祈祷经文，之后进入一个小神庙。该神庙是借岩洞凿出来的，里面的空气让人感到舒适。

拉美西斯问："帕瑞尔马库都跟你交代了什么？"

妮菲塔莉："有一个新药方，他说可以完全消除我的疲劳。"

"应该还有什么。"

"你指的是他没有告诉我关于梅莉达蒙的真相吗？"

"不是这个。"

"那他对我隐瞒了什么？"

"他虽是个好大夫，但不具备勇敢的美德。"

"他由于害怕没有告诉我什么？"

"你生产时有一场灾难，但奇迹救了你。"

妮菲塔莉露出了阴郁的神色："我不能再怀孕了。我始终没能给你生个儿子。"

"有凯和梅莉达蒙我就知足了，他们都可以继承王位。"

"但身为国王，你的孩子不该只有他们俩。我可以住进神庙里，这样你就可以……"

拉美西斯紧紧地搂住了妻子，说："我爱你，妮菲塔莉。你是我的爱情、光明，也是埃及的大皇后。我们是不可拆分的一对，特别是我们的灵魂永远合一。"

"伊瑟还可以为你生儿子。"

"不要再说了……"

"不行！我必须要说，拉美西斯，你是法老，不是普通的男人。"

至尊夫妻来底比斯的一个目的是视察建造拉美西斯的百万年神殿的地方。他们感受到了这个地方的雄伟，西山和肥沃草原的精气飘荡在空气中。

拉美西斯坦言："因为首都而忽略这里的工程，这是一个失误。针对你和女儿的诅咒，还有母亲的嘱托，让我糊涂的大脑醒悟，要保护我们免受黑暗势力的伤害，只能依靠这座百万年神殿。"

这里尽是些沙砾，贫瘠的命运似乎是上天的安排。妮菲塔莉优雅而高贵地走在上面，阳光照在她身上，没有晒伤她的皮肤，反而增加了她的光艳，皇后似乎和国王一样与太阳有一种默契。时间似乎静止，这片贫瘠的土地因这位创造女神的漫步而变得神圣起来。从永恒而来的埃及大皇后，也给这片太阳照耀过的、被国王选中的土地刻上了永恒的烙印。

在王船的甲板上，塞达武和萨哈马纳相遇了。两个同样魁梧强健的男人停下脚步，四目相对。

"不要再靠近国王，塞达武！"

"我倒不介意再次让你失望。"

"皇后和公主险些丧命，听说是个邪恶巫师干的。"

"你还在让他逍遥法外吗？看来拉美西斯的身边还是充满危险。"

"不知道你的嘴巴有没有因为挨打而闭上过。"

"你愿意试试，只管来好了，如果你不怕我的蛇。"

"你在威胁我吗？"

"怎么想，随你。海盗永远是海盗，穿什么衣服也掩饰不了。"

"你最好乖乖认罪，这样省了我不少麻烦。"

"国王的贴身护卫队队长总是这么后知后觉吗？王室夫妇的女儿可是我救回来的！"

"真能扯谎！塞达武，你是个让人捉摸不透的家伙。"

"你心里有病。"

"你若再敢谋害国王，脑袋肯定会被我的拳头击碎。"

"牛皮吹得真大！"

"你可以试试。"

"我是国王的朋友，擅自攻击我迟早会害了你自己。"

"监狱的大门正为你开着。"

"撒丁莽夫，你会在我之前进去的。现在，给我让路！"

"你要去哪儿？"

"拉美西斯选好了一个为蛇建造神庙的地点，据说那里住着几条蛇，他要我前去举行净化仪式。"

"不许再做坏事！"

"你还是小心保护国王的安全吧，少在这里闹笑话！"说着，塞达武推开了萨哈马纳。

在底比斯，塞提的灵魂在尼罗河左岸的古尔纳神庙休憩。拉美西斯在小神坛面前默默祷告了几个小时，献上了葡萄、无花果、刺柏浆果和松球。这些献礼的精华将使塞提的灵魂得以平静地休息。

这里也是塞提宣布把王位传给拉美西斯的地方。拉美西斯当时还是个年轻的王子，没有意识到这种宣言代表的是怎样一份重任。他一直生活在有巨人庇护的梦里，但还是有一连串汹涌的想法像圣船穿越天庭一样穿过了他的脑海。

当红王冠和白王冠先后戴在他头上时，拉美西斯决定告别舒服做国王的心态，去挑战一个从未怀疑过其艰难的世界。获得新生的他，祭拜了这座神庙的墙壁上已经神圣化的历代法老，凝视着他们的笑容和威严，与那位神秘隐者进行交流。外面世界的人类，勇敢又胆怯，正直又虚伪，慈善又贪婪，而拉美西斯就处在这些彼此矛盾的力量中间，他要忘记自己的心愿和弱点，维系人类和神明的联系。

执政时间虽然才一年，但国王与自我告别的时间已经很长。

萨哈马纳驱车等候法老，拉美西斯上车时已经日落。

"陛下，我们去哪里？"

"帝王谷。"

"整个舰队和每只船我都已经搜查过了。"

"确定没有问题？"

"没有。"但国王发现了萨哈马纳的不安神情。

"你真的没什么话要对我说吗？"

"没有，陛下。"

"确定？"

"您的指控毫无根据，这错得很离谱。"

"邪恶的巫师找到了吗？"

"我有个想法，但还需要事实为证。"

"启动马车吧。"

警卫时刻守着帝王谷的入口。积蓄在岩石里的热气，在这夏季午后全部散发出来，置身其中如堕火炉，呼吸困难。见御驾亲临，早已满身汗水的警卫小队长打起精神攒足力气前来行礼，向国王保证塞提的墓穴没有任何小偷潜入。

拉美西斯没有走向父亲的墓穴，而是走向了自己的。今天的凿石工作已经结束，工人已经把工具洗干净放进篮中，现在正在随便聊着天，工头正在起草一天的工作报告。法老的突然到来打断了他们，工匠纷纷躲到工头身后。

"禀告陛下，直通玛亚特的大厅已经挖好。需要带您去查验一下吗？"

"我自己去就行。"

门槛后面通往地下的阶梯是在岩石上凿出来的，长度刚好是从光明到黑暗的距离。尽头处是一段走廊，两侧墙壁上的象形文字是竖排的，有一些是供一位容颜不老的法老向光明之力祈祷的经文。再往前是一道障碍，挡住了古老的太阳的光芒。穿过这些黑暗空间，拉美西斯看到一幅彩绘，画面上自己在天庭之中，面对着天上众神。他的形象看起来十分尊贵，一如仍在人世间。画中色彩鲜艳，使这位国王看起来无比鲜活。

国王右手边是一间马车厅，由四根石柱撑着，用来储藏车辕、车身、车轮等生前御辇的零件。拉美西斯死后，可在另一个世界把它们重新组成车，乘着它四处游览，用光明打败敌人。

再往前是比较狭窄的走廊。为死去国王打开眼睛和嘴巴的宗教仪式将在这里举行，好让国王获得重生；这里也刻有相应的经文。

再往前就是没有加工好的石头了，工人只进行了粗略的切割。玛亚特大厅和停放灵柩的黄金大厅，要再过几个月才能开凿和装修好。

拉美西斯已经看到了自己死后的建筑和景观，平静又神秘，每个保证永恒的细节、每个生活场景都没有漏掉。在属于自己的地下世界，年轻的国王将获得永生。在那个世界，法律永远凌驾在人类的智力之上。

法老走出墓穴，凝视着这座安葬自己祖先的山谷上宁静安详的夜色。

45

　　国王下令召见卡纳克的主要行政官员，阿蒙的第二继承人朵奇刚刚得到召令就匆匆赶到了底比斯的王宫。朵奇个子不高，脑袋锃亮，印堂低窄，鼻子尖且挺拔，下巴细长而尖，长着形似鳄鱼的下颌。他之所以如此匆忙，是因为当时正在审查管理牲畜的书记员的账本，生怕自己的蠢货秘书为了不打断他而没有及时通知他。他按时查账也是因为害怕失职被贬到农庄去，那意味着舒适的神庙办公室生活从此与他告别了。

　　经萨哈马纳的检查后，朵奇来到了法老的会客大厅。年迈的勒布——阿蒙的现任大祭司兼第一继承人，坐在他对面一张有扶手的椅子上。老人脸上长满皱纹，双肩下塌，左脚搁在垫子上以减缓疼痛感。他正把一瓶花香精放在鼻子前嗅着。

朵奇致歉说："陛下，请原谅，我无心迟到，当时我——"

"第三继承人怎么还没有来？"

"他负责生命殿堂的洁净礼仪式，希望在那里可以享受清净。"

"第四继承人呢？"

"在卢克索工地。"

"他为什么没有来？"

"尖石碑的安放是个棘手活儿，他要现场监督。需要我去传他过来吗？"

"不用了。"拉美西斯转向勒布，"大祭司的身体好些了吗？"

"未见好转，还是行动不便。所以，我大多时候是翻阅、处理档案。我发现有些古老的宗教仪式被上一任大祭司忽略了，我想恢复它们。"勒布的声音透着疲惫。

"朵奇，你呢？日常工作你有没有多承担一些？"

"这是我的本分，陛下。我和巴肯参与了神庙日常事务的管理，当然，是在尊敬的大祭司的监督之下。"

勒布道："我虽然行动不便，但眼力还行。这些年轻部下也都知道这一点。陛下，您放心，我一定会完成您委托我的任务，任何懈怠和失误都不会纵容。"

这些话如此坚定，拉美西斯惊讶于它们居然出自一个垂暮老人之口。

勒布又说："对底比斯来说，您此次驾临是件好事，它说明您没有偏爱新首都而抛弃这里。"

"我本就没有这种想法。加冕之后就忽略胜利之神阿蒙的城市，这种事没有哪个法老能做出来。"

"您为什么要建新首都呢？"

这个提问似乎包含着严厉的指责。法老回道："这属于埃及的政治，不是您该问的。"

"陛下，我完全同意您的说法。但是，关心自己神庙的未来，并没有超出大祭司的职权范围。"

"请您放心。卡纳克的圆柱大厅是埃及历史上最壮丽的建筑，以后也是。"

"感谢您的恩宠。但是，请您为一位老人解惑：您究竟因何来到卡纳克？"

拉美西斯笑一笑，问："我们两个谁现在耐心更差呢？"

"您正当年轻气盛，冥王却早就呼唤我了。对不起，我不能和您讨论没有价值的问题，因为我的时间不多了。"

见自己的长官和国王如此互不相让，朵奇吓得不敢说话，他怕法老会在勒布下一句挑衅时发火。

法老却说："宫里发生了危险的事，我来底比斯是想寻找保护我们的神秘力量。"

勒布问："如何寻找？"

"建造我的百万年神殿。"

勒布用力握着手杖，稍许之后说："您的做法我表示赞同。但眼下要做的应该是加强神的力量，而这力量应该汇聚在您身上。"

"我该做些什么？"

"尽快建成最能代表神的卢克索神庙。"

"你自己的庙宇呢，你不为它提些要求吗？"

"如果是其他事情，我不怕对您多施加点影响。但您刚才说得太严肃，不允许我那样做。卡纳克用来赞美神的力量，也是您执政所需要的能力，多集中在卢克索。"

"您的意见我会考虑。我现在有一道命令给你，我的百万年神殿正在尼罗河左岸建造着，它的注视礼仪式就交给你来筹备了。"

朵奇回来后欣喜若狂，喝了好几杯高浓度啤酒之后，他双手颤抖，背后直冒冷汗，努力克制才没让自己发狂。他相信好运在他忍受了无数耻辱之后开始青睐他了。他一直梦想着得到大祭司的职位，而就在刚才，拉美西斯向勒布吐露实情时忽略了他也在场。他正可以从这个错误中获得好处！遭受终身降级处罚的阿蒙第二继承人，现在获取了一条国家最高机密！

百万年神殿……它不可能建成……朵奇觉得真是喜从天降！但他转念告诉自己：不能高兴太早，更不能草草行动，还是要继续沉默、听话，但一秒钟的时间也不能浪费了。

这是唯一的机会，因为每位法老只会建造一座百万年神殿。朵奇计划利用自己的地位挪用粮食配给，他坚信，只要在清单上划掉这个缺口就行了，不用承担任何风险。而这划出来的配给，可以兑换成他个人的钱财。他觉得自己不是在做梦。

卢克索神庙距离卡纳克只有半小时的路程，又通过一条小路连通阿蒙神庙。保护神斯芬克斯的雕像就矗立在这条小路上。生命殿堂里的资料，记载了天上地下所有的秘密，巴肯利用这些资料和透特神的经书草拟了一份扩大卢克索神庙的计划。这是拉美西斯在执政第一年就希望实现的事，而且工程进展得很快，这还要感谢勒布的支持。他计划为拉美西斯建造一座大庭院，里面是拉美西斯的大雕像，宽五十二米，长四十八米，位置就在阿门霍特普三世的庙堂旁边；神庙入口的古典塔门，计划建六十五米宽，此处将有六尊守护神力的巨型法老雕像、两座十五米高的辟邪方尖碑；象征神之存在的皇家军队旗杆将直耸云霄；砂岩将美妙绝伦，墙壁将镶金嵌银，地面将铺上银矿，整座神庙将成为拉美西斯的杰作。

可是，一次意外让巴肯大失所望。

他从阿斯旺工地回来时，一艘平底驳船[1]正在尼罗河里打转。它由无花果木建造而成，长七十米，船上载的是一座方尖碑。一个涡流困住了它，但这个涡流从未出现在任何一张航行地图上。怕船只再陷进泥沙里，水手在船头不停地用一根长篙探测深度。惊慌的舵手由于操作失误落入水中，一个船舵折断了，另一个卡死不能再用。船体严重晃动，方尖碑也跟着晃动，好几根固定它的缆绳都被扯断了，其他的粗绳眼看也要使不上劲儿了。这块玫瑰色的巨大花岗石眼看要掉进河里了，巴肯亲自参加抢救也于事无补。他握紧拳头，无助地哭起来。

这次事故也许是他急功近利的后果，因为他原本可以等河水上涨再动工的。所以，他的心情难以平复，遗失一座方尖碑和几名水手丧命的责任，他无论如何也逃脱不掉了。

阿蒙的第四继承人还在抢险队伍里拼命。一阵爆裂声突然传入耳中，预示着船马上要断裂了，也证明了巴肯的劳而无功。那方尖碑实在是堪称天然而完美，再在尖端镀一层金子就可以矗立

---

[1]　驳船：自身没有动力、需要其他船只拖动或推动的运货船，有结构简单、吃水浅、载货量大的优点。——译者注

在太阳下闪耀光芒了，此刻却面临着沉入河底的命运。

河岸上，一个身穿铠甲的大胡子巨人挥舞着手中的武器，同时呼喊着什么，但是风声太大，听不清。巴肯朝他的视线看去，只见一人正迅速朝着这只即将沉没的船游过来。

所有人都开始为此人担心，怕他被旋涡吞没，或者被随波乱转的船桨击中脑袋。但他终于游到了船头，开始通过一根缆绳往船上爬。很快，他来到船上，握紧那只卡死的船舵，试着转动。他用脚跟发力，手臂和胸前的肌肉似乎要裂开了。终于，船舵转动了，他用了多大的力气啊，真是匪夷所思！

船不再转了，并且过了一会儿与河岸平行了。这时刚好刮起一阵顺风，于是，这个重新掌舵的男人终于把船驶出了旋涡。这场面使水手们恢复了信心，他们马上前来帮忙。船只靠岸，几十位凿石工人和搬运工抓紧时间卸下了方尖碑。

巴肯认出了甲板上的救星——冒着生命危险救下那根参天方尖碑的人，居然是国王拉美西斯！

46

一天吃六顿饭让谢纳身上的肉一堆一堆的。这种情况已经持续很久了，从他丧失与拉美西斯争斗或报复他的信心时开始。他失落的心情似乎可以通过填饱肚子得到安慰，在他脑海里晃悠的新首都的建成和国王的滔天声势，似乎可以借此被赶走。对此，亚夏也无能为力，只能用"国王的权力削弱了""他现在不像前几个月一样热衷于统治了""法老的未来其实困难重重"一类的话来宽慰他。尽管它们有一定的说服力，但全是空话，没有事实证据。而赫梯人呢，他们也被年轻君主创造的一个个奇迹吓得不敢贸然行动。

对拉美西斯的反对者来说，一切都在走下坡路。

前任外交部长梅布前来拜访谢纳。在窃取了外交部长一职之后，谢纳成功地让梅布将怨恨转向了拉美西斯，因为他让梅布相信，是拉美西斯执意如此。总管通知谢纳时，谢纳正在饶有兴致地吃一只烤鹅腿，他说："我不想见他。"

管家回道："但他坚持要见您。"

"想法儿打发他呀！"

"他说他有重要消息。"

谢纳知道这不是吹牛或谣言，梅布是靠一步步稳扎稳打才做了外交部长的。于是，谢纳叫管家让梅布进来。

梅布还是老样子，祥和的大脸，威严的神态，尽说些态度不明的话。他还是不知道自己被踢掉的真正原因，整天过着安逸的生活，维持着高官的习惯。

"谢谢您的接见。"

"老友登门，值得高兴。想吃点或喝点什么吗？"

"一点冰水，谢谢。"

"你忌酒了吗？"

"革职后的我脑袋一直疼。"

"拉美西斯对你不公，我却从中受益，我感到抱歉。也许你的伤痛需要由时间来抚慰。如果你喜欢一份体面的工作，我倒是可以为你争取争取。"

"对于自己亲手抛弃的人，拉美西斯不会重新起用的。何况他执政才几个月就取得了巨大成功。"

谢纳正拿着一个鹅翅，用力咬了一口。

"本来我已经认命了，却遇到了您的妹妹。她带我见了一位身负异能的人。"

"哦，他叫什么？"

"欧菲尔，利比亚人。"

"没听说过。"

"那是因为他故意隐藏自己。"

"为什么？"

"他在保护着一个叫莉达的女子。据他说，莉达是阿肯那顿的后人。"

"怎么可能？他的后人都死绝了。"

"她可能真是一位幸存者。"

"即便如此，拉美西斯也会立即把她赶出埃及。"

"她已经得到您妹妹的大力支持，另外还有一些其他的信奉唯一神阿顿的人。他们已经在底比斯组成了一个秘密团体。"

"希望你还没有加入！这种疯狂的行为只会恶有恶报。拉美西斯的上一个朝代，已经严厉惩罚了阿肯那顿的一神教尝试，难道你忘了吗？"

"这我当然知道。其实我原来也不想见欧菲尔，但事情需要细想。你想想，这样一个人是不是很能帮助我们对付拉美西斯？"

"就凭一个隐藏自己的利比亚人？"

"他是个巫师，一个难得的优势不是吗？"

"那又怎样，巫师多了去了。"

"妮菲塔莉和她女儿的灾难，就是他的杰作。"

"你说什么？"

"您的妹妹杜兰特已经认为他是个智者了，也相信莉达的确能做埃及的王。她之所以会对我说这些，是想让我团结阿顿的信徒。"

欧菲尔这个巫师很可怕，不摧毁保护着国王和皇后的神力是不会罢休的。"

"这是真的？"

"相信您跟他见上一面就会打消怀疑。除此之外，还有一件事，您想过摩西吗？"

"谁？摩西？"

"某些希伯来人有着与阿肯那顿一样的信念，据说一神教思想也在纠缠着法老这位朋友的脑袋。这就是说，他对我们文明的信仰，有被动摇的可能。"

谢纳认真地看了梅布一眼，说："我们应该做些什么？"

"欧菲尔的妖术很有利用价值，希望您能鼓励他继续下去；摩西那边也需要您去试探。"

"可我想到那个阿肯那顿的女后人，就浑身不自在……"

"我也有同感，但这无关大局。关键是我们要让欧菲尔相信我们对阿顿神的信仰，以及对莉达为王的支持。等他摧毁了拉美西斯，而摩西又已经为我们所用，就可以抛弃她和欧菲尔了。"

"亲爱的梅布，你这个计策很好。"

"能否执行，全看您的了！"

"如果成功，你想要什么？"

"您成为国王时，请让我做回外交部长。款待各国大使和享受外交待遇、主持上流社会的晚宴、用外交密语交谈、改善邦交、设计圈套……这些都是我喜欢的，外交是我生活的全部。不进入这个领域，任何人都无法了解这里面的乐趣。"

"这个条件合情合理，完全没有问题。"

梅布心里一阵高兴，然后说："就在这一瞬间，我的偏头痛好了，我想喝点酒。这不会打扰到您吧？"

阿蒙的第四继承人巴肯在拉美西斯面前拜倒："陛下，这场灾难全因我一人而起，我愿意承担后果。"

"什么灾难？"

"方尖碑坠入河中和许多船员为之丧命的危险啊，是我——"

"巴肯，事实是它没有沉入河中。你为什么还停留在毫无意义的想法里呢？"

"我的疏忽是抹不掉的。"

"你犯下这种错的原因是什么？"

"我想把卢克索建成您统治时期的一颗璀璨明珠。"

"我的胃口可不是这样一件杰作就能满足的。你先平身吧。"

这位国王曾经的武术教练依然强壮，他不像个苦行僧，更像个运动员。

法老接着说："巴肯，你有好的运气。凡是有好运的人我都会珍惜。你还有顽强的意志力，这在对抗命运的打击时，不是很重要的素质吗？"

"多亏您及时出手……"

"这刚好说明你拥有召唤法老的能力呀！这可是很了不起的战绩，写在大事记上完全没问题。"

巴肯觉得这是讽刺，而且担心严惩马上要到来，但拉美西斯把犀利的目光转向了那艘平底驳船。工人们正在卸货，一点儿也不费劲。

国王问："那真是一根完美的方尖碑，第二根呢？什么时候造好？"

"按我的计划是在九月底。"

"我希望文字雕刻师能够加快速度。"

"可是，阿斯旺工地已经酷热难当了。"

"建功立业和唉声叹气，你更喜欢哪个？"

"……凿石工人已经从西利西亚山工地找到了一块砂岩，它美得无与伦比。"

"让他们赶快动工，不得延期。雕刻时间一分钟都不允许浪费，从今天起调一名督工过去。那个大庭院还没有完工，为什么？"

"陛下，这已经是最快速度了。"

"这很不对！这座神庙是供一个时刻创造宇宙的全能力量安息的，你不该只把自己看成是一个工头，不该目光短浅、犹犹豫豫，也不该对材料太过保守。你的思想应该像把石头变成神庙的闪电一样，可你的动作并不雷厉风行，你的精神并不亢奋。这才是你的真正缺点。"

巴肯一脸惊愕，想不出怎样为自己辩白。

"神的力量将汇聚在建成了的卢克索神庙上，我需要这份神力。所以，越早建成越好。把最好的工匠都调过来。"

"可是，帝王谷中您的陵寝也需要人手。"

"先把他们调到这边来。还有一个工程你也要抓紧，就是在尼罗河左岸为我建造百万年神殿。埃及能否渡过一切危险，取决于我的百万年神殿。"

"您的意思是……"

"这座雄伟壮观的神庙能够驱除一切敌人。明天动工。"

"但是——"

"马上把各省的雕刻师召集起来，只留下手巧的。"

"陛下！人类无法延长白昼时间！"

"巴肯，时间不够用就创造些时间出来！"

47

朵奇和一位雕刻师傅在一间酒馆碰面，之前他们都没有来过这间酒馆。在最偏僻的角落里，周围利比亚人的嘈杂淹没了他们的对话。

雕刻师傅："应您信中所请，我已经来到这里。为什么弄得这么神秘？"

"你可曾把这封信告诉过任何人？"朵奇用假发遮住了耳朵和额头，以不让别人认出他来。

"没有。"

"包括你的妻子？"

"我还没有结婚。"

"情妇呢？"

"明晚才会跟她见面？"

"信带在身上吗？给我。"

朵奇接过师傅手里的莎草纸撕成了碎片，他说："如果今天我们没有达成一致意见。你就把我写这封信的事儿忘了，当我们从未接触过。事后我们也毫无瓜葛。明白吗？"

"你的话前后矛盾。在卡纳克我曾那么不辞辛苦地工作，现在竟完全听不懂你在说什么。"

"不说废话了。你想不想变成富人？"

"当然想。"

"我有一个办法让你快速致富，但是要冒点儿险。"

"什么样的风险？"

"你必须先跟我订立一份协议，我才能告诉你。"

"什么协议？"

"我的谋划你若不同意，必须离开底比斯。"

"不离开会怎样？"

"算了，我们的谈话到此为止。"说着，朵奇起身准备离开。

"我答应，别走。"

"我要你发誓，如若违约将被法老处死，并遭到沉默女神对发假誓者的电击。"

"好，我发这个誓。"

发誓这种行为非常神奇，它可以约束一个人的行为；背叛誓言者将失去神的保护，被剥夺灵魂。

朵奇说："你只需在一座石碑上刻下一些文字。"

"搞得这么神秘，就是为了让我做一件本职内的事情吗？"

"到时你就会知道我为什么这么神秘了。"

"给我的报酬是什么？"

"三十头乳牛、一百只绵羊、十头油脂牛、一艘轻型船、二十双凉鞋、一些家具，还有一匹马。"

"简简单单刻几个字……真的值这么多？"这份清单显然吓住了这位雕刻师。

"没错。"

"我要拒绝就是傻瓜，一言为定！"

两个男人击掌达成约定。

雕刻师傅又问："我要什么时候动手？"

"明天黎明，底比斯靠近尼罗河右岸的地方。"

应梅布之邀，谢纳来到孟菲斯北方二十公里处的一栋别墅。这栋别墅为梅布以前的下属所有，两个小时以前，梅布已经到达那里了。亚夏不知道这件事，因为谢纳觉得不告诉他最好。

欧菲尔迟迟没有现身，谢纳很不满，梅布说："他一定会来的。"

"我不喜欢等人。再过一个小时不见他人，我就走。"

就在这时，欧菲尔带着莉达走了进来。

谢纳马上没了牢骚，看着这个闻之心惊的巫师，一副很着迷的样子。这个利比亚人体型瘦小，颧骨突出，鼻子很高，嘴唇像纸一样薄，脸像秃鹰一样凶恶，好像随时准备捕杀猎物。年轻的女子则没有任何特点，只是低着头，好像随时都能让她驯服。

"荣幸之至，荣幸之至！如此蒙您厚爱，真是超出我们期望之外。"欧菲尔的声音低沉得让谢纳浑身发冷。

"是我的朋友梅布向我介绍了你们。"

"阿顿神会馈赠他的。"

"这个名字最好不要提起。"

"我的一生都是为了让莉达登上王位，如果您不赞同我的行为，今天就不会接见我了吧？"

"完全正确。但是，欧菲尔，不要忘了拉美西斯才是我们眼下最主要的障碍。"

"时刻铭记在心。此人身强体壮，力大无比。要对付他确实很困难，但我对我的武器有信心，它们会显灵的。"

"任何人使用妖术，被抓住都难逃一死。"

"我与拉美西斯的战斗本来就是毫无情面、惨烈无比的。阿肯那顿的伟大成绩就是被他和他的祖先摧毁的。"

"所以，不管谁怎样劝你，都丝毫不会动摇杀死他的决心？"

"没错。"

"我非常了解我弟弟。此人性情如野兽，残暴无仁，挑战他威权的任何行为，他都绝不宽容。不击碎在自己统治期间的一神教信徒，他绝不会善罢甘休。"

"所以，要对他实行攻击，只能暗中行事。"

"这个策略堪称完美，但做起来很难。"

"我的魔法就像强腐蚀性的盐酸，他肯定受不了。"

"或许，您可以跟站在他阵营里的人联手？"

巫师像猫一样把眼睛眯成了一条缝，让人不寒而栗，谢纳却为一言击中其要害而窃喜。

"他是谁？"

"他叫摩西，拉美西斯从小到大的朋友，希伯来人，现在受拉美西斯所托负责拉美西斯城的建设。您如果能策反他，我们就结成同盟。"

负责象岛堡垒的司令，正过着悠然自得的生活。塞提曾亲自领兵征服努比亚各省，那之后他们一直归顺于埃及。人民定期向埃及纳贡，始终安分守己。几个世纪以来，努比亚部落没有一个想过袭击两国的南部边界，甚至连示威抗议也没有发生过。原因之一是那里的防守极为严密，还有一个原因是各酋长的后裔都在埃及受教育。他们学成后可以回到努比亚，争取一个显要官职，在努比亚王的监督下在努比亚传播埃及文化。这个职位享有极大的特权，连害怕长期待在国外的埃及人都很羡慕。

留在自己家乡象岛的这位司令并不贪心，因为这里的气候和秩序都是最好的。当地驻军天一亮就开始为日后的采石工作训练，他们将接受用平底驳船把大石块运到北方的任务。这位高官也变得更像一位海关司令，行政公文和废纸堆满了他的办公室，他的手下负责检查南来货物和收取标准税的工作。他讨厌与凶悍的努比亚战士开战，相比之下，他更愿意跟这些公文打交道。不在办公室时，他每天还要查看一下尼罗河边上各个堡垒的防御情况，交通工具是一艘快艇。微风吹拂，沿岸美景尽收眼底。

这天，他听到一阵急促的脚步声，紧接着看到传令官冲进了办公室。他上气不接下气地报告说："司令，有紧急情况。"

"来自哪里？"

"努比亚沙漠的巡逻队。"

"是金矿场吗？"

"正是。"

"信使说什么？"

"出大事了。"

这就是说司令不能把这封信塞进柜子里不闻不问，他马上打开信阅读，脸色很快由平静变成震惊。

"这……这不可能啊。"

"信使还在等着您，司令。"

"怎么可能……那些努比亚暴徒……居然袭击了保护金矿运输的埃及军队！"

48

夜幕初降，明月挂起。

拉美西斯赤裸着上半身，头戴假发，腰间缠着古式裹腰布，俨然一位古代帝王。妮菲塔莉穿着一件白色的紧身长袍。

王座上有一颗七彩星石，代表的是瑟霞女神在拉美西斯的百万年神殿建造时的转世。和凿石工人一起生活的时光、在西利西亚山的工地上手持木槌和凿子的场景，纷纷在拉美西斯的脑海中闪现。其实，国王梦想过成为这样一位工人，但塞提敲醒了他。

以勒布、朵奇和巴肯为首的三十几名卡纳克神职人员围绕在至尊夫妻周围。百万年神殿明天就要动工了，带头的工队里有两名建筑师。除了神殿本身，还要建一座王宫以及一些附属建筑：一座图书馆、几间仓库、一个花园等。这座神庙的占地面积将足足有五公顷。它将被打造成一座经济自主的圣城，以纪念并膜拜超自然神力。当然，这股神力会显现在法老身上。

拉美西斯的这个计划如此庞大，巴肯命令自己不去想完成它多么困难，只为完成每个步骤而投注全部精神和力气。这座未来建筑的几个象征性角落建好之后，王室夫妇用一根长木槌把木桩敲入地基，并系上缆绳。此举是为了唤醒金字塔的第一位创造者安霍特普，以及所有建筑师的记忆。然后，法老用锄头在地基上开辟出一条沟，把若干金条银条、一些模具和护身符放在里面，再用沙子埋好。

拉美西斯动作坚定地用一根杠杆放好了第一块基石，又亲自制造了一块砖。神庙的地面、墙壁和穹顶，都是在这一代表着创造的举动后建造而成。

终于该举行净化注视礼了。国王绕着这片神圣的土地走了一圈，撒下一些乳香粒。埃及人给这些乳香粒取的名字叫作"显德"。

巴肯搬来一座代表神庙大门的模型，正在举行仪式的国王打开了它。大门是百万年神殿的嘴巴，法老打开它象征着赐予生命，语言之神从此入住神殿。为了召唤神灵，国王用一根白色且发光的狼牙棒敲打了这扇门十二次，又举起一盏油灯，象征这座迎接无形之神的神庙被法老照亮。最后拉美西斯朗诵了古老的经文，经文意在说明他建造这座神庙的目的：献给真正的主人，即法律，而不是为了自己的私利。埃及的每一座神庙都缘起于法律，也都是为了法律而建。

所有这些场面让巴肯觉得是一场真正的奇迹，在场的几位权贵也认为一切已经超出人类的智力。天神已经驾临这片土地，并

开始关照它了，尽管它现在还什么都没有。

朵奇宣布："石碑已经造好。"

拉美西斯命令道："立起来。"

那个被朵奇收买的雕刻师把一块石头递给法老，上面刻满了文字。刚刚从俗世升华到神界的拉美西斯神庙，将因这篇经文永远维持其神圣性，永远成为天空而非大地。

让朵奇害怕的是，不修边幅的塞达武竟然来了，这太出乎他的意料了。他走到国王面前，手里拿着一张莎草纸和一个小瓶子，纸和瓶子里装的墨水都是全新的。他开始在莎草纸上从右到左写经文，写完后大声朗诵出来：

"愿法老的反对者的嘴巴永远被封住，无论他想要诬告还是已行诬告之实。愿这座百万年神殿赐王室以神力，保护法老和皇后的性命，驱逐一切恶魔。"

这场法术更让朵奇意外了，他直冒冷汗，但最终认为自己的计划不会受到影响。

卷好那张纸后，塞达武将它递给国王，国王用自己的印章在上面盖章，然后把它放在了那座刚刚竖立起来的石碑的底部。法老阅读碑文时，那些经文也将获得生命。

法老还没有开始读，忽然转过身来，压着怒火问："是谁刻的这些碑文？"

雕刻师傅答："是我，陛下。"

"碑文是谁交给你的？"

"阿蒙大祭司。"

对国王本人的尊敬和对其愤怒目光的恐惧让雕刻师傅匍匐拜

倒。这篇开启法老百万年神殿的传统经文被改动过，再也不能带来福佑了。

老勒布勾结邪恶势力出卖法老了吗？拉美西斯想，若真如此，他会用那根木槌把他的骨头打碎。就在此时，这片已经神圣化的土地把一股浇灭怒火带来理智的神奇力量推进了拉美西斯的思想，并打开了他的思路，改变了他的想法。拉美西斯意识到自己不该使用暴力，而刚刚勒布在众人视线之外所做的那个动作，又告诉他他的决定是对的。

法老让雕刻师傅站起来，命令他说："找到大祭司，把他带到我面前。"

朵奇确信自己胜利了，勒布将无力为自己辩解，辩解也不会有用。国王将严厉惩罚他，把大祭司的位子交给阿蒙的第二继承人。凭借丰富的经验和对行政工作的熟悉，他觉得自己必将得到这个职位。

雕刻师傅奉命来到一位老者面前，并把他带到了国王面前。老人右手拿着金杖，中指戴着金戒指。这两件东西是阿蒙大祭司身份的代表。

"你刻在石碑上的那篇经文，真的是这个人交给你的吗？"

"我确定。"

"你在说谎！"

"陛下！我向您保证就是他亲自把——"

"你根本就没有见过阿蒙的大祭司！"

雕刻师傅回头看看自己指证的"阿蒙大祭司"，只见他正把权杖和戒指还给另一位老者。原来后者才是真正的大祭司，前者只是一位司仪。

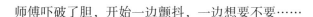

师傅吓破了胆，开始一边颤抖，一边想要不要……

"朵奇……朵奇……快出来救救我。是你说大祭司想毁灭神殿的，你才是主谋！"

见朵奇想要开溜，雕刻师傅火冒三丈地追上他，狠狠地给了他几拳，把他打成重伤。

雕刻师傅以故意伤人、亵渎文字、贪污和诬告等罪名被捕入狱。首相法庭负责审理，他的结局不是被判自尽，就是流放到绿洲监狱服劳役。

第二天黄昏，碑文已经修改好，拉美西斯亲自把它竖了起来，标志着他的百万年神殿终于诞生。

国王问勒布："你觉得朵奇针对的是你？"

"神明造人时就赐予了人类这样的天性。守住本分不忌妒旁人的人，凤毛麟角。智者已经告诉我们，欲望是绝症，无药可救。"

"看来该把他换掉了。"

"您觉得巴肯更合适是吗？"

"难道不是吗？"

"您没有看错人，但我觉得现在还不是时候。巴肯的为人值得信赖，您让他负责监督卢克索和百万年神殿的工程，也是正确的决定，但如果再加上阿蒙第二继承人的职位，他的压力就太大了，这些事会让他无法集中精力。时间一到，他的职位自然会提上来。"

"依您的意思该换成谁？"

"我建议让一位像我一样只从事冥想和宗教仪式的老者取代朵奇。这样一来，您再也不会担心卡纳克神庙制造什么麻烦了。"

"好，此人就由您来选定。拉美西斯神庙的建设计划，你看过了吗？"

"我没有时间看到您的百万年神殿完工了，在我快乐而宁静的一生中，这是个遗憾。"

"您不该这样想。"

"陛下，骨痛、弱视、重听、长睡难醒，这些症状我都有。我知道我大限将至。"

"可您是个智者，一百一十岁才是智者该有的寿命啊。"

"我不贪生。我已经享受过很多运气了，如果死神要收回它们赐予别人，我不会有任何抱怨。"

"至少你的眼力仍然很好。如果你没有把权杖和戒指交给那位司仪，后果真是不堪设想。"

"陛下，福祸自有神的安排，我们有玛亚特的保护。"

"勒布，我的神庙正在变成一座雄伟的建筑，花岗石、砂岩和玄武岩无不熠熠生辉。城门参天，铜门扇上镶着黄金；水池里的水清可见底，岸边树荫密布；谷仓看得见岗尖的小麦，金银、宝石在宝库里闪着光，珍稀花瓶不计其数。栩栩如生的雕像使大庭院保护着神明。我们登上阳台看日落日出，见证永恒印进石头里。我的父亲塞提、母亲图雅和妻子妮菲塔莉，将永远活在这座神庙里。"

勒布补充道："还有一个，就是您自己，而且您应是第一个。"

妮菲塔莉走上前来，手里拿着一棵洋槐树幼苗，拉美西斯接过它交给勒布，并嘱咐道："请您好好养育这棵树，我要它和我的神庙一起长大。我希望，终有一天能够在它慈悲的阴凉下休息，希望西方女神从叶缝中召唤我，然后神明牵着我的手离开这个世界与人间。"

49

摩西躺在无花果木制成的床上。

这一天，大大小小的事发生了五十多件，两名工人受了轻伤，第三军营的物资迟到了，大约发现了一千块应予销毁的不合格砖块……真是累人！这些本来是常见现象，不值得大惊小怪，但摩西的烦恼越来越强烈，信心开始垮塌了。于是，尽管首都建设工作让他无比快乐，但他的脑袋再次被那些模糊的质疑占据了。崇拜神明的神庙要建好几座，连恶神塞特都有神庙，这不是对唯一真神的冒犯吗？

为了一位传承古老祭祀的法老的荣耀，拉美西斯城工地的主管摩西仍在全心全意地付出。

摩西忽然发现有个人影在窗户边晃动，那个角落一直很昏暗。

摩西大声问："谁？"

"一个朋友。"

人影走出来，来到油灯照亮的空间里。摩西看到了一个瘦小的男人，有着一张形似动物的脸。来人是欧菲尔。

"我想跟你谈谈。"

"我累了一天，要睡觉了。"摩西坐起来，"明天你到工地上找我，如果我有空再谈。"

"我的朋友，我遇到危险了。"

"什么危险？"

"你别装糊涂了！我可是个一神教信徒。你的子民私下也信仰着他，他就是拯救人类的神明。他将推翻其他所有的神，然后统治世界。埃及是他第一个要征服的地方。"

"拉美西斯是法老。"

"不！他是个暴君，是个对神明不敬、只关心个人权力的人。"

"你最好尊重他。不要忘了他是我的朋友，而我正在帮他建造拉美西斯城。"

"你高贵的胸怀和忠诚都令我刮目相看，但我同样看出，你现在非常痛苦。摩西，你了解自己不是吗？你心里也不喜欢这样的政权，只有唯一真神的统治才是你所期待的。"

"这是信口开河。"

但欧菲尔用坚定的目光告诉摩西自己没有想错。

"坦然面对自己吧，摩西！为什么还要骗自己？"

"说得好像你比我还了解我自己。"

"这是事实。同样的错误，我们都不允许自己犯第二次。我们

所忠于的理想也是一样的。团结起来就能够改变这个国家的未来。摩西，你现在是希伯来人的领袖，已经结束了希伯来各族的对立，这是毋庸置疑的事实。一个民族已经在不知不觉中统一起来。"

"希伯来人的首领不是我，而是法老。"

"我是不会承认那个专制的家伙的！你愿意吗？"

"不同的地位，不同的职责。"

"你的职责是带领你的子民走向真理，我的职责是建立一神教信仰，并使莉达成为埃及的国王。"

"别再说疯话了，欧菲尔！妖言惑众只会有一个下场，就是招致不幸。"

"要建立一神教政权，这是唯一办法。我们只拥有真理还不够，还要知道怎样通过斗争实践它。"

"你……还有莉达……真是两个可笑的异端！"

"你以为我们真是孤军奋战吗？"

摩西心里一惊，问："难道不是吗？"

"我们的队伍从第一次见过你之后就壮大了很多。你绝对想象不到有多少人信仰着一神教，想象不到他们的决心有多么坚定。拉美西斯不过是陶醉在自己无所不能的幻想中罢了。实话告诉你吧，我们的追随者当中有许多国家精英。而你，将是我们的领路人。"

"……为什么选择我？"

"因为你有这个能力。我们信仰真理，你也追求真理。莉达在执政之前不能抛头露面，我只是个宗教人员，不能影响大众。只有你的声音会有听众和听从者。"

"你究竟是什么人啊？"

"像阿肯那顿那样的信徒而已。我也曾经屈服于埃及的狂妄自大，但要相信，未来所有民族将信奉唯一的神。"

摩西一开始就想赶走这个烦人的魔鬼，却不由自主地听他说了这么多。欧菲尔说的那些颠覆性的话，确实是藏在他脑海深处的想法，尽管他不愿意承认。

"你的计划很可笑，根本不可能成功。"

"是对是错，时间自会证明。而且，时间也能带走一切。摩西，领导希伯来人建立一个国家吧，让他们有自己唯一的神可以崇拜，可以承认他的全能，而埃及将由莉达统治。让我们联起手来吧，人类的真理将在这个联盟里诞生。"

"你只是在做梦。"

"你我都不会只做梦。"

"再警告你一次，我和拉美西斯是朋友，一切造反行为他都不会原谅。"

"他才不是你的朋友，而是最凶残的敌人！想毁灭真理。"

"滚出去！"

"希望你好好想想我说的，做好行动准备。过不了多久，我还会来找你的。"

"没门儿！"

希伯来人摩西一整夜都没有睡着，欧菲尔的话一句一句地在他脑海里翻滚，他的恐惧和他的反驳都被击垮了。他确实期待下次见面，尽管他心里还在否定着这种期待。

狮子和狗倚靠在一起趴着，它们刚啃完一些鸡骨头。拉美西斯和妮菲塔莉也互相倚靠着，在一棵棕榈树下欣赏着底比斯的原野。国王费了许多唇舌才让萨哈马纳暂时离开，其中一个理由就是屠夫和夜巡是最棒的贴身保镖，这才有了这段闲暇。

一些好消息从孟菲斯传来：梅莉达蒙很喜欢奶妈的奶水，凯也已经见过她了；大学问家和农业部长内疆正在照顾公主，也将担任她的家庭教师；伊瑟非常喜爱国王和皇后的女儿，真诚地思念妮菲塔莉。

温柔的夕阳照在皇后丝般光滑的肌肤上，微风把一阵笛声和牧童赶牛羊回家的牧歌送进耳朵。眼前的原野上，几只驴子迈着小碎步前进，它们背上的担子很重。落日是橘红色的，西边的天空却把玫瑰色洒在了底比斯山上。火热的白日过去了，夜晚柔和多了。埃及真是个美丽的国度，晚霞那么灿烂，尼罗河呈现出金色、绿色和银色。而妮菲塔莉的美更是无法比喻。她只穿了一件精工细作但透明的亚麻长袍，一股醉人的香味儿从她的娇躯里散发出来，她的神色庄重而宁静，水晶般高贵的灵魂浑然天成。

拉美西斯问："我配得上你吗？"

"为什么问这么个怪问题？"

"有时候，我觉得这个世界以及它的丑陋，还有宫里的明争暗斗、我们俗世的事务，都离你很远。"

"我做错什么了吗？"

"没有。你从未犯过丝毫的错，好像从来就是埃及的皇后。妮菲塔莉，我爱你，并崇拜着你。"

两人充满温情地互相轻吻。

妮菲塔莉坦言道："我本来没有打算结婚的，只想隐居在神庙里。我对人类没有鄙视或憎恶，但他们的行为让我多少觉得，他们是野心的奴隶，因此变得渺小和不堪一击。你却不一样，你不理会野心，只是按照命运指定的道路前进。拉美西斯，我也崇拜并爱你。"

那一刻，两人再次不谋而合，再次确信任何考验都不能拆散他们。他们一起建造百万年神殿的行为，是他们共同完成的第一个奇迹。那种冒险精神，只有死亡才能让它停下脚步。

妮菲塔莉提醒道："不要忘了你的任务。"

"什么任务？"

"生养儿子。"

"我已经有一个了。"

"一个不够，得有好多个。可能会有几个走在你前头。"

"你不想让我们的女儿成为我的继承人，为什么？"

"占星家说她喜欢沉思，凯也是这样。"

"沉思的性格不是刚好适合管理国家吗？"

"怎样执政，是这个国家和世界的形势所决定的。没有人知道我们的国家明天还会不会是今晚和平宁静的样子。"

静夜中，马匹奔跑声突然传入耳中。很快，萨哈马纳迅速地跳下马。

"陛下，打扰到您非常抱歉，有紧急情况。"说罢，萨哈马纳递给国王一个纸卷。

拉美西斯向妮菲塔莉透露说："海关司令来信，一艘护送金矿运到各大神庙的军舰遭到了努比亚暴徒的攻击。"

"死伤了多少人？"

"死者超过二十，伤者很多。"

"这只是土匪抢劫，还是预示着一场叛乱？"

"目前还不能确定。"

拉美西斯烦恼地来回踱步，狮子和狗发现主人不对，来舔他的手。

皇后担心的事，还是从国王的嘴里说出来了："那里需要国王来恢复秩序。我马上动身前往，这段时间的政务，就交给你了。"

国王的舰队由二十几艘大船组成。每一艘都是新月形，船头船尾都高高翘起在水面之上，桅杆坚固得无法撼动，几条缆绳把巨大的风帆拴牢；船体中间是给工作队和士兵用的，船长室比较小，位于船头。

司令舰的两个船舵由拉美西斯亲自操控，一个负责左舷，一个负责右舷。狮子和狗也来了，为此还专门给它们盖了一个带顶的栅栏，但狗在狮子前脚间就能躲避风雨；两个贴身保镖的口粮很丰盛，它们每天彼此关爱地分享着美食。

拉美西斯像上次来到努比亚一样，被眼前的丘陵、植被茂盛的小岛、蓝天和沙漠中的绿洲迷住了。他觉得自己的灵魂跟这个国家特别像：既纷乱不断，又远离一切争斗。

　　在舰队上空，燕子、白鹤和红鹳振翅盘旋，一些狒狒在沿岸的棕榈树间跳跃，跟着队伍一起前进。士兵们玩儿赌博游戏，饮棕榈酒，在阴凉里打盹，都忘了自己是来打仗的，倒更像是来旅游的。直到穿过第二道瀑布进入库什国，他们才醒悟过来。

　　在一处荒凉的河岸边，船只停下，士兵下船，开始搭帐篷扎营，拉起护栏，等待国王的命令。

　　几个小时后，努比亚国王和随从前来拜访埃及国王。拉美西斯正坐在镶金的雪松木折椅上。

　　埃及国王问："事情为什么会发展到这个地步？"

　　"陛下，详细情况我们已经了解了。"

　　"我问的是为什么会这样。"

　　努比亚王开始用一条白手帕擦去额头上的汗。他比以前胖了很多。他说："发生这样的意外，我们也觉得非常不幸。但是，它不像您想象得那么严重。"

　　"金矿护送队被抢，二十几名士兵和矿工死于非命，我带着一支军队来拜访你，是有足够理由的。"

　　"也许这是您收到了一份夸张报告的结果。尽管如此，我还是非常高兴陛下能够驾临此地。"

　　"我父亲把一个和平的努比亚委托给你，但它的平静如今遭到破坏，这要归咎于你的消极懈怠。"

　　"陛下，这一切都是命运的安排。"

　　"你在跟我开玩笑吗？身为努比亚王、国王的右旗手、南沙漠的司令和战车队长，你居然敢说这是命运的安排！"

　　"我向您保证我毫无过失！但是，对各城镇长官的监督、谷仓收入状况的检查等事务全由我一人负责，这实在是——"

"金矿也是由你负责的，对吧？"

"生产和运送都归我管，我保证已经尽了最大努力。"

"你是说对护送舰队的保护不是你的职责，是吧？"

"几个疯子偶然袭击他们，这种事我无法预料。"

"你不认为你有责任？"

"陛下，这真的是命运的戏弄……"

"带我去事发地点。"

"那里偏僻而干燥，您去了也白去，不会有任何发现。"

"谁起的头？"

"一个生存环境困难的野蛮部落，他们敢做这种事，肯定是狠下了一番决心。"

"搜捕他们了吗？"

"陛下，努比亚太大了，我又没有足够的人手。"

"就是说，任何正式调查都没有进行，是吗？"

"对他们的武力干涉，只能等您来做决定。"

"我没有用到你的地方了。"

"陛下去追查歹徒，需要我陪同吗？"

"努比亚人支持暴徒，打算背叛埃及，是吗？"

"有一点可能，不过——"

"有实际造反行动了吗？"

"还没有，但暴徒好像有许多盟友。也正因如此，我热切盼望着陛下能够亲临此地处置此事。"

拉美西斯与塞达武面对面。塞达武命令道："喝掉！"国王手里端着的饮料主要由蓖麻根和眼镜蛇稀释血液混合而成。

"必须要喝？"

"为谨慎起见，真遇到蛇群，萨哈马纳恐怕难以护你周全。"

拉美西斯照办，获得了对毒蛇的免疫能力，在金矿运输路线上的探险中，至少不怕毒蛇的侵袭了。

塞达武说："你允许我和你同行，我很感谢。莲花为能够回到她的故乡而高兴。当然，期待中的漂亮毒蛇也值得我们兴奋。"

"可我们不是来游玩的，可怕的敌人随时会出现。"

"其实你可以用金子来换取那群可怜人的安定。"

"不行！抢劫、杀人、冒犯玛亚特，这些罪行必须得到制裁。"

"毫无回旋的余地了吗？"

"是的。"

"你的人身安全呢？"

"手下的人不能处理如此大事，我必须亲自上。"

"那么，让你的人格外小心此地的毒蛇，他们必须全身涂上阿魏[1]，大部分毒蛇害怕它的可怕气味。如果有人被咬伤，就通知我。好了，我要去运输车上和莲花睡觉了。"

远征队在一条石子路上前行。一个侦察兵、萨哈马纳和国王骑在强壮的马上领队，后面是步兵和牛队、驴队，牛群拖着货车，驴队驮着武器和水壶。

侦察兵是努比亚人，他相信歹徒就藏在事发地点。他们要协

---

[1] 阿魏是从波斯的一种阿魏树树脂提炼出来的油膏。阿魏树是一种多年生的草本植物，属伞形科。阿魏味辛、温，可用于消肿活血。——译者注

议分赃之后才能散伙，所以需要一个临时藏身点，那应该是一片绿洲，就在事发地点几公里开外。

这里虽然是荒漠，但从努比亚的行政报告来看，沿路凿有许多水井，所以几年以来矿工并没有挨过渴。况且国王还有一张地图，所以没有什么可担心的。

一头驴的尸体让侦察兵非常惊讶，因为采矿者所选用的牲畜非常强壮，能够忍受长时期工作，一般不会轻易死掉。

远征队需要加速前进，因为再过三个小时天就要黑了。他们终于来到第一口井附近，将士们开始做起可以尽情喝水、储水、安营休息的美梦。但是，侦察兵从井边跑回来，向国王报告说："陛下……井里看不到水。"

所有人在酷热的天气里感受到了阵阵寒意。

"也许是水位下降，下去看看。"

侦察兵下到井底，萨哈马纳在井口为他拉着绳子。侦察兵上来时整个脸都是绿的，井已经干了。

队伍不能原路返回，因为水不够用，可能只有最强壮的少数人能活下来。唯一的办法是继续前进，下一口水井如果有水，就一切好办。然而，人们开始怀疑：既然这口枯井证明努比亚行政报告是错的，下一口井就一定有水吗？

侦察兵建议道："我们可以离开这条大路，右转前往歹徒们所在的绿洲。途中肯定有井，因为他们也需要维持生命。"

拉美西斯下令道："原地休息，天一黑就出发。"

"陛下，不能夜里行军！蛇群随时会发起攻击……"

"别无他法。"

　　眼前奇怪的景象让拉美西斯想起了第一次来努比亚的情景。当时是他的父亲带队，因为一个野蛮部落在井里投了毒，士兵们也遭到了断水的威胁。此行的危险程度，拉美西斯承认自己的估计不够。

　　为了建立新的行军秩序，拉美西斯召集属下，把实际情况告诉了他们。这样单纯的举动很可能引发灾难，不过这次还好，虽然有不少士兵感到沮丧，但最有经验的老兵依然乐观，并安慰战友说：不要忘了，指挥我们的法老可是能创造奇迹的。于是，步兵不再害怕，开始夜间行军，并很快爱上了这种体验。一个侦察兵在最前面仔细探路，明亮的圆月加强了他的视力；警觉性高的士兵成为后卫，避免队伍遭到突然袭击。

　　拉美西斯想起了妻子。他万一丧命在这沙漠里，年幼的凯和梅莉达蒙还不能执政，埃及的重担就要交给妮菲塔莉了。而那些野心家呢，他们的憎恨已经掩藏很久了，肯定会迸发出来。

　　突然，萨哈马纳的马抬起前蹄，萨哈马纳摔落马下。他感觉到身下的是石子路，但还没有来得及起来就开始被动往下翻滚，原来是一个沙质的斜坡。他掉到一个洞的洞底，但路上的人根本看不到这个洞底。

　　萨哈马纳听到有像喘气一样的声音，顿时紧张起来。在他两步远的地方，一条蛇正挺直上半身快速抖动，它突然排出一股空气，这可能是突然遭到侵扰的怒气。萨哈马纳的匕首已经掉在了其他地方，为免遭攻击只能后退，但敌人——一条响尾蛇——迅速从他侧面包抄了过去。他右脚脚踝扭伤了，疼得实在难受，站都站不起来，更不要说逃跑了。他似乎只能成为"猎人"志在必得的猎物。

　　萨哈马纳咒骂起来："该死的家伙！可惜我大事未成就要死了，都怪你！"响尾蛇没有听懂他的话，慢慢逼近他。萨哈马纳用沙子扔它脑袋的举动更惹恼了它，它飞快地发起了致命攻击。就在此时，一个黑影闪现，紧接着萨哈马纳发现毒蛇被一叉棍按在了地上。

　　是塞达武，他夸起自己来："干得漂亮！这种动作的成功率可只有十分之一啊。"说完，他抓住了蛇的头部，蛇尾还在用力蜷曲、晃动。

　　塞达武又赞美起这条蛇来："太好看了！淡蓝、深蓝、绿色，它居然有三种颜色。"然后又转向萨哈马纳，"简直就是一位优雅的小姐，你觉得呢？你运气不错，我在很远的地方就听到了它的响声，并轻松辨认出了你们的位置。"

　　"我必须要说一声，谢谢。"

　　"它的毒液比较少，被它咬的部位只会局部红肿和出血。但毒性很强，侥幸能够活下来的，只是有强健心脏的人。总之呢，响尾蛇更可怕的是它的外表。"

51

　　萨哈马纳的脚扭伤了，塞达武为他敷了药草，包扎了脚踝。包扎用的麻布上涂了一层消肿药膏，塞达武说几个小时后就能消肿。他离开后，萨哈马纳总在问自己一些问题：他是故意放出毒蛇又故意装作救星前来救我的吗？如果真是这样，他的目的就是让我相信他真的是拉美西斯的朋友，从来没有想过伤害国王；可他对我依旧冷漠，这不是白白浪费为自己辩解或博得我好感的机会吗？

　　军队休息到第二天午后才开始赶路。饮用水还够用，但必须马上补充。拉美西斯不顾士兵的疲惫和紧张，要求队伍加速前进，同时他提醒后卫说："暴徒不会正面攻击，而是用不断袭扰的方式拖垮我们，所以要提高警觉。"

　　士兵们的玩笑声和交谈声越来越弱，终于完全安静了，只听得到疲惫无力的脚步声。

侦察兵忽然伸手指着远处的草丛说："就是那里！"

侦察兵和萨哈马纳冲向唯一活命的希望——一口水井，俯身向下望了很长一段时间，然后缓慢地站了起来。井口是一个用石头堆成的圆圈，石头是干的，上面还有一个木头架子，挂着一个大羊皮袋，绑袋子的绳索看起来很旧。

萨哈马纳向国王摇了摇头。

"天地初分时这片土地就缺水，人们在这里挖的水井，没有一口能够长期不干。我们留在这里都会渴死，还是到其他地方寻找水源吧！"

拉美西斯召集属下，告诉了他们这个可怕的情况。远征队的存水明天就会用完，那时就只能等死了。

几名士兵丢下手中的武器，拉美西斯命令他们捡起来。

一位军官回应道："捡起来有什么用，太阳很快会把我们晒成肉干儿。"

"我们为了什么来到这片沙漠？是为了恢复这里的秩序。这是我们必须完成的使命！"

"可是，还没遇到努比亚人，我们已经都死了。"

"塞提生前也遇到过这种情况，那次的结果是所有人都得救了。"

"这回，请您也设法救救我们。"

"先躲到阴凉里，给牲畜喂水。"

拉美西斯看着眼前的沙漠，身后是他的军队。

"有什么办法吗？"走上前来的塞达武问。

"我一个人去寻找水源。"

"荒唐的主意。"

"父亲当年就是这样做的,我这是在学他。"

"你该留下来。"

"像个战败者等待死亡,这不是法老该做的事。"

萨哈马纳似乎发现了两人的不对劲,前来询问:"陛下……"

"部队要安排轮流守卫,不能出现任何惊慌。还要提醒士兵们可能受到怎样的攻击。"

"我不能让你一个人进入这无边沙漠,我的职责是保证你的安全。"

国王把双手放在私人侍卫队长的肩膀上:"现在,我把军队的安全交给你。"

国王走进红沙漠,士兵们目送,凝望了很久。

拉美西斯爬上一个盖满石子的土山,平坦的山顶很辽阔,一片荒凉。

来自海洋的精气就深藏在这石头间和高山里,拉美西斯需要像父亲一样看穿地表和矿脉。突然,他胸口剧痛,感觉视觉发生了某种变化。紧接着,他像受了猛火攻击一般浑身发烫。他取下挂在裹腰布上的洋槐魔棒,像父亲当年一样让它指引着自己的视线和方向。

棒子的魔力仍在,只是还没有发现目标,大地如此辽阔,希望实在难寻。

他忽然听到一个说话声在自己的身体里响起。这个声音好像来自地下,像父亲的嗓音一样洪亮。拉美西斯再也忍受不了胸口的疼痛，停下脚步。过了一会儿，他完全感觉不到刚才那股任何人都无法忍受的灼热了。他的心跳越来越弱。

沙砾和石块的颜色、形状都发生了变化，在手里洋槐棒的指引下，拉美西斯慢慢来到了沙漠深处。忽然，棒子翘了一下，掉在了地上。拉美西斯捡起魔棒再往前走，那个声音渐行渐远。回来，声音又近了。向左走，棒子又抖动起来。拉美西斯忽然感觉到被什么东西撞了一下，原来是这片石子中唯一的一块巨大花岗岩。棒子再次被大地的力量吸脱了手。

水源找到了！

口干舌燥、灼热难当的士兵们忍着酸痛把大石块移开，开始挖掘，挖到五米深的时候，水冒出来了。所有人都欢呼雀跃起来。

拉美西斯画出一条线，让士兵挖了好几眼水井。他知道这里有一条地下河。就这样，法老把军队从死神的手里夺了回来，而且，这些水井估计足以灌溉附近的一大片区域。

塞达武问拉美西斯："你在想象这里建起植物丰盛的花园的样子吗？"

"能够证明我们来过这里的，不就是我们所创造的繁荣吗？"

萨哈马纳心下一急，问："你忘了努比亚悍匪了？"

"须臾未忘。"

"可是现在没有战士，只有挖土的工人！"

"作战与劳动相结合，不正是我们士兵的特色吗？"

"海盗从来不会把这些事情搅在一起。面对野兽的攻击，这样的军队能够保护好自己吗？"

"我不是已经把我们的安全交给你了吗？"

塞达武和莲花在士兵从事建设的时候抓了几条不同大小的毒蛇，并从中提取出了一些珍贵的毒液。

萨哈马纳不无忧虑地在队伍间巡视，发现许多人已经忘了来这里的原因，心里只有对创造奇迹的法老的唯命是从和返回尼罗河谷的期望。他强迫士兵们轮流进行战斗训练，一边看着他们一边心里评价道："尽是些门外汉！"

的确，这些埃及士兵是临时凑起来的，多半是工人和农人，什么流血对战，什么视死如归，他们从未体会过。海盗们接受的训练超出他们太多太多。海盗的警觉心时刻不会松懈，因为敌人随时会出现，必须时刻准备好割断敌人咽喉的武器。

萨哈马纳非常生气，绝望地认定眼前的所谓步兵永远学不会战斗；他有几个突击时可以致命招式，但懒得教给他们。

对于努比亚暴徒，萨哈马纳相信自己的感觉：敌人就在附近窥视着，两天的时间足以让他们靠近埃及军营。不只萨哈马纳，屠夫和夜巡也感觉到了敌人的气息，它们紧张而敏感，很少睡觉，一有动静就发出低沉的吼叫。

如果那些努比亚人是海盗，这支埃及军队的命运将是全军覆没。

新首都的建设速度之快让人惊奇，但摩西一眼也不愿再看它。他已经完全认定拉美西斯城是一个奇怪的城市，城里的神都是伪神，人民都在荒谬的信仰里迷失了方向。

摩西没有放下手里的职务，还肩负着各个工地的指挥和进度维持工作，但他变得越来越粗暴，而且都是针对埃及工头的。他的指责大多时候没有理由，顶多是为了加强工作纪律。每个人都感受到了这种脾气。而且，摩西与同胞在一起的时间越来越多。他每晚都会在一些小团体中畅谈未来，然而，很多人对目前的生活很满意，觉得冒那样大的风险去建立一个独立国家根本不值得。

希伯来工人丝毫不想改变现状，摩西却不放弃。他向他们宣扬一神教信仰，意图激活希伯来人的原始文化，告诉他们必须要摆脱埃及人的制约，必须拒绝偶像崇拜。结果，大多数人还是无动于衷，只有几个人被说动了。但是，对于摩西的领袖气质，所有人都由衷叹服。没有人敢轻视这位无冕之王说的话，也没有人怀疑他对希伯来人的偏爱。

摩西的睡眠时间一天天减少，他总是睁眼幻想着一片肥沃的土地。那片土地由唯一的神明统治，由希伯来人自己管理；在这个国度的边防上，希伯来人精心防守着，就像保护最珍贵的财产一样。

多年以来，摩西总能感觉到一把火在心里燃烧，现在他终于明白那代表着什么。他要说出心中不灭的欲望，带着族人走向自己的真理。问题是这样的造反和挑衅，他的朋友拉美西斯会接受吗？这让摩西非常不安，他告诉自己必须说服拉美西斯，于是开始回忆这位埃及朋友的点点滴滴。

拉美西斯是真正的朋友，用"玩伴"这样的词不能定义完全。即便是不同的火，只要有相似之处，他就可以点燃它们。摩西决定不在背地里反对拉美西斯，而是要面对面地说服他、征服他。这看起来是不可能的，但摩西必须全力以赴。

因为神明站在他这边。

52

袭击护送舰的努比亚暴徒已经出现，他们个个鼻子扁平，脑袋前半部溜光，戴着大耳环，两颊上画着线条；项链上镶着彩色的珍珠，紧身裹腰布是豹皮的。在大多数埃及士兵还在午休的时候，他们包围了军营。

努比亚人配有洋槐木的大弓，能够射穿大部分埃及人的胸膛。他们的首领发现盾牌和棕榈叶围墙后面的一小群埃及人也拿着尖锐的弓箭。埃及这边的领队萨哈马纳早就严阵以待，只要敌人敢上前，步兵精锐一定让他们全部身首异处。

所以，努比亚暴徒的首领一时无法决定要不要发起攻击。时间仿佛静止，对峙的双方一动不动。

努比亚这边的顾问向首领提了个建议：让擅长奔跑的战士先把

第一道敌人冲散，能杀几个就杀几个。可是，这位首领有丰富的
战斗经验，一眼看出对方阵营里的大个子难对付，冲上去可能有
去无回。直觉告诉他，这个满脸胡茬的长官不像他杀过的埃及人，
此人可能已经给他们设下一道陷阱，只是他们现在还没有察觉罢
了。此人正是萨哈马纳。

拉美西斯走出帐篷，无论埃及人还是努比亚人都望向他。他
头戴一顶蓝王冠，帽檐紧贴前额，但后面是开衩的；身穿短袖亚麻
衬衫，看上去很精练；腰间系着一条金色的裹腰布和一条野公牛的
尾巴；右手拿着和牧羊人手杖一样的权杖，杖头紧靠在胸膛上。

拉美西斯身后是提着国王白凉鞋的塞达武。塞达武在这种危
急情况下想到了亚梅尼，他想：如果亚梅尼见到自己现在的打扮，
肯定会吃惊和发笑吧。因为他居然刮干净了胡子，头戴假发，系
着裹腰布；如果不是后腰上挂了一个奇怪的袋子，他就跟宫里的官
员一模一样了。

埃及士兵不安地看着国王和塞达武径直走到了阵营最前面，
在离努比亚阵营约三十米的地方停下脚步。

"我是埃及国王拉美西斯，你们的首领在哪里？"

"在这儿。"一个努比亚人在自己的阵营里向前迈了一步。此
人脑袋后面插着两根羽毛，羽毛用一条红布绑在一起；他浑身肌肉
发达，正挥舞着一支标枪，标枪上有一根鸵鸟毛。

拉美西斯要求道："你敢走到我面前证明你不是个懦夫吗？"

努比亚军队的顾问反对，但这位首领接受了，因为他看到对
方两个人都没有携带武器。

于是，努比亚首领拿着标枪，顾问拿着一把双刃匕首走向拉

美西斯和塞达武。他向萨哈马纳的方向看了一眼，担心这家伙下令放箭，于是命令顾问走在自己左边，这样就可以在必要时候把他当成人肉盾牌了。

四人面对面，相距不到三米。拉美西斯问："你害怕了？"

"你就是镇压我的人民的国王？"

"努比亚人和埃及人一向相处得很和谐，但这份和谐被你破坏了。你杀害了护送金矿的士兵，抢走了准备送到埃及神庙的金子。"

"那些金子是从我们土地上生产出来的，你们才是窃贼。"

"努比亚是埃及的属地，效忠于玛亚特。玛亚特一定会严惩杀人犯和贼寇。"

"你以为我会在乎你的法律吗？一点儿也不！这里要有自己的法律。我已经得到其他部族的响应，杀了你，我就是英雄。我将统领努比亚所有的士兵，把我们国土上的所有埃及人全部赶出去！"

拉美西斯突然厉声一喝："跪下！"

对面两人惊慌地互看一眼。

"放下武器，向法律跪下！"

首领咧嘴一笑，但笑得非常扭曲，说道："跪下？那样你就会宽恕我了吗？"

"你已经背离法律，宽恕你是对法律的否定。"

"所以，你根本没有明白我说的宽恕。"

"说得不错。"

"你凭什么让我屈服？"

"你是个凶徒，服从法老是你仅有的自由。"

顾问打断对话，挡在首领面前挥舞着匕首，并说："杀死法老我们才有自由！"

　　这两个努比亚人始终没有离开塞达武的视线，他听了这话迅速打开一个袋子，关在里面的毒蛇疾速溜出，在滚烫的沙地上冲向持匕首的敌人。它爬行的速度之快，看一眼——如果能够看到的话——就知道没有哪个目标能够逃脱。

　　努比亚人还没有来得及发起攻击就被咬中了脚。他吓了一跳，立即蹲下身子划开伤口，挤出毒血。

　　塞达武不慌不忙地对被咬者旁边的首领说："他正体验着极度的冰冷与火热交织的感觉……他正在浑身冒汗……天空将跟他的眼睛告别……一会儿他就会满口流涎……眼睛和眉毛蜷曲……脸变得浮肿……他现在特别渴……他很快就要死了……他将不停地打哆嗦……他的皮肤将先变成紫色，再变成黑色。"同时，塞达武单指挑绳摇着手里装毒蛇的袋子。

　　这情景吓得后面的努比亚士兵后退了一大截。

　　法老再次命令道："跪下！否则，你将死得更惨。"

　　"该死的是你！"努比亚暴徒首领举起了自己的标枪。

　　一声咆哮突然在他身边不远处响起，他侧身去看，狮子的血盆大口和嗜血利爪已经扑来。他的胸膛很快被撕碎，脑袋也被咬了下来。

　　努比亚军队正不知是战是降，萨哈马纳示意埃及弓箭手瞄准他们。同时，埃及步兵迅速逼近，努比亚人只好投降。萨哈马纳下令把他们反剪双手绑起来。

　　拉美西斯得胜的消息散播开来，很快，又有几百个藏着准备袭击埃及人的努比亚人出来投降和致敬。拉美西斯让一名白发老者做他们的族长，把新挖水井附近新开垦的土地和罪犯都交给了他们。罪犯将在努比亚军队的看守下服劳役，谁如果逃跑或者再犯重罪，就会被处死。

处理好这些，这支埃及军队开始完成来这里的最初目标：攻克暴徒们在绿洲的据点。到那里后，只有少数暴徒抵抗，那些用来装饰雕像和神庙大门的金子，终于被埃及人找到了。

天黑下来，塞达武捡了两片干透了的棕榈叶，把它们夹在膝盖之间，用一根干木棒在其叶脉处打磨取火。火堆生起，轮流值勤的士兵会为它添加木柴；有了火，眼镜蛇、鬣狗和其他可怕的动物都不敢靠近。

在塞达武的帐篷里，法老问："你此行的捕蛇任务完成了吗？"

"是的，莲花很满意。今晚轮到我们休息。"

"这真是个迷人的国家。"

"看来你对它的喜欢，不亚于我们。"

"它给了我考验，教会我必须超越自己，把自己的力量传递给了我。"

"那些土匪会杀了你的，幸好我的毒蛇镇住了他们。"

"这种万一并没有发生。"

"但这无论如何都是个相当危险的计划。"

"是，但它避免了一场惨烈的战争。"

"你对自己的粗心有自知之明吗？"

"这是个很麻烦的缺点吗？"

"我是个普通人，一个可以拿蛇开玩笑的巫师。但你是上下埃及的主人，你若发生意外，整个国家就会乱套。"

"妮菲塔莉有执政的智慧。"

"拉美西斯，虽然你才二十五岁，但年轻放纵已经不属于你。你还是在别人释放冲动热情时看看就算了吧。"

"法老不能太懦弱。"

"言重了，我只是建议你更谨慎一些。"

"有必要吗？皇后的神力、你和你的蛇、萨哈马纳及其下属、夜巡和屠夫……这些保护还不够周到吗？我都觉得自己太过幸运了。"

"不要把运气白白浪费掉了。"

"它是无穷无尽的。"

"既然你执意不听我劝，那对不起，我要睡了。"说完，塞达武转身走到床边，宽衣睡在莲花旁边。拉美西斯听到了莲花平缓的叹息声，知道自己该走了。御蛇巫师恐怕只能睡很短的时间了。

拉美西斯在想怎样说服塞达武，让他相信自己是治国良将，相信自己的天赋做个部长没有问题。然而，塞达武让拉美西斯生平第一次感到非常失败：他说他爱的是做自己喜欢的事，不爱当官。要不要强迫他加入朝廷呢？还是任由他自己选择？

满天的星辰让拉美西斯整晚都没有睡着。父亲的灵魂和历代法老们，就居住在那璀璨的星宫里。能够像父亲一样在沙漠里找到水源，拉美西斯很自豪。成功制服暴徒也值得高兴，但他没有满足于这样的胜利。塞提先前在这里建立的秩序没能维持到永远，还是有一个部落叛变了；经此一战，努比亚人会安静一段时间，但日后还会滋生事端。要彻底解决问题，唯一的办法是斩草除根。这根是什么，又在哪里？

天将亮的时候，拉美西斯感觉到有个东西在身后运动着。他转过身，看到绿洲里有一只大象正快步向自己走来。脚下到处都是棕榈叶，但大象根本没有碰着它们；狮子和狗睁眼看着，却毫不紧张，好像知道这庞然大物不会伤害主人一样。

等靠近些时，拉美西斯忽然发现这只大耳长牙的公象正是自己几年前救下的那只。那时，它的鼻子被射了一箭，拉美西斯为它拔除了。

拉美西斯摸了摸它的长鼻子，这只萨王纳草原之王发出一声愉快的吼叫，惊醒了全营的人。

巨象又慢慢走开，在大约一百米的地方停下，回头看着曾经的救命恩人。不，不是看着，是等着。

法老决定跟着它走。

53

　　大象领着拉美西斯、萨哈马纳、塞达武和几十名训练有素的步兵穿过一片长条形的荒凉平原，走上一条小道。小道两边长满带刺植物，前方是一处高原，一棵高大的洋槐树映在眼前，看模样超过了一百岁。

　　来到一座石头山的山嘴处，大象止步，微微低头向下看，拉美西斯走上前，顺着它的视线望去，看到了蜿蜒壮观的尼罗河。在埃及法老的凝望中，这条创造生命的神秘河流成了一条无比庄严的圣河。此处岩石上有一些象形文字，它告诉人们哈托尔女神保护着这个地方。哈托尔是星辰和喜欢在此稍作停留的船员共同的守护神。

　　一块砂岩因大象右前掌的压力而剥落，滚下坡去，掉进流沙里。流沙是赭石色的，夹在两山之间。拉美西斯一行人所在的是北岸，它是几乎垂直于河面的砂岩峭壁，南岸是一片高原，站在岸上望不到边。

岸边停着一只小船，小船是一根挖穿的棕榈树干做成的。一个年轻小伙子正在船上休息。

国王命令两个士兵把小伙子召来。

努比亚小伙见到有士兵模样的人走向自己，跳下船就跑。跑着跑着，一块半嵌在沙土中的岩石绊倒了他，他在尼罗河边跌了一跤。两名埃及士兵把反绑起来，带到国王面前。

逃跑而被捕的男孩很害怕被割掉鼻子，眼珠一个劲儿地转。

"我发誓我不是小偷，那条船是我的……"

拉美西斯说："想要自由就回答我的问题。这个地方叫什么名字？"

"阿布辛贝。"

"你可以走了。"

男孩再次猛跑，跑到他的船上，双手开始用力划桨。他想离开这个危险的地方。

萨哈马纳向国王建议道："不能待在这里，这里看起来有危险。"

塞达武却反对："危险吗？我什么迹象也没有看出来……也许一切危险都已经被哈托尔女神吓跑了吧。"

拉美西斯迈步走向通往河边的斜坡，以命令的口吻说："不要跟着我。"

萨哈马纳却想要陪同："陛下！"

"难道要我说第二遍吗？"

"您的安全——"

塞达武制止说："服从命令比较好。"萨哈马纳虽然服从，但嘴里还在小声嘟囔。他认为这个国家到处都潜伏着敌意，不能让国王在这个荒凉的地方独自一人；如果发生危险，他打算第一时间前去营救，即便没有国王的命令。

国王抵达河边时，转头望向北岸的砂岩峭壁。

这个山嘴，阿布辛贝，就是努比亚的中心。拉美西斯打算用它来挑战时间，来缔结埃及与努比亚之间的和平。阿布辛贝将因拉美西斯变成奇迹。

由湛蓝天空、波光潋滟的尼罗河和巍巍岩石构成的美景，使法老流连忘返，他在阿布辛贝沉思了几个小时。他打算在这里建造这个省份的主神庙，这样就可以把神明的精气聚集在这里，它所形成的强大保护力量，能够避免一切武器的交刃。

太阳的光芒照在这块峭壁上，也照进了岩石里头，并从石头内部散射出来，整块石头都透亮起来。拉美西斯看着这一切，心想到时必须让建筑师保留这份奇迹般的光芒。

拉美西斯回来了，忍无可忍的萨哈马纳激动地想辞掉国王贴身护卫队队长的职务，但看到大象安详的表情，自己也平静了一些，没有做出冲动的事。因为他不想在耐心上输给一头野兽。

国王下令道："我们回埃及去。"

谢纳用泡碱清洗过嘴巴和下巴后，把自己交给了剃须匠。这位剃须匠技术精湛，知道怎样完全不引起疼痛地刮掉胡子。浑身

散发香水味的感觉、戴假发前擦头顶的感觉，谢纳都很受用，这些小快乐能让他感觉轻松一点。同时他的外表也能得到美化，虽然比不上弟弟的英俊和强壮，但能赶上他的优雅。

谢纳有一个珍贵的计时器，那是一个水漏壶，它告诉谢纳约会的时间到了。

在整个孟菲斯，谢纳的轿子是除了国王的轿子以外最好看的，而且非常宽敞，相当舒适；在他眼中，国王的轿子他迟早会坐上的。在大运河的一个港口，谢纳叫轿夫们落轿。这个港口是重型平底驳船进入孟菲斯的入口，也是船卸货的地方。

欧菲尔正在一棵柳树下乘凉，谢纳靠在树干上，渔船在他眼前来来往往。

"进展如何？"

"摩西是个很有个性的人，不容易被说服。"

"就是说你失败了，对吗？"

"我觉得不算失败。"

"我要的是事实，光'觉得'有什么用？"

"有时候，要成功就要走几个弯路，自然也要多花些时间。"

"不用教育我。我再问一遍，说服摩西之行你是成功了还是失败了？"

"我的提议他没有反驳。这个结果不也值得高兴吗？"

"确实不错。对于你的计划，他认可吗？"

"他早就熟悉阿肯那顿的想法了，也知道建立希伯来人的信仰需要它。我们的合作肯定会取得更多成绩。"

"他的声望如何？"

"越来越好。他的领袖气质使他能够融入各个族群，而且是轻而易举。他会肩负起自己真正的使命，就在拉美西斯城建好之后。"

"那意味着我们还要等多久？"

"几个月吧。希伯来制砖工人的工作速度快得惊人，而摩西会尽可能敦促他们。"

"拉美西斯城就像变魔术一样把拉美西斯的名声传播到了北部边界，真见鬼！"

"他现在在哪里？"

"努比亚。"

"努比亚……那里可是充满危险的。"

"他遭遇危险？你就别幻想了！宫里已经收到了鼓舞人心的消息：国王在沙漠里又创造了一个奇迹，发现了一片有水源的土地，并带领军队在那里开垦了一大块农田；被抢走的金子也带回来给了神庙。他的这次远征非常成功，堪称典型。"

欧菲尔又说起摩西："摩西必须要和埃及国王针尖对麦芒，这一点他也许还不明白。"

"他们毕竟是好朋友……"

"但无论如何可以肯定，他对唯一真神的信仰将越来越坚定。所以，如果两人公开较量，我们必须支持摩西。"

"你当然可以，但我的角色让我不能公开反对我弟弟。"

"你帮助我就行了。"

"需要我做什么？"

"在孟菲斯提供住所和仆人，为拥护我的人提供行动上的方便。"

"没问题，但你的活动进展，得按时让我知道。"

"当然。"

"你打算什么时候再去见摩西？"

"明天，我要告诉他我们信徒的数量正在一天天增加。"

"只要你能说服摩西为自己的信仰而与拉美西斯的暴政对抗，你的处境就不成问题。"

亚博内在制砖工地上轻快地哼着歌，欢迎孟菲斯步兵入驻的第一座宽阔又通风的军营，还有不到一个月就能完工了。最后阶段的工作进行得极其顺利。

亚博内的优点得到了摩西的肯定，他现在掌管着一个由十个经验丰富又勤快的制砖工人组成的工作小队。被萨力敲诈的伤心记忆即将永远成为过去，在这座新城市里，亚博内将和家人拥有新房子。他已经看到自己在未来做公共建筑维修人员的快乐生活。

亚博内今晚要去跟朋友吃尼罗河的鲈鱼，并玩一种跳棋游戏。游戏的所有格子呈蛇形，中间有许多陷阱。亚博内希望自己的小兵能够避开陷阱顺利前进，成功到达终点成为胜利者。他觉得自己今晚一定会走好运。

夜幕降临，拉美西斯城热闹起来。尽管还没有竣工，但这座城市已经迫不及待要过繁花似锦的夜生活了。城市建成的热闹场面，大家早就想到了，他们到时会见证法老庄严的揭幕仪式。亚博内又觉得自己受到了命运的偏爱：既可以为一位伟大国王的理想贡献自己的一份力量，又得到了摩西的友谊。

"亚博内，最近怎么样？"说话者是萨力，他的紧身衣是利比亚式的，布面上的宽条黄黑相间，裹腰布是绿色的。他的脸越来越小。

"你有什么事？"

"关心关心你的健康，不行吗？"

"请你走开。"

"嗬！比以前傲慢了呀！"

"以我现在的职位，你根本管不到我。"

"小亚博内很威风嘛，像只公鸡一样！好……那么，我放尊重点儿就是了。"

"我有急事，再见！"

"难道还有事比讨好你的老朋友萨力更重要吗？我一直都觉得小亚博内是个聪明人，也知道他想在拉美西斯城过上安定的小日子。但他也知道，好事情是需要交换的，而我，决定他用多少钱来交换。"

"滚开！"

"你这个希伯来人！你不知道自己只是一条寄生虫吗？遭到践踏时，虫子是不会抗议的。把你一半的配给和奖金给我！我很愿意在这座城市建成之后接收你这样一位希伯来籍仆人，放心，我绝不会让你在我家感到无聊的。小亚博内，你这条小寄生虫的运气实在太好了，你该感谢我注意到了你。"

"别想再敲诈我！"

"如果你不顺从的话可就太傻了……"

萨力离开了，只留下沮丧不已的亚博内。他跪坐在地上，一时不知如何是好。

他决定这次必须向摩西控诉萨力的过分行为。

54

妮菲塔莉像吉祥年伊始挂在黎明夜空上的一颗晨星，她的美举世无双，她的艳丽让人眼前一亮。她的手指柔若莲花，发丝芳香四溢，她是让人不可自拔的陷阱，爱她意味着新生。

阳光见证下，拉美西斯轻按妮菲塔莉的脚，亲吻她的腿，在她那光亮的铜色身体上滑动双手。她是一座花园，里面的花草株株新奇罕见；她是一个水池，池水清凉沁心；她是一个遥远国度，无数乳香树枝繁叶密。拉美西斯与妮菲塔莉互相结合的欲望无比猛烈、无比汹涌，就像泛滥的河水。

拉美西斯从努比亚回来之后立即支开了所有人，只想和妮菲塔莉互诉衷肠。他们选择的秘密约会地是一棵茂密的无花果树的凉爽树荫下，树叶鲜嫩如绿松石，果实绽开如鸭血。两人迫不及待地结合到了一起。

妮菲塔莉："好久的一次外出啊……"

"我们的女儿怎么样了？"

"无比健康，还有凯。凯赞赏妹妹的美丽和安静，对她非常热情，总想马上教她读书。他的家庭教师劝住了他。"

拉美西斯搂住皇后说："这样做不对。一个人既然产生了热情，就不该浇灭它。"

妮菲塔莉刚要辩驳，拉美西斯的双唇又吻上了她。北风把无花果树的所有枝丫吹向一边，把这对正在缠绵的王室夫妇掩护起来。

在拉美西斯执政第三年的第一个月，河水完美泛滥后的第四个月第十天，卢克索神庙建成了。巴肯手持一根长棍走在连接卡纳克与卢克索的斯芬克斯小道上，带领着国王和皇后参观了神庙，后面是一个长长的仪仗队。

新建筑呈现出一派肃穆的气氛，方尖碑、巨像和塔门之间的完美搭配使这里堪称埃及历史上最伟大的建筑群。

至尊夫妻穿过大门进入一个露天大庭院，看到四周象征着神之全能的大圆柱，以及圆柱间象征国王无穷力量的国王巨像。皇后轻靠在拉美西斯的大雕像腿边，柔弱与坚忍的气质并举而出。

卡纳克的大祭司勒布在金权杖的支撑下深一脚浅一脚地走上前来，向王室夫妇行礼，庆贺道："陛下，您统治国家所需要的灵气，这里时刻在生产着。"

卢克索神庙的始运庆典，整个底比斯城和整个南部地区的人不论贫富贵贱都参加了，人们在路上唱了十天、跳了十天，酒馆和露天雅座座无虚席地热闹了十天，人们的肚子差点被法老赐的免费淡啤酒撑坏了。王室夫妇按照大事记里的记载在晚上举办庆祝宴，拉美西斯宣布神庙竣工，以及再不添加新建筑的决定。神庙还有一些象征符号或主题符号没有选定，它们关系到行政，将用来装饰塔门和大庭院。对于这种延缓，国王和生命殿堂司令的意见统一，所有人都认为很明智。

作为阿蒙第四继承人的巴肯避开自己的优点不谈，只称赞了卢克索神庙建筑师们令人尊敬的和衷共济，国王很赞赏他这种态度。晚宴结束后，拉美西斯把从努比亚寻回的金子交给勒布，从此以后将由这位大祭司负责金矿的挖掘和运送。

国王和皇后先到拉美西斯神庙工地察访了一趟，然后才动身回到北方。在那片沙漠上，工人们已经开始打地基、挖土、采石头，一座百万年神殿即将问世。

国王催促道："加快建设，巴肯，越早越好。"巴肯也负责着拉美西斯神庙的建设。

"卢克索工地的工作队明天会赶过来，到时我就不必为缺乏手艺精湛的工匠发愁了。"

见到自己的计划得到了严格执行，国王很满意。小神庙、圆柱大厅、祭坛、实验室、图书馆等建筑纷纷在拉美西斯的脑海里浮现，他好像看到了几百年的时间从石块的纹理和缝隙间流过。

拉美西斯带着妮菲塔莉参观了这片圣地的每个地方，并描绘着自己的梦想，就好像石墙和圆柱雕刻好的样子已经成竹在胸，触手可及。

妮菲塔莉肯定地说:"拉美西斯神庙将是你最伟大的杰作。"

"有可能。"

"为什么只是'有可能'?"

"我要在埃及建造无数座神庙,让神明享受人民供奉的居所到处都是。这样他们就会把自己的灵气赐给整个国家,把这片土地变成人间天堂。"

"能够超越百万年神殿的神庙在哪里?"

"在努比亚的一个神奇地方,是一头我曾救过的大象带我找到的。"

"那地方叫什么名字?"

"阿布辛贝。女神哈托尔保护着它。那里的尼罗河美到极致,河流与岩石完美地结合在一起,那些砂岩和悬崖似乎本身就包含着孕育神庙的力量。"

"可是,要在一个偏远地方动工,有些困难是无法克服的。"

"只是表面看来。"

"这样的尝试,可是历代法老都没有做过的。"

"的确如此,但我肯定会成功。我曾在那里陷入沉思,回来之后建造神庙的念头须臾未消。那只埃及名为'阿布'的大象是我的隐形之神的使者,而'阿布'正是'开始'的意思,它指引我必须在那里开始什么。努比亚的中心阿布辛贝,应成为埃及全新开始的起点和国土的始端。要让这个省份长期保持安定与快乐,这是唯一的办法。"

"可这个工程本身难于上青天,不是吗?"

"的确,但神已经降旨给我了,我怎能不遵从?燃烧我的火将变成一块石头，永恒就留驻在它里面。我的梦想既有卢克索和拉美西斯城，也要有阿布辛贝。职责要求我不能只满足于日常事务的管理，那其实违背作为法老的职责，我不能如此。阿布辛贝的计划，你不赞成吗？"

"它还需要在你心里成长一段时间，你若没有看到它的详细轮廓闪烁光芒，就不应该展开行动。"

在百万年神殿里，王室夫妇感受到了一股力量在激荡着自己，那是一种非常神奇的力量，不可不顺从。

拉美西斯城已经有工厂、仓库、军营、住宅区、交通要道可以使用了。各个不同的住宅区和各大神庙，都与主要大道连通。神庙还没有全部建好，但已经可以在某些庙堂里进行一些祀拜活动了。

园丁和油漆匠将紧接着制砖工人的工作美化新首都，后面还会有装饰专家。所以，拉美西斯城一定会获得一张迷人的面孔。但拉美西斯会喜欢吗？这个疑问让摩西一直难以释怀。他登上王宫最高处的阳台，遥望着自己和拉美西斯共同创造的奇迹。这座城市自然离不开勤奋的工人和严格的工作组织，但光有这些还不够，还要有持续的热情。人性不包含最后一个优点，它只是神明的恩赐。摩西想：如果这座城市不是交给阿蒙、塞特及其同类而是献给我的，那该多好啊！为了满足那些没有功绩的偶像，值得这么多天才投入精力吗？

摩西的拳头用力打在了阳台上。他的心乱了，因为他总在思考着一个荒谬的梦想：带领希伯来人造反。这是任何一个埃及国王都不能容忍的，更不要说让阿肯那顿的后裔来统治埃及了！

他往下看了看，看到了站在一个侧门处的欧菲尔。

巫师问："能谈谈吗？"

"上来吧。"

欧菲尔知道在拉美西斯城要怎么说话、怎么行动，当人们见到他时，会相信他是一位建筑师，是来向工地主管提出建议的。

摩西见到他就说："我决定放弃你的计划，请你走吧，不要浪费时间说服我了。"

巫师的笑脸立即冷下来："什么改变了你的想法？"

"我已经想清楚，那是一个无比荒谬的计划。"

"我是来告诉你，现在拥护阿顿神的人比以前大大增多了。我们已经得到某些重要人士的支持，他们支持埃及由唯一的神来祝福，由莉达来统治，并还希伯来人以自由。"

"推翻拉美西斯就是一个笑话！"

"我们的信心从未动摇。"

"国王心志坚定，你们的言论根本打动不了他，不要做梦了。"

"我可从来没有说过我们只打算动嘴。"

摩西看着眼前人，觉得他非常陌生。摩西说："我不敢想象使用——"

"相反，你已经得到了和我一样的结论。"打断摩西后，欧菲尔继续怂恿道，"摩西，你害怕的只是这个结论而已。阿肯那顿如果战败并受到迫害，原因一定是他不敢对敌人使用暴力，可我们获胜的唯一法宝就是暴力。哪怕是一丁点儿的权力，拉美西斯会让给任何一个人吗？谁也不会天真地那样想。我们要打败他，就

要从埃及内部发起攻击，而你们希伯来人的任务就是发动推翻他的暴乱。"

"那将是一场大屠杀……成百上千的人将在这场争斗中死去，你不在意吗？"

"你只要相信神明与你同在就行了。神明会保佑为自己同胞作战的人获胜。"

"赶紧消失在我面前，欧菲尔，你的话我一句也不要再听。"

"我们还会再见面的，在这里或孟菲斯，你自己选个地方吧。"

"我不想再见到你。"

"你已经无路可退，你自己知道的。摩西，顺从你内心真实的愿望，不要堵住你的心，让它畅所欲言。我们将一起战斗，而神明会保佑我们获胜。"

看着自己经商的收入一年一年增加，叙利亚商人哈伊亚捋着自己的小山羊胡子很是满意。就像在底比斯一样，越来越多的有钱人被他那高品质的肉类罐头和从亚洲进口的花瓶吸引。新首都拉美西斯城已经成为他要打入的新市场，他已经得到了一份正式许可，可以在市中心开一家大店铺；针对那些挑剔的顾客，他打算专门培养一些会巴结他们的店员。

哈伊亚订购了一百多个奇特而珍贵的花瓶，全都产自叙利亚工厂，他把价格定得很高。他之所以这么大胆，一是因为预测到了未来的好日子，二是因为看出了埃及人对舶来品的特别嗜好以及赶时髦的风气。所以，尽管他认为埃及匠人的工艺比叙利亚人更精致，但他还是相信这种贸易稳赚不赔。

支持谢纳阴谋推翻拉美西斯是赫梯军队对己方间谍的要求，但哈伊亚已经从上次的失败中看出，有太多力量保护着拉美西斯，担心再失败一次的话，埃及的调查人员可能会顺藤摸瓜找到自己。所以，他不再策划任何阴谋推翻埃及国王的计划。

执政三年的拉美西斯向人民展现了塞提般的威仪，同时，他那年轻的热情也未曾消退。这位君王好像是一股激流，任何阻碍皆可冲破；他的决定，即便是那些忽略现实情况的建设计划，也没有人能够反对；他的活力压制住了一切反对者，这让朝廷内外的人无不赞叹拜服。

哈伊亚有两只大理石的进口花瓶。他关上仓库大门，又贴耳听了很久，终于确认隔墙无耳。仓库里有一只在瓶口处有一个小红点的花瓶，他把手伸进去，取出里面的松木牌子。商品的体积、产地等信息，都以代码的形式记录在这个牌子上。

哈伊亚的同伙，即叙利亚南部的进口商，给他传递有关赫梯的消息也使用这一套代码。哈伊亚已经熟知这套密码，破译起来不是难事。

看着牌子上的内容，叙利亚商人哈伊亚惊呆了。看完后，他销毁了牌子，并从仓库里快步走出。

哈伊亚把一只瓶口呈天鹅形的蓝花瓶介绍给谢纳，谢纳正把玩在手里不舍得放下。谢纳赞叹道："简直是完美！说吧，多少钱？"

"大人，这是孤品，价钱当然低不了。"

"想在我面前抬价吗？"

谢纳带领着哈伊亚来到自己别墅的露天阳台上，哈伊亚把花瓶紧紧抱在胸口。在这里，没有人能听到他们的谈话了。

"哈伊亚，你带来了紧急消息，对不对？"

"是的，大人。"

"究竟是什么大事？"

"赫梯人马上要有动作了。"

对谢纳来讲，这个消息既可怕又在期待之中。如果他是埃及的国王，他肯定会加强国家的边防，并命令埃及军队为战争做好准备，可自己现在并未执政，而能够给他这个机会的，偏偏是埃及这位最强大的敌人。既然这个国家机密目前只有他一个人知道，他觉得应该善加利用。

"哈伊亚，告诉我具体情况，越清楚越好。"

"您吓坏了吗？"

"这种程度的消息，谁能保证不受惊吓？"

"确实如此，就连我现在还有些害怕呢。我们目前所掌握的形势，应该会被赫梯人的这个决定打乱吧。"

"还有更了不起的变化呢，哈伊亚。未来世界的命运掌握在我们手里，这场大戏将由你和我唱主角。"

"不不不！我成不了主角，我只是个传讯员，不值一提。"

"我要和我的外国盟友保持联系，你是重要媒介。你提供信息的正确与否，决定我能够制定出怎样的策略。"

"您是在把一个重要的职务交给我吗？"

"我就问你，事成之后你可愿留在埃及？"

"住其他地方，我反而会觉得不习惯呢。"

"哈伊亚，我保证你将非常富有，富有得不得了。你是帮助我掌权的人，我不会忘恩负义，必定知恩图报。"

哈伊亚向谢纳深鞠一躬，说道："一切听从您的安排。"

"有进一步的消息吗？"

"目前只是这些。"

谢纳在阳台上踱了一遭，手按在护栏上，遥望北方对哈伊亚说："哈伊亚，今天是值得纪念的，我们会在未来某一天记起，拉美西斯被迫退位的命运，就是从今天开始的。"

亚夏的埃及情妇是个满脑子鬼主意的小美人，她有无穷的欲望，用自己的身体为亚夏带来了妙不可言的肉体欢愉。她之前的两个利比亚女人和三个叙利亚女人虽然也很漂亮，却不讨亚夏喜欢。这位年轻的外交官要求做爱时必须有新花样，要足够刺激，能够调动全身，让身体像一把竖琴一样弹出罕见的旋律。他正打算吮吸这位小美人的大脚趾，忽然听到了急促的敲门声。是他的管家，看来确实有紧急情况，因为之前亚夏已经下了严令，有任何事都不能来打扰他。

恼火的亚夏愤愤地开门，身上一丝不挂。

管家说："对不起打扰您了……"说着递给亚夏一块木板，继续道："部里有紧急事情。"

亚夏见木板上写着：一定要来！

眼下正是深夜两点，亚夏骑着自己的马从住所出来，快速飞奔在孟菲斯的街道上，路上一个人也没有。目的地是外交部，亚夏的秘书正在那里等着他。到达之后，这位外交官急匆匆跑上办公室，都没有向透特神行礼。

秘书说："我思来想去，觉得最好还是告诉您。"

"什么事？"

"一封紧急信件，是我们在叙利亚北部的联络处发来的。"

"这次如果再是毫无用处的假消息，我一定严惩不贷。"

说着，亚夏用油灯烤了烤秘书递给他的一张莎草纸的底部，结果，原本空无一字的纸出现了一些僧体字。这些文字是象形文字的变形，便于速记，外行人根本看不出写的什么。发信的埃及间谍比较特殊，他正潜伏在叙利亚北部，生活在赫梯人监控之下。

亚夏把这些古怪的字读了一遍又一遍，秘书问："真的非常紧急吗？"

"先不要跟我说话。"

亚夏取出一张地图摊在桌上，按照情报中的指示对号入座。如果他没有弄错，一场灾难即将降临，无法躲避。

亚夏赶到谢纳家里。

谢纳打着哈欠说："天还黑着呢。"

"先看看这个。"说着，亚夏把线人送来的情报交给了部长。

看到里面的内容，拉美西斯的哥哥一点睡意也没有了。他推测道："叙利亚说不定已经有几个中心城市落入赫梯人手里了，受埃及统治的那一地区，可能也已经失守……"

亚夏说："这封信内容不会有错。"

"目前还没有伤亡的消息传来，所以，这可能只是挑衅。"

"其实，赫梯人已经骚扰埃及好多次了，只是从没有南下到这里。"

"您什么意见？"

"赫梯人对叙利亚南部的攻击即将正式展开。"

"确定？还是只是假设。"

"我的假设。"

"怎样确定是否属实？"

"如果是事实，过不了多久还会有消息传来的。"

"请无论如何保持沉默。"

"这对埃及很危险。"

谢纳安抚亚夏说："我知道，但我们一直以来的策略不就是这样吗？我们与赫梯人的计划就是引诱拉美西斯，让他做出不可挽回、代价极大的错事，可他一直没有上钩。现在赫梯人明显不想再等了，而我们应该做的就是尽量拖延消息，不要让埃及军队过早准备应战。"

亚夏并不认同这种策略："我觉得这不妥。"

"理由是什么？"

"拖延上交给国王，顶多给我们腾出几天的时间，我们不可能在这几天里组织好一个反对拉美西斯的计划。另外，这封重要情报是我的一个秘书给我的，我们的延期上报势必会引起猜疑。"

"难道我们要白白错过第一个得到了这个消息的优势吗？"

"不！正好相反。你不要忘了拉美西斯对我的信任。他对我这个机密室主管的话只信不疑。"

谢纳心下立即会意，狡黠一笑，却也不无担心："这么做很危险，亚夏。听说拉美西斯有看透人心的能力。"

"那也未必看得透非同一般的外交官。您要在我上报之后向他表达您的担忧，好把您的忠心和诚实展现出来。"

"亚夏，你的机智让人毛骨悚然。"这话是谢纳坐在沙发上从容说出的。

"我了解拉美西斯，千万不要以为他不够机警，那将大错特错。"

"当然，你的计划我完全赞同。"

"赫梯人的真正动机是什么，这是最基本的问题，我们必须尽快知道。"

谢纳当然知道这个必要性，但他还是觉得自己刚刚得到的消息不能告诉亚夏。他的如意算盘是：如果情势发生不利于自己的转变，他还可以把亚夏献给赫梯人，让他去顶罪。

56

　　拉美西斯城已经建成，再过几天国王和皇后就要到达开城典礼现场了。在这几天里，摩西驾着马车在各个角落和公共建筑之间辗转奔走，检查墙壁和窗户，督促油漆工人尽快完工。

　　他检查出了一千多个大大小小的漏洞，苦于不知道怎样在这么短的时间内全部修补好。他请制砖工人帮助那些任务过重的小组，他们同意了。摩西在这最后冲刺的阶段里依然享有他的声望，他的意志对众人还是有吸引力和感召力的，这种巨大的安慰超过了一个梦想的实现。

　　当希伯来同胞在漫长的夜晚表达不满或畅想未来时，摩西虽然很累但还是愿意和他们一起度过。而且，他决定肩负起带领他们找到民族独立的使命。虽然有些人被他的想法吓到了，但他的吸引力一点也没有受到影响。摩西认为改变希伯来人命运这种事，在伟大的拉美西斯城竣工后未必不能成真。

一阵半睡半醒的昏沉之中，摩西频频看到欧菲尔的面孔，同时，"阿顿的信徒不会成功"的想法在脑袋里挥之不去。关键时刻改变命运的绝不只是言论，更要诉诸行动，而且，这种行动往往指的就是暴力。

摩西已经完成国王委托的任务，他从此不必再从拉美西斯那里承担任何任务了。但他是拉美西斯朋友的事实无法改变，自觉提醒朋友被窥伺的危险，是他不能推卸的义务。他的心灵要想完全得到解放，就必须把罪恶的念头全部荡除。

宫廷信使传来消息，拉美西斯和妮菲塔莉到达拉美西斯城的时间是明天中午。附近城镇的居民都不想错过这种大场面，纷纷从自家赶到新城市周围。汹涌的人潮全是好奇所致，负责国王安全的卫兵不能强行驱赶他们。

摩西想远离这个城市散散步，过了今天他就再也不是这个工地的主管了。就在他准备离开的时候，一名建筑师跑过来，气喘吁吁地报告说："那个雕像……发疯了！"

"阿蒙神庙的那一个吗？"

"是的，没有人能够让它停下来。"

"我说过任何人不能碰它的！"

"我们还以为您只是——"

"快带我去！"

在市区的街道上，摩西的马车疾如飓风。

阿蒙神庙前早已混乱一片，重达两百吨的拉美西斯坐像正缓慢地向神庙大门滑动。如果撞上大门，损失一定小不了；如果中途失稳倒在地上，它肯定会摔成一块一块的。巨像上绑着绳子，绳子连接着一个木头滑车，一百多个人用力拉着绳子，垫在绳子与石头接触面的几块保护皮革早已磨破。看样子他们是想让巨像停下，但一点儿用也没有。

摩西问："发生了什么事？"

"我们正在把巨像运到指定的安置点，工头为了便于指挥工作爬到了巨像顶上，结果掉了下来，工人们为了不压伤他而放下了木闸，巨像就脱离了湿泥车道，一个劲儿朝着大门往前滑……"

又一个声音补充道："要制止它至少需要一百五十个人，但现在工程师们都在忙……"

摩西命令道："瓶装牛奶，快！"

"多少瓶。"

"几千瓶！越多越好！还要找些人来帮忙。"

牛奶来了，已经从巨像右侧爬上底座的摩西接过牛奶，快速洒在滑条车前，洒出了一条新的道路。摩西的出现已经使工匠们紧张的情绪有所平定，至少恢复了冷静，现在的情景更令他们恢复了信心。牛奶的作用就是改变那个沉重无比的雕像的行动路线，明白这一点后，人们排列成一行队伍协助摩西，一滴牛奶也不肯浪费。第一批救援军应摩西的要求赶来了，他们把长绳系在滑条车两侧和后面，一百多名拉纤工人用力拉住绳子，巨像滑动的速度慢了许多。

慢慢地，巨像终于改变了滑动方向，回到了正确路线。

摩西大声要求道："刹车用的大木条！"

当时那三十名工人没有从之前的紧张中缓过神来，此时听了这话，立即把一根开口的大木条挡在了滑车面前。若不提前挡住，巨像即便到了指定位置也会由于惯性继续滑动。

这尊重新得到控制的巨像在牛奶泼出的轨道上慢了下来，刚好停在预定位置上，不偏不倚。

摩西早已满身大汗。每个人都认为相关负责人会受到严惩，因为他们刚才看到了摩西发火的样子。果然，摩西跳下来，吩咐道："在这次意外中从雕像上掉下来的那个工头呢？去把他找来。"

"他在这儿。"不知说话的是谁，但这个工头不是别人，正是亚博内。

亚博内被两名工人推到摩西面前，他跪下满含委屈又有些吞吞吐吐地说："请您原谅……我不小心才……是因为……"

"你不是负责制砖的吗？"

"是的，负责制砖的亚博内。"

"那你为什么会出现在这个工地。"

"……因为我……想……躲起来。"

"你在说什么胡话？"

"请您相信我，我说的是实情。"

对于眼前这个希伯来人，摩西目前不会施加处罚。摩西透过亚博内惊慌失措的表情知道，应该听他详细解释一下。

"跟我来，亚博内。"摩西知道他不会当众说出实情，只能是两人单独交谈。

可是，一名埃及建筑师当场发出抗议："不能就这么饶了这个

犯了大错的希伯来人，否则就是对他同事的侮辱。"

"我自有主张，但在作出决定之前，必须先问清楚到底发生了什么。"

埃及人不说话了，只是向自己的上级行礼。摩西会无意识地慎重对待每个希伯来人，对亚博内当然也不例外。他对同胞的这种关怀在最近几个星期里已经有目共睹，而且考虑到其他民族的工人，这已经对他不利了。

摩西让亚博内上了自己的马车，并用皮带绑住了他。

"你知不知道今天差点儿酿成重大事故？"

"我恳求您的原谅。"

"不要再说这些了，告诉我事情原委。"

马车在一个避风的小院子门前停下，这里是摩西的公家宿舍。两人下车，摩西摘掉自己的假发，解下裹腰布，指着矮墙上的一个大水罐对亚博内说："爬上去，倾倒罐子，让液体慢慢流到我的肩膀上。"

亚博内照办，令人身心俱爽的液体冲洗着摩西的肩膀，摩西自己则用青草为自己按摩。

亚博内不说话，摩西开口问："亚博内，你的舌头被人割掉了吗？"

"我害怕。"

"怕什么？"

"我受到了威胁。"

"谁威胁你？"

"……不能说，我……"

"你不说的话，我只能把你送到法庭，你的罪过好像是严重的渎职罪。"

"求您不要，那样我的饭碗肯定保不住了！"

"理当如此。"

"不！不是理所当然的，我保证！"

"说吧，出了什么事？"

"那人敲诈勒索我……"

"谁？"

"一个埃及人。"亚博内虽然没有说出他的名字，但已经几乎听不到他的声音了。

"他叫什么？"

"我不能说，他有后台。"

"不要让我问第三遍。"

"他会报复我的！"

"你不相信我？"

"不！我早就想告诉您了，但那人实在让我害怕。"

"不要颤抖。说出他的名字，他再不敢骚扰你了，我保证。"

当亚博内说萨力的名字时，慌张地松开了手里的水罐，罐子掉到地上摔碎了。

王船正在大运河上前行，目的地是拉美西斯城。除了国王和皇后，还有陪在两侧的所有朝廷官员。对于这个新首都，每个人都迫切地想瞻仰它的风采，在这里定居下来，或许是一个讨好国王的好办法。然而，拉美西斯城在这么短的时间内建成，怎么能够媲美孟菲斯呢？好事不出门，坏事传千里，这种负面指证已经传得满城风雨。甚至有传言说拉美西斯将来会败得不可收拾，拉美西斯城迟早会被遗弃。

拉美西斯站在驶进新首都运河的军舰的船头，目睹了尼罗河创造的三角洲，想通了这种伟大创造的原理。

法老的旁边是他的哥哥谢纳。谢纳露出忧虑的神情说："我得到了一个重大消息，虽然现在时机不好，但我想我必须告诉你。"

"非常紧急吗？"

"是的。我一直想尽早告诉你的，但你一直都在忙。今天在这个激动人心的时刻说出来，实在有些不妥，但也没有办法。"

"说吧，什么事？"

"对于你安排给我的外交部长一职，我很重视，希望报告给你的消息都只是好消息。"

"怎么，这次不是好消息？"

"我们正面临非常危险的处境，如果我已收到的那些报告内容是真的的话。"

"实际情况到底是怎样，直说无妨。"

"我们的父亲给赫梯人划定了不可越过的活动区域，也就是叙利亚中部，但他们好像已经越过了。"

"属实吗？"

"现在还不能确定，但第一时间通知你是我的义务。虽然扰乱边关、发起暴动这种事是赫梯人的惯用伎俩，我们希望这一次也是他们放的假招，但也不得不防。"

"我会考虑你所说的。"

"你能确定吗？"

"你刚才不是说眼下还没有事实证据吗？再有消息马上通知我就行。"

"作为外交部长，我值得陛下依赖。"

船在强力而方向明确的风的推动下快速前行。拉美西斯在很长一段时间里思考着哥哥的话：谢纳真在认真对待自己的职位吗？会不会只是他编造出来的，目的是彰显自己的价值和能力？但赫梯人入侵这种阴谋，是他能够编造出来的吗？

叙利亚中部是一个中立地带，既不属于埃及，也不属于赫梯。那里不允许出现武力，只允许进行信息交流。塞提宣布放弃卡迭石城以后，埃及人与赫梯人在阵线上总是摩擦不断，但终归只是小型游击战，双方都还能容忍。

如果赫梯人真的违背和约发动暴乱，原因是什么呢？是拉美西斯城的建立刺激了他们吗？没错，这个战略地位是拉美西斯选定的，难道说赫梯人担心年轻的国王想入侵亚洲占领他们的国家吗？拉美西斯获得真实情报的来源只有一个，那就是他的朋友兼机密室主管亚夏。谢纳所说只是官方报告，过于表面化，或许远非实情，而要获知敌人真正的企图，国王只能依靠亚夏。

突然，眼前的风景使拉美西斯兴奋起来，他伸长脖子望着远方。

"看到港口了……城市露出来了……嗬！拉美西斯城！"

57

　　光明之子拉美西斯一人驾着镶金马车行驶在拉美西斯城的主要街道上，目的地是阿蒙神庙。时值正午，太阳照在他身上，而他则成了这座城市的太阳——这座城市就是他的光芒创造出来的。那头狮子与漂亮的马匹并驾齐驱，它昂首挺胸，颈上长毛随风飘扬。君主的一身威仪，还有他能够驱使一只巨兽做贴身保镖的魔力，让他的子民庄重、静穆地瞻仰了好几分钟。人群中突然传出一句呼喊："拉美西斯万岁！"紧接着，同样的欢呼声山呼海啸般地响起。国王走过的每一处都伴随着这种难以言传的沸腾场面，拉美西斯优雅从容且坚毅庄严的步伐，却丝毫没有受到影响。

　　无论显贵还是手工艺人、农人，个个身穿节庆服装，头发无不柔和而闪闪发亮，因为都抹了油。妇女们个个把自己最好看的假发找出来戴上，小孩和仆人们手上拿着鲜花和树枝，国王的马车经过他们面前时，便把它们挥洒出去。

还有一个庆祝项目是众人露天用餐。新宫廷总管罗梅准备了一千块高级面粉烤焙出来的面包、两千块精制圆面包、一万个蛋糕，还有成堆的腊肉、无数牛奶、几盆角豆树果实，以及葡萄、无花果和石榴、烤鹅、野味、鲜鱼、黄瓜和扁葱。葡萄酒都是取自宫廷地窖，啤酒都是昨晚酿造好的。

身为法老的拉美西斯邀人民共餐来庆祝新首都的落成。

每个少女都穿着艳丽的新长袍，每一匹马都佩戴着布带和红铜花，每头驴子脖颈上都挂了花环；小狗、小猫、猴子等家养宠物的食粮都加倍了；每一位老人都可以坐在无花果树阴凉下舒适的椅子上优先开食，地位出身一概不论。

有些民众申请在新城市获得住房、工作、耕地和牛，亚梅尼亲自热情接待；考虑到这是百年不遇的节庆，他在检查申请材料时应时事所需进行了适当通融。

希伯来工人们自然非常高兴，个个急切地想把这种心情表达出来。他们将高薪休息很长一段时间，这是对他们努力工作的回报。当在人前提及埃及国王的新首都时，他们个个可以自豪地说自己做了一份贡献。这种贡献和功绩将传颂许多个世代。

王驾停在了前晚差点酿成大祸的那尊巨像前，欢乐声骤然停止，所有人都紧张地看着国王，没有人敢说话。

拉美西斯缓缓抬起头看着自己的雕像，当看到巨人望向天空的眼睛时，他的目光停住了。巨像的头顶是一个蛇形的冠饰，稍稍凸出遮住了前额，那条眼镜蛇吐着信子，任何敌对国王的人被它那火热的毒液喷了眼睛都会变成瞎子。巨像的王冠就是拉美西斯加冕时的白王冠和红王冠，它们象征着上埃及与下埃及两地权力的结合。这尊法老的坐像，双手与大地平行按在裹腰布上，双眼凝视着拉美西斯城。

拉美西斯从马车上下来，他现在也戴着白王冠和红王冠，亚麻长袍的袖口比较宽，金色的裹腰布又用一条银色腰带匝住，整个闪闪发亮，一串金项链挂在胸前。

法老对着自己的雕像诵读道："你是我的权力和城市卫护灵的化身。你的嘴巴、双眼和双耳都已打开，你将成为一个永远有生命和活力的人，任何敢攻击你的人都将受到死亡的惩罚。"

正午的阳光垂直照射在法老身上，他转过身，对他的子民宣布道："我们的新首都，拉美西斯城，自今日起正式运行！"

几千民众附和地呼喊起来，热情的声浪直击云霄。

这一天，国王和皇后几乎没有休息，参观了拉美西斯城的每条街道和每个角落。妮菲塔莉给这座璀璨的城市起了一个朗朗上口的名字——"绿城"。

拉美西斯城的各色建筑和光芒闪烁的蓝色琉璃瓦片，是摩西给拉美西斯最后的惊喜。拉美西斯知道这里有蓝色琉璃瓦制造厂，但他没有想到居然能在这么短的时间内制造出这么多瓦片。拉美西斯城的协调一致，要感谢摩西和制瓦工人。

开城仪式的主持人就是摩西，他在整个过程中举止优雅而高贵。国王将把首相的职位留给自己的这位童年好友，这一点已经成为所有人坚信不疑的共识。摩西已经取得了不可抹杀的功绩：他彻底甚至超预期地实现了国王的愿望，国王验收时一个字也没有批评。这两个男人间的合作完美得无懈可击。

发现欧菲尔谎言的谢纳却恼怒到了极点。也许巫师没有说谎，只是错误地以为摩西在自己的操控之中，但此次成功将使摩西变得富有，变成一个忠诚的高官，这一点对谢纳来说已经是板上钉钉。谢纳还证实了摩西的另一个想法：为了一个愚蠢的宗教信仰而反对拉美西斯，根本就是以卵击石；希伯来人在埃及安居乐业，没有任何造反的理由；看来只有赫梯人才是我真正的盟友。

王室夫妇在王宫里设宴招待群臣，地点就是宽敞的石柱大厅。这间大厅象征着大自然的时序，到处点缀着彩绘图案。大皇后、王室的神奇女守护神妮菲塔莉，亲切地与每个人进行交谈，进退之间懂得适可而止。她的美貌与高贵吸引了每一位到场者。

以琉璃瓦铺成的地板上的绚丽图案也引人入胜，有清凉的水池、丰富多姿且草木繁盛的花园、包容着飞禽的莎草森林、绽放到极致的莲花或鱼儿自在巡游的池塘。图案的色彩比较柔和，多为浅绿色、浅蓝色、夹杂其他颜色的白色、鹅黄色，还有一种歌颂创造之德的紫红混合色。

虽然那些神庙还要过很长一段时间才能竣工，但在这里，在拉美西斯城的王宫里，人们感受到了足以媲美孟菲斯和底比斯王宫的精致和气派。没有一位高官会在这里产生不舒服的感觉，即便是那些喜欢开玩笑和嘲讽的人也都毫无恶评。每个大臣或高官心里都在梦想着能够在这里拥有一栋别墅。

拉美西斯创造一个又一个奇迹的速度快得出乎人们的意料。

　　国王把手搭在摩西的肩膀上，高兴地宣布道："拉美西斯城的实际缔造者，就是此人，摩西。"此话一出，在场者登时结束交谈。

　　拉美西斯继续道："我坐在王位上接受摩西的跪拜，并赐给他几条金项链，以示对他竭诚倾力服务的感谢。这些是法定礼仪所要求，但我必须指明，他是我的朋友和童年时的玩伴，这场挑战是我们两个共同发起的。我构思了这座城市的蓝图，但计划的执行者是他。"

　　说罢，拉美西斯郑重地拥抱了摩西。世上最光荣的事，恐怕就是获得法老的拥抱了吧。

　　"在未来几个月里，摩西仍将担任王室的主管。在此期间，他会培养出自己的接班人，然后就会回到我身边，继续全力为埃及服务，继续创造最伟大的光荣。"

　　谢纳的极度担忧，确实不是无中生有，这两位朋友如果能够同心协力，其力量之强大恐怕要超过一个军团。

　　然而，当亚梅尼和塞达武前来道贺时，这位希伯来人却说："拉美西斯赞美得不对，有些优点我并不具备。"言语间的不安让亚梅尼和塞达武很是吃惊，不过，他们认为摩西可能是太受感动了。

　　亚梅尼说："你将是一位了不起的首相。"

　　塞达武却半玩笑地说："可是，眼前这位头上有癣的书记员的命令，你还是得听，因为实际上执政的人是他。"

　　"塞达武，不要乱说话！"

　　"这些吃食真不错啊！这里如果有几条好看的蛇，我和莲花或许会考虑定居在此。对了，亚夏今天怎么没有到场？"

　　"不知道。"

"这个职业上的失误恐怕会让他丢失外交部的职务。"

就在此时，三人看到拉美西斯走到母亲图雅的面前，亲吻了她的额头。塞提的妻子没有控制自己骄傲的神色，不过，她此时心里有些悲伤，只是一如往常地没有让它显露在自己庄严俊俏的脸上罢了。图雅当场宣布自己即日就要搬到拉美西斯城的王宫，拉美西斯则下令为母亲的入住做好一应准备。这一刻标志着法老的全面胜利，法老的命令就是拉美西斯城的威严。

除了神庙，新首都还有一项工作没有完成，就是来自外国的珍稀飞禽还没有装进大鸟笼，官员们的视觉和听觉仍未获得充分满足。摩西叉着手靠在一根柱子上，露出一脸疲态。

"看来除了你和我，大家都睡了。"跟拉美西斯说话时，摩西不敢直视埃及国王的目光。

"摩西，你看起来累极了。不如有什么事我们明天再谈吧。"

"我不想再装出自己不喜欢的样子了。"

"装？你装什么了？"

"我是信仰一神教的希伯来人，而你是崇拜偶像的埃及人。"

"你又要说一些滑稽的话了吗？"

"我相信我说的是真理，尽管你听起来不舒服。"

"你接受的教育全部来自埃及的智者，你的那位唯一的神把自己的力量隐藏在所有渺小的生命里，你看不见他，即便他显现了你也认不出。"

"它是真切存在着的！"

"代表生命奥秘的阿蒙神则不同。吹起风帆的风，画出万物和谐相处图景的牡羊羊角，形成神庙躯体的石块，都是阿蒙神的化身。他是一切，但一切都不是他。你和我都懂得他的智慧。"

"神明不是幻觉！神明是唯一的。"

"阿蒙神可以化身为任何一种神像，这并没有妨碍他的唯一性，也没有妨碍你的唯一神明。"

"你的神庙和雕像并不是我所需要的。"

"摩西，你累了。"

"我的信仰丝毫不可动摇，即便是你也不能。"

"这种对一切异己的一概拒绝，如果是你的神明所要求的，那么你要当心变成一个狂热的宗教分子了。"

"拉美西斯，该小心的人是你。埃及有一股正在壮大的势力，虽然它现在还不稳定，但它战斗的目的是践行真理。"

"具体是怎么回事？"

"想想阿肯那顿和他的一神教信仰吧，他们没有死，而且还开辟了一条新的道路。若不想你的国家毁灭，就请你听听他的和我的声音吧。"

58

摩西知道自己是了解一切的。他没有背叛拉美西斯，否则就不会告诉他那个暗地里针对他的危险，并提醒他小心。他可以平静地听从命运的安排，任由那股火焰自由地燃烧，任自己的灵魂在里面浴火重生。

摩西决定排除万难踏上寻找唯一神明所居住高山的路途，还有几个希伯来人决定不惜一切陪伴他。正在收拾行李时，摩西忽然想到自己还有一个承诺没有兑现，于是停下手来。他必须先清了这笔道德债才能永远跟埃及告别。

萨力家在城内西区，旁边有一片稀疏的棕榈林，好认，也不算远。摩西到达时，发现萨力正在池塘边喝着冰啤酒，水里鱼虾成群。

萨力看见登门的贵客："摩西！拉美西斯城的伟大建造者能够光临寒舍，荣幸之至。"

"那种满足是不可分享的，称其为荣耀也不对。"

萨力闻言站起，脸上顿时充满怒气："虽然你前程锦绣，但你也不该如此骄横吧？你知道面前和你说话的人是谁吗？"

"知道，一个无赖！"

萨力举起右手，想一巴掌打在这个希伯来人的脸上，手腕却被抓住了。摩西用力一掰，萨力软弱地弯腰下跪，开始求饶。

"你曾经欺负亚博内。"

"不知道你在说谁。"

"还想撒谎。他遭到了你的敲诈和勒索。"

"不过是一个制砖工人而已——"还没来得及说出后面的话，摩西手上又一用劲儿，萨力再次疼得叫起来。

"我也是个制砖工人，而且是希伯来人。要弄断你的胳膊或打残你，我这个希伯来工人足够了！"

"你敢！"

"我早就受够你了！你给我记住，你若再敢骚扰亚博内，我保证法庭一定会处理你！"

"好……我发誓绝不再犯。"

"要以法老之名。"

"好。"

"你若违背今日誓言，天神必会取你性命。"摩西放手，说："真是便宜你了。"其实他本想把萨力告上法庭的，但眼下决定离开埃及，所以才只是这样警告了他。

　　离开萨力家的时候，摩西心里升起一种不安的感觉，因为他没有从萨力的眼光中看到屈服，而是看到了仇恨的怒火。所以，摩西在一棵棕榈树后面躲起来。很快，萨力拿着一根又短又粗的木棍走出来，径直往南奔。南边是制砖工人的住宅区。

　　摩西跟在萨力后面，来到亚博内家门前。他远远地看到萨力走进半掩的门，一阵疼痛的叫喊声立即从屋里传出。摩西飞奔进屋，在昏暗的光线下只见萨力正在打蹲在硬地面上的亚博内，亚博内正屈臂护脸。

　　摩西夺过棍子，用力在萨力的头上打了一下，萨力"啊"了一声，随后倒在地上，脑袋开始流血。

　　"萨力，滚出这间屋子！"萨力没有动，亚博内爬向他查看。

　　"他……好像死了。"

　　"怎么可能？我没怎么用力啊！"

　　亚博内又确认了一次，说："没有呼吸。"摩西扑通跪倒在地，手无力地推着尸体。

　　萨力真的被他杀死了。屋外的路上死一般安静。

　　亚博内先回过神儿来："摩西，你快逃命去吧，不能落到警察手里，否则……"

　　"你可以为我辩护……我是为了救你才误伤他的……你就跟警察这么说。"

　　"我的话不会有人信的！他们反而会认为我是你的同谋。你快逃吧！"

　　"有大袋子吗？"

　　"盛工具用的可以吗？"

"快拿来。"

摩西把萨力的尸体装进袋子里，扛出屋，在一片沙地里埋下。为了让自己恢复理智，他做完这些又躲到了一栋还没有人入住的别墅里。

这天，巡警队里那只向来安静的猎犬异常地大叫起来，并使劲把身子扭向某个方向，想挣脱束缚着它的链子。主人放手，它就快速向一片沙地跑过去。

巡逻的警察赶到猎犬身边时，看到它已经扒出了一只手臂。很快，半边肩膀、死者的面部都露出来了。

一名警察说认出死者是萨力，另一个问："国王的姐夫萨力吗？"

"没错，就是他。……看，他头上的血迹已经干了。"

尸体完全被挖出，确实是萨力无疑。萨力被人杀死了！

夜晚来临，摩西像一只笼中惊鸟一样，根本睡不着。他意识到自己掩埋尸体是个错误，因为他虽然杀了人，但尚有清白可言，可掩埋尸首却是畏罪的表现，这样一来，法律就不会放过他了。他又想到了亚博内，想到了他恐惧和犹豫的神情……又想到自己和亚博内希伯来人的身份……这件惨案是打败这个希伯来人领袖的好机会，他的对手肯定不会轻易放过的。还有拉美西斯，他对摩西的态度很可能也非常严厉且不可动摇。

摩西所在的别墅只有中间部分刚刚建好，他忽然发觉有人在接近。他想万一是警察包围了自己，那一定要反抗。

"摩西……摩西，我是亚博内。您还在里面的话就请出来。"

摩西走出来，过了一会儿问："你会为我辩护吗？"

"萨力的尸体已经被发现，而且警察怀疑凶手是你。"

"谁举报了我？"

"我的邻居，他们见过你。"

"他们也是希伯来人啊，为什么要出卖我？"

亚博内黯然垂下了头，又抬起说道："他们想摆脱警察对他们的怀疑。你在埃及的前途已经化为泡影了，摩西，赶快逃走吧。"

摩西也想逃命，但心有不甘，一时还接受不了这种剧变。只不过几个小时的工夫，他从国王工程的主管和全埃及未来的首相变成了需要潜逃的罪犯，从光彩照人的高台跌落到了晦暗冷清的地底。……他转念又想：这次困难不就是神明在考验他的信仰吗？埃及是一个亵渎宗教的国家，神明想结束我在这里安逸的生活，要还我以自由。

打定主意后，摩西对亚博内说："永别了亚博内，我马上动身。"

走之前，摩西又来到制砖匠的住宅区。他想说服自己的拥护者，让他们和自己一起离开。他的梦想是从这个小团体开始吸引更多希伯来人，最后建立自己的国家。他们可能会先在一片荒无人烟的地方驻留很久，但无论付出什么，他觉得自己必须起到带头作用。

有几家仍亮着灯，男人们正在屋檐下品着青草茶，喝完就要睡了；他们的妻子还在闲聊，孩子们早已睡着。

摩西来到几位朋友所住的街道上，远远看到两个男人正在争抢什么。走近了才发现他们抢的是一张板凳。这两人是摩西最忠实的追随者，正互相指认对方为窃贼。摩西拉开他们，上了岁数的希伯来人认出了摩西，很是惊讶。

"别再计较这种小事了。让我们一起离开埃及，去建立真正属于我们希伯来人的国家！"

"你这样的王和领袖，我们可不稀罕。我们怕稍微顶撞就被你杀掉，就像你杀死那个埃及人一样。"老年人说这话时，满脸的瞧不起。

深感震惊的摩西一句话也没有说出来。他发现自己已然成了罪犯，不会再有人追随自己了。他感到一个伟大的梦想瞬间碎成了一片一片，再也拼不起来。

59

　　拉美西斯城正式运作以来的第一个受害者，居然是萨力。拉美西斯坚持要看看他的尸体。

　　萨哈马纳肯定地说："打在萨力脑袋上的那一下要了他的命。是谋杀。"

　　"我姐姐知道了吗？"

　　"亚梅尼负责通知她。"

　　"凶手呢？"

　　"陛下……"

　　"是谁？……有话直说，法律不会包庇任何人。"

　　"摩西。"

　　"不可能！"

"有确凿证据。"

"我必须听听证人怎么说。"

"一个叫亚博内的制砖工人参与了谋杀……"

"他只是路过吗？"

"好像是的，当时摩西和萨力正在厮打。他们俩之间有很深的怨恨，而且由来已久，据我调查，在底比斯时他们就争吵过。"

"摩西不可能杀人。也许是证人弄错了。"

"所有证人的证词都已经记录下来，他们承诺所说属实。"

"摩西会为自己辩解。"

"没那个可能了，他已畏罪潜逃。"

为了找到摩西，拉美西斯下令搜查首都的每栋房子，却没有取得任何成果。整个三角洲都布置了巡警，并为之配备马匹，无数村民接受了审问，可摩西的踪迹还是毫无线索。终于，东北的戍卫军得到了一条明确线索，但赶至那里时已经太迟，没有截住摩西。国王下令获取摩西的逃亡路线，催促命令一道又一道，始终没有结果。拉美西斯开始怀疑：摩西会不会就躲在地中海沿岸的一个小渔村里？会不会藏身于一艘南下的帆船上？抑或是在乡下某间神庙改名换姓了？

妮菲塔莉关切地说："吃点东西吧，摩西失踪后，你都没再正常用餐了。"

拉美西斯温柔地拉着妮菲塔莉的手说："摩西太累了才会选择逃跑。如果我出现在他面前，他一定会向我解释的。肯定是萨力先得罪了他。"

"他不会沉溺在深重的内疚里，永远不打算见人了吧？"

"我担心的就是这个。"

"你瞧夜巡，它由于被你冷落正伤心呢！"

拉美西斯让他的狗跳上自己的膝盖，夜巡舔了舔他的面颊，又把头靠在他肩膀上，高兴极了。

扩建卢克索城，兴建百万年神殿，确定新首都，平定努比亚——这三年来，一切进行得如此顺利，可这桩突然出现的丑闻让拉美西斯失去了摩西，让他感到自己刚刚起步的伟大世界将要垮台。

妮菲塔莉轻声抱怨道："还有我，我也被你冷落了。这个痛苦难道我也帮不上什么忙吗？"

"不，只有你能帮我。"

拉美西斯城的码头越来越热闹，粮食、家具、日用品以及新城市缺少的其他东西，都在这里卸货。驴子、马匹和牛也从水陆运来。谷仓已经填满，地窖里已经收藏了各种名贵的酒。为了争夺首都的最优卖场，大批发商拉开了激烈的价格战，这个场景在孟菲斯和底比斯也发生过。

谢纳和欧菲尔在这里会面了。谢纳不无得意地说："欧菲尔，看吧！摩西也不过是个潜逃的杀人犯。"

"您好像一点也不失望？"

"是的，拉美西斯可是把这位盟友视为珍宝的。你果然错看了他吧，这个错误证明他永远不会改变自己的立场。"

"我还是相信他对唯一神明的忠诚，他的这种信仰绝不是一时头脑发热。"

"我只相信事实。他的命运就算不是永远消失，也是被逮捕和判刑。操控希伯来人的想法，你还是趁早打消吧。"

"没关系，多年的磨炼已经让阿顿的信徒习惯了面对敌人的感觉，他们不会放弃自己的努力。您会帮助我们吗？"

"还是先说说你有什么具体计划吧。"

"我每天夜里都在想办法破坏拉美西斯和她的皇后赖以生存和壮大的根基。"

"这又有什么用？现在的拉美西斯已经发展到了顶峰！他的百万年神殿也很快就要建成了，你不知道吗？"

"但他还没有完全成功。从现在开始，我们应该抓住他每个脆弱的时刻和一切能够撕开其事业裂缝的机会，为此我们可以无所不为、不惜一切！"

欧菲尔虽然表情平静，但这番话所透露出来的坚定意志感动了谢纳。如果赫梯人进攻埃及的计划已经展开，拉美西斯的力量一定会减弱。如果再从埃及内部对拉美西斯展开看不见的攻击，那么，国王再怎么强壮也顶不住。

"欧菲尔，赶快把计划变成行动。我选择与你合作，放心，我会记得你的协助。"

拉美西斯城的生活渐渐走上了正轨，透着和谐与宁静：塞达武和莲花决定在这里置办一间新实验室，亚梅尼在新式豪华办公室里还是不分昼夜地努力工作，大官们提出的无数问题自有图雅去解答，妮菲塔莉负责的宗教和礼宾工作正在照常进行，凯的教育由伊瑟和内疆负责，梅莉达蒙长得像花朵一样好看，罗梅仍然全方位地忙碌着，警卫系统一次一次被萨哈马纳改良……

但是，少了摩西的日子，拉美西斯觉得难以忍受。

和摩西的意见分歧不能抹杀这个希伯来人为拉美西斯的王国所付出的一切，摩西的灵魂已经留在了拉美西斯城的每个角落。从他们最后一次交谈来看，摩西受到一些危险思想的毒害，纠缠着他的那些东西，或许他自己都不知道是怎么回事。摩西好像受到了某种魔法的蛊惑。

拉美西斯正在交易厅里走来走去，亚梅尼忽然抱着一堆文件飞奔上前。他报告国王说："亚夏来了，他想马上求见。"

"让他进来。"

年轻的外交官亚夏穿着一身淡绿色、绲[1]红边的长袍，他步姿优雅而自在，好像天生就适合做领导。但从他脸上的神情看，他今天减了几分平日的潇洒。

拉美西斯说："很遗憾，在拉美西斯城的开城仪式上我没有看到你。"

"抱歉，陛下，当时我正在出公差。"

"你去了哪里？"

"去孟菲斯收集情报。"

"谢纳告诉我，赫梯人计划在叙利亚中部发动暴乱。"

亚夏剔除了语调中所有的玩笑成分，一本正经地说："恐怕不只暴乱这么简单，而且不只叙利亚中部出事了。"

"怎么，难道不是我亲爱的哥哥小题大做吗？"

---

[1] 绲（gǔn）：用彩带或花边装饰。——译者注

"真是那样倒还好。我把搜集来的情报资料整理了一遍，确定这是赫梯人的一次大规模军事行动。他们的目标涉及迦南和整个叙利亚。黎巴嫩的海港可能也已遭到侵犯。"

"我们在当地的驻军遭到直接进攻了吗？"

"目前还没有。但是，中立地带有些村落和田野已经被占领。赫梯人截至目前都还没有对我们施加暴力，只是采取了一些政治措施。向我们进贡的区域实际已经落在赫梯人手里了。"

几案上摆着一张近东地区的地图，拉美西斯凑近看了许久，然后说："我国东北部的那条走廊是我们的一道大门，从那里一路南下将畅通无阻。赫梯人的目标就是埃及。"

"现在还不能下结论。"

"那么，你认为他们这次的目的是什么？"

"可以有很多，不能确定，比如攻城略地、孤立我们、恐吓居民、削弱埃及的国威、打击我们军队的士气等。"

"你觉得是哪一个？"

"发动一场战争。"

拉美西斯在安纳托利亚王国的版图上画了一个红圈。

亚夏继续道："这是一个只喜欢疯狂、鲜血和杀戮的民族，若不消灭他们，每个文明都将受到威胁。"

"可以通过外交——"

"外交已经没有用了。"

"……"

"您的父亲就曾做出这种尝试，是在……"

"在卡迭石的一道边界线上。我记得赫梯人无视父亲的协调。

亚夏，关于赫梯人的行动，你要每天给我一份报告。"拉美西斯不再是作为朋友说出这话，而是作为国王发布命令。

亚夏向国王鞠了一躬，打算告退，拉美西斯问："摩西遭到控告，他本人也失踪了，这件事你知道吗？"

"摩西吗？这不可能！"

"我想应该是有人陷害他。我必须把他找出来，你们的外交公报也要利用起来，把他的详细个人特征写进去。"

御花园里，妮菲塔莉正在抚琴，右手边摇篮里的梅莉达蒙正在酣睡，圆圆的脸非常红润；左手边坐着一个书记员似的小男孩，正是凯。他正在看一本书，书里讲的是一位巫师战胜恐怖妖魔的故事。在她面前的土地下，拉美西斯前晚刚种下一棵柽柳，夜巡正忙着把它挖出来。它已经用前爪挖出一个洞，鼻子被潮湿而松软的泥土埋起来了。皇后见它如此认真，不舍得斥责它。

夜巡好像察觉到了主人的到来，突然停下动作跑向大门口，见到主人兴奋地叫着跳着。

妮菲塔莉从丈夫的脚步声中听出了一份沉重与不安，她起身迎上去。

"是摩西有消息了吗？"

"还没有。但我相信他还活着。"

"难道……是母亲她？"

"她很好。"

"那……究竟是什么让你那么忧虑。"

"我一直有一个梦想，就是我们的国家充满欢乐与和平，每天

被幸福包围。可是，这个梦想今天宣告破碎了……"

妮菲塔莉闭上双眼："是战争。"

"除了迎战我们别无选择。"

"你又要去远征了，是吗？"

"不阻止赫梯人的进攻，埃及就面临着灭亡的命运。我是指挥军队的最合适人选。"

两人拥抱在一起。凯看了他们一眼，又开始专心看书。梅莉达蒙没有从宁静的睡梦中醒来，夜巡还在玩着挖柳枝的游戏。

两人一时无语，妮菲塔莉紧紧依偎着拉美西斯，看到了田野尽头的一只大白鹭。

"拉美西斯，我们又要被战争分开了。我不知道去哪里寻找战胜这层障碍的勇气。"

"它就在把我们永远结合起来的爱情里。未来充满未知，但我希望你，埃及的大皇后，能够在我外出期间治理这个国家。"

妮菲塔莉向天边凝视了许久，说："你是对的，我们不能对邪恶势力让步。"

夕阳照在王室夫妇的身上，田野的尽头，天空中那只大白鹭以极其庄严的姿态滑翔而过。

拉美西斯五部曲 3：
卡迭石之战

Ramsès, tome 3 :
La Bataille de Kadesh

［法］ 克里斯蒂安·贾克（Christian Jacq） 著

解玲玲 译

中国社会科学出版社

图字：01-2017-5282号
图书在版编目（CIP）数据

拉美西斯五部曲：全五册 / （法）克里斯蒂安·贾克著；
解玲玲，彭楚译．—北京：中国社会科学出版社，2018.8（2024.11重印）
ISBN 978-7-5203-2800-5

Ⅰ．①拉… Ⅱ．①克… ②解… ③彭… Ⅲ．①长篇历史
小说－法国－现代 Ⅳ．①I565.45

中国版本图书馆CIP数据核字(2018)第154217号

Originally published in France as:
" Ramsès, tome 3 : La Bataille de Kadesh" by Christian Jacq
© Editions Robert Laffont, Paris, 1996
Current Chinese translation rights arranged through Divas International, Paris
迪法国际版权代理

Simplified Chinese translation copyright 2018 by China Social Sciences Press
All rights reserved.

出 版 人	赵剑英
项目统筹	侯苗苗
责任编辑	侯苗苗　郭晓娟
责任校对	周晓东
责任印制	王　超

出　　版	中国社会科学出版社
社　　址	北京鼓楼西大街甲158号
邮　　编	100720
网　　址	http://www.csspw.cn
发 行 部	010-84083685
门 市 部	010-84029450
经　　销	新华书店及其他书店

印刷装订	北京君升印刷有限公司
版　　次	2018年8月第1版
印　　次	2024年11月第3次印刷

开　　本	880×1230　1/32
印　　张	62.625
字　　数	1419千字
定　　价	228.00元（全五册）

出　版　序

　　破译了古埃及文字、使人们能一睹古埃及文明风采的商博良[1]，曾用这样的话描述他最崇拜的埃及法老："拉美西斯，永恒不灭的太阳之王，最伟大的君主，真理常伴左右。"

　　拉美西斯是西方文明的源头，他是埃及法老王时期最伟大的象征。从公元前1279年到前1212年，拉美西斯经历了六十七年的统治，创造出埃及辉煌灿烂的文明，将自己的智慧和才能发挥得淋漓尽致。他把自己的名字永远烙印在了历史的长河中。

　　拉美西斯的行迹遍布埃及大地，在皇家建造或者重修的无数建筑上，总能看到拉美西斯留下的印记。位于阿布辛贝的两座神殿、卡纳克神庙的圆柱大厅，还有卢克索面露笑容的巨像，无不昭示着伟大的拉美西斯和大皇后妮菲塔莉将永远统治埃及。

　　在不止一部的小说中，拉美西斯都是英雄式的人物。这部小说讲述的是，拉美西斯接受父亲塞提的教导，克服诸多考验和磨难，终于凭借无与伦比的才华，创造出辉煌的盛世，展现出这位真实英雄波澜壮阔的一生。

　　本书共有五册，除了拉美西斯，还记述了一些各具特色的人物：法老塞提、塞提的皇后图雅、大皇后妮菲塔莉、美貌的伊瑟、诗人

---

　　[1]　让·弗朗索瓦·商博良（1790—1832），法国历史学家、埃及学家，是第一个破译古埃及象形文字的人，他开创了埃及学，被人们称为"埃及学之父"。——译者注

荷马、御蛇巫师塞达武、希伯来人摩西，另外还有很多形形色色的人物，他们共同组成了这幅绚烂的巨大画卷。

拉美西斯的木乃伊如今保存在开罗博物馆，他的身体至今仍散发着无穷的魅力。不少人在参观过他的木乃伊后，都觉得他好像即将复活一般。

他的肉体生命虽然终结了，不过他的精神生命在这部小说中得以重现。从野史和埃及学中，我们可以了解到拉美西斯的成功与失败，体会他的欢乐与痛苦，了解他最爱的女人。他曾遭到最令人痛苦的背叛，也拥有至死不渝的友情，他以强大的内心对抗邪恶，寻找光明。这些曲折的过程，我们都可以在这部小说中亲历。

从第一次与野牛搏斗，到安息在洋槐树下，拉美西斯把自己的一生都融入了埃及——这个被众神宠爱的国家。在这片孕育无数生灵的大地上，忠诚、公平和美貌都有其特定的含义，生命可以重来，爱情崇高而美好。我们在现实生活中憧憬的一切，都可以在这片神奇的土地上实现。

埃及属于拉美西斯。

01

在通向狮城的那条火热的小路上，一匹马正在飞奔。坐在马上的是信差丹尼奥，此刻他正在奔向叙利亚南部的一座小镇——那里是由赫赫有名的法老塞提亲手创建的。信差是一份受人尊敬的职业。丹尼奥的父亲是埃及人，母亲来自叙利亚，在他们的教导下，他早就对于如何做好这份工作了然于胸。实际上他做得要更好，对于那些加急的邮件递送得尤其及时。他的马匹、食物和衣服都由埃及政府提供，在东北部边境的西勒城，他还有一个公家提供的住处，并且送信路上旅店的住宿也都是免费的。这可真是一份好得不得了的差事。他可以到处旅行，还可以和那些叙利亚女子打情骂俏——那些姑娘可不会看见生人就羞怯地躲起来。而且，有些姑娘很中意他的工作，一心想要嫁给他。所以，一旦丹尼奥发现两人的关系正朝着谈婚论嫁的方向发展，他就立马脚底抹油，溜之大吉。

父母曾让村子里的占星家为他占卜，知道对他而言，自由畅快地生活和策马奔驰在扬尘的小路上比什么都重要。即便有个聪明又伶俐的情人，也留不住他，他实在受不了束缚。

开始工作以来，他从没有漏送过一封信，不仅如此，为了不让那些焦急的寄信人在等待中煎熬，他还经常提前将信送达。在他看来，尽可能快地将信送到，是他最神圣的职责。他的谨小慎微和有条不紊也深得上司们的欣赏。

拉美西斯继任法老之后，很多埃及人都忧心忡忡，怕他会是个穷兵黩武的国王。丹尼奥也有过这样的担心，怕这位年轻的法老会为了建立一个以埃及为中心的大帝国而集结军队，攻打亚洲。

拉美西斯精力旺盛，在他继位的前四年里，卢克索神庙得以扩建，卡纳克的圆柱大厅得以落成，在底比斯左岸，他的百万年神殿也开始施工，他还在三角洲兴建了新首都拉美西斯城。不过，在外交上，他还是沿用了父亲的政策，与好战的安纳托利亚战士——赫梯人签订条约，承诺互不发动战事。看起来，赫梯人也承认了叙利亚南部为受埃及保护的属地，已经不想再与埃及兵戎相见。

如果不是拉美西斯城突然送了很多军事信件给那些分设在荷鲁斯一线上的军事堡垒，这前景该是多么的光明美好。

在叙利亚北部和埃及的附属安穆府省[1]正在发生动乱。对此，丹尼奥曾向他的上司和一些军官打听消息，可是他们都不知道是

---

[1]　相当于现在的黎巴嫩。

怎么回事，关于这些情况的讨论沸沸扬扬。

丹尼奥这次往东北防御线上送信，很明显是要告知那些荷鲁斯一线堡垒的将领们，为可能发生的战事严阵以待。

迦南[1]、安穆府，再加上叙利亚南部，这片广大地区在埃及边上形成了一条保护带，外敌来犯时，埃及不会马上遭受冲击。这都归功于塞提的雷厉风行。不过，这些地区本身也容易发生暴乱，所以也还需对这些地方的王子们严防紧守，让他们认清形势和自己的位置。季节轮换之时，往往也是侵略之心复燃之时，努比亚的金子可以快速熄灭这一野心。此外，在丰收年景里举行祭祀庆典等这类隆重的节庆时让军队来助威，或是举办埃及国家军队的检阅礼，也可以起到震慑作用，在短期内维持和平。

过去，荷鲁斯一线的堡垒曾多次对外国人紧闭城门，不允许他们通过。赫梯人从没能越过这些城门，人们也早已习惯了和平的日子，全然忘记了还有残酷得令人畏惧的战争的存在。

丹尼奥也总是往好的方面想。埃及军人作战勇猛，赫梯人是知道的；安纳托利亚人野蛮残忍，也令埃及人感到畏惧，双方在上一场搏杀中都损失惨重，所以都不想改变现状，偶有挑衅也只是言语上的。拉美西斯还有很多大型工程要去建造，也不想引发战争使自己分心。

前面就是狮城农田的边界了，丹尼奥加快速度想要冲过立在边界的石碑。突然，他勒停马，跳了下来。因为他看到了石碑的梁柱上，有几个字被毁掉了。那些可以保护一方安宁的神圣记号都模

---

[1] 包括巴勒斯坦和腓尼基。

糊得看不清了，还怎么发挥作用？丹尼奥很是气愤，这是一块被赋予了生命的石头，破坏它的罪首应该受到严惩，被判处死刑。

依现在的情形看，这位信差无疑是第一个发现石碑被破坏的人，他觉得得尽快向驻守在此的军区司令报告这件事。军区司令一定会将这件事调查清楚，然后写一份详细的报告向法老禀明。

这名信差来到城区的门口——城区本是被一道军事围墙包围着的，城门两侧各有一座狮身人面像趴坐着。可是，眼前的景象让人觉得不可思议，他瞪大了眼睛，一步也不敢往前迈。军事围墙被破坏殆尽，两座狮身人面像向两边倒去，仿佛被人剖开了肚肠。

狮城遭到了袭击！

平时的这个时候，小镇上总是一幅热火朝天的景象：步兵和骑兵各自操练战斗技巧；城区广场上、水池边，人们在闲话着家常、小孩子在嬉闹、驴子扯着嗓子喊叫……可是现在，小镇上异常安静，什么声音也没有，安静得让信差备感压抑，简直无法呼吸了。他觉得嘴里干燥冒火，于是拿起水壶，喝了一大口凉水。

本来，丹尼奥应该回转，从来时的路返回去找最近的军区，向他们报告这里的情况。可是，他对狮城很熟悉，上到军区司令，下到旅店老板，他都认识，这里的居民也都认识他，有些人跟他已经成了好朋友了，他想知道这里到底发生了什么！

马受了惊，扬起前蹄，嘶吼起来。信差抓挠着它的脖颈，试图让它平静下来，不过这匹马再也不肯往前踏一步。丹尼奥只好下马，徒步进入这个异常安静的小镇。

粮仓全都仓门大开，存粮被洗劫一空；破碎的酒坛子散了一地，酒水也都没有了。那些两层的小楼房，都被不留余地地捣毁了，包括军区司令的宿舍在内，没有一栋幸免于难，都成了断壁残垣。所有小庙的墙壁都倒塌了，神像有些被残暴地摔碎，有些被削去了脑袋。

小镇笼罩在压抑沉闷的氛围中。死了的驴子被扔进了水井里。在小镇中心的广场上，家具和莎草纸被堆在一起烧得只剩下些残迹。

这时，一股刺鼻的恶臭引起了他的注意，空气都黏乎乎的，令人恶心。信差循着气味来到城区最北端的肉铺。肉铺前有一顶大大的太阳伞，是人们宰杀牲畜的地方。往日，人们在这里将肉块放到大锅里烹煮，把鸡鸭肉穿成串烤着吃。完成了送信的差事后，他常会到这里来吃顿午饭。

可是眼下，映入眼帘的景象让他喘不过气来。

尸体成堆地叠在一起，有军人、商人、匠人的，还有老人、女人、孩子和婴儿的，他们全都被割破了喉咙。那位军区司令是被一截尖桩刺死的。肉铺屋檐的前梁上吊挂着另外三名副官的尸体。一段赫梯文字刻在一根梁柱上："赫梯国的君王穆瓦靼力万岁，他的军队大获全胜。我们要将敌人杀得片甲不留。"

这一次，赫梯人越过他们的属地，直接偷袭了埃及东北部边防的近郊。这次偷袭简直灭绝人性，不留一点生机，可真是符合赫梯人残暴的特征。

丹尼奥茫然无措，又十分害怕，他后退几步，可眼前的恐怖景象让他的视线无法移开。竟然有人能如此残暴，不留一点儿余地。可是，如果此时那些赫梯人的军队仍没撤退，那会怎样？丹尼奥只觉得脑袋发胀，他退向有狮身人面像的城门口。他的马已经跑得无影无踪了。

　　他抬眼朝天边看去，心里十分慌乱不安，真怕看见赫梯士兵。突然，山脚下扬起沙土，出现一队马车。马车飞快地朝丹尼奥驶来，他吓得失魂落魄，拼命狂奔起来。

02

位于三角洲中心处的拉美西斯城，是由拉美西斯新兴建的都城。目前，这里的居民已经超过十万人。瑞河和阿瓦瑞斯河这两条尼罗河的支流将城市围绕起来，因此即便到了夏天，这里的气候也并不炎热难耐。另外，这里还有多条运河流经，一个可供乘船游玩的湖，几个鱼虾富饶的鱼塘——足可以让那些以钓鱼为乐的人逮几条大鱼。城里的食品由一个丰产的乡村供应，种类非常丰富。

在拉美西斯城内，屋舍门脸装饰着蓝色的琉璃瓦，呈现出一片超然、脱俗的明亮，因此拉美西斯也有"绿城"的美名。其实，在这个平和安宁的城市中，驻扎着四座兵营，皇宫附近还有一座兵工厂。这是个和平与战争共存的城市。在兵工厂中，工人们不分昼夜地生产着战车、战盔、利剑、长枪、盾牌，还有箭，已经这样持续几个月了。兵工厂的核心是一座专门锻造铜器的工坊。

在通向圆柱大庭院的斜坡上，摆着一辆战车。它是刚刚制造完成的，看上去很结实，也很轻便。那个斜坡上还有很多这样的战车。一个工头拍了拍一个细木工人的肩膀——这个工人正在对产品做最后的检验，说："看那儿，斜坡底下的那个人，就是他了！"

"他？"

那个工匠抬头看去。

没错，是他，光明之子拉美西斯，埃及上下两地之主，深受人民尊敬和崇拜的法老！

这位塞提的继任者四年前开始执政，现年二十六岁。他体魄强健，身高一米八有余，一头褐色的头发散发着金光，额头宽厚圆润，清晰有形的眉骨下，长着细长的鹰钩鼻，睫毛浓密，目光清亮、深沉；双耳总体呈一个圆润的弧度，耳轮稍向内扣；嘴唇丰满，下颌端正，成方形。拉美西斯身上散发着一股超自然的力量，使得他看上去无比威严，不容侧目。

为了让他继承王位，他的父亲很早就开始训练他。他接受了严峻的考验和使用权力的教育，同时也继承了塞提那夺目的威仪。他站在那里，不怒自威，虽没有穿戴君王的衣冠，却让人心生敬畏。

法老来到斜坡上，检视着那辆战车。工头和那位细木工人屏气凝息地站在一旁，生怕受到法老的批评。这个兵工厂出产的武器都做工精良，他们希望法老亲自驾临观摩之后，能给予些称赞。

拉美西斯仔细检查了木头配件，触碰车辕，亲自测试车轮是否耐用。因为他想认真观察一下再做评价。

他说："是个了不起的作品。但是到底够不够结实，还得通过实战演练才能知道。"

工头点头说："陛下，我们已有安排。车夫会在故障发生后，告知我们是哪些零件有问题，我们也好有针对性地组织修复。"

"这样的事经常发生吗？"

"并不经常，陛下。不过，这也是工厂改良缺陷、增进技术的好机会。"

"不要掉以轻心。"

"陛下……有个问题，我可以问您吗？"

"问吧。"

"是不是……很快就会有战争了？"

"害怕了？"

"我们的确是制造武器的，但是这并不代表我们喜欢战争。一旦开战，就会有不计其数的埃及人战死，女人们失去丈夫，孩子们失去父亲。愿神明保佑，保佑我们远离战争。"

"希望你的心声能传到那些好战之人的耳中。可是，如果埃及的安全受到了威胁，我们还能怎么做？"

这位工头的头耷拉了下来。

"埃及承载着我们的过去和未来，如母亲一般养育着我们，每时每刻都在付出，且不计回报。可是，她有危险了，我们却不管不顾，自私软弱，是回报她的方式吗？"

"陛下，我们想活着！"

"为了拯救埃及，法老即便付出生命也在所不惜。好好工作吧，工头。"

拉美西斯城，他的首都是那么光芒四射，宛如一个梦境，一个成为现实的梦境。在这里，每天重复的都是幸福满足的日子。这里本是邪恶的亚洲侵略者之城——阿瓦瑞斯，可如今被洋槐树和无花果荫庇着，不管是穷人还是富人都享受着这福泽。它已经成了一座让人流连忘返的典雅之城。

法老很喜欢在乡间散步，看那里满地的牧草；喜欢徜徉在两边长满鲜花的小路上；喜欢景色宜人、可以尽情游玩的运河。他还喜欢吃苹果，说那味道像蜜一样甜，他也喜欢洋葱的味道，觉得很平和。他喜欢从一整片橄榄园中穿过——这里产的油多如沙滩上的沙子，享受花园里的芳香。法老来到一个内港，这里一派繁忙的景象，周围大型仓库林立，储存着城市的资财、重金属、珍贵的木材，还有粮食等。

不过，拉美西斯已经有好几周没去乡间漫步了，也没在绿城里闲逛，而是在军营里待着，他花了很多时间与军官、战车士兵、步兵等职业军人相处。埃及军队的招兵方式多样，职业军人是其中的一部分。他们对现在的薪酬待遇、饮食，以及住宿条件都很满意。不过，因为操练任务多，不少人有点怨言。他们在国家太平无事的时候就加入了军队，现在有点后悔，觉得要是晚几年再加入就好了。不过，虽然都是经过严苛的军事训练的，但是敌方是赫梯人——那些战无不胜的安纳托利亚战士，即便是作战经验丰富的职业军人也心有余悸。赫梯人的残暴总能让人不寒而栗。

畏战情绪正一点一点地在军营中蔓延开来。拉美西斯已经感觉到了，所以他多次深入军营，了解熟悉军队工作，希望借此鼓舞军队的士气。尽管他自己也非常痛苦，但是法老应表现出庄严和从容不迫的样子，才能稳固军心。

这座城市是他年少时的朋友摩西指挥希伯来砖瓦工人建造出来的，该怎么做才能幸福无虞地生活在这里呢？摩西被指控杀害了法老的姐夫萨力，之后便消失不见了。萨力是拉美西斯年少时的家庭教师，他过去曾策划谋逆，后来又欺压他统管的那些工人。这样一个人被人杀了，拉美西斯并不觉得一定是摩西所为，他觉得摩西一定有什么苦衷，说不定是被人陷害的。

当他暂时不去担心失踪的摩西时，就和他的哥哥谢纳和亚夏待在一起。谢纳现任外交部长，以前曾经不遗余力地与他的弟弟争夺法老之位，但最终败下阵来。失败后的谢纳，好像彻底醒悟了，在自己的职位上很是尽心。亚夏是拉美西斯、摩西的同窗好友，他现在是个聪明又能干的外交官，深得法老信赖。

这三个人每天碰头分析叙利亚那边传来的消息，想要弄清楚目前那边的局势。

赫梯人的侵犯到什么程度，埃及才会不再容忍呢？

看着那张在桌子上摊开的近东和亚洲大地图，拉美西斯很茫然。北边是安纳托利亚高原，中间是赫梯王国[1]，还有它的首都哈图沙。偏南一点紧邻地中海的是叙利亚，欧伦特河从这片广阔之地穿过。卡迭石是叙利亚最丰饶之地，现在被赫梯人控制了。正南边是已经归顺埃及的安穆府省、彼布罗斯港、蒂勒港、西顿港，还有对埃及俯首帖耳的迦南。

哈图沙距埃及的首都拉美西斯城八百公里，那里是穆瓦靼力的

---

[1] 今土耳其。

据点。从拉美西斯城东北方的边境一直到叙利亚中部地区，可以作为埃及的军事屏障，消灭那些侵占埃及上下两地的侵略企图。

可是，安纳托利亚战士的铁蹄跨出了自己的辖区，对叙利亚的首都大马士革发起了进攻。可见，赫梯人并不认可塞提布置的现状。

亚夏收到了探子的报告，认为赫梯人至少是不安于现状的。拉美西斯则认为出动军队需师出有名，等侵略的事实毋庸置疑的时候再出兵，一口气将敌人驱逐回北方。不管是谢纳还是亚夏，此时都无法就目前的局势给出明确的意见，因此法老便独自静思，以决定下一步如何行动。

在刚得到赫梯人进攻的消息时，拉美西斯曾有立即组织反击的冲动。只是他的军队的主力都是从孟菲斯转移到拉美西斯城的，需要消耗短则几周长则几个月的时间为战争作准备。这段时间的等待，消耗着法老的耐心。不过，已经过去十几天了，叙利亚中部没有爆发大型军事冲突的情报传来，或许双方没到必须兵戎相见的程度，可以免于一战。

皇宫的鸟园里，几座水池的水面上长满了蓝莲花，无花果树的树荫下豢养着蜂鸟、松鹤、山雀、戴胜鸟、凤头麦鸡……法老走进鸟园，去寻找那个面前摆着古琴，能弹出优美旋律的身影。她是埃及的大皇后——妮菲塔莉。她充满柔情，尽管出身卑微，却是唯一一个能占据法老心灵的女人。在皇宫之中，她的美丽无出其右，声音甜美如甘泉，而且她从不说一句无用的话。

妮菲塔莉年轻的时候本来已经计划好，像乡间神庙里的女祭司那样，默默地祈祷着度过一生。但是，拉美西斯遇见了她，深深地爱上了她。两人结成皇室姻缘，且要背负起埃及的命运，他们之前从没想过会承担这样的使命。

妮菲塔莉长了一头乌黑发亮的秀发，还有一双蓝色的眼睛。她话语不多，总是在思考，做事小心谨慎，有很强的处事能力。皇宫上下对她都十分信任，除了拉美西斯，人们最信任的就是她了。不管是皇后，还是妻子，她都做得很好。

她和法老育有一女，和她神似，取名为梅莉达蒙。之后，妮菲塔莉无法再继续生育，不过，对她而言，这只是个小小的遗憾。因为这痛苦，和她与拉美西斯共同浇灌的爱情九年来带给全国人民的幸福感是无法比拟的。所以，那种痛苦很快便如微风般消失了。

此刻，一只戴胜鸟正欢快地叫着、绕着她飞，它停在皇后的手臂上，听皇后和它说话。拉美西斯默不作声地看着她。

"你来了，是吧？"

当他靠近她，她总是能感觉到，也总是能洞察他的想法。他便朝她走过去。

皇后说："鸟儿们今天很浮躁，看来暴风雨将近了。"

"在宫里，人们是怎么说的？"

"他们都在自欺欺人。在他们口中，敌人是胆小懦弱的鼠辈，我国的军队强大无比。想用近期举办婚礼或专注于加官晋爵来逃避现实。"

"对于法老，他们可有说什么吗？"

"他们说，相信你能守护好自己的国家，觉得你和你的父亲越来越像了。"

拉美西斯拥妮菲塔莉入怀，她的头靠在他的肩头。他说："真希望能如这些官员们所说的那样……"

"是有不好的消息吗？"

"目前为止，还很平静。"

"赫梯人不再进攻了？"

"亚夏没有收到告急的消息。"

"如果开战，我们做好准备了吗？"

"敌人是安纳托利亚战士，没有一个军人急于跟他们作战。那些老兵很消极，觉得我们不可能打胜仗。"

"你怎么看？"

"我的父亲曾率领军队，进行过一场非常危险的军事行动。但是我，还没有指挥过这种大规模的战争，缺乏经验。"

"埃及皇室的人非常看重国家的独立，过去也曾为此殚精竭虑。但如果赫梯人采取行动了，那说明他们已经胜券在握。我虽不喜欢使用武力，可是如果只有战争才能解决问题，我一定会支持你。"

那只戴胜鸟落到一棵无花果树的枝头，别的鸟四散飞去。鸟园突然变得喧闹起来，像个剧场。

拉美西斯和妮菲塔莉同时抬头，看到一只有气无力的信鸽。它盘旋着，似乎是想找一个落脚点。法老朝它伸出手臂。它明白了法老的示意，落了下来。它的右脚上绑着一小卷莎草纸，仅有几厘米的长度，上面写着细小的象形文字，不过字迹很清晰。写信的是一名随军书记员。拉美西斯慢慢读着，只觉得好像一把尖刀刺进了身体。

他对妮菲塔莉说道："正如你所言，暴风雨将近了……就在刚才，已经发出了巨响。"

03/

在埃及，拉美西斯城这座议事厅的富丽堂皇堪称翘楚。它的正门前有一座十分宏伟的楼梯。楼梯两边的壁画，描绘的是敌人被打得溃不成军的场景。这些壁画的寓意是，不管那些邪恶的力量怎么更替，都终将被法老驯服，并在玛亚特[1]的和谐秩序中和平共处。在现世，皇后就是玛亚特的化身。

议事厅的围墙底色是白的，画上了蓝色的彩绘，并用椭圆形的边框加以装饰，看上去如宇宙般梦幻。边框上记录着历代国王的名讳，代表着人世间法老——造物者之子——统治的王国。

一旦进入这座大厅，任何人都会不自觉地产生一种庄严肃穆之

---

[1] 玛亚特：古埃及宗教中，她是太阳神瑞的女儿，智慧神透特的妻子，是代表正义、真理，以及和谐秩序的女神。——译者注

感。大厅的地面用彩釉陶砖拼接出了水池花园的画面。画上有一只停在池塘边的鸭子；还有一条小鱼，在白莲中穿游。墙上是一幅鸟儿在湿地里嬉闹的图画，这是一幅调和了深深浅浅的红绿蓝以及亮黄和灰白色调的美丽图画。不只这幅图画，就连那些装饰檐壁的莲花、罂粟、虞美人、雏菊、矢车菊形花边都美不胜收。

许多人都觉得大厅里这幅称颂大自然和谐之美的图画，像极了一位少妇的脸，那表情好像她正在蜀葵花田前静静地思考着。它那么像妮菲塔莉，相似到令人怀疑这根本就是法老特别献给自己妻子的礼物。

在通往王座的金色楼梯上，法老拾级而上。楼梯最后一级上有一个狮子咬住敌人的摆设。拉美西斯一上来就看到了玫瑰花，那是从埃及的附属地叙利亚南部运来的。此刻看着它们，法老觉得那些尖利的刺，刺得他的心生疼。

所有的官员静立着，一言不发。

这次会议的参与者众多，除了各部长及幕僚、祭司、皇家书记员外，还有一些巫师、神灵学者、负责日常祭礼的人、情报员、教管礼仪的贵妇人。另外还有一些男女宾客，他们是得到乐观但处事谨慎的皇家总管罗梅的批准才进入的。

这些与会者在会议后将传播拉美西斯的讲话，使全国人民以最快的速度知晓会议内容。拉美西斯其实很少一次性召集这么多人开会，所以在场的众人都深吸着一口气，忧心忡忡地等着，生怕有什么不好的消息。

法老头戴红白相映的双王冠——它代表着上下埃及一体、全民同心，胸前放着一把代表掌控天地万物和生命力量的权杖。

"狮城，我的父亲建立的那座小镇，遭到了赫梯人的袭击。他们野蛮地杀害了镇上的全体居民，连女人、孩子，甚至婴儿都没放过。"

此言一出，便在与会者中点燃了愤怒。没有军队能被赋予这样的权力。

法老继续说道："这个灭绝人性的暴行是被一名信差发现的。他正十分害怕的时候，遇上了给我送信的巡逻队，并被带了回来。赫梯人不只屠戮军民，还捣毁了小镇上的神庙，毁坏了塞提立下的石碑。"

大家都在震惊的时候，一位老者从官员的行列中走了出来。他是军机官，掌管着皇家档案。

他俯身跪倒："陛下，有什么证据证明这些罪行是赫梯人犯下的吗？"

"那里有他们的留言：'赫梯国的君王穆瓦靼力万岁，他的军队大获全胜。我们要将敌人杀得片甲不留。'另外，还有件事要告诉你们，就在不久前，安穆府和巴勒斯坦的王子们叛变了，宣布要忠于赫梯。他们攻击了领地内的埃及平民，有些活下来的都到堡垒里躲藏起来了。"

"陛下，这是不是意味着……"

"大战将至。"

拉美西斯宽敞的办公室内，几扇大窗嵌在方形石砖内，石砖上用蓝白色的彩釉装饰。办公室里非常亮堂，各种花朵的芬芳从窗口飘进来。有了这些窗户，法老每个季节都能感受到不同的芳香。

办公室里有几个独腿小圆桌，桌子镀了一层金，上面摆放着百合花；还有一张洋槐木的长桌，是用来堆放、展阅莎草纸卷的；在一个角落处，还摆着一座塞提的雕像，它是闪长岩材质的，塞提被塑成坐在王座上、抬眼眺望天空的形态。

为了商量对策，拉美西斯在这里召开了一个小型会议，与会者只有三个人：他的好友同时也是忠诚的机要秘书亚梅尼、他的兄长谢纳、亚夏。

亚梅尼双手又细又长，个子比较矮小。他对拉美西斯非常忠诚，且是个工作狂，大部分时间都待在办公室里，连休息睡觉的时间都很少。而且他不怎么参加运动，所以脸色灰白，看上去很瘦弱，虽然不过二十四岁，可是头发已经稀疏了。他工作效率很高，别人要花很长时间才能处理完的公文，他一小时就能办完。别看他现在只是担任拉美西斯的书记员，其实以他的资质任何部长的职位都可以胜任。只不过，他不喜欢走到幕前，成为众人的焦点。

他说："巫师们做了一些小蜡像，用来代表亚洲人和赫梯人，并用火焚烧了它们。另外，他们还在陶制的酒杯和瓶子上刻上了那些人的名字，然后将它们摔碎。我还要求，在我们的军队开拔之前，这样的仪式每天都要做。巫师们能做的准备都已经做了。"

谢纳——拉美西斯的哥哥，抬了抬肩膀，说："巫术并不可信。"他声音轻佻，个子不高，且一身的肥肉，满月形的脸上脸颊圆鼓鼓的，眼睛很小，眼珠是深棕色的。他嘴唇很厚实，留着一圈络腮胡，那是为父亲服丧时留下的。他继续说道："依我看，那些我们安置在叙利亚、安穆府、巴勒斯坦的大使都是些无能的小人，就是因为他们的疏忽，才会让赫梯人在我们的属地上悄悄布下了一张网。

他们都该被废黜。"

"已经这样做了。"亚梅尼说。

"怎么没有提前知会我！"谢纳很是气愤。

"重要的是已经这样做了。"

洋槐木的桌子上有一张大地图展开着。拉美西斯对他们的口角视而不见，食指落在地图上的一个地点，问："在东北部的边防处，我们的驻军是否已经做好开战的准备？"

亚夏答道："是的，陛下。我们不会让一个利比亚人穿过那条边境。"

亚夏出身豪贵，且是家中独子，看上去有些骄傲。他脸型偏瘦，眼睛炯炯有神，非常英俊，浑身散发着贵族气质，是贵族风尚的引领者。另外，他还掌握了多个国家的语言，擅长并喜欢外交。

"利比亚海滨的边防和三角洲西部的沙漠地区已经被我们的巡逻队控制。防御工事也已做好准备，可以随时应战。如果有人入侵，我们可以轻而易举地将其拿下。不过目前被侵犯的可能性不大。我们已经断开了利比亚的部落与其他国家的联系，不可能有国家与之结盟。"

"是可能，还是有十足的把握？"

"有十足的把握。"

"是个好消息。"

"陛下，只有这一个是好消息。我刚得到报告，在沙漠地区，梅杰托、大马士革等商队的终点站已经向我们求救了；在海上，货船们的停靠港腓尼基海港也发来了求救信。赫梯人的袭击使那些地区变得动荡不安，已经严重影响我们的商贸活动。形势已经迫在眉睫了，如果再不行动，当盟友被赫梯人鲸吞蚕食殆尽，我们将会陷入孤立的境地。塞提和先辈们创下的基业将在我们手中毁于一旦。"

"亚夏，这些我也已经感觉到了啊。"

"陛下，想要认清死亡的威胁并不容易。"

亚梅尼问："在外交方面，我们确实已经无计可施了吗？"

拉美西斯重申道："他们残杀了一个镇的居民。用如此残忍的方式引发恐惧，难道不是已经表明，绝无外交的可能性了吗？"

"可是，一旦开战，死于战场上的人将不计其数。"

谢纳语含讥讽，责问道："亚梅尼，那你的意思是，我们应该投降吗？"

这位机要秘书攥紧了拳头，满含怒意地说："谢纳，注意你的措辞。"

"亚梅尼，要开战了，你准备好了吗？"

拉美西斯不想再听他们争吵，说道："好了。留着点你们的精力吧，埃及现在需要保护。谢纳，我们直接发兵，你觉得可行吗？"

"可否再给些时间，让我们提升一下战斗力呢？"

亚梅尼说出自己的担心："我们的军队准备还不充分，如果仓促应战，造成的损失将不可估量。"

不过，亚夏顾虑道："可是拖得越久，迦南那边的暴动就越难以控制。当务之急是击败敌人，保护好我们与赫梯人之间的军事屏障。一旦那里失守，就会成为赫梯攻打埃及的前沿阵地。"

亚梅尼很是气恼，辩称："这样太欠考虑，会危及法老的生命！"

亚夏冷冷地问道："你说我欠考虑？"

　　"你可有了解我军的实际情况？我们已经在加班加点地赶制武器了，即便这样，军中的装备还是非常不足。"

　　"属地是否稳定关系到埃及的危亡，所以现在最重要的是确保他们的安全。其他的困难都是次要的。"

　　对于这对好友的争论，谢纳不置可否。拉美西斯很重视他们的意见，因为在他心目中，不管是亚梅尼还是亚夏，都是可信赖的人。

　　最后，他说："你们退下吧！"

　　只剩法老一人了，他仰头看着太阳——光明的缔造者。他自己就是光明之子——太阳的儿子，即便直视，那光芒也不会刺伤他的眼睛。此时，他想起了塞提对他的教诲："大爱世人，要像太阳那样用光明普照人间、普惠人间。""每个人都有与众不同之处，要有找出它们的能力。握紧最终的决策权。在忧心自己之前，先忧心埃及，道路自然会变得宽阔光明。"

　　拉美西斯就刚才那三个人的意见分析着他们的态度。谢纳瞻前顾后，很怕得罪人；亚梅尼觉得自己的国家犹如神庙般神圣，不愿承认它已经被侵犯的事实；亚夏对全局有整体的认识，且能够正视局势的危急程度。

　　除了这些，摩西的去向也是法老的一个烦恼。他是否跟目前的局势有关呢？他没有一点消息，负责找他的亚夏也全无头绪。摩西要是已经不在埃及了，可能去的地方就是利比亚、迦南，或者叙利亚。如果是和平时期，想要找到他只需一道王令。可是现在局势纷乱，他又生死未卜，只能抱希望于日后还能有找到他的藏身之处的机会了。

　　现在，拉美西斯最大的困扰在军队中，要尽快完成军队的武装。于是拉美西斯走出皇宫，前往军营。

04

外交部办公室的大门被两个木门闩锁着。谢纳拉开门闩，朝窗外看了看，确定中庭里没有人后，他屏退候客室的警卫，尽量显得不那么刻意地命他到走廊的一头去站岗。

"放心吧，没有人偷听。"亚夏说。

"我们是在密谈，这种谈话，怎么谨慎都不过分，不是吗？"谢纳顿了顿，接着说，"亲爱的亚夏，要打仗了。拉美西斯已经发布政令，对那些渎职懈怠的官员予以罢黜。我们要制造一种假象，那就是我们在为国家的事务宵衣旰食。"

"现在还不是开战的时候。"

"你说动他了，很明显，法老已经决定了。"

"但是，要小心，拉美西斯可不那么简单。"

　　"我们的配合天衣无缝。我表现得瞻前顾后，没有主意，不想被他猜忌。而你则果决干练，正好反衬了我的软弱。我的弟弟已经相信了，他无论如何也想不到，我们两个会结成同盟。"

　　谢纳倒了两杯尹玛屋——因盛产葡萄而出名——出产的酒，一副得意洋洋的样子。

　　外交部长的办公大厅非常奢华，相比之下，法老的办公大厅简直就太朴素了。厅内的长背座椅上雕刻着莲花，放着绲边的靠枕；独腿小圆桌的支架是黄铜的；墙上的图画是湿地猎鸟图；还有许多产自其他国家的花瓶，利比亚的、叙利亚的、巴比伦的、克里特岛的、罗得岛的、希腊的、亚洲国家的等应有尽有。谢纳对这些东西简直到了痴迷的程度，有很多藏品是孤品，是他花费巨资才买下的。不过，即便花去了很多财产，他对这些东西的热情却不曾减少分毫。在他的底比斯、孟菲斯、拉美西斯城的别墅里，这样的藏品简直数不胜数。

　　新首都落成后，谢纳原本觉得这是个令他无法容忍的存在，因为它标志着拉美西斯的胜利。不过，现在他却从中获得了意想不到的收获。获得这些极品的过程，使谢纳在无形中得以在埃及和赫梯国获得了一些支持者，这些精美的花瓶的产地，也跟谢纳建立一种隐形的联系。欣赏着这些花瓶，摩挲着它们，想着将它们生产出来的地方，谢纳心中油然而起一种难以言说的快慰之感。

　　"亚梅尼心思细腻，对他须小心，并且……"亚夏说出来了对亚梅尼的肯定。

　　"亚梅尼胆小如鼠，只敢躲在拉美西斯的背后，他就是个笨蛋。他什么也看不见，什么也听不见，只知道对拉美西斯唯唯诺诺。"

"可是他察觉出了我的异常态度。"

"在这个小秘书心中，世界上只有埃及这一个国家。只要与外界隔绝，就可以杜绝任何人的侵略野心，安稳地待在这个国家的堡垒里。他是个坚决的反战派，认为不去侵略别人、做好自己就能永享太平。所以跟你的意见有分歧，也在情理之中，不过，我们日后还会用到他。"

亚夏可不这么认为："在众多官员中，拉美西斯最为信任的就是亚梅尼。"

"笃信这种关系在和平时期的确不难，但是要知道赫梯人已经有所行动了，你的意见又很有说服力。另外，不要忘了，还有图雅太后和妮菲塔莉大皇后。"

"她们会喜欢打仗？"

"她们当然厌恶打仗。但是埃及的皇后都把埃及上下两地的主权看得至关重要，为了保卫这一主权，会不惜采取一些非常措施。比如，那些底比斯的大皇后，为了将侵略三角洲的西克索人驱逐出去，曾亲自整军备战。我的母亲，令人敬爱的图雅，还有让所有大臣信服的女祭司妮菲塔莉，都不会允许埃及的主权被侵犯。她们会说服拉美西斯不要再一味防守。"

"希望真如你想得这么乐观。"

亚夏轻抿双唇，饮了一小口醇厚的水果酒，谢纳则仰头一饮而尽。虽然谢纳穿的紧身衣和衬衣都很昂贵，但要论高贵优雅，他可比这位外交官差远了。

"亲爱的，不会有错。你是拉美西斯童年的好友，现在也是能影响他的外交政策的人，而且你还掌控着我们的谍报组织，不是吗？"

亚夏点点头，认同了他的说法。

接着，谢纳激动地说："我们离目标越来越近了。拉美西斯的结局无非两个：在战场上战死，或者战败后无颜面对埃及臣民而被迫退位。无论是哪种情况，都急需一个人与赫梯人交涉，救埃及于水火，而我是唯一一个能名正言顺地承担起这一责任的人。"

"想要获得这份和平，必须付出金钱的代价。"

"我们不是已经想好如何应对了嘛！我会用金子收买迦南和安穆府的王子，让他们弄些假货进献给赫梯王，再制造些流言散布出去。埃及可能要在一定时间内蛰伏，但是我将登上法老的王位。埃及的人民很愚蠢，是一群乌合之众，很快就会忘了过去，将拉美西斯抛诸脑后。他们这种只看眼下、不管过去的特性，可以好好利用一下。"

"要在非洲中心和安纳托利亚高原上建立一个埃及大帝国，这个理想你已经忘了吗？"

谢纳好像还沉浸在自己的美梦中。

"这个计划当然还在，过去我跟你说过。但是，这个帝国主要是为商贸发展服务的……战争平息后，我们要跟赫梯人建立商业上的往来，兴建一批新的贸易港口，同时开辟沙漠商队的新路线。要实现这样的格局，埃及的国土可远远不够。"

"可是，您想过没有，在这个帝国中，'政治因素'也是必不可少的……"

"什么意思？我不明白。"

"穆瓦靼力在赫梯国内推行铁血政策，但哈图沙皇宫里谋权夺位的阴谋却有增无减。乌里泰梭和伊绪塔女神的祭司哈图希勒，一个在明，一个在暗，两人都是合法的继承人。如果穆瓦粗力战死，继任者将从这两人中产生。可是，他们两人都无法使对方信服，且各自的支持者们也都互相攻击。"

谢纳摸摸下巴："你觉着，赫梯国不只是争权夺位的问题？"

"比这个要更严重。赫梯王国很可能就此分裂。"

"如果这个国家在分裂之后，出现了一位救世的英雄，将他们重新统一起来听命于自己，并使他们甘愿臣服于埃及……这将成就一个怎样的法老啊！巴比伦、亚述、塞浦路斯、罗得岛、希腊，还有北方的领地都将划入我的版图。亚夏，这是一个多么了不起的帝国呀！"

年轻外交官满脸笑意。

"法老大多只在意埃及国民的福祉和未来，缺少扩张的野心。但是，谢纳，这却是你的与众不同之处。也正源于此，不管用什么手段，都要将拉美西斯拉下台。"

谢纳并不觉得自己背叛了拉美西斯。要知道他是塞提的长子，要不是塞提被病痛折磨得心智不清了，在塞提去世后，本来就该是他继承法老之位。是的，本来法老之位就该是他的。过去，他委屈自己做出牺牲，但是现在他要夺回本就属于他的位置。

他看向亚夏，眼神里满是审视，说道："你并没有将所有情报都报告给拉美西斯。"

"那是自然。不过，法老可以通过我的情报人员得到一切消息，所以我知道的，法老也都知道。那些情报都要登记在案，并分类存档，不能有一条遗漏或消失不见，否则，我的工作会受到质疑，或者我会被怀疑恶意隐瞒不报。"

"拉美西斯已经怀疑你了吗？"

"尚不至于如此。不过，现在很快就要打仗了。他随时可能调阅情报文件，所以行事上我要更加小心，免得暴露了自己。"

"你下一步的计划是什么？"

"所有情报都被收集起来了，且没有任何删减，这一点请您千万不要忽略。也就是说，拉美西斯其实已经掌握了当下的情况。"

亚夏的手指缓缓地沿着大理石酒杯的边缘打着圈。"谢纳，间谍活动需要很多技巧，也要面临很多困难。事件本身固然重要，但是如何解读它更为重要。对事件进行分析，然后附带对事件的解读报告给法老，则是我的主要职责。根据对当前形势的分析，我坚持认为法老应该马上予以反击。否则我就会被指责为软弱或缺乏决断。"

"你的决断不是以赫梯为中心，而是以拉美西斯为中心。"

"拉美西斯只根据事件作出反应，您也是如此。但谁能对此提出异议？"

"说得明白点。"

"将军队从孟菲斯转移到拉美西斯城，军备上有很多难题目前还没有解决之法。督促拉美西斯尽快出兵，就会充分暴露我方军队上的问题，武器数量欠缺，质量也需改进。这个问题目前没有解决的办法。让它暴露出来，也是一个有利于我们的因素。"

"还有别的好处吗？"

"战场上的不确定性，以及我们的盟国都倒向了敌国。这些拉美西斯也都清楚。不过，我没有向他强调战争的严酷性。赫梯人残暴地袭击了狮城，并屠杀了全镇的居民，这件事对迦南和安穆府的王子们以及那些坐镇边境港口的管事们起到了极大的震慑作用。赫梯战士能尊重塞提，却未必同样尊重拉美西斯。那些地方上的掌权派为了自保，也都转而投向了穆瓦粗力的怀抱。"

"在他们看来，拉美西斯肯定会弃他们于不顾。为了向新主子赫梯国王示好，他们便先一步出手攻打埃及。事实真的是这样的吗？"

"可以这么解读目前发生的事情。"

"那你的看法是……"

"我注意到了几个其他的细节。我们有几处重要军事据点没有发来任何情报，这是不是说他们已经向敌人投降了？如果真是这样，拉美西斯这次作战的难度就比预想中要大得多。还有一个可能性，很早之前，就是赫梯人给那些暴动分子提供的武器。"

谢纳的贪欲全显现在脸上了。

"这绝对超出了埃及军队的意料。拉美西斯甚至可能坚持不到与赫梯人交战，刚上战场就一败涂地。"

亚夏说："完全有这个可能。"

05

　　对太后图雅来说，这真是劳累的一天啊。一早，她来到为守护女性的女神哈托尔建的神庙，主持了一场宗教仪式。仪式过后，她就一些典礼细节和几个官员商讨，耐心听完他们啰唆的发言。接着，她又应拉美西斯的请求，和农业部长进行了会谈。会谈之后，她又和妮菲塔莉会面，就之前主持的宗教仪式交换了看法。不过，现在，她终于能闲下来了，正在皇宫的花园里休息。

　　作为太后，图雅的威仪自然是毋庸置疑的。她有一双杏仁眼，又圆又大，眼神犀利；小巧的鼻子不偏不倚；方形的下巴使她端庄的仪容增添了一份公正无私之感。她身形高挑，穿着一袭亚麻长衫，上面的每一个褶皱都非常讲究。她的头上是一顶螺旋发辫编成的假发，遮住了耳朵和脖颈，脖子上那串紫晶项链足有六圈，手腕上戴的是金手镯。图雅的仪态和着装在任何时候、任何地方都是那么完美无瑕。

塞提已经去世，这个事实带给她的痛苦并没有随着时间的流逝而减轻，相反更加令她痛心。她每天都在思念故去的法老，且这种思念与日俱增。现在这位遗孀最大的心愿就是尽快走完人生的旅程，去和丈夫团圆。

她很欣慰，现在的法老夫妇令人十分放心：拉美西斯是个贤德的君主，妮菲塔莉是个称职的皇后。他们全心全意地爱着自己的国家，如有必要，甘愿将自己奉献给它。看着他们两个，图雅就想到了塞提和她自己。

拉美西斯朝她走了过来，图雅感觉到，她的儿子刚刚作出了一个很重大的决定。法老挽起母亲的手臂在沙道上散着步，沙道两旁种着开满花的柽柳，芳香四溢。

她说："今年夏天很热。农业部长说会修整堤防，将用于灌溉的蓄水池扩建，这样一来就不必担心汛期来临时的河水泛滥了。不仅如此，还能保证粮田灌溉，今年会是个丰收之年。你任命了一位很能干的农业部长。"

"我还能长久执政，让国运昌隆吗？"

"怎么不能？你是受神明保护、被大自然眷顾的人。"

"可我们还是免不了战争。"

"儿子，我明白。你作出了正确的决定。"

"我希望你能支持我。"

"拉美西斯，你需要的是妮菲塔莉的支持。她能够理解你，所以你们两人肯定可以相互扶持着走下去。"

"父亲过去不愿意与赫梯人为敌。"

"那是因为表面看来，赫梯人好像并不想侵犯埃及。但是如果他们打破这种休战的状态，塞提也会毫不犹豫地出击。"

"我们的军队尚不足以应战。"

"他们是不是畏缩了？"

"谁能说这样不应该？"

"你能。"

"赫梯人的暴行把那些老兵吓坏了，他们的畏惧情绪正在传播开来。"

"他们不怕法老吗？"

"是该面对现实，消除想象了……"

"是时候拿出勇气来拯救上下埃及了，要想消除想象，只能置身战场之上。"

前任外交部长梅布一直坚信自己是无端被拉美西斯罢黜的，因此对他恨之入骨，一直在伺机报复。朝中还有几位大臣跟他一样，也认为执政四年的法老还太稚嫩，肯定挺不过这次危机，终将垮台。

梅布的脸又宽又大，举手投足间威严又不失风度。他非常富有，且是社交圈里的名流，此刻正由十几位高官簇拥着跟拉美西斯城的其他名流打招呼，说的无非是那几句可有可无的客套话；桌子上摆满了珍馐美食，女士们都花枝招展、秀色可餐。宾客随意地交谈着，耐心等待法老驾临。

一位仆人来到梅布身边，俯身附在他的耳边小声说了些什么。

这位外交官当即起身，宣布道："各位敬爱的来宾，法老亲自来到了我们的宴会现场。他能驾临真是荣幸之至。"

所有人都俯身朝法老行礼致敬。

"陛下，您能来真是我们的荣幸，不如您先坐下？"

拉美西斯不善于在这种私人宴会上应酬，直接说道："不了。我来这里是向大家宣布一则消息，我们马上要迎来战争了。"

"战争……"

"你们难道没听到任何风声，敌人已经兵临埃及城下了？还是你们只知道耽于享乐！"

梅布解释道："我们也正在为这件事忧心。"

一名老书记员大声诵读起来："正如我方军队所担忧的，两军对垒已成不可逆转的形势。他们知道自己将踏上的是一条艰辛的路：需装备齐全，还要在烈日下行军；限制饮用水，渴了也不能随便喝；即便脊背酸痛、腹中空空、双腿筋疲力尽，也不能停止行军。到了营区就有期待中休息了吗？当然不是，要先干完活才能躺一躺。如果遇到紧急军情，即便仍睡眼惺忪，也要马上起身备战。饭食如何？能吃就行；医疗如何？死不了人就行。更不要提战场上四处横飞的利箭和标枪，时时刻刻都身处险境，随时随地都在死亡的边缘！"

"我也很熟悉这篇文章，确实辞藻华丽，文采斐然。"拉美西斯说："但是，我今天不是来跟各位探讨文艺的。"

梅布补充道："陛下，我们都相信，埃及的军队神勇无敌，无论面对多少艰险困难，都终能克敌制胜。"

"听你这样说，真是令人鼓舞。但是，只这样还不够。你和在场的显贵们都是有胆识的人，这个我是知道的。在此，如能感受到你们愿主动参战的心意，我就更受鼓舞了。"

"这……陛下，我们的军队中都是职业军人，此次他们足以胜任。"

"军队要招募新兵，需要国家的精英们做出表率。此刻，不正是王孙贵族和行商巨擘为国效力成为百姓楷模的时候吗？从明早开始，在场的所有人都要去军营总部签到。"

绿城变得热闹非凡。军营一早就开始操练，各处也不断有演习，一直到晚上都不曾停歇。绿城已经成了军事中心，这里有指挥战车的总部、步兵招募中心、战舰军港，一整天都忙忙碌碌。现在，行政方面的事务都授权给妮菲塔莉、图雅还有亚梅尼负责，拉美西斯自己则整天泡在军营里，或是视察兵工厂。

他亲自监督武器的制造，慰问新兵，让士兵们畅谈自己的想法。发言的不管是普通士兵还是军官他都认真倾听，并承诺一定奖赏军功，越勇敢的人发饷越多。法老的亲力亲为让兵士更加有信心，也更加安心。他们深信，只要在作战时英勇杀敌，助埃及战胜敌人，就能获得丰厚的奖赏。

战争中，战马是否强壮很大程度上决定了能否取胜，所以法老很重视马匹的驯养。每个马厩的布局都是一样的，中间被卵石铺就的排水沟隔开，并设有一个水槽，既可以为牲畜提供饮水，又可以用来清洁马厩。拉美西斯每天都要视察一次马厩，监督马匹是否得被驯养得很好，如果发现纰漏，就对相关人员予以严惩。

在拉美西斯城集结的军队犹如一个巨大的身体，现在在头部的指挥下，它有序地行动起来了。他们随时整军待命，命令一出，立即执行。法老行事谨慎，不容有任何差池，如有纠纷，便当即果断裁决，绝不拖泥带水。军营中渐渐形成一种氛围，官兵们对于分配给自己的任务都没有怀疑，坚定地认为这就是自己该做的，同时，他们也感到，军队这部战斗机器正在有序地运行着。

不管是军官还是普通的士兵，都惊讶于自己能如此近距离地看到法老，甚至能聊上几句。要知道，这可是那些得宠的达官贵族们才有的殊荣。法老对军队事务的高度参与激发了士兵们的斗志，他们觉得自己变得无所畏惧，浑身都是力量，已经跃跃欲试了。但是，他还是这个国家的至尊，独一无二的法老，因此拉美西斯还保留着一种难以接近的感觉和不容亵渎的威严。

亚梅尼走进军营，法老看见他时，甚至觉得有点难以置信。这位秘书的确忠贞不二。只是，对于军营，他明确表示过厌恶，现在竟出现在这种地方。

"你来这儿是想练剑，还是练习使用长枪？"

"我们的诗人想要亲自拜会您，他已经到拉美西斯城了。"

"你可有好好安顿他？"

"我找了一间和孟菲斯完全一样的房子，请他住了进去。"

柠檬树下，荷马一边饮着一杯五香酒，一边抽着填满了鼠尾草的烟斗。柠檬树是他最喜欢的树，五香酒里加入了八角和芫荽，他自己身上则涂满了橄榄油。法老驾临，他起身迎接。

"荷马，坐吧。"

"您是埃及两地之主，我应该向您跪拜行礼的。"他的嗓音有些沙哑。

希腊诗人的旁边有一张折椅，拉美西斯坐在了折椅上。荷马那只黑白花的猫顺势跳上了法老的膝头。法老轻轻地抚摸着它，猫儿立刻很享受地叫了两声。

"我的酒，您喝着可还好？陛下。"

"醇香扑鼻，不过有点微苦。您的身体还好吗？"

"我的视力在下降，骨头也很疼，不过这里气候很好，使我感觉不那么疼了。"

"您在这里住得还满意吗？"

"非常满意。我烦闷时，不管是厨师、女仆，还是园丁都会来陪陪我。他们对我的照顾无微不至，也都很忠诚，且知道分寸，不会无故打扰我。我们对您的新首都很好奇，想来见识一下。"

"留在孟菲斯，您的生活不是会更安稳些吗？"

"可是孟菲斯已是一潭死水，不会再有什么波澜。搅动世界风云的将会是这里。在洞察先机这方面，没有人比诗人更敏锐。来听听：愤怒的阿波罗降落人间，他迈着步子，每向前一步都好像黑夜在蔓延。他将弓箭拉满，银色的弓身发出凄厉的低鸣，利箭飞驰着射穿了士兵。数不清的死者被架在柴堆上，准备火化。谁能活着逃出这里？"

"这是《伊利亚特》中的诗句？"

"不错。不过，这里描述的场景并不一定只发生在过去。原本绿城里都是花园水池，现在却俨然是一座军营了。"

"荷马，我没得选。"

"战争是人性中的恶在作祟的产物，是人类的污点，它代表的

是不确定性。《伊利亚特》的每句诗都是一句咒语，用来彻底驱除
人们心中的暴戾之气。只可惜，有时这种力量好像太过微弱了。"

"即便如此，您要继续写下去。至于我，必须保卫埃及，哪怕
它已经变成战场。"

"这是您第一次领导战争，且将是一场大战，是吧？"

"和您一样，我也非常害怕。只是时不我待，再害怕我也不能
退缩！"

"避免得了吗？"

"恐怕很难。"

"拉美西斯，愿你得到阿波罗的帮助，也愿命运是站在你这
边的。"

06

哈伊亚不高不矮、不胖不瘦，留着一撮儿山羊胡子，棕色的眼珠很是灵活。他是叙利亚人，不过在埃及经商多年，已经定居在此，是埃及的叙利亚商人中最有钱的那个。底比斯、孟菲斯、拉美西斯城都有他的店铺，专门经营肉制品罐头和观赏性花瓶。他的客户都是些有身份、有地位的人，出手阔绰且很有品位，因此，他经营的都是些高档货，特别是那些花瓶，是从叙利亚和亚洲进口过来的。为了获得这些出自外国工匠之手的珍品，那些大客户向来不吝出高价，好在举办宴会或是招待会的时候，摆出来向宾客炫耀。

哈伊亚的生意客似云来，为人却谦虚低调，因此人们对他的评价很高。他拥有十多艘船和三百头驴，这大大缩短了他的商品在城市间流通的时间。他的商品主要供给贵族和达官显贵，这使他的交友范围遍及政界、军界、警界。

他是一个和善的商人，但是谁也想不到，他实际上是个潜伏的赫梯间谍。他收来的那些花瓶经常暗藏着特殊符号，有这些符号的花瓶里面是赫梯给他的加密信件。赫梯人在叙利亚南部也安插了一些通信员，可以将情报传递回赫梯。通过这些渠道，法老的宿敌对埃及的情况了如指掌，比如，埃及政治形势的变化、民心走向、经济水平，以及两地的军事现状等。

这天，哈伊亚来到谢纳的豪宅。

宅邸的管家——这位拉美西斯的哥哥的仆人为难地说："主人有要事在忙，现在不便打扰。"

哈伊亚提醒道："我们已经约好了。"

"真是不好意思。"

"请你务必通报一声，说我来了，想推荐一个非常特别的花瓶给他。这件作品很是与众不同，制作它的那个工匠有着非凡的才华，且刚刚退休了。"

管家有些犹豫，他知道谢纳对外国的花瓶喜爱成痴，于是还是冒险去打扰了他的主人。

过了十五分钟，一个妙龄女子从里面走了出来。女子化着浓妆、头发披散开，左臂裸露，现出一块文身。哈伊亚一眼就看出来，这是一名外籍妓女。拉美西斯城有家酒馆，就是以供应这种外籍妓女闻名的。

"这边请，我家主人在等。"管家说。

哈伊亚随管家来到花园。花园中间，棕榈树的荫庇下有一座大池塘，景色很是宜人。谢纳坐在椅子上，一脸倦怠。

"小姑娘很迷人，就是有些磨人……哈伊亚，来点酒？"

"恭敬不如从命。"

"许多皇亲贵戚想要与我通婚，只不过，我对这些狂妄的念头一点也不感兴趣。娶妻这件事，只有在我大权在握之后才会考虑。眼下，我要尽情享受不同的风情带来的快乐。哈伊亚，你怎么样了？还没被哪个女人征服吗？"

"大人，这我得祈求神明保佑了。光生意就让我忙得不可开交，哪有时间去快活。"

"管家告诉我，你特意给我送来一件绝佳的精品。"

哈伊亚将手伸进随身的一个帆布袋中，慢慢掏出一只斑岩花瓶。这只花瓶很小，瓶耳像雄鹿的身躯，瓶身上饰以狩猎图。

谢纳将这个花瓶拿在手中，轻轻地摩挲，细细地看着每一个细节。他站起身，眼睛一瞬不转地看着花瓶，来回走了一圈，呢喃道："真是太美了……举世无双啊，太美了！"

"不但物美，而且价廉。"

"去跟管家结账吧。"

法老的哥哥放低声音，说："赫梯的友人可有给我带来什么好消息？"

"大人啊，他们都选了你，决定拥护你取代拉美西斯。"

为了取代拉美西斯，谢纳双管齐下，在内笼络亚夏，伏击拉美西斯；对外，通过密探哈伊亚和赫梯人通气，希望未来得到他们的帮助。亚夏和哈伊亚两人却并不知道彼此的存在，这是谢纳有意为之，好确定他绝对主宰者的地位。在这场游戏中，只有他知道表面之下那些错综复杂的关系，只有他可以任意摆布他人。而且，通过对亚夏和哈伊亚提供的消息进行综合分析，他对时局的了解就最全面，也最可靠。

他无论如何也不想失掉赫梯人的援助。

"哈伊亚，现在战况如何？"

"在叙利亚中部和南部、腓尼基滨海地区以及阿穆省，赫梯军队的袭击非常成功，极大地震慑了这些地区的人民。最值得称道的是，他们在狮城的突击，毁了这座小镇和塞提立在那里的石碑。他们出其不意的攻击摧毁了埃及的同盟反抗的意志。"

"赫梯人已经让腓尼基和巴勒斯坦都臣服了吗？"

"不只臣服。那些人甚至调转枪头，与拉美西斯为敌！那些地区的王子们都用武力将埃及军队驱逐出了军事堡垒，然后将其据为己有。埃及军队将面临一系列的防卫战，光这就够他们忙的了，而且现在法老对此还全然不知。等到拉美西斯落败之时，赫梯就会趁机发兵，将他彻底打败。谢纳，您的时代即将降临，您将成为埃及的法老，与胜利者签订合约，成为永远的盟友。"

哈伊亚对未来的预测跟亚夏的想法天差地别。不过，对于拉美西斯，他们的预测无外乎战死或战败两个结果，不管哪个结果成真，谢纳都将取代拉美西斯成为埃及的法老。不同之处在于，按照哈伊亚的预测，谢纳会沦为赫梯的附庸；而按照亚夏的预测，他则可以反手掌控赫梯王国。最终会是哪种形势，就看拉美西斯的军队在战场上和赫梯军队的较量了。其实，谢纳能发挥的作用非常有限，但是他的目标是登上埃及的法老之位。他自以为，只要实现这个目标，别的胜利都不在话下。

"商业发达的那几个城市有何反应？"

"他们惯于倒向强者，这次也不例外。阿勒颇、大马士革，还有那些腓尼基的港口城市都已归顺赫梯国王穆瓦靼力，早就抛弃埃及了。"

"埃及自己的经济也是很发达的，实在无法令人放心。"

"赫梯人恰好相反，虽然在亚洲和中东地区，赫梯战士的勇猛无人能比，但的确非常不善于经商。但是，国际贸易自有其规则，您按规则获取分红，这不该有什么疑虑了吧……况且，我可是个生意人，还得继续留在埃及做生意，赚大钱呢。赫梯人来了，可以稳定局势，让我们安心赚钱。"

"哈伊亚，我会任命你为财政部长。"

"那就祈求神明保佑了，保佑我们发财致富。打仗兔不了要耗费些时间，这段时间我们要保重自己，这样等胜利的果实降临时，才能抓在手里。"

清凉的树荫下，他们喝着清爽的啤酒。

"对于拉美西斯的举措，我还是很担心。"谢纳坦诚道。

"法老都做什么了？"叙利亚商人立刻收敛了脸上的笑意。

"他每天要去军营中鼓舞士兵们的士气，激励他们的信心。那些兵士们的斗志已经被他调动起来了，再这样下去的话，他们恐怕真的会生出战天斗地的勇气！"

"还有别的吗？"

"他们在没日没夜地制造武器。"

"这倒大可放心……"哈伊亚捋着小胡子说，"已经晚太多了。在时间上，赫梯人的准备将埃及落下一大截，已经赶不及了。双方第一次在战场交锋之后，拉美西斯的动员效力也将荡然无存。埃及的士兵将会一败涂地，这毫无疑问。"

"你竟如此轻视我们的军队？"

"您真该亲自见识一下战斗中的赫梯军队，到那时，就算看到有人临阵退缩，你都不觉得应该去责备他。"

"有一个人，他可从没有过惧色。"

"您是说拉美西斯吗？"

"我说的是萨哈马纳，一个撒丁人。他体型巨大，曾经是个海盗，如今拉美西斯非常信任他，任命他当贴身护卫队的队长。"

"有关他的事，我听说过。怎么了，他有什么让您担忧的？"

"拉美西斯组建了一个精英兵团，主要成员是外籍雇佣兵。他想任命萨哈马纳为团长。这个人很会调动士气，会让精英兵团雄心大振，太碍事了。"

"一个海盗率领一群外籍雇佣兵……用钱很容易就收买了。"

"不，不，不。他非常重视拉美西斯对他的信任，简直是一条忠犬，对拉美西斯的安全一丝不苟。你如何能用钱让一条狗变得不忠诚。"

"那我们就干掉他。"

"亲爱的哈伊亚，我也这样想过，但是这样做太鲁莽了，而且容易暴露自己，所以还是放弃吧。萨哈马纳这个人生性多疑，而且非常暴躁，很难潜伏在他身边而不被他发现。另外，如果他被杀了，也会打草惊蛇，引起拉美西斯的警惕。"

"那您有什么建议？"

"最好……你我都不要出面，借他人之手将他支开。"

"大人，我这个人很小心的，我刚又想到一个办法解决他……"

"你要牢牢记住，萨哈马纳生性蛮横。"

"我会让他再也威胁不到您。"

"如此，拉美西斯将受到重击。我也不会让你白白操劳，必以重金酬谢。"

哈伊亚双手交握揉搓起来，"谢纳大人，我还有个好消息。您可知道，那些驻外的埃及军队和拉美西斯城之间是怎么互相传递消息的？"

"有飞马递送、信号传讯，还有飞鸽传书。"

"眼下，在那些动乱地区，前两种通信系统已经瘫痪，只能通过飞鸽传书了。但是饲养这些充当重要通信工具的飞禽的人并不是萨哈马纳。那个人也是服务于军队的，可是却很好收买。所以，我能轻而易举地摧毁埃及的消息往来，要么截断、要么偷换内容，还能让这一切都神不知鬼不觉……"

"哈伊亚，你真是高人啊。哦，还有件事很重要，这种类型的花瓶，多给我留几只。"

07

　　萨哈马纳内心里是厌恶战争的，因此他决定不再当海盗。在成为拉美西斯贴身护卫队队长之后，他才得以去享受自己身边的一切，美丽的埃及、法老赐予的宅邸，还有那些将他带入温柔乡的埃及女人。他的新任情妇是个名叫倪诺法的女人，在最近一次爱欲纠缠中，她竟然占了上风！萨哈马纳对她的迷恋胜过以前任何一个情妇。

　　可是战争却使人无法继续享受那诸多的幸福，真是太可恶了。而且，保护拉美西斯责任重大，实在不是份闲差，君主又行事大胆，总是对他出于谨慎的叮嘱毫不在意。可是，萨马哈纳从心底里崇敬拉美西斯，他知道他是个伟大的君主。既然想要稳住拉美西斯的权力就要剿灭赫梯人，那么他就会去与他们拼杀。而且他自己也想亲手割断穆瓦靼力的喉咙。"大将军"，想到穆瓦靼力的士兵们对穆瓦靼力的称呼，萨哈马纳不由得冷笑一声，一位领导野蛮民族的"大将军"，一个嗜杀成性的人！萨马哈纳想，等打退赫梯人，他要给自己螺旋形的大胡子喷上香水，去吸引更多的女人。

当得知拉美西斯提议任命他为埃及精英兵团——专门负责危急任务——的团长时，萨哈马纳心中不由得感到无比荣耀，这种意气风发的感觉真是久违了。既然上下埃及的主人如此信任他，他也下定决心绝不辜负这份信任。他通过强化训练淘汰了实力欠缺和身体素质不过关的手下，如今他的队伍中剩下的都是精兵强将，可以以一敌十，即使身负重伤也不会皱一下眉头。

目前，没人能确定军队到底哪天开拔，不过直觉告诉萨哈马纳那一天不远了。营地里的士兵们变得越来越浮躁，皇宫里的参谋们三天两头地开会，机密室主管亚夏也多次被召进皇宫与拉美西斯密谈。民间有些坏消息扩散开来；属地的动乱日益升级，在腓尼基和巴勒斯坦，一些亲埃及的官员被处以斩刑。可是，军队用信鸽传来的消息却说，他们能够压制住敌人的袭击，各地边防安全无虞。

所以，拉美西斯可能以为迦南的动乱很好平息，而把用兵的重点放在北方、安穆府省和叙利亚。他们接到最新的情报说，赫梯的突击队正在从叙利亚南部撤退。照这个形势看，拉美西斯必然会遭遇赫梯人的军队。

赫梯人号称杀人狂魔，但是萨哈马纳并没被这一称号吓到，相反，他想要尽快和这些野蛮人大战一场。他相信自己一定能将他们打得溃不成军、仓皇逃窜。

那将是一场被埃及人永远纪念和称道的战争。不过，在开始这场战争之前，萨哈马纳得先完成一个任务。

他从皇宫出来，走了不远便来到一条非常热闹的商业街，街上小店林立，有的卖金器银器，有的卖衣服鞋子。这条街道位于仓库附近，是手工艺品制造中心。出来之后，再朝港口方向多走一会儿，就是希伯来砖匠的聚居区。

萨哈马纳这个大块头的出现，使这里的工匠和他们的家人恐慌不已。摩西在时，希伯来人依靠他来抵御强权的压迫，如今他已经失踪了，他们便再无所依靠。此时，他们又开始想念摩西，之前他们已经将这位杰出的领袖忘记了。

没有人不知道这是萨哈马纳，他突然出现在这里，绝不是什么好事。

一个小男孩儿想要跑开，被萨哈马纳一把抓住裹腰布。

"小鬼，不要乱动！砖匠亚博内的家在哪儿？"

"不知道。"

"我是会发火的。"

这个威胁对小男孩很管用，他吓坏了，支支吾吾地说了很多话，还给萨哈马纳带路。

到了亚博内家，萨哈马纳看到亚博内头上蒙着布，在客厅的角落里蜷缩着。他命令道："过来！"

"不，不要！"

"伙计，你在害怕吗？"

"我什么也没做。"

"那你有什么可害怕的？"

"求你了，放过我吧！"

"是法老要见你。"

亚博内的身体一直往后缩，萨哈马纳见他没有听话的意思，直接将他拎起来放到了驴背上，然后不紧不慢地回皇宫去了。

亚博内吓得不轻，跪在拉美西斯面前，头都不敢抬一下。

"那件事的调查结果已出，但是无法令我信服。亚博内，你知道实情。我想知道事情经过。"法老说。

"陛下，我只是个制砖的……"

"谋杀我的姐夫萨力，这是摩西被指控的罪名。一旦罪名成立，等待他的将是明正典刑。但是，他这样做的动机是什么呢？"

亚博内多么希望，在这件事中，没人能注意到他的存在。然而，他没想到，法老和摩西有深厚的交情。

"陛下，也许，摩西疯了。"

"亚博内，不要跟我耍滑头。"

"陛下！"

"你与萨力不和。"

"这都是谣传，是谣传……"

"不，事实如此！你起来。"

亚博内一直埋头跪着，此刻身体还在发抖，根本不敢抬头看拉美西斯。听到拉美西斯的命令，他犹豫着。

"亚博内，你是个懦夫吗？"

"陛下，我只是个制砖的工人，希望能平平安安地过日子。"

"所谓的巧合，都是骗人的，聪明人才不会被骗。在这件事中，你充当了什么角色？"

　　亚博内不想说出实情，可是在法老面前，他只觉得无所遁形。

　　"摩西……摩西是砖匠的头儿，我和其他的同事都听他的指挥。可是，他很有声望，令萨力很嫉妒。"

　　"萨力可曾欺压你？"

　　亚博内嘟囔了几个字，很不清楚。

　　法老命令道："说清楚。"

　　"陛下，萨力，萨力……人很坏。"

　　"我知道的还不只如此，他还很奸诈残忍。"

　　听到拉美西斯认同他的话，亚博内稍平静了些。

　　希伯来工人交代道："萨力要我从薪水中拿出一部分给他，还威胁我。"

　　"这是勒索……可你还是给他了？"

　　"陛下，我很害怕！萨力很暴力，不给他就打我，直接抢……"

　　"你可以去揭发他，为什么没有呢？"

　　"萨力在警界、政界都有些影响力，我们无力反抗。"

　　"无力反抗？但摩西反抗了！"

　　"陛下，这真是飞来横祸……"

　　"这个祸事的内情你很清楚，亚博内。"

　　法老看穿了他，他的眼睛锋利如刺穿花瓶的钻头，让这个希伯来人恨不得钻到地底下，以躲避这双眼睛的审视。

　　"你向摩西求助了，是不是？"

　　"摩西很善良，而且很有勇气……"

　　"亚博内，这的确是实话。"

"陛下，没错，我去找他帮忙了。"

"他怎么回复你的？"

"他说，会帮我讨回公道。"

"怎么帮？"

"让我免于萨力的欺压，我想……他没详细说。"

"那就说说发生了什么，亚博内。"

"那天我正在休息，萨力突然闯了进来，一脸的怒气，他大喊：'你这个希伯来狗，谁给你的胆子，敢传扬出去！'他用鞭子抽打我，我用手捂着脸到处躲。接着，摩西来了，和萨力打在了一起，然后，萨力就死了……要不是摩西，死的那个人就是我了。"

"也就是说，他只是在防卫，并没有谋杀！亚博内，谢谢你的证词，有了它们，法庭就会宣判摩西无罪。他还是埃及人心目中那个高尚的摩西。"

"我……我不知道。"

"亚博内，你为什么没有讲出真相？"

"我很怕！"

"怕？萨力已经死了，你怕谁？难道还有另外一个工头吓唬你？"

"不，不是……"

"那你怕的是什么？"

"法律、警察……"

"亚博内，说谎就是个重罪。我们会因为自己的言行在另外一个世界受到审判，当然，你可能并不相信。"

这个希伯来工匠双唇紧闭。

拉美西斯则接着说："你不去替摩西澄清，是因为担心自己受到牵连。摩西救了你的性命，可是你却一点也不想帮他。"

"陛下！"

"亚博内，事实是你也属敲诈者之列，所以你想独善其身。在萨哈马纳的威压下，那些同样被你盘剥的初级砖匠道出了实情。"

亚博内再次跪倒在拉美西斯面前："陛下，是我帮他们找到工作的……收取些报酬也是应该的吧。"

"亚博内，你是个十足的恶人。可是，你的证词能为摩西辩白，替他洗脱冤屈，因此于我而言，你却十分有用。"

"那您，您是宽恕我了？"

"跟萨哈马纳去吧，他会带你去见一位法官。你要发誓，会详详细细地向他交代事情经过。亚博内，我不希望再听到有关你的传言。"

08

　　一位光头的官员专门负责对渔夫和农民送来生命殿堂里的食品进行检验。他认认真真地查验蔬菜、水果、鱼，一个一个、一条一条地把关，简直到了鸡蛋里挑骨头的地步。他开出的价钱很合理，也不会徇私，对所有人一视同仁，没有哪个商贩能成为固定的供应商，小贩们对他可以说是又爱又恨。他选供应商的标准只有一个，那就是看送来的食物品质够不够好，毕竟在被普通人食用之前，它们是要先当祭品给神明奉上的。

　　一番精挑细选之后，光头官员便命人将他选定的东西送到生命殿堂的厨房里去。这里的厨房被称为"净土"，这也传达出要时时刻刻保持干净的要求。官员经常检查，如果发现不妥，甚至会降下重罚。

今天一早，他去了储藏腌鱼的仓库。到了那儿之后，他不由得惊呆了，因为仓库的木门闩被锯断了。这道门原本只有他和仓库的管理员才能打开。他不敢置信地推开仓门，忐忑地朝里面走，里面还是那么昏暗，还是那么安静，并没什么怪异之处。渐渐地，他放心了，走到每个坛子前，查看坛上的标签。标签上标记的是鱼的种类、数量，还有腌渍的日期。来到靠近大门的地方，他才发现，这里空出一个位置，有人偷走了一个坛子。

对于皇宫中的仕女来说，能被选入皇后屋是梦寐以求的殊荣。而妮菲塔莉在甄选时，相比家庭背景和在宫中的职位，她更注重谁能出色地完成工作、有严谨认真的态度。因此最终，她挑选了一些出身贫寒的年轻女子，来负责打理她的发型、衣服以及担任贴身侍女。此结果一出，很多人为之惊讶，这情形和当初拉美西斯组建内阁时简直如出一辙。

打理皇后的衣服，这项令众人垂涎的美差，被分给了一个长着褐色头发的漂亮仕女。她来自孟菲斯的一个人丁兴旺的小镇。她主要的职责是照看那些妮菲塔莉非常珍爱的衣服。皇后的置衣间添置了很多新衣，但是她本人还是更喜欢一些曾经穿过的衣服，还有一条披肩——她经常在入夜的时候披着它。这不仅是因为它能抵御天黑后变冷的空气，更是因为这条披肩承载了她第一次与还是王子的拉美西斯相遇时的回忆。那回忆充满了梦幻的色彩，那时的她既欢喜又有些犹豫，曾多次拒绝这份爱情，最终还是被拉美西斯打动。

皇后屋的仆人都非常敬重皇后，这名女仆也不例外。妮菲塔莉御下宽容，吩咐人做事时都面带笑容。但这并不是说她容许她们轻待任何一件事，哪怕这件事很小。面对没有任何理由的拖延和谎言，她绝不宽待。一旦出现纰漏，她都会亲自审问犯事的女仆，给她解释的机会。宫中的每个仆人都衷心地爱戴这位大皇后，太后更是视她为益友，与她非常亲密。

对服饰进行收纳时，那名服饰女仆会先在衣服上撒些香精——这是宫廷实验室经过提纯研制出来的，然后再放入木柜和衣橱，并非常小心地避免把衣服弄皱。这天天色渐晚，就快到皇后主持晚祷的时间了。女仆去取皇后经常在这个时候披的旧披肩。然而，放披肩的位置上什么也没有！那条披肩不翼而飞了，她的脸一阵煞白。

"怎么会这样？难道是我记错了位置？"于是她查看了每个衣橱，但仍遍寻不见。她又去找别的女仆，问皇后的发型师，问负责洗衣的女仆，但是没人能给她提供一丁点儿有用的信息。那条披肩，妮菲塔莉最珍爱的那条披肩，就这么不见了。

皇家议事厅中，拉美西斯正在主持战前会议。凡领军中有四类兵种的将军都应召前来参加会议，向作为军队统帅的法老报告军队情况。负责会议记录的是亚梅尼，会议结束后，他还要拟写会议报告。

这些将军都正值年富力强之时，但看上去却一副斯文有礼的样子，因为实际上他们都是书记员，或者更准确地说，是大地主，是精于算计的管理者。其中只有两位曾直接与赫梯人对战过，那场战斗是塞提领导的，而且是小型作战，也没什么影响力。而现在，他们要面临的将是胜负难测的大规模战争，这些将军们全都没有这样的作战经历。随着战争的逼近，他们的恐慌也日益升级。

"我们的军队备战状态可好？"

"很好，陛下。"

"武器生产呢，情况怎样？"

"从没停止。我们依您的指示，提高了铁匠和制箭工人的酬劳，他们的奖金已经翻了一番。"

"战车产量如何？"

"再过几个星期，储备量就充足了。"

"战马可好？"

"都得到了精心的照管，它们非常健壮。"

"士兵们的士气呢？"

最年轻的那个将军坦诚道："陛下，这的确是个问题。您在军营中的巡视很大程度上鼓舞了军队的斗志，但是关于赫梯军队如何灭绝人性、如何不可战胜的传言一直在军中流传，且势头渐盛。我们已经极力消除影响了，但这些传言还是在人们心里埋下了深深的恐惧。"

"连我们的将军都是如此吗？"

"不，陛下，当然不是……可的确有些疑虑。"

"哪些方面的疑虑？"

"数量上，敌人是否有绝对的优势？"

"我们会先去迦南，恢复那里的秩序。"

"赫梯军队已经达到那里了？"

"还没，那里距他们的本部较远。但是先行的突击队，在前往安纳托利亚之前挑起了些动乱。那些小的附属国的国王受到挑唆，引发了几次反叛的战斗，但那只是为了消耗我们的体力，微不足道。我们只要迅速出击，便能收复失地，并且鼓舞军队士气，继续北进。最后的胜利一定是属于我们的。"

"人们有些担心我们的堡垒……是否还安全？"

"这是庸人自扰。就在前两天，皇宫刚收到十几只信鸽传回的消息。那些消息很让人欣慰，我们的堡垒都能顽强御敌，没有一座失守。那里有充足的兵器和粮草储备，在我们到达之前，足以应对攻击。反倒是我们，比他们差远了，必须加快备战的进度。"

拉美西斯是在表达自己的希望，也是在下命令。将军们行礼退出后，返回了各自的军营，并开始认真地作出征准备。

"一群无能之辈！"亚梅尼愤愤地放下那支芦苇笔，咕哝道。

"这样说太尖锐了。"拉美西斯评论道。

"这些家伙天天酒足饭饱地过活，就怕失去现在的舒坦日子，一个个变得胆小如鼠！他们大部分时间都是慵懒地待在别墅花园里，到目前为止，待在那儿的时间比上战场的时间都要长。而赫梯人呢，活着就是为了战斗。这样两种人交战，结果可想而知，那些将军们会有何表现？估计要么消极应战，要么临阵脱逃。"

"你的意见是换掉他们？"

"来不及了，再说，换了新的也一样。那些将领都是一丘之貉。"

"你还是希望埃及置身事外，不派军队参战？"

"这场战争会将埃及拖入深渊……按道理，反击是正确的选择，但是，我们要认清现实，那就是，我方要取胜能依靠的只有你一个人。"

深夜时分，拉美西斯召见了亚夏。战前的紧张气氛已经在首都蔓延开来。这两位好友——法老和外交官——都更勤勉地忙于政事。

他们两人并肩而立，站在法老办公室的一扇窗子前，望向点点繁星的夜空。

"亚夏，有什么新消息？"

"我们的堡垒和动乱分子暂时休战了，我方游击队在等着援兵。"

"我也要等不下去了。可是，我们战备不足，还在加紧赶制武器，我不能让士兵们去送死……一直以来，我们都沉浸在一个虚幻的梦里，以为天下太平，现在该醒过来了。"

"希望神明保佑。"

"你认为该不该派援兵？"

"我们还能控制住局面吗？"

"由我直接领导的士兵将誓死保卫埃及。一旦让赫梯人得逞，埃及人将面临地狱般的统治。"

"你想过没有，你可能会战死沙场？"

"妮菲塔莉可以代表我执掌国政，或者必要的话，她可以继任法老之位。"

"看，夜色多迷人……可人类为什么却只知道杀戮？"

"和平，也是我的愿望。可命运不让我如愿，不过我也不打算退缩。"

"拉美西斯，你能对抗得过命运？"

"怎么，你也不相信我了？"

"谁知道呢，或许我跟别人都一样，很害怕。"

"你可有摩西的消息？"

"没有。他好像人间蒸发了，杳无音信。"

"那是因为你没有尽全力去找。"

年轻的外交官还是很镇静。拉美西斯继续说道："你可有派情报员去侦察摩西逃跑的路线？没有。因为你不想看到他被抓回来处死。"

"摩西是我们的朋友，不是吗？如果他被抓回埃及，一定会被判处死刑。"

"不会的，亚夏。"

"即便是法老，也不能罔顾法律。"

"我并非要如此。而是要用法律替他平反，还他自由，他可以在埃及自由地生活。"

"这怎么可能？……他不是杀了萨力吗？"

"的确。不过，一个证人交代，那是正当防卫。我已经掌握了这个证人的证词。"

"这个消息太出人意料了！"

"去找摩西，找到他。"

"不太好办……他有意藏匿，而且现在局势混乱，有些地方我们无法更深入地进行调查。"

"找到他，亚夏。"

09

　　萨哈马纳再次来到制砖工人的聚居区。这里的气氛变得很诡异，因为上一次有四名希伯来工人出来指控亚博内敲诈勒索。他们来自埃及中部，托亚博内介绍工作，虽然的确找到了工作，却付出了很大的代价。

　　警方曾进行过粗略的调查，萨力是个伪君子，有一定的影响力，实际上却是个卑鄙无耻的家伙。但是，摩西这个人过于正直，也树敌不少。萨力被杀之后，摩西就失踪了，不正好给有心人提供了构陷的便利？

　　有些真正有用的线索，可能被忽视了。萨哈马纳回顾了一下各方面的疑点，然后再一次破门而入，进到亚博内家。

　　这位砖匠正在就着大蒜吃面包，同时看着一块小木板，上面密密麻麻写了很多数字。看见萨哈马纳，他立即将木板塞到屁股底下。

"怎么了，亚博内，算账呢？"

"我什么也没做。"

"别再耍花招，否则，我就让你见识见识我的厉害。"

"我受法老的保护！"

"做梦去吧。"接着，这个大块头拿起一个嫩洋葱，咬了一大口，问："你这儿有什么喝的？"

"都在箱子里……"

萨哈马纳打开箱子盖儿，叹道："贝斯神给的好运啊，用双耳尖底瓶装的美酒，还有啤酒，可以痛痛快快地喝上一场了……这些都是在工作中获得的？"

"都是……礼物。"

"你还真是受宠啊。"

"你还要干什么？我都交代了。"

"我实在很喜欢和你做伴，不得不来啊。"

"我把我知道的都说出来了。"

"你以为这样就完了吗。我曾经当过海盗，亲自审问过一些犯人，问他们把财宝藏在哪里了，他们都说不记得了。可是，我给些好处，再给些威胁，他们就都乖乖招了。"

"我哪有什么财宝。"

"我感兴趣的可不是你的钱财。"

一听这话，亚博内放心了。趁着萨哈马纳开啤酒坛子的工夫，他迅速地偷偷转移了木板，藏到了草席下。

"那块木板上记的是什么，亚博内？"

"没记什么，没什么……"

"我相信，到了法庭上，你勒索自己的希伯来兄弟们得来的财物会是很好的物证，你说呢？"

这名砖匠畏缩起来，不再为自己辩护。

"朋友，你放心，我不是警察，也不是法官，我只是想好好和你谈谈。"萨哈马纳接着说："其实我真正感兴趣的并不是你，而是摩西。你不是跟他很熟吗？"

"也没很熟，和其他人一样……"

"亚博内，你最好不要再撒谎了。你曾暗暗地观察他，留意他的为人，想知道是不是很好相处，都和哪些人交往，因为你想寻求他的庇护。"

"他大多数时间都是在工作。"

"经常和哪些人来往？"

"工地上的工头、工人……"

"工作结束后呢？"

"他经常和一些希伯来团体里的头头聊天。"

"聊些什么？"

"我们这个民族虽然胆小，却有值得自豪之处……有时，我们也会想独立。有些狂热的民族主义者，把摩西当成领袖。不过这种崇拜，在建成拉美西斯城后，可能很快就会淡化。"

"一个被你'庇护'的工人跟我说，曾经有个怪人到公家分给摩西的房子里去拜访他。这两个人单独聊了很久。"

"是有这么回事……我们都不知道那人是谁。有人说那是个建筑师，从南方赶来，给摩西提一些工程技术上的建议，不过没人在工地上见到过他。"

"说说他长什么样。"

"他六十多岁，瘦高个儿，长着高高的鼻子，脸颊已经凹陷，嘴唇很薄，下巴突出，完全是一张动物的脸。"

"他穿着什么样的衣服？"

"紧身衣，看上去很普通……通常，建筑师在衣着上会比较讲究。这个人只单独和摩西谈话，感觉好像故意在隐藏自己，不想被注意到。"

"他是希伯来人吗？"

"肯定不是。"

"他来过几次？"

"最少两次。"

"摩西失踪之后呢，他又出现过吗？"

"没有。"

萨哈马纳嘴里发干，将一坛子淡啤酒一饮而尽。

"亚博内，你最好不要对我有什么隐瞒，否则，我会非常生气。我一生气，自己也不知道会做出什么来。"

"关于那个人，我知道的全都说了！"

"要让你没有一点儿欺瞒，那实在太难了，因此我也不奢求。但是最起码你要做到让自己不被注意到。"

"你刚刚喝的那种淡啤酒，箱子里还有几坛……你要再来点吗？"

萨哈马纳的大手捏住亚博内的鼻子，说道："我干脆把它扯下来，作为对你的惩罚，你觉得怎样？"

亚博内痛得要命，挣脱后立刻逃跑了。

萨哈马纳并没去追，他耸了一下肩膀，从亚博内家走了出来。这次的调查有了很多新的收获，但也产生了很多新的疑点。

摩西在策划谋反。或许他想为他的希伯来兄弟们争取更多的利益，又或许他们想占据一个位于三角洲的城市实行自治，为了实现这些，他想将一些希伯来人组织起来。还有那个外地来的神秘人，要是他答应会给这些希伯来人提供援助呢？摩西很可能经不住这样的诱惑，犯下叛国的重罪。

这些目前还只是推测，拉美西斯无论如何也不会相信。因此，萨哈马纳必须先掌握一些证据，才能把这些推测说出来，让法老认清那个希伯来人的真实面目，尽管法老此前一直把他当朋友。

在拉美西斯城的皇宫中，伊瑟一人坐拥几座豪华宫室。她是拉美西斯的妃子，小王子凯的母亲，自然应该有此待遇。不过，她却更喜欢住在孟菲斯，这倒不是因为她和妮菲塔莉相处不来，而是她留恋那里的宴会，沉醉于宴会上人们对她的美貌的阿谀奉承。

伊瑟仪态万方，优雅迷人，她的眼睛是绿色的，鼻子小巧秀气，嘴唇是薄薄的两小片，很是活泼俏皮。她天生就该不思进取地过锦衣玉食的生活。现在她还年轻，却整日在回忆过去中过活。她那么狂热地爱着拉美西斯，是第一个让他感受爱之愉悦的人；现在的她还是那么爱他，却不再希求能征服他。她曾经也恨过他，这个上天的宠儿魅力不曾减损丝毫，现在也依然能让她为之沉迷，可是，他的心却被妮菲塔莉占据了。

如果大皇后又丑陋又愚蠢，她或许还有意去争一争。可是，妮菲塔莉光彩卓然，智慧过人，伊瑟也不得不承认她的与众不同，承认她配得上拉美西斯、配得上大皇后这一尊荣。

她深爱着这个男人，可是看到他倒在别人怀里这样痛心的场景，她却觉得无比和谐，理应如此。这是多么扭曲的命运啊。

她多么希望拉美西斯此刻就出现在她面前，她一定不会为难他，非但如此，她还会全身心地让他感到快乐，就像在乡间那个茅草屋里他们初次交合时感受到的那种极致的快乐。伊瑟并不热衷于追逐权力，她不在乎他的身份，牧人也好，渔夫也好，只要他是拉美西斯，她就愿将自己全部的热情奉献给他。

她也并不羡慕嫉妒皇后的权位，她知道自己无法担起埃及皇后的职责，承受妮菲塔莉背负的义务。她只是爱上了拉美西斯，觉得这份爱是上天的恩赐，并为此不胜感激。

在一个愉快的夏日，伊瑟带着九岁的凯和梅莉达蒙一起玩耍。梅莉达蒙是妮菲塔莉的女儿，马上就要过四岁的生日了。这两个孩子相处得非常好。凯喜欢读书写字，且一直以来都热情不减。妹妹在学写象形文字，哥哥就当小老师，妹妹不会写的时候，哥哥就手把手地教她。今天，他俩正在学写鸟类图案的文字。哥哥对指法和准确性的要求很高。

"到水里来玩儿会吧，这里很舒服。"

凯回答："我更喜欢读书。"

"你应该学学游泳。"

"我不感兴趣。"

"或许，你妹妹想歇一会儿了呢。"

梅莉达蒙继承了母亲妮菲塔莉的美貌，也长得十分美丽。她谁也不想得罪，因此有些迟疑。其实，她很想去水里玩儿，但是凯知道很多她的秘密，她不想惹他不高兴。

她小心翼翼地问："我想去水里玩儿，可以吗？"

凯想了想，说："当然，不过不可以玩儿太长时间。你写的这小鹌鹑的头不是很圆，你还得重写。"

梅莉达蒙朝伊瑟跑过去，她俩一起滑进一个水池里。水池在无花果树的阴凉里，水很清凉、很干净。妮菲塔莉信任伊瑟，让她一起来教导梅莉达蒙，想到这些，伊瑟觉得很高兴。

这真是快乐的一天。

10

　　北风渐渐停歇，热浪翻涌而来，在孟菲斯城里感觉呼吸都有些困难了。高温下，人和牲畜都口干舌燥。人们在屋檐下撑起厚帆布来遮阳。这样的气候下，最忙碌的莫过于那些挑水工。

　　巫师欧菲尔待在一栋舒适的别墅里，无论怎样的酷热都不会侵扰到他。为了保证有空气流动，别墅的高墙上特地装了窗户，这里也很安静，可以不被人打扰。巫师在施行巫术时必须凝神思考，这里的安静非常有利于这种思考。

　　一般情况下，在施行巫术的时候，欧菲尔都能不带任何情绪。这一次，虽然整个过程复杂艰难的程度前所未有，但是一想到其影响力，这个利比亚人就激动不已。他是阿肯那顿那个利比亚籍的顾问的儿子，非常执着于报仇。

下午，他的重要客人，谢纳——拉美西斯的兄长，同时也是外交部长——要到别墅来见他。此时这座城市中，街头巷尾一个人影也没有。尽管如此，谢纳仍非常谨慎，为了避人耳目他乘坐的是他的追随者梅布的马车，车夫是个哑巴。

巫师见到谢纳，深鞠一躬向他行礼。谢纳看上去局促不安，而这位利比亚人，一张像动物的脸上表情淡然。他们上次见面时，情形和这次一样。巫师长着幽暗的绿色眼睛，鼻子高高挺立，嘴唇薄如一线，这长相说是一个人的，还不说是一只野兽的。可是，他说话时，语气温和，态度恭敬，以至于让人产生一种幻觉，仿佛是在和一个年长的祭司聊天。

"欧菲尔，为什么叫我过来？这样做可不明智。"

"大人，我正在为我们筹谋的事情努力。您一定会得偿所愿。"

"希望如此。"

"那几个女士在等着我们……还请你移步跟我过去，当然，没人能强迫您。"

这房子的真正主人正是谢纳。他让欧菲尔住在这里，是为了让这位巫师不受打扰地施行巫术，助他谋取法老之位。不过，为了避免东窗事发暴露自己，法老的哥哥早已将房子的户主变更为他的妹妹杜兰特。除了杜兰特，他还聚集了一些同盟，比如法老儿时的玩伴亚夏，他在耍阴谋方面简直是个天才；比如精明的叙利亚商人哈伊亚，他是赫梯潜伏在埃及的间谍；再有眼前的这位欧菲尔，他是前任外交部长梅布引荐给他的——梅布非常天真，明明是谢纳占据了他的位子，他却听信谢纳的挑拨，深信是拉美西斯坚持要罢免他的。这些人都甘心任谢纳差遣，关键时候还可以充当他的挡箭牌。欧菲尔代表一种神秘又危险的力量，谢纳既怀疑，又重视，认为它能爆发出无法忽视的毁坏力。

欧菲尔宣称在他的领导下，一个政治计划正在实施。这个计划就是，恢复对唯一的神明阿顿神的信仰，将阿肯那顿教立为国教，同时拥护疯狂的法老阿肯那顿的一位后人登上埃及的王位。表面上，谢纳表示支持欧菲尔扩张他的宗教势力，实际上这只是他的权宜之计。而且，他还可以利用欧菲尔的信仰接近摩西。因此，欧菲尔积极地接触希伯来人，想要让摩西相信，他们的理想是相同的。

在谢纳看来，不管多么微小的内部骚乱，都会起到削弱拉美西斯的作用。他的这些同盟，早已令他生厌，一旦彻底瓦解了拉美西斯的统治，他就会立刻抛弃他们。他是将来要执掌埃及的人，过去不该有污点。

摩西杀人获罪，从此人间蒸发，欧菲尔也就失掉了希伯来人这支重要的力量。凭他自己，还不足以招揽足够多的人来信仰阿顿神，并将拉美西斯推下王位。但是，当初妮菲塔莉生产的时候，这个巫师曾让她和她的女儿梅莉达蒙命悬一线，这说明他还是有些用的。虽然最终这个利比亚巫师的巫术输给了护佑皇家的神力，皇后和她的女儿活下来了，但皇后不可能再生育了。

如今的欧菲尔不但没有任何用处了，而且越来越碍事。这次就是，他给谢纳送信说，请他即刻来孟菲斯。看到这个消息，谢纳连杀了他的心思都有了。

微弱的光里，两个女人手拉手走了过来。欧菲尔说："尊贵的客人到了。"

所谓尊贵的客人，一个是他那个看上去很慵懒的妹妹杜兰特，一个是丰满的金发少女莉达。欧菲尔宣称，莉达是阿肯那顿的孙女。可是在谢纳看来，这个女孩子头脑不怎么好使，完全是在被巫师利用。

"我的好妹妹，你可还好？"

"谢纳，见到你我真是太开心了。你来了，看来我们做对了。"

拉美西斯继位，杜兰特和她的丈夫萨力原以为新法老会在宫中给他们一个足够尊贵的职位。可是这个希望却落空了，他们无比失望，于是阴谋推翻拉美西斯。可拉美西斯识破了他们的阴谋。本来他们难逃死罪，但是太后图雅和大皇后妮菲塔莉很仁慈，共同为他们求情，拉美西斯这才饶他们不死。最终，拉美西斯将萨力贬到工地去当了工头。萨力心存怨恨，将满腔的恼怒都发泄在了那些希伯来的制砖工人身上，肆无忌惮地压榨他们。他的飞扬跋扈和卑鄙无耻终于引来了摩西激烈的反抗，最后命丧黄泉。

而他的妻子杜兰特，则是欧菲尔和莉达忠实而狂热的追随者。这位长着棕色头发的高大少妇笃信阿顿是唯一的真神，她倡导恢复对他的信仰，认为拉美西斯冒犯了他们的神，应当被剥夺王权。

杜兰特仇视拉美西斯，这是谢纳很高兴看到的。谢纳向她承诺，不管用什么方法，他一定会推翻他的弟弟，等他自己掌权了，一定会让她担任要职。但是，他真实的打算是，先放任这个妹妹肆意妄为，等她的行为引发众怒时，就将她流放到外国。

杜兰特问谢纳："可有摩西的消息吗？"

谢纳答道："他消失得无影无踪，说不定已经被他们希伯来人杀害，埋尸沙漠了。"

"他本可以成为我们重要的同盟，真是太可惜了。"欧菲尔坦诚道，"不过，我们的追随者数量在增加，这也能满足我们唯一的神了，不是吗？"

谢纳说："还是要谨慎，再谨慎。"

杜兰特十分激动，说："阿顿会赐予我们力量！"

巫师补充说："对于当初的计划，我仍充满信心。现在阻碍我们的最后一样东西，就是护佑拉美西斯的神力，必须要消除它。"

谢纳旧事重提："你第一次的攻击并没有成功。"

"但已经证明，我是有一定能力的。"

"结果却没有实现我们的目标。"

"是的，谢纳大人。正因如此，我决定用一种新的方式去对付他。"

"什么样的方式？"

巫师的右手指着一个坛子，上面贴着一张标签，"请您读一下上面写的字。"

"‘艾力欧的生命殿堂，腌咸鱼四条。’这是存储的食物？"

"这可不是普通的食物，是经过严格的筛选，被用来供奉给神明的祭品，是带有法力的。这样的法力我也有。"

欧菲尔又拿出一条披肩，甩了起来。

"难不成这是……"

"你猜对了，谢纳大人，正是皇宫里丢失的那条大皇后妮菲塔莉最珍爱的披肩。"

"是你偷的……"

"我已经跟你说过，我有很多的追随者。"

谢纳真是太意外了，暗自思忖，这位巫师的同谋会是哪些人。

"一份圣物、一条皇后贴身穿戴过的披肩，这两样东西结合起来施法一定效果显著。有了它们，再加上您的决心，我们一定能复兴阿顿的宗教。您将成为法老，莉达将是您的皇后，她将参政。"

莉达抬起头，满脸的不可思议。她又看向谢纳，露出了信任的神色。这个小女人很是迷人，很有诱惑力，会是一个很好的情人。

"拉美西斯是……"

欧菲尔强调："拉美西斯也是人，遭受一系列猛烈的打击，是人就会垮掉。不过，要想达成所愿，我还需要帮助。"

杜兰特立即大声说："我肯定会出一份力！"她双目圆睁，握着莉达的手更加用力，两眼一直注视着巫师。

谢纳问道："你是想要……"

欧菲尔将双手在胸前摆成十字："大人，这个巫术需要您。"

"我？可……"

"这个巫术需要四个人来代表四个方位，纵向和横向的时间，以及整个世界。而这四个人必须有共同的意念——我们四个的共同意念，就是置那对皇家夫妇于死地。如果少　个人，是无法启动巫术的。"

"可我不是巫师！"

"我们需要的是你的意念。"

杜兰特乞求道："同意吧。"

"需要我做什么？"

欧菲尔说："做一个打击拉美西斯的动作，很简单的就行。"

"我们开始吧。"

巫师从坛子里取出那四条咸鱼，它们已经风干成了鱼干儿。莉达看上去有些神志不清，她将杜兰特推到一边，向后倒去。欧菲尔则将那条披肩铺在莉达的胸前。

接着，他对杜兰特说："捉住一条鱼的鱼尾。"

那个懒洋洋的褐发女子听话地照做。接着，欧菲尔的手伸进衣服口袋，掏出一个很小的拉美西斯雕像，将它塞进那条咸鱼的嘴里。

"再拿一条，杜兰特。"

巫师重复了刚才的做法，最后将四条咸鱼的嘴里都塞进了拉美西斯的小雕像。

欧菲尔念叨着："愿法老死于战场上，愿他被我们的圈套困住，愿他再也不能回来和皇后相见。"

杜兰特和谢纳跟着欧菲尔进入另一个很小的房间，房间中间放着一个火盆。杜兰特手里拿着那四条咸鱼，自然地下垂着。她身后的谢纳此时已经不像刚才那么犹豫害怕了，杀死拉美西斯的欲望占了上风。

"大人，把鱼扔进火里，您的愿望就会成真。"

谢纳立即照做，没有一丝犹豫。

他们看着四条小鱼在火里缩紧、变硬，这时传来一声尖叫。他们三人赶紧朝贵宾室跑去。

铺在莉达胸口的那条披肩突然着火了，点燃了她的金发，烧伤了她。

欧菲尔拿开披肩，火就熄灭了。他说明道："我们要将这条披肩燃尽，那时，拉美西斯和妮菲塔莉就会成为地狱恶魔的猎取目标。"

杜兰特很不忍，问道："莉达得一直被烧吗？"

"这样的牺牲是莉达自愿的。杜兰特你来照顾她吧，等她伤口愈合，我们再继续。因为这个巫术施法的过程中，她必须保持头脑清醒。这样一来，要想将披肩烧尽，还需要些时间。但是，谢纳大人，相信我，我们定能成功。"

帕瑞尔马库是全埃及的总医师兼御医总长，今年已经五十多岁了。他双手修长，由于保养得好，皮肤还算细腻，身体也还不错。他很有钱，妻子是孟菲斯的贵族，膝下三个孩子都很健康。这份高级职业很受尊重，他为此感到很自豪。

在国王的候客室里，骄傲的帕瑞尔马库却不得不在清晨等了很长时间。拉美西斯从来没有生过病，御医总长自然从来没有为他看过病。更令他郁闷的是，国王这次让他等了两个小时之久，根本没把他的显赫身份当回事。

侍者终于来传唤他了，帕瑞尔马库来到国王的办公室。他进来就说："陛下，作为您的奴仆我虽然卑微，但毕竟我——"

拉美西斯没有让他抱怨出来："你还好吧？"

"听说您打算让我去北方做随军医师，这个消息很让我担心。"

"这等荣誉难道不崇高吗？"

"崇高是崇高，但相比之下王宫才更是我的用武之地。"

"你的这个意见，也许我该好好想想。"

"陛下……我能现在就知道您的决定吗？"医师把心里的不安毫不遮掩地说了出来。

"宫里确实离不开你……你是对的。"

帕瑞尔马库总算放心了。他说："我相信您选的随军医师一定能够胜任工作。您自己想必也是满意他的。"

"如你所言。他就是我的朋友塞达武，你应该认识吧？"

又矮又壮的塞达武出现在名医眼前，慢慢靠近。他脑袋方方的，目露剑光，没戴假发，羚羊皮的紧身衣到处是衣兜。看起来，此人很不在意仪表。帕瑞尔马库后退了一步。

"御医总长，幸会！我得说，我的职业很不体面：我与一切蛇类打交道。昨天我还捉到一条毒蛇呢，你想不想摸一下？"

医师又退一步，看向法老的眼睛里充满惊恐。刚刚推辞掉随军职务的他问："陛下，要领导一个医疗部门……"

"医师，我出国期间你要特别留神。我再以个人身份命令你：王室成员的健康与安全，就交给你了。"

医师看到塞达武把手伸进一个兜里，害怕接下来出现的是一条蛇，急忙告退。他是跑着离开的。

御蛇巫师问法老："这些无胆之人的恭维，你还想继续听多久？"

"言重了，他还是治好过几位伤病者的。倒是你，我打算让你主管随军医疗队，你愿意吗？"

"没兴趣。但你不能一个人前往战场,我会陪着你。"

艾力欧生命殿堂里一个盛鱼干的坛子和皇后的一条披肩都丢了。萨哈马纳猜想应该是同一个人偷的,而且很可能是宫廷总管罗梅。如果真是那样,萨哈马纳有把握抓住他。他早就怀疑罗梅了,法老险些遭到谋害时就曾经怀疑过。他相信选择这位总管是拉美西斯的错误。

一个是无耻的总管罗梅,一个是法老珍视的朋友希伯来人摩西,不管萨哈马纳提起谁,法老都可能反应过度,更不要谈抓捕罗梅或让法老不再信任摩西了。萨哈马纳想,拉美西斯的机要秘书亚梅尼或许是个合适的倾诉对象,因为他头脑清醒,也经常怀疑这怀疑那。他觉得亚梅尼应该愿意倾听自己的分析和猜测。

永不疲倦的书记员亚梅尼统领着机要部门,该部门除了他还有二十几位高级公务人员,他们都负责着重要文件,文件中的精要部分由亚梅尼筛选出来呈给国王。一条走廊通往他的办公室门口,那里站着两名警卫。萨哈马纳穿过这两名警卫,刚要推开机要秘书办公室的门。忽然,他听到自己身后响起一阵急促的脚步声,转过身去,惊讶地发现自己被十多个步兵用长矛指着。

"你们疯了吗?"

"我们只是在执行命令?"

"命令?谁的命令?我的?!"

"我们要逮捕你。"

"为什么?"

"命令里要求的。"

"不想倒在这里的话，就给我让开！"

门开了，是亚梅尼，萨哈马纳转向他："亚梅尼，叫这些蠢货退下！"

"逮捕你是我的命令。"

曾经的海盗听闻此言吓得不轻，有几秒完全不知所措。以前遭遇海难时，他都没有过这种体验。步兵趁他走神夺下了他的武器，反绑了他。

"因为什么？"

亚梅尼没有当即回答，而是让警卫把萨哈马纳推进了自己的办公室。他拿起一份莎草纸卷，仔细看了一遍，说："倪诺法这个女人你认识吧？"

"她是我的一位情妇……最近发生关系的一位。"

"你们吵架了？"

"没有。相反，我们正处在浓情蜜意的热恋当中。"

"你强奸过她吗？"

萨哈马纳想到了什么，笑了笑说："在几次性爱游戏中，我们确实动作激烈，但算不上强奸，只是为了肉体上的快感。"

"所以，你对这个女人没有任何不满，是吗？"

"有一点，我经常为她使出最后的气力。她太风骚了。"

"她控告了你的罪行。"亚梅尼脸上的表情是冷漠的。

"怎么会？……我保证她是自愿的。"

"你在性爱方面的过分行为与我何干！你的罪行是叛国。"

"什么？叛国？……你确定？"

"倪诺法说你是赫梯军队的间谍。"

"简直胡说八道！"

"她发现你卧室衣柜里藏着一些奇怪的小木板，对自己国家的热爱促使她立即把它们交给了我。"亚梅尼把手里的小木板拿到萨哈马纳眼前，"认识它们吧？"

"这不是我的！"

"罪证在此，岂容抵赖！文字内容虽然潦草，但足以证明你是赫梯的情报分子。我告诉你，我已知道了你的真面目，那些听你指挥的精锐部队不会得逞！"

"一派胡言！"

"法官已经转录了倪诺法的证词，她自己也已经大声诵读了一遍。而且，听到我的推测时，她也表示同意。"

"这是个阴谋，目的是粉碎我的名誉，削弱拉美西斯的力量。"

"木板内容显示你的叛国行为在八个月以前就开始了，赫梯国王承诺在埃及灭亡之后给你一大笔财富。"

"不！我对拉美西斯的忠诚天日可鉴……我绝不会背叛他，因为他在本可以随意杀了我的时候饶恕了我。"

"无意义的辩白，湮灭不了眼前的事实。"

"亚梅尼，你是了解我的，我的确当过海盗，但背叛朋友这样的事，我一件也没有做过！"

"我原以为了解你，可结局证明你跟某些高官一模一样，狼心狗肺勾结敌人！为了利益而活着，原来每个佣兵都不例外。"

受到严重打击的萨哈马纳直愣愣地站着，一动不动。

"法老是信任我的，要不然他就不会让我做他的私人侍卫队队长，也不会让我统领精锐部队。"

"他信错人了。"

"我是无辜的。"

亚梅尼对士兵说："给他松绑。"

萨哈马纳觉得亚梅尼相信自己是清白的了，憋了半天的那口气终于松下来。他知道亚梅尼审问人时一向是严谨的。

国王的机要秘书递给他一支已经削好的芦苇笔，笔尖已经蘸满墨水，又把一块石灰写字板放在桌上，板子已经磨光，可以直接写字。

亚梅尼命令道："写下你的名字和职位。"

萨哈马纳非常紧张。写完，亚梅尼拿它与小木板上的字迹对比，说道："字迹一模一样。萨哈马纳，你就是罪犯。有关你的罪行又得到了一份新证据。"

曾经的海盗怒不可遏。他猛地冲向亚梅尼，但身体被四杆长矛逼住。矛尖已经挨上皮肤，再深一点儿就要流出血来了。

"你这是不打自招，很好。"

"我要跟那个女人对质！她必须承认自己在扯谎。"

"她会在审判你时出庭。"

"亚梅尼，这是敌人的诡计，不要上当！"

"你还是想好怎样为自己辩护吧。别指望拉美西斯会忽视法律再次宽恕你，死亡将是对你这卖国贼的唯一惩罚。"

"我要求面见法老，有重要事情报告。"

"埃及军队明天就要奔赴战场了。你的赫梯朋友如果见不到你，应该会很失望吧。"

"求你让我向法老解释！"

亚梅尼却向士兵命令道："收监，严密看管。"

12

　　谢纳开心极了，胃口明显增大。早餐食用的大麦粥、两只烤鹌鹑、羊乳酪和几块圆形的蜂蜜蛋糕，还有一只加了迷迭香、枯茗和香芹的烤鹅腿，对他而言不过是开胃小菜。今天他要目送拉美西斯和他的军队赶赴北方战线。萨哈马纳现在正被囚禁在黑暗的牢房里，没有他的埃及军队，突击能力将减弱到名存实亡的地步。对谢纳而言今天真是个好日子。

　　拉美西斯来到谢纳的私宅时，谢纳正在饮用一杯鲜牛奶。拉美西斯穿着白色的裹腰布，短袖上衣，戴着银手环。谢纳见到法老立即站起，行了一个古式的清晨礼，并说："愿天神保佑你。"

　　"亲爱的哥哥，看来你还没有做好启程的准备。"

　　"怎么……你打算让我陪你一起出征？"

"从气质上看，你确实不像个战士。"

"是的，无论身材、力量还是豪情，我都远远赶不上你。"

"我已经发出指令，在我外出期间，妮菲塔莉、图雅和亚梅尼将组成摄政团，一切事务全由他们决定。而你的任务是搜集来自外国的消息交给他们。亚夏会陪着我到最前线去。"

"亚夏？"

"他必须去，因为他最熟悉地势。"

"我对外交方面的失败表示遗憾……"

"我也很失望。但上天没给我留犹豫的时间。"

"你有什么战略吗？"

"首先要重新建立埃及属地的秩序。观察一段时间后，我打算在卡迭石与赫梯人正面交锋。如果还有第二场战役，或许会把你召过去。"

"能够见证埃及最后的胜利，是我的光荣和幸运。"

"也包括这次。灾难会过去的。"

"拉美西斯，万事小心。埃及不能没有你。"

如今的阿瓦瑞斯已经成为拉美西斯城最古老的部分。袭扰埃及的亚洲人和西克索人曾把它当作首都，现在，一条运河把它与新首都的工坊仓储区隔开。拉美西斯将乘着小渡轮从这条运河前往北方。阿瓦瑞斯上还矗立着塞特的神庙，而塞特拥有最凶猛的力量，是恐怖的暴风雨之神。他还是拉美西斯的父亲塞提的保护者，埃及历届法老中，只有塞提敢以塞特为名。

在可怕的塞特神殿原址上，塞提曾经秘密地训练拉美西斯如何行使王权。拉美西斯已经下发了扩建和美化这座神殿的命令。

接受父亲安排的那次挑战时，恐惧和战胜敌人的力量在年轻王子的心里交织。塞特的天性化作一团火焰在战斗后的拉美西斯心里燃烧起来。塞提教诲他说：对法老而言，相信人类是慈悲的是大错特错，绝不能犯。

一根玫瑰色花岗岩石碑[1]矗立在神殿的中庭前，顶端有一只形状奇怪的狗，它是塞特的转世，眼珠是血红色的，耳朵支棱着，嘴巴弯曲如鹰喙。连类似它的动物都没有人见过，更别说它的真身了。石碑的拱形腹部做成了塞特的样子。头顶的冠帽是圆锥形的，再往上是一个日轮和两只角；塞特右手握着一把生命之匙，左手的权杖上刻着"无上至尊"。

石碑上刻着"第四个百年夏季第四个月的第四天"[2]的字样，因为"四"是宇宙创造者的神秘力量的象征。石碑开头处刻着庄严祈祷的象形文字：

向你致敬，塞特，天空女神的儿子。

你有操控百万年船只的伟大力量，

能在光明中找到任何敌人。

你有雷鸣般的嗓音，

请允许法老追随你。

---

[1] 石碑高 2.2 米，宽 1.3 米。

[2] 埃及学家解释有关这座石碑的特殊史料时，根据这个日期将其命名为"四百年石碑"。

拉美西斯即将指挥一场战争，需要神力的支持。于是，他走进这座隐秘的神庙，面对塞特的神像沉思了一阵。他相信塞特是最佳盟友，因为他有能力把四年的统治扩展成石碑上的"四百年"。

皮套里、木筒里、木盒子里，亚梅尼办公室的每个地方都摆着莎草纸文件还有用过或写着日期的小标签。亚梅尼严禁任何人移动这里的任何东西，处理这些文件和标签的工作由他亲自负责。他对待工作极其谨慎。

他向拉美西斯袒露自己的意愿说："真希望能和你一起前往战场。"

"我的朋友，你应该留在这里。你、皇后和母亲，每天都要互通主张。还有，绝不允许谢纳占有决定权，无论他是什么态度。"

"不要离开太久。"

"对敌人的袭击，我将争取做到迅速而准确。"

"你不能带萨哈马纳一起去。"

"为何？"

亚梅尼把逮捕萨哈马纳的原委一五一十地告诉了拉美西斯，法老露出了悲凄的神情，只是要求道："控告他的罪行要写得足够详细。我要亲自审问他，我必须知道他的犯罪动机。所以，你要把他留到我回来。"

"海盗的劣根性，他并没有克服啊。"

"起诉并惩罚他，或许能够杀一儆百。"

亚梅尼惋惜地说："回想起来，他也曾多次帮到你呢。"

"这不能去除他是杀人利剑的嫌疑。"

"我们的军队真的做好准备了吗？"

"战斗势在必行。"

"关于胜败，您有信心吗？"

"我打算先收服埃及属地上的暴徒，然后再——"

"我必须在你打响卡迭石的战斗之前赶过去。"

"不，你应该一直留在拉美西斯城。你的价值在这里能得到更好体现。万一我阵亡了，你要辅佐妮菲塔莉的统治。"

亚梅尼承认道："如果真发生那种万一，我们将制造更多兵器以维持战争，直到埃及获胜……你的安全，我会拜托塞达武和亚夏。萨哈马纳常提醒你小心行事，没有他，你的安危就少了保障。"

"为免埃及士兵与敌人一交手就失败，我必须身先士卒。"

她的秀发黑过黑夜，柔过无花果，她的牙齿白过石膏，她的乳房像苹果一般可爱。她就是妮菲塔莉，拉美西斯的妻子，埃及的大皇后。上下埃及的幸福都蕴藏在她那明亮的眼眸里。

拉美西斯对妻子说："祭拜过塞特之后，我找母亲商谈过。"

"她说了什么？"

"她说起了父亲。无论哪一场战斗，塞提都会进行周密成熟的战前思考。母亲还告诉我父亲是怎样在旅行中保存体力的，即使那旅行是没有尽头的。"

"你身上有塞提的灵魂，你的奋战也会得到他的协助。"

"妮菲塔莉，国家就拜托你了。萨哈马纳收监在押，图雅和亚梅尼将是你忠贞不二的盟友。谢纳肯定会抓住我外出的有利时机扩张声势，你要以铁腕引领国家的航向。"

"拉美西斯，无论何时都要相信你自己。"

法老把皇后紧紧搂在怀中，好像即将永别一样。

拉美西斯一身戎装来向荷马辞行。他皮衣里塞着棉絮，外面套着紧身胸甲，护胸甲上镶着一块金属，再外面又是一件透明的长袍，头顶的王冠是蓝色的，两侧的亚麻布条是皱褶的，一直垂到腰部。

法老的威仪无人能及。老诗人立即放下烟斗起身迎接，那只黑白条纹的小猫则躲到了椅子下面。

"看来，陛下要出发了？"

"我认为动身之前必须正式向您告别。"

"看看我刚写下的诗句：牵引战车的马疾如闪电，铜蹄金鬃；他马鞭在手，浑身闪耀着光芒；一声令下，马蹄扬起，似乎要把天空踢开裂缝。"

"如此盛赞，我的那两匹马当之无愧。为了迎接共同的考验，我已经训练它们许多天了。"

"有件事真是可惜，我刚学会一个有趣的食谱：把大麦面包泡在椰枣汁里，就能酿出一种促进消化的酒。每道工序都是我亲手操作，真希望您能有机会尝尝。"

"这是一道古老的埃及食谱嘛。"

"但口味可能会有所不同，因为他是一位希腊诗人制作的。"

"待我战胜归来，你我再举杯共饮。"

"上了岁数的我比较挑剔，所以喜欢独处，但我还是痛恨一个人喝酒。特别是未来与我共度欢乐时光的是一位贵客，更是让人期待。陛下，请您务必早日得胜归来，不要让一位老人等得太辛苦。"

"我也有这种期待，何况您的《伊利亚特》我还想拜读拜读呢。"

"要抓住它的主题，我还需要几年的时间，因此才让自己在仅剩的时间里减缓变老的速度。陛下，您自己的时间也需要善加控制。"

"再见，荷马。"

　　两匹骏马分别叫作"胜利的底比斯"和"幸福的穆特女神"，拉美西斯登上了它们牵引的战车。这支年轻、热烈、智慧的队伍就要向危险进发了，他们渴望着征服大地。

　　法老的那只来自努比亚的大狮子，也就是屠夫，在战车右边并行，那只名为夜巡的狗则留下来守护妮菲塔莉。狂热的战争气氛似乎感染了这只拥有神奇力量和光鲜外表的野兽，它渴望证明自己是一名力大无穷的战士。

　　拉美西斯举起右手，战车一颤之后启动了。屠夫的行动与法老保持一致，其余无数战车组成步兵方阵，几千人随着国王向战场进发。

13

时值六月，天气比往常更热，简直无法忍受。埃及军队却好像是在田园上闲游，行进在尼罗河三角洲西北部，士兵们觉得非常舒适和惬意。海边吹来阵阵微风，金黄的麦穗和翠绿的田野都在风中摇摆。看着农人收割水稻和麦子的情景，不禁让人忘记南北埃及正在受到威胁。田野上飞翔的白鹭、鹈鹕和红鹳让步兵们心旷神怡，法老加速前进的命令也没有完全扫除这份兴致。

夜里，军队在一些村落扎营。居民们用新鲜的果蔬和当地美酒热情款待士兵们，稀释的酒却让士兵们怀念起了家乡淡啤酒的味道。这种境遇让军队觉得那种饥渴交加佝偻前进的惨况还远在天边。

总司令拉美西斯把军队分成四队，每队五千步兵，分别由天神瑞、阿蒙、塞特、卜塔充当保护神。除了这两万名步兵，一些预备队也加入了此次战争，当然埃及也留了一些；另外，还有一支精锐和一个战车队。成分繁多而复杂，管理起来比较困难，所以法老从几个团里各改组了一支两百人的军队，里面的步兵旗手负责指挥军团。然而，拉美西斯还得为战车队长、步兵团长、军事书记员和督粮官操心，因为他们都不敢擅自做主。幸好亚夏雷厉风行，所有高级军官无不钦佩，拉美西斯可以依赖他。

塞达武和他的妻子莲花各自负责一辆运输车。塞达武车上装的是五把铜制剃须刀、几瓶油膏香脂、一个磨石器、一把木梳、几袋凉水、几个研棒、一把小斧头、几双凉鞋、几张草席、一件外套、几条裹腰布、几件紧身衣、几根拐杖、几坛蜂蜜；还有几十个罐子，里面装满含铅物质、沥青、红赭石和明矾；几个小布袋，里面有枯茗、泻根、蓖麻和缬草。他认为对一位即将前往动乱北方的男人来说，这些都是真正必需的日用品。莲花是远征队伍里唯一的女性，她看管的车上装着麻醉剂、药水和解药。这位努比亚女子虽然身材诱人，但没有人敢随意靠近，因为她御蛇如神的名声早已众所周知。

塞达武脖颈上挂着一串项链，此项链其实就是五瓣蒜瓣，它们可以驱除瘟疫瘴气，也有保护牙齿的功效。传说中，凶残的塞特执意消灭自己的亲生儿子兼奥西里斯的继承人，也就是少年荷鲁斯，后者为了躲避追杀和母亲伊希斯在三角洲的沼泽里藏了很久，期间就是蒜瓣使荷鲁斯的乳齿一直没有脱落。许多士兵听说了这种香料的好处纷纷效仿。

远征队到达第一个休息站后，拉美西斯、亚夏、塞达武进入营房会谈。以后他们每到一个休息站都将这样。

拉美西斯透露说："萨哈马纳似乎背叛了我。"

亚夏说："我很意外。以善于识人自夸的我，一直以为他对你是十分忠诚的。"

"亚梅尼手上有一些证据，都指证他是罪犯。"

塞达武说："这很奇怪。"

"我记得你对萨哈马纳一向没有什么好感。"

"我们确曾针尖对麦芒，但后来我被说服了。这个老海盗是个老实人，对于自己许下的诺言肯定会遵守。他也向你保证过自己的忠诚。"

"你觉得哪些证据有问题？"

"也许是亚梅尼弄错了。"

"应该不会。"

"亚梅尼再有本事也不可能从不犯错。萨哈马纳不会背叛你的，这一点我确信。应该是有人想削弱你的力量，整死他只是一个手段。"

"亚夏，你怎么看？"

"塞达武的推测有一定道理。"

拉美西斯宣布道："好，等我们打败了赫梯人再弄清这件事。现在要以恢复埃及属地的秩序为重。无论萨哈马纳真是个卖国贼还是被人诬陷，我都要查明实情。"

塞达武却坦白地说："这种理想我已经放弃了，因为我发现总会有人撒谎阻止真相浮现。"

拉美西斯坚定地说："识破并降服谎言正是我作为法老的一个任务。"

"由于这个原因，我一点也不羡慕你。蛇类从来不会背地里谋害人类。"

亚夏似乎并不同意："除非你跑得够快。"

"如果它们真的有针对性地攻击某个人，那他肯定应该受到那种惩罚。"

拉美西斯意识到，眼前这两位朋友间的谈话穿插着一种可怕的猜疑：证明萨哈马纳叛国的证据也许是亚梅尼一手捏造的。亚夏和塞达武知道法老的感受，也知道应该用言语安慰这种不安情绪，但这种怀疑实在难以打消。法老相信工作严谨、不辞劳苦的机要秘书不会叛国，不然就不会委托他全权处理国家政务。他们不敢直接指控亚梅尼，但都认为法老应该把这件事放在心上。

拉美西斯问："如果真是亚梅尼，他的动机是什么？"

塞达武和亚夏互看一眼，无言以对。

"亚梅尼如果做了某些错事，萨哈马纳一旦发现一定会告诉我的。"

亚夏猜测说："这不就说得通了吗？亚梅尼为了阻止萨哈马纳向你揭发他，事先栽赃抓捕他。"

塞达武断言道："这可能性太小了。我们不要在这里凭空瞎猜了，还是等回到拉美西斯城再仔细调查吧。"

亚夏赞同道："这么做是明智的。"

塞达武说："这股风不是普通的夏季季风，我不喜欢。它一点也不预示着吉祥，是一股邪风，似乎是来尽早结束这一年的，它将给军队带来瘟疫和死亡。拉美西斯，你要小心。"

"要想获胜，秘密在于火速用兵。我们的行动将势如破竹，不管什么风都阻挡不了。"

几座堡垒由墙体相连，哪一座观察到情况都会立即以视觉信号提醒其他所有堡垒。在和平年代，这些堡垒负责监控国内外人民的出入境情况，消息会定期送到王宫。进入警备状态之后，巡查道上的弓箭手和哨兵从来都是昼夜不息。几个世纪前，为了阻止贝都因人进入三角洲偷窃牲畜，也为了阻止外敌的一切侵略行径，塞索斯特里斯在埃及东北边界筑起了这道法老之墙。

法老之墙某处有一座石碑，石碑上明文写着："墙内之人尽是法老后裔。"武装的驻军领着丰厚的报酬，仔细照看着这座石碑。营房里既有驻军，也有海关职员，后者负责向那些到埃及经商的商人收取关税。

埃及人民生命安全的保障，要感谢法老之墙在这几百年里的多次维修和加固。这道防卫已经经受住了考验，墙外的劲敌不能突击而过，对埃及的富庶三角洲虎视眈眈的野蛮民族也不能跨过它进行侵略。

行进到这里之前，拉美西斯的远征步伐一直比较从容，法老只是偶尔来这里巡视一番，某些老兵甚至觉得此次远征的真正目的是展现军事实力。可是，看到第一座堡垒垛墙上黑压压的弓箭手蓄势待发的情景，这种乐观就被赶到九霄云外了。

雄伟的双道城门为拉美西斯打开。法老的马车停在沙地上的一座大庭院前，一个挺着啤酒肚的男人急速向法老这边赶来，旁边跟着一位仆人为他撑着遮阳伞。这个人是法老之墙的行政官。

"陛下，愿您收获荣光。感谢上苍让您驾临此地。"

此人的详细简历亚夏早已呈递给拉美西斯。他是个富有的地主，先前是书记员，从孟菲斯贵族学校毕业；肚量超大，有四个孩子；对于这里的军旅生活他早已厌倦，行政官的职位虽然有些油水，但他还是想调到拉美西斯城去当军营的膳食总管；他从来没有用过武器，害怕暴力，不过他的账目算得清清楚楚；此地驻军的粮饷充足，这要感谢这位行政官对美食的喜好和追求。

法老下车并安抚了一下战马，然后才友善地看着行政官，回应他的良好祝愿。

"酒席已经备下，敬请陛下光临。您在这里什么都不会缺，当然，床榻不如宫里的舒适，但希望您对我为您安排的休息感到满意。"

"我来这里不是休息的，暴动尚未扫平。"

"陛下当然应以平乱为重，但那将是小事一件。"

"你凭什么说得这么肯定？"

"从迦南的军事堡垒传来的都是好消息，暴徒根本就无力发起叛乱，相反，他们在互相厮斗。"

"他们可曾侵犯我们的军事基地？"

"没有！这是最新消息，今天早上飞鸽传来的。"说着，法老之墙的行政官递上了一份信件。

拉美西斯发现这封信确实是以平和的语调写的。看来平定迦南的任务真的不需要费什么力气。

国王命令道："照顾好我的马。"

行政官保证说："请您放心，草料和马厩都将是最好的。"

"我要去地图室。"

"请陛下随我来。"

行政官快步跑到法老身前，他害怕法老的任何一秒时间因他而有所延误。专门为他撑伞的侍卫队为了赶上他，拼尽了身上的力气。

亚夏、塞达武和诸军团的将领应法老的召令齐聚地图室。

几案上铺着一张路线图，拉美西斯指着其中一条宣布道："我们明日起全速北上，先与我们的第一支边防部队取得联系，平定迦南的暴动。从耶路撒冷西部取道，沿着海岸前进。然后，我们要在梅杰托扎营，稍事休息之后就展开攻势。"

将领们都同意这个方案，亚夏没有说话。

塞达武走出去朝天空看了看，又返回屋里，拉美西斯问："怎么了？"

"我不喜欢这种透着邪性的风。"

14

埃及士兵们轻松而稳速地前进着，纪律有点松懈。当来到迦南时，他们觉得这个国家虽然陌生却已经向法老称臣并年年进贡，没有一丝危险，相信先前听到的暴动只是小意外，是法老太把它当回事儿了。

士兵们想：即使有叛徒又如何，只要埃及军队一出现，他们都得乖乖向法老投降求饶；这场战斗将同样不费吹灰之力，我们定能平安回国！

沿着海岸前进的路上，有座平常本该由三位押送牲畜群的监督人员看守的小堡垒被摧毁了。可是，士兵们并不认为这有什么异常。

塞达武担忧的表情却持续了一路，他驾着运输车在烈日下光着脑袋前行，没有跟莲花搭一句话。那些幸运地走在这位努比亚美女马车边的步兵们，自然把目光都聚集在了她身上。

热气稍稍被海风吹散，会有挑水夫送来救命的饮用水，部队行进算不上艰难。在这种环境下行军，既需要一副好身板，也需要持续的热情，但必须得说，以前书记员们动不动就贬低其他行业的那些话，实在是有些失实。

屠夫陪伴在拉美西斯的右侧，没有人敢接近它。其实，对于国王的狮子，人们既害怕，又觉得能接近它是一种荣幸。士兵们相信它是超自然神力的化身，只有法老能够操控它；少了萨哈马纳，拉美西斯最好的伙伴就是屠夫了。

埃及在迦南的第一座堡垒近在咫尺，它非常雄伟：有六米高，围墙是双层的斜坡砖墙，城垣坚固，壁垒超厚，还配有放哨的炮口和垛墙。

拉美西斯问亚夏："这里的指挥官怎么样？"

"他是个耶利哥人，有丰富的战斗经验，从小在埃及长大，受过严格的训练。调到这里做指挥官之前，参加过到巴勒斯坦的军事巡查。我见过他本人，觉得他做事认真，值得信赖。"

"我们得到的有关迦南暴动的消息，是不是大部分出自他手？"

"是的。这座堡垒是一个重要据点，附近一带的资讯都会先汇集在这里，然后传到埃及。"

"你觉得他称职吗？"

"非常称职！"

"平叛之后，这个省份应该善加治理。我们要做的，是避免一切暴动的可能。"

亚夏说："可行的办法只有一个，那就是把赫梯人的影响力降低为零。"

"我也是这么想的。"

一名侦察兵单骑飞奔到城墙下，围墙高处有一名弓箭手做了一个友好的回应手势。

侦察兵返回法老这边，所有军团的旗手下令前进。早已浑身疲惫的士兵们现在只想吃顿饱饭，再睡个好觉。

突然堡垒上箭矢横飞，先头士兵全陈尸地上。几十名弓箭手在巡查道上猛射，埃及军队伤亡惨重，脑袋、胸膛和腹部不时被射中，地上躺倒一片。

一名旗手高傲地指挥先锋部队强攻，还有一批生还者助战。但是，堡垒里的弓箭手箭无虚发，攻城部队无一幸免。忽然，一支流矢射穿了旗手的咽喉，旗手栽倒在地上。

没过几分钟，即便是经验丰富、视死如归的老兵也不敢进攻了。

几百名步兵要为他们的战友报仇，长矛已经握到手上，就在此时，拉美西斯下令撤退。

一名军官哀求道："陛下！请让我们杀了那些叛徒！"

"撤退！逞匹夫之勇冲只是送死！"

埃及军队听从了法老的命令。

忽然又飞来无数支箭，纷纷落在距法老不到两米的地方。这情景吓坏了那些高级军官，他们立刻围住法老。

拉美西斯又下令："包围堡垒，但不能进入敌人射程。弓箭手在里层，步兵在外层，战车队殿后。"

军心因法老的冷静也镇静下来，士兵们开始按接受训练时的命令布局，很快全部到位。

塞达武提醒说："受伤的士兵应该被救回来。"

"不行！上前营救只会被射死。"

"这风果然不祥！"

亚夏在一旁悔叹道："为什么？为什么？叛徒已经占领了这座堡垒，可是没有一条情报传到我手里！"

塞达武猜测："他们应该是使了某种诡计？"

"即便如此，莎草纸和信鸽都是随时准备好的，指挥官总有时间传信。"

拉美西斯推断说："很简单，我们收到的假消息是叛军发出来的，他们先歼灭了驻军，杀了指挥官。让四个兵团分头赶往迦南诸堡垒这个办法行不通，那会造成更严重的伤亡。目前无法估计哪些地方已经叛乱。能够发起如此迅猛进攻的，恐怕就是赫梯人的突击队了。"

塞达武问拉美西斯："你觉得他们事成之后还会留在这里吗？"

"重整军队才是当务之急。"

亚夏建议道："既然是侵略者所为，他们应该很快就会离开。我们不如说服里面的驻军让步，如果真有赫梯人，就直接跟赫梯人交涉。"

"好，亚夏！你带领一个小队亲自去执行这个任务。"

塞达武表示他也要去。

"不，现在是他施展外交才能的时机。希望他至少能把我们的伤员带回来。你的任务是召集医护人员，准备好伤药。"

亚夏和塞达武都不再反驳，分头执行命令。法老明智地制止了这名御蛇巫师，尽管他随时做好了战斗准备。

亚夏带领着五辆战车驶向堡垒，战车长手持一根顶端挂着白布的长矛站在年轻外交官的右手边。长矛加白布条是埃及人要求军事谈判的象征。

这几辆战车一进入叛军的射程，迦南弓箭手的箭就飞下来。他们甚至都来不及停下，战车长的咽喉就被射了两箭，第三支箭擦破了亚夏的左臂，鲜血直流。

退回接受包扎时，亚夏大叫："我们收兵吧！"

塞达武命令道："不要动！不然的话，我没办法包好这块蜂蜜纱布。"

"疼的又不是你！"

"我不知道你这么娇气呢。"

"我更希望莲花能来治我的伤，哪怕她包扎的伤口不好看。"

"然而是我在负责所有重伤员和病患。放心吧，我用的蜂蜜可是最好的，你不会死。结痂用不了多久，没有感染的危险。"

"我都还没来得及观察敌人的防御工事就遭到攻击……真是一群野蛮人。"

"如果你想请拉美西斯放过这些凶徒，我劝你免开尊口。对于试图杀害自己朋友的人，哪怕造成外交上的灾难，他都不会忍受。"

亚夏露出了痛苦的表情。

塞达武嘲讽他说："你不用参与进攻了，受伤真是个不错的借口。"

"那支箭如果射得再准些，对我来说或许更好。"

"不跟你瞎扯了，你好好休息吧。放心，你的翻译才能会有用武之地的，只要我们抓住了赫梯人。"

两人所在的大帐篷就是埃及远征军的战地医院，而亚夏是塞达武的第一位伤员。塞达武走出来直奔拉美西斯那里，把这个坏消息告诉了法老。

屠夫陪着拉美西斯绕着敌人的堡垒走着，敌人在自己的高地上俯视着大草原，埃及的法老也不动声色地望着这座堡垒。这座砖砌的山头原本是和平的标志，现在却成了和平的威胁，必须拔除。

对暴徒来说，如果在制定新的进攻战略之前埃及军队放弃进攻转去巡视迦南其他地方，他们还会有一丝希望。若真能如他们的愿，拉美西斯的军队将陷入退无可退的境地，因为赫梯的指挥官已经做好了埋伏。

对看穿敌人心思的能力毫不怀疑的塞达武心里开始琢磨：一个办法是以大局为重暂时离开，再不然就要付出更多生命立即攻占这个全面防备的堡垒，前者比后者更好吗？

同样的问题也在将领们的脑海里盘旋。他们计划向法老提出以下建议：大部分军队全速继续北上以确定都有哪些地点反叛了，同时，为了制止敌人冲出危城追击，留下一个军团防守。

可是，没有人敢向法老开这个口，因为他正在专注地思考着什么。拉美西斯摸了摸狮子的头，仿佛他已经与之化为一体，获得了一种神奇的力量，一种扫平一切接近他的危险的力量。

就在此时，最年长的将领决定冒险进言："陛下……属下有一言不知当不当讲？"这位将领曾经在塞提统治期间在叙利亚当兵。

"请说。"

"经过很长时间的讨论，我们几位将领一致认为最好先确定叛乱范围的大小。由于情报出了错误，现在的我们就是睁眼瞎。"

"你们觉得怎样才能看清暗处的敌人？"

"先分头在整个迦南地区展开侦察，放弃这座堡垒，时机成熟再发起反击。"

"这个建议很有智慧。"

老将领听了这话，知道法老并不是一个不明事理、不懂进退的人，终于放下心来。于是他询问道："陛下，要不要召集军事会议，您好正式下发命令？"

法老却说道："不必了，即刻发起进攻。"

15

拉美西斯用那张只有他拉得开的洋槐弓向堡垒的叛军射出了第一支箭。这张弓的弓弦是用牛筋制成的，要想拉开它，没有塞特般的神力是办不到的。

埃及法老拉弓未射时，三百米开外的迦南哨兵笑了起来。他们认为这个动作不过是为了鼓舞士气。然而，那支铜箭头、硬木箭身的芦苇箭，以弧线划过晴朗的天空，刚好射中了第一名哨兵的心脏。这名哨兵只惊讶了一下，就看到自己鲜血直冒，身体一晃，栽倒在地。紧接着，第二名哨兵也被射中、晕倒、死去，不过他被射中的地方是眉心。惊恐的第三位哨兵想回营示警，在转身的一瞬间背部中了一箭，倒在了堡垒中庭。他倒下的同时，埃及的射手团已经靠近了这座堡垒。

围墙上的迦南弓箭手试图散开，可惜埃及射手为数更多，第一次万箭齐发就被射死了一半。剩下的一半同样遭到了齐刷刷的射击。敌人的弓箭手所剩无几时，拉美西斯命令云梯攻城。体型巨大的屠夫并没有参与这场战斗，它只是在一旁看着，没有表现出什么激情。

步兵们开始爬梯上墙，迦南士兵投石阻击，成功毁了一架梯子。叛军只能拼尽全力战斗，因为他们知道埃及人不会退让。几名埃及士兵跌落到地上，四肢皆有折断。法老的弓箭手手上毫不松懈，继续射向城墙上的敌军。埃及步兵爬梯的速度非常快，不多久，这座堡垒的巡查道便被几百名步兵占据了。接着，在弓箭手的配合下，他们向中庭的叛军发起了攻击。

伤员由塞达武和医护人员照看并抬回军营。裂开的伤口清洗后，莲花用消过毒的绷带为伤员包扎。这个努比亚美女还会缝合伤口。她用新鲜的肉块为伤口止血，几个小时后再在伤口上涂一种抗菌的膏状物。这种东西由蜂蜜、凝血性药草和发霉的面包混合制成，用上它就方便包扎了。塞达武用煎制的药剂、麻醉药丸、糖锭、药膏、药水等医疗用品为伤员减轻疼痛。伤情特别严重的，他就尽量让他们在医务帐篷里先睡下；有些兵士伤情不严重，可以长途旅行，就让他们先回埃及，并把牺牲者带回去。埃及士兵的尸体没有一个被抛弃在异国他乡，成家者的遗属也将终生得到国家的抚恤。

堡垒里的迦南人虽然还有一点抵抗力，但显然已力不能敌。双方最后将进行一场白刃战。叛徒很快就以一比十的劣势战败了。他们的首领打算刎颈自尽，因为他知道埃及人会拷打盘问他。

城门被打开，这座堡垒终于重新属于埃及。

法老进城命令道："火化尸体，清洗战场。"

墙上洒下了泡碱水，住所、粮仓和兵工厂都被付之一炬。到晚饭的时候，指挥官餐厅里已经看不出一点刚刚发生过战斗的痕迹。

拉美西斯的英明决策得到了诸将领的赞扬，庆贺他取得了辉煌胜利。塞达武和莲花还在照顾伤员，亚夏心里则开始打鼓。

拉美西斯问他："我的朋友，这场胜利难道不值得骄傲吗？"

"不知道这样的战斗还会发生多少次？"

"恐怕后面的军事堡垒都要这样收复，直到整个迦南被平定。我保证这种意外和如此惨重的伤亡不会再发生。"

"我们牺牲了五十名将士，有将近一百人负了伤……"

"要不是敌人事先设下圈套，我们也不会遭受这么大的损失。"

亚夏自我批评道："这一点我该想到的。残暴只是赫梯人的第一天性，除此之外他们还天生就会耍阴谋诡计。"

"死掉的敌人当中没有赫梯人，是吗？"

"是的，一个也没有。"

"也就是说，他们的突击队已经全部撤回北方了。"

"接下来要面对和防备的，是更多的陷阱。"

"我们必须面对。睡吧，明天还会是战斗的日子。"

第一座堡垒留下了一队驻军和足够的粮食，几名信差已经在向拉美西斯城报信的路上，亚梅尼将接到法老的命令，派遣军队收复这个军事要塞。

法老率领着百辆战车，为去平定其他堡垒开路。

攻击第一座堡垒的战斗又上演了十次。拉美西斯在距暴徒窃夺的堡垒三百米开外射出可怕的箭，围墙上的弓箭手中箭倒下；迦南士兵无力反击，埃及士兵架梯攻城，弓箭手一齐射箭掩护；攻城部队用盾牌保护自己，终于占领了巡查道。每次攻城都不是硬攻。

不到一个月，迦南再次向法老称臣了。没有哪个堡垒的暴徒敢请求法老的饶恕，因为小规模的埃及驻军，包括那些军人的妻小，都是被他们杀死的。况且，从攻克第一座堡垒以来，叛徒早就被拉美西斯的威名吓破胆了。对迦南北部的最后一座堡垒的收复，其实只是走了个过场，因为胆怯的守军早就逃跑了。

终于，埃及军队重新控制了约旦北部的河谷加利利，法老听到了当地居民的高声赞扬和誓死效忠的誓言。

被擒的暴徒中，没有一个赫梯人。

在迦南的首都加沙，行政长官举办了一场盛大的庆功宴，庆贺埃及的胜利。法老的军队受到了加沙市民主动而热情的关照，马匹和驴子被喂饱，将士们的一应需求均被满足。一片欢乐和友善的气氛结束了这场为期不长的堡垒争夺战。

迦南的行政长官对赫梯人发出严厉的控诉："迦南与埃及间的关系是不可拆分的，却生生被那些野蛮的亚洲人破坏了。迦南人是法老永远的盟友，这次拉美西斯在神明保佑下拯救了我们；对于惨死的埃及人，迦南痛惜不已，幸好法老镇压了叛乱，恢复了此地的秩序，维护了玛亚特的行事准则。"

法老对亚夏说："令人作呕的虚伪。"

"这也是人类的天性，不可改变。"

"但我可以把他调到别的地方。"

亚夏笑了笑，说："是的，你确实可以用别人取代他。但人类的这种秉性很难改变，只要有足够的好处，下一位行政长官也会毫不犹豫地背叛你。至于目前这位专制、昏庸、残暴的行政长官，我们至少了解了他爱撒谎、贪婪、不守法纪的缺点。这些有利于我们操控他。"

"你难道忘了，先前赫梯的突击队能够进入埃及，可是得到了他的同意的？"

"换成别人也会这么做。"

"你的意思是让我放过这个无赖吗？"

"我们可以威慑他，比如以后稍有差池就免了他的职之类。这种威慑应该能在几个月里阻止他再次犯错，这就不短了。"

"亚夏，有什么人是你觉得值得尊敬的吗？"

"外交官的职务让我见过一些显要人士，为了保护或加强自己的权势，他们个个全力以赴。我若表现出对他们的一丝怀疑，被整垮只在旦夕之间。"

"你并没有回答我的问题。"

"拉美西斯，你在我眼里就是一个非常值得尊敬的人。但你也正是一个有权势的人，而且是权势滔天。我对你的感觉是比较特殊的。"

"我只是法律和人民的公仆。"

"如果有一天你忘了这一身份呢？"

"那时，神力将离我而去，迎接我的将是彻底的失败。"

"但愿上天保佑您不会遭遇这种不幸。"

"说说你都查到了什么吧。"

"暴动的确是赫梯人策划的，迦南人阴谋窃夺埃及的军事堡垒，全是赫梯人给出的主意。这个事实是几名加沙商人和高官透露的，我花了重金才撬开他们的口。"

"是什么样的主意？"

"照常运送军饷，但把一些武装的士兵藏在马车里。对所有堡垒的攻击，要在同一时间发起。为了逼各堡垒原来的指挥官投降，抓妇女和小孩做人质，据说我们的指挥官是宁死不屈的。事成之后，赫梯人还让迦南人坚信埃及人根本无力组织有效反击。那些叛徒真是吃了熊心豹子胆，居然敢杀死我们的驻军！"

听到这里，拉美西斯更加确信自己之前的决定是正确的，也气愤埃及强有力的臂膀居然曾败给一群胆小鼠辈。

"有摩西的消息吗？"

"可供参考的消息，目前还没有。"

拉美西斯在自己的帐篷里主持着军事会议，他坐在镀金的折椅上，屠夫趴在他的脚边。亚夏和每一位将领都被要求发表意见。

那位年长的将领最后一个发言："士兵们战意正酣，牲畜和战备都很充足。陛下刚刚取得的胜利前所未有，您将万古留名。"

法老却说："这个论断，我还不敢苟同。"

"能够参加这样的战役，对我们来说是莫大的荣幸。而且——"

"还是以后再用'战役'这个词吧。真正的挑战才配称为战役。"

"拉美西斯城也将歌颂您的功德。"

"还没到那个时候呢。"

"陛下，您不打算返回埃及吗？整个迦南已被平定，我国在巴勒斯坦的主权已经恢复，现在最适合回国。"

"不。还有更艰难的任务等着我们，那就是收复安穆府省。"

"可是，赫梯人在那里的力量说不定可怕得超乎想象。"

"将军，你是在表达对战争的恐惧吗？"

"陛下，战略战术都需要时间协商。"

"策略早已确定：我们直接向北发起进攻。"

16

　　妮菲塔莉头上戴着假发和配有轻巧装饰、垂到肩部的头带，穿着一袭紧身长袍，腰间缠着红色腰带。她用圣湖之水洗净了自己的双手，走进阿蒙神庙的内堂，向神明祭拜，献上精美的晚餐。埃及的皇后以光明之女的名义举行这项祭祀，这是神明的妻子应尽的责任。这个仪式象征着皇后拥有源源不断的力量。

　　内堂大门关上并贴上封条之后，妮菲塔莉在几位祭司的陪同下来到拉美西斯城的生命殿堂。她将在生命殿堂里化为亦生亦死、全力摧毁恶魔的遥远女神。她的视觉就是阳光，维持着自然万物的生命与生气。她能够把衰败变成欣欣向荣，这股神奇的力量是幸福与宁静生活的保障。

　　两位女祭司分别把一张弓和四支箭递给皇后。

妮菲塔莉拉开弓，依次朝东、北、南、西射出一支箭。一切危害拉美西斯的不可见的敌人，都将中箭而亡。

妮菲塔莉做完这些后，图雅的仆人上前道："太后想尽快见到您。"

图雅作为太后仍然具有高贵的气质：身体细长，穿着细褶的亚麻长袍，腰带上有条纹图案，手上戴着几个金手镯，颈上的叶蜡石项链足足有六圈。

埃及的大皇后乘轿子匆匆赶来后，图雅安抚她说："妮菲塔莉，不必担心。迦南的信使带回了一个好消息：法老已经平定了整个迦南省，并确立了新秩序。"

"那他什么时候回到埃及？"

"目前还不确定。"

"军队没有返回，而是继续北上了，是吗？"

"可能是这样。"

"换成是您，您也会这样做吧？"

"肯定会。"图雅的语气非常坚定。

"迦南北邻安穆府省，跨过安穆府就是赫梯人的属地了。"

"以安穆府为疆界与赫梯和平相处，正是塞提的愿望。"

"如果赫梯的军队跨过了这道边界，意味着……"

"意味着埃及与赫梯之间发生战争。"

"东南西北四个方向，我都已经射出一支箭。"

"既然仪式已经完成，你还忧虑什么呢？"

谢纳明显很讨厌亚梅尼，但他还是不得不每天一大早会见这个狂妄、瘦弱的书记员，因为他需要了解有关拉美西斯的情况。这种事让谢纳厌烦至极，他想："等我成了埃及的王，非让亚梅尼去打扫省军团的马圈不可。就让他在那种地方把仅剩的那点健康耗光吧！"

不过，亚梅尼的脸色一天比一天难看，谢纳认为这是远征军毫无进展的确凿证明，所以感到非常痛快。然而，法老的哥哥表面上还是装得非常悲伤，并假惺惺地祈求上天保佑埃及平安渡过危机。

外交部里的工作，谢纳并不怎么上心，但还要表现出孜孜不倦的样子。他知道眼下正是多事之秋，所以跟叙利亚商人哈伊亚能不接触就不接触。以他的身份，在这段时期仍然酷爱收集稀有的进口花瓶，会让他受到谴责。哈伊亚传来的简信，几乎全都是令人高兴的消息：为赫梯人做事的叙利亚观察家们发现拉美西斯已经掉进了迦南人设好的圈套，刚愎自用的法老一味放纵自己的冲动，完全忽视了敌人爱耍阴谋的天性。

皇后的披肩和艾力欧生命殿堂的腌鱼干坛子失窃事件已经在宫里造成了巨大骚动，现在居然被谢纳解开了。他一下就把嫌疑锁定在了那位天生乐观的宫廷总管。一天，在照例会见亚梅尼之前，谢纳随便找了个跟自己的目的八竿子打不着的理由，召见了胖子罗梅。

罗梅有三个下巴，有圆鼓鼓的啤酒肚和双颊，步态缓慢。他有洁癖，工作严苛挑剔，御下甚严，每道御膳都要亲自尝过。然而，对他有意见的人敢怒不敢言，因为这项职务是法老亲自委任的。对待宫廷的每个仆役，他同样严格得不留情面，发现违抗命令者，一律当即开除。

罗梅彬彬有礼地对谢纳说："大人，我有这个荣幸为您做点什么吗？"

"我的管家没有告诉你吗？"

"我不觉得晚宴上座次的问题——"

谢纳不等他说完就单刀直入："你应该谈谈艾力欧生命殿堂仓库里的那只盛腌鱼干的坛子，是谁偷的？"

"坛子……什么坛子……我毫不知情……"

"不止坛子，还有皇后的披肩。"

"这个我听说了。发生这样可耻又可怕的事，我非常痛心，但……"

"你有没有怀疑过是谁偷的？"

"大人，这已经超出了我的职责范围。"

"但由你来调查正合适！"

"可我并不这样想。"

"是吗？那是当然。但你不妨想想嘛，你在宫里处于一个核心位置，什么事能逃过你的眼睛？"

"您谬赞了。"

谢纳决定不再虚与委蛇："你做这些坏事的目的或动机是什么？"

"啊？您不会认为是我——"

"不是认为，而是确定！皇后的披肩和腌鱼干的坛子就是你偷的，说吧，你把它们交给谁了？"

"您搞错了！"

"我对自己的判断深信不疑。而且，我手上有你犯罪的证据。"

"证据？……"

"冒这么大的风险行窃，到底是为了什么？你还不肯交代吗？"

罗梅终于绷不住了：脸色开始改变，额头和两颊泛起异样的红色，浑身紧绷的肌肉松弛下来。谢纳的怀疑是对的。

"也许是重金诱惑，也许是对拉美西斯的仇恨，无论出于哪个原因，这种行为都是严重的犯罪。"

"谢纳大人……我……"

胖子露出一副极度悲伤的表情，谢纳差点就要被打动了。

"你是个优秀的总管，这件丑事我可以不予追究，也不揭发。但这份恩情你要铭记，将来我有什么事情需要帮忙，你不可能推辞。"

亚梅尼必须每天向拉美西斯递交一份报告，谢纳到达时，他正在草拟当天的那份。报告写得又快又好。

谢纳客气地问："能打扰你几分钟吗？"

"何谈打扰？我们每天会面的惯例是法老的命令。"说着，亚梅尼放下了手中的刮刀。

"亚梅尼，你看起来疲惫极了。"

"只是看起来罢了。"

"你对自己的健康太忽视了。"

"埃及的健康状况是我唯一关心的。"

"怎么……有坏消息从北方传来了？"

"正相反，是喜讯。拉美西斯取得了胜利。之前，我一直在确定消息是否属实。知道信鸽也可能传递错误消息导致我们上当之后，我认为万事都要力求谨慎。"

"赫梯人耍阴谋欺骗了我们，是吗？"

"是的，我军险些遭遇大难。迦南省的军事要塞居然全都投降了暴徒！幸好没有把军队分成四路撤退，否则我们将遭受更为惨痛的损失。"

"好在那种事没有发生。"

"我们已经收复了迦南省，该省的行政长官发誓将永远效忠于法老。以后埃及人仍可以在迦南海岸自由进出。"

"真是了不起的成功！……拉美西斯取得了一项伟大的成就，解除了赫梯人的威胁。现在，埃及军队已经在返回拉美西斯城的路上了吧？"

"军事秘密，无可奉告。"

"什么？你不要忘了我是外交部长，难道还要向我保密？"

"因为没有更多消息。"

"怎么可能！"

"这是实情。"

谢纳再也压制不住怒火，愤愤地离开了。

一股愧疚之情在亚梅尼心中升起。倒不是因为冒犯了谢纳，而是想起自己对萨哈马纳的处理，他觉得自己过于轻率了。证据摆在眼前，的确不可推翻，但自己对证据不加怀疑地相信或许是不对的。

前往迦南的军队出现各种的骚乱，这个消息使亚梅尼露出了比以往更严肃的神情。把萨哈马纳打入大牢的证据和证词，他应该重新审查。虽然并没有人要求他这样做，但亚梅尼已经学会了严谨做事，他觉得这是必要的。

于是，有关萨哈马纳的档案重新出现在亚梅尼的眼前。

17

拉美西斯远远望见了控制叙利亚通道的军事基地——梅杰托堡垒。它矗立在丘陵的山顶上。在这片绿茵茵的丘陵上，只有这座堡垒高高耸立着。堡垒有石墙、垛墙、方形高塔，还有防御用的木制回廊以及高大的城门，门板看起来厚得不可摧毁。整座堡垒看起来威风凛凛，任何侵犯都将有来无回。

驻守在梅杰托的士兵既有埃及人也有叙利亚人，虽然他们表示仍忠于法老，但这种官方消息实在难以打消远征队的怀疑：这座堡垒到底有没有归顺叛徒呢？

拉美西斯欣赏着此地的风景。丘陵的海拔相当高，植被茂盛，橡树上结满大疙瘩，河流已经淤塞，沼泽零星点缀，沙石漫布四野……法老开始觉得这个远离美丽尼罗河和埃及和谐乡村的国家非常奇怪：它充满杀气，自负又固执地不向外界开放。

侦察兵扰乱了一头母野猪和小猪们的安宁，野猪群已经发起了两次进攻。

灌木丛里的树林高大而稠密，排列得毫无秩序，骑兵们难以在里面行进。虽然行军有些不便，但能得到充足的水源和野味，也算是一种补偿了。

拉美西斯让军队停下，但没有下令就地扎营。派去梅杰托堡垒的侦察兵还没有回来，法老的目光一直盯着那个方向。

塞达武趁着这个休息时间给伤病号诊治。伤情严重的士兵将被送回埃及，留下的士兵要么是体格强健的，要么只是发了高烧、打摆子或胃疼等不难治的病症。塞达武用泻根、枯茗和蓖麻混合制成的药剂为伤员止痛。所有将士都坚持咀嚼大蒜和洋葱，以免患传染病。塞达武最喜欢的预防传染病的东西是来自沙漠东边的"蛇根"。

一头驴子被水蛇咬伤了，莲花刚刚治好了它。这条蛇有毒，但毒液很少，她从没有见过这个品种。至此她才感觉这趟旅行有了些乐趣，因为之前一直没有遇到新品种的毒蛇。

两名步兵为了亲近这名努比亚美女，假装也被毒蛇咬伤前来向莲花求救，被识破之后得了几个响亮的耳光。莲花又从布袋里抓出一条毒蛇，这毒蛇疯狂吐着信子嘶嘶作响，两个骗子立即吓得躲回军队里。

两个小时过去了，法老让骑兵和马车夫全部下马，和步兵一起坐在地上休息，只在外围留下几名哨兵看守。

亚夏说："侦察兵离开得太久了。"

拉美西斯说："是啊。你的伤口怎样了？"

"已经愈合了。巫师塞达武真是名不虚传。"

"你对这个地方是什么感觉？"

"不喜欢。沼泽、橡树林、灌木丛和过腰的野草，一切似乎都隐藏着危险，唯有视野开阔这一个好处。军纪严重不整。"

拉美西斯断言说："侦察兵不会回来了。他们不是已经死了，就是被囚禁在堡垒里了。"

"梅杰托也投降了敌人，交涉成功的可能性为零。"

"就算它已经归顺了赫梯人，我们还是必须打一场收复战。因为它是叙利亚南部军事要塞的咽喉。"

亚夏指出："事情现在还牵扯不到国际的战争，我们目前只是在收复埃及的领土，为了埃及法律的威严而扫平一场叛乱。所以，我们不必事先发出警告，任何时候都可以进攻。"

这位年轻外交官的分析，有四周的环境作为印证。

拉美西斯忽然大声下令："将士们，准备迎敌！"

亚夏还没牵起缰绳，就看到一队骑兵从法老左侧的密林袭来，正在休息的战车队遭到直接攻击。骑兵的短枪刺中许多埃及士兵，几匹战马有的伤了腿，有的被割断喉咙。幸免于难的士兵迅速拿起长矛和短剑，步兵组成一个盾牌阵势，几名将士成功登上了战车。

敌人的袭击既突然又凶猛，似乎胜券在握。他们个个头发浓密，戴着头带，留着山羊胡，长袍的流苏垂到脚踝，腰带上裹着一块三角巾——这明显是叙利亚人的打扮。

亚夏已经慌乱至极，拉美西斯却出奇冷静。

"我们的阵线就快被敌人击破了。"

"他们以为自己肯定会胜利，可惜那是白日做梦！"

叙利亚军队的攻势已稍微被压制住了。敌人正被埃及步兵逼退，背后还有埃及弓箭手们。这些叙利亚暴徒吃尽了埃及弓箭的苦头。

屠夫一声咆哮，撼动了树林。

拉美西斯提示道："还有一股危险的敌人没有露面呢。从现在开始，我们将进入决定性的战斗。"

几百名叙利亚士兵手持短柄斧头出现在埃及弓箭手背后。他们再前进一小段距离，埃及弓箭手就要腹背受敌了。

法老对自己的战马大喝一声"走！"两匹战马知道这种语气是一道全力奔突的命令。

狮子也凶猛地扑向敌人，后面紧跟着亚夏和上百辆战车。

屠夫的利爪保护着拉美西斯，上前攻击的叙利亚人脑袋、胸腔纷纷被撕裂，拉美西斯也箭无虚发，敌人的胸口、咽喉和脑门纷纷中箭。战斗异常激烈，受伤和死掉的士兵被马车碾过，哀叫着逃跑的叙利亚军队被埃及步兵团追得死死的。

一个形象与众不同的敌人逃向树林深处，拉美西斯命令屠夫去抓住他，狮子应声扑了过去。两名落后的追随者先被利爪扑倒，那个男人紧接着也惨叫一声倒在地上。他试图蓄力，但被狮子咬住后疼得半死不活，背部的皮肉都裂开了。

这个敌人留着长发，胡子很乱，红黑条纹相间的长袍已经变成了碎布条。法老让人把塞达武找来。

战斗结束，叙利亚敌人只剩下一个活口，埃及军队则损失很小。

塞达武是跑着过来的，停下脚步后喘着粗气。

拉美西斯命令道："救活他。他不是叙利亚人，而是一名大漠强盗。我要知道他为什么会出现在叙利亚叛军里。"

贝都因人平日里在沙漠抢劫商旅，今天为什么会出现在这里？塞达武也不知道其中缘由。

"屠夫几乎已经挠死他了。"

眼前这位伤者脸渗冷汗，鼻孔流血，脖子僵硬，听其心跳弱得诊断不出伤情。再伤重一点儿，这名大漠强盗就要命归西天了。

拉美西斯问："他还能说话吗？"

"我试试吧。他下巴痉挛，希望很小。"说罢，塞达武往这濒死之人嘴巴里插进一根布条包裹着的木管，通过木管喂了一些液体。这种液体的主要成分是某种植物根茎和柏树汁。

塞达武解说道："这种药剂可以缓解疼痛。如果他身体底子好，还能撑几个小时。"

大漠强盗睁开了眼睛，法老的容颜让他很惊慌。他挣扎着要站起来，咬断了管子，开始忍着疼痛比画，就像一只翅膀受伤的小鸟一样。

塞达武安抚他说："朋友，不要乱动。我会治好你的。"

"拉美西斯？……"

"没错。埃及法老要问你话。"

法老的蓝王冠吸引着这个贝都因人的视线。

法老问："你是不是来自西奈半岛？"

"是的。我的家乡是西奈……"

"你为什么会加入叙利亚人的战斗？"

"……他们承诺会给我金子……"

"你遇见过赫梯人吗？"

"有。他们交给我一份作战计划。"

"只有你一个贝都因人吗？"

"还有别人，但他们都已经逃走。"

"有一个希伯来人叫摩西，你见过他吗？"

"摩西……"

拉美西斯详细描述了摩西的样子。

"没有见过。"

"那你听说过他的名字吗？"

"没有……应该没有吧……"

"堡垒里有多少人？"

"这我不知道……"

"不许撒谎！"

这个受伤的贝都因人突然握紧匕首挺起身子向法老刺去，塞达武用力打了他的手腕一下，匕首就掉在了地上。由于猛然用力，刺杀者脸上一抽、身体颤抖了几下，就倒在地上再没了呼吸。

塞达武说："叙利亚人居然天真地想和贝都因人结盟。大漠强盗根本就是不可结盟的。"

埃及的伤员正在由莲花和其他医护人员照料，塞达武又回到了医疗队。殉国者的尸体被战友们用草席包裹好，放到车上，他们将在一队人马的保护下回到埃及。埃及会为这些不幸亡命他乡的士兵超度。

拉美西斯抚摸着屠夫，它似叫非叫地咕噜着，声如闷雷。国王再次以一个英勇无敌的战士身份带领军队获得了一次胜利，士兵们在法老周围围了一圈又一圈，举起匕首刺向天空，以此表示对君主的赞颂。将领们好不容易才挤出一条路来到法老跟前，他们的庆贺显然迟到了。

法老问道："附近的森林里还有其他叙利亚人吗？"

"没有了。陛下，现在我们是否可以扎营了？"

"不可以。我们先要拿下梅杰托，这件事更重要。"

18

　　为了有精神在办公室度过一夜，亚梅尼吃了一大盘小扁豆。一盘小扁豆下肚，亚梅尼不会长一克肉。他熬夜是为了给明天腾出足够的时间，处理有关萨哈马纳的档案，那可需要好几个小时。

　　当背部疼得无法忍受时，他会摸一摸法老提名他为机要秘书时送他的礼物，那是一只镀金的直管笔筒，底座是百合花形的。此举总能奏效，让他瞬间精神满满。

　　他与拉美西斯在年少时就建立起了高度默契。关于塞提幼子的平安，亚梅尼总有正确的直觉。他多次预感到法老的肩膀被死神碰了一下，可惜的是，他没有能力解除这种灾难，那只能靠护佑拉美西斯神力了。亚梅尼有时担心：神明给法老的这层保护万一消失了，勇武易冲动的拉美西斯会不会走上自我毁灭的道路？

　　而且，如果萨哈马纳是组成这道神奇护墙的一块巨石，亚梅尼眼下逮捕他的行为岂不是不赦之罪：萨哈马纳不能执行保护法老的任务了！这是该愧疚的吗？

　　萨哈马纳的情妇倪诺法也将收到警方的传讯，这是亚梅尼安排的，因为萨哈马纳的罪名大部分取决于她的证词。倪诺法如果真的说了谎，背后必有隐情，亚梅尼必须审出来。

　　七点钟的时候，亚梅尼的办公室前出现了一名警官。他是此案的负责人，看面相五十岁左右，头脑比较冷静。

　　警官说："倪诺法来不了。"

　　"是她拒绝前来吗？"

　　"不，是她家中无人。"

　　"她真的住在她交代的住址吗？"

　　"她的邻居说她确实住在那里，但他们又说已经几天不见她人影了。"

　　"知道去哪里了吗？"

　　"没有人知道。"

　　"她家里搜查过了吗？"

　　"查了，什么也没有发现。衣橱都是空的。她似乎是想毁灭一切证据。"

　　"关于她的传闻有没有？"

　　"有传言说她为人风骚，甚至有人多嘴透露，说她就是靠出卖美色营生的。"

　　"那么，某家酒馆里或许会有她的行踪。"

　　"我调查过，没有。"

"她家里去过男人吗？"

"邻居说没有，还说她自己就常不在家，尤其是晚上。"

"一定要找到她。还要查清楚她可能的顾客。"

"请你放心，一定办到。"

"尽快行动起来。"

警官离开之后，亚梅尼又仔细看了一遍那些留着萨哈马纳笔迹的小板子，上面的内容能够确凿地证明他串通赫梯人的罪行。

人在黎明时分的精神总是高度警觉的，亚梅尼就在自己宁静的办公室设想出了萨哈马纳叛国案背后的一个大阴谋。他必须等亚夏回来，那时才方便依法处置。

埃及远征队分布在整个草原上，高耸在岩岸边沿上的梅杰托堡垒非常醒目。要想安稳地登上城墙，必须要有巨大的梯子才行。强行突击势必会造成大量伤亡，敌人有弓箭手，还会投下石块。

拉美西斯围着这座军事要塞查看了一圈，他驾驶战车的速度快极了，敌人的弓箭手都来不及瞄准。当然，亚夏也在法老的战车上。

垛墙上一位射手也没有，一支箭也没有射下来。

亚夏推断说："他们打算一直躲藏下去，好适时发起致命一击。而且他们肯定会力求箭无虚发。所以，围困并饿死他们是最好的方法。"

"对我们来说，这恐怕是最消磨士气的策略。敌人的储粮够他们活好几个月的，而我们的干等却显得永无尽头。"

"可是，连续几仗打下来，我们的将士也伤亡不少。"

"我还没有冷酷到只考虑下一场战争的胜利。"

"人命不如埃及的光荣重要，这不是你一直以来的观念吗？"

"不，每一个生命我都会珍惜。"

"你的计划是什么？"

"用战车把堡垒围起来，但要在敌人的射程之外。一旦叙利亚士兵在围墙上出现，我们的弓箭手就射死他们。然后，三个敢死队开始登城，要他们用盾牌护身。"

"这次攻击万一失败了，怎么办？"

"我们应该先展开攻击。未曾行动先想失败，这本身就是一种失败。"

士兵们受到拉美西斯感染，重新燃起了斗志。敢死队舍生忘死，射手争相踏上战车，战车把堡垒围得死死的，所有战马都未曾嘶鸣一声。

步兵们扛着长梯紧张地逼近城墙根。站在最高城楼上的叙利亚士兵正要射杀爬上梯子的埃及士兵，拉美西斯和其他射手的箭先脱了手，叙利亚射手没来得及拉开弓就被射死了。接替这层防守的射手同样有浓密的头发，系着头巾，留着山羊胡子，他们倒是射出了几支箭，但埃及士兵没有一人中箭。这批叙利亚弓箭手同样死在了法老和埃及射手的精准箭法之下。

那位卜了岁数的将军对塞达武说："这种反击太烂了，他们好像没有参加过任何战斗。"

"那正好，我就不必为了照顾伤员忙得不可开交了，今晚还可能抽出时间陪陪莲花。几场战斗下来，我都快累得没力气了。"

步兵们开始顺利地爬上梯子，忽然，五十多位妇女出现在城墙上。

不杀妇孺是埃及军队的规矩。被俘的妇女和小孩，会像战犯一样被带回埃及。妇女会成为大地主家里的仆人，改掉姓名就可以在埃及正常生活了。

老将军见到这等情景，脸上泛出一股哀伤。他说："我还以为一切战争场面我都见过了呢！……这些可怜的女人肯定是疯子！"

两个叙利亚妇女点燃了一个火盆并倾倒下来，炭块垂直落在正在往上爬的埃及步兵身上，梯子底部附近的进攻者也被烧伤。

埃及射手的箭终于脱手，那些女人的眼睛中箭后，从墙头上跌落下来。一个年轻的叙利亚女孩激动不已，用投石器把火炭投射到了埃及士兵当中。

老将军的屁股中了一箭，他难以支撑倒在地上，正要用手颤抖地按住伤口，塞达武忽然喝道："不要碰，也不要再动。我来处理。"

御蛇巫师撩起裹腰布冲着老人的伤口尿了一泡尿。尿液是无菌的，和泉水、河水不同，可以用来清洗伤口预防感染，这一点塞达武知道，老将军也知道。

担架兵把其他伤员也抬进了医疗帐篷。

梅杰托堡垒的城门几分钟就被打开了，埃及军队进到城里，除了妇女和小孩，一个士兵也没有看到。

亚夏推测说："刚才的战斗，叙利亚人是想用肉搏战耗尽我军体力。"

"这种战术倒不是没有成功的可能。"

"可惜他们不了解你。"

"我的朋友，谁敢说他了解我？"

几十名步兵找到宝库，里面大理石的杯子盘子和银制小雕像堆得到处都是。狮子一声咆哮，他们吓得跑出来。

拉美西斯命人把妇女和小孩关押起来，所有房子该清洗的清洗，该烧毁的烧毁。

法老指派一人成为梅杰托堡垒的行政官，并让他挑选几名将领和士兵，一起驻守在这里。一队士兵已经出去打猎，虽然仓库里的粮食足可以支撑几个星期。

这个地区的农人们由于长期不能确定谁做主，所以田里的耕作已经撂下很久。拉美西斯、亚夏和新上任的行政官进行了全新的经济规划。不到一个星期，埃及军队再次成为这里安定与和平的保障。

法老命人在梅杰托北边建了几座小堡垒，并安排了四名侦察兵和几匹马看守。马匹是留给侦察兵在赫梯人入侵时及时撤离用的。

拉美西斯站在中塔上俯望，一点也不喜欢四周的风景。他忽然想到自己远离尼罗河、棕榈滩、沙漠和充满生机的乡村，热烈地思念起了妻子妮菲塔莉。在这个平静的时刻，远方的妮菲塔莉正在主持晚祷仪式。

亚夏打断了他的思绪："我和将军们讨论了你的要求。"

"他们是什么态度？"

"对于自己的法老，他们绝对信赖。但他们心里所想的，还是尽早返回家乡。"

"你喜欢叙利亚吗？"

"这个国家充满陷阱和危险，必须要在这里待很长时间才能了解它。"

"赫梯也是这种情况吗？"

"不，它更原始而荒芜。安纳托利亚高原冬天的风刺骨的冷。"

"你觉得我会对它感兴趣吗？"

"不会。你是埃及人，能够占据你心灵的地方只有埃及。"

"前面就是安穆府省。"

"还有敌人。"

"你觉得那里已经被赫梯人占领了吗？"

"还没有相关的可靠消息。"

"只说你的猜测。"

"也许，他们正在那里等着迎战我们呢。"

19

商城大马士革以东、蒂勒和彼布罗斯的沿海乡镇之间就是安穆府省，它是埃及的最后一块属地，跨过它就是赫梯的地盘了。

远征队已经远离埃及四百多公里了，士兵们前进的脚步越来越沉重。将军们建议折回，法老不但没有听从，还放弃走海路改走山路。山路上行军，无论人还是牲畜都觉得很费力，嬉笑甚至交谈声都听不到了。未来的敌人极其剽悍，光是这名声就能够让英雄却步，但埃及士兵们充实了战斗物资，准备跟赫梯人一决雌雄。

前去查看敌情的侦察兵快马加鞭来到丘陵上，在法老正前方停下来。

他下马报告说："敌人都在前方山路的出口处，那个地方一面是悬崖，一面是大海。"

"他们有多少人马？"

"士兵可能总共几百人，都藏在灌木丛后面。武器有长矛和弓箭。既然他们在海路上迎接我们，我们可以在他们后背发起攻击。"

"是赫梯人吗？"

"不是，是安穆府的居民。"

拉美西斯有些糊涂了，不知道赫梯人埋好了怎样的陷阱等着埃及军队。

法老要求侦察兵在前方带路，战车队长却有不同意见："法老不该亲临险境。"

"我必须亲自去查看一下，好作出判断和决定。"法老眼睛里闪耀着令人振奋的光芒。

法老跟着侦察兵来到一片坡地，坡上有几块石头，好像随时会滚动下来。

拉美西斯停下观察，大海、滨海道路、灌木林、埋伏起来的敌军、悬崖等都进入了他的视野。海岸线的尽头也是悬崖，赫梯军埋伏在周围，埃及军队无法围剿；说不定附近还埋伏着几十辆可以随时快速发起攻击的安纳托利亚战车呢。

拉美西斯的决定关系到埃及军队的存亡，军队的存亡又决定到埃及的存亡。

拉美西斯琢磨着，小声地自我反问："列阵开战？"

第一批埃及军队在靠海的一面亦即安穆府南面登陆了，并向还在做着美梦的安穆府步兵队迅速发起进攻。

班德西拉王子所运用的战略，是赫梯的指挥官强加给他的。由于先前的道路上充满陷阱和障碍，赫梯人相信拉美西斯一定到不了安穆府，即便能够到达也一定已经耗尽了所有体力。他们相信自己收拾一群筋疲力尽之人将不费吹灰之力。

班德西拉看起来五十岁左右，黑胡子长到嘴边，浓而不长，很漂亮。他对赫梯人没有好感，却也不敢得罪，因为他的安穆府距离赫梯人的地盘太近了。安穆府是埃及的属地，班德西拉王子向法老称臣纳贡，这早就成为理所当然的事了，但赫梯人偏要逼他造反，要他刺出最后一刀，消灭强弩之末的埃及军队。

王子正躲在一个阴凉的洞里，觉得口渴难耐，要酒保拿些冰啤酒来。酒保刚走出几步，便回头对王子说："大人，您快看！"

"看什么看！我渴死了。"

"看那边的悬崖……几百个埃及士兵站在上面，不……是几千人！"

班德西拉又惊又慌地站出来，眼前的景象证实了酒保的话：在通往沿海平原的小路上，一个身材魁梧的男人正在行走着，他头上的蓝王冠和腰间镶金的裹腰布闪闪发光；一只巨大的狮子赫然走在他身边。

所有黎巴嫩士兵都见证了同样的景象，一开始还是一个一个地起身观看，后来是一群一群的。所有人的睡意顿时全消。

拉美西斯的声音沉稳有力："班德西拉，不要再躲躲藏藏了。"

安穆府的王子慢慢走向法老，浑身颤抖不止。

"你是我的附庸，这一点你忘了是吗？"

"不，陛下，我对埃及的忠心从未改变！"

"那为什么我看到你的军队在埋伏着准备攻击我？"

"这个……我们是为了安穆府省的安全考虑……"

拉美西斯似乎从空气中听出一阵军队嘈杂的声音，抬头望向远方的悬崖，他感到后面就藏着赫梯人的战车队。

法老觉得现在没有必要说虚情假意的话："班德西拉，你背叛了我。"

"不，陛下，我没有！……我是被赫梯人强迫的。我和我的子民不能拒绝，否则就会被他们杀死。我们正等着您来把我们从这场灾难里救出去呢。"

"他们在哪里？"

"已经全部离开安穆府。他们坚信，您的军队即便能够跨过重重障碍到达这里也没有什么战斗力了。"

"那又是什么在发出这奇怪的声音？"

"那是巨浪翻过岩石撞击峭壁的声音。"

"实话告诉你，我军已经决定战到最后一刻，不怕你开战。"

班德西拉急忙跪下哀求道："求法老饶恕我们！求您对安穆府的子民网开一面，我们愿意继续效忠于您。"

黎巴嫩的将士们见自己的主人求饶，也都放下了武器。

拉美西斯把匍匐在地上的王子扶起来，整齐的欢呼声从埃及军队里轰然响起。

从亚梅尼的办公室里走出来时，谢纳终于绷不住内心的惊诧了。他听到了拉美西斯通过一场闪电战收复赫梯人控制下的安穆府省的消息。他只知道拉美西斯是个涉世未深的法老，带领军队靠近敌区还是第一次，却不知道这场前无古人的胜利是怎么做到的。拉美西斯到底使用了什么使人吊诡的手段？

谢纳已有很长时间不相信有神明了，但他现在确信拉美西斯身上有一股创造奇迹的力量，这是他通过某种神秘仪式从塞提那时承袭来的。他能够找到正确的方法，就是因为这股力量的指引。

身为外交部长，谢纳需要亲自到孟菲斯把这个喜讯告诉诸官员，为此他还向亚梅尼提交了一份工作报告。

他气急败坏地问自己的妹妹杜兰特："巫师人在哪里？"

"他在工作。"杜兰特紧紧搂住金色头发的莉达，也就是阿肯那顿的继承人，怕哥哥的怒火殃及这个已在颤抖的女孩。

"我要立即见到他。"

"还要等一阵子。他正在用妮菲塔莉的披肩实施一场新的魔法。"

"这就是他那魔法的效果吗？你知不知道安穆府省被拉美西斯收复了！整个迦南，所有的边防堡垒都重归他的控制之下，埃及北方的各个公国再次向他的威权屈服了！我国只遭受了可以忽略不计的损失，而我那亲爱的弟弟更是完好无损，甚至整个埃及军队都把他当成神！"

"这是真的吗？"

"亚梅尼亲自提供的消息，还不可靠吗？这个该死的书记员！办事滴水不漏，甚至都没有告诉我实情。赫梯人再也别想操控迦南、安穆府和叙利亚南部，拉美西斯未来建造的军事基地肯定异常坚固，划定的边界地带肯定让敌人无法跨过。哼！这结果还真是成功呢！非但没有打击到拉美西斯，更让他加强了埃及的边防！"

年轻的金发莉达看着谢纳，眼睛都睁圆了。

"我们没有希望了，我被你们戏弄了吧？"

谢纳把她长袍上半部使劲往下拉，扯掉肩带，莉达胸部严重烧伤留下的疤痕就暴露出来。莉达吓得缩进杜兰特的怀里抽噎起来。

"谢纳，你不要拿她撒火，她和欧菲尔都是我们最亲密的盟友。"

"盟友，真是无懈可击的盟友啊！"

谢纳身后响起一个沉稳的声音："请您不要质疑这一点。"

谢纳转过头，看到了欧菲尔那张禽兽一样的面孔。这个利比亚人深绿色的瞳孔里似乎有一种魔力，这股魔力只消几秒就能把敌人击倒。每次见到他，谢纳都觉得比上一次更害怕。

"欧菲尔，你的工作让我很失望。"

"可我和莉达都已经尽力了，您应该能看到。我之前也跟您说过，我们面对的敌人非常强大，需要很长的准备时间。保护着妮菲塔莉的力量坚不可摧，除非她的披肩被我们完全烧掉。因着急而潦草行事只会害了莉达，您登上王位的梦想也就无法实现。"

"我要知道最长还要等多久。"

"莉达的力量现在虽然还很弱，但她的确是个出色的灵媒。每次施法，她那被灼伤的地方都会裂开，我和杜兰特必须照顾她，且必须等到伤口愈合才能进行下一次。"

"就不能换一个试验品吗？"

巫师瞪来犀利的目光，谢纳一阵发毛："她可不是试验品。未来您成了国王，她将是您的妻子。她已经为这场我们必胜的战斗准备好几年了。这场战斗非常残酷，她的地位没有人能够取代。"

"这是自然……可是，拉美西斯正在赢得更高的声望！"

"您放心，这一切很快会在一场灾难中全部化为灰烬。"

"拉美西斯可不是一般人，有一股超自然的力量保护着他。"

"这我再明白不过了，所以我才需要用尽一切办法。我们不能操之过急，否则追悔莫及。然而——"

谢纳没有让欧菲尔说完："然而我们反对拉美西斯的态度还是不能松懈，我知道。成功会使人自负，进而让人放松警惕。拉美西斯现在就处在放松时期，我们刚好可以利用起来。"

20

安穆府正在举行欢乐的宴会。为了法老的驾临和安穆府和平的恢复，班德西拉王子执意进行隆重的庆祝。永远效忠法老的高调誓词已经写在莎草纸上，班德西拉也向拉美西斯做出了承诺，他会尽快用船把一批树干运到埃及需要的地方，矗立在各地的塔门前。黎巴嫩士兵把友好的手伸向埃及盟军，并不断奉上美酒。埃及士兵收复并保护了这些省份，当地的女人知道怎样用美色吸引和满足他们。

参加盛会的塞达武和莲花发自肺腑地感到高兴，特别是能够结识当地的一位喜欢蛇的老巫师，与之交换了一些职业秘密。其实，和埃及的蛇相比，安穆府毒蛇的毒液量并不突出，蛇本身的攻击性也不怎么样。

　　拉美西斯没有为主人的竭诚款待感到愉悦。班德西拉能够用如此热情的态度这样对待他，是因为法老是世上最有威严的人，本来在任何场合就该受到尊敬。

　　但是，亚夏觉得班德西拉已经足够真诚了。

　　又一场晚宴，这次是埃及和安穆府的高级军官欢聚一堂。为了款待法老这位尊贵的宾客，班德西拉把地点设在了自己的宫殿里，但拉美西斯藏在阳台不愿露面。

　　亚夏走上前来："打扰你的沉思了，请不要介意。"

　　法老的目光正凝视着北方。"亚夏，什么事？"

　　"你好像完全没有接受安穆府王子款待的热情。"

　　"他曾经背叛我，以后还会。不过，我还是听了你的建议，没有革除他的职务。清楚并原谅他的罪行，好像确实就够了。"

　　"其实你没有在想他的问题，对吧？"

　　"那你说我为什么而烦心？"

　　"你的目光凝聚在了卡迭石上。"

　　"没错，正是卡迭石，这座赫梯人征服北叙利亚后所建立起来并引以为傲的标志性城市。它对埃及却永远是个威胁！"

　　"攻打它等于侵入赫梯人的属地。如果你已经决定，我们必须正式对赫梯宣战，这是国际惯例。"

　　"他们早就破坏这个规矩了，在我们的属地里发起暴动就是明证。"

　　"那些行为顶多算是挑衅。攻打卡迭石可就不一样了，那需要明面上越过埃及与赫梯两国的边界，而这正是战争的一个说法。这场战争可能会持续几个月，而且……万一失败，我们客死异乡不说，埃及恐怕也难以保全。"

"我已经做好准备了。"

"不，拉美西斯，虽然你取得了一些成功，但它们还不足以让你无所畏惧。"

"难道它们不值得一提吗？"

"先前所征服的那些军队，都没什么本事，在安穆府甚至都没有发生战斗。但赫梯士兵可不是这样。我们这边的士气也有问题，将士们都很累，渴望着早日回到家乡。一场大规模的战争对目前的我们来说几乎意味着一个深渊。"

"我们的军队就这么不堪一击吗？"

"我们是为了获胜才做好全方面准备的，而不是为了向一个强大帝国发起进攻。我们的武力不及他们。"

"你的谨小慎微也是一种危险。"

"如果你期待这场战争，卡迭石城不是不能攻打，但我们应该准备充分。"

"我将在明天宣布最终的决定。"

法老要求备战的号令天一亮就传遍全营。两个小时后，他出现在自己的战车上，身穿战袍战甲威风凛凛，身下是他的两匹骏马。

许多人开始纠结起来，他们不明白年轻的法老为什么会如此异想天开。向赫梯人那座万年永固的城市发起进攻？跟一群没有人性的野蛮人正面交锋？……简直不可想象！法老应该尊重敌人的领土，保持国家间的和平，这才符合他父亲的智慧。

拉美西斯开始在士兵中间巡视，他宣布的命令决定了这支埃及军队未来的生死。无论资历最浅的新兵还是经验丰富的老兵，都充满焦虑，个个身体僵直，肌肉都绷疼了。讨厌行军的塞达武则躺在马车上，莲花正在为他按摩，袒露的乳房摩擦着他的肩胛骨。班德西拉王子躲在自己的宫殿里，甚至都咽不下一口自己平素酷爱的奶油蛋糕。与赫梯人开战之后，安穆府自然要充当埃及军队的后方基地，当地居民自然也要应征出战，而且，埃及一旦战败，这里将难逃赫梯人的烧杀抢掠。

亚夏试图看穿法老心里的想法，但看了半天，仍看不出什么。

巡视完毕，拉美西斯掉转马头，战马朝着卡迭石的方向奔去。但没跑一会儿，法老的马车又转向了埃及的方向。

塞达武用一把铜剃须刀刮掉胡子，用一把梳齿参差的梳子梳了梳头，把驱蚊的面霜涂在脸上，然后又把自己的凉鞋洗涮一番，并收起了草席。热情的埃及军队就要返回故土了，他想好好整饬一下，让自己看起来比平时招人喜欢。但无论怎么收拾，他还是赶不上亚夏的优雅。莲花在一旁嘻嘻笑他，他也不理会，只想着终于有时间可以和莲花在马车上做爱了。

返乡的步兵不断高声歌唱着法老的功勋，马车队和精英兵团唱的曲子则是些上口的小曲儿。对军人来说，不打仗真好！每一位官兵都是这么想的。

一路上，安穆府、加利利和巴勒斯坦的居民热情欢迎了埃及军队，送来新鲜的瓜果蔬菜。部队在各属地都没有停歇，终于见到三角洲的边界了，便在位于西奈半岛北部和内盖夫西部扎营休息。

此地气候有点蒸热，游牧民族的迁徙和采金队的安全都由这里的军警负责。

这里的毒蛇很多，尤其眼镜蛇体型特别大，毒液非常多，这使塞达武乐开了花。莲花抓捕毒蛇的功夫十分老到，她已经在营区附近抓了十几条，士兵吓得无不躲闪，这让她很得意。

拉美西斯望着北方的沙漠，目光一动不动。那是卡迭石城的方向。

亚夏说："你做了一个大快人心又理智的决定。"

"如果面对敌人不进反退也算理智的话。"

"至少，这不会造成己方的牺牲，也不意味着自不量力。"

"你错了。人类不可能具有真正的勇敢。"

"拉美西斯，你让我第一次知道了什么叫可怕。我不知道你想把埃及领到怎样的道路上。"

"虽然没有攻打卡迭石，但你别指望这个威胁自己会消失。"

"如果某些问题的错综复杂是表面现象，那就可以用外交手段解决。"

"赫梯人的侵略性是表面问题吗？你能用外交手段让他们伸出友善的手吗？"

"应该可以。"

"好，你知道我盼望的是真正的和平，那就由你为我缔造出来。如果做不到，我会亲自去达成。"

此地有一批贝都因人和希伯来人，总共一百五十人。几个星期前，这一百五十个大漠强盗占领了内盖夫，他们准备抢劫那些迷路的采金队伍。他们的头领是一个四十多岁的独眼男人，名叫瓦格兹。他本来应该受到军法处置，但在受刑前一晚成功逃脱了。现在，他已经成为族人眼里的英雄，这威名源自他主谋的三十起采金队伍抢劫案，以及二十三起谋杀埃及人和外籍商人的案件。

当这伙土匪看到地平线上的埃及军队时，还以为看到了海市蜃楼。瓦格兹决定不发起挑衅，而是等他们离开再行凶作案。于是，一百五十人躲在一个岩洞里，看着马车、骑兵队、步兵乃至整个队伍从眼前经过。

可是，瓦格兹整晚都梦见一张禽兽般的面孔，那是利比亚巫师欧菲尔。巫师的声音温柔而有感染力，瓦格兹从小就和欧菲尔相熟。他曾流落于利比亚和埃及之间的一片绿洲里，欧菲尔在这个无人知晓的地方教他读书写字，条件是他充当巫师的灵媒。

这晚，骄横的面孔和温柔的嗓音向瓦格兹发出了一道命令，他不能当作没有听到。

于是，这帮土匪的独眼龙首领叫醒了手下，手下们看到他嘴唇惨白。

"跟我来，我带你们实施一次最漂亮的攻击。"

头领带去的地方总会有所收获，所以他们像以前一样乖乖听从命令。

一百五十位大漠强盗来到埃及军队的营区之外，几个土匪就要行动起来。

"你要去偷什么？"

"那个最豪华的帐篷里面一定有宝藏。"

"我们哪有机会下手？"

"怎么没有？没几个人放哨，所有人都不会料到有人偷袭。我们肯定会变得富有，只需动作麻利些。"

有人反对说："那可是法老的军队。今夜的侥幸成功不等于日后不会被他们找到。"

"蠢货！我们偷了金子就比王子还富有，还留在这个鬼地方干吗！"

"金子……"

"外出的法老肯定带着无数金银珠宝，不然他拿什么来笼络各省？"

"你怎么知道的？"

"在一个梦里……"

"你在耍我们吗？"

瓦格兹强调说："这是命令，你打算违抗吗？"

"你疯了吗？居然为了一个梦铤而走险！"

土匪头子举起斧子，那位大漠强盗立刻身首异处。

瓦格兹踢了踢脚下的尸体，问："还有谁反对吗？"

一百四十九人向法老的帐篷匍匐前进。

欧菲尔通过梦境给瓦格兹下达的命令是砍断拉美西斯的一条腿。

21

埃及军营的哨兵大多已经睡着，只有几名还在站岗，但也打着哈欠。一个奇怪的身影向他们靠近，唯一一个发现情况的哨兵还没有来得及发出警报就被瓦格兹掐死了。这群乌合之众这下肯定了头领说得对：根本不用费多大事就可以接近法老的帐篷。

但瓦格兹其实不确定拉美西斯带没带宝藏，此次行动纯粹是在利用手下人。他不知道手下发现这一事实会有什么后果，心里只是反复念叨着"要服从欧菲尔"。只有这样，欧菲尔的面孔和声音才会从他的脑袋里消失。

突然，瓦格兹飞快地冲向帐篷口的警卫，那个警卫还没有来得及拔出匕首就被割断咽喉，登时死了。攻击拉美西斯的障碍已经全部清除。暴徒将发出迅猛一击，法老就算是天神也难以招架。

帆布门被锋利的斧头划开，睡梦中的拉美西斯忽然惊醒，发现有人来袭迅速坐起身躯，就在此时，瓦格兹疾速上前，板斧举在头顶上。

还没有挨上法老，瓦格兹就被一个重物击倒了。他感到骨头碎裂般的疼痛，又觉得身体正在被几把刀子割裂。他的脑袋转到后面，刚好送到了一只巨狮的血盆大口下。屠夫用力咬碎了瓦格兹的头，响声如同成熟果实碎裂一般。

跟在瓦格兹身后的一个暴徒见状吓得尖叫了一声，紧接着，警报声传遍全营。群龙无首的大漠强盗们没了主张，埃及军队的弓箭却已飞来，不少人中了箭。屠夫咬死了五人就停手了，因为它发现弓箭手完全制服得了剩下的歹徒。它回到主人床铺的一头，继续睡起觉来。

同胞哨兵被杀的仇恨变成了狂怒，这些埃及士兵打算杀光来犯之敌。一位受了伤的暴徒向一位军官苦苦哀求，军官细看他之后又惊又怪，立即进了法老的帐篷。

他说："陛下，发现一个希伯来人。"

拉美西斯召见了这个土匪，只见他腹部上插着两支箭，马上要断气的样子。

法老问："你以前生活在埃及吗？"

"我疼得要死……"

引见他的军官呵斥道："想活命就赶紧回话！"

"我……一直……生活在这里……"

"你们有没有遇到过一个名叫摩西的人。"

"没有……"

"为什么袭击我？"

希伯来人的回话开始模糊难辨，很快就没了呼吸。

亚夏这时走进来，说道："你平安无事，真是太好了！"

"多亏了屠夫。"

"这些歹徒是什么人？"

"贝都因人，但里面至少有一个希伯来人。"

"敢偷袭法老，真是自寻死路。"

"应该是受了某人的命令。"

"赫梯人控制着他们？"

"也许是。"

"你想到了谁？"

"地狱里有无数魔鬼。"

亚夏说："我失眠了。"

"因为什么？"

"因为赫梯人的态度。他们拒绝让步。"

"你是想说我放弃攻打卡迭石是个错误决定？"

"不，我认为埃及的国防系统一定要尽快加强。"

"这个任务还是由你来完成，亚夏。"

亚梅尼认为凡事都应该节约。所以，用过的写字板，他会刮掉字迹以便重复使用。他手下的人都知道：法老的机要秘书难以容忍一切浪费行为，尤其是办公用品。

尼罗河完美泛滥所带来的好处已经在拉美西斯城洒满喜悦，法老在各个属地的胜利更令人欢欣鼓舞。无论贫富，所有人都盼望着法老早日回到首都；干粮和饮料由船只运来，一场盛宴正在筹备之中，到时全城百姓都会参加。

全城强制休假，无事可做的农人，不是在家里休息就是乘船走亲访友。尼罗河三角洲布满湖泊，村落围成的高地变成了水上小岛；停泊在这片汪洋当中的大船，正是首都拉美西斯城。

只有一个人烦恼不已，就是亚梅尼。他把对法老忠心耿耿的萨哈马纳关进了监狱，如果萨哈马纳是冤枉的，那亚梅尼的指控就是诬告，他自觉无论付出多大代价也不能恢复审判天平的平衡。萨哈马纳一直申诉自己的冤屈，但亚梅尼不敢去探望他。

此案的关键证人是萨哈马纳的情妇倪诺法，亚梅尼已经托人对她展开调查。黄昏时候，亚梅尼在自己的办公室迎来了这名调查员。

“确定真相了吗？”

“完全确定了。”调查员把详细的调查经过告诉了亚梅尼。

“真相终于可以大白于天下了！”亚梅尼沉重的心也终于放松下来。他又问：“倪诺法人呢？”

“人已经找到。”

“怎么没有带来？”

“她已经死了。”

“意外死亡还是……？”

“法医的鉴定结果是谋杀。她是被人掐死的。”

“谋杀……目的是灭口……动机呢？……也许是她撒谎了，还是因为她多说了什么？”

“恕我直言，我觉得应该怪萨哈马纳，没有他就不会有这场悲剧。"

"对他不利的证据，还是不能消除。"亚梅尼惨白的脸色比平常有过之无不及。

"是啊，让嫌犯无可辩驳的证据。"

"万一是另外一种情况，我们也必须另当别论。倪诺法栽赃萨哈马纳可能是被人收买了。我们还可以假设，她之所以不敢当面指证萨哈马纳，可能是因为害怕在法庭上撒谎，或被要求宣誓。至于她的同伙为什么杀死她，可能是无奈之举。我们手上的那条证据的确凿性依然如初，但它如果是伪造的呢？萨哈马纳的笔迹，万一是其他人模仿出来的呢？……"

"要知道是不是模仿倒也不难。法老的私人侍卫营大门上贴着每周的轮值表，它们是萨哈马纳亲笔写的。"

"你也怀疑萨哈马纳是被人陷害，这起案件背后有一个大阴谋？"

调查员点点头。

"要证明萨哈马纳无罪，必须等到亚夏回来。到那时，抓不住元凶也不会有什么大碍。对了，你现在可有什么线索？"

"倪诺法很可能跟元凶很熟，因为我没有在她的尸体上看到挣扎的痕迹。"

"她死在什么地方？"

"商业区的一间小房子里。"

"房屋的主人是谁？"

"目前没有线索，邻居们说的都不可靠，那里很久没有人居住了。"

"地权管理所或许有一些有用信息，你可以去看看……那些邻居们一点可疑之处也没有发现吗？"

"有一个老太太说她半夜里看见一个小个子男人从那屋子里走出来，但她当时视线模糊，描述不出那人的模样。"

"倪诺法应该有自己的亲密朋友吧，有名单吗？"

"即便有也不会有几个人……特别是，如果第一条上她钩的大鱼就是萨哈马纳呢？"

妮菲塔莉沐浴了很长时间，享受了一段长久的甜蜜时光；她闭着眼想象拉美西斯的到来，他身上的香水味慢慢飘来，令她感到幸福。没有拉美西斯的陪伴，她整天觉得就像在遭受酷刑一般。

女仆在皇后的皮肤上撒了些灰烬和泡碱，并轻柔地按摩起来。最后一次洒水冲洗后，另一位按摩师开始为躺在温热地砖上的皇后按摩，这次涂抹的是油膏，其主要成分是笃蓐香、润滑油和柠檬。这样可以保证妮菲塔莉身上的芳香一整天不退去。

又有师傅上前为美梦中的皇后修剪手指和脚趾的指甲，女化妆师用脂粉在她的眼睛周围画了一道淡绿色的线，这圈线条既是装饰也是防护。拉美西斯的回归需要节日般的庆贺，于是化妆师又把节庆用的香水洒在了皇后的秀发上。接受这些打扮时，妮菲塔莉手里拿着化妆师递来的一面铜镜，铜镜单面反光，柄上雕刻着裸体的哈托尔女神。

最后一步是把一顶假发套戴在头上，发套是用真发制成的，辫子一直垂到妮菲塔莉的胸部，末尾打着卷儿。铜镜再次照出她可爱的形象，谁看了都会满意。

美发师小声说："原谅我的斗胆赞美：陛下您今天是最美丽的。"

女仆为皇后穿上一件洁白的亚麻长袍，这件衣服出自新开的御用纺织厂。

长袍好看是好看，但还不知道弹性如何。皇后刚刚坐下来要试试，膝盖上就跳上了一只黄狗。它正是夜巡，虽然个头不大，但非常强壮，鼻子扁平，双耳下垂，尾巴打卷儿。皇后的长袍一下子被它弄脏了，原来它是从刚浇过水的花园里过来的。

一个女仆吓了一跳，她想把这只坏狗痛打一顿，举着一个苍蝇拍逼近。

皇后制止道："不要打它。它是拉美西斯的狗，名叫夜巡。它肯定是出于什么理由才这样做的。"

夜巡用又红又热的舌头舔着妮菲塔莉的面颊，部分彩妆都被舔掉了。它虽然不能说话，但快乐地看着妮菲塔莉，眼里又充满了对皇后的信赖。

妮菲塔莉对它说："看来你知道了，拉美西斯从明天开始就会经常在这里了。"

夜巡把前脚搭在长袍的肩带上，欢快地摇着尾巴。

22

法老返回埃及的消息从堡垒和监视站发出来。

拉美西斯城瞬间欢腾起来。庄严队列迎接君主回归的特殊时刻，谁都不想错过或迟到，每个人都加紧做着手里的工作；从瑞神庙附近到港区工厂，从高官的别墅到百姓的民宅，从王宫到仓库，每个地方都在紧锣密鼓地忙碌着。

宫廷总管罗梅有一个大光头，不过他用假发盖住了。他已经连续四十八小时指挥手下人工作而未曾休息了，在他眼里每个人都在敷衍懈怠。先不算蔬菜和水果，御膳房至少要为法老的餐桌准备几百块烤牛肉、几十只烤鸭、两百盘猪肉和鱼干、五十罐奶油、一百盘五香鱼。无论葡萄酒还是啤酒都要是最醇美的。整个首都的宴席，总共要摆一千桌；法老的光荣和埃及的幸福，连最普通的百姓也有份分享。所有这一切都担在罗梅身上，他要避免任何差错，不然就会遭到指责。

一千个面包，形状各不相同，口感却要一样细腻；两千个圆面包，个个烤得金黄松脆；夹着蜂蜜、果汁和无花果泥的蛋糕，总共两万个；三百五十二袋葡萄，喝酒时会用到它们；一百一十二个石榴，一百一十二个无花果……这是食物清单，罗梅正在做最后一遍审查。

司酒官高声说道："法老来了！"

一名小学徒登上厨房的屋顶，用力挥舞着手臂。

他却开始质疑："怎么可能……"

"错不了，就是他！"

小学徒跳下来，司酒官也开始冲向市中心的大道。

罗梅大声命令他们留下，但根本没用。不止厨房，王宫所有建筑里的人一分钟之内全跑没影了。装饰桌布的葡萄还在袋子里呢，谁去完成这项工作？罗梅无计可施，呆愣地蹲坐在一张三角椅上。

拉美西斯真是魅力四射。

他是太阳，是猛壮的野公牛，是埃及的保护者，是征服外邦的君主，是大胜而归的法老，是光明千挑万选选中的继承人。

他头戴金王冠，身穿银盔甲，腰缠金色网状边的裹腰布，左手持弓，右手握剑，直挺挺地站在战车上。亚夏驾驶着马车，车上摆着百合花。鬃如赤焰的努比亚狮子与战马齐头并进。

权力与光荣都结合在法老英俊的仪表上。拉美西斯完美地诠释了一个法老该有的气质。

人群聚集在大道上，王驾的目的地是阿蒙神庙。

为了迎接法老的凯旋，乐师奏着颂歌，舞者载歌载舞，每个参与游行的人怀里都抱着鲜花，鲜花已经洒上了节庆的香水。歌词唱道："看见拉美西斯……心灵怎能不欢畅？"与大道交错的街道上也挤满了人，即便只能看法老一眼，人们也不愿错过。

大皇后妮菲塔莉站在圣殿大门旁边。她凤冠上的两根羽毛，高高立着直指天庭；她的金项链镶着金龟形的叶蜡石，生命嬗变的秘密就隐藏在里面；她手上的古老的金尺子是永恒玛亚特的象征。

法老走向皇后，步伐缓慢。他停在距皇后三米远的地方，放下手里的弓和长剑，右手握拳，手臂弯曲，摆在胸前。

妮菲塔莉代表玛亚特问："是谁胆敢正视玛亚特？"

"是光明之子，神明意志的继承者，是一个维护正义、平等对待强者与弱者的人。保护埃及内外的安全，是我的责任。"

"对玛亚特的尊敬，在你远离圣殿时可曾改变？"

"从未动摇。我愿意把我的行为放在她面前，接受她戒律的检验和审判。我知道，我只有遵守她的戒律才能保证国家雄踞于真理之中。"

"愿戒律得出你为人公正的审判结果。"

皇后举起古老的金尺，它闪耀着太阳的光芒。

赞美君主的欢呼声久久不能退去，即便是有意控制自己的谢纳也不时小声念出法老的名字。

在阿蒙神庙的第一座露天庭院里，法老将举行一次颁奖仪式。只有王公贵族被允许进入，他们急切地想看看"英勇金牌"将花落谁家，看看谁将得到表扬，也看看自己的职位是否得到提升。人们已经听到几个入选者的名字，甚至都开始下注赌了。

法老和皇后出现在露台上，喧闹立刻变成寂静，最前排的将领们用眼角的余光互相打量着。其实，获奖将领的名单的保密工作做得非常好，那些爱传闲话的妇女也没有打听到。提名受赏者被两名扇童带到窗口下。

法老宣布道："最先得到表扬的是我的屠夫。它的表现最英勇，保卫法老性命的关头从未迟疑，不怕任何牺牲。屠夫，过来。"

狮子在人群最后发出吼声，早已吓坏的人群为它让出一条通道。见到众人齐刷刷投来目光，屠夫非常得意，轻松地走到露台上，一路上优雅地扭着腰翘着臀。拉美西斯弯下腰，摸了摸狮子的前额，把一条又细又薄的金项链挂在它的颈上。屠夫成了一位最吸引目光的大人物，它非常满意，蹲在台下不动，活像狮身人面像。

法老把两个人的名字轻声告诉了身边的旗手，两名旗手绕过狮子穿过头排高级将领又穿过一排书记官，来到塞达武和莲花面前，并领着他们来到露台。塞达武不想露面，却被美丽的妻子使劲拉着。莲花修长的身体和亮泽的肌肤引得人们睁圆了眼睛；塞达武仍穿着多口袋的羚羊皮衣，举止粗野又扭捏，没有像妻子那样得到众人肯定。

拉美西斯说："他们在战场上照顾伤病，救死扶伤。我们勇敢的战士能够战胜痛苦返回家乡，要感谢他们的知识和贡献。他们值得我们的表扬。"

法老又弯下腰，为塞达武和莲花戴上了几个金手环。努比亚美女非常感激，御蛇巫师的嘴却念叨着什么，好像不大乐意。

拉美西斯又宣布："从即刻起，塞达武和莲花成为宫廷实验室的主人，全权负责改良用毒液制作解药的工作；全国任何地方，都允许他们出售自己的产品。"

塞达武却小声地说："相比之下，我更喜欢沙漠里的那个家。"

妮菲塔莉投来善意的微笑，他就有些松懈了："皇后陛下，我……"

"朝廷将为你能在王宫任职感到莫大的荣幸。"

塞达武红着脸回道："遵旨。"

没有得到表扬的将领感到有点儿意外，但都没有让抱怨的话说出口。因为当他们因积食难消而感到不舒服时，当他们呼吸困难时，也曾经向塞达武和莲花求救。这对御蛇夫妇在战场上的表现，无愧于"恪守尽忠"四个字。法老给的报酬在这些军官看来的确有点高，但他们并非浪得虚名。

还有一个职位没有揭晓，那就是直接听命于法老的埃及军队总司令，它将授予表现最优秀的将军。那个被法老选中的幸运儿，可以知道法老未来的治国方针，身份自然也将非同一般。最年长的将军不能入选，因为那说明法老没有用心，说明他在逃避这个难题。马车队长也不能入选，因为那将立即引起一场争执。

被两位扇童引到法老面前的人，是亚夏。

血统纯正、玉树临风的年轻外交官抬起头，仰望着埃及的法老和大皇后。

拉美西斯说："高贵又忠诚的朋友，你值得我的赞扬。你给了我许多好建议。战斗时你不怕危险，紧急关头说服我改变了计划。"法老说出了自己担忧和期望，"埃及的和平是恢复了，但它极度脆弱；我军的迅速干预是震慑住了叛党，但我们还是不知道鼓动叛乱的背后主谋赫梯人会做出什么反应。当然，迦南堡垒驻军的改革是成功的，为安穆府省调派驻军以备战敌人无情报复也是成功的，但我们没有从根本上杜绝暴乱的可能，埃及属地的防卫力量还有待加强。今天，我把这个保护整个埃及安危的任务委托给亚夏。"

亚夏鞠躬向法老行礼，法老在他的后颈上挂上了三条金项链。从此刻开始，年轻的外交官亚夏将成为埃及的伟人之一。

可是，那些将领们一致表达了不解和愤怒：如此艰巨的任务，怎能交给一个毫无军事经验的外交官？！他们认为法老刚刚犯了一个大错，相信人民和他们一样不理解，也不会原谅法老居然不相信自己的军人。对谢纳来说，亚夏的这次晋升虽然让他失去了一个外交上的好帮手，但他仍是自己的盟友，而且地位和权力有增无减。相反，对拉美西斯来说，这是一项重大损失。

谢纳当然觉得整个典礼最美好的时刻就是现在，他和亚夏默契地交换了几个眼神。

屠夫和夜巡久别重逢，又可以一起玩耍了，它俩都很高兴。拉美西斯在它们的陪伴下离开神庙，驱车驶向了荷马的住所。他还有一个承诺没有兑现。

诗人变年轻了，拉美西斯到达时，他正坐在柠檬树下除椰枣的核。黑白相间的猫对这项活动毫无兴趣，正舔着一块新鲜的肉。

"好久不见，陛下。不能参加您的庆典我很抱歉。我这两条废腿站一会儿就撑不住了。"

"您不是自己酿了枣酒吗，我能不能讨一杯喝？"

夜晚很安静，这一老一小频频举起美酒饮下。

"某些时候，就是在您这里的时候，我觉得自己和其他人一样也可以忘记未来，无忧无虑自由自在。感谢您给了我这种难得的幸福。您的《伊利亚特》创作得怎么样了？"

"现在的内容是杀戮、尸体、友情和神迹的破灭，这些东西曾是我的记忆。我怀疑，人的命运除了疯狂的自我放纵就没什么可说的了。"

"我没有挑起埃及人民害怕的那场战争，但收复了先前叛变的受埃及保护的地区。我希望能有一道鸿沟把埃及人和赫梯人永远隔开，双方都无法跨越。"

"年轻的君主啊，您能够克制心里燃烧的火焰，这是大智慧的表现！"

"如果与赫梯人一战，胜出的一定是我。眼前的和平只是假象，是停战而不是没有战争……未来的命运如何，取决于卡迭石一战的结果。"

"这个夜晚如此美好，为什么神明偏要无情地敲响未来的警钟呢？"

"我想邀您去参加今晚的宴会，您愿意接受吗？"

"不让我熬夜就行。对我这样的老头子来说，最重要的养生办法就是睡觉。"

"一切战争都结束的梦想，您也曾有过吗？"

"我想把《伊利亚特》里的场景写得恐怖一点，这样人们读到它之后就会意识到自己的欲望和行为是自我毁灭，因此止步。可是，诗人的心声是沙场上的将领愿意倾听的吗？"

23

见到自己的儿子，图雅的一双杏眼圆睁，放出锐利的光芒。她久久不肯转移自己的视线。图雅看起来很耀眼，高贵得不可侵犯。她那美丽的亚麻长袍很合身，腰带上垂下条纹缎带，一直垂到了脚踝。

母亲问儿子："你真的没有任何烦恼？"

"您目光如炬，我的烦心事在您面前怎能藏得住？

"你看我，前额和后颈已经长了很深的皱纹，可能再高超的化妆师也无法修补吧。"

"您还年轻。"

"也许你说得对……因为塞提的力量……可是，年轻总是远在天边自成一家，容不下任何人刻意亲近。今夜如此欢乐，不知你为什么露出感伤。不用担心我，我会在晚宴上扮演好我的角色。"

"您是埃及的灵魂。"拉美西斯一把搂住了母亲。

"不，我只是埃及的回忆。你应该忠实相待的过去，也在这回忆里。你和妮菲塔莉这对至尊夫妇才是埃及的灵魂。你是不是刚刚建立了新的、永久的和平？"

"和平确已建立，却不是永久的。安穆府在内的埃及所保护的属地的主权已经恢复，但是赫梯人会残暴地反击。这正是我所担心的。"

"你好像有心攻打卡迭石？"

"是的，不过，亚夏劝服了我。"

"他是对的。你父亲当年就是因为深切知道双方开战对埃及意味着深重的灾难才决定放弃的。"

"可是，情况会随着时间改变不是吗？卡迭石是个威胁，我们的忍让不可能长期持续。"

"去会见客人吧。"

这场晚宴的主持人是拉美西斯、妮菲塔莉和图雅三个人，罗梅不允许出现任何破坏场面的纰漏。他不停地在餐厅和厨房之间穿梭，每一道菜、每一种调味汁和酒，他都要亲自监督和品尝。

无论达官贵族还是各级军官，与会者都暂时不去想自己的前途，轻松地享受了一个美好的夜晚。

拉美西斯和妮菲塔莉终于有时间独处了，两人的大寝宫里摆着几十束鲜花，花香四溢。

"难道说做国王就等于和自己的爱人相处的时间只有可怜的几

个小时吗？”

　　“你这次外出，真是太久了。”

　　两人在大床上牵手并肩享受着甜蜜的重逢。

　　妮菲塔莉说：“没有你的日子对我来说是酷刑，我的脑袋里总是回荡着你的思想。你总是出现在每天黎明祝祷仪式中神庙的墙上，我的每个动作都是受你指引。”

　　“这次外出，你的容颜也一直浮现在我脑海里，特别是危难的时刻，你好像就在我身边。奥西里斯的全新生命，好像是你拨动的伊希斯的翅膀带来的。”

　　“我们俩的结合也是这股魔力作用的结果。它是无法摧毁的，无论何时何地。”

　　“谁会摧毁它呢？”

　　“我曾多次隐约看见一个身影……它非常冷淡，时近时远，看不分明。”

　　“如果它还没有消失，我会让它消失的。可我现在只从你的眼睛里看到了一道温柔又炽热的光。”

　　拉美西斯侧卧身体，挂着头欣赏着妮菲塔莉完美无瑕的玉体。他解开她的头发，拂掉肩带，又轻轻脱掉她的长袍。他的动作缓慢极了，都能看出他的手在颤抖。

　　“你冷吗？”

　　“不，是我觉得你太遥远了。”

　　拉美西斯压在妮菲塔莉的身上，两人的身体，还有他们的希望，紧紧地贴合在一起。

清晨六点。

亚梅尼洗了个澡，用苏打水漱过口，让人把早餐送到办公室来。早餐有大麦粥、酸乳酪、鲜乳酪和无花果。他盯着一份文件，吃得很快。

突然，他听到一阵凉鞋踏地而来的声音。平时没有人这么早就来拜访呀？亚梅尼用餐巾擦了擦嘴角，要出去看个究竟。

"拉美西斯，你怎么来了？"

"我的晚宴你为什么没有到场？"

"文件多得看不完，看完了不知道从哪里又冒出来更多，我都要忙死了。还有，我不善于应酬，你是知道的。我正准备今早向你汇报我的管理成果呢？"

"我相信你一定有了很好的结果。"

不苟言笑的亚梅尼笑了一下。对他来说，最宝贵的财富就是法老的信任了。

"那么……你为什么会这么早出现在这里？"

"为了萨哈马纳。"

"我本来就打算跟你先谈这个问题的。"

"我们外出征战期间都很想念他。他之所以不能出征，好像是因为被你控告背叛了埃及。"

"直到现在我也握有确凿证据，但是……"

"但是什么？"

"我重新调查了一遍。"

"为什么要重新调查？"

"我怀疑有人利用了我。指证萨哈马纳犯罪的证据，我觉得说服力越来越小了。指控他的倪诺法是一个不检点的女人，她被灭口了。我一直盼着亚夏回来，希望他清楚地告诉我证明萨哈马纳串通赫梯人的那些文件资料是假的。"

"你愿意现在去唤醒他吗？"

只有法老自己感受到了解除亚梅尼诬告萨哈马纳之嫌疑的快乐，亚夏早就不怀疑亚梅尼了。

亚夏的精神被鲜奶和蜂蜜唤醒，他让陪睡的女子去享受按摩师和美发师的巧妙手艺了。

亚夏对拉美西斯说："陛下的驾临让我头一次一大清早就睁开了双眼。"

法老命令道："不只眼睛，你还要支起耳朵听。"

"法老和他的秘书都不睡觉的吗？"

亚梅尼说："美梦被我们吵醒或许不值，但如果是为了一个现在还无辜关在监狱的人呢？"

"谁？"

"萨哈马纳。"

"他？你不是说他……"

"看看这些写字板。"

写字板上写的是萨哈马纳写给赫梯情报员的信，亚夏揉眼看着并念出来。信的大意是萨哈马纳向这位情报员保证，一旦埃及与赫梯交战，他不会让自己手下的埃及精英兵团参战。

"这封信简直是儿戏。"

"为什么？"

"赫梯朝廷成员都心思敏锐而周密，形式无论多么繁杂都会遵守，写密信自然也不例外。这封信如果真是寄到哈图沙的，其书写方式一定是萨哈马纳所不熟悉的，外人也查不出什么。"

"所以，这些属于萨哈马纳的字迹是人为模仿的结果，对吗？"

"模仿别人写字太简单了。而且写得这么潦草，说明模仿者手法欠佳。还有，这些内容一定没有传出去。"

拉美西斯接过写字板仔细看了一阵，问亚夏："你确定所有的细节都看到了吗？"

另外两人都陷入了沉思。拉美西斯不无讽刺地说："我们都是从孟菲斯贵族学校毕业的，思考事情应该敏锐而周密。"

亚夏歉疚地解释说："现在是清晨。"又说起自己想到的一个细节，"写信的人一定是一个会说埃及话的叙利亚人。我发现有两个句子是叙利亚的表达方式。"

亚梅尼说："叙利亚人……应该就是他收买了萨哈马纳的情妇倪诺法，就是这个女人提供了不利于萨哈马纳的证据。至于这个叙利亚人为什么要杀了倪诺法，应该是怕她泄露秘密。"

亚夏吃惊地叫道："居然杀女人，真是没有人性！"

拉美西斯把谈话放到重点上："在埃及的叙利亚人有好几千。"

亚梅尼："只要他曾经作奸犯科，哪怕再小的过错我也能找到他。为了找到一些有利线索，我将正式展开调查。"

拉美西斯提醒他说："凶手还没有确定就是他。"

亚夏："什么意思？"

"叙利亚人可能是和赫梯人串通好了……他们说不定已经在埃及织起了一张间谍网。"

"就是说这个陷害萨哈马纳的人与我国的敌人有直接关系，但这一点目前毫无证据。"

亚梅尼看向亚夏的眼睛闪着怒火，他说："没想到你会说出这样的话！刚刚揭露的那种情况让你这个埃及的外交官很恼火吧。"

亚夏说："一大早就遇到这样的事，看来今天诸事不顺啊。以后的日子恐怕也不会顺心如意喽。"

拉美西斯指示道："抓紧时间把这个叙利亚人找出来。"

萨哈马纳在狱中仍坚持着以自己的方式进行体力训练；还时不时愤怒地击打墙壁，不断地喊自己是冤枉的。他打算在开庭那天击碎任何控告自己的人的脑袋。昔日海盗的盛怒吓坏了狱卒，他们给他递餐时，都是从木栅栏的缝隙里递进去的。

萨哈马纳听到栅栏门打开的声音，心想又有人前来拷问自己了。他打算见到来人就扑上去。

"陛下！"

"萨哈马纳，吃了这么长时间的苦，你没有心灰意冷吧？"

"陛下，我是无辜的！"

"我此行就是来释放你的。一桩谋杀案证明了你的无辜。"

"我可以离开这牢房，真的吗？"

"法老的话你也不信？"

"我……我只是不确定您是否还信任我？"

"你是我的私人侍卫队队长。"

"陛下，我也要告诉您我所想到的一切。我知道的情况、我的怀疑、每个可能陷害我的人以及他们的动机，都要告诉您。"

24

　　御用餐厅里，当着拉美西斯、亚梅尼和亚夏的面，萨哈马纳大口吞咽着美食。鸽子酱、鹅油炒蚕豆、奶油黄瓜、多汁西瓜和羊乳酪强烈引诱着他的胃，他不掺水猛喝了几杯高浓度的红酒，咽喉处响起咕嘟声。

　　吃饱喝足之后，萨哈马纳盯着亚梅尼，眼神非常凶恶。

　　"你这书记员，为什么把我关起来？"

　　"请原谅我的轻率。当时，我本人精神极度劳累，又赶上埃及军队开拔之际，我只能当机立断。保护好法老是我唯一的目的。"

　　"你这是在道歉吗？……换你去坐牢就知道我是什么滋味儿了！……倪诺法呢？"

　　"已经被谋杀而死。"

"我不怪她。主谋是谁？谁想要我死？"

"目前还不知道，但迟早会有答案的。"

萨哈马纳又喝光了一杯酒，擦擦嘴说："我已经知道了！"

法老要求道："是谁，告诉我。"

"陛下怎么忘了，我曾经想告诉您的。当时，我正要告诉您一件可能惹您不高兴的事，却被亚梅尼抓了起来。"萨哈马纳的态度活像个教育别人的智者。

"继续说，我们都在听。"

"他就是罗梅，陛下任命的宫廷总管。他一直想摆脱我。您在船上的房间曾被人放进一只毒蝎，这件事我曾怀疑塞达武，但后来受他照顾的时候我明白他是一个正直的人，不会做出说谎、背叛或害人的事，知道是我弄错了。但罗梅没有这些品质，他的心思很邪恶。您想想，能够偷到皇后的披肩和装腌鱼干的坛子，除了他谁还有这个便利条件？就算不是他本人，也肯定是他手下的人。"

"那，他做这些事的目的是什么？"

"这我不知道。"

"亚梅尼对这个人的意见是：可以信赖无须防备。"

这话又勾起了萨哈马纳的怒火，他不容置疑地说："亚梅尼不是个完美的人，至少在我的事情上他就犯错了……他对罗梅的认识也是错的！"

"我来替你问他。"拉美西斯转向亚梅尼，"你还认为罗梅这个人没有问题吗？"

亚梅尼摇了摇头。

拉美西斯又问萨哈马纳："还有其他要说的吗？"

"有一件。"

"关于什么？"

"关于您的朋友摩西。保护您始终是我职责所在，所以，我必须有什么说什么。我已经知道他是怎么回事了。"

尽管有所准备，但法老严厉的目光还是把萨哈马纳吓得不轻。又一杯烈酒下肚，萨哈马纳明确并坚定了自己的意志，于是说道："在我看来，摩西就是一个叛徒，也是个阴谋家。他想带领希伯来人到三角洲建立一个独立的国家，这就是他的目的。当然，他对你的友善态度有目共睹，但如果他还活着，就是您必须面对的一个大敌。"

拉美西斯非但没有激动，反而很平静，这让亚梅尼很意外。

"这只是你的假设对吗？还是你已经查到了什么？"

"调查不会再有什么结果。不过，我查到摩西曾经多次接触一个外籍人。这个男人每次都打扮成建筑师模样，实际上是来鼓励和帮助摩西的。您的这位希伯来人朋友，恐怕曾经参与过推翻您的阴谋呢！"

"那个假建筑师，你调查过了吗？"

"我倒是想调查，被亚梅尼打断了。"

"虽然你吃了些苦，但眼下我们必须团结一致。所以，还是忘了那件不开心的事吧。"

亚梅尼和萨哈马纳犹豫了很久，然后拥抱了一下，抱得比较随意。亚梅尼本来以为萨哈马纳抱自己时会使出让他无法呼吸的力气呢。

拉美西斯说："最坏的假设是，萨哈马纳你说的是对的，而且摩西为人执着，不达目的他不会罢休。然而，我们现在谁也不知道他真正的理由是什么，恐怕他自己也不知道。我们要先找到他，这样才能听听他怎么说，之后才能决定要不要控告他犯了叛国罪。"

亚夏好像忽然想到了什么，惊讶地说："最主要的幕后主使，会不会就是那个冒牌建筑师？"

亚梅尼说："现在还不能下结论，还有许多没有弄明白的地方。"

拉美西斯把手搭在萨哈马纳的肩膀上，说："坦率是你身上一个可贵的优点，保持下去。"

法老得胜回国已有一个星期，外交部长谢纳报上来的消息没有一条是坏的：赫梯人没有发表任何正式宣言与埃及决裂；法老收复边界属地的行为他们好像没有看到似的；他们好像决定要继续遵守塞提提出的和平协定，这可能是因为埃及的军威和超高的行动效率震慑了他们。

亚夏就要巡察埃及的各个领地了，动身之前，谢纳邀请他参加一场晚宴。他的几位老伙计都是受邀贵客，座席都设在谢纳右边。主人用首都上流社会最流行的方式款待了客人。宴会时有三位女舞者助兴，她们几乎裸露全身，只有一条彩色布条遮住了下体，年轻的外交官很喜欢她们。乐团由一名竖琴家、三名长笛手和一位双簧吹奏家组成，音乐时快时慢，三位舞者的舞姿相当优雅。

谢纳问："亲爱的亚夏，你希望哪一位陪你入睡？"

"恐怕我的回答会让您感到惊讶。这一个星期里我跟一位寡妇夜夜快活，她总是欲求无限，弄得我精疲力竭。现在我最想要的是十二个小时的睡眠，好有精力前往迦南和安穆府。"

"很好，我们还能谈话，这些音乐和吵嚷声反而成全了我们的悠闲。"

"我在外交部的工作虽然结束了，但您一定会满意我在新职位上的表现。"

"你和我的未来，只会是一片光明。"

"是的，拉美西斯的未来是挫败、名誉扫地和死亡。"

"我觉得他算不上一个策略家，除了与生俱来的权力别无所长。他确实取得了一些胜利，但我仔细思考发现它们只是相对的，事实上他除了收复了几块领土还有什么成绩吗？不过让我意外的是，赫梯人居然没有反击！"

"赫梯人只是被吓到了，现在正在考察局势，一有结论就会出手。"

"你上任后打算怎么做？"

"拉美西斯给了我一支强大的军队，让我用它保卫埃及领土。我会拆散这支军队，当然，表面工作是改革我国的国防系统，这样拉美西斯就完全察觉不到我的真实作为。"

"你担心过自己的伪善面具被撕破吗？"

"迦南和安穆府省王子们的领导地位已经保住了，这是我成功说服拉美西斯的结果。然而这两个长官都贪婪而奸诈，只要出价高就能收买他们。所以，让他们投靠赫梯人对我来说不是什么难事，这样一来，拉美西斯设想的那道保卫国家的疆界，不过是无法实现的梦罢了。"

"亚夏，你可不能随便作出这样的决定！其代价是无法估量的。"

"想占据优势，哪能不冒险？赫梯人的战略和阴谋的确是最难把握的，但值得庆幸的是，我这方面的天分还是有一些的。"

谢纳觉得自己的梦想正在一步步变成现实：一个由他统治的大帝国，南起努比亚，北达安纳托利亚……这让他不敢想象。摩西是个要造反的家伙，也背着杀人的罪名；亚夏是个卖国贼；塞达武是怪人一个——拉美西斯的朋友都不利于他。亚梅尼倒是坚决地忠诚于他，也难以贿赂，但他做事的规划性差了些。

亚夏接着说："要记住我们的核心目的，就是让拉美西斯引发一场可怕的战争，让他在埃及千夫共指，让你树立起救世主的形象。"

"我弟弟还交代你其他要做的事了吗？"

"有，他还要我找到摩西。他很看重友谊，不听摩西解释清楚绝不会定他的罪，尽管萨哈马纳已经明确地说摩西是个不可饶恕的叛国贼。"

"关于他还是毫无线索吗？"

"是的。可能他已经在沙漠里渴死了，也有可能正寄居在某个部落里，位置大概是西奈半岛和内盖夫之间。只要他真的在迦南或安穆府，我一定能够找到他。"

"领导着一群悍匪的摩西正可以为我们所用。"

亚夏又指出："关于摩西还有一件麻烦事：他和某个外籍人保持着秘密联系。这是萨哈马纳了解到的情况。"

"就在拉美西斯城吗？"

"没错。"

"有谁认识这个外籍人吗？"

"好像没有，他总是一副建筑师的打扮。"

谢纳知道亚夏说的正是欧菲尔，但假装并不知情。

当然，这说明欧菲尔的神秘性是成问题的，尽管暴露的只是影子，但谢纳觉得此人迟早会严重威胁到自己。不过，谢纳用妖术谋害法老是死罪，所以没有跟这位巫师建立任何有形的联系。

亚夏继续道："拉美西斯要我查出这个人。"

"也许只是个漂泊不定的希伯来人吧……摩西流亡在外，说不定就是他怂恿的结果。我有一种感觉：你我都不可能再见到摩西了。"

"有这个可能……无论怎样，要查清楚这件事要看亚梅尼的了，冤枉法老的侍卫队长可不是个小错。"

"萨哈马纳会原谅他吗？"

"未必，在我的印象中，萨哈马纳很记仇。"

"陷害他的不会只有亚梅尼一个人吧？"

"事实上陷害他的是一名妓女，指控完萨哈马纳后就被掐死了，背后主谋是一个收买这妓女的叙利亚人。为了诬陷萨哈马纳是为赫梯军队工作的间谍，这个叙利亚人还模仿萨哈马纳的笔迹写了封信。这种骗局本身确实巧妙，只是手法上露出了马脚。"

"也就是说……"其实谢纳已经非常紧张了，差点自己说漏了嘴。

"埃及已经被布下了一张巨大的间谍网。"

叙利亚商人哈伊亚是谢纳的重要盟友，现在也有所暴露了；急着找出并抓到他的人里面，偏偏有一个是亚夏，这可危险了！

谢纳恢复冷静，说道："需要我的外交部帮助调查吗？"

"这件事已经交给我和亚梅尼了。调查需要小心隐秘地进行，大张旗鼓容易打草惊蛇。"

这一拒绝其实是让谢纳早早洗脱了出卖盟友的嫌疑，然而亚夏永远不会知道这一点。谢纳猛喝了一口三角洲产的葡萄酒。

亚夏又透露说："某位高官摊上事儿了。"

"谁？"

"就是宫廷总管罗梅。萨哈马纳相信他有罪在身，一直监视着他呢。"

谢纳像个泄了劲的战士一样脊背阵痛，险些不能维持住往日的风度。暴风雨前的雷声已经滚滚响起，他必须尽快采取行动以防患于未然。

25

　　一年的河水泛滥期就要结束了，人们正在紧锣密鼓地修理或加固犁田的工具。铧犁需要由两头牛牵引，泥土要又松又软，这样才能划出便于播种的土沟。恰到好处的泛滥水位保证了充足的灌溉水量，耕地的面积已经增大；今年的谷仓将堆满粮食，法老的子民不用担心饿肚子了。拉美西斯总能得到神明的眷顾。

　　十月底的气候虽然温和，但偶尔会刮起阵阵凉风，罗梅并不喜欢。他一遇到烦心事就会无节制地吃，结果长出很多肥肉。工作越来越多、越来越重，他身上的赘肉却有增无减。他虽然厌烦了自己的工作，却没有多少间隙来休息，工作起来上气不接下气。

　　更让他不得休息的还有萨哈马纳的监视。无论是在王宫，还是在集市上为御膳房选菜，人高马大的萨哈马纳总是站在罗梅旁边，显得非常威严。如果临时有事走开，萨哈马纳就让自己的一名手下代劳。

罗梅喜欢搞一些新发明，不久前还想发明一道菜肴呢。其原料有几种味道苦涩的羽扇扁豆和笋瓜，适合在沸水里长时间煮，除此之外他还打算加入莲藕、鸡心豆、淡味大蒜、杏仁和几小块烤鲈鱼。可是，被跟踪的境遇让罗梅再也提不起这种兴致。

被赦免的萨哈马纳变得更讨人嫌，他似乎觉得自己什么事都能做到。深受其苦的罗梅却不敢反抗他。一个肚量狭小的人如果再没了清晰的思绪，就不可能有平静的心态。

但金盆洗手的海盗没有一并洗掉自己的耐心。这位脸上虚胖心里邪恶的总管已经成为萨哈马纳的猎物，他时刻盯着他，就等着他犯错呢。他几个月前就开始怀疑罗梅了，而且这是正确的直觉。宫廷总管的地位虽然很高，但罗梅贪婪的秉性一直在折磨他。眼下的职位他并不满足，因为权力小得可怜，况且他还想得到巨额财富。这个缺点已经让他背叛了法老一次，这是个不可饶恕的罪过。

对罗梅来说，萨哈马纳一刻不停的监视是一种精神上的严刑拷打。萨哈马纳相信高压之下必有蠢行，罗梅有可能承认自己的罪过。

在每天呈给法老的报告中，萨哈马纳都会强调一句：罗梅不敢反抗我"不能告状"的警告，如果他认为自己并无过错，迟早会直接向法老陈冤。

几天之后，萨哈马纳又让手下把当面监视变成暗中窥视。他相信罗梅获得这种程度的自由之后就会急着联络他的共犯，也就是收买他偷赃物的那个人。

萨哈马纳来到亚梅尼的办公室时，天已经黑了很久。法老的秘书正在处理资料，双手在无花果木的大柜子里穿梭着。

　　"有收获吗，萨哈马纳？"

　　"目前没有。罗梅的意志比我想象得更顽强。"

　　"我呢，你还记恨我吗？"

　　"恨。我很难忘了让我遭罪的人。"

　　"道了那么多次歉都没有用啊？好吧，我有更好的方法。我要去地权管理所，你愿意一起吗？"

　　"你的意思是让我和你一起调查？"

　　"是的。"

　　"好，我去！希望此行能够消除我对你的恨意。"

　　拉美西斯城地权管理所的几位办事认真的官员是从孟菲斯调来的，他们花了好几个月才恢复了以前的工作效率。适应新都市需要时间：土地和房屋的清查，以及户主或租客的身份确认，都需要查证，非常琐碎。正是因此，亚梅尼申请加急办理的案件还是等了很久才有结果。

　　这个办事处的主管是个六十岁上下的老头儿，很瘦，肤色苍白，大概是从不晒太阳或吹风吧。萨哈马纳看他一眼就觉得其阴险程度超过亚梅尼。这名主管接待来访者时，虽然礼数周全，但比较冷淡。胡乱扔在一起的木板文件一堆一堆的，塞满莎草纸的木箱不计其数，亚梅尼和萨哈马纳跟着这位主管来到需要的文件前。

　　亚梅尼说："深夜打扰，请恕冒昧，谢谢你的接待。"

　　"你们要调查的事情，需要我保密，是吧？"

　　"没错。"

"老实说，为了调查你们要的信息，我们费了不少事。好在那间房子的主人终于查出来了？"

"是谁？"

"一个叫雷鲁福的孟菲斯商人。"

"他在拉美西斯城的常住地址，你们查到了吗？"

"旧城遗址南边的一幢别墅。"

街道可以并排行驶两辆马车，行人惊慌地躲避着疾驰的萨哈马纳。新城区和旧城区由运河隔开，马车在桥上毫不停滞地飞奔，车轮嘎吱嘎吱地响，车身虽然震动得剧烈却没有侧翻。亚梅尼双目紧闭，为了接下来的事悬了一路的心。

旧城区只有几座光鲜的别墅和一些两层平顶房，周围是几座花园，园中植物修剪得非常整齐。有些屋里发出亮光，应该是有人在用小木块或干泥巴取暖，深秋的夜很凉。

和亚梅尼确认到达正确地点后，萨哈马纳停下马车。但亚梅尼紧握着马车皮带的双手还没有松开。

萨哈马纳问："觉得难受？"

"没有，没有……"

"那我们进去吧。事情很快就会解决，只要地方没有找错。"

亚梅尼终于放开了手，跟着萨哈马纳走上前，双腿不住地打战。

门口处一个看门人席地而坐，吃着乳酪和面包。围墙是用生砖砌的，爬满了各种藤类植物。

萨哈马纳："我们是来拜访雷鲁福的。"

"他人不在。"

"去哪儿了。"

"中东。"

"你知道他什么时候回来吗？"

"不知道。"

"有知道的人吗？"

"这个……应该没有。"

"他一回来，立即让我们知道。"

"凭什么我要接受这种要求？"

萨哈马纳的大手一把伸到这个看门人的腋下，把他拉起来，凶恶地看着他说："因为这是法老的命令！你若有所延迟，我就要你好看！"

谢纳失眠又胃疼，整天都非常难受。叙利亚商人哈伊亚已经被盯上了，眼下又离开拉美西斯城去了孟菲斯，谢纳必须尽快提醒他这个危险。跟欧菲尔也要交代几句。可他是外交部长，去旧城得有充分的理由。好在他有这个理由：有几项指令需要向孟菲斯的众高官解释清楚。所以，他将代替法老进行一场官方旅行，尽管他并不习惯缓慢的行船速度。

对谢纳来说，欧菲尔能堵住罗梅的嘴最好，如果不能，尽管他的巫术还没有完成，谢纳也不得不甩掉他。

不久前的事已经证明分类对待自己的党羽是个高明的做法，所以谢纳毫不后悔。亚夏心思缜密，比较危险，就算知道谢纳跟赫梯间谍来往密切，应该也不会介怀。但狡猾又残忍的哈伊亚就要另当别论了，他相信谢纳已经被自己控制，如果知道谢纳与赫梯人结盟的同时还打着自己的算盘，他可能会无法忍受。欧菲尔嘛，他一直沉迷在疯狂的权力游戏和不清不楚的关系里，最好还是把自己关在里面。

谢纳想：亚夏、哈伊亚和欧菲尔这三人如野兽一般，虽然我能够收服他们，让他们为我的伟大前途服务，但他们哪个行事不小心对我都意味着危险，所以先要杜绝这种危险。

谢纳在孟菲斯的第一天就会见了一些必须联系的高官。在自己的别墅里，他办了一个豪华晚宴。其间，总管奉谢纳之命去请哈伊亚。谢纳想让这位叙利亚商人推荐几个罕见的花瓶，用来装点宴会大厅。

凉快一点的时候，主客都从花园进入屋内。

总管向谢纳报告说："您要找的商人来了。"

谢纳装出一副不太在意的样子，走向别墅大门。但他发现向他问好的人不是哈伊亚。他问道："你是谁？"

"哈伊亚的代理人，他在孟菲斯的分店现在由我代管。"

"叫你的老板来谈，我习惯和他谈生意。"

"他去底比斯的象岛了，那里的花瓶生意将为他带来巨额收入。这次将由我代替他来介绍几个漂亮花瓶给您，您可愿意？"

"那就展示展示吧。"

代理人取出几个花瓶，谢纳看了又看。之后评价道："都是一般货色……我还是买下两个吧。"

"价钱包您满意。"

关于花瓶的外形，谢纳又说了几句，然后让自己的总管付账了事。

谢纳已经能够做到一件比较困难的事，就是从容不迫、面带微笑地与人谈天说地。这位外交部长其实现在很担心出事，但还是用惯有的优雅和雄辩打动了所有人，取得了他们的一致信服。

几位年轻的官员正在夸赞杜兰特，语言虽然空洞无物，杜兰特却非常受用。

谢纳也对妹妹说："你真漂亮。"

"哥哥，你的款待是世间最好的。"

谢纳拉着妹妹的上臂从宴会大厅走向玄关，小声说道："我明天要见欧菲尔，提醒他危险正在逼近，短期内不能露面。"

26

　　谢纳来到欧菲尔所在的别墅，杜兰特亲自为他开了门。谢纳没有直接进去，而是先转身扫视了一圈，确认没有被跟踪。

　　妹妹把哥哥让进门里，谢纳问："一切可都顺利？"

　　"很顺利，没什么意外发生。"杜兰特很坚定地说，"由于莉达的良好配合，欧菲尔的实验更进一步了。但还是得一步一步来，急不得，进程太快的话莉达的身体会受不了……是什么令你如此不安？"

　　"巫师还在休息吗？"

　　"我去叫他。"

　　"我亲爱的妹妹，你不要太崇拜他和他的宗教了。"

　　"他可不是一般人物！有了他，真正的神才能建立自己的统治。

而且你将主宰埃及的命运，这一点他坚信不疑。"

"我时间不多，快叫他过来。"

黑长袍加身的利比亚巫师向谢纳鞠了一躬，谢纳劈头要求道："欧菲尔，今天你必须搬到其他地方去。"

"出什么事了吗？"

"你在拉美西斯城和摩西谈话的情形，被目击者捅出去了。"

"他们把我的外形都说出来了吗？"

"似乎没有。调查人员只了解到你建筑师的身份是假扮的，并确定了你是外籍人，但这已经暴露很多了！"

"并无大碍。我会隐身术，必要时候用上就能万事大吉。"

"你行事太不小心了。"

"我接触摩西绝对是有必要的。……也许明天我们就要庆祝成功了。"

"拉美西斯已经平安归来，现在一心要找到摩西，而且把找到你、了解你看成第一要紧的事。如果你被指认出来，他将会逮捕并审问你。"

欧菲尔笑着说："像我这样的人，你觉得他们抓得住吗？"

这话让谢纳瞬间产生了一种跌落谷底的感觉，他只好说起另一件事："希望你犯的一个错还有挽回的余地。"

"什么错？"

"对罗梅的信任。"

"我信任他？你为什么会有这个想法？"

"他偷了皇后的一条披肩和艾力欧生命殿堂一个腌鱼干的坛子，这是你的魔法所需要的，难道他不是受命于你吗？"

"谢纳大人，必须承认您的推理非常准确。但有一点需要纠正，披肩是罗梅偷的，但鱼干坛子不是他偷的，而是一个送货员。当然，两人是朋友关系。"

"什么，送货员？你就不怕他说漏嘴吗？"

"不会。那个可怜的家伙已经死了，心脏病发没得到抢救……"

"……是自然死亡吗？"

"心脏停止跳动还不够自然吗？其实一切死亡都可以是自然死亡。"

"那么，胖子罗梅呢？萨哈马纳认定他犯了不可饶恕的罪，正在须臾不断地骚扰他。罗梅一旦松口就会供出你来。对王族成员施行妖术可是死罪啊！"

欧菲尔带着惯有的微笑说："请您跟我去实验室看看。"

巫师的实验室很整齐，散发着轻微的熏陆香，桌上有许多莎草纸和有字的象牙块，还有一些小绳子和一些小杯子，杯子里装着各种溶液。从这些摆设来看，这里更像是一间工坊；或者说，其主人不像是一个躲避追踪的非法巫师，而是一位兢兢业业的书记员。

屋里有一张三条腿的桌子，上面放着一面铜镜。巫师用双手在镜面上比划了几下，又在上面倒了少量水。

巫师请谢纳上前。谢纳看见罗梅的脸慢慢呈现在镜子里，吃惊地叫出了他的名字。

欧菲尔说："拉美西斯的总管为人老实，软弱和贪婪是其弱点，从这两点控制他并不是难事。像我这样的小巫师就能够对他施咒。现在，他的心里整天受着偷窃罪的煎熬，就像浸泡在盐酸里一般。"

谢纳重申道："他会禁不住拷问而招供的。"

"他没有那个机会。"说罢，巫师的左手在镜子上画了个圆圈，镜子上的水开始滚沸，很快，镜子裂开了。

此景吓坏了谢纳，他往后退了两步，安定下来问："这样就能封罗梅的口了吗？"

"您可以认为万事大吉了。搬家的必要也不存在，况且，这栋房子登记时的户主是您的妹妹。"

"是这样的。"

"附近所有人看到的进出此屋的身影，都是杜兰特。我和莉达是杜兰特忠诚的奴仆，从来没有想过去城里游玩。我们也坚决不会离开此地，直到成功粉碎了保护着拉美西斯和妮菲塔莉的神力。"

"信仰阿顿神的那些人呢？"

"和他们的所有联系一律通过您的妹妹。他们很听我的话，做事步步谨慎。事实上，他们现在都在等着一件大事的发生。"

谢纳离开时，心是安定的。对于那群狂热的、思乡成疾的宗教信徒，他在心里偷笑。关于罗梅，他还不能确定欧菲尔是不是在说大话，他如果失手，谢纳就要亲自动手，但他担心办不到。

尼罗河简直完美无缺，快艇可以在它湍急的地方以超过每小时13公里的速度前进。得此便利，谢纳在拉美西斯城和孟菲斯之间的航程，只用两天就完成了。

回到外交部后，谢纳和重要的幕僚开了个紧急会议，就关于各驻外属地外交部传来的消息进行了详细讨论。讨论完毕，他坐着轿子去了王宫。

拉美西斯城美则美矣，若论魅力却还比不上孟菲斯，后者赢在悠久的历史和斑驳的铜绿。还有一个特别的原因让谢纳不喜欢拉美西斯城，那就是这里已经有太多拉美西斯的行迹了。所以，他打算在自己登基后解除拉美西斯城的首都地位。为衣食住行忙碌的百姓似乎觉得和平永远不会消失，他们把幅员辽阔的赫梯王国放在了记忆的最深处。

谢纳忽然也让自己坠入这份幻象并沉浸其中：只关心生存，轮换的四季构成简朴的生活颂歌。谢纳也是埃及的一位子民，承认拉美西斯的统治不正是他该做的吗？不！他认为自己的命运不该是只做个奴仆。他相信自己有成为法老并流芳百世的资格，若论目光远大，自己肯定超过拉美西斯和赫梯国王。慢慢地，一个由他统治的新世界在他脑海里浮现出来。

拉美西斯没有让哥哥等在门外，结束了与亚梅尼的谈话。亚梅尼与谢纳互相问候，表情相当冷淡。夜巡刚才还亲近地舔着法老的脸，这会儿却在一抹柔光里睡着了。

"亲爱的哥哥，这趟外出感觉还愉快吗？"

"感觉很棒。我太喜欢孟菲斯了，所以逗留了两天，还请包涵。"

"不会有人责怪你的。孟菲斯确实是一座独一无二的城市，它的美恐怕是拉美西斯城永远赶不上的。我之所以建立这座新首都，原因也只是赫梯人已然构成了巨大威胁。"

"孟菲斯的行政管理运行良好，在各个方面都值得效法。"

"拉美西斯城的较高工作效率也已经在各个行业建立起来，比如你的外交部门，你不觉得吗？"

"请相信我的勤恳和尽职。现在并没有不好的消息，赫梯人已经吓怕了。"

"对于这种现状，我国的外交官没有发表任何意见吗？"

"您的亲临已经震住了安纳托利亚人；埃及军队的行动如此快速而有力，恐怕完全超出了他们的意料。"

"也许吧。"

"赫梯人都没有强力反击，您还在怀疑什么呢？他们已经没有不可战胜的信心了。"

"我怀疑的是：塞提当年划定的边界，他们并没有遵守。"

"陛下，您何时悲观起来了？"

"赫梯帝国就是为了开疆拓土而存在的。"

"可埃及这片土地不是轻易能够吞下的，饿疯了的敌人也不能。"

"冷静和理智并不能安抚战意旺盛的军人。"

"能够让赫梯人退步的对手，一定强大得让它畏惧。"

"谢纳，对于埃及军队的力量和人数的增长，你是不是太过夸大了。"

"要对付赫梯人，这是我能想到的最好办法。"

天黑下来，夜巡跳上了拉美西斯的大腿。

拉美西斯面露忧色："这不是对赫梯人开战吗？"

"您心里真正的想法也是只能依靠武力跟赫梯人对话。但愿我没有想错。"

"没错。埃及的边防力量，我已经在着手加强。"

"据我了解，您指的就是把埃及的边防属地变成缓冲地带吧……亚夏虽然有足够的事业心，但这项任务非常艰巨。"

"你觉得难以实现吗？"

"亚夏毕竟还年轻，况且您之前的奖励又把他变成了社稷重臣。职位升得太快，他会不会……当然，他在许多方面都很有才干，没有人敢不服。但是，小心行事总不是错的。"

"我确信将领们觉得我对他们的表扬还不够。对于亚夏，我相信他能够成为一个英雄。"

"尽忠职守的义务要求我必须报告一件事情，尽管它是个不必太过重视的细节，就是妮菲塔莉的披肩是罗梅偷的。这是我的总管与宫里一位相熟的侍女交谈时听说的，侍女说是她亲眼所见。宫里的人没事喜欢传闲话，但我觉得，此类事情应该值得关心。"

"她敢当面指证罗梅吗？"

"罗梅威胁她说，如果胆敢指证就会遭遇厄运。"

法老感慨道："我们这个国家到底是怎样一种面貌啊？充满男盗女娼，还是遵守玛亚特的戒律？"

"您如果能让罗梅认罪，那名侍女应该就敢指证他了。"

就这样，谢纳先给了亚夏一个模糊评判，又专门揭露了罗梅的罪行，最后还敦促拉美西斯尽快行动。他玩的这场游戏看似惊险，其实是有惊无险，非但不会弄巧成拙，反而会博得拉美西斯更大的信任。

他又想起了欧菲尔的巫术，如果罗梅没被咒死，那只好亲手掐死他。

27

罗梅的焦虑已经变成了极度恐慌，他唯一想到的弥补办法是制作一份名为"稀世佳肴"的腌泡汁。这道菜只在御厨间私下里互相传授，他决定改良出一种口味。于是，罗梅把自己一个人关在宽敞的御膳房里，坚决不让他人进入。食材都是他亲自挑选的，有淡味的大蒜、高级洋葱、一大坛三角洲产的红酒、咸醋、几种味道浓郁的香料、高钙的尼罗河鲈鱼、供奉神明的牛肉若干。把这些东西搅拌、调和在一起而成的腌泡汁，将拥有不可仿制的香味。这是他取悦法老并获得绝对专属地位的绝招。

厨房的门突然被打开。罗梅低头说道："我不是说过任何人……陛下！……这里不是您该来的地方。"

"王宫有什么地方是禁止法老出入的吗？"

"抱歉，我说错话了。我的意思是……"

"我能尝尝你在做的美味吗？"

"这是一种腌泡汁，现在只是准备阶段，还没做好。但我相信，它将被收录进今年埃及的最美味食谱里。"

"故作神秘是你一向的作风吗？"

"那倒不是，只是美食问世前必须保密。对于创新，我不会掩饰我的骄傲。"

"你要告诉我的只有这件事吗？"

受法老高大的身形的威压，罗梅双目下垂全身紧缩。他紧张地回道："陛下，我个人对您没有任何隐瞒，在宫里效忠于您是我唯一在做的事。"

"真是这样吗？其实每个人都有缺点。你有什么缺点，告诉我。"

"我不知道……可能是贪吃吧。"

"你觉得工资太少了？"

"没有！没这回事！"

"宫廷总管是个让人羡慕、值得炫耀的地位，只是不能让你富有。"

"我发誓，财富不是我的奋斗目标。"

"几道食谱就能换一大笔钱，这种诱惑谁能抵挡呢？"

"不，相比之下最光荣的是为陛下——"

"住口，收起你的谎言吧。我的寝室曾被放进一只毒蝎，这个让人痛心的插曲你还记得吧？"

"感谢上苍，您没有出事！"

"你是不是得到了背后主谋这样的保证：毒蝎不会毒死法老，

你不用担心被起诉？"

"不是的，陛下，完全没这回事！"

"我真不该宽宥你至今。你的软弱再次被人利用了。皇后最喜欢的那条披肩是你偷的，生命殿堂腌鱼干坛子的丢失，可能也与你有关。"

"没有！陛下……我没有……"

"有目击证人。"

豆大的汗珠渗出脑门，罗梅喘气都困难了，无力地辩驳道："不可能……"

"心灵邪恶的罗梅，真正玩弄你的手是这个时局，你不会明白的。"

罗梅早就愧疚难安了，也的确想把心里所有的事告诉法老，可他的胸口忽然开始疼痛难忍。他双膝跪地，额头撞在桌边上，满桌的食材晃了晃。

"请原谅我，陛下！……我只是太软弱……我不是坏人。"

"对我说实话，或许我会原谅你。"

罗梅忽然看到一团乌烟瘴气，立刻又看到欧菲尔的脸。长期以来让他身体和心灵备受煎熬的，正是这张凶恶而贪婪的脸。

法老还在问："这些事是谁指使你干的？"

罗梅想说"欧菲尔"，但这个名字就是脱不了口，它自动咽回了肚里。他感到自己的呼吸正在被一种可怕的恐惧夺走，这恐惧命令他说：宁可死去，也不要承认罪行接受处罚。

法老从罗梅抬起的眼中看到了哀求的目光。他的右手紧紧握着一个盘子，盘子里装的是未完成的佳肴的食材，现在全被他打翻了。罗梅倒在地上，脸上沾满了稠酱汁。他再也没有站起，就这样死了。

凯已经九岁了，他是拉美西斯和伊瑟的儿子，总是一脸严肃，就像个老书记员。他不喜欢同龄人玩的游戏，只喜欢读书写字，大部分时间在宫廷图书馆里度过。

凯看着法老的狮子，评价道："它个儿头很大。"

拉美西斯问："你怕它吗？"

"有一点儿。"

"凯，屠夫很危险的。"

"但你是法老，你好像不怕它。"

"他是我的好朋友。我年轻时在努比亚沙漠发现它被一条毒蛇咬伤，塞达武治好了它。从那时开始，我们就是好朋友了。后来屠夫也救过我的命。"

"它总是很听你的话吗？"

"是的。但它只听我的话。"

"它可以跟你交流吗？"

"可以啊，不过是用眼睛、爪子和叫声……而且，我说什么它都能听懂。"

"我能摸一摸它的鬃毛吗？"

体型巨大的屠夫趴在这对父子面前，看着他们对话。它忽然发出一声低吼，吓得凯紧紧抱住了拉美西斯的大腿。

"它生气了吗？"

"不，这意思是允许你摸它。"

凯在父亲的鼓励下走近狮子，一开始他用小手轻轻碰了碰它美丽的鬃毛，后来不再害怕和犹豫，使劲摸起来。屠夫感受到凯的抚摸，嘴里咕哝咕哝的。

"我能爬到它背上去吗？"

"不行的。它是名战士，有自己的骄傲。刚才的要求已经有点冒犯它，要求再多就不好了。"

"我要把它的故事写下来，讲给梅莉达蒙听。妹妹见了这么一只庞然大物肯定会吓坏的，还好她和皇后在御花园里。"

拉美西斯送给凯一块全新的写字板和一盒芦苇笔，凯非常开心。他马上开始专心写字，试用起这些文具，拉美西斯站在一旁不敢打扰。这样的父子时光很难得，拉美西斯很满足也很珍惜。就在刚才，他亲眼看到罗梅的猝死，那张脸干枯得就像个老病人。他犯了偷窃罪，死了也没什么，但他一步步走向自我毁灭的道路是受人驱使的，他到死都没有说出这个人的名字。

法老还有一个藏在暗处的敌人，对付此人的难度不亚于对付赫梯人。

谢纳高兴极了，罗梅猝死，欧菲尔不会被查到了。他一直担心罗梅会由于扛不住拷打而招供，没想到巫师只用巫术就杀死了他，果真不是吹牛！宫里没有人觉得罗梅死得离奇，都相信他的死是过度肥胖加精神焦虑引发的心脏急性衰竭。要是他少吃点或精神能够放松就好了。

罗梅这个麻烦算是解决了，正当谢纳开心之际，另一个麻烦又浮现出来。叙利亚商人已经回到了拉美西斯城，并表示想把几个精美的花瓶介绍给他。谢纳和哈伊亚约好见面，时间是十一月的一个清晨。

气候温和，阳光已经驱走所有黑暗。见面地点是谢纳的一间圆柱形会客厅，里面摆满了他的珍藏。叙利亚商人哈伊亚的山羊胡子变尖了，一看就是修剪过的；栗色的小眼睛还是透着光芒。

谢纳开口问候："听说你去南部了，旅途还算顺利吧？"

哈伊亚正在四处打量，回道："其实很累。不过，此行收获不小。"

说罢，他打开一条帆布，一个圆腹镶铜花瓶立即出现在谢纳眼前。瓶腹的图案是用线条勾勒的葡萄藤。

哈伊亚解说道："这可是克里特货，已经停产了。它之前一直为一位富有的底比斯女人所有，当她觉得厌倦时我买下了它。"

"真好看，我买了！"

"很高兴再跟您谈成一笔买卖。但是……"

"怎么，那女人还有条件？"

"不，只是……价格不菲……这可是孤品！"

"好说。你先把这件无价之宝摆好，跟我去书房。我们一定会做成这笔交易。"

两人像以前一样进入一扇厚重的无花果木门，然后再次关了门。他们在里面说些什么，外面的人完全听不到。

"我是缩短旅程赶到这里的，因为听我在孟菲斯的助理说您去那里时提出想买我的花瓶。"

"我是有要紧的事才那样做的。"

"什么事？"

"萨哈马纳已经被赦免，拉美西斯再度信任并任命了他。"

"真是件气人的事。"

"都怪亚梅尼多管闲事，后来还有亚夏。总之，证据的可信度已经遭到怀疑。"

"法老的那个外交官您可要留心，他非常了解亚洲的情况，人也很聪明。"

"好在他已经离开了我的外交部。拉美西斯奖励了他，派他去埃及的附属国执行强化国防的任务。"

"这项任务可不是容易完成的，甚至不可能完成。"

谢纳把话题引回来："他俩认为萨哈马纳的笔迹是人为模仿出来的，而且，想要让法老相信萨哈马纳里通赫梯国的可能是个叙利亚人。这些结论对我们来说可是个麻烦。"

哈伊亚悲叹起来："太让人懊恼了。"

"还有，你利用的那个陷害萨哈马纳的人，也就是他的情妇倪诺法，她的尸体也被发现了。"

"她居然说要去举告我，我为了摆脱她不得不下狠手。"

"你说的做的都没错，只是有一点你忽略了。"

"什么？"

"杀人地点。"

"我并没有选择地点，是她来找我捣乱。"

"亚梅尼正在搜寻房屋的主人，他一旦被找到就要接受审问。"

"房主是个商人，他到处旅行，我也是在底比斯偶遇到他的。"

"你把自己的姓名告诉他了吗？"

"应该告诉了。出于房客的身份也有这个必要。"

　　"那可坏了！埃及境内有一个为赫梯人效力的间谍组织，亚梅尼对此深信不疑。他虽然监禁过萨哈马纳，但他俩现在好像已经冰释前嫌，正合力查这件案子呢！找出诬告萨哈马纳的人及其情妇的谋杀者这件事，已经上升到事关国家的高度。而且，他们已经掌握了好几条指向你的线索。"

　　"您怎么看起来那么害怕？"

　　"怎么，你有解决办法了？"

　　"我们先找到那名埃及商人不就行了。"

　　"然后呢？"

　　"杀了他。"

28

即将入冬，太阳不再那么毒，白天的时间也明显缩短了。相比之下，拉美西斯更偏爱盛夏的逼人气势和作为护身星辰的太阳的热烈。正视太阳，只有法老的眼睛不会被灼伤。拉美西斯一家人，他、妮菲塔莉、梅莉达蒙和凯，欢聚在一起，在御花园度过了凉爽秋天的一个下午。这种快乐时光对拉美西斯来说十分难得。

水池边，两个孩子在一起玩耍，哥哥想教妹妹读一篇比较难的文章，那是关于书记员的职业操守的，但梅莉达蒙想的是教哥哥学仰泳。拉美西斯和妮菲塔莉坐在折椅上，看着他们。最终，喜欢逞强的小男孩选择妥协，不再以水温太冷和容易患感冒为借口，跳进水里和妹妹玩耍起来。

拉美西斯说："梅莉达蒙拥有迷倒一切生灵的魅力，就像她的母亲一样可怕。"

"不。你看……凯已经把她的注意力引到莎草纸上了；梅莉达蒙肯定会学着念那篇文章的，无论她愿不愿意。凯将是一位魔术师。"

"家庭教师对这两个孩子满意吗？"

"凯卓尔不群，据他那身为农业部长的老师内疆说，凯已经具备参加初级书记员考试的能力了。"

"凯的爱好是什么？"

"除了学习别无其他。"

"满足他的真我，提供他所需的食粮，他一定会有所成就。天才往往遭到平庸者不择手段的抹杀，等待他去战胜的考验肯定少不了。我希望梅莉达蒙能过相对平静的生活。"

"她的父亲占据了她全部的注意力。"

"可是，我没有太多时间陪她……"

"国家远比孩子重要，既定规则不可更改。"

屠夫和夜巡守着御花园的门口，它们的警觉性非常高，不忽略任何一个靠近此地的人。

拉美西斯要妮菲塔莉坐在他腿上，妮菲塔莉照做，并把头倚在他的肩膀上。

"我的幸福是你所赐，你是我生命中的花香。这样的时光，或许我们可以像普通夫妻一样时常享受一下……"

"这花园里的梦真美啊，但逝去的东西不可能挽回。你已经成为法老，这是众神和塞提的旨意。而且，你已经把你的生命献给了埃及人民。"

"但在这一刻，我只感受到了让我爱得深沉的女人和她那在晚风中轻扫我脸颊的秀发。"

双唇紧紧贴合在一起，热吻的两人仿佛回到了年轻的时候。

拉美西斯城管理得很好，在海防部队的努力下，港口的秩序即使是在船只靠岸和卸货时也能维持得很好。虽然拉美西斯城比孟菲斯小一些，但哈伊亚在这里同样过着快节奏的生活，因为许多事需要他亲自动手，特别是杀死他的同行雷鲁福。

雷鲁福受到哈伊亚的邀请，前往一间高级旅馆共享丰盛的午餐。哈伊亚还邀请了许多人，他的计划是在席间热情待客，亲切畅快地和雷鲁福交谈，天黑后就潜入雷鲁福的别墅杀死他，而中午邀请的那些人将证明他和雷鲁福关系很好。谁若阻碍他勒死雷鲁福，也会被一并勒死。他的杀人手段，是在叙利亚北部的赫梯训练营里学的。这桩杀人案如果被发现，肯定会跟倪诺法的谋杀案绑到一起，但那又能怎样？那时雷鲁福已死，法律再也拿他没有办法了。

卖水果、蔬菜、凉鞋、布料、高仿项链、手环等各色物品的小贩在码头上叫卖着，一次令买卖双方都满意的交易，是物与物的交换。当然也少不了买方的讨价还价，而且他们乐在其中。在哈伊亚看来，这种商业活动秩序太差劲了，他想利用多余的时间整顿一下，好为自己创造更多好处。

哈伊亚向一位海港缉查员走过去。

"请问，雷鲁福的船只还没有进港吗？"

"他在五号码头的平底驳船旁边。"

缉查员指了指他说的那个方向，哈伊亚快速走过去。

雷鲁福船只的守船人正在甲板上酣睡，哈伊亚走上舷梯，叫醒了他。

"你老板在哪儿？"

"……不知道。"

"你们何时到港的？"

"今天日出时分。"

"夜里出港……你们怎么会有这种权利？"

"因为我们得到了特别通融。拉美西斯城的某些官员只吃孟菲斯那家大乳制品厂的新鲜乳酪，需要我们去运。"

"交货手续办完，你的老板是不是回到自己家里了？"

"发生了一件事，我觉得有点奇怪？"

"什么事？"

"老板被一个大胡子的撒丁巨人胁迫着上了马车，他好像不怀好意。"

哈伊亚感觉像是遭到雷击，心头阴霾久久不散。

雷鲁福家就是跑船经商的，他生性乐观，喜欢享受生活，是三个孩子的父亲。他刚到达码头时，萨哈马纳的唐突现身和要求让他吃惊不已。他确定对方由于某种误会认为自己是不法之徒之后，决定最好顺从地跟他走以解除误会；当然，萨哈马纳的凶恶面貌也吓住了他。

雷鲁福被萨哈马纳直接送到了亚梅尼的办公室。法老的机要秘书在民间很有名气，但雷鲁福还是第一次得见真人。他想起了自己听到的传闻：亚梅尼为人严肃，有极强的工作能力，需要牺牲时当仁不让；他是国家实际上的首相，公正治国足称楷模；他足不出户，一点娱乐和交际的意向也没有。

亚梅尼惨白的脸色让人终生难忘，雷鲁福明白这是长久不出门导致的。

"万分荣幸得见真容！但我必须说这是一次非常意外的召见，因为我到现在都不知道为什么被召见。"

"抱歉，事关一件重大杀人案。"

"什么……牵扯到我了吗？"

"或许吧。"

"你们需要我做些什么？"

"我们提问，你如实回答。"

"好，请问吧。"

"有个女人叫倪诺法，你认识吗？"

"认识不止一个，而是十几个。这个名字很常见。"

"此人比较年轻，非常漂亮，未婚，为人轻佻，以出卖美色为生，住在拉美西斯城。"

"她是一名妓女……对吗？"

"暗地营生。"

"我很爱我的妻子，我们的关系很好，我保证！我虽然四处旅行但从不招惹别的女人。如果你们不相信，朋友和邻居都可以为我作证。"

"就是说你没有见过倪诺法。你敢在玛亚特面前发誓吗？"

雷鲁福严肃地说："可以，我发誓我说的都是真话。"

一直坐在一旁静静看着的萨哈马纳也被雷鲁福的誓词打动了，看来没有必要再怀疑这名商人的真诚。

亚梅尼不解地说："那可就怪了……"

"哪里奇怪？我虽然背着丧妻的恶名，但我的确是个老实人。我给工人很高的薪水，我的船维修得很好，我没有忽视家人，我的账目一清二楚，我从未偷税漏税，从未引起警察关注。我很满意这些品行。您是觉得这不正常吗？"

"雷鲁福，很少有商人像你这样优秀。"

"这的确是件可悲的事。"

"其实，让我奇怪的是倪诺法尸体的所在地。"

雷鲁福吃惊地跳了起来："什么？尸体？……"

"是的。谋杀。"

"太可怕了！"

"杀死任何人都要受到死刑的制裁，杀妓女也不例外。发现她尸体的那间房子，户主是你。"

"在我的别墅里吗？！"雷鲁福没有掩饰极度不安的神情。

萨哈马纳插嘴说："那倒不是。而是这间房子。"亚梅尼面前的桌上摊着一张拉美西斯城的地图，图上一个点已经明确标示出来，萨哈马纳为雷鲁福指了指。

"这……我不知道为什么……"

"你只需确定这房子是不是你的。"

"是我的，但它不是住房。"

这个商人可能是疯了吧，亚梅尼和萨哈马纳互看一眼，交换了这种怀疑。

雷鲁福肯定地说："那不是用来居住的，而是一间库房。我买下它，是考虑到需要一个地方储藏货物。但我已经老了，没了扩大事业的野心。这几年我一直在想着到孟菲斯的郊区过退休生活，就在等合适的时机。"

"你有没有想过把它卖给谁？"

"事实上我已经把它租出去了。"

亚梅尼眼顿时双目放光："租给了谁？"

"一位同行，名叫哈伊亚。他很富有，仍在积极经商，在埃及有几艘船，还有多家店铺。"

"他主要从事什么生意？"

"高级进口罐头和稀有花瓶，买者都来自上流社会。"

"他是哪国人？"

"叙利亚人，但在埃及生活的年头很长。"

"雷鲁福，谢谢你的配合。这个收获相当重要！"

"所以……你们以后不会再找我了，是吗？"

"应该不会了。但有一点，不要告诉任何人我们的这次面谈。"

"一定不会说，请放心。"

亚梅尼从这些突破性线索展开推理，正想到这些推理的正确性可在亚夏那里得到验证，萨哈马纳已经冲向马车，亚梅尼连忙起身追上。

"等等我！萨哈马纳！"

29

　　赫梯人煽动埃及属地叛变失败之后，赫梯国王穆瓦耞力的儿子乌里泰梭被任命为军队的总司令。他又高又壮，留着长发，身上的毛发很浓密，呈红棕色。虽然天气非常冷，但乌里泰梭只缠了件粗麻裹腰布就能扛住。他赤裸上身飞速前进，手下的骑士们为了跟得上不得不拼命鞭策身下的马。

　　拉美西斯的快速反应和雷厉风行，的确吓住了穆瓦耞力。那次暴乱的策划者和指挥者，以及成功后进一步侵土掠地的负责人，都是赫梯军队的前总司令巴蒂克。他当时自信地说：赫梯人能够轻易地击垮那种敌人。

　　行动之前，一位几年前潜入埃及的叙利亚间谍传来消息说：拉美西斯是个伟大的法老，有刚强的性格和坚定的意志。这自然让赫梯士兵感到不安，巴蒂克却意见相反：赫梯人完全不用担心，拉美西斯没有任何经验，埃及军队也不过乌合之众，全是一些佣兵、胆小和无能之辈。塞提强力争取的和平，其实对穆瓦粗力乃至整个赫梯帝国也是一个大好时机，他可以借机巩固王权，剿灭国内想篡位的阴谋集团。

穆瓦粗力紧握赫梯的王权之后，觉得可以重新进行领土扩张。阻碍安纳托利亚人称霸世界的最后一道障碍，无疑正是埃及和法老。

巴蒂克也认为时机已经成熟，于是制订了策反埃及属地的计划。征服安穆府和迦南之后，就是攻破法老之墙进入三角洲，再下一步就是入侵南埃及。这样一个完美的计划，赫梯参谋长听后蠢蠢欲动。

只可惜，巴蒂克忽略了拉美西斯这个最重要的环节。

计划失败后，首都哈图沙的人民都怀疑国王违背了某一道天命，却说不上这天命是什么。只有乌里泰梭不这么看，他认为是巴蒂克将军的蠢笨无能造成了此次失败。失败后，巴蒂克一直没有回到首都，这位帝王之子此次巡视整个赫梯国，除了检查防御，还有一个目的就是找到巴蒂克。

在安纳托利亚高原第一道边缘山丘上，有一座名为加里希的军事基地，乌里泰梭觉得可以在这里找到巴蒂克。加里希有武装的赫梯战士驻守，这些战士个个勇武剽悍，敌人面对他们不是拱手认输就是被打败。步兵手执标枪肩负弓箭在崎岖路面上行军的图景，雕刻在此地河边的岩石上和乡村的乱石间。在整个赫梯国，对战争的狂热随处可见。

峡谷、绿莹莹的平原、胡桃树夹成的小路，所有地方都已跑遍，就是没有见到巴蒂克。穿过一片枫树林时，随时可能陷进沼泽，但一行人还是没有减速。乌里泰梭只有一个想法，就是尽快抵达马萨特堡垒，所以路上遇到行人和野兽就立即驱散。巴蒂克如果不在马萨特，就再也不知道去何处找他了。

　　马萨特矗立在两山之间辽阔的草原高地上，赫梯骑兵们抵达时，饶是训练有素也耗尽了所有力气。站在这个岬口望下去，可将整个地区尽收眼底。这里的守军纪律严明，弓箭手都是从王室或贵族当中精挑细选出来的；岗哨的射击口日夜都有人把守。

　　距离该堡垒约一百米处，一支标枪从高处飞下，插进乌里泰梭马前的地面。王子勒住马，跳下，向前迈了两步，大声问道："连我都不认识了吗？开门！"

　　堡垒的门开了，但守军对访客的防范还未消除，十位步兵在门槛旁用标枪对着乌里泰梭。

　　王子推开步兵，要求面见堡垒的军事长官。

　　迟到的军官兴奋地说道："万分荣幸能够见到帝国的王子。"刚才他在围墙上跑得太急，脖子差点扭断了。

　　士兵们这才收起标枪，列队欢迎王子莅临。

　　"巴蒂克将军可在这里？"

　　"在。在我住的地方。"

　　"前面带路，我要见他。"

　　两人登上一排石阶，每一阶都很高，不小心就会滑倒。

　　登上堡垒顶端，北风迎面呼啸而来，吹得人浑身发冷。前总司令所在的房间，四壁都是石墙，石块巨大，天花板已经被几盏冒着浓烟的油灯熏黑。一个身材魁梧、五十多岁的男子正坐在里面。

巴蒂克见到王子立刻站起："乌里泰梭王子！……"

"巴蒂克，别来无恙啊。"

"对此次计划的失败，我不辩解。现在埃及军队又介入了迦南和安穆府，这两个地方的起义军没有足够的时间重新组织暴动。埃及人的反应太快了。不过，我们并没有一败涂地，埃及人只是表面上收复了领土，实际上，那些扬言誓死忠诚法老的地方行政官都想投靠我们。"

"埃及军队进攻安穆府时，我们在卡迭石也有军队，你为什么不下令进攻？"

这个问题把巴蒂克问懵了，他答道："正式宣战之后才能发起攻击……然而，对外宣战是国王的权力，我没有资格作出决定。"

乌里泰梭年轻气盛又急功好战，其实巴蒂克年轻时何尝不是这样？然而他已经老了，须发皆白，举不动标枪了。

"最新的行动计划，拟好了吗？"

"我在这里待了几天，就是为了这件事……这份计划将具体而符合实际，不会有半点浮夸。"

马萨特的长官打断说："需要我回避吗？"接下来要谈的事通常只允许高级将领知道，所以他想离开。

乌里泰梭却说："不必。"

巴蒂克将军是一位伟大的军人，为国家贡献了很多。这位军官不得不目睹帝王之子对他的羞辱，他为巴蒂克感到悲痛。然而赫梯人的第一美德就是服从命令，王子的要求必须无条件遵从。

在赫梯帝国，任何抗命行为的结局都是被处死。眼下是备战时期，要长期维持军队的安定，这是唯一方法。

巴蒂克说："埃及人发起进攻时，迦南的每个堡垒都进行了顽强抵抗。我们训练过的当地驻军没有一个投降的。"

乌里泰梭却说："态度虽然坚决，可结果还是失败。所有暴动都被平息，埃及收回了迦南，连梅杰托的动乱也被镇压了。"

"唉，是的。我们对各地党羽的训练自认为是最好的，却没有起到什么作用。不能在迦南和安穆府留下赫梯军队的踪迹，这是帝王的心意，所以我们的人退回了卡迭石。"

"安穆府……我们就来谈谈安穆府。我记得你不止一次自信地说，安穆府王子已经归顺你，背叛了拉美西斯。你还记得吧？"

"我承认那是我的错，而且错得最离谱。我们的新战友在海路上为埃及军队设好了陷阱，但他们偏偏走了陆路。结果，安穆府王子被前后夹击，只能投降。我没有想到埃及军队居然训练得那么好。"

乌里泰梭再也忍不住怒火，突然高声喝道："投降！投降！你除了投降还会说什么！事实是埃及的步兵团和马车队应该被全部歼灭，可你的那个战略甚至都没有削弱他们！不但没有成功，还振奋了埃及军队的士气，让他们对自身价值充满信心，相信法老一定会胜利！"

"我不会小看这次不可否认的失败。信任安穆府王子是我的错，我没想到他是那种不反抗就屈服的懦夫。"

"作为赫梯帝国的将军，失败这个字不允许出现在他的从军生涯中。"

"王子殿下，这完全不能说是一名赫梯将士的失败，我错在计划的运用上。"

"在我看来，你是怕拉美西斯的。"

"他的军队力量很强大，超出了我们的想象。况且，我的任务不是跟埃及人正面交战，只是策划埃及属地的暴动。"

"巴蒂克，你难道不知道什么叫见机行事吗？"

"我是军人，只知道奉命行事！"

"那我问你，你没有立即返回首都，躲到这里是为了什么？"

"为了让我的头脑冷静下来，拟好最新的报告。在这里我还得知，我们可以借助安穆府的势力重新组织一次暴动，这是个好消息。"

"你在说梦话吗？"

"不，殿下，这次我一定会成功。请您给我点时间。"

"没有那个时间了，国王已经决定由我取代你帝国军队总司令的位置。"

巴蒂克沉默了一阵，向大壁炉迈了几步。壁炉里的橡树枝烧得正旺。

"恭喜您，乌里泰梭王子。有您坐镇指挥，我们一定会取得胜利。"

"还有一件事要通知你。"

"请说，王子殿下。"赫梯军队的前总司令正在烤手取暖，帝王之子站在他身后。

"你是个懦夫，巴蒂克。"说罢，乌里泰梭长剑出鞘，刺穿了巴蒂克的腰部。

马萨特堡垒的长官吓傻了。

乌里泰梭评断说："此人不但是个懦夫，还是个叛国贼。你将来要为我作证：他抗命不肯交权，还挑衅我。"

长官弯腰向赫梯帝国的王子鞠了一躬。

王子又命令道："把尸体抬到庭院中央，火化。一切战士的出殡礼节全部省略，失败的将军就应该这样死去。"

守军看着巴蒂克的尸体火化时，乌里泰梭自顾用绵羊油擦着自己战车的车轮。他打算驾驶着这辆战车尽快回到哈图沙，一场全面对抗埃及的战争，将从那里开始。

30

在乌里泰桡的印象中，世上最美的首都就是哈图沙。

安纳托利亚高原虽然有辽阔的草原，但中间分布着一些峡谷和深沟。高原正中就是赫梯帝国的心脏哈图沙。这座首都夏天热得要命，冬天冷得难挨。由于到处是坡地，建筑师们绞尽脑汁才建起这座占地一万八千公亩[1]的山城。乍看这座城市，人们会以为它只是一座雄伟的防御性堡垒，因为它是由石块错乱堆砌而成的。主城可分为上下两部分，其中上城还有一座卫星城。赫梯帝国的王宫设在卫星城里。哈图沙四周是一层层的高山屏障，敌人根本无法侵入它位于群山中间的山顶上，石头地基、生砖和木头围墙随处可见。

哈图沙的气质，既高贵又粗野，对武力的崇拜使它获得了战无

[1]　1 公亩 =100 平方米。——译者注

不胜的威名。这里的人们很快就要欢呼乌里泰梭这个名字了。

赫梯军队一见到高塔连缀长达九公里的城墙和密布在城墙上的射击口，就会士气激昂起来。坡地虽然陡峭，但他们可以爬上山顶，将整个山谷尽收眼底。哈图沙是一座巧夺天工的堡垒。

上城有三道门，下城有两道门。上城的三道门分别是狮门、国王门和斯芬克斯门，乌里泰梭仿佛没有看到前两者一样，径直走向了斯芬克斯门。此门海拔最高，进去之后是一条长达四十五米的阴暗通道。

雷神殿、太阳女神殿等庙宇各有各的风格，这些庙宇形成二十一个神庙区，再加上其他各色建筑，哈图沙下城一派金碧辉煌。但乌里泰梭更喜欢上城和王宫，以及在卫星城上极目远望。政府机构和桥梁交错的贵族别墅区就在这视野之内，它们都建在由石块拼成的平台上。

乌里泰梭没有立即进城，而是进行了一个祈祷仪式：撕断三块面包，在一块石头上倒一点酒，口诵"愿此石万世不移"。

装着油和蜂蜜、用来安抚魔鬼的容器，在上城中随处可见。王宫所在的山峰上有一块巨大的岩石，这岩石有三个尖。宫墙很高，瞭望塔更高，有精兵日夜把守，敌人别想侵入；王宫仿佛成了一座超然于首都的建筑。在赫梯的历史中，争权夺利的手段往往是刀剑和毒药，能够自然死亡的"大首领"少得可怜。那些惊心动魄的争斗画面，时刻铭记在谨慎又狡猾的穆瓦靼力的心中。有一种堡垒，它围三阙一，阙的一面入口狭窄，一切来访者必须搜身检查无碍之后才能进入；百姓把这种堡垒称为"大堡垒"，穆瓦靼力也很偏爱它。

帝王的守卫正在搜乌里泰梭的身，乌里泰梭完全配合。对于穆瓦靼力王的任命，这名守卫和其他大部分士兵都表示赞同：年轻的王子英勇果断，不像巴蒂克将军那样优柔寡断。

王宫里有几个蓄水池，在夏天是救命的甘泉。马厩、军械库和瞭望室围绕着石板天庭。国王的居所规划得类似其他赫梯民房：中庭是四方形的，四周是各式厅堂。

一位官员前来迎接乌里泰梭，将他引到一间大厅门口。石狮和斯芬克斯石像把守在门口，收藏着赫梯军功史的档案室门前也有这样的石雕。大厅有粗大的石柱，这里是赫梯王平日用来接见贵宾的地方，是赫梯帝国神圣不可侵犯的象征。站在大厅里，乌里泰梭深切感觉到自己已经长大，陶醉在未来执行任务的情景里。

穆瓦轫力和哈图希勒进入大厅。

赫梯帝国的君主五十岁出头，中等身材，胸膛又宽大又厚实，腿不长，但很粗壮。他穿着一件红黑相间的羊毛外套，兜住全身，能够抵御这里寒冷的天气。他那转动的眼珠从没停下，好像在搜寻什么。

哈图希勒是国王的弟弟，身材也比较矮小，体质偏于柔弱。一块彩色布料披在他身上，双肩外露。他系着发带，脖颈上戴着银项链，左腕上戴着手环。他的妻子普杜赫芭是太阳女神的一位祭司，丈人是睿智且颇有权势的大祭司。

对于这两个人，乌里泰梭很是讨厌。他认为哈图希勒纯粹是个阴险小人，在背地里谋划着随时夺权。但是，他们的意见总能得到穆瓦轫力的重视。

乌里泰梭向父王鞠了个躬，吻了他的手背。

"找到巴蒂克了吗？"

"找到了，在马萨特堡垒。"

"他的态度怎样？"

"他胆敢挑衅我，被我杀了。堡垒的长官可以作证。"

穆瓦靼力转向自己的弟弟，看着他。

哈图希勒说："听起来发生了惊心动魄的一幕。那位将军已经失败，死亡是上帝的惩罚，谁也解救不了。"

哈图希勒居然同意乌里泰梭，这还是头一次。乌里泰梭不加掩饰地表现出了惊讶。

国王也赞同地说："说得好！无论怎样的失败，赫梯人都不能接受。"

王子提议："我们应该立即对安穆府和迦南发起进攻，然后征讨埃及。"

这次哈图希勒就不同意了："法老之墙这道防线非常坚固，可不是轻易就能攻破的。"

"不可能！那些堡垒相距甚远，要拿下它们，我们可以先切断它们之间的联系，再同时发起突袭。"

"这么想就过于乐观了，埃及军队的战斗力不可小觑，我们不久前不是已经见识过了吗？"

"被征服的不过是些懦夫，换成赫梯勇士，埃及人只有逃跑的份儿！"

国王问："拉美西斯呢？不能再忽视他了。"

乌里泰梭一下被问住了，一时沉默不言。

"乌里泰梭，赫梯军队有你指挥必将获胜，但我们不能打没有准备的仗。侵入埃及的领地与之开战，意味着远离我们的大本营，这是个错误。"

"那……战场定在哪里才好？"

"埃及人远离自己大营的地方，而且他们不熟悉那里的地形。"

"您指的是……"

"卡迭石。我们就在那里跟拉美西斯大干一场，让他一败涂地。"

"直接攻打埃及的属地更合我意。"

"我仔细研究了关于上次交手的情报，知道巴蒂克为什么会失败了。拉美西斯其实非常可怕，是一位真正的战场指挥家，我们之前低估他了。所以，要取得这场战争的胜利，准备时间短不了。"

"那样时间将白白流逝！"

"不，等待是为了发出准确而迅猛的一击。"

"埃及军人和佣兵哪里比得上我们赫梯勇士！我认为准确又迅猛的作战能力我们已经具备，这一点可在战场上得到直接证明。在我看来，我们已经万事俱备，再讨论过多就是浪费时间。我指挥下的赫梯军队将无往不胜！"

"乌里泰梭，不要忘了赫梯帝国的主人是谁！没有我的命令，你不可擅自行动！现在，你去王宫准备仪典吧，再过一个小时我就过去。"说完，穆瓦靼力走出了圆柱大厅。

只剩下了乌里泰梭和哈图希勒，王子开始挑战对方。

"父亲不同意我的计划，是你挑唆的，对不对？"

"战事不归我管，乌里泰梭。"

"你在戏弄我吗？我怎么经常觉得是你在背后操纵着赫梯帝国呢？"

"穆瓦靼力是伟大的国王，你不能亵渎！全力辅佐他是我的职责所在。"

"才不是呢！你盼着他早点去世吧？"

"从你嘴里说出来的这话，比你心里的想法还让人难以忍受。"

"别假惺惺了！赫梯宫廷里只有阴谋家，最大的一个就是你。但我不会让你得逞的！"

"你强加给我的野心，我实际上并没有。我就是这样一个人，你不能接受吗？"

"你才不是那样的人。"

"说服你也许是多此一举。"

"这么说完全没用。"

"让你做赫梯军队的总司令这个任命没有问题，因为你作为军人的确很优秀，我们的军人也相信你。但这并不代表你可以为所欲为。"

"哈图希勒，赫梯人视军队为法律，你难道忘了吗？"

"我问你，大多数赫梯百姓都喜欢些什么？他们喜欢的是房子、田地、葡萄园、牲畜……"

"你是在宣扬和平主义吗？"

"现在的情况是赫梯还没有和埃及开战。"

"与埃及媾和的人，不管是谁，都是赫梯的叛徒。"

"你怎么能如此曲解我说的话？！"

"给我让路，不然有你好看！"

"乌里泰梭，只有软弱无能的人才会威胁他人。"

赫梯帝国的王子伸手握剑，他的叔父毫不胆怯，挺身相对。

"你想弑叔杀亲？来啊！"

乌里泰梭没有拔出剑，而是大吼一声跨出了大厅，吼声在厅里回荡。

31/

　　赫梯国王要进行一场演讲，诸位高官和贵族已经聚集起来准备聆听。到场的有乌里泰梭、哈图希勒、普杜赫芭、雷神的大祭司、太阳女神的大祭司、工人领袖、市场督察员等。

　　策反埃及属地的计划已经宣告失败，每个赫梯人都忧心忡忡。所有人都知道了优秀的巴蒂克将军已经惨死，都在琢磨国王的下一步政策是什么。乌里泰梭领导下的各个军团希望立即与埃及人一较高下，但拥有雄厚经济实力的商人们希望这种"不战不和"的关系能够延续，这将给商业交流带来好处。

　　接见过商人代表后，哈图希勒把他们的意见转达给了国王，并建议国王加以重视。赫梯是沙漠商旅的中转站，政府向他们收缴重税。一头中等大小的驴能够背负的商品，一般是六十五公斤，若是布匹甚至可能达到八十公斤。当然商品越多税收越重，这些税收都被用于供养军队。于是在城市和乡村，商旅们通过食品订单、运输工具的要求、契约、借据建立起了一套特殊的秩序。比方说，如果是商人犯了谋杀罪，他只需支付大笔金钱即可免于审判和坐牢。

赫梯国王的权力，全靠军队和商业这两项支撑，少了哪一项都不行。军队已经把乌里泰梭当成偶像，哈图希勒能做的只有笼络商人，为此他绞尽脑汁不遗余力。他的妻子普杜赫芭来自赫梯上流社会最富有的家庭，她操控着祭司阶层。

目光如炬的穆瓦坦力早就发现了自己儿子和弟弟之间的对立，并默许两人在各自的有限空间内经营。这其实是一石二鸟之计：既满足了他们的野心，又能操纵局势。只是他不知道这个妙计还能维持多久，两人的冲突已经到了必须要解决的时候。

哈图希勒决定强化与军队的联系，逐步将乌里泰梭的权力夺过来。他认为攻打埃及没有问题，不过有一个前提，那就是乌里泰梭不能成为英雄和帝王。征战沙场然后马革裹尸应该是一个帝王之子的最好结局。

如果乌里泰梭不去威胁帝国的安定，哈图希勒还是愿意受穆瓦坦力的统治并替他卖命的。在赫梯人观念中，家庭并不是那么重要，所以让儿子对自己无限崇拜或是感恩戴德只是穆瓦坦力的一厢情愿罢了。乱伦行为只要对他人没有造成伤害，就不违法；被强奸的女人只要被认定是心甘情愿的，施暴者就不会受到重刑，甚至根本不会受到惩罚；儿子为了夺权杀害父亲，也丝毫不违反公民道德。

乌里泰梭要是掌握了军队指挥权，会一心扑在建立威信上，就没有心思去杀害他的父亲了，这对于赫梯王来说或许是当下最明智的做法。不过这样做会给未来带去更大的危险。对哈图希勒而言，近期最应该做的事情便是阻挠乌里泰梭去损害他人和社会。

寒风呼呼地刮着，冬天就要来了。

议事厅里，火盆烧得暖暖的，贵宾们一个个走了进来。厅内的气氛可以说是剑拔弩张。什么演讲啊、开会啊，都不是穆瓦靼力爱做的事情。他不愿受别人建议的约束，只想埋首于工作，认真管理好自己的部下。

乌里泰梭与哈图希勒都坐在第一排，二人装束对比鲜明，前者佩戴着亮闪闪的盔甲，后者衣着素净。哈图希勒的妻子普杜赫芭也坐在这一排，她打扮得花枝招展——漂亮的红长袍、闪亮的金手环，看上去华贵之极，宛若皇后一般。

一张破旧、质朴的石头椅子上坐着穆瓦靼力，他看上去是那么普通、那么瘦弱，再加上很少在公共场合露面，谁也没想到这个人竟然会是一位君王，而且是一个尚武国家的君王。不过，穆瓦靼力也有一定的优势，他韬光养晦，隐而不露，有着极为敏锐的洞察力和迅捷的行动力。除此之外，他还十分狡诈，简直就像一只毒蝎。

国王对大家说："雷公和太阳女神没有将这个国家赐予别人，而是赐予了我。因为我是一位帝王，手中握有权力和战车，所以保护这个国家的责任应该由我来承担，而不是其他人。"穆瓦靼力再一次宣称只有他才有决定权，虽然他的儿子和弟弟有着极大的影响力，但必须臣服于他，他的决定绝对不能违抗，他也绝不允许他们犯一丁点儿错，否则他肯定会毫不留情地解除他们的职务。为了让自己的话语更有说服力，他引用了旧经文。

"高山环绕在安纳托利亚高原的周围，谁也无法侵犯我们的疆域。但是，我们并不能把自己束缚在这片土地上，这不是我国人民的命运。'希望赫梯国的疆界能延伸到海边'是祖先的誓言，而'希望我们能拥有尼罗河'则是我的誓言。"说完这段话，穆瓦靻力站起身，结束了他的演讲。

这简简单单的几句话就开启了一场战争。

乌里泰梭安排了一场盛大宴会以庆祝他的任命，他受到众人的关注与称赞。大家济济一堂，有各城邦的将领、高级军官、杰出的士兵等，有的在聊曾经的辉煌，有的在畅想未来的荣耀。帝王的儿子则宣称战车队又回到了他手中，而且将会配备新的武装。

气氛越发紧张，火药味十足。

哈图希勒和妻子站起来要走，这时百余名少女奴隶走了进来，这是乌里泰梭献给贵宾们的"饭后茶点"。她们会使出浑身解数去取悦客人们，这是命令，违抗命令就会挨鞭子，或者被流放到菅田受苦役，那里是赫梯国最富庶的地方之一。

乌里泰梭看到哈图希勒夫妇要离开，便吃惊地问："朋友，你们这是要离开吗？"

普杜赫芭回答说："我们明天有很多事要忙。"

"哈图希勒整天太紧张了……这些姑娘中有来自亚洲的少女，特别漂亮。她们技术一流，这是卖家保证过的。普杜赫芭，你回去吧，你的丈夫应该留在这里享受一下。"

她完全不赞同帝王之子的说法，说："以后这种场合不要再邀请我们了，在这个世界上并不是所有男人都跟猪似的。"

哈图希勒及其妻子回到了住处。他们住在皇宫的旁边，房子简洁而朴素，地上铺着几块羊毛地毯，墙上挂着几件战利品、几个大熊的头颅和几把交叉悬挂的标枪。

普杜赫芭心烦意乱，也不让女仆侍候了，自己动手卸妆。她说："乌里泰梭就是个疯子，太危险了。"

"他的父亲是帝王啊。"

"可那个帝王也是你的兄长。"

"大部分人认为穆瓦粗力一定会让乌里泰梭成为他的继承人。"

"为什么？国王怎能如此糊涂？"

"那只是谣传罢了。"

"这个谣传难道不能打破吗？"

"我无所谓！"

"你是故作淡定吧。"

"不，亲爱的，我不是装的，这是我对现实情况的合理分析。"

"麻烦你说清楚点。"

"乌里泰梭做梦都想得到那个职位，他一旦梦想成真，就不会再出诡计背叛君主了。"

"你想得太简单了，他的梦想是当国王。"

"是的，亲爱的，可是他有那个本事吗？"

这位女祭司盯着她的丈夫，细细地打量着他。他身材瘦弱，外表上根本没有吸引人的地方，可是她还是爱上了他，因为他聪慧而深沉，天生一副君王像。

"乌里泰梭太糊涂，而且不知道治理国家是一件烦琐而沉重的事情。他是否具有领导赫梯军队的能力，这值得怀疑。"

"他是一位无所畏惧的战士，不是吗？"

"是的，可是作为一位将领，要对各种欲望有所取舍，有时甚至需要舍弃敌对、占有的欲望。这个过程既需要经验，又需要足够的耐性。"

"乌里泰梭不正是你所说的那样吗？"

"这是最值得高兴的了。这个人实在过于激进，他不满意某些将军的表现，不停地犯下无法补救的错误。现在乱党越发肆无忌惮，门派林立，矛盾越来越激化。如果一个专制帝王无法取信于人，必将被这些恐怖的野兽吞掉。"

"乌里泰梭已经从国王那里接受了重大责任，这是一个挑战。"

"这只是做给人看的，表面现象。"

"真的？"

"我已经说过，乌里泰梭太高估自己了。这个世界非常复杂而残酷，他很快就会发现这一点。他要做一名战士，可这只是他的梦想而已，在步兵的盾牌、战车的车轮面前不堪一击。再说了现实中残酷的事情还有很多……"

"亲爱的，你要让我一直这样着急地等下去吗？"

"作为君主，穆瓦粗力很了不起。"

"他儿子的缺点，他发现了吗？"

哈图希勒笑了笑。

"帝国拥有强大的军事力量，却也招来了邻国的嫉妒。它们会寻找一切机会来攻击帝国的弱点。我们可以去攻打和占领埃及，但一定要小心谨慎，否则必然招致灾难。胜利很可能被图谋不轨的人夺去。"

"乌里泰梭就是一个战争狂徒，这样的人能听命于穆瓦靼力吗？"

"穆瓦靼力的真正计划和他想要采取的策略，乌里泰梭都不知道。国王为了安抚他虽然向他说了很多，但其中的重点并没有说出来。"

"国王告诉你了吗？"

"亲爱的，我十分高兴国王不仅告诉了我，还让我在不让他儿子知道的情况下着手实施他的计划。"

乌里泰梭住在上城的公家住宅里，此时他正站在阳台上定定地望着天上的新月，想从中窥视出他的未来。同时他絮絮叨叨地将心声讲给月亮听，告诉它，无论谁阻碍他前进，都将遭到他的赫梯军队的攻击和诛灭。

帝王之子举起盛满水的杯子敬向这轮新月。他想借由它看穿神秘莫测的夜空。赫梯国的人都懂得占卜术，不过没有几个人会冒险向月亮请教。月亮被打搅了平静，会变成一把弯刀，迅速刺向敌人的喉咙，城墙之下将留下无数残缺不全的尸体。

在乌里泰梭眼中，月亮就是黑夜的女皇，尊崇无比。

已经过去一个小时了，它一直沉默着。

但是，杯里的水突然有了波动，并快速沸腾起来，杯子烫手了，他仍紧紧握着。不一会儿，水又平静下来。一个头戴上下埃及双王冠的男人相映于水平面上。

拉美西斯！

乌里泰梭要将拉美西斯杀掉，彻底征服埃及，这就是他崇高的使命。

法老的机要秘书亚梅尼的办公室里出现了一个人，此人留着整洁的山羊胡子，身着厚厚的紧身衣，是个叙利亚商人，名叫哈伊亚。亚梅尼立即会见了他。

哈伊亚显得有些忐忑，说："你在到处找我，是吗？"

"是的，我给萨哈马纳的命令是想尽办法带你到这里，无论你愿意与否。"

"我怎么会不愿意呢？"

"你有很大的嫌疑。"

这句话把叙利亚商人一下子吓蒙了，"我？有嫌疑？"

"你藏到什么地方了？"

"可是……我打算将一批贵重的罐头运出去，便去了码头的一间仓库里，并没有藏起来。我一听说这个莫名其妙的消息立即就过来了。我在埃及住了几十年，一直本本分分地做生意，什么过错都没犯过。你如果不信，可以向我身边的朋友、客户打听打听。我正准备购买一艘新的货船，将自己的事业扩大。顾客喜欢吃我的罐头，底比斯、孟菲斯和拉美西斯城等地的富有家庭喜欢我的花瓶，因为我的花瓶制作精美，是罕见的珍品，能把他们的家庭装饰得更加漂亮……噢，皇宫还赎买过我的商品呢！"

哈伊亚口若悬河，语气中透着焦虑与不安。

"我对你的商品质量丝毫没有怀疑。"亚梅尼说。

"可是……为什么要怀疑我呢？"

"拉美西斯城有一个名叫倪诺法的妓女，你是不是认识？"

"我与她素不相识。"

"你是不是还没有娶妻？"

"我没有时间去想这些，我实在太忙了。"

"男女关系你还是有的吧。"

"那是我的隐私……"

"最好说出来，这样对你有好处。"

哈伊亚仍在迟疑，"我在不同的地方有几个情人……说实话，我一直兢兢业业地工作着，对我而言，最快乐的事情就是睡觉。"

"这么说，你不承认见过那个名叫倪诺法的妓女了？"

"我的确没见过她。"

"你有一间仓库在拉美西斯城，这个你不否认吧？"

"我承认，码头有我的一间大仓库，是我租借的，不过我打算在这个城市里再租一间，因为那间仓库要不了多久就不够用了。

从下个月开始，新的仓库就可以用了。"

"你从谁手中租的？"

"一个名叫雷鲁福的同行，埃及人。他是一个诚实守信的商人，当初他是想拓展事业才买下那间仓库的，结果他没用上，就租给了我，价格很合适。"

"现在那里是不是还没有存放物品？"

"对！"

"你是不是经常去那里？"

"我只在签订租赁合同时去了一次，当时雷鲁福也在。"

"哈伊亚，我告诉你，倪诺法的尸体出现在了那里。"

这位叙利亚商人惊呆了，看上去对这个消息深感意外。

亚梅尼接着说："那个女孩太不幸了。有个男人让她做假证，她要去举告那个人，却被人掐死了。"

哈伊亚浑身颤抖，脸色惨白。

"在这个全国首屈一指的地方，竟然发生了一件谋杀案！太无耻了……我被这种恐怖事件弄蒙了。"

"你的出生地是哪儿？"

"叙利亚。"

"据调查，那个犯罪嫌疑人就来自叙利亚。"

"埃及有好几千名叙利亚人！"

"你来自叙利亚，在你的地方发现了倪诺法的尸体。这也太巧了吧。"

"这没什么了不起的，只是巧合而已。"

"法老要求我尽快破了这起凶杀案，因为它还牵涉到一起重大案件。"

"我就是一个普普通通的商人。莫非见我发财眼红了？我的财富是靠我的努力一点一点积累起来的，每一分钱都是清白的。"

听着叙利亚商人的分辩，亚梅尼心想：如果哈伊亚就是凶手，那他也太会演戏了。

"你有必要看看这个东西。"亚梅尼将记载着凶杀案案发日期的报告递给了哈伊亚，并问："案发时你在哪里？"

"我现在心乱如麻……我的行程安排得很满，有点记不清了，让我好好想想……哦，我想起来了，当时我在盘点位于布巴斯蒂的那间商店的货物。"

布巴斯蒂离拉美西斯城有八十公里，是一座猫女神芭丝特守护的美丽城市。乘坐快艇顺流而下，只需要五六个小时就能到达。

"有证人吗？"

"有的，我的店长和区域销售部负责人都可以为我证明。"

"你是什么时候离开布巴斯蒂的？"

"我是案发的前一天晚上到的，第二天从那里去了孟菲斯。"

"哈伊亚，你的证据很充分。"

"证据充分……可是我说的都是实情！"

"你的证人都叫什么名字？"

哈伊亚拿过一张用过的莎草纸，将那两个人的名字写了下来。

"我会去核查的。"亚梅尼承诺道。

"我是无辜的，你核查后就会知道。"

"这段时间你要待在拉美西斯城。"

"为什么……我这是被拘留了吗？"

"我们可能还要传讯你。"

"可是，我要做买卖啊！我的花瓶要卖往省城的。"

"让你的客户等等吧。"

哈伊亚简直要哭了，"那些贵人们很可能就不相信我了……我交货一直很准时。"

"这也是没办法的事情。你住哪儿？"

"在距离码头不远的仓库后面的一间小房子里……这真是一种酷刑，我要在这里停留多长时间？"

"不要太忧虑，我们会尽快给你答复。"

萨哈马纳去布巴斯蒂旅行了几天，时间虽短却生了一肚子气，必须喝上三杯浓烈的啤酒才能消火。

他告诉亚梅尼："我走访了哈伊亚的员工。"

"他们能证明他没有作案时间？"

"是的。"

"他们有胆量到法庭作证吗？"

"亚梅尼，他们是叙利亚老乡。对他们来说，死后的审判有意义吗？为了得到一大笔钱，他们有胆量做假证。法律在他们眼中根本算不了什么。按我的想法，就应该像当初我做海盗时那样去审问他们。"

"你现在已经不是海盗了，再说对埃及而言，最宝贵的财富就是正义。虐待人是犯罪。"

"可是让一个罪犯兼间谍逍遥法外就不是犯罪了吗？"

正当他们激烈争论时，走进来一个传令兵，告诉亚梅尼和萨哈马纳马上去拉美西斯的办公室。

"事情进展如何？"法老问。

"萨哈马纳认为，杀人犯就是那位叙利亚商人哈伊亚，此人还是一名间谍。"亚梅尼回答。

"你怎么看？"

"我跟他的看法一致。"

萨哈马纳感激地看了书记员一眼，二人之间的一切不愉快皆在这一眼中消失殆尽。

"有证据吗？"

"陛下，还没找到证据。"萨哈马纳老实回答道。

"如果没有证据，只凭简单的推理逮捕他，哈伊亚就会要求开庭审理，然后会被无罪释放。"

"我们知道。"亚梅尼痛苦地叹息道。

"陛下，请将这个任务交给我吧。"萨哈马纳诚挚地要求道。

"我的侍卫队长，要不要我提醒你一句，任何攻击嫌疑犯的行为都将受到严厉的惩罚……你以什么罪名去逮捕讯问他？"

萨哈马纳长叹一声。

"我们陷入了僵局，哈伊亚也许是赫梯人派来的卧底，或许是他们的特务头子。"亚梅尼坦率地说，"他不仅聪慧、奸诈，而且非常机敏，能说会道，会打同情牌，也会装出一副正义凛然的样子，让人感觉他就是一个勤勤恳恳、为利益而奔波的商人。他能到埃及的每一个地方走动，接触的人比较多，这样非常有利于他获得我国的机密情报，并把这些情报传递出去。"

萨哈马纳说："哈伊亚利用了倪诺法，想用钱堵她的口，要她作伪证。他认为她拿到钱就不会乱说话，然而他错了，她想得到更多的钱，他只得杀人灭口。"

"你是说这个哈伊亚将那名女子掐死在他租赁的仓库里。他会做出这样愚蠢的事情吗？"拉美西斯说出自己的疑问。

"那个地方的租赁人写的不是他的名字，追查起来只能找到房屋的主人，这可以让他摆脱嫌疑。"亚梅尼说。

"哈伊亚害怕屋主将他的名字暴露，肯定想将屋主杀掉，"萨哈马纳接着说，"幸亏我们及时插手，要不然这个叙利亚人手上又多一条人命。我认为哈伊亚并不是想杀掉倪诺法。他与倪诺法会面的地方非常隐秘，没人知道他是谁，他是安全的。他只想警告她让她三缄其口，但是情况却超出了他的掌控，倪诺法想敲诈他一笔钱，否则不会闭嘴，并打算把事情全部报告给警察。哈伊亚这才杀了她，只是逃得太匆忙，没能把尸体处理掉。不过他有叙利亚同谋，帮他做不在场的证明。"

"如果我们即将与赫梯人开战，我国境内却有一个间谍组织，这是多么恐怖的事情啊。你能重新认识这件事情，我感到很欣慰，不过，我们必须搞清楚消息是如何传递的，这才是当前最重要的事情。"

"这个问题很重要……"萨哈马纳说。

"特务是不会将秘密泄露出去的。"

"陛下有什么高见？"亚梅尼问。

"再讯问他一次，然后就放了他。务必让他相信我们没有怀疑他。"

"他哪里会这么容易上当呢！"

"的确如此，"法老认同亚梅尼的看法，"不过他如果知道我们怀疑他，肯定不会再与赫梯人联系。我要知道他是如何做的。"

33

十一月末，播下的稻种冲破土壤，开始发芽生长，向人们宣示它们的胜利，它们的生命从此将属于埃及的人民。

荷马在拉美西斯的搀扶下下了轿子，坐到运河边棕榈树荫下的沙发上，面前的桌子上摆着各式各样的食品。附近有一个浅滩，牲畜们可以从那里渡河。老诗人荷马正沐浴在早冬的暖阳之下。

"您是否喜欢这样的乡间午餐？"法老问道。

"神灵实在很宠爱埃及。"

"法老已经建造一些庙宇，以供人民祭拜他们了。"

"这里充满着神奇，陛下，您自己也充满着神秘。这里的一切，比如安静而幸福的生活、挺拔的棕榈树、清新干净的空气、风味独特的食物等，都是那么自然。你们埃及人不仅生活在神秘中，而且还创造了奇迹。然而，这种情况能持续多久呢？"

"如果我们的主要标准是玛亚特，就能维持住这种神奇。"

"拉美西斯，您要知道外面的世界很大，其他国家并没把这个玛亚特放在眼里。难道您觉得玛亚特能阻挡住赫梯军队吗？"

"玛亚特是我们的坚强后盾，我们要靠它来对付敌人。"

"我经历过战争，在战争中，人是那么残酷，战斗是那么猛烈，一向冷静的人们好像都陷入了癫狂，他们相互厮杀着。斗争是人类血液里潜藏的恶劣习性，任何文明都可能被这个缺陷毁灭。埃及也不例外。"

"荷马，埃及并不是穷兵黩武的国家。您的看法是正确的，我们的国家非常神奇，不过这种神奇是我们不分昼夜建设起来的。我要直捣黄龙，摧毁侵略者的老巢。"

诗人的眼皮合上了。

"陛下，我不想再出海了。希腊，包括它的野蛮、魅力，都是我永远难以忘怀的。但是，只有这块肥沃的黑土地才能让我的心灵与神明交流。可战争将把这片宁静的天空撕碎。"

"您太颓废了，为什么呢？"

"赫梯人生存就是为战争，一心想着掠夺土地。这一点就好像过去的希腊人，相互厮杀也曾是他们赖以生存的策略。您最近所获得的战绩并不能劝阻他们。"

"我的部队会加紧备战。"

"陛下，您犹如一头巨大的野兽，我为您写了一首诗：一只花豹勇敢地进行着殊死搏斗，猎人来了，它仍然那么从容淡定。一群猎犬疯狂地叫着，猎枪射中了它的身体，可是它依然战斗不止。"

妮菲塔莉再次拿起那封莫名其妙的信阅读起来，那是谢纳刚才交给她的。它几经周转，由骑兵传信官从赫梯国送到叙利亚南部，再到埃及，然后才辗转送达外交部长的手中。

致亲爱的埃及皇后妮菲塔莉，我的妹妹：

　　我，作为赫梯帝王的弟弟哈图希勒的妻子，向您致以最亲切的问候。我们在两个不同的国家，百姓们各不相同，但是他们有一个相同的心愿，那就是和平。如果我们能够促成两国的百姓和平共处，不是大功一件吗？我会尽自己所能去促成这件事。同时我恳请我最亲爱的妹妹也这样做，可以吗？

　　如果您能亲自给我回信，我将感到无比的荣幸和快乐。愿神明护佑您！

普杜赫芭

　　"这封信太奇怪了，它说明了什么呢？"皇后不解地问拉美西斯。

　　"我相信这封信是真实的，这一点可以从那两个干泥巴印玺及信的笔迹上看出来。"

　　"我要回信给普杜赫芭吗？"

　　"她虽然不是皇后，但也算得上是赫梯帝国的第一夫人了，穆瓦靼力的妻子已经过世。"

　　"她的丈夫哈图希勒以后会成为国王吗？"

　　"穆瓦靼力对他的儿子乌里泰梭比较宠爱，那是一个崇尚武力、一心想要进攻埃及的人。”

“这么说来这封信就没什么价值了。”

“在亚夏看来，它象征着另外一种趋势，它具有超强的经济能力，因为它的领导阶层得到了祭司和商人的支持。他们害怕自己的交易量会因战争而减少。”

“战争能够因他们的影响力而消灭吗？”

“不会的，他们的影响力还不够。”

“如果普杜赫芭发自内心希望和平，就可以使几千人免于伤亡，我是不是应该帮她一把呢？”

叙利亚商人哈伊亚捋着他的山羊胡子，神色不定。

亚梅尼说：“对你的不在场证明，我们进行了核查。”

“很好！”

“是的，对你很有利。你的店员都愿为你作证。”

“我说的都是实话，没有一点儿隐瞒。”

亚梅尼拿着一支笔把玩着，“我不得不承认，我们也许弄错了。”

“哦，你们终于发出了正义的声音。”

“我们知道你无法忍受这种情况。我必须向你说声对不起。”

“埃及的确是名副其实的公正国家。”

“结果令我们都很满意。”

“我自由了吗？”

“你可以随心所欲地从事你的工作了。”

“对我的控诉都撤销了？”

“对，都撤销了。”

"你真的很正直，我很感激。但愿你们能尽早将杀害那名不幸女子的凶手揪出来。"

哈伊亚装模作样地整理着提货单，然后在仓库和船只之间不停地走来走去，显得非常焦虑。他丝毫没有上亚梅尼的当。拉美西斯的机要秘书坚持自己的意见，不愿放任不管，因为他对那两个叙利亚人的证词完全不相信。既然不让用刑，那他就给哈伊亚下个套儿。他想让自认无辜的哈伊亚能够继续进行秘密活动，这样萨哈马纳就可以追踪出这个间谍的同伙了。

哈伊亚经过一番思量，发现情况的严重性远远超过了他的想象。无论他如何做，他的组织必然会受到牵连。亚梅尼很快就会了解到他组织里的所有人员，知道他们为了替赫梯国服务而组织了一个强大的影子军队，然后将他们悉数逮捕。

他们目前采用的方法是在交易时交换消息，这只是暂时的，这种方法根本不能施展他的才能。他不能让谢纳产生一丁点儿怀疑，所以必须将消息尽早传出去。

哈伊亚给拉美西斯城的几位官员送了一些昂贵的花瓶，他的常客谢纳也在其中。他在法老哥哥的府邸碰到了谢纳的总管家。

"谢纳大人不在府上。"

"哦……他什么时候回来？"

"不知道。"

"我必须去孟菲斯，所以不能等他回来了，真是遗憾。这几天我犯了几个小小的错误，导致我晚了这么久。拜托你将这个东西交给谢纳大人，可以吗？"

"好的，当然。"

"拜托你代我向他问好。哦，差点忘了……这件东西的品质非常好，尽管标价很高，但是它值这个价。这是小问题，等我回来再处理吧。"

哈伊亚又用最短的时间去拜访了其他三位固定客户，然后才登上驶往孟菲斯的船。

迫于目前紧急的形势，他决定先摆脱萨哈马纳手下的跟踪，然后与老板联系，征求他的意见。

外交部长的那位负责起草紧急信函的书记员径直跑到谢纳的办公室，由于他忘了戴假发，忘了办公室的尊严，所以遭到了其他同事责备的目光。

办公室里却没有谢纳的身影。

那名书记员既尴尬又为难，怎么办呢？是将信越级上交给法老，还是等着部长回来？越级很可能会遭到处罚，但是这位高级官员还是决定这样做。

此时正是上班时间，但他还是径直离开了外交部，头上仍然没有戴假发，这令同事们惊诧不已。他坐了几分钟的公务马车到达了皇宫。

亚梅尼接待了这名紧张不安的官员。

那封上面盖有赫梯帝国穆瓦鞑力的御玺的信函来自叙利亚南部的外交部。

"我找不到部长，便来到了这里，我认为这是最好的做法。"

"你的做法是正确的。法老非常赞赏这种主动的行为，所以你不必担心失去工作。"

那封信用的是赫梯文，写在一块木头写字板上，上面还沾着几个干泥巴官印，且用布包着。亚梅尼细细琢磨着信的内容。他闭上双眼，祈祷着这只是一场噩梦。然而当他的眼睛再次睁开时，那封信还在他的手上灼烧着他的指头。

他感觉口干舌燥，于是缓步走向拉美西斯的办公室。法老与农业部长及几名负责灌溉工程的人员谈了一天，此时正独自一人坐在办公室里，打算写一份关于堤防维修的法令。

"亚梅尼，你看上去好像很害怕。"

亚梅尼僵硬地伸出双手，呈上那封穆瓦靼力写给法老的公函。

"他这是在向我们宣战！"拉美西斯自言自语道。

34

　　拉美西斯干脆地将那几个官印弄碎,解开外面的包装布,拿出信读了起来。

　　在法老宣布埃及向赫梯宣战,让亚梅尼照此意思写回信之前,亚梅尼再次闭上眼睛,体会着暴风雨来临之前的片刻平静。

　　"亚梅尼,你从来不喝酒吗?"

　　这名书记员愣怔一下,"我从不喝酒?是的,是这样。"

　　"非常遗憾,我们本应喝一杯庆贺一下的。你来念一下。"

　　亚梅尼拿起那块写字板读了起来。

光明之子拉美西斯贤弟,埃及的法老:

　　您近来可好?衷心祝愿您的母亲图雅、妻子妮菲塔莉以及您的孩子一切都好。您和您的皇后的威名就像那东方冉冉升起的太阳普照大地，您的勇敢行为甚至传到了赫梯国的百姓耳中。

您的战马可好？我们的战马是最优秀、最宝贵的动物，一直接受着我们的悉心照料。

祝愿赫梯和埃及受到神明的护佑！

赫梯国王穆瓦珇力

亚梅尼乐呵呵地说："这是件大好事啊！"

"可我很怀疑信的诚意。"

"是否开战与信完全没有关系，此信只是一种外交手段而已。"

"能让我们了解实情的只有亚夏了。"

"你完全不相信穆瓦珇力吗？"

"他的政权是凭着武力与狡诈建立起来的。他觉得外交无法取得和平，只能作为备用方案而已。"

"要是他讨厌战争了呢？从你在迦南和安穆府取得的辉煌战绩上他可以看到埃及军队的实力，应该重视起来。"

"他在为战争做着准备，并企图向我们表示友好，以消除我们的戒备，这就证明他已经注意到了我的战绩。荷马认为这种和平坚持不了多长时间，他看得挺远。"

"然而荷马的意见要是错了呢？穆瓦珇力要是改变了呢？商人阶级要是比士兵阶级强大了呢？普杜赫芭就是这样认为的。"

"赫梯帝国的人民崇尚武力，将战争作为本国的经济基础。战争为商人提供了获取利益的新机会，他们拥护军人。"

"在你看来，战争必然会爆发了？"

"希望我是错误的。要是亚夏并没看到大型的军事演习、超级武装军备以及普通的军队演练，我会相信和平。"

惊慌失措的亚梅尼不由产生了一个很离谱的念头，"亚夏接受的官方任务是重新整顿我国的国防体系。莫非他去了赫梯国，以便获取你想要的情报？"

"是的。"拉美西斯肯定地说。

"他也太胆大了。要是他遭遇不测怎么办？"

"他可以选择拒绝。"

"拉美西斯，亚夏是我们的朋友，从小玩到大的朋友，对你极为忠诚，绝无二心，就像我一样，他……"

"亚梅尼，这些我都清楚，而且我对他超凡的胆量极为赞赏。"

"他丝毫没有生还的可能，肯定会被赫梯国抓住，即使我们能从他那里获得一些情报。"

书记员头一次不赞成拉美西斯的做法。法老是应该把埃及的利益放在首位，不容许出现一丝一毫的错误，可是他却以一个朋友、一位精英为代价，这个人那么有才华，理应活到110岁，就跟那些智者一样。

"亚梅尼，你记录一下我所说的话，给赫梯国王写封回信。赫梯国王是我们的兄弟，我们应该把关于我的亲人及马匹的健康情况告诉我们那位国王兄弟。"

管家将哈伊亚送来的花瓶摆到谢纳面前。谢纳一边打量着花瓶，一边慢慢地啃着苹果，"这只花瓶是哈伊亚本人送过来的？"

"是这样的，大人。"

"你将他对你所说的话再说一遍。"

"他对我说，这只花瓶出价很高，这个问题要等他回到城里后再与您商量。"

"再给我拿一个苹果，然后我要一个人静一静。"

"一个年轻人要拜访您，大人，您要见吗？"

"不，让他走。"

谢纳凝视着那只花瓶，这是一件赝品，做工粗糙，模样难看，它的价值还不如一双普通的凉鞋，这样的东西能放到客厅里吗？就算一个乡野村夫也不会这么做。

这是哈伊亚送来的明确信号，他的间谍身份已经暴露，不会再联系谢纳了。拉美西斯长兄的一切计划都落空了。不能再与赫梯国联系，该何去何从呢？

谢纳肯定了两件事：第一，赫梯人不会放弃埃及境内的间谍网，在这个非常时期，他们必然会找人代替哈伊亚与谢纳联系；第二，亚夏具有极大的优势，他不仅会重新建立各属地的国防体系，而且会继续与赫梯人联系，并通知谢纳。

另外，也许巫师欧菲尔能利用巫术行事。

总而言之，他并不会受到哈伊亚的影响，作为间谍，那位叙利亚商人知道怎样解救自己。

拉美西斯城的庙宇全映照在一道红彤彤的火光之下。拉美西斯主持了夕阳西下的仪式后，在正处于建造中的阿蒙神庙里与妮菲塔莉碰了面。拉美西斯城好像受到了和平与幸福的恩赐，越发亮丽了。

拉美西斯和妻子漫步在神庙前的花园里，这里繁花锦簇，波斯木、无花果、枣树纷纷绽放，更多的是夹竹桃，一丛丛地散落其间。园丁们给小树苗浇着水，软言温语地与它们交谈。每一位园丁都知道，无论是对这些水滴，还是对他们，这些植物都充满着感恩。

"你是如何看待这些刚收到的信件的？"拉美西斯问。

"我很担心，赫梯人企图用和平来误导我们。"

"我以为你会说出一个让我兴奋的看法呢。"

"我们的爱情会因失误而消逝。就算我的看法会令人极度担忧，我也必须告诉你。"

"一场战争即将爆发，它会夺去许多年轻人的性命，而我们却在这里欣赏着美丽的花园，这让我情何以堪？"

"我们不能置那场足以倾覆我们的战争于不顾，只顾着在这里享受，我们没这个权利。"

"军队里既有等着退休的老兵，又有没有一点作战经验的新兵，更有眼里只有钱的雇佣兵，这样的军队是赫梯人的对手吗？对我们的这些弱点，敌人一清二楚。"

"他们的缺点呢？我们知道吗？"

"我们还没有健全的、行之有效的情报系统，还需要再努力几年才行。穆瓦靼力就像他的那些祖先一样，主张扩张领土，而埃及是他的主要目标。我们一直以来的看法是错误的，穆瓦靼力不会遵守我的父亲在卡迭石划定的界线。"

"你收到过亚夏送来的消息了吗？"

"我与他失去了联系。"

"你是不是很担心他遭遇不幸？"

"我派他进入赫梯国去搜集情报，这项任务很危险，为此亚梅尼对我很不满。"

"这是谁说的？"

"妮菲塔莉，我对你从没有说过瞎话，亚夏没有这样想，那是我的看法。"

"亚夏不应该接受那样的任务。"

"那是法老的建议，他哪能拒绝？"

"亚夏坚强、持重，他的命运可以由他自己选择。"

"如果他任务失败被捕或是被杀，我都要负责。"

"亚夏与你一样，生命都属于埃及。他想挽救祖国的命运，愿意到赫梯国去。"

"我们为了共同的理想，彻夜深谈。要是能从他那里得到关于赫梯国军事力量和战略部署的情报，我们就有能力将那些侵略者赶出国境。"

"可是你要是先射第一箭呢？"

"我也这样想过……这个应该由亚夏来决定。"

"从我们收到的那几封信来看，赫梯人可能是内部出现了矛盾，他们企图拖延时间。这是个好机会，别错过了。"

从妮菲塔莉那温婉动听的声音中透出一股坚韧。她用自己的方式熏陶着皇室，使之更有力量，就像是塞提身旁的图雅一样。

"我时常在想，当埃及处于危难之中时，摩西会怎样处理呢？他的脑海中虽然会有各种各样稀奇古怪的念头，但他肯定会与我们一起战斗，共同来挽救法老之国的命运，我相信他会这样做。"

夕阳落山了，妮菲塔莉打了个寒战，"那条旧披肩真的很暖和，如果它在就好了。"

35

　梅得洋地处阿卡巴湾东面、埃多的南面，僻静而平和。这里偶尔也会有一些在西奈半岛的流浪牧民，总体生活还算令人满意。梅得洋从不参与那些在阿拉伯部落与穆阿布国之间发生的冲突，当地居民只靠牧羊谋生。

　梅得洋有一个小社团，首领是一位老祭司，他有七个女儿。虽然他们很穷，当地的气候也很恶劣，但他们从未抱怨过。

　有一次，这位老祭司正在为一只母羊的蹄子上药，突然听到一阵嘈杂声。他听出那是几匹马和几辆车飞速行驶的声音，十分惊讶。

　难道是埃及派出的巡逻队？可是梅得洋的居民不擅长打仗，也没有武器，这里没有来过埃及军人。梅得洋很穷，所以人们没有上缴过赋税。对那些贝都因抢匪，他们从不敢包庇，因为如果胆敢包庇那些抢匪，家园就会遭殃，他们自己也可能受到惩罚，一辈子被流放在外。在沙漠巡逻的安全人员对此一清二楚。

看到埃及的马车驶入营区，无论是男人、女人还是孩子，全都跑进粗帆布帐篷里躲了起来。那位老祭司站起来走到来访者跟前。

一个少不更事的军官问老者："你是做什么的？"他是这个巡逻队的头儿。

"我是这里的祭司。"老者回答。

"这帮穷人的头儿？"

"这是我的荣幸。"

"你们在这里是怎样生活的？"

"我们放牧羊群，吃椰枣和自家小菜园种的蔬菜，喝自家水井的水。"

"你们喜欢战争吗？"

"我们不喜欢使用武器。"

"我奉命要进入你们的帐篷里搜查一下。"

"我们这里没有秘密，你们可以随意进去搜。"

"有人举报贝都因罪犯藏在你们这里。"

"这种事情会惹怒法老的，我们不会做，违法的事情对我们没有一点好处。这里虽然很小很穷也很偏僻，但是属于我们的，我们愿意在这里生活。"

"老爷子，你很聪明，但是我还是得进去搜查一下，这是我的工作。"

"我已经说过了，你可以随意出入我们的帐篷。我们马上要举行一个小小的聚会，庆祝我的一个女儿刚生下了一个男孩，你是不是参加完聚会再工作？聚会上我们会吃烤羊肉，喝棕榈酒。"

"这不合适吧？"这名埃及军官不好意思地说。

"请你到火堆旁坐吧，让你的手下去执行任务。"

老祭司的身旁围满了紧张无措的梅得洋人，老祭司示意人们不要慌，配合埃及人的工作即可。

那名年轻军官坐了下来，与人们一起参加庆祝聚会，品尝美味的食物。老祭司的那个女儿还在床上躺着，旁边那个双手抱着婴儿轻轻摇晃的男人是她的丈夫，这个男人一脸皱纹，长着大胡子，而且是个罗锅。

老祭司对巡逻队队长说："作为一名牧人，后继无人是很可怕的，晚年得到这个孩子，他就有希望了。"

埃及士兵没有搜到武器和贝都因人。

巡逻队队长对梅得洋祭司说："你们很守法，要继续保持，这样你们就没什么可担心的了。"说完带上他的人走了，一行人渐渐消失在沙漠之中。

这时，那个婴儿的父亲站了起来，他不再是一个战战兢兢的牧羊人，而是一名身材高大的男人。如果那个巡逻队队长看见了，肯定会大吃一惊。

老祭司对这个魁梧的父亲说："摩西，他们走了，我们安全了。"

建筑师、石匠和雕刻家正在底比斯的左岸建造一座百万年神殿，这是为光明之子拉美西斯修建的神庙。法律规定那间隐神居住的内殿应该最先修建。工地组织极为严密，已经运来了很多砂岩、灰色的花岗岩和玄武岩。大厅都是圆柱形的，墙壁已经建好了，国王以后就居住在这里。拉美西斯曾对他的神庙提出要求，必须足够大，必须能跨越世纪，这座建筑跟他要求的一样。人们将在这里崇拜他的父亲塞提，赞誉他的母亲图雅。这里延续着一种无形的力量，一种使公平的权力得以执行的力量。

卡纳克神庙的大祭司勒布笑了，这是一位神情疲倦的风湿病老人，肩负着埃及最大的、最富裕的神庙的管理工作。人们普遍认为，拉美西斯这样做很不地道，也许这只是他的一种手段，老迈的勒布只是一个棋子，君主很快就会让另一个奴颜媚骨的心腹替换掉他。

令人没想到的是，勒布虽然动作迟缓、寡言少语，但却老骥伏枥，而且对君王极为忠诚，全心全意地贯彻执行拥护国王的政策，就像他的某些前任一样。他保持精力的秘诀就是向拉美西斯效命。

然而，今天的勒布似乎与平时不大一样，他的目光既没有投向那座规模宏大的神殿，也没有关注那些工作人员、阶级制度、土地、村庄，他把所有的注意力都投给了神殿所在地的一棵小树。那是一棵洋槐树，是拉美西斯在执政的第二年种下的。法老曾请求勒布好好照顾这棵树，这位卡纳克神庙的大祭司答应了。这棵树长得远比它的同类茂盛，令人印象深刻，因为这里具有某种神奇的力量。

"勒布，你对我的洋槐树还满意吗？"

听到问话，大祭司慢慢地回头，"陛下，您怎么来了，我没有接到通知啊？"

"我这次出行没有对外发布消息，不是谁的错。这棵树长得很茂盛。"

"难道您把自己的精神传递给了它？这是我见过的最神奇的树。我为自己能看着它成长而感到自豪，它的壮年就由您来见证了。"

"暴风雨即将到来，在此之前我想再次看看底比斯、我的百万年神殿、我的陵寝，还有这棵洋槐树。"

"陛下，这场战争不可避免吗？"

"赫梯人企图用和平来误导我们，可是他们的态度实在难以令人相信。"

"这里的所有工作都走上了正轨。您拥有卡纳克的一切财富，我还拓展您分派给我的所有任务。"

"你的身体怎么样？"

"我很健康，只要心脏的血管一直畅通，我就能够工作。不过如果陛下想找人代替我，我也没有怨言。我最大的愿望就是去圣湖旁欣赏燕子飞翔。"

"你的心愿可能实现不了了，目前我并不想进行人事变更。"

"可是我两腿无力，双耳听不清，骨头也是又酸又痛……"

"但是你拥有活跃而精准的思维，就像展翅高飞的隼，像遨游天空的白鹭。勒布，继续保持你的工作状态，这棵洋槐树仍然由你照顾。如果我回不来，它就属于你了。"

"您一定会回来，一定会再到这里来的。"

视察工地的拉美西斯不由得想起了过去在工地上度过的日子。那时他一心扑在埃及的建设上，不分昼夜，看着石匠和采石工人们建造那些神庙和宫殿。是他们使这个国家摆脱了原始人性的繁杂与野蛮。他们向往光明，遵守玛亚特戒律，改变了人们的自私与骄傲，带领人们走向正义与坚强。

法老梦想成真了。他们建造了这座奇妙无比的百万年神殿。通过神殿上的象形文字和墙壁上雕刻的简单图画，人们可以感受到神殿的完美与神奇。这里的大厅全都界限分明，拉美西斯一间一间地参观着，伫立在还没建成的庙堂里，一边思考，一边吸纳其间的神力，那是在开天辟地时产生的力量。法老并不是自私的人，吸纳力量只是为了抗击赫梯人。这块土地深受神明宠爱，他不能让它被赫梯人的黑暗力量覆盖。

埃及历经各朝代的磨砺，已经成为世界性的埃及，法老的血脉在这里代代相传，拉美西斯认为自己就是这一血统的传人。

这位年仅二十七岁的年轻国王迟疑了片刻，突然感觉过去不再是一种包袱，而成了一股力量。他在这座百万年神殿中清楚地看到了他的祖先们规划的蓝图。

哈伊亚给孟菲斯的官员们送去了几个花瓶。他要让那些跟踪他的人知道，他就是一个叙利亚商人，将继续讨顾客的欢心，为贵族家族提供日用商品。直接上门、软磨硬泡以及拍马屁，是哈伊亚惯用的推销手段，屡试不爽。

送完花瓶后，他又去了梅室后殿推销。梅室后殿是一个高级而古老的机构，哈伊亚已经两年没到过这里了。密探、亚梅尼和萨哈马纳一定会对他的这次行程百思不解，误认为哈伊亚与这个机构有牵扯，然后顺着这条错误的线索查下去，这将消耗他们很多时间和精力。

哈伊亚在距离后殿不远的一个小村庄里暂时住了下来，他在与村子里的陌生人聊天时又留下了一条线索。亚梅尼认为这里面肯定有猫腻。

哈伊亚将那些跟踪他的人转迷糊后便回到了孟菲斯。他有几批上好罐头要发货，一部分发往拉美西斯城，另一部分发往底比斯，他要看着物品发出去。

萨哈马纳气得火冒三丈。"这个间谍发现我们在跟踪他，便转来转去，这是在耍我们玩呢。"

"别冲动，他犯了一个致命的错误。"亚梅尼说。

"什么错误？"

"他的情报只有两个藏身处，要么是罐头里，要么是那些昂贵的花瓶里。他的那些花瓶大多来自叙利亚南部和亚洲，所以我敢肯定他藏在了花瓶里。"

"那我们赶紧去搜一搜吧。"

"去搜查就是徒劳，相比之下，他传送情报的途径以及他管理的间谍网才是最重要的。现在他暂时无法再进行活动，消息也无法传递给赫梯人了。我们等他再往叙利亚送货时就暗中调查。"

"我还有一个方法。"萨哈马纳说。

"但愿你的方法不是违法的。"

"如果我的行动不会引起冲突，如果哈伊亚被我依法逮捕，我可以行动吗？"

"你的行动得用多长时间？"亚梅尼一边问一边不停地转动着那支书记员芦苇笔。

"一天就够了，明天行动。"

36

布巴斯蒂正逢醋酒节，当地的人们都在热烈庆祝着。这个节庆历时七天，在此期间由幸福转世生成的母猫神芭丝特将温柔地注视着男孩与女孩初尝激情。乡下的男孩将进行比武竞赛以展示他们的力量与雄姿，吸引漂亮女孩的注意。

哈伊亚给员工放了两天假。他的仓库管理员是一位身体消瘦且驼背的叙利亚人。仓库里还放着十来个价格一般的花瓶，管理员赶紧关好仓库大门，兴高采烈地加入了庆祝的人群。他希望自己的运气能好点，碰到一个开朗活泼的女人，哪怕年龄大点儿也没关系。他要抓住机会好好玩一下，因为老板哈伊亚太严厉了，在这种人手下工作整天提心吊胆。仓库管理员的脑海中不由得浮现出即将到来的快乐场景，喝了口水后便哼着小曲儿顺着小路向小广场走去。小广场上已经人头攒动了，狂欢随时开始。这时仓库管理员突然觉得有人使劲揪着他的头发往后拉，疼得他直叫，可是还没叫出来，一只手就捂住了他的嘴巴。

"不想被掐死的话，就别乱动。"萨哈马纳喝令道。

这位仓库管理员吓坏了，只得随萨哈马纳来到一个堆满藤柳制品的储藏室里。

"你在哈伊亚手下干多长时间了？"萨哈马纳问。

"四年了。"

"待遇好吗？"

"哈伊亚是一个小气鬼。"

"他很可怕吗？"

"我多少有点怕他。"

"我们将逮捕哈伊亚，因为他是赫梯国派来的间谍，他如果被判处死刑，他的同伙也将被判处同样的刑罚。"

"我跟他不是一伙的。"

"不说实话后果将很严重。"

"我不是间谍，只是他雇用的仓库管理员。"

"他之前并不在布巴斯蒂，你真不该编这个瞎话。他在拉美西斯城杀了人。"

"杀人……不，不会的……我一点也不知道。"

"你现在知道了，还要那样说吗？"

"不……他会向我寻仇的，我不能改口。"

"朋友，你这是在逼我。如果你还不说实话，我就让你一头撞死。"

"你不会的，你没那个胆子。"

"如你一般胆小怕事的人，我杀过几十个。"

"哈伊亚会报复我。"

"你不会再看到他了。"

"你说的是真的？"

"千真万确。"

"既然这样，我说……他曾给了我一笔钱，让我说他在这里。"

"你能写下来吗？"

"我的字写得不好。"

"你说，让群众书记员记，跟我一起去书记员的办公室。录下你的证词后，你就可以去追女孩了。"

小凯的母亲伊瑟是一位优雅而纯真的女子，有一双碧绿的眼睛，嘴唇上化着细致的妆，显得非常漂亮、有活力。这位年轻的女子在这个寒冷的冬日黄昏静静地走着，肩膀上围着一条羊绒披肩。

伊瑟收到了一封匿名信，上面写着："到河的左岸，小麦地边上，卢克索神庙对面的茅草屋中，寻找一间与孟菲斯一样的房子。"尽管她觉得这个约会莫名其妙，而且底比斯的乡下刮着很大的风，她还是去赴约了，因为信中清楚地道出了那段无人知晓的往事，她认出此信是他写来的。

夕阳下，那片小麦田闪烁着金色的光芒，一条灌溉渠正通往那里，伊瑟沿着沟渠走着，很快看到了那间茅草屋。她正要走进茅草屋，裙摆被风吹起挂在了一丛矮灌木上。为了不让长袍被枝条划破，伊瑟弯下腰，这时一只手伸过来帮她解下了裙摆，然后将她拉了起来。

"拉美西斯……"

"伊瑟，你还是这么有魅力。你能来赴约，我非常感动。"

"我被你的信搞糊涂了。"

"我不想在皇宫内见你。"

她为法老着了迷。她曾经的欲望被他勾了出来，他的身材是那么挺拔，姿态是那样优雅，眼神是那样尖锐。虽然她觉得自己比不上妮菲塔莉，但她爱他，一直爱着。毋庸置疑，拉美西斯心里只有那位皇室大皇后，但伊瑟心甘情愿地接受这样的命运，不嫉妒，不羡慕。她为法老生了一个儿子，这让她感到无比荣幸。他们的儿子凯具有独特的天赋，这一点已经得到了认可。

当初拉美西斯娶妮菲塔莉时，伊瑟确实充满了强烈的恨意，然而，爱情有苦也有甜，那种恨意只是爱情的一种形式而已。有些人想用她来威胁法老，伊瑟对之进行了激烈的抨击。这个男人带给她许多幸福，让她的心灵、她的身体都充满活力，她永远不会背叛他。

"这样偷偷摸摸地，是为什么呢？为什么要在这样的茅草屋里，是回忆我们的第一次会面吗？"

"这是妮菲塔莉安排的。"

"是她？为什么？"

"为了让国家能够长久生存下去，妮菲塔莉希望我们再生一个儿子，假如凯出了意外……"

兴奋不已的伊瑟扑进拉美西斯的怀里。

"我是在做梦吗？这梦太美好了，这里不是底比斯，没有法老，没有伊瑟，我们做爱不是为了生孩子。这只是场梦，但是能做这样一场美梦，我无怨无悔，我要把这场梦刻在心里。"

伊瑟的裹腰布被解开，丢到了地上……看着拉美西斯为自己宽衣解带，伊瑟激动不已。

这一刻，她幸福得要疯掉，她要用自己的身体取悦拉美西斯，创造一份她不敢想的、稍纵即逝的快乐，同时为他孕育一个孩子。

法老坐上了返回拉美西斯城的船，他紧盯着尼罗河，陷入深深的孤独之中。他的心里一直装着妮菲塔莉。伊瑟确实很漂亮，而且一直深爱着他，可是从她那里体会不到初次和妮菲塔莉在一起的感觉，当时他的感觉就如朝阳那般热烈，如沙漠那样辽阔，而且随着时间的流逝，这种感觉越来越强烈。拉美西斯对他妻子的爱随着时日的增长越来越浓烈，就好比拉美西斯神庙和首都在建筑工人不断的努力下越来越壮大一样。

其实，妮菲塔莉想让伊瑟尽到一个妃子的职责，为君主多生几个孩子。毕竟拉美西斯是一国之王，拥有至高无上的权力，再加上他那盛气凌人的性格，会让将来的一些继任者心生畏惧、望而却步。这才是皇后的真正要求，不过，拉美西斯并没有向伊瑟全盘托出。埃及曾出现过一次相当严重的危机。那是佩比二世统治时期，佩比二世是一位非常长寿的君主，活了一百岁才死去，他去世时儿子们都不在了，国家陷入了前途未卜的痛苦之中。拉美西斯无法想象自己如果足够长寿会置国家于何种境地；如果凯和梅莉达蒙出了什么意外不能继承王位的话，国家该何去何从？

法老及其爱人，甚至连他的亲戚，世代都得为国家服务，普通人的生活与他们无缘。妮菲塔莉，这个一国之母，也要过这样的生活，连同她那尊贵的爱情都得为拉美西斯所代表的制度效命。拉美西斯一方面要遵从他的职责，另一方面又不想将自己的感情分与另一个女人，包括伊瑟。

尼罗河是伟大的、仁慈的，每到涨水期，它就给河水两岸带来滋润与生机。

拉美西斯城的大会客厅中挤满了朝廷的高官。拉美西斯和他的父亲塞提一样不喜欢参加这种活动。他一点也不喜欢那些喜欢逢迎拍马的人，在他看来与其与这些人打交道，还不如与部长们一起埋首工作呢。

法老右手执着一根绑着绳子的木棍出现在人群中，令不少人屏住呼吸。他以此种形式出现意味着他即将宣布一条法令。那根棍子代表他有话说，棍子上缠着绳子代表他所说的话是经过再三斟酌作出的决定。

紧张、忐忑充斥着整个皇宫，大家都以为拉美西斯即将发布的命令是向赫梯人开战。他将派出一位大臣去向赫梯国王递交法老写明开战日期的国书。

拉美西斯对大家说："下面我要公布一道皇家政令，宣传员们要将它散发到全国各地，让所有居民知道，还要将它刻在石碑上。我将在有生之年收养一些儿童，让他们到皇家学校就读，接受皇家教育，将他们培养成'皇儿''皇女'，就像我的儿子凯和女儿梅莉达蒙一样。我将从这数量有限的孩子中挑选一位来继承我的事业，但不到适当的时候不会让他知道这个消息。"

所有官员们都陷入极度的惊喜之中，所有父母都想让自己的
孩子获得这份殊荣。为了让拉美西斯和妮菲塔莉记住自己的孩子，
一些人已经想好夸奖自己孩子美德的言辞了。

妮菲塔莉又打了一个寒战，拉美西斯为她披上了一条大围巾，
"这条围巾是萨伊斯神庙的女祭司亲手纺织的，那座神庙是萨伊斯
城最好的工坊。"

皇后脸上露出灿烂的笑容，使尼罗河三角洲阴云密布的天空瞬
间亮了起来。"虽然我很清楚我不能去南方，可是仍然想去。"

"可是我必须监督士兵训练，妮菲塔莉，真的对不起。"

"伊瑟是不是即将为你生个儿子？"

"这种事神明说了算。"

"是的。你与她什么时候再见面？"

"说不准。"

"可是，我的提议你是答应了的。"

"刚才我已经公布了一条政令。"

"这关伊瑟什么事儿？"

"我们会有上百个儿女，我的事业肯定有人继承，妮菲塔莉，
你的心愿即将达成。"

37

　　萨哈马纳兴奋地对亚梅尼说："我已经有证据证明哈伊亚说谎了。"

　　但亚梅尼丝毫不为所动。

　　"你明白我在说什么吗？"

　　"明白，明白。"亚梅尼答道。

　　萨哈马纳知道，亚梅尼昨天晚上没有睡好，现在正没有精神呢，所以才会面无表情。

　　"我拿到了哈伊亚雇员签过字的口供，口供明确指出哈伊亚在倪诺法被害的那天并不在布巴斯蒂，是他拿钱贿赂这位管理员做假证的。"

　　"萨哈马纳，你做得很好，祝贺你。那名仓库管理员靠谱吗？"

"他做完口供后，就去城里举办的大庆典了，他想去那里碰碰运气，找几个温柔活泼的年轻女子。"

"你做得不错……"

"你还没明白吗？我们可以逮捕哈伊亚，好好审问他了，因为他不在场的证据不存在了。"

"不能这样做。"

"为什么？有人不同意？"

"派去跟踪的人在孟菲斯的一条小街上将哈伊亚跟丢了。"

哈伊亚知道，想让谢纳安全，他就必须消失。他知道自己送往叙利亚南部的所有货物都会被亚梅尼检查，连一只双耳瓶也不会放过，他再也不能为赫梯人搜集情报了。间谍组织的成员一旦被法老警察队追捕，就很容易变节。所以哈伊亚认为让间谍组织的成员传递情报已经不安全。他觉得联络上间谍网的头目是目前解决问题的唯一办法，虽然这样做违反间谍组织的规定。

他甩掉那些二十四小时跟踪的警察是费了一番功夫的：天黑时，他在孟菲斯发了一通火，从而让盯梢者产生误会，转移了视线，他这才借由一间有着两个出口的工厂摆脱了跟踪。托雷神的福，他进入间谍网头目的住处时，暴风雨最为猛烈，电闪雷鸣，狂风大作，刮得空荡荡的大街上尘土飞扬。

头目的住处看上去就像一处废墟，在黑暗之中一点也不显眼。哈伊亚习惯在黑暗中行走，他悄无声息地来到客厅里，竟听到一阵呻吟声。他继续向前走着，有点紧张。耳边又传来一声呻吟，显得很难受。哈伊亚找到了声音的来源，并看到一道光从门缝里透了出来。

难道他们逮捕了间谍网络的头儿，并对他上了刑？不，不会的！

哈伊亚打开门，双眼顿时被屋内的火光刺得无法睁开，他赶紧抬起双手遮住眼睛，退后几步。

"哈伊亚？你怎么到这里来了？"

"抱歉，我真的没招了。"

这名叙利亚商人只在穆瓦靼力的皇宫里见过一次间谍网的头儿，但他已经深深地记住了对方的模样：身形瘦削高挑，脸酷似野兽，颧骨很高，眼睛是墨绿色的。

哈伊亚内心突然生出一股畏惧——欧菲尔很可能会在这里杀了他。然而，这个利比亚人显得很淡定，这份淡定给人一种压抑之感。

那位一头金色头发的莉达仍在实验室里痛苦地呻吟着。

欧菲尔说："我打算拿她来做个实验。"说着关上了门。

哈伊亚置身于这样灰蒙蒙的环境中有点心惊胆战，然而，这个国家本就崇尚巫术。

"我们好好谈谈吧。你的行为不合规矩。"

"是的，我明白，可是萨哈马纳的人差一点就抓住我了。"

"我觉得他们还没有出城。"

"我摆脱了他们的跟踪。"

"他们要是跟着你来到这里，很快就会闯进来了。到时我必须杀了你，并告诉他们你是一名窃贼。"

欧菲尔说的这个办法可行，因为杜兰特服用了安眠药后，早已在楼上安然入睡了。

"我知道自己的职业，自信后面没有尾巴。"

"希望是这样。到底怎么回事，哈伊亚？"

"我接二连三地碰到倒霉事。"

"你是连连犯错了吧？"

这个叙利亚商人申辩说，他没有一丁点的疏漏。欧菲尔是名巫师，能够看透人的心思，所以哈伊亚最好直言相告，别耍花招。

哈伊亚将事情一五一十地述说了一遍，然后室内便安静下来。欧菲尔思索片刻，说："你确实时运不济，不过你的网络已经遭到破坏，这是不争的事实。"

"我的商店、仓库里的货品以及我积攒的财富都没有了。"

"你可以等到赫梯人占领埃及后再把它们夺回来。"

"希望你的话能传到那些喜欢战争的魔鬼耳中。"

"你不相信我们会赢得战争的胜利？"

"我对此不敢怀疑。埃及还没有大规模的部队。我得到的情报说，那些高级将领没有胆量与赫梯军队发生正面战争，因为他们没有形成武装力量。一些怯弱的士兵还没参战就吓坏了。"

欧菲尔不赞同哈伊亚的看法，说："太自信难以赢得胜利。要想误导拉美西斯，我们必须做足准备。"

"你还要用谢纳吗？"

"他被法老怀疑了？"

"法老还不知道他是我们的人，只是对这个哥哥起了疑心。他无论如何也想不到一个埃及人、皇室人员，而且是外交部长会背叛国家。我认为谢纳仍然能够为我们所用。我的位置会让谁来顶替？"

"这不是你管的事。"

"欧菲尔，你必须为我写份材料。"

"我会为你写封赞扬信。赫梯国君王会奖赏你的，奖赏你对赫梯国的忠诚服务。"

"我下面该做什么？"

"这件事应该穆瓦靼力说了算，不过我会向他提出建议。"

"阿顿神真的存在吗？"

"在我看来，那些信奉阿顿的人跟信奉其他神的人没什么区别，都是那么荒唐。这些人最容易遭受杀害。他们愿意信就让他们信吧，我们没必要阻止他们。"

"你和这个女孩同居了？"

"她就是一个盲目信教的女人，脑子不太灵光，不过做间谍还不错，我能从她那里得到许多重要信息。要想达到目的必须有她的帮助。我要将拉美西斯的保卫力量清除干净。"

欧菲尔突然想到了另外一个有可能成为同伙的人——摩西，可他却失踪了，真是可惜！他曾在一次通灵中向莉达打听过这个希伯来人的情况，确定他还活着。

"这段时间我受了不少罪，能在这里暂住几天吗？"哈伊亚问。

"你住在这里很危险。马上坐上去拉美西斯城的平底驳船回到南边的港口去。"

欧菲尔让哈伊亚从迦南和叙利亚南部进入赫梯境内，并告诉了他联络暗号和几个联络站，他若离开埃及，务必让联络站知道。

哈伊亚走后，巫师断定莉达已经入睡后，走出了别墅。

在恶劣天气的掩护下，他悄悄地找到接替哈伊亚的人，让他开始工作，然后又很快回到了住所。

谢纳大口大口地吃着东西，他一紧张，就用吃让内心平静下来，虽然他很理智。他将一只烤鹌鹑塞进嘴里，这时他的总管家过来告诉他梅布来了。梅布是前外交部长，也就是谢纳的前任，他一直认为自己不再受宠是拉美西斯造成的。

过去的梅布很傲慢，而且顽固保守，书记员出身，早已习惯了烦琐的行政工作，知道平时怎样避免麻烦，他心里只想着怎样往上爬。梅布升到部长算是达到了顶点，他本来想着干到退休呢，没想到半路杀出了个谢纳，抢走了他的官位，可是他完全不知道事情的原委。他居住在孟菲斯的豪华别墅里，整日深居简出，无所事事，只偶尔出现在拉美西斯城的皇宫。

谢纳知道梅布喜欢炫耀卖弄，于是便将自己收拾一番——洗手漱口，并往身上喷了点香水，梳了梳头，他不愿在这位客人面前显得太落伍。

"梅布，亲爱的，看到你真高兴！明天晚上我要举办一个招待会，你能抽空来参加吗？"

"能出席是我的荣幸。"

"虽然这个时候不应该贪图享乐，但我们也不能过于烦恼。皇宫的所有日常规定都没有改变呢。"

梅布神情祥和平静，姿态端庄，语气沉稳，"谢纳，您还满意现在的工作吗？"

"我感觉很沉重，但会尽自己的力量做好，为了我们伟大的祖国。"

"有一个叫哈伊亚的叙利亚商人，你认识吗？"

谢纳怔住了，"我从他那里购买过一些昂贵的上好花瓶。"

"你们没聊一些别的事情？"

"你想知道什么，梅布？"

"谢纳，您完全不用提防我，事情并非您想的那样。"

"提防你？你究竟想说什么？"

"您不是正在等那个顶替哈伊亚的人吗？那个人就是我。"

"是你，梅布？"

"我闲得太无聊了，想向拉美西斯复仇，所以便加入了赫梯间谍网。敌军找到我取代哈伊亚，我一点也不奇怪。如果您能拥有更大的权力，就请将外交部交给我掌握。"

法老的哥哥谢纳好像吓蒙了。

"谢纳，回个话。"

"可以，梅布，我可以那样做。"

"我现在把我们朋友的要求告诉您。您搜集到的情报可以由我转送给他们。从现在起，我就顶替亚夏来当您的助手，这样我们就能经常在一起了，不会引起怀疑的。"

38

　　赫梯国的首都哈图沙正下着雨，寒冷无比，气温不到零摄氏度，人们只能围在泥煤和木块火旁取暖。这样的季节夺去了很多婴儿的性命，存活下来的男孩将成为勇敢的战士，而那些没有继承权的女孩们则只能等着嫁个好人家。

　　帝王之子乌里泰梭不顾天气的恶劣，仍然在紧张地训练军队。作为新任总司令，他强迫步兵背着武器和粮食进行几个小时的急行军，就像奔赴战场一样，因为他觉得步兵的体能实在太差了。训练过程中，有些人体力耗尽摔倒在地，可是这位帝王之子鄙夷地将他们丢弃在路边，任秃鹰啄食他们的尸体。在他眼中，这些都是无能之辈，根本不值得掩埋。

　　乌里泰梭命令战车队尽可能加快马匹和战车的速度，直到极限。他对战车队可谓是越来越苛刻，导致发生了诸多死亡事件。可是这并没有让他停止训练。他认为长时期的和平让一些战车骑士太安逸了，让他们对新的设备一窍不通，死不足惜。

军队中谁也不敢反驳他。人们猜测，军队能否在战争中赢得胜利，关键就在于乌里泰梭是否严肃地训练军队，这就是他加紧训练的目的。民众越来越多的支持让这位总司令有点飘飘然，但是他知道，穆瓦坦力才是军队的总指挥。由于他身处安纳托利亚荒凉的角落里指挥军事演习，远离皇宫，许多情况都不得而知，所以为了掌握他父亲及叔叔哈图希勒的举动，乌里泰梭贿赂了一些朝中大臣为自己搜集情报。

有情报显示，哈图希勒去赫梯管制的一些邻国巡察了。这个消息令乌里泰梭又惊又喜。惊的是他这个极少离开首都的叔叔竟然离开了；喜的是哈图希勒不在国内，就不能再提一些对商人阶级有利的建议了，那些建议会给国家带来危害。

对商人，乌里泰梭是十分憎恶的。他要打败拉美西斯，罢免穆瓦坦力，当上国王。等到了那一天，他就把哈图希勒流放到盐脉去受苦受难，将他的妻子普杜赫芭送到乡村妓院里，谁让她那么傲慢、那么狠毒呢；还有那些商人，乌里泰梭决定将他们编入军队。

乌里泰梭已经清楚地看到了赫梯国的未来，到那时他就是唯一的统治者，手握军事大权。

帝王是极为精明的，经过多年的严酷执政，他拥有极高的威望。乌里泰梭知道还没到攻击帝王的时候，要装出极为耐心的样子，尽管他是一个急躁的人。乌里泰梭要等着穆瓦坦力犯错的时候罢免他，或者让穆瓦坦力自行退位。

　　这个冬季极为寒冷，大地上堆积着厚厚的白雪，看上去美丽极了。可是已经年迈的穆瓦靻力无法去欣赏风景，他实在受不了这样的严寒，只能蜷缩在厚厚的羊毛大衣里，偎依在勉强能够取暖的火炉旁。其实，他有时也想着开发国家的自然资源，不再去扩张土地，可是他又知道这种想法不现实，要想让自己的百姓生活下去，只能对外扩张。占领了埃及，就能获得那里的丰富资源。为了安抚埃及民众的心，穆瓦靻力还打算先让拉美西斯的哥哥谢纳来管理，然后再强制性地在埃及两地实行赫梯政策，甩掉谢纳这个叛国者，将一切造反派消除于无形。

　　其实，帝王的亲儿子乌里泰梭才是穆瓦靻力最大的威胁。穆瓦靻力既要用他来整肃军队，又担心他霸占胜利的果实。乌里泰梭是一个顽强的战士，头脑中没有国家观念，将来很可能成长为一名强大的行政长官。

　　哈图希勒则与之不同。帝王的这个弟弟身体非常不好，但是却懂得收敛，知道怎样隐藏自己的锋芒，这正是一个执政者的特质。穆瓦靻力看不透哈图希勒，根本不知道他想要什么，这更让穆瓦靻力怀疑。

　　哈图希勒来向帝王汇报情况。穆瓦靻力问他："亲爱的弟弟，这次出行还愉快吗？"

　　"超乎想象的快乐。"哈图希勒回答，刚说完就接连打了几个喷嚏。

　　"怎么，感冒了？"

　　"是的，旅馆里太冷了。感冒太烦人，为了治好它，普杜赫芭给我热了酒，还让我用滚烫的水洗脚。"

"我们的合伙人款待你了吗？"

"他们以为我要增收赋税，所以对我的到访感到非常震惊。"

"我们应该让那些属国害怕我们，这对我们有利。如果他们不害怕我们了，就可能起来造反。"

"正因为这样，我首先向他们说起了过去某位王子曾经犯下的错误，并告诉他们帝王多么的慈悲宽仁，之后才跟他们谈正事。"

"哈图希勒，你好像很会利用威吓手段，到什么时候，它在外交上都最具威慑力。"

"这种手段相当难学，不过效果不错，那些属国都答应了我们的请求。"

"亲爱的弟弟，我对你很满意。他们何时行动？"

"不出四个月。"

"要给他们写封官方信函吗？"

"这样做不好，敌国内有我们的间谍，我们国内也可能有敌国的间谍。"

"这个可能性不大，不过还是谨慎点好。"

"那些人与我们合谋的目的就是推翻埃及。他们委托赫梯国的官方代表，甚至是帝王作为发言人。他们会始终保持沉默，直到开始行动。

这个房间很暖和，窗户都紧闭着，而且都装有窗帘护板，哈图希勒很喜欢，感觉眼睛都在发热。

"我们的军队训练得怎么样？"

"乌里泰梭工作很认真，要不了多久，我们的军事力量就能突飞猛进，达到巅峰。"

"拉美西斯夫妇读过您和我妻子的信后，对我们的怀疑将降低不少，您觉得呢？"

"那对皇家夫妇都给我们回了封相当友好的信，我们之间的这种联系将继续下去，这样互通信件最起码可以误导他们。我们的间谍网络建设得怎么样？"

"叙利亚商人哈伊亚的网络已经被摧毁了，他的手下都四处逃散了。不过利比亚人欧菲尔还会向我们提供重要情报，他是那个网络的首领。"

"哈伊亚应该怎样处理呢？"

"我想杀了他，这样一劳永逸。可是欧菲尔表示他有更好的办法。回去好好休息一下吧，好好享受一下你那美丽的妻子的服侍。"

哈图希勒喝了加有香料的热酒，鼻子不再堵塞，烧也退了，又拿热水烫了脚，这让他顿感浑身舒畅，在亚洲奔跑的疲劳一下子消失了。普杜赫芭又吩咐一位女仆给他按摩肩膀与脖子，一个剃须匠为他修剪胡子。

做完这一切，等下人都退出后，普杜赫芭问："你完成任务了？"

"是的，亲爱的，我认为是完成了。"

"我的任务也完成了。"

"什么，你有什么任务？"

"我不喜欢游手好闲。"

"亲爱的，请你说明白点。"

"你是一个心思缜密的人，难道还不明白吗？"

"你说的不会是……"

"是的，亲爱的。我在你去执行任务时照顾了你唯一的敌人。"

"你说的是乌里泰梭？"

"是的，只有他才会阻挡你当国王，妨碍你的影响力扩散。他被晋升冲昏了头，很明显他已经想自立为王了。"

"他不受我们的控制，只有穆瓦坦力能操纵他。"

"你和穆瓦坦力都没有看到事情的严重性。"

"国王什么都明白，是你错了，普杜赫芭。他让乌里泰梭训练军队，是为了激起士兵的作战热情，使战争更有效率。但他不会让乌里泰梭管理赫梯国，他觉得这个儿子没这个能力。"

"这是他告诉你的？"

"只是我的个人认识。"

"我认为不仅是这些。乌里泰梭是个极其暴力的危险分子，对我们充满仇恨，一直想夺我们手中的权力。但他不敢明着针对你，因为你是国王的弟弟，不过他会来阴的。"

"乌里泰梭会断送自己的前途，亲爱的，等着瞧吧。"

"已经晚了。"

"什么晚了？"

"我已经开始行动了，这是迫于形势需要。"

哈图希勒简直不敢相信自己的耳朵。

普杜赫芭说："我已经派出一个商人去乌里泰梭的总司令部进行刺杀行动了。这名手下为了不让乌里泰梭生疑，将请求和他面谈，并告诉他，一些富人觉得穆瓦坦力已经老了，应由他来统治这个国家。如果这名商人行动成功，我们就不用再受这个混蛋的威胁了。"

"行动得太早了，太早了，赫梯国还用得着他，需要他来训练军队，参加战争。"

"难道你要解救他？"普杜赫芭嘲讽道。

"我必须马上去。"哈图希勒强忍着病痛从床上爬起来。

39

叙利亚北部的公路上，一个人疾驰前行。此人正是亚夏，他是一个矜贵而谨慎的人，此时刚进入赫梯境内。他穿着一件信使的破旧大衣，让人完全认不出来。他的坐骑是一头非常强壮的驴子，旁边还跟着两头驴，身上都驮着重约有六十公斤的文件资料。

为了检查迦南和安穆府的防御体系，亚夏在这两个地方逗留了几个星期，还会见了当地的军官，这些人肩负着抵抗赫梯人入侵的重任。不仅如此，他还搜罗了十多个智慧过人的年轻女子充实他的情妇团。

安穆府的王子班德西拉觉得，这个客人不好侍候，而且非常喜欢美食。其实亚夏对王子的要求很简单，就是当他感觉到赫梯人有入侵埃及的可能时，马上告知拉美西斯。

离开迦南和安穆府后，亚夏继续往埃及走去，其实这只是做给人看的。他命令护卫队沿着海岸线朝南走，而他则脱去埃及服装，换上信使的衣服，并揣上一张制作得足以以假乱真的赫梯证明文件向北走去。

根据目前掌握的报告和材料，埃及根本不知道赫梯国的真正意图，必须深入虎穴才能作出正确的判断。在这一点上亚夏与拉美西斯的意见一致，所以当法老将这一任务交给他时，他欣然接受。他手上掌握着第一手资料，这场游戏玩得得心应手。

目前最当紧的任务是搜集赫梯军队的情报，看赫梯国的武装力量究竟多强大，是不是已经强大到无坚不摧，随时能够侵占全世界了。

在赫梯国境线上，有三十多个哨兵在站岗，他们样貌凶恶，十分吓人。亚夏和他的三头驴子被四个步兵拦了下来。这个"信使"只得自觉地停下脚步。

一个步兵拿标枪的尖头抵住亚夏的左脸，问："你有证明文件吗？"

亚夏赶紧从外套中掏出一块小写字板，上面写着赫梯文字。一个士兵接过去看了看，然后又递给了另一个人。

"你这是去哪里？"

"我去给哈图沙的商人送信和凭证。"

"让我看看这些信件和凭证。"

"这些文件是机密。"

"在军人这里没有机密可言。"

"我不想与那些收信人产生冲突。"

"你就不怕现在有麻烦吗？要是你不听话……"

亚夏用冻得有些僵硬的手指将装有写字板的袋子解开。

"都是商业上的语言，看不懂，我们得搜身。"一名军人说。

亚夏身上没有带武器，所以这些赫梯军人并没有过分为难他，"先到检查站报到再进城。"

"又有新规定了？"

"你没有权利知道。如果检查站没有你的名字，你就会被当作敌人受刑。"

"赫梯国里哪里会有敌人。"

"你只需服从命令。"

"好的，好的。"

"赶紧走，别再烦我们。"

亚夏犹如一个安分守己、问心无愧的人，从从容容地离开了。他带着三头驴子，缓步走向通往安纳托利亚的中心哈图沙的路。

他向尼罗河瞄了好几眼。这里地形相当复杂，没有人知道这片简单的河谷地是由哪条河流灌溉的，要看清这里的地形很不容易。农田、沙漠、碧绿的田野、金灿灿的沙子，甚至包括绚丽的晚霞都被分割成了两部分，这让亚夏甚感可惜。不过他必须将注意力放在赫梯这块土地上，务必获取情报，为此他必须将心中的一切杂念抛开。

大雨倾盆，地上的水洼让驴子停下脚步，悠闲地啃食着湿漉漉的野草。

这些风景不欢迎和平。它包含着暴戾，使这里的民众以为未来就是杀戮，生活就是战斗。要想让这片高山环绕下的荒漠河谷变得肥沃起来，让这里的军人变成勤劳的农民，是不是需要很长时间？这里的民众是为战争而生的。

亚夏看到城门口设置的检查站，非常震惊，难道赫梯人因为怀疑境内有间谍，就调动保安部队来管理城市了？这样的安排实在太不正常了，值得研究。莫非军队已经开始进行大规模的军事演习了？这可非同寻常，足以引起注意。

亚夏携带的文件被巡逻队检查了两次，士兵一再追问他为什么来这里。巡逻队对他的答案很满意，就放他走了。当这位"信使"到第一个城市时，那里的检查站又对他进行了细致的检查。士兵神情紧张，十分暴躁，而亚夏沉默寡言。

他在马厩里住了一夜，第二天吃了些面包和乳酪继续赶路。他发现扮成信使还真管用，瞒过了所有人的眼睛，这让他无比兴奋。下午他走了一条捷径，到林下的灌木丛中卸下了几块写字板，收信人不详。他离首都越来越近了，在这期间，他一点一点地将携带的东西卸掉。

这个灌木丛垂挂在一个深谷中，深谷内有一些大石头，是山石经过风雨侵蚀后坠落到这里的。橡树弯曲的树根布满了山坡。

当亚夏正要打开领头驴子身上的一个袋子时，发现树林里有动物奔跑的声音，红喉雀拍着翅膀飞向了天空，他知道自己被人盯上了。

亚夏觉得可能会遭到攻击，此时显然找不到更合适的武器，只得拣起一块石头和一根木棍。这时传过来一阵马蹄声，他赶紧弯腰跑到一堆树丛的后面藏了起来。很快，有四名男子走过来包围了驴子。这几个人身上带着弓箭和匕首，看上去并非军人，而是强盗。在任何国家，包括赫梯，盗匪抢夺沙漠商旅，都会受到当地人的严厉惩罚。

亚夏赶紧将身体一缩再缩，不想让这四个盗匪发现自己，否则就死定了。

一个一脸麻子的大胡子看上去是他们的头儿，他仔细巡视着，犹如一个猎犬一样。

他对一个同伙说："你来看，这里都是些写字板，没什么有价值的东西……你识字吗？"

"我哪有时间认字啊。"

"这些东西有用吗？"

"我们要它没用。"

盗匪们很生气，便将那些写字板踩了个稀巴烂，扔在了深谷中。

"驴子的主人一定带有锡币，他肯定没有走远。"

"我们要找到他，赶紧分头找。"那个头儿命令道。

此时的亚夏又怕又冷，整个身体都失去了知觉，但仍能保持冷静。他看到一个盗匪朝他走了过来。他将身体俯到地面上向前爬到了一截树根上，盗匪的头儿越过他走了。亚夏操起一块大石头猛地砸断了这个盗匪的脖子，这个人一下子扑倒在泥巴里。另一个盗匪看到后，大声叫道："在那里！"

亚夏从那个倒地人身上取出匕首，朝那个喊叫的盗匪刺去，又狠又准地刺进了他的胸膛。另两名盗匪开始拉弓搭箭，亚夏只得拼命逃跑。他拼命向深谷跑去，耳边"嗖"的一声飞过一支箭。跑啊跑啊，他要想活命，就要跑进一处灌木和荆棘丛。又有一支箭擦着他的右小腿飞过，幸好暂时逃进了一个避难所。他的两只手都受了伤，鲜血直流。他悄悄地跑进了一个茂密的荆棘丛中，跌跌撞撞地继续向前跑。

终于他体力不支动弹不了了，要是那两个盗匪追上来，他也打不动了。深谷里除了一群乌鸦在乌云下低鸣，没有一丝动静。

直到深夜，亚夏才从他躲藏的地方出来，穿过山坡从深谷的边上回到丢下驴子的地方。那里除了两名盗匪的尸体，连驴子的影子都没有？

亚夏受了点皮外伤，但却非常疼。他来到泉水边清洗伤口，无意间拣了三种药草，赶紧敷到伤口上。处理好伤口后，他就爬到一棵又高又大的橡树梢上，在两根近乎平行的大树枝上坐了下来。

亚夏的思绪飘向了远方，他看到了别墅里那张舒服无比的床，这幢别墅是谢纳送给他的，想以此取得他的信任；还有一个四周环绕着棕榈树的水池，一杯独具特色的酒，一位美丽的演奏家，这位细弦琴演奏家在还没向亚夏臣服之前，就深深地吸引着亚夏。

天快要亮时下起了雨，非常冷，亚夏被雨水打醒后又踏上了征程，向北方走去。没有了驴子和写字板的掩护，亚夏只得再装扮成别的人，如果一个信使没有信件，没有用来驮运信件的牲畜，他肯定会引起怀疑，甚至会被逮捕。而且没有掩护，他就不能通过下一个检查站的检查，也就无法进入另一个村子。

他可以选择从森林通过，这样可以不被巡逻队发现，但是森林里有野兽和土匪，这些他同样无法应付。还有温饱问题，找到水一点也不难，可是食物就不好找了。幸运的是，他遇到了一个小贩，于是他就杀掉了他，装扮成小贩的样子。虽然现在的他不是什么高官，但照样能去哈图沙搜集情报，了解赫梯军队的真实情况。

40

乌里泰梭骑着马为战车演习指导了一整天，回去后就用冷水洗了个澡。他将军队的训练安排得越来越紧张，效果也挺不错，可是他还是很不满意。赫梯军队要一击而中，将埃及部队摧毁，任何时候都要果断攻击。

乌里泰梭正在晾着湿漉漉的身体，兵营助理突然进来报告说，有一位从哈图沙来的商人前来拜访。

"商人本就应该听从指挥，让他先等着，明天再带他来见我。他是个什么样的人？"

"从装扮上看，这个人应该地位不低。"

"即使这样，他仍然得等着。安排他到最低等的帐篷里去住。"

"如果他不愿意呢？"

"随他的便！"

哈图希勒带着随从飞马狂奔，完全不顾自己还在感冒。他希望尽快赶到部队的营区，以免造成无法挽回的后果。

在前方不远处，夜幕掩盖下的军营好像并没有什么异样。军营大门口的哨兵听了哈图希勒的自我介绍后打开了那扇木制大门。哈图希勒向一位担任军营安全工作的军官请求面见乌里泰梭，那位军官同意了。

乌里泰梭醒了，一脸的不快，他不愿与哈图希勒见面。

"你为什么突然来这里了？"

"为了救你！"

"怎么回事？"

"有人阴谋杀害你，想要你的命。"

"这是真的？"

"我刚出差回来，累坏了，而且还在生病，只想好好歇歇……我这样连夜赶过来，会给你带来一个假消息吗？"

"是谁想要我的命？"

"我与商人们的关系你是知道的。我出国后，一位商人代表告诉我妻子，有一个神经病想要谋杀你，以为这样就可以不与埃及开战，保护他们的利益。"

"他究竟是什么人？"

"我也不清楚，不过我还是要提醒你，务必小心提防。"

"你很不愿发生这场战争，你也……"

"不，我认为这场战争在所难免，乌里泰梭。帝国将因为你的胜利而得以连续扩张领土。你很有作战能力，也有领导才能，因此国王才让你来指挥军队。"

听了哈图希勒的这席话，乌里泰梭惊讶无比，对这番话的真实性甚为怀疑，因为他非常清楚国王的这个弟弟喜欢拍马逢迎。不过，确实有位商人要求见他，如果他当时接见了这个人，可能已经死了。为了看清真相，判断哈图希勒是不是真心的，乌里泰梭认为办法只有一个。

那个商人反复思考着即将采用的办法，想了整整一夜。为了不让乌里泰梭喊叫，他会用匕首直接割断乌里泰梭的喉咙，然后镇定自若地从将军的帐篷离开，再加足马力，并在半途换一匹马，进入小树林躲起来。他对乌里泰梭恨之入骨，尽管刺杀行动要冒很大的风险，但他不后悔。他的两个儿子死在了一年前的一场残酷的军事演练中，当时一下子死了二十个年轻人。他听到普杜赫芭说起这个计划时，非常兴奋，他并不在乎普杜赫芭承诺的酬金，只想将这个魔鬼除掉为儿子报仇，哪怕他本人也因此丧命。

天快亮时，这名商人被乌里泰梭的兵营助理带到了将军的帐篷前。这名刺客将以亲切的口气来掩饰紧张情绪，他对将军说，他有一些朋友，可以帮助乌里泰梭架空君主，夺得王位。他戴了一顶毫不起眼的软呢帽子，里面藏着一把双刃短匕首。所以兵营助理在搜身时，并没有搜到。

"请吧，将军正在等你。"

帐篷里，乌里泰梭正面朝里弯腰看着一张地图。

"将军，很荣幸见到您。"

"说吧，简单点。"

"商人们很不团结，如一盘散沙，有人追求和平，有人喜欢战争，而我属于后者，希望能打败埃及。"

"继续说。"说话时，乌里泰梭仍在认真地看地图，不停地在上面画着一个个小圆圈，没有转身。这是一个难得的机会，这名刺客拿下头上的帽子，紧握着匕首，一边说着话，一边慢慢地接近将军，"我和我的朋友认为，您是杰出的勇士，只有您才能带领我们赢得战争的胜利，而国王并没有这个能力，您……您害得我儿子丢了性命，您该死，去死吧！"

这时，将军突然转过身，左手同样握着一把匕首，他们同时将利刃刺向对方，将军的脖子被刺中了，而那名刺客的胸口也插进一把匕首，他们扑倒在一起，都没了呼吸。这时帐篷掀起了一个角，真的乌里泰梭走了出来。

这就是乌里泰梭想的简单方法，用一名与他身材相当的二等兵顶替他，以此来弄明白真相。只可惜这个二等兵太笨了，没有留下活口让将军审问。不过乌里泰梭已经知道，哈图希勒所说是真的，事情的经过他已经了解清楚了。于是，哈图希勒，国王这位务实而细致的弟弟便留在了乌里泰梭手下，希望他将来不至落个兔死狗烹的下场。

然而，事与愿违。

亚夏找了一个二十岁的独居女子做掩护，这样就不用再抢劫商人和旅客了。这个女人很穷但非常善良。她的丈夫是名军人，曾在卡迭石驻守，在一次渡过涨水的欧伦特河时溺水身亡了。他们还没有孩子，现在这名女子一人生活，有一块田地，但是田地一点也不肥沃，即便辛勤耕作也收不了多少粮食。

一天，亚夏累倒在她家门前。他恳请在她这里借住一晚，并解释说，他遇到了盗匪，身上的财物都被抢了，身上还被荆棘和多刺植物划伤了。

亚夏用温水洗了洗，马上从一个落魄的流浪汉变成了一个尊贵的男子汉。那位村妇对他的态度马上不一样了，从拘谨保守变得热情奔放。她很想抚摸这个男人的身体。好几个月没被爱情滋润过了，村妇有点急不可待，迅速除去身上的束缚，上前抱住亚夏的脖子了，用胸前的丰盈磨蹭着他的后背，而亚夏并没有将这个丰满的女人推开。他们在农庄里缠绵了整整两天。这个乡下女人热情、善良，尽管没有什么阅历，但亚夏仍将她看成自己的情妇百般怜爱。

外面淅淅沥沥地下着雨，这对情人赤裸着身体躺在壁炉边，亚夏抚摸着女人的身体，村妇则撒着娇，声音娇嗔，"你究竟是什么人？"

"我就是一个遭遇盗贼的买卖人，不是已经说过了吗。"

"我不信。"

"为什么不信？"

"你说话、做事没有一丝商人的样子，你是那么挺拔，那么高贵。"

亚夏警醒，顿时明白自己身上可能还保留着孟菲斯贵族学校和外交部的印迹，毕竟在那两个地方生活了几年，受到的熏陶不是那么容易消除的。

"你很温柔、很文雅，在做爱的时候，跟我的丈夫完全不同，他只顾自己享受，而你总在照顾我的感觉，你不是赫梯人，你究竟是谁？"

"你会守口如瓶吗？"

"我会的，我向雷神起誓。"村妇激动地说。

"不好说……"

"我已经用爱情向你表明了，请相信我。"

他吮住她的乳头，然后向她解释说："我是叙利亚人，父亲是一位高官，我想加入赫梯军，可是父亲怕我受苦，一直不同意，于是我便离家出走。我没带随从，就一个人，我想亲自考察一下赫梯国，向人们证明自己，以便加入赫梯军队。"

"你的做法太不可思议了，军人都是又暴力又蛮横的。"

"我要行动，要上战场打败埃及人，否则他们就会占领我的土地，抢走我的财产。"

"我憎恨战争。"她偎进他的怀里。

"战争在所难免了，不是吗？"

"是的，人们都这样说。"

"军人在哪里训练，你知道吗？"

"不知道，那是军事机密。"

"军队从这里路过过吗？"

"这里很偏僻，我从没看到过。"

"我要去哈图沙，你愿意跟我一起吗？"

"进城？我从来没到城里去过。"

"机会难得。在城里我或许会与一些军官碰上，这样就能参军了。"

"求求你，还是不去了吧，参军会死人的，难道你喜欢？"

"我不能让我的村庄毁于埃及人之手，我要打垮这个邪恶势力。"

"可是这里离城特别远……"

"你丈夫会做陶器？那些存放在贮藏室的陶制壶罐是他做的？"

"参军之前，他做陶器买卖。"

"据说哈图沙很漂亮，我们卖了那些壶罐，然后进城去住。"

"我的农田怎么办？"

"现在是冬季，不用种田。明天我们就出发。"

紧靠壁炉躺着的村妇激动地与情人抱在一起。

41

艾力欧是全埃及最古老的生命殿堂,此时它正工作着,跟平时没什么不同。祭司们正审阅着经文,以备祭拜奥西里斯神时使用;皇家巫师们正在绞尽脑汁思考着压制厄运与恶势力的对策;占星学家正在预测着未来几个月的运势;治疗师们正调和着药水,使之更加融合。另外,那间收藏了几千卷莎草纸的图书馆严禁任何人进入,这虽然不是什么大事,却极不寻常。在明天之前,只有拉美西斯这位身份特殊的读者能够进入图书馆。

这座大图书馆四周环绕着石头墙,里面不仅收藏着金字塔读本原稿和法老传承仪式,书橱里更存放着诸多著作,有的在埃及科学界能够见到,有的则见不到。为了查阅与妮菲塔莉健康有关的档案资料,拉美西斯在深夜时进入了图书馆。

皇室大皇后的身体越来越虚弱了，御医和塞达武都查不出原因。太后则认为皇后是受到了黑暗势力的攻击，用一般方法是医治不好的，这一判断着实令人担忧。所以拉美西斯只得来查阅相关的档案资料，其实这些资料在之前已经被其他君主查过了。他在图书馆里查找了十二个小时，终于找到一个相关的处方，便马上向拉美西斯城赶去。

此时从埃及各神庙赶来的纺织女工们正在召开一个会议，作为会议主持人，妮菲塔莉公布了下一季洪水节用于祭祀的服饰要求。皇后向神祇敬献上朱红、素白、翠绿、天蓝等几种颜色的面料，然后偕同两位女祭司走出了神庙。一辆轿子载着她去往皇宫。

回来后，大皇后很疲惫，帕瑞尔马库医师赶紧拿出一份兴奋剂，走到皇后床边让她服下，不过医师并不认为会有效。医师看到拉美西斯走进来，连忙退了出去。

法老上前吻了吻妮菲塔莉的额头和双手。

"我太累了。"

"你的日程应该安排得再少一些。"

"这是长期造成的。我觉得我的生命好像一条小溪，越往下流越细小，直到消失。"

"图雅说你的病不同寻常。"

"她的看法是正确的。"

"我们遭到了黑暗势力的攻击。"

"有一个巫师拿那条我最喜欢的披肩攻击我。"

"我也是这样认为的。我马上让萨哈马纳追查凶手。"

"拉美西斯，让他尽快，尽快……"

"妮菲塔莉，我们还可以用别的办法去斗争，不过必须离开拉美西斯城一段时间，明天就出发。"

"要去哪里？"

"去一个隐秘的地方，在那里，那个隐形敌人就找不到你了。"

拉美西斯跟亚梅尼在一起待了很长时间。期间亚梅尼并没有汇报什么重大事情。为了防止危害国家利益的事情发生，亚梅尼尽可能做得更细致、更周到，他害怕法老离开的时间会很久。这位法老的书记员兼机要秘书极为细心地阅读每一份文件，并将其中的重要资料归类收藏。拉美西斯在旁边静静地看着。他下达了很多指示，让亚梅尼下发到各部首长处落实，并批准了萨哈马纳各项职务的任命，其中监督在拉美西斯城训练的精英兵团已经是最轻松的了。

图雅陪着法老在花园里散步，她很喜欢这座花园。她披着带有褶皱的短披肩，耳朵上戴着莲花形耳环，脖子上佩戴着一串紫晶项链，衬得她那原本严肃的面孔温和了许多。

"母后，妮菲塔莉在这里太危险了，我要带她去南方。"

"你这样做是对的。皇后应该离开这里，直到我们把那些黑暗势力消灭。"

"王国就交给母后了，必要的时候您可以使唤亚梅尼。"

"这段时间会发生战争吗？"

"赫梯人还没动手，形势还很平和……穆瓦粗力只送过几封信，里面写的都是寒暄之语。"

"这充分证明他们内部有矛盾。穆瓦粗力是通过清除敌对势力登上王位的，现在他的这些仇人还存在。"

"形势逼人啊，必须开战才能清除这些敌对势力，重新团结起来。"

"赫梯人正想趁此发动一场大规模的战争。"

"希望我是错的……说不定穆瓦靼力对战争已经厌倦了，不愿再看到流血牺牲了。"

"儿子，不要用埃及人的观念去看问题。赫梯人不追求快乐、平静与和平。一个不会打胜仗、扩张领土的国王终将被赶下台。"

"我离开后如果战争爆发，请下令让军队出战，不要等我回来。"

图雅仰起下巴，严肃地说："绝不让一个赫梯人渡过尼罗河三角洲。"

"母亲"穆特女神庙里供奉了三百六十五尊小女狮塞克梅特神像，以供早上举行祈祷平安的仪式使用；另外还有供晚上祈祷祭典用的三百六十五尊神像。这里还是全国名医学习病理和医疗秘方的场所。

妮菲塔莉朗诵着一篇经文，这篇经文将残暴愤怒的女狮神转变成创造的力量。她竭力压制着自己内心的激情，浑身散发出一股统治者的光芒。由七位塞克梅特女祭司组成的神职小组与皇后的灵魂对话，她将被敬献给神灵，照亮由黑暗女神占领的神庙。

这里有一座母狮神，由坚硬而光滑的闪长岩雕刻而成。女祭司长正往母狮神的头上倒水，一位女辅祭则拿起水杯在女神像的下面将水收集起来。这种水具有一定疗效，妮菲塔莉喝下这些水，便会吸纳能够帮助她抗击疲劳的塞克梅特魔法。然后整整一天，大皇后独自守在女狮神身边。

拉美西斯与妮菲塔莉跨过了尼罗河，大皇后轻轻地偎依在丈夫身旁，觉得身体好多了。法老对她的疼爱产生了另一种像女神一样神奇的力量。他们乘坐一辆马车来到那座靠着悬崖的"尊崇之王"神庙，这座平台神庙是法老哈特谢普苏特建造的。神庙前有一座花园，花园里住着一种非常珍奇的熏陆香树，是从普特国进口来的。这里的统治者是哈托尔女神——星辰、美丽与爱情之后，她正是塞克梅特幻化而成的。

神庙里有栋供病人每天治疗的康复中心，病人可以通过沐浴治疗，也可以通过睡眠治疗。浴池里一直有温水，沿壁上刻着埃及经文，鼓励病人与各种疾病斗争。

"妮菲塔莉，你一定要休息一段时间。"

"我是皇后，有自己的职责……"

"王室夫妇是埃及的基础，所以活着是你的第一要务。一些人总是试图拆散我们，打击我们，使我们的国家变得衰弱。"

在北方隐修院的神庙花园里，熏陆香树的枝叶映照在温和的冬日阳光下，闪烁着光芒，使这座花园像个乐园一般。浅层地下输水系统可根据热度进行调整，从而保障水的供给。

妮菲塔莉感觉自己对拉美西斯的爱变得像无际的天空那般广阔，她从法老的眼睛里看到，他的感觉与她一样妙不可言。然而，他们的这份幸福不堪一击……

"拉美西斯，别因为我丢了埃及，我要是不在了，就让伊瑟来做皇室大皇后吧。"

"妮菲塔莉，你才是我的爱人，你会活下去的。"

"拉美西斯，你发誓！你发誓只服从埃及的命令。你的生命绝不属于某个人，不管这人是谁，它只属于埃及。你的诺言不仅是老百姓的生命信仰，更是我们祖先所创造的文明的依靠。这个世界如果缺少了你的诺言，就会被野蛮之人掌控，受利益和战争驱使。我真的很爱你，你的爱是我最后的心愿，然而，你是法老，我不能约束你，我没有这个权利。"

拉美西斯在一张石椅上坐了下来，让妮菲塔莉坐在他的怀里，然后用开朝以来庆祝皇后的仪式经文对她说："你的眼睛能看到荷鲁斯和塞特合二为一，你的眼神是法老得以存在、向团结的埃及两地播撒光辉的基础。玛亚特接受着所有先祖统治的滋润，但是每一位统治者的滋润都不相同。妮菲塔莉，你的眼神独具一格，是埃及和法老的珍宝。"

妮菲塔莉在现实的考验中又寻到了新的爱情。

"我从艾力欧生命殿堂的资料里找到了一种方法，可以与那个隐形敌人相对抗。现在你既接受着塞克梅特的保护，又接受着哈托尔的保护，还在这间神庙里接受治疗，你的身体不会再虚弱下去了。不过我们还必须再寻找别的办法。"

"你要返回拉美西斯城吗？"

"我不回去，也许另一个药方能让你完全康复。"

"什么药方？"

"档案资料上说，在某个被废弃了几百年的地方藏着一块努比亚石头，哈托尔女神一直保护着它。"

"是什么地方，你知道吗？"

"我一定能找到它。"

"说不定要在海上航行很长时间……"

"回来时正好顺水，我会很快赶回来。我不会去多长时间的，如果足够幸运，会立即找到它。"

"那些赫梯人怎么办？"

"现在国家由我母亲掌管着。她会在战争爆发的第一时间通知你，到时你们再一起行动。"

他们在熏陆香树荫下拥抱了很长时间，她很想留下他，与他在安静的神庙里一起生活。然而，她知道不能那样做，她是皇室大皇后，他是埃及的法老，他们的身上背负着国家重任。

莉达哀求欧菲尔巫师："真的很痛，不要……"

"痛就证明诅咒有效果。我们必须接着做。"

"可是我的皮肤……"

"你的皮肤不会留下一点烧伤的疤痕，你会得到法老姐姐的照顾。"

莉达将身体背对着巫师，"这种痛苦我再也忍受不了了，不要，我不要了。"

欧菲尔一把拽住她的头发，把她拉了过来："小妖精，别闹了，乖乖听话，否则你就进地牢里待着。"

"求求你，不要，我不要！"

一头金发的莉达患有幽闭恐惧症，地牢对她而言是一种酷刑，她害怕至极。

"跟我到实验室里，脱掉上衣，躺到床上。"

拉美西斯的姐姐杜兰特觉得巫师实在太粗鲁了，她很痛心，但还是觉得他做得很对。最近她得知妮菲塔莉得了一种奇怪的病，无可救药了，现正在底比斯的哈托尔区受煎熬，要不了多久就会死在北方的隐修院里。这个消息实在令杜兰特兴奋不已。拉美西斯会因妮菲塔莉日益恶化的病情而悲痛欲绝，再顾不上治理国事。

谢纳很快就能掌握更大的权力。

萨哈马纳在拉美西斯离开后便去了拉美西斯城的军营，四个军营的高级将领在他的要求下，将进行高强度的军事训练。埃及士兵得知雇佣兵的薪饷将会增加，顿时起哄也要求提升薪饷。

萨哈马纳很为难，便请亚梅尼帮忙，亚梅尼又转而向太后求助。太后马上答复，军人和佣兵们有两个选择：一是服从命令，二是离开军队，她会重新招募士兵。军事训练要是能令萨哈马纳满意，太后可能会考虑一下，给予额外的奖励。

最后士兵们让了步。还有一项任务等着萨哈马纳呢，那就是尽快找到那名让总管家罗梅帮其偷盗妮菲塔莉披肩的巫师。拉美西斯将罗梅的奇怪死亡和皇后的奇怪病因一一告诉了萨哈马纳，萨哈马纳解决了军营问题后马上开始进行这项任务。

要是那个讨厌的管家还活着就好了，萨哈马纳轻而易举就能让他说实话。虽然埃及不允许严刑逼供，但是敌人已经迫害到皇家夫妇了，即便是一般法律也会严惩这个凶手的。

罗梅已经带着秘密进入坟墓，线索仿佛一下子断了，无法揪出共犯。然而，事情是不是还没糟糕到这个地步？罗梅是一个外向的人，一向守不住秘密，他也许将秘密透露给了他的合伙人。

只有找出一些罪证，逼迫罗梅的朋友或下属，才能找到线索……想到此，萨哈马纳赶紧跑到亚梅尼的办公室。要想实施自己的策略，必须说服亚梅尼才行。

萨哈马纳要求把皇宫里的所有人都集中到北方的军营中，包括洗衣妇、贴身女仆、化妆师、厨师、清洁工等，他的几个弓箭手板着面孔压着众宫廷人员来到一间军械大厅。

人们看到萨哈马纳身披战甲、头戴头盔走出来，顿时惊慌失措起来。

萨哈马纳说："刚刚在皇宫里处死了几个新盗贼，他们交代是受了总管家罗梅的合伙人的指使，他真是个卑劣下流的人，一定会遭天打五雷轰的。现在，我要一个一个地审问，以查明真相。如果你们不老实交代，我就把这里的所有人都流放到偏僻的绿洲。到了那儿，我相信会有人愿意开口的。"

让亚梅尼同意自己采用造谣和非法威胁的办法，萨哈马纳可是花了不少工夫的。如果得不到官方支持，任何一个仆人都可以对他的方法进行指责，上法庭上告他，如果真那样，他就会受到惩罚。

大厅里的人看到萨哈马纳的恐怖装扮，听着他那霸道的语气，再加上现场紧张的气氛，谁也不敢有所质疑了。

萨哈马纳很幸运，询问第三个人时就遇到了一个非常唠叨的女人，她说："我主要负责撤走那些枯萎的花，再换上新鲜的，对那个罗梅，我非常厌恶。"

"你为什么讨厌他？"

"他逼着我跟他发生关系。我要是不同意，他就不让我在这里工作。"

"你要是告他的话，他就会丢掉总管的职务。"

"也许是这样的……但是，如果我同意与他结婚，我就会得到一小笔钱，他向我承诺过。"

"他哪里来的钱？"

"他不愿意对我讲，不过在跟他上床时，我还是套出了一点信息。"

"他怎么说的？"

"他要将一件非常昂贵的东西高价卖掉。"

"他准备从哪里得到这件东西？"

"通过一个代班的洗衣女佣。"

"那是一件什么东西？"

"我也不知道。不过我从那个肥胖的罗梅手上什么也没拿到，哪怕一个护身符都没有。我告诉你这些，会得到奖励吗？"

"一个代班的洗衣女佣……"萨哈马纳连忙从亚梅尼那里找到皇后披肩丢失的那个星期的值班表，从中果然发现，有一天皇后的一个贴身女佣为一名妇女作了担保，让这名妇女来代班做洗衣女佣。那名妇女名叫南妮。那个贴身女佣交代说，因为自己身份特殊，能够进入皇后的私人寝室，所以南妮请求为她代班一天。然后她将南妮在此工作时留给她的地址告诉了萨哈马纳。

"继续讯问她，不过要遵守法律，不能上刑。"亚梅尼对萨哈马纳说。

萨哈马纳郑重地说："嗯，我也是这样想的。"

在首都的一个区的一户人家门前，一位老妇人正在打盹。萨哈马纳走过去轻轻地摇了摇她的胳膊，"老奶奶，醒醒。"

老妇人睁开一只眼睛，伸手去赶一只苍蝇，她的手上长满了老茧，"你是什么人？"

"我是拉美西斯的贴身护卫队队长，叫萨哈马纳。"

"是你呀，我知道你，据说你过去当过海盗，是不是？"

"人的本性是不容易改变的，现在的我还是很粗暴，尤其是听到别人向我说瞎话的时候。"

"我为什么要对你说瞎话？"

"我有一些问题要问你。"

"多嘴是错误的。"

"具体情况具体对待。今天必须多嘴才行。"

"海盗，赶紧走吧。我都这把年纪了，觉得什么都不是必须做的。"

"你有一个孙女叫南妮，对吗？"

"为什么要这样问？"

"因为这是她的家。"

"她走了。"

"她为什么要逃跑？她不是可以去皇宫做洗衣女佣吗？"

"我说的是她走了，而不是她逃跑了。"

"她现在在哪里？"

"我哪里知道。"

"我有必要再提醒你一次，我非常厌恶撒谎的人。"

"对一个老太婆，你也敢动手吗？"

"我想会的，只要能挽救拉美西斯。"

她紧张地看着萨哈马纳："法老遇到危险了吗？我不太明白。"

"你的孙女偷了东西，她犯了罪。你如果还不说实话，将会被当成她的同伙。"

"南妮不可能去谋害法老。"

"我找到的证据证明，她参与了那桩阴谋。"

看到那只苍蝇又飞到这位老妇人身上，萨哈马纳伸手拍死了它。

"海盗，当死亡帮我们解脱痛苦时，它是快乐的。以前我的丈夫特别好，我们生了一个可爱的儿子。可是我的儿子却与一个坏女人结了婚，还生了一个可怕的女儿。后来我的丈夫死了，儿子离了婚，那个混账孙女是我一手养大的。为了培养她，教她如何做人，我尽心尽力，可是现在你却告诉我她偷了东西，犯了罪！"

这位老妇人长叹一声。为了让她将心里的话全讲出来，萨哈马纳没有吱声。如果她不说了，他就从这里离开。

"南妮到孟菲斯去了。她曾告诉我，她将到豪华别墅里去住，就在一幢医学院的后面。她说她有这个本事，而我只能在这间小房子里老死。她的话里充满了自豪与鄙视。"

萨哈马纳向亚梅尼汇报了调查结果。

"你要是殴打那名老太婆，她可以告你。"

"我没有动她一个指头，我的部下可以作证。"

"下面该如何行动？"

"我判断，她口中的南妮就是那个皇后贴身女仆所说的人。如果看到她，我肯定能认出来。"

"如何才能找到她？"

"去孟菲斯，搜查所有别墅。"

"如果那名老太婆为了保护南妮，没向你说实话，怎么办？"

"那样做很冒险。"

"孟菲斯虽然很近，但你必须在拉美西斯城待着。"

"亚梅尼，你也说了，孟菲斯很近。我要是找到南妮，再顺着这条线找到那名巫师，拉美西斯肯定会很高兴，你说呢？"

"对，法老不只会高兴。"

"那行动吧。"

43

亚夏带着他的情妇来到哈图沙时，他惊呆了。

作为赫梯国的首府，哈图沙城内气氛紧张，充满战争的气息。商人严禁从狮门、国王门和斯芬克斯门通过，这三座关卡是通往上城的必经之路。这对情人只得通过下城的一座关卡进入城中，通往下城有两座关卡，都由标枪步兵看守着。

亚夏向哨兵展示他带的陶罐，还低价卖了一个给一名哨兵。这名哨兵伸出胳膊推了推他，示意他快走。亚夏二人便镇静地离开了关卡，前往工艺家和小贩聚集的地区。

村妇看到岩石建的屋顶、石头砌成的平台以及雷神庙的巨大石块时，和亚夏一样震惊。但亚夏震惊的是，首都的建筑太粗糙了，根本没有美感和典雅可言。这座城市四周环绕着安纳托利亚群山，还有坚固的堡垒，这些都让亚夏抱怨不止。这里到处都透露着暴戾，怎么可能滋生和平与幸福呢？

在这里，亚夏看不到花园、植物和水池，只有呼呼的北风，吹得他浑身打战。这时他才发现自己的国家真是如天堂般美好。

大街上不停地有巡逻队经过，每每遇到，他和他的情妇只能赶紧侧着身子贴到砖墙上，让巡逻队先过。一旦躲避不及，不管你是女人、老人还是孩子，马车下的步兵团就可能将你撞倒。这里到处都能看到军队，城市的各个角落都有士兵站岗。

亚夏拿出一只陶罐，让一位家具批发商观看。他的情妇静静地站在他身后，保持着赫梯国女人的本色。

"做工真的很好，一个星期你可以做多少？"批发商问。

"乡下还存了一些。我希望在这里停一段时间。"

"找到住处了吗？"

"没有呢。"

"我下城的房子可以租给你。你可以拿存货来抵一个月的租金，同时利用这段时间准备作坊。"

"我同意，不过你要多给我三块锡币。"

"与你合作太不容易了。"

"我得吃饭啊。"

"好吧。"

亚夏和他的情妇住进了一间小房子，房间的地面很结实，是泥土的，湿气很重，而且不通风。

"相比之下我还是喜欢我的农庄，那里最起码很暖和。"

"我们不会住在这里多长时间的，先去买些餐具和粮食吧，给你一块锡币。"

"你要去干什么？"

"我晚上就回来了，别怕。"

亚夏用流利的赫梯语与商人们侃侃而谈，经过他们的介绍，他去了一座检查站旁边的一家非常出名的酒馆。酒馆里灯火通明，烟雾缭绕，聚集了许多商人和工艺家。

亚夏跟两个销售战车零件的人聊了起来，这两个人都是大胡子，很健谈。销售战车零件是一种高利润行业，他们都是从制作椅子的木匠转行过来的。

亚夏感叹道："这座城市实在太伟大、太宏伟了。"

"朋友，你难道是头一次来这里？"

"对呀，我想在这里开一家作坊。"

"你最好替军队服务！要不然日子会很难过，挣的只够喝水的。"

"我听一些同行说，要打仗了。"

那两个木匠哈哈大笑起来。"你才知道呀，哈图沙的人都知道。帝王之子乌里泰梭当上总司令以来，一直在进行军事训练。我还听说我们还有突击队，一定会把敌军杀光……埃及这次肯定会一败涂地。"

"这样才好呢。"

"在商人阶层，矛盾似乎还能缓和。哈图希勒，国王的弟弟，原先不支持战争，但是他还是妥协了，前不久刚宣称站在乌里泰梭这一边。这是我们的好机会，这下可要发大财了。按现在的形势来看，赫梯的战车将增加三倍。这就需要更多的男人来驾驶战车。"

亚夏端起那碗烈酒，仰头喝了个精光，然后装作喝醉了。"开战吧！赫梯必胜，埃及必将灭亡……到时我们举杯祝贺！"

"朋友，先别庆贺，国王对战争好像还不着急。"

"什么……他想做什么？"

"谁知道呢，我们又不是宫廷机要室的工作人员。问问坎佐上尉就知道了。"这两个木匠对亚夏百般嘲讽。

"坎佐是哪位？"

"他是总司令和国王之间的联络员……而且是个性欲极强的男人，我们说的是真的！他要是住在哈图沙，能搅得所有漂亮女人安不下心。在全国的军官中，他最受欢迎。"

"战争万岁，女人万岁！"

几个人开始聊起了女人的性感和首都的妓院，在这两位木匠眼中，亚夏开朗可亲，所以临走时还替他买了单。

亚夏每天在首都的酒馆里游逛，结交了不少人，天马行空地聊天，时不时地说一下坎佐上尉。有一次他终于探听到坎佐上尉刚刚返回哈图沙。向这位高级军官打探消息可就省事多了，不过前提是得知道他的行程，设法与他搭上关系，向他提点能接受的建议……亚夏灵光一闪，计上心来。

这天，亚夏带了一件长袍、外套和凉鞋回了家。一个劲儿地夸这些东西漂亮，情妇问："这是给我买的吗？"

"除了你，还能有谁？"

"是不是花了很多钱？"

"你答应我一个条件，这些东西就送给你。"

村妇想抚摸一下那些东西。亚夏不准，"现在不能给你。"

"那……什么时候给我？"

"某天将有一个非同寻常的晚宴，到那里你想做什么就做什么。我需要一些时间作准备。"

"我听你的。"村妇热情地投入他怀里，激动地亲吻他。

"你知道吗？你赤裸着身体的时候同样美丽……"

塞达武乘坐在驶往南方的皇船上，精神十足，他抱着莲花，欣赏着眼前的景色，再次发现了努比亚的独特美丽，尼罗河笼罩在一道完美的光芒下，就好像一条熠熠生辉的蓝色天河。

为了逮几条眼镜蛇，塞达武拿出小斧头削了一根带叉的棍子。逮到眼镜蛇，他就把毒蛇液装进一只铜葫芦。家乡的芬芳空气令莲花无比沉醉。她的腰上只围了一件随风飞扬的短裹腰布，她的酥胸裸露在外。

拉美西斯亲自掌舵。经验丰富的船员们麻利地划着桨。中午时分，船长来顶替法老，让法老去用午餐。船上的午餐只有牛肉干、五香沙拉和混合了嫩洋葱的莎草根，拉美西斯、塞达武和莲花一起在中央的船舱里享用着简单的午餐。

"陛下，您太仗义了，和您一起出行是我的荣幸。"塞达武说。

"你们的特长对我很有用。"

"我们虽然整日闷在皇宫的实验室里，还是听到了一些令人不快的传言。真的要发生战争了吗？"

"我猜是这样的。"

"在当前这个危急时刻，陛下离开拉美西斯城，是不是太冒险了？”

“妮菲塔莉才是最重要的，我必须救她。”

“与帕瑞尔马库医师相比，我并没什么高招。”塞达武感叹道。

“不是有一种神奇的解药藏在努比亚吗？”莲花问。

“是的，据生命殿堂的资料可知，这种解药是一种宝石，是哈托尔女神创造的，藏在一个极为隐秘的地方。”

“陛下，您能说得具体一点吗？”

“我只知道一个大致的方位，那个地方高峰林立，连绵不绝，位于努比亚中央的一个有着金色沙滩的小海湾里。”

“在一个小海湾里……这么说离尼罗河很近了。”

“我们必须尽快找到它。现在妮菲塔莉有塞克梅特神力的支撑，又在北方隐修院神庙里有专家们照顾，才不至于丧失全部的精力，但是她仍然在遭受着黑暗势力的攻击。这块宝石是最后的希望。”

莲花极目远眺。

“陛下，这块地方很喜欢您，就像您喜欢它一样。您若向它说出心里话，它肯定能与您产生感应。”

皇船上空飞过一只鹈鹕，它那硕大的翅膀非常美丽，这种飞鸟不是死亡审判之神奥西里斯幻化而成的吗？

44

坎佐上尉喝高了。每次回城里休假，他都把军营里规律的生活抛之脑后，抓紧机会寻欢作乐。坎佐身材高挑，留着大胡子，嗓音嘶哑。在他眼中，女人只有在向他献媚时才有价值。每当喝得晕乎乎之时，他就急着找女人寻欢。这次休假三天，他依然如故。这天晚上他饮下一杯浓浓的烈酒，想马上寻求点儿刺激，便走出了酒馆，踉踉跄跄地向一家妓院走去。

外面寒风呼啸，但是坎佐毫不在意。他希望能找到一个处女，自认肯定能让她大喜过望，备感荣幸。与处女做爱一定乐趣无穷。

这时一个人走过来与他搭讪，"上尉，我能与您聊聊吗？"话语非常客套。

"你要干什么？"

"我想将一位漂亮女人介绍给您。"亚夏回答。

坎佐笑了笑，问："你出售什么？"

"一个年轻貌美的处女。"

坎佐眼睛顿时一亮，"你出价多少？"

"十枚上好的锡币。"

"你真敢要！"

"我的商品是独一无二的。"

"我立即就要见到她。"

"好的，她正等着您呢。"

"可是我只带了五枚锡币。"

"剩下的，可以明天早上再给我。"

"你不怕我赖账吗？"

"以后我还会将别的处女介绍给您。"

"你真能干……快带我去吧，我忍不了了。"

坎佐非常兴奋，随亚夏快步向前走去。

此时的下城正处于沉睡之中，一个醒着的人也没有。

亚夏带着坎佐来到那间破房子门前，推开大门，屋子里村妇打扮一新，浓妆艳抹，身上穿的正是亚夏那天买的新衣服。

坎佐上尉盯着村妇看了好久，说："啊……她是处女吗？是不是年龄有点大了？"

亚夏突然挥出拳头，重重地将坎佐撞到墙上，这位军官顿时晕了。亚夏从军官身上掏出匕首，抵在他的脖子上。

坎佐大尉喃喃地说："你……你是什么人？"

"作为军队与皇室之间的联络员，你要么死，要么老实回答我的问题。"

坎佐挣扎着想逃开，可是刀尖已经刺进了他的皮肤，血流如注。他因为喝了太多的酒，浑身没有一点力气，只得妥协。

村妇缩进屋里的一个角落里瑟瑟发抖。

亚夏问："你们什么时候向埃及开战？赫梯国制造这么多战车干什么？"

坎佐明明知道一些重要情报，却装出一无所知的样子，"什么时候开战？这可是军事机密，我哪儿知道。"

"你要是不说，我就杀了你。"

"你不会杀我的，你没那个胆量。"

"坎佐，别心存幻想，杀你，我会毫不手软。我为了获得情报会不择手段，能杀几个就杀几个。"亚夏说着，将匕首又刺深了一些，痛得军官哇哇大叫。

村妇将脸转向了一边。

"只有国王知道开战的日期，我……我真的不知道。"

"但是，赫梯军队制造这么多战车做什么，这个问题你一定知道。"

醉醺醺的坎佐忍着脖子上的疼痛，就像自言自语一样嘀咕了一句。但是亚夏的听力非常好，完全听清了他的话，这实在是个令人震惊的消息，"你没疯吧？"亚夏愤怒至极。

"不，我说的是真的。"

"这怎么可能？"

"真的是实情。"

亚夏被这个至关重要的消息惊得方寸大乱，这太可怕了，足以改变整个世界。

亚夏快准狠地用匕首划过坎佐的脖子，坎佐当场咽了气。

亚夏呵斥村妇："把身子转过去。"

"不，你快走吧，不要杀我。"

亚夏拿着匕首走到村妇跟前，"美女，抱歉，你不能活着。"

"我什么也不知道。"

"你保证？"

"是的，我发誓什么也没听到，他说得很含糊。"村妇跪在地上，苦苦哀求，"求求你，不要杀我，你出城还需要我呢。"

亚夏迟疑了，村妇说得对，现在城门关了，他只能明天才能出城。她可以掩护自己过关卡，然后到一个偏僻的地方再杀她也不迟。

亚夏没有一点困意，只想尽快回到埃及，将情报送回去，他在尸体旁边呆呆地坐了一夜。

努比亚的冬天还是比较舒服的，只是黎明时分有点冷。拉美西斯看到河岸边有一对狮子，看上去是一公一母。一些猴子爬到姜果棕树上，冲着皇船上走动的旅客尖叫。

船只一靠岸，当地人就举办了一个临时庆祝会，村民们捧来野生香蕉和牛奶献给国王。这些村民的族长是一位九十岁的老巫师，鬓发斑白，性格开朗，对族人们照顾得很周全。拉美西斯要与这位老巫师谈谈。老巫师看到国王就要下跪行礼，拉美西斯赶紧扶起他。

"我真是太幸运了，一大把年纪了还能见到法老，这是神明的恩赐！服从他、敬重他就是我的职责，不是吗？"

"你的才能才是我应该崇敬的。"

"我就是一个乡下巫师。"

"与那些假智者、撒谎者以及扭曲事实的人相比，遵守玛亚特的人才是最可敬的。"

"您统治着埃及两地和努比亚，而我只管理着几个家族。"

"可是我需要你讲述一下过去的事情。"

拉美西斯和巫师一起坐到棕榈树下，棕榈树叶遮挡住头顶上毒辣辣的太阳。

"我的往事……在过去，我在碧蓝的天空下快乐地游戏，妇女们笑容满面，羚羊快乐地嬉戏，河水奔流不息……法老，这一切都是您的功劳，没有您，就没有这些往事，而现在您有责任维护它。后代子孙都是那么的无情残忍！"

"听说一个爱情女神在努比亚某个地方创造了一块神圣的宝石，现在没人记得这个地方了，你对这个地方还有印象吗？"

"我的爷爷曾带回一块相似的宝石，妇女只要摸一摸宝石，病就全好了。只可惜，牧民把宝石抢跑了。"老巫师说着，拿起手杖在沙地上画了一张地图。

"你爷爷是从哪里得到的宝石？"

老巫师用手杖指向尼罗河流域的一个确切地点，"这个地方很神奇，库什省就发源于此。"

"你及你的村庄想得到什么？"

"我们没什么要求，现在就很好。维持现状就是一个大要求，不是吗？法老，我们需要您的保护，努比亚需要您的保护。"

"努比亚通过您与我交谈了，我已经明白它的意思了。"

皇船从娲瓦娲瓦特省驶入库什省。这里的各族人都做好了战争的准备，不再相信和平。不过，这里的人极为害怕法老部队的反击，这都是塞达武和拉美西斯及时宣传的功劳。

这里的土地很开阔，也很古老，只有尼罗河能延续至今。尼罗河两岸没有多少耕地，不过在茫茫黄沙中生长着许多棕榈树和姜果棕树，给在沙漠中挣扎的农人们提供了乘凉的地方。

拉美西斯突然看到前方出现一处陡峭的悬崖，顿时觉得人类都被尼罗河拒之门外了，这里成了与世隔绝的世外桃源。他觉得世界仿佛走到了尽头，这时飘来一阵含羞草的花香，令人陶醉，使那种感觉稍稍有所减少。

在河岸边，绵延耸立着两座高高的山峰，它们并排而立，中间隔着一个山谷，山谷里堆满了砂石，山脚下长满了洋槐树。拉美西斯突然想到档案资料上的那句话："位于一个满是黄沙的小海湾里，那里有绵延不绝的山峰……"他好像摆脱一场令他眩晕的咒语一般，如梦初醒，终于看清了这个地方。他连忙下令："快靠岸，就是这里，肯定是这里……"

莲花脱下衣服跳进河里，飞快地游到河对岸，然后带着闪闪发光的水珠飞跑起来，敏捷得如同一只羚羊。她在一个正在树荫下睡觉的努比亚人跟前停下脚步。她将那个人摇醒，向他问了一些问题，然后又奔向一座高山，弯腰拾起一块石头折了回来。

拉美西斯的两只眼睛紧紧地锁住了那陡峭的悬崖。阿布辛贝……确实是力量和神奇融为一体的地方，属于哈托尔神祇统辖，他曾经将这位神忽视和抛弃了。他决定在这里建造神庙。

在塞达武的帮助下，莲花上了船，右手中拿着一块砂岩，"这块石头就是女神创造的神奇宝石，只是怎样让它发挥疗效，现在已经没有人知道了。"

45

那间阴暗潮湿的房子里透入一道微弱的光芒。村妇被窗外巡逻队的马蹄声吵醒了，猛地看到地上躺着的上尉的尸体，顿时跳了起来。

"他还躺在那儿，一直躺在那儿！"

"把这些都忘了，我们不会被这名军官控诉的。"亚夏劝解道。

"这可没我什么事儿。"

"我们是情人，要是我被逮到了，你也跑不掉，同样得受到刑罚。"

村妇跑到亚夏跟前，朝他的胸膛捶打起来。

"我昨天想好了。"亚夏说。

村妇紧张万分，也顾不上捶打了。她看向情人，发现他是那样的冷酷无情，觉得自己死定了，"不，你不能杀我……"

他又说了一遍："我想过了，你要么帮助我，要么死。"

"帮你，我怎么帮你？"

"我来自埃及。"

村妇像看外星人一样看着亚夏。

"我必须尽快回到埃及，那是我的祖国。如果我被逮捕了，希望你到埃及向我的雇主报信。"

"这个风险为什么要让我来承担？"

"这样做可以让你过上幸福的生活。雇用我的那个人很大方，你拿着我交给你的一块小记事板，可以换取城里的一栋房子、一位女佣和足以让你用一辈子的钱。"

这个诱惑实在太大了，村妇从来不敢想，哪怕在幻梦中。

"你说话要算数。"

"我们分别从不同的城门出去。"亚夏吩咐道。

"要是你先到埃及怎么办？"村妇心里很不踏实。

"其他的事不用你管，你只管做好你该做的。"

亚夏用一块小木板写了一封短信，用的是简体象形文字，然后将小木板交给村妇。他拥着她亲吻，村妇竟然不敢将他推开。

"我们到拉美西斯城见。"他承诺道。

亚夏来到下城边上，很快挤进一群吵闹不止的、跟他一样企图离开首都的商人队伍中。周围站着很多士兵，严肃而紧张。

人群被一组弓箭手分成了几个小队，被迫接受检查，所以亚夏无法原路返回了。

现场一片混乱，检查的、埋怨的、暴躁的，就连牲畜也骚动不安，但是守城哨兵丝毫不为所动，只管粗鲁地做着自己的事情。

"这是怎么回事？"亚夏向一个商人打听道。

"一名军官不见了，他们在查找，现在城里严禁出入。"

"关我们什么事儿？"

"这个赫梯军官也许是被绑架了，也许是被杀了，总之是不见了……可能是因为官场争斗吧。他们在通缉嫌疑犯。"

"找到线索了？"

"据说是个当兵的干的，肯定是……很可能还是因为国王之子与他的弟弟争夺权力，两个人必定会死一个。"

"难道每个人都要被搜身？"

"他们猜测嫌犯有可以扮成商人逃出城，必须确定一下。"

亚夏长出一口气，稍稍放了心。

哨兵果真对每个人都进行了仔仔细细的搜身，在搜一个三十多岁的男人时，发生了冲突，男子被推倒在地。他的朋友纷纷出来为他作证，证明他从没当过兵，只是一个布料批发商。哨兵便将他放了。

搜到亚夏时，一个瘦脸军人双手压住他的肩问："你是做什么的？"

"陶瓷买卖。"

"出城做什么？"

"回我的农场取货。"

这名军人在亚夏身上没有发现武器，便放了他。亚夏再迈出几步就能走出赫梯首都获得自由了，就能回埃及了。亚夏正要迈步，突然他左边的一个人说话了："先别走。"

那是个中等身材的男子，身穿一件带黑条纹的红色羊毛长袍，留着山羊胡子，面露奸诈，眼神闪烁，他命令哨兵："别放那个人走。"

一位军官傲慢地说："这里我说了算。"

"我是皇家警察哈伊亚。"那个留山羊胡子的男子说。

"这个商人怎么了？有什么不对吗？"

"他叫亚夏，不是做陶瓷生意的，更不是赫梯人，而是埃及人，在拉美西斯的皇宫里当官。"

河水流得特别急，船只在一条长长的保护罩的掩盖下飞速地行驶着，从埃及的最高处行驶到最南方的城市，两天时间在阿布辛贝和象岛之间共航行了三百公里。再走两天就到底比斯了，水手们好像知道前路并不顺畅，便将自己的水平发挥到了极致。

船上，塞达武和莲花一直在试验那见所未见的女神宝石，眼睛都没眨过，可是一次次都失败了，直到抵达卡纳克码头也没试验成功，他们很沮丧。塞达武说："这种宝石到底有什么用呢？它不同寻常，具有抗酸性，色彩绚丽，而且好像被一种神秘的力量控制着，我也说不清是什么。我们必须弄明白如何调制这种解药，以及使用方法，否则就无法治疗皇后。"

神庙职员们看到拉美西斯到来，都惊诧不已，礼宾司也慌乱成一团。法老带着塞达武和莲花快步走到卡纳克的大实验室，向那里的化学家和药剂师们讲了事情经过。工作人员开始了紧张的工作，法老则在旁边看着。为了将那些喝人血、令人虚弱至死的魔鬼消灭，专家们根据从科学图书馆获得的努比亚产品资料，建立了一份阿布辛贝女神宝石的成分表。然后用上好的药材，搞清楚各配料的使用剂量。

拉美西斯命令道："我要一个人待一会儿，你们将药材放在石桌上，出去吧。"法老集中精神，将那根魔力棒的枝芽紧紧地握在手中，当初他和父亲在沙漠中就是靠它找到水源的。他拿着魔力棒从每种药材上空划过，如果魔力棒在哪种药材上空有反应，他就将这种药材挑出来，再拿魔力棒确认一下，然后再重复这样的动作确定剂量。经过反复确认，终于确定了该药方的成分：洋槐胶、茴香漆、几个开着口的无花果、苦黄瓜、铜屑以及女神宝石的碎块。

仔细打扮过的妮菲塔莉很高兴，脸上带着微笑，正在阅读一本著名小说《席努耶》，这是某个优秀书记员的手抄本。看到拉美西斯走过来，皇后放下莎草纸站起身投进了法老的怀抱。在戴胜鸟和夜莺的歌声中，在熏陆香树的香气中，他们紧紧相拥，好久好久。

"亲爱的，解药制好了，我用女神宝石在卡纳克的实验室里制成的。"

"有作用吗？"

"这份处方是我使用我父亲的感应魔力棒制成的，后人已经不记得了。"

"把努比亚女神所待的地方讲给我听吧。"

"在一个处于两岸高山之间的金沙小海湾里……名叫阿布辛贝，我都忘记了。我决定在那里建立一座神庙，以纪念我们的爱情。"

拉美西斯强壮的身体内散发出炽热的力量，妮菲塔莉那即将衰落的身躯因之而重新焕发出生机。

法老继续说道："我要将那两座悬崖峭壁变成两座相互偎依的神庙，就像你和我一样，我今天就派一名艺匠和一队采石工人到阿布辛贝去。"

"那里神奇的美景，我还能看到吗？"

"你一定能看到，一定能。"

"希望能如您所说。"

"我要是连这个愿望都实现不了，还拿什么来治理国家？"

拉美西斯和妮菲塔莉通过尼罗河向卡纳克走去。他们一起主持了阿蒙神庙的祭典后，皇后便留在塞克梅特女神庙里安静地思考。在塞克梅特女神雕像那灿烂的笑容照耀下，皇后的心情无比平和。

为了增强力量，以尽快消除那股危害皇后的恶势力，法老亲手端起装着特制解药的杯子递给皇后。温温的药水带着一丝甜味。妮菲塔莉喝完后头晕了一下，她赶紧闭上眼睛躺了下去。在漫漫长夜，拉美西斯一直守在皇后的身边，陪着她与病魔作斗争，那颗女神宝石也会产生驱赶侵害皇后身体的魔鬼的力量。

46

亚梅尼一身狼狈，苍白着脸，语无伦次地解释着。太后图雅对他说："别慌，慢慢说。"

"战争爆发了，陛下，战争爆发了！"

"可是没有一个官方文件传过来啊！"

"军队一片混乱，各个兵营都骚动起来，哪里还有军纪可言，就连将领们也都陷入恐惧之中。"

"这都是为什么呢？"

"陛下，我也不清楚，这种情况我实在控制不住，我的命令没人再听。"

图雅唤来祭司长和两名宫廷理发师。他们给她戴上一顶秃鹰皮毛形状的假发，来衬托她职务的神圣不可侵犯，假发两边的羽毛从她的前额中线垂到肩膀，这么一打扮，图雅就化身成保护埃及两地的人，母秃鹰象征着仁慈善良的母亲。她的脖子上戴了一条七圈的中等宝石项链，手腕上戴着金环，脚踝上也装饰着同样的金环。她身穿带有褶皱的亚麻长袍，一条宽宽的腰带束在腰间，使她更显高贵、威严。

"我要到北营去。"她对亚梅尼说。

"陛下，现在不要去，等平定了骚乱再去吧。"

"马上去。恶势力和骚乱从来都不会自行平息。"

拉美西斯城陷入一片混乱之中，有人传说赫梯人已经打到尼罗河三角洲了，有人则生动地描述起了战场情况，还有人打算到南方躲避灾难。

军队北营已经没有了岗哨，亚梅尼和太后乘坐马车直接来到混乱不已的大操场上，最后在广场中央停了下来。

一名战车军官看见太后到来，马上通知了别的军官，并立即召集士兵集合。十分钟不到，便集合了几百名士兵，他们站在一起等待着图雅讲话。

图雅虽然身材矮小、纤弱，但不一会儿就驯服了这群魁梧强壮的军人……亚梅尼觉得太后这次出面整顿军队存在着极大的风险，担心得手足无措。她本应在护卫森严的皇宫里待着。图雅要是足够聪明的话，可能讲上几句话就能安抚军人的浮躁心情，使紧张的气氛得到缓解。

现场非常寂静。太后扫视一圈，眼神很是不屑，"你们都是胆小鬼、无能之辈。这种人总是偏听偏信，哪里能保卫祖国呢？"她语气干脆利落，但对亚梅尼而言则震耳欲聋。

官兵们听了都震怒不已，亚梅尼吓得闭上了眼睛。图雅将众人的神情尽收眼底。

"陛下，您这是在羞辱我们，请问这是为什么？"一位战车军官问。

"这怎么是羞辱呢，我说的都是实话。你们的做法不仅滑稽，而且很恶劣，而军官们最应该承担罪责。能决定向赫梯人开战的人是谁？在法老不在的时候，理所当然是我。"

现场气氛更加严肃、紧张了。太后刚才的话关系着这个国家的生死存亡，并不是空穴来风。

"我并没有收到赫梯国向我们开战的信件。"图雅坚定地说。

大家都知道图雅一向很诚实，听了她的这番话，士兵们都欢呼起来，相互恭喜道贺。

太后仍在马车上站着，现场顿时又静了下来，大家都知道她还有话要讲。

"我确信赫梯人唯一的念头就是进行一场残酷的战争，我不能保证国家会永远和平下去。我们的国家会有什么样的结局，全靠你们了。拉美西斯快要回来了，我希望在他再回到首都的时候，军队能够成为他的骄傲，我们要相信他能够带领着他的军队将敌人击败。"

官兵们全都鼓起掌来。

亚梅尼非常佩服图雅的口才，慢慢睁开了眼睛。

图雅的马车启动了，兵士们高呼着图雅的名字，纷纷让开一条道儿。

"太后，您要回皇宫吗？"

"不，我估计铸造厂已经停产了吧？"

亚梅尼垂下眼帘。

图雅到铸造厂做了一番鼓励动员，拉美西斯城武器制造厂的工人们全都斗志昂扬地投入到生产当中，标枪、弓箭、箭头、长剑、铁甲、军服和战车零件都投产了。大家都不再传言战争将近，不过生产出一批比赫梯更优良的武器装备，让人们的内心开始升起一种新的希望。

太后到各个兵营巡回视察，与军官和士兵们愉快地交谈，甚至去参观了战车的组装工厂，向那些手工艺家们道贺。

拉美西斯城重新坚定了斗争的信心，再也不那么惊慌了。

拉美西斯亲吻着皇后的每一根指头，用自己的大手紧紧握住她那双小手，它们纤弱、娇美得有些不真实，他一天也不想松开。妮菲塔莉那么温柔，他爱她，爱她的每一寸肌肤。他肩上担负着神明赋予他的沉重负担，但也得到了一位尊贵无比的女人。

"你今天早上感觉可好？"

"还可以，感觉身体里的血液重新流淌了。"

"我们去乡下转转，好吗？"

"太好了。"

拉美西斯亲自为两匹性情温和的老马套上马辔，法老夫妻骑上马在河左岸的小路上顺着灌溉渠慢慢地向前走着。这里有许多挺拔的棕榈树和绿油油的田园，妮菲塔莉欣赏着眼前的风景，吸纳着大地的精气，继续坚强地与伤害她的恶魔进行着斗争。她从马上下来，向尼罗河边走去，她的秀发随风舞动。拉美西斯看着这样的她，知道皇家大皇后的生命被那颗女神宝石救回来了。妮菲塔莉向阿布辛贝张望，看到了那正在为纪念他们的忠贞爱情而修建的神殿。

金色头发的莉达对拉美西斯的姐姐杜兰特笑了笑，笑容凄美而痛苦，她的脸上缠着一块涂有蜂蜜、干洋槐树脂和苦黄瓜泥的纱布。杜兰特将那块纱布解下来，发现烧伤的疤痕差不多已经愈合了。

"太痛了。"莉达忍不住叫道。

"那些疤痕会彻底消失的。"

"杜兰特，别骗我了……它们不会痊愈的。"

"不，你要相信医生，他们医术高超。"

"我真的很痛苦，忍受不下去了，请你告诉欧菲尔，不要再做这些实验了。"

"我们之所以能将妮菲塔莉和拉美西斯打败，都得归功于你的牺牲。你马上就要解放了，再忍忍。"

莉达知道杜兰特是一个疯狂而固执的人，就跟那位利比亚巫师一样，所以也就不再劝说她了。杜兰特就是一个复仇者，活着的目标只有一个，那就是报仇，其他的都不在乎，尽管她看上去是那么的温柔谦和。

"好吧，我一定坚持到最后。"这位灵媒说。

"我相信你会的。你先休息一下，等会儿南妮会给你送饭过来，然后欧菲尔过来带你去实验室。"

莉达的卧室只允许南妮进来，所以她还想向南妮求救，这是她最后的希望。不一会儿，南妮就端着一个餐盘走了进来，上面放着无花果泥和几块烤牛肉。莉达一把抱住这位女仆的腰，怎么也不肯松手。

"南妮，请你救救我。"

"你这是干什么？"

"我想从这里逃出去。"

"这太冒险了。"南妮撇了撇嘴说。

"你只需打开通向路口的门。"

"可是他们会辞退我的。"

"救救我吧，求你了。"

"我帮了你，能得到多少钱？"

"拥护我的人有金块，我很大方的。"莉达胡乱地许诺道。

"欧菲尔会报复的。"

"我们会得到阿顿信徒的保护的。"

"你要是给我一间别墅、一群母牛的话，我就帮你。"

"我会给你的。"

南妮非常贪婪，当初她为了得到一笔不菲的报酬，已经帮巫师偷窃了妮菲塔莉的披肩。这次莉达承诺给她的更多，比她想象的还要多。

"你准备什么时候逃走？"

"夜里。"

"我会试着帮你。"

"南妮，我相信你，你会发财的。"

"这太危险了，你还必须给我二十匹高级布料。"

"好的，成交。"

莉达心里燃起了希望，一大早就开始做起了美梦：尼罗河边，一位倾国倾城的女孩精神焕发、笑容盈盈地走向一位英俊挺拔的男子，将手交给他。她很清楚，那位利比亚巫师只是让她白受罪，因为他的巫术并没有成功。

萨哈马纳带着部下搜查了医学院的后方，向每一位居民进行询问。他们拿着南妮的画像给所有居民看，并说任何人撒谎必定会受到严厉的惩罚。然而这个办法很多余，巨人一出现，人们就痛快地供出实情了，遗憾的是他们没能供出一点有价值的情报。萨哈马纳固执地认为很快就能抓住要找的人了，他一向相信自己的感觉。一名卖圆形小面包的小商贩被带到了他的面前，他顿时预感胜利在望，兴奋得胃都痉挛了。

萨哈马纳拿着画像给小贩看，"这个女人你认识吗？"

"她是刚来这里没多长时间的一个女仆，我看到过她。"

"她具体在哪幢别墅？"

"离古井不远的那间。"

萨哈马纳立即命令一百名警察将那里的房子层层包围起来，连只苍蝇也飞不出去。而且，萨哈马纳相信一定能抓住那名想要谋害埃及皇后的巫师。

47

夕阳西下。

等天黑下来时莉达就能从这里逃出去了。她心急如焚，感觉南妮行动太慢了。她的脑海里不断地闪现一位漂亮女人那幸福而灿烂的面孔……她知道那是埃及皇后的脸。她觉得自己身上压着一笔沉重的债务，在获得自由之前，必须将这笔债还上。

莉达在空无一人的房间走来走去，她猜想此时欧菲尔正捧着魔道法典翻阅，这是他的习惯。杜兰特应该早就睡着了，她是一个爱睡觉的人。

莉达将一个木箱子打开，看到了妮菲塔莉那条披肩的最后几块碎片。如果再施两三次法，这些碎片就会燃烧殆尽了。披肩的面料非常结实，再加上莉达很娇弱，所以她撕了几次，也没把碎片撕烂。

　　一阵嘈杂声从厨房传了过来。莉达赶紧拿起一块碎布藏到长袍的袖子里，她顿时感觉皮肤疼了一下。

　　"南妮，是你吗？"

　　"你做好准备了吗？"

　　"我这就走。"

　　"动作快点！"

　　这位灵媒拿起油灯点燃了剩余的披肩碎片。

　　突然，爆发了一阵细小的破裂之声，随之徐徐冒起一股黑烟，这意味着那股想残害皇家夫妇自我保护力量的黑暗势力彻底失败了。

　　"快点离开这里。"南妮催着莉达，屋子里所有的铜盘都被她带走了。

　　南妮和莉达疾步走向通往小路的后门。

　　欧菲尔抱着胳膊静静地站在那里，南妮一下子撞了过去。

　　"你们这是去哪儿啊？"

　　南妮连连后退，跟在她后面的莉达也惊慌失措。

　　"莉达要跟你去什么地方？"

　　"她……她生了病。"南妮说。

　　"你们要逃离这里？"

　　"是莉达逼我这样做的。"

　　"南妮，她都对你说了什么？"

　　"没有，她什么也没跟我说。"

　　"宝贝儿，你没说实话哦。"

　　欧菲尔愤怒极了，一下子掐住南妮的脖子，将怒火全部发泄到她身上。南妮拼命挣扎，可是怎么也挣脱不开。最后她眼睛一翻昏倒在巫师的脚下，巫师抬脚毫不留情地踢开了她。

"莉达，我的孩子，这是怎么回事？"巫师看到油灯旁边堆了一些被烧的碎布块，"可恶，你做什么了？你把妮菲塔莉的披肩烧了？你胆子真大啊，竟然敢破坏我们的计划！"说着操起一把切肉刀朝莉达走去。莉达企图逃开，却碰到一盏油灯上，一下子摔倒了。巫师凶狠地扑向她，拽住她的头发，犹如一头禽兽。

"莉达，你竟然出卖我，将来你肯定还会出卖我，我怎能再相信你？"

"你就是个恶魔！"

"很遗憾，你这个灵媒很出色。"

莉达跪倒在地，苦苦哀求。"阿顿扫除邪恶，创造一切生物……"

"你真蠢，阿顿在我眼中什么都不是。我的计划全被你破坏了。"

他挥出一刀，莉达的喉咙应声而断。

杜兰特披头散发地冲了进来，"有警察过来了……天啊，莉达，莉达怎么了？"

"她疯了，竟然拿刀砍我，我只得反击，没想到却杀了她。"欧菲尔解释道，"你说什么，警察来了？"

"我听到他们说话了。"

"赶紧从这屋离开。"

地毯下面藏着一个暗门，欧菲尔带着杜兰特迅速躲了进去。这道暗门和一间仓库由一条走廊连接着。莉达和南妮都死了，以后

再也不会啰唆了。

"只有这间别墅没搜了,里面似乎没人,我们敲了门,没人开门。"一名警察对萨哈马纳说。

"把门撞开,冲进去。"

"那样做是违法的。"

"情况特殊,不得不这样做。"

"我们应该找屋主,他许可了才行。"

"这事听我的。"

"我不想惹事儿,你必须给我开一张免责证明。"

整整用了一个小时,萨哈马纳才按孟菲斯安保人员的要求开好证明。然后四名壮小伙儿弄开门闩,硬闯入别墅。

第一个进入别墅的便是萨哈马纳。映入他眼帘的是一个满头金发的女孩,不过已经死了;然后是那个名叫南妮女仆的尸体。

"这太残忍了!"一名警察惊恐地嗫嚅道。

"两宗杀人凶案!好好搜查整个别墅。"萨哈马纳命令道。

他们搜到实验室,发现那是巫师施行巫术的地方。虽然来得不是很及时,萨哈马纳还是发现了蛛丝马迹——一块烧焦的布料碎片,他断定这很可能就是皇后的披肩。

拉美西斯和妮菲塔莉回来了,发现这个城市依然很忙碌,但已经不像过去那样热闹了。整个城市都处于紧张之中,人民的主要活动就是制造武器和战车。现在这座城市已经成了一部忙碌、紧张的战争机器,再也不像过去那样愉快、祥和了。

太后正在写一份与兵器制造厂有关的报告,这时,王室夫妇前来拜见。

"赫梯人宣布开战了吗？"

"儿子，还没有。不过我发觉现在的气氛过于严肃、平静，因此我确信这里面一定有阴谋。妮菲塔莉，你康复了吗？"

"那场病已经过去了，虽然它很痛苦。"

"这次代管国事，真是太累了……我真是老了，没有精力管理这个国家。宫廷大臣和军队都需要你的鼓励，去讲几句吧。"

拉美西斯先是与亚梅尼进行了一次长谈，然后接见了刚从孟菲斯城回来的萨哈马纳。法老告诉撒丁人，魔法已经危害不了皇家夫妇了。但是他仍然要求萨哈马纳接着调查下去，找出那幢充满邪恶的别墅的真正主人，以及那个金发女尸的确切身份。

法老心里还是很焦虑。他的办公桌上放了一些急件，是从迦南和安穆府省寄来的，内容很让人担忧。从埃及城门的指挥官那里没有传过来一个重大消息，可是城内的人都在传言，赫梯军队正在举行大型的军事演习。

亚夏也没有传回来一点消息，拉美西斯无法判断双方的形势。赫梯人会在哪里开战？这一点相当重要，关乎整个战争的胜败。没有情报协助，法老难以作出判断，是否要把战区向北方转移？是要加强防卫阵线，还是要集中兵力进行攻击？如果要转移战场，他会主动发起攻击，但是，他不知道是不是该相信自己的直觉去冒一次险。

官兵们看到皇家夫妇到来，顿时充满信心和勇气。拉美西斯连隐形的敌人都能打败，肯定也能打败粗野的赫梯人吗？新式武器的暴增不仅增加了士兵们的信心，还让他们看到了自己身上潜藏的能力，不再害怕与敌人正面交战。拉美西斯来到战车队跟前，挑了几辆战车亲自试驾，发现这些战车不仅轻便、容易驾驶，而且行动迅速。这都归功于细木工匠的精湛技艺，是他们改良了好几项技术。盾牌、盔甲等防卫武器，法老也很喜欢，许多官兵的性命都将由它们来保护。

皇后又开始频频活动起来，朝臣们因此而不再骚动不安。人们，包括那些本以为她会死亡的人，纷纷赞美她的勇敢，并深信她会长命百岁，因为她经受住了这样痛苦的考验。

皇后关注的是军服的制作进度，并没有将那些奉承之语放在心上。她还根据亚梅尼的详细报告，对上千项与国家经济福利相关的问题进行了更改。

谢纳见到法老，马上行礼。

"你胖了些。"拉美西斯说。

"这并不是因为我太闲，我也有烦心事，只是这仍阻止不了我发胖。经常听到有关战争的消息，士兵到处可见……埃及就是这个样子吗？"

"谢纳，赫梯人很快要与我们开战了。"

"你说的也许不错，可是有证据支持这种可怕的传闻吗？我的部门还没有得到一点这样的事实根据。穆瓦靼力不是还经常给你写信吗？"

"那都是阴谋。"

"如果我们守住和平，几千条生命就得到了拯救。"

"那也是我的心愿。"

　　"我们要保持中立，更加小心才行，不是吗？

　　"你难道在宣扬消极思想？"

　　"不，不是的，我只是担心那位将领太冒进了，他是那么爱好名利。"

　　"哥哥，你尽管放心好了，什么意外都不会发生的，我会亲自统领军队。"

　　"听你这么说，我真的很高兴。"

　　"你的新助理梅布工作得如何，合你意吗？"

　　"他工作得不错，就像个积极、热情、听话的学生，能够再次回到部里，他很兴奋。我们有时也要用一些出色的专业人员，算是给他们一个机会，帮他们摆脱游手好闲的境况，我一点也不后悔。善良难道不是一种美德吗？"

48

办公室里，梅布为了证明自己是像过去一样认真工作着的，尽可能详细地向谢纳提供资料。

"我与法老见过面了，是否采取行动，他还拿不定主意，因为他没有掌握切实的信息。"

"不错。"梅布说。

谢纳很不解，不清楚亚夏为何突然没有了消息，也不知道这位年轻的外交官为什么没有向他汇报那些加速拉美西斯灭亡的行动。他猜测，亚夏很可能遭遇了不测，但是他并没有将这些疑虑告诉他的同伙。这样的平静令人深感不安，也让谢纳失去了判断。

"梅布，我们说到哪儿了？"

"上面命令我们进入休眠状态，不要再进行活动。这意味着我们的机会来了。这次法老无论如何也逃不掉了。"

"你为什么会这样说？"

"我相信赫梯的武装力量已经达到了顶点。你与王权越来越接近了。这段时间你应该多与各个部门走动，与他们搞好关系。"

"我们还是要谨慎点，那个可恶的亚梅尼什么都知道。"

"怎样才能从根本上做好防备？你有办法吗？"

"还没到时间呢。要不然会惹怒我的弟弟的。"

"时间过得很快，几个星期转瞬即逝，你要作好登上王位的准备，与赫梯加强友好合作。这是我的建议，你要记住。"

"我早就盼着那一天到来了……你放心吧，我很快会做好一切准备。"

杜兰特跟在巫师后面，心里乱成一团麻。她无法冷静下来，莉达死了，警察来了，她不得不着急慌忙地逃跑……这一切让她乱了方寸，不知道该怎么办。巫师请她扮成他的妻子，继续战斗，重新建立起唯一真神阿顿神教，她兴奋地答应了。

这对"夫妇"逃出孟菲斯港的警察包围后，买了一匹驴子。拉美西斯的姐姐素颜净面，而欧菲尔刮去胡须，身穿农民服装，装扮后的二人向南方走去。欧菲尔知道，孟菲斯北方和边境设置了层层障碍，连河防也加强了警力，人们正在通缉他，他们除了偷渡过河，根本逃不出去。

他认为向异教教主阿肯那顿的信徒寻求帮助比较稳妥，这些虔诚的信徒分布在埃及中部，离被遗弃的太阳城比较近。欧菲尔演的这一出戏，现在看来挺不错，他一点也不后悔。欧菲尔之所以情愿与杜兰特以夫妻相称，只是为了向她证明他的生命属于唯一真神阿顿。这样做，在赫梯人占领埃及之前，他就能得到那些宗教信徒的保护。

欧菲尔很庆幸在出逃之前得知穆瓦靼力已经开始行动了，他已经向梅布传递了这个消息，现在就等着两军开战了。

谢纳只等着拉美西斯死亡的消息传出，他好坐上帝王宝座；要想公开欢迎赫梯人，当然在此之前还得将妮菲塔莉和图雅排挤出去。穆瓦靼力不会将权力分予别人，他没有这个习惯，但谢纳并不知道这一点。穆瓦靼力的目的是彻底占领埃及两地，扶植拉美西斯的哥哥只是暂时性的措施。

埃及乡间的宁静让欧菲尔无限陶醉，神清气爽。

亚夏被关进上城的巨石监狱里，这个监狱是专门关押特殊囚犯的。他没有被关进下城那潮湿、阴暗的黑牢，纯粹是因为他的职位和能力，要知道无论是谁都无法在下城那个黑牢中活过一年。亚夏在监狱里似乎过得有滋有味，每天都要做一下体操，以此来保持体力，尽管监狱的饭菜难以下咽，设备也非常简陋。

这位年轻的外交官自入狱以来一直没被提审过，最后他很可能会遭受酷刑。

这天，牢房里终于来了一个人，是哈伊亚。"你怎么样？"

"我挺好！"

"亚夏，你真是太倒霉了点，如果不是遇到我，你早就跑得远远的了。"

"我并没有逃跑。"

"多说无益，那是事实。"

"看到的并不一定是真相。"

"我在孟菲斯和拉美西斯城见过你，你就是拉美西斯的童年好友亚夏，我还向你的家人销售过几个昂贵的花瓶呢。国王将一个极为冒险的任务交给你，你还真的很大胆，而且也很聪明。"

"你弄错了最重要的一点。我的确从拉美西斯那里接受了间谍任务，可是我真正的主人却是另外一个人。我的确切情报并不是传给法老，而是这个人。"

"你说的这个人是谁？"

"谢纳，拉美西斯的哥哥，埃及未来的国王。"

哈伊亚激动地摸着他的山羊胡子，胡子经过剃须匠细致修剪过，完美之极，他这一激动差点就将胡子摸乱了。这么说，亚夏是站在赫梯人这边的？不，不对，还有个极为重要的细节对不上。

"你为什么要装扮成一个陶瓷商人呢？"

亚夏淡然一笑，"你似乎什么也不知道。"

"你还是讲清楚点比较好。"

"穆瓦靼力登上了王位，不过，哪一个乱党是他该依靠的？他会在哪里施展他的权力？他的弟弟和儿子争夺王位的战争结束了，还是仍然斗争不止？"

"不要说了。"

"这就是我此行的目的，我要弄清这些问题。现在你知道我伪装的原因了吧。对了，你是知道答案的，可以对我说说吗？"

哈伊亚猛地打开牢门，气急败坏地走了。

为了保住性命，亚夏不惜暴露自己的真正身份，也许他不应该惹怒这位叙利亚人。

身着华丽服装的穆瓦靼力悄悄走出皇宫，他的护卫很严密，既有身边随从的保护，宫顶上还埋伏着一名神箭手。大家从传令官那里得知，他要去下城的大庙宇向雷神祈求护佑。

赫梯最盛大的仪式便是宣布赫梯进入备战状态，以及鼓舞军士士气。

人们向帝王致敬的欢呼声传到了监狱中，亚夏据此知道了赫梯已经作出了一个重大的决定。

雷神是赫梯国各路神灵的首领。祭司们小心地洗涤着神像，以免惹怒了天神，对此，所有赫梯人都不敢质疑。祭礼仪式即将开始。

女祭司普杜赫芭大声朗诵着经文，祈祷将生产女神转化为勇猛的战将。然后为了帮助帝王得到命运的眷顾，她将七根铁钉、七根青铜钉以及七根黄铜钉刺进一头公猪身上。

当普杜赫芭朗诵经文时，穆瓦靼力凝视着他的儿子乌里泰梭。只见他身着防护铁衫，头戴盔甲，彰显着他是多么喜欢战争和杀戮。而哈图希勒则一直安静沉稳，显得高深莫测。这两人之间的敌意似乎逐渐消失了，并和普杜赫芭一起成了帝王的心腹。事实上乌里泰梭和哈图希勒夫妇却彼此憎恨。

穆瓦靼力正是想借向埃及开战来消除王位之争，扩张领土，还要统治中东和亚洲，然后再入侵其他国家。老天爷是宠爱他的，不是吗？

祭典完毕，帝王以四道祭品举行了一次宴会，并邀请众将军和高官参加，在宫廷司酒官的安排下，这四道祭品分别摆放到国王的宝座上、壁炉旁、主桌上和餐厅的门槛上。宾客们就像是在吃最后的晚餐一样，很快开始大快朵颐、尽情畅饮起来。

宴会上的笑声、说话声随着穆瓦鞑力的起身突然中止，即使是喝醉的人也再次表现出肃穆、端庄的样子。

要想让战争晚点开始，只能做一件事。

帝王在随从的保护下出了上城的斯芬克斯门，向一座石山丘走去。穆瓦鞑力、乌里泰梭和普杜赫芭全都登上了山顶。

他们站在山顶上定定地望着天上的云。

"看，那里！"乌里泰梭突然大声叫道，然后拉弓搭箭，向一只在空中飞翔的秃鹫射去，一箭射中了那只凶猛大鸟的喉咙。

一名军官飞快地跑过去拾起飞禽，然后捧到统帅面前。统帅拿起刀子将秃鹫的肚皮划来，从里面取出还冒着热气的内脏。

"解读一下，然后说说未来是不是有利于我们。"穆瓦鞑力对普杜赫芭说。

女祭司忍着秃鹫内脏的恶臭，认真地检查着这些内脏的排列位置。

"对我们有利。"

乌里泰梭突然大吼一声，震得整座安纳托利亚山都地动山摇。

49

法老大会上聚集了众多朝廷重臣，他们彼此争吵不休。部长们神情无措，高级官员们抱怨不止，说命令不明，占卜家们则预言军纪会混乱不堪。亚梅尼及其部下无法替拉美西斯申辩，所有人都望向这位年轻的书记员，看他怎么说。

整个会议厅热闹非凡。这时法老坐上了王位，为了不引起众人的埋怨，法老再次让长老官将他收集的问题提出来，而且要依照几千年来传承下来的法老制度，先提老者和贤士的。野蛮的原始民族从来都是争论不休的，而且蛮不讲理，而埃及的宫廷则不同，在这里大家开诚布公、谦虚纳下。

"陛下，国民们都很惶恐，很想知道是不是要与赫梯人开战了？"长老官说。

"的确如此。"拉美西斯肯定地回答。

大家听了这个回答，全都缄口不言了。

"难道避免不了吗？"

"在所难免。"

"我们的军队做好准备去战斗了吗？"

"工匠们都很努力，接下来还会更加努力，要不了几个月，一切都会准备就绪，只是可能没有时间了。"

"陛下，为什么这么说？"

"战场不在埃及，军队必须尽快赶到北方。我们可以放心大胆地从迦南和安穆府过去，因为那里已经平定了。"

"陛下，谁来担任总指挥？"

"我亲自指挥。我出征后，埃及两地由大皇后妮菲塔莉管理，太后图雅协助她。"

长老官觉得其他的问题都没有意义了，于是不再开口询问。

柠檬树下，荷马抽着烟斗，享受着春天的朝阳，他有风湿病，此时的阳光热度正好可以缓解他的疼痛。他的烟斗很独特，是用大蜗牛壳做的，里面塞着鼠尾草。他虽然满脸皱纹，但是在剃须匠精心修剪的白长胡子的衬托下显得十分尊贵。他的膝盖上趴着一只猫，它低低地叫着，身上那黑白条纹的毛皮犹如一道永恒的风景。

"陛下，在您出发之前我想再跟您见一面，这场战争规模很大，是吧？"

"荷马，埃及的命运在此一举。"

"我写了一首诗：我们仍然可以相见，哪怕在遥远的地方。在人们呵护下，一棵橄榄树正茁壮成长，有了暴雨的浇灌，有了细风的抚慰，这棵树是那样的盈润、强壮，开满了纯洁的白花。然而，突然刮起了一阵龙卷风，这棵树被连根拔起，重重地倒在地上。"

"这棵树要是能傲然挺立在狂风中呢？"

荷马端起一杯红酒恭敬地递给法老，酒里加了八角茴香和芫荽，他自己也端起一杯一饮而尽。

"要是那样，我会再写一首史诗献给您。"

"你忙于写作，还有时间娱乐吗？"

"我敬重英雄，赞美战争和游记是我的全部。您赢得了胜利，就会千古留名。"

"我要是失败了呢？"

"赫梯人没有能力占领我的花园、折断我的柠檬树、砸烂我的文具盒，您不这样认为吗？有了神的保护，这种灾难不会发生。赫梯人发起的这场一决雌雄的战争将在哪里发生？"

"虽然这是一个军事机密，但我可以告诉你，在卡迭石。"

"卡迭石之战，真是一个好的诗名。它将被世人永远铭记，人们会将我的很多著作忘记，请相信我。我会用尽我全部的精力去创作这个作品，不过，陛下，我想提一个小小的要求，但愿结果是好的。"

"我会尽力实现你的愿望。"

亚梅尼心神不宁。他要向法老请教一系列的问题、呈交一系列的文件，并汇报诸多难以定夺的案子……这件事情除了法老，谁也没权力决定。这位机要秘书真的慌了，方寸大乱，面无血色。

"你应该好好休息一下。"拉美西斯劝道。

"可是你马上要出发了啊！你要离开多长时间呢？万一我出现重大失误，怎么办？"

"亚梅尼，我相信你不会出错，再说了你若拿不定主意，可以向皇后寻求帮助。"

"陛下，你跟我说实话，你会幸运地将赫梯人一击而中，对吗？"

"我有这个信心，否则怎样率领部队去打仗呢？"

"我听说那些粗野的人所向无敌。"

"只要锁定敌人，就能够打败他们。亚梅尼，照管好我们的国家。"

谢纳吃着烤羊排，上面加了香芹和芹菜叶，他感觉味道很淡，就又加了一些佐料。他喝了口高级红酒，也觉得没滋没味的。他喊他的厨师过来，没想到一位不请自来的人却走进了餐厅。

"你是来跟我一起享受美食的吗，拉美西斯？"

"说实话，不是的。"

法老的直言不讳顿时让谢纳没了食欲，他想立即从餐桌旁走开。

"我们可以到葡萄架下谈谈吗？"

"客随主便！"

谢纳来到一张藤椅旁坐下，觉得肚子有点胀。拉美西斯则面朝尼罗河站着。

"陛下，你好像心情不好……要开战了吗？"

"除了这个，还有其他原因让我不高兴。"

"是我的原因吗？"

"对。"

"你觉得我工作得不好？"

"你不是一直很恨我吗？"

"过去我和你的确有矛盾，但那是过去。现在，矛盾消除了，拉美西斯。"

"你真的这样想的？"

"当然，你不用怀疑！"

"谢纳，就算是出卖国家，你也要夺得王位，这是你唯一想做的。"

法老的话犹如一声棒喝，直击谢纳内心。

"这纯属诬陷，是谁在这样做？"

"我一向不信谣言。我是根据事实说话的。"

"这是不可能的。"

"萨哈马纳在孟菲斯的一幢别墅里找到了两具女尸，还发现了一处巫师法坛，他们想用魔法来谋害皇后。"

"这件事是很可恨、很悲惨，可是这跟我有关吗？"

"尽管你已经悄悄地把那幢房子过户给了杜兰特，但地权管理所的资料证明你过去是它的房主。"

"我的房子很多，连我自己都不知道究竟有多少栋房子，尤其在孟菲斯。到底发生了什么事情，我一点也不知道。"

"你跟那个名叫哈伊亚的叙利亚商人不是朋友吗？"

"他就是一个做进口花瓶买卖的，我们不是朋友。"

"事实上他是赫梯军队的卧底。"

"这，这真的很恐怖！但我完全不知情，跟他有业务往来的人有几百个。"

"我很清楚，你野心很大，但没想到你会卖国求荣，与虎谋皮。赫梯人需要在埃及寻找合伙人。尽管你用了很巧妙的办法来摆脱嫌疑，但我知道，你，我的同胞哥哥，就是他们的合伙人。"

"拉美西斯，你疯了吗？谁会那么无耻呢？"

"谢纳，那个无耻的人就是你。"

"羞辱我，你很快乐吗？"

"你以为所有人都能用钱收买，这就是你犯下的致命错误。你要知道，友情也是能坚不可摧的。虽然我身边的朋友和我的那些年少时的朋友不停地受到你的抨击，但并不是所有人都被你打倒了。正因为这样，你才会钻进我的圈套。"

谢纳有些惊慌失措。

"谢纳，亚夏没有出卖我，他从来没有为你卖过命。"

谢纳的双手死命地抓着椅子的扶手。

"亚夏已经将你的所有计划和阴谋告诉我了，你实在太可恶了，而且还执迷不悟。"

"我要解释一下，我有这个权利。"

"你出卖国家，将被判处死刑，到法庭上再分辩吧。当逢乱世，你会被关进孟菲斯监狱，在那里边劳动边等着上法庭。埃及的法律规定，国王要将内奸铲除后再奔赴战场。"

谢纳扯着嘴唇勉强露出一丝微笑，"我是你的哥哥，你不敢杀我……你将败在赫梯人手上！等你死后，我就可以在他们的扶持下登上王位。"说话时，他的脸简直变了形。

"认清坏人的真实面目，与这样的人打交道，对法老是有好处的。谢纳，我会因为你而成为一位最勇敢的战士。"

50

　　亚夏的情妇，那位赫梯村妇一路辗转到了埃及。因为她带着亚夏的信函，所以受到了相当热情的招待，并立即被带到法老面前。村妇向法老讲述了自己与亚夏在一起的情形，以及自己这一路上的遭遇。

　　村妇从拉美西斯那里得到了丰厚的赏赐：拉美西斯城里的一幢房子，一份数额庞大的年金，足以让她吃用一辈子，这也是当初亚夏曾给她的许诺。这个赫梯女人感激涕零，此时她要是知道亚夏的情况，肯定会详详细细地说给法老听。

　　从村妇那里，拉美西斯得知他的朋友被抓了，很可能已经被判了刑。他很难过，但也不得不接受这个残酷的事实。亚夏也可以对赫梯人说他的主人是谢纳，使人相信他是为赫梯人卖命的，这是他最后的机会，只是不知道他有没有辩白的机会，更不知道赫梯人会不会相信他的话。

无论如何，亚夏都把消息传了过来，成功地完成了他的任务。他传回来的消息只有短短的三个词：卡迭石、立即、危险。亚夏是非常谨慎的，一是害怕信件被截获，二是害怕村妇会出卖自己，所以就只写了这短短的三个词，但这已经充分说明了情况，拉美西斯据此下定了决心——向赫梯人开战。

在一次大规模的会议上，法老点到了梅布的名字，吓得他跑到厕所呕吐不止。他觉得自己的嘴里臭味熏天，必须用最浓的香水熏熏才行。谢纳被捕了，朝廷上下惊恐不已，梅布作为前外交部长的助理也即将被抓进监牢。他知道自己不能逃，逃了就等于承认自己是谢纳的同伙，欧菲尔已经逃了，他想发出个警告都不成。当他走在前往皇宫的路上时，他认真地想了想，拉美西斯怀疑自己了吗？在法老或是宫廷看来，谢纳夺取了梅布部长的职位，一直对他很冷漠，后来让他来做助理，只有一个目的——侮辱他，谢纳从来不把他看成朋友。照此来看，牺牲梅布就是来惩罚迫害他的谢纳的，这就是命运的安排。

梅布认为自己必须小心行事才行，不能将那个职务出现空缺的消息宣扬出去。他要收敛锋芒，摆出官架子，只等着最后的结果，或拉美西斯胜，或赫梯人胜。如果赫梯人取得胜利，那他就能坐享其成了。

大会上，法老和皇后并坐于王位之上，下面坐满了将军和高级将领。拉美西斯说："根据我们获得的情报，我决定向赫梯人开战。明天我将率领军队奔赴北方。就在刚才，我们已经派使者去赫梯国向穆瓦粗力递交正式开战的紧急信函。希望这一战之后，邪恶不复存在，玛亚特还在这世上存在。"说完，会议就告结束，官员和军人都静静地离开了。这次大会议是拉美西斯即位以来最短的一次会议，会后一点议论都没有。

萨哈马纳目不斜视地从梅布面前走过。梅布吓得回到办公室一口气喝下了一坛子绿洲酒。

回到家，拉美西斯发现他的孩子凯和梅莉达蒙正逗着夜巡快乐地玩耍，他走过去亲吻了他们。内疆，过去是园丁，后来成了农业部长，承担着这两个孩子的教育工作。孩子们从内疆那里学会了写字，而且进步很快，还学会了玩跳方格游戏，从中他们懂得，要想到达光明区，必须避开凶险的方格才行。孩子很高兴，缠着内疆给他们讲故事，在他们看来，这一天跟往常没什么区别。

这一刻对拉美西斯和妮菲塔莉来说也是幸福的，他们坐在草地上，欣赏着眼前的景色。在春日暖阳的照耀下，天气开始暖和起来，法老只穿了一件裹腰布，皇后只穿了一件吊带短衫，露着酥胸。

"你哥哥背叛国家，你不难过吗？"

"我对他的背叛并不奇怪，如果他忠心耿耿就不正常了。我要是早点杀了他就好了，多亏了聪明、机智的亚夏。不过邪恶势力依然存在，真是不幸。那名巫师还没抓到，另外说不定谢纳还有同伙，或是埃及人或是外国人。妮菲塔莉，我们要提高警惕才行。"

"你用生命来捍卫我们的国家，我也不会自私，会想着国家的利益。"

"为了你的安全，我会让萨哈马纳留在拉美西斯城。但愿他能同意，他一直想痛快地去杀赫梯人。"

妮菲塔莉偎依在法老身旁，她的秀发散落在法老的胳膊上。

"我刚摆脱隐形恶魔的危害，你却要去涉险了……我们是否能和你的父母那样，过几年安逸快乐的生活呢？"

"只要消灭了赫梯人，我们也许可以有那样的生活。不打这一仗，埃及就可能灭亡。万一我没有回来，你要承担起治理国家、抵抗外敌的责任，就任国王。穆瓦坦力征服的民族都将沦为奴隶，埃及两地的人民不能成为他的奴隶，妮菲塔莉，一定要记住。"

"我们现在的幸福，浓郁得犹如香水一样，这种幸福犹如那随风起舞的树叶，沙沙作响，不断生长。无论将来发生什么事情，我们都要永远记住这种幸福。拉美西斯，我全心全意地爱着你，这种爱就像大海中翻滚的浪花，又像阳光下绽放在草原上的鲜花。"

妮菲塔莉左肩上的肩带滑了下去。法老平静地解开皇后的衣衫，凑上双唇，往那温暖而美好的肌肤亲去。法老和皇后激动地相拥缱绻，这时拉美西斯城的上空飞过一只野天鹅。

天快要亮时，拉美西斯来到阿蒙神庙的圣洁广场上沐浴更衣，然后进行祝圣仪式。结束后，法老步出圣洁广场去看日出。黄昏时，他的守护神天庭女神会将太阳吞没，以便让它对抗黑夜后在早晨重新升起。这不正是塞提之子即将与赫梯蛮人的战争吗？天边的两座山之间现出重生的太阳的身影。有一个古老的寓言说，山丘上并立着两棵高大的绿松石树，阳光正是从这两棵树之间穿过的。

拉美西斯默念着那篇祖先传承下来的祈祷文。

万一他在卡迭石战死，这篇经文便会在他这里失传，不过另一种光明之语将取代它，永远传承下去。

马上要出征了，城区的四座军营里最后一次清点士兵。将士们个个斗志昂扬，虽然都知道这一战会很惨烈，但是因为近期以来君王总是按时来巡视，再加上兵器的质量也大有提高，所以大家都不再紧张，就连最怯懦的士兵也不再畏惧。

兵营的军队向大城门进发了，与此同时，拉美西斯乘坐战车出了阿蒙神庙，朝旧城驶去。旧城是侵略者西克索人在几个世纪前建立的，这里的一个角落耸立着一座塞特神殿，这才是法老的目的地。这座庙宇内供奉着具有无敌神力的塞特神，历代法老为了驱逐邪恶势力，都会来到这里祭拜。塞提在此获得了塞特神的真传，成为塞特神的人形化身，并将此秘笈传给了他的儿子。

拉美西斯今天来的目的是要与叙利亚及赫梯雷神对抗，而不是来向塞特神挑战的。他要从对抗中获得霹雳神力，击败敌人。

对垒很猛烈但时间很短。

雕像看上去就像一个傲然挺立的男子汉，如犬一般，脸很长，耳朵很大，双眼通红。拉美西斯凝视着它。

雕像的底座动了起来，神祇好像走了过来。

"万能的塞特，请您赐给我力量吧，让我与您合二为一。"

塞特答应了法老的请求，那双冒着红光的眼睛没有了怒意。

带着族里大部分羊群去放牧的摩西两天前就应该回来的，他的未归让梅得洋国的祭司长及其女儿无比担忧。摩西性格古怪，常常一个人在高山上陷入深思，脑子里时不时出现一些奇思妙想。他就喜欢和他的儿子"流放者"玩耍，对于他妻子提出的任何问题，他都不想回答。

埃及是摩西成长的地方，是他用心建设的祖国，是他无论如何也无法忘怀的美丽地方，祭司对此非常清楚。

"摩西是不是重新回到那个地方了？"祭司的女儿担忧地问。

"我觉得没有。"

"他到梅得洋的目的是什么呢？"

"谁知道呢？我也不想打听。摩西忠厚老实，勤勤恳恳，还求什么呢？"

"我只是觉得我的丈夫城府太深，离我太远。"

"女儿，试着喜欢这样的他，你会过上幸福的生活。"

"爸爸，我希望他能回来。"

"放心吧，他会回来的。你只需要照顾好孩子。"

摩西果然回来了，只是鬓发尽白，皱纹满面，完全变了个样子。

"摩西，你这是怎么了？"他的妻子扑上来抱住他，急切地问。

"我看到一道火光从荆棘丛里蹿出来烧着了大树，不过树并没有毁掉。上帝在树丛中叫我，向我说了他的名字，并派给我一项任务。我本该随他去的，他是上帝。"

"这么说你要抛下我和孩子随上帝而去？"

"上帝的命令，谁都不能反对，包括我，我也要完成我的任务。我们只是听候上帝使唤的奴隶，他的旨意凌驾于你我之上。"

"摩西，你要完成什么样的任务？"

"到时候你就知道了。"

摩西走进帐篷，陷入了沉思。

一阵嘈杂声突然打破了他的沉思。营区闯进来一匹马，骑马的人慌张地说，法老亲自集结一支大部队去了北方抗击赫梯人。

摩西非常思念自己的童年好友拉美西斯，更思念拉美西斯身上的那股力量。他祝愿他的朋友能够取得战争的胜利。

51

赫梯国首都的城墙前布满了士兵。女祭司普杜赫芭站在塔顶的监视站上，俯视着整齐的部队：马车队在前，后面跟着弓箭手和步兵团。部队纪律严明，威武强悍。帝国有了这支军队，必将击败拉美西斯，占领埃及。

穆瓦翅力收到拉美西斯的宣战信后，出于外交礼仪也回了一封。

普杜赫芭不想让她的丈夫上战场，可是哈图希勒作为帝王的顾问被要求领军出征。

作为总司令，乌里泰梭走到部队前面，拿起火把把一个大火盆点着，然后命人推来一辆新战车。他抡起一把大铁锤把战车砸了个粉碎，然后将其残骸丢进火里烧掉。

"如果有人临阵脱逃，他的下场就如这战车，必将被雷神的烈焰烧毁。"

乌里泰梭用这种奇怪的仪式使他的军队更具凝聚力，他的军队将勇往直前，无论多么残酷的战争都不会退却。

帝王之子举起长剑朝向穆瓦靼力，表示服从。

帝国的战车开向埃及军队的墓场——卡迭石。

拉美西斯端坐于两匹马拉的皇家战车之上，他麾下有四个师团，每个师团下设团长、中尉和旗手，各拥有五千名士兵。而战车团分五个中队，拥有五百辆战车。士兵都全副武装，内衣、衬衫、铁甲、铜护腿、头盔、双刃小斧头一应俱全，而且后勤书记员还会在合适的时候拨发大量武器。

梅纳是拉美西斯的贴身随从，拥有相当丰富的军事经验，非常熟悉叙利亚。对那头在战车旁边大步前进的努比亚狮子，他丝毫不感兴趣。

塞大武和莲花仍然带着医疗队，哪怕是在军队的最前沿，他们仍盘算着首次到卡迭石要找到几条不一般的大蛇。

在拉美西斯即位第五年的四月底，大部队出征了。途中一直风清气爽。拉美西斯率军跨过西勒边界后换成了水路，这条水路的防御设施牢不可破。之后部队从迦南和安穆府通过继续前进。

彼布罗斯有一个地方叫"雪松峡"，这里驻扎着一支有三千名士兵的部队，是负责监督各属地关卡安全的。当拉美西斯即将到达这里时，他命令这支部队一直向北走到卡迭石的边界，再从西北边进入战场。对这一计划，各将领都不赞同。他们说这支部队并非正规军，如果与强大的对手遭遇，必然会被困在海防线上。

不过法老力排众议，坚持己见。

　　贝喀草原是法老进入卡迭石的必经之地。这个草原位于黎巴嫩和安地—黎巴嫩江之间，埃及士兵都知道这个低洼之地，地势崎岖而萧条，还有人说河水里有鳄鱼出没，茂密的森林里则隐藏着黑熊、鬣狗、野猫和野狼。森林里生长着茂密的柏松和雪松。军队在穿过一片树林时，突然骚动起来，士兵们惊恐不已，担心会在树林里憋死。一位军官前来安抚士兵，告诉他们那样的事情不会发生。

　　卡迭石城位于欧伦特河西岸，贝喀草原的边缘，赫梯国与埃及的交界处。埃及军队在这里建立了一个突击队，正是这支队伍平定了安穆府和迦南的叛乱。拉美西斯率队——阿蒙师团打头，中间是瑞师团和卜塔师团，后面是塞特师团——从拉美西斯城出发一个月后才抵达卡迭石城。

　　时值五月末，细雨连绵，湿气甚重，战士们抱怨连连。好在天天能吃饱饭，而且饭菜还不错，冲淡了气候带来的烦躁。

　　当队伍到达离卡迭石几公里远的拉卜维森林时，拉美西斯命令军队稍作休息。这片森林繁盛茂密，地形复杂，非常适合设伏。一旦遇到埋伏，战车还好说，士兵就难办了，很可能会举步维艰。拉美西斯不想急功近利，虽然亚夏传来的情报"卡迭石、立即、危险"不停地在他脑海中闪现。他命令手下搭起一个简易帐篷，然后召集军官召开战地军事会议，第一线战车和弓箭手在四周保护。塞达武也出席了会议，因为最近他在莲花的帮助下治好了一百多位军人的疾病，所以士兵们都很喜欢他。

　　拉美西斯命令侍从梅纳将大地图打开。

他指着地图说："现在我们的位置在这儿，拉卜维森林外面，靠近欧伦特河。我们可以从森林出口处的第一道浅滩涉水过去，这里不在堡垒塔射程之内，要绕过北边的第二道浅滩，因为那里离堡垒太近。我们可以到堡垒的北面安营扎寨，然后从背后袭击赫梯人。这个计划怎么样？"

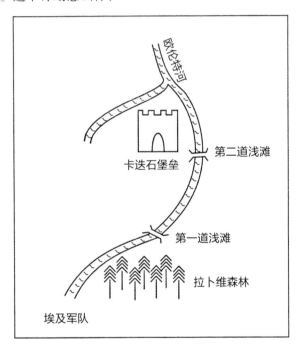

各位将领都点头赞同。

法老见状，勃然大怒："你们都傻了吗？"

"这座森林确实不好通过。"阿蒙师团团长说。

"你说得很对。我们哪能这么容易通过浅滩，走到堡垒前面去安营扎寨呢？有人向我提出了这个计划，难道就没想到那里会有赫梯军队吗？"

"赫梯军队应该都在堡垒里躲着呢，或者藏身于城墙之下。"卜塔师团团长提出异议。

"只有昏君才会那样做，只可惜穆瓦靼力不是。他是赫梯国伟大的君王，会令军队在森林里、浅滩、堡垒前设下埋伏，只等着打我们一个措手不及。只顾着防守而不去进攻的蠢事，赫梯人绝对不会去做。谁会不按常规地把重兵留在堡垒里？你们会这样做吗？"

塞特师团团长说："战争的关键就是选择好战场。我们比较擅长打平地战，而不擅长森林作战，甚至对森林战知之甚少。既然这样，我们就不进拉卜维森林，从它前面通过欧伦特河。"

"这行不通，森林前面找不到浅滩。"

"干脆把这片可恶的森林烧掉。"

"也行不通，风有可能把火吹向我们，而且那些烧毁的、倒下的树枝也不利于我们前进。"

瑞师团团长说："还是走海路，从北边向卡迭石发起进攻。"他的话显然有点前后矛盾，但他似乎根本没有意识到。

卜塔师团团长反驳道："这太荒唐了，如果这样，非正规军就无法与我们会合，请原谅我实话实说，陛下。赫梯人可能早就在海岸线出口设下重兵，等着进攻我们呢，他们一向疑心重。我们最好还是按原计划行事。"

"是的，这是最好的策略，遗憾的是我们寸步难行。"塞特师团团长语带嘲讽，"我的想法是，派出侦察兵进入拉卜维森林侦察赫梯军队的情况，可以挑选一千名步兵去。"

"派出侦察队，也只是让士兵去送死而已，怎么能获得情报？"

拉美西斯说。

"战斗还没开始就想散伙吗？我们必定会被赫梯人笑话死，陛下您也将失去威信。"瑞师团团长使用了激将法。

"我要是领兵消除敌人，能获得什么样的威信？我们不能只考虑我的个人荣誉，埃及的安危才是我们最应该考虑的。"

"陛下，您想怎么做？"

塞达武说话了，"我是御蛇巫师，单独行动是我的爱好，我也可以与妻子一起行动。我的身边要是跟着众多士兵，恐怕抓不到一条蛇。"

"请说正题。"塞特师团团长说。

"派出一支小分队进入森林，让他们标出敌人的据点，这样我们就能知道从何处进攻。"

塞达武挑选出十个年轻、机敏的士兵组成了一支小分队，小分队配备了投弹器、弓箭和匕首，并由他亲自率领。正午时分，这支小分队悄悄进入黑暗的拉卜维森林，然后分出四个小组开始行动。他们只是时不时地看看树梢，以防受到藏身树枝丛中的弓箭手的袭击。

塞达武在森林里并没有发现赫梯人的埋伏。他率先穿过森林来到一片草地里蹲下，其他人随后聚齐，这一趟实在顺畅，令所有人都无比诧异。

前面就是第一道浅滩了。可是岸上并没有赫梯士兵把守。穿过面前宽阔的草原，就是矗立在山丘之上的卡迭石堡垒。眼前的情形令这支埃及小分队成员目瞪口呆。大家怀疑卡迭石城内根本没有赫梯军队，尽管如此，他们还是静静等待了一个小时，直到确定了心中的猜疑。

塞达武指了指浅滩附近的三棵橡树，说："那里有人。"

小分队很快作出决定，留一人在后面，如果同伴遭遇不测，他好发出信号通知拉美西斯撤退，其他队员迅速朝有人的地方包围过去。小分队顺利抓住了两个男人。从这两个人的穿着上看，他们应该是贝都因族的部落首领。

一个男人身材高挑、瘦削，另一个则是中等个头，一脸胡子且秃顶。他们害怕极了，眼皮都不敢抬。

埃及法老问："你们是什么人？"

"贝都因部落的首领。"

"姓名？"

"我叫亚摩斯，他叫巴蒂绪。"那个秃顶的男人答道。

"你们来这里干什么？"

"我们和赫梯一位当官的约好在卡迭石见面。"

"约会目的是什么？"

亚摩斯紧紧地闭上了嘴巴，巴蒂绪则深深地低下了头。

"说！"拉美西斯怒斥。

"赫梯人想让我们与他们联手攻击西奈半岛的埃及人,抢劫沙漠商队。"

"你们同意了?"

"没有,我们说商量商量。"

"你们是怎样商量的?"

"陛下,卡迭石城里只有一些叙利亚人,根本没有什么赫梯当官的,所以我们根本就没有商量。"

"赫梯军队在什么地方?"

"他们已经从卡迭石城离开十五天了。堡垒指挥官说,赫梯军队为了训练他们的战车,都去了离这里大约一百五十公里的阿木颇城附近。我们两个正想着是不是到那里看看呢。"

"这么说卡迭石城内并没有赫梯人?"

"陛下,没有。他们可能从这里的游牧民族那里知道了您的军队的厉害,我们也提醒过他们。您的军队如此威武,阵容庞大,他们完全没料到,为了能战胜你们,他们想找一个对自己有利的战场。"

"你们贝都因人已经将我们到达的消息散布出去了?"

"陛下,请饶恕我们吧。我跟大部分人一样都以为赫梯人比较厉害。而且野蛮的赫梯人根本不给我们选择的余地。我们要是不听他们的,就会掉脑袋。"

"有多少人在卡迭石堡垒里?"

"最起码有上千个叙利亚人,他们相信卡迭石牢不可破。"

拉美西斯马上召开战地会议。此时的塞达武简直就是一个英雄,令所有将领都敬佩不已。

"陛下，我们赢了，是不是？赫梯军队逃跑了。"瑞师团团长得意地说。

"这个胜利来得太容易，一点不可靠。我们是不是要将卡迭石包围起来？"

大家都赞成这样做。不过大部分人提议军队尽快赶往阿木颇。

"赫梯人是想把我们骗到他们的战场，所以才放弃卡迭石的。我们是不是应该先把这座城拿下，将它作为我们的后方基地？这样就能避免让整个军队掉进敌人的圈套。"塞达武提议道。

"这样做是不是太浪费时间了，毕竟时间珍贵！"阿蒙师团团长提出异议。

"这个主意并不是我想的。我们可以快速攻下卡迭石，毕竟这里没有赫梯军队防守。我们也可以让那些叙利亚人上战场，他们要活命，肯定会听我们的。"

拉美西斯作出决定："包围并占领卡迭石，让它成为法老的领土。"

法老率军进攻卡迭石，先是阿蒙师团从拉卜维森林经第一道浅滩进入那片草原，然后停在堡垒的西北方。堡垒不仅有高高的城墙，而且周围有五座高塔。瑞师团则到达堡垒的正前方，正处于塔上瞭望的叙利亚人的视野内。卜塔师团停留在浅滩附近，塞特师团驻扎在森林边上。

第二天，埃及军队休息了一天一夜后会合，打算实行第一次突击行动，包围卡迭石。

法老的营房在兵工队的忙碌下很快搭好。他们用四个大盾牌围成了一个长方形，然后搭上法老的帐篷，里面设有卧室、办公室，还有一间会客室。军官们使用的都是普通的帐篷，士兵们都在外露宿。如果遇到下雨天，他们会用遮雨篷。营区入口设了一扇木制大门，大门两侧矗立着狮子雕像。营区中央有一条路，直接通往阿蒙神庙。

各团长命令士兵放下武器，士兵们立即听令，按照事前的安排开始在各师团忙碌起来。有人去喂牲畜，有人去洗衣服，有人去修理坏掉的车轮，有人去擦拭武器，有人去分配食物，有人去支锅做饭。一时间饭香四溢，人们不再去想卡迭石、赫梯人和战争，有的人开始兴奋起来，说故事、拿军饷赌博……各种游戏纷纷开始。一些精力旺盛的人则干起了架。

法老的马匹和狮子一直胃口不错，拉美西斯亲自照料它们。夜深了，将士纷纷入睡，营区安静下来，只有天上的星星在眨着眼睛。法老怔怔地望着眼前的卡迭石堡垒，他的父亲一直觉得这座堡垒不宜归入埃及。拉美西斯则认为，占领它可以重重地打击赫梯帝国，然后留下一支精锐军队在此驻守，就不用担心埃及再受别国入侵了。

拉美西斯躺到床上，他的床脚是狮爪形的，枕头由花布缝制而成，里面装着莎草和莲花。看着眼前精美的装饰，法老脸上露出了笑容，开始想念遥远的埃及两地，那里是多么幸福的地方啊！法老闭上双眼，脑海中浮现妮菲塔莉那美丽的面庞。

"谢纳，起来！"

"典狱长，你知道我是谁吗，竟然这样跟我说话？"

"你就是一个可恶的叛国者。"

"看清楚，我是法老的哥哥。"

"现在那没有一点用处了，以后没有人会记得你。快起来，要不然我就抽你！"

"你不能这样对待囚犯，你没有这个权利。"

"是的，我是没有权利虐待囚犯，但是我可以这样对待你。"

谢纳发现典狱长并不是开玩笑的，只得站了起来。他在孟菲斯的监狱里一点苦也没吃。别的犯人都要下田干活，或去工地修防护堤，而他则一直被关在一间牢房里，一天还能吃两顿饭。

典狱长推搡着他在走廊上走着。他以为自己肯定会被送到绿洲去做苦力，没想到几个粗鲁的狱卒竟然把他带到了一间办公室。亚梅尼端坐在办公室里，这个人在谢纳的眼中与拉美西斯和亚夏一样可恨。这个书记员对法老实在太忠诚了，无论怎么贿赂诱惑，他都不为所动。

"亚梅尼，你的选择是错误的，你走上了一条失败之路，眼前的成功很快就会消逝。"

"你的内心仍然充满了仇恨。"

"亲手杀掉你后，我的心里才会没有仇恨。我很快会获得自由，拉美西斯城会被赫梯人摧毁。"

"你真的是被关糊涂了，不过还没有失去记忆。"

"亚梅尼，你想怎样对我？"谢纳板着脸问。

"你肯定还有同伙。"

"同伙……对，我是有同伙，而且不止一个。朝廷官员都是我的同伙，所有埃及人都是我的同伙。所有人在我当上国王后都会向我臣服，那些不支持我的人肯定会受到惩罚。"

"你的同伙都是谁，你说一下他们的名字。"

"亚梅尼，你的好奇心实在太强了。我难道不会单独行动吗？你认为我没有这个能力吗？"

"谢纳，你只是别人的一颗棋子而已，你的朋友没人在乎你。"

"小书记员，你说错了，拉美西斯活不了几天了。"

"谢纳，招了吧，这样你在牢里会过得好一点儿。"

"我不会在牢里住多长时间的。亚梅尼，赶紧逃吧，越远越好！所有人，尤其是你，必将受到我的严厉惩罚。"

"谢纳，我给你最后一次机会，赶紧说出你的同伙。"

"我希望你遭到地狱之王的摧残。"

"我会送你去服劳役，到那时你就会说真话了。"

"小书记员竟然敢在我头上撒野！"

"带走！"

谢纳被狱卒推到了一辆由一个警卫驾驶、两头牛拉着的囚车之上，然后向劳改营奔去，囚车旁边还跟着四名骑士。

囚车晃晃荡荡地走着，谢纳坐在一块凹凸不平的板子上很不好受，但他根本不在乎。他眼看就要登上那个至尊之位了，没想到却一败涂地。眼前的失败并没有让他气馁，反倒激起了他的斗志，他发誓要与拉美西斯斗争到底，以报此仇。

谢纳在行进的囚车里打着盹，仿佛看到了胜利的曙光。

一粒沙子从他的脸上划过，他顿时清醒，跪在车上向外张望。眼前是一片沙漠，乌云密布，暴风雨突然而至。

两匹马受到惊吓，将背上的骑士摔到地上，同行的人慌忙上前救他们。谢纳趁此机会迅速打昏了囚车的驾驶者，并推了下去。他迅速坐过去，驾驶着马车飞奔而去。

53

早晨，浓雾笼罩着卡迭石，久久不散。埃及军队要攻下这座宏伟的堡垒仍然困难重重，它看上去是那么的神圣，不容任何人侵犯，周围不仅有欧伦特河，还有森林和山丘。法老站在阿蒙师团驻扎的高地四下巡视，看到堡垒前那开阔的平地上驻扎着瑞师团，塞特师团已经越过了浅滩，随后在拉卜维森林与第一道浅滩之间驻扎的卜塔师团也会随其过河。四个军团会合就能迅速攻下这座堡垒。

士兵开始检查自己的装备，马上要上战场了，马匹也骚动起来。膳食书记长命令士兵清扫营地，洗刷餐具。军官四处巡察，让军容不整者去修剪处整理，几个犯了错的士兵则被处以几天的劳役。不修边幅、军容不整令军官们忍无可忍。

眼看到中午了，太阳火辣辣地照耀着大地。拉美西斯示意卜塔师团行动。卜塔师团很快就越过了浅滩。塞特师团从传讯官那里得到指示，稍稍向拉卜维森林靠近了一些。正在这时，天空突然响起了雷声，连绵不绝。

拉美西斯仰头看向天空，却没有看见一丝乌云。一阵响彻卡迭石的呐喊声从草原传来，法老怔了怔，随后就明白了这可怕声音的来源。原来，从距离堡垒很近的第二道浅滩冲过来了一批赫梯战车，直接威胁到瑞师团的侧翼，卜塔师团很快也被一大批人马盯上。战车后面的山坡上布满了步兵，他们像蝗虫过境般密密麻麻地随战车前进。这支庞大的赫梯军队藏在堡垒东西两侧的森林尽头，此时正趁埃及军队防御最松懈的时候蜂拥而至。

拉美西斯看着眼前的敌军，震惊至极，直到看到穆瓦鉏力，才明白过来。赫梯帝王的身边站着各国的王子和几个小公国的首领，包括叙利亚、米坦尼、阿木颇、乌加里特、恰克米绪、阿加瓦等，这些国家都被哈图希勒说服了，愿意和赫梯人共同对付埃及。

穆瓦鉏力拿出数额庞大的金钱，联合了从内陆到海岸的一切野蛮民族，组织了这支拥有四千名官兵、三千五百辆战车的庞大联军。埃及军队顿时被强大的敌军打得支离破碎。敌军向卜塔师团疯狂进攻，将其战车一个个打翻，顿时堵塞了浅滩。侥幸逃生的人纷纷躲进拉卜维森林，使塞特师团难以冲上前线。为了不被联军军队击中，埃及这部分军队不再冲锋陷阵。

卜塔师团的战车差不多全被敌军摧毁，而塞特师团被困在了森林里。草原上战争正酣，埃及军队显然处于劣势。瑞师团被冲成了两部分，官兵被打得四处逃散，根本无法扭转战局。联军对埃及士兵大开杀戒，埃及将士有的被铁甲武器刺穿，有的被弓箭射中，有的被匕首猎杀。

穆瓦粗力的一举而中赢得了联军各国王子的称赞与呐喊。赫梯帝王实在是谋略高深，打得一向自命不凡的埃及军队只有招架之功没有还手之力，很快就被消灭了，真是出人意料。侥幸逃脱的埃及士兵拼命奔跑，为了不丢掉小命，逃得比兔子还快。

看样子，等待埃及军队的只有灭亡了。阿蒙师团和法老的兵营还没有行动，但是面对奔涌而来的敌人，他们显然无力抵挡。穆瓦粗力即将赢得完美胜利，只要杀掉拉美西斯，赫梯国就能完全占领埃及两地。

拉美西斯上当了，将把性命丢在卡迭石，这一点与他的父亲截然不同。

乌里泰梭披头散发，猛地将两位王子推开，直视着赫梯帝王。"父王，这究竟是怎么回事儿？我是军队的总司令，为什么不知道开战的时间？"

"我已经为你安排了后面的工作，率领预备军在卡迭石驻守。"

"但堡垒并不需要防守。"

"乌里泰梭，请服从命令，而且我并没有委任你联军总司令的职务。"

"那谁才是总司令？"

"哈图希勒，他才是这一重要职务的最佳人选。只有他才有资格指挥这支联军，因为我们的盟邦是在他的耐心说服下才来参战的。"

乌里泰梭盯着哈图希勒，一只手紧握长剑，眼睛里满是愤恨。

"儿子，做好你的工作。"穆瓦靼力冷酷地下令。

支撑法老帐篷的盾牌被赫梯骑士推倒了，几名埃及士兵拼命抵抗，但很快被箭射中。士兵纷纷逃跑，一位战车中尉大声呼喊他们继续抵抗，谁料，一支飞箭直接射进了他的嘴巴。这名军官咬着箭倒地身亡。

战车向法老的营房涌来，数量有两千辆之多。

法老的侍从梅纳大声疾呼："陛下，我们很快要被几千名敌人包围，赶紧逃吧，别在原地驻留了。自开战之日起，您就保卫着埃及，您是一位大英雄！"

"你心里已经害怕了，那就赶快逃吧，别让我再看到你。"拉美西斯一脸的鄙视。

"陛下，国家需要您，请您爱护自己的生命。您这样太疯狂了，不是勇敢。"

"梅纳，哪怕只有我一个人，我也要抵抗。埃及不能失败。"

拉美西斯全副武装：头戴蓝王冠，身披短战袍，腰缠裹腰布，外披一件镶有小铁片的护胸甲，手腕上佩戴着几个扣环尾端带有黄金的天青石手镯。法老为自己的两匹战马——公马"胜利的底比斯"和母马"幸福的穆特女神"披上红、蓝、绿三色棉披甲，神色淡然。两匹马的头上都戴有漂亮的红翎。

法老的战车是木制镀金的，有三米长，车轴与辕杆托着座箱。全车的零件是以墙钉连接的，材料都经过了炭火淬炼，外面镶有金片。车身表面覆有铜片，非常耐磨。座箱的框架是镀金的板块制成的，可以向后打开，溶胶制成的皮带纵横交叉。战车的两边雕刻着亚洲和努比亚人像，人像呈跪伏状。这种雕像象征着埃及的权威，标志着埃及对南北方的统治，然而在这个危急时刻，这种意义也即将破碎。战车上的两个箭筒装着羽箭、弓身和长剑。这些武器显然不堪一击，但法老却准备用它们与整个赫梯军队对抗。

为了使双手解放出来，拉美西斯将马缰绳系在腰上。这两匹战马勇敢而机灵，在混乱的战场上也能一往无前。还有那头对他始终忠贞不二的狮子——屠夫，将陪他战斗到底。狮子吼了一声，稍稍安抚了法老的内心。此时，埃及君王的同伴只剩下了一头狮子、两匹战马。整个阿蒙师团，包括战车和将士，在敌人到来之前就已经逃跑了。

这时，法老想起了塞提说过的话："如果你犯了错，不要责怪他人，要怪就怪自己，要尽力纠正错误。要像野牛、猛狮和鹰枭那样去努力战斗，要像狂风骤雨那样快速迅捷。"

战鼓阵阵，联军的战车开始进攻了，扬起滚滚尘烟。埃及君王挺立在马车之中，矗立于山丘之上，内心不由得燃起怒火，深邃而沉重。他想不通自己为什么时运不济，埃及为什么要遭受野蛮之人的摧残。

草原上的瑞师团几乎全军覆没，侥幸生还的人都逃向了南方。卜塔师团和塞特师团也被击败，在欧伦特河岸寸步难行。还有阿蒙师团，实在胆小如鼠，令人心寒，他们既有战车又有精兵，却不敢面对敌军。联军刚开始冲锋，他们就不战而逃，谁都不敢与敌交战，不管是军官、盾牌手，还是弓箭手。师团官兵都忘记了埃及，心里只有"逃命"二字。法老的侍从梅纳扑通跪倒在地，不敢直面攻上来的敌军，连忙抬起双手捂住眼睛。

拉美西斯执政五年以来，一直牢记塞提的遗愿——将埃及建设成一个富庶、幸福的家园。可是五年后国家却陷入灾难，埃及要落入外敌之手，百姓要接受入侵者的役使。这帮盗匪要侵吞三角洲，吞并尼罗河谷地，而妮菲塔莉和图雅也只能抵挡一时。

两匹马纷纷落了泪，似乎也读懂了主人的悲伤。拉美西斯愤恨至极。他仰头望向太阳，看向隐藏于光明之中、始终不以真相示人的阿蒙神。

"阿蒙，我的父亲，我恳请您。哪位父亲会把儿子抛弃于敌人的阵营之中？难道我过去背叛过您吗？我受到了诸个异国的联合攻击，而我的军队虽然庞大却只会逃跑，战场上只有我孤零零一人在战斗。这些粗野之人是那么的凶残、卑劣，完全不遵从玛亚特准则，他们就是没有人性的恶魔！我的父亲，我为你建设神庙，每天向你祭拜祈祷。我向你敬奉最美的鲜花，为你搭建大塔门；为了让世人知道你光临神庙，我树起焰形旗帜；为了彰显你的荣耀，我请人开采象岛的方尖碑。阿蒙，我的父亲，现在我陷入孤立之中，所以向你呼唤，在这危急时刻，我深情地呼唤你，为你去战斗，为行动者去战斗。在我心中，阿蒙远比那百万军士、十万战车还要强大。阿蒙比任何军团都要强大，百姓的勇敢根本不足挂齿。"

保护营区的栅栏门敞开着，使那条中央通道畅通无阻，以便马匹奋勇前行。拉美西斯很快就会命丧黄泉。

法老呐喊："父亲，为什么要遗弃我？"

54

　　法老的举动令穆瓦靼力、哈图希勒和联军的王子们敬佩不已。帝王说："他死得真是壮烈，这样的人本应该成为赫梯人。哈图希勒，这次胜利，你立头功。"

　　"那两个贝都因人真是一流的演员，他们的话骗过了拉美西斯，让他相信卡迭石城内没有我们的军队。"

　　"乌里泰梭这次犯了大错，竟然不赞成你的计划，想在堡垒前开战。我会批评他的。"

　　"联军取得了胜利才是最重要的，打败埃及，我们能够享受几百年。"

　　"我们去看看拉美西斯吧，他被自己的军队遗弃，肯定不好受。"

天空一片晴朗，骄阳似火，刺得赫梯士兵及其联军都眯起了眼睛，不过晴朗的天空中却响着阵阵雷声。人们都以为出现了幻觉……这雷声不正是拉美西斯的怒吼在天际间的回声吗？一个声音骤然响起："我是阿蒙，你的父亲，我的手已经交给了你。我是胜利的主宰，是你的父亲。"这个声音只有拉美西斯才能听到。

法老的身体笼罩在一道光芒之中，闪着金色的亮光，如阳光般刺目。瑞神之子拉美西斯突然拥有了太阳神力，向惊慌失措的进攻者扑去。现在的法老是永不灭的火焰，是天空闪烁的星光，力大无穷，再也不是那个沮丧的、孤立无援地做垂死挣扎的总司令。他是头野牛，有着尖锐的双角；他是枭雄，将用锋利的鹰爪抓起反对者。拉美西斯拉弓搭箭，只听"嗖嗖嗖……"赫梯战车骑士一个个中箭倒地；不受控制的马匹纷纷昂头直立，然后又接二连三地倒下；战车一辆接一辆地翻倒，战场一片混乱。

那头努比亚狮子屠夫也行动起来，大开杀戒。它那重达三百公斤的身体在战场上穿梭，用锋利的爪子撕碎敌人，凶狠而精准；用长达十厘米的獠牙咬住敌人的脖子、头颅。它的狮鬣在战场上飞扬，漂亮得犹如火焰。

拉美西斯和屠夫并肩而战，很快挫伤了敌人的锐气，撕碎了敌人的防线。赫梯步兵团团长想用弓箭还击，可是他根本来不及将箭射出去，左眼睛就中了法老一箭。与此同时，屠夫也张开血盆大嘴咬住了惊恐万分的帝国战车长。

联军虽然占据人数上的绝对优势，但还是被打得落花流水，纷纷跑下山丘，回到草原。

穆瓦靼力吓得六神无主，禁不住大叫："他被塞特神附身了，变成了一名战神，能够打败上千名战士。我只要想去进攻他，双手就会失去力气，身体也失去了知觉，拿不起标枪与弓箭。"哈图希勒还算镇定，但还是惊诧不已。人们觉得拉美西斯浑身闪烁着火光，能将一切想攻击他的人焚烧。

一个身材高大的赫梯士兵手握一把短剑，爬到车厢边上，可是还没等他将短剑挥出，就感觉战袍犹如着了火般，烫得浑身疼痛难忍，不一会儿就号啕着死了。

拉美西斯在胜利之神阿蒙的牵引下，和狮子并肩拼杀。他感觉自己的体内被赋予了一种神奇的力量，能够战胜任何军团。法老犹如狂风暴雨般杀向敌人。

"我们必须尽快阻止他！"哈图希勒大声呼号。

"我们的战士已经六神无主了。"阿木颇王子答道。

"要重新激起他们的斗志。"穆瓦靼力下令。

"拉美西斯变成了神……"

"不，他虽然力大无比，勇猛过人，但依然是个人。王子，行动起来，重振战士的士气，为这场战争画上句号。"

阿木颇王子慢吞吞地拿起刺棒猛刺战马，冲出了岬角的联军参谋部。拉美西斯和那头狮子实在太肆无忌惮了，他要除掉他们。

哈图希勒紧盯着西边的丘陵，被眼前的景象吓得浑身战栗。

"陛下，听说那边有数万埃及战车奔涌而来！"

"他们从什么地方来的？"

"应该走海路。"

"那里有路障，他们是如何通过的呢？"

乌里泰梭认为埃及人不敢冒险走海路，所以不愿意设置路障拦截。

　　埃及援军如入无人之境，很快从拉美西斯打开的缺口涌向草原。

　　"不要逃跑，杀掉拉美西斯！"阿木颇王子大叫。几名士兵只得听令转身继续战斗，就在这时，狮子扬起利爪朝他们抓去。

　　阿木颇王子看到拉美西斯的金战车朝他冲来，吓得目瞪口呆，转身就要逃，企图躲开法老，甚至不惜让他的马匹踩到赫梯联军。可是他怎么也躲避不开，只得松开缰绳。脱缰的马匹猛地将他甩进了欧伦特河，众多战车或漂浮而去，或沉入河底。河水中早已跌入很多士兵，全都一脸污泥，有的已经死去，有的还在拼命地游动。他们不敢直面那可怕的犹如天火一样的战神，宁愿跳入河中。

　　拉美西斯在救援军的协助下，胜利完成了任务，消灭了不计其数的联军，并逼着企图逃跑的士兵跳进了欧伦特河。阿木颇王子也被一位战车中尉拉着双脚拖上了岸，刚喝下的河水也被吐了出来。

　　拉美西斯驾着他的金战车慢慢逼近位于一座小山丘上的敌军总参谋部。

　　哈图希勒提议立刻撤军。

　　"只有西岸还有我们的兵力。"

　　"他们显然抵抗不住……拉美西斯将通过浅滩，把卜塔和塞特师团解救出来。"

　　帝王抬手擦去额头上的汗水。

　　"战况怎么样了，哈图希勒能想办法将埃及军队击败吗？"

　　"他要是法老就好了，只有拉美西斯才可以做到。"

"法老一个就顶十个，太厉害了，这是不争的事实，丝毫没有夸张。"

"我们失败了，必须撤退，陛下。"

"赫梯人的字典里没有撤退二字。"

"您的性命是最重要的，留得青山在，不怕没柴烧，我们日后再想别的办法打败他。"

"你有什么想法？"

"我们可以进堡垒里躲避起来。"

"我们会上他的当的。"

"这是唯一的办法。要是向北撤的话，拉美西斯会率军继续追击。"

"希望卡迭石堡垒能像传说中的那样坚不可摧。"

"陛下，那座堡垒非同寻常，当初塞提都没能占领它。"

"他的儿子不一般。"

"陛下，请快点撤离吧。"

穆瓦靼力迟疑着举起右手，良久之后才最终下达了撤军令。

亲眼看着联军慌忙撤退，乌里泰梭既愤怒，又无奈。

驻守在欧伦特河第一道浅滩的部队撤到了第二道。卜塔师团的幸存者害怕前面有圈套，不敢乘胜追击。师团长选择派人向后方军队传信，通知塞特师团水路的障碍已除，可以穿过拉卜维森林了。

阿木颇王子内心又燃起了希望，将那名救了他的士兵甩开，渡河随大部队一起进入了卡迭石堡垒。埃及救援军用弓箭射杀了数百名败逃之敌。为了统计杀敌数量并载入史册，埃及士兵每杀一个敌人就割下一只手。

法老一身戾气，让人不敢靠近，马匹前卧着屠夫。拉美西斯浑身血迹地从金战车上缓步而下，温柔地抚摸着他的狮子和战马，看也不看那些无力动弹的士兵，尽管他们都在等着君王的安抚。梅纳跌跌跄跄地走向法老，脚步零乱。

赫梯军队和联军的生存者从第二道浅滩飞快地奔向卡迭石堡垒的大门，穆瓦靼力及其党羽逃得实在太快，埃及军队竟然没能及时拦截。

"陛下，我们赢了！"梅纳低声说。

拉美西斯怔怔地盯着那座犹如一座花岗岩雕像的军事要塞。

"陛下，您单枪匹马消灭了数千敌人，您的光荣战绩无人能及，更无法用言语来形容。赫梯君王在您面前落荒而逃了。"

拉美西斯转头看向他的侍从。

惊恐不已的梅纳唯恐被君王身上那股力量杀死，赶紧跪倒在地。

"梅纳，是你吗？"

"陛下，是我，您忠实的仆人、侍从。请您宽恕我，宽恕您的军队。您已经取得了胜利，是不是能饶恕我们犯下的错误？"

"法老的职责是统治与执行，不知道如何宽恕他人。"

55

　　埃及的四个军团除了塞特师团没有损失，阿蒙和瑞师团的士兵伤亡无数，卜塔师团大大减员。埃及的士兵损失了数千名，赫梯军队和联军伤亡更多。但是在卡迭石之战中，拉美西斯取得了胜利，这是不争的事实。赫梯军队战无不胜的神话已成历史，尽管穆瓦靼力、哈图希勒、乌里泰梭以及阿木颇王子等联军战将都顺利躲进了堡垒里。依附赫梯帝王的好几位王子都死在了战场上，或落水而亡，或被利箭射杀。从此以后，穆瓦靼力是拉美西斯的手下败将这一事实将在各公国传开。

　　法老让包括卜塔、塞特师团团长在内的幸存将领到自己的帐篷里见面。所有人并没有因为获得胜利而面露喜色。那张镶金的木制王位之上，拉美西斯一脸怒容地端坐着，令所有人都心惊胆战，唯恐他扑向自己。

法老指责道："这里的每一位军官都拥有指挥权，都享受着官俸，可是你们却临阵脱逃。你们是军队的将领，衣食无忧，不用纳税，受人尊敬，没想到在战场上却胆小如鼠，做了缩头乌龟。"

塞特师团团长站出来，"陛下……"

"你对我的话有异议？"

这位团长赶紧退了回去。

"你们不值得我再相信了。你们就像面临危险的麻雀，一有危险就作鸟兽散，今天能逃，明天还会逃。所以我要解除你们的官职。你们就老老实实在军队中当个二等兵吧，领取军饷，为国服务，等着退休。"

大部分人都担心会有更严厉的惩罚，所以谁也不敢提出抗议。

就在这一天，法老又任命了一批新将领，这些军官都是从救援军中挑选出来的。

第二天，拉美西斯率军开始攻打卡迭石堡垒。赫梯军的小旗帜飘扬在堡垒的塔顶上。战败的赫梯人都躲在了城墙后面，埃及弓箭手射出一支又一支飞箭，却都撞在了城墙上，他们也是心有余而力不足。卡迭石堡垒与别的叙利亚堡垒不同，人们根本不知道它的弱点在哪里。

步兵们为了证明自己的能力，纷纷搬来木梯，企图爬上城墙，但是却遭到了赫梯射手的杀戮，幸存者只得放弃。埃及军队想了许多办法，但都没能成功，反而损失了不少战士。

接下来的几天里，虽有勇敢的士兵爬上了城墙，但是爬到一半就被石头砸死了。

卡迭石堡垒好像真的坚不可摧。

拉美西斯板着面孔重新召开战地会议，为了赢得法老的好感，各位军官争论不休。法老听着他们的争论，憎恶至极，除了塞达武，全都赶了出去。

"只要我和莲花还有一息尚存，我们就会尽全力救治伤员。照目前的情况来看，我们的药品马上要用完了。"塞达武说。

"说正题，别绕弯子。"

"拉美西斯，回埃及吧。"

"难道不管卡迭石堡垒了？"

"拉美西斯，您已经胜利了。"

"如果不夺取卡迭石城，埃及就会继续受到赫梯人的威胁。"

"这是一场攻坚战，需要付出无数人的生命。我们回埃及吧，让士兵们养好伤，重振士气再战。"

"必须攻下这座堡垒。"

"如果最终你还是没能夺下它呢？"

"这里有很多自然宝藏，你和莲花可以就地寻找药材，制作药品。"

"亚夏如果被关在这里呢？"

"那我们更要攻破它，把他救出来。"

这时梅纳冲了进来，跪地行礼后说："陛下，从堡垒的围墙上射过来一支系着纸条的箭。"

"拿给我看。"

拉美西斯展开纸条念道：

埃及法老，拉美西斯贤弟：

继续战斗之前，我们是不是应该见一面、谈一谈？我们将在贵军队与堡垒之间搭建一顶帐篷。明天中午，我会单独前往，也希望贤弟能单独赴约。

愚兄穆瓦靼力，赫梯帝王敬上

帐篷里摆放着一张矮几案，案上放了两个水杯、一小壶凉水；案子两边各摆了一张国王宝座。两位君王面对面坐了下来，相互凝视着对方。天气燥热，但穆瓦靼力身上却穿着一件很厚的呢子长外套，依旧是红黑色的。

"埃及法老战绩显赫，能与您见面，我觉得荣幸之至。"

"在各国中，赫梯帝王也是声名远扬。"

"拉美西斯贤弟，你过誉了。我的联军可谓是坚不可摧，可是还是败在了你手上。到底是哪位神灵帮助了你？"

"我是得到了我父亲阿蒙神的帮助。"

"人的身上怎能附着这种神力，法老也做不到吧！太不可思议了！"

"你的阴谋诡计太多，撒的谎也太多。"

"战争就是这样，无论使用什么装备。你要是没有得到那种超自然的神力帮助，我的武器足以消灭你。你父亲塞提用自己的灵魂帮助了你，使你无畏无惧。"

"穆瓦靼力兄，你打算妥协了吗？"

"拉美西斯贤弟，你说话一直是这样粗鲁吗？"

"数千人已经死于赫梯国的侵略战争中，现在还有谈的必要吗？你打算妥协了吗？"

"我是什么人，法老知道吗？随我而来的有我的弟弟哈图希勒、我的儿子乌里泰梭，还有各公国、各联邦的首领。我们怎能妥协？那岂不意味着灭亡？"

"失败了，就要寻找原因，并吸取教训。"

"你的确在卡迭石之战中获得了胜利，但是并没有夺取卡迭石堡垒。"

"它早晚会属于我。"

"你的第一次攻击并没有成功，再这样攻下去，你的军队将遭受重大损失，且仍然撼动不了卡迭石城墙。"

"所以我才要采取别的策略。"

"我们是兄弟，能对我说说吗？"

"你难道没有想到？我的策略就是静静地等待。我们等着你们困在卡迭石堡垒内耗尽食物。你们最好的选择就是马上投降，何必要在城内受罪呢？"

"看来拉美西斯贤弟并不了解这座城。城内有几座大谷仓，里面储存的粮食足够我们吃好几个月的。再说了，我们的处境可远远强过埃及军队。"

"真能吹牛！"

"拉美西斯贤弟，我并没有吹牛。你们的士兵远离本土作战，日子会越来越不好过。埃及人最恋家，不愿离开家乡，而且埃及也不能长时间地没有法老，对此大家都清楚。马上到秋天了，然后就是寒冷的冬天，严冬季节容易生病。人一旦得了病，就会痛

苦不堪，会精神不振、情绪低落。拉美西斯贤弟，我们会比你们
好过。卡迭石城内蓄存着大量的水，而且还有一口古老的大井，
所以千万不要以为我们会断水。"

拉美西斯不想再谈下去，虽然并不口渴，还是端起水杯喝了一
小口水，他要好好想一想。穆瓦靼力所说并非没有道理。

"穆瓦靼力兄，喝口水吧。"

"不，我不怕热。"

"你害怕我像赫梯帝国皇宫一样给你下毒？"

"赫梯国已经不再用这样的办法了。不过当菜肴端上来时，我
还是喜欢让司酒官先尝一下。拉美西斯贤弟，你也许已经知道你
的一位童年好友被捕了吧？作为外交官，亚夏是那么的年轻、优
秀，他装扮成商人到赫梯搜集情报。按照我国的法律，他理应被
处死。但是我没有下令处死他，我觉得你肯定想救他吧？毕竟他
是一位不可多得的人才。"

"穆瓦靼力，你错了。我是法老，而不是单纯的人，我的职责
胜过一切。"

"亚夏是你的朋友，但更是一位杰出的外交官，一个亚洲通。
如果作为一个人可以不在乎这些，那么作为一位君王，是否应该
珍惜自己的部下呢？"

"你想怎么样？"

"和平解决吧，这总比惨烈的战争要好得多，哪怕只是暂时性
的和平。"

"不，不可能和平解决。"

"拉美西斯，你好好想一下。我并没有将全部的兵力投进这场

战役中，我的救援部队马上就会赶到，接下来的战争中，你既要保护营区，又要分心战斗。这将耗费你难以想象的兵力与精力，你必然会衰败下去。"

"在卡迭石之战中你战败了，没想到你居然想要和平解决。"

"我承认我失败了，并打算写一份官方文件。你在收到这份文件后就撤军，卡迭石将作为我帝国的疆界。我方的军队再也不会踏进埃及国境。"

56

关押亚夏的那间牢房打开了。他头脑清醒、理智，但心头还是打起了鼓。那两位狱卒神情肃穆，由此他判断不会有什么好事。这位年轻的外交官自入狱以来，每天都在等着被处死，他知道赫梯人从不饶恕间谍犯。他总是在想，自己是死在斧头、匕首之下，还是坠身悬崖？亚夏希望赫梯人能给他来个痛快的，不要折磨他。

亚夏被带进一个潮湿阴冷的房间，房内装饰着盾牌和标枪。

"你怎么样？"女祭司普杜赫芭问。

"我还活着，虽然我无法活动，也吃不惯你们的饭菜。这是不是很不可思议？"

"的确有点奇怪。"

"我觉得我活不长了。不过看到你，我有点放心了。女人不会太冷酷，是吗？"

"赫梯女人并非你想象的那样胆小懦弱。"

"我没有吸引力吗？"

"你是不是忘了自己在哪里了？"女祭司愤声喝道。

"我是一名埃及外交官，当死亡到来时，即使心惊胆战，也会笑着面对。"

就算身在异国他乡，亚夏也能想象出拉美西斯怒火冲天的样子，责怪他没能顺利逃回埃及传递情报，将赫梯国组建了一支庞大的联军这一消息告诉法老。他交给村妇的那封简短的三个词的情报送到了吗？亚夏根本不敢想要是情报没有送到会是个什么状况。但是，假如情报顺利传送回去，法老应该能敏锐地看出其中的奥秘。

埃及军队要是没有准确的情报，会在卡迭石之战中遭受重创，谢纳就会成为埃及的君王。谢纳是个独裁者，是个暴君。经过一番考量，亚夏觉得与其为这样的人卖命，还不如让他去死呢。

"你从来没有为谢纳服务过，始终没有出卖过拉美西斯。"普杜赫芭说。

"你认为什么就是什么吧。"

"卡迭石之战已经打完了，拉美西斯胜利了。"

亚夏故作醉态，"你在跟我说笑话吗？"

"我可没那个心情。"

"胜利了……"亚夏重复了一遍，一脸的震惊。

"赫梯帝王还好好地活着，卡迭石堡垒也完好无缺。"

"你想怎么处置我？"亚夏面色沉郁。

"我原本想将你以间谍罪处死，不过现在不了，我们要拿你作人质与拉美西斯进行谈判。"

时值六月，骄阳似火，天气燥热，可是城墙仍然是那么的阴冷。埃及军队驻扎在城门前，自拉美西斯与穆瓦坦力见面后，一直没有再去攻打卡迭石城。乌里泰梭和赫梯的弓箭手站在城墙上看着自己的敌人，其他人有的在照料牲畜，有的在赌博，有的在打架，有的在吃东西，全都悠闲自在地忙碌着。

拉美西斯只是命令高级军官们要严守军纪，至于他和穆瓦坦力谈了什么，谁也不知道。

塞特师团的新团长鼓起勇气询问法老，"陛下，我们该怎么做？"

"我们已经赢得了胜利，你们不是应该高兴吗？"

"您是这场战争的最后赢家，大家都知道。可是，陛下，我们为什么不攻打卡迭石城了呢？"

"没有一点取胜的把握。就算是损失一半的兵力，也不一定能攻下这座堡垒。"

"我们还要在这可恶的堡垒前待多长时间？"

"我已经和穆瓦坦力达成了一项协议。"

"您的意思是与他们和解了？"

"我和他已经谈好了条件，要是他不遵从协定，我们就再次攻城。"

"陛下，您估计得等多久？"

"到这个周末，我就能知道帝王是不是遵守承诺了。"

从北边驶过来几辆赫梯马车，扬起滚滚沙尘，慢慢靠近卡迭石。这些马车可能是穆瓦坦力的救援先遣队。

埃及兵营顿时骚动起来，拉美西斯安抚好士兵后，便跨上战车，带上狮子昂首阔步地走向赫梯战场。

从马车上下来一个人，向法老走了过来。

亚夏轻快地迈动着步子朝这边走来，一脸的矜贵，胡子修剪得整洁精致。走近后，他飞快地跑向拉美西斯，连外交礼仪都忘了。

法老紧紧地抱住他的朋友。

"陛下，我传回来的消息有价值吗？"

"我没注意到你的提醒，我们的国家幸亏有上苍护佑。我能及时参加战争，全是你的功劳。我们的胜利是阿蒙神的恩赐。"

"赫梯的牢房太恐怖了，我觉得自己无法活着回埃及了。我一直对他们说我是谢纳的同伙，或许他们听进去了，才没有急着杀掉我，后来事情发生了变化。死在异国他乡是可耻的，不可宽恕的。"

"我们是停战还是继续战斗？你说说，我们必须快点作出决定。你来看看这封信。"

拉美西斯，你是我穆瓦靼力的主人，是光明之子，是他真正的后代。对此，我丝毫没有怀疑。你是赫梯帝国的主人，凌驾于它之上。但请你不要随便使用自己的职权。

你取得了这场战争的胜利，并以此向世人证明了你的至高无上、神圣不可侵犯。但是，你为什么还要心怀怨念，非要杀光你仆人的百姓呢？

你已经获得了胜利，就给赫梯人留条生路吧，和平远比战争美好！

"这些外交语言说得真漂亮！"亚夏称赞道。

"并非这里的每一个国家都能看明白这些内容，对不对？"

"写得真是完美！希望这位帝王在遭受失败后能进行一番改革，希望您能因他坦承失败而名扬四海。"

"我没有夺得卡迭石城。"

"在这场决定性的战争中，你已经胜利了，并不是非攻下卡迭石城不可。穆瓦靼力素来被认为所向披靡，现在他最起码口头已经承认是你的仆人了。你的威信将因这一无奈之下所说的谦逊之词而达到巅峰。"

穆瓦靼力已经遵从约定，将亚夏释放出来，并写了一份可以接受的正式文件。拉美西斯也要按协议撤军，率军返回埃及。

许多埃及士兵葬身于此，拉美西斯在离开这个令人痛心的地方之前朝堡垒走去。同时，穆瓦靼力、哈图希勒和乌里泰梭也从堡垒内安全地走了出来。这座堡垒是赫梯势力的象征，但是法老却没有攻破他。不过在这场惨烈的战争之后，赫梯军队及其联军还能剩下多少兵力呢？谁也没想到，穆瓦靼力在战后竟然会自称拉美西斯的仆人，法老向天父呐喊，请求帮助，终于扭转了战局，获得了最后的胜利，此情此景让法老永远难以忘怀。

"只有一名埃及士兵留在卡迭石草原上了。"哨兵长大声说。

穆瓦靼力向他的儿子下令："派兵到东、西、南各方面侦察。也许拉美西斯会吸取之前的教训，在树林里设伏，只等着我们从堡垒走出来后攻打我们。"

"我们要这样逃下去吗？"

"不，我们必须回到哈图沙，重整旗鼓，打造军队，制定战略。"

"我在向一位赫梯君王发问，而不是一位失败的将军。"乌里泰梭显得很激动。

"儿子，理智点。我并不认为联军总司令有什么错，是拉美西斯这个人太强大，我们都小看他了。"

"当初你要是允许我行动的话，胜利的就是我们。"

"乌里泰梭，你错了。拉美西斯的军队装备精良，素质极高，他的战车队无与伦比。"

"看来你们对这次丢人的失败很满意了？"

"这座堡垒保住了，就意味着赫梯没有被侵犯。我们还会继续抗击埃及。"

"您已经与拉美西斯签订了耻辱的协议，还怎样去继续抗击？"

"那只是一位君王给另一位君王写的一封普通信函，并非什么和平条约。如果那封信能够令拉美西斯满意，就证明他还很不老练。"

"穆瓦靼力真的在信中自称是拉美西斯的仆人？"

哈图希勒笑了笑。

"即便是仆人，也可以造反，只要他拥有足够的力量，谁又能阻止了他呢？"

乌里泰梭盯着穆瓦靼力，说："父亲，这就是个蠢材，不要再轻易相信他了，让我来统辖军队吧！现在不需要外交辞令和要手段。我单枪匹马就能将拉美西斯击败。"

"我们尽快回到哈图沙，国内的高山空气清新，有利于思考。"穆瓦靼力作出了决定。

57

　　游泳池中，妮菲塔莉正自在地游动着，拉美西斯纵身一跳，进入水中，从水下抱住妻子的腰。她故作大吃一惊，沉入水底。然后他们深情相拥着徐徐浮出水面。游泳池边上，夜巡边跑边叫；无花果树下，脖子上戴着金项链的屠夫睡得正香，项链是它在战场上英勇杀敌的奖品。

　　拉美西斯只要看着妮菲塔莉，就会被她的美丽迷惑。她不仅在欲望上、床第间诱惑着他，而且身上还具有一种神秘的力量，无时无刻不在吸引着他。这种力量远比时间和死亡更加强烈。他们一起在游泳池那碧绿的水波中游弋，秋日那温暖的阳光照射在他们的脸上，是那么的柔和、温馨。他们一跨出泳池，夜巡就不叫了，伸出舌头去舔他们的大腿。这只狗很讨厌水，它实在想不通，主人为什么这么喜欢跳入水中，把自己搞得湿漉漉的。皇家夫妇安慰似的抚摸了它，它终于满意地趴到狮子的脚旁休息去了。

于是拉美西斯大胆地伸出双手去抚摸妻子那美丽的身体，就好像勇敢的探险家初次去一个陌生的地方探险。起初她是被动地承受，这种被爱的感觉令她心动。尔后她就动情起来，对情人的爱抚有了回应。

拉美西斯被全国人民视为拉美西斯大帝。当他回到拉美西斯城时，城内万人空巷，民众都跑出来欢迎凯旋的法老。在卡迭石之战中，法老打败了赫梯军队，把他们逐出了埃及。接下来的几个星期里，大家都会为这次完胜举行庆祝典礼，不管是乡下，还是城市，人们都欣喜若狂。人们不再害怕外敌入侵，埃及又恢复了过去的幸福生活，充沛的河水预示着秋天将获得大丰收。

塞提的儿子在执政第五年成了大赢家。军队新建立的系统对他忠心耿耿，朝廷大臣们对他崇拜有加，敬服之至。二十八岁的拉美西斯为他的青年时期画上了一个圆满的句号，这个年轻的埃及君王魅力无穷，比任何法老都了不起。他的统治将永载埃及史册，被后人世代铭记。

手握拐杖的荷马走过来对拉美西斯说："陛下，我的著作完成了。"

"我搀着您散散步，好吗？或者我们去柠檬树下坐一会儿？"

"散步吧。最近我的大脑一直在运转，我的双手一直在忙碌，都累坏了。现在得让我的脚运动运动了。"

"您的《伊利亚特》因为这个新工作而停下来了吧。"

"但我从您那里得到了一个更好的主题。"

"您是怎样写的呢？"

"陛下，我写下的全是真实情况。对您军队的胆怯，您个人的绝望、寂寞，以及您向神圣父亲寻求帮助的过程，我全都据实而写。写作时，我就像一位年轻的诗人第一次创作，简直如痴如醉。我下笔如神，一气呵成。当然也存在一些语法上的错误，多亏亚梅尼热心地帮助我修改。埃及文晦涩难读，但它句法周密，表达自由，正是诗人喜欢的语言。"

"我们应该好好宣传《卡迭石之战》，可以把它铭刻出来，比如卡纳克神庙圆柱大厅的南外墙上、卢克索神庙中庭的外墙和塔门正面、阿卜杜神庙的外墙上。等我那座百万年神殿建成后，也可以将它刻到前院外墙上。"

"这样就能将卡迭石之战永远留存下去了，让它随着那些石块万古长存。"

"荷马，那位暗中的神灵和平息社会混乱的荣耀才是我想要称赞的，那条准则非常有威力，能扫除所有迷雾。"

"陛下，我太震惊了，您及您的国家无时无刻不带给我震惊。您的敌人一心要消灭您，您的那条著名准则真的能协助您战胜他们吗？我可不这样想。"

"我的思想和毅力一直是受玛亚特引导的，否则我的统治将无法继续，埃及的主人将会更替。"

亚梅尼很能吃，可仍然很瘦削，脸色不正，没有精神。这位法老的机要秘书一直闷在办公室里，和一批工作人员忙于一大本档案资料的建立。他向各部门长官交代了各自的任务后，就一心一意地监督他们工作，希望他们能将任务完成得完美无缺。他对国内发生的其他事情完全不在乎，总是直截了当地与首相和部长们说话。完善的行政组织在亚梅尼这里可以精简成一句话：责任随着职位的提升而加重，一旦犯了错误或是执行不到位，所受的处罚也将随职位的提升而加重。下属犯了错误，领导——无论是部长，还是科长——就要承担责任，受到处置。亚梅尼严厉地处罚过那些触犯法规的官员，或罢免其职务或降级。

只要法老在拉美西斯城，亚梅尼每天都会去拜见。如果君王去了底比斯或是孟菲斯，法老的这位心腹就会准备出周密细致的报告，由法老认真阅读后作出裁决。

这天当萨哈马纳被批准进入法老办公室时，亚梅尼已经将明年的河堤维修计划案做完了。这间办公室的资料架上整齐地排放着文件，文件都按类别排列，很容易查找。

身材魁梧的萨哈马纳屈膝向君王行了礼。

"你的气消了吗？"

"在危急时刻，我不应该丢下您。"

"你的任务——保护我的妻子和母亲——也很重要。"

"我不配完成那项至高的任务，我愿意随你去杀赫梯人。那帮家伙太傲慢、太自负了，我为他们心寒。他们既然宣称是杰出的战士，那为什么还要龟缩到堡垒里呢？"

"你调查出结果什么了吗？我们时间有限。"亚梅尼截住撒丁人的话，问道。

"什么也没查到。"萨哈马纳回答。

"难道没有一点线索吗？"

"那辆牛车以及那几个警察的尸体是找到了，但没发现谢纳。有个在石丘上躲避的商人说，那天刮了很长时间的暴风。我和我的手下翻遍了整个沙漠，也没发现人影。我一直追到了卡迦绿洲，我说的都是真的。"

"当时谢纳也许慌乱间掉进了某个河床里，也许死在沙坑里了。"亚梅尼说。

"也许你说得有些道理。"萨哈马纳赞同道。

"我不这样认为。"拉美西斯反驳道。

"陛下，他根本不可能逃出去。他一离开大路就没影了，再说了，当时的龙卷风、飞沙也不是他能抵抗得了的，他也可能渴死。"

"他心怀仇恨，这足以支撑他克服重重困难活下去。谢纳肯定还活着。"

法老将百合花和纸莎草敬献给外交部门口的透特神像，然后便陷入长久的深思之中。透特盘坐在地上，头顶一轮明月。这位狒狒转世而成的智慧之神仰头面向天空，冷酷无情。

拉美西斯走到哪里，都会受到部里公务人员的礼敬，亚夏为他打开办公室的大门。法老走进去紧紧抱住了他的朋友。亚夏现在可是众臣眼中的英雄，现在成了埃及新任的外交部长。看到法老，亚夏非常感动，君主走访下属，是对下属的信任与赏识。

亚夏的办公室不像个工作场所，里面装饰着从叙利亚进口的玫瑰花束、几盆水仙和金盏花，一个独脚圆桌上摆放着一个细长的大理石花瓶，还有一台落地大台灯，一个洋槐木做成的资料柜，以及用各种颜色的吊帘做成的彩色装饰品。总之，他的办公室风格与亚梅尼的完全不同。

他的眼中闪烁着智慧之光，动作矜贵，轻盈的头发散发着清香，整个人看上去就像一位前去赴宴的傲慢嘉宾，长袖善舞，且放荡不羁。这样一位高贵之人居然能装扮成商人，去赫梯国从事间谍工作，在那个四面埋伏的地方自由行动，真是不可思议。尽管忙忙碌碌，但新部长办公室的氛围丝毫不受影响，仍然彰显着奢华。亚夏有着超乎寻常的记忆力，那些重要的资料都被他装进了脑袋里。

"陛下，我恐怕会被赶下台。"

"你做什么错事了吗？"

"我什么事也没办成。我们没找到摩西，尽管我的手下都拼尽了全力。通常情况下都会有迹可查的，可是这次……真是太不正常了。我觉得只有一种可能，他没有离开，只是在某个角落里躲着呢。要是他加入某个贝都因部落，改变了身份，那就不好查找了，可以说是完全查找不到。"

"必须接着找。赫梯安插在我国的间谍组织有消息吗？"

"那个金发女孩没法验证身份，已经安葬了。那名巫师也没有半点消息，也许他已经离开埃及了。在近几天里，所有间谍都好像人间蒸发了一样，一点踪迹也没留下。拉美西斯，一场恐怖的危险过去了。"

"那名巫师真的找不到吗？"

"我似乎说得太肯定了。"亚夏坦率地说。

"还是要提高警惕。"

"我正在想赫梯会怎么反应。他们在这次战役中丢了面子，内部矛盾会更加激烈。他们要东山再起，得花上几个月，甚至几年的时间，尽管他们并不是真心想和解，但短时间内也不会恢复士气。"

"梅布是怎么看的？"

"这位前辈很谨慎，做事严谨负责，何去何从，他很清楚。"

"他是你的前任，会对你产生嫉妒之心，你要小心。驻叙利亚南部的将领有没有传回什么新消息？"

"说一切正常，不过他们是否了解真实情况，我表示怀疑。所以我明天想去安穆府省走一趟。为防止外敌入侵，那里需要组建一支行动迅速的军队。"

58

　　女祭司普杜赫芭把自己关进上城的一间地下室里，以控制内心的愤怒。这是赫梯国最神圣的地方，位于帝王居住的卫城底下。为了使自己的权势更强，穆瓦靼力在卡迭石之战失败后就疏远了他的弟弟和儿子，好像这样就能证明他才是制止各方乱党的唯一人选一样。

　　那是一间屋顶呈拱圆状的地下室，墙壁上雕刻着浮雕，主题是帝王英勇作战和在太阳上展翅祭拜的挺拔身姿。屋内供奉着地狱之王，其祭坛上供着一把长剑，剑上布满血迹。普杜赫芭走了过去。她要在这里寻找一个好方法，帮助丈夫摆脱穆瓦靼力的指责，让他重拾自信。另外，乌里泰梭一直想除掉哈图希勒，很可能借机将穆瓦靼力赶下台。现在那些好战的军人阶层仍掌握在他手上，肯定会采取行动。

普杜赫芭一心牵挂着她的丈夫，苦苦思索到深夜。

她从地狱之王那里找到了灵感。

穆瓦靼力召开了一次会议，与会者只有他的儿子乌里泰梭和弟弟哈图希勒。这次会议注定会发生激烈的辩论。

乌里泰梭直言不讳："这次失败的全部责任都该由哈图希勒承担。当初联军要是让我来指挥，埃及军队肯定会被打得落花流水。"

"他们的确是被击败了，只是拉美西斯的个人能力太强了，这是谁也没想到的。"哈图希勒说。

"我原本可以战胜他！"

"别太自以为是。开战那天，他身上那股神力是无人能敌的。你要懂得聆听神明的教诲。"帝王打断了他的儿子。乌里泰梭只得提及另外的话题："父亲，我们以后会怎么样？"

"我需要好好想想。"

"时间不多了。卡迭石之战让我们颜面尽失，必须尽快还击。让我来掌管剩下的联军，我要向埃及发起进攻。"

"你简直是疯了。加强与各联邦的联系才是我们当前最应该做的。这次联军遭受了极大的损失，我们必须拿金钱去帮助那几位王子巩固地位，否则他们就危险了。"哈图希勒说。

"哈图希勒就是一个失败者，希望用时间来掩盖自己的懦弱与平凡，说的全是些废话。"

"攻击他人，没有一点用处，你要控制自己的情绪。"穆瓦靼力提醒他的儿子道。

"父亲，您太没主见了。我请求您把一切权力都交给我。"

"乌里泰梭，我是帝王，我该怎么做，不用你来告诉我。"

"我要回家了，既然您愿意，那就继续信任您那位不入流的顾问吧。您不同意我去领兵打胜仗，我将不再回来。"乌里泰梭说完，快步走出了会议室。

"他说的并不全是错误的。"哈图希勒说。

"你这话什么意思？"

"普杜赫芭向地狱之王请教过意见。"

"从那里知道了什么？"

"我们必须报卡迭石战败之仇。"

"你有把握吗？"

"所有责任都由我来承担。"

"哈图希勒，我们是兄弟，我很需要你。"

"我最在意的是帝王的安全，所以在卡迭石之战中我并没有犯什么错误。我会按照地狱之王的要求去做。"

从园丁晋升为农业部长的内疆，对王子凯的读写能力感到非常震惊。这个孩子对阅读和研究非常感兴趣，作为凯的家庭教师，内疆总是尽力去满足凯这方面的需求。

内疆和王子凯的关系不错，他的教育方式也令拉美西斯十分满意。但是，一向和气的内疆第一次违抗了拉美西斯的命令，尽管他知道这样做很不礼貌，很可能会被免职。

"陛下……"

"亲爱的内疆，你说，我在听。"

"我要向您说说凯的事情。"

"他做好准备了？"

"是的，但是，陛下……"

"既然做好了准备，就让他马上过来吧。"

"陛下，请原谅我的失礼，让这样一个小孩子去面对如此的困难，您认为他有这个能力吗？我觉得不可行。"

"内疆，这件事让我来做主。"

"这样做太冒险了。"

"凯并非一般人家的孩子，无论如何，他都要直面他的人生。"

内疆很清楚他无法劝服法老，"陛下，我有时觉得很失败。"

三角洲上，北风呼呼，寒冷无比，天空中乌云飘动。小凯与父亲同骑一匹灰马，他坐父亲的身后浑身发抖。

"父亲，能骑慢点吗？我很冷。"

"时间很急。"

"我们要去什么地方？"

"我带你去见死亡之神。"

"是西方那位美丽、和善、总是笑意盈盈的女神吗？"

"不，我们去见的是行义者之神。你还不是一位行义者。"

"我要加入行义者之列。"

"要成为行义者就要勇敢。"

凯咬牙坚持着。他一直是父亲的骄傲。

父子二人在一条运河边停了下来。运河的支流与尼罗河在一间花岗岩小庙附近合流。这里看上去很平静。

"死亡之神在这里吗？"

"就在这座神庙里。你要是害怕可以不进去。"

凯从马上跳下来，在心里背诵课本里的一些经文，以应对恶魔。他看向父亲，可是父亲始终不为所动。父亲不可能会帮助自己，只能自己走进神庙，凯心里很清楚。

太阳躲进了一块乌云后面，天暗了下来。孩子慢吞吞地朝前走去，可是走到半道上他停了下来。一条黑幽幽的眼镜蛇躺在前方的地面上，正要扑向他。蛇头特别大，身子有一米多长。孩子愣住了，连逃都不敢逃了。

那条眼镜蛇见状大胆地朝他爬去。

眼看眼镜蛇就要扑上来了，凯朗诵起那些老经文，字正腔圆。眼镜蛇慢慢放松了，这时一根分叉的木棍猛地刺过来，将蛇钉在了地上。

"小子，你差点成了替死鬼，快回到你父亲身边。"塞达武从旁边走出来。

凯面向他的父亲："眼镜蛇感应到了我默念的经文，就没有咬我……以后我是不是能加入行义者之列？"

冬日的阳光很温暖，洒在花园的树木上，闪闪发光。在一张沙发椅上，图雅舒服地躺着，很是享受。拉美西斯走了过来，看到他的母亲正和一位身材高挑的女子聊天。

法老认出那位女子是他的姐姐，便叫了一声："杜兰特！"

"冷静点，杜兰特想好好跟你谈谈。"图雅对儿子说。

杜兰特跪倒在拉美西斯面前。她的脸色是那么苍白、消瘦。"我请求你的宽恕。"

"杜兰特，你觉得很惭愧吧？"

"我上了那个巫师的当了，我原以为他是个好人，可他实在很可恶。"

"他是什么人？"

"他是一个利比亚人，擅长用巫术。我被他囚禁在孟菲斯的一个房子里。他逼着我跟他一起逃亡，我要是不听他的，就会被杀掉。"

"他实在是太残忍了，为什么？"

"因为……"

杜兰特哭了起来。拉美西斯将她扶到一张椅子上坐下。

"你要说清楚。"

"那个巫师杀了两个女人，一个是位女佣，一个是位金发少女，他用来做灵媒的。这两个女人不愿给他帮忙，他就将她们杀了。"

"这桩谋杀案有你的份儿吗？"

"没有，当时我在房间里……我是在逃跑时看到了尸体。"

"那名巫师为什么要囚禁你？"

"他想用我来对付你，认为我能通灵。他给我下了药，在我失去意识时向我打听你的一些生活习惯……可是我什么也不知道。逃到利比亚时，我被他甩掉了。拉美西斯，我很害怕，他肯定不会饶过我的。"

"你对他做过什么吗？"

"我非常懊悔，悔得肠子都青了。"

"不要离开皇宫。"

59

亚夏跟安穆府王子班德西拉关系不错。班德西拉爱金子、女人和醇酒胜过做人的道理。这种心里只装着利益与享受的人完全可以收买。

安穆府省被定为影响埃及决策的最主要目标，所以亚夏在这里花钱很慷慨，只要班德西拉提出要求，哪怕狮子大张口，他也尽量去满足。为了表达法老对王子的重视，亚夏将以法老的名义亲自去安穆府拜访，并奉上大量财宝，包括高级布料、大酒坛子、大理石餐具、优良武器，还有一些精美的家具。

在卡迭石之战中，在安穆府驻守的埃及军队大多被征为了救援军，在战役中起到了决定性的作用。返回埃及后，士兵们都得到了一个不短的假期。法老要将安穆府打造成一个军事重镇，打算从拉美西斯城调集一千名步兵和弓箭手。在这支部队到来之前，亚夏会带来五十名军官，来训练安穆府的军队。

亚夏从佩吕斯乘船顺风顺水地向北驶去。航程一路顺畅，亚夏心情舒畅。与他同行的还有一位叙利亚女子，这让此次旅行更加愉快了。

这艘埃及船只驶入鲁特港，亚夏看到班德西拉王子及其众多朝臣已经站在了码头上。

"亚夏，伟大埃及年轻的外交部长，我这边有礼了。"王子说着就要下跪。

"不，不，我这次是以朋友的名义来的。"亚夏赶紧阻止。

"你将在我的皇宫下榻，我会满足你的所有要求。"班德西拉忽闪着眼睛问，"一位年轻的处女，你感兴趣吗？"

"这是大自然的赐予，我哪能愚蠢到不接受呢？班德西拉，看看这些昂贵的礼物吧，你还满意吗？"

水手们忙碌着将货物从船上卸下。

班德西拉见之激动不已，特别是在看到一张极其奢华的大床时，更是兴奋之情溢于言表，说起话来滔滔不绝。

"你们埃及人太会享受了，这张床真是漂亮，真想马上享受一下。当然，不能一个人。"

亚夏在王子兴奋之时赶紧将那些军训官介绍给他。"安穆府已经成为埃及的忠诚朋友，那么为了更好地保护安穆府省，不让赫梯人入侵，你应该帮助我们在此建立一支先遣部队。"

"我对那些危害商业的战争讨厌至极，非常希望建立一支部队保护我国的人民。"

"拉美西斯希望你能在几个星期内组织一支军队,由这些军训官进行训练。"

"好的,好的……赫梯不仅受到了战争的重创,而且内部还有乌里泰梭和哈图希勒的斗争,穆瓦靻力一定头疼不已。"

"他们的军队是什么情况?"

"现在是一盘散沙,派别林立,各有各的支持者。从表面上看,帝王好像控制住了局面,一片祥和,事实上国内很可能会发生内战。而且,一些卡迭石联军成员对参与惨烈的卡迭石之战非常后悔,那场战争损失了太多的人力、物力……不少人在寻找新的领袖,希望成为像法老那样的人的部下。"

"看得还比较远。"

"将有一个不一样的夜晚等着你!"

亚夏的身上躺着一名年轻的黎巴嫩女子,丰乳肥臀,香气四溢。她扭动着身体,轻柔地摩擦着亚夏的身体。这是一位处女,她下身的毛发犹如一片金黄色的森林,极为诱人。

双方战斗了几个回合,女子都占了上风,但是亚夏并不甘于陷入被动。最后女子终于求饶了,这时亚夏翻身压到她身上。他很快进入她的秘密森林,进行新一轮的纠缠。虽然是位处女,不过她的爱抚很有技巧,多少弥补了这方面的缺憾。

夜深了,他们都缄默不言。

"我瞌睡了,你退下吧。"亚夏说。

女孩站起身,很快离开了这间位于花园对面的大卧室。亚夏马上把她抛到了脑后,满脑子想着从班德西拉那里得到的信息:穆瓦靶力的联军目前七零八落。这些事情处理起来有点难度，不过这才有挑战性。

如果赫梯帝王不再相信这些叛逆之人，他们会投奔谁呢？自然不会是埃及。这些亚洲小公国都非常好战，而且动荡不安，与遥远的埃及的生活习惯完全不同。外交官脑海里灵光一现，想到了一个主意。这个想法有点冒险，必须马上找当地地图进行参考。

这时，有人推开了卧室的门。一个男人走了进来，他身材瘦弱、矮小，身上披着露肩花布，左臂上戴着一只手环，头上戴着头巾，脖子上戴着一条银项链。男子介绍说："我是赫梯帝王穆瓦靶力的弟弟，哈图希勒。"

亚夏愣住了，难道自己因为一路奔波再加上刚才的欢爱，太疲惫而出现了幻觉？

"亚夏，你没有出现幻觉，能与埃及的外交部长兼拉美西斯大帝的挚友相识，我感到无比荣幸。"

"你怎么在安穆府？"

"你现在是我的俘虏。不要试图逃跑，没用的。你的军官、随从和船只都被我的手下控制了。安穆府省已再次被赫梯人掌握。我是卡迭石联军的指挥官，失败让我颜面尽失。可是我们迅速做出了反应，这是拉美西斯没有想到的。当时如果拉美西斯没有勃然大怒，没有不同寻常的胆识，埃及军队一定会被消灭。所以为了证明我的实力，我选择在你们骄傲自满时采取行动。"

"安穆府王子又出卖了埃及？"

"班德西拉就是这样的人，为了钱什么都能做。安穆府将永远不再属于埃及。"

"拉美西斯之前的震怒，莫非你忘了？"

"不，我没忘，而且我很害怕，我会尽可能不去惹恼他。"

"法老要是知道赫梯武装占领了安穆府，肯定会领兵还击。你们的军队能与他对抗吗？我相信你们一定还没训练出来这样的军队。"

哈图希勒笑了笑。"你说得对，但这个消息要很久才会传到拉美西斯那里，所以你即使明白也来不及了。"

"我的失踪就能说明问题。"

"拉美西斯将会收到你写的信，从中得知你的工作进展顺利，军队训练工作效果良好。所以你不可能失踪。"

"你的意思是我国的军队会毫无悬念地掉进你们在安穆府设下的陷阱里？"

"其实这只是我的一部分计划。"

亚夏企图窥视出哈图希勒的真实目的。对当地居民，亚夏缺乏了解；他们的希望和仇恨，他也一无所知。此时亚夏终于明白了。"这也是一个可耻的阴谋，就像贝都因叛徒那样。"

"这是唯一的好策略。"哈图希勒说。

"都是鸡鸣狗盗之徒，是屠夫。"

"这个我不清楚，不过有了他们的帮助，我就能在埃及友邦里挑起事端。"

"这可是秘密，告诉我是不是太大胆了？"

"这很快会变成现实，不再是秘密。穿上衣服跟我走，去给拉美西斯写一封信，我说，你写。"

"我如果不愿意呢？"

"那你只能死。"

"我早就做好了赴死的准备。"

"不，你不愿意死的。你是那么喜欢女人，怎么可能会放弃自己的生命与爱好呢，而且是因为这样一个不战而败的原因。"

亚夏动摇了："我要是按你说的做了呢？"

"你会活下去，待在一间牢房里，那里对你而言足够舒服。"

"你为什么不杀掉我？"

"现在形势危急，一招不慎，将满盘皆输。此时你这位埃及外交部长可是一个不错的人质。卡迭石之战就是这样子的，不是吗？"

"你想让我背叛拉美西斯？"

"这算不上是真正的背叛，你是被逼无奈。"

"可以让我活下去，这个承诺可真好啊。"

"向赫梯神明发誓，我是可以信任的，我以帝王的名义保证。"

"我答应你，哈图希勒，我去写这封信。"

当十多名贝都因人来到梅得洋的绿洲时，祭司的女儿们，包括摩西的妻子，正忙碌着往饲料槽里填水，让她们父亲饲养的绵羊喝个饱。巴尔布斯看上去心怀恶意，手里拿着弓箭和匕首。

羊群被入侵者惊扰，四处逃散。祭司的七个女儿慌忙跑进帐篷，而老祭司则拄着拐杖接待这些客人。

"你是这里的头儿？"

"是的。"

"这里有多少个健康男子？"

"只有我和一个牧羊人。"

"迦南将在赫梯人的帮助下向法老造反，我们也会因为他们而获得一块土地。我们将与埃及抗衡，所有部落都必须协助我们。"

"我们部族已经在这里住了几百年了，一直安分守己，不隶属于任何部落。"

"叫那位牧羊人过来。"

"他到山上牧羊去了。"

那些贝都因人讨论起来。不久，他们的代表说："他必须从军打仗，我们会再过来把他带走。如果他不去，我们就会把你们的那口水井封了，然后再烧掉你们的帐篷。"

黄昏时，摩西走进帐篷，他的妻子和岳父都站起身，妻子问："你到哪里去了？"

"神明在圣山显灵了，我去了那里。神明说，我的子民在埃及被法老掌控，正受尽磨难。希伯来兄弟们都怨天尤人，想摆脱埃及的统治。"

梅得洋祭司说："贝都因人想要让你去参军打仗，让你像本地那些健康的男子一样，去参加迦南暴动，反对法老。这个问题很严重。"

"这些人真的是疯了。这样的暴动一定会被拉美西斯平息。"

"赫梯人也参与了这场暴动。"

"在卡迭石之战中，他们败得很惨，不是吗？"

"沙漠商旅队确实是这样说的，可是他们根本不值得信任。摩西，你必须避一避。"

"你是不是受到了那些贝都因人的胁迫？"

"要是你不去参战，我们全族都会被他们杀掉。"摩西的妻子西波拉抱住他的脖子说。

"你是不是必须离开了？"

"我要回到埃及去，这是神明的旨意。"

"回去你会被处死的。"老祭司说。

"我和我们的儿子随你一起去。"西波拉坚定地说。

"这次出行可能不会太顺利，你会吃很多苦。"

"我们是夫妻，我不在乎旅途辛苦。"

老祭司心情沉重无比，重新坐了下来。

"放心吧，贝都因人不会再回来了，你的绿洲有神明护佑着。"摩西说。

"我不在乎了，你、我的女儿、我的孙子，我都见不到了。"

"你的话没错。让我们吻别吧，让神明来照管我们的心灵。"

　

隆冬季节，拉美西斯城的各神庙都在为庆典之事忙碌着，祭典所用的物品，包括雕像和祭品，都将被宇宙神力更换。他们用尽了浑身力量，接下来皇家夫妇必须通过光明之神向宇宙和谐之神玛亚特敬献祭品。

卡迭石之战的胜利让埃及人放下心来。大家都知道拉美西斯无人能敌，给人民带来了幸福，赫梯军队无坚不摧的神话彻底破灭。

埃及首都拉美西斯城越发富丽堂皇，工匠们用自己的双手建造起阿蒙、卜塔、瑞和塞特等几间大神庙；众朝臣官员都拥有无比奢华的别墅，足以和底比斯、孟菲斯的别墅相比；海港贸易络绎不绝，金银珠宝堆满仓库；拉美西斯城里的房屋外立面都由陶坊专家装饰上了青釉瓦，这个城市变成了名副其实的"绿城"。

在运河之上泛舟、垂钓是城市居民酷爱的休闲活动，运河里鱼虾游动，垂钓者一边吃着从乡间果园里采摘的蜂蜜苹果，一边划动着船儿。河岸之上繁花似锦，天空中白鹭、红鹤和鹈鹕等鸟儿不时掠过，眼前的美景令人应接不暇，反而没有注意到钓竿上已钓到了鱼儿。

拉美西斯带着女儿梅莉达蒙和儿子凯也在河上泛舟，他亲自划动着船桨。凯将自己遇到眼镜蛇的事情告诉了妹妹，他神情严肃，用词恰当，一点也不夸张。他们在河上玩了几个小时，拉美西斯决定回去，大皇后妮菲塔莉邀请了伊瑟共进午餐，他要回去陪同。

亚梅尼站在码头上。这位书记员除非有重要事情，否则不会轻易踏出他的办公室。

"亚夏来信了。"

"有什么不好的消息吗？"

"你自己看吧。"

无论在运河上游玩，还是在御花园之外的地方散步，拉美西斯今天一直有种不好的预感，似乎有什么意外要发生。他把孩子交给内疆，从亚梅尼手中接过信。

埃及法老：

我遵照陛下的指示拜见了安穆府王子，一切顺利。我方的军训官已经开始对军队进行训练了，领导人是一位像你我一样博学多识的皇家书记员，也曾在底比斯贵族学校学习过。卡迭石之战后，战败的赫梯人已经退到了北方，这跟我们猜想的一样。当然，我们仍然不能掉以轻心。很明显，这里的军队难以应对未来的侵略战争，他们还不够强大。为了让我国保持长久的和平与安全，请法老一定要尽快派一支精锐部队过来，在这里及时建立一个军事防卫基地。

向法老致敬！

恭祝安康！

外交部长亚夏敬上

法老收起信件。

"信是亚夏写的。"

"是的，我验证过。可是……"

"信的确出于亚夏之手，不过是被逼着写的。"

"我认同你的看法。你和他不曾在底比斯贵族学校学习过，他怎么可能这样写？"

"是的，亚夏记性超好，不可能记错，我们是在孟菲斯贵族学校念的书。"

"写下这么个错误意味着什么？"

"也许他在安穆府被软禁了。"

"班德西拉王子是不是疯了？"

"不会的，他这样做可能也是被逼的，他们可能商量过。"

"难道是……"

"赫梯的反应实在迅速，他们占领安穆府后会诱使我们上当，以此消灭我们。如果亚夏不是那么细致的话，穆瓦钽力几乎要成功了。"

"你认为亚夏是死是活？"

"亚梅尼，这不好说。我准备马上派出一支特别行动队，由萨哈马纳协助。我们的朋友很可能被囚禁了，我们必须把他救出来。"

法老下令，铸造厂重新加紧攻守武器的生产。不大一会儿，整个首都都知道了这个消息，几天之内就传遍了整个埃及。

赫梯人的野心并没有因为卡迭石之战的失败而有所收敛。拉美西斯城的四座兵营都在进行战争准备，所有官兵都知道，他们很快就会再次出征北方。

拉美西斯在办公室里待了一整天。天快亮时，他来到皇宫的阳台上，向那颗护卫之星眺望，它在与黑夜抗争后获得新生。

妮菲塔莉坐在阳台东头的矮墙上，初升的太阳为她披上了一件粉红色的衣裳，衬得她是那么温柔漂亮。

拉美西斯将她抱进怀里。"我以为卡迭石之战胜利了，我们就能获得一个长久的和平。可是我错了，我过于自信了。我们的身边还存在诸多危险，谢纳也许还没死，那个利比亚巫师还在逃，摩西没有一点消息，亚夏在安穆府生死未卜，还有穆瓦铟力……这场狂风骤雨，我们能够抵抗住吗？"

"无论遇到什么样的风雨，你都不能恐惧退缩，你没有那个时间，也没有那个权利。你是法老，要履行好自己的职责。你要逆流而上，必定要勇敢前进，我们都要勇敢前进。"

朝阳从地平线上冉冉升起，向大皇后妮菲塔莉和光明之子拉美西斯投射出第一道曙光。

拉美西斯五部曲 4：

皇后之爱

Ramsès, tome 4 :
La Dame d'Abou Simbel

［法］克里斯蒂安·贾克（Christian Jacq） 著

彭 楚 译

中国社会科学出版社

图字：01-2017-5283号

图书在版编目（CIP）数据

拉美西斯五部曲：全五册 ／（法）克里斯蒂安·贾克著；
解玲玲，彭楚译. —北京：中国社会科学出版社，2018.8（2024.11重印）
ISBN 978-7-5203-2800-5

Ⅰ．①拉… Ⅱ．①克… ②解… ③彭… Ⅲ．①长篇历史
小说－法国－现代 Ⅳ．①I565.45

中国版本图书馆CIP数据核字(2018)第154217号

Originally published in France as:
" Ramsès, tome 4 : La Dame d'Abou Simbel" by Christian Jacq
© Editions Robert Laffont, Paris, 1996
Current Chinese translation rights arranged through Divas International, Paris
迪法国际版权代理

出 版 人	赵剑英
项目统筹	侯苗苗
责任编辑	侯苗苗　郭晓娟
责任校对	周晓东
责任印制	王 超

出　　版　中国社会科学出版社
社　　址　北京鼓楼西大街甲 158 号
邮　　编　100720
网　　址　http://www.csspw.cn
发 行 部　010-84083685
门 市 部　010-84029450
经　　销　新华书店及其他书店

印刷装订　北京君升印刷有限公司
版　　次　2018 年 8 月第 1 版
印　　次　2024 年 11 月第 3 次印刷

开　　本　880×1230　1/32
印　　张　62.625
字　　数　1419 千字
定　　价　228.00 元（全五册）

出 版 序

破译了古埃及文字、使人们能一睹古埃及文明风采的商博良[1]，曾用这样的话描述他最崇拜的埃及法老："拉美西斯，永恒不灭的太阳之王，最伟大的君主，真理常伴左右。"

拉美西斯是西方文明的源头，他是埃及法老王时期最伟大的象征。从公元前1279年到前1212年，拉美西斯经历了六十七年的统治，创造出埃及辉煌灿烂的文明，将自己的智慧和才能发挥得淋漓尽致。他把自己的名字永远烙印在了历史的长河中。

拉美西斯的行迹遍布埃及大地，在皇家建造或者重修的无数建筑上，总能看到拉美西斯留下的印记。位于阿布辛贝的两座神殿、卡纳克神庙的圆柱大厅，还有卢克索面露笑容的巨像，无不昭示着伟大的拉美西斯和大皇后妮菲塔莉将永远统治埃及。

在不止一部的小说中，拉美西斯都是英雄式的人物。这部小说讲述的是，拉美西斯接受父亲塞提的教导，克服诸多考验和磨难，终于凭借无与伦比的才华，创造出辉煌的盛世，展现出这位真实英雄波澜壮阔的一生。

本书共有五册，除了拉美西斯，还记述了一些各具特色的人物：法老塞提、塞提的皇后图雅、大皇后妮菲塔莉、美貌的伊瑟、诗人

---

[1] 让·弗朗索瓦·商博良（1790—1832），法国历史学家、埃及学家，是第一个破译古埃及象形文字的人，他开创了埃及学，被人们称为"埃及学之父"。——译者注

荷马、御蛇巫师塞达武、希伯来人摩西，另外还有很多形形色色的人物，他们共同组成了这幅绚烂的巨大画卷。

拉美西斯的木乃伊如今保存在开罗博物馆，他的身体至今仍散发着无穷的魅力。不少人在参观过他的木乃伊后，都觉得他好像即将复活一般。

他的肉体生命虽然终结了，不过他的精神生命在这部小说中得以重现。从野史和埃及学中，我们可以了解到拉美西斯的成功与失败，体会他的欢乐与痛苦，了解他最爱的女人。他曾遭到最令人痛苦的背叛，也拥有至死不渝的友情，他以强大的内心对抗邪恶，寻找光明。这些曲折的过程，我们都可以在这部小说中亲历。

从第一次与野牛搏斗，到安息在洋槐树下，拉美西斯把自己的一生都融入了埃及——这个被众神宠爱的国家。在这片孕育无数生灵的大地上，忠诚、公平和美貌都有其特定的含义，生命可以重来，爱情崇高而美好。我们在现实生活中憧憬的一切，都可以在这片神奇的土地上实现。

埃及属于拉美西斯。

01 /

多少埃及人和叛徒，曾经为屠夫——拉美西斯的狮子的咆哮声
而感到恐惧。在与赫梯人进行的卡迭石一战中，这头巨大的猛兽
表现得勇敢而忠诚，得到了法老的赞赏和一条金链子。这头狮子
重达三百多公斤，长约四米。它的鬣鬃浓密、闪闪发光，从头上
蔓延到脸上、颈部，以及肩部、胸脯的部分位置。它全身的皮毛
短而硬，呈淡棕色，明亮而美丽。

方圆二十公里以内的人都能看见屠夫脸上的愤怒，所有人都明
白，拉美西斯也跟它一样怒气冲冲。在卡迭石获胜后，他就被称
颂为拉美西斯大帝，受到人们的敬重。

虽然埃及法老威名远播、勇猛无比，但要强迫安纳托利亚的野
蛮人遵从自己的戒条，却不是依靠这次的胜利就能做到的。

在那次战争中，埃及军队让人十分失望。软弱无能的将军们抛弃了拉美西斯，让他一个人去对付数百万自信满满的敌军。然而，光明背后的阿蒙神听到了儿子的祈祷，赐予了法老一种异乎寻常的神奇力量。

拉美西斯在五年麻烦不断的统治过后，断定赫梯人应该会慑于自己在卡迭石作战的成果，不敢在短时间内再兴战事，近东将因此在一段时间内得享太平。

然而他完全错了。迦南、叙利亚南部的传统公国内部发生激烈叛乱时，他是否还配拥有野公牛、埃及卫国圣令骄子、光明之子这些体面且令人尊敬的称号？赫梯人并不想结束激战，而是跟贝都因人，以及某些对富有的三角洲一直心怀不轨的匪徒、杀手一起，共同发动了一场大战。

瑞师兵团团长朝国王走了过来。

"陛下……情况很严重，超乎我们的预料。我们的侦察官汇报称，这并非一般的叛乱，迦南各国已全都跟我们开战。解除了这个危险，还有那个危险，继而是第三个，继而是……"

"难道你不想把叛乱镇压下去？"

"我们会损失很多将士，陛下。再者说，没人愿意无谓地牺牲性命。"

"为了挽救埃及于危亡，这个目的还不够强大吗？"

"您误会了……"

"这就是你的真实想法，将军！你并未从卡迭石一战中吸取半点教训。我身旁全都是懦夫，一群为自保而牺牲别人的无能之辈。我是不是应该为此责备自己？"

"不管您有什么命令，我跟其余将领都会遵从。陛下，我们想让您提高警惕，仅此而已。"

"跟亚夏相关的情报，我们的间谍组织找到了吗？"

"没有，陛下，非常抱歉。"

亚夏是拉美西斯多年的朋友，也是外交部长。他在拜访安穆府省[1]王子时，不慎落入了敌方设下的陷阱。他是否被刑讯逼供？他是否还活在人间？他这位外交官在狱卒眼中，是否值得勒索一笔？

拉美西斯得知此事后，就把那些最近在卡迭石感受过惊心动魄的将士调了过来。他要穿过某些危险的地区，才能把亚夏救出来。那些地区的王子再度背弃了效忠于埃及的承诺，他们只为得到一点钱和无法兑现的诺言，就把自己如此廉价地出卖给了赫梯人。侵略法老的属地，侵吞他无尽的财富，这样的美梦哪个人没做过呢？

拉美西斯大帝准备建造的工程很多，包括底比斯的百万年神殿、拉美西斯神庙、卡纳克神庙、卢克索神庙、阿拜多斯神庙、帝王谷的永恒陵墓，以及他迫切想要献给心爱的妻子妮菲塔莉的美好的巨石之梦——阿布辛贝……他再度回到迦南的这处森林边缘地带，在山上遥望敌方的那座堡垒。

"陛下，恕我冒昧直言……"

"但说无妨，将军！"

"您表现出如此强大的力量，穆瓦靼力王必能明白您的心意。他会把亚夏放回来的，我对此有信心。"

赫梯王穆瓦靼力毅力强大，为人狡诈，在他看来，要建立独裁

_____

[1] 今黎巴嫩。

统治，必须借助武力。他是一个强悍的联军领袖，但在进攻埃及期间，却接连遭遇失败。现在他居然又发起了一场新的突袭，主力是贝都因人以及中场加入进来的匪徒。

这场战争将决定很多民族的未来，穆瓦靼力和拉美西斯必牺牲一个，方有可能结束战争。一旦埃及在战争中失败了，赫梯便会借助武力开始残暴的统治，将第一位法老美尼斯在位时创立的千载文明全都毁掉。

拉美西斯忽然想到了自己的老朋友摩西，他杀人之后就逃出了埃及，逃去了哪里呢？他四处搜索，却没有任何结果。这个希伯来人在三角洲新都城拉美西斯城的建造中有出色表现，大家都不愿相信他已葬身沙漠。摩西也是叛乱的一分子吗？不会，无论何时，他都不会成为自己的仇人。

"陛下……陛下，我说的话您听到了吗？"

拉美西斯在这个只在乎自身利益的军官呆滞、恐惧的胖脸上，看到了自己的兄长谢纳的影子，那是他最讨厌的人。那个可怜的家伙为了成为埃及的君王，竟然暗地里跟赫梯国勾结。

谢纳被从孟菲斯大监狱押往绿洲劳改营的路上遇到了沙漠龙卷风，从此下落不明。不过，拉美西斯坚信他还活着，并立下誓言，此生非要杀掉他不可。

"将军，让军队准备开战。"

将军急忙逃走，看起来很是尴尬。

王室花园中非常宁静，曾让拉美西斯很享受。他多想远远避开吵闹的军队，每天陪伴着妮菲塔莉和孩子们享受快乐的生活！然而，那些酷爱杀戮的部落不断发动叛乱，接连毁灭埃及的神庙，践踏埃及的法律，他一定要从他们手中把这个国家解救出来。他无法承受这样的重负，但他无权顾及自己的安全和家庭，就算要牺牲性命，也要杀掉敌人。

拉美西斯注视着迦南属地中部地区的那座军事堡垒，它是前行路上的障碍。堡垒有六米高，城墙是双向倾斜的。堡垒内有几万大军，大批射手守在射击口，战壕中到处堆积着瓦砾。步兵要想架上梯子，难于登天。

埃及将士身处两座山的中间地带，炽烈的阳光照耀着这里。有风从海上吹过来，他们这才觉得不那么热了。在来这里的路上，他们一直走得很快，只休息、露宿过几次，很快就又启程了。只有那些雇佣兵已经做好心理准备参战，因为他们可以获得很高的报酬。而那些背井离乡的新兵，本就在为不知何时才能回家伤心不已，而更让他们忧心忡忡的是，自己可能会葬身于这场恐怖的战争中。所有人都期待着法老不要参加这场战争——因其结果不堪设想，都期待着法老只是为了增强东北边疆的防御。

迦南都城加沙的市长前段时间刚为这名埃及主帅举办了一场独特的庆功宴，还立下誓言，无论如何都不会跟以残忍著称的亚洲野蛮国家赫梯合作。拉美西斯对他那过度的虚伪十分反感。这位二十七岁的青年君主已开始对人性的奥秘有清楚的认知，对于他当前的再次叛变并不感到吃惊。

屠夫又咆哮起来，显得很焦躁。

在努比亚王的稀树草原，拉美西斯遇到了气若游丝的屠夫。那天过后，它便发生了巨大的改变。这头小狮子被毒蛇咬了，原本不可能活下来。人和野兽在那一刹那产生了一种友情，既深切又神秘。好在拉美西斯的同窗好友、御蛇巫师塞达武找到解药，挽救了它的性命。凭着野兽顽强的生命力，它渡过了那次危难，成长为一头拥有无穷力量的雄狮。作为国王的贴身保镖，再没有比它更优秀的了。

拉美西斯伸出手去，轻轻抚摸它的狮鬃，但它依旧焦躁。

塞达武身穿一件羚羊皮做成的外套，爬上了山坡——衣服上下都是衣兜，装着各种解药、药丸、药瓶。他矮而强壮，不胖不瘦，长着一个方形脑袋，须发都是乌黑的，打扮得很随便。他对毒蛇、毒蝎子满怀热忱，能用它们的毒汁制作疗效独特的药物。另外，有夫人莲花相伴，他就能把所有精力都用于这项研究。莲花是个努比亚女子，容貌美丽，士兵们只要看她一眼，就会被迷住。

拉美西斯让这对夫妻担任军医。塞达武、莲花为了抓住几条新品种的毒蛇，并照料伤病之人，所以时刻跟随着国王。然而对于战争，他们并不喜欢。不过塞达武觉得，在危难关头，自己是最能为朋友拉美西斯提供帮助的人。

他表示："将士们都萎靡不振。"

拉美西斯很赞同："将领都盼着撤退。"

"军队在卡迭石有那样的表现，你对他们还能有什么期望？他们全都平庸无能，除了四散逃跑，什么都不理会。像过去那样，只能靠你一个人做决断。"

"不是的，塞达武，我不是一个人。太阳、风、狮子的灵魂和这片有灵性的土地，都会为我提供意见，我要接受……它们不会欺骗我。它们传递的信息，我都能探究出来。"

"关于战争，人世间并不存在好的意见。"

"你有没有跟你的蛇交谈过？"

"它们同样属于媒介，能传递看不见的力量。没错，我向它们询问过，它们给出的意见是不要后退，就是这么直白。屠夫这么焦躁，是怎么回事？"

"因为堡垒在左边。我们跟堡垒中间有一片橡树林。"

塞达武含着一根芦苇望向那边。

"没错，那里给人一种不适感。是类似于在卡迭石的圈套吗？"

"他们成功过一次，因此，赫梯的军事家们又设下了一个圈套，盼着它能发挥作用，就跟上次一样。发动全速进攻时，我军必然会在阻碍面前放慢速度，那时堡垒中的射手就能杀掉我们，且不用费什么力气。"

拉美西斯的侍从梅纳跪在国王面前："陛下，您的马车已备好。"

国王对着两匹骏马的耳朵低声说话，它们一个叫"胜利的底比斯"，一个叫"幸福的穆特女神"。在卡迭石形势极为危急时，它们跟狮子一样对国王忠贞不二。

拉美西斯在侍从、诸位团长、战车精英部队满含疑虑的目光中，挥起了缰绳。

梅纳很忐忑，说："陛下，别去……"

国王下令："直接穿过橡树林，冲向堡垒。"

"陛下……您忘记穿甲胄了，陛下！"

侍从追逐着拉美西斯的战车，手中挥动着用小小的铁片镶嵌而成的甲胄。然而，法老已经勇敢地朝敌军冲过去了。

02 /

　　拉美西斯大帝站在全速疾驰的战车上，看起来不像人，而像神。他身材魁梧，额头宽大而饱满，头上戴着一顶蓝王冠，跟头部的形状十分契合。他有凸起的眉骨和浓密的眉毛，眼神像鹰隼一样锐利，鼻子高挺、微微带点鹰钩，耳朵背面很圆，边缘向内侧卷起，卷得颇为巧妙，还有挺直的下巴和厚实的嘴唇。他象征着权力。

　　在他靠近时，藏在橡树林中的贝都因人一个接一个从藏身处出来，或是拉弓，或是挥舞着标枪。

　　国王跟在卡迭石一样，宛如一头长着一对利角的野公牛，以超过旋风的速度、以眨眼间就能穿过广阔草原的豺狼的灵巧，迎击第一波进攻自己的敌人，接连不断地向众叛徒胸口射箭。

　　贝都因突击队队长避开了国王怒气冲冲的箭。他单脚站立，预备掷出一把长刀，刺向国王的后背。

　　突然跳出来的屠夫把叛徒们吓退了。这头狮子体型巨大，动作却十分轻盈。它张开锋利的四爪，朝那个贝都因队长扑过去，把他的脑袋狠狠咬住。

　　很多士兵看到这可怕的一幕，急忙扔掉武器逃窜了。有两个贝都因人还没来得及呼救，就被屠夫留下了数不清的伤口。

　　在埃及战车队后边，有数百名步兵追上了拉美西斯，跟最后残留的少数叛徒对打起来，轻易便将对方打得惨败。

　　屠夫舔舐着沾满鲜血的爪子，心平气和。随后，它抬眼看向自己的主人，眼神十分柔和。见拉美西斯的眼神中饱含着谢意，它轻轻舒了口气，声音颇为满足。接下来，它卧在战车的石制车轮旁边，四下搜索，眼睛里写满警惕。

　　瑞师兵团团长说："我们大获全胜，陛下！"

　　"我们刚刚脱离了危险，敌人埋伏在森林中，却没有任何侦察兵向我们发出警告，这是怎么回事？"

　　"我们……我们忽视了那里，那里看起来好像无关紧要。"

　　"身为将军的职责是什么，还要我的狮子来告诉你们吗？"

　　"为了向那座堡垒发起进攻，陛下是否要开军事会议……"

　　"立即发起进攻！"

　　屠夫听到法老的声音这么大，明白战争又要开始了。

　　拉美西斯在两匹爱马的屁股上拍了一下，两匹马你看看我，我看看你，都在勉励对方。

　　侍从梅纳喘着粗气过来，向国王呈上那件由小小的铁片镶嵌而成的甲胄。因这件小护胸甲不会影响自己亚麻质地的广袖长袍的外观，拉美西斯便把它穿上了。他手腕上戴着两个手镯，是用黄金、叶蜡石制成的，中间有两个野鸭头形状的饰物，寓意法老和皇后一起向神秘的宇宙之国飞去，宛如一对候鸟。拉美西斯能不能在开始新的漫长生命之旅前，跟妮菲塔莉再见一次面呢？

"胜利的底比斯"和"幸福的穆特女神"四蹄踏地，很是焦躁，想要即刻朝那座军事堡垒冲过去。它们头上戴着鸟羽——末尾处是深蓝色的，其余部分则是红色的，身上披挂着红色、蓝色间杂的装饰。

步兵们在卡迭石一战获胜后，暗地里编了一首能让很多胆小之人得到安慰的歌："拉美西斯有强壮的双臂，有非凡的勇敢，有无人能媲美的箭术。对于士兵，他是高高的墙壁，对于敌人，他是到处蔓延的烈火。"

侍从梅纳看起来很慌乱，他把国王那两个箭筒都装满了箭。

"你有没有检查过？"

"检查了，陛下。它们全都很轻巧，很结实。要射死敌方的弓箭手们，除了您，没人能做到。"

"奉承是最要不得的，你不记得了吗？"

"记得，可我实在怕得很！我们也许会被那些野蛮的家伙全部消灭，只有您能阻止他们！"

"备好充足的草料，回来时我的马肯定饿坏了。"

向堡垒进发时，埃及战车队遇到了迦南弓箭手和贝都因联军射来的箭，但密密麻麻的箭全都止步于战车前方。马发出嘶吼，有的马还抬起了前蹄。国王镇定自若，让这支精兵不要慌乱。

国王命令道："拉开大弓，听从我的号令。"

拉美西斯城内的兵工厂用牛腱和洋槐木造了几张弓和箭。弓座弯曲的弧度经过精心计算，完全能准确将箭射到两百米开外的地方。那些藏在枪口后面的叛徒，根本发挥不了什么作用。

拉美西斯拼尽全力，高声叫道："全部发射！"

射出的箭大多命中敌人。很多射手头上中箭，或是眼珠崩裂，或是喉咙被刺穿，纷纷从城墙上摔下来，不是一命呜呼，便是身受重创。新一批射手上阵，结果也没什么两样。

拉美西斯已确定，敌方射击不会给步兵带来任何威胁，于是命令全体军队朝堡垒巨大的木制城门冲过去，用斧子把门砍破。一辆辆埃及战车随即破门而入。法老的射手命中率不断提高，敌人根本无力反击。他们战壕中的碎瓦砾也完全用不上。拉美西斯下令士兵们直接进攻大门，而没有像往常那样架起梯子。

成群的迦南叛徒集结士兵于城门后，仍抵挡不住埃及人。激战中法老的步兵团从堆积的尸体上越过，巨浪般涌入城里。

叛军不断撤退！围巾上、坠着流苏的长袍上满是鲜血。不断有人丢掉武器，四散奔逃。

埃及士兵用长剑把敌人的盔甲刺穿，打断他们的脊柱，割破他们的后背和肩膀，切断他们的肌腱，剖开他们的肚子，扯出他们的肠子。

忽然，堡垒中安静下来。庭院一隅有一群女人，她们正在请求胜利方放过她们。

这座要塞再度被收回，拉美西斯的战车进入其中。

国王问："指挥是谁？"

败军之中走出一名男子，五十岁上下，没有了左臂。

"士兵之中，我是年纪最大的……将军们全都死了。恳请两地的主人可怜可怜我们。"

"如何饶恕违背诺言之人？"

"法老若不能饶恕，最好就在这里处决我们吧。"

"迦南人，我已有决定，你们好好听着：把本省的树全都砍掉，运到埃及去；把所有战犯、男人、女人、孩子都送到三角洲，义务服劳役；迦南的牛马全部收归我国。所有逃兵编入我军战斗，受我指挥。"

战俘们逃过一死，都欢喜地下跪感谢。

重伤员不多，用于止血的鲜肉片和蜂蜜药包又很充足，塞达武因此心情愉悦。莲花把胶布交叉贴上伤口，动作灵巧、精准。很多伤员看到这个美丽的努比亚女人的笑脸，感到伤口都不那么痛了。担架兵抬着伤员，送往乡村医院接受治疗。在那里，伤员们能得到药膏和药水，直到回到埃及。

伤员们之所以受伤，都是因为保家卫国，拉美西斯便赶忙去看望了他们。他又把高级将领全都找来，表明了自己的雄心壮志：跟贝都因人合作，继续向北讨伐，把被赫梯掌控的迦南堡垒逐一收复。

军队被法老的勇敢深深打动，一点儿也不害怕了。法老命令军队休整一天一夜，接着便去吃晚饭了，塞达武和莲花跟他一起。

塞达武问："你究竟要进攻到哪里才停止？"

"最少也要到叙利亚北部地区。"

"可能是……卡迭石？"

"视情况而定。"

莲花说："现有的药物不足以支撑太漫长的战事。"

"我们需要趁着大好形势继续进攻，赫梯人的反击是很快的。"

"战争会结束吧？"

"是的，莲花，敌军全面瓦解时，战争就结束了。"

塞达武发出低沉而含混的声音："我厌恶政治这个话题。过来，亲爱的，出去捕蛇前我们先痛快欢爱。今天晚上我们会收获颇丰，我有预感。"

军营旁边建有一座小小的神庙，拉美西斯正在这里做晨祷。这座神庙比起拉美西斯城的神殿，简直朴素至极。不过，光明之子的内心绝对虔诚。他的父亲阿蒙神从来不曾暴露人前或附在人身上，但是这位看不见的神却让所有人都能感知到他。

从神庙出来时，国王看见一个士兵正在用链子套一头羚羊，费尽力气想要将其制伏。士兵留着长发，身穿彩色紧身衣，蓄着短短的胡子，眼神十分飘忽，看起来怪模怪样的。

这头野兽竟会被带到军营，且距离法老营帐这么近，这是怎么回事？

国王觉得索然寡味，没再往下想。可就在这时，这个贝都因士兵居然把羚羊放开了。羚羊朝拉美西斯冲过来，那对锋利的角正对着国王，而他手上没有任何武器。

屠夫突然从左边跃出，把羚羊撞开，用锋利的爪子死死抓住羚羊的脖子。羚羊当即在狮子面前倒地身亡。

　　贝都因士兵非常惊讶，拔出藏在紧身衣里的匕首，却还来不及动手，就觉得骨头生疼，头晕目眩，扔掉匕首，朝前倒下——一支标枪刺在了他肩胛骨中间的位置。

　　莲花施展出自己令人惊愕的武功，却是心平气和，脸含微笑，不见半分激动。

　　"多谢，莲花。"

　　塞达武从营帐中出来，看着狮子饱餐了一顿，旁边还有很多士兵也在看着这一幕。接着，塞达武朝那个贝都因人的尸体看了看。

　　梅纳跪在拉美西斯面前，怯怯地说："抱歉，陛下！我向您承诺，必会查清楚是哪几名哨兵让这名匪徒混进军营，再对他们施以严厉惩罚。"

　　"下令喇叭手集合吹号，大家出发。"

03

亚夏越来越暴躁,还生起自己的气来。每天从早到晚,他都从被囚禁的皇宫二楼窗户向海上眺望。作为埃及间谍首领和拉美西斯大帝的外交部长,他却落进了安穆府省黎巴嫩人的圈套,怎么会发生这种事呢?

亚夏是豪门独子,跟拉美西斯是孟菲斯贵族学校的同窗。他学习成绩出众,既优雅又细心,对女子充满吸引力。他相貌堂堂,身材修长,眼神中有智慧之光闪烁,声音悦耳,并对时髦之事追逐不停。可如此的优雅,都只是表象,真正的他藏在表象背后:一名外交官,有着高超的办事能力,熟练掌握多门外语,对埃及的属地以及赫梯帝国更是了如指掌。

赫梯人拓展疆土的欲望,好像在卡迭石战役失败后消失了。在亚夏看来，应抓紧时间到位于赫尔蒙山与大马士革以东、地中海岸边这片毫无生机的地区——安穆府省做一次访问。原本他想对该省进行改造，将其改成军事基地，派出精兵突击队进攻赫梯人，彻底消灭他们迫切想要入侵巴勒斯坦、三角洲的意图。

亚夏乘坐的船从贝鲁特进入港口，船上堆满了礼物，准备送给安穆府省王子班德西拉。此人眼里除了利益，什么都没有。结果来迎接亚夏的却是哈图希勒，他是刚占据这里的赫梯王的亲弟弟。亚夏无论如何都不会想到事情竟会变成这样。

这个对手又矮又瘦，看似弱小，实则聪敏狡诈。作为对手，亚夏觉得他让人感到畏惧。哈图希勒为了诱使法老的军队落入另外一个圈套，逼迫亚夏给拉美西斯写了一封正式的信。亚夏却盼着法老在看过这封密信后，对此产生怀疑。

拉美西斯要怎样做？他考虑到国家大事的重要性，不得不放弃落入敌人手中的朋友，竭尽所能尽快朝北边发起进攻。对法老了解颇深的亚夏确定，法老不会理会有多危险，马上便会向赫梯大举发起进攻。可是埃及外交部长是极好的交换条件，班德西拉想让埃及用大笔财富来换取亚夏。

亚夏性命堪忧，可他并不在乎。他之所以如此愤怒，是因为这种被迫的感觉。他的冒险活动从少年时期就从未停止过，这样被动等死，他真的做不到。他一定要做些什么才行。拉美西斯可能相信他已经遇害，也可能利用装备了新武器的军队进行大规模反击。考虑得越多，亚夏越觉得唯一的办法就是自己解救自己。

佣人像之前那样，给他送来丰盛的早饭。王室饮食总管一直对亚夏彬彬有礼，从他身上挑不出半点毛病。

亚夏吃着烤牛排，听到沉甸甸的脚步声越来越近，知道是这里的主人来了。

安穆府王子班德西拉，这个嘴上蓄着乌黑浓密的八字胡、年过五旬的胖子问："我们的埃及朋友身体怎么样？"

"很荣幸你能过来看望我。"

"我希望能跟拉美西斯的外交部长把酒言欢。"

"哈图希勒没有陪你过来？"

"我们那个赫梯好朋友有别的事情要处理。"

"拥有至交好友是件快乐的事……何时我才能再跟哈图希勒见面呢？"

"我也不清楚。"

"安穆府已变成赫梯的军事基地了？"

"我亲爱的亚夏，所有事情都会因时间而改变。"

"拉美西斯会勃然大怒的，难道你不害怕吗？"

"法老跟我这小小的属国从此将被一道墙隔开，再也不能逾越。"

"赫梯人掌控了迦南的全部地区？"

"不要问这么多问题……我想用你的宝贵生命交换金银财宝，这你是了解的。我原本不想让你在谈判过程中出什么事，可是……"班德西拉苦涩地笑起来，他想告诉亚夏，你已经没有时间把在安穆府的见闻传播出去了，因为你很快就将被处决。

"你对自己的立场没有任何怀疑？"

"没有，我的好朋友亚夏！赫梯崇尚的是强权，而拉美西斯要稳坐埃及统治者的地位，会遇到很多阻碍……不是密谋叛乱，就是军队造反，或者是这两点结合起来，将他除掉，又或者是随和一些的君主取代了他。"

"班德西拉，你对埃及和拉美西斯一无所知。"

"我知道如何判定好人坏人。在卡迭石，赫梯王穆瓦靼力看似失败，实际上却取得了巨大的胜利。"

"你这是在赌博，很危险。"

"我不喜欢赌博，只喜欢美酒、美人、黄金。赫梯人身上流着充满斗志的鲜血，埃及人则与之相反。"

班德西拉轻搓自己的双手。

"我亲爱的亚夏，仔细想想投靠我们这件事，这是你在谈判过程中保证自身安全的最佳办法。想象一下，你要是给拉美西斯送去假情报……将在我们获胜后得到应得的回报。"

"我是埃及外交部长，你却让我背叛祖国？"

"无论做什么，都一定要懂得随机应变，不是吗？我也曾经立下誓言，要对法老忠心耿耿……"

"人不能在孤独中考虑问题。"

"你的意思是……需要女人？"

"她要细心，要有涵养，还要懂得体谅。"

班德西拉一口喝光剩下的酒，伸出右臂在沾湿的嘴唇上擦了擦。

"我愿意拿出任何祭品，只要你能改变心意。"

天黑了，亚夏房中点着两盏油灯，灯光昏暗。亚夏在床上躺着，身上裹着短短的裹腰布。他正在思考哈图希勒从安穆府出走这个问题。哈图希勒出走的时间，跟赫梯向巴勒斯坦、腓尼基属地发起进攻的时间有出入。安穆府的军事基地能帮哈图希勒控制整个局面，若安纳托利亚军队真的组织了大规模进攻，哈图希勒何以要舍弃安穆府呢？穆瓦钽力的弟弟不会到南部去，那太危险，他也许已经回到了自己的祖国，可他为什么这么做呢？

"大人……"

亚夏听到这声抖颤、微弱的叫声后，停止了思考，坐起身来。他看到一个少女出现在晦暗的灯光下，她穿着短短的紧身衣，头发散着，打着赤脚。

"班德西拉王子让我过来，命令我……让我……"

"到我身边坐下。"

她不安地听从了他的吩咐。她二十岁左右，一头金发，身材丰腴，充满吸引力。

亚夏在她肩上摸了摸："你已经成婚了？"

"是的，大人。可王子向我承诺，这件事一定会瞒着我的男人。"

"他是做什么的？"

"他在海关。"

"你有没有工作？"

"整理中央邮政局的邮件。"

亚夏把金发姑娘的紧身衣的肩带拉下来，在她脖子上吻下去，接着把她压在床上。

"你看到过从迦南都城寄来的信吗？"

"看到过几封……不过，我不能告诉你内容。"

"这边的赫梯士兵多不多？"

"我也不可以回答这个问题。"

"你是否喜欢你的男人？"

"是的，大人，我喜欢……"

"你觉得跟我交欢很恶心？"

她侧过头去。

"我可以不碰你，只要你回答我的问题。"

她目不转睛看着亚夏，眼神中满是期望。

"你发誓？"

"可以，安穆府的神灵全都可以见证。"

"赫梯人不多，我们的军队有几十个教官，在训练士兵。"

"哈图希勒走了？"

"是的，大人。"

"去哪儿了？"

"不清楚。"

"迦南现在怎么样？"

"一片混乱。"

"赫梯人已经控制了这个省？"

"这是谣言。听说迦南都城加沙已经被法老占据，在一场突袭中，迦南省长死了。"

亚夏像获救一样，一下看到了光明。拉美西斯看懂了他的情报，还为了避免赫梯人继续扩张，马上组织了反攻。哈图希勒要回去向君主报信，正是因为这件事。

"抱歉了，小美人。"

"你……你说话不算数！"

"我说话算数，不过，我要做几件事，保证我的安全。"

亚夏把她的四肢绑起来，并封住嘴巴，又让她静下来——这耗费了他数小时。他看见她放在门槛上的外衣，想出了一个从皇宫逃出去的妙计：他把那件外衣穿到自己身上，把帽檐拉低，朝楼梯跑了过去。

一楼正载歌载舞，有些客人醉得人事不知，其余客人则继续寻欢作乐。亚夏从两个完全赤裸的女人身体上大步迈过去。

"你要到哪儿去？"

亚夏逃不了了，几个带着兵器的卫兵守在宫门口。

"你伺候完那个埃及人了？到这边来，小宝贝……"

距离自由只有几步之遥了。

班德西拉伸出湿乎乎的手，揭开了亚夏的帽子："亲爱的亚夏，你真不走运。"

04

拉美西斯在三角洲建造了一座新都城——拉美西斯城，因为城中房屋装饰着蓝釉瓦，所以人们称这座城为"绿城"。人们在拉美西斯城的大街上瞻仰神庙、皇宫、池塘、海港的恢宏壮丽；专注欣赏着果园、有无数鱼虾的运河、高级官员的别墅、花园、两侧开满野花的小道；尝着苹果、石榴、橄榄、无花果，痛快地喝着香醇的果酒，哼唱民间小调：

在拉美西斯城生活，身心舒畅，
平民跟高级官员一样高贵，
洋槐和无花果树投下浓荫，
灿烂的房瓦像黄金，像翡翠，

风儿和煦，池塘边的小鸟在嬉闹。

不过，国王的机要秘书、学校里的至交、尽职尽责的忠实侍从亚梅尼，却觉得如此快乐的生活已经不复存在。由于拉美西斯离开了本国，因此，亚梅尼跟城内很多百姓都觉得，往日的平和快乐已经消失了。

拉美西斯不仅离开了本国，且身处险境。他拒绝一切劝阻与延误，坚持向北方发起进攻，决心收复迦南和叙利亚。军队跟随着他，加入了这场前途不明的战争。

亚梅尼，这个法老正式任命的书记员，身材矮小且瘦弱，头顶基本秃了；骨质疏松，面色惨白，细长的手指写起埃及象形文字来倒很是好看。作为粉刷匠之子，他却能跟法老拉美西斯心灵相通。他就是那种历史悠久的说法中所谓的"国王的眼睛和耳朵"。在他的带领下，二十多名不惧牺牲、才能出众的书记员疯狂地工作着。

亚梅尼睡眠很少，吃再多的东西，也还是这么瘦。他极少走出办公室，在办公桌显眼的地方供奉着一个镶嵌着黄金的木制笔筒，那是拉美西斯送给他的。笔筒底座是百合花形状的，疲惫的时候只要摸一摸这个底座，他就会变得精神抖擞，然后继续批阅公文。那些公文堆得像山一样，无论哪个书记员见了都会避之唯恐不及。

他不许别人帮自己收拾办公室。那些用莎草纸写成的公文，不是摆在木箱子里，就是立在罐子里，再就是用铜套卷起来，放在书架上。

有个助手来通报："军中一位信差来了。"

"让他过来。"

一名士兵走进来，因为旅途奔波，他简直累得都喘不上气来了。

"我是法老的信差。"

"东西给我吧。"

亚梅尼检查了拉美西斯的印章，然后冲向皇宫，一路气喘吁吁。

拉美西斯离开本国的这段时间，妮菲塔莉皇后负责处理国家大事。她不停地接见各种人，包括首相、皇宫总管、会计官、审计官、祭司长、机密室主管、生命殿堂负责人、王室侍从、国库主管、仓库总管，还有那些不想自己拿主意、执意要让皇后给出清晰指令的文武大臣。好在有亚梅尼帮助皇后，国王之母图雅也会提出建议，而且这些建议都颇具价值。

妮菲塔莉有一头漆黑闪亮的秀发和一双碧蓝、透亮的眼睛，像女神一样神采奕奕，比天上的仙女还要美丽。在权力与孤独的挑战下，她毫无惧色。作为神庙乐师，她对先知积累的智慧满怀热忱，本想在近乎与世隔绝的环境中度日。然而，这个羞涩的少女最终却因拉美西斯深厚的爱情，变成了埃及的皇后，并谨守自己的职责。

皇后屋的行政工作很繁重，她以一人之力，承担起了这些工作。该机构已经存续了上千年，其内部除了为埃及百姓和外国人提供教育的寄宿学校外，还包括一所纺织学校，以及几家作坊——生产珠宝、镜子、花瓶、扇子、凉鞋、祭祀用品。妮菲塔莉需要管理女祭司、书记员、土地收入管理员、工人、农民等一大堆雇员。各个单位的主要责任是什么，她都不能忘记。她管理的信条就是公平、无私、精准。

这段时间，大家都很惶恐，为了保护埃及，拉美西斯坚持冒着巨大的风险去讨伐赫梯侵略者。已经精疲力竭的大皇后，也只能为治国付出更多的努力。

"亚梅尼！有没有消息传过来？"

"有的，殿下，有一封信，是军队的信差送过来的。"

皇后的办公地点在花园对面宽阔的大厅里，浅蓝色的陶釉装点其中。拉美西斯离开本国后空出来的办公室，就那样空着。洋槐树下，国王很喜欢的那条狗夜巡正昏昏欲睡。

妮菲塔莉把信封打开，读起信来。信的内容和签字，都是拉美西斯潦草的字迹。

皇后面容肃穆，不见半点笑容。她说："他努力想通过信带给我慰藉。"

"国王有没有取得什么成果？"

"他平定了迦南，处决了叛变的省长。"

亚梅尼非常欣喜："大获全胜！"

"国王会继续向北部讨伐。"

"为什么您要这样悲伤呢？"

"因为他会一直讨伐到卡迭石，不理会这有多危险。他曾冒着生命危险去救亚夏，没有半分迟疑。可他若被命运背弃，那又该怎么办呢？"

"他拥有神奇的力量，那会一直附着在他身上。"

"埃及若失去了他，会怎么样？"

"首先，殿下，作为王室的大皇后，您在治理国家这件事上没有任何瑕疵；其次，拉美西斯会回来的，这点毋庸置疑。"

这时，仓促的脚步声在走廊中响起，随即传来了敲门声。亚梅尼打开门，一个产婆神色慌乱地走进来："殿下……伊瑟快生了，她想见您！"

平时，伊瑟的容貌极具魅力，迷人的绿眼睛、小而娇俏的鼻子、薄薄的嘴唇。而她在如此煎熬的时刻，仍像少女时期那样动人。她能成为拉美西斯的首位情人，便是得益于这种魅力。她经常回想起自己和拉美西斯王子定情的小茅屋，它在一片麦田旁边。

可是，拉美西斯爱上了天生的皇后妮菲塔莉。没有野心和妒忌的伊瑟根本不能跟妮菲塔莉相比，也没有人能跟妮菲塔莉相比。伊瑟因此失去了所有光芒。伊瑟对权力心存畏怯，无论何时，她心里只有对拉美西斯的爱。

她一度失意、愤恨，以至于迷失了方向，密谋背叛拉美西斯，却不忍心对他下手。没过多久，那些罪恶的念头就消失了。诞下凯这个聪明至极的男孩，是她最自豪的一件事。

妮菲塔莉在诞下梅莉达蒙后，失去了生育能力，于是希望伊瑟为国王生育第二个乃至更多子嗣。国王却办了一家皇家学校，挑选了各个阶层的孩子到宫中接受教育，其中有男孩，也有女孩。人数之多，足以证实国王和皇后不必担心王位无人继承，他们的后代将绵延不绝。

伊瑟凭着热忱，又将为拉美西斯生下一个孩子。她已经通过古老的方法[1]，了解到这个孩子会是个男孩。

她在四名产婆的帮助下保持站立，用这样的姿势生育。为免婴

---

[1]　这个方法是说如果孕妇的尿液可以让大麦开花，她将产下男婴；让小麦开花，则将产下女婴；两者都不开花，则表示无法分娩。

儿的降生被暗夜精灵阻挠，产婆们开始念经。因有烟熏治疗和药水的帮助，伊瑟觉得分娩不那么痛楚了。

她能感受到，小小的婴儿已从生活了九个月的温水池中出来了。

伊瑟又感觉到一只带来百合、茉莉的香气温柔的手，以为自己进入了天堂的花园，在那里，任何烦恼都将消失。

她扭头看到妮菲塔莉竟然也成了产婆之一。皇后拿着浸湿的布，在她额头上擦拭起来。

"皇后……您过来了，我还以为您不会来。"

"我来了，你让我来嘛。"

"您收到国王的消息了吗？"

"全是喜讯。拉美西斯平定了迦南，用不了多久，他就会收服那帮叛徒。借着这个好机会，他会继续进攻赫梯人。"

"他何时才能归来？"

"他岂会不愿尽快看到自己的孩子？"

"这孩子……您是否会疼爱他？"

"会的，一如我疼爱我的女儿和你的儿子。"

"我怕……"

妮菲塔莉紧紧握住伊瑟的双手："伊瑟，我们并非敌对关系。你要打赢这场仗，毕竟你才是主帅。"

阵痛忽然增强，伊瑟高叫起来，产婆马上开始工作。

伊瑟多想把眼前剧烈的痛楚全都忘掉，不再作战，沉睡过去，在梦里见到拉美西斯……可是她一定要像妮菲塔莉说的那样，把在自己肚子里长大的神秘作品完成。

伊瑟的孩子出来后，由妮菲塔莉亲自接住了，一个产婆帮忙把脐带剪断。

伊瑟闭上眼睛问："果真是男孩？"

"没错，伊瑟，是个男孩，既英俊又健壮。"

　　拉美西斯和伊瑟的孩子凯正在一张莎草纸上抄写格言。这些格言出自老迈的智者卜塔·霍特普。在一百一十岁那年，他被赋予了一种身份，可以留下某些意见，造福后人。

　　年仅十岁的凯对孩子的游戏不感兴趣，负责教育他的农业部长内疆对此曾温和地责备他。他却置若罔闻，仍在读书中消耗了大半精力。内疆想让凯多活动一下，不过，这个孩子如此聪慧，又着实让他欣赏。凯学新东西很快，且记忆深刻，现在就写得一手漂亮的字，好像一个积累了很多经验的书记员。

　　拉美西斯和妮菲塔莉的女儿梅莉达蒙正在凯身边，这个美丽的女孩在玩竖琴。只有六岁的她已经完全显示出了自己在音乐方面的天赋。凯喜欢一边写象形文字，一边听妹妹弹琴唱歌，那旋律很美妙。国王的狗夜巡的脑袋贴在小姑娘脚下，发出轻微的呼吸声。她的容颜实在迷人，跟妮菲塔莉非常相像。

皇后进入花园时，凯和梅莉达蒙都停了下来，跑到她身边，心里七上八下的。

妮菲塔莉吻了吻两个孩子，说："诸事顺利，伊瑟诞下一个男孩。"

"他叫什么名字，您和父亲肯定都想好了。"

"难道你觉得我们能未卜先知？"

"没错，你们是国王和皇后嘛。"

"你弟弟叫麦伦卜塔，意思是'卜塔神的骄子'，卜塔神是造物之神，还创造了语言。"

杜兰特是拉美西斯的姐姐，这个女人身材高大，一头褐色的头发，经常懒懒散散地，皮肤很油腻，不宜用太多油膏。她嫁给了一名高级官员，生活富足，终日无所事事，十分乏味。正因为这样，她一听那个利比亚巫师提及阿肯那顿国王，马上觉得这就是自己内心的理想。那个国王是一神教的拥护者和异端信徒。巫师想要保全自己，只能杀人，这是理所应当的。杜兰特对此表示赞同，且不理会未来可能会受到的任何惩处，甘愿为他提供帮助。

杜兰特接受了这个在埃及得到庇护的巫师的提议，回到皇宫，希望用谎话骗得拉美西斯的饶恕。若说巫师未曾得到她的帮助，便从埃及逃走了，谁会相信？杜兰特却想说自己受到巫师的威胁，现在终于逃过了一劫，回归家庭，并为此兴高采烈。

她这样说，拉美西斯会相信吗？杜兰特以谨遵法老命令的做法，换得了留在拉美西斯城皇宫的机会。这刚好符合她的心意，这样她就能找到合适的机会，送信给欧菲尔了。可是她并没有机会靠近国王，取得国王的信任，因为国王为征讨叛徒去了北部的属地。

杜兰特很清楚，妮菲塔莉对她的丈夫有很大的影响力，因此尽可能想要赢得妮菲塔莉的关注。杜兰特看见皇后从会议室走出来——她刚刚跟运河官会谈完毕——马上过去向皇后行礼。

"殿下，我想照料伊瑟，请您批准。"

"杜兰特，在你看来，你可以做哪些事呢？"

"照料她的衣食起居，每天帮她收拾住处，用从皂荚树的树皮、树枝中提取出来的香皂，帮她和婴孩洗澡，再用熏陆香、苏打混杂而成的东西，把一切用具都刷洗干净……还要为她备好几盒粉、几瓶上好的香水、几块画眉墨、几支化妆笔，装在一个箱子里。伊瑟应一直打扮得很艳丽，不是吗？"

"你对她这么好，她会很感动的。"

"我会亲手为她化妆，除非她不情愿。"

妮菲塔莉和杜兰特在走廊上走了片刻，走廊上到处挂着画，画上是百合、矢车菊、曼德拉草。

"据说孩子很健壮。"

"麦伦卜塔长大成人后，一定很强壮。"

"我昨天想跟凯和梅莉达蒙玩耍，却被阻挠了。殿下，我非常伤心。"

"杜兰特，这道命令是我和拉美西斯的意思。"

"你们对我的怀疑什么时候才能结束？"

"你很吃惊吗？你在逃跑途中跟巫师为伴，又是谢纳的拥护者。"

"殿下，我也受尽折磨，不是吗？我丈夫死于摩西之手，我的信仰险些被那个卑鄙的巫师引向歧途，我被谢纳憎恨并极尽羞辱，你们居然还要责备我？我唯一的企盼，就是可以安静休养。另外，我非常期待家人能再给予我爱和信赖……我已经在大家面前承认自己犯下了大错，但在你们心里，我始终无法摆脱罪人的身份！"

"难道你不曾密谋叛变法老？"

杜兰特跪在皇后面前："我一度被坏人驱使、利用，这些全都成了过去。我想一个人生活下去，留在宫中任凭拉美西斯差遣，把过去全都忘掉……您是否愿意宽恕我？"

妮菲塔莉被她深深打动了："杜兰特，照料好伊瑟，让她永远年轻、永远漂亮。"

外交部次长梅布进入亚梅尼的办公室。他专业外交官的身份是从驻外使臣的富足家庭中继承来的。他生来便狂傲自大，因为他是手握权力与财富的上流社会中人，本就不应该跟平民百姓为伍。可是在一次严酷的考验过后，梅布被谢纳——国王的兄长——挤下了埃及外交部长的位子。他遭受了极大的羞辱和冷落，觉得自己永远都做不了外交官了。

已在埃及站稳脚跟的赫梯间谍组织，在某一天找上了他。出卖国家……梅布连考虑都没有就决定了。他再度尝到了阴谋与算计的味道，并因此重新得到了掌权者的信赖和外交官的职位。过去他是亚夏的上级，如今却变成了亚夏忠心耿耿的下属——当然，忠心是表面上的。这个细心的年轻外交官居然相信了梅布虚伪的谦逊。亚夏对他之所以没那么警惕，不仅是因为他作为一名助手有着丰富的经验，更因为他曾被谢纳伤害过。

梅布在赫梯间谍组织领袖欧菲尔巫师下落不明的这段日子，耐着性子等候迟迟未到的命令。这种安宁让他感到满足。借着这个机会，他把自己在本部门中、在上流社会中的社交圈子稳固下来，并不断将心里的愤恨发泄出来。他曾蒙受冤屈，不是吗？聪明至极的亚夏，不也阴险狡诈、平平无奇吗？最终，面对赫梯以及自己出卖国家的行为，梅布居然能做到毫无感触了。

亚梅尼一边嚼着满口的无花果干，一边罗列着一份注意事项，准备交给国家粮仓主管。接着，他开始读一名省长写来的信，信中提到木柴不足，并为此发了牢骚。

"梅布，你来做什么？"

这个不知何为礼仪的粗鲁书记员，让梅布心生厌恶。

"你这么忙，应该分不出余力，听我汇报。"

"我可以分出一点精力听，不过你的话要简单一些！"

"你负责在拉美西斯外出的这段日子处理政务，是这样吗？"

"我作出的决定，全都得到了皇后的亲自批准。你要是觉得哪件事不合你的心意，不妨去见皇后。"

"然后皇后又让我来找你，你不要玩这种花样了。"

"哪件事不合你的心意？"

"命令不够清晰。部长和国王都不在，本部的行政工作充斥着模棱两可的问题。"

"等拉美西斯、亚夏回来再说，不要着急。"

"可要是……"

"你想说要是他们不会回来了？"

"有必要假设这种让人担心的事吗？"

"我的意见是没必要。"

"你可以肯定……"

"我可以肯定。"

"看接下来的发展吧。"

"除了这样，你也做不了什么。"

　　骄傲的大胡子巨人萨哈马纳有着非同寻常的过去：他生于撒丁岛，做过海盗首领，声名远播；跟拉美西斯交过手，并被他放过一马，之后做了法老的贴身护卫队队长。亚梅尼一度怀疑萨哈马纳出卖国家，却没有要求他在众人面前承认这一罪行。也好在亚梅尼没有这样做，之后才能再度跟萨哈马纳成为朋友。

　　萨哈马纳很想参战，去打碎赫梯人的头颅，刺破他们的胸口。可法老有令，他要待在本国为王室中人提供保护。萨哈马纳为完成这一任务，拿出了昔日进攻堆满金子的商船时用的劲头。

　　萨哈马纳将拉美西斯视为自己生平所见最了不起的将军，将妮菲塔莉视为冷傲的绝色佳人。他没办法离开这对宛如活生生的神明的王室夫妇。他得到了丰厚的酬劳、佳肴和美人，他准备好随时为埃及付出自己的生命。

　　可他却满腹疑虑，被猎人的直觉折磨着。在他看来，杜兰特的归来，会对拉美西斯和妮菲塔莉造成伤害。在他心目中，国王的姐姐就是个包藏祸心、满口谎言的人。虽然找不到证据，但他相信她还在巫师的掌控中。

萨哈马纳正在调查那个死在谢纳别墅中的金发姑娘是什么人。但是在被押送到卡迦劳改营的途中，拉美西斯那个背叛国家的兄长在狂风掀起的沙尘中消失了。

杜兰特说那个死去的人是个灵媒，这是一种很模糊的说法。萨哈马纳对此无法采信，杜兰特也没能就那个似乎很惹人同情的女子的经历，做出更深入的说明。杜兰特想要隐瞒真相，于是保持沉默。为掩饰关键的真相，她佯装成受害人。然而，萨哈马纳不能只凭没有根据的猜测，就把她抓起来，毕竟妮菲塔莉已经准许她返回皇宫了。

海盗有一项特征，就是执拗。狩猎的对象也许会忽然出现在平静的海面上。找到正确的方向，在不同的区域对狩猎对象进行监视，还是很有必要的。他派警察带着那个金发姑娘的肖像，到孟菲斯、拉美西斯城各个角落去，就是因为这个原因。他相信，总能找到一个肯说出真相的人。

06

异教徒法老阿肯那顿命人建造的太阳城，现在只剩下了断壁残垣。皇宫、大官的别墅、作坊、民间手艺作坊都消失了，神庙也不再有人出没，几条宽敞的街道、商区、住宅区小道都已荒芜。昔日，阿肯那顿、妮菲蒂蒂曾乘车在那些街道上飞奔而过。

这座悲伤的城市靠近尼罗河岸边广阔的草原，四面都围绕着高大的山峦。阿肯那顿曾在这里建造了一座神庙，供奉日轮阿顿转世后独一无二的真神。

这座都城已被人们忘记了，无人再过来瞻仰。百姓在国王去世后，就带上财宝、家具、炊具、文件之类的东西，回到了底比斯。目之所及只有一片废墟，妮菲蒂蒂的一尊头像还在雕塑作坊中，尚未完工。

建筑在长时间的腐蚀中残旧不堪。白色的涂料一层层剥落下来，石灰也被风化了。太阳城建造得太过敷衍，在暴雨和风沙的折磨中败下阵来。阿肯那顿标示阿顿圣地分界的方尖碑碑文，早就一片模糊。文字记录被时间彻底冲走，那种疯狂而神秘的行为，也在时间的洗涤中荡然无存。

悬崖上凿出的大官的陵墓中不见一具木乃伊。这座城市已被抛弃，就像没有人与神出没的坟地。在传说中，一些好奇心旺盛的游人曾死于这里的鬼魂之手，所以没人有勇气再游走于此处。

这里便被拉美西斯的兄长谢纳与巫师欧菲尔选中，成为他们的藏身处。二人选择的藏身地位于阿顿大祭司的陵墓中，那里有非常舒服的圆柱大厅、雄伟壮观的神庙与皇宫。此外，还保留了太阳城已经消失的璀璨光辉。雕塑师雕刻了一幅永世长存的作品：阿肯那顿和妮菲蒂蒂参拜日轮神的场景，有无数只手从耀眼光辉中探出，将生命赐予这对王室夫妇。

谢纳频频用小小的栗色眼睛注视那几幅浮雕，上面雕刻着获胜的太阳王转世的阿肯那顿。谢纳三十五岁了，圆圆的脸庞，近乎一轮圆月，面颊和双唇都很丰满。他生来懒惰，对庇护弟弟拉美西斯的太阳充满了厌憎。那个拉美西斯，他一度跟赫梯合作、想要杀掉的专制君主拉美西斯；判决他去绿洲劳改营的拉美西斯；他逃离其掌控，没有按照其命令出庭接受审讯的拉美西斯。

从孟菲斯的大监狱被押送到绿洲劳改营途中遭遇的沙暴，让谢纳得到了逃走的良机。他能逃出生天，靠的是对弟弟的仇恨以及强烈的报复欲望。就这样，谢纳逃到了这座一神教国王的都城废墟中，找到了安全的藏身之处。

收留他的是他的同谋欧菲尔。此人的面容犹如野兽，有着高耸的颧骨、挺拔的鼻梁、薄薄的双唇和宽宽的下巴。作为利比亚巫师、赫梯间谍组织首领，此人可以帮他取代拉美西斯。

法老的兄长愤怒至极，他拾起一块石头朝阿肯那顿的雕塑砸过去，砸落了雕塑的王冠："希望法老和他的王宫永远消失，永远深陷诅咒之中。"

谢纳的美梦并未成真，他被弟弟贬黜为了平民，而他原本可以成为横跨安纳托利亚、努比亚的庞大帝国的统治者。在卡迭石一战中，拉美西斯本应牺牲，然后由赫梯人占据埃及。谢纳原本能跟侵略者联合，成为这两个国家的王，成为近东独一无二的君主，把赫梯的君主也赶出去。他本应让民众明白，拉美西斯作为君主只会毁灭一切，而他却可以拯救一切。

谢纳转过身去，跟欧菲尔面对面，巫师正坐在陵墓尽头。

"我们失败的原因是什么？"

"因为不走运，但是我们还有希望。"

"这个答案太俗套了，欧菲尔！"

"即便是作为科学正统，巫术也无力把所有鬼怪神明彻底毁灭。"

"拉美西斯就是鬼怪神明！"

"你弟弟具备某些特性和神奇强大的力量，这种力量很少有，很吸引人。"

"很吸引人……这个残暴的君主吸引了你？"

"我将对他展开细致的研究，把他完全消灭。在卡迭石一战中，阿蒙神曾经救过他，是吗？"

"你说这种废话有没有根据？"

"除了能够看见的东西，世界上还包括一些游动于这些东西之上的神秘力量。真相的脉络便是由它们建立的。"

谢纳朝绘有日轮神阿顿的墙上挥出拳头。

"离题万里！权力距离这座古老的陵墓太遥远了！悲剧是孤独的我们必然的结局。"

"并非完全如此，毕竟我们有阿顿信徒的供奉和庇护。"

"阿顿信徒……不过是一帮痴迷于个人幻想的疯癫的家伙！"

"是这样的，可对我们而言，他们却有很大的用处。"

"你准备训练他们，把他们变成能跟拉美西斯作战的强大军队？"

欧菲尔在遍布尘土的地上，画出了好几个几何图形。

谢纳重申道："赫梯人已被拉美西斯击败，你的组织完全瓦解了。我失去了所有同盟，唯一的法子不就是在这里等死吗？"

"我们能在巫术的帮助下，扭转命运。"

谢纳耸耸肩说："无论是杀死妮菲塔莉还是减弱拉美西斯的力量，对你来说都是不可能的。"

巫师说："这种说法并不公正，摆脱我的巫术时，妮菲塔莉差不多已丢掉了半条命。"

"伊瑟再度生下一子，拉美西斯除了这个儿子，还收养了很多儿子，他得偿所愿了！我弟弟稳坐王位，什么家庭问题都无法再对他造成障碍。"

"我们要让他受打击，一定能想到法子。"

"在位三十载，埃及法老就能再度得到新生的力量，难道你忘了吗？"

"谢纳，时机尚未成熟，赫梯人仍寄希望于暴力进攻，并没有放弃。"

"在卡迭石一战中，跟他们合作的军队近乎被全歼了，不是吗？"

"狡诈且小心的赫梯君主明白，应在恰当的时机选择后退，重新组织力量，向拉美西斯发动突如其来的反击。"

"欧菲尔，我无意再陷在梦中。"

这时，有马蹄声从远方传来。

谢纳紧紧握住剑："阿顿的信徒不会在这时候送饭过来。"

拉美西斯的哥哥朝陵墓跑过去，俯视这座死气沉沉的城市，还有那广阔的草原："我看到了两个人。"

"他们要来这里？"

"他们去了悬崖那边，要离开这座城市……他们来这边了！我们最好去别的地方躲起来，不要留在这里。"

"只是两个人而已，放松一些。"欧菲尔站起身来，"谢纳，说不定这就是我等的信号，看清了再说。"

谢纳分辨出那两个人有一个是阿顿信徒，至于另外一个，他看清以后，很是惊讶："梅布……梅布来了？"

"他是我的部下和我们的同盟。"

等谢纳放下手里的剑后，欧菲尔接着往下说："拉美西斯所有的官员都不会对梅布起疑心，我们今天要把旧怨全都抛开。"

谢纳没有说话。梅布除了自己的财宝与享乐，什么都不理会，因此得不到谢纳丝毫的尊重。这个外交官摇身一变，成了赫梯的新间谍，谢纳却对他是否会为这项新工作尽心尽力，持绝对怀疑的态度。

在通向阿顿大祭司的陵墓的路上，两位骑士从马背上下来。梅布朝他的同盟的藏身地走过来，至于那个太阳神的信徒则留在那儿，照料他们的马。

谢纳很惶恐，如果这个大官把他们两个出卖了，那再过几分钟，他们就会看到法老的警队！可是看看地平线，却不见半个人影。

梅布把平日里的客气话都省略了，说："我终于到这里了，一路上历尽艰险……你们让人叫我过来，是有什么事吗？"

欧菲尔打了他一巴掌："梅布，你要听我差遣，去任何我命令你去的地方。你收到消息没有？"

谢纳惊呆了，是这么回事！巫师在这个藏身地也没有放弃对自己的间谍组织的统领。

"都是寻常的消息。赫梯的反攻不太成功，行动迅速的拉美西斯已把迦南攻克了。"

"他会不会再打下去，打到卡迭石？"

"不清楚。"

"梅布，效率！注意提高效率，把更多情报送来给我。贝都因人有没有行动？"

"好像各个地区都爆发了暴动，不过，我不想让亚梅尼怀疑我，所以要谨慎一些！"

"你不是在外交部做事吗？"

"那也需要小心行事。"

"你能不能到凯身边去？"

"拉美西斯的大儿子？能是能，只不过……"

"梅布，给我弄一样他非常喜爱的东西，要尽快弄到，我要用。"

07

摩西与妻子、孩子从梅得洋走了，这里地处埃多南边、阿卡巴湾东边。摩西曾在此躲避了很久，当时他没有理会岳父的抗议，结束了逃亡生活，但是还没有回到埃及。他是不是疯了？所以在被指控是杀人凶手之际，居然主动进了法老的警察势力范围，他或许会被囚禁并处决。

然而，摩西不会因任何一种看法改变心意。在那座高高的山上，上帝让摩西带希伯来兄弟离开埃及，在他们自己的土地上生活，并怀有真正的信仰。这位先知必然能够完成这好像不可能完成的任务。

妻子西坡拉一度劝说他放弃，但未果，这个小小的家庭就此开始向三角洲跋涉。摩西拄着一根有很多节的拐杖从容而果断地上路，西坡拉在后面跟随着他。

一群骑士经过，扬起了沙尘，西坡拉到摩西背后躲藏起来，紧紧抱住自己的孩子。摩西又高又壮，留着胡子，拥有宽阔的胸膛和运动员一样的方肩。

她恳求他："快躲藏起来！"

"没用的。"

"贝都因人会要我们的命，埃及人会把你抓起来。"

"不用害怕。"

摩西停下脚步，观察起来。他想起，自己曾就读于孟菲斯贵族学校，在学校的数年间接受的都是埃及教育，并跟拉美西斯王子、那位未来的法老建立了很深的交情；他曾在梅室后殿任职，那是个重要的职位；他还在建造两国新都城——拉美西斯城——工地上担任主要建筑师。拉美西斯一早就开始将摩西打造成国家要人，所以才安排他出任这种职位。

摩西却一度满腹疑惑。少年时期，他的内心就在被火灼烧。但是在见到燃烧却不会被烧毁的荆棘丛后，他终于豁然开朗，疑惑尽消。至此，他总算明白了自己承担着何种使命。

这是一批贝都因强盗。为首的名叫巴蒂绪，已经谢顶，留着胡子，身材又高又瘦。亚摩斯和巴蒂绪这两名部落酋长，曾在卡迭石欺骗过拉美西斯，企图诱使他进入他们的圈套。他们下令包围了摩西。

"你是什么人？"

"我的名字叫摩西，他们是我的妻儿。"

"摩西……那个杀了人后逃到沙漠的大官、拉美西斯的朋友？"

"没错。"

亚摩斯从马背上跳下来,向希伯来人道贺。

"那就是我们的朋友了!我们同样反对拉美西斯,眼下你那位老朋友可是要把你的脑袋拿走。"

摩西说:"可埃及国王是我的兄弟这件事并没有改变。"

"胡言乱语!他一直恨你。贝都因人、希伯来人、游牧民族应跟赫梯人合作,一起把这个残暴的君主推下台。他的力量现在已成为传说。做我们的同伴吧,摩西。埃及大军正要侵略叙利亚,我们合力去把他们打跑。"

"我要去南边,不去北边。"

巴蒂绪很吃惊:"去南边?哪儿?"

"埃及,拉美西斯城。"

亚摩斯和巴蒂绪面面相觑,亚摩斯问:"你在说笑话?"

"我是认真的。"

"可你会被抓起来处决!"

"我将得到耶和华的庇护。带上我的臣民们走出埃及,这是我非做不可的事。"

"希伯来人,走出埃及……你是发疯了吗?"

"我一定要完成这一使命,这是耶和华对我的要求。"

巴蒂绪从马背上跳下来:"待在原地别动,摩西。"

两位部落酋长为了避免摩西听到他们的谈话,走到了远处。

巴蒂绪说:"他疯了,他在沙漠逗留了太久,已经发疯了。"

"你错了。"

"我错了?摩西疯了,显而易见!"

"不是的，他既狡诈，又有决断力。"

"那个带着妻儿在沙漠中不知何去何从的可怜巴巴的人，有什么荒唐、阴险的计谋？"

"巴蒂绪，你说得没错，是荒唐！他这么可怜巴巴，哪个人会对他生疑？可是在埃及，摩西深受拥戴，他还试图怂恿希伯来人发动叛乱。"

"他根本不可能成功！法老的警队会阻止他。"

"他能帮到我们，不过我们先要帮帮他。"

"帮帮他？如何帮？"

"帮他穿过边境线，并为希伯来人送去武器。他们完全能搅乱拉美西斯城，即使最终可能会被消灭。"

摩西尽情呼吸着三角洲的空气，他依旧痴迷于这个地方，即使他跟埃及的对立关系也不能影响这一点。他沉迷在温和的原野和漂亮的棕榈树中，忘记了原先的仇恨，回想起了青年时期。自己跟埃及法老早已相识，还是亲密的朋友，那时的理想是终生陪伴拉美西斯，效忠于他，为他实现公理与公正，因为只有这样，才能繁衍子嗣。然而，现在他放弃了这个理想，选择在耶和华的指导下前进。

这个希伯来人及其妻儿在亚摩斯、巴蒂绪的帮助下，逃过了两座重镇之间的巡逻队的搜查。入夜之后，他们来到了埃及。西坡拉在忧虑与恐惧中，并没有指责或埋怨摩西半句，她要服从并支持自己的丈夫。

在太阳刚刚升起、万物苏醒之际，摩西产生了一种非常痛快的感觉。正是在这片土地上，他将抛开所有阻力，挑起一场战事。希伯来人要自由，要在神明指示下说出自己的愿望——建立自己的国家，这些拉美西斯应该能明白。

一路上，这个小小的家庭在好几个村子里歇脚。村民们根据风俗习惯，热情招待了他们。摩西很容易就跟村民们成了朋友，因为他的一言一行都表明他生在埃及，长在埃及。希伯来人一家走过一个个地方，最终来到都城郊外。

摩西悄悄告诉妻子："这座城市的大半建筑都出自我的手。"

"它这么大，这么漂亮！这就是我们的新住所吗？"

"我们要在这里住一段日子。"

"住在什么地方呢？"

"耶和华自有安排。"

摩西一家进入工人区，这里很热闹。西坡拉在纵横交错的小道中不知所措，有些怀念在绿洲的日子，那时候总是波澜不惊。行人向彼此问好，呼喊声从四面八方传来，一直没有间断。细木匠、采石匠、鞋匠都在工作，很是卖力。毛驴满载着装了肉、鱼干、乳酪的罐子，不停向前赶路。

希伯来砖匠居住的那一区就在前方。一切都跟从前一样。摩西任由内心汹涌起伏的叛乱想法在脑海中激荡，分辨着每一户人家，聆听着耳熟能详的歌声。

随即，他停在了一座小型广场前，广场中央有一口古老的水井。有个上了年纪的砖匠走上前来，认真打量他："我曾见过你，这太匪夷所思了！你莫非就是那个有名的摩西？"

"没错，是我。"

"大家都认为，你早就不在人世了！"

摩西笑起来："有人欺骗了你们。"

"以前有你在，我们过得容易一些。可是现在，处境不好的砖匠连找稻草这种工作，都要亲力亲为。只有你会帮助大家提出反对意见！稻草都要自己找，你想象一下！而要求增加工资，就更是妄想了！"

"不管怎么样，你还有自家的房屋吧？"

"我想换个稍大的房子，以前你肯定会帮助我的，可现在我向行政机构申请，他们却拖了又拖。"

"往后的日子里，我会继续帮助你。"

砖匠满脸不解："你被指控犯了谋杀罪，不是吗？"

"的确。"

"据说你杀的是拉美西斯的大舅子。"

摩西回想起来："那个人阴险又无情，那时候，我们大吵起来，失去了理智，我原本不想杀他的。"

"可你终究杀了他，我明白你的意思！"

"今天晚上，我们一家人能在你家借宿吗？"

"不胜荣幸。"

老砖匠趁摩西一家人都睡着后，在黑暗中下床，朝正对着大路的大门走过去。

被他拉开的门发出了吱呀声。一脸紧张的砖匠站在原地，许久都不敢挪动。他在确定这声音并未吵醒摩西后，偷偷出了大门。

去向警察举报逃犯可是能得到数目诱人的报酬的，可他刚走出几步便被一只有力的手拦在了那里。

"你想到哪儿去？"

"我……我想呼吸新鲜空气，我觉得非常憋闷。"

"难道你不是想去举报摩西吗？"

"不是，我绝不会这么做！"

"我应该把你掐死。"

摩西在门槛旁边下令："放开他，他是我们的希伯来同胞。你是什么人，为什么帮我？"

此人已经老了，却有着旺盛的精力和浑厚的声音："我叫亚伦。"

"我到这个地方来，你是如何知道的？"

"此处有哪个人不知道你是摩西？部落长老向你发出邀请，请你去开会。"

08

安穆府王子班德西拉做了个美妙的梦：拉美西斯城有个身居高位的美人，她一丝不挂，伸出柔软藤蔓一样的美腿，身上散发着末药[1]的香气。她忽然表现出一丝迟疑，而后身体晃动如暴风之中的小舟。班德西拉紧紧掐住了她的脖子。

"大人，大人！醒醒！"

睁开眼睛后，安穆府王子发现自己掐住了管家的脖子，房间被清晨的阳光照得亮堂堂的。

"天还这么早，你为什么要来吵醒我？"

"请您起床瞧瞧窗户外边。"

班德西拉犹犹豫豫地接纳了佣人的提议，却没办法随心所欲地

---

[1] 末药树的油胶树脂。末药树为橄榄科植物。

做动作，浑身的肥肉都在阻挠他。

今天，海面上又是个大晴天。

"瞧什么？"

"港口，大人！"

班德西拉揉揉眼，看见有三艘埃及战船到了贝鲁特港。

"陆地交通线情况如何？"

"同样都被切断了，埃及军队那样强悍，把所有地区都占领了！这座城已经陷入了他们的包围。"

班德西拉问："亚夏是否安全？"

总管垂首道："我们应您的要求，把他关进了监狱。"

"带他来见我！"

拉美西斯亲自给那两匹马喂食，它们一匹名叫"胜利的底比斯"，另一匹名叫"幸福的穆特女神"。无论战争期间，还是和平年代，这两匹名马一直形影不离。它们都非常喜欢被国王抚摸，若被国王称赞骁勇善战，它们更会骄傲地叫出声来，不带半分迟疑。它们完全不害怕那头名叫屠夫的努比亚狮子，还跟这头猛兽相伴，一起击败了很多赫梯兵。

瑞师兵团团长朝国王行屈膝礼，汇报道："陛下，可以进攻了，军团已经全部做好准备，保证不会放走任何贝鲁特居民。"

"把进城的商队全部拦下来。"

"要为包围这座城做好准备吗？"

"也许有这种需要。我们要把亚夏救出来，除非他已不在人世了。"

"他能活着当然再好不过，可是，陛下，仅仅为救一个人……"

"将军，某些情况下，一个人同样非常有价值。"

拉美西斯跟他的两匹马和狮子，共同度过了一个早上。它们都很安静，他觉得这是个很好的兆头。其实国王的营长在太阳还未升起时，就把国王期待的消息送过来了："安穆府王子班德西拉请求跟您见面。"

班德西拉穿一件宽大的彩色丝质长袍，以掩饰自己肥硕的身躯，他身上洒了玫瑰香精，神色镇定且带着笑容。

"请光明之子接受我最深的敬意，请……"

"卖国贼说这种无意义的好话，我可不愿意听。"

安穆府王子还是不慌不忙："陛下，我们应该就新的问题进行协商。"

"你把自己廉价出卖给赫梯人时，已选择了一条错误的路。"

"亚夏——您的朋友是另外一个重要问题，可以协商。"

"在你看来，我会因为你把他关在地牢中，就打消攻打这座城的想法？"

"我的确是这样想的。拉美西斯大帝看重友情，全国百姓都对此赞不绝口，不是吗？法老若背叛自己的朋友，会被上天惩罚的。"

"亚夏是否仍活在人世？"

"没错。"

"给我证据。"

"您那位外交部长朋友会在我的皇宫中央的那座塔顶上现身，陛下将会看到他。被囚禁在狱中的几天，亚夏曾试图逃走，这点我不会否认。他因此健康受损，不过绝对不是什么大问题。"

"释放他，你想得到什么交换条件？"

"您的饶恕。请在我把您的朋友释放时，忘记我曾对您的些许背叛，并颁布命令，宣布对我的信赖一如从前。我得承认这个要求十分过分，可无奈地位和那点财富都是我想继续保留的。若您想把我抓起来，那么非常抱歉，只怕您的朋友会受到伤害。您看我的提议如何？"

拉美西斯沉默良久，然后心平气和地说："我要想一想。"

法老的国家观念可能在友情之上，这是班德西拉唯一的忧虑。看到拉美西斯迟疑着拿不定主意，班德西拉浑身都哆嗦起来。

拉美西斯做了说明："我要去说服军官们，这要花费一些时间。把胜利拱手相让，赦免重犯的罪行，这种事情在你看来不会非常简单吧？"

班德西拉总算放松下来："陛下，'重犯'这个词不算太严厉。维护外交关系这项工作颇具难度，您何不放弃追究我的罪责？反正我已经在您面前承认了错误，请您不必担心，我将对埃及忠心耿耿，毕竟我的将来就系在埃及。陛下，要是我再次……"

"你还有别的事吗？"

"您封锁了城门，我跟百姓们都非常不满意。完全自由的生活，是我们一早便过惯的，况且我们的契约中有一项内容，就是粮食的供给。亚夏在您草拟那道命令期间，或者说在等待重获自由期间，就不想得到稍好些的饮食吗？"

两人的对话随着拉美西斯的起身宣告结束。

"哎呀，陛下，您要想多久呢，能不能告诉我？"

"想几天。"

"我们将订立一项协议，对埃及、对安穆府都有好处，对此我有信心。"

拉美西斯面对大海，冥思苦想。在他脚下，那头狮子正卧在那儿。海浪变成了泡沫，海豚在海中打闹，南风呼啸吹过。

塞达武在国王右侧坐着："大海中没有蛇，也望不到对岸，我不喜欢。"

"班德西拉想要勒索我。"

"你却在选择埃及还是亚夏这件事上徘徊不定。"

"你责怪我？"

"我不会责怪你，不仅如此，你要用什么法子解决这件事，我也能猜到，只是这跟我的心意不符，很可惜。"

"你有没有别的法子？"

"自然有，要是我没有，还要打搅两国君王冥思苦想，不是太大胆了吗？"

"不能对亚夏的安危造成半点威胁。"

"对于我，你的要求太过苛刻了。"

"你是否真的有信心可以办成这件事？"

"可能吧，除了这一次，没有别的机会了。"

班德西拉有着无穷无尽的需求，他的总管总是竭尽所能让他满足。安穆府王子酗酒，且除了美酒，一概不喝。数不清的晚宴总是很快就把经常补货的皇宫地窖喝个干净。总管每回只能耐心等待新的美酒送来。

贝鲁特被埃及大军包围之际，他正在等候一支商队把班德西拉唯一想喝的酒——一百坛三角洲红酒，送到皇宫里来。

总管看见大队马拉的货车驮着酒坛来到皇宫庭院时，便觉欣喜若狂！这意味着对这座城的包围已经解除了。班德西拉通过勒索这种方式，击败了拉美西斯。

总管赶紧朝车队队长跑过去，命令他把部分酒坛搬去酒窖，部分酒坛搬去厨房旁边的储藏间，余下的搬去邻近宴会大厅的仓库。

大家又唱又笑，搬运着酒坛。

总管向队长提议："我们一块儿尝尝这些酒？"

"这个提议不错。"

二人进了酒窖。总管想象着美酒的味道，弯腰打开酒坛。饱饱喝了一顿之后，他摸着撑得鼓鼓的肚子，脖子上却突然挨了一记重重的拳头，倒在了地上。

车队队长与拉美西斯的军官打开酒坛，让塞达武等突击队的成员从里面出来。他们拿着弯弯的小斧子，斧柄上钉着三颗突出来的钉子，上面紧紧系着绳子。安穆府的侍卫被逐一消灭，他们完全没料到会在自己的地盘上受到攻击。

随后，突击队的几个人把城门打开，引入了瑞师兵团步兵。塞达武则迅速闯入了班德西拉房里。有两个黎巴嫩人想要拦住他，他就放出了袋子里的两条毒蛇，那两条蛇被装在袋子里很长时间了，都很躁动。

班德西拉被塞达武手里活动的蛇吓呆了。

"你要不想尝尝这蛇的滋味，就把亚夏放出来。"

　　班德西拉连讨饶的勇气都没有，浑身哆嗦着，喘着粗气，亲自去打开了一道门，亚夏就被囚禁在那里。

　　看到朋友安然无恙，塞达武太激动了，居然松开了那条蛇，蛇便朝着后边的班德西拉扑了过去。真是一幕惨剧。

09

已经五十岁的太后图雅还保持着苗条的身材，她有着精巧、端庄的鼻子和兼具慈爱、威严的锐利双眼，以及接近于正方形的下巴。她继续守护着埃及这座王国传统的思想，凌驾于所有官员之上，却不发出命令，只提出意见，同时要求大家维持现有的体制和在有形、无形之间建立桥梁的传统价值。而埃及王国之所以能长久维持，靠的正是现有的体制。

她正式的墓志铭是这样的："神明的母亲，为这个世界诞下了拉美西斯这头健壮的公牛。"她的每一天都是在对已经去世的丈夫塞提法老的回忆中度过的，他们共同创建了埃及的太平盛世。维持这种盛世，让埃及更加富强，则是拉美西斯的职责所在。

拉美西斯继承了父亲的活力与责任感，最重视的就是百姓的幸福。为避免外敌侵犯埃及，他与赫梯人激烈交战。图雅知道，向坏人让步必会灭亡，奋起反抗才是仅有的生路，所以对于儿子这个决定，她给予了一切可能的支持。

可惜拉美西斯接连数年都无法结束战争，处境艰难。图雅祈祷，希望已化身星之魂的塞提能为法老提供庇护。她右手拿着一面寓意"青葱、繁茂、年轻"的镜子，镜子柄好像莎草的茎部。若被放进墓中，这面镜子就能保佑主人永远年轻。图雅想从镜子中了解未卜的前途，为此把铜镜面对着天空。

"打扰您一下。"

太后缓缓转过身去："妮菲塔莉。"

穿着白袍系着红腰带的大皇后就算跟帝王谷、皇后谷陵墓壁画中的仙子相比，也毫不逊色。

"有什么好消息吗，妮菲塔莉？"

"拉美西斯成功救出亚夏，重新占据了安穆府省，并收回了贝鲁特，埃及将继续对其进行管理。"

两名女子彼此拥抱。

"他何时归来？"

妮菲塔莉说："我尚不清楚。"

图雅一边继续跟妮菲塔莉谈话，一边坐到了梳妆台前，用手指尖在脸上涂抹脸霜。这种脸霜主要是由蜂蜜、红色泡盐、雪花石膏粉和新鲜的驴奶做成的，能除皱、增加皮肤的弹性和光泽。

"妮菲塔莉，你是不是非常忧心？"

"我怕拉美西斯会继续进攻。"

"向北进攻卡迭石？"

"掉进赫梯王穆瓦靼力的另外一个圈套。这个安纳托利亚人任由拉美西斯不费什么力气重新夺回我国原先的属地，不就是为了设下一个新陷阱，引诱我军掉进去吗？"

在亚伦宽阔的砖瓦房中，诸位部落长老会聚一堂。摩西归来一事，埃及的警察还不知情，由于此事关系到摩西的生死存亡，希伯来人全都一言不发。

很多人都盼着从前的大人物摩西能再次将荣光赐予这帮微不足道的砖匠。里波尼却不这么认为，这位老人得到同辈的推举，平日会帮助各个部落解决纠纷和难题。老人郑重问道："摩西，你归来有何目的？"

"我在高山上看到了一片正在燃烧的荆棘，但它们却不会被烧毁。"

"这是幻象。"

"不是，这是上帝显灵。"

"摩西，你是不是疯了？"

"上帝让我去荆棘中听他讲话。"

部落长老全都低声议论起来。

"他讲了什么话？"

"以色列百姓沦落为奴隶后的煎熬与号哭，上帝全都听到了。"

"摩西，瞧，我们并不是俘虏，而是工人，我们享有自由！"

"希伯来人并不能自由行动。"

"我们自然能自由行动！你究竟有什么意图？"

"上帝告诉我：等你带领我的子民走出埃及，来到这座山上，就要在这里拜天主。"

部落长老们垂头丧气地彼此对视了一下。有个长老嚷起来："何谓走出埃及？"

"看到自己的百姓在埃及承受痛苦，上帝想把他们救出来，带他们去一个地方，那里既美丽又广袤，流淌着奶和蜜。"

里波尼非常愤怒："摩西，你在流亡中失去了理智。我们在这里平静生活了这么久，你也从小到大都生活在埃及，我们的祖国就在这里。"

"我去了梅得洋，靠着放羊在那里生活了几年，并结婚生子。原本我觉得生活总算改变了，但天主却有别的安排。"

"你杀了人以后，便踏上了逃亡的旅途。"

"我的确杀过一个埃及人，只因他想杀掉一个希伯来人。"

一名长老插话道："事到如今，我们应为摩西提供庇护，不应再责怪他。"

在场的人都认同这一观点。

里波尼说："若你想留下，我们会提供帮助。至于你那疯狂的计划，却不能实施。"

"我会遵从天主的指示说服你们，甚至是挨个说服，只要有这种需要。"

部落长老中最年轻的一位说："我们不愿意从埃及出走。在这里生活很舒服，有房屋和花园，有越来越多的出色的砖匠，所有人都不需要忍饥挨饿，这种生活为何不要呢？"

"因为我将带你们去一个能让你们幸福的地方。"

里波尼驳斥道："你没资格命令我们要怎么做，因为你并非所有希伯来人的首领。"

"这是天主的指示，你要遵从。"

"你可明白我是谁？"

"里波尼，我无意跟你争论，可既然有了这样的念头，我就不用瞒着大家。哪个人有胆量说，他肩负着比天主更伟大的责任？"

"你应向我们做出证明，你当真是奉天主的指示来的。"

"你们不用怀疑接下来将连续发生的奇迹。"

亚夏躺在软软的床上，接受莲花的按摩。他的不适与抽筋都被她这双温柔的手化解了。这个努比亚美人很有劲儿，瘦弱只是表象。

"你觉得怎么样？"

"舒服了很多，可是腰往下还是疼，一直没有停止。"

刚刚进入亚夏帐篷中的塞达武低声说："忍受得住吗？"

"你的夫人实在很厉害，无人能抵挡得住。"

"可能吧，可这是我夫人。"

"塞达武！难道你觉得……"

"你跟大部分外交官一样深不可测，又擅长诡辩。起床，跟我去见拉美西斯吧，他正在等着。"

亚夏转过身去，冲着莲花说："能不能帮帮我？"

塞达武猛地抓住亚夏的胳膊，逼他起来："你用不着按摩了，已经全好了！"

御蛇巫师交给外交官一块裹腰布、一件衬衣："快！等别人这种事，国王可不喜欢做。"

　　拉美西斯委任了一名新的安穆府王子，他同样是在埃及接受教育的黎巴嫩人，可能比班德西拉要忠诚一些。然后，拉美西斯又为腓尼基、巴勒斯坦提名了很多官员。他要求王子、市长、乡长和镇长全都由本地人担任，没有例外。这些人要遵照约定，立誓对跟埃及的邦交关系保持敬重，否则马上就会遭到埃及大军的沉重打击。亚夏成立了一个组织，避免这样的情况发生。这是一个侦察及情报组织，深得亚夏的重视，但表面看起来却是一支小军队。组织成员能得到很高的酬劳，至于这些间谍的才能，外交部长可没有半点怀疑。

　　拉美西斯在矮桌上铺开一张近东地图。迦南、安穆府、叙利亚南部地区，再度构成了埃及和赫梯中间的一片广阔缓冲地带。拉美西斯的军队经过一番努力，总算迎来了收获。

　　拉美西斯二度击败赫梯，接下来只需要再做一项至关重要的决定：如何保卫埃及两地。

　　充当会议室的帐篷已经坐满了高级武将，塞达武和亚夏也赶来了。不过亚夏并不像平时那样穿戴整齐。

　　"我们是不是已经毁掉了敌方的一切要隘？"

　　瑞师兵团大将军回答："没错，陛下，昨天地处沙隆的最后一道要隘也投降了。"

　　亚夏说："'沙隆'这个词就是和平的意思，现在那里已被和平统治。"

　　拉美西斯问："我们应该继续北上攻克卡迭石，给予赫梯致命打击吗？"

　　将军答道："诸位将领都想这么做，我们应乘胜追击，消灭那帮野蛮人。"

亚夏说："我们不可能成功的。赫梯人这是故技重施，再次以后退引诱我们进攻。赫梯军队没有任何伤亡，还设下了多个圈套，让我们很难逃脱。"

将军却兴冲冲地说："我们在拉美西斯的领导下，肯定能取得胜利。"

"你根本不清楚地形。赫梯人在安纳托利亚高原、峡谷、森林这些地方，总能找到消灭我们的好机会。就算是在卡迭石，我们也没有必胜的把握，甚至还要损失数千步兵。"

"外交官的恐惧并无必要，我们此番前来，已经做好了准备！"

拉美西斯下令："你们全都回去，至于我如何决定，明天早上你们就知道了。"

亚伦对摩西很热情，在砖匠的家里，摩西平静地过了几周。他的妻子和孩子都能自由出入，他们惊讶地发现，埃及都城是如此热闹。他们跟希伯来部落的人关系很好，还经常在街上遇到一些埃及人、巴勒斯坦人还有些别的居民，并跟这些人成了朋友。

而摩西只待在家里。有好几次，长老会议邀请他再度对那件事做出解释。面对那些脑子里全是困惑、批判的长老，摩西依然坚持自己刚来时给出的解释，不肯做半分妥协。

亚伦问："你还是很疑惑吗？"

"疑惑已消失于我看到燃烧却不会被烧毁的荆棘之际。"

"这儿的人全都不相信，你曾经看到过天主。"

"一旦明白了自己在这个世界上承担着何种责任，人的疑惑就会彻底消失。往后我要走的路已经再清楚不过了，亚伦。"

"可是，摩西，你是独自一人！"

"表面看来是这样的，但其他人会在我的信仰影响下，感受到心灵的震撼。"

"希伯来人在拉美西斯城什么都不缺。到了沙漠里，要怎么获取食物呢？"

"上帝会做出安排。"

"以你的气度是可以做首领的，不过选择的路是错的。你还是改个名字，改变旧容貌，抛开那疯狂的计划，重新在大家族中建立你的地位吧。接下来，你会慢慢变老，在这个过程中得享安宁、荣耀、平和。"

"亚伦，我的将来并非如此。"

"转变你的观点。"

"这是我自己无法决定的。"

"为什么要白白耗费生命？你明明可以轻而易举地获得快乐……"

亚伦家的门被敲响了。

"警察，把门打开！"

摩西笑起来："瞧，亚伦，所谓自由选择权，并不属于我。"

"赶紧逃走！"

"除了这道门，没有别的出口。"

"我掩护你。"

"亚伦，不必了。"

摩西自己去开了门。

萨哈马纳看着他，一脸错愕："你果真回来了，他们没有说谎！"

"你是否愿意进来跟我们共用晚餐？"

"摩西，举报你的是一个希伯来砖匠，他担心你在这里会连累他失去工作。我要把你送进监狱，跟我走吧。"

亚伦过来阻止道："应让摩西接受审判。"

"他会接受审判的。"

"不管怎样，不要没等到开庭，就要了他的命。"

萨哈马纳一下抓住亚伦的领子："在你眼里我是个屠夫吗？"

"你无权这样粗暴地对待我！"

萨哈马纳松开了他："没错，不过难道你就有权羞辱我？"

"被捕后，摩西会被处决。"

"所有人包括希伯来人在内，犯了罪都要接受法律制裁。"

亚伦恳求道："摩西，逃出去，然后逃回沙漠！"

"我会跟你们一起走，你知道的。"

"进了监狱，你不可能再逃出来。"

"我有天主庇护。"

萨哈马纳命令道："马上跟我走！不要逼我绑起你来。"

摩西在监狱角落坐着，注视着监狱的铁窗。阳光从窗户的铁栏中透进来，变成了条状。这些光在照到被犯人踩得硬邦邦的地面前，先把空中浮动的无数尘粒照得亮晶晶的。

在摩西体内，那丛荆棘的火一直在燃烧，宛如耶和华圣山的能量。他忘记了前尘往事和妻子孩子，从今往后，除了带领希伯来人走出埃及，走到那片幸福之地，他内心再没有别的事情。

对被囚禁在拉美西斯城大监狱中的囚犯来说，这个念头很疯狂。更何况根据埃及的法律，他犯了谋杀罪，要么会被判处死刑，要么走运些被送去绿洲做苦役。对耶和华坚信不疑的摩西忽然感到困惑：上帝会如何解救他，让他完成使命？

这个希伯来人被遥远的吵闹声吵醒，但还是很不清醒。越来越高亢的吵闹声简直要把人震聋了，整个城市好像都在蠢蠢欲动。

拉美西斯回到了祖国。

他提前了数月，这是任何人都没想到的，可那确实是他！他骄傲地站在战车上，拉战车的是"胜利的底比斯"和"幸福的穆特女神"那两匹马，它们头上戴着深蓝色、红色的鸟羽装饰。那头庞大的狮子屠夫，斜睨着在街头看热闹的百姓，他们就像充满好奇心的动物一样挤成了一团。

拉美西斯散发着万丈光芒，他戴着额头部位有黄金眼镜蛇装饰的蓝王冠，身披绘有青绿色羽翼的礼服，这种图案能让君主得到雌性鹰隼伊希斯女神的庇护。

步兵们齐声唱起了那首颂歌，它已经变成了一支民歌："拉美西斯有强壮的双臂，有非凡的勇气，有无人能媲美的箭术。对于士兵，他是高高的墙壁；对于敌人，他是到处蔓延的烈火。"他就像神明的宠儿，就像大获全胜的鹰隼。

跟在旗手后面的，是全体将军、战车长官、步兵长官、书记员、军官，他们全都盛装打扮。

路边的百姓快乐地呼喊着。士兵们也忘却了战争之苦，只惦记着放假与奖金。返回故乡，尤其是在胜利之后返回故乡，是军人最快乐的时光。

园丁们没有时间在通向拉美西斯城神庙的大路上装饰鲜花，因为国王回来得太仓促了。厨师们要烹饪鹅肉、牛肉、猪排，并把鱼干、蔬菜、水果分门别类装起来，忙得不可开交。大家把啤酒、烈性酒从仓库里往外搬；糕点师正在赶制甜点。

贵族女子全都穿上节日盛装，并让女佣把香水喷洒到自己的假发上。

迦南人、巴勒斯坦人、叙利亚人战俘跟在队伍最后面，他们中有些人两只手都被绑在身后，余下的人可以自由行动，他们身旁还有女人、孩子跟随。他们那点可怜的财产都装在小布包里，驮在驴背上。

战俘们会先被送到城里的劳务介绍所，他们不会去服刑，而会被送去耕作农田或修建神庙代替服刑。刑期结束后，他们可以继续待在埃及，也可以回自己的老家去。

战争已经彻底结束了，还是只是暂时停止？法老已将赫梯人消灭了，还是只是在重新开战之前，回来重整旗鼓？穆瓦靼力王已死、卡迭石城堡已被攻克、赫梯都城已经崩溃，成了人们聊天的话题。在之后的表彰大会上，拉美西斯和妮菲塔莉将在皇宫窗前为最勇敢的士兵颁发金项链，所有人都对这场大会满怀期盼。

拉美西斯没有进皇宫，径直去了塞克梅特神庙，这让大家很意外。天空中出现一团云彩，瞬间扩散为大片的乌云，这一幕只有拉美西斯发现了。两匹战马显得很狂躁，狮子也大叫起来。

狂风暴雨将至。

欢乐消失了，取而代之的是恐慌。恐怖女神扩散狂怒的乌云是否暗含了埃及将遭遇战祸，拉美西斯要马上回去作战的意思呢？

士兵们的歌声停止了。

所有人都明白，法老要开始投身新的战争了。在这一过程中，他为了避免塞克梅特的同伙影响全国，一定要对她进行抚慰。

拉美西斯从战车上下来，前面便是神庙广场。他在马和狮子头上抚摸了一下，随即陷入深思。

各个方向的乌云都迅速汇聚过来，太阳光逐渐被乌云遮挡。

法老将长途跋涉的疲倦和拉美西斯城的盛典丢在一旁，做好了跟恐怖女神激烈交战的准备。除了他，无人能消除这位女神的暴怒。

打开镶嵌着黄金、雪松木制成的大门，拉美西斯走进了圣堂，蓝王冠就放在这里。他沿着第一大厅的圆柱子，缓步向前行进，从神秘大厅的大门进入内殿。

恰在此时，他看见了在黑暗中闪闪发光的妮菲塔莉。

她穿着白长袍像太阳一般光彩夺目；为祭祀典礼梳成的发型美丽典雅，散发着香气；她的举止落落大方，如神庙墙上的石块一样应受到赞美。

妮菲塔莉用甜如蜜糖的声音高声诵读朝拜与祈祷平安的经文。它们自埃及文明初始时，就能把恐怖女神的诅咒变成柔情了。拉美西斯朝狮首女雕像举起张开的双手，诵读墙上雕刻的经文。

皇后把三样东西交到国王手上：作为下埃及象征的红王冠，作为上埃及象征的白王冠，以及人称"全能"的权杖。

拉美西斯戴上两个王冠，把权杖拿在右手中，朝雕像鞠躬，感谢其赐予自己的力量。

祈祷仪式完成后，奇迹发生了。王室夫妇从神庙中出来时，外面的风雨已经停止，晴空万里。

拉美西斯把金项链授予最勇敢的士兵，之后便去拜访了从希腊来的诗人荷马。

荷马已下定决心，余生都在埃及生活并努力写诗。他住在皇宫旁边，房子四周都是草木茂盛的花园，有株柠檬树堪称其中最漂亮的树，深得诗人欢心。诗人留着已变白的长胡须，双眼视力大不如前。

埃及国王走过来时，荷马正在抽用厚厚的蜗牛壳做的烟斗，喝着添加了八角、芫荽的五香酒，跟平时没什么两样。

诗人站起身来，拄着一根有很多节的手杖。

"不用起来了，荷马。"

"文明衰落时，大家才会违反礼节，不再向法老问好。"

两人坐在花园中。

"陛下，我写了一些不辨对错的语句：'陛下，无论勇敢杀敌，还是枕戈待旦，都会得到或失去；弱小之人与勇敢之人都将得享荣耀；我不顾危险是否只是枉然？我拼死作战又是否只是枉然？'"

"不是这样的，荷马。"

"您的意思的是，您这次回来，是打了胜仗。"

"赫梯人不会再危及埃及，我已经把他们逼回原地了。"

"值得庆贺，我去吩咐人把一坛特别留存的酒送到这里来，陛下。"

荷马的厨子送来一个克里特岛酒坛子，口很小，倒酒时只能慢慢倒。这里面的醇酒酿制了三年，加入了夏至夜里北风吹动的海水。

荷马说："我已经写完了卡迭石一战的颂诗，经我口述，您的机要秘书亚梅尼将其抄写下来送到了雕刻师那里。"

"为了显示纪律更胜混乱的荣耀，要将其雕刻在神庙的墙壁上。"

"啊，陛下，战事永远不会停止！消灭纪律，这不正是混乱的天性吗？"

"为何要创立法老学校，原因就在于此。要维护玛亚特的统治，只能靠这个。"

"要特别留意不要让它发生改变。若我能在这个国家快活地过完余生，就再好不过了。"

一只毛色黑白间杂的猫跳到诗人膝盖上，用爪子抓着他的衣服。这只猫是荷马养的。

"您的都城与赫梯之间的距离有八百公里……就阻挡罪恶这件

事来说，这段距离是否够长？"

"我会竭尽全力的，不过，现在我要先休息一下。"

"您还要打多少场仗呢？仗是永远打不完的。"

拉美西斯从荷马家出来后看到了亚梅尼，他正在等国王。跟平时相比，国王的这名机要秘书面色更加惨白，身材更加消瘦，头发更加稀疏，耳朵上还夹着一根忘记拿下来的笔，整个人孱弱至极。

"陛下，我正盼着跟您见面。"

"你的什么公文出差错了？"

"没有……"

"你想向我请几天假，回家探亲？"

"礼宾司以前逼迫您参加了很多庆典、会议，我真心觉得都是俗礼，但愿能免除。不过，有件事非常要紧，'他'回来了。"

"你的意思是……"

"没错，正是摩西。"

"他如今在拉美西斯城？"

"萨哈马纳逮捕他是有合法依据的，这点您要承认。如若不然，将来他重获自由，人们就会嘲讽法律。"

"摩西被抓住了？"

"是的。"

"我要见他，立即带他过来。"

"陛下，您不能这样做。法老不能干预司法起诉，即便犯人是法老的朋友。"

"我们能证明他是无辜的。"

"那也要走常规程序。如果您不想国家变得混乱不堪，就要带头遵从玛亚特，遵从法律。"

"亚梅尼，你真是讲义气。"

凯在抄一篇文章，文章很有名，此前各个年代的书记员都翻来覆去地抄写过：

书记员作为传承人，要明白书里记录了什么样的道理。写字板是他们的至爱，书是他们的金字塔，笔是他们的子女，刻满象形文字的石碑是他们的妻子。建筑会倒塌，石碑会被沙土埋没，陵墓会消失在人类的记忆中。然而，书记员却拥有永世长存的智慧，将留下声名显赫的作品，流芳百世。要铭记书记员的责任，以及书比坚固的墙壁作用更为广泛的信条。就算你身处险境，它也能化身为你的神庙。你将通过书籍留名青史，这种名声持续的时间要长过坚固的房子。

对于作者的说法，凯持有一些异议。文字固然能一代代流传下去，可是跟建筑师建造的陵墓、石庙相比，它又有什么特别之处呢？那位书记员留下这样的格言警句，是对个人责任的过度夸张。凯的内心宽广，他身兼书记员、建筑师两种身份，且都已得到广泛认可。

拉美西斯的大儿子经过父亲的毒蛇考验、认清了何谓真正的死亡后迅速成长，连孩子喜欢的游戏都不再玩了。有四个轮子的木马，哪能比得上书记员亚美斯推荐、妮菲塔莉送来的那本趣味数

学题册子有意思呢？在用一个圆跟一个以该圆直径的九分之八为
边长的正方形比较运算后，亚美斯得出了3.16这个圆周率。凯想
探究建筑师的奥秘，把业余时间都投入到了对建筑几何的研究中。

外交部次长梅布说："凯王子能不能先停下来，不要再想事
情了？"

凯仰起脸来。

"要是您没有不同意见……"

外交部次长梅布最近常来跟凯聊天。梅布傲慢的贵族派头和讨
好上级的态度，让法老之子心怀厌憎。不过，梅布的学识与文学
素养又让法老之子十分喜爱。

"王子的工作还没结束吗？"

"要让内心富足，最好的法子不就是做这个？"

"您所言的确是事实。一个青年竟能提出如此庄重的问题！您
既是书记员，又是国王的儿子，手下有数十个佣人。您将永远拥
有皮肤细腻的双手，不必手握农具，也不必劳作或负重。您住在
豪华的殿宇中，还养了很多骏马在马厩中。每天，您都会换上不
同的华丽衣裳，乘坐非常舒服的轿子。此外，你还深得法老信赖。"

"这确实是很多懒惰、富裕的书记员的真实写照。而我真心想
做的，是搞清楚那些晦涩难懂的文章是什么意思，加入编写祭文
的人员行列，并能得到批准在祭典上献上祭品。"

"凯王子，这些心愿都很谦逊。"

"你刚好说反了，梅布！要经过长时间的勤奋努力，才能做到
这些。"

"可身为拉美西斯的长子，应该肩负起更加重要的责任，不

是吗？"

"我的方向是文字指给我的，文字是否做过欺骗世人的事？"

这个只有十二岁的男孩说的话，让梅布十分惊讶。梅布跟他谈话，感觉他就像个拥有丰富工作经验的书记员，不受奉承讨好影响，相当独立自主。

"除了工作与苦役，生活还有其他内容。"

"梅布，这恰恰就是我对自己生活的态度，是否应当受到指责呢？"

"不，不应当。"

"作为一名高级官员，您居然如此空闲，可以四处玩耍？"

外交官不敢直视凯的眼睛，说："处理埃及的外交政治，需要花费很多心机，所以我非常忙碌。"

"这都是由我父亲来做决定的，不是吗？"

"没错，可是为了帮他分担工作，我跟同事们也要辛勤工作。"

"要是我能对你们的工作有详细的了解就好了。"

"这个非常复杂，我并不清楚……"

"我会为此竭尽所能的。"

凯的妹妹梅莉达蒙一蹦一跳地过来了，这个活泼喜人的小姑娘问："你在跟我哥哥玩吗？"

"不是的，我准备送他一份礼物。"

凯仰起脸来，好奇地问："什么礼物？"

"王子，是一个装笔的盒子。"

梅布取出一个小小的木盒子，上面镶嵌着黄金，很精美。盒子里放着十二支芦苇笔，有大有小。

王子说："简直太漂亮啦！"说着，他把自己正在用的笔放到了小板凳上。

梅莉达蒙问道："能不能给我瞧瞧？"

凯郑重其事地说："这种东西很不经摔，你千万要小心。"

"我能写字吗？"

"你要用心写，别写错了。"

凯把一张写过字的纸和一支新的笔交给了妹妹。她在笔尖上蘸了墨，小心翼翼地写起字来。王子注视着她，紧张不已。

两个孩子完全忘记了旁边的梅布，心思全放在了写字上。外交官等了半天，就是为了等这个机会。他把凯用过的那支芦苇笔偷偷拿走了，然后匆匆离去。

12

　　整整一个晚上，伊瑟都在不停地回忆那间小茅屋，她初次跟拉美西斯交欢就是在那里。两人偷偷把爱情藏在了小茅屋里，尽可能享受短暂的性欲欢愉，把将来抛诸脑后。

　　自始至终，伊瑟都对成为埃及皇后没有期待。以她的才能，无法承担起皇后的责任。那种责任除了妮菲塔莉，谁都承担不起。可要忘记拉美西斯和在心中萦绕的爱情，对伊瑟来说是不可能的。他在外征战的那段日子，她惶恐至极，心不在焉，不愿好好穿衣打扮，甚至连鞋子都不穿。

　　这种惶恐在他回来后马上不知所终。伊瑟精心打扮了一番，就算是全世界最无知无觉的男人，只要看上一眼就会被她的美丽打动。她在宫中连接拉美西斯的办公室和他个人起居室的走廊上站着，战战兢兢。看见他，她便会朝他走过去……不是这样的，她其实是想逃走。如果她让他感到厌烦，就会被驱逐到乡村，以后再想跟他见面就绝对不可能了。在世间所有惩罚中，还有什么比这更残忍？

伊瑟看见国王的时候，两腿都开始哆嗦起来。她无力逃走，也无力从像神明一样威严庄重的拉美西斯身上移开视线。

"伊瑟，你怎么在这里？"

"我来是想跟你说……我们的另一个儿子出生了。"

"我已经看过孩子了，奶娘抱他过来见我了。麦伦卜塔真是个漂亮的孩子。"

"我有多爱凯，就有多爱他。"

"对此我毫不怀疑。"

"我对于你依旧像是一片农田，你可以随意耕作；也依旧像是一片汪洋，你可以肆意畅游……拉美西斯，你是否还想要儿子？"

"我会从皇家学校那里得到。"

"把你内心的欲望说给我听……我的灵魂和身体都是属于你的。"

"伊瑟，你这个念头不对，任何人都不可能完全占有他人。"

"可我确实是属于你的，你可以把我当成一只孤苦无依的雌性雏鸟，一手抓住。我若得不到你的热忱，就会干枯。"

"伊瑟，我爱的是妮菲塔莉。"

"我是不同于皇后的另外一个女人，你用不同的方式给我爱情，难道不行吗？"

"我会跟她共同创造一个世界。这个秘密除了大皇后，无人能跟我分享。"

伊瑟虚弱地问："你能不能让我……继续待在宫中？"她的将来就掌握在拉美西斯的答案中。

"你可以继续待在这儿，凯、麦伦卜塔、我女儿梅莉达蒙，他们都需要你的教导。"

在萨哈马纳的领导下，佣兵团那名克里特岛人正在埃及阿肯那顿法老废弃的城市郊区搜索，这座城市的居民过去都是一神教信徒。跟其上级一样，这名昔日的海盗已经适应了埃及的生活与物质条件。对于大海，他依旧怀有思念之情。不过，他会去借一艘小小的快艇在尼罗河中畅游，以缓解这种情绪；能通过躲避河里的激流和难料的河坑，进入忘我的状态。而那些激流、滩涂，以及成群结队的凶猛的河马，就算是拥有丰富经验的水手也会敬而远之。

在给数百名村民看了被杀的金发女孩的肖像画后，克里特岛人依旧一无所获。他其实是在应付公事，在他看来，受害人要么生活在拉美西斯城，要么生活在孟菲斯城。

萨哈马纳盼着自己派往全国各个地区的秘密使者中，有一个能帮自己查到真实可信的线索。然而，这个克里特岛人并不走运。既然萨哈马纳答应一定会颁发的奖金不会落到他头上，他便开始专心享受乡下这种季节分明、波澜不惊的生活。不过，该做的工作他还是会做的。

可以在温暖的旅店逗留几小时，他觉得非常高兴。他再继续搜索两三日，就能回拉美西斯城了。这次旅行让他很快乐，哪怕并没有任何成果。

克里特岛人在桌子边正襟危坐，凝视着一名正在帮客人倒酒的女侍者。她满脸笑容，聪明伶俐，还时不时主动挑逗客人。

见她这个样子，这名昔日的海盗想冒一次险，抓着她的袖子说："小宝贝，我喜欢你。"

"你是什么人？"

"男人。"

她大声笑道："男人都觉得自己很伟大！"

"我能拿出证据来。"

"啊，没错……你要怎么拿出证据来？"

"我自有法子。"

"你们说的话都一样。"

"我会用实际行动证明。"

女侍者在他嘴唇上按下一根手指："小心，我不喜欢有人夸海口，我可不知道什么叫满足……"

"这刚好也是我最大的不足。"

"你这个男人，简直把我拉进了梦里。"

"我们现在就开始做，怎么样？"

"我在你眼里是什么人？"

"你本人，一个美丽的女孩，想跟一个勇敢的男人交欢。"

"你出生在什么地方？"

"克里特岛。"

"你是不是个真诚的人？"

"我得到多少爱情，就会给对方多少爱情。"

两人半夜在粮仓里碰了面，彼此都没有说话，认为这没有必要。随后他们便立即开始了征战，几番云雨过后，并肩躺在那里，非常满足。

他说："你叫我想起了一个人。我看见你的脸，就想到了自己正在找的那个人。"

"什么人？"

克里特岛人给她看了那个金发女孩的肖像画。

女侍者说："这个人我见过。"

"她住在这里？"

"她住在那座废弃的城市附近的一座小村子里，那里离沙漠很近。我曾在集市上跟她打过照面，那是几个月前的事了。"

"她叫什么？"

"我没有跟她讲话，不清楚。"

"她是独自生活吗？"

"不是，她跟一个上了年纪的男人同住。人人都对那个男人敬而远之，因为他是个巫师。直到现在，他还认为那个可恶的法老说的谎话是真的。"

这座小镇有别于当地其余村镇，毫无吸引人的地方：各色建筑陈旧残破、布满裂纹，壁画上满是污渍，花园只剩下断壁残垣……什么人愿意在这种地方安家呢？

克里特岛人在大道上走着，到处都是垃圾。

一个抱着破旧布娃娃的小女孩正在奔跑，一个趔趄摔倒了。

克里特岛人一把抓住她，问："巫师家在哪儿？"

小女孩极力想要摆脱他。

"你要是还想要你的布娃娃，就告诉我。"

她伸手指向一座低矮的房屋，房门关得很严实，窗上钉着木栅栏。

克里特岛人放了小女孩，朝那座破旧的房子跑去。他一下撞开了门，里面是一个极为阴暗的正方形房间，地面相当硬。有个老头儿躺在草席子上，已是气若游丝。

克里特岛人说："我是警察，别怕。"

"你……你想怎么样？"

"想问问你，这个女孩是什么人？"

萨哈马纳的手下给老头儿看了那幅肖像画。

"是莉达……我的小莉达……她说自己属于那个异教徒之家……接着，他便带走了她。"

"他是什么人？"

"外国人……外国巫师，他把莉达的魂偷走了。"

"他叫什么？"

"他回来了……在陵墓里藏着，我知道他肯定在那里。"老头儿忽然头一歪，说不出话来了，尽管他的呼吸并没有停止。

克里特岛人恐慌至极。

古老的陵墓既荒芜又阴暗，入口处跟进入地狱的大门如出一辙。只有勇敢如魔鬼的人，才能藏身于此吧？那个老头儿可能是信口开河，可要查出实情，克里特岛人必须亲自出马。他要是还算走运，就能亲自抓捕杀死莉达的凶手，带其去拉美西斯城领赏。

克里特岛人面对如此幸运，竟觉得全身上下都很不舒服。走进这些古老的陵墓，他感到十分沮丧，他情愿出国征战、在海上猛揍海盗、当众与人打架……不过，他并没有因此停止脚步。

他越过一座陡坡，走进第一座陵墓。陵墓顶端是平的，非常高，墙壁上画了些平民百姓，他们正在向阿肯那顿和妮菲蒂蒂叩拜。警察缓步走入陵墓最里面，却没有看到任何木乃伊或人，也不见半个来找他麻烦的鬼魂。

克里特岛人放下心来，去了第二座陵墓，同样没有半点发现。那些石头都在风化作用下裂开了，情况相当糟糕。而那些雕塑随着时光的流逝，情况比这还要恶劣。受惊的蝙蝠到处乱逃。

萨哈马纳的这位秘密使者明知道给他情报的老头儿可能说了谎，还是准备继续查看两三个大陵墓，再从这儿撤走。

到处都是没有半点生机的沉沉死气。他从能俯视高原并建有太阳城的悬崖上经过，走进一座陵墓，这里的主人是阿顿大祭司美里瑞。克里特岛人看到了墙壁上精美的浮雕，对在阳光下显得光彩夺目的王室夫妇表达了赞美之情。

这时，隐约有脚步声从他背后传来。巫师欧菲尔趁着警察还未转过身来时，一刀切断了他的喉咙。

13

梅布闭上眼睛，再睁开眼睛时，看见克里特岛人倒在地上，已经断了气。

"欧菲尔，你无权做这种事，你没有这种权力！"

"梅布，别瞎嚷嚷了。"

"你刚刚杀了个人。"

"我杀人时，你目睹了全过程。"欧菲尔凶狠地看着外交官。

外交官一直向后退到陵墓最里头，想避开他的眼睛，它们宛如魔鬼，要将他赶进地狱。

谢纳说："这个来找麻烦的人我认识，是个外国雇佣兵，萨哈马纳雇来保护拉美西斯的。"

"他是个警察，奉命来寻找我们。萨哈马纳想知道莉达是什么人，据此来寻找线索。这个警察来到这里，意味着拉美西斯已经开始了广泛的搜查。"

谢纳总结道："我们在这座鬼城也不安全了。"

"不要把事情想得那么糟糕，我们已经堵住了这个好事者的嘴。"

"他能找到我们……萨哈马纳也能。"

"我们躲在这里这件事，只可能被一个多嘴多舌的人说出去。那就是莉达的监护人，村民眼中的巫师。他可真不是个好东西，都快死了，还有精力把我们的事泄露出去。我今晚就亲自去了结了他。"

梅布觉得自己一定要说句话了："别杀更多的人了！"

欧菲尔下令道："你给我滚！"

梅布迟疑不决。

"马上滚！"

外交官嘴巴抽动起来，歪向一边。他向前走去，说："不要对我动手，欧菲尔！"

"不要忘记，你虽是我的盟友，却也是我的下级。"

"没错，可是你杀了这么多人……"

"这里并不是你那个舒舒服服的外交部。你是间谍组织的成员，这个组织的目标是推翻乃至毁灭拉美西斯的统治，协助赫梯攻占埃及。在你看来，像搞外交那样装模作样做几件事，就能达成这个目标吗？你将来也会被逼着把危及你生命的敌人杀掉。"

"我可是一名高级官员，我……"

"梅布，你承认也好，不承认也罢，你都是杀死这个警察的帮凶。"

外交官又看了看那死去的克里特岛人："落到这步田地，是我没有想到的。"

"事到如今，你已经看清楚了。"

"这个不速之客中断了我们的交谈。梅布，那件事你是否已经做到了？"

"我冒着风险，重新来到这座死气沉沉的城市，就是为了这个！没错，我已经做到了！"

巫师用柔和动人的声音说："朋友，做得不错，你让我们骄傲。"

"我信守我的诺言，你们也要记得自己的诺言。"

"梅布，新王登基后会记得你的。来，我们瞧瞧你偷了个什么宝贝。"

外交官把凯的芦苇笔取出来，说："王子就是用这个写字的。"

欧菲尔赞赏道："不错，非常不错。"

"你拿到这个，准备做什么？"

"用这个吸走凯的活力，然后展开回击。"

"难道你还准备……"

"我们最重要的敌人，也包括拉美西斯的长子在内。任何一种能打击王室夫妇的法子我们都要尝试。"

"凯只是一个小孩。"

"他是法老的长子。"

"别这样，欧菲尔。连孩子都不放过，这可不行。"

"梅布，你已选择了自己的立场。现在再想后悔，已经没有机会了。"

巫师伸手说："东西交给我。"

谢纳看见外交官迟疑不决，觉得很滑稽。他一早便准备亲自动手，杀掉这个自己厌恶至极的懦弱之徒了。

梅布犹犹豫豫把笔交给了欧菲尔，问："这个小男孩非杀不可吗？"

巫师朝他下令："返回拉美西斯城，不要再到这儿来了。"

"你们还会继续留在这座陵墓里？"

"施展魔法期间，我们会一直在这里。"

"之后你们去哪儿？"

"梅布，收起你的好奇心，我们之间进行联络，主动权在我。"

"我担心回城以后，会丢掉自己的官职。"

"别担心，镇定下来。"

"我应该做些什么呢？"

"继续工作，就跟平时那样。一旦时机成熟，我会向你传达指令。"

外交官假装要离开陵墓，却在中途掉头回来了，说："不要冲动行事，欧菲尔。如果拉美西斯知道我们对他的子女不利，会勃然大怒的，况且……"

"滚吧，梅布！"

欧菲尔跟谢纳在古墓的入口处，目送这名同党从斜坡下去上了一匹马，那匹马原本藏在一栋废弃的别墅后边。

谢纳说："这个懦弱的家伙不值得信赖，他就像一只老鼠，被吓得四处逃窜。我们就在这里除掉他，不好吗？"

"作为一名官员，梅布还有他的利用价值。"

"可要是他把我们的避难所说出去了呢？"

"你认为，这个问题我没想过吗？"

打了胜仗归国后，拉美西斯并没有什么机会陪伴妮菲塔莉。国王的办公室不断迎来亚梅尼、首相、各部长官和诸位大祭司。皇后也要像之前那样，接见前来拜访的书记员、工匠、税务员，以及皇后屋的其余官员。有时候，她会为自己未能在神庙做乐师感到遗憾，原本她能在那里避开俗世的喧嚣，过上安宁的生活。然而，成了埃及的皇后之后，她便失去了这种生活，只能抛开身体和心灵的疲倦，忘记眼前严峻的形势，履行自己的义务。

妮菲塔莉在图雅的帮助下，逐渐掌握了处理政务的技巧。拉美西斯登基的七年间，大部分时间都在外国，或在外面征战。年轻的皇后只能承担起本应属于国王的沉重责任，并要主持祈祷仪式，维持神明的友谊、百姓的幸福。为了这些，她倾尽了全力。

每一天，妮菲塔莉都有无数工作要做，自然无法时常陪伴凯和梅莉达蒙。孩子们重要的成长时期，她都错过了。她有多爱亲生女儿梅莉达蒙，就有多爱拉美西斯跟伊瑟的两个儿子凯和麦伦卜塔。

拉美西斯把教育三个孩子的工作都交给了伊瑟，这是一种合理的安排。两个女人并不彼此敌对、怨恨。知道自己失去了生育能力，妮菲塔莉就想让伊瑟为拉美西斯再生几个孩子，从中选择王位继承人。为此她亲自提出要求，让拉美西斯跟伊瑟发生关系。拉美西斯在麦伦卜塔出生前便作出决定，不再跟伊瑟交欢，并收养了数不清的孩子，作为王室夫妇多子嗣的象征。

跟身体欲望的交欢相比，皇后对拉美西斯的爱要高尚很多。令她对他着迷的，不只是他这个人，更有他的声望。两个人完全融合在一起，彼此心意相通，哪怕他们天各一方，对于这些，她仍毫不怀疑。

皇后已精疲力竭，把身体交给了专业的美容师负责。这种服务能让她在任何场合中都显得光彩照人。结束了一天漫长的工作后，她便在这种服务中放松下来，不再理会是始终无法放下的愁苦。

沐浴随后开始，这段时光很美好。两个女佣把散发着香气的热水浇在皇后光滑的肌肤上。皇后会在暖烘烘的地板上躺下，接受按摩。按摩持续的时间很长，期间会用到能消除睡前疲惫、放松紧绷肌肉的乳液，这种乳液是用熏陆香、笃薅草、精油、柠檬调制而成的。

妮菲塔莉反省了自己在沉重责任的压力下犯下的错误。由于做好事能让玛亚特收获更多，避免国家出现混乱，因此，妮菲塔莉一定要多做好事才行。

在皇后身上按摩的手忽然变得更加温柔了。

"拉美西斯……"

"让我代替你的女佣，可以吗？"

"容我思考片刻。"她缓缓转过身来，寻觅他的眼睛，那双眼睛里全是爱。

"有无数会议在等着你，还有亚梅尼、粮仓官员，不是吗？"

"今天晚上，我只跟你在一起。"

她把拉美西斯的裹腰布取下来。

"妮菲塔莉，为了保持容颜，你用了什么秘密的方法？我有时觉得你这么美，好像不是凡人。"

"我们之间的爱算不算一种方法？"

在暖烘烘的地板上，两人相互拥抱、接吻，彼此身上的香味融为一体。接下来，他们被裹挟进入了奔涌的欲望之浪中。

拉美西斯用一条很大的围巾把妮菲塔莉包起来。打开后的围巾很像伊希斯神的一对翅膀，在翻飞中涌动着生气。

"太美了！"

"这是舍易斯的纺织工人织出的精品，这样无论何时，你都不会被冻着了。"

她投进国王怀中："希望上天庇佑，我们能厮守终生。"

14

拉美西斯的办公室有三扇很大的方形窗户，以获得充足的光线。这里跟他的父亲塞提的办公室同样朴素，白色的墙壁，有一张很大的桌子、一张为国王准备的靠背沙发和数张铺着席子的椅子，还有一个书柜，里面保存着王室奇妙的莎草书代表作、一幅近东的地图和一尊雕像，雕像中人是已故的法老，他的眼睛将永远监督儿子工作。两根尾部用亚麻线缠在一起的洋槐枝摆放在书写文具旁边，这是塞提的魔法棒，拉美西斯也曾用过它们。

国王问亚梅尼："开庭定在何时？"

"十五天以后。"

跟平时一样，这个面色惨白的书记员带了大量资料、登记表格过来。他不顾自己虚弱的身体，一定要把这些机密的文件带在身上。

"你有没有跟摩西说？"

"自然说了。"

"那他说了什么？"

"非常冷静。"

"我们有证据证明他是无辜的，这件事你跟他说了吗？"

"我告诉他，这个案件还有希望。"

"你这样束手束脚是怎么回事呢？"

"毕竟审判结果会怎么样，我们并不能预先得知。"

"做出合理的辩驳，并不会违反法律！"

"摩西杀死了一个人，这个人还是你姐夫。"

"开庭时，我会出席，把我对这个悲剧的观感说出来。"

"陛下，您不能这样，无论您以什么方式做出干预，都是不合适的。法老不能干预任何一桩诉讼案，只有这样才能确保玛亚特存在于这个世界上，确保法律是公正的。"

"这些难道我不清楚吗？"

"作为您的朋友，我岂能不帮助您战胜自己？"

"亚梅尼，这绝非易事！"

"我很执拗，不会屈服的。"

"摩西返回埃及，不是他自己甘心情愿的吗？"

"但是他的罪行并不会因此一笔勾销。"

"你会不会帮他辩护？"

"摩西同样是我的朋友，我会拿出证据，帮他洗刷冤情。不过，首相、法官会相信我吗？"

"在宫中，大家对摩西的评价非常高。他为什么要杀萨力，大家全都心知肚明。"

"希望一切如您所言，陛下。"

萨哈马纳跟两个很容易相处的叙利亚姑娘过了美妙的一夜后，情绪还是很低落。因此，他在吃埃及人所谓"润润嗓子"的早饭之前，赶走了那两个风尘女子。

他始终没能查出那个金发女孩是什么人，尽管他已为此付出了巨大的精力。萨哈马纳原本觉得，自己的秘密使者很快就能借助死者的肖像画找到可靠的线索。然而，在拉美西斯城、孟菲斯、底比斯，都找不到曾见过她的人。于是，她曾遭受过非法禁锢，便成了仅有的一种可能。

可能有一位证人知道真相，就是拉美西斯的姐姐杜兰特。萨哈马纳想审讯她，却未能如愿。虚情假意的杜兰特在大家面前承认了错误，又向王室夫妇表了忠心。通过这种方式，她再次得到了王室夫妇的信赖，就算不是全部，也有一部分。

秘密使者上交的报告，萨哈马纳全都看过了。他非常愤怒，因为无论是象岛、阿尔—卡波、伊德富、三角洲一带的边城，还是其他地方，都没有任何发现。在看秘密使者的名单时，他留意到一个克里特岛人没有交报告。尽管这个昔日的海盗眼里只能看到钱，但是违反纪律会招致多么严厉的惩罚，想必他不会不清楚。

萨哈马纳来到亚梅尼的办公室，他没有刮胡子，也没有换下便装。亚梅尼正在整理资料，而他辖下的那二十多名高级工作人员还没到办公室。开始工作之前，他吃了一碗大麦粥、几颗无花果和几条鱼干。他吃得很多，却依旧消瘦。

"萨哈马纳，有什么事？"

"少了一份报告。"

"这有什么奇怪的？"

"那个人是克里特岛人，是个奇怪的家伙，但时间观念很强。"

"你把他派到了什么地方？"

"中埃及的阿尔—贝谢省，准确来说是阿肯那顿那座废弃的城市附近。"

"那里没什么人。"

"我在你的影响下，变得更加警觉了。"

亚梅尼微微一笑。一直以来，他跟萨哈马纳都算不上朋友，可在彼此的误会彻底消除后，两人都很尊重对方。

"可能仅仅是延迟了一段时间。"

"一个礼拜之前，克里特岛人就应该回到这里了。"

"我真心认为这件事无关紧要。"

"跟你相反，我觉得这件事很重要。"

"你明明有本事查到真相，干吗要跟我说呢？"

"因为所有事情都很奇怪，所有事情，亚梅尼。"

"说明白一点儿。"

"巫师逃走了，下落不明；我们还没找到谢纳的尸体；查不出金发女孩是什么人……我非常焦虑。"

"拉美西斯会处理这些，掌握整个局面的。"

"我们尚未实现安定。赫梯人还在想着怎样毁掉埃及，这便是我查到的情况！"

"你觉得，赫梯的间谍组织还在？"

"我能感觉得到……平静过后，就将迎来狂风暴雨。我的直觉是相当准确的。"

"那你有何意见？"

"我会立即启程去那座城市，查明那个克里特岛人的情况。在我回来前，你要确保法老的安全。"

拉美西斯的姐姐杜兰特正忧心不已。每一天，她都过着贵族的生活，无所事事，衣来伸手，饭来张口。她不停地参加晚宴、庆典等社交活动，跟优雅但没有头脑的贵族女士闲聊，跟追求她的上了年纪的绅士和年轻英俊的小伙聊天，但聊天的内容跟他们的头脑一样空空如也。

杜兰特自打开始信仰独一无二的真神阿顿后，就不得不遵从以下戒条：将真理发扬光大，让埃及所有地区都被真理的光芒照耀，将假的神明及其教徒都赶出埃及。结果杜兰特却只看见了一些普通的民众，他们漫无目的，对于当前的生活感到十分满足。

杜兰特失去欧菲尔恳切的教诲后，就像在狂风骤雨中失去了方向的小船。随着时间一天天流逝，她逐渐丧失了勇气。信仰本身如此空洞，感受到的困惑也得不到旁人指引，这样的信仰怎样才能维系下去呢？未来毫无生机，杜兰特已经看不到希望了。

她那个一头棕发、古灵精怪的年轻女佣在帮她换床单、收拾房间，问她："公主，您觉得哪里难受吗？"

"我这么幸运，有什么人不妒忌我呢？"

"您能穿美丽的礼服，能漫步在梦一样的花园里，能结识很好的男人……说老实话，我对您也有一点妒忌呢。"

"难道你过得不开心？"

"哦，不是的！我的丈夫很关心我，我们有两个孩子，他们都身体健康。我们衣食无忧，而且我们很快就要住新房子了。"

"那你有没有想过……神明？"杜兰特鼓足勇气，把自己念念不忘的问题说了出来。

"公主，神明一直都在，我们要做的不过是崇拜他们和自然。"

杜兰特没有问下去。欧菲尔说过不能等民众自行改变态度，真正的信仰要依靠暴力的逼迫，的确如此。从前的罪孽可以通过对教规的遵从赎清。

"公主，大家都是如何讨论您的，您听说过吗？"女佣的一双眼睛很机灵，流露出迫切想要说闲话的意愿。从她的话里，杜兰特也许能找到某些有意思的信息。

"据说，你准备再次结婚，很多人都很想追求您。"

"这实在荒谬。"

"那太可惜了……您的服丧期已经很长了。我觉得您这么出色，守寡太可惜了。"

"眼下这种生活，我倒十分中意。"

"有时，你看上去非常悲痛，我们都能够理解，您肯定是在思念亡夫，这是人之常情。他实在可怜，遇到那样的意外去世了！到了审判台上，奥西里斯会怎样为他判罪呢？公主，听说您丈夫并不是个绝对诚实可靠的人，我这样有话直说，还请您恕罪。"

"的确如此，这实在悲哀。"

"既然这样，您为什么还要沉浸在悲伤的往事里呢？"

"我不愿意再结婚了。"

"公主，快乐又来拜访您了！要是杀害您丈夫的犯人被处决了，就更好了。"

"什么？"

"摩西就要接受审判了。"

"摩西他……他已经逃跑了呀！"

"这件事现在还对外保密。不过，我丈夫听他的朋友大典狱长说，摩西已经被关进监狱里了。他会被处决的，这是板上钉钉的事。"

"那我能跟他见一面吗？"

"不能，他犯的是重案，被单独关押着。可您很快就能如愿了，到时您肯定会被邀请出席审判。"

摩西归来了！摩西是一神教的信徒！对杜兰特来说，这不正是一种指引吗？

15

在法院大厅中，对摩西的审判开始了。主持人是首相，他穿着又厚又硬的袍子，戴着心形项链——这是人类良知独一无二的象征物。

首相在开庭之前到卜塔神庙拜见了拉美西斯，再度倾听了法老登基时立下的诺言：敬重正义女神，拒绝袒护任何一个人；拒绝说出自己的任何看法，控制自己，作为国王，嘴上怎样说，实际上就应该怎样做。

所有官员都不愿错过这场审判，大厅中人头攒动。希伯来部落的几位长老也来了。

有些人仍对摩西犯下重罪深信不疑，其他人却想等犯人亲口解释他为什么要回来。所有人都知道，摩西是个不会屈服的人。所有人都认为，他不会无缘无故杀人。

审判开始。首先，首相诵读了玛亚特的格言，祈祷世人的心灵能因此得到拯救。然后，他在地板上铺了四十二块皮子，象征着埃及的四十二个省，提醒大家埃及的法律在这些省中全都适用。

摩西被两个法警带到庭上，刹那间，在场诸人全都看向了这个希伯来人。他脸上布满皱纹，留着胡子，身材又高又壮。这位拉美西斯昔日的下属很冷静，这是大家都没想到的。法警安排他坐下来，跟首相面对面。

由十四个人组成的陪审团来自各个阶级以及司法部，具体包括一名土地测量员、一名塞克梅特女神的女祭司、一名医生、一名木匠、一名家庭妇女、一名农民、一名财务书记员、一名女官员、一名建筑师、一名纺织女工、瑞师兵团团长、一名采石匠人、一名粮仓书记员和一名船员。

"你真是摩西？"

"是。"

"这些陪审员中，你对谁有异议？仔细看看，考虑清楚。"

"对于国家的法律，我满心信赖。"

"你的祖国是埃及吗？"

"我虽是希伯来人，却出生在埃及。"

"你是埃及人，在接受审判时同样是以埃及人的身份。"

"我要不是埃及人，会有不一样的审判结果吗？"

"不会。"

"既然这样，二者有何区别？"

"法庭会作出判决的。埃及人这个身份，会让你感到羞耻吗？"

"这将由法庭作出判决，就像你刚才说的那样。"

"你是否承认对你的指控：你杀了一个名叫萨力的工头，并逃走了？"

"承认。不过，我要为自己辩护。"

"法庭审理的目的就在于此。对你的指控在你看来是不成立的？"

"不是的。"

"那我将依法判处你死刑，你应该能明白为何我如此判决。"

法庭上的人开始窃窃私语。摩西好像觉得这些恐怖的话语跟自己一点关系都没有，无动于衷。

首相郑重表示："此事关系重大，关于审判的时间，我不会加以限制。被告在说明自己犯罪缘由、为自己辩护时，不必担心时间不充裕。为避免对发言造成干扰，请在座诸位务必保持安静。如有违背者，将遭到严惩。"

法官询问摩西："在那件惨案发生时，你做什么工作？"

"埃及官员，兼任拉美西斯城建筑工地的建筑师。自然，希伯来砖匠由我来掌管。"

"我手中的资料显示，大家对你的评价非常高。你跟法老是朋友吗？"

"是的。"

"你从孟菲斯贵族学校毕业，在梅室后殿找到了第一份正式的工作，接下来你做了卡纳克神庙的工头，继而是拉美西斯城的建筑师……这还只是个开头，你拥有锦绣前程。跟你的命运截然相反，被害人萨力做过拉美西斯的家庭教师，他对孟菲斯贵族学校校长的职位满怀期盼，最终得到的职位却在此之下，而他对此无能为力。他为什么会被贬职，你清楚吗？"

"我对他有不同的观点。"

"请说。"

"萨力是个无耻、造作、贪婪的人。命运借我的手让他受到了惩处。"

亚梅尼申请发言，得到了首相的许可。亚梅尼说："还有一个细节，我想补充一下，那就是萨力曾密谋推翻拉美西斯的统治，国王念在他是自己的姐夫，对他网开一面。"

很多高级官员都大吃一惊。

首相下令："请杜兰特公主上庭接受问话。"

身材高挑的棕发女人走进来，看起来犹豫不决。

"听了摩西和亚梅尼的话，您有不同意见吗？"

杜兰特垂首说道："他们说得十分委婉，简直再委婉不过了……在人生最后一段时光，我丈夫成了魔鬼。得知自己的前程毫无指望，他开始报复甚至残忍折磨下属。在他死前的那几个月，他掌管的希伯来砖匠不断遭受他的虐待，大家的怨愤不断累积。他就算没死在摩西手上，也会死在其他人手上。"

首相好像很吃惊，问："您是不是过分夸大了事实？"

"我丝毫没有夸大，这点我可以发誓！我丈夫让我生活得十分痛苦。"

"他死了，您觉得很高兴吗？"

杜兰特的脑袋更加低垂，她说："我……我认为自己重获自由了，同时又以此为耻。不过，这个人这么冷血无情，有什么值得怀念呢？"

"公主，您还有别的话要说吗？"

"我说完了……的确说完了。"杜兰特返回官员席中。

"有没有人想反驳萨力夫人的证词，帮萨力辩护？"

庭上一片安静，只能听到沙沙的写字声，负责记录的书记员记得又快又认真。

首相问摩西："对于这件事，你是怎么看的？"

"这是意外。我并不想杀死萨力，哪怕我们两个针锋相对，我也不想杀死他。"

"你们为什么憎恨对方？"

"因为萨力勒索下属，虐待希伯来砖匠，被我发现了。我为保护他们中的一个人才杀死了萨力，我这样做完全是为了保住自己，而不是真心想要杀死萨力。"

"既然这样，你很确定自己是正当防卫了？"

"这是真相。"

"那为什么还要逃走？"

"我那时候完全慌了。"

"你是无辜的，被人冤枉了，还会慌？真让人难以理解。"

"我之所以要躲进沙漠，是因为杀人后心灵受到巨大的震动，失去了理性、变得冲动，就像喝醉了酒。看到自己犯了恐怖的罪行，于是萌生逃走、消失、忘却、被忘却的欲望。"

"你现在回埃及接受法律制裁，是因为恢复平静了？"

"我已经结婚生子，觉得埃及距离自己十分遥远。"

"那为何还要回来呢？"

"为了完成一项使命。"

"什么样的使命？"

"这跟审判没有关系，眼下还需要保密，但日后会公之于众的。"

首相对摩西这个答案感到恼火，说："关于案件的经过，你并没有说清楚。你的态度也不足以帮你辩护，而你的证词又含混不清。我的判断是，由于萨力极力迫害希伯来人，你便有预谋地将他杀掉了。我可以理解你为什么要杀人，可不管怎么样，你的杀人罪名是成立的。你返回拉美西斯城后，又躲了起来，这恰好证明你犯了罪，不是吗？"

亚梅尼知道，最重要的一刻到来了，应该做出最后一搏了，便说："我手上有证据，能证明摩西是无辜的。"

法官庄重地说："你若没有足够强大的证据，就是对法律不敬，要接受惩处。"

"摩西帮助的是一个曾被萨力勒索的希伯来砖匠，此人名叫亚博内。萨力因亚博内向摩西讲述自己遭受的痛楚，对亚博内心生怨恨，想狠狠教训他一顿。在恰当的时刻，摩西出手阻挠了萨力对受害人施暴。可是争执没有停止，摩西完全是为了自保，才失手杀死了萨力。这件事发生的全过程，亚博内都看在眼里，他提供了证词，已经收入档案中了，请您看一看。"

亚梅尼把文件交给首相。首相先确认了一下，这份文件已得到法官的验证，然后，首相拆掉印泥，确定了日期，开始阅读文件。

摩西跟亚梅尼交换了眼神，表明彼此心意相通，却没敢直接表现出喜悦。

首相作出判断："这份文件十分准确、合法。"

摩西的冤情得以洗刷，陪审团宣布他无罪，审判将结束。

　　此时，大法官突然改口说："我想在被告被释放前，做最后一次检查。"

　　亚梅尼眉头蹙起。

　　首相说："传亚博内上庭口述证词，跟这份文件做对比。"

16

拉美西斯斥责亚梅尼:"证据毫无瑕疵,辩词毋庸置疑,摩西却在监狱里,还没有被放出来!"

国王的机要秘书小心说道:"首相做事实在太细致了。"

"可他究竟还有什么不满足的?"

"请允许我复述一次,他想亲自见见亚博内。"

法官的要求非满足不可,这点拉美西斯总算认清了。

"已经传他上庭了?"

"是的,这就是问题所在。"

"怎么回事?"

"我们找不到亚博内了。数月之前,他就消失了,谁也不知道这是怎么回事,各个部落的长老都这么说。"

"一派胡言！是有人想害死摩西。"

"这不是没有可能的，可我们接下来要怎样做？"

"把调查这件事的工作交给萨哈马纳，由他亲自处理。"

"那要等很长时间，不能心急……萨哈马纳在中埃及那座异端神教废弃的城市旁边找到了线索。他一直想查清那个被杀的金发女孩是什么人，他相信赫梯间谍组织的余孽还在。"

国王又勃然大怒，说："亚梅尼，你怎么看？"

"谢纳死了，其同党或是逃跑了，或是下落不明，可萨哈马纳的直觉又是他本人引以为傲的。"

"可能他是对的，亚梅尼。直觉是一种比错误的引导或是对理智的抚慰更高超的本能。我的父亲就能熟练地利用直觉来感知。"

"塞提并非海盗！"

"萨哈马纳原本是强盗，靠抢掠为生，对阴谋很有了解。我们要是不采纳他的观点，便会蒙受损失。马上向他下达指令，让他立即返回拉美西斯城。"

"我现在就去安排做这件事。"

"我想跟摩西见一面，把这个要求告诉首相。"

"可……摩西仍被关在监狱里！"

"真相已在审判中公之于众，司法审判不会因我见他一面发生改变。"

在仓促建成太阳城的那座高原上，刮起了一阵大风。过后，那片断壁残垣简直让人不忍心再看。当萨哈马纳正在赶路时，一面墙忽然塌了，哪怕早就见识过很多可怕的事情，他还是顿觉恐慌。

在皇宫与砖瓦之间，鬼魂飘来荡去。萨哈马纳希望先去找神明和鬼魂，找出太阳神阿顿统治区内发生的惨剧真相，然后再去向村民们打听情况。

萨哈马纳在天黑之际来到附近的一座村庄，希望先在这儿吃饭、睡一觉，然后再开始打探情况。可是村里连一头驴、一只鹅、一条狗都看不到，就像一片荒漠。房屋的门窗全都是打开的，可萨哈马纳还是拔出了匕首，小心翼翼地告诫自己，虽然对自己的经验、力量满怀骄傲，但在到处潜藏着危险的地方，还是不宜贸然行事。

有一所破旧的房子，地板硬邦邦的，一个老太太靠着自己的膝盖坐在地上，好像在服丧。她虚弱地说："你可以杀了我，这儿可找不到能偷的东西。"

"别担心，我是个警察，效忠于拉美西斯。"

"你是个外国人，快滚吧！这村子的人和我丈夫都死掉了，我也想死掉算了。"

"你丈夫是什么人？"

"他是个忠厚的人，帮了大家一辈子，却被人诬蔑成了巫师。那个巫师居然把他杀了，实在太没良心了！"

寡妇穿着脏兮兮的衣服，头发也脏兮兮的。

萨哈马纳坐到她身旁，说："那个巫师长相如何，跟我说说。"

"说了又能怎么样？"

"那个坏家伙刚好就是我在找的人。"

寡妇细细打量着萨哈马纳，吃惊地问："你是认真的吗？"

"难道我像在开玩笑？"

"可我丈夫已经死了，一切都来不及了。"

"让他重新活过来是神的职责，我可做不到。不过，我能把那个巫师抓起来。"

"那个人身材很高、很瘦，脸长得像野兽，眼神冷冰冰的。"

"他叫什么？"

"欧菲尔。"

"他是埃及人？"

"是利比亚人。"

"你为什么知道这么多？"

"他接连好几个月经常来拜访我们，跟我们的养女莉达闲聊。那孩子真是可怜……非说自己跟异教信徒国王是一家人，原本她还能跟邻居们交朋友的。为了让她恢复理智，我们夫妇俩绞尽脑汁，可她还是宁可相信那个巫师说的话。有一天夜里她忽然下落不明了，从此再也没有出现过。"

萨哈马纳给老太太看了那幅被欧菲尔杀害的金发女孩的肖像画，问："是不是她？"

"没错，正是我女儿莉达……难道她已经……"

萨哈马纳点头承认了，隐瞒真相这种事，他可做不来："你最后跟欧菲尔见面是在何时？"

"前几天。当时我丈夫生了重病，他过来探病，让我丈夫喝了一种药水，然后我丈夫就丢了性命，是他害死了我丈夫！"

"他就在这一带躲藏着？"

"他藏在悬崖上那些古老的陵墓里，那里有鬼魂飘来荡去。警察，去把他杀掉，踩烂他的尸体，最后再烧掉！"

"老太太，别再跟鬼魂一块儿生活了，从这儿搬走吧。"

从那座破旧的屋子里出来后，萨哈马纳上马前往古墓。天越来越黑了，他在坡底下了马，把马丢在那里。他一只手紧紧握住长剑，跑到坡上，想痛快地杀掉那人。

在所有古墓中，有一座入口最宏伟。拉美西斯的这位贴身护卫队队长选中了这座古墓冲进去，完全不理会自己的安危。墓中处处宁静，除了曾刻在墙壁上、至今还在效忠于当初的叛乱朝代的人，再无旁人。

拉美西斯和妮菲塔莉的女儿梅莉达蒙在为王室夫妇表演竖琴，指法娴熟，让国王赞叹不已。法老和大皇后挽着手在开满睡莲的水塘岸边的折椅上坐着，沉浸在快乐之中。这样的时光总是很短暂。小姑娘年仅八岁，却已经逐渐展现出了只有出色的演奏家才有的姿态。

夜巡好像在梅莉达蒙奏出的美妙音符中沉醉了，摊开四肢，卧在狮子屠夫面前。

末尾的几个音符越来越微不可闻，留下了萦绕不散的回音。

国王吻了吻女儿。

"你喜不喜欢？"

"作为音乐家，你天赋很高，不过，练习可不能放松。"

"我想去哈托尔神庙学习最高超的技巧，妈妈已经答应我了。"

"你会得偿所愿的，只要你是真心想去。"

小姑娘长得很像妮菲塔莉，非常美丽，眼睛里闪动的光泽也跟妮菲塔莉如出一辙。

"等我变成神庙的乐师，你会不会去听我演奏？"

"你的演奏这么美妙，我哪能忍住不去。"

凯走过来，脸上挂满愁容。

皇后马上发现了，问："你似乎有些不快？"

"我的东西被人偷走了。"

"你肯定？"

"每晚我都会收拾文具，有一支用旧了的芦苇笔被人偷走了，我很爱用它写字。"

"有没有可能是你自己弄丢了？"

"不可能，我已经找遍了每一个地方。"

拉美西斯握住儿子的肩膀说："这项指控非同小可。"

"我很清楚话不能随便说，所以想了老半天，才决定把这件事告诉你们。"

"你觉得是什么人做的？"

"我还没有搞清楚，可我非常喜爱那支芦苇笔，还要继续寻找。"

"你还有别的笔可以用。"

"是的，但我就想要那支芦苇笔！"

这时，有个人走过来了。狮子昂起头来，狗的耳朵也竖起来了。是杜兰特，她看起来没什么精神，头戴一根假长辫子，身穿暗绿色的袍子，那颜色跟她的皮肤一样黯淡。

她问："陛下要见我？"

拉美西斯说："你在摩西的审判会上表现惊人。"

"我只是说出了实情。"

"要有一定的勇气，才能说出关于自己丈夫的一切。"

"面对首相和玛亚特，撒谎可不行。"

"对摩西来说，你的证词很有帮助。"

"我仅仅是在履行自己的责任。"

王室酒官把一种新品种的酒送过了来。大家一边喝酒，一边讨论怎样教两个孩子学习。

杜兰特走出王室花园后，确信国王重新开始相信自己了。猜忌已在他随和的表现中无影无踪了，取而代之的是友好亲切。杜兰特想出去散散步，于是安排抬轿子的人先离开，自己走路回住所。

一个衣衫褴褛的挑水工人过来跟她聊天。他就是变瘦且蓄了胡子的谢纳，可是哪个人能认出是他呀？

"我亲爱的妹妹，结果如何？"

"你的法子果然奏效。"

"弟弟被姐弟亲情骗过去了。你帮助摩西脱罪，就成了拉美西斯的盟友。"

"现在我们要打败拉美西斯，已经不是什么难事了，他已经完全相信我了。下一步我要做些什么？"

"仔细收集各种消息，再小的消息都是有价值的。我会再跟你联系，下次还是用这样的方式。"

17

　　萨哈马纳汇报时，拉美西斯和亚梅尼都在认认真真地听。一道柔和的阳光照进拉美西斯的办公室，跟其中的紧张氛围格格不入。在热季渐渐步入尾声时，埃及到处都是金灿灿的，看起来很美妙。

　　亚梅尼复述着萨哈马纳的话："欧菲尔，利比亚巫师。莉达，年轻的疯子，完全被他掌控……我们为这件事头痛，到底有没有必要？那个坏家伙已经逃走了，下落不明。他可能一早就逃出埃及了，留在这里也没什么人能帮他的忙。"

　　拉美西斯说："这件事很严重，你的重视程度远远不够。他藏在太阳城，那是阿肯那顿的都城，难道你忘了那是什么地方吗？"

　　"好几个世纪之前，那里就废弃了……"

　　"可是还在被建造那座城市的人的罪恶想法还是攫取了一些人

的心灵！欧菲尔希望把这些人集中起来建立一个组织。"

"组织？难道欧菲尔是赫梯间谍？"

"我非常确定。"

"可阿顿和那儿唯一的真神，全都入不了赫梯人的眼！"

萨哈马纳插话道："希伯来人并不是这样的。"

亚梅尼被这句针锋相对的话吓坏了。萨哈马纳在说明自己的所思所想时，还是这样粗鲁，在人情世故方面毫无进步。

拉美西斯的侍卫长提醒大家："曾有一个冒牌建筑师去找过摩西，这件事我们都听说过。这个冒牌的家伙跟这个巫师的相貌吻合，这件事难道不值得重视吗？"

亚梅尼劝他："别这么激动。"

拉美西斯吩咐道："继续往下说。"

萨哈马纳继续说道："在宗教这方面，我是个门外汉。可希伯来人正在讨论一神教，我是了解的。我疑心摩西是卖国贼，不知陛下会不会认同我？"

亚梅尼提出反对："摩西跟我们是朋友！他要密谋推翻拉美西斯，理由是什么？虽然他见过欧菲尔，但那个巫师肯定还见过很多高级官员。"

萨哈马纳问他："你明知道不是这样的，为什么偏要这样说？"

拉美西斯透过办公室正中间的一扇窗户朝远处张望，看见到处都是清脆的绿色，甚至能看到三角洲那边让人心旷神怡的景色。

拉美西斯说："萨哈马纳的话没错。赫梯人在埃及内外都发动了进攻，彼此配合。在卡迭石一战中，我们胜利了，从埃及属国中赶走了他们的大军，还把他们的间谍网络打破了。可这些战果有什么值得称道的呢？赫梯军队还未全军覆灭，欧菲尔也没受到相应的制裁。他这种人不会就此停止进攻的。可是摩西为人正直，不会在背地里谋害别人，所以他不会是欧菲尔的盟友。萨哈马纳对摩西的罪过判断失误。"

"希望是这样的，陛下。"

"萨哈马纳，我想给你安排一项新工作。"

"我会把欧菲尔抓起来的。"

"但要先把那个希伯来砖匠亚博内找出来。"

这个生日，妮菲塔莉如愿是在三角洲农场度过的，那里邻近都城，由农业部长内疆掌管。平易近人且对自然满怀热忱的内疆，拿着一种在肥沃的三角洲地区非常适用的新式锄头，给王室夫妇看。他很热情，亲自上阵示范这种锄头的用法，说其能在不损害土地的情况下进行深耕。

农场的员工都欣喜若狂，觉得是上天赐福，让他们能如此近距离地欣赏国王、皇后的风度。到了明年，农田肯定会丰收，果园肯定会果实累累，牲口肯定会繁殖旺盛，所有事情都会一帆风顺。

在这美妙而幸福的一天，妮菲塔莉留意到拉美西斯的表现相当反常。借着享用完丰盛午餐后的休息时间，皇后跟他聊了一下："你是在想摩西的事吗？看起来心不在焉的。"

"我非常担忧他的命运。"

"亚博内有消息了吗？"

"还没有。法官不愿意在他上庭之前宣判。"

"萨哈马纳会找到亚博内的，你真正担忧的并不是这件事，我能感觉得到。"

"身为法老，我一定要肩负起消除内忧外患、保卫埃及的责任，可我怕自己会失职。"

"让你恐惧的敌人可能就在埃及本国，因为赫梯人已经被赶出了埃及。"

"我们交战的对象会是一些遗留下来的罪恶，它们借助面具，假装自己是正义的。"

"这话很让人吃惊，但我并不吃惊。我昨天在主持塞克梅特神庙晚祷时，发现花岗石神像的眼神很忐忑，这意味着灾祸即将降临。我立即在心里念起了祈祷文，让平静祥和再度降临神庙，可这份平静祥和会影响到神庙以外的范围吗？"

"妮菲塔莉，阿玛纳鬼魂重回人间，又来打搅大家了。"

"难道对于其本身所在的时空范围，阿肯那顿未曾做出限制？"

"他自然限制了，不过，他释放了一些魔法，而那些魔法他又无法掌控。效忠赫梯的利比亚巫师欧菲尔把废弃城市中的鬼魂叫醒了。"

妮菲塔莉合上眼睛，沉默了。她的灵魂暂且与尘世切断关系，前往冥界寻觅真相，那真相就隐藏在坎坷的前程背后。虔诚的信仰赋予了皇后预知未来的能力，让她能无时无刻与创造生灵的神明直接交流。遇到了疑惑不解的问题，或许能借助直觉找到答案。

拉美西斯耐心等候大皇后为自己提供建议。

她睁开双眼，说："这会是一场激战，赫梯军队有多勇猛，欧菲尔训练的军队就有多勇猛。"

"我所担心的事已被你证实。既然这样，我们要马上采取行动，在本国所有大型神庙的帮助下，织成一张由男神和女神构成的庇护网。这个过程中，你的帮助对我不可或缺。"

妮菲塔莉拥抱着拉美西斯，一片柔情似水："你还有必要向我提出请求吗？"

"一场漫长的战争和无数危险在等着我们。"

"我们的爱情若少了为埃及所做的牺牲，还有什么意义呢？我们要用生命来回报它，毕竟那本就是它赐予的。"

祖胸露乳的年轻农妇戴着芦花编成的帽子、穿着草编成的裙子跳起舞来，庆祝好收成。随后，她们扑向一些破布做成的小球，痛打起来，这些有一只眼睛的小球象征着魔鬼。粗笨且奇形怪状的魔鬼对农业的破坏，会随着她们的舞蹈宣告结束。

妮菲塔莉怀着期待说："我们要是能有她们这样的能力就好了。"

"你在担心什么？"

"凯。"

"他做了错事？"

"不，我是担心他被偷走的芦苇笔。我曾丢了自己最喜欢的披肩，你还记得吗？很明显，巫师欧菲尔用它诅咒我，让我们两夫妻的实力减弱。全靠塞达武相助，我没有死并顺利生下了梅莉达蒙，可我怕你的大儿子将承受同样的打击。"

"他会病倒？"

"他刚刚接受过体检，大夫说他什么问题都没有。"

"我可不相信这种检查结果。让塞达武帮忙建一道魔法之墙，把凯包围起来。叫凯从今天开始，不管遇到什么意外，都要在第一时间告诉我们……你有没有提醒伊瑟？"

"自然提醒了。"

"务必要把小偷找出来。命令萨哈马纳把宫中所有人都调查一遍，确定是谁想要背叛我们。"

"这种恐慌也许会对凯造成伤害，所以要尽快消除。他的一切不足，都会被那个恶人当成伤害他的契机。"

凯来到塞达武和莲花的实验室，随身带来了书记员的写字板以及好几支芦苇笔。塞达武在配制一种药水，可用来医治消化不良。那个努比亚美人则在想办法让一条黑色眼镜蛇把毒汁吐出来。

"原来是你！你就是教我学习巫术的老师？"

"巫术本身才是你的老师。蛇这种东西，你还是很害怕吗？"

"啊，没错！"

"不害怕蛇的都是傻瓜。人类还没诞生，蛇就已经存在了。我们想探究的奥秘，蛇都知道。它们在人群中爬来爬去时，你有留意过它们吗？"

"我在父亲的安排下，见了那条很长的眼镜蛇。从此我就明白，意外死亡这种事不会发生在我身上。"

"自我保护还是很有必要的。"

"皇后跟我说，我的那支芦苇笔被偷走了，有个巫师想用它伤害我。"小男孩一本正经，看起来十分老成。

塞达武觉得他很滑稽，说："毒蛇会教我们怎样解除诅咒，正如它们也会在我们身上施加诅咒。我让你每天都喝一杯掺杂洋葱碎末和蛇血的药水，就是因为这个。我会在两周后再在药水中增加铁屑、红色赭石、明矾和氧化铅。莲花还会把她制造的一种解药送给你。"

凯撒撒嘴说："也不过如此嘛。"

"加入少量的酒，能起到去腥的效果。"

"我不想喝这个。"

"还有一个需要改善的缺陷。"

"书记员喝了酒会脑袋发昏，两手不受控制。"

"不要养成喝很多水的习惯，这会让心脏舒展不开，不是什么好习惯。要自幼开始喝酒，才能分辨出酒的好坏。"

"有了它们，巫术就伤不了我了？"

塞达武将一瓶墨绿色的油膏拿在手里摩挲着，说："要避开鬼魂的袭击，只能依靠勤奋的工作。被动之人要摆脱罪恶巫术的诅咒，是绝对不可能的。"

"我已经做好了准备。"

18

赫梯的都城哈图沙位于安纳托利亚高原正中那片布满沟谷的干旱、荒芜之地，接连十天这里都阴雨绵绵。

驼背且短腿的穆瓦靼力王转动着栗色的眼珠子，满脸疲惫之色，他害怕寒冷的天气，他一直待在壁炉旁边，头上的呢帽和身上红色与黑色间杂的外套始终不离身。

尽管卡迭石一战中进攻战略出现失误，最终战败了，但是穆瓦靼力相信这座建在山上的城市可确保自己的安全。城市分为上城和下城，建有宏伟坚固的碉堡。在碉堡环绕中，哈图沙变成了一座要塞，难以攻克。可是批判君王的窃窃私语却在这座高高在上、难以攻克的城市各处散播。他那周密的作战计划迎来了首次失败。

长达九公里的城墙上遍布高塔和射击口，无论白天还是黑夜，都有哨兵站岗放哨。可没有一个士兵不在怀疑，穆瓦靼力明日还是不是君王。这个人称"大将军"的人如今已经消灭了所有野心勃勃的人，让一切夺取王位的尝试都宣告失败。然而，他的地位近期因为几件事遭受了严重的威胁。

企图抢夺王位的人有两个：一是他的儿子乌里泰梭，在赫梯主力军中拥有很高的威望；二是他的弟弟哈图希勒，智慧超群的外交家，曾为了跟埃及作战，建立实力强大的联军和同盟，穆瓦靼力迫切想要维持这一同盟，为此送出了很多珍贵的礼品。

有一个充满魅力、令人惊奇、学识渊博的年轻姑娘相伴，穆瓦靼力这个下午过得很舒服，把一切烦心事都丢到脑后了。他宁愿忘记什么阅兵仪式，而是效仿她研究情诗。可是身为赫梯王，他完全没有做梦的工夫与权利。

穆瓦靼力在火上烤手。关于自己应除掉弟弟还是儿子，又或者是他们两个，迟迟疑疑没能作出决定。毒杀案在赫梯王宫频频发生，很多阴谋家，包括外表忠于王的阴谋家都被除掉了，现在这种情况若放在数年前，可能只有一种解决的办法，就是攻其不备。可这两个人当前的对立关系，却能给他带来好处。在两人你死我活的对抗中，他岂不是刚好能扮演调停者的角色，而这个角色又是绝对不能缺少的？

赫梯帝国即将四分五裂，是另外一件让他担忧的事情。就算这个世界巨人，也无法应付军队接连战败、军费开支庞大、国际贸易受挫这一连串打击。

在雷神神庙里，穆瓦靼力静静陷入了沉思。下城神庙区至少有二十一座神庙，这是其中最漂亮的一座。君王效仿所有祭司，掰断了三根面包，在那块石头上倒了酒，念起了祈祷文。

有客人到访，总管过来向君王通报。访客经过一道道警卫的监督，最终来到君王宫中，这里被水坝、马厩、兵工厂、军营团团包围。

石柱厅里又黑又冷，装点着兵器，以彰显赫梯军队作战勇猛。穆瓦靼力很爱把这里当成访客接待室。

沉重、威严、清晰的脚步声传来，那是乌里泰梭。他身材又高又壮，庄重威严，胸前长着红色汗毛，头发很长，就像一名威风凛凛的战士，随时准备上战场。

"儿子，最近可好？"

"并不好，我的父亲。"

"你看上去十分健壮！"

"您是为了笑话我，才把我找来的吗？"

"你可不要忘了在跟什么人讲话。"

乌里泰梭把自己的骄傲收起来，说："抱歉，我总是任性妄为。"

"你不高兴，怎么回事？"

"我这个总打胜仗的将军被贬斥为无名小卒，听从哈图希勒那个在卡迭石打了败仗的将军号令！我效忠于国家的力量，岂不是就这样浪费了？"

"联军是哈图希勒一手建立的。"

"他帮了我们什么忙？我原本必能击败拉美西斯，可是您不肯相信我！"

"孩子，你还是改不了恶习。总把从前挂在嘴边上，这样有意义吗？"

"让我上台，赶走哈图希勒。"

"哈图希勒是我弟弟，盟国都很尊重他，商人也跟他交好。我们要打仗，必须借助这些人的力量。"

"那您想让我做些什么？"

"跟他合力挽救赫梯，把你们的争执丢到一旁。"

"挽救赫梯？什么人给赫梯造成了威胁？"

"周围的世界不停地变幻。我们未能消灭埃及，跟一些盟友的关系却发生了改变，改变快得让人难以想象。"

"您是什么意思，我完全听不明白！我生在世上，不是为向阻挠赫梯壮大的种种阴谋让步的，我是为了征战。"

"孩子，这个结论很鲁莽。我们首先要清除内部争端，然后才可能成为近东霸主。你跟哈图希勒讲和，对大家都有好处，你必须这么做不可。"

乌里泰梭在壁炉的柱子上击出一拳："不可能！让我跟那个毫无可取之处的人妥协，绝对不可能！"

"只有达成内部统一，才能壮大我们的力量。"

"最好的方法是，让我去进攻埃及，并将您弟弟、弟媳囚禁在神庙里。"

"无论何种方式的和谈，你都不愿接受吗？"

"是的。"

"你不肯做出妥协？"

"跟哈图希勒保持距离，我和我的军队就绝对忠诚于您。"

"有哪个做儿子的，会用父亲的爱来逼迫父亲妥协？"

"您是赫梯王，伟大更胜父亲。我们将作出何种决定，全看赫梯是否安全。事实就如我所说，这点您日后一定能明白。"

君王沮丧地说："我要再想一想，可能一切就如你所言。"

乌里泰梭离开会议室时，很肯定父亲已经被自己说服了。老迈的君王很快就会发现自己没有其他选择，唯有让儿子继承王位，自己下台。

哈图希勒的夫人普杜赫芭穿着红色长袍和皮质凉鞋，戴着金项链和银手镯，在伊什塔尔神庙地下室中焚香参拜。

卫城中夜阑人静。

从楼梯上下来两个男人。后面是君王，前面是哈图希勒。哈图希勒身材很矮，头上戴着发带，身上穿着色彩斑斓的厚袍子，左胳膊上佩戴着一只镯子。

穆瓦粗力不满地说："太冷了。"说着，他把自己的羊毛外套拽得紧紧的。

哈图希勒表示同意："地下室不是好地方，可是非常安静，这就是它的好处。"

普杜赫芭忐忑地问："陛下，您是否想坐下？"

"坐在这个石凳上感觉很舒服。哈图希勒，你走了这么远的路，却好像比我更有精神。你有没有搜集到重要的情报？"

"对于联军，我还是有些不放心。有些同盟似乎忘记了自己的承诺，胃口不断扩大。即便如此，我还是让他们得到了满足。联军已经变成了一项重担，可跟这个比起来，有个问题更加糟糕。"

"别吞吞吐吐地，直说好了。"

"亚述人也许会叛变。"

"是那个小族吗？"

"原本在他们眼中，我们足以成为典范。然而，眼下他们却觉得我们毫无价值了，因为我们近期失败了好几次，还起了内讧。"

"我们用不了几天就能踏平他们！"

"我可不觉得应该这么做。还是等拉美西斯进攻卡迭石时，再动用兵力吧！"

"这个情报准确吗？"

"拉美西斯的军队正在秣马厉兵，这是我们的间谍传来的消息。迦南、贝都因这次都不会跟埃及国王对抗了，他可以直接向赫梯发起进攻。若我们同时再跟亚述交战，可不是什么聪明的决定。"

"哈图希勒，你有什么想法？"

"首先在内部进行整顿。我跟你儿子的矛盾必将不断加深，减弱我们的整体力量。我想见见他，叫他知道再对立下去，对双方都没有好处，现在的形势已经很严峻了。"

"乌里泰梭想得到指挥军队的大权，他不愿接受任何和谈。"

"若对埃及发起盲目的进攻，除了再度失败，还有什么可能？"

"他认为只有一条路可走，就是直接开战。"

"您是君王，要选我还是选他，由您做主。您要是决定用您儿子的法子，我就不会再参与进来。"

为了取暖，穆瓦靼力来回走了几步。

普杜赫芭心平气和地说："合乎情理又能解决问题的法子只有一种。您作为君王，应为赫梯的全局着想。无论是您的弟弟，还是您的儿子，对全国百姓的安全来说都无关紧要。更何况乌里泰梭的好勇斗狠会毁掉大家，这点您非常了解。"

"你说的是什么法子？"

"我们之所以要铲除残暴之人，是因为这种人不会被任何人说服。我会亲自做出安排，让他从此不再出现，您和哈图希勒都不用为此做任何事。"

摩西站起身来说："拉美西斯！你怎么来了？"

"我得到了法官的准许，过来看你。"

"法老探监还要申请？"

"是这样的，毕竟你被指控犯了杀人罪。不过，我们之间的友情，才是我来的最重要的原因。"

"那你不会不管我了？"

"难道我以前曾眼看着你陷入困境而不管吗？"

拉美西斯跟摩西紧紧抱在一起。

"拉美西斯，我真难以想象你能到这儿来，我原本绝不相信你会这样做。"

"你对我这么缺乏信心！之前为何要逃呢？"

"最初，我非常慌乱，认为这属于正常反应。到了我藏身的梅得洋后，才开始重新考虑这件事。这是神圣的召唤，而非逃跑。"

摩西这间牢房很整洁、透气，地上硬邦邦的。国王坐在这位希伯来朋友对面的一个有三条腿的矮板凳上。

"是谁发出了神圣的召唤？"

"亚伯拉罕、以撒和雅各的上帝，耶和华。"

"耶和华是西奈半岛沙漠中的一座山，说这是一位神明的名字，未免太落俗套。沉默女神不就住在底比斯的西山吗？"

"不能轻视耶和华，只将他当成一处风景，毕竟他是唯一的真神。"

"你在逃跑途中经历了什么？"

"在那座高山上我见到了燃烧却不会被烧毁的荆棘，那是上帝的化身。他对我说：'我是自有者。'这便是他的名字。"

"真理是唯一的，他为何要这样说呢？"

"拉美西斯，我从耶和华那里接到一项神圣的任务，可能会让你感到失望。我要带着希伯来人民走出埃及，前往一片福地，我非这样做不可。"

"上帝跟你讲话了，这是真的吗？"

"上帝讲话既清楚又有力，跟你讲话没什么两样。"

"沙漠中到处都是鬼魂，是不是？"

"不要想着把我搞糊涂。我对自己看到、听到的所有事情都确定无疑。我一定要完成上帝交给我的使命。"

"是全体希伯来人吗？"

"希伯来全民族都要走出埃及，这是我们的自由。"

"有谁干预过希伯来人的这种自由吗？"

"我有个请求，请你向大众承认希伯来人的信仰，准许我们离开埃及。"

"现在救你出狱才是最要紧的，所以我才派人去找亚博内。要结束这个案件，他的证词起着决定性作用。"

"亚博内可能早就去国外了。"

"为了让他上庭作证，我会不遗余力，相信我。"

"拉美西斯，我对你的友情将一如既往，我还是会祝福你将来能够顺利击败赫梯人。可你是法老，我是未来的希伯来首领，你若不想我变成你最坚强不屈的对手，就请达成我的心愿。"

"一直志同道合的朋友是不存在的。"

"跟友情相比，我的使命更加重要。耶和华吩咐我做什么，我一定要照做，哪怕要牺牲自己。"

"时间还很充足，我们可以详谈。你要做的第一件事就是从这里出去。"

"对我而言，被囚禁根本不算什么。对于未来的挑战，我已做好了迎接的准备。"

"死刑也许会成为你首先要面临的挑战！"

"我会得到耶和华的庇护。"

"希望如你所言，摩西。你有没有在翻来覆去的思考中找到证据，还自己清白？"

"我可以通过说出真相洗刷自己的冤情，这便是我内心真实的想法。"

"这并没有任何作用。"

"法老的朋友有必要忧心自己的冤情得不到洗刷吗？要知道，国家、法官的良知被侵蚀，是你无法容忍的。"

"有个巫师名叫欧菲尔，你认识吗？"

"我没有印象。"

"回想一下，他是个冒牌建筑师，在你指挥都城的建造期间到拉美西斯城拜访过你，可能还曾在你面前鼓吹过阿肯那顿教。"

"是有这么回事。"

"你从他那里得到过什么具体意见吗？"

"没有。不过，关于希伯来人的苦痛，他好像有深入的了解。"

"苦痛……你是不是夸大其词了？"

"你不会明白的，毕竟你是埃及人。"

"欧菲尔是密谋让埃及灭国的赫梯间谍，他还杀了人。你也被怀疑是卖国贼，就是因为你们之间那种让人难以捉摸的关系。"

"我尊重任何愿意帮助希伯来民族的人。"

"可你是在埃及长大的，你很讨厌埃及吗？"

"拉美西斯，童年、少年、你我在孟菲斯读书的时光、我帮你工作的时光，全都已经消失了。除了上帝赏赐给希伯来人的土地，我什么都不爱。"

一向和善的农业部长内疆今天竟烦躁至极，无事生非，用粗鲁的态度赶走了秘书。因为不能静下心来工作，内疆离开办公室去了塞达武和莲花的实验室。

那个努比亚美人正蹲下来抓一条长着红脑袋的毒蛇，它怒气冲冲，甩动着自己的尾巴。

莲花向部长发号施令："把那个铜碗拿过来！"

"我可不可以……"

"马上！"

短暂的迟疑过后，内疆拿起那个碗，碗里盛着一些浓稠的液体，呈紫红色。

"那是强腐蚀性液体，不要洒出来。"

内疆的四肢哆嗦起来，问："放到哪儿？"

"架子上边。"

莲花将毒蛇放到篮子里，又把盖子盖好，问："内疆，有何贵干？"

"你跟塞达武……"

女御蛇巫师高声问道："什么人想害塞达武？"

滤器有大有小，架子上密密麻麻摆着瓶子、漏勺、葫芦瓶、玻璃、煎药、药水。

"我是说……"部长咳嗽起来，不得不停止讲话。

塞达武说："你说啊，发生了什么事？"

塞达武正在聚精会神地倒已经过稀释的毒液。这所实验室到处雾气腾腾，他肩宽、粗鲁、不拘小节，简直让人看不清他的样子。

"这事跟小凯有关。"

"他发生什么事了？"

"我要说的概括起来就是，教育凯王子的工作至今一直由我负责。他爱读书，爱写字，有着超出这个年龄段的成熟。他富有学识，足以让很多书记员都心生妒意。他一直在钻研天文地理，以便……"

"内疆，这些事没有一件是我不知道的，你有什么话就快说吧，我还要工作呢。"

"在人情世故方面，你真是一窍不通！"

"生活艰难，每天跟蛇打交道的人不会在社交活动上白白浪费时间。"

内疆认为他很无礼，说："可我到这里来，并非什么社交活动！"

"那就有话直说。"

"算了，我不拐弯抹角了。你引凯走上歪门邪道，有什么用意？"

塞达武手里拿着一个小药瓶，把它放到架子上，又拿毛巾擦拭了一下自己额头上的汗水。

"内疆，你事先没打招呼，直接就过来了，影响我的工作也就算了，还这样羞辱我！我真想狠揍你一顿，管你是不是部长。"

内疆在后退中撞到了莲花身上。

"抱歉……可那孩子……"

莲花笑着问："在你看来，凯年纪太小还不能学巫术，对吗？"

内疆说："是的，没错，正是这么回事！"

"你这是庸人自扰，那些顾虑并不重要，别高看了它们。"

"那孩子小小年纪就要学这样的学问，既复杂又危险……"

"保护他是法老交给我们的任务，只有他配合，我们才能完成这项任务。"

部长面色沉下去："保护？他遇到了什么危险？"

莲花问他："腌牛肉这种食物，你喜不喜欢？"

"我……自然喜欢。"

"我最擅长做这种食物了。我们要吃晚饭了，你想留下来跟我们一起吗？"

"这样打搅你们，太抱歉了……"

塞达武说："你已经打搅了，继续打搅下去又何妨？凯是拉美西斯的长子，他可不是好对付的。王室夫妇乃至全国的实力，都会因凯遭受攻击而减弱。为了让凯免受攻击，我们已经建起了魔法之墙，将他环绕其中。我们希望有更多想做这件事的人并肩作战，毕竟这份工作对准确度要求很高，十分难做，又有很多未知的困难。"

20

在希伯来人聚居区的小道上，到处都是顶上铺着整齐芦苇的骑楼，可以保护路人不被炽烈的太阳晒到。家庭妇女们在门槛上坐着，说着闲话。她们看见挑水工人过来，就会停下来喝水解渴，然后继续说她们的闲话，简直无休无止。工匠结束工作后、砖匠在工地上做完工后，都会加入她们。

摩西会得到什么样的判决，是所有人都关注的问题。相信他会被判处死刑或短暂监禁的都大有人在。部分极端分子认为应该发起暴乱，可是要跟法老的军队、警察抗衡，何人有这样的勇气？于是，绝大多数人都倾向于相信命运。简言之，摩西的确杀过人，理应受到惩罚，法律如此苛刻，不会对任何人偏心。百姓们还是很拥护摩西的，他帮砖匠们做的那些事，让他们取得了物质方面的好处，有哪个人会忘记呢？很多工人都盼着他还能关照大家的未来，因此期待他能重新当上建筑师。

对于周围消沉的氛围，亚伦有切身的感受。埃及的法律绝不会放过犯罪的人，哪怕掌控摩西命运的是耶和华。只要亚博内愿意上庭说出证词，摩西就可以沉冤得雪。然而，这个砖匠竟坚定地表示，摩西撒了谎，并表示自己将一直留在家里，直到案件宣判。亚伦没办法让族长逼迫亚博内上庭，因为找不到半点能驳倒亚博内的证据。

在街上，亚伦看到了一名乞丐，他身穿斗篷，屈着两条腿倚在墙壁上，正在吃过路人施舍的面包屑，吃相十分贪婪。亚伦第一天并没有在意这个可怜的家伙，第二天亲自施舍给了他食物，第三天就坐到了他身旁。

"你的家人呢？"

"我没有家人。"

"你有过妻子吗？"

"她跟孩子们都死了。"

"发生了什么可怕的事？"

"我原本是个商人，做粮食生意，在精美的房子里过着快活的日子……可我犯了很严重的错误，我对太太不忠。"

"这是上帝对你的惩罚。"

"没错，可我沦落到这般田地并非上帝的旨意。而是我对太太不忠的事被一个人知道了，他勒索我，伤害我和我的家庭。因为这件事，我太太郁郁而终。"

"那家伙确实是无耻之徒！"

"那个无耻之徒还在传播伤害和痛楚……他还折磨过其余人。"

"他叫什么？"

"我羞于说出他的名字？"

"怎么回事？"

"他跟我们同为希伯来人。"

"我的名字叫亚伦，在部族中，我还算有些影响。有这种恶人存在，整个部族都会被玷污，你不应该对此保持沉默。"

"眼下，我身边一个人都没有，且已经走入绝境，任何事情对我来说都无关紧要。"

"即便如此，你也应该让那个家伙接受法律惩处，这样才能避免他再伤害他人。"

乞丐低声说："他的名字叫亚博内。"

亚伦终于有了充足的证据，指控亚博内作恶。他当晚就召集长老、族长开会，把那个做粮食生意的商人的悲惨经历说给大家听。

一名长老说："亚博内前段时间刚刚勒索了一些砖匠，但我们只得到了一些传言，那些砖匠都不肯交代实情。原来亚博内不想上庭作证，就是为了等这些事过去，我们终于了解了。"

"除了亚博内，谁也无法把摩西从监狱里救出来！"

长老们都不愿意处理这件麻烦事。

有位族长把大家的观点总结了一下："老实说，摩西杀人以后，希伯来人全都成了被怀疑的对象。摩西理应受到制裁，否则他再回到这里，就会继续宣扬他那发疯的信仰。所以任由此事发展下去，不要加以干涉，是我们的最佳选择。"

亚伦怒不可遏："一群贪生怕死的家伙！所以你们已经作出了选择，要做恶棍亚博内的帮手，让曾帮我们战斗的摩西枉送性命！

希望你们都能被耶和华送进最恐怖的地狱，永世不得超生！"

一名已经退休的砖匠、现在的会议大长老高声说道："这种做法的确非常卑鄙，亚伦说得没错。"

一名部落长老说："这些指控并无证据，我们不能仅凭这些就逼迫亚博内接受法律的惩处。所以我们才庇护亚博内。"

亚伦不断用手杖敲击地面，问："难道你没有从亚博内的恶行中得到好处吗？"

"胡说八道！"

"把那个乞丐和亚博内找来，让他们面对面把事情说清楚。"

大长老说："批准！"

砖匠区中央处有一栋两层楼房，亚博内就藏在这里，在摩西被宣判前，他绝不会踏出大门半步。亚博内不缺名利，吃的都是精美的点心，总在床上度过白天大部分时光。

他对长老会议和部落族长的要求不屑一顾。他完全不把乞丐放在眼里，还想控诉希伯来人违反了埃及法律，任由一个没有栖身之所的乞丐在各地流浪。要是事情的发展出乎预料地使他陷入不利的境地，那个倒霉的原告也不会再留在世上，他的同伙们会接着做完这件事。

当面对质发生在一楼客厅，里面摆着长凳，凳子上铺着软垫子。大长老与每个部族分别派出的族长，以及亚伦和他搀扶的难以行走、弯腰驼背的乞丐，都来到了客厅。

亚博内讽刺道："满口胡话指控我的就是这个穷鬼？瞧他那模样，除了讲话，就没劲儿干别的了。给他点食物送他去三角洲农场养老，才是最英明的做法。"

乞丐在亚伦的搀扶下坐到座位上。

大长老说："要是你肯做摩西的证人，证明有你签名的供词全都属实，今天的对质就可以省略了。"

"摩西是个脾气火暴的危险分子。他的事跟我没有任何关系，我干吗要为他冒险？要不是我，我们的兄弟能有这么多钱吗？"

亚伦说："我们是为了追求真理。"

"不同的人，看到的真理也各不相同。况且单是依靠真理，杀过人的摩西就能重获自由？我们掺和进去，根本无利可图。"

"你有义务救摩西，毕竟你也曾被他救过。"

"我都忘了那回事了，都过去多久了……现实一点，考虑考虑将来不好吗？可既然这样，我会帮摩西讲话的，不过是在纸面上。他只要能得到一项证据是站在他这边的，就不可能被判处死刑。"

"难道无期徒刑是个解决问题的好法子吗？"

"摩西不该杀掉萨力，他该控制好自己。"

忍无可忍的亚伦用手杖在地上猛敲。

大长老说："不要心急。"

"这个无耻之徒现在背叛的是本族，往后还会背叛其余人！"

亚博内劝解道："镇定，慷慨大方如我，无论你有什么需求，都会提供物质上的支持。尊重老人在我看来堪称最高美德。"

亚伦这时真想打烂亚博内的头，可惜大长老跟族长都在这里。

"朋友，就这样吧。为了庆贺我们消除了误解，请接受我热情的招待。"

"亚博内，那个乞丐呢，你没有看见他吗？"

"啊！他呀……他究竟想说什么？"

亚伦跟那可怜人说："想说什么就说什么，不要怕。"

那人却还是一副垂头丧气的样子。

亚博内狂笑起来："你那了不起的原告就是他！好吧……我家的佣人会去厨房帮他准备些食物，让他跟他们走吧。"

亚伦觉得自己受到了极大的侮辱，对乞丐说："求你说出来吧。"

乞丐慢慢把头罩拿下来，露出了脸和又高又壮的身材。

震惊之下，亚博内好不容易才说出这位高贵的不速之客的名字："萨哈马纳……"

萨哈马纳露出海盗的笑容，说："你被捕了！"

萨哈马纳在亚博内上庭的那段时间情绪复杂。他情愿自己没把亚博内找出来，让摩西那个满肚子阴谋诡计的家伙蒙冤受屈，但又觉得自己的这项工作完成得非常好。能让萨哈马纳完全听从自己的命令，拉美西斯本身必定非同凡响。不过，萨哈马纳依旧坚信，那个希伯来人居心叵测。国王对摩西如此信赖，是很不合适的。然而，君主把友情当成圣洁的美德，应该遭到批判吗？

拉美西斯城的百姓全都在耐着性子等陪审团的判决通过首相之门公之于众。平民百姓以及绝大多数砖匠都在帮摩西辩解，整个过程完全偏向了摩西那边。他宛如神明，庇护着受尽命运折磨的人！

萨哈马纳不想让摩西继续打搅这个国家，王室夫妇正在为国内的稳定富强一步一步打下基础。萨哈马纳盼着摩西能被放逐外国。

萨哈马纳看见亚梅尼从法庭出来，马上朝他走过去。法老的机要秘书欣喜不已，说："摩西已重获自由！"

21

文武官员在拉美西斯城皇宫会议厅中会聚一堂。在会议厅前，宏伟的楼梯两侧画着敌军败退的场景。

法老为何要召集所有内阁成员和各个级别的行政长官到这里来，无人知晓。然而，大家还是耐着性子等着，关系国家未来的公告就要开始了。

亚梅尼走过大门，门的底色是白色的，上面绘有蓝色图案，边缘还有装饰，拉美西斯的爵位封号在大门上密密麻麻排列着。亚梅尼不明白国王何以会对自己毫不信任，这让他感到不快。他觉得亚夏也不清楚这件事，因为亚夏脸上同样写满了困惑。

高级官员们都汇聚于此，没有人有心思欣赏壁画——画中有各色盛放的花朵，还有在水中嬉闹的鱼。大家或是在圆柱子之间走来走去，或是靠在墙壁上——那上面绘着浅绿色、紫红色、粉蓝色、嫩黄色、白色的美丽奇幻景色。壁画中优雅的天鹅在长满莎草的沼泽地里玩耍，可是哪个人能在如此心烦意乱之际欣赏这些天鹅呢？

塞达武注视着壁画中一位模样酷似皇后的年轻夫人，她正出神地看着蜀葵花。壁画边缘的装饰由莲花、罂粟花、仙女蒿、雏菊、矢车菊共同组成，它们展现了自然的安宁与笑容。

拉美西斯跟妮菲塔莉一起登上君王的宝座。这时候，部长、高级官员、王室书记员、宗教礼仪官、机密室秘书、男祭司和女祭司、女性官员等要人全都安静了。君王的威严与仪表高高在上，无人能及。他戴着两个王冠，代表上埃及和下埃及都在自己的统治之下；穿着白色长袍，系着金色裹腰布，右手拿着那根能在不知不觉中团结百姓、让其和睦共处的神奇牧民权杖。

在场诸人全都能感受到那种让高雅的妮菲塔莉和威风的拉美西斯走在一起的深厚爱情，这份爱情将流传千古。

礼仪官开始诵读隐神阿蒙神的颂歌，赞美他将生命赐予一切生灵。

拉美西斯接着宣读了君王的命令："有几项重要的决定，以及往后将要实施的政策要向大家宣布，以此消除一些虚假谣言。在制定这些决策时，我跟大皇后都经过了深思熟虑。"

为了稍后以法令形式向全国上下公布，数名王室书记员做好准备，要把国王的演讲记录下来。

"我已作出决定，建造新的碉堡，加固旧的城墙，增加驻守军队的薪饷，以巩固埃及东北部边疆的防御，增强其实力。三角洲将在高度无可匹敌的帝王墙庇护下，免遭一切入侵。采石匠和砖匠明天就会一批一批地赶过去开工。"

一名上了年纪的高级官员申请发言："陛下，要阻挡赫梯人的侵略，单靠帝王墙就可以吗？"

"那不过是我们的最后一条防线，单靠它肯定是不够的。在近来的交战中，我军打破了赫梯反击的阵线，收复了属地，但还有迦南、安穆府、南叙利亚横在我们与入侵者中间。"

"在这几个省统治的王子常做叛徒，是不是？"

"是的，正因如此，我才将掌管当地的特权赐予了亚夏，让他负责这片缓冲地带的行政与军事。我给他安排的任务包括：维持我国在当地的主权，监督地方长官，组建高效的情报机构，培训一队精兵抵挡赫梯的侵略。"

大家的视线都投向了亚夏，但他依旧表现得平静如常。这名外交部长一跃成了国家最高级别官员，艳羡、妒忌之人皆有。

拉美西斯继续往下说："我跟皇后要去很远的地方。亚梅尼负责在我离开本国的这段时间处理日常事务，每天去向我母亲图雅汇报。我们会继续通过信件联络，无论发布何种指令，都会先征得我的许可。"

所有文武官员都大吃一惊。大家都了解，亚梅尼是王室的谋士，可是国家正值危难关头，王室夫妇为何要在这时离开拉美西斯城？

众人都很想知道答案，礼宾司长壮着胆子问："陛下……你们这次外出有何用意，能向大家明示吗？"

"为了维护埃及神圣的地位。我们将首先到底比斯查看百万年神殿建造的情况，接着就去南方。

"到努比亚才停下？"

"是的。"

"陛下，抱歉……可千里迢迢走这一趟，真的有价值吗？"

"非走这一趟不可。"

官员们明白了法老不想为此多做解释。大家都在猜想，法老是因为何种不为人知的原因，才作出这种让人大吃一惊的决定。

夜巡在太后手上舔来舔去。在夜巡前面，那头狮子正在睡觉。

拉美西斯说："这两个忠诚的朋友想要讨您的欢心。"

图雅正在修剪那束茎部修长的花，想将那束花供奉到塞克梅特女神的桌子上。图雅穿着亚麻长袍，上面有金色条纹。她手臂上搭一条小小的披肩，腰间扎着条纹宽大的红色腰带，一直垂落到地面上，看起来如此高贵。她有锐利的眼神和清丽、庄重的面容，让人觉得她是一位拥有至高权力、追求完美、不知让步为何物的女性。

"母后，对于我的决定，您意下如何？"

"我想妮菲塔莉跟我的长谈对你们这个决定起了一些作用。对本国属地施以强势、正确的管理，阻挡赫梯前来进犯，是仅有的能切实增强东北边防力量的方法。你父亲就是这么做的。至于你，也该采取相同的做法。孩子，你已登基九年，身负重大责任，你打算如何做呢？"

"这个问题我根本没空去想。"

"非常好，接着向前冲吧，开辟出属于你的道路。如果你下令，所有水手都会遵从吗？"

"我不准备扩大队伍，相反还要大量缩减随员。"

图雅说："亚梅尼很有才能，应该珍惜。他没有长远的目光，却有诚实、忠心这两大优势，这很宝贵。"

"那亚夏呢，您对他的评价也这么高吗？"

"他同样有种非同一般的美德，在深入分析问题后，会变得勇敢。要监视埃及北部的属国，还有比他更合适的人选吗？"

"那您喜欢塞达武吗？"

"我怎么可能不喜欢呢？他是位难得的朋友，讨厌世俗，能清楚分辨出真伪。"

"那摩西……"

"你对摩西怀着怎样的感情，我是了解的……"

"可您对他的评价却跟我截然相反。"

"不是这么回事，拉美西斯。这个希伯来人在追逐某些目标，你却无力阻止他。而国家在任何情况下，都比友谊更加重要。"

"摩西并未造反。"

"他要是做了叛徒，行动时便只会听从玛亚特的引导。就算是对你，拉美西斯，他多半也不会手下留情。"

图雅调整了一朵百合花，刹那间整束花都变得耀眼起来，让人一看便不由得欢喜。

"您是否能在我离开本国的这段日子，掌管上下埃及？"

"你在为难我吗？我已经老了，能感受到年龄带来的重负。"

拉美西斯微笑道："我可不相信。"

"年老的重负是你这种强健的人无法理解的。好了，你这次外出到底是为了什么，说给我听听吧。"

"因为我爱埃及，也爱妮菲塔莉。我有一个心愿，让神庙的神秘之火再度点燃，释放光明。"

"除了赫梯，我们还有别的对手吗？"

"有个名叫欧菲尔的利比亚巫师，他用巫术来对付我们。我对他的才能可能估计过高了，可是他的巫术已经害苦了妮菲塔莉，我不愿再看到其他悲剧发生。"

"孩子，你会得到神的庇护，你优秀的妻子已是神赐予你最大的幸福。除此之外，神还能赐予你更大的幸福吗？"

"如果对神缺乏足够的敬重，会犯下严重的错误。我还有个庞大的计划，不仅能万古流芳，还能维护王室夫妇的地位，让埃及无法被撼动。"

"这一点非常重要，既然已经把它看得这么清楚了，你的统治一定会大获成功。妮菲塔莉是个奇迹，无论什么计划，都无法在没有她的情况下取得成功。每一代人都会被后代取代，然后彻底消失，但暴力与罪恶不会。然而，团结与和睦将在王室夫妇统治期间永存。拉美西斯，去证明这一点吧，以它为根基，建造国家。关爱赐予百姓的幸福，远远多过各种财宝赐予百姓的幸福。"

太后终于收拾好了这束花，心想：女神收到花后，肯定挑不出半点毛病。

"您有时还会不会想到谢纳？"

图雅眼神中流露出酸楚："自己的亲生儿子，哪个做母亲的会忘记呢？"

"谢纳已经不是您的儿子了。"

"没错，我应接受国王这种说法。我太软弱了，能宽恕我吗？"

拉美西斯轻轻拥抱了图雅。

图雅说："神已严惩了谢纳，让他不得善终。"

"在卡迭石，我跟死亡擦肩而过。而在沙漠，谢纳却未能躲过死亡。可能经过死亡，他的心灵已变得纯洁了。"

"不过，他要是没死呢？"

"我也有这种感觉……要是他依旧怀着过去的欲望，正藏在什么地方，您会不会原谅他？"

"拉美西斯，你即埃及，无论什么人向你发起进攻，都要先过我这一关。"

22 /

在外交部门前的透特神像前，拉美西斯陷入沉思。接着，他把一束百合放到了供桌上祭神。这位掌控文字的神，代表"神的言语"，化身成了一尊两眼望向天空的狒狒石像。

法老亲自到来，外交部的官员都感到莫大的荣幸。亚夏朝国王下跪行礼，拉美西斯跟他抱在一起。这位年轻的外交官的下属们见到这一幕，都为自己能有这样一个深受国王信赖的上级而自豪。

国王来到亚夏华丽的办公室，这里有从叙利亚来的玫瑰，有好几盆水仙、金盏花插花，有洋槐木做成的文件柜，有外形好像莲花的靠背沙发和带花纹的软垫子，还有只有独脚的小铜圆桌，以及绘有在沼泽地打鸟场景的壁画。

拉美西斯说："跟谢纳比起来，你这里只少了一些珍贵的花瓶，真是太奢侈了。"

"那段往事不堪回首！我已把花瓶都变卖充公了。"

亚夏就像个时刻准备去参加宴会的宾客，举止优雅大方，头发飘扬，身上香气浮动，胡须也修剪得整整齐齐。

"我得承认，要是在埃及待几周，没有任何事情来打扰，我就会沉浸在不计其数的娱乐中，完全忘我……可是请放心，国王交给我的任务，我一直铭记于心。"

孤傲、看似轻佻、时髦、迷人，同时又是个了不起的外交官，对外交和国际局势有清楚而深入的了解，还能冲在最前线，亚夏就是这样一个人。

"对于我所作的决定，你有什么评价？"

"陛下，我觉得非常好，要是您能成功，我会很高兴的。"

"难道在你看来，只是这么做……就行了吗？"

"是不是最重要的那件事还没发生？而这次您要轻装简行外出，恰恰就是为了这件事？我猜，是为了卡迭石吧。"

"我亲自挑选的外交部长和侦察组织领袖真是不错。"

"您还是要把那个军事要塞攻下来？"

"我们曾在卡迭石取胜，可到了现在，赫梯还在嘲笑我们无法攻入这座要塞。"

亚夏很沮丧，他将深红色的高级红酒倒满了两个银杯，杯子的形状好像羚羊的角。

"你会返回卡迭石，我早猜到了……失败带来的阴影，不会从拉美西斯心头消失。没错，那座要塞还像从前那样坚固，并向我们发起了挑战。

"我一直觉得它会危及我们在叙利亚南部的属地。卡迭石将会成为战争打响的地方。"

"这是个很有力量的原因。"

"可你不这么认为。"

"如果是个心宽体胖、手握权威、对您又十分谦卑的部长，他可能会跟您说：'拉美西斯大帝，您目光敏锐，臂力无人能及，去向卡迭石发起进攻吧！'说老实话，我觉得这种大臣太可恶了。"

"为什么不能去进攻呢？"

"赫梯人因为您的缘故，发觉自身仍有不足。他们的大军依旧强大，却士气低落。在本国民众面前，穆瓦粗力曾宣称这次入侵毫无难度，会取得最辉煌的胜利。结果他却命令大军撤回原先的防御阵线。为了解释自己为什么要这样做，他需绞尽脑汁。为抢夺君王的宝座，他的儿子乌里泰梭跟他的弟弟哈图希勒明争暗斗，而他也要投身于那场战争中。"

"哪一方获胜的可能性更大？"

"双方都拥有强大的武器，很难预料结果。"

"穆瓦粗力会不会马上被迫下台？"

"我认为会，这种你死我活的争斗在赫梯宫中很常见。平庸的领袖身处这种到处都在打仗的世界，肯定会被赶下台去。"

"这恰好是个极好的机会，可以把卡迭石攻下来，变成埃及的领土，不是吗？"

"要是我们的目标是毁掉赫梯王国的基石，您说得就没错。"

一直以来，拉美西斯都对亚夏这位朋友细致的观察力与特立独行的性格欣赏至极，可亚夏这次的表现却出乎他的意料。

"这便是我的外交最重要的目的，难道不是吗？"

"我已对此产生怀疑。"

"你是在说笑话吗？"

"没有，我没有这个心思，毕竟这个决定关系到数千人的生死。"

"难道你掌握了什么情报，能全面扭转我的观点？"

"这纯粹是我的直觉而已，而这种直觉以埃及情报员获取的几份情报为依据。亚述那边是什么情况，你知道吗？"

"那是个跟赫梯人同样热衷于征战的部族。"

"那个国家迄今还在赫梯的掌控之中。不过，哈图希勒建立联军时，为了让亚述人保持中立——这样对亚述和赫梯都有好处——给他们送去了大量财宝。亚述人利用这笔意外之财，为军队买了装备。现在的亚述重视国防多过外交，他们会比赫梯更热衷于战争，表现也更为勇猛，成为继赫梯之后亚洲又一个强大的国家。"

拉美西斯没有说话，认真思索着什么。然后，他问："亚述……有攻打赫梯的计划？"

"现在还不是时候，不过，我觉得这场仗已箭在弦上，用不了多久就会爆发。"

"穆瓦靼力为什么没有彻底消除这个隐患？"

"因为他们的内部矛盾，他的君王宝座难以保全，另外，他很担心我军会借这个机会向卡迭石发起攻击，所以我们才是他心目中最重要的敌人。"

"那两个想篡位的人呢？"

"他儿子乌里泰梭愚蠢自大，脑子里除了屠杀埃及人并夺取上下埃及，没有其他想法。哈图希勒更加野心勃勃，他应该不会不知道那些威胁已经加剧，并已逼近赫梯大门口。"

"你的意思是，想要劝阻我向卡迭石发起大规模进攻？"

"无论我们还是赫梯人，都会因此损失惨重。而亚述人也许会成为最终的获利者。"

"你肯定已经有了计划，不仅仅是想想而已，说出你的计划吧。"

"我只怕你不会喜欢这个计划，因为它正好与你的策略相反。"

"我想听听。"

"我们放出传言，引导舆论，假造秘密文件，在叙利亚南部演习……做出将要进攻卡迭石的假象，让赫梯人信以为真。而所有这些工作全都由我来做。"

"我对这些没有异议。"

"之后也许会冒更大的风险。我会在所有准备工作做好后去赫梯。"

"去干什么？"

"负责谈判这项秘密的任务。"

"可……谈判内容呢？"

"争取和平，陛下。"

"争取和平！对方是赫梯人？"

"要避免亚述变成怪物，变得比赫梯更难对付，这是最佳策略。"

"无论如何，赫梯人都不会跟我们谈和平。"

"我会尽量说服他们，但是您要给我最大的支持。"

"这种意见要是别人提出来的，我会指控他是卖国贼。"

亚夏抿着嘴唇，莞尔一笑："我不太相信……可除了拉美西斯，还有谁能拥有如此长远的目光呢？"

"你没从大学者那里学到，向自己的朋友献媚是个无法得到宽恕的错误吗？"

"眼下，我面对的是法老，而非我的朋友。亚述人短视且自私，执意要借助埃及的力量跟赫梯作战。他们毫不怀疑我们会打败赫梯。然而，等到亚述登上国际政坛后，就会颠覆埃及。"

"亚夏，请你亲口说出，这纯粹是你的直觉而已。"

"职责要求我一定要比其余人更早发现机会在哪里。在直觉的指引下作出的决定，难道会是错的吗？"

"你会身陷险境，我不同意你这么做。"

"我并不是头一回去赫梯。"

"你还想去他们的监狱做客吗？"

"有些著名的风景比他们的监狱更令人心旷神怡。不过，既然命运作出了这种安排，我们就要尊重。"

"要找到一个比你还出色的外交部长，对我来说是不可能的。"

"拉美西斯，我能预感到，我会活着回到埃及。之后很长一段时间，我会整天参加奢华的社交活动，放任自己的灵魂堕落。我将有闲暇跟几个情人日夜待在一起，在对她们生厌之前，为她们打扮，跟她们一起出去玩。为了让我的内心死而复生，变得积极向上，我要接受新的刺激。我不会被那种经历吓倒，是时候让我去游说赫梯人不要再仇恨埃及了。在此期间，赫梯人的缺陷将变成工具，为我所用。"

"亚夏，这个计划一点价值都没有，你是否能明白？"

"不，它充满了诱惑，因为之前从没有过，人们都不熟悉它。"

"可我并不赞同，这你早就知道了。"

"但是你并非困顿、守旧、上了年纪或对改变这个世界无能为力的君主，因此，你会赞同的。下令让我去跟那伙野蛮人谈判吧，他们正急着想要毁灭我们，把埃及变成自己的属国。"

"我会离开很长时间，去南方走一走。而你要待在北方，没有人陪着你。"

"让我来负责赫梯吧，反正来生要由你负责。"

23

法老收养的王子年龄若在十五岁至二十五岁之间，就会剃光头发，仅保留一根辫子，用一只宽宽的发夹夹在耳畔，辫子末端耷拉下去，直到右侧脸边。他们佩戴着耳环、宽宽的项链、手镯，系着带着褶皱的裹腰布，手拿一支末尾有鸵鸟的羽毛作为装饰的笔，看起来很自豪。

这些男孩通过苛刻的身体、智力检测后，被拉美西斯派到各个军团中，作为自己的代表。上了战场，他们一定要了解怎样鼓励在卡迭石战役中那样表现散漫的将士，让其振作起来。这批王子将到北方的属地去，负责当地的行政事务。亚夏会向他们下达严苛的命令，而他们必须要遵从。

现在各地都流传着一种神奇的传言：作为永世长存的先人与

子孙众多的父亲，拉美西斯大帝已在这个世界上生了一百个孩子。君主身体中隐藏着神明，由此得到了毋庸置疑的证明。一本神乎其神的族谱就这样问世了，雕塑师将其刻在石碑上，书记员百看不厌。

在柠檬树的阴凉下，老荷马正在为自己的白胡子喷洒香水。毛色黑白间杂的猫在拉美西斯轻柔的抚摸下叫个不停，它比之前胖了不少。

"恕我冒犯，陛下您好像有些不悦。"

"是的……我有烦心事。"

"情况不妙吗？"

"不是，麻烦出在将要开始的漫长旅途中。"

希腊诗人用鼠尾草填满了那只用很大的蜗牛壳制成的烟斗，说："拉美西斯大帝……这是百姓对您的称谓。以下几句诗是我刚刚写出来的：不能忽略神了不起的力量，任何人都无法独享它，所以我们要得到这种力量，只能靠神的赐予。"

"您相信命运？"

"陛下，这是上了年纪的结果。我已写完《伊利亚特》与《奥德赛》，对您在卡迭石的荣耀的赞颂，写在了我的告别之作中。时至今日，除了抽鼠尾草烟斗、痛快地喝八角茴香酒、让人用橄榄油为我按摩，我对什么都不感兴趣了。"

"您不愿意再读读您过去的作品吗？"

"这种孤芳自赏的事，只有层次不高的作家才会做。陛下，您这次远行是为了什么呢？"

"我父亲叮嘱过我：'时不时回阿拜多斯一次，给那座神庙特殊的礼遇。'我一定要照做，不能再像之前那样对这项指令视若无睹。"

"有别的事比这更重要。"

"塞提在被问及'法老是什么人'时，答道：'为百姓谋福祉之人。'要成为这种人，应该做些什么？为上天和神多做好事，便能让百姓得到回报，这是理所当然的。"

"这个意见是皇后向您提出来的？"

"为了皇后，我将与她一起建造一座神庙。这座神庙能诞生奇妙的力量，这正是我们急需的。在这种力量的庇护下，埃及与努比亚将不会灾难临头。"

"选址已经定好了？"

"位于努比亚中部。在阿布辛贝，哈托尔一度显灵变为一枚宝石，将自己作为星辰皇后不为人知的爱情公之于众。把妮菲塔莉变成永恒的阿布辛贝皇后，便是我要送给她的礼物。"

胡子拉碴、满脸脏兮兮的厨师跪坐在地上，用一片棕榈树叶拨了拨火盆里的火。一只板鸭被放在火盆上烤着，为了让它能笔直平躺在火上，他把一根烤肉用的铁叉子插进了它的嘴巴和脖子。收拾完这只板鸭，他又去收拾另外一只，拔毛，取出内脏，切除脑袋、翅末、脚，用铁叉子穿好，等着上火烤，烤时要用文火，不能心急。

一名贵妇过来了，问他："你的鸡和鸭都被预订了？"

"基本都被预订了。"

"我要是这会儿订，能不能立刻做出来？"

"我正忙着呢……恐怕不行。"

拉美西斯的姐姐杜兰特拉了拉裙子左侧的肩带，它就要掉下去了。接着，她把一瓶蜂蜜放到厨子脚下，说："谢纳，你的伪装简直真假难辨。我都看不出是你了，还好有我们的约定提醒。"

"有没有拿到关键情报？"

"我觉得应该拿到了……那对夫妻开会时，我也去了。"

"过两小时，你再过来一趟，你要的鸭子我会帮你做好。我收摊以后，会带你见欧菲尔，到时你跟我走就是了。"

只有到了半夜三更，厨师、屠夫所在的居住区才会安静下来。几个学徒工沿着仓库，有的背、有的扛，把举办晚宴用的上好的肉送往富商所在的别墅区。

谢纳进入一条小道，里面一个人影都没有。其中有一扇小小的蓝门，谢纳在门口停下，敲了四下门，每敲一下都会停一下。门开了以后，他示意杜兰特进来。这个一头棕色头发、身材高挑的女人快步进入一间小屋，屋里满是篮子、筐子，屋顶低低压下来。

谢纳把一块板子掀起来，跟妹妹走进下面的一道楼梯，楼梯底端连接着地窖。

杜兰特见到巫师欧菲尔后，上前向他叩拜，在他衣襟上吻了吻，说："我以为永远都不能跟您见面了，心里很害怕！"

"我会回到这里的，我对你做过承诺。我的信仰因在太阳城做过的思考，跟唯一真神阿顿秘密结合在了一起，明天他就会变成该国的统治者。"

杜兰特目不转睛看着巫师野兽一样的脸庞，完全沉浸在了对他的浓情蜜意中，简直为他发狂。从今往后，这位真正信仰的先知将用自己的力量指引百姓，颠覆拉美西斯的统治。

欧菲尔用低沉而柔和的声音说："你对我们非常重要，能跟那个渎神、可怕、残暴的君主作对，全靠你的帮助。"

"我帮拉美西斯的朋友摩西辩护，拉美西斯便又开始信任我了。"

"国王打算怎么做？"

"他安排王子们在亚夏手下办事，负责北部属国的行政工作。"

谢纳疯狂地叫起来："可恶的外交官！他背叛、嘲讽我，我要把他切成碎片，我要报仇雪恨，我要……"

欧菲尔对谢纳很不留情面，直接打断他说："我们还有更重要的事情要处理，先听杜兰特讲。"

了解到自己的主角身份，拉美西斯的姐姐深感自豪，说："王室夫妇要做一次远行。"

"去什么地方？"

"去上埃及，还有努比亚。"

"你知道他们为什么要去那里吗？"

"拉美西斯准备把一份特殊的礼物，据说是一座神庙，送给大皇后。"

"他们远行只是为了这件事？"

"法老希望再度唤醒神的力量，将他们聚集起来，释放出他们的能量，织成一张庇护网，庇护整个埃及。"

谢纳发出一声冷笑："我亲爱的弟弟疯了吗？"

杜兰特驳斥他说："他没疯。他已了解到，危及自己的是鬼怪。

要对付鬼怪只有一个方法，就是祈祷获得神的帮助，并组建一支看不见的大军，跟让自己恐惧的凶恶敌人交战。"

谢纳说："他已经发了疯，做起事来也匪夷所思。太滑稽了……由神组成的大军！"

欧菲尔冷冷地看着国王的兄长，后者察觉到了他的眼神。

欧菲尔说："危险降临，拉美西斯已有所感知。"

"难道您觉得……"谢纳没有往下说。一种恐怖、残暴的气息从巫师身上发出来。国王的哥哥对这个利比亚人的巫术的质疑，霎时间荡然无存。

欧菲尔问杜兰特："凯的保镖是什么人？"

"御蛇巫师塞达武，他教拉美西斯的儿子学习巫术，在其周围建造了防御，能抵挡从任何地方传来的任何伤害。"

欧菲尔认同道："跟蛇打交道的人都明白，在地上蛇是有魔法的。不过，我仍能借着那孩子的笔，找到打破这种防御的方法。只是跟原计划相比，需要花费的时间要更多一些。"

杜兰特其实并不想伤到凯，可是在跟巫师的计策抗衡时，她的理性就落了下风。受到这样的重击，拉美西斯的护卫灵会被毁灭，他本人甚至会放弃王位。因此，杜兰特不会反对任何一种残酷的方法。

欧菲尔说："我们要走了。"

杜兰特拽住巫师的长袍问："我们何时才能再见面？"

"我跟谢纳不能在一个地方逗留太长时间，会先离开都城。若回来，我们会第一时间通知你。在我们离开的日子里你要继续打探消息。"

她坚定地表示："我对真正信仰的宣传不会停止。"

欧菲尔自言自语道："这是我们的最重要的任务，不是吗？"他笑了起来。

24

　　希伯来砖匠在他们的居住区一隅举办了大型聚会，以庆贺摩西被无罪释放。

　　三角面包、炖鸽、填肉鹌鹑、无花果泥、烈酒、冰镇啤酒源源不断地被送来招呼客人。客人们整个晚上都在高兴地唱歌，还有几次齐声高叫希伯来人最爱戴的摩西的名字。

　　摩西对这种吵闹感到难以忍受，趁着拥戴自己的人酩酊大醉不再注意自己时，溜出去了。摩西想要独处的时间，为即将到来的挑战进行深入思考，毕竟自己要带所有希伯来人走出埃及。首先，要得到拉美西斯的批准，而说服拉美西斯答应这件事颇具难度。可这项任务既然是耶和华安排的，摩西就要不惜任何代价做到，他要拿出强大的毅力来。

　　这地方有块石磨，摩西坐到边上，看见两个人迎面走来。两个人都是贝都因人，一个是亚摩斯，另一个是巴蒂绪，前者秃顶、留着胡子，后者瘦如麻秆。

　　"你们怎么来了？"

　　亚摩斯说："我们想跟这些人一起寻欢作乐，这种机会可不多，不是吗？"

　　"你们并非希伯来人。"

　　"大家可以合作。"

　　"我用不着跟你们合作。"

　　"只怕你的部落对自己的力量估计过高了。你要实现自己的理想，先要解决武器不足的问题。"

　　"武器我自会寻找，但不会用你们的。"

　　巴蒂绪说："希伯来人跟贝都因人能合作组建一支大军。"

　　"组建大军有什么目的？"

　　"进攻并消灭埃及人！"

　　"这是痴人说梦，会给你们招来大麻烦。"

　　"摩西，你胆敢批判我们的梦？你那个梦不也同样危险，会遭到上天的惩罚吗？说什么要帮你的百姓离开埃及，向拉美西斯挑衅，不把埃及法律放在眼里……"

　　"这些是什么人跟你们说的？"

　　"所有砖匠都知道！更有甚者，还说你要以战神耶和华的名义攻占上下埃及。"

　　"大家的日常生活节奏要是被某个重要的计划打乱，就会开始热衷于编造胡话。"

一丝邪恶之光在巴蒂绪狡猾的眼中闪过，他说："领导希伯来人颠覆埃及的统治，就是你的真实意图。"

"你们俩都给我滚。"

亚摩斯说："摩西，你误会了。你的部落一点打仗的经验都没有，可他们还是愿意在你的领导下打仗。我们心甘情愿为你们提供武器，帮助你们。"

"滚，我想一个人静静。"

"你想怎样就怎样吧……以后还有机会再见。"

两个贝都因人带着梅布发的自由通行证，打扮成朴素的农夫，骑着驴子朝拉美西斯城南飞奔而去。

途中，他们停下来打算吃一些甜洋葱、鲜面包和鱼干。

在他们吃饭之前，两个人坐到了他们身旁。

欧菲尔问："谈话结果怎样？"

亚摩斯："摩西非常执拗。"

谢纳提议道："胁迫他就范。"

"这样做没用。叫他在自己空洞的计划里沉醉下去吧，他将来一定会来求我们帮助。"

"他已经被希伯来人接纳了？"

"他被判无罪，成了希伯来人的英雄。砖匠们还相信，他会跟从前一样为大家谋福祉。"

"对于他那个计划，希伯来人是怎么评价的？"

"不是绝对赞同，就是绝对反对。不过，有些青年已经热血沸腾，都盼着能建立属于希伯来人自己的国家。"

谢纳说："应该激励这些人起事，削弱拉美西斯的实力。拉美西斯会因压制他们使自己声望受损。"

前几年在埃及境内放肆行动的间谍组织还留下了一些人员，亚摩斯、巴蒂绪就是其中的两个。他们没有从商，所以没被萨哈马纳查到，而且在三角洲一带是颇具实力的。

很明显，欧菲尔、谢纳、亚摩斯、巴蒂绪见面，是想再度向拉美西斯发起进攻，这堪称一次军事会议。

欧菲尔问："赫梯军在什么地方？"

巴蒂绪说："贝都因的线人说，大军在卡迭石北部安营扎寨。实力已经增强的驻军正在犹豫，要不要向埃及大军发动突袭。"

谢纳讥笑道："我弟弟绝不会等着挨打，我知道他是什么人！"

亚摩斯和巴蒂绪在卡迭石一战中曾假扮成受惊的俘虏，把拉美西斯骗到了一个陷阱中。那个陷阱本来无人能逃脱，可那次却失败了。他们始终没能忘记这件事，迫切想要洗刷自己的耻辱。

巫师问巴蒂绪："赫梯准备怎么做？"

"他们为了推翻拉美西斯费尽心机。"

这一说法意义含混，但欧菲尔对其真正的含义再了解不过了。其一，赫梯非常清楚，再度攻占被埃及收回的属地是不可能的；其二，君王的儿子和弟弟正在为争夺王位而战，不争出胜负绝不会罢休，穆瓦靼力的王位何时会易主呢？

赫梯帝国的实力正在因内部矛盾减弱，以下事实能说明这一点：赫梯在卡迭石一战中战败，对迦南、叙利亚的突袭也失败了，当那几片属地再度被埃及占领时，赫梯没有采取任何军事行动。

现状如此糟糕，欧菲尔却仍在执行自己的任务。赫梯本国将在拉美西斯惨死后，重新烧起烈火。

欧菲尔向巴蒂绪、亚摩斯下令："你们俩继续负责离间希伯来人，让你们的手下在公开场合以耶和华教徒自居，鼓动砖匠们听从摩西的号令。王室夫妇离开埃及的日子，国王的姐姐杜兰特会把宫里的情况告诉我们。凯的事情交给我来办，保护他的力量再强大，我也不会害怕。"

谢纳嘟囔道："亚夏交给我负责。"

欧菲尔说："有更加重要的事等着你去做。"

"我要先亲手杀掉亚夏，然后把我弟弟赶下台！"

"先做第二件事怎么样？"

听了巫师的提议，谢纳对那个残暴君王夺走自己王位的仇怨，跟当前的仇怨混杂在了一起。

"去拉美西斯城，对我们的人员重新加以整顿，这项工作由我来负责。至于谢纳，你就去南方吧。"

谢纳捋着自己的胡须问："你这样做是为了……拖延拉美西斯启程的时间？"

"对于你，我怀有更大期许。"

"是什么？"

那是穆瓦靼力的计策，欧菲尔不方便讲出来："赫梯人将在三角洲发动战争，努比亚人会进攻国界线以外的象岛。我们将到处作战，拉美西斯无法分散力量到各处对付我们。"

"我能支配的人有哪些？"

"在太阳城一带，你会得到一队经验丰富的精兵，还能见到几个月前收下贿赂的几名努比亚酋长。你们可以到当地中部地区抓拉美西斯，他还不清楚自己已经无力反抗了。被你们抓住以后，他就必死无疑了。"

谢纳大笑起来："我不信上帝和神，却开始相信运气这回事了。有这么能干的同盟，你怎么不早跟我说呢？"

欧菲尔说："我要听命行事。"

"那你现在不用听命行事了？"

"对于你，谢纳，我满怀信心。而我肩负着怎样的重任，您也彻底看明白了。"

拉美西斯的兄长怒气冲冲，连根拔起一把野草朝天空丢出去。随后，他起身走来走去以缓解焦虑。时至今日，他总算能想做什么就做什么，不再受巫师控制了。欧菲尔所用的工具包括巫术、诡计、魔法，都相当费神。谢纳的方法却比较直截了当，不算复杂。有无数方法在他脑海中跳来跳去，它们的目的只有一个，就是让拉美西斯在此次远行中踏上不归路。

拉美西斯……拉美西斯大帝的成就，让谢纳无法忍受，痛恨不已！自己有什么缺陷，谢纳再清楚不过。可他还有个长处，就是固执。哪怕希望全都已不复存在，也不会减弱他的固执。每次想到那个强大的敌人，他都会难以释怀。从不断加剧的仇恨中他得到了勇气，向这个埃及统治者发起挑战。

和睦共处的想法忽然在谢纳头脑中闪现出来，让他心生迟疑。对拉美西斯，他能有什么怨言呢？塞提的这位继位者登基后一直没有犯过什么错，无论对国家还是百姓都无愧于心。在他的庇护下，国家免遭残暴敌军的入侵，得以维持富强、公道、正义。

也许，谢纳对他唯一的怨言就是他是拉美西斯大帝。

25

　　穆瓦䎬力在军界和商界要人参加的一次会议上，援引了某位前辈的讲话："王室人员现在已惯于使用谋杀这种手段，皇后以及国王的儿子都被人暗杀了。应在法律中加入这样的规定：任何人都不得杀害王室人员，不得对王室人员刀兵相见，要和睦共处，为确定恰当的王位继承人共同努力。通过这种方式，避免上述惨剧再发生。"

　　很明显，国王这样说，是想向对外隐瞒他选择的王位继承人。暗杀已经停止，国王可以重新相信自己的弟弟哈图希勒和儿子乌里泰梭了，国王因此十分欢喜。他任命儿子为军队总司令，安排弟弟负责振兴经济、增强与友邦的关系。为了保护乌里泰梭，国王把哈图希勒的军权全部废除了。穆瓦䎬力选了谁来继承自己的王位不必明言，在乌里泰梭得胜的笑容和哈图希勒沮丧的神情中也已昭然若揭。

国王筋疲力尽，佝偻着背，身体在红色、黑色间杂的羊毛外套里缩成一团。关于自己这个决定他并未多说什么，会开完了，他就在贴身护卫的保护下走了。

美人祭司普杜赫芭满腔怒火，把前天晚上丈夫哈图希勒刚刚送自己的银耳环扔在地上，狠狠踩坏了："真叫人无法相信！你预先居然一点都不知道你的国王哥哥会把你踩到地底下！"

"尽管我做了大官……但是穆瓦靼力太难以捉摸了。"

"你没了军权就成了玩偶，乌里泰梭想怎么控制就怎么控制。"

"在边疆的军事要塞驻守的将军都是我的好朋友。"

"可国王的儿子已经控制都城，摆出了主人的架势！"

"懂得审时度势的人会因为乌里泰梭而犹豫不决。"

"要劝阻他们投靠乌里泰梭，我们需要拿出多少财宝？"

"我们会从商界得到帮助。"

"国王为什么会改变心意呢？前段时间，他跟他儿子好像有分歧，我提议把他儿子排挤出去，他也没有异议。"

哈图希勒说："穆瓦靼力从来不会草率行事，他大概已经察觉到军队对他的威胁了。为了安慰乌里泰梭，他就恢复了他的职位。"

"这太匪夷所思了！这件事居然提供了一个机会，让那个痴迷于打仗的疯子抢回了大权。"

哈图希勒镇定下来，考虑了很长时间。

"我觉得，用这样难以捉摸的方式向我们传达某种信息，可能才是国王的本意。在成为赫梯的强者后，乌里泰梭会把我们看得无比重要。要给他以痛击，眼下这个机会不是再好不过吗？我认为，国王是在向你提出速战速决的建议，你要尽快行动起来才是！"

"但愿乌里泰梭会在今天或明天去伊什塔尔女神庙做祷告，请专业人士告诉他神明有何指示。他成了王位候选人，肯定会去用秃鹫的脏腑排列占卜。对于自己的前程，赫梯大军的新领袖必然满怀好奇。我会在亲手杀掉他后跟他说，上帝惩处人类时恰恰是拿他作为祭品。"

几头毛驴缓步来到赫梯都城，背上驮着锡币、布和粮食。沙漠商队长带着这些毛驴，走到一个柜台前。一名商人负责核对名单与货物的数量、草拟借条、订立合同，并且用法律制裁要挟人们按期还钱。

最重要的商人代表正在商业区游逛。他身材很胖，年过花甲，眼神犀利，注视着你来我往的贸易活动，如遇到争端，还会出面调解。他看见哈图希勒从对面过来，立即把生意人的笑容藏了起来。

国王的弟弟戴着头巾，穿着色彩斑斓的袍子。跟平时相比，他今天好像不太冷静。

商人说："收到的情报都很糟糕。"

"你跟帮你送货的人闹矛盾了？"

"没有，是跟乌里泰梭闹矛盾了，这更糟糕。"

"可是……我才是国王指派的经济管理人！"

"乌里泰梭好像完全不把你放在眼里。"

"他是不是做了违法的事？"

"为了筹集更多军饷，国王的儿子下令对所有货柜征收新税。"

"我会尽可能阻止这件事。"

"已经来不及了，不用再白费心机。"

哈图希勒完全不明白这是怎么回事。君王还是第一次把他当成彻头彻尾的外人。身为国王的弟弟，他竟是从其余人口中收到这个重要消息的，而非听穆瓦靼力亲口说出来。

"我会向国王申请把这种新税废除。"

商人猜想道："您什么办法都没有。乌里泰梭想要重振军事实力，便从生意人入手，剥削他们，夺走他们的财富。"

"我会提出抗议。"

"哈图希勒，但愿您能得到神的庇护。"

哈图希勒在宫中一个潮湿、阴暗、狭小的会客厅耐着性子等了三小时。以往他能在兄长的寝宫自由出入，不受任何限制，现在却被穆瓦靼力的两个警卫拦下了。他又向一个内官提出要求，但对方无动于衷。

夜幕即将降临，哈图希勒朝一个警卫走过去，说："我不能再等了，你再去向内官通报一下吧。"

警卫很迟疑，用目光跟另外一个警卫交流了一下，随即走了。剩下的那个警卫好像决定一旦哈图希勒胆敢闯进去，就用长枪杀了他。

内官带着六个凶恶的警卫来了。哈图希勒猜想这些人会把自己抓进监狱，永远不让自己得到自由。

内官问道："您有什么要求？"

"我想面见国王。"

"您不用再等了，国王今日不接待访客，我不是说过了吗？"

警卫继续守在原地，哈图希勒只得离开了。从王宫出去时，哈图希勒遇到了傲慢的乌里泰梭。赫梯军总指挥甚至不屑地朝哈图希勒撇撇嘴，以示对他的不屑。

穆瓦靼力从皇宫高高的阳台上眺望都城哈图沙。在干旱的草原正中，高耸着规模庞大、建有防御工程的石城。它的建成是这个国家强大到无人能敌的证据。所有前来进犯的军队都会在看到它时心生胆怯。这里的高塔从未有人登顶，而能够俯视神庙的王室卫城，更让所有人可望而不可即。

拉美西斯是唯一的例外。登基以后，这位法老曾让这座雄城危在旦夕，让这个帝国遭受了巨大打击。穆瓦靼力内心常被恐怖的兵败假想刺痛。他避过了卡迭石的灾祸，却不能确定接下来还能不能得到幸运之神的照顾？年轻的拉美西斯才能出众，接连打胜仗，被认为是上天的宠儿。他绝不会停止战事，除非赫梯的威胁已经消失。

至于他，好战民族的首领穆瓦靼力，需要想别的法子。

内官过来通传，乌里泰梭来了。

"请他过来。"

阳台在这位军人沉重的踩踏下，发出咯吱咯吱的响声。

"父王，希望您能得到雷神的庇护！可能用不了多久，我军就能为收复失地做好准备了。"

"你最近是不是增加了一项新税？那些生意人都抱怨个不停。"

"那帮投机的家伙全都好逸恶劳！正好可以把他们的钱拿出来，武装我们的军队。"

"我划给哈图希勒的土地，有些已经被你侵吞了。"

"您都不肯见哈图希勒，我又何必在意他呢？"

"这是我做的决定，不用跟你多说什么。"

"父王，您选择我做您的继承人是很英明的。现在军队士气高涨，百姓们也都很安心。我一定能让国家变得更强大，然后消灭埃及，请您相信我。"

"乌里泰梭，你非常勇敢，这一点我知道。不过，赫梯的外交除了跟埃及无休无止的战争外，还有别的内容，你要学习的东西还有很多。"

"世间只有胜利者、失败者这两种人，赫梯人会是胜利者。我们一定能取得胜利，因为有我在。"

"我的命令，你要严格遵从。"

"我们何时开始进攻？"

"孩子，我另有计划。"

"对帝国来说，这场战争不可避免，为什么要延期？"

"因为我们要跟拉美西斯谈判。"

"身为赫梯人，我们要跟敌人谈判……父王，您是不是疯了？"

穆瓦靼力很生气："跟我讲话，你怎么能用这样的语气？你给我跪下道歉。"

乌里泰梭一动没动，两手握在一起，站在原地。

"快点，要不然……"穆瓦靼力突然呼吸加快、大张的嘴巴歪向一边，双眼无神，双手捂住胸口，朝铺着石板的地面倒下去了。

乌里泰梭看着这一幕，仍一动不动。

"我的心……我的心就像石块……赶紧去请御医……"

"我要得到大权，以后军队都要听我指挥。"

"御医，赶紧去请……"

"把王位让给我。"

"你要眼看着……你父王……死掉吗？"

"把王位让给我！"

"好，我说到做到。"

26/

摩西慢慢交代了事情的前因后果，部落族长们认真听着。他被无罪释放后，威望迅速提升。大家都说他的话是"预言"，是一定要遵从的。

里波尼沙哑着嗓子说："你要赞美上帝，并毕生祈祷，因为是上帝保护了你。"

"我脑子里想什么，你都知道。"

"摩西，你要好好利用这份幸运。"

"我会严格遵从上帝的命令，领导希伯来百姓离开埃及。"

亚伦用手杖在地上敲打着，说："我们应像摩西说的那样，追求独立。只有在属于自己的土地上安定下来，才能得到真正的快乐与富强。为了完成耶和华交给我们的任务，一起行动起来，走出埃及吧！"

里波尼不同意："带着百姓去受罪，这是何苦呢？暴徒会被军队镇压下去，逃走的罪犯会被警察逮捕！"

摩西说："别担心，我们能从自己的信仰中寻觅到力量，让法老不再为此愤怒。"

"在这儿，在我们自幼生活的这片土地上向耶和华顶礼膜拜，难道这样做还不够吗？"

摩西说："上帝显灵时告诉我，你们的命运全都由他掌控。若你们拒不遵从，就会受到惩罚。"

塞达武向凯描述了在宇宙内部和人类体内运行的能量：从沙尘到星球中的能量，最后都在神像中汇聚起来。在塞达武准许其走进的神庙中，拉美西斯的大儿子兴致勃勃地注视着那些一丝不挂的石像，充满好奇。

一名祭司让凯先用泡碱水漱漱口，然后帮他把手和脚都洗干净，并把白色裹腰布系在他身上。走进香气馥郁且庄重宁静的神庙时，凯感知到一种奇异的力量，这便是"魔术"，它把生命元素和被某些法老拿来补给自身再回报臣民的元素连在了一起。

在塞达武的引导下，凯来到阿蒙神庙实验室参观。圣礼中用的香脂，以及神用来让荷鲁斯的双眼保持世界明亮的秘密药方，都记录在了墙上密密麻麻的文字中。

凯开始阅读这些文字，把很多象形字都记在心中，不知餍足。要是能留在神庙认真阅读这些文字，该有多好。古代人的智慧正是通过这种有生命的字符传承至今的。

塞达武说："这才是真正的法术。神赐予人这种武器，让其能驱逐妖魔鬼怪，远离不幸和痛苦。"

"有没有人能摆脱命运的掌控？"

"没有这样的人，不过，命运是我们能明确感知的。有种说法叫躲避灾难，谋求幸运，不是吗？你要是能天天练习法术，就能练就一种神奇的力量，掌握天与地、日与夜、山与河的秘密，能听懂鸟与鱼的谈话，在清晨跟太阳一起升起来，在神奇的力量停驻水面时，将其看得一清二楚。"

"你能把这些神奇的法术教给我吗？"

"可能吧，但前提是你要有毅力，不能心急，也不能懒惰。"

"我会尽量做到的！"

"我跟你父亲会离开埃及好几个月，到南部去。"

凯不满地说："要是你能留在这里，把那些真正的法术教给我，该多好啊！"

"这是对你的考验，你要打败它。你要是每天过来，就能熟练掌握活在石头上的神圣字符了。到时，外部一切魔鬼再想伤害你都是痴心妄想。我会给你一枚随身佩戴的护身符，还有一片能保护你的布，确保你的安全。"

塞达武从一只金色的木盒子里取出一枚护身符，形状宛如莎草的茎，象征着勇敢、强健。塞达武用一条细细的绳子穿在护身符上，系在凯的脖子上。接着，塞达武用新墨在一条窄窄的布条上画了一只眼睛，眼神看起来很友善。等墨迹风干，他把布条系到了男孩的左手手腕上。

"那些法术是不是只有蛇才知道？"

"对于现实中的生与死，蛇知道的比人知道得更多。一切知识都开始于对蛇的信息的透彻了解。这个护身符和这片布都有祭司的神奇力量，能预防并阻挡罪恶力量渗入你的血液，你要好好保管它们，不要遗失了。"

"我想学会怎样配制药物，请你做我的老师吧。"

"你命中注定要统治整个国家，而非照料病患。"

"我不愿意统治国家！象形文字和丰富多样的学识，才是我的兴趣所在。我更愿意静静研究这些东西，而不是像法老那样不得不跟很多人见面，处理很多事情。"

"我们无法让命运给兴趣让步。"

"我们有法术，就有办法！"

摩西、亚伦跟两名部落酋长一起吃饭，这两名酋长都对离开埃及这个念头十分痴迷。

听到敲门声，亚伦起身去开门。

萨哈马纳一下迈进来，问："摩西是不是在这儿？"

两名酋长把先知挡在身后。

"摩西，随我离开这里。"

亚伦问："你想带他去哪儿？"

"这与你无关。不要逼我，否则我要动粗了。"

摩西走过来说："萨哈马纳，我在这里。"

萨哈马纳让摩西上了他的马车。两辆警用马车在前面开路，一行三辆车从拉美西斯城进入田野，继而进入沙漠，一路上速度都很快。

在荒漠中一座小山脚下，萨哈马纳停了车。从小山向下望，遍布沙石的荒野可一览无余。

"摩西，往上爬。"

往山上爬不算困难。

在一块风化了的石块上，坐着正在等候摩西的拉美西斯。他说："摩西，你喜欢沙漠，我也是。我们曾在西奈半岛度过了一段记忆深刻的日子，不是吗？"

先知坐到法老身旁，沿着法老的视线望出去。

"摩西，让你日思夜想的究竟是哪位神？"

"是独一无二、真正的上帝。"

"你应该更加偏重于多神教，毕竟你曾接受过埃及文明的教育。"

"我不会走回头路了，请你不要再怀着这份希望。希伯来人会在埃及以外的地方，建造自己的未来。请准许希伯来人在沙漠中走上三天三夜，以示对耶和华的忠诚。"

"我不会答应的，这点你很清楚。必须有一支强悍的军队从旁保护，才能完成这种旅行。你们无力在当前这种环境下避开贝都因强盗的进攻。要知道，他们连没有武器的平民百姓都会屠戮。"

"我们会得到耶和华的庇护。"

"保护希伯来人是我的责任，因为你们都是我的臣民。"

"是奴隶。"

"希伯来人若能遵从法律，就能自由行动，自由出入。当前正值战争时期，你还向我提这种要求，这很不明智，况且不少人都不愿随你离开埃及。"

"我会带着我的臣民去一个地方，那里是属于我们自己的。"

"什么地方？"

"我们会从耶和华那里得到答案。"

"难道在埃及生活，竟让希伯来人痛苦至此吗？"

"我们不在乎这个，只在乎耶和华的命令。"

"你为什么这么固执己见？希伯来人拥有宗教信仰自由，拉美西斯城就有神庙供奉着外国的神。"

"这是不够的。那些虚假的神像，会让耶和华难以忍受。"

"摩西，不要转移话题！埃及的智者对所有创造这个世界的神及其形象都心怀崇拜。阿肯那顿之所以铸成大错，就是因为他试着毁掉其余神，将阿顿变成唯一真神。"

"他的教义眼下又重新焕发了生机，这得益于他残留的教徒对教义的提炼。"

"只崇拜一位神，会导致神在各个国家之间难以沟通，各个民族也难以再建立团结。"

"耶和华能庇护我们，并能救赎正义。"

"那阿蒙神呢？你把他忘记了？他会赶走魔鬼，聆听美好的心灵对自己的祈求。无论何时向他求助，都能得到回应。他是一位好医生，能让盲人重见光明，靠的却不是药物。在他的凝视下，任何人都逃脱不了。他是独一无二的，也是变化多端的。"

"希伯来人崇拜的是耶和华，而非阿蒙神。希伯来人前行时，将遵循耶和华指明的方向。"

"摩西，你的教义太苛刻了，会走上绝路的。"

"我已经决定并将一直坚持下去，上帝给我的指示就是如此。"

"你说你是独一无二的使者，是在夸大其词吗？"

"你对此有何评价，我根本不想知道。"

"你我之间的友情到此为止了。"

"希伯来人推举我做领袖，你却是禁锢希伯来人的统治者。我跟你有着很深的友谊，对你满怀敬意，但是这些都被我的使命抵消了。"

"你竟敢嘲讽玛亚特，真是太狂妄了！"

"那又如何呢？"

"你觉得自己比人类诞生前、灭亡后的宇宙永恒法则更加了不起吗？"

"耶和华是希伯来人独一无二的法则。我们要去沙漠膜拜他，你能不能批准？"

"不能，摩西，我不能在跟赫梯人交战时承担这样的风险。一切会对国防系统造成损害的暴动，我都不会批准。"

"若你拒不答应，耶和华会把我的手臂高高举起，荼毒你的国家，彰显他的奇迹。"

"朋友，你的确满怀信心，但是你要明白，在威胁面前我绝不会妥协。"

27

沙漠商队进入了一片干旱地区。埃及使臣团有骑士、书记员、军人共计三十人，还有将近一百头驴，驴背上驮着礼品。他们在两侧全是面朝埃及的赫梯战士大雕像中间前行，除了他们，此处再无旁人。亚夏把石碑上刻的字念了出来："雷神帮战士们开道，把胜利赐给他们。"

使臣团的人被此处可怕的风景，以及森林、山坳、高坡上无处不在的阴森之气吓到了。埃及外交部长不得不数次开口鼓励大家。亚夏自己其实也很恐慌，所以他快步离开了这里，因避开了经常在当地出没的强盗团伙，而感到庆幸。

从峡谷出口出去后，使臣团沿着一条河的岸边行走，先是经过一座垂直于地面的陡峭山崖，之后进入了一片经常刮大风的草原。

大家远远望见赫梯帝国边境上的山峰，一座异常宏伟的军事堡垒耸立其中。牲口们都迟疑着不愿靠近那座阴森森的堡垒，队伍首领费尽心机才让它们过去。

堡垒里的弓箭手全都在射击口处做好了射击的准备。

亚夏下令，所有人都下马，把武器丢到地上。

传令兵一边挥舞彩旗，一边走向城堡大门。这时，三支箭朝他射过来，一支射断了旗杆，一支落到他脚边，一支划伤了他的肩，他的脸上写满了痛楚。除了折回去，他没有别的法子。

埃及战士立即把丢在地上的兵器捡起来。

亚夏高叫着："不要，别动！"

一名军官辩驳道："我们可不想枉送性命！"

"这种反应很反常。肯定是赫梯本国出了大问题，赫梯人才会这么愤怒，进攻我们。不过，这究竟是怎么回事呢？要搞清楚真相，只能去堡垒见指挥官。"

"你得到了这种欢迎，难道还准备……"

"带十名士兵速速赶去我军前线，告诉属国军队，赫梯随时可能发起进攻，要做好防御的准备。让传令兵去向法老汇报这边的情况，不要有丝毫保留，要求法老在埃及东北边境部署防御兵力。我会利用一切时机，把更多的消息传回去。"

军官得知自己能返回安全地带，非常欣喜，选了十名士兵组成一个小组，带上那个受伤的传令兵迅速出发了。

跟亚夏一块儿留下的人都很害怕。亚夏在莎草纸上用赫梯文写了一封信，并写下自己的名字、官职，把信绑在箭上，吩咐一名弓箭手射到城门边。

亚夏说："大家耐着性子等等，是谈判，还是把我们全部消灭，他们总会选一样。"

一名书记员提醒他说："可……我们明明是使臣团！"

"要是外交使臣请求跟赫梯人交流，却被杀死，那么新的战争就不可避免了。还有什么事比这更让人兴奋呢？"

书记员吞下一口唾沫，问："我们是要以守为攻吗？"

"这样做十分羞耻，我们可是使臣团，代表的是君主。"

书记员等人都毛骨悚然，并没有被亚夏冠冕堂皇的话打动。

城门忽然开了，三名赫梯骑兵出来了。一名军官戴着头盔，穿着沉甸甸的铠甲，从地上捡起那封信，打开看了看，随即命令下属包围了这些埃及人。

他下令说："随我们进来！"

城堡外面毫无生机，里面也一样。冷冰冰的城墙，挂着霜的石头，一座兵工厂，几座住宅，几个操练的步兵……氛围令人窒息，亚夏觉得全身都不舒服，却还在安抚使臣团的其余人，这些人都觉得自己已沦为阶下囚。

戴着头盔的军官片刻之后又出现在他们眼前："谁是使臣亚夏？"

亚夏走过去。

"堡垒指挥官想跟你见面。"

亚夏被带到一个正方形的房间，里面生着取暖的壁炉。一个男人守在壁炉边，他个头很矮，穿一件厚厚的羊毛外套，说："欢迎来到赫梯，亚夏，再次见到你，我真是喜出望外。"

"哈图希勒，没想到能在这里见到你。"

"作为法老的外交部长，你这次要执行什么任务？"

"把一大堆礼品送给君王。"

"这种做法在战时很反常。"

"难道两国要一直交战吗？"

"你这是什么意思？我不明白。"哈图希勒直接把自己的吃惊表露出来。

"我想把拉美西斯的想法当面告诉君王。"

哈图希勒伸出手烤火："这很不容易……实在很不容易。"

"你是说……这不可能？"

"返回埃及吧，亚夏。不，你不能回去，我不允许。"

"我来这里，是为了建议穆瓦靼力跟埃及和谈。"亚夏在惊慌失措的主人面前坦承了自己的来意。

哈图希勒转过身，背对着他说："你是设计了一个圈套，还是在讲笑话？"

"法老总算意识到，有一种极好的解决问题的办法，对埃及、对赫梯都有好处。"

"拉美西斯希望和谈？这太不可思议了！"

"我过来就是为了劝说你们和谈。和谈开始后，我会主持大局。"

"亚夏，别再想这件事了？"

"出什么事了？"

哈图希勒看出亚夏是诚意十足的，是时候讲出真相了："君王已无力统治国家了。他心脏病发，没办法说话，浑身上下都没有知觉了。"

"现在执政的是什么人？"

"他儿子乌里泰梭，军队的总司令。"

"穆瓦靼力不相信你吗？"

"他把经济、外交交给我掌管。"

"因此，在这次谈判中，你是赫梯的第一代表。"

"亚夏，我的亲生兄长如今已完全不再理会我了，我什么都不是了。听说他生病后，我就来到了这座堡垒躲避灾祸，驻扎在这里的军队对我很忠诚。"

"乌里泰梭登基了？"

"一旦穆瓦靼力去世，他就会登基。"

"哈图希勒，道理在你这边，你为什么不争取？"

"我根本一点办法都没有。"

"乌里泰梭掌控了所有军队？"

"他那么执拗，有些军官很担心，关键是所有人都非常害怕他。"

"我打算到你们的都城去，建议双方和谈。"

"关于'和平'，乌里泰梭一无所知！你不可能成功。"

"你夫人普杜赫芭呢？"

"她还待在哈图沙。"

"那儿非常危险，不是吗？"

哈图希勒返回壁炉旁边："普杜赫芭有一项计划，能让乌里泰梭无法即位。"

整整三天，高贵又骄傲的普杜赫芭一直待在伊什塔尔神庙，认真思考着什么。她看见占卜师在祭坛上放了一只死去的秃鹫，明白机会来了。稍后，乌里泰梭会在神的邀请下，弯下腰观察秃鹫的脏腑是如何排列的。到那时，头戴银冠、身穿石榴红色袍子的普杜赫芭就会在他后背上捅一刀。

美女祭司的理想是把赫梯方方面面的力量都团结起来，跟埃及签订和约，将无法实现的和平变为现实。然而，她的计划全都泡汤了，而罪魁祸首就是乌里泰梭。

要避免自己的计划毁于这个恶魔手中，并协助丈夫哈图希勒引导帝国走上正确的道路，这些都只有普杜赫芭能做到。

乌里泰梭进入了神庙。

普杜赫芭藏身于一根很粗的石柱子后面，离祭坛很近。有四个侍卫保卫着君王的儿子，他不是一个人。普杜赫芭很生气，她原本应该静静离开神庙，不再照原计划行事。可是要想另外寻觅更好的机会，有可能吗？乌里泰梭以后做起事来，就不会像这次这么鲁莽了。哈图希勒的夫人行动时要是足够迅速，就能把这个日后将成为残暴君主的人杀掉。但是，她自己也可能死在那些侍卫手下。不过，只有懦夫才会顾及这种后果，她不应想着能不能活下去，而应想着国家的未来会怎样。

一股浓烈的臭味在占卜师把秃鹫的肚子切开的瞬间传出来。占卜师把肚子里的脏腑拿出来，在祭坛上摆好。

乌里泰梭走过去，这会儿，侍卫都在数米开外的地方。普杜赫芭紧紧攥住刀柄，做好往前冲的准备。要一下夺走他的性命，必须集中精力，动作要快得像猫一样。

她听到占卜师叫起来，便待在原地没敢动。

乌里泰梭往后退去。

"这太恐怖了，大人！"

"在这些脏腑中，你发现了什么线索？"

"对您来说，当前并非恰当的时机……您的计划要延期。"

乌里泰梭恨不能把占卜师除之而后快，可是看看自己那些心腹侍卫，没有一个不是满脸惊惧，任何赫梯人都没有胆量对占卜的结果熟视无睹。

"还要等多长时间？"

"等到有利于您的征兆出现，大人。"

乌里泰梭愤怒不已，走出了神庙。

28

王宫不断流传着各式各样的流言蜚语，说王室夫妇要去南部地区。部分人相信，他们很快便会启程；部分人却相信，他们的行程将一直拖延下去，因为当前属国局势混乱。更有甚者，还有这样的谣言：国王将继续御驾亲征，统领军队的王子们无法替代他的位置。

拉美西斯的办公室有明媚的阳光照进来。对着父亲塞提的雕像，拉美西斯陷入了深思。从迦南、叙利亚南部传回来的快信，在桌子上堆积着。夜巡正在主人的椅子上酣睡。

亚梅尼跑进办公室说："亚夏送信回来了！"

"你确定？"

"是他的笔迹没错，他写我的名字时，还用了密码。"

"他是怎么送信的？"

"他的一名小组成员离开赫梯，回到了这里。此人是唯一知道他当前情况的人。"

拉美西斯把亚夏亲手写的信看了一遍，得知发生了很多事，赫梯帝国可能分裂。之前亚夏的好几封快信都要求拉美西斯增强对东北边境的防御，现在拉美西斯总算搞清楚亚夏为什么要这样要求了。

"亚梅尼，我跟皇后可以启程了，埃及不会受到赫梯的进攻。"

随身佩戴着护身符、护身经文的凯正在抄录一道数学题，计算通过多大角度的斜坡，将石头运到周围堆满了泥土的建筑顶端最为恰当。

凯的妹妹梅莉达蒙每天都会练习竖琴。练完以后，她就去跟小弟弟麦伦卜塔玩。麦伦卜塔刚刚在伊瑟和屠夫的协助下，学会了如何走路。小家伙走来走去，脚步很不稳当。身形庞大的努比亚狮子眯眼瞧着他，兴致勃勃。

这头猛兽在萨哈马纳现身于花园门口的刹那抬起头来，看到萨哈马纳表情友善，它又像先前那样坐了回去，并发出一声低沉的狮吼。

萨哈马纳告诉伊瑟："我希望能跟凯聊聊。"

"他犯了严重的错误吗？"

"不是的，不过，我正在调查一件事，他能帮助我。"

"我会安排他解完这道数学题后过去找你。"

　　萨哈马纳收到新消息：有个利比亚巫师名叫欧菲尔，他杀害了一个名叫莉达的女人，后者对巫术笃信不疑。欧菲尔在成为阿肯那顿邪教代表后，就凭借这种荒谬的说法，迷惑了一些人的心，还将自己的真实身份——赫梯间谍——隐藏了起来。

　　这是萨哈马纳的下级在欧菲尔躲藏多日的谢纳旧居中抓捕的一名游牧商人亲口证实的，不只是什么猜想。很明显，那个被捕的人在赫梯的间谍系统中只是个无名小卒。有时候，他会帮叙利亚商人哈伊亚做些事，仅此而已。因此，他并未从回到赫梯的直属上级口中得知，该组织已经解体，组织中的人都解散了。这名犯罪嫌疑人因为害怕酷刑，把自己知道的全都交代了。据此，萨哈马纳找到了好几处窝藏犯人的地方。

　　然而，欧菲尔还是下落不明。至于谢纳已经逃亡到沙漠的说法，萨哈马纳并不相信。拉美西斯的兄长是不是已经陪着巫师，逃到赫梯去了？根据以往的经验，萨哈马纳相信恶人会一直做坏事，一直胡思乱想。

　　凯走到萨哈马纳身边，说：“你长得又高大又强壮。”

　　“我有事情想问问你，你能回答我吗？”

　　“你会不会算数学题？”

　　“我会把下级总数还有他们从我这儿领的武器总数都算出来。”

　　“你不会建造神庙或是金字塔？”

　　“法老安排我调查、追捕犯人，这是一项有别于建造的工作。”

　　“我爱阅读象形文字，也爱写它们。”

　　“我刚好想问问你丢的芦苇笔是怎么回事。”

　　“我很伤心，我最喜欢的就是那支芦苇笔。”

"你肯定在事后考虑过这件事。你不仅想通了一些问题，还能帮我查出那个小偷是谁，对于这些，我确信不疑。"

"没错，我是考虑过，可我不能随随便便指控谁是小偷，毕竟我根本不能确认任何事。"

萨哈马纳非常惊讶，这个孩子竟然这样少年老成，要是真有什么头绪，他肯定知道。萨哈马纳接着说道："你有没有留意，有什么异常的事发生在你身边？"

"我刚刚结交了一个朋友。"

"是什么人？"

"外交官梅布。他忽然对我的功课产生了浓厚的兴趣，然后又忽然不知去向了。"

灿烂的笑容在萨哈马纳满是皱纹的脸上绽放，他说："王子，多谢你。"

跟埃及其余城市的百姓一样，拉美西斯城的百姓在百花节这天都非常轻松愉悦。妮菲塔莉作为全国上下的女祭司首领，依旧记得埃及从本朝伊始就开始遵循的一套庆贺天与地密切相连的历法。全国百姓都通过王室夫妇主持的祭典，共同分享神的存在。

各种花卉在所有神庙的祭坛、家家户户的大门口争相绽放。扎成一捆、高高挺立的花，肥大的棕榈树枝和树叶，以及一束又一束芦苇摆在这边，用作门口装饰的莲花、矢车菊、曼德拉草则摆在那边。

哈托尔女神的侍从们拿着洋槐树枝，戴着用矢车菊、罂粟花编成的花环，伴着小小的圆鼓或方鼓的节奏跳起舞来。他们从都城各条主要大道上经过，脚下踩踏的花瓣不计其数。

拉美西斯的姐姐杜兰特特意紧靠着皇后。所有有幸得见皇后芳容的人，都会被她美丽的容貌深深吸引。妮菲塔莉回想起自己早年的理想：在神庙过上不理俗世的隐居生活，专心做女神的侍从。彼时的她如何能够想象得到，随着时间的推移，大皇后身上不断加重的任务呢？

伴随着欢乐的歌声，游行大队朝阿蒙神庙走去。

杜兰特问："皇后，您已确定什么时候启程了吗？"

妮菲塔莉说："明天我们的船就要开动了。"

"有传言说，你们这次离开好几个月都不回来，这让朝野上下都很惶恐。"

"我们说不定真会这么做。"

"你们会一直走到努比亚吗？"

"这要看法老的意思。"

"埃及不能失去你们！"

"杜兰特，努比亚同样属于埃及。"

"那里非常危险。"

"我们去那里，不是为了欣赏风景。"

"那你们离开都城，去那么远的地方，究竟是为了完成什么重任？"

妮菲塔莉做起了美好的梦，微笑道："是爱，杜兰特，爱是我们此行唯一的目的。"

"皇后，我不明白您的意思。"

皇后说："我的心灵大声说出了这种强烈的愿望。"

"要是我能帮上您什么忙就好了。离开埃及后，有什么工作是我能代替你们做的吗？"

"要是伊瑟需要帮忙，你就去帮她。我的时间不足以让我在教育凯和梅莉达蒙这件事上竭尽全力，这是我生平仅有的憾事。"

"希望你们都能得到神的庇佑。"

杜兰特过完节后，立即把自己收集的情报交给了欧菲尔。拉美西斯和妮菲塔莉若真要离开埃及这么长时间，就犯了一个严重的错误，让敌人可以抓住这个机会入侵埃及。

梅布准备坐船观赏拉美西斯城内的风景湖。这位外交官想一边欣赏波澜不起的湖，一边认真地做一番思考。

梅布对自己的处境深感迷惑。他想得到的究竟是什么？难道不是奢侈、稳定的生活，以及地位尊贵、有数位智谋过人的精明下属效忠的工作吗？结果他却成了一名赫梯间谍，而这份工作的目标是毁掉埃及……不是的，他并不想做这种事。

可胆怯的梅布很害怕欧菲尔，对其冷漠的眼神和高超的法力都心怀畏惧。不，他已经无法摆脱这种处境了。跟拉美西斯的失败相比，他更重视的是自己的前途。

梅布远远望见一个船夫正在岸上昏昏欲睡，便大声叫他。

这时，萨哈马纳说："梅布大人，您有什么需要，我能帮您吗？"

外交官吓了一跳，说："不用了，我打算……"

"我觉得您会想让我帮忙的！这片湖多美啊，我真想游游湖。让我来划船吧，您觉得怎么样？"

梅布见萨哈马纳如此身强体壮，不由得毛骨悚然，说："你随便吧。"

萨哈马纳立即划着小船出发了。

"这里多美啊！哎呀，我们从来没有机会观赏美景，所有时间
都用来工作了。"

"您来找我有何贵干？"

"不用担心，我并不想质问您什么。"

"质问？"

"不过我有个小小的疑惑，想向您问个清楚。"

"我也不知道能不能帮上您。"

"发生了一起古怪的盗窃案，有人把凯的一支芦苇笔偷走了，
您对此有没有耳闻？"

梅布不敢看萨哈马纳的眼睛："偷走的……您能肯定？"

"实情就是如此，国王的大儿子已经确认过了。"

"凯还是个小孩子。"

"就算此事还存疑，但是对于那个小偷的身份，您有没有什么
想法？"

"您这样问，一点意义都没有。我要上岸，请马上把船划回去。"

萨哈马纳微微一笑，表情阴险："梅布大人，这次跟您游湖，
教会了我很多事情。"

29

　　拉美西斯在王船船头上站着，把妮菲塔莉拥入怀中，动作很轻柔。王室夫妇正在安享这短暂的幸福，跟伟大的河流互通心意。河流本是在宇宙边缘问世的了不起的孕育专家，来到人世后便化身为了一切事物的创造者——水。

　　船航行的速度很快，这得益于涨高的水位和强烈的北风。水的快速流动产生了旋涡，十分危险，必须小心翼翼才能避免事故，因此船长一直很谨慎。

　　拉美西斯对美貌与日俱增的妮菲塔莉十分着迷。她气度优雅，又兼具女王的威严。正因为她，这种把光明的内心和芳香的胴体融合在一起的奇妙婚姻才变为了现实。国王要将此次前往南部的旅程作为爱情的旅程，奉献给这名高尚的女子。法老和他的臣民都能从她这里获得慰藉。拉美西斯在跟妮菲塔莉相处后，才明白了神的指示：必须由志同道合的王室夫妇共同统治埃及。

拉美西斯和妮菲塔莉统治埃及已经九年了，积累了更多的经验。两人深知，他们应同生共死永远相爱。这是在他们初次相见时就确定的心意。

妮菲塔莉身披朴素的白色纱衣，头发被风吹动着。她观赏着埃及中部美丽的风景，为之感到惊讶。正义者在冥界追寻的、王室夫妇一定要在人间建立的那个美好天堂，需要眼前的棕榈树林、岸边生长的水稻、山坡上由一座座白房子组成的村落作为装饰。

"我们离开埃及后，国家大事要怎么处理，难道你不挂心吗？"

"统治埃及这些年，我集中精力发展北方。事到如今，我应到南方建立神庙了。如果不能让上埃及和下埃及团结一致，埃及便只有死路一条。更何况这么久以来，我一直忙于跟赫梯开战，冷落了你。"

"战事仍在继续。"

"亚洲即将发生巨大的变故。要是有好机会，我们就该抓住，除非和平已经没有指望了，不是吗？"

"亚夏是不是就因为这样才悄悄去了那儿？"

"他此去危险重重，可这项工作这么难做，还有什么人比他更能胜任呢？"

"你我将共同承受欢乐与折磨、希望与恐惧、生与死。希望我们这次出来拜神，能让亚夏得到神的庇佑。"

塞达武的脚步声从甲板上传来，他说："打扰了。"

"塞达武，到这边来。"

"要是我能留下陪伴凯就好了。有朝一日，那孩子必定会成为了不起的巫师。而我为保护他设下的防御，任何人都无计可施，这点你们不用担心。"

妮菲塔莉说："你跟莲花不希望尽快见到你们深爱的努比亚吗？"

"世间最美的蛇就在那儿……因为水位变化，船长现在很头疼，你们知道吗？船长相信，我们正在不断接近某个危险的地方。根据他的计划，在经过河里的希伯来小岛后，我们要上岸休息一段时间。"

一段曲折的河道过后，尼罗河迎来了一座陡峭的山峰，上面有秃鹫的巢穴；从山峰底下绕过去，又迎来一座半球形的山，宽度在二十公里左右。

妮菲塔莉摸了摸自己的咽喉。

拉美西斯很紧张，问："你不舒服吗？"

"我们会遇到一个难题……不过，不会有事的。"

船在旋涡中剧烈晃动起来。阿肯那顿的废弃建筑物出现在岸边。

拉美西斯向塞达武下令："送皇后返回船舱，悉心照料。"

不少船员惊慌失措。一名船员想把船帆升起来，却从主桅杆上掉了下来，把船长砸得头晕眼花没办法再发布明确指令，整艘船都因此陷入混乱。

拉美西斯命令道："大家肃静！每个人都到自己的位子上去，我来负责掌舵。"

巨大的危险在几分钟后再次降临。护卫船无法像王船一样抵御逆流，在逆流的冲击下，瞬间就偏离了原先的航道，拉美西斯根本来不及救他们。

在努力救援的过程中，拉美西斯发现有两大难题自己一点办法都没有：一是河里有个巨大的旋涡；二是太阳城岸边能够行驶的航道中有一座用木头建成的大坝，上面排列着一排火盆。要么翻船，要么引火烧船，国王一定要二选一。如果很不走运，船速太快撞到了大坝，那么翻船就在所难免，到时船上的人都将遭遇灭顶之灾。

在这座荒废的城市设下这种圈套的是什么人？拉美西斯暗想，妮菲塔莉之所以觉得不舒服，是因为她通过预知能力发现了这种危险。

国王用来思考问题的时间只剩下了数秒。就算是那头狮子也帮不了他了。

哨兵发出尖厉的叫声："他们在那边！"

谢纳正在吃烤鹅腿，闻言把食物扔给狮子，跑去拿自己的弓箭和剑。

"已经把法老的船隔离开了吗？"

"他的随从都落在后面很远的地方，一切正如您所料。"

雇佣兵此时垂涎欲滴，因为谢纳答应给他们大笔酬劳，一如谢纳给欧菲尔成立的作战队的待遇。国王的兄长利用出色的口才发表了演讲，宣泄着内心燃烧的仇恨烈火。

因为担心受到法老身体中的神奇力量鞭打，雇佣兵们都不敢进攻拉美西斯。这位上下埃及统治者的超常力量，在他打赢了卡迭石一战后已无人不晓。谢纳却并不在乎，还立下誓言，一定要让这个残暴的君主死在自己手上。

"一半人去爬到大坝的木架子上，另一半跟我来。"

一如埃及君王崇拜的阿蒙神等神明最终将被阿肯那顿的邪教击败，拉美西斯也将死在太阳城郊外。谢纳只要俘虏了妮菲塔莉，就能要挟君王的随从拥立自己登基。拉美西斯死了，埃及就会分裂，谢纳刚好能借机称王。

几个雇佣兵通过航道爬上大坝的木架子，打算跟其余从后面进攻王船的雇佣兵一起等谢纳下令，射出燃烧的箭。他们马上就要成功了。

拉美西斯下令："桨手全部向右划！"

第一支火箭正中王船甲板。美人莲花动作灵巧，用粗布把那团不大的火扑灭了。

拉美西斯上了船顶，对准一名敌人拉弓引箭，集中精力射出去，正中那个雇佣兵的喉咙。他的伙伴们见状，为免被国王射中，都躲到了火盆后边。而他们射出的箭也都没能瞄准目标，掉进了王船底下的涡流中。

拉美西斯当机立断，改变了航线。船头好像愤怒的马立了起来，船身横过来，左侧的船舷被急流拍打着。船尾的两个船员被箭射穿了胸口，跌下船去被水流冲走，但是其余人仍有可能登岸，只要他们不跌进涡流中或被谢纳派来的人追上。

塞达武小心地拿着一枚满是泥土的鸡蛋，朝船头跑过去。这是用来驱除邪恶的护身符，是赫尔蒙城透特神庙内殿珍藏的一枚鸡蛋的复制品，上面密密麻麻都是象形文字。这种作为巨浪象征的祭品，只有塞达武这种顶级巫师才可以用。

塞达武的情绪很糟糕。这个护身符本应在他预测的威胁降临到王室夫妇身上时，再拿出来使用。现在为了穿过这可怕的涡流，只能提前使用了，这让他非常恼怒。

塞达武把鸡蛋丢进河中。河水剧烈翻腾形成了一道螺旋，中间是空的。紧接着，一个浪头打到大坝的木架子上，好几个火盆都被熄灭了，还有两个雇佣兵被淹死了。

这样一来，翻船、失火这两种危机都解除了。不过，王船的船尾却更加危险了。谢纳的部下朝船尾扔出铁钩子，沿着缆绳向上爬。其领袖为破坏埃及船员的防守，疯狂地射出一支又一支箭。

莲花扑灭的火再度在船帆上燃起，两支火箭射中了那里。拉美西斯毫不理会正在前后夹击自己的箭，集中精力消灭河岸边的雇佣兵。船尾响起一声惊叫，他转身一看，一个海盗正挥着斧头要砍一名船员，船员手上没有任何武器。国王朝进犯之人射出一箭，正中他的手腕。他疼得叫起来，向后退去。一个雇佣兵已经上了甲板，屠夫一下把他的头咬了下来。

法老跟那个长着大胡子、对眼前的敌人跃跃欲试的敌方首领冷不丁四目相对。国王迅速转移到他左边，射出一箭，正中他面部。敌方首领很愤怒，命令侥幸未死的部下都撤走。

莲花的衣服被火烧着了，她不知所措，慌忙跳进河里，却被卷入旋涡。尽管水流速度渐渐减慢了，但她还是没办法游水，除了向别人求助，没有别的法子。

拉美西斯紧跟着她跳到了河里。妮菲塔莉刚好从船舱里走出来，看着他沉进尼罗河中，却一点儿办法都没有。

30

时间一分一秒地过去。王船和随从们在河水平静下来后朝太阳城河岸边抛出了铁锚。

对于自己的安全，妮菲塔莉和塞达武都满不在乎。两人和屠夫都目不转睛看着吞没拉美西斯和莲花的河面。

皇后焚香向航海女神哈托尔祈祷。船员们再度平静下来，并有了信心。有人去寻找国王和莲花，妮菲塔莉只能耐着性子等消息。一些人在河里找，一些人想把河岸上高高的草丛搜个清楚，便在纤道上找。不过，国王和莲花已被急流冲到南方的可能性很大。

塞达武陪伴着皇后。

皇后自言自语道："法老，回来吧！"

"殿下，河水也许会非常残酷。"

"他会回来，带着莲花，他们都会平安无事。"

"殿下……"

"拉美西斯还未实现毕生的理想，他不会死的。"

皇后如此悲痛，塞达武知道任何宽慰都是徒劳。是啊，她怎么可能接受这个悲剧是必然的结果？巫师只想着帮皇后分担痛苦，却把自己的痛苦抛诸脑后了。返回拉美西斯城的恐怖旅程，以及向大臣们宣布拉美西斯下落不明时的可怕场景，都在他的脑海中浮现出来。

谢纳及其部下被大浪冲出去好几公里之后，才终于松了一口气。接下来，他们迅速开着船来到一座处处都是绿色植物的小村庄，用紫水晶跟当地人换了驴子。

克里特岛雇佣兵问："我们应该去哪儿？"

"你去拉美西斯城把这边的情况告诉欧菲尔。"

"他会狠狠责骂我的。"

"他没理由怪我们。"

"欧菲尔讨厌失败。"

"我们对付的敌人很厉害，我也没有应付差事，这些欧菲尔都了解。更何况你还有两个好消息可以跟他说：一是凯的保护人塞达武离开了凯，正在王船上；二是我会到努比亚去，按照计划杀掉拉美西斯。"

克里特岛雇佣兵说："我更想追随您，先前跟能干的强盗为伍时，我也是打架、狩猎的好手。"

"那好。"

谢纳十分勇敢，在这次狠毒的行动中，变成了士兵们的领袖。利用这宝贵的机会，他极力宣泄着这么多年来积攒的怒气。他身旁只有数名追随者和一项完善的计划，却已让拉美西斯陷入险境，这样的他还不足以彻底扭转拉美西斯对他的看法，摸到成功的大门吗？

命运总会给不断努力的人回报。

王室船队的船全都静寂无声。大家怕打搅皇后忧心忡忡的深思，一句话也不敢说。皇后在黄昏将至时，仍一个人在王船船头站立着。

塞达武一句话也不说。对于拉美西斯仍活在世上这件事，他还怀着最后的期待。可是妮菲塔莉却在望见夕阳坠落后，被迫接受了这个可怕的现实。

"我已经了解了。"她的声音很温柔，却让塞达武吓了一跳。

"殿下……"

"拉美西斯就在那里的白王宫顶上。"

"殿下，天都黑了，况且……"

"你好好瞧瞧。"

塞达武朝皇后指的方向看个不停。

"看不到，我看不到半个人影。"

"我却看到了，开船过去吧。"

皇后有令，塞达武不敢违抗。王船收起了锚，直奔太阳城而去，天越来越黑了。

巫师又朝阿肯那顿和妮菲蒂蒂生活的白王宫顶上望过去，忽然觉得自己看到了一个人影。揉揉眼睛继续看，依然能看到。

妮菲塔莉说："拉美西斯没有死。"

塞达武下令："加快速度！"

他们越来越靠近拉美西斯，在黄昏的余光中，国王的影子不断放大。

塞达武勃然大怒："为什么上下埃及的统治者并未竭尽所能把他所在的地点通知我们，向我们求助？何况那样做对他的尊严也没有任何害处！"

拉美西斯说："我已竭尽所能。我跟莲花潜到了河底，我误以为莲花已经淹死，后来发现她只是昏迷了。我带着她游到这座荒废的城市的海岸才停下来。莲花醒来之前，我一直在极力抢救她。随后，我们走向城市中央。为了告诉大家我们还活着，我努力寻觅城中最高处。我深知妮菲塔莉跟我心灵相通，相信她一定能沿着正确的方向找到我们。"

拉美西斯伸出右手抚摸着狮子。皇后默默握住了他的另一只手，让他感受自己的爱。

塞达武咕咕哝哝道："我以为连宇宙之蛋都救不了你。要是真的找不到你了，我的声誉也保不住了。"

皇后忐忑地问："莲花怎么样？"

"我让她吃了镇定药，她会好好睡一觉，把这场恐怖的灾难从记忆中清理出去。"

酒官把酒倒在酒杯里。

塞达武说："是时候了。扪心自问，我们所在的这个国家是否还保持着文明。"

拉美西斯问："你作战时有没有看清敌方领袖长什么样？"

"我看他们全都长得很讨厌，连他们的领袖是哪一个，我都分辨不出来。"

"是个勇往直前、满眼仇恨的大胡子……我在一瞬间觉得他是谢纳。"

"去劳改营途中经过沙漠时，谢纳就死了。就算他逃走了，毒蝎子也不会放过他。"

"要是他真的逃走了呢？"

"要真是这样，他也不会派雇佣兵组成的突袭队对付你，应该会到什么地方躲起来。"

"这个圈套是事先准备好的，差一点就成功了。"

"极端的恨真能把人从高级官员变成战士，时刻做好准备杀死自己的亲弟弟，进攻神圣的法老吗？"

"若你问的是谢纳，就在刚才，答案已经有了。"

塞达武露出担忧的神色，说："要是那个魔鬼还没死，会被癫狂的沙漠之魔掌控。只等他来对付我们可不行。"

拉美西斯说："这并非心血来潮，而是预先计划好的。把附近村子里的石匠都召集到这里，越快越好。"

数十名石匠被召集起来，一些是从透特城赫尔蒙过来的，余下是从阿努比斯城艾斯尤特过来的，他们都被带到营帐里安顿下来。刚到这里几小时，他们就开始干活了，负责指挥的是两个接受了拉美西斯精简指令的石匠。

法老在这座荒废的城市的皇宫大门口下令，把崇拜阿顿的太阳城完全拆毁。等这座死寂之城的皇宫、房屋、工厂、码头等建筑全部拆除后，就相当于拉美西斯实现了了不起的功业。从中得到的石头、砖块都能用到其余城市的建造中。至于那些根本没放木乃伊的陵墓，则得以继续保留。

王船在工程开始之前抛下船锚，停了下来。狂风和沙尘很快会把这座住着恶魔鬼怪的荒废城市的建筑全部掩埋，让其永无出头之日。

石匠们把建材搬到了货船上，这一带的小城需要什么建材，货船就会送过去什么。为了鼓励石匠们努力工作，还有肉、油、啤酒、衣服这些额外的酬劳嘉奖他们。

在工程开始之前，拉美西斯和妮菲塔莉在太阳城的皇宫做了最后一次视察。这里那些带花纹的地板，会被送到赫尔蒙城加以利用。

拉美西斯说："阿肯那顿的做法是错误的，他倡导徒具形式、残酷无情的宗教，更背弃了埃及的灵魂。而摩西居然重蹈他的覆辙，真是悲剧。"

妮菲塔莉说："作为王室夫妇，阿肯那顿和妮菲蒂蒂遵从法律，借助自身聪明的头脑，用时间和空间约束经验。他们为这座城市建造城墙，以维护对阿顿的崇拜之心。"

"然而，整个国家都被连累，受到这样的荼毒……如今就算把这座用黑暗代替光明的城市毁灭，我也无法肯定能消除其影响力。可不管怎么样，这样做都能让这座城市露出本来面目，露出翠山和沙漠。暴徒们再想以此作为他们的行动策源地，就不可能了。"

　　这座城市被移平了，从此将保持宁静，再也不会回到从前。拉美西斯在最后一名石匠从这里离去后下令开船，目的地是阿拜多斯。

31

拉美西斯在船靠近阿拜多斯时，颇为激动。父亲对这座城市的喜爱之情，以及建造奥西里斯大神庙对自己的重要性，拉美西斯都心知肚明。因为不能在这里待很长时间，拉美西斯觉得很惭愧。他确实无法停止脚步，因为他无时无刻不在想着对赫梯的战争，想着保卫埃及的领土。然而，无论何种说辞，在这位死后又复活的神面前都会有漏洞。

在塞达武的想象中，会有很多穿着整洁白袍、香气馥郁的"圣洁的祭司"、拿着祭品的农民，以及弹奏竖琴、里拉的女祭司急切地赶来迎接国王，结果却只见到了寂静无声的码头。

塞达武说："先不要上岸，这太反常了。"

拉美西斯说："你在怕什么？"

"这座神庙也许已被其余雇佣兵占据，设下了另外一个圈套，等着你钻进去。"

"就在神圣的阿拜多斯？"

"不要冒这样的风险。派军队查清情况之前，先让船继续南下。"

"我连本国领土都不能踏足，这要我怎么忍受？要阿拜多斯神怎么接受？"

连妮菲塔莉也抚慰不了拉美西斯，他的怒气中包含着塞特神飓风般的神力。

等船队停靠到岸边后，法老亲自担任战车队的统领。船运来的战车零件很快便被组装起来了。

圣城似乎已经荒废，连从码头到神庙广场之间的游行道路上都不见人影。一块块石灰岩立在塔门前方，石匠开凿的印迹还留在上面。工具都收到了工具箱里，摆放得整整齐齐。好几辆大滑车停在广场上的柽柳树荫中，上面摆放的花岗岩是从阿斯旺采石场采来的。

拉美西斯很惊讶，走向神庙旁边的皇宫。有个老人正坐在连接大门口的石阶上，拿着羊奶酪往面包上抹。一看见军队，他吓了一跳，再没胃口吃饭，赶紧收拾自己的午饭想要逃跑。一个步兵追上他，带他去见国王。

"你是什么人？"

老人颤声说："我是皇宫的洗衣工。"

"你怎么没去干活？"

"所有人都走了，没有活干了。现在还留在圣湖岸边的只有几个老祭司，他们的年纪都跟我差不多。"

登基没多久，拉美西斯就开始大兴土木。可直到现在，这座神庙也没有建成。

国王和几个士兵一起从门口进入里面的办公室、工厂、肉铺、面包店、酿酒厂，却一个人也没看到。他们加快速度，去了值班的祭司住的地方。

一个双手握着洋槐木手杖的老人在石凳上坐着，看见国王走过来，他试图站起来。

"祭司，量力而为。"

"您就是法老？如太阳般光辉灿烂的光明之子，我经常听别人提起，肯定不会搞错，哪怕我的视力已经大不如前了。能在死之前见您一面，我真是幸运。真想不到神居然会在我九十二岁时，将这样的福气赐给我。"

"这里怎么回事？"

"第十五次人事调动。"

"人事调动？这是什么人的指示？"

"是隔壁村村长的意思。他觉得在神庙里工作的人太多了，与其让他们留下来举行宗教仪式，不如派他们去保护运河。"

脸部肿胀、嘴唇肥厚的村长身材臃肿，由于肚子太大，走路很不方便，外出只好坐轿子。不过，他这次来阿拜多斯皇宫的速度却很快，因为是一名军官用战车把他接过来的。

国王坐在金狮爪木椅上。村长好不容易才跪下来，向他行礼，说："抱歉，陛下，您来到这里，我事先并不知情！否则我会举办盛大的仪式欢迎您，并……"

"阿拜多斯神庙的人事调动是你安排的？"

"没错，可是……"

"这是法律禁止的，你不知道吗？"

"知道，陛下。我只是觉得应该安排那些整天游手好闲的人去乡村做些有益的事。"

"那项工作是我父亲下令、我亲自批准的，你居然敢不照做？"

"我依旧认为……"

"你犯下大错，公然违反法律，依法要受到严厉惩处，包括打一百棍，割下鼻子、耳朵。"

面色惨白的村长咕咕哝哝道："陛下，这是不可能的，太残忍了！"

"你明明知道这样做违反了法律，也知道要接受的惩罚有多残酷，却还是这样做了，连要求被审判的资格都没有。"

村长叫苦不迭，到了法庭上，他必然会被判处罪名成立，刑罚可能比现在还重。他说："我承认做了错事，可并不是为了帮自己谋利！大坝能这么快修好，运河能被清理干净，全是阿拜多斯那些人的功劳。"

"那我就换一种惩罚，罚你跟你的属下、工人都去建造神庙，直至把神庙建成。"

奥西里斯神庙一定要能让所有人的脸颊感受到暖意，就像地平线上的阳光。

祭司、女祭司各自做着自己的工作。

拉美西斯把一尊黄金制成的雕像献给父亲，接下来开始主持玛亚特祭典，妮菲塔莉跟他一同主持。

这座神庙十分独特，框架是用安穆府雪松搭成的，还有用琥珀制成的大门、用银子铺成的地面、用花岗岩做成的门槛，以及颜色多样的浮雕，因此神很愿意生活在这里。祭神用的花、瓶装香水、食物，都摆放在祭坛上。

就像碑文上的象形文字说的："法老帮神救助全体人类。"金银、王室专用的亚麻、节日庆典祈祷用的香油、熏陆香、美酒、蜂蜜、没药、香脂摆满了金库。奶牛、母牛、强健的牛犊一起待在牛棚中。上好的粮食在粮仓中堆积如山。

拉美西斯召集乡绅到阿拜多斯皇宫的会议厅开会，明确宣布任何人都不能用任何理由侵吞神庙的船、农田、土地、牲口、驴等财产。任何人都不能把为了侍奉奥西里斯而在这里工作的农田管理员、专业捕鸟人、渔民、农民、养蜂人、园丁、果农、猎人等调到其余任何地区，开展其余任何工作。若是违反了这一命令，就要受到剥夺权利、接受数年劳动改造的严厉处罚。

妮菲塔莉非常高兴。在阿拜多斯的这段时间，她得到了一个事先未曾想到的良机，能够达成早年的理想，拉近和神的距离，看着他们亲切的面容凝思，在献祭仪式中暗中观察神的秘密。

天已经黑了，该关上内殿的大门了。这时，拉美西斯并未陪在她身旁。找了很多地方后，皇后才在先人的长廊上发现他。他正在认真研究本朝所有法老的名单，这些名字将通过沉甸甸的文字在臣民心目中留下永恒的印记。父亲的名字后面便是拉美西斯的名字。

国王大声说："要想不辜负这些了不起的人，我应该做些什么呢？玩忽职守、胆小怕事、编造谎话等缺陷都深深扎根在人的内心，有哪个法老能彻底铲除它们呢？"

妮菲塔莉说："哪个法老都做不到，但人世间总能迎来美好。"

"阿拜多斯这样神圣的地方都被亵渎了，再宣布什么命令、施加什么惩处，还有意义吗？"

"你从未如此失望过。"

"我来到这里，向历代先人请教，就是因为这种失望。"

"为了增强自身力量，永不放弃，并吸取经验教训，是他们给你的唯一的建议。"

"这座神庙有种和平的氛围，我在俗世中可建立不起这样的氛围。"

"就算要背弃自己的良知，我也一定要打断你这种欲望。"

"我的所有行为都会因为少了你，变得一点规矩都没有。奥西里斯的神秘祭典会在十五天后开始，到时我们会被邀请参加。另外，我想向你提出一项建议：你可以自行决定，要不要接受邀请。"

一群拿着棒子、大喊大叫的凶徒，开始向游行队伍前边发起进攻。一个戴着鬣狗神面具的阿拜多斯祭司念着驱逐鬼怪的咒语，驱逐挡在路上的凶徒和奥西里斯神船旁边的鬼怪。参与神秘祭典的人团结起来，跟这个在前面开道的先驱一起驱赶那帮抗拒光明的凶徒。

游行队伍仍在前行，朝一座小岛走去。在跟死于亲兄弟塞特之手的奥西里斯融为一体时，拉美西斯夜宿在岛上的一张狮首床上。

伊希斯、妮芙蒂丝这对女神姐妹，曾在舷梯的帮助下，爬上了这座被尼罗河环绕的原始山峰的峰顶。

由十块独立的石碑构成了一座高度能跟金字塔相比的大型建筑，这座建筑就位于小岛的中间位置。奥西里斯神庙最下面是一个长二十米、宽六米的横向房间，里面放置着神的石棺。

妮菲塔莉扮成了奥西里斯的妻子伊希斯。长途跋涉而来的伊瑟扮成妮芙蒂丝，"妮芙蒂丝"这个名字的意思是庙里的女神。姐姐伊希斯向她提出请求，跟自己一起参与奥西里斯的复活祭典。

拉美西斯提出的建议，被妮菲塔莉采纳。在她看来，伊瑟在祭典上的装扮再恰当不过了。

妮菲塔莉和伊瑟这两名女子分别在床头和床尾双膝跪下。她们右手拿着净水壶，左手拿着圆面包，诵读着长长的经文和十分感人的祈祷文，这种经文能让死去的人血液再度开始循环。

拉美西斯最终在一个漫长的黑夜过后醒来。跟其余参与过这种神秘祭典的先人一样，他也发表了这样一番演讲："请把天的光明、地的生产力、冥界的正义之声、在星星上飞行的能力全都赐予我，让我可以把黑夜之船船头的绳索和白昼之船船尾的绳索都握在手中。"

32

乌里泰梭大发雷霆。

他去请雷神神庙的另外一位神明请示，结果仍是不宜征战。考虑到士兵们大多非常迷信，乌里泰梭无法随心所欲地采取行动。而何时适宜征战，又没有神能算得出来。

穆瓦靼力只能勉强维持着一口气，对于如何治疗，御医们都束手无策。父亲这样半死不活，就不会有人指控乌里泰梭弑父了，乌里泰梭因此很满意。御医们都相信君王是心脏病发作，见到他儿子每天都会亲自过来探病，都很感动。乌里泰梭认为哈图希勒不闻不问，根本不在乎父亲的病，对他大加指责。

君王的儿子跟哈图希勒高贵、骄傲的夫人普杜赫芭擦肩而过时，出言讥讽她："你丈夫躲起来，什么人都不见了吗？"

"君王派哈图希勒去公干了。"

"我可没听父亲说过此事。"

"御医说，君王完全不能讲话了。"

"你好像什么都知道。"

"你自作主张，不准许任何人到君王寝宫去，这瞒不过我。"

"休息对穆瓦粗力来说很有必要。"

"他能尽快恢复健康，重新统治国家，是所有人的愿望。"

"这是自然的。可关键在于，他已经无力统治国家了……大家应做个决断。"

"哈图希勒不在场就做决断？这可不行。"

"让他回来。"

"你这是下命令，还是提意见？"

"你觉得是什么就是什么吧，普杜赫芭。"

深夜，普杜赫芭带领少量随从离开都城。为了确定乌里泰梭有没有跟在后面，她不断扭回头去张望。来到哈图希勒藏身的罪恶的堡垒时，她吓得浑身哆嗦起来。驻扎在这里的军队会不会把她丈夫抓起来，讨好总司令？要真是这样，哈图希勒就会葬身于这灰扑扑的城墙背后，她也不能幸免。普杜赫芭不想死在这里，认为自己还能帮国家做些事，还能再过很多个夏天，还能登上安纳托利亚高原在荒芜的小径上跑来跑去，希望亲眼见证哈图希勒成为赫梯的君王。她将竭尽所能抓住最后一丝像烟雾一样轻飘飘的机会，劝说乌里泰梭不要出兵。

看见驻军打开城门迎接自己，女祭司总算放下心来。随即，她被带到了指挥官在塔内的住处。

哈图希勒朝她跑过来，跟她抱在一起，说："你总算来了，普杜赫芭！"

"都城已被乌里泰梭控制了。"

"驻守这座城堡的很多将士都被他冤屈过、虐待过，对他深恶痛绝，我们在这儿不会有任何危险。"

普杜赫芭看见壁炉旁边坐着一个人，低声问："那是什么人？"

"法老的外交部长和特使亚夏。"

"他为什么到这儿来？"

"我们的生机可能就寄托在他身上。"

"他是怎么跟你说的？"

"他期待双方能和谈。"

哈图希勒看见妻子暗棕色的眼球闪闪发光，看起来很奇妙。

她惊讶地复述道："跟埃及和谈？这不可能，大家都很清楚！"

"这个盟友的出现出乎我们的预料，难道我们不应好好利用其提供的帮助吗？"

普杜赫芭从哈图希勒身边走到亚夏身边，跟外交官打招呼。外交官站起来跟这个赫梯美人寒暄。

"亚夏，对不起，我一来就该向您问好的。"

"妻子冒着巨大的风险来跟丈夫相聚，有什么人能不为她叫好呢？"

"是要冒着巨大的风险才能来到这儿。"

"我准备到都城去，可哈图希勒建议，要我等您回来以后再决定怎么做。"

"君王卧病在床的事情，想来你们都听说了。"

"我还是能找到跟他交流的法子。"

"他的病已经无药可医，乌里泰梭控制了整个帝国，你们别做这种无用功了。"

"和谈是我此行的目的，我绝不接受失败。"

"打败埃及是乌里泰梭仅有的愿望，难道你不记得了？他如此执拗，我固然不赞成，可是赫梯帝国以战争作为生存的基础，我还是了解的。"

"你们细细想过将要面对何种危险吗？"

"拉美西斯正打算率领埃及大军对赫梯展开大规模的进攻。"

"亚述的军队也在持续增加，由此产生了另外一种可能，这点你们不要忽略。"

亚夏带来了超出他们想象的消息，哈图希勒和普杜赫芭满脸吃惊。

"亚述一定会入侵赫梯，到时面对两大敌人，你们根本无力应对。只有过分理想化的人，才相信埃及会被赫梯的军队消灭。我们以前吃过很多亏，已经吸取教训，在属国建起了铜墙铁壁防御敌军。正因为这样，你们难以冲破防御，我们却能很快发起反击。更何况拉美西斯是阿蒙神的宠儿，有一双足以抵挡千军万马的手臂，这点你们也是了解的，还吃过他的亏。"

"你的意思是，赫梯帝国肯定要覆灭了！"

"并非如此，普杜赫芭小姐。眼看着自己多年以来的对手覆灭，埃及绝不会有半分喜悦。难道我们双方就不能深入了解一下吗？拉美西斯本人跟外界流传的刚好相反，他非常向往和平，大皇后妮菲塔莉对此也没有异议。"

"太后图雅呢？"

"跟我一样，她也相信亚述日后必会制造严重的灾祸，首先受害的应该就是赫梯，接着是埃及。"

"您给我的建议是……我们联合起来，一起对付亚述？"

"用和平与联合庇护两国的臣民，使其不必忍受侵略之苦。即将登基的赫梯君王要作一项重要的决定，其结果将会作用于整个局面。"

"无论何时，乌里泰梭进攻拉美西斯的计划都不可能中断！"

"哈图希勒是怎么想的？"

"我跟哈图希勒已经失去了所有权力。"

亚夏更深入地问："您觉得……"

哈图希勒表示："我们可以跟你们和谈，可这种和谈能不能生效呢？"

亚夏莞尔："越是没有可能的事，我越喜欢做。你们现在毫无价值，我却愿意跟你们和谈，以便为埃及争取光明的未来。我们的探讨将在哈图希勒登基后，产生无限的价值。"

普杜赫芭不同意，说："你在做梦。"

"你们只能在逃跑和坚持抗争之中二选一。"

普杜赫芭愤怒地说："我们不会妥协的。"

"您跟哈图希勒应竭尽所能争取高级将领的信任，就算收买他们也并非不可。驻扎在这里的军队被乌里泰梭看不起，被以无力做出防御为由扣下了军饷，因此这里的指挥官才会转而投靠你们。赫梯的生意人基本都是你们的支持者，利用他们传播谣言，称跟埃及的战事会毁掉赫梯的经济，毁掉整个赫梯，造成巨大伤亡。要尽可能制造严重的混乱，把乌里泰梭变成引发混乱的最大罪人，把他从统治高位上推下去才行。"

"完成这件事要花费很长时间。"

"这决定了你们能不能成功、能不能争取到和平。"

普杜赫芭说："那你呢？你准备做些什么？"

"我会让乌里泰梭留意到我，即使这会给我带来少许危险。"

亚夏一言不发，查看着哈图沙的城墙，随心所欲地幻想着：赫梯的都城涂抹着明快的颜色，到处悬挂着燕尾形旗帜，射击口旁边汇聚了整个都城的年轻姑娘，都在翩翩起舞。但在半山腰遇到一座罪恶的堡垒，却结束了他这个美妙的梦。

外交部长的随从大多已经回了埃及，只剩下一名侍者、一名书记员陪伴他。下城的最高警卫官惊讶地接过了亚夏递过来的印章。

"请把我过来的消息告诉君王。"

"可您……是埃及人。"

"我是埃及特使。麻烦您快去通传。"

吃惊的军官一面监督亚夏，一面派一名部下进了宫。

一支武装步兵队在粗鲁的口令指挥下，迈着整齐的步伐走到亚夏身边，除了完全服从命令，他们脑子里什么念头都没有。看见他们，亚夏并不觉得意外。

"总司令要见一见外交官。"

亚夏没有用头衔称呼乌里泰梭，只跟他寒暄了一下。

"实在太出乎意料了，作为拉美西斯最出色的部长，您竟然到了哈图沙！"

"请允许我向您道贺，您正在统领一支了不起的军队。"

"对于我，埃及应该怀有几分畏惧。"

"您的骁勇善战无人不知。我们派出更多军队驻守属国，正是出于对您的畏惧。"

"我会把他们消灭掉。"

"即将到来的挑战会像传言般残酷，他们已做好了准备。"

"不要说这些题外话了。您为什么会到这里来？"

"据说穆瓦靼力王病了。"

"这种传言您也相信？君王的身体状况如何，属于国家机密。"

"我之所以来到这里，是因为尽管我国跟赫梯世代为敌，但还是对了不起的赫梯国心怀敬意。"

"亚夏，您此行是为了什么？"

"我有灵药，能治好君王的病。"

33

　　七岁的男孩认真照父亲的教诲去做：授人以鱼不如授人以渔。而父亲同样是从他自己的父亲那里学来的。

　　男孩跟一个同样饿着肚子的伙伴合力驱赶鱼群，把它们赶进在莎草丛里设好的圈套中，来试验用棍子打水的技术练得怎么样了。

　　忽然男孩望见一支从北面朝这边驶来的船队，一艘黄金铸造的船走在最前头，正是法老的军队没错！

　　学捉鱼的小徒弟急忙往村里赶去，他把鱼和渔网都扔到一旁，跃进尼罗河，向河岸边游过去。载歌载舞、热烈庆祝的活动将持续数日。

　　卡纳克神庙的圆柱大厅高达二十五米，装修得十分华丽。厅内伫立着十二根圆柱子，象征着原始海洋的创造力。

阿蒙神大祭司勒布拄着镶嵌了纯金的手杖，一步一步走到王室夫妇面前，弯下膝盖向他们行礼，不顾自己犯了风湿病。拉美西斯扶住他，让他站起来。

"陛下，能再见到您，我非常欢喜。得见皇后的美貌，真是我的荣幸。"

"勒布，你已经变成了真正的高级官员。"

"陛下，我完全不愿意有这样的变化。我不过是把心里的话说出来。"

"你的身体怎么样？"

"我已经老了，要学会适应这一点。我的关节总是痛，受尽折磨，神庙的大夫为我开了止痛药，制药原料取自柳树。我根本没空想自己，这我得承认……您交付的责任太重大了！"

"我看到了你的成果，非常满意自己的决定。"

这个属于卡纳克的、富足的阿蒙神庙区，总共拥有八万名工人，他们都听从大祭司的指示。此处还有将近一百万头牲口、一百艘货船，五十片工地在昼夜赶工，另有广阔的农田、花园、树林、果园、葡萄园。

"陛下，把神庙的书记员、粮仓的管理员、会计及其同事的力量团结起来，是最困难的。这个小小的组织因缺乏上级单位，除了自身利益什么都不关注，现在马上就要面临解体了。"

"你对组织关系非常重视。"

"我所了解的就是服从与效忠这两项美德，其余都毫无意义。我这种年纪的人可没工夫闲聊。"

拉美西斯和妮菲塔莉挨个观赏了一百三十四根圆柱子上雕刻的法老虔诚拜神的场景。雕刻中不断伸展的藤蔓，跟地面上描画的沼泽连在一起，金光闪闪的星星在蓝色的天花板上闪烁。卡纳克的圆柱大厅应该满足塞提的期待，永远赞颂神的荣耀与奇妙。

勒布说："底比斯只是王室夫妇途中经过的一站，还是打算长时间逗留的地方？"

拉美西斯说："我一定要建成神喜爱的神庙，让神得到满足，还要为我和妮菲塔莉建成永恒的陵墓，以实现埃及的和平。时机成熟后，神会拿回寄存在我们心中的生命。为了避免埃及的臣民在我们死后痛苦哭喊，一定要时刻做好准备，到神面前去。"

有妮菲塔莉相伴，拉美西斯也开始游行。从这里直到卢克索神庙的道路两侧，摆满了斯芬克斯的雕像。一个脸庞方方的、身体很强壮的人正在塔门等候王室夫妇，此人之前在王室的马厩做管理员。

法老告诉自己的妻子："我们还很年轻、什么都不懂的时候，吵过嘴、打过架，获胜的总是我，这让我非常自豪。"

粗鲁的巴肯退出军队后，有了很大改变，很感恩能成为卡纳克第四等级的祭司。再次见到法老，他的喜悦之情溢于言表，索性用工作的成果作为自己的语言。卢克索神庙的宏伟让人惊叹，神庙前方耸立着一对又高又细的方尖碑，以及数尊拉美西斯的巨大雕像。法老在卡迭石一战的胜利在精美的砂岩上被细细道来。

巴肯热烈地叫起来："陛下，神庙的大门已经建好了！"

"可工程还没有结束。"

"不管您何时有令，我都已准备好。"

王室夫妇跟巴肯一起穿过塔门，进了后面的大院子。院子周围耸立着很多圆柱子，柱子中间是全身充斥着维持其统治的护卫灵的拉美西斯雕像。

"巴肯，石匠和雕塑师的作品都非常精美，我准备让他们去另一片工地，在那里工作很艰苦，甚至危险，抱歉不能让他们休息一下。"

"陛下，您有什么计划，能跟我说吗？"

"到努比亚去，在那里建几座神庙，其中一座规模非常宏大。把这件事告诉那些出色的工匠，除了自愿去的，其余工匠不必强迫。"

拉美西斯大帝的百万年神庙——拉美西斯神庙，堪称尼罗河左岸的建筑中最壮丽的一座，其建造图纸出自法老之手。塔门、庭院、大厅的建筑材料选用的是花岗岩、砂岩、玄武岩。神庙各个部分都围着砖墙，分界是几道金闪闪的铜铸大门。

黄昏，谢纳潜入一个仓库，里面几乎空无一物。他随身携带着欧菲尔提供的武器，耐着性子等夜深以后溜进了圣地。

顺着神庙的墙壁走了一段路后，他从庭院穿过，来到纪念塞提的神庙门前，在离庙门数米开外的地方却犹豫起来。父亲塞提背弃了他，把王位传给了拉美西斯！那个父亲轻视他、遗弃他，转而去支持一名残暴的君主。

谢纳若达成了计划，就会失去塞提之子的身份，可那又如何呢？他所想的跟那些参与神秘祭典的人完全相反，在他看来，任何人都不能逾越死亡无论塞提还是拉美西斯。追逐最高权力、行动没有任何顾虑、把平庸无能之辈踩在脚底下，这些才是生存的意义。

另外，据说把拉美西斯当成神看待的愚蠢之人已达到数千人！一旦推翻这个崇拜的对象，谢纳就能建立属于自己的统治了。他会把这些旧礼仪全都废除，把扩张领土和发展经济作为统治的两大重点。

谢纳登基后，会在第一时间把拉美西斯神庙和拉美西斯雕像全部毁掉。这座百万年神庙还没有竣工，却已产生了一种灵气，让谢纳难以抵挡。拉美西斯本身及其力量在所有石块上的文字、雕像、肖像画中表现得栩栩如生。不，这仅仅是幻象，是黑夜作用的结果！

谢纳摆脱睡意，重新振作起来。他根据欧菲尔的指令在这里做了一番布置，随后便离开了。

这座百万年神庙十分恢宏，宛如精力旺盛的人茁壮成长起来，它彰显着拉美西斯统治的稳定性。国王拜祭了神庙，他的思想与行动都将借助从神庙中得到的力量，获得滋养。

建筑师、石匠、雕塑师、漆匠、画师在卡纳克交出了完美的作品，跟他们在卢克索时没什么两样。已经完工的包括内殿、数座小庙和附着在它们旁边的建筑、一座小型圆柱厅和为了纪念塞提设立的大堂。神庙其余建筑都在赶工，砖仓、图书馆、祭司宿舍更是如此。

拉美西斯登基第二年时，在神庙中栽种了一棵洋槐树，它生长神速，又细又长的枝干上树叶浓密。妮菲塔莉伸手摸了摸树干。

众石匠看见王室夫妇从大院里经过，就把木锤子、凿子放下，凝视着二人，眼神中满是敬仰。

拉美西斯先跟工匠首领聊了聊，然后挨个询问他们遇到的难题。国王在西利西亚采石场工作期间，曾立志要做一名石匠。回想那段愉快的日子，真让人难以忘怀。国王承诺会给这些工作人员发放上好的酒和布料，这是额外的奖励。

王室夫妇继续前行到塞提神庙时，妮菲塔莉却站在原地不走了，她伸手按住自己的心口说："危险……危险正在靠近。"

拉美西斯很吃惊："在这儿？在神庙中？"

王室夫妇朝纪念塞提灵魂的神庙走过去。

"拉美西斯，不要开门，危险就在门内。等我来开门。"妮菲塔莉把那道金光闪闪的大门推开了。

一颗玉髓眼球的碎片出现在门槛上，另有一颗用沙漠动物毛皮制成的红色毛球出现在神庙深处的塞提雕像面前。

借助大女巫师的力量，皇后把那颗眼珠拼凑完整。这种碎片象征着亵渎，要是国王的脚碰到了碎片，浑身上下都会变得麻木。随后妮菲塔莉没有直接用手，而是用长袍下摆把红球包起来，送到神庙外面烧掉了。

王室夫妇相信那颗邪恶的眼球是地狱的人使用的，其目的在于断绝塞提和他儿子之间的联络，夺走上下埃及的统治者从先人那里继承的超自然感应，将其贬斥成为残暴的君主。

拉美西斯相信这必然是谢纳所为，只有他才会与那个逃到赫梯的巫师勾结，只有他才会如此不择手段地毁灭他那狭隘的心灵无法容忍的事情。

34

摩西正在犹豫。上帝交付的使命自然要完成，可是眼下他对拉美西斯的妥协不抱半点希望，不知道这是不是因为心有余而力不足。埃及国王说到做到，而且在他眼里希伯来人一早便等同于埃及人了。这些摩西心知肚明，可是他无时无刻不在想着离开埃及。再加上希伯来人抗拒预言的情绪越来越淡了，很多人都相信，摩西很容易就能征得拉美西斯的许可，毕竟他们的交情非同一般。部落的酋长们也逐一妥协了。在最近的长老会议上，亚伦直接建议让摩西担任有着相同信仰与意念的希伯来人的首领。

眼下，先前的争执已被放到一边，该预言只需再战胜拉美西斯大帝这唯一的反对者即可。

亚伦把摩西从沉思中拉回来："一个砖匠找你。"

"你帮我招待他吧。"

"你才是他想见的人。"

"他想做什么？"

"想让你兑现之前的承诺。他很信赖你。"

"请他过来吧。"

来拜访摩西的砖匠跟所有希伯来砖匠一样，用白头巾扎紧了短短的黑色假发，把额头都遮住了，但没有遮住两只耳朵。他脸色漆黑，留着小胡子和八字胡。

摩西看到他的背影，猜想他是自己认识的人，问："你有何贵干？"

"过去我们有着相同的思想。"

"你是欧菲尔！"

"没错，摩西。"

"你跟从前大不一样了。"

"我正在被拉美西斯通缉。"

"这不是理所应当吗？你是赫梯的间谍，除非我记错了。"

"我的确帮他们做过事，可是那个组织一早便解体了，赫梯想消灭埃及已经不可能了。"

"你之前骗了我，想把我当成跟拉美西斯作对的工具！"

"并非如此，摩西。我们都信仰独一无二的全能的上帝，我在跟希伯来人的交流中确定，这位上帝不是其余任何神，而是耶和华。"

"你以为说这些不着边际的话，就能让我愚蠢地掉进圈套吗？"

"我认为你的思想是仅有的应得到支持的，就算你不打算接受我的真诚，我还是会支持你。我只是想让自己的灵魂得到救赎，没有任何个人企图，请相信我。"

摩西很疑惑："你不再信仰阿顿神了？"

"阿顿神仅仅是上帝的前身，我已经知道了。我应相信面前的真理，改正错误。"

"你想扶持她掌权的那个姑娘呢，她怎么样了？"

"她遭遇意外，去世了，我非常悲痛。埃及警察却把这恐怖的罪行强加到我头上，对我提出指控。我在这个悲剧中发现了命运的转折，现在你要反对拉美西斯，它可以成为你有力的工具。我一心想要支持你，正是基于这个原因。"

"欧菲尔，你有什么计划？"

"我的计划不过是帮你呼吁大家都信仰耶和华。"

"耶和华让我们希伯来人走出埃及，这件事你知道吗？"

"这个计划很了不起，我愿意支持你。真希望这个计划能让拉美西斯走向失败与灭亡，让埃及境内出现新的宗教。"

"可是间谍怎么可能抛开自己的身份呢？"

"我跟赫梯已经一点儿关系都没有了。我因继位人问题失去了自己的地位。摩西，你才是我的前途、我的希望。"

"你准备如何帮助我？"

"直接跟拉美西斯交锋，绝非易事。我能传授一些个人作战的经验，你会用得着。"

"希伯来人并不想跟拉美西斯交锋，我们只是想走出埃及。"

"摩西，这二者有何区别？无论如何，在拉美西斯看来，你所做的事等同于暴动，他会镇压下去，并宣布这是在镇压暴动。"

摩西不得不在心底认可巫师的说法。

"欧菲尔，我需要考虑一下。"

"摩西，决定权在你。我有个建议，请你接纳。拉美西斯离开埃及的这段时间，不要草率行动。拉美西斯未必不能做出让步，只是亚梅尼和萨哈马纳这两位拉美西斯的心腹，绝不会包容希伯来人，太后图雅更是如此。他们会残酷地镇压你们，以达到抚慰民心的效果。在王室夫妇外出的日子，我们应联合起来游说那些还在迟疑的人下定决心，为必然爆发的战争做好准备。"

摩西被欧菲尔的绝对自信打动了。巫师这些念头的确很有可行性，即便摩西还没有作出决定跟他合作，但也想不出拒绝的理由。

底比斯警察局长绝对相信，自己的下级在追捕谢纳及其可疑同伙时，倾尽了全力。这名通缉犯曾尝试在尼罗河上射杀国王。拉美西斯把这名通缉犯的外貌特征告诉了他们，但警察没有找到任何线索。

妮菲塔莉确定："他已经不在底比斯了。"

"你跟我一样觉得他并没有死。"

"我看到一种威胁、一种罪恶的力量正在靠近……是谢纳、巫师或二人的支持者吗？"

拉美西斯说："就是他没错，他想让我失去父亲的庇护，尝试把我跟塞提之间的关联彻底截断。"

"那颗邪恶的眼球已被火焚毁，失去了毁灭性力量，不能再发挥任何作用。我们用树脂胶重新做了一颗拉美西斯城塞特神庙失窃的善良的眼球。"

"塞特用沙漠动物的皮毛做的那些红球，其本身拥有恐怖而神奇的力量，谢纳想借这种力量把世界毁灭。"

"你跟塞特有着独特关系，谢纳并未对这种关系给予足够的重视。"

"这是一种融洽的关系，每一天都会重新建立……塞特的烈火一不小心就会毁掉那些狂妄自大之人。"

"我们何时启程到南部去？"

"等见过死亡以后。"

王室夫妇来到底比斯山最南边的山谷，这里人称"轮回乡""莲花乡"。地处沉默女神地区山脚的皇后谷，便是太后图雅、大皇后妮菲塔莉的陵墓所在地。能使星星闪烁、信徒愉快的微笑女神哈托尔，掌管着这片在炽烈阳光下的沙漠。

在陵墓墙壁上，妮菲塔莉看到了女神哈托尔将能够死而复活的生气输送给大皇后。永远年轻的大皇后戴着金冠，其形状好似秃鹫的毛发。由此，哈托尔变成了神圣的母神。借助完美的技艺，画师为美妙的"温柔的爱情"做了最佳描绘。

"妮菲塔莉，你对这座陵墓还满意吗？"

"这儿太美了……我怕自己没有资格安葬于此。"

"这种陵墓无论过去还是未来都只有这一座。你的爱情便是生机，无论在神还是人的内心中，你都将永世长存。"

奥西里斯黑着脸，穿着白袍；光明瑞神头上是巨大的太阳；凯普里长着圣甲虫的脑袋，人的身体；玛亚特是宇宙的法则，她是一个年轻的姑娘，容貌美丽，身材苗条，仅有的标志是如真理般轻飘飘的鸵鸟羽毛……为了让妮菲塔莉实现从人间到地府的轮回，此处汇聚了一切神奇的力量。生命殿堂的一名书记员很快就会用象形文字把"光明畅游典籍""门帖"抄录在那些空无一物的圆柱子上，好在皇后在地府旅行遇到危险时，保证她一路安然无恙。由此死亡已变成了神秘的微笑。

接连数日，妮菲塔莉都在认真欣赏这座永存的陵墓中的神像。离开人世以后，她就会变成这里的主人。她很熟悉地府中的生灵，还在人间时，她便拥有一种宁静，那是天堂才有的美丽。

妮菲塔莉告别了"莲花乡"，跟随拉美西斯来到埋葬了第十八王朝及之后所有法老的"大草原"帝王谷。在拉美西斯一世与塞提的陵墓中，王室夫妇待了很长时间。这里的画都很精美，所有圆柱子上都刻有记录太阳从死亡到新生的变化全过程的"黑暗书"，法老死后复活也将是这一过程。

参观拉美西斯大帝的陵墓时，妮菲塔莉的心情很激动。画师把水掺进碾碎的矿石染料中，在墙上作画，画出帝王世代传承的象征。掺了水和洋槐树脂的多彩染料粉末，用起来十分方便，且染色持久。

"黄金陵墓"用来放置棺椁的房间差不多已经竣工。拉美西斯就算现在离世，也不用为这件事担忧。

国王找来建筑师说："要效仿先人们的陵墓也在这里挖掘一条廊道，深度要能把山石的本来面目暴露出来。世人都无法解开的终极秘密，将由此获得解答。"

妮菲塔莉和拉美西斯都感觉到自己又迈了一大步，他们的爱情中增添了对死亡的认知，由此摆脱昏睡状态，清醒过来。

35

　　萨哈马纳只能耐着性子等下去。一个多小时前，梅布去参加太后图雅的晚宴了，此次晚宴的目的是让朝臣在王室夫妇外出的日子团结一致。

　　每隔一段时间，图雅就会跟拉美西斯通信。亚梅尼工作十分认真，萨哈马纳本人则刚正不阿。对于他们两个，图雅都毫无意见。萨哈马纳在维持国家秩序时，更是手段强硬，好像已将蠢蠢欲动的希伯来人都镇压下去了。然而，这位昔日的海盗，借助引以为傲的嗅觉发现，当前的平静过后将迎来巨大的风浪。

　　尽管跟希伯来的高级官员没什么交情，但是摩西还是成了希伯来人的最高领袖，没有人能代替他的地位。况且埃及不少高级官员都觉得不能得罪摩西，因为他们都了解，拉美西斯依旧诚心诚

意地把摩西当朋友。大家都觉得，摩西将来必定会把自己虚无缥
缈的想法丢到一旁，再度身居高位。

梅布也是萨哈马纳最关注的对象之一。他确定，凯的芦苇笔就
是这名外交官偷走的，却不知道他这样做是为了什么。这名昔日
的海盗原本就不喜欢外交官，过度圆滑世故、风度翩翩、没有立
场的梅布是生来就会说谎的人，更加让他讨厌。

要是梅布还把凯的芦苇笔藏在自己家里，萨哈马纳就会以偷盗
的罪名对他提出指控。如此一来，这个风度翩翩的官员就要把事
情的前因后果向法官说个清楚。

梅布的园丁正打算休息，佣人们也都去了各自的卧室。萨哈马
纳来到后门，爬到阳台上，又把地板上连接粮仓的活动板拽起来，
每个动作都小心翼翼。从这儿进房就没什么难度了。萨哈马纳有
整整一夜的时间来寻找那支芦苇笔。

衣衫凌乱的萨哈马纳嘟囔道："什么发现也没有。"

亚梅尼说："这种搜查是违反法律的。"

"可我一旦得手，梅布再想做坏事，就不可能了。"

"你为什么一定要死死盯住他呢？"

"因为他很危险。"

"危险？你说梅布吗？除了自己的位子，他什么都不在乎。他
从来不管其他事，一心只为自己的地位头痛。"

萨哈马纳在一块蘸了辣酱的鱼干上咬了一大口，赞同道："你
说得可能没错，可直觉告诉我他不是什么好东西。他肯定会再做
坏事，我想继续监视他。"

"你想怎样就怎样吧……不过，你可不要胡作非为！"

"我们还要监视摩西。"

亚梅尼说："他跟我、跟拉美西斯都是同窗。"

"这个希伯来人残暴可怖！他会发起暴动，反对法老，而你是法老的仆从。"

"这种过火的事，他不会做的。"

"他自然会做！我能迅速判断出自己的下属各自是什么性格的人。在组织策划暴动这件事上，没有人比他更在行。可无论法老还是你，都不愿意承认我的说法！"

"对摩西的为人，我们都是了解的。另外，你对这件事的看法太悲观了，我们比你乐观一些。"

"你们以后肯定会为自己的愚蠢感到后悔的。"

"你还是去休息吧，不要再随意打搅希伯来人了。我们的工作不是引发混乱，而是维持良好的秩序。"

亚夏在皇宫有简单但美味的食物和美酒享用，还有一名相当温柔的赫梯金发美女相伴。国王这位随从想就一些再好不过的想法请教她的意见。她也想亲自上阵，验证一下那个"埃及人是最好的情人"的传言是否属实。至于害羞，她根本没有这种情绪。亚夏心甘情愿接受挑战，满怀热情地在主动和被动之间不断转换，跟她达成了最亲密的合作。

要消磨时间，是不是没有比这更好的法子了？亚夏的所作所为，让乌里泰梭大吃一惊。与此同时，乌里泰梭认为，法老外交部长的来访意味着拉美西斯承认了自己是赫梯的合法继承人，为此沾沾自喜。

赫梯金发女人拥抱着这个埃及人，热烈地亲吻他。就在这时，乌里泰梭忽然进来了，见状便说："稍后我再过来。"

亚夏说："请不要走。有时候，国家大事比享受更重要，这位姑娘能明白的。"

赫梯美女立即退了出去。

亚夏把一件精美的紧身衣套在身上，问乌里泰梭："君王的身体怎么样？"

"病情稳定了。"

"再次恳请您把照料他的责任交给我吧！"

"我们是你们最恨之入骨的敌人，为什么要帮我们？"

"您这样问，我真不知该怎么回答。"

乌里泰梭却强硬地说："可你必须回答，立即回答。"

"把自己的机密直接泄露出来，完全不符合外交官的作风……您对我的工作，有什么不满呢？"

"我想让你说实话。"

亚夏看起来很为难，说："这……拉美西斯希望能跟穆瓦靼力成为朋友。对于穆瓦靼力，他非常尊敬乃至有少许崇拜。得知他生病了，拉美西斯很伤心。"

"你是在说笑话吗？"

亚夏更深入一层，说："我觉得，您应该不愿意受到指控，说你谋杀自己的父亲吧？"

乌里泰梭愤怒至极，却一句话也没说。

亚夏穷寇猛追，说："赫梯宫中发生的事，无论大小，我们都很好奇。我们明白，军中希望安然实现权力的交接，并希望王位继承人能由君王亲自确定。我想用埃及大夫的药方帮助君王康复，就是基于这些原因。"

乌里泰梭可不能怠慢亚夏的提议。一旦又能开口讲话了，穆瓦珇力就会把乌里泰梭囚禁起来，让哈图希勒来统治赫梯。

乌里泰梭询问亚夏："你怎么知道这么多？"

"这个问题不方便回答……"

"说。"

"抱歉，我什么都不能说。"

"亚夏，这里可是我的都城，不是埃及！"

"身为法老正式委派的使者，我有何畏惧？"

"可我并非外交官，而是军人，更何况两国的战争还在继续。"

"你在要挟我？"

"我并非有耐性的人，快点说吧，亚夏。"

"你是要……对我用刑？"

"如有必要我会毫不迟疑。"

亚夏全身哆嗦起来，用毛毯包住身体，问："你会在我如实相告后放过我吗？"

"我们还是朋友。"

亚夏垂着眼睛说："老实说，我此行其实为了跟穆瓦珇力商议停战一事。"

"停战！停多长时间？"

"尽可能长。"

乌里泰梭欣喜若狂。这说明法老的军队已经走投无路了！久未显灵的神明的旨意终于偏向于乌里泰梭了。身为赫梯新任统治者，他能把战事一直推进到三角洲了。

亚夏犹豫着继续说道："然后……"

"然后怎样？"

"我们了解到，赫梯王在选你还是哈图希勒做继承人这件事上徘徊不定。"

"亚夏，你听谁说的？"

"你要是统治了赫梯，会不会接受我的请求跟埃及停战？"

乌里泰梭暗想，父亲惯用些阴谋诡计，我为什么不效仿他呢？

"我是军人，不过，若这项请求对赫梯没有害处，还是有可能接受的。"

亚夏松了口气，说："先前我告诉拉美西斯，您是赫梯了不起的人才，我的眼光的确不错。只要您对此没有异议，我们愿意签订停战协议。"

"停战协议，没问题……可我问你是听谁说的，你还没有告诉我呢？"

"是那些效忠于您的大将说的，他们表面上效忠于您，实际上已经投靠哈图希勒，做了叛徒。"

乌里泰梭一听，勃然大怒。

亚夏说下去："我们没办法跟哈图希勒达成停战协议，实现和平。除了领导联军消灭埃及军队、再战卡迭石，他没有别的目标。"

"亚夏，把那些大将的名字告诉我。"

"我们应不应该达成合作，一起对抗哈图希勒呢？"

战事好像已近在眼前，乌里泰梭浑身的肌肉一下变得紧绷绷的。在一个埃及人的帮助下，跟敌人抗衡，这样的转折多么奇妙！不过，他会避免这种情况的。

乌里泰梭说："亚夏，你若能帮助我铲除所有叛徒，就能得偿所愿，拿到停战协议乃至更大的好处。"

乌里泰梭听亚夏说出每一个名字，都能感到刺骨的疼痛。其中几个人一直是极度拥护乌里泰梭的，至少他们在嘴上是这样说的。另有数名大将跟他一起战斗过，还向他做出承诺，在他们眼中他已是赫梯的新任君主了。

面色惨白的乌里泰梭迈着沉重的脚步朝房门走去。

亚夏又说："另外，能不能请您把陪伴我的那个姑娘叫回来？"

36

　　拉美西斯和巴肯把阿斯旺花岗岩采石场的每个角落都看了一遍。父亲是怎样挑选坚硬的石头来制造方尖碑、雕塑的，这些记忆又浮现在拉美西斯脑海中。

　　塞提的儿子在十七岁那年由法老带到了这个奇妙的所在，寻觅完美无瑕的花岗岩岩脉，当时，他非常兴奋。如今带头采石的变成了他——拉美西斯，他应具备同样高超的鉴别才能。

　　拉美西斯用的是那支能让自己的手感知地下奇妙变化的魔法棒，它原本是属于塞提的。天地初开时，海洋生气喷发出来构成了地表，这便是人类世界。神若能创造出新生物链，那当前这个世界的万事万物就会回到海洋，在地下不断创造出各种东西。若灵魂足够敏感，就能感知其中的动向。

采石场好像一个静止不动、对外封闭、捉摸不透的世界。这里的气温大多数时间都高得让人无法忍受。然而，地下却非常适宜，生成了花岗岩这种能使陵墓长存于世的独一无二的坚固材料，让它能用于地面建筑。

拉美西斯不再前行，向巴肯下令："从这儿挖出一块完整的石块，雕刻成拉美西斯神庙的圆柱子。工匠呢？你跟他们说了吗？"

"大家都自愿到努比亚去，我要成立一个小组，得从他们之中精挑细选才行。陛下……请您答应我一个要求——这样说让我很不习惯。"

"巴肯，你说吧。"

"我希望加入采石队，您能接纳我吗？"

"可你一定要待在底比斯，因为你现在是阿蒙卡纳克神庙第三继承人。这是个不错的拒绝你的借口。"

"我……我对此并不抱有期望。"

"巴肯，我明白你的心思。不过，无论大祭司勒布还是我，都觉得你能承担更大的责任。你要协助大祭司，让神庙区保持欣欣向荣，对这座百万年神庙进行监督。勒布有你的帮助，去处理平时那些小事时就没有什么负担了。"

巴肯用手按住心口立誓，一定会为这项新工作倾尽全力。

不管是大坝、运河还是耕地，都没有因汹涌的水流严重受灾。与之相反，上涨的水位还为王室夫妇及其随从、石匠们乘船旅行提供了便利。但到了第一瀑布前，汹涌的河流与涡流被交错的岩石冲击，航程因此变得相当危险。直到最后一刹那方能看出水位落差，还有能让一切运载不均的船翻船的巨大水浪，同样十分危险。要让船队安然经过第一瀑布，需要小心翼翼确定航行的路线。

平时，屠夫并不理会人们的混乱，总是平心静气的。可到了这一刻，它却流露出些许暴躁。这头庞大的狮子迫不及待想要回到自己的老家努比亚。为了安抚它，拉美西斯温柔地抚摸着它脖子上浓密的长毛。

两个人有事向国王汇报，请求准许他们到甲板上来。

第一个人是书记员，他的职责是测量水位。他把自己的报告呈交给国王，说："陛下，水位已经达到了二十一古德、三又三分之一巴掌[1]。"

"不错。"

"陛下，这个数字已经达到了标准，绝对能满足今年埃及的灌溉需求。"

第二个人的汇报却让人十分惶恐，此人便是象岛的警察局长，他说："陛下，海关说，一个跟您描绘的外貌特征一致的人从海关经过。"

"为什么不抓住他问个清楚？"

"刚好主管官员出去了，大家都不敢擅作主张，更何况那个人并没有犯错。"

拉美西斯强忍住愤怒，问："有什么发现？"

"那个人说自己是生意人，租下一艘快船，去了南部。"

"船上载货了吗？"

---

[1] 大约相当于 11.275 米。

"载了几罐子牛肉干，说是送给驻扎在第二座瀑布的将士们的。"

"他走了多久了？"

"一周了。"

"通知所有堡垒的指挥官，记住他的外貌特征，一旦发现，立即抓起来。"

警察局长很庆幸没有受到惩处，急忙跑去工作了。

妮菲塔莉说："你认为现在我们继续赶路稳妥吗？在我们到达努比亚之前，谢纳就已经赶到那里了。"

"他不过是个逃跑的犯人，为什么要怕他？"

"他想要放手一搏……因为满心仇恨，他已经失去理智了。"

"我们要继续前行，谢纳阻挡不了。妮菲塔莉，他很擅长毁灭别人，我不会小觑，可也不会畏惧。我们迟早会再见面，他要先跪在君王面前承认自己的错误，然后接受神的惩处。"

两人拥抱在一起，这份同心协力让拉美西斯的决心更加坚定了。

塞达武满腹疑虑，在不同的船上跳来跳去，把所有货物都检查了一遍，还检查了缆绳、船帆、船舵是不是结实。他并不喜欢航行，毫不信任那些过度自信的船员。好在河道管理局开通了一条航线，能躲过所有暗礁，畅快通行，就算水位上涨也能继续赶路。可是御蛇巫师依旧觉得不安全，除非他的脚再度踩到坚实的大地上。

塞达武返回王船，有一间舱室是专门为他准备的。他把东西都检查了一遍，看遗漏了什么：漏勺、盛满固体或液体的药瓶子、大大小小的蛇篓、捣钵、研钵、钵杵、青铜剃须刀、一包氧化铜和氧化铅的碎屑、红色赭石、医用黏土、一串洋葱、纱布、蜂蜜罐头、葫芦……基本一样都没落下。

莲花唱着一支古老的努比亚歌曲，同时把裹腰布、紧身衣叠起来，放入木箱。她身上什么都没穿，因为天太热了。

塞达武看着她优美的动作不由得心动，搂住她的腰说："我感觉这些船都很坚固。"

"你从头到尾查看过了？"

"难道我看起来像开玩笑？"

"你重新去瞧瞧离我们最近的桅杆。我的衣服还要收拾一段时间。"

"收不收拾都无所谓。"

"这么乱，我可忍受不了。"

塞达武脱下裹腰布，丢在舱室的地上，说："你真会如此无情，对爱人置之不理吗？"

莲花没办法在塞达武柔情的抚摸下继续做那份细致的活计。

"我将要返回努比亚了，你利用了我的缺点。"

"有什么庆贺的法子比交欢更好呢？"

很多百姓都赶了过来，热情送别南下的船队。有几个孩子胆子很大，在船队行驶到航道出口前，一直跟在后面游水。他们用芦苇管呼吸，游得很快。王室夫妇走之前公开设宴，请当地百姓都来赴宴。啤酒像泉水一样喷出来，谁能忘记这样的场面呢？

这些船都是为前往努比亚制造的，很结实，也很舒服。船上仅有一根桅杆、一片用很多缆绳绑牢的船帆、两个船舵，以及左右两侧的船舷。舱室很宽敞，各色家具都不缺。为了让空气畅通无阻，门和窗户的设计都别出心裁，俨然是在海上安了一个家。

经过瀑布后，船队的航行速度恢复了正常。

妮菲塔莉得到一些角豆树果汁，她原本想跟塞达武、莲花分享，却听到这对夫妻的舱室中有舒适的喘息声，便没有去敲舱门。

皇后随后来到在船头的屠夫身旁，在这里打发时间。屠夫正在努力吸入努比亚的空气。能从神那里得到这么多的福气，大皇后满心感激。因为有这种福气，她一定要让臣民获得幸福。她本是谦逊、守旧的里拉琴师，想着过平凡而波澜不惊的生活，结果却跟拉美西斯在一起了，生活从此变得如此神奇。她每天早上都能见到他，对他的爱不断加深。这份爱跟那种平和的力量密切交融，让任何人都难以抵挡，真是奇妙。妮菲塔莉如此深爱拉美西斯，哪怕他只是农民或在瓦罐上打孔的工匠，她的爱也不会打半点折扣。然而，他们命中注定是王室夫妇，她要想只顾自己的快乐不顾他人，是不可能的。她只能努力发展先人交托于她的埃及文明，在交给子孙时，一定要让其变得更加尽善尽美才行。

在埃及，人们拒绝平凡、无耻、夸张，用爱、自信、义务传承文明，从而形成效忠于光明之神的人类之光。

拉美西斯伸手将大皇后圈在怀中，那种温柔的力度曾让妮菲塔莉对他一见钟情。在这个瞬间，她回忆起了过去跟他一起度过的快乐又煎熬的生活。哀伤、痛楚因永远彼此交融的强大自信，轻而易举便消失了。此外，她一碰到他的身体，就明白他的心灵也无比热烈，完全能把他们一块儿送到有爱之女神弹奏星星乐章的神明之路上。

37

尼罗河时而傲慢、迅猛地沿着直线往前走，时而变成肆意流淌的曲折湾流，在安抚满是孩子的欢声笑语的大小村庄时，又显得十分慷慨。到了南部，尼罗河就是这样的充满生机。天上的河流伸展到地上，却始终保持着威势。它从荒芜的丘陵、花岗岩小岛上流过去，让小小的一片棕榈、姜果棕树林得到了滋养。王室船队的成员们对地平线、沙漠着了迷，戴冕鹤、朱鹮、火烈鸟、鹈鹕在他们上空飞翔。

当地的部落在船队停靠在这里的这段时间，纷纷到国王的帐篷外面表演歌舞。拉美西斯接待了这些部落的酋长，塞达武、莲花将他们的意见、需求逐一记下来。

夜深时分大家围在篝火旁边讲述河神的传说，讨论河流的泛滥，大声叫出拉美西斯大帝的名字，他既是属于埃及的，也是属于努比亚的。

妮菲塔莉明白，法老的名声越来越大，可媲美神明，任何凡人都无法像他这样。他打赢了卡迭石战役后，连最贫穷的村子都在议论这场神奇的战争。人们都认为，只有得到天神赐福的人，才有资格见到拉美西斯与妮菲塔莉。曾帮助过国王的阿蒙神已扎根于国王内心，哈托尔也入驻皇后的灵魂，使她四处传播自己的爱，宛如宝石熠熠生辉。

船在柔和的北风中缓缓前行。生活如此平静，妮菲塔莉和拉美西斯都很享受。在甲板的遮阳伞下，他们度过了大半时光。已经平静下来的屠夫则在甲板上酣睡。

金色的沙子、干净的沙漠，刚好形成了另外一个世界。王船距离女神用一块奇妙的宝石雕刻而成的哈托尔神庙越来越近，妮菲塔莉也越来越觉得有一项关系到所有生灵源头的重大任务需要自己去执行。

美妙的夜晚到来了。王室夫妇的舱室中摆放着一张床，固定在床架子上的床垫是用麻藤细细编织而成的，床上还装了两条宽宽的皮带，床因此变得很有弹性。用钉子插在孔眼中拼成了两层的床架子，十分安全。床尾装饰着烘托埃及象征物莎草和莲花的矢车菊、曼德拉草。法老非常喜欢这张床，躺下后还能思考。

拉美西斯的爱情在努比亚炎热的盛夏天气里，依旧像遍布天幕的星星一样美好。夜也因此变得十分美妙。

谢纳用从欧菲尔那里得来的几块宝贵的银子在努比亚雇用了

十五个渔民。尽管这个埃及人让他们做的事情匪夷所思且很危险，但渔民们很愿意让平时寡淡的生活增添几分精彩。由于酬劳极高能逍遥数年，因此对于这个有钱、傲慢的陌生人的狂妄举止，大多数黑人渔民还是可以接受的，他们都对参与此次前所未有的冒险活动满怀期待。

谢纳每天都会因阳光、高温浑身冒汗，因此对努比亚并无好感。不过，总算能实施除掉拉美西斯的计划了，他十分兴奋，并不在乎每天都要喝很多水、吃粗糙的饭菜。他之前没想过在让人厌恶至极的努比亚建立起一个谋杀组织，而且组织成员是一帮乌合之众，从不照规矩办事，却有无人能及的凶残与战斗力，把拉美西斯的大军都比下去了。眼下只需耐着性子等候拉美西斯的船队即可。

在第二瀑布的不远处就是布衡的王宫，在此驻守的数名官兵禁止努比亚人进入。努比亚次王就住在王宫里，这里条件很优越，他过得很快乐。

以前有数名部落酋长曾试着向埃及发起进攻。为完全消除这种危险，埃及决定修建牢固的关隘，并为驻守关隘的军队提供物资和高薪。

努比亚次王人称努比亚省的"库什王子"。保证输往底比斯、孟菲斯、拉美西斯城的黄金的开采量，是他唯一需要担心的问题。这种珍贵的金属被人们奉为"神的皮肤"，金匠要用它们装点神庙大门、墙壁、雕塑，法老要用它们跟多国建交，保持中立，享受安全。

尽管担任次王就意味着接连数月都不能去埃及，但这个位子依旧让人艳羡。身居高位的次王在内陆拥有大片土地，还手握多名当地军官统领的驻军精兵。当地的部落中都是老实人，不可能发动叛乱，次王不必忧心于此，便把精力倾注到了美食、音乐、诗歌这些享乐中。他的夫人生了四个孩子，平时很爱吃醋，不许他跟身材曼妙和恋爱经验丰富的努比亚年轻姑娘往来。若跟夫人解除婚姻关系，就要给夫人大量钱财和粮食补贴，次王恐将失去所有财产，再想继续这种富足的生活，几乎就不可能了。

无论什么微不足道的事，只要可能打破次王生活的平静，他都会非常惶恐。眼下，他收到一封快信，得知王室夫妇要到这里来。可是信中并未说明王室夫妇此行的目的和抵达的日期。还有一封信向次王下达了这样的指示：抓住拉美西斯的兄长谢纳，此人一早便沦为了凶犯，其容貌也跟过去大不相同了。

在应不应该派船去接法老这件事上，次王拿不定主意。最终，他决定把欢迎王室夫妇的仪式当成重点工作，毕竟法老现在还是很安全的。

每天，布衡的指挥官都来向次王汇报情况："本区除了一件怪事外，没有出现什么值得怀疑的。"

"指挥官，那些杂乱的小事总让我反感！"

"我应该把这些汇报给您听吗？"

"你自己决定……"

指挥官说："一些渔民两天以前离开了渔村，回来后又是喝酒又是打架，他们中有一个还被打死了。在他家里，我找到了一些钱。"

"这些钱来路不正!"

"没错,可是所有渔民都拒绝交代这些钱是怎么来的,调查一点进展都没有。这些渔民肯定是被人买通去偷驻军的粮食了。"

若次王调查此事,结果什么都没查出来,就会因失职被法老指责。因此,不采取任何行动,只盼着此事根本不会传到法老耳朵里便成了最佳做法。

风太小了,船员们都没什么事情可做,他们要么睡觉,要么赌钱。此次旅行十分顺利,还能停在一些美丽的港口,跟那些热情的努比亚女人打交道,这些让他们非常满意。

船长正站在船尾,他不愿意看着船员们无所事事,打算安排大家在船上做清洁工作。恰在此时,船突然晃动得厉害,几个船员重重地摔到甲板上。

"是暗礁,撞到了暗礁!"

在王船船头,拉美西斯听到了声响,船身断开了。船全都收起船帆,在窄窄的河面正中停了下来。

最先醒悟过来的是莲花。浑浊的河面上隐约可见灰蒙蒙的暗礁,总共有数十块,可是认真观察就能发现,暗礁上露出了数不清的小眼睛、小耳朵。莲花告诉拉美西斯:"是一群河马。"

这个努比亚美人爬到桅杆上,看出是有人设下陷阱困住了船队,然后动作灵活地下来告诉了大家。

"陛下,这种场面我还从来没有看到过!我们现在既无法前行,也无法后退。这太不合常理了……我认为,它们是被人驱赶才集中到这里的。"

现在的情况有多危险，法老很清楚。大河马至少有六吨重，还长着能把船咬烂的数十厘米长的黄色尖牙，这是它们威力巨大的武器。眼下这些河马正在悠闲、轻快地游泳，可是一旦生气了，就会张大嘴巴打哈欠，以示威胁。

莲花说："雄性河马占了大部分，要是它们决定大打一场，争夺雌性河马，就会把附近的东西包括我们的船在内全都毁掉。我们之中有很多人都会性命不保，乃至尸骨无存。"

数十对耳朵晃来晃去，原本半开半合的眼睛全都睁开来了。河面上，河马的尖牙暴露出来。它们张大嘴巴发出可怕的叫声，把洋槐树下抓鱼的白鹭都吓跑了。雄性河马此前曾大打出手，留下了很多伤痕，还有不少河马被打死了。

船员们看见河马恐怖的尖牙，全都噤若寒蝉。很快，他们发现这队河马的首领是几头体型庞大的雄性河马，共有差不多二十头河马是受它们领导的。这些河马躁动的情绪不断加剧。一旦开始进攻，它们会先把船舵咬下来，让船难以移动，接着狠狠地把船撞沉。能跳到河里逃走的都是走了大运的。要在一群怪物中间开辟一条路游上岸去，这怎么可能？

塞达武提议说："把它们都打死。"

拉美西斯说："我们只能打死几头河马，它们有这么多，余下的会因此变得怒气冲冲。"

"不管怎样，我们总不能在这里等死吧！"

"在卡迭石，我等死了吗？安静下来，我要问问我父亲风神阿蒙的意见。"

拉美西斯和妮菲塔莉手心向上，举起双手，像在贡献祭品。庞大的狮子骄傲地在主人右侧站直身体，向远处眺望。船队全都安静下来，每艘船都收到了法老让大家保持安静的命令。

　　渐渐地，几头河马又缓缓闭上了嘴巴。这些河马的皮肤对空气感觉敏锐，都躲到了河面以下，眯起双眼像在睡觉，只有牙齿的尖端和耳朵还暴露在水面上。

　　这段时间一直平安无事，好像会一直如此。满是生机的北风又开始在莲花脸上轻轻拂过。王船缓慢前行，其余船马上跟上去。那群河马却十分安静，任由船队从它们中间穿过。

　　谢纳躲在棕榈和姜果棕树林中做好了准备，要好好做一次沉船事故的观众，最后却亲眼见证了拉美西斯创造了新的奇迹。奇迹？不是的，只是他走运遇到了盛夏白日一阵古怪的风！谢纳恼羞成怒，把几颗红得不能再红的椰枣狠狠捏碎。

38

希伯来的砖匠在最炎热的这段日子并不工作。一些人躲在家里休息，一些人为了养家糊口，去给有钱人家做园丁。

今年的水果大丰收，拉美西斯城的苹果全国闻名，是酒宴上不可或缺的。

年轻的姑娘们要么在被藤萝覆盖的木制凉亭中小憩，要么在池塘中戏水。青年们为了得到她们的赞赏，会在她们的面前表现自己有多擅长游水。

在一排排葡萄架的阴凉下，老人们一边纳凉一边谈论从别处听来的拉美西斯的最新战况：他用神奇的力量把一群河马赶跑了。大家又唱起了那支由来已久、希伯来人都会唱的歌谣：

在拉美西斯城生活，身心舒畅，

平民跟高级官员一样高贵，

洋槐和无花果树投下浓荫，

灿烂的房瓦像黄金，像翡翠，

风儿和煦，池塘边的小鸟在嬉闹。

希伯来人好像忘记了他们那个计划——离开埃及。可是见到摩西来到自己的办公室，亚梅尼忧心起来，这种安宁的生活要结束了。

"亚梅尼，难道你从来不休息吗？"

"文件源源不断地送过来，拉美西斯不在埃及时更是如此。其实是我太过挑剔，国王完全能毫不犹豫地作出决定。"

"你考虑过结婚吗？"

"不要开玩笑！我工作这么忙，女人肯定会发牢骚，那会让我无法安心为法老工作。"

"我们的朋友法老……"

"摩西，在你心里，依旧把他当朋友吗？"

"亚梅尼，你在怀疑我？"

"这是由你的态度决定的。"

"我们希伯来人有依据，完全能站得住脚。"

"你们太疯狂了，居然要离开埃及！"

"你会放任自己的臣民深陷苦难吗？"

"深陷苦难？埃及所有人都是自由的，别人是，你也是！"

"对耶和华的信仰才是真正属于我们的自由，耶和华是真神，是独一无二的上帝。"

"我不做宗教工作，只处理行政事务。"

"能告诉我拉美西斯什么时候回国吗？"

"我不清楚。"

"等你搞清楚了，能告诉我吗？"

亚梅尼摸着写字板说："摩西，我并不赞同你那项计划。作为朋友，我一定要跟你说一声，你已经成了萨哈马纳眼中的危险分子。他会用暴力镇压一切暴乱，你若不想被波及，就不要发动暴乱。"

"我有耶和华的庇佑，什么都不怕。"

"可你还是要对萨哈马纳怀有几分敬畏，他可不会放过破坏公共秩序的人。"

"亚梅尼，难道你不会帮助我？"

"埃及是我的信仰，背叛埃及的人会下地狱，你也一样。"

"只怕我们会失去所有共同之处。"

"摩西，这是谁造成的？"

摩西从亚梅尼的办公室出来时，情绪很低落。欧菲尔的话没错，应在拉美西斯回来后努力游说他。交流如果真能成为一种厉害的武器就好了。

欧菲尔在暂时落脚的希伯来区住宅中又建起了实验室。他在研究伤害拉美西斯的大儿子凯的巫术，可是一点进展都没有。芦苇笔感应不到任何东西，像没人触碰一样，一动不动。

这个利比亚巫师根本对付不了那种正在庇护凯的神秘而强悍至极的力量。要逾越这重阻碍，巫师的法力似乎不够用。

外交官员梅布能为巫师提供帮助。可惜这名高级官员面对巫师时，看上去一点力量和自信都没有。他身体佝偻着，用一件能把脸都遮挡起来的巨大斗篷包住自己，全身哆嗦着，像个逃跑的囚徒。

欧菲尔看看天色说："已经入夜了。"

"依旧有人能把我认出来……我来这里太冒险了！这种见面能不能不要继续了？"

"我们一定要见面。"

梅布十分后悔，自己为什么要做这个赫梯间谍的同谋呢？可要摆脱他，自己该做些什么呢？

"欧菲尔，你要跟我交代什么吗？"

"赫梯可能会出现巨大的变故。"

"你是指什么方面？"

"对我们有好处的方面。你有没有收集到新情报？"

"亚夏做事小心翼翼。他送回来的外交情报，在向拉美西斯提交概要前，只会给亚梅尼过目，而且全都是用我看不懂的密码写成的。我要是不想惹人生疑，就不能表现得过度好奇。"

"我要了解一下那些情报的内容。"

"这并不容易。"

欧菲尔眼神冷漠，拒绝梅布的托词。

"我会倾尽全力的。"

"你偷来的芦苇笔真是凯的？"

"绝对没错！"

"拉美西斯的儿子是不是正在受塞达武的法力庇护？"

"是的。"

"塞达武已跟随拉美西斯去了努比亚，我没有想到，他竟然有这么强的法力。他在保护凯时，具体是怎么做的？"

"我觉得他用了护身符。不过，我无法再靠近凯了！"

"出什么事了？"

"萨哈马纳起了疑心，觉得笔是我偷走的。他就等着我再下手呢，好能抓我坐牢了！"

"梅布，镇定，埃及的法律可不是摆设。你不会有危险的，萨哈马纳要指控你，一点证据都没有。"

"凯对我也起了疑心！"

"他有没有知己好友？"

外交官员思索了一下，说："农业部长内疆可以算作他的知己好友，内疆还是他的家庭教师。"

"去跟内疆谈谈，尽量搞清楚那个护身符的情况。"

"太冒险了。"

"梅布，你效忠的是赫梯帝国，你可要记得。"

这位高级官员的眼皮垂下去，说："我一定会竭尽全力。"

这个二十岁的利比亚姑娘精力充沛，用纯真赢得了萨哈马纳的欢心。萨哈马纳在她屁股上狠拍了一下，他对她的胸脯十分着迷。就算是老实男人也抵抗不了她那诱人的屁股，这个昔日的海盗现在完全能以老实男人自居了。

她柔声说："再来一回吧。"

"滚，我要做正事了！"

年轻的姑娘吓得不敢说话了。

萨哈马纳纵身跃上马背，来到下属们轮流站岗的岗哨。这些人一般要么在赌钱，要么在玩跳蛇屋，要么在讨论加薪或是升级。王室夫妇离开埃及的这段日子，为了保证太后和王室中人的安全，萨哈马纳对警卫工作格外重视。

然而，岗哨中一点声音也没有。萨哈马纳有种不祥的预感，骂道："你们全都聋了？"

哨官垮着肩膀站起身来，说："队长，我们的确照命令做了。"

"然后怎么样了？"

"希伯来区的哨兵太不走运了……他没看到梅布经过。"

"他睡着了！"

"这样说也没错，队长。"

"这也算'照命令做了'？"

"今天实在太热了……"

"我命令你追踪一名嫌犯，就算只是他的鞋子，都不能错过。如果他去希伯来区，就更该严密监视，结果你如此玩忽职守！"

"队长，我保证不会再犯这种错了。"

"要是做不到，我就把你们全都驱逐到希腊的小岛或其余荒郊野外囚禁起来！"

怒气冲冲的萨哈马纳使劲踏了踏地板，走了。他有种直觉，梅布跟不安分守己的希伯来人是有关联的，他还计划着帮摩西。摩西这个先知本身有多危险，朝中大批愚昧的高级官员都不清楚。

欧菲尔又把实验室的门关起来了。他要去见亚摩斯和巴蒂绪，二人并不知道他是懂巫术的。这两名贝都因人都穿上希伯来砖匠的衣服，还蓄了满脸的长胡子，跟巫师的打扮没什么两样。

欧菲尔能一直跟赫梯都城哈图沙保持联络，靠的正是这二人的游牧部落。为了避免被出卖，他付出的酬劳是非常高的。

亚摩斯说："穆瓦靼力帝王还在世，但王位继承人已经确定，就是他的儿子乌里泰梭。"

"军队要开始还击了？"

"眼下还不行。"

"武器准备好了？"

"总数已足够多，可是过程有些波折。我们要给希伯来人提供更多的装备，还有很多武器要运输。为了不被埃及政府发现，还得小心翼翼，这要花费很长时间。摩西接纳你的意见了吗？"

"他已经答应了。武器你们送到希伯来人住所的地窖里吧，那些希伯来人已下定决心，要跟法老的军队、警队抗争到最后了。"

"我们会把这些希伯来人的名字列一份清单。"

"何时开始运输武器？"

"下个月吧。"

39

作为乌里泰梭最忠诚的支持者之一，赫梯都城的警卫官跟其余很多军人一样，都在等穆瓦靼力死去，那样他儿子便会登基为王，向埃及发起进攻。

军官在严密保卫都城的各个下级岗哨巡逻了一遍，然后回到军营休息。他明天要对逃避执勤的官兵训话，并颁布几条有助于维持军队纪律的惩罚规则。

哈图沙在灰扑扑的城墙环绕下显得一片死寂。然而，一旦赫梯大军在战争中获胜，就会到埃及的富裕地区、到尼罗河岸边，举行大规模庆典。

军官坐到床上，把鞋子脱下来，拿出一种售价不算便宜的荨麻软膏，在脚底按摩起来。就在他昏昏欲睡之际，有人使劲推开了大门，两个官兵向他亮出了手中的剑。

"你们疯了吗？滚！"

"是你，你出卖了乌里泰梭总司令，你真可怕，连秃鹫都不是你的对手！"

"别胡说八道！"

"是你自己活该！"两个步兵把剑刺进了"叛徒"的肚子，他的叫声宛如屠宰场被屠宰的牲口。

太阳出来了，空气却湿漉漉的。

整整一夜，乌里泰梭都没有睡好，他觉得很有必要整顿一下军队纪律。那两个凶手过来向他汇报时，他正在喝热牛奶、吃羊奶酪。

"事情处理好了。"

"有没有遇到什么问题？"

"没有，我们把所有叛徒都铲除了。"

"把尸体全都收集起来，在狮门摆好焚烧的工具。等到明天，我会亲手焚尸，叫所有人都明白，暗地里算计我会有什么结果。"

清除叛徒的命令因为有亚夏提供的名单，执行得迅速、无情。哈图希勒派到乌里泰梭身边的暗探，全都消失了。

总司令来到君王的卧室。在两名护士的帮助下，总司令的父亲在沙发上坐下，双手扶着扶手，眼神木木呆呆的。

"父亲，您能不能讲话？"

他张张嘴，却发不出任何声音。

乌里泰梭终于放心，说："我会处理所有国家大事，您什么都不用担心。哈图希勒正在乡下藏着，完全用不着理睬那个废物。

他那么懦弱、那么害怕，这种恶名会流传千秋万世。"

一丝仇恨出现在穆瓦靼力眼中。

"父亲，您没有资格指责我。想得到权力就应该不惜任何方法抢夺，不是吗？"

乌里泰梭拔出匕首，说："父亲，您现在忍受着这种煎熬，是否感觉很辛苦？了不起的君王唯有在执政期间才能感受到愉悦。以您当前的状况还有这样的机会吗？请您尽量通过眼神向我提出请求，把您的刑期缩短吧。"

乌里泰梭凑到穆瓦靼力跟前，发现父亲并没有垂下眼皮。

"请准许我吧，让我得到本该属于我的王位。"

穆瓦靼力全身上下抖动起来，用眼神断然拒绝了他，并向他发起挑衅。

乌里泰梭做好了进攻的准备，高高举起手臂："借着诸神的名义让出你的王位！"

沙发一侧的扶手在君王的用力按压下裂开了，好像已经熟透的果实。

乌里泰梭吓了一跳，恍惚间手里的匕首掉到了地上。

雅齐利卡娅神庙位于赫梯都城东北部的山上，神庙里的祭司为了维持雷神的法力，正在帮他做清洁。驱魔典礼很快将在这里开始。人们把七枚铁钉、七枚青铜钉、七枚黄铜钉一起钉进地面，并在上面放了一头乳猪，它象征着危及国家安全的黑暗力量。

等祭典结束后，祭司们从供奉着十二尊神像的祭坛旁边走过，驻足于一张祈祷桌旁，喝了一种能把他们心中罪恶的想法都赶走的烈酒。最终，祭司们通过一道在岩石上凿刻出来的台阶进入一座石庙，做起了祈祷。

在这队祭司中，有一名男祭司和一名女祭司脱离了大队，进了一座地下室，在里面点了油灯。他们把遮住脸的斗篷脱了下来，是哈图希勒和普杜赫芭。

普杜赫芭说："现在多么宁静，多么舒适。"

哈图希勒说："这儿不会有危险的。这里很神圣，乌里泰梭的部下没有勇气踏足这里。不过，我还是会派人在神庙周围站岗放哨，以保证安全。我们这次的探险，你还满意吗？"

"跟我的预想相比，现在更好一些。很多官员在乎的仅仅是免于暗杀，并得到巨大的财富，他们对乌里泰梭不见得有多忠诚。一些官员已经发现了亚述对我们的威胁，觉得增强本国国防系统，是比不遗余力跟埃及开战更好的选择，跟我们的观点达成了统一。"

哈图希勒完全接纳了妻子的意见，一如把美酒喝到了肚子里。

"普杜赫芭，这是你的梦还是你真诚的期许？"

"亚夏的黄金创造了人人都说真话的奇迹。乌里泰梭傲慢、冷血、夸张，引起了高级军官的反感。他说已得到战神的保佑，能打败拉美西斯，但无法取信于高级军官。而他对君主的方式，更让大家难以忍受。他自然没有胆量杀死君主，可是他的确盼着君主快点死去，不是吗？要是所有事情都能顺利进行，那用不了多久，乌里泰梭就会失去大权。"

"我只能眼看着自己的兄长死去……"

"你是想发动突袭？"

"普杜赫芭，如果我们这样做，就会犯下大错。现在要扭转穆瓦耙力的命运，已经太迟了。"

美女祭司看着自己的丈夫，眼神中流露出敬佩。

"你可以倾尽全力统治赫梯吗？"

"不这样做也不行了……更何况我们如此密不可分。"

"哈图希勒，我们会共同战斗，共同分享我们的战果。那些生意人对你怎么样？"

"他们还是非常相信我，这种信任甚至因乌里泰梭连续不断的暴行翻了倍。他们相信国家会亡于乌里泰梭之手。在都城之外，我们得到很多支持；在都城之内，得到的支持就很少了。"

"我会到哈图沙去，游说高级军官效忠于我们。用亚夏的黄金办这件事，应该足够了。"

"要是乌里泰梭抓住了你……"

"在哈图沙的友人会保护我的。我会到各个地方拜访，在每个地方都不会停留太长时间。"

"普杜赫芭，你要冒很大的风险。"

"不能再浪费时间让乌里泰梭有机会喘气了。"

亚夏正在睡梦中，一个满头金发的赫梯姑娘一点一点地舔舐着他的后背，一直到脖子上。

外交官起初觉得很舒服，后来变成了欲望。他随即醒来，侧过身去跟情人纠缠，她的胸脯微微颤动着。

乌里泰梭在两人打算深情抚摸对方时不请自入，说："亚夏，除了女人，你心里还有什么？"

"谁让你的都城有这么多新鲜女人让我动心呢！"

亚夏起床洗漱，换了衣服。

乌里泰梭抓着金发姑娘的头发，把她丢到外面，然后说："我今天非常高兴。"

跟平时相比，今天的他看起来更加肌肉饱满。君王的儿子俨然是一个冷血的战士，留着长长的头发，胸口长满了棕红色的胸毛。他说："除了一个叛国者以外，其余对手都被铲除了，整个军队今后都将听我的号令。"

在此次行动之前，乌里泰梭曾做过认真的思考。要是亚夏说的是真的，眼下就出现了一个绝好的机会，可以除掉那些渣滓。即便亚夏说的全是假话，他也能借此机会，把值得怀疑的人铲除掉。这场在埃及外交官的提议下展开的血腥运动，只有好处，没有坏处。

"你依旧不肯让我去治你父亲的病吗？"

"君王的病已经药石无灵。亚夏，不要再折磨他了，那些有毒的药物非但不能让他的病好起来，还有可能让他病得更重。"

"他失去了统治国家的能力，我们就要眼看着国家陷入混乱吗？"

乌里泰梭笑起来，俨然胜券在握，说："很快，军官们就要推选我做君王了。"

"那我们就要签订永远有效的和平协议了？"

"你尽管放心。"

"我是信任你的。"

"不过，君王的弟弟哈图希勒是一定要消除的阻碍。"

"他已经无足轻重了，不是吗？"

"除非他死了，否则不会放弃毁灭我！他想借助那些生意人断绝我的军队的物资供给。"

"你若不想他这样做，应该能想到办法。"

"哈图希勒深谙怎样隐藏自己，是一条名副其实的鳗鱼。"

亚夏说："这件事非常难办，可不是完全办不到。"

乌里泰梭的眼睛亮晶晶的，他问："朋友，你有法子吗？"

"设下一个圈套，把他骗进来。"

"你的意思是……想帮我把他骗进这个圈套？"

"埃及使臣想给赫梯新君送上一份大礼，这么做不是应该的吗？"

40

借助预知能力，妮菲塔莉证实了拉美西斯的猜测：那群想在途中毁灭埃及船队的河马，是在猎户、渔民的逼迫下聚集在那里的，并非什么巧合。

拉美西斯说："是谢纳……幕后主使就是他，他活在世上就是为了杀掉我们，他不会放弃这个目标。妮菲塔莉，我们要继续南下，你意下如何？"

"身为法老，走到半路折回去可不行。"

谢纳，以及对谢纳的仇恨，都被尼罗河和努比亚的风景冲淡了。

莲花和塞达武趁着船队停靠岸的这段时间，抓了几条漂亮的眼镜蛇，收集了很多眼镜蛇的毒汁。有一条眼镜蛇的头顶是黑色的，点缀着红条纹，格外引人注目。

努比亚美人的皮肤闪闪发光，显得更美了。在这个暖融融的晚上，柔和清爽的棕榈酒和爱情带来的快乐，把旅程变成了庆典，让人满怀期许。

天边的太阳升起时，山都变成了红色的，风吹动着棕榈树。鸟儿纷纷唱起歌来，所有生灵都从睡梦中醒来，妮菲塔莉沉浸在欢喜中。她每到早上就会穿上带肩带的传统白袍，向赐予埃及臣民生命的神明祈祷。

一艘商船在沙滩上搁浅了，船上不见半个人影。王船就停在那艘船不远处。

拉美西斯、塞达武跟两个船员都想去那艘不见人影的小船上查看一番，便乘小船朝它靠近。拉美西斯觉得船一定是谢纳的，希望能在船上发现某些蛛丝马迹。即使妮菲塔莉也无法劝阻他。

然而，甲板上什么都没有。

一个船员说："底舱的门关得紧紧的。"

塞达武上前帮这名船员把门上的木质门闩弄断了。

为什么船会搁浅在这个水流速度不算快的地方？为什么船上的人匆匆丢下船走了，甚至来不及把船上的货物卸下来？

一个船员迅速冲进底仓，却被吓得尖叫。

就算遇到了最凶恶的毒蛇，塞达武也不会害怕，可是连他都惊呆了，往后退去。

船员的大腿被鳄鱼咬住，大口大口撕咬着，很快那名船员就没有声息了。这些鳄鱼都是通过一个很大的入口被放进这里的。

拉美西斯看到船员如此悲惨，想去救他。塞达武却拦住拉美西斯："任何人都救不了他……你去了只会葬身鳄鱼腹中。"

上个圈套有多血腥，这个圈套就有多残酷。谢纳知道弟弟的勇敢天下闻名，已经预料到弟弟会上船。

愤怒至极的拉美西斯由塞达武和余下那名船员陪伴，想要折回原处。三人跳下那艘船，走上沙滩。

一条长八米多、重达两吨的庞大鳄鱼正在他们跟小船中间，张大嘴巴，目不转睛地看着他们，随时都可能扑到他们身上。这种怪物看起来好像矿石，一动不动，但行动起来却非常灵活。鳄鱼图案在埃及象形文字中的含义是行动敏捷，让人完全来不及防备、躲避不了。

塞达武四下里瞧了瞧，发现还有几条鳄鱼正偷偷看着他们，所有出路都被堵死了。这几条鳄鱼闭上大嘴巴，嘴巴里那些巨大的牙齿比匕首更尖锐。现在它们的表情就像是在欢笑，眼前的美味很快就要落入腹中了。

王船上的人完全无法看清这边发生了什么。他们稍后就会忧心，这几个人怎么还没回来，可那时已经太迟了。

塞达武自言自语道："我可不想这样死掉。"

坐以待毙不是拉美西斯的风格。他缓缓拔出匕首，想等怪物扑过来时，借机溜到它身下杀掉它。这场战争几乎没有胜算，谢纳不费吹灰之力就能击败拉美西斯，都不必亲自上阵。

鳄鱼迅速往前移动了两米，然后停在了原地。

余下的那名船员伸手捂住眼睛，跪倒在地。

拉美西斯吩咐塞达武："我们齐声高叫，朝对方冲过去，你去左侧，我去右侧。船上的人也许能听到我们的声音。"

最后一刻，拉美西斯脑海中出现了明明很近却又很遥远的妮菲塔莉。随后，他凝神屏息注视那条庞大的鳄鱼，除此之外什么都不想了。

他高叫时，看到有什么东西在河岸上带刺的灌木丛中出没，接着便听到了大象惊人的叫声，把鳄鱼都吓得退后了。

发出叫声的是一头大得无与伦比的公象，它迈着大步涉水来到沙滩上，用鼻子把那条鳄鱼卷起来，朝其伙伴丢过去。那群鳄鱼纷纷转身，逃回了水里。

力量最少有八十千克的大象鼻子卷住了法老的腰，温柔地举起他，放到自己在风中舞动的大耳朵旁边的脖子上。

"过去我救了你，现在我又被你所救。"

这头大象的鼻子曾在很多年前中箭，多亏拉美西斯和塞达武的帮助才养好伤。时至今日，它已不再是昔日的小象，而是变成了一头眼中闪烁着智慧之光的强健公象。拉美西斯轻轻抚摸着它的头，它摇头快活地叫起来。

农业部长内疆对自己的报告做了最后的修改。今年尼罗河的泛滥恰到好处，上下埃及都能取得很好的收成。财政部的书记员平日里要求严苛，如今也赞同降低赋税。拉美西斯返回都城后会看到，有心思细密、吹毛求疵的亚梅尼监督，官员们都在各自的工作中尽职尽责。

内疆加快脚步来到王室花园。在这里，他只看见梅莉达蒙一个人在弹奏竖琴，原本他以为凯也在这里跟妹妹玩。

"你哥哥走了很长时间了？"

"他今天没来。"

"可我跟他约定在这儿见!"

内疆又赶紧去了图书馆。吃过早饭后,他曾让凯独自一人待在图书馆,因为凯想抄录《智慧书》,其中记载了有大智慧的人对金字塔时代的评价。

凯果然还在这儿,坐姿标准,好像个书记员。他正拿着笔在一直垂到自己膝盖上的莎草纸上认真而迅速地抄写。

"可……你不觉得累吗?"

"不,内疆,这些优美的文章让我的手指更加灵巧,忽略了抄书带来的疲倦。"

"你可能需要……休息一下。"

"啊,不要,眼下还不能休息!建造萨卡拉乌纳斯金字塔的建筑师所用的几何定律,简直太有趣了。"

"你不吃晚饭了?"

"我还没觉得饿,内疆。"

"你可以再抄一阵子,只不过……"

凯站起身来抱住部长,在他脸上亲了亲,随后坐回去,继续沉浸在读书、抄写、研究中。

从图书馆出来时,内疆摇晃着自己的头。拉美西斯的大儿子这么有天赋,再次让他感到震惊。这个天赋很高的孩子已长成了少年。要是他一直对充满智慧的名言警句深信不疑,就能成为合适的法老继位者,法老不必再为此担心了。

"我亲爱的内疆,农业收成如何?"风度翩翩、满脸含笑的梅布打断了部长的思考。

"不错，非常不错。"

"距离我们上次闲谈，已经过去了很长时间……我想跟您共进晚餐，您意下如何？"

"恕我不能接受，还有很多工作等着处理。"

"那太遗憾了。"

"我也觉得很遗憾。可是，梅布，跟个人的享受比起来，为国家工作更加重要，不是吗？"

"所有效忠于法老的仆从都坚持这样的信条，我们所做的任何事，到了最后全都要归结到这一点上，不是吗？"

"啊！人们时常会忘记自己承担着什么责任，所有人都不可避免。"

梅布为了骗到自己需要的情报，明明很厌恶内疆对权威那种让人不悦又幼稚的观点，但还是佯装很尊重、很赞同他的意见。在背地里梅布为破译亚夏的密码信做了好几次尝试，却发现亚梅尼太细心了，根本不可能破译成功，因此情绪低落到了极点。

"能让我送您回去吗？我得到了一辆新车，还有两匹驯服的马。"

内疆咕哝道："我更愿意走路。"

"您现在还可以跟凯见面吗？"

农业部长顿时容光焕发，说："可以，自然可以。"

"那孩子太让人惊讶了！"

"他比你所了解的还要有才能，足以继承王位！"

梅布的笑容变淡了："内疆，也只有您这种人才能庇护他，让他摆脱那些恶劣的影响。他的天赋这么高，极易成为他人妒忌、怨憎的对象。"

"有塞达武的护身符呢，不用担心。"

"你能肯定塞达武对他的保护万无一失？"

"凯有两个完美、神圣的护身符，足以抗衡一切邪恶的巫术。其中一个是能保证凯健康成长的莎草秆护身符，另一个是一条画着一只眼睛的布条。"

"简直让人难以想象。"

内疆继续说："而且凯每天都在学习阿蒙神庙实验室墙上的经书，学得很认真。"

"听了您这样说，我心里踏实了很多。以后再请您跟我一起用餐怎么样？"

"对于社交活动，我真是毫无兴趣。"

"亲爱的内疆，我明白您的意思！可我是外交官，这些都免不了，不像您这么幸运。"

梅布告别内疆后，几乎要跳起来，就像一条发了疯的狗。如果把这些情报告诉欧菲尔，他肯定会非常满意的。

41

那头大象从岸边的沙漠一路跟随船队来到阿布辛贝河边，然后大叫起来，像在欢迎大家。站在高高的悬崖上，大象认真地望着拉美西斯。

拉美西斯能再见到这座小小的金沙湾，心里也很高兴。它将山峰间隔开，又连在一起。自己是怎样找到了这个美丽的地方，莲花又是怎样找到了那块能治病的女神宝石，这些回忆在国王脑海中一下子浮现出来。

那个努比亚美人脱光衣服，毫不犹豫地跳进水里，快乐地游起泳来。岸边洒满阳光，她轻轻松松游上了岸。有几个船员也照她的做法去做，但好不容易才上岸，都在暗自庆幸。

此处的风景如此恢宏壮观，山崖上的突起为航行之人指明了道路。两座陡峭的岬角将尼罗河夹在中间，将其变成了一条曲折的线，浸湿了褐色的沙子。看到这些，大家都深感震撼。

莲花笑盈盈地上了岸，身上水光闪烁。塞达武紧跟在她后面，把自己的羚羊皮披在她身上。

拉美西斯询问妮菲塔莉："你觉得这里怎么样？"

"我看到了哈托尔女神，地上的石头好像天上的星星，在金色天幕的映衬下，发出耀眼的光芒。"

"北面有大块嶙峋的砂岩，与大海温柔接触，南面是望不到尽头的山峦。两座岬角就像一对夫妇结合在了一起，真是奇景！我要在这里建两座神庙，象征着法老和大皇后永远不会分开，以此作为我们爱情的纪念。你的容颜将被雕刻到石头上，恒久保存，向太阳投以恭敬的注视，因为是太阳每天赐予你新的生命。"

妮菲塔莉不顾礼仪，温柔地搂住拉美西斯的脖子热吻起来。

努比亚次王看见船队离阿布辛贝越来越近，还以为在做梦看错了，揉搓着眼睛。

在河岸边，数十名石匠建起一座工地，以应付建造庞大建筑的需要，有些石匠借着木架子登上陡峭的山崖开采砂岩，有些在砸石头。他们平时需要的东西，都由货船送过来。工头们把工人划分成很多个各负其责的小组，以便有秩序地开展工作。

拉美西斯亲自出任总工程师。一个模型、数张图纸摆在工地上。国王先跟建筑师和出色的雕塑师商议，再认真听取工人们对建造规划的建议，从中发现不足加以改进。

努比亚次王在考虑怎样才能在不打搅法老的前提下，通知他自己来了。次王觉得最佳做法是等拉美西斯先看见自己，这需要耐着性子等候。次王会这样想，是因为听信了传言：法老生性多疑，对跟自己不同的意见满怀憎恶。

一个软而凉的东西在轻轻摩擦自己的左脚踝……次王垂下眼睛看了一下，便待在原地，不敢动弹了。

那是一条红色与黑色间杂的毒蛇，长度约有一米！在沙滩上爬行了一会儿后，它在次王脚边停了下来。次王哪怕是微微动一下甚或低声惊呼，都会招来蛇的攻击。

一个年轻女人在几步开外的地方，她那短短的裹腰布在风中舞动，美丽的胸膛裸露着，展现出任何人都不能抵挡的诱惑力。

次王嗫嚅道："有蛇……"在这么热的天气中，他却浑身起了鸡皮疙瘩。

莲花毫不在乎，问："有什么好害怕的？"

"可这蛇……"

"我听不到你在说什么，大声一些。"

次王却连话都说不出来了，因为蛇正顺着他的小腿缓缓向上爬。

莲花走到他身边，说："你打搅到它了？"

次王全身上下都十分紧张。

努比亚美人迅速把那条红色与黑色间杂的蛇抓起来，缠绕到自己的左胳膊上。蛇的毒液已经被她抽走了，真不知道这个身材肥胖的男人有什么可害怕的？

次王向前跑去，但跑得太快了，一下撞到了石头上，滚到国王身旁。这个男人平时看起来高大且严肃，此时鼻子却插进了沙子里。拉美西斯瞧着他，很是困惑："你这样向国王表达敬意，是不是有些过头？"

"陛下，宽恕我，我才从一条蛇那里……逃出来！"次王爬起身来。

"你有没有抓到谢纳？"

"陛下，不必担心，我会倾尽全力，完成您的命令。"

"我问你的问题，你还没有回答。"

"失败是暂时性的，在努比亚，我的军队布下了无处不在的监视网，只要凶徒出现在这里，一定能发现。"

"你为什么这么晚才来拜见？"

"这里有安全问题需要处理。"

"在你看来，这件事的重要性甚至超过了王室夫妇？"

次王涨红了脸："陛下，我自然不是这个意思！您完全误会我了，更何况……"

"你随我过来。"

拉美西斯看起来很平静，次王本来还怕他会勃然大怒。他带着次王来到工地旁边一座很大的帐篷里，塞达武的医疗室便设在这里。有个石匠被砂岩擦破了皮肤，塞达武正为他包扎伤口。

拉美西斯问："塞达武，你喜不喜欢努比亚？"

"你觉得有必要问吗？"

"我看莲花也很喜欢这里。"

"来到这里以后，她的体力翻了倍，欲望更是无休无止，叫我疲于应对。"

次王全身哆嗦起来，不相信此人在跟上下埃及的统治者讲话时，胆敢用这样的口吻。

"这位高级官员为争取我们的好感，前来拜见，你知道他是谁吗？"

塞达武说："我厌恶官员，他们有很多特殊权力却还想要更多，这种贪欲最终会撑破他们的肚皮。"

"我为你伤心。"

塞达武瞧着国王，一脸惊愕："为什么这么说？"

"统治努比亚这么大的国家，工作量相当庞大。次王，你对此有异议吗？"

"没有，陛下！"

"单是一个迷人的库什省，就需要一个手段强硬的统治者。次王，你觉得呢？"

"您说得没错，陛下！"

"我基于对你看法的尊重，作出如下决定：将我的朋友塞达武提名为库什省王子，由他统治库什省。"

塞达武好像听到了一件跟自己没有任何关系的事，仍在叠衣服。

次王却呆住了，如同一座不曾被雕塑师赐予生命的雕塑。

"陛下，我跟塞达武的关系存在某些问题……"

"我坚信你们的关系必然是坦诚而友善的。现在你回到库什城堡，为抓捕谢纳做准备，此外什么都不要理。"

次王很失望，只能走了。

塞达武交叉着胳膊于胸前说："陛下，我觉得你是在开玩笑。"

"这里有很多蛇，你们要收集毒液，何愁没有源头？到时莲花一定会非常高兴。你们能住在这个全世界独一无二的地方，是莫大的幸运。朋友，你要为我做工程负责人，同时监督阿布辛贝那两座永远纪念王室夫妇的神庙的工程进度。努比亚的中心区域将变成埃及神秘文明的核心，并因此名传千古。不过，要是你对我这项决定有什么不满，完全可以拒绝。"

塞达武抱怨道："你肯定早就暗中跟莲花达成了一致意见，更何况法老有令，什么人胆敢不遵从？"

借着礼仪的法力，国王将南方敌人与北方敌人的灵魂、西方敌人与东方敌人的灵魂彼此交换。阿布辛贝位于这四个方位以外，因这种混乱的方位，而免遭战争之苦。在以后将要建成的神庙周围，皇后建立了军事基地，为避免神庙遭受外界进攻竖起一道屏障。

在大神庙前方正对着的小庙中，拉美西斯把自己对妮菲塔莉的爱情献给了玛亚特，实现了光明和王室夫妇之间的交融。集一切滋润埃及臣民的神圣力量于一身的王室夫妇，会让这种力量一直作用于阿布辛贝，永远不会改变。

国王与皇后的神庙在拉美西斯与妮菲塔莉的凝视中逐渐建立起来。工匠为了开辟内殿，不惜到悬崖底下开凿。他们将岩石全都凿成了石块，每块都长三十三米、宽三十八米、高六十三米。

拉美西斯等自己和妮菲塔莉的名字都被刻到了阿布辛贝的石头上，便命令船队准备出发。

塞达武问他："你要回拉美西斯城？"

"不，我要到努比亚其余地方去，为神庙选址。在这个火之国中，男女神明会定居下来。集中工人的这项工作就交给你了。希望阿布辛贝能变成光明的核心，环绕神庙的军队，让和平更加稳固。还要耗费很多年的时间才能完成这项了不起的事业，可是在时间面前，获胜的必然是我们。"

莲花看着王船越走越远，满脸不舍。站在高高的悬崖上，她能望见在白帆船的船头伫立的拉美西斯与妮菲塔莉。帆船缓缓驶进大海，海面湛蓝，宛如努比亚的天空。

到了这时，莲花才深切了解到拉美西斯对妮菲塔莉的深情，以及拉美西斯深谙怎样才能获得别人的敬重。他能始终保持了不起的法老的气魄，原因就在于此。

42

谢纳勃然大怒，一切都跟他预想的不一样。他要远征，必须先铲除拉美西斯。而铲除计划的失利会让他在远征中损失惨重，他只能匆匆忙忙撤退到南部。

在一个村子里，谢纳偷了一艘小船，引发了村民们诸多的怨言。而且次王的部下也无时无刻不在追捕他，身手不及努比亚船员灵活的他险些被捕。他只能舍弃小船，取道沙漠，希望迷惑对方，以求自保。从克里特岛跟随他的那个能干的雇佣兵帮手，沿途不停地大发怨言，怨天气太热太闷，怨成群结队的蛇、狮子等野兽不断危及他们的生命安全。即便如此，谢纳还是执意要到伊赫姆国去，计划怂恿当地强悍的部落进攻阿布辛贝的工地。法老的声望会因努比亚重新陷入动荡而受损，到时法老的敌人就能借此机会给法老以重击。

谢纳带领少量人员，来到了外人禁止入内的淘金区附近。在埃及士兵的监督下，淘金工人正在这里埋头苦干。为了切断埃及这种贵重金属的供应，发动叛乱之人迫切想要把这里据为己有。

从一座沙丘顶上，谢纳俯瞰下面正在尽力淘去金沙杂质的努比亚淘金工人。他们从沙漠的井里取来水，把一个水池灌得满满的，然后让水池中的水流过一座山坡，汇入过滤池中。缓缓流动的水流能把杂质冲走，把金子留下。但是要反复做这样的工作，才能提取出毫无杂质的金子。

负责监督的埃及士兵都全副武装，且人数很多。要想把他们全部消灭，单凭一支小小的突袭队伍是不可能做到的。谢纳计划从各个部落召集上百人，发动一次大型叛乱。

他接受努比亚向导的提议，要在伊赫姆国跟一名黑人部落酋长见面。在部落正中一座大茅草屋中，谢纳见到了酋长。此人身材高大，身上到处都是刀疤。

酋长说："你是埃及人？"

"是的，可我恨拉美西斯。"

"任何压迫我们国家的法老，我都不喜欢。你来这里，是奉谁的命令？"

"一个潜藏在埃及北方的人，此人实力强大，视拉美西斯为仇人。若我们能为其提供帮助，必然能击败法老，到时你先前被法老抢走的土地，就会重新属于你了。"

"如果法老知道我们发动叛乱，一定会派大军来镇压。"

"单凭你一个部落，力量是不够的，这点我得承认。可越是这样，我们越应该结成对付外敌的联盟？"

"结成联盟？这要开会讨论，有时候要接连讨论好几天，夜里也不能休息。"

谢纳最缺少的美德便是耐性，但他把愤怒压到心底，立下誓言，无论讨论需要花费多长时间，他都不会半途而废。他问酋长："你可愿帮我？"

"我一定要待在村子里，不能到别处去。可只有到隔壁村去，才能认真讨论，那里距离这里很远。"

克里特岛的雇佣兵把一只银盘子交给谢纳。谢纳说："这个宝贝能保证你的部落中人连续数月吃饱肚子。我会把它送给任何愿意帮助我的人。"

"我去劝其余人，就能得到这个宝贝吗？"

"成功以后还有更丰厚的报酬。"

"这可不是短时间就能做到的。"

"我们今天一早就启程。"

伊瑟从拉美西斯城回来后，时常回想起那座小茅屋。结识妮菲塔莉前，拉美西斯把对伊瑟的爱藏在了小茅屋中。伊瑟曾盼着跟这个迷人的男人结婚，可是跟那个注定会当上大皇后的高贵女子比起来，自己有什么胜算？

每次伊瑟为爱伤心时，就会把化妆、洗澡都忘了，穿的衣服也是旧的……可是想起自己跟拉美西斯的两个儿子凯和麦伦卜塔，想起自己对国王跟妮菲塔莉的女儿梅莉达蒙的爱，她又会将所有心思放在三个孩子的前程上，把自己的忧伤抛诸脑后。麦伦卜塔是个健康、聪慧、早熟的小男孩，梅莉达蒙是个美丽、爱思考、擅长音乐的女孩，凯日后必定会成为了不起的先知。这三个孩子是她的希望与未来。

内官送来四条紫晶、红玉髓项链，几只银镯子，还有一件缀着金流苏的彩色袍子。

紧接着，拉美西斯的姐姐杜兰特过来了："伊瑟，你好像非常疲倦。"

"休息一下就好了。这些美丽的玩意儿是给谁的？"

"是我送给你的一点小礼物，你喜欢吗？"

"太谢谢你了，我无以为报。"

身材高大、表情沉着、满头棕发的女人下定决心，要主动出击："你是否已觉得不堪重负？"

"怎么会？能养育拉美西斯大帝的三个子女，是我的荣幸。"

"这种生活索然寡味，你为什么要委屈自己？"

"我很爱拉美西斯和他的孩子，神已经赐福给我了，不是吗？"

"伊瑟，那些神并不存在！"

"什么？"

"全世界只有一位真神，就是阿肯那顿崇拜、摩西与希伯来人信奉的那位，我们都应遵从他的指示。"

"杜兰特，你想怎么做就怎么做吧。至于我，跟你是不一样的。"

杜兰特明白，伊瑟胆小怕事不会听从自己的意见。不过，换一个角度，也许能说服她。

"我认为只做王妃，对你很不公平。"

"杜兰特，我并不这么觉得。妮菲塔莉的美貌、智慧都更胜我，乃至所有女人之上。"

"实情并非如此，况且她的内心正在被一个无法宽恕的错误吞没。"

"哪个错误？"

"妮菲塔莉对拉美西斯毫无爱意。"

"你的猜测太荒谬了！"

"可我很明白，这是事实。我的时间大多都用来听高级官员吐苦水，以及从他们身上收集情报，这对你来说是根本无从想象的。我能向你保证，妮菲塔莉十分虚伪，满肚子阴谋诡计。她结识拉美西斯以前是什么人？只是个女祭司，在神庙为神明奏乐的末流乐师，哪里有什么未来……在这种情境下，拉美西斯居然爱上了她！羞涩的姑娘从此发生了彻头彻尾的改变，成了疯狂的野心家。"

"杜兰特，对不起，我是不会相信的。"

"王室夫妇这次去努比亚，究竟是为了什么，你了解吗？是因为妮菲塔莉想要建造一座庞大的神庙，让自己的功劳与荣耀永远流传下去！拉美西斯被她说服，去主持那座大型工程的开工仪式，工程要花费数年才能完工。妮菲塔莉想要代替法老统治国家的野心，已经暴露出来了。我们要不惜采取一切方法，让她这项疯狂的计划落空。"

"难道你觉得……"

"不惜采取一切方法，我再复述一遍。能救拉美西斯的只剩你了，伊瑟。"

伊瑟大吃一惊。杜兰特说的这些话，她自然不会相信。然而，看起来满怀诚意的妮菲塔莉……会不会因为手中的大权，变得目中无人呢？那个情感丰富、对拉美西斯满怀敬慕的妮菲塔莉忽然消失了。引诱上下埃及的统治者，对一个狠毒女人的吸引力是其余任何事情都难以比拟的！

"杜兰特，在你看来，我该怎么做？"

"拉美西斯成了她手中的工具。他的妻子本应该是你，他的儿子凯，得到全国上下一致承认的继位者，是你所生。伊瑟，你要是爱国王、爱埃及、期待埃及能繁荣稳定，就只能杀掉妮菲塔莉，除此之外，再无别的办法。"

伊瑟闭上眼说："我绝不会这么做，杜兰特！"

"我可以帮助你。"

"一旦犯罪，就无法获得宽恕，身心都会因此堕落。若杀了大皇后，会引发难以想象的恶劣后果。"

"这些只有神才了解！你必须偷偷采取行动，什么蛛丝马迹都不能留下。"

"杜兰特，是你信奉的神指示你这么做的？"

"罪恶的妮菲塔莉会让拉美西斯的心受到污染。对国王的忠心不二要求我们一定要团结一致，在她毁掉他之前出手阻挠。"

"我要想一想。"

"伊瑟，我非常尊重你，我相信你肯定会作出明智的决定。我跟你的友谊在任何情况下都不会发生改变。"

伊瑟笑容苦涩，亲吻杜兰特与她道别。

杜兰特走后，伊瑟呼吸困难，步履蹒跚地来到正对着花园的窗户旁边，让明晃晃的太阳照着自己的身体，心里的愁苦却没有因太阳的照耀而消除。她抬起头来，对着天空祈祷，希望主宰着人类的未来、阳寿、死亡时间的神能听到。行使神的职责，杀掉妮菲塔莉，以免她毁掉拉美西斯，伊瑟有权利这样做吗？

　　这是伊瑟首次郑重其事地把妮菲塔莉视为自己的仇敌。多年以来，隐藏在两人之间的矛盾重新暴露出来，原先的心灵相通已不复存在。拉美西斯的两个儿子都是伊瑟所生，她是他的初恋，他执政期间，原本应由她辅佐他。杜兰特将这一真相揭露出来，让伊瑟几乎无法呼吸。

　　只要妮菲塔莉失去了大皇后的地位，拉美西斯就会明白，这段爱情仅仅是个插曲，很快就会结束。他会在离开那个歹毒的女魔头后，再从伊瑟身上找回少年时期的爱情和一直爱着他的女人。

43

凶悍的欧菲尔根本看不起希伯来人，却厚着脸皮认为住在砖匠这个区是安全的，哪怕要为了保证万无一失频繁搬家。

值得庆幸的是，萨哈马纳并未深入搜查这里，因为有些认真分辨过后还是未能分辨出来的假证据证实，这名利比亚巫师早就不在埃及了。萨哈马纳当前要做的只是常规巡逻，避免任何人趁夜发动叛乱。

可接连几个月都不见形势有半点起色，巫师觉得很郁闷。拉美西斯已经三十七岁，统治埃及十五年了，埃及还是一片繁荣昌盛。

赫梯帝国传回来的情报更加诡异且惶恐。乌里泰梭跟埃及拼死一战的想法固然从未改变过，但是他始终没有采取行动。而埃及大军继续占据着叙利亚南部、迦南那片军事缓冲地带。这些军队都有丰富的作战经验，就算遭到大军围攻，也完全有能力应对。乌里泰梭是个急性子，却这样拖拖拉拉，是怎么回事？欧菲尔从贝都因人传达的精简的情报中，找不到半点答案。

谢纳在南部怂恿努比亚部落发动叛乱的尝试也失败了，一直在进行的谈判毫无成果。

杜兰特为了游说伊瑟行动起来，还在宫中讨好她，可是她好像始终没能作出决定。

梅布的工作也基本没有进展，因为他一直没能看懂亚夏给亚梅尼的密码信。他已经把保护凯的法术完全搞清楚了，可就算是欧菲尔都觉得，要对付一门心思学习的拉美西斯的大儿子根本无从下手。

拉美西斯在走过漫漫长路并修建了很多神庙后，返回了都城。妮菲塔莉满脸幸福。王室夫妇在国家大战在即时，得到的拥戴依旧不减当初。大家都相信，有他们在，埃及一定能永远富强，免遭别国侵略。

这让欧菲尔非常担心。铲除拉美西斯的希望，随着时间的推移慢慢化为泡影。而他身为间谍首领，原本一直坚信自己能完成任务，现在却变得怯懦、沮丧，觉得前途无望。

欧菲尔坐在客厅深处，这里一片昏暗，没点灯。

有个人走进来说："我有话想跟您说。"

"你是摩西？"

"您正在忙？"

"不，我只是在思考。"

"拉美西斯总算回国了。我一直遵照您的意见，耐着性子等他归来。"

摩西的声音中不带半分迟疑，他终于下定决心要行动了，欧菲尔因此重新看到了希望。

摩西接着说："我召开了长老会议，会议作出决定，由我去游说法老。"

"因此，当前最紧迫的事情还是离开埃及。"

"希伯来人会在耶和华的指示下离开埃及。那您的诺言呢？兑现了没有？"

"武器就放在地下室，是我们那些贝都因朋友送过来的。"

"我们不会采取暴力，可学会自卫是应对可能的攻击的最佳方法。"

"摩西，任何民族发动叛乱，拉美西斯都不会容许的。"

"我们只想走出埃及，返回我们的福地，无意发动叛乱。"

欧菲尔心中欣喜若狂，他总算能放声大笑了！因为摩西，埃及将变得一片混乱，这对乌里泰梭发动战争会大有帮助。

女祭司普杜赫芭把自己的头发梳成发髻，又戴了一顶无檐软帽，躺在雅齐利卡娅神庙的一张石床上，好像死了一样，那十二位神就在她对面。她三天三夜都不会醒来，这是一种可怕的药物作用的结果。而要直接跟命运的主宰者交流，窥视神明有何指示，这种方法堪称安全系数最高的一种。

要保住她和哈图希勒的性命，单是让乌里泰梭看到神明给出的凶兆还不够。于是，她下定决心，选择了这种能彻底解决问题却非常危险的做法。

商人和大半重要的军人都表示会拥戴哈图希勒，但是对于将来，哈图希勒跟普杜赫芭都没有半点妄想。很多大将都在埃及使臣亚夏的金子的驱使下，支持增强国内和边疆的防御兵力，放弃进攻埃及。可如果乌里泰梭发现他们正在密谋叛乱，这些人还会坚持原先的计划吗？

终有一日，乌里泰梭抢夺大权的举动会被世人发现。在得到各界支持后，哈图希勒依旧在犹豫，是否要发动一场使无数赫梯将士死在战场上的大战。

普杜赫芭自愿入梦感知神的指示，就是因为这个原因。只有在被迫进入睡梦中后，才会进入这样的状态。做这种感知的人可能再也不会醒来，也可能醒来以后却疯了。因此，哈图希勒很不赞同妻子这样做，哪怕她执意要求。在提了十次要求后，普杜赫芭终于得到了丈夫的赞同。

她的身体整整三天三夜纹丝不动，若不是还有微弱的呼吸，根本看不出她还活着。现在，她应该像经书上说的那样，睁眼说出主宰命运的神给了她怎样的启示了。

哈图希勒紧紧攥着自己羊毛外套的下摆，心中极度惶恐。规定的时间已经过去了，她还没醒来。

"普杜赫芭……醒过来，求你醒过来！"

她好像哆嗦了一下。没有，她始终纹丝不动，是他看错了。可她刚才确实哆嗦了一下！

突然，普杜赫芭睁眼盯住那块岩石，上边雕刻着那十二位神明。一种哈图希勒闻所未闻的低沉、缓慢的声音，从她口中发出来："我看到了雷神，还有伊绪塔女神，他们都跟我说：'我支持你丈夫，在他的统治之下，国家会走上正途，他的敌人则会陷入困境。'"

这只手如此温柔，让他想起了蜜，想起了春日的露珠。他长时间享受着它的抚摸，感觉很新奇、很快活，简直要把其余事情都忘记了。

这是亚夏在赫梯的第五位情人，前四位情人有的长处她都有。即便如此，亚夏依旧开始思念起了埃及女子、尼罗河岸、棕榈树林。

赫梯的都城枯燥乏味，只能用爱情作为调味剂。另外还要跟商人代表、军官代表开会，这种会好像永远都开不完。

亚夏跟乌里泰梭的谈判正式开始了，过程十分漫长。乌里泰梭还有一项重要的工作，就是派人追捕哈图希勒，围攻他藏身的地方，等抓住他以后，再处置他。

亚夏要等君王之子为开战训练战车队、骑兵团、步兵团的工作结束后，准时把详细报告呈交上去。

哈图希勒有三次险些落入乌里泰梭的部下之手，可到了最后关头，又都在别人的帮助下逃脱了。

亚夏跟他的情人亲热完，乌里泰梭方才走进来。这名大将的眼神几乎是直勾勾的，动也不动。

亚夏在手上涂了乳霜，一面搓手一面说："有个好消息要跟你说。"

乌里泰梭像打了胜仗一样，热情地说："我也有个好消息。赫梯帝国终于完全归我所有了，我的父亲穆瓦靼力去世了！"

"这太好了，但是哈图希勒还没死。"

"虽然赫梯地域广阔，但是用不了多久，我就能抓住他了。你给我带来了什么好消息？"

"这个消息恰好跟哈图希勒有关。我从一个很值得信任的情报人员那里得知了哈图希勒藏身的地点，只不过……"

"只不过什么，亚夏？"

"你能向我承诺，只要抓到哈图希勒，就跟我订立和平协议吗？"

"朋友，你这个选择不会错的，埃及一定能得偿所愿，不用担心。那个叛徒在什么地方？"

"雅齐利卡娅神庙。"

乌里泰梭担心派出大军抓捕哈图希勒，动静太大，被帮哈图希勒站岗放哨的人发现了，哈图希勒就会再次逃之夭夭。于是，他决定亲自上阵，带着一支由十二个人组成的突袭小队出发了。

乌里泰梭会狠狠处罚那些祭司，因为他们应普杜赫芭的要求，让已经去世的君王的弟弟藏在他们那里。

哈图希勒藏身在都城附近一个十分显眼的地方，这样做未免太粗心大意了。这次就算他长了翅膀，也甭想逃走。

自己应该当场处死哈图希勒，还是诬陷他呢？乌里泰梭在这两种做法中间徘徊不定。他对法律了解不多，更愿意选择前一种方式，即他的准备已足够充足。身居高位的他不能亲自动手杀掉哈图希勒，只好让部下负责这项工作，实在可惜。

返回哈图沙以后，乌里泰梭就会举办隆重的葬礼，埋葬穆瓦靼力。他将以穆瓦靼力之子的身份继承王位，任何人对此提不出异议。

接下来，乌里泰梭会率领精英部队侵略南叙利亚，跟贝都因大军会合，攻克迦南，进入埃及。届时他将跟拉美西斯和亚夏交锋，拉美西斯因为对和平笃信不疑，犯了不可饶恕的错误，而亚夏作为外交使臣，更让拉美西斯错误地以为从此不必再为战事担忧。

他，乌里泰梭，已经成了赫梯帝国的统治者！理想变为现实，哈图希勒那开支庞大的联军，对乌里泰梭来说已经毫无用处。他觉得亚述、埃及、努比亚乃至全亚洲，都将成为自己的地盘，任何人都无法战胜他。赫梯此前历朝历代的君王的功绩，都比不上他。

突袭小队赶到了雅齐利卡娅神庙的石基旁边，这组神庙中还有很多小型神庙。在传说中，雷神泰梭夫妇就住在这里。泰梭这位异常可怕的神的名字，刚好跟新君名字的后半部分吻合。而新君的确就是雷神，会用雷电把敌人劈死。

一男一女还有一个孩子，正坐在神庙门槛上。那是哈图希勒夫妇和他们年仅八岁的女儿。他们三个是疯了，居然主动暴露自己；还是觉得乌里泰梭会因此减轻对他们的惩罚？

乌里泰梭想要好好品味胜利的喜悦，大声阻止了想要行动的骑兵。亚夏为他提供了个好机会，让他除掉最后的仇敌。等他杀了这惹人厌的一家三口，就去杀了那个已经失去价值的埃及使臣亚夏。那个亚夏真是天真，竟然相信乌里泰梭想要和平！他这么多年的等待与考验，不过是为了抢夺王位！

乌里泰梭向部下下令："杀！"

乌里泰梭一想到无数支箭一起发射，就觉得痛快。他想象不出更加兴奋、更加喜悦的场景了：狡诈的哈图希勒与骄傲的普杜赫芭浑身插满了箭，再被火烧掉……

然而，箭一直没有射出去。

乌里泰梭失去了耐性，叫起来："杀啊！"

弓箭忽然齐齐对准了他，军队叛变了！莫非哈图希勒和他的妻女如此胆大妄为，是这个原因？

哈图希勒走过来说："乌里泰梭，你被捕了，马上投降，接受法律惩处！"

乌里泰梭抓紧缰绳，胯下的坐骑猛地扬起前蹄。弓箭手全都大吃一惊，慌忙后退。乌里泰梭满怀失败的怒气，从他们中间冲出去，朝都城狂奔。箭纷纷朝他射去，却没有一支射中。

44

　　乌里泰梭纵马奔向皇宫，途中从狮门经过，来到卫城最顶端——赫梯王经常俯瞰赫梯帝国的地方，精疲力竭的马暴毙身亡。

　　贴身护卫队队长跑过来问："陛下，出什么事了？"

　　"那个埃及人在哪里？"

　　"在他的房间。"

　　亚夏这次没跟赫梯的金发美女亲热，而是身穿厚厚的外套，还在身旁横放了一把短刀。

　　乌里泰梭勃然大怒道："陷阱！绝对是陷阱！我的军队竟然叛变了！"

　　亚夏说："现在只能逃到别的国家去了。"

　　乌里泰梭完全没想到亚夏会这样说："逃？我的军队原本应该

把那座可恶的神庙毁了，把叛徒全都杀光！"

"你的军队都没了。"

乌里泰梭很惊讶，复述道："我的军队都没了！为什么这样说？"

"你的军官都投靠了哈图希勒，因为他们都对普杜赫芭尊崇的神的指示深信不疑。现在除了一个贴身护卫和一两支小队外，你已经一无所有。单靠这些人，你撑不了多长时间。你已经沦为王室的囚犯，只等哈图希勒大获全胜，回到这里来。"

"这是假的，不会这样的……"

"乌里泰梭，这就是现实，接受吧。赫梯帝国的权力会一步步落入哈图希勒之手。"

"我会跟他抗衡到最后一刻！"

"你这是自寻死路，但是还有一个法子，能够保护你的安全。"

"是什么？"

"赫梯大军的力量、装备、指挥方法、不足等，这些你都了如指掌。"

"这是自然的，不过……"

"我能帮你逃离赫梯，但是要立即动身。"

"逃到哪里去？"

"埃及。"

乌里泰梭震惊不已："亚夏，别胡说八道了！"

"你要想躲开哈图希勒，保住自己的性命，还能逃到哪国去呢？不过，双方一定要先商议好，然后埃及才能为你提供庇护。你要想保命，就应向拉美西斯坦白交代你对赫梯大军的所有了解。"

"你的意思是我要做卖国贼？"

"决定权在你。"

乌里泰梭真想把亚夏除之而后快。他走到这一步，不正是因为这个埃及人的阴谋诡计吗？可是他要想活下去，又只能依靠这个埃及人。保不住名声只能先保住性命。而把赫梯的军事机密告诉拉美西斯，也许能借机杀了哈图希勒。

"好吧。"

"你作出了聪明的选择。"

"亚夏，你会跟我一起去埃及吗？"

"不会，我要待在赫梯。"

"这样肯定会有风险的。"

"我是为了和平才来到这里的，你不记得了吗？现在我的任务还没有完成呢。"

哈图希勒自立为王，乌里泰梭失败逃跑的消息四下传开，仅存的几个对他忠心的士兵也投靠了哈图希勒。

新君的第一项工作是哀悼哥哥穆瓦靼力。穆瓦靼力的尸体会在隆重的葬礼上被安置到高高的柴垛上火化。尸体火化后，悼念仪式还要延续一周。

在哈图希勒即位的晚宴上，亚夏坐在新君左边的贵宾席上，说："陛下，预祝赫梯在您的统治下安享太平，预祝您成为青史留名的明君。"

"亚夏，你那么擅长搜集情报，知不知道他去了哪里？"

"陛下，我也不知道，您可能再也不会听到他的名字了。"

"我觉得现在说这话还太早了。固执又骄横的乌里泰梭一定会找机会报仇，不管要为此付出何种代价。"

"就算是这样，也要有本领才行！"

"他是个意志坚强的战士，绝不会轻言放弃。"

"我并不这么觉得。"

"亚夏，你应该非常了解他，怎么会这样想呢？"

"陛下，这不过是您幻想出来的。"

"难道是你帮乌里泰梭逃离了赫梯？"

"人们时常会因命运收获很多意外。然而，我无力掌控命运，游说您跟拉美西斯和谈，是我仅有的一项使命，不是吗？"

"亚夏，你在玩一个非常危险的游戏。要是我推翻原先的决定，重新对埃及发起进攻，你还能怎么做？"

"您对国际局势非常了解，亚述的威胁近在眼前，怎么可能熟视无睹？您这样重视臣民，又怎么可能无缘无故地发动一场战争，夺走他们的性命？"

"分析得有理有据。可在我的重要决策中，这一点能否占据一席之地呢？统治国家并不会牵涉到真理，国家能从战争中获得新的生命力，因为战争是铲除异己的好法子。"

"战争中有那么多人牺牲，您能毫无顾忌吗？"

"我要怎样做，才能保住这些人的性命？"

"实现和平。"

"亚夏，我很赞赏你这份坚持。"

"陛下，我对生命满怀热忱，可是在战争中，有那么多幸福都将毁于一旦。"

"面对这样一个世界，你早就该心生厌烦了。"

"伟大的玛亚特女神统治着埃及，她命令埃及所有人都要遵从宇宙的规则，处事公正，法老也不能例外。对这种世界，我并未感到失望。"

"再美好的传说也只是传说而已。"

"陛下，您搞错了。您要是下定决心要进攻埃及，就等同于向玛亚特发起挑战。您的胜利意味着独一无二的埃及文明的毁灭。"

"只要赫梯能成为世界霸主，我才不会在乎这些！"

"陛下，这个心愿是根本无法达成的，到时您会发现，已经没有时间阻止亚述赢得霸权了。您要保卫赫梯，只有一种选择，就是跟埃及建立联盟。"

"亚夏，要是我没记错的话，你是埃及的使臣，而非我的顾问，而且，你还一直在卖弄你的本领！"

"陛下，这只是表象。虽然跟我的祖国相比，赫梯对我的吸引力要弱一些，但我依旧很喜欢赫梯，要让我任由赫梯陷入混乱而置之不理，我可做不到。"

"你说的是真心话？"

"我得说，外交官员的真诚总显得不那么可信，可拉美西斯的确以世界和平作为自己的目标，这点请不要怀疑。"

"你能以法老的名义，向我做出承诺吗？"

"当然。我所说的都是他心中所想。"

"你跟他一定是非常好的朋友。"

"陛下，您说得没错。"

"拉美西斯很幸运。"

"他的对手全都这样说。"

凯从五年前就坚持每天到阿蒙神庙去，在实验室待两个小时以上。他已经把经文全都背得滚瓜烂熟了。数年间他跟天文学、几何学、符号学等神圣学科的学者的交情已非常深厚。在这些学者的帮助下，他发现了美妙的思想，走上了知识之路。

小小年纪的凯已经得到加冕，成为神职人员。这件事传到拉美西斯城，大家都非常高兴，并确信国王的大儿子会得到最高神职。

凯把脖子上戴的护身符和左手手腕上戴的护身布条都取下来了。他闭上双眼，赤身裸体在旁人的带领下，进入神庙地下一座小小的神坛中。面对墙壁上的创世秘密，他安安静静地开始思考。

四只雄性青蛙、四条雌性蛇共同构成了始祖夫妇。它们的身体弯弯曲曲，象征着创世时的水，一切生灵都从水中苏醒过来，宇宙由此诞生。而在另外一侧，则是星星的创造者天牛。

随后凯又被带到圆柱大厅，站在门槛旁边。两名大祭司分别带着白鹭透特面具和隼鹰荷鲁斯面具，站在门两侧。两人往凯的头和肩膀上洒了些净水，然后给他系上白色的裹腰布，带他参拜雕刻在圆柱子上的神。

凯的身旁集合了十名大祭司。这个青年要回答大量问题，只有经验丰富的书记员才知道准确的答案。这些问题包括阿蒙神的神性、创世天眼的创造性、象形文字的重要内涵、祭典的礼仪等。提出问题的人不会批判他的答案，也不会给出评语。

在一处安静的圣所中，凯默默等待着自己的结果。等到夜深，他被一名上了年纪的大祭司带到神庙的房顶，被要求坐在那儿，目不转睛地望着苍穹。

　　凯在严格信奉玛亚特的家庭中成长至今，他一心期待能在神庙中发现宗教礼仪的所有秘密，这会成为他的一段快乐经历。在这种亢奋中，凯居然把护身符和护身布条都忘了。

45

为了帮王室夫妇建造一座独一无二的神庙，塞达武在阿布辛贝努力做着他的建筑指挥官。巴肯也在底比斯加快了拉美西斯那座百万年神殿的建造速度。都城拉美西斯城的恢宏壮丽也是与日俱增。

亚梅尼见法老回来了，立即开始埋头工作，无论白天还是黑夜，一直神经紧绷，唯恐出现半点差错。亚梅尼的头发都快掉光了，身体还是很瘦，吃再多东西也没有用，每天睡觉的时间都很短。埃及这位神秘的行政官从来不到深宫去，却对深宫发生的一切了如指掌。他有机会得到一些荣耀，却不肯接受。他亲自上阵，把需要呈交给拉美西斯的重要文件背在身上。那些写在莎草纸、写字板上的文件都很重，让他的腰背受尽折磨，但他仍执意要这么做。

这位书记员有一个用木头制成、镶嵌着黄金的笔盒，是拉美西斯送的礼物。对于拉美西斯，他满怀崇拜之情，相信他们之间紧密相关，有种看不见却斩不断的默契。能在拉美西斯统治下生活，亚梅尼觉得十分幸运。这位光明之子已是大家公认的在历朝法老中表现最出众的，哪个人会不赞赏他呢？

"亚梅尼，有什么问题难以解决吗？"

"没有。我从图雅太后那里得到了很多帮助，她总是那么强势，能堵住那些满嘴恶毒话语的官员的嘴巴。陛下，在埃及的繁荣中要继续保持小心谨慎。国家可能会因运河谈判的拖延、统计牲畜的懈怠、对懒惰书记员的放纵而走向衰落。"

"亚夏有没有新情报送回来？"

亚梅尼挺胸说道："今天我终于确定，我们这位同窗真是天赋异禀。"

"他什么时候离开赫梯，返回埃及？"

"这个……他会继续在赫梯都城待下去。"

拉美西斯很意外："哈图希勒已经继承了王位，他的使命不就完成了？"

"他额外增加了自己的工作，但等他回来时，会带来一个巨大的惊喜！"

拉美西斯见亚梅尼如此激动，猜到亚夏又做了一项了不起的工作。他已经克服各种艰难险阻，把跟拉美西斯共同制订的计划全部变为了现实。

"我有位贵客想介绍给陛下，现在要打开办公室的门请他进来，陛下是否同意？"

拉美西斯已做好准备，想看看手段高明的外交部长会带给自己怎样的意外。

萨哈马纳把一个男人往前推了一下。这个男人又高又壮，留着长头发，胸前布满了红色的胸毛。他就是乌里泰梭，被萨哈马纳一推，他顿时发起火来，转过身挥舞着拳头，吓唬那个大个子："我是赫梯帝国的法定继承人，别用这种态度招呼我！"

拉美西斯说："在这个国家你无权大声喧哗，我们对你已经够热情了。"

乌里泰梭瞪着法老。不过，这位赫梯战士在片刻过后就感受到一种无形的压力，败下阵来。此刻面对拉美西斯，他就像一条无家可归的狗，完全无法跟拉美西斯的威严抗衡。

"恳请陛下给予我庇护。我会把赫梯大军的优点与不足等所有情况告诉陛下，以此作为对陛下的回报。"

拉美西斯下令："那就开始吧。"

乌里泰梭热血沸腾，那是羞耻的火焰烘烤的结果，他终于选择了臣服。

王室果园中的翠柏、无花果、熏陆香树、漂亮的石榴树都开花了，像在比赛。伊瑟很喜欢带着麦伦卜塔到这里漫步。这个男孩九岁了，身体很强壮，对知识充满渴望，远远胜过了他的家庭教师们。拉美西斯的这个小儿子，很喜欢跟夜巡一起玩。这条狗已经很老了，但还是尽力陪孩子玩耍，共同追赶永远无法捉到的蝴蝶。夜巡追完蝴蝶，就会伸个大大的懒腰，开始酣睡。屠夫也任由麦伦卜塔抚摸，对他十分信赖。

凯、梅莉达蒙、麦伦卜塔小时候常在果园或隔壁的花园无忧无虑地玩耍，那时距离现在已经很遥远了，伊瑟经常想起那段时光。如今的凯正在神庙学习，美人梅莉达蒙决定以圣乐作为终身事业，根本不理会那些来向她求亲的权贵。那个总是随身携带写字工具、一本正经得过头的小男孩，以及那个怀抱对她来说显得太大的竖琴、充满魅力的小女孩，都在伊瑟心中留下了深刻的记忆，清晰得好像昨天刚刚见过，但要找回这份快乐，已经不可能了。

为了探讨妮菲塔莉及其野心与虚伪，伊瑟跟杜兰特见了几次面。伊瑟一回想起来，就觉得头晕得厉害。她最终接受了杜兰特的意见，准备行动。

她将两杯角豆树果汁放在画着蓝莲花的无花果木矮桌上，并将一种毒药放入了给妮菲塔莉的角豆树果汁中。这种毒药发作很慢，大皇后要过四五周才会毒发身亡，这样伊瑟就能撇清嫌疑了。这种隐秘的凶器是杜兰特给她的，杜兰特还保证，让妮菲塔莉离开人世，正符合上天的正义之举。

皇后在夕阳西下前来到果园，摘掉王冠，分别吻了吻麦伦卜塔和伊瑟，说："今天真忙。"

"殿下，您有没有看见国王？"

"没有，真遗憾。很多事情急需我去处理。"

"您要接待那么多人，履行那么多拜神的义务，难道不会厌倦吗？"

"伊瑟，正好相反。因为在努比亚时我与拉美西斯步不离，时常都有惊奇的发现，那简直太快活了！"

伊瑟颤声说："可是……"

妮菲塔莉很吃惊，问："你哪里不舒服？"

"不，我只不过是……"伊瑟终于忍不住说出了自己心中想问却不敢问的疑问，"殿下，您对拉美西斯的爱情是发自真心吗？"

妮菲塔莉立即露出不快之色，但这种阴影很快消失，由衷地笑起来，问："你怎么会问这个问题呢？"

"宫里的人私下里都议论纷纷。"

"王宫就像一只喜鹊，总有很多话说。要让这种谣言、毁谤的'传说'彻底消失，是不可能的。你在这里待了这么长时间，还没弄明白吗？"

"我明白，只是……"

"谣言之所以出现，只是因为我身份卑微，却成了拉美西斯大帝的妻子。可事实是无法改变的。"

妮菲塔莉注视着伊瑟，继续说："我对拉美西斯一见钟情，看到他的第一眼就爱上了他，可我没有勇气承认这件事。结婚之前，这份爱情不停生长，结婚之后仍不断壮大，终将凌驾于我们的死亡之上。"

"您是否曾为了得到荣耀，在阿布辛贝建一座神庙？"

"实情并非如此，伊瑟。建造神庙是法老的意思，他想以此预祝王室夫妇的婚姻天长地久。这项计划规模庞大，只有他才有能力制定出来，不是吗？"

伊瑟站起来，朝矮桌走过去，那两杯角豆树果汁就放在那里。

妮菲塔莉又说："与拉美西斯相爱，能获得巨大而特殊的权力，但我们都全心全意为对方着想。"

伊瑟用膝盖撞向矮桌，把两杯角豆树果汁撞翻在草地上，说：

"殿下，请不要生气，是我过度紧张了。那些荒诞又卑鄙的猜忌，请不要放在心上。"

宫中议事厅装点的那些战利品，都被哈图希勒撤掉了。他还用绘有几何形状的五颜六色的壁毯掩盖了墙上灰扑扑、冷冰冰的石头，他觉得这些石头显得刻板了。

哈图希勒披着一块彩色的布，脖子上戴着一条银项链，左手臂上戴着一个手镯，头上戴着已故兄长留下的一顶无檐羊毛软帽，盖住了绑着发带的头发。一向简朴的哈图希勒对外表并不看重，他用一种前所未有的手段严格控制着国库的收入与支出。

重要的商人代表要跟新君商议国家财政方针，在宫中的议事厅会聚一堂。作为宗教代表，皇后普杜赫芭也参加了这次会议，赞成应该大幅减少军需支出。虽然商人代表们已拿回了之前失去的好处，但是想到赫梯跟埃及的战事仍在继续，对于皇后会提出这样的主张感到非常惊讶。

哈图希勒采用了之前被证实的一种方法，私底下跟商人、大将举行了多次特殊会议，重申延长停战时间是件好事，但是刻意回避提到"和平"。在宗教领域，普杜赫芭采用了同样的方法。

亚夏知以埃及使臣的身份，提出了有力的证据，证明应对两国的外交关系做出改良。埃及已经决定不再进攻赫梯，赫梯为什么不能主动提出停战呢？可是这种美妙的幻象却被突如其来的打击击碎了。

哈图希勒很快召见了亚夏，说："我刚刚做了一项决定，请你转述给拉美西斯听。"

"陛下，这项决定跟和平有关吗？"

"不，亚夏，我已经确定，这场仗仍要打下去。"

亚夏一下头晕眼花，问："为什么您的态度忽然变了？"

"乌里泰梭请求得到埃及的庇护，并如愿以偿，这件事刚刚传到我这里。"

"这件事根本无关紧要，您居然要为此撕毁我们的协议？"

"亚夏，他能从赫梯逃到埃及躲起来，全靠你的帮助。"

"陛下，但这件事已成定局了。"

"我要杀了乌里泰梭，他背叛国家，理应受到法律的惩处。要想进行和平谈判，除非能把杀害我哥哥的凶犯送回赫梯。"

"您为什么要怕一个远在拉美西斯城的人呢？"

"我要亲眼看着他在这儿，在我的都城，被架到柴火堆上焚尸。"

"拉美西斯已经承诺给他庇护，断然不会再反悔。"

"你马上回拉美西斯城劝说埃及国王把乌里泰梭送回来，如果不然，我会亲自打到埃及，把那个叛徒的头砍下来。"

46

五月，阳光炽烈，收获的季节到了。金色的麦子随着农民挥舞的镰刀倒下。驴子既勇敢又勤劳，将麦子运到打麦子、晒麦子的场院里。打麦工人可以尽情享用面包、水果、冰水，还能睡午觉，这是他们辛辛苦苦打麦子的回报。

荷马已决定不再写作了。拉美西斯前来拜访时，诗人没有像过去那样，吸着装在蜗牛壳烟斗里的鼠尾草，吐着烟雾。在这种阳光炽烈的日子里，诗人还穿着羊毛制成的肥大长袍，枕着靠枕，躺在柠檬树下的一张床上。

"我还以为再也见不到您了，陛下。"

"怎么回事？"

"我的手和心都很疲惫了，这是上了年纪的结果。"

"怎么不找御医看看呢？"

"陛下，我并不是生病了，在所谓的美满中，不是也包含着死亡吗？我的猫都抛下我去了，再养一只猫，我可没有这份勇气。"

"荷马，您还有不少大作，至今还没有写完呢。"

"《伊利亚特》《奥德赛》是我倾注一生的精力写成的。我又何必还要抗拒生命的结束呢？"

"您的病会康复的。"

"陛下，您登基多少年了？"

"十五年。"

"您还太年轻，要想骗过我这种见多识广的老年人，是不可能的。没有大夫能让我好起来，我的血管已经被死亡渗透，血液凝固。不过，跟这件事比起来，还有一件事重要得多。那就是您的祖先建立了埃及，将其建设得如此强盛，您作为承前启后的君王，应该承担起您这项使命。埃及跟赫梯的战争进行得怎么样了？"

"我们想订立和平协议，亚夏已经实现了这个目标。"

"我真希望能在创作了这么多战争题材的作品后，在和平中离开人世。在我的诗歌中，有位英雄说：'阳光照向大海，照向肥沃的大地。黑夜，胜利之人热烈期盼的黑夜，随后来临了。'是时候让我随着逃兵，向着黑暗逃跑了。"

"我会建一座宏伟的陵墓，将您安葬其中。"

"陛下，不要这样做。我仍是希腊人，来生对希腊人只意味着忘却与折磨。舍弃自己的信仰，对我这种老人来说已经太迟了。尽管在您看来，这种来生算不上美妙，但是我已准备好接受它了。"

"我们从智慧之人那里得知，跟金字塔相比，了不起的作家的杰作更能传诵千古。"

荷马微微笑起来："陛下，能不能最后帮我一下？请您握住我的右手，我用来写诗的右手，在我去那个世界时多了您这份力量，我的脚步可能会更轻松。"

诗人静静离开了人世。

他被葬到了那棵柠檬树旁边的山坡上。他所写的《伊利亚特》《奥德赛》和描述卡迭石之战的一卷诗歌集，被放到他的墓中陪葬。

出席葬礼的只有三个人，拉美西斯、妮菲塔莉和亚梅尼，他们的脸上都写满了悲伤。

返回办公室时，国王收到了萨哈马纳送来的报告。

"陛下，巫师欧菲尔可能已不在埃及了，我们找不到半点相关的情报。"

"他有没有可能藏进了希伯来区？"

"并非没有，只要乔装打扮一下，并让希伯来人相信他即可。"

"你的线人有什么情报？"

"希伯来人在把摩西视为领袖后，就开始保持沉默。"

"他们想做什么，你也不清楚吗？"

"基本是这样的，陛下。"

"萨哈马纳，把话说明白。"

"摩西会联合埃及的敌对国发动叛乱。"

"摩西想悄悄跟我见一面。"

"陛下，请拒绝他！"

"你以为他会做什么？"

"他在寻找机会，夺走您的生命。"

"你是不是太多虑了？"

"他是个不要命的人，什么事情做不出来？"

"但我跟摩西从小就是朋友。"

"陛下，他早就不把您当朋友了。"

拉美西斯的办公室一片明亮，五月的阳光从那三个大大的方形窗照进来。有一个窗户对着停放了数辆马车的庭院。办公室中墙壁雪白，地上陈列着国王的一把直背椅子，几把铺着草席、用来招待客人的椅子，一只莎草柜子，一张很大的桌子，这些家具共同营造出同样深得塞提欢心的庄重氛围。拉美西斯的视线常在塞提的雕像上停留。

摩西走进来了。这个希伯来人身材高大，肩膀宽阔，头发浓密，留长了胡子，脸上满是皱纹，看起来既成熟又稳重。

"摩西，坐吧。"

"我更愿意站在这里。"

"你怎么了？"

"我出走后思想越来越成熟了。"

"你有没有得到更多的智慧？"

"埃及每一位智者，都曾做过我的老师。可是跟耶和华的指示相比，这些教诲算不了什么。"

"也就是说，你那荒唐的计划还是要执行？"

"那并不荒唐，大多数希伯来人都被我说服了，决定随我离开，余下的用不了多久，也会支持我。"

"我想到父亲塞提说过：'暴乱以及发动暴乱的人，法老都不能宽恕，如若不然，就会终结玛亚特的统治，让国家陷入危机，让所有百姓蒙受苦难。'"

"对希伯来人来说，埃及当前的法律已经不合适了。"

"只要他们还在埃及，就要遵从埃及的法律。"

"请给我的臣民们三天时间，我们会徒步走到沙漠，在沙漠中对耶和华忠贞不渝。"

"我不得不说，我不允许你这么做，原因我刚才已经说了，这是为了保护埃及百姓的安全。"

摩西紧紧握住自己的手杖："你这样说，我很不满意。"

"念在我们还是朋友的份上，我可以饶恕你如此粗鲁失礼。"

"我根本无意得罪统治上下埃及的法老，今天来，是满怀真诚想要跟他交流。可是耶和华盘踞不散的指示必须借我的口舌，向人们传达出来。"

"你要是煽动希伯来人叛乱，我一定会出手镇压。"

"我已料到你会这么做。耶和华放弃这种方法，选择其余方法，就是出于这种考虑。上帝看到你坚持阻挠希伯来人追逐自由，会让埃及遭受苦难。"

"你在恐吓我？"

"我会向你的臣民提出指控，听了全能的耶和华的召唤，你的臣民们也会选择支持我。"

"摩西，你根本恐吓不了埃及。"

妮菲塔莉真是世间第一美人！拉美西斯在她主持远方那座新

的女神神庙的祝圣仪式时，对她的美丽大加赞赏。

她是柔情的化身，说话简洁，声音清亮；她有着明辨真伪的能力；她给予皇宫芳香与仁慈，让皇宫变得暖融融的。作为皇后，她让上下埃及人都赞不绝口。她脖子上戴着六条金项链，头上戴着插了两根羽毛的王冠，看起来就像仙女，能永葆青春。

拉美西斯从太后图雅的眼神中领悟到，埃及能有这样一位皇后，是埃及的光荣。私底下，图雅还给了妮菲塔莉一些适当的帮助，可以让她继续进步，让她的仪态更能成为君王妻妾的典范。

祝圣仪式过后，专门为图雅举办的宴会开始了。大臣们都来向太后道贺，说着俗不可耐的奉承话，太后心不在焉地听着。

借着这个机会，梅布总算得到了靠近太后与法老的机会，笑着赞美塞提的妻子。

拉美西斯截断他的话说："你在外交部做的工作，我认为还有进步的空间。在亚夏不在埃及的这段时间，你要多跟埃及的友邦通信。"

"陛下，我们的友邦送来的贡品，无论数量还是质量都是空前的！请您相信，为了让别国支持埃及，我已作出最大的努力。陛下是埃及历史上威望最高的法老，很多国家的使臣都请求到埃及拜见陛下！"

"还有什么事要汇报吗？"

"陛下，亚夏刚刚表示，他会马上回来。我准备举办盛大的仪式，热烈欢迎他。"

"他有没有解释为什么急着回来？"

"没有，陛下。"

国王带着太后走了。

图雅问："拉美西斯，我们还能维持和平吗？"

"很明显，亚夏要告诉我一个坏消息，否则他不会对梅布这样坦白，又这样仓促地从赫梯离开。"

47

　　拉美西斯跟乌里泰梭做了十多次长谈，对赫梯大军常用的战术、兵器以及军队的优缺点，都有了全面的了解。这位大将失去王位后，唯一的心愿便是消灭哈图希勒，所以非常配合。乌里泰梭用这些情报换来了一栋别墅、两个叙利亚佣人、让他一尝就赞不绝口的饮食，以及警察在规定范围内的保护。

　　拉美西斯总算意识到，自己借助年轻、勇气与之抗衡的怪物有多么强悍、多么勇猛。他原本会因自己的鲁莽、愚昧毁掉埃及，好在有阿蒙、塞提庇护他。赫梯在遭遇巨大的挫败后，依然在军事方面拥有强大的力量，让别国畏惧。埃及若能与赫梯结盟，便会形成一股强大的力量，任何民族都不敢来挑衅，让这一地区的和平长久维持下去。

在无花果树下，拉美西斯把这种美好的未来说给妮菲塔莉听。

就在这时，亚梅尼气喘吁吁地跑过来，说亚夏回来了。

这位埃及外交官在国外流浪多时，却依然精神奕奕。他的脸又长又窄，蓄着八字胡，做过认真的修剪，他的眼神聪慧而狡猾，行动自在而放松，脸上轻视、淡漠的神情流露出玩世不恭。

亚夏向王室夫妇俯身行礼："陛下，请您宽恕我来不及梳妆打扮和按摩，十万火急，以至于我根本没心思再理会自己舒不舒服，就以这种邋遢乞丐的形象来见你们二位了。"

拉美西斯笑道："虽然我们认为你回来可喜可贺，但是我们会把为你举办的宴会延期。"

"我以这副模样接受国王的拥抱，真是对国王的冒犯。拉美西斯，埃及真是太美了！能够领悟这种含蓄美的，只有那些了不起的旅行家。"

亚梅尼有不同意见："不是这样的，人的内心会在旅途中歪曲，要领会长住在这里的快乐，只有整天待在办公室，透过窗户欣赏各个季节的风光。"

拉美西斯说："你们等一下再讨论这个问题吧。亚夏，赫梯把你赶回来了？"

"不是的，不过，新君哈图希勒执意要求，由我亲自向法老转述他的意思。"

"你们已经在谈判的初级阶段订立了和平协议？"

"我最盼望的就是这个。可惜我只带回了赫梯新君发出的最后警告。"

"跟乌里泰梭一样，哈图希勒也是个好战之徒？"

"为了对抗亚述，哈图希勒愿意跟埃及订立和平协议，但乌里泰梭成了最难解决的问题。"

"你这个绝妙的法子让我对赫梯大军的情况有了全面了解。"

"战争时期，这种做法确实意义非凡，我这样说并非夸大其词。不过，哈图希勒要求我们马上把乌里泰梭交给他，否则就要跟我们开战。"

"乌里泰梭正在埃及做客。"

"哈图希勒要亲眼看着他死。"

"我已做出承诺，要为穆瓦靼力的儿子提供庇护，不能出尔反尔。"

"我跟哈图希勒也是这样说的，可是他根本听不进去。要么送乌里泰梭回赫梯，要么任由情况发展到不可收拾的地步，前者还有可能实现和平，后者却会导致战事不断。"

"我不会送乌里泰梭回去，埃及已答应提供庇护，就无论如何都不能推翻。这是我的立场，断然不会改变。"

亚夏歪倒在矮靠背沙发上，说："这些年的艰苦工作全都打了水漂……是时候作出决定了。陛下说，就算开战，也不能背弃承诺，的确如此。不管怎样，我们现在已经收集了足够多的资料，完全能击败赫梯了。"

妮菲塔莉问："法老能不能让我也参与战争？"皇后的声音柔和而坚定，国王、使臣、书记员都觉得很温暖。

妮菲塔莉又说："埃及以前被占领，是女子跟外国使者订立和平协议，重新解放了埃及。图雅也继承了这一传统，树立了很好的典范，不是吗？"

拉美西斯说："你有什么提议？"

"我会写信给普杜赫芭皇后，劝她跟埃及和谈，要是她答应了，肯定能让她的丈夫做出少许妥协吧？"

亚夏说："尽管我们还是解决不了乌里泰梭那个难题，但是普杜赫芭皇后的确很有头脑、很优秀。跟自己的利益比起来，她更重视赫梯的强大。要是她在感受到埃及皇后的敬意后，能恍然大悟就太好了。大皇后这个法子也许能让这件事取得进展，毕竟普杜赫芭的确对哈图希勒很有影响力。不过，此事难度极高，希望大皇后能明白。"

妮菲塔莉说："我会肩负起这一重要的责任，所以我要先走了，抱歉。"

美丽的皇后轻巧的身影渐渐远去，亚夏目送着她，眼神中既有欣赏又有感动。

拉美西斯对自己的使臣说："如果妮菲塔莉真能开辟出一条路，你就再去赫梯走一趟。我知道你一定有法子订立和平协议，哪怕我绝不可能送乌里泰梭返回赫梯。"

"你真是哪里危险就去哪里，可我之所以愿意帮你做事，就是因为你是这样的人。"

国王问亚梅尼："你有没有通知塞达武，让他马上回来？"

"通知了，陛下。"

亚夏很忐忑，问："怎么回事？"

亚梅尼说："摩西以唯一真神的代表自居，说要带希伯来人离开埃及，说这是耶和华的指示。"

"所有希伯来人都要离开埃及？"

"摩西说希伯来民族完全可以独立。"

"他简直疯了!"

"他已经听不进别人的意见了,还出言威胁我。"

"你怕他吗?"

拉美西斯说:"我唯一担心的是,摩西,我们的朋友会变成残暴的敌人。我执意要求塞达武回来,是因为我曾得到过教训,绝不能小看敌人。"

亚夏发起了牢骚:"摩西一向都很健壮、很正直,怎么会做出这种混账事来?"

"现在的他依旧很健壮、很正直。不过,为了宣扬他的宗教和他口中毋庸置疑的真理,他把自己的长处全都投入进去了。"

"拉美西斯,不要吓我。跟摩西交锋简直可以跟埃及与赫梯的矛盾相当!"

"要么成功,要么成仁。"

塞达武用自己的大手按住凯瘦瘦的双肩,说:"世间随处可见蛇,你偏偏要做人!"

他们两个的外表形成了鲜明的对比。拉美西斯的大儿子凯是个书记员,面色惨白,身体瘦弱。塞达武富有男子气概,黝黑健壮,长着方形头颅。他穿一件羚羊皮衣,上面有很多衣兜,看起来大大咧咧的,像一个探险家或是淘金工人。任何人初见他们,都想象不到他们之间还会建立友情。在凯眼中,塞达武是自己的巫术启蒙导师。在塞达武眼中,凯是个才能出众的人,能探究不为人知的隐秘。

塞达武埋怨道："希望在我走后，你没做太多傻事。"

凯微微笑道："但愿不会叫你失望。"

"你升了级！"

"没错，现在神庙一些拜神的仪式都由我来负责。起初，这是我唯一的选择。不过，之后我倒觉得这一切都挺好的。"

"好孩子，我稍后再来看你！对了，你戴在脖子上、手上的护身符呢？"

"我在神庙清洁身体时取下来了，之后再去找，怎么都找不到了。可你回来以后就能保护我了，再加上礼仪法术也能保护我。"

"就算是这样，你还是要随身佩戴护身符。"

"那你呢，塞达武？"

"羚羊皮其实就是我的护身符。"

在高水平射手训练靶场中，有两个人被一支正中靶心的箭吓了一跳。国王跟他们约好，在这儿见面。

塞达武说："拉美西斯射箭一直都这么准。"

拉美西斯放下他的弓，这张弓除了他以外，谁都拉不开。在卡迭石一战中，他就用过这张弓。

凯望着这一幕，觉得法老好像更高大了，无疑是最高权力的代表。凯向这个比父亲的形象高大许多的伟人行礼。

塞达武问："你让我们来这儿做什么？"

"我需要你跟我儿子一起去帮我作战，还一定要取胜。"

凯想也不想就说："我可能做不到。"

"孩子，你这样想可不对，打仗一要靠头脑，二要靠法术。"

"我在阿蒙神庙担任神职，更何况……"

"所有祭司都推举你担任神庙的负责人。"

"可我还未满二十岁！"

"这并不重要，不过我没有答应他们。"

凯放松下来。

拉美西斯说："我收到噩耗，孟菲斯的卜塔大祭司去世了。孩子，我任命你去继承他的职位。"

"我做卜塔大祭司？我……"

"这是我对你的任命。上任以后，你就进入了摩西想见的高级官员的名单。"

塞达武说："摩西想怎么样？"

"我不允许希伯来人去沙漠，摩西便威胁我，说他的上帝会让埃及蒙受灾祸。他这些罪恶的念头，也许能在新任卜塔大祭司以及我最看重的巫师的影响下消失。"

48

　　摩西由亚伦陪伴，来到萨哈马纳和警卫严守的拉美西斯城会议厅大门口。萨哈马纳愤怒地瞪着这个希伯来人，如果萨哈马纳是君主，会把这个叛徒囚禁起来或流放荒漠。这个昔日的海盗一向对自己的直觉引以为傲，他相信，毁掉拉美西斯便是摩西唯一的目的。

　　摩西进入会议厅正中的走道，两边伫立着一根根圆柱子。会议厅装修得十分雅致，摩西饶有兴趣地四处参观。

　　凯站在法老身旁，身披一张豹皮，上面点缀着用黄金制成的星辰图案。凯年纪轻轻便登上高位，但没有一个祭司持有异议，因为他拥有广阔的胸怀和渊博的学识。作为法老的大儿子，他将充分发挥才能，聆听神明的指示，并用象形文字记录下来。将金字塔时代——埃及文明与传统价值高速发展的黄金时代——的一些传统保存下来，是凯的职责所在。

摩西得知凯被授予这样的职位，很是惊讶。不过，在认真观察过后，他发现年轻的凯具备的信念与老成，远非普通人能比拟。作为对手，凯毋庸置疑是很让人畏惧的。

至于法老左侧那个人，要怎么描述他呢？那是塞达武，一名御蛇巫师，同时也是王室的大巫师。跟拉美西斯一样，塞达武也是摩西的同窗。正端坐在旁边、想把讨论纲要记录下来的亚梅尼，同样是他们的同窗。

过去数年，为了实现埃及的富强，摩西曾做了很多努力，但他已不愿再回顾那段时光。他的从前在收到耶和华的使命当日，便全部消失了。时光一去不复返，他无法再为之感叹什么。

走到法老及其官员所坐的台子旁，摩西和亚伦停住了脚步。

亚梅尼问："你们到这是想就什么问题展开辩论？"

摩西说："我无意辩论什么，只想根据耶和华的指示，请求法老批准我带着臣民走出埃及，这是我的权利。"

"我不会批准你的要求，那会危及埃及的安全。"

"耶和华会因此发怒的。"

"根据我的了解，埃及并不属于耶和华的统治范围。"

"可耶和华会非常愤怒！上帝保佑，他会用自己的法力创造奇迹。"

"摩西，我十分清楚你的为人，我们以前还曾是朋友。你在学校期间，可不像现在这样喜欢整天做梦。"

"亚梅尼，你是埃及的书记员，我却是希伯来人的领袖。我可以发誓，离开埃及就是耶和华的指示！"

亚伦把手杖丢到地上。木制手杖的节点在摩西的注视下扭曲，整根手杖弯曲成了一条蛇。很多高级官员都吓得向后逃去。蛇直接冲向拉美西斯，没有半点畏惧。

塞达武冲上去一把抓住了蛇尾巴。官员们看到这一幕，都开始鼓掌。在塞达武手里，蛇又变成了手杖，引得众人议论纷纷。

"摩西会这种法术，是许久之前我在梅室后殿亲自教给他的。你要让法老的顾问和大臣害怕，就要学点更高超的法术才行。"

摩西和塞达武的友情已彻底宣告结束，两人都怒气冲冲地瞪着对方。

先知发出警告："一个新的奇迹会在一周后出现，到时所有人都会大吃一惊。"

柽柳树下，夜巡正在酣睡。妮菲塔莉正在距离皇宫最近的水塘中裸身游泳。

水塘里的水一直非常清澈，因为水塘壁上镶满了铜片，塘里养着一些植物能把细菌都吃掉。另外，里面还装着能定期换水的先进排水系统，专人每隔一段时间就把铜盐粉撒到水里。

河流就快要泛滥了，这段时间，天气相当闷热。皇后在接待客人之前，在这里独自享受这段美妙的时光，让自己的身体和思维都放松下来，尤其是思维，让它可以自由自在地飞翔，宛如轻灵的白鹭。

妮菲塔莉一边游泳，一边思考自己在应对客人那些迫切的要求时，语气该如何在赞赏、严厉之间来回切换。

伊瑟披着长发，穿着低胸吊带长裙来到水塘边，脚步轻不可闻。伊瑟的美貌是大家公认的，可她深知自己完全不能跟妮菲塔莉相比。皇后的举止就像是长于描画美人身姿的天才画师画出来的，一点瑕疵都没有。

经过长时间的犹豫，伊瑟跟一直非常热情的杜兰特最后交流了一次，终于决定主动发起进攻。是时候抛开犹豫了，她把阻挠自己的胆怯全都摒弃在外，朝水塘走过来。

妮菲塔莉看到了她，说："一起游泳！"

"殿下，我觉得身体不适。"

皇后动作轻快，游到水塘边缘，从石块砌成的台阶上了岸，问："出了什么事？"

"我也说不清……"

"你是在担心麦伦卜塔？"

"不，他非常健康，成长的速度超出我的预料。"

"到我身旁来，躺到温热的石板上。"

"直接在太阳底下晒，我会受不了的。请原谅。"

妮菲塔莉就像西方女神，用笑容带给天与地光明，让人看到就觉得舒心。她把手臂放到身侧，闭着眼仰躺在那儿，看起来好像很近，又好像很远。她问："伊瑟，你在伤心什么？"

伊瑟又一次感到了深深的恐慌，不知自己是该按照原计划行动，还是马上逃走——就像疯子那样。好在妮菲塔莉并没有看她，不，这是伊瑟无论如何不能错过的大好机会，这是上天的安排。

"殿下，我准备……"伊瑟在妮菲塔莉身旁跪下。

皇后在太阳底下一动不动。

"殿下，我曾经想要杀了您。"

"伊瑟，你在说谎。"

"我说的是实话。我因此受尽折磨，要是我能早点告诉您就好了，可我总算是说出来了。"

皇后睁眼坐起来，握住伊瑟的手问："你受了什么人的蛊惑？"

"我原本相信，您眼里只有权力，对拉美西斯并无爱意。我连这种恶劣的传言都相信，实在盲目又愚蠢！"

"伊瑟，任何人都不可避免地会变得软弱。恶人往往会借这个机会，摧残人的道德和良心。而最关键的在于你没有被那种恐怖的进攻打倒，对不对？"

"我实在太羞惭了，不知该怎么面对您。要是您想指控我，我心甘情愿接受法律惩处。"

"你受了什么人的欺骗？"

"殿下，我不愿意出卖别人，只想向您承认自己的罪过。"

"那些想杀我的人，真正的目标是拉美西斯。伊瑟，你要是还爱着国王，就该对我说出真相。"

"难道您完全不记恨我吗？"

"我非但不记恨你，反倒很敬佩你，因为你并没有野心或阴谋诡计，还能勇敢地承认自己做错了事。"

伊瑟流着泪一五一十说出了真相。

摩西在尼罗河岸边集合了数千希伯来人，还有很多好事之徒从都城各个区赶来凑热闹。据说这位希伯来战士为了证明耶和华的力量更胜埃及所有的神明，要创造一项了不起的奇迹。法老是否会让这名先知得偿所愿呢？

拉美西斯不顾亚梅尼和萨哈马纳的反对，对摩西的所作所为置之不理。摩西跟希伯来人并未扰乱公共秩序，那么多人凑在一起热热闹闹，反倒会让那些四处兜售货物的小贩乐不可支。派军队、警察去解散这些游行的人群，并非明智的选择。

法老从宫中的阳台上远眺人头攒动的尼罗河岸。不过，刚才从妮菲塔莉口中收到的恐怖消息，才是法老最担心的。

"除此之外，还有没有别的可怕的事？"

"没有了，拉美西斯。伊瑟很诚实，没有半点保留。"

"我该给她严厉的制裁。"

"她险些犯下严重的错误，而这无非是因为她被爱情冲昏了头脑，好在并未造成恶劣的后果。我已经借你的名义，饶恕了她的罪过。要不是有她帮忙，我们还被蒙在鼓里，不知道你姐姐杜兰特原来这么恨你。"

"我本来还盼着杜兰特能摆脱在她心里盘踞数年的魔鬼，岂料根本是不可能的，我只是在妄想。"

"你要惩罚杜兰特吗？"

"她绝不会承认自己的罪过，还会指控伊瑟毁谤她，到时只怕起诉不了她，倒让王室声誉扫地。"

"可是她怂恿伊瑟犯罪，我们就这样放过她吗？"

"不是这样的，妮菲塔莉。我们要像杜兰特利用伊瑟那样，利用杜兰特。"

尼罗河岸边挤满了人，熙熙攘攘。

摩西把手杖扔进河中，一瞬间，河水就变红了。摩西用杯子舀了一点水，泼在地上说："请大家见证埃及蒙受的第一种灾难！尼罗河的水在耶和华的指示下变成了血。要是希伯来人的心愿无法达成，整个埃及的运河河水都会变成血，到时鱼全都会死掉。"

凯也从河里舀了一点水，尝了尝是辣的。他说："摩西，你说的灾难不会出现，这只是河水上涨时出现的红色激流。只要这几天不喝河里的水，不吃河里的鱼就行了。就算这真的是奇迹，大家要敬重的也是自然法则，因为这奇迹是自然创造出来的。"

在宛如巨人的摩西面前，年纪轻轻、身体瘦弱的凯居然一点都不害怕。

希伯来人心里很是愤怒，却将这种愤怒压了下去，说："你说得冠冕堂皇！可是我的手杖扔进河里的瞬间，河水就变红了，你该怎么解释？"

"摩西是先知，你的本事有什么人敢提出异议？你预先知道从南边流过来的水会导致河水水位猛涨。而红色激流会在什么时候出现，你也很清楚。跟我一样，你对埃及的一切都了如指掌。"

摩西高声道："耶和华现在还只是提出了一些警告！他见到埃及人如此冥顽不灵，就会让更恐怖的灾难降临。"

49

皇后正在跟拉美西斯探讨管理粮仓的事，亚夏过来了，把一封信送到皇后手上，说："殿下，这是您盼望已久的回信，是普杜赫芭皇后亲自写的。希望您看完以后，不会感到失望。"

信写在一块写字板上，上面有普杜赫芭的印玺，写字板外面包着一层精美的布。

"亚夏，你来读这封信怎么样？毕竟你很熟悉赫梯的语言文字，哈图沙那边的情况跟你也有关联。"

埃及外交部长满口答应下来。

亲爱的妹妹妮菲塔莉皇后，拉美西斯大帝的太阳皇后，最近是否安好？家人是否也安好？妹妹的头发还像过去那样健康、漂亮吗？赫梯将要迎来一个舒适的季节，处于泛滥期的埃及河流水量是否充沛？收到妮菲塔莉妹妹那封长信后，我认真读完了。拉美西斯城为无耻的乌里泰梭提供庇护，让哈图希勒王非常不满。将卑鄙、残暴又怯懦的乌里泰梭引渡到哈图沙，接受法律制裁，才是正确的做法。哈图希勒王断然不会在这件事上妥协。

然而，我们两国崇高的和平理想需要牺牲某些人，不是很正常吗？哈图希勒王坚持引渡乌里泰梭返回赫梯，是很合理的要求，我们难以在这方面达成一致。法老一向言出必行，可就算我努力让他相信法老是公正的，却仍无法相信乌里泰梭，他是个叛徒。

既然不能解决乌里泰梭的事，那为什么不能为了停战协议顺利签订，假设这件事并不存在呢？希望我们能马上开始和谈，毕竟草拟协议绝非一朝一夕的事。

亲爱的埃及皇后妹妹，你对我的意见是否赞同？如果答案是肯定的，请派一位法老非常信赖的高级外交官员来到赫梯，越快越好。我心目中的理想人选是亚夏，他是一位有名的外交官。

妮菲塔莉皇后，我的妹妹，请接受我的赞美，希望我们永远都是朋友。

拉美西斯坤怨道："我们必须拒绝她的建议，除此之外别无选择。"

亚夏很不解："为什么非要拒绝她？"

"因为这是一个圈套，目的是报仇。你帮乌里泰梭从赫梯逃走，哈图希勒王永远不会原谅你。去了赫梯，你再想安然无恙地返回埃及，根本是痴心妄想。"

"陛下，关于这封信，我有不同的观点。妮菲塔莉皇后善于用道理让他人信服，普杜赫芭皇后也非常相信和平。要解决问题，只能依靠她，因为哈图希勒王的决定会被她影响。"

妮菲塔莉说："亚夏的话没错。我在信里表述的意思，普杜赫芭全都看懂了。我们应该为和谈的具体内容和方式做准备，至于乌里泰梭的事，先丢到一旁即可。"

拉美西斯提出抗议："乌里泰梭并非幻影！"

"我跟普杜赫芭的立场是什么，有必要再复述一遍吗？拉美西斯坚决拒绝哈图希勒引渡乌里泰梭的要求。和谈期间，让这两位君主继续对峙，这难道不是一种外交手段吗？"

亚夏说："我相信普杜赫芭。"

"你跟皇后齐心协力，我能抗拒得了吗？我们会派外交官过去，不过不会是你。"

"陛下，这可不行。很明显，让我过去不仅是皇后的心愿，还是她的指示。要说对赫梯跟赫梯人的了解，有什么人能比得上我？"

"亚夏，你愿意冒这样的险？"

"眼看着一个订立和平协议的大好机会却不抓住，跟犯罪有什么区别？我们应该为达目的倾尽所有，你的统治有一项特征，就是把没可能的事变为可能，不是吗？"

"你这么热情，真是罕有。"

"我是热衷于享乐，可我明白，战争是残酷的。"

"随随便便订立的和平协议，我不会接受。埃及即便走投无路，也不会输给对方。"

"这里面有很多难以解决的问题，我一早就知道，可已经习惯了。我们通宵工作，赶制出合适的计划书。我会在启程去赫梯之前，再向一些好朋友征询对计划书的意见。我保证会胜利归来。"

第一只青蛙跳到离塞达武不足一米处停下脚步，快活地在岸边看着已经变清、能够饮用的尼罗河。

第二只、第三只青蛙也先后从滋润着埃及的土地、让法老的臣民得以吃饱穿暖的泥地里跳出来。它们都长得很好看，身上覆盖着渐变的绿色花纹，行动起来很轻快。

亚伦用手杖指着尼罗河，对跟在自己身后浩浩荡荡的游行队伍高声宣布："尼罗河水因法老不允许希伯来人离开埃及，变成了血。耶和华要让反对他的人尝尝第二种灾难的滋味了，会有数千只、数百万只青蛙遍布工厂、民宅、权贵的深闺！"

塞达武回到实验室，一路上脚步不急不缓。莲花正在熬她抓来的大眼镜蛇的毒汁，想造出一种新药，工作进展得很顺利。御蛇巫师夫妇都盼着拉美西斯能批准他们返回努比亚，如果那样，他们肯定会立即狂奔回去。

塞达武微笑起来。无论他还是凯，都懒得去驳斥亚伦提到的第二种灾难了。在进行这种激烈的声讨之前，亚伦应先去征询一下他的上级有何意见。他说的那些话，完全无法引起埃及人的恐慌。青蛙每年这个时节都会大量繁衍，何况在埃及人的心目中，青蛙还象征着吉兆。青蛙的符号在埃及的象形文字中象征着一个无限大的数目，汹涌宛如河流。前朝的祭司一早就在观察青蛙这种两栖动物的进化时，发现了它们非同一般的繁殖能力。因此，青蛙在普通人心目中，就是快乐的降生，是从胚胎成长为婴儿的所有阶段，是连绵不绝、凌驾于时间之上的永恒生命的象征。

翌日，一些青蛙形状的彩釉护身符被派送给埃及百姓。得到这种意外的礼物，百姓们都很高兴，欢呼着拉美西斯的名字。而对亚伦和希伯来人，大家同样怀着感激之情，因为很多穷苦百姓都因为他们的吵闹，得到了这么贵重的礼物。

亚夏跟王室夫妇一起草拟和平协议计划，现在已到了最后关头。他们努力奋斗了一个多月，一个字一个字推敲。最终定稿的工作由妮菲塔莉完成，这比先前所有的工作还要关键。法老要求太高，导致和谈难度很大，埃及外交部长说的果然没错。可是在拉美西斯眼中，赫梯是能享受很多好处的合作方，而非战败方。若普杜赫芭对和平的期许是真心实意的，那这份和平协议就能发挥作用了。

拉美西斯要亲自把和平协议誊写一遍，亚梅尼帮他拿来一张颜色好似琥珀的莎草纸。

"我听说，南区百姓正在忍受蚊蝇的折磨。"

"这种季节，公共卫生工作没有做好就会导致蚊蝇大量繁殖。是不是沼泽排水没做好？"

"陛下，这就是亚伦所谓耶和华为埃及带来的第三种灾难。摩西这位使者用手杖拍打灰尘，将其变成蚊蝇，向您伸出了复仇之神的手指，要让您尝尝他的厉害。"

亚夏说："我们这位朋友摩西一直都很固执。"

拉美西斯向亚梅尼下令："立即向南区派出消毒队，拯救当地百姓。"

河水猛涨，这是美好未来的征兆。在阿蒙神庙主持完晨祷后，拉美西斯由屠夫陪着来到港口。稍后他将回到宫中，把和平协议和给哈图希勒的一封信都送出去。

摩西忽然拿着手杖在地上敲打起来。

狮子注视着他，一动不动。

"拉美西斯，请允许我的臣民离开埃及，朝拜耶和华，满足耶和华对我们的期许。"

"摩西，我们不是早就讨论过这个问题了吗？"

"耶和华已经通过奇迹与灾难，让你看清了他的指示。"

"我的好朋友，你居然能说出这种狂妄的话！"

"我们的友情已经结束了！你是冒犯宗教信仰的法老，我却是耶和华的使臣。"

"你如此愚昧，还有药可医吗？"

"你才是愚昧之人！"

"摩西，无论以后发生什么事，我们两个都井水不犯河水。"

"请你到这边看看我的希伯来兄弟养的牛，请你务必过来。"

"这些牛很特殊吗？"

"请你来看看吧。"

国王的安全由屠夫、萨哈马纳和一队雇佣兵共同负责。

摩西将希伯来人的牛都驱逐到一片沼泽地中，这里跟都城相距数十公里。在这些牲口旁边，无数只牛虻飞来飞去，让牲口们叫个不停。

摩西说:"这是耶和华带来的第四种灾难。只要赶走了这些牛,这些牛虻就会飞到都城来,祸害这里的百姓。"

"这项计策太无耻了。让它们在如此肮脏的地方忍受这种折磨,真的有必要吗?"

"小羊、小牛,以及一切埃及人眼中的神圣动物,都将成为献给耶和华的祭品。我们继续留在埃及,在这里举行这样的仪式,会让百姓们愤怒不已。你若不想你的臣民被牛虻所害,就放我们去沙漠吧。"

"我会派萨哈马纳率领一支军队,护送你和你的祭司,还有那群生了病的牲口去沙漠。在那儿,你们可以举行献祭仪式,然后再返回拉美西斯城。至于其余牲口,会在消毒过后回到牧场。"

"拉美西斯,这不过是权宜之计。你一定要在明天批准希伯来人离开埃及。"

欧菲尔说:"你要凶恶一些,更凶恶一些。"

摩西说:"拉美西斯已经作出了妥协,让我们去沙漠向耶和华献祭,让耶和华得到满足。拉美西斯会继续妥协的。"

"他是不是已经没什么耐性了?"

"多亏有耶和华庇佑。"

"摩西,我觉得应该降下第五种灾难,让法老的处境更加艰难。"

"这取决于耶和华,我们可做不了主。"

"我们应该协助耶和华,不是吗?除了冥府的征兆,什么都不能让拉美西斯这种残暴的君主做出妥协。请允许我来帮助你吧。"

摩西答应了他。

离开先知的住处后，欧菲尔见到了亚摩斯和巴蒂绪。这两个贝都因领袖将武器源源不断地送到希伯来人家中的地窖，在那里储藏起来。两人在叙利亚北部地区跟赫梯的情报员建立了联络，刚刚从那边回来。欧菲尔迫切地想从他们口中打听到新的情报乃至命令。

亚摩斯在自己的秃脑袋上涂了些油，说："拉美西斯不愿引渡乌里泰梭，哈图希勒王勃然大怒，想重新开战。"

"那真是好极了！他想让我的组织做些什么？"

"他给你的指示非常简单，就是继续怂恿希伯来人在埃及作乱。在埃及各个地区发动叛乱，削减拉美西斯的实力，协助乌里泰梭逃回哈图沙，或就在这里把他处决。"

弯指头是个农民，他爱自己的家，也爱自己的牛。他养了二十多头漂亮、优雅、驯服的牲口，里面有一头性格强硬、不喜欢别人跟它亲近的老母牛。为了跟这头母牛交流，弯指头经常要花很长时间。

弯指头每天早上都是被那头名叫弗金纳的小牛犊舔着头舔醒的。弯指头总是很恼火，想去扯它的耳朵，最后还是只能起床。

这天早上，弯指头很晚才从农场出来，喊道："弗金纳……弗金纳，你到哪儿去了？"

弯指头揉揉眼，在自己的土地上四处寻觅，最终发现那头小牛犊正躺在地上。

"弗金纳，你在做什么？"

美丽的小牛犊气若游丝，伸着舌头，吐着白气，双眼发直，肚子鼓起。还有两头牲口倒在不远处，身体已经僵硬了。

弯指头慌了，赶紧跑到村广场，想请兽医过来帮自己。结果发现有数十个蒙受相同灾祸的牲口主人已经包围了兽医。

弯指头叫起来："这是瘟疫！要马上向皇宫汇报！"

欧菲尔从房顶的阳台上张望，知道自己的指令已被执行，所以才会有一波又一波怒气冲冲、忐忑不安的农夫朝城里跑来。这场大风波是贝都因领袖亚摩斯、巴蒂绪掀起来的，为此，两人毒杀了好几头小牛犊。

摩西在通向宫中的大道上拦住了这些人，说："耶和华带给埃及的第五场灾难连累了你们！耶和华降下瘟疫，一切大大小小的牲口全都无法幸免，只有希伯来人的牲口例外。"

萨哈马纳带领大批军队，想把这些农夫赶出去。

莲花骑着一匹黑色骏马疾驰而来，在这些农夫身旁停下，心平气和地宣布："这是人为下毒，不是什么瘟疫。我已经在兽医的协助下，救了两头奶牛的命。至于余下那些牲口，我也会继续照料它们。"

刹那间，恐慌消失了，大家又萌生了希望。农业部长还告诉大家，法老会从国库中调取资金，补偿大家的损失，这场风波就这样过去了。

欧菲尔及其同伙还有不少毒药，能继续为摩西提供帮助。不过，这一回他们不会告诉摩西了。

耶和华一声令下，先知抓了一把黑色烟雾，朝空中抛洒。烟雾飘散到人和牲口身上，像灰尘一样，很快就会让人和牲口身上长出脓疮。这是一种古老的方子，将引发第六种灾难，其可怕的程度有可能让法老都妥协。

欧菲尔又想到一个法子，能伤到法老和他的心腹。已经谢顶的亚摩斯戴上假发，遮住一半额头，隐藏自己的真面目，给厨子送去了一些坏掉的食物，那是给亚梅尼等官员吃的。

拉美西斯在亚梅尼呈交每天的公文时发现，这位朋友脸上长了个充血的脓疮，便问："你受伤了？"

"不，是长了个肉瘤子，疼得越来越厉害了。"

"我让帕瑞尔马库大夫过来帮你瞧瞧。"

御医带着一个年轻姑娘气喘吁吁跑过来，问："陛下，您生病了吗？"

"我亲爱的大夫，我连什么是生病都不知道，这你是了解的。是我的机要秘书生病了，请你帮他看看。"

帕瑞尔马库围着亚梅尼转了一圈，探了探他手腕上的脉搏，又听了听他的胸口，说："初步观察的结果是一切正常，不过，我要再认真考虑一下。"

年轻姑娘羞涩地说："如果是消化不好导致的溃疡，应该开口服药和外用的药膏、药水吧？口服药就是用无花果、八角、蜂蜜、笃耨香树脂、茴香做成的那种。"

帕瑞尔马库大夫满脸庄重，说："是个好办法，试一试吧。我们去配药房。你先把药方子开好，孩子。"

年轻姑娘身体哆嗦着拜别国王走了。

拉美西斯问道："你这个帮手叫什么？"

"陛下，叫尼菲瑞。她刚刚入行，无论她说了什么，您都不必放在心上。"

"她好像很有才能。"

"她只是个学徒，平平无奇。除了背我传授给她的药方子，什么都不会。"

欧菲尔正在思考，所谓脓疮疫病并不严重，已被药物打败。拉美西斯的立场依旧没有改变。任何一次偶然爆发的动乱，萨哈马纳和警察都不会放过，粗鲁地镇压下去是必然的。摩西和亚伦只能时刻留意着希伯来人的举动。

失去了跟国王的姐姐杜兰特之间的联络，情况变得更加糟糕。妮菲塔莉什么病也没有，生活自由而快乐，这说明杜兰特彻底失败了。

饱受威胁的杜兰特甚至不敢在深夜到希伯来区来，所以欧菲尔根本不可能直接打探宫里的秘密。

尽管局势如此恶劣，但这个赫梯间谍仍在怂恿希伯来人发动暴乱。一支小队在摩西与亚伦的号召下不断膨胀，渐渐发展成为一支全副武装的精兵，战斗力不断增强。

很明显，帮乌里泰梭逃走不具有可行性。如今这个乌里泰梭已经没有将来了，没人能看得起他。他被软禁在一栋别墅中，萨哈马纳派人不分昼夜监视着他。冒巨大的风险帮他逃走，还不如把他杀掉，这样反而能迅速取悦哈图希勒。要知道，这位新君集聪慧、狡诈、残酷于一身，在家族中享有很高的声望。

欧菲尔选了外交官员梅布作为自己的同伙。大家普遍认为，梅布不会背叛埃及。于是要想杀掉乌里泰梭，梅布这个无能的家伙就成了最好的帮手。

亚夏尽可能地减少了随从的数目。因为这位外交部长相信，回到赫梯都城，自己得到热烈欢迎的可能性不到百分之一，这跟他向拉美西斯做出的承诺相去甚远。在新君心目中，他是放走乌里泰梭的重大嫌疑人。跟普通的政治家相比，哈图希勒记仇的程度怎么样，亚夏也不清楚。要是他很记仇，就会抓捕乃至杀掉亚夏，继而杀掉外交使团的所有人，迫使拉美西斯进攻赫梯，借此机会洗刷过去的耻辱。

普杜赫芭好像对和平谈判很感兴趣，可是要反对的是自己的丈夫，她还能表现得那么有决心吗？赫梯皇后可不会一味做梦、不理其他。如果谈判不够顺利，她将支持两国开战。

安纳托利亚高原上刮起了大风，直到亚夏一行人抵达赫梯城门下，大风还没有停止。这座无比坚固的城堡给亚夏的恐怖感觉，比过去看到它的那几次更甚。

亚夏请一名军官把几封邦交信呈了上去。在城堡的秘密通道中，亚夏等了一个小时，才获得批准，通过狮门走进哈图沙。引路的人并未像亚夏猜想的那样带他去皇宫，而只将他带进了一座用石头建成的灰扑扑的笨重房屋。其中有一个卧室，里面只有一道窗，还安装了铁栅栏，心态再积极的人也会由此联想到监狱。

跟赫梯人打交道，既要有技巧，还要有运气，真正的运气。亚夏是否已经用光了他从上天那里得到的运气呢？

一名戴着钢盔、穿着重甲的军官在入夜后没多久来到这里，让亚夏跟自己一起走。亚夏随他走进一条通向皇宫所在的卫城的小道。

会客厅中挂着壁毯、烧着火炉，暖烘烘的，普杜赫芭皇后舒舒服服地待在这里。她说："今天夜里有点冷，埃及大使，请到我身旁靠近火炉坐下吧。"

亚夏一点也没有推辞，坐到离她较远的椅子上。

普杜赫芭说："我看了妮菲塔莉皇后写来的信，很有条理，也很有道理，提出的主张完全正确，我十分赞赏。"

"您的意思是，哈图希勒王对和平谈判持肯定态度？"

"无论国王还是我，都很希望看到具体提议。"

"我带了一份文件作为谈判的依据，这是拉美西斯跟妮菲塔莉共同草拟、法老亲自誊写的。"

"我希望看到的就是这个，但赫梯也会开出自己的条件，这点自不必多说。"

"我就是想了解你们有什么条件，才到了这里。对双方签订和平协议，我充满向往。"

"亚夏，你这样说真让我感动。可是我以这种方式秘密跟你见面，你不会觉得不快吗？"

"您是说这并不符合外交礼仪？"

"这几天，哈图希勒因为感冒一直在床上养病。每天白天，我都要忙个不停，所以我要你耐着性子等候。不过，国王明天就能跟你面对面交流了。"

拉美西斯没等天亮就启程去了阿蒙神庙，准备在那里祈祷。途中忽然看到摩西挡在路上，国王马上紧紧拽住随从人员的手臂。

"法老，我想跟你说几句话！"

"说吧。"

"难道你直到现在还没发现，耶和华在对付你时并没有使出所有力量？否则你和你的臣民早就只剩死路一条了！耶和华不过是想让世人看清楚他的无所不能和天下无敌，才让你活到现在。赶紧让希伯来人离开埃及，要不然……"

"要不然怎样？"

"你的国家会发生第七种灾难，出现一系列暴乱，百姓伤亡惨重！我将手杖指向天空的刹那间，就会电闪雷鸣。"

"拉美西斯城有座大神庙，供奉的正是雷神塞特，这件事你竟不知道？雷神象征着上天的愤怒，可是借助献祭，我却能让他不再愤怒。"

"你这次不会得偿所愿了。不管人还是牲口，全都要命丧黄泉。"

"走开！"

这天下午，国王去问了赞颂祭司的意见。他们的职责是观测星象、钻研天体运动，以及预报天气。他们已经做出预测，田里的一些亚麻将毁于风暴。

拉美西斯等风暴降临时，独自留在塞特神庙中，跟这位神明对抗。巨大的雕像眼睛通红，好像闪动着金色光芒的烈火。

跟塞特的命令和上天的愤怒对抗，超出了国王原有的权限范围。可是跟神明心意相通，就能减少灾难的严重程度和持续时间。塞提教过拉美西斯，如何跟塞特交流以平息他的愤怒，然后安然退出。法老一定要竭尽全力迎接这种挑战，拒绝向塞特的愤怒妥协。到了最后，法老必然会成功。

外交官员梅布戴着短短的假发，穿着制作低劣的粗布外衣，害怕得籁籁发抖，生怕有人会认出自己。这是一座建在码头上的酒吧，供挑夫、水手休息时来坐坐，怎么会有人认出他呢？

正对着他坐着的是亚摩斯，此人谢了顶，留着胡子。

"是……是什么人让你到这里来的？"

"巫师。你就是那个……"

"别叫我的名字！我把他想要的消息写在了这块写字板上，你帮他带回去。"

"巫师想让你把乌里泰梭杀了。"

"这个……那边的警戒太严密了……"

"一定要杀了乌里泰梭，这是命令。你要是不做，就等着我们把你干的事都捅到拉美西斯那里去吧。"

在埃及经受了这七种灾难后，法老依旧不肯让步。很多希伯来人都开始质疑，可长老会议上的希伯来人还是很信任摩西。

"眼下你还有什么计划？"

"让第八种灾难降临埃及，叫埃及人胆战心惊，相信这是上天的惩罚。"

"这种灾难是什么？"

"看看东边的天空就知道了。"

"我们还能走出埃及吗？"

"别心急，要相信耶和华会带我们走到福地去。"

妮菲塔莉半夜忽然被吓醒。拉美西斯正在她身边沉睡，像个孩子一样。

皇后轻手轻脚地从卧室走上阳台，在那里走了一阵子。清新的空气中，全城都静谧无声。皇后心里却七上八下，幻象与噩梦一直在她心里萦绕不去，让她受尽煎熬。

拉美西斯走过来轻轻抱住她："妮菲塔莉，你做噩梦了？"

"若仅仅是做噩梦……"

"你在害怕什么？"

"从东边刮起了一阵大风，灾难的脚步越来越近……"

拉美西斯望向东边，眼神专注得像要把黑暗看透。他的灵魂化身成为黑暗，向着风的源头飞去。看到眼前的一切，他恐慌不已，马上穿衣服，把宫里的行政工作人员都唤醒，还命人把亚梅尼叫过来。

无数只蝗虫在东边的天空飞动，仿佛风中翻滚的乌云。这并不是埃及第一次发生蝗灾，可像这么严重的，还是第一次，好在法老提前发现了。尼罗河三角洲一带的农夫都点起了火把，喷洒杀虫水，还用很大的粗麻布把一些农田覆盖起来。

谣言在王室信差中间流传着：摩西若命令蝗虫把埃及树林中所有果子都吃掉，那么埃及每座村庄都不能幸免。

大家预先听了拉美西斯的意见，做好了防御，都在暗自庆幸。蝗灾的损失被降至最低。

蝗虫也曾是法老的一种象征，象征着他直接飞到天上神明的世界。蝗虫数目有限时会被当成有益的，数目太多则正好相反。

王室夫妇坐着车，到都城郊区一带访问。他们在一些村庄稍作停留，对那些害怕蝗灾再度降临的村民承诺：用不了多久，蝗灾就会销声匿迹。

从东边刮来的大风裹挟着蝗虫，一直飞到农田旁边的芦苇，就像下了一场暴雪。这些全都跟大皇后的预言相符。

帕瑞尔马库大夫告诉梅布："你并未生病，不过，休息几天对你还是有好处的。"

"我的病……"

"你的心脏和肝脏都没有问题，你会长寿的，不必多虑！"

梅布假装生病了，盼着帕瑞尔马库大夫说让他待在家里休息，过几周再出门。欧菲尔一伙人说不定会在他休息的这段时间全部被捕。可是这个愿望实在太不切实际了！

事到如今，除了照命令办事外，没有别的选择。可要避开萨哈马纳跟他的警队，到乌里泰梭身边去，该怎么做才好？梅布用的还是他的外交武器。

有一天，在宫中的走廊上，梅布遇到了萨哈马纳，便马上过去跟他说："我刚刚收到亚夏的信，他让我审问乌里泰梭，从他口中收集赫梯的国家机密。不过，我跟乌里泰梭见面绝不能有外人在场，因为不论他跟我说了什么，都要对外保密。我会用莎草纸把他的话记录下来，密封后上交国王。"

萨哈马纳很不高兴，问："审问要多长时间？"

"现在还不清楚。"

"马上要做？"

"是的。"

"那你跟我们过去吧。"

见到这名外交官，乌里泰梭表现得谨慎而热情。梅布非常清楚要骗过这个赫梯人，应该表现出怎样的吸引力与诚意。审问之前，梅布先对他如此积极合作表示欣赏，并承诺会给他美好的前程。

乌里泰梭谈到了参与过的几次大规模战事，说这些时还讲了几个笑话。

梅布出于好意，问他："处在当前这种环境中，你是否满意？"

"我对居住条件、食物都很满意。每天，我都会锻炼身体。唯一不满意的是没有女人。"

"我也许能帮你想个法子！"

"什么法子？"

"你说你想在傍晚时呼吸一下新鲜空气，让他们准许你去花园走走。暗门边那株柽柳树底下会有一个女人等你。"

"我觉得我跟她能成为很好的朋友。"

"要真是这样，我就再高兴不过了，乌里泰梭。"

神明塞特又要显示他的本领了。天气阴沉闷热，一点风也没有。乌里泰梭借此机会，提出要去花园走一走。两个看守跟着他，看他自由自在地在花丛里走来走去，也不去管他。因为看守明白，这个赫梯人绝不会逃走，这座宛如金子打造的监狱能确保他的安全，为何还要逃走？

梅布浑身哆嗦着，躲藏在柽柳树下。这名外交官有些神志不清，这是注射曼德拉草药剂的后果。他已做好准备，决定发起进攻，于是从墙上翻了过去。他从一个军官那里偷了一把短刀，稍后乌里泰梭过来时，他将用这把刀刺穿其喉咙，再拔出来，丢到尸体身上，以便制造这样一种假象：此人之前害死了无数埃及人，军队迫切想要找他报仇，于是以这种方式杀死了他。

梅布从来没有杀过人，他相信一旦杀人，死后就会下地狱。不过，到了冥府后，他会对审判官说明，自己是被人利用才会做出这样的事来。现在除了短刀和乌里泰梭的喉咙，他什么都不用想。

有脚步声传来，缓慢而轻巧。梅布走到目标身旁，然后停下来弯腰朝他……梅布抬手正要进攻，却被脑后一记重拳打倒在地。

萨哈马纳一下拽住外交官员的衣领子，把他拽起来，说："叛贼、无耻之徒、笨蛋……梅布，醒醒。"

梅布一动不动。

"别装模作样了！"

萨哈马纳看到梅布的脑袋和脖子弯成了一个诡异的角度，这才发现自己用力过猛了。

52

梅布突然死了，相关政府机构必然要调查此事。

审讯工作由亚梅尼负责，萨哈马纳不得不接受盘问，心里七上八下，唯恐自己会被判罪名成立。

书记员断定："这件案子再清楚不过了。外交官员梅布想要骗过你，杀了乌里泰梭，先前你对梅布的猜测一点都没错。你本打算生擒梅布，却因为他的极力挣扎威胁到了你的生命，跟他厮打起来，结果他死了，这是个不幸的意外。"

前海盗这才放下心来。

"不过，你还是要写一份详细的报告交给我。"

"就算死了，梅布也还是要接受法律惩处。他的各项罪名都如此清晰，从今往后，他的名字不能再出现在任何公务文书中。只是他究竟效忠于谁，这个问题依旧困扰着我。"

"他告诉过我，他一直听命于亚夏。"

亚梅尼轻轻啃咬着他的笔杆子，说："为了帮拉美西斯解决麻烦，于是派人把那个赫梯人杀了……可这样一项工作，亚夏怎么可能交给梅布这种喜欢出风头又胆小怕事的人呢？而更重要的一点在于，拉美西斯执意要为乌里泰梭提供庇护，亚夏怎么可能跟拉美西斯作对？梅布又在骗人了。不过，他要是潜伏在埃及的赫梯间谍，又会怎么样呢？"

"赫梯间谍是站在乌里泰梭那边的，不是吗？"

"乌里泰梭已经成了赫梯的叛徒，赫梯现任君王是哈图希勒。赫梯间谍组织若能帮新君铲除仇敌，就能获得新君的信任。"

萨哈马纳捋捋自己长长的胡须，说："也就是说欧菲尔、谢纳这两个人还安然无恙地待在埃及。"

"谢纳已经死在了努比亚，至于欧菲尔，已经很多年没听过他的消息了。"

萨哈马纳攥紧拳头，说："那个可恶的巫师很有可能就在我们周围！有些人说他逃到了利比亚，看来是胡编乱造，目的就是想让我放松警觉。"

"瞒天过海，逃出生天，这种事可难不倒欧菲尔，不是吗？"

"亚梅尼，这并不是我的责任……"

"可你何时才能抓住他呢？"

拉美西斯城连续三天乌云蔽日。这种景象在埃及人看来，意味着塞克梅特女神的使臣传播的疾病与悲剧，跟塞特神明引发的灾难混杂在了一起。

除大皇后——法老用贡品供奉的世间永恒戒条的化身外，任何人都无法阻挡此事变得更加糟糕。人们这段时间都在竭力进行自我反省，修补缺少的正义。

妮菲塔莉想就埃及臣民的缺陷与不足做出弥补，结束黑暗，迎来光明。为此，她来到底比斯，在当地的穆特神庙中供奉的塞克梅特女神像前摆上了贡品。

摩西宣布，耶和华为惩处埃及百姓降下的第九种灾难，便是让都城上空布满乌云。

为了这件事，拉美西斯在都城召见了摩西。

"法老，现在你相信了吗？"

"这是一种自然现象，你却认为这是你信仰的上帝创造的奇迹。我尊重你这种观点。不过，你借宗教的名义，在百姓中间搬弄是非，引发暴乱与内战，这是对玛亚特的背叛，对此我可不会容忍。"

"耶和华提出的要求是神圣的，任何人都不能冒犯。"

"摩西，带上你的信徒走出埃及，去你向往的地方，去那里参拜你的神明吧。"

"我要带走所有希伯来人。"

"但你们不能带走任何一头牲口，叛徒没有资格享受埃及的恩惠，更何况大多数牲口并不属于你们，仅仅是出租或是借给你们的。"

"我们要把所有牲口当成祭品，带到福地献祭给耶和华。因此，我们会带它们离开，不会给埃及留下一头牲口。"

"你这样做跟小偷没有分别！"

"除了耶和华，任何人都不能判我有罪！"

"你简直顽固不化，究竟是怎样一种信仰把你变成了这副模样？"

"你根本不会理解。"

"迷信与狭隘会侵蚀人的心灵，就像毒药一样，而任何一位法老都能以强力压制它们。跟我一样，你也曾被部分人强迫接受的所谓绝对真理影响，不是吗？"

"这是耶和华的指示，你要遵从！"

"摩西，除了变本加厉、恶语中伤，你就没有别的本事了吗？我们的友情、我们的兄弟情义，曾指引我们走上学习的平坦大道，现在通向哪里了？"

"除了带领希伯来臣民离开埃及这一前景，我对任何事都不感兴趣。"

"滚出宫去吧！摩西，你若不想被我当成卖国贼，不想被法院指控犯下煽动暴乱的罪名，就永远从我眼前消失吧。"

摩西非常愤怒，走出了皇宫。路上遇到了一些高级官员想跟他打招呼，他却理都不理。他直接回了希伯来区自己的住处，欧菲尔正在这儿等他。

巫师已经从同党那里了解到，计划落空了，梅布也死了。不过，外交官的最后一份报告指出，他留意到，凯在孟菲斯卜塔神庙的一次拜神仪式上，把塞达武给他的护身符摘下来了。这可是个好消息。凯现在做了大祭司，说不定能借这种身份免遭罪恶力量的侵犯，可是碰碰运气又有何妨呢？

巫师问："拉美西斯是否愿意妥协？"

摩西说："他坚决不肯妥协。"

"拉美西斯什么都不怕，若不借助暴力，不可能改变现状！"

"要发动武装叛乱吗？"

"我们手上有很多武器。"

"他们会杀光希伯来人！"

"我们要借助死亡的力量，而不是公然发动叛乱。在接下来的这场灾难中，埃及整个国家都将覆灭！"

听欧菲尔这样说，摩西不仅没有消除内心的愤怒，还隐约听到了耶和华的召唤。

"欧菲尔，你这话没错。我们是该孤注一掷，逼迫拉美西斯给希伯来人自由。等到耶和华的影响力遍布埃及各地时，埃及所有人家的长子，还有他们的牲口都难逃一死！"

经过漫长的等待，欧菲尔总算能向拉美西斯复仇了。

"拉美西斯的大儿子、埃及最有可能的继位者凯，将成为第一个受死的长子。过去，我对有神明力量庇护的凯无计可施，可事到如今……我们要让希伯来人跟埃及人保持表面上的融洽，要让希伯来人从埃及人那里抢夺能在离开埃及途中发挥作用的珍贵财物。"

摩西说："用不了多久，就要为逾越节举办庆祝活动了。我们会先在牛藤草上浸染小羊的血，然后用牛藤草在房门上做标记。这样死亡夜降临时，上帝便会避开这些做标记的房舍。"

欧菲尔马上回到实验室，准备用从凯那里偷来的芦苇笔，让凯终生忍受身体残疾带来的折磨！

妮菲塔莉在灯光照耀下，显得越发艳丽。她如此神秘，如此优雅，宛如隐藏在花丛中的高高在上的女神，是快乐的象征。可拉美西斯却在吻她的胳膊时察觉到，她的内心有些忐忑。

她自言自语道："摩西可不会轻易放弃。"

"我不相信他还能做出什么出格的事，毕竟我们曾有很深的交情。"

"我也一样，对于他，我满怀敬意。可是我非常忧心，他的内心到处燃烧着毁灭的烈火……"

塞达武朝王室夫妇走过来，说："凯病了，我说话一向不喜欢拐弯抹角，请不要介意。"

妮菲塔莉问："病得很严重吗？"

"我认为很严重，殿下！我的法力好像已经不能发挥作用了。"

"你的意思是……"

"他着了魔，至于其余可能性，根本不用考虑了！"

作为伊希斯的女儿兼女巫师，妮菲塔莉的本事非同一般。她匆匆来到拉美西斯大儿子的床榻边。卜塔神庙的大祭司在重病中依然维持着非同一般的自尊。他躺在矮矮的床上，焦虑的脸绷得紧紧的，呼吸急促。他告诉妮菲塔莉："我的两只手臂和两条腿都麻痹了，不能动。"

皇后用双手按住他的太阳穴，承诺道："我会跟你一起与卑劣的死神交战，把我所有的力量都输进你体内。你绝不会被死神带走，因为我会将自己毕生的幸福都赠予你！"

赫梯都城的和谈进展异常缓慢。拿到拉美西斯草拟的和议书后，哈图希勒把每一条都跟亚夏讨论了一遍，就双方观念的分歧展开了激烈辩论。最终，双方达成妥协，然后又从头开始推敲，每一个字都不放过。在此期间，普杜赫芭不时提出自己的建议。每次讨论结束后，双方总要从头到尾再讨论一遍。亚夏明白，现在草拟的这份和平协议跟整个近东以及亚洲一些国家的安全密切相关，所以拼命忍耐着。

哈图希勒提醒他："不要忘记我让乌里泰梭回国的要求。"

亚夏说："我们先把整份和平协议制定出来，然后再就该问题提出解决的办法。"

"你太乐观了，你觉得在赫梯王眼中，你是个绝对值得信赖的人吗？"

"一个能成为赫梯王的人，怎么会犯这种错误？"

"难道你不担心把所思所想都告诉我了，会对谈判结果造成影响吗？"

"陛下，您肯定也有自己的观点，并在试图订立一种和平协议，对赫梯而不是对埃及更有好处……像砝码一样让天平保持平衡，就是我在其中发挥的作用。"

"这个游戏十分刺激，却未必能成功。"

"陛下，这项使命是拉美西斯委托给我的，至于您，对此也起着决定性作用。"

"我亲爱的亚夏，耐性、条理性、执拗，这三样东西我一样都不缺。"

"陛下，我也一样。"

53

　　萨哈马纳时刻监视着佣兵团那个保镖，此人一定会犯下重罪，萨哈马纳必须要保持警觉，不能让机会白白溜走。萨哈马纳现在可没心情享乐，最多不过跟那个有名的酒吧里的姑娘说说笑笑。

　　萨哈马纳非常担心凯的病情。国王和国王的家人不管遇到什么事，萨哈马纳都会忧心不已。在他看来，国王一家就像亲人一样。想到没有能力铲除拉美西斯的所有仇敌，萨哈马纳便十分恼火，急得跺脚。

　　有个雇佣兵过来向萨哈马纳汇报："希伯来区出了些怪事。"

　　"怎么回事？"

　　"各家各户的门上都涂了血红色的标记，我觉得你说不定会对这个感兴趣，虽然我们现在还没搞清楚这到底是怎么回事。"

"你做得不错。现在去带亚博内过来，找什么理由都行。"

希伯来砖匠亚博内原本专门勒索自己的同胞，在帮摩西作完证后，他就不在大家面前露面了。

见到萨哈马纳后，亚博内觉得自己全身上下都非常难受，垂首站在那里。

萨哈马纳怒气冲冲地责问他："你有没有犯法？"

"没有，大人！我这辈子一片纯白，跟祭司的白袍子差不多。"

"那你哆嗦什么？"

"我只是个小砖匠而已。"

"别说了！你家门上涂了红染料，这是怎么回事，亚博内？"

"大人，只是不小心洒上去的！"

"你觉得我是傻子吗？为什么除了你家，还有十几户人家的大门上也涂了？"

萨哈马纳身材又高又壮，还把自己的指关节捏得咔吧作响，这让人听了很不舒服的声音吓得砖匠毛骨悚然。

"这个……这个是一种风俗。"

"啊，原来是这样，要是我也有种风俗，要把你的鼻子、耳朵都割下来，你觉得怎么样呢？"

"法庭会判您的罪，您无权这样做！"

"我这里有个案子，拉美西斯的大儿子被人偷偷施了法术，需要我加紧调查。要是这其中牵涉到了你，我绝不会感到吃惊！"

这样一来，亚博内很有可能会被判处重罪，因为在审判那帮偷偷摸摸的巫师时，法官不会讲半点情面。

"我根本没参与过这件事！"

"从前做过的事，可不利于你证明自己的清白。"

"大人，别这样说，我是有妻儿的人了……"

"我一定要指控你，除非你能把你知道的事情都说出来！"

亚博内在选择自保还是保摩西时，没有半分犹豫，坦言道："摩西诅咒了各家各户的长子，耶和华会在一个可怕的晚上杀掉这些长子。希伯来人要在自家门上做醒目的标记，才能避免这种灾祸。"

"摩西简直可以名列罪大恶极的魔鬼之列了！"

"大人，您……您能饶恕我吗？"

"你这条狡猾的蛇，还有胆子说话，还是去监狱接受保护吧。"

亚博内觉得这种结局还可以接受，点头答应下来，又问："那我何时才能被释放？"

"灾祸降临是在哪天夜里？"

"就快了，可是具体哪天我也不知道。"

萨哈马纳急忙跑到拉美西斯的办公室，拉美西斯正在接见农业部长。凯现在还能活着，全靠妮菲塔莉的法力。内疆因此深受打击，几乎筋疲力尽，只能勉强完成本职工作。拉美西斯竭力想让他明白，不必在乎个人的灾祸，应集中精力关注整个埃及的利害得失。

接见完内疆，拉美西斯立即跟萨哈马纳见了面，听萨哈马纳报告亚博内说的话。

国王说："太荒谬了，摩西不会做这种事，这人在胡说八道。"

"亚博内不会说谎，他胆子那么小，又那么害怕我。"

"只有疯子才会有这么卑鄙的念头，会犯下这种谋杀罪。从容自若杀掉各家各户的长子，这种事摩西可做不出来。"

"我有个提议，不如派军队阻止那些杀人犯的计划实施。"

"还要把乡下所有警察都调来帮忙。"

"陛下，抱歉问一句，我们要把摩西抓起来吗？"

"还是想别的法子对付他吧，毕竟他什么罪过都没有，到了法庭上，肯定会被无罪释放。"

"我有个法子也许有用，不过您可能会觉得太过歹毒了。"

"你这回必须小心翼翼！萨哈马纳，说说你的法子吧。"

"对外撒一个谎，就说凯三天之内就会性命不保。"

拉美西斯单是听到这种不吉利的话，便忍不住哆嗦起来。

"陛下，我早料到您会非常惊讶，可是只要传出这个消息，那些凶手就不得不马上下手，到时我就能抓住机会采取行动了。"

拉美西斯默默思索了一会儿，说："萨哈马纳，希望你能马到功成。"

美发师扯疼了拉美西斯的姐姐杜兰特一条漂亮的棕发辫子，被她打了一耳光。

"笨女人，快滚！"

美发师走时，看上去就快哭了。

接着，美甲师走进门来。

"磨掉我脚上的角质，再帮我涂红趾甲。动作轻一点，不要弄疼我。"

美甲师经验丰富，因此暗自庆幸。

杜兰特说："你做得很好，我会奖励你，还会向我的朋友们推荐你。"

"公主，多谢您。在这噩运不断的皇宫中，您给了我莫大的宽慰。"

"噩运不断，怎么回事？"

"今天早上，我为宫里一位高级女官服务时听她说，她刚刚收到噩耗，国王的大儿子时日无多了。"

"这只是个谣言吧？"

"是真的，御医说不出三天，凯就要去了。"

"我还要做正经事，你快点帮我把脚弄好。"

杜兰特觉得这次情况特殊，只能冒险了。她化了点妆，穿戴好寻常的假发和棕色披肩。任何人见到她，都不会看穿她的真实身份。她混在人群中走向希伯来区的砖匠聚居地，身边有挑水夫，也有卖奶酪的商贩，没有人认出她来。两个小姑娘在狭窄的道路中间抱着娃娃玩，她随手推开了她们，还把一个腿脚不灵便的老人撞倒在地。最后，她走到一扇深绿色的门前，在门上敲了五下。

只听"吱呀"一声响，门开了。一个砖匠问道："你是谁？"

"我是巫师的朋友。"

"请进来吧。"

在砖匠的带领下，杜兰特沿着楼梯走到了地窖。昏暗的油灯下，欧菲尔的脸显露出来。这张表情志忑的脸有着突出的颧骨和鹰钩鼻子，看起来就像诡异的野兽，却让拉美西斯的姐姐深深着迷。他手上拿着一支画满了怪异符号、部分已经被烧坏的芦苇笔，就是凯丢失的那支。

"杜兰特，这么着急见我有什么事吗？"

"凯就要死了。"

"御医觉得他无药可救了？"

"帕瑞尔马库诊断，他随时都可能丧命。"

"这简直太好了，不过对我们的计划实施有点不利。你实在聪明，知道过来把这件事告诉我。"

灾祸降临的夜晚会提前到来，拉美西斯的长子，以及家家户户的长子、第一胎牲口都将猝死，埃及所有的百姓都会为此痛哭。百姓会因畏惧耶和华的权力和暴怒，对拉美西斯心生怨恨，各地都将发起暴动，引发严重的混乱。

杜兰特跪在巫师脚下，问："欧菲尔，这件事结果会怎样？"

"摩西和真正的上帝会成为胜利者，拉美西斯会被赶出埃及。"

"我们终于得偿所愿了！"

"没错，我亲爱的杜兰特。你做得没错，就应该这么执着。"

"但是有必要这么残暴吗？"

欧菲尔扶杜兰特站起来，抚摸着她的脸说："这些全都由摩西决定，他则要听命于耶和华。我们没有权利从中干预，无论结果怎样，这点都不会改变！"

有人猛地推开大门，尖叫声响起，令人毛骨悚然。接着，有人快步走下楼梯，闯进地窖，那是身材又高又壮的萨哈马纳！他一下把杜兰特推到巫师身旁，然后用力在巫师头上打下去。欧菲尔倒在地上，手里依旧紧紧攥着凯的芦苇笔。为了逼迫他松手，前海盗把他的手臂都踢折了："总算抓住你了，欧菲尔！"

54

塞达武进入凯的房间，用力把那支受到诅咒的芦苇笔扔到地上，狠狠踩碎了。正在竭尽全力向拉美西斯的长子输送生命力的妮菲塔莉感激地看着塞达武。

"殿下，我已经完全解除了对凯的诅咒。用不了多久，凯就能康复了。"

妮菲塔莉从少年脖子上挪开自己的双手，只觉精疲力竭，接着便晕倒了。

帕瑞尔马库大夫给皇后开了些滋补身体的药，但是效果微乎其微。塞达武把这些药都扔了，亲自为她开了一服药，这才是真正的补药。

塞达武告诉拉美西斯："大皇后消耗了过多精力。"

"塞达武，不要对我有任何隐瞒。"

"向凯输送生命力，让妮菲塔莉折寿数年。"

拉美西斯试着输送一些力量给床上的皇后。他就是用这样的力量建立起了这个王国。若是能让妮菲塔莉长寿，安享晚年，用她的美丽让上下埃及一片光明，拉美西斯甘愿拿自己的王位去换。

拉美西斯在亚梅尼的多番劝说下，重新开始处理国事。不过，国王依然不愿探讨国事，除非妮菲塔莉能亲自心平气和地告诉国王，她确实已经摆脱了那场灾祸。

亚梅尼说："萨哈马纳写了一份详细的报告，送到了我手上。欧菲尔巫师被逮捕了，他会以间谍罪、滥用巫术罪、意图谋杀王室成员、杀害可怜的莉达和她的女佣人等罪名，遭到法律的惩处。他还有摩西这个共犯，两人的危险程度不相上下。欧菲尔把摩西杀害埃及各家各户的长子的计划和盘托出，这个计划真是歹毒，一旦成功，会有无数人惨遭荼毒，好在计划实施之前就被萨哈马纳阻止了。"

街上出现了一支仪仗队，法老在前面领队，萨哈马纳负责指挥。希伯来人不管老幼、尊卑，没想到有生之年竟会看到这一幕，都大吃一惊。大家都透过半开半掩的窗帘，窥视国王的风采，心里乐开了花。

拉美西斯径直来到摩西的住所。摩西已经收到消息，拿着手杖站在门口，等着国王。

见面后，摩西说："陛下，我们不该再相见了。"

"摩西，别担心，见过这次，我们再也不会相见了。你为何要杀人呢？"

"除了遵从耶和华的指示，我什么都不会想。"

"你的上帝是不是太过冷血无情了？朋友，对于你的宗教信仰，我满怀敬意，可它要想在我的先人留下的国土上肆意妄为，我绝对不会允许。摩西，走吧，带上所有希伯来人离开埃及，到别的地方去，把你们的真理付诸实践吧。事到如今，我命令你们离开，你不用请求我准许你们走了。"

哈图希勒穿着红色与黑色间杂的羊毛外套，从皇宫最高处向都城张望。他的夫人普杜赫芭挽住他的手臂，动作温柔。

"为什么要为国家伤心呢？她原始粗犷的外表并非不美。"

国王说："乌里泰梭应该接受法律的惩处。"

"他已经遭到惩处了，不是吗？试想一个残暴的军人被软禁，只能待在自己最深恶痛绝的敌对国中！乌里泰梭这个目中无人的家伙，很有可能正在忍受着残酷的煎熬！"

"我可不这么想。"

"很快，亚述就不允许我们再这么狂妄了。我们跟埃及和谈失败的消息传到亚述后，他们肯定会立即派出正在不断壮大的军队，向我们发起进攻。"

"和谈并未对外公开。"

"难道这一切能瞒得过亚述君主吗？亚述人早就派出使臣，在赫梯与埃及两国往来穿梭搜集秘密情报了。我们若不抓紧时间订立停战协议，就会成为亚述人进攻的目标。兵败时，拉美西斯不会向我们伸出援手。"

"赫梯人一定要知道怎样保卫自己的祖国。"

"哈图希勒，你的子民在你登基后变了很多，连士兵都在期盼和平。你又有什么计划呢？"

"难道你的看法已被妮菲塔莉左右？"

"这位埃及皇后的观点，跟我没什么两样。在她的劝说下，拉美西斯放弃了进攻赫梯，可我们呢？难道我们没胆量把她的期望变成现实吗？"

"可是乌里泰梭……"

"乌里泰梭已经消失了。我只希望他能找个埃及女子结婚，得到法老臣民的承认，从此以后再也不要在我们面前出现。"

"你对我的要求过高了。"

"作为皇后，这是我的职责所在，不是吗？"

"如果我做出这种妥协，会被拉美西斯看成懦夫。"

"无论妮菲塔莉还是我，对你这种谦虚都有另外一番理解。"

"赫梯与埃及的外交政策能由这一点来决定吗？"

普杜赫芭说："为什么不能呢？说不定我们还能推动实现和平！"

欧菲尔巫师接受审问时把什么都交代了。他把自己潜伏在埃及的赫梯间谍组织领袖的身份卖弄了一番，还说了自己曾经试图杀掉凯。陪审团听了他对杀死可怜的莉达及其女佣人的叙述，认为他一点悔过之心都没有，而且他还用这种残酷无情的手段，杀害了好几个无辜的人。

杜兰特大哭起来。她默认了欧菲尔说她是共犯的指控，唯一的要求是希望弟弟埃及法老能对她从轻处罚。她表示自己之所以犯罪，完全是受了谢纳的荼毒，应将所有罪责都归于谢纳。

首相在十分简短的审问后宣布了审判结果，判欧菲尔服毒自尽，判杜兰特去做粗重的农活，判没能到场的谢纳死刑，并将其从这个世界上除名。

塞达武和莲花在亚夏回到埃及的当日，跟他小聚了一下，相互鼓励了一番，然后塞达武夫妇回阿布辛贝去了。

随即，王室夫妇召见了亚夏。妮菲塔莉拖着虚弱的身体，继续跟普杜赫芭通过信件往来。努比亚雄狮屠夫与其好友夜巡——那条虽然年老，但身体依旧强壮的金色的狗——似乎相信自己的陪伴能增加妮菲塔莉的精力，因此跟皇后形影不离。

拉美西斯只要能从无数文件中抽出身来，就会到妮菲塔莉身边，唤醒他们之间伟大的爱情。这份爱情像晴朗的盛夏一样热烈，像尼罗河岸边的夕阳一样温和，简直无法用语言形容。

每次都是在妮菲塔莉的逼迫下，拉美西斯才回到埃及，同时就各部部长以及其余高级官员的无数常见疑问做出解答，继续带领国家这艘大船前进。好在还有伊瑟、梅莉达蒙、小麦伦卜塔、用化妆遮掩自身疲倦的图雅，过来探望了妮菲塔莉很多次。

亚夏朝妮菲塔莉下跪行礼，说："殿下，我十分想念您的智慧与美丽。"

"有好消息吗？"

"再好不过。"

拉美西斯问："哈图希勒愿意签订和平协议？"

"乌里泰梭那件事已在埃及皇后与普杜赫芭皇后的共同努力

下，得到了解决，他会继续待在埃及，并融入埃及。阻挠和平协议签订的因素，就此消失了。"

妮菲塔莉笑起来，说："我们赢得了最辉煌的胜利，是这样吗？"

"普杜赫芭是我们最有力的支持者。大皇后在信里说的每一句话都让她深有感触。赫梯人在哈图希勒即位后，开始密切关注亚述大军带来的威胁，明白自己过去的敌人会成为未来最值得信赖的依靠。"

妮菲塔莉提议道："应该趁这个机会尽快采取行动。"

"我把哈图希勒提出的停战协议带回来了，准备跟你们认真研究研究。一旦您和法老都没有任何意见了，我就马上启程，再到赫梯走一趟。"

王室夫妇立即跟亚夏做起了正事。拉美西斯看到多数条件都被哈图希勒接纳了，深感意外。

亚夏草拟了一份和平协议，其中每一条都是参考国王的意见确定的，水准颇高。认真阅读过后，图雅对这份协议也是赞不绝口。

努比亚次王坐在一辆由两匹马拉的马车上，一名颇有经验的车夫负责操纵马车，让其快速奔向拉美西斯的皇宫。

努比亚次王看到小道上人声鼎沸、摩肩接踵，便问车夫："出什么事了？"

车夫说："希伯来人要离开埃及。他们要跟随首领摩西，去往他们的福地。"

"他们真是疯了，法老怎么可能允许他们这样做？"

"拉美西斯说他们破坏公共秩序，要把他们赶出埃及。"

这次来都城，努比亚次王是为了正式拜见国王。眼见无数男男女女、老老小小赶着羊，拖着被衣服、粮食堆满的小马车，一步一步走出拉美西斯城，努比亚次王感到很惊讶。这些人或是大声唱歌，或是满脸失落，很多人都为离开这个带给他们美好生活的地方深感悲伤，可大家都没有勇气违背摩西的命令。

努比亚次王先见到了亚梅尼，然后被带到了拉美西斯的办公室。

拉美西斯问："老实说，你为什么要来拜见我？"

努比亚次王咽了口唾沫，说："陛下，谋反了，各个部落都团结起来谋反了。"

55

谢纳总算如愿以偿了。

他花费数月时间，极力劝说各个部落的酋长团结本族民众一起去努比亚各个重要的金矿产区抢掠。不过，即使面对谢纳给的银子和高额酬劳，这些黑人士兵还是对挑衅拉美西斯大帝的提议提不起兴趣来。塞提刚刚登基时，曾派大军给叛乱分子以沉重的打击。这些黑人士兵可不愿意跟这样的大军开战，除非他们疯了。

谢纳不断遭遇失败，却一直不肯放弃。要打败拉美西斯，这是他最后的机会。战斗经验、大笔财富，以及能竭尽所能对抗法老大军的军队，对谢纳来说都是必不可少的。

经过不断努力，谢纳终于得到了回报。先是有一位酋长答应了他，随后有了两位、三位乃至更多……

接下来就要确定此次谋反的领袖了，这个人选是由口才决定的。结果口头争论却发展成了打群架，真让人难以预料！两个部落酋长，还有那个克里特岛雇佣兵都受了伤。最后，大家一致决定，让谢纳做他们的领袖，毕竟他们之中无人比谢纳更加了解拉美西斯及其军队了。尽管谢纳并不是努比亚人，但是大家也顾不得计较了。

强壮的黑人士兵拿着长矛和弓箭来到金矿，让负责保护矿工安全的守卫难以招架。这些黑人士兵在短短几小时后，就占领了金矿。一支军队从军事重地布衡赶到这里，打算整顿一番东山再起，却在数日过后被这些黑人士兵打退了。努比亚次王见这些暴乱分子如此强悍，只能对拉美西斯如实相告。

谢纳明白，自己的弟弟必然会亲自出马，到此处镇压叛乱分子，而这个错误的决定将会葬送他的性命。

拉美西斯非常喜欢努比亚，这里有沙漠，有丘陵，有花岗岩小岛，有呈条带状、布满细沙的绿洲，有任由鹈鹕、火鹤、戴冕鹤、大喙巨鹳飞翔的晴朗碧空，还有两棵缠绕在一起的棕榈树。就算在大难临头、被迫率领军队匆匆赶到南部地区讨伐叛贼之际，国王也没有一刻不被努比亚的景色吸引。

努比亚次王汇报，当地的重要金矿产区都被叛变的部落占领了。金矿的开采无法顺利进行，后果不堪设想。因为建造神庙要用到金子，国王为了跟各个属国保持友好关系，也会把金子当成礼物送给大家。

拉美西斯不愿跟妮菲塔莉分开太久，一心想速战速决。而他这样做还有一个更重要的原因，就是大皇后的直觉显示，很有可能是谢纳挑起了此次叛乱，而且她对此深信不疑。

有传言称，拉美西斯的兄长已在宁静的沙漠中失去了影踪，实情却并非如此。为了挑起战争，他不惜一切代价，甚至利用雇佣兵向埃及堡垒发动偷袭，以疯狂残暴的手段控制金矿，侵占法老的领土。谢纳在多次失败过后，被仇恨与妒忌推进了深不见底的黑洞，再也无法脱身。他跟拉美西斯的亲情彻底消失了。图雅在从拉美西斯口中得知谢纳内心的想法时，也不知该说什么好。谢纳跟拉美西斯之间的对立，最后只能迎来你死我亡的结局。

拉美西斯身边站着几个已经做好准备、随时可为他提供支援的王子。他们穿着宽大的上衣和短裙，头上戴着长长的假发，手中高举象征着开路者的狼神旗子，脸上满是自豪。

一头庞大的大象忽然出现在路上，拦住了他们。连最勇猛的战士都迫不及待想要逃走，拉美西斯却冲着那座"大山"走过去。大象伸出鼻子卷住他，高高举起来，把他放到自己脖子上，然后拍着一对大耳朵，显得很开心。大家看到这一幕，怎么还会怀疑法老拥有的神奇力量呢？

屠夫在右，大象在左，它们共同前往金矿产区。弓箭手、步兵都相信，法老为了能冲进敌方阵营，什么都可以牺牲。结果拉美西斯却让战士们在距离敌人很远的地方安营扎寨。于是，大家要么擦拭武器，要么喂随军的牲口，炊事员则马上开始做饭。

有个王子二十几岁了，壮起胆子提出了不同意见："陛下，还等什么呢？我们要打败那几个努比亚人，简直易如反掌！"

"你对努比亚和努比亚人一无所知。每个努比亚人都箭法高超，作战英勇。认为己方必胜的军队，多半会遭受重创。"

"作战不就应该采用这种方法吗？"

"尽可能降低人员损失，才是作战时应采用的方法。"

"可主动投降这种事，努比亚人是不会做的。"

"不管怎样，他们都不会受我们的威胁。"

"陛下，难道您要跟这帮野蛮的家伙和平谈判？"

"要打败他们，靠的不是暴力，而是智慧，首先要让他们摸不清我们的想法。努比亚人很擅长设圈套，先从背后偷袭，再从两面夹攻。我们要向他们发动突袭，不给他们进攻我们的机会。"

谢纳对拉美西斯了解颇深。因为只有一条小道能通到金矿产区，他猜国王会从这条小道过来。金矿产区的两边都是丘陵，被炽热的阳光烘烤着。努比亚弓箭手藏在丘陵的岩石后面，不会被发现。他们将射杀埃及的军官，让其军队溃不成军。到了那时，拉美西斯就会灰心丧气，下跪请求谢纳放过自己，而谢纳将亲手杀死他。圈套已经做好了，埃及官兵一个都别想逃脱。

谢纳会把死去的拉美西斯高高挂在船头上，回到象岛，接下来再攻克底比斯、孟菲斯、拉美西斯城乃至全埃及。埃及所有百姓都会支持谢纳登基，然后他就能报复那些不承认他的人了。

国王的兄长来到淘金监工工作的山坡，登上淘洗金沙的场地最高处。这里只有清澈的水流沿着一道山坡悄无声息地向下流到过滤池中，密度大的金子沉下去，沙子则浮上来，金沙在这里被滤掉细小的杂质，变成纯正的黄金。要极有耐心的人，才能应付这种毫无趣味可言的工作。

谢纳忍不住回想起被拉美西斯的法力掌控、无力击败他、以证实自身至高无上的价值的日子所受的煎熬，而这就是自己的人生！他在胜利前夕变得神志不清，好像喝醉了酒一样。

哨兵发出了信号。宁静被打破了，卷发上装饰着羽毛的黑人士兵从各个方向跳出来，向敌方发起进攻。

谢纳从高处下来，逮住一个发了疯似的兜圈子的酋长，说："别急！出什么事了？冷静下来，你听见我的话了吗？听我的指挥行动！"

酋长伸出长矛，朝周围的丘陵、山岩指点着，说："那里全都是敌人！"

谢纳走到金矿中间向上望去，望见了数不清的埃及战士，他们已经把金矿产区完全包围了。

山上最高处有一把漂亮的大伞，十多个人合力才能把它撑起来。国王的宝座就摆在伞下，戴着蓝王冠的拉美西斯在那里坐着，屠夫俯卧在他脚边。

所有努比亚人都不得不注视着国王，他的威望在执政二十年后达到了空前的高度。这些努比亚士兵个个都非常英勇，却明白只有自寻死路的人才会去进攻拉美西斯。

谢纳原本为布下的圈套洋洋自得，眼下却成了作茧自缚。所有叛乱分子都无法逃跑，因为路已经被法老的大军完全封锁了。

谢纳疯狂地大叫起来："我们必胜！所有人都跟我来！"

努比亚各个部落的酋长冷静下来，有一位酋长带着二十多个士兵爬到坡上，挥着长矛，凶神恶煞般冲向国王所在的位置。这时，天上瞬间下起了"箭雨"，大部分人都中箭倒下，只剩下一个比较灵活的年轻士兵四处躲闪，眼看他就要冲到国王的宝座前了，却被猛地跳起来的屠夫抓住了脑袋。

手拿权杖的拉美西斯十分冷静。屠夫挖了挖地上的沙子，抖了抖自己的狮鬃，然后返回主人脚边趴好。

所有努比亚士兵都丢下武器，跪下投降。

谢纳又急又怒，在各个部落的酋长身上胡乱踢打着，说："站起来打仗，拉美西斯不是打不倒的神！"

见没人肯听自己的话，谢纳拿剑朝一个上了年纪的酋长身上刺过去，穿透了他的腰。酋长在濒死之际，疼得抽搐起来，声音嘶哑地喊叫着。

其余酋长本来就很惶恐，此时更加惶恐，全都怒气冲冲地瞪着拉美西斯的兄长。

有个酋长说："你背叛又欺骗了我们。拉美西斯是不会被任何人打败的。要不是你，我们也不会落得如此悲惨的下场！"

"你们这群懦弱的家伙，快去打仗啊！"

酋长们异口同声地大叫起来："你骗了我们！"

"跟着我！我们去杀了拉美西斯！"目光凶狠的谢纳举着剑上了那座山坡，在那里能将过滤池和整个淘金区一览无余。

谢纳叫道："我是主人，埃及、努比亚独一无二的主人！"

部落酋长们十箭齐发，分别射中了谢纳的脑袋、喉咙、胸膛。谢纳向后倒在了坡上，跟矿石、泥沙一起向水流清澈的过滤池滑去。

56

　　希伯来人安安静静地走了。不少埃及人都在为自己的希伯来亲戚朋友感到可惜，他们要开始的是一场疯狂的探险活动。想到这次危险、艰难的沙漠旅行，很多希伯来人同样忧心忡忡。在耶和华的信徒前行的道路上，究竟有多少仇敌在等着他们？究竟会有多少部族想要阻挠他们？

　　拉美西斯叮嘱亚梅尼和萨哈马纳，一定要维持好都城的秩序。满腹怒气的萨哈马纳来到都城，命令治安队一旦发现希伯来人发动叛乱，马上以残酷的手段镇压他们。因为希伯来人离开埃及时一切顺利，萨哈马纳再想逮捕摩西、亚伦，就找不到理由了。萨哈马纳有种直觉，就算拉美西斯跟希伯来领袖相识多年，交情很深，也不应该这样包容摩西。摩西在埃及以外的地方，依旧能威胁到埃及。

萨哈马纳派了十个雇佣兵跟着这些希伯来人，让他们每隔一段时间就把希伯来人的行进情况汇报给自己，以保证埃及的安全。先知摩西选的路让人完全预想不到，他选的是一条弯弯曲曲、通向芦苇海的小道，而非沿途有很多口井、遍布埃及大军的西勒大道。这表明摩西根本没想过返回埃及。

亚梅尼叫起来："萨哈马纳！为了找你，我跑遍了各个地方！你打算继续瞧着北方那条大路，不肯挪开你的眼吗？"

"太不公平了，无恶不作的摩西居然这样安然无恙地走了！"

"欧菲尔死前说了最后一个关键信息。他吃下毒蝎子自杀了，好像迫不及待想要毁掉所有证据。亚摩斯、巴蒂绪那两个贝都因酋长跟着希伯来人一起走出了埃及。那帮耶和华的信徒就是从他们两个手上得到了武器，以免在迁移的过程中遇到战祸却没有能力保护自己。"

萨哈马纳在他的左手手心上用力打了一下，说："这两个贼也应该接受法律的制裁，我就该把他们和摩西一起抓起来，这是我的职责所在。"

"一点没错。"

"我马上带五十辆马车去把那些人都追回来，囚禁到监狱里。"

拉美西斯紧紧拥抱着柔情似水的妮菲塔莉。跟过去相比，今日化了淡妆，像女神一样芬芳的她显得更加娇媚。

国王告诉她："谢纳死了，努比亚的暴乱也平息了。"

"努比亚总算和平了？"

"那群叛贼的领袖被判处叛国重罪。有些村子过去受尽他们的欺辱，现在都欢天喜地庆贺他们不能再作威作福了。他们盗走的金子都还回来了，我把这些金子分成两份，分别送给了阿布辛贝神庙和卡纳克神庙。"

"阿布辛贝神庙进展如何？"

"塞达武正指挥工程加紧进行。"

皇后继续问了几个问题，都不是什么小问题。

"萨哈马纳带着很多马车去抓摩西了。"

"怎么回事？"

"赫梯人雇佣的两个贝都因间谍混在希伯来人之中逃走了。萨哈马纳想把他们还有摩西都抓回来。亚梅尼对此也没有异议，因为这并不违反法律。"

在拉美西斯的想象中，摩西正用手杖敲打着地面，帮助追随自己的上帝臣民开辟前行的道路。他要求迟疑不决的人接着赶路，同时恳请耶和华用夜晚的火柱和白天的云柱帮他们指明方向，保佑他们不要遇到阻挠前行的意外和来犯的敌人。

妮菲塔莉说："普杜赫芭刚刚送来一封长信，信中说相信我们肯定能成功。"

拉美西斯正在想其他事情。

妮菲塔莉问："你是不是怕摩西会被杀掉？"

"我再也不想看到他了！"

"和平协议中还有一点很可疑。"

"还是关于乌里泰梭吗？"

"不是，是关于语言表达。哈图希勒不想承认，只有他一个人需要对战事负责，他还抱怨自己成了听命于法老的下级。"

"但实情就是如此，不是吗？"

"哈图希勒不愿意丢面子，毕竟和平协议会对外公开，并被后人看到。"

"赫梯若不想灭国，就要听命于埃及，希望他们不要选另外一条路！"

"只是为了几个有争议的用词，连到手的和平都不要了，值得吗？"

"他们不应该因小失大！"

"埃及统治者能否给我一份新的和平协议？"

"这是哈图希勒的意思吧？"

"这是为了避免战争、杀戮、灾祸，也是为了让埃及与赫梯的百姓能有美好的将来。"

拉美西斯在妮菲塔莉的额头上吻了吻，说："大皇后在外交方面表现得如此热忱，我可以拒绝她吗？"

妮菲塔莉说："不可以。"说着轻轻把头靠上了他的肩头。

摩西非常恼火。有几个固执的希伯来人对离开埃及丧失了信心，想要回去，继续过原先那种吃穿不愁的安稳生活。亚伦用手杖打了他们。这些逃亡的希伯来人大多很讨厌沙漠，对在露天或帐篷里过夜很不习惯。这种艰苦的生活是先知摩西强迫大家接受的，很多人都对摩西发起了牢骚。摩西便大声斥责这些胆怯、软弱的信徒，要求他们继续遵从耶和华的指示前往福地，无论前面还有多少艰苦和危险。

于是这群希伯来人再度走上了漫漫征程，从西勒来到一片湿润的沼泽地。在这里，希伯来人不时掉进泥泞中，马车也总是翻车，而且不管人还是牲口，都深受沼泽里的水蛭之苦。

摩西下定决心，要尽快抵达萨波尼斯湖——地中海附近的边境地带。那是一片处处潜藏着危险的芦苇海，那里有从沙漠吹来的裹挟着大堆沙的大风。在这种荒芜的地方，除了风声和海浪声，什么都听不到，就算是渔民也会担心被流沙吞噬，任何人到了这里都无法生存。

一个满脸脏兮兮的女人趴在摩西脚下，说："救我们脱离苦海吧！这个荒芜的地方会把我们全部吞没。"

"不会的。"

"你看这里！你所谓的福地，难道就是这种地方吗？"

"自然不是这种地方。"

"摩西，我们还要继续前行吗？"

"这是肯定的！用不了几天就能从边境过去，到达那片福地，那里才是耶和华要我们去的地方。"

"你这么有信心，有什么凭据吗？"

"我看见了耶和华，还听到他在跟我讲话。这位女士，我们要走的路还很漫长，你先休息一下吧。"

女人相信了摩西的说法，照他的吩咐去做了。

亚伦说："要是能马上出发就好了，这里简直太可怕了。"

"我们需要充分的休息。耶和华会在明天早上赐给我们力量，帮我们继续前行。"

"摩西，难道你从来没想过失败吗？"

"从来没有，亚伦。"

萨哈马纳的车队一路疾驰，追逐着希伯来人。有个王子作为拉美西斯的代表，一路跟随车队。

前海盗的嗅觉在嗅到大海的味道时，马上醒悟过来。他命令部下在原地暂停，问："有没有人对这里很熟悉？"

有个颇有经验的车夫说："我劝您不要轻举妄动，这里经常会遇到怪物。"

萨哈马纳说："可希伯来人就是从这条路上走的。"

"他们想怎么走就怎么走吧！我们应该折回去，这才是最明智的选择！"

这时，有炊烟从远方升起。王子说："前面就是希伯来人安营扎寨的地方。要抓住那几个叛贼，需要马上行动起来。"

萨哈马纳说："武器也好，人手也好，耶和华的信徒都不缺。"

"我们的战士骁勇善战，还有马车，它们能帮我们的忙。我们不妨先躲到比较远的地方，朝希伯来人射箭，迫使摩西跟那两个贝都因酋长束手就擒。要是他们不肯，我们再冲过去。"

车队继续向沼泽进发，大家都很忐忑。

亚伦一下被吓醒了。

摩西拿着手杖，早已醒过来。

"声音这么大，这是……"

"没错，正是埃及的军队。"

"他们到这儿来，是为了对付我们！"

"我们还有时间，赶快逃走吧。"

亚摩斯、巴蒂绪这两个贝都因人不愿从芦苇海过去。希伯来人则都跟随摩西走了这条路，他们太害怕了，除了跟随摩西，别无选择。

大海和沙漠在昏暗的夜色中难以分辨，可是从年轻时便在自己内心燃烧的大火，却引导着摩西镇定地走到了海与湖交界的地方。眼下，这把赤诚的烈火照亮了前往福地的道路。

埃及的车队分散开来，摆出作战的队形。这个足以毁掉他们的错误导致这些马车不是被流沙吞没，就是陷进了暗流滚动的沼泽。王子的马车也掉进了沼泽，一步都走不动了。至于萨哈马纳的马车，竟把那两个贝都因酋长撞倒了——他们两个并未跟随希伯来人离开。

除了沙漠的大风，还刮起了东风，把原本一片泥泞的小路吹得很干燥。希伯来人就是走这条小路到芦苇海对面去的。

这一次，萨哈马纳的确是遇到危险了，他对那两个被马车撞死的贝都因间谍熟视无睹，跟大家一起拼尽全力，想把马车拉出来。有些战士受了很重的伤，他只能召集军队集合。这时，风向又变了。那条路被大风吹来的沙土、雾气隐藏了。除了任由摩西逃走，萨哈马纳一点办法都没有，不禁满心愤怒。

57

　图雅在女医生尼菲瑞的悉心照料下，还是不可避免地走到了生命的尽头，很快就要告别埃及的尘世，跟已故的丈夫塞提会合了。好在埃及的未来应该会一片光明，眼下只需要再跟赫梯订立和平协议了，这让图雅深感安慰。

　图雅正在花园沉思时，看到妮菲塔莉过来看望自己。

　"母后，我刚刚收到一封信，是普杜赫芭皇后写来的。"

　"妮菲塔莉，帮我念念这封信吧，我的视力已经衰退了。"

　图雅听着皇后柔美的声音，觉得很安心：

　亲爱的妹妹，太阳神的妻子妮菲塔莉，希望我们两国能维持和平，更希望你和你的家人能身体健康。我女儿一切顺利，我的马也都很健壮。同样把祝福带给你的孩子们、你的马，还有拉美西斯大帝的雄狮。

你的仆人哈图希勒甘愿向法老称臣，伏在他膝下。

埃及的光明神与赫梯的风雨神都盼着彼此的友谊长存，因此，大家应当一起赞美"和平、仁爱"这两个词语。

埃及与赫梯的使臣已经带着和平协议赶赴拉美西斯城了。敬请法老在上面签字，就此将两国的和平确定下来。

希望妮菲塔莉妹妹能得到众神的庇佑。

妮菲塔莉读完这封信，跟图雅哭着抱在了一起。

萨哈马纳觉得自己就像一只小虫子，很快就要被拉美西斯捏死了。他十分沮丧，做好了被罢官的准备，同时又心有不甘。出身海盗的他一早就对这种发布命令、主持正义的生活习以为常了。对拉美西斯的忠贞不二，让他告别了四处漂泊的生活，得到了新的生活意义。埃及在他心目中从抢掠的对象变成了祖国。登上陆地以后，他就对返回海上航行失去了兴趣。

拉美西斯对萨哈马纳格外开恩，让他不用在法庭和他的下级面前受辱，这让萨哈马纳很是感激。

在自己的办公室中，拉美西斯单独接见了萨哈马纳。

"陛下，我犯了大错。那片地区是什么情况，大家都不清楚，再加上……"

"那两个贝都因间谍怎么样了？"

"我的马车把他们撞死了。"

"你能肯定在那么大的风沙中，摩西全身而退了？"

"他跟希伯来人一块儿到了芦苇海对面。"

"那就别管他们了，反正他们都到国界线那边去了。"

"可摩西背叛了您！"

"萨哈马纳，随他去吧。他想做什么就让他做什么，反正他已经破坏不了埃及的稳定了。你去做另外一项工作吧，这也很重要。"

拉美西斯居然不打算追究自己的过错了，萨哈马纳简直难以置信。

"你立刻带领两个战车团，去边境迎接并保护赫梯使臣。"

"这……"

"这是一项艰巨的任务，关系到全世界的和平，萨哈马纳。"

最终，哈图希勒还是妥协了。他考虑到自己身为君主的直觉、妻子普杜赫芭的劝告，以及埃及使臣亚夏的建议，草拟了一份埃及跟赫梯互不侵犯的协议，以满足拉美西斯的要求。这份协议是用楔形文字写成的，写在一张镶嵌着银饰的皮子上，哈图希勒派了两名使臣将其送去给法老。哈图希勒甚至立下诺言，若是埃及国王愿意在埃及的一座大型神庙中回礼，自己甘愿在哈图沙的太阳女神庙公开这份协议。不过，拉美西斯能不做半分改动，全盘接受这份协议吗？

等待他们的到底是战争还是和平呢？从赫梯都城到埃及边境，处处弥漫着紧张的氛围。亚夏觉得，哈图希勒已经做了最大的让步。拉美西斯要是还不满意，这份草拟的文件就跟废纸没什么两样了。而跟使臣前往埃及的赫梯士兵，也是满脸忧虑。

一些异教组织也许还会借这个机会，出手阻挠两位和平使臣完成这项任务。重重山峦之间，那些山谷、山路、山林就像一个又一个陷阱，在冲他们挥手致意。好在他们沿途并没有遇到任何麻烦。

隔着很远的距离，亚夏望见了萨哈马纳和埃及的军队，顿时放松下来，长长地舒了一口气，接下来的旅程终于不用再提心吊胆了。

萨哈马纳跟赫梯军队的军官相互打了招呼，双方的态度都冷冰冰的。前海盗恨不能把这帮野蛮的家伙全部杀掉。不过，他要遵从拉美西斯的命令，不能让这项工作出现任何差错。

赫梯的战车大队来到三角洲，继而前往拉美西斯城，还是破天荒头一回。

亚夏问："努比亚的叛乱怎么样了？"

萨哈马纳说："你在哈图沙也听说这件事了？"

"这是我收到的秘密情报，不用担心。"

"谢纳死在了他的共犯手里。这个省的治安堪忧，拉美西斯将其重新整顿了一番。"

"希望从今往后，北部也能像南部一样稳定。要是两位赫梯使臣呈交的和平协议能得到拉美西斯的赞同，那让后代永远怀念的繁华盛世就能就此开始了。"

"拉美西斯怎么会不赞同呢？"

"协议中有个小问题还存在争议。萨哈马纳，我们还是尽量往好的方面想吧。"

亚夏与两位赫梯使臣在拉美西斯在位的第二十一个冬天的第二十一天，由亚梅尼带到了拉美西斯在宫中的会客厅。这里恢宏壮丽，两个赫梯人看到后惊叹不已。他们原本再平常不过的世界消失了，被眼前这个宏大、优雅的世界取而代之。使臣把镶嵌着银饰的协议文件交给法老。

　　亚夏大声宣读了协议的序言：

　　恳请天上的诸神和埃及的诸神为赫梯君主与埃及法老共同订立的这份和平协议作证。恳请太阳、月亮、天上人间的诸神、山峦、海洋、云、风一起为此作证。若有一方违反协议，恳请诸神毁掉其房舍，消灭其国家，杀戮其人民。至于遵循协议的一方，则恳请诸神保佑其国富民强，百姓安享幸福生活。

　　拉美西斯对这番宣言表示赞同。大皇后妮菲塔莉、太后图雅也都在场听取了宣言。

　　拉美西斯问："近年来，赫梯人多次发动战事，哈图希勒王愿意承认自己在这方面负有无法推卸的责任吗？"

　　有位使臣说："他愿意，陛下。"

　　"他是否认为对我们二人的继承人来说，这份和平协议同样有效？"

　　"通过订立这份和平协议，将和平与仁爱带给世界，让子孙后代都能受惠，这正是我们君王的期待。"

　　"两国的边界要怎样划分呢？"

　　"边界定为南面叙利亚边界的防御线和欧伦特河一带。从那里到埃及的彼布罗斯与安穆府省的交界处中间的地带，定为托管地区。赫梯的卡迭石城南与巴咯平原北部山隘中间的地带，划为埃及的领土。法老可以继续管辖腓尼基的各座海港。埃及外交使臣与百姓都能在埃及、赫梯两国中间自由穿梭。"

亚夏连大气都不敢出。彻底放弃卡迭石城，特别是安穆府省，拉美西斯能答应吗？不过，卡迭石城继续归属赫梯，好像是很有道理的，毕竟塞提父子都不曾真正攻克过这座军事名城，拉美西斯最辉煌的战果也仅限于在其城门外。亚夏怕的是，法老在安穆府省上不肯让步，为了保卫这个省，埃及曾数次用兵，牺牲的战士不计其数。

妮菲塔莉用眼睛说出了自己的意见，国王看了看她，随即高声说道："我赞同！"

亚梅尼急忙做记录。

亚夏简直要高兴疯了。

拉美西斯问道："哈图希勒还有什么要求吗？"

"陛下，他请求正式订立条约，规定两国互不侵犯，另外建立一支防御联军，对一切侵略埃及或是赫梯的军事行动进行反击。"

"他所指为何？"

"一切妄图侵略埃及或是赫梯的民族都包含在内。"

"我们同样期待订立这样的条约，并建立这样的联军。这两点将使国家保持富强与快乐。"

亚梅尼仍在快速记录着。

"陛下，哈图希勒王赞同并期待两国的王位继承能保留原先的仪式与习俗。"

"一定跟原先一模一样。"

"最后一点，哈图希勒王依然期待逃犯引渡一事能得到解决。"

亚夏听到最后这个问题，不由得神经紧绷。这个小小的争议，可能会毁掉整个和平协议。

拉美西斯说："我始终相信，任何被遣返者都应该得到人性化待遇，不管是被引渡回到埃及还是赫梯，都不应该受到法律的惩处或是欺辱，并应有权拿回原先的住所。而乌里泰梭已经成了埃及的公民，他要走要留，都由他自己决定。"

两位使臣一早便从哈图希勒那里得到指示，可以接受拉美西斯提出的这个条件，随即答应下来。

最终，和平协议正式订立。

亚梅尼把和平协议的最终版本写下来，交给书记员用上好的莎草纸誊写下来。

拉美西斯说："在埃及那些大神庙的石碑上，分别刻上完整的和平协议。瑞神庙、卡纳克神庙第九塔门右边的南墙、阿布辛贝神庙正门南面，更要刻上这份协议。这样整个埃及从北边到南边，从三角洲到努比亚都会了解到，从今往后，大家都将在神的庇护下，跟赫梯人友好相处。"

58

埃及都城乃至全国都在欢庆和平，两位住在外事旅馆的赫梯使臣对此感触颇深。他们发现，埃及人普遍都很拥戴拉美西斯，各地百姓都异口同声为他唱赞歌。

妮菲塔莉在哈托尔神庙举办了庆祝仪式，请两位赫梯使臣也来参加。大家都在为埃及这一霸主国家祈祷，预祝其不断发展壮大，好让人类、动物、植物全都因此得享太平。所有人都仰望着天上的众神，小鸟在这快乐的时刻展翅飞翔，一条美妙、和平的道路正在人们面前铺展开来。

皇宫举行了大型晚宴，两位赫梯使臣也受邀参加，这次经历更让他们感到欣喜。这天晚上，他们尝到的美味有菜煮鸽子、腌腰子、烤牛腿、尼罗河鲈鱼、烤鹅、扁豆、大蒜、甜洋葱、藤瓜、莴苣、黄瓜、青豆、毛豆、无花果泥、苹果、椰枣、西瓜、羊奶酪、酸奶、圆形蜂蜜蛋糕、鲜面包、淡啤酒、红酒和白酒。

客人们可以在这一颇具历史价值的日子里，随意饮用塞提在位第四年第六天储藏的美酒，阿努比斯为其取名为"沙漠之神"。

两位外交使臣不住声地赞美着如此丰盛的宴饮。对于用石头打造的精美的餐具，更是赞赏有加。最终，他们跟所有客人一起用埃及的语言欢快高歌，没有任何顾忌地赞美拉美西斯。

都城总算安静下来了。

已是深夜时分，妮菲塔莉还在写信。这封长长的信是写给普杜赫芭的，妮菲塔莉要为她做的所有事道谢，还要把赫梯人与埃及人共同度过的快乐夜晚说给她听。

拉美西斯见皇后把印章印在了信上，便把双手轻轻放到她肩头，问："还没睡吗？"

"任何人都免不了遇到一种状况，那就是有时候每天的时间并不足以完成当天的工作。你不是经常这样跟大臣们说吗？这就是命运，皇后也只能遵从。"

拉美西斯伸手把她的袍子肩带褪下去，又在她脖子上吻了吻，说："要如何让你了解我对你的爱呢？"

妮菲塔莉转过身来，在他嘴唇上亲了一下，说："你还要滔滔不绝说下去吗？"

赫梯在签订和平协议后，发来了一封正式的信件。哈图希勒想就协议的关键内容做一番探讨吗？拉美西斯宫里的人全都对此充满兴趣。

这封信是用楔形文字写成的，国王读完以后，就去见皇后了。

皇后很担心，问："是不是出什么事了？"

"不是，这封信是向我们求助的。赫梯有位公主病了，哈图希勒说她好像着了魔，赫梯的大夫全都不知道怎样才能治好她。哈图希勒听说埃及的大夫能妙手回春，就借两国刚刚结盟的机会向我提出请求，从生命殿堂派一位大夫去赫梯治疗公主的病，并让她得偿所愿，怀上孩子。"

"这太好了，说明埃及与赫梯的邦交关系越来越稳定了。"

国王又把哈图希勒信里的话告诉了亚夏。这位外交官员闻言大笑起来。

皇后很疑惑，说："这有什么好笑的？"

"我觉得赫梯王把埃及大夫的医术想得太过高超了！他这简直是在期待奇迹。"

拉美西斯说："你居然这样贬低本国的医术水平！"

"我可不敢这么做！可就算是公主，已经过六十了，还如何能怀上孩子呢？"

拉美西斯闻言也哈哈大笑起来，然后口述了一封给兄长哈图希勒的回信，吩咐亚梅尼记录下来：

我们就公主的病，尤其是她的年纪作出判断：没有人能找出一剂良方，让她怀上孩子。不过，若雷神、太阳神坚持要这么做，我会立即派出一位优秀的巫师，以及一位医术高超的大夫前往赫梯。

拉美西斯马上派人送了一尊神像去哈图沙，这是医疗神洪苏的雕像，他还是月神的化身，能在不同的空间中自由穿梭。说实话，让人类的生理构造发生变化，只有这位神明能做到了。

国王收到了卡纳克神庙大祭司勒布写来的一封信，当场作出决定，带着大臣们到底比斯去。

向来精明能干的亚梅尼安排了好几条船后，又把所有人员都安排好，竭尽所能让王室成员的此次出行不要有任何麻烦。

跟拉美西斯关系最亲密的亲戚朋友都上了王船，其中有他高贵优雅的妻子妮菲塔莉；有一直活到现在，亲眼见证了埃及与赫梯实现和平，满心喜悦的母亲图雅；有因参与此次盛事而极其兴奋的伊瑟；有拉美西斯的三个子女，卜塔的大祭司凯、乐师梅莉达蒙、身材异常高大的年轻人麦伦卜塔；有帮助拉美西斯缔造了这个美好国家的朋友亚梅尼、亚夏；以及两位忠实的追随者内疆、萨哈马纳。只有塞达武和莲花不在这里，他们只能从阿布辛贝直接去底比斯，在那里跟大家碰面了。至于摩西……他早就不在埃及了。

卡纳克大祭司亲自来到码头，迎接王室夫妇。现在的勒布确实已经很老了，弯腰驼背，步履蹒跚，讲话发颤，拄拐棍的手指又干又瘦。这些年来，他因为风湿病饱受折磨，却依旧目光如炬，神色庄重。国王跟他抱在了一起。

"陛下，我对您许下的承诺，现在总算兑现了。您的百万年神庙已经建成，巴肯跟他那支工匠队功不可没。我有幸瞻仰了这座供奉众神的了不起的神庙，是众神赐予我的福分。"

"勒布，我对你的承诺也会兑现的。我会跟你一起到神庙顶上，把这座神庙的殿宇、属地全都看个清楚。"

卡迭石一战的胜利场景，被雕刻在了大塔门内侧的墙壁上。首个石柱大广场立着一尊奥西里斯神像作为国王的象征，那根石柱子的高度达到了十七米，本身便是正襟危坐的法老的化身。第二座塔门展现了庆祝丰收的祭神仪式，此处建有长三十一米、宽四十一米的圆柱大厅，厅内有展现常见宗教典礼的浮雕与壁画。还有一座用巨大的木头做成的雕像，作为法老制度世代传承的象征。

王室夫妇看到这么多奇妙的景象，都非常欣喜，赞不绝口。

接连几周，庆祝百万年神庙建成的仪式一直没有结束。拉美西斯把为纪念父母修建的那座神庙的揭幕仪式，视为此次庆祝仪式最重要的环节。他跟妮菲塔莉充满感情的发言会被人用象形文字雕刻在石柱子上，永久保存下来。

在起居室，法老换好了衣服。

这时，亚梅尼来了，一副愁眉苦脸的样子，说："太后……太后要见您。"

拉美西斯赶紧到了图雅的卧室，只见她正半合着眼睛躺在床上，两条手臂沿身体垂落下来。

国王跪在地上，在她的手上吻了一下，问："您不能去参加那座纪念您的神庙的揭幕仪式，是因为太累了吗？"

"这只是一个原因，还有一个原因是死神离我越来越近了。"

"我们一起把死神赶走！"

"可是拉美西斯，我已经筋疲力尽了，何况我们还有必要做这种努力吗？现在我觉得很快乐，终于能去找塞提、跟他团聚了！"

"您舍得从此抛下埃及吗？"

"孩子，你已跟妮菲塔莉实现了永远的和平，国家的所有工作都将在你们夫妻俩的努力下正常进行。尼罗河下次泛滥会很充足，百姓生活美满，法律也会保持公正，我对这些都心知肚明，所以能安心告别这个世界了。孩子们能自由自在地游戏，牧民欢乐地吹奏笛子，牛成群结队从原野回到家里，百姓们彼此尊重，并对法老能保护埃及没有半分怀疑，这样的国家简直太美好了！你要留住这种幸福，还要让你的继位者继承这种幸福。"

图雅依旧像平时那样高贵、严肃，一点也不害怕死亡的逼近。她目不转睛看着自己的来世，眼神平静。

"拉美西斯，你要一心一意地爱埃及。这是一种大爱，超过了一切男女之情。你绝不能忘记身为法老的职责，哪怕面临再残酷的考验。"图雅握紧儿子的手，"埃及国王，请你祝福我返回献祭的原野与天堂，跟所有先人，还有塞提一起在那里发挥余热……"

一次深呼吸过后，图雅的声音渐渐低下去，最后什么都没有了。

59

在美丽的皇后谷、预先为妮菲塔莉修建的陵墓旁边，就是图雅的陵墓。法老跟大皇后一起主持图雅的入土仪式。她的木乃伊被放入了黄金大殿，她已经成了奥西里斯、哈托尔的化身，不再受原先的肉身束缚，借着从天堂得到的那种看不见的力量，维持着光明的存在。

陵墓内部的供桌上摆放着装有内脏的白色陶罐、贵重的布料、酒坛子、装着香膏的瓶子、不会腐坏的食物、女祭司袍、权杖、项链等珠宝首饰、金色凉鞋，以及其余各色宝物。有了这些东西，图雅就能打扮成一位前往西方世界的旅客，沿途观赏那条美丽大道上的各种植物，它们都是属于另外那个世界的。

埃及跟赫梯订立了和平协议，百万年神殿即拉美西斯神庙也已建成。这时候，图雅却与世长辞了。拉美西斯也说不清自己究竟怀着怎样的情绪。他成了孤儿，体会到了死别带来的悲痛。然而，他是法老，更加不能违背母亲的遗志。哪怕是死亡，也不能让这个强大的女人表现出软弱。临死时，她留下遗言，说埃及比男女之情、比个人的欢喜、苦楚更加重要，他应该照她的意思去做。

拉美西斯得到妮菲塔莉的帮助，重新开始处理政务，掌控国家这艘船的方向，跟图雅在世时没有任何分别。他不得不开始适应生活中少了母亲这个人，有了问题不能再去找她商议。图雅在世时的职责，全都落到了妮菲塔莉身上。拉美西斯觉得自己身上的担子很重，要不是有妻子在旁边陪伴，他几乎连气都透不过来了。

每天参加完晨祷，王室夫妇就会来到拉美西斯神庙中为纪念图雅、塞提而建的神殿，在这里沉思一会儿。此处富有生命力的石块共同组成了一些看不见的故事，拉美西斯要知道这些故事的内容，还要阅读并理解那些象形文字，其中基本全是动词。拉美西斯和妮菲塔莉在跟历代先人进行精神交流的过程中，彻底陷入了这种能让自己的内心更加充实的秘密光环中。

等拉美西斯结束了为期七十天的守丧，亚梅尼来向其汇报非汇报不可的重要国事。这位机要秘书跟书记员小组的成员一起待在拉美西斯神庙的办公室里办公。这个小组的人员都是精挑细选出来的，工作颇有效率。

这段日子，亚梅尼跟拉美西斯的联络一直没有间断。此外，亚梅尼还充分利用一切时间，把公文全都认真研究了一遍，现在来向拉美西斯汇报："河水的泛滥很充足，国库财富达到了空前的数量，粮食储存的管理工作没有出现任何差错，工匠行会也在努力工作，物价十分平稳，并未出现物价上涨的危机。"

"努比亚的黄金怎么样了？"

"黄金开采量很大，完全能保证供给。"

"你说的这是天堂吗？"

"自然不是天堂，不过，我们为了不辜负图雅与塞提的期望，工作都非常卖力。"

"你说话的语气有些不快，怎么回事？"

"您还是去问亚夏吧，但他不知何时才能……"

"他的外交把戏你好像都学会了，你去给他传话，我在图书馆等他。"

每天都会有很多写在莎草纸、木板子上的文件，被送到拉美西斯神庙图书馆。相关人员在对这些文件分类存档时，国王一定会亲临现场监督。要把埃及治理好，必须对礼仪有深入的了解。

亚夏穿着一条亚麻袍子，上面缀着色彩斑斓的流苏，整个人看起来干净又文雅。他说："陛下，您能让我在这里工作，真是对我莫大的恩赐。"

"拉美西斯神庙是埃及王国的核心之一。你今天是不是想跟我探讨哪本神圣的书？"

"除了想跟您见面，我没有其他想法。"

"亚夏，我没事。我断然不会从图雅和塞提那条路上偏离出去，哪怕图雅的去世是无论如何都扭转不了的，哪怕我对塞提的思念也永远不会终止。是不是赫梯人又有什么问题了？"

"不是，陛下。关于那份和平协议的内容，哈图希勒一点异议都没有，他还劝说亚述人把军队撤回去了。埃及与赫梯订立的互助协议清楚表明，不管亚述大军做出何种侵略行径，都一定会招致强烈的反抗。埃及还跟赫梯频繁开展了商贸活动。我认为，在未来的很多年间，这种和平都不可能被打破。大家都要信守诺言，对不对？"

"那你还有什么苦恼？"

"我的苦恼是摩西。您准许我说下去吗？"

"请说吧。"

"埃及情报员一直在监视摩西。"

"他们走到哪里了？"

"摩西用强权统治着自己的臣民，不顾他们抱怨连连，继续带领他们深入沙漠。"

"他的目的地在哪里？"

"也许迦南就是他所谓的福地。不过，要攻占迦南，难度颇高。现在占据穆阿布的是梅得洋人，希伯来人很久以前就跟他们交过手。当地人都把这个游牧民族当成残暴的凶徒，非常害怕他们。"

"不管怎么样，摩西都不会放弃，宁愿为此战斗无数次。我毫不怀疑，迦南在摩西眼中，就是一片流淌着奶与蜜的土地。"

"陛下，希伯来人会引发战祸。"

"你有什么提议，亚夏？"

"我们应该杀了摩西。若您能承诺不对其余希伯来人施加任何惩处，那他们失去领袖以后，一定会回到埃及。"

"这太不切实际了，不要多想了。摩西会开辟属于自己的道路。"

"您为那位朋友做了这样的决定，他会相当满意。不过，外交官会发牢骚的。您跟我都相信摩西必会坚持达成其目标。此外，您不也认为，中东现在的和平会在他们到达那片福地后受到威胁？"

"若摩西不向福地以外的地区宣扬他的宗教信仰，就不会有问题。我们的观点一直无法达成统一，这是怎么回事？中东能否保持稳定，关键在于埃及与赫梯能否保持友好关系。"

"我从您这里学了不少国际政治和外交方面的知识。"

"亚夏，我并不是这个意思，我不过是想找到一个法子，对双方都有好处！"

伊瑟心底的柔情依旧多过热情。她已经给拉美西斯生了两个儿子，但她对他的爱情还像以前那么深厚。至于想要完全占有他的想法，早在她脑海中消失了。要跟妮菲塔莉竞争，她哪里是对手？年纪越大，妮菲塔莉却越美丽动人。而伊瑟年纪越大，就越心平气和，并明白了该如何细细品味生命中的快乐。她拥有的都是世间最宝贵的东西，包括跟凯讨论自然的秘密，听麦伦卜塔谈论他全心全意钻研的埃及社会构造，跟妮菲塔莉到王室花园中聊天，抓住一切机会拉近与拉美西斯的距离。

大皇后提出建议："来吧，我们两个一块儿划船去。"

正是盛夏时节，埃及境内河流泛滥，河道纵横，百姓们划着船在不同的村落之间穿梭。鱼类丰富的河流被炙热的阳光照得明晃晃的，小鸟成群结队，在天空中飞来飞去。

这两名女子坐在一把白色的遮阳伞下，把香气馥郁的防晒霜涂抹到身上。她们身边摆放着几个陶土制成的瓶子，里面装着为她们准备的凉水。

伊瑟说："凯又到孟菲斯去了。"

"你不愿意他去吗？"

"除了历史遗迹、象征符号、祭祀仪式，这孩子什么都不感兴趣，将来怎么继承父亲的王位呢？"

"他那么有头脑，会处理好一切的。"

"那麦伦卜塔呢，你对他有什么评价？"

"他年纪轻轻就完全展现出了独特的性格，跟他的兄长一点都不一样。"

"你女儿梅莉达蒙也已长成少女了。"

"她在神庙为神明演奏音乐，过着与世隔绝的生活，这正是我早年想要实现的理想。"

"妮菲塔莉，你深得全国百姓的拥戴。你有多爱百姓，百姓就有多爱你。"

"伊瑟，你跟从前大不一样了。"

"我已经看开了，我灵魂中那只贪婪的恶魔已经走了。如今，我的心十分平和，并对你满怀崇敬，你是否了解？"

"图雅去世后，我很痛苦，你的支持让我释怀了很多。如今，你已用不着再操心孩子们的教育了，不如跟我一块儿工作，意下如何？"

"我没有这样的资格！"

"这一点由我来决定。"

"殿下……"

妮菲塔莉在伊瑟额头上吻了一下。

埃及上下都在这个盛夏中尽情享乐。

　　拉美西斯城的皇宫有多热闹，拉美西斯神庙中的皇宫就有多热闹。百万年神庙周围的建筑共同构成了上埃及重要的经济区域。这是国王希望看到的，是卡纳克神庙协助造就的结果。底比斯左岸的拉美西斯神庙本身的宏大规模，让很多人深感震撼。它将拉美西斯大帝的执政威严展现在人们面前，似乎永远都不会改变。

　　塞达武写了一封信寄给亚梅尼。收到这封信后，亚梅尼丢开工作，气喘吁吁跑来找拉美西斯。国王正在皇宫旁边的巨大水塘里，盛夏时节的每一天，他都要在这里游泳半个小时或更长时间。

　　"陛下，从努比亚寄来了一封信！"

　　国王游到水塘边上。

　　亚梅尼跪下呈上那封信。

　　拉美西斯的期望因这封只有寥寥几个词语的信得到了满足。

60

王室夫妇乘坐王船出发，船头伫立着一尊金色的哈托尔女神木制雕像，它头顶那对角上顶着一轮明日。这位星辰王后又有航海女神的称号，此次前往阿布辛贝有她的悉心保护，肯定不会有任何麻烦。

阿布辛贝那两座纪念拉美西斯与妮菲塔莉白头到老的神庙已经建成。御蛇巫师塞达武在信里写得一清二楚，却并未自我吹嘘什么。

王船中间有个船舱，顶端向上凸起，由两根细细的圆柱子撑住，柱子顶上由上到下分别雕刻着莎草和莲花。为了保证空气流通不会受阻，舱里开了好几个小窗户。皇后在此默默思考着什么。

因为不想让国王为自己担心，妮菲塔莉藏起脸上的疲倦后才站起来去找国王。他正在船尾一张由四根圆柱子撑起来的白色帆布伞下正襟危坐。雄狮伏在他旁边，正在小憩。那条老狗在雄狮背上酣睡。

"阿布辛贝……此前从未有国王送给皇后这种礼物，这太贵重了。"

"此前也从未有国王如此幸运，能娶妮菲塔莉为妻。"

"拉美西斯，我实在太幸福了。有时候，我简直有些惶恐！"

"我们应该跟埃及和埃及的人民，还有我们的子子孙孙共同分享这种幸福。所以我才要求在阿布辛贝石的石头上刻上王室夫妇的形象。妮菲塔莉，王室夫妇是法老和他的大皇后，而不是我跟你，我们两个仅仅是他们的化身，在世间稍作停留而已。"

妮菲塔莉靠在拉美西斯怀中，遥望努比亚壮丽的景色。

在远方尼罗河西岸的一片小湾中有一座陡峭的砂岩悬崖，那里受哈托尔女神保护。当地原有两座山岬，分别被亲切地称呼为"建筑师的手""雕塑师的手"。后来暴发了严重的泥石流，这两座山岬被截断了。后来，"雕塑师的手"被建成了两道神庙大门。

皇后看到造型奇异、恢宏、雅致的神坛，十分赞叹。南面的神坛前耸立着四座巨大的拉美西斯坐姿雕像，每座的高度都有二十米。北面的神坛前也耸立着好几座巨大的法老雕像，有的是站立的，有的在走路。而在这几尊雕像中央是一尊妮菲塔莉的雕像，高度也有十米。

阿布辛贝从此由航海之人的路标变成了一个神圣的地方，国王内心燃烧的永恒烈火，在金光闪闪的努比亚沙漠中散发光芒。

塞达武和莲花正在岸上挥手迎接他们，旁边还有一群工匠。大家见到屠夫从甲板上走下来，都吓得往后退去。然而，威严的国王现身后，大家的恐慌立即消失了。狮子和老狗分别站在国王的右侧和左侧。

塞达武满脸笑容。拉美西斯第一次见到他这么开心，抱住他说："你是该为自己骄傲！"

"我没资格得到这样的赞美，它们应该属于那些建筑师和雕塑师。我所做的不过是鼓舞他们建成这座建筑，让你满意。"

"塞达武，是让这座神庙供奉的神秘力量满意。"

妮菲塔莉从船上下来时，一脚踩空了。莲花赶紧去扶她，发觉她抱恙在身。她却说："继续往前走！我没关系。"

"可是殿下……"

"莲花，我们要赶去参加揭幕仪式！"

"我也许能用一种药物，让您不再疲惫。"

塞达武一向粗鲁，不知该如何面对妮菲塔莉。她实在太美了，让他晕头转向，满心感动。他跪在她脚下，说："殿下，我想跟您说……"

"塞达武，现在就开始庆贺阿布辛贝的建成吧。如果它能流芳百世，我的心愿就算达成了！"

在阿布辛贝两座神庙的落成庆典上，努比亚各个部落的酋长都收到邀请。他们穿戴着最精美的项链和新裹腰布，大声唱着颂歌。隔着很远的距离，都能听到他们的歌声。

当晚的美味比岸边的沙子还要多，烤肉比王室花园的植物还要多，各种面包、蛋糕一样不缺，美酒多如泉水。露天摆设的祭坛上烟雾缭绕，是熏陆香、盘香点燃后散发出来的。在北部边疆跟赫梯订立的长久和平，在南部也能感受得到。

拉美西斯告诉塞达武："从今往后，阿布辛贝就成了努比亚的宗教重地，象征着法老跟大皇后白头到老。每隔一段时间，你就要举办各种典礼，供奉这片神圣的土地，还要把这里各个部落的酋长都请来参加。"

"你的意思是让我继续待在努比亚？要真是这样，莲花对我的爱就不会停止了。"

九月这个美妙的夜晚过后，持续一周的庆祝仪式和拜祭典礼开始了。参与者看到神庙的内部构造后，都惊叹不已。大厅中有三条通道、八根圆柱子，还耸立着一尊国王的化身奥西里斯的站姿雕像，高度达十米。卡迭石一战的宏大场面，国王跟众神见面、在众神的围绕下受其庇护、向其学习法力的场景，都在这里得到展现。

除了拉美西斯和妮菲塔莉外，秋分这天，谁都不能走进神庙。神庙中央在朝阳刚刚升起时，就会被从窗户透进来的阳光照亮。随后，神庙深处的祭坛也会被照亮，此处的石几上摆着光明区的瑞神荷鲁斯、拉美西斯的护卫灵、隐神阿蒙、卜塔这四位神明的雕像。这些神像长年照不到阳光，只有春分、秋分这两天除外。这两天的早上，卜塔的神像会在早晨的阳光照耀下说出以下这番话，传到拉美西斯的耳朵里："我跟你的感情就像亲兄弟。你的持久、平稳、权力，都是我赐给你的。我跟你融合在一起，彼此都欢喜不已。为了让你跟众神保持思想的统一，我付出良多。你是我选中的人，无论你说什么，我都会将其变为现实。为了哺育你，我不惜付出自己的生命，希望你也能用同样的方式对待其他人。"

埃及人和努比亚人在神庙外等候王室夫妇，见到他们出来，都高兴地大叫起来。

第二座神庙的揭幕仪式开始了，这座被称为"太阳为她而升起的妮菲塔莉"的神庙是专门为皇后建造的。

妮菲塔莉告诉拉美西斯："因为你，埃及再度得到了力量与勇气，你是埃及的主宰者。为了你的臣民，你化身成为鹰隼展翅高飞，就像在天空中建造了一道不会被任何罪恶打垮的铜墙铁壁。"

国王说："我用美丽的砂岩在努比亚神圣的山地中，为妮菲塔莉建起了一座永世留存的神庙。"

皇后穿着黄色的袍子，脖子上戴着绿松石项链，脚上穿着金色的凉鞋。她头上佩戴着蓝色假发，上面压着一顶王冠，王冠上有两条又细又长的牛角装饰，牛角中间是一轮顶端有一对翅膀的明日。皇后右手拿着生命钥匙，左手拿着权杖，整个人就是创世纪当日早上一朵从水中冒出来的莲花的化身。

在皇后神庙的圆柱子顶上，有很多哈托尔女神的笑脸浮雕。在四面墙壁上，还有展现拉美西斯、妮菲塔莉跟众神相聚时的严肃场景的彩色壁画。

忽然之间，皇后倒在了国王的臂弯里。

"妮菲塔莉，你哪里不舒服？"

"我有些疲惫……"

"要不要停下休息？"

"不要，这是你为我建造的陵墓，我怎能不跟你把神庙各处都看一遍，把所有经文都读一遍，把所有拜神仪式都参加一遍呢？"

国王看到爱人抿着嘴笑起来，就不再担心她了。两人把神庙各处都看了一遍，到内殿才停下。此处供奉一尊从石头里冲出来的神牛雕像，它便是轮回转世的哈托尔。妮菲塔莉终于得偿所愿了。

在昏暗的内殿，妮菲塔莉待了很长时间，迫切希望柔情的女神可以把在自己心中翻涌的寒冷驱逐出去。

她恳请国王："让我再看看那件庆祝登基的浮雕。"

浮雕中的皇后背影十分纤瘦，简直不像真人。伊希斯和哈托尔站在她两边，帮她把皇冠戴在头上。一名人类女子生前便进入了神明的世界，当她为自己在世间的存在做出证明时，雕塑师将这一幕以超乎寻常的方式展现了出来。

妮菲塔莉浑身上下都冷冰冰的，她说："拉美西斯，抱紧我。拉美西斯，我要离开了，我太疲累了，想要离开了。我要在这儿，在我的神庙中，在你的陪伴下，跟你永远融合在一起。"

国王抱紧她，相信这样一来，她的生命就能保留下来。她曾全部贡献出来，帮自己的家人和整个埃及消灾避祸。

皇后平和而圣洁的脸安静下来，头部渐渐低垂，咽下了最后一口气，没有任何遗憾。

拉美西斯一直注视着她，然后用双手抱起了她。她就像一个让新婚丈夫抱着从门槛上迈过去，好让结婚仪式圆满完成的新嫁娘。拉美西斯明白，妮菲塔莉会化身成为一颗永远存在的星辰。她到了天上，就能从她母亲那里获得重生，并将进入那艘能够实现永生的船。可即便是这种奇迹，能让在沉重打击下痛不欲生的他获得安慰吗？

眼神空洞、丢了魂一样的拉美西斯从神庙中出来。

片刻之前，那条名叫夜巡的老狗在狮子的爪子旁边死了。狮子想让它复活，在它头上温柔地舔来舔去。

拉美西斯连哭都哭不出来了。对他来说，什么权力、什么崇高，全都一文不名了。

法老高高举起这个自己永远深爱的美丽女人，让她的身体对着太阳。妮菲塔莉——阿布辛贝的皇后，要不是因为她，阳光便不会普照大地。

新
悦

拉美西斯五部曲 5：

洋槐树下

Ramsès, tome 5 :
Sous l'acacia d'Occident

[法] 克里斯蒂安·贾克（Christian Jacq） 著

彭 楚 译

中国社会科学出版社

图字：01-2017-5279号

图书在版编目（CIP）数据

拉美西斯五部曲：全五册 ／（法）克里斯蒂安·贾克著；
解玲玲，彭楚译. —北京：中国社会科学出版社，2018.8（2024.11重印）
ISBN 978-7-5203-2800-5

Ⅰ．①拉…　Ⅱ．①克…　②解…　③彭…　Ⅲ．①长篇历史
小说－法国－现代　Ⅳ．①I565.45

中国版本图书馆CIP数据核字（2018）第154217号

Originally published in France as:
" Ramsès, tome 5 : Sous l'acacia d'Occident" by Christian Jacq
© Editions Robert Laffont, Paris, 1997
Current Chinese translation rights arranged through Divas International, Paris
迪法国际版权代理

出 版 人	赵剑英
项目统筹	侯苗苗
责任编辑	侯苗苗　郭晓娟
责任校对	周晓东
责任印制	王 超

出　　版	中国社会科学出版社
社　　址	北京鼓楼西大街甲 158 号
邮　　编	100720
网　　址	http://www.csspw.cn
发 行 部	010-84083685
门 市 部	010-84029450
经　　销	新华书店及其他书店

印刷装订	北京君升印刷有限公司
版　　次	2018 年 8 月第 1 版
印　　次	2024 年 11 月第 3 次印刷

开　　本	880×1230　1/32
印　　张	62.625
字　　数	1419 千字
定　　价	228.00 元（全五册）

出 版 序

破译了古埃及文字、使人们能一睹古埃及文明风采的商博良[1]，曾用这样的话描述他最崇拜的埃及法老："拉美西斯，永恒不灭的太阳之王，最伟大的君主，真理常伴左右。"

拉美西斯是西方文明的源头，他是埃及法老王时期最伟大的象征。从公元前1279年到前1212年，拉美西斯经历了六十七年的统治，创造出埃及辉煌灿烂的文明，将自己的智慧和才能发挥得淋漓尽致。他把自己的名字永远烙印在了历史的长河中。

拉美西斯的行迹遍布埃及大地，在皇家建造或者重修的无数建筑上，总能看到拉美西斯留下的印记。位于阿布辛贝的两座神殿、卡纳克神庙的圆柱大厅，还有卢克索面露笑容的巨像，无不昭示着伟大的拉美西斯和大皇后妮菲塔莉将永远统治埃及。

在不止一部的小说中，拉美西斯都是英雄式的人物。这部小说讲述的是，拉美西斯接受父亲塞提的教导，克服诸多考验和磨难，终于凭借无与伦比的才华，创造出辉煌的盛世，展现出这位真实英雄波澜壮阔的一生。

本书共有五册，除了拉美西斯，还记述了一些各具特色的人物：法老塞提、塞提的皇后图雅、大皇后妮菲塔莉、美貌的伊瑟、诗人

---

[1] 让·弗朗索瓦·商博良（1790—1832），法国历史学家、埃及学家，是第一个破译古埃及象形文字的人，他开创了埃及学，被人们称为"埃及学之父"。——译者注

荷马、御蛇巫师塞达武、希伯来人摩西，另外还有很多形形色色的人物，他们共同组成了这幅绚烂的巨大画卷。

拉美西斯的木乃伊如今保存在开罗博物馆，他的身体至今仍散发着无穷的魅力。不少人在参观过他的木乃伊后，都觉得他好像即将复活一般。

他的肉体生命虽然终结了，不过他的精神生命在这部小说中得以重现。从野史和埃及学中，我们可以了解到拉美西斯的成功与失败，体会他的欢乐与痛苦，了解他最爱的女人。他曾遭到最令人痛苦的背叛，也拥有至死不渝的友情，他以强大的内心对抗邪恶，寻找光明。这些曲折的过程，我们都可以在这部小说中亲历。

从第一次与野牛搏斗，到安息在洋槐树下，拉美西斯把自己的一生都融入了埃及——这个被众神宠爱的国家。在这片孕育无数生灵的大地上，忠诚、公平和美貌都有其特定的含义，生命可以重来，爱情崇高而美好。我们在现实生活中憧憬的一切，都可以在这片神奇的土地上实现。

埃及属于拉美西斯。

01

拉美西斯城，位于尼罗河三角洲上，由拉美西斯大帝建造。城内的神庙在晚霞的照耀下显得富丽堂皇。这座代表了王权的城市富饶而迷人，是定居的理想之地。因所有的房屋釉瓦的颜色都是绿色的，故而得名"绿城"。

傍晚的空气中弥漫着香甜的气息，落日余晖将天边映成了柔和的粉红色。但是萨哈马纳，这个高个子的撒丁人却心情不佳，对此毫无察觉。

这位昔日的海盗留着弯曲的络腮胡子，身披牛角盔甲，手持长剑。他现在已经是拉美西斯身边的私人侍卫队队长了。萨哈马纳此刻闷闷不乐，正骑马赶往赫梯王子乌里泰梭位于拉美西斯城内的别墅。这位王子被批准在此居住已经有几年的时间。

赫梯王朝曾经的统治者穆瓦粗力，与拉美西斯大帝势不两立。他的儿子乌里泰梭在夺权斗争中败落。

当年，乌里泰梭亲手杀死了他的父亲，自己称帝。本以为这下可以高枕无忧了，不料却中了他叔叔哈图希勒的阴谋诡计，丢了皇位，在拉美西斯的好友外交官亚夏的帮助下才逃到了这里。

这位安纳托利亚战士曾经所向披靡，如今却是个罪犯！这种戏剧化的天壤之别令萨哈马纳总是不禁笑起来。更有趣的是，收留他的恰恰是他痛恨至极的仇人，拉美西斯。乌里泰梭不得不提供赫梯军队的内部情报作为报酬。

在拉美西斯政权第二十一年，埃及与赫梯结盟，签署了和平互助条约，这一举措震惊了所有人，也使得乌里泰梭感到自身的安全岌岌可危。拉美西斯很可能把他献给哈图希勒以示诚意。但是法老并没有违背庇护法把他送回国。

如今，从乌里泰梭那里再得不到任何有用的东西了。对于拉美西斯吩咐他做的事，萨哈马纳感到很厌烦。

别墅建造在城市的最北边，被一片棕榈树包围着。赫梯人的待遇很优厚，尽管他曾经妄图摧毁这座城市。萨哈马纳对拉美西斯敬仰万分，甚至可以为他付出生命。所以不管接到什么样的命令，哪怕再骇人、再令他为难，他也会照办。

两名守卫手持武器站在别墅入口处，他们都是萨哈马纳筛选出来的。

"有什么情况吗？"

"报告长官，赫梯人在花园里的水池旁边，正在喝酒，没有特殊情况。"

撒丁人进门踏上泥土铺就的狭窄小路，匆匆地走向水池。这个赫梯人曾经统领着国家军队，如今却只能在这座别墅里接受三名警卫全天候的严密监视，每天要么吃吃喝喝，要么在水池里游泳，或是去睡觉。燕子在空中飞来飞去，一只戴胜鸟刚好从萨哈马纳的肩膀上飞过。在执行法老命令前，萨哈马纳露出凶狠的眼神，牙齿紧闭，双手握成拳头。他还是第一次觉得这么做很可惜。

撒丁人的脚步声响起前，乌里泰梭就已经清醒了。他对危险的敏锐程度堪比猛兽。乌里泰梭体型高大，浑身都是肌肉，胸前有一撮红色的胸毛，头发很长。这点寒冷对于乌里泰梭来说根本不算什么。在安纳托利亚的冬天，他也一样生龙活虎。乌里泰梭躺在地上，微眯着双眼，看着这位一步步靠近他的法老私人侍卫队队长，觉得自己的大限已到。

乌里泰梭自从埃及和赫梯结盟之时，就开始惶恐不安。他想逃出去，可是萨哈马纳的部下防范严密，根本找不到机会。即使侥幸没被送回国，那些跟他同样凶残的人也早晚会把他杀掉，就像宰一只野猪一样。

"站起来！"萨哈马纳吼道。

很少有人对乌里泰梭发号施令。他像是不舍得从地上起来一样，慢慢地起身，面向要杀他的人。

撒丁人的眼睛里燃烧着怒火。

"开始吧，刽子手，"赫梯人不屑地说，"你只是法老命令的执行者，不值得我还手。"

萨哈马纳死死地攥住剑上的圆球配饰，吼道："滚！"

乌里泰梭不敢相信自己的耳朵："你说什么？"

"你可以走了。"

"你是说，我可以走了？"

"你可以离开这了，想去哪里都行。根据法律，法老现在无权限制你的自由。"

"你在戏弄我！"

"战争已经结束了，乌里泰梭。要是你胆敢在埃及境内违法犯罪，或是造成哪怕很小的骚乱，我肯定会抓你进监狱。那时你就不是外国使臣，只是触犯了法律的囚犯。要是让我抓住能置你于死地的把柄，我会毫不迟疑地用剑刺穿你的肚子。"

"那么你现在无权杀我。是这样吧？"

"快滚！"

乌里泰梭带走的东西屈指可数，包括一卷草席、一条裹腰布、一双凉鞋、一块面包、几个串在一起的洋葱和两个彩色的护身符，关键时候可以换成吃食。他沉浸在失而复得的自由中无法自拔，一连几个小时都像幽灵一样在拉美西斯城内游荡。

有一首歌颂这座城市的歌谣里唱道：

在拉美西斯城生活，身心舒畅，

平民跟高级官员一样高贵，

洋槐和无花果树投下浓荫，

灿烂的房瓦像黄金，像翡翠，

风儿和煦，池塘边的小鸟在嬉闹。

这座建在尼罗河支流边的美丽城市，土壤富饶，两边各有一条大运河。乌里泰梭被它迷住了。这里有辽阔的草原，牧草充足；果园不计其数，栽种了成片的苹果树，闻名遐迩；还有望不到边界的橄榄树林，相传榨出的橄榄油多过河边的泥沙；葡萄园里有香甜的美酒，鲜花遍地……相比之下，赫梯帝国的首都哈图沙则是完全不同的风格，这座位于安纳托利亚高原上的军事堡垒显得太过粗糙。

乌里泰梭心中燃起的欲望撕咬着他，令他痛苦万分，终于清醒过来。即便再无法登上王位，他也必须向拉美西斯复仇，让他知道放虎归山的严重后果。在卡迭石战斗中获胜后，这位法老就被当成神一样供奉，打败了他，整个埃及就会乱成一团。可是造化弄人，乌里泰梭现在一无所有，根本没能力战斗，只有内心渴望杀戮和摧毁一切的欲望，使他获得些许安慰。

来自不同国家的人种从乌里泰梭的身边经过，其中包括埃及本国的，还有来自努比亚、叙利亚、利比亚和希腊的。这座令赫梯人束手无策并最终臣服的城市，还吸引了很多慕名而来的游人。

乌里泰梭这个曾经的战败者，如果跟拉美西斯战斗，没有任何希望取胜。

"大人？"有人在后面低声地叫他。

乌里泰梭回头望去。

"大人，还认识我吗？"

说话的男人中等身材，棕色的眼瞳显得很有神，茂密的头发，用一条亚麻布扎了起来，留着褐色的、修剪得很短的山羊胡子。他身上的长袍一直拖到了地上，上面是彩色相间的条纹图案。男人此刻正毕恭毕敬地行着礼。

"哈伊亚？是你吗？"

这位叙利亚商人往前走了几步再次行礼。

"你不是赫梯间谍吗？怎么又来到这儿了？"

"大人，战争过后，时代不同了，所有的罪过都随着过往烟消云散了。我做回了商人，现在生活富裕，重新在上流社会站稳了脚跟，受人尊敬。这里没人追究我的过错。"

哈伊亚过去是赫梯在埃及安插的间谍，任务是瓦解拉美西斯的政权，身份暴露后逃回了哈图沙，生活了一段时间后又来到了拉美西斯城。

"这样的结果对你来说已经很好了。"

"对我们来说也很好。"

"为什么这样说？"

"您真的认为我们只是偶遇？"

乌里泰梭精神一振，重新看了看哈伊亚。

"你监视我？"

"我听过很多关于您的消息，有的说他们杀了您，也有的说他们放了您。为了弄清楚，我从一个月以前就开始派人在您的住处周围昼夜不休地暗中观察，这才得知大人的下落。您刚刚获得自由，需要先熟悉一下，所以我现在才来到您面前相认。大人请跟我来，一起喝杯冰啤酒如何？"

乌里泰梭在短短的一天内情绪大起大落，虽然他有一瞬间的犹豫，但是他有种感觉，眼前的叙利亚商人会帮他复仇。

两人找了间酒馆坐了下来，彼此很投缘。乌里泰梭不再是之前的逃犯，在交谈过程中，他逐渐恢复了以往凶狠的本性，变回了那个好战的斗士。哈伊亚把这一切看在了眼里，事实证明他是对的，这个赫梯帝国曾经的军队首领尽管被软禁了多年，但骨子里还是那么的暴躁。

"哈伊亚，别兜圈子了，说吧，你想让我怎么做？"

叙利亚商人压低了声音说："大人，您就回答我一个问题，您想除掉拉美西斯吗？"

"我在他那里吃尽了苦头、丢尽了脸面，和他势不两立！可是想要打败他太难了。"

哈伊亚边摇头边说："这可不一定，大人，要看情况。"

"你是在质疑我的勇气？"

"请原谅我实话实说，光有勇气可不行。"

"你只是一个商人，这项计划太凶险了，为什么要参与进来？"

哈伊亚笑了起来，那表情看起来让人难受。

"我对拉美西斯的仇恨丝毫不逊于您。"

02

　　拉美西斯的百万年神殿建造在底比斯城的左岸。

　　清晨，法老在神庙里进行祈祷仪式。他的脖子上戴着一条沉甸甸的金项链，腰间系着白色裹腰布，很像金字塔时期的法老们所偏爱的款式，凉鞋也是白色的。

　　祈祷仪式会使沉睡在内殿的神力慢慢苏醒，这样精神力量才能播散开来，最终埃及会代表整个宇宙，人类再也不会受原始欲望的驱使而破坏万物。

　　虽然已经五十五岁了，但拉美西斯看起来依然身材健壮——身高一米八，脖颈颀长，蓄着金褐色的发，额头很宽，眉骨突显，目光灼灼，鼻子棱角分明，就像鹰钩一般，耳廓弧度优美，边缘向内侧弯曲，恰到好处。即便是经过千锤百炼、无比坚强的人看见他，也会恐慌。法老的建筑遍布了全国，在战场上所向无敌，如果没有神赐予的力量，根本不可能做到。

在三十三年的统治期间，拉美西斯遇到了很多挑战，只有他自己清楚它们到底有多严峻。他的父亲塞提过世后，埃及和赫梯之间的战争便打响了，拉美西斯甚至在开战前夜还有过茫然。

在卡迭石之战中，他被自己人出卖，多亏了阿蒙神，才最终取胜。当然，在和平的时期也度过了一段幸福的时光，可母亲图雅又与世长辞。这位皇权的代表被安葬在她尊贵的丈夫身边。那是块充满了光明、供正义的灵魂长眠的宝地。但是冷酷的命运之神却并未就此罢手，再一次深深伤害了他。在他的怀里，大皇后妮菲塔莉永远闭上了眼睛。拉美西斯为了怀念他与皇后之间永不分离的深厚感情，在努比亚的阿布辛贝建了两座神庙。

他们三人都是法老的挚爱，深深地影响了他并在他身上倾注了所有的亲情和爱情。即便如此，法老还得像从前一样满怀信念和激情，继续统治和建设他的国家。

还有四位同伴也先后离世。它们都曾经与法老一起征战并取得了无数的荣誉。法老骑过的两匹战马，曾带着他冲锋陷阵消灭敌军；有几次法老差点就没命了，是他的狮子屠夫救了他；负责在夜里看守的是那条长着金毛的狗夜巡，死后被制成了干尸，这是至高无上的荣誉。随后另一条狗继续执行它的任务，现在已经是第三条了，是条才出生的小狗。

法老的另一位朋友——希腊诗人荷马，也离开了人世。他死在位于埃及的自家花园里，目光永远定格在了那棵柠檬树上。这位对法老文明感触颇深的诗人，著有《伊利亚特》和《奥德赛》。

拉美西斯非常怀念和诗人的谈话。

妮菲塔莉去世后，拉美西斯本想让他的长子凯继位。但是擅自让位有悖于终身制原则，没有人赞同。所以，尽管悲痛万分，但只要他还活着，就必须继续统治国家。法老的终身制在玛亚特准则中也提到过，历任法老皆是如此执行，拉美西斯不得不遵从。

拉美西斯的百万年神殿赋予了他精力继续统治埃及。他还从中获得了一种取之不竭的神力以庇佑他的王权。

拉美西斯走在他的神庙里，不去理会即将举行的重要仪式。神庙里的大厅围墙高达三米，两个广场上遍布了象征奥西里斯国王的圆柱。圆柱大厅长达三十一米，宽四十米，里面立着四十八根圆柱。另外，还有一间神坛，专门用来供奉神明。这些都让拉美西斯如痴如醉。

几根方尖碑立在神庙前，碑高七十米，根据碑文可知，它们与天宫相连。法老的宫殿就在神庙第一个中庭院的南面。此外，还有一些房屋分布在神庙周边。其中一间作为藏书室、几间用作库房、一间装金银财宝、一间是书记员办公的地方，此外，还有祭司的卧房。这座神庙之城昼夜无休地侍奉着神明。

拉美西斯还建造了一座神庙，那是为缅怀妻子妮菲塔莉和母亲图雅的。里面有几幅浮雕，描绘的是神秘的阿蒙神和瑞神放出无限光明，与皇后结合，还有法老接受哺育并青春永驻的场景。但他只在这里做了短暂停留。

皇宫里来了一些人想要面见法老，看来除了等待，别无他法。在那根由巨大花岗岩制成的大红色的圆柱前，国王停下了脚步，上面刻着"拉美西斯，荣耀之王"几个大字，高十八米。拉美西斯又在一棵洋槐树下转了转，那是他在即位的第二年亲手种下的。随后国王结束了回忆，去接见那些外国使臣。他们都在那间有十六根圆柱的大厅里等候。

年过半百的伊瑟依然精神抖擞，性格开朗幽默。她的瞳孔是翠绿色的，眼神锐利，小而周正的鼻子下是薄薄的嘴唇，下巴稍稍上扬。她还是那么的美丽动人，时光的流逝对她丝毫没有影响。

"国王从神庙里出来了吗？"她询问身边的女仆，心里有点担忧。

"回陛下，还没有。"

"那些外国的使臣该发怒了！"

"您不用担心，等待国王这样的伟人，任何人都会有耐心的。"

拉美西斯确实很伟大！伊瑟不禁想起第一次见到他的场景。还是少年的拉美西斯王子激情四射，让人无法将他和埃及未来的掌权者联系起来。那间小麦田边的茅屋见证了两人互诉衷肠、无比快乐的时光！但是后来妮菲塔莉出现了，她是如此尊贵，气质非凡，很明显是大皇后的不二人选。

事实也证明，拉美西斯选对了人。可为他传宗接代的人是伊瑟，她生下了大儿子凯和二儿子麦伦卜塔。她曾对拉美西斯产生过怨恨，但她也清楚，皇后职责重大，以她的能力不足以担任。

伊瑟深爱着这个男人，只想在他生命里占据一席之位，哪怕只有一瞬间也好。于是她成了次妃，可以陪在国王身边，享受他的庇护。妮菲塔莉和拉美西斯也都接纳了她，她觉得自己很幸运。

在所有人眼中，她的人生很圆满，但对于这样的评价，伊瑟很想自嘲。因为她根本就不想当这个次妃，那是个看起来既无知又自大的身份，如果能够选择，她更愿意以仆人的身份侍奉拉美西斯。

对于妮菲塔莉的离世，伊瑟也感到很悲哀，她敬仰皇后，两个人是好朋友。国王内心痛苦万分，以至于任何安慰的话语都显得苍白无力。伊瑟很清楚这点，所以她保持沉默，安静地在旁守候。

但后面发生的事令她始料未及。拉美西斯在丧期结束时，还亲自动手为妮菲塔莉盖棺下葬，随后却下令新任大皇后由伊瑟担任。法老必须平衡阴阳，是不能独立执政的。伊瑟无论如何也想不到，有一天皇后的桂冠会落在自己的头上。

她根本比不上妮菲塔莉，很想退缩，可是又不能违抗国王的命令，只得忐忑不安地接受。于是按照惯例，她现在是"柔情似水、深爱法老的女人"，是"言语欢快的女人"，是"在统治两地和上下埃及的法老身上看见了荷鲁斯、塞特神的女人"。伊瑟在乎的不是这些称谓，她想要的是陪在拉美西斯身边，和他一起经历欢乐和悲伤。但毕竟这个世上最伟大的国王信任她并封她为皇后，这让伊瑟沉醉于其中。

"国王说您可以出发了。"女仆禀报。

伊瑟的头饰是一秃鹰形状的假发，顶上插着两根长长的羽毛，一身白色长袍，配一条轻巧的红色腰带，颈上戴着项链，手腕上有几只金手镯。

这位大皇后缓步向会议大厅走去。在她还是少女的时候，就被告知要在重要的场合中保持优雅，并学习了相关礼仪。这次她将和国王一样吸引全场的目光，那些官员会对她百般挑剔。

伊瑟向前走着，直到距离国王只有一步之遥。拉美西斯是她的初恋，也是她这辈子唯一爱过的人，伊瑟一直对他很着迷。她觉得拉美西斯非常了不起，他头脑里蕴含了无穷无尽的想法，令伊瑟无法企及。但是爱情奇迹般地缩短了彼此的差距。

"你做好准备了吗？"

埃及大皇后行礼称是。

大厅里的嘈杂声在皇室夫妇俩出现时瞬间停止。随后，拉美西斯和伊瑟坐上了宝座。

亚夏是拉美西斯的老朋友了。这位走在时尚前沿的外交官总是风度翩翩，嘴唇上边留着短短的胡须，修剪得很整齐，眼睛中透着精光，一副桀骜不驯的表情。这样一个身份尊贵的人却曾作为间谍潜入赫梯，冒死执行一项凶险的任务。

他对锦衣玉食和美女情有独钟，藐视所有人，此生只钦佩拉美西斯一人，尽管他没对任何人说起过。亚夏的心愿是让拉美西斯获得无上荣誉，没有人能令他改变。他走上前，向国王禀报："陛下，南面已投降，为求得您的赦免，他们将全部金银珠宝奉上；北面向您求援，迫切渴望您的神力相助；东面割让领土作为贡品；西面甘愿臣服，诚意十足。所有部落首领跪求陛下宽恕。"

赫梯大使上前参拜皇室夫妇，并称赞道："法老啊，您是那放出光明的烈火，决定了万物的生死存亡。愿您千秋万代都受到守护神的庇佑，和平和幸福将永远降临在您的领土上，河水也能瞬间暴涨。神圣的精力之所以能够不断地繁衍生息，都是因为您的缘故。天上地下都有您畅游的身影。动乱消失，世界和平，这都是您执政有方的功劳。"

赫梯大使的赞美结束了，拉美西斯大帝开始接受来自努比亚边境、迦南、叙利亚等国的贡品。

皇宫里很安静，只有国王还在处理国事。

"进行得怎么样了，亚夏？"

"在您的英明领导下，全国各地人民生活富裕，两地发展得欣欣向荣，仓库里储备了充足的粮食……"

"现在不是赞美的时间。今天赫梯大使实在太夸张了，他为什么要这么说？"

"一些场面话而已。"

"我倒觉得他别有用心，你说呢？"

亚夏用食指抚摸着胡须。他的指甲很整齐，胡子上还喷了香水。

"我确实也感到很奇怪。"

"从哈图希勒那儿得到什么情报了吗？他想议和吗？"

"种种迹象表明，这不大可能。"

"这件事你是怎么看的？"

"说实话，我完全摸不清其中的玄机。"

"判断不清会铸下大错。"

"您的意思，是让我查清楚？"

"安逸的日子过得太久了，最近你放松了警惕。"

03/

亚梅尼是除了亚夏之外，跟随拉美西斯多年的另一位老朋友。他个子很矮，总是一副瘦弱的样子，吃多少都长不胖。他也是拉美西斯的书记员，对待工作如痴如狂，仿佛天生就是这块料。他手下有二十多个专业人员，专门负责整理、精简国内一切讯息，向法老汇报。亚梅尼的工作效率很高，因此遭到过一些人的妒忌及栽赃陷害，但拉美西斯还是很信任他。

后背的疼痛折磨着亚梅尼，令他终日脸色苍白，看上去很虚弱。尽管如此，那些木质的记录板和莎草纸都是他自己扛的。他布置的繁重工作令所有人疲惫不堪，而他却只要睡一会儿，就能精力十足地继续记录重要信息，上报给拉美西斯一人。这次，法老决定在底比斯停留数月，所以亚梅尼和手下也就跟着留在这里。

能让埃及更加强盛是亚梅尼唯一的心愿，这也正是法老心中所想。他丝毫不在意能得到什么封赏。为了避免出现难以挽回的失误，他对待工作从不懈怠。

亚梅尼在满是文件的办公室里享用大麦粥和鲜奶酪时，拉美西斯进来了。

"还要继续吃吗？"

"陛下不用在意我，您的到来让我有种不祥的预感。"

"我看了你近期交的几份汇报，看上去没什么特殊的。"

"陛下您为什么要说'看上去'？难道我还有什么事瞒着您吗？"

亚梅尼自从上了年纪后，就开始啰里啰唆，对办公条件不满，并拒绝接受别人的意见。

"我不是那个意思，"拉美西斯很淡定，"我只是想弄清楚。"

"陛下想知道什么？"

"一件让你发愁的事都没有？"

亚梅尼回忆他的报告并大声地复述了出来："水渠设施一切正常，堤坝修缮成果令人满意……所有省长按照命令施政，都很安分……农耕工作有条不紊地进行着；老百姓安居乐业，衣食无忧；为迎接节日的到来，进行了无可挑剔的准备工作；工艺大师们、开采石材的工人，以及雕刻家和画家，都在各自的岗位上尽职尽责地工作……我实在想不出有什么值得发愁的。"

国家的管理和经济体系在亚梅尼看来都很完美。这一番话本可以让拉美西斯宽心，可事实上却仍未打消国王的顾虑。

"陛下难道还有重大消息没有告诉我？"

"我不是那样的人，这你应该很清楚。"

"到底怎么了？"

"有关赫梯，他们的大使过度殷勤。"

"哦！挑起战争，还有谎话连篇，是他们的看家本事。"

"我有种预感，暴风雪和冰雹将在埃及境内降临，它们会造成严重的破坏。"

国王的感觉让亚梅尼提高了警惕，因为他继承了他的父亲塞提感知塞特神的能力。这位神灵负责抗击企图危害太阳的邪恶势力，也掌管着恐惧、雷电等天灾。

"什么叫'在埃及境内'？"亚梅尼疑惑地重复。

"妮菲塔莉知道如何解释，她要是还活着就好了。"

和法老一样，亚梅尼心中感到很悲伤，他忙活着整理屋里的文件，把笔墨归置好，借此掩盖情绪。妮菲塔莉是个既美丽又聪慧的女人，举止优雅，总是笑呵呵的，堪称完美。她的每一次出现都会让亚梅尼的工作压力顿时烟消云散。

可是他对伊瑟却没有任何好感。她从未接触过皇室的核心政治，想挑起皇后的重担太过勉强了。但拉美西斯封她为皇后，自然有他的理由。她对国王的爱，使得她身上所有的不足都可以忽略不计了。

"您能替我解除疑惑吗？"

"我也毫无头绪啊！"

"我们需要打起精神来应对了。"

"我很讨厌被动的局面。"

"我能理解，"亚梅尼不满地小声说，"先放我一天假，我们再继续商议吧。"

棕榈树下，一对夫妻在亲热。不远处，一条毒蛇在逐渐地靠近他们。这条蛇有着扁扁的脑袋、粗大的尾巴，身长一米二，除了蛇背是暗红色、蛇身两侧呈现淡绿色外，其余地方都是白色的。它白天钻进沙地里，天黑才出来觅食。当下的天气酷热难耐，毒蛇咬伤会瞬间置人于死地。那一对夫妻好像并没发现毒蛇在靠近，仍然热烈地交合着。

女子名叫莲花，颇有些姿色，身体柔软；男人已年过五十，个子矮但很壮实，一头黑发，皮肤很粗糙。莲花笑着叫她身上的男人用尽全力。这位埃及男人激情四射，两人第一次见面时，努比亚女子就彻底为他倾倒了。男人一刻也不得停歇，莲花有时候柔情似水，有时候又急切地催促。夜色温柔，两人之间的爱情却火热得如夏日骄阳。

毒蛇已近在咫尺。男人虚晃了一下，推倒女人，开始亲吻她的胸部。莲花乐在其中，两个人注视着彼此，不知满足地互相占有着。突然，莲花飞快地伸出手，正好抓住了蛇的颈部。毒蛇进攻失利，口中的"咝咝"声大得刺耳。

"太好了，"塞达武一边说话一边继续身下的动作，"这么容易就得到了优质的血清。"

莲花瞬间判若两人，没有了兴致。

"我预感到有坏事要发生。"

"跟毒蛇出现有关？"

"有什么将威胁到拉美西斯。"

塞达武是一位御蛇巫师。身为法老的多年好友，他受其委托管理努比亚。美丽的巫师妻子无论说什么，塞达武都会听从。夫妻俩抓过的毒蛇不计其数，由毒液制成的特殊药品对某些绝症有奇效。

夫妇俩本来远离尘嚣，厌恶俗事，却愿意数次与拉美西斯共上战场，负责救治伤员，也曾做过国家实验室的负责人。他们很喜欢努比亚，所以接到法老让他们去那里将事业发扬光大的委托时，高兴极了。而努比亚次王很保守，对世事漠不关心。他曾试图对夫妻俩施加障碍，却因为对那几条眼镜蛇门卫极端恐惧而作罢。

"威胁他的是什么？"塞达武担忧地问。

"我也说不上来。"

"有人脸出现吗？"

"我没看到人，"莲花说，"我敢肯定威胁拉美西斯的是一种突发的疾病。"

莲花站了起来，毒蛇还在她的手里。

"塞达武，你要助他渡过难关。"

"我人在这里，能做什么？"

"那就回去。"

"我们走了，会让努比亚次王有机可乘，把我们的政策作废。"

"由他吧。我们得回到拉美西斯那里，好在他遇到困难时供他随时调遣。"

塞达武脾气暴躁，要做什么从来没有官员敢阻拦，但这次他同意了莲花的决定。

　　勒布是卡纳克神庙的大祭司，已经一大把年纪了。先知卜塔·霍特普在那本有名的格言集里描述道："人到晚年时，弱不禁风，总是疲惫不堪，白天也是昏昏沉沉，一副睡不醒的样子。"这正是勒布的真实写照。这位大祭司耳聋眼花，浑身疼痛无力，话都懒得说，也没什么胃口。他的心脏大不如前，跳得很慢，喘气也变得费力，坐也不是，站也不是。但是勒布对自己的病不加理会，对国王的嘱托坚持执行，守护阿蒙神和卡纳克神庙城里的一切就是他的职责。

　　这座神庙城里有一些建筑正在建设中，设有工厂、开垦了田地，还种植了果树和葡萄，分布在各处的劳工加起来有八万名。他们所有的事务都要向勒布的继任者巴肯汇报。

　　在拉美西斯大帝还很年轻的时候，勒布就被封为了大祭司，他不受任何利益的驱使。国王下令卡纳克地区不得单独施政，由勒布管理所有事务。他并不受人摆布，努力抗争，不让卡纳克成为其他神庙谋取利益的工具。作为大祭司，勒布感到很快乐，和法老一样，他也希望国泰民安。

　　这位老人住在圣湖卡纳克的岸边，房屋简陋，共有三个房间。他很久都没出过门了，巴肯会上门汇报工作情况。勒布在刚进门的两边地上种了鸢尾花，每天傍晚时分的浇水工作，令他感到很快乐。如果哪一天他连养花的力气都没了，就会向国王请辞。

　　勒布看见一个园丁在地上蹲着拔草，很不高兴。

　　"谁都不能碰我的鸢尾花！"

　　"法老也不能碰？"

　　拔草的人从地上站起来，面向他，正是拉美西斯。

"陛下，我有个请求……"

"守护这些珍宝是你应有的权利。作为埃及和卡纳克神庙的管理者，你很称职。树木这类生命很弱小，也很美丽，守护它们直到长大，这份工作很高尚。自从妮菲塔莉过世，我想过让出王位，然后去做一名园丁。"

"这可不行，陛下。"

"我想听听你的看法。"

"您跟我不一样，像我这么大岁数的人本就应该停止工作安享晚年。"

拉美西斯抬起头，看见月亮已经升上了天空。

"勒布，暴风雨就要来了，我想抵御它就得联合一些能人志士的力量，这些人必须是值得我信任的。你就算再年老体弱，也得拿出你以往的强硬手段，继续管理卡纳克地区。暂时打消退休的念头吧。"

04

外交部的门外走过来一位老人。他身材瘦小，皮肤皱皱巴巴的，看起来六十岁左右，正是赫梯的大使。

他同以往一样，先给圣坛上的猴子石像敬献了菊花和百合，它象征着透特神，掌管着书记员、神的言辞以及学问。

随后，赫梯大使走到手握长矛的守卫面前，开门见山地表明来意："是你们外交部长叫我来的"。

"我现在就去通报。"

大使在门前走来走去，动作很慢。他身上的长袍红蓝相间，缀着流苏，头发上因抹了发胶而油光锃亮，留着络腮胡的脸看起来灰暗无光。

亚夏迎上前，满脸堆笑："没让您久等吧，我的好朋友？跟我去花园吧，在那里不会被干扰。"

花园里的棕榈树和枣树枝叶繁茂，形成的树荫令人感觉很惬意，旁边的池塘里满是盛开的蓝莲花。树荫下的一张独腿圆桌上有两只透明的酒杯，里面盛满了冰啤酒，还有一篮子的无花果，这是刚刚一个仆人准备的，放好后就离开了。

"我们俩之间的对话不会被人听见的，您不用担心。"亚夏说。

赫梯大使看起来顾虑重重。他坐在一张椅子上，背后放着亚麻材质的绿色靠垫。

"让您如此焦虑的人是谁？"

"正是亚夏大人您啊。"

这位埃及的外交部长忍不住哈哈大笑起来。"过去我确实当过间谍，可是现在已经做了官，那些偷偷摸摸的事有失身份，我可不想丢人。"

"我为什么要相信您说的话？"

"因为我们俩的心愿都是使两国人民的关系更加和谐。"

"哈图希勒国王最近写了一封信，法老收到后有没有回信？"

"这还用说嘛！法老把伊瑟被册封为皇后以及关于皇室马队的好消息写进了回信。另外，对于两国因各自履行条约而形成有史以来的亲密关系表示祝贺。"

赫梯大使面露不悦："这跟我们理想中的差距太大。"

"那你们想要什么？"

"拉美西斯国王这几次的来信，让我们国王有种感觉，他并未被平等看待，而只是臣民，这令人感到惊讶。"

亚夏忍不住变了脸。

"这是在威胁我们吗？"

"我认为是这样。"

"就因为这么小的事，对两国结盟产生了动摇，这不是得不偿失吗？"

"赫梯人都很高傲，自尊心受到伤害后绝对会反击。"

"如此小题大做也太夸张了吧？"

"我们可不认为这是小问题。"

"这让我很费解。不会因为这件事要坐下来谈判吧？"

"这倒不用。"

这种可能性不是没有，亚夏为此很发愁。因为在卡迭石城的时候，哈图希勒就曾把那些被拉美西斯打败的各国军队召集起来。他的仇恨始终未曾消散，不会放过任何可以卷土重来的机会。

"这种情况什么时候会改变？"

"盟约解除的时候。"

亚夏准备拿出"撒手锏"。

"不知道看了这封信后，你们受到的伤害是不是可以得到些许补偿？"

赫梯大使很惊讶，他接过亚夏手中的拉美西斯亲笔信大声地读了起来：

我的兄长哈图希勒，希望您和您的夫人及其他家人身体健康，也祝愿您的国家和皇室马队一切安好。您说感觉自己是我的臣民，这让您很生气。对此我感到伤心。您本就是身份尊贵、手握重权的王者，您要相信，我从来没有忘记这一点。这世上再也找不出

第二个可以主宰赫梯的人了。我发誓，您就像我的亲兄弟一样。

　　赫梯大使怀疑地问："这是拉美西斯亲笔写的信？"

　　"确实是他写的，绝没有骗你。"

　　"埃及法老也有妥协的时候？"

　　"和平正是国王所向往的。他让我把另一个重要消息告诉您。拉美西斯城的一座外事宾馆会为所有的外国使臣提供常驻办公地点，当然也包括您，每个使臣都会被分配一些得力的助手。在这座城市，同盟的国家和附属国得以同埃及长期保持联系。"

　　"这真是太好了。"赫梯大使的态度终于有所缓和。

　　"那么哈图希勒国王想要发动战争的想法是否有希望改变呢？"

　　"没什么希望。"

　　亚夏这才开始着急了："也就是说，无论我们做什么，贵国国王的愤怒都不能被化解？"

　　"还是直截了当地说吧。加强两国和平共处也是哈图希勒所向往的，但是得有个前提条件。"

　　赫梯国王的最终目的可算浮出水面了。亚夏不禁笑出了声。

　　清晨，底比斯左岸华丽的古尔纳神庙里，每日向塞提护卫灵的祈祷仪式正在进行。大祭司刚想把葡萄、无花果和翠柏树枝供奉在祭台上，一位辅祭便走过来在他耳边说了什么。

　　"法老到了？他没有派人来告知我啊？"

　　大祭司转过身，拉美西斯已站在他身后。身材伟岸的国王穿着亚麻白色长袍，强大的气势和吸引力明显与众不同。

法老来到供他父亲的灵魂永远栖息的神庙，手里端着贡品盘。拉美西斯是塞提的第二个儿子，正是在这座神庙里，他被他父亲确立为王位继承人，于是那个狂热好战的少年消失了。这位光明之子的头顶上被两顶王冠牢牢地压住了，一顶代表着伟大，另一顶代表着神奇。从此以后埃及是生是死都取决于他。

很明显不能再用塞提大帝的方式去治理国家了。拉美西斯想造福百姓，他的原则是在逆境中忍耐，并遵守规矩，使众神感到欢喜。

现在，塞提、图雅和妮菲塔莉三个人已到达天国，获得了永生。人们建造了神庙和陵墓，使得他们将被永远铭记。对另一个世界产生的好奇心驱使人们去追寻已故之人的护卫灵。

拉美西斯在仪式结束后去了花园，看到有一些苍鹭在园中的无花果树杈上搭建了巢穴。

双簧管奏出的音乐柔和而低沉，拉美西斯陶醉了。这是一首令人感到放松的曲子，曲调的意境在快乐和感伤中转换，似乎给人一种忧伤终会被希望替代的感觉。

演奏者是位女性，坐在树荫笼罩下的矮墙上，闭着双眼，很是投入。梅莉达蒙，现年三十三岁，头发又黑又亮，五官细致，美丽得好似女神一般。拉美西斯的心里突然很难受，梅莉达蒙和她的母亲妮菲塔莉像是一个模子刻出来的。

她在音乐方面才华横溢，从年轻时就进入神庙工作，侍奉神明，过着与世隔绝的生活。这也是当年妮菲塔莉未能达成的心愿，因为她嫁给了拉美西斯，当了埃及的皇室大皇后。而梅莉达蒙选择在这里守护塞提，放弃了去卡纳克神庙担任首席乐师的机会。

演奏结束了，梅莉达蒙睁开眼睛，露出绿色的双眸，把双簧管放在了矮墙上。

"您什么时候到的，父王？"

拉美西斯把女儿紧紧地抱在怀里，不肯松手。

"我的女儿，我太想你了。"

"埃及是法老的另一半，所有的人民都是您的后代。而且，除了我之外，您的亲生儿女还有一百多人，您怎么会想我？"

拉美西斯放开女儿，注视着她。

"在我眼里，那些子女仅仅就是些名字。你不一样，你的母亲妮菲塔莉是我最爱的妻子。"

"伊瑟现在是您的妻子。"

"这是在埋怨我吗？"

"不是，她对您绝对忠诚，您没有做错。"

"你能回到拉美西斯城吗？"

"父王，我不回去。我在外面没有安全感，会有很多困扰。另外，宗教的庆典仪式比任何事都重要。我无时无刻不在想念母亲，替她完成心愿会使我感到快乐，这一定会让她在天国的生活更加美好。"

"你继承了她的美丽，连脾气也一模一样。我能劝得动你吗？"

"您知道答案是不能。"

拉美西斯握住女儿的双手，动作很轻柔。

"你确定？"

梅莉达蒙轻轻地笑了笑，优雅的样子跟妮菲塔莉如出一辙。

"您要命令我吗？"

"令我束手无策的人只有你。"

"这可跟失败毫不沾边。父王，我在宫廷里能做的不多，在神庙里却能发挥很大的作用。我觉得自己做的事至关重要，它能延续我祖父母和母亲的精神。如果与祖先的沟通中断，世界将会变成什么样呢？"

"梅莉达蒙，你吹奏的曲子太美妙了，继续吹下去吧，这正是埃及所需要的。"

这位年纪轻轻的女人有些担忧地问："您是担心有什么坏事发生吗？"

"暴风雨马上就要来了。"

"让您招架不住？"

"继续吹奏吧，这也是为了我。赞美神明，但愿一切变得融洽，愿他们能够在埃及上下两地停留。声势浩大的暴风雨即将来临。"

05

警卫室外面，萨哈马纳用力地砸着墙壁。很快，里面有人把石门移开。

"他不见了？"

"是的，大人。"士兵回答。赫梯王子乌里泰梭正是由他监视。

这个身材高大的倒霉蛋的双肩被萨哈马纳猛地抓住，他感觉自己要被撕碎了。

"你敢戏弄我？"

"大人，我可以发誓，我绝对不敢戏弄您！"

"这么说，你眼睁睁地看着他溜走的？"

"我看见他钻进了人多的地方，然后就不见了。"

"有没有派人到处搜寻？"

"大人，乌里泰梭他已经自由了。我们如果派人去抓捕，就是侵犯了他的自由权，会被法官控告的。"

就好像被激怒了的公牛一样，萨哈马纳怒不可遏地发了一顿脾气。他把士兵放开了，承认他说得没错。

"大人，我们该怎么做？"

"在法老身边严密布防，一定要保证他的安全，要是有人出错，我会让他知道我的厉害。"

这位拉美西斯的侍卫刚被狠狠地教训了一顿，对于萨哈马纳的命令不敢马虎对待。曾经做过海盗的侍卫队队长要是被激怒了，后果真的会像他说的那样严重。萨哈马纳把小刀一把接一把地扔向木头靶子，以此发泄心中的愤怒。

赫梯人藏了起来，肯定没什么好事。心中积压了仇恨的乌里泰梭，重获自由后会不择手段地对拉美西斯进行报复。可是他行动的具体时间和计划是什么呢？

外事宾馆正式对外开放了，仪式由拉美西斯本人主持，亚夏陪同在侧，很多外国使臣也都到场。

亚夏发表了热情洋溢的讲话。他经验丰富，才华横溢，不断重复"和平""睦邻友好"以及"商业联盟"等词汇。之后的晚宴十分丰盛，彰显了拉美西斯城的好客，也昭示了它作为东部地区首都的地位。

和父亲塞提一样，拉美西斯也很容易看穿别人的心事。他的老朋友亚夏表面上看起来很淡定，其实内心正为拉美西斯预见到的暴风雨而发愁。

两个人在仪式结束后就出来了。

"亚夏，我要为你的演讲喝彩。"

"陛下，这是我的看家本领。百姓会因为这个新政更加拥护您。"

"赫梯大使看过信后满意吗？"

"很满意。"

"只怕是他们的国王还有附加条件吧？"

"大概是吧。"

"亚夏，现在没有外国使臣，跟我说实话。"

"要么向哈图希勒妥协，要么等着两国交战。"

"这不是在威胁我吗？什么条件对我来说已经不重要了！"

"请您让我把话说完！我们俩费尽了心力想求得两国和平，不能功亏一篑。"

"你直说。"

"哈图希勒有个女儿，是他的妻子普杜赫芭所生，这您是知道的。这个女儿很聪慧，长得非常漂亮。"

"这样最好。"

"哈图希勒认为，两国通婚是让和平稳固的最佳办法。"

"这么说……"

"其实这里面的意思您早已经知道了。哈图希勒想把女儿嫁给您，还想让她当大皇后，这样就可以让和平长久地维持下去。"

"伊瑟继任了大皇后，你把这事忘记了吗？"

"赫梯人才不管这种小事呢。丈夫无论想干什么，女人都要绝对服从，哪怕是休妻。"

"亚夏,埃及和其他蛮夷之国不一样。你想让我把伊瑟休了,然后娶我不共戴天的仇人的女儿?"

"你们俩现在是最亲密的合作伙伴。"亚夏指出拉美西斯的错误。

"他这是无理取闹!"

"确实是,但仔细分析,也能从中得到些利益。"

"伊瑟不应该受到这样的侮辱。"

"她的男人背负着国家崛起的重任,私人感情要放在后面,不能和普通人一样。"

"你脸皮这么厚,难道是因为频繁换女人的缘故?"

"我的确不是一个对女人忠贞不二的人,这些观点是从老友和外交部长的角度提出的。"

"凯和麦伦卜塔两个人会有什么反应我猜得到,就不要去问了。"

"他们爱伊瑟的心让人不忍心责怪。是维持和平,还是做好战斗准备,你只能选一个。"

"不知道亚梅尼会有什么想法,晚餐时请他过来吧。"

"塞达武也从努比亚赶回来了,刚到不久,把他一起请过来吧。"

"这个消息总算能让我心情好点了!"

法老当年在孟菲斯求学时参加了一个学生社团,现在,除了摩西外的其他社团成员都到齐了。塞达武成了御蛇巫师,被努比亚所吸引;亚夏做了外交官,对待事物有自己独特的看法;亚梅尼当了书记员，工作尽心竭力，忠心耿耿。

他们在很多年前就成了能让彼此感到温暖的朋友，共同寻找权力的真谛。

晚餐让拉美西斯的御厨绞尽脑汁：藤瓜切成丁拌上扁葱浇上肉汁，小羊排烤好后搭配无花果泥，腰花用盐和其他配料腌起来，含有角豆汁和蜂蜜的蛋糕外面裹上糖，还有羊奶酪。拉美西斯还为这次聚会特地拿出一瓶红酒。这是从塞提当政第三年开始储藏的，扑鼻的酒香征服了塞达武。

"不愧是塞提啊，太英明了！"塞达武大声嚷道。这位终日与眼镜蛇为伍的巫师，身上的长袍是浸泡过解毒药的羚羊皮所制，缝满了口袋。"只有在神灵的庇佑之下，国家才能有卓越的政绩。"

"你的衣着品位一如既往地差。"亚夏对塞达武品头论足。

"我赞同。"亚梅尼跟着起哄。

"书记员同志，你的胃口那么好，人却总是这么瘦，快告诉我你是怎么做到的？"

"因为我努力工作，报效国家。"

"我在努比亚进行的开发工作，你有什么意见吗？"

"我要是真有意见，反对书很早以前就写好了。"

"先讨论正事，别斗嘴皮子了。"亚夏插了一句。

"现在只差摩西了，"拉美西斯有点心事重重，"亚夏，他去哪里了？"

"还在沙漠里游荡，无时无刻不在为战斗做准备。他想去那块宝地的愿望永远实现不了。"

"摩西虽然走错了路，却可以实现愿望。"

"我和你一样无法忘记这位希伯来朋友，但是也同样忘不了他背叛过埃及。"亚梅尼说出了心里话。

塞达武则不留情面地一语道破："对于我来说，我们曾经是朋友，失去联系后就不再是了。"

"如果他肯为自己做错的事当众道歉，会被你再次接纳吗？"拉美西斯问道。

"事情一旦做得太过火，就没有退路了。只有懦夫才会道歉求得宽恕。"

"拉美西斯没让你担任外交部长真是万幸啊。"

"对付毒蛇可不能留有余地，否则毒液会置你于死地，而不是用来救人。"

"我们今天要讨论的不是摩西。"亚梅尼说。

"莲花预测到有事发生，提醒我要保持警惕，所以我才来的。是拉美西斯遇到危险了吗？"

法老默认了。塞达武对亚梅尼说："赶紧把蛋糕放下，说说是怎么回事吧！"

"可我没看出来有什么问题啊！"

"亚夏，你知道吗？"

这位外交部长在柠檬水里洗了洗手指。

"哈图希勒要把女儿嫁给拉美西斯，令人很诧异。"

塞达武开起了玩笑："这不难！以前就很推崇两国联姻，也能得到美满的结局。最多也就是让她当个次妃嘛。"

"很明显事情比你想的要麻烦得多。"

"赫梯国王的女儿是个丑八怪？"

"他要求皇室大皇后由他女儿来当。"

塞达武气得暴跳如雷。

"你的意思是，拉美西斯被迫要把伊瑟休了？"

"这么说有些无礼，不过也符合事实。"

"赫梯人令我憎恨，"塞达武说完一口气喝光了杯中酒，"跟妮菲塔莉相比，伊瑟确实不够好，但也不应该被这样对待。"

"这一次我和你的观点一致。"亚梅尼也很生气。

"一切都是为了维持和平，你们不要失去理智。"亚夏劝解道。

"赫梯人强迫我们遵守他们的法律，这太离谱了！"塞达武不同意亚夏的意见。

"赫梯和我们已经不是敌对关系了。"外交部长纠正道。

"错的是你！根本不可能让哈图希勒及其同伙打消征服埃及的念头。"

"你把话题扯远了。只要满足哈图希勒的要求，他就会维持和平，有什么理由拒绝？"

"我的直觉不会有错的。"

"我想明白了，"亚梅尼说，"我对伊瑟没有任何好感，但在妮菲塔莉离开后，拉美西斯自己选择了她继任埃及皇室大皇后。连赫梯国王在内的所有人都没有让她下台的权力。"

"你的想法简直让人不能理解！"亚夏责怪道，"无数的埃及人会因为你们无辜地死去，北边的附属国家也将血流满地，我们的国家从此将不再太平！"

亚梅尼和塞达武两个人看向拉美西斯，眼中带着询问。

"我心中已经有答案了。"国王答道。

06

运输队长停下了脚步，犹豫不决。要么沿着贝鲁特的海岸线一直走，先到达南部，再取道迦南，最后回到西勒；要么选择赫尔蒙山路，从安地通往黎巴嫩，绕过东岸的大马士革。

腓尼基地区种有大面积的橡树和雪松林，胡桃树长得枝繁叶茂，无花果树上结满了果子，风景很优美。那里的村庄令人感到温馨，是个歇脚的好地方。可是收集那些阿拉伯半岛的熏陆香，花费了不少的时日和力气，还得早点到达拉美西斯城把它们送过去。

熏陆香是白色的，被埃及人命名为"咏德"，意思是在神前供奉的物品。他们还把没药这种名贵的药材融合了进去。这些稀有的熏陆香在神庙里举行祭祀的时候会派上用场，那时整个庙堂里会充满香味，最后连天庭里也香气弥漫，令众神愉悦。另外，制作干尸和治病的时候也用得上熏陆香。

熏陆香树长在阿拉伯半岛上，高度大概在五到八米之间，叶子很细小，呈暗绿色。每逢八九月份，树枝上就会开满含有紫色花蕊的金黄色小花，树皮外面开始渗出一滴滴的白色树脂。专业的采集工人会把树皮剥下，树脂便会缓缓地流淌，伴随着那段历史悠久的神秘经文："熏陆香树，请与我一起开怀一笑，在法老的庇护下，你将更加粗壮。"

运输队的货物里还有一些从亚洲收购的器皿，有铜制、锡制还有玻璃制的，虽然精致漂亮，也很受欢迎，但价格却比不上熏陆香。队长在三角洲拥有一幢很漂亮的别墅，想去那里休息，他就得先把这些货物送到买家手里。

这名谢顶的熏陆香商人，微微腆着小肚子，虽然性格很随和，可是工作起来一丝不苟。马车是否正常，队员们身体是否健康，这些事情商人都要亲自确认。他为队员们提供充足的酒、食物和假期，但是对于不认真工作的人，也会立即辞退。商人最终选了近道——那条狭窄不平的山路，两边树木茂盛成荫，也为牲口提供了新鲜空气。马队平稳地前行，二十多个队员吹着风，唱起了小曲。

"头儿……"

"怎么了？"

"我们后面好像有人。"

商人耸了耸肩膀。

"那段当兵的经历什么时候才能被你遗忘呢？现在是和平时期，我们的旅途不会有危险的。"

"好吧。不过我确实有这种感觉，真是邪门了。"

"也许是别的商人呢！"

"如果是乞丐，他们甭想管我要吃的。"

"还是把自己的驴子看好吧，其他的事少管。"

忽然，走在最前面的队员停了下来。

队长生气地往前跑，发现挡路的是一堆横放的树枝。

"拿开这些树枝！"

前面的队员们刚开始执行任务，就被飞来的箭射倒了。其他人慌慌张张地四处逃窜，却也未能躲过一劫。当过兵的那个队员攀上高处的岩石，手持匕首，向一个射箭的人猛地扑过去。不料却被一个长头发的壮汉用短柄斧头砍在了脑袋上。

几分钟之后，这场屠杀就结束了。活下来的只有队长一个人。他连逃跑的力气都没有了，吓得全身发抖。队长眼看着一个屠夫走向他。那是一个胸肌发达的家伙，长着茂密的红色胸毛。

"放过我吧，我能让你变得很富有！"

乌里泰梭哈哈大笑，随后这个倒霉蛋就被他手中的长剑刺中了腹部。这个赫梯人一直厌恶商人。

乌里泰梭的同伙们——他们来自腓尼基，拔掉死人身上的箭，收了起来，新的主人开始接手运输队。

哈伊亚想对付那些拒绝和平的暴民，他们为了颠覆拉美西斯不择手段。虽然这个叙利亚人对乌里泰梭的凶残感到恐惧，可是他暂时没有更合适的合伙人。哈伊亚在战争结束后重新发了家。不过赫梯人还会对埃及发起进攻，再次引发战争，这一点哈伊亚了然于心。军队会再次把乌里泰梭奉为首领，并在他的带领下扭转局面。哈伊亚也会在他的帮助下改变水深火热的现状，甚至谋得一个职位让他有利可图。

哈伊亚看见乌里泰梭来到仓库，忍不住向后退了退。这个疯狂的赫梯人冷酷无情，脾气暴躁，用剑刺他一下取乐也不是不可能。

"这么快就结束了！"

"看见我你不高兴吗，哈伊亚？"

"怎么可能呢，王子！可这不是一件容易的事，还有……"

"我快速地解决掉了。"

哈伊亚嘴上的胡子动了一下。为了那批从阿拉伯半岛收集的熏陆香，他请乌里泰梭和腓尼基人帮忙，因为他担心运输队长不肯出让货物。为了让他同意，哈伊亚给乌里泰梭拿了充足的锡币、一枚走私得来的金币，外加一些稀有的花瓶及华丽的布匹。

"快速地解决是什么意思？"

"我看他们都嚷嚷着不愿意出让，就动了手。"

"这么说您没费多少力气就把那位队长说动了，同意给您熏陆香了？"

乌里泰梭笑了一下："还要容易一些。"

"可是他一直都以谨慎著称啊。"

"在我的剑面前，任何人都不敢多废话。"

"您是不是把他们……"

"我和几名雇佣兵一起，把队长和他所有的队员都杀了。"

"您为什么要这么做？"

"熏陆香到手了才是最主要的，别再废话了！"

"这么做会被逮捕的！"

"尸体都被我们丢进山沟里了。"

商人过的日子实在是太舒服了，哈伊亚觉得也许不能继续这样浑浑噩噩地安于现状了。已经没有退路，乌里泰梭将来没准儿会把他甩掉。

"下一步做什么？"

"把那些熏陆香毁了。"哈伊亚出主意。

"这么昂贵的东西为什么要毁掉？"

"确实很昂贵，但它们是专门供应给神庙的，我们肯定会被买家揭发的。"

"给我准备一些马匹和武器，再雇佣一些士兵。"

"趁早打消卖掉它们的念头！"

"我一直都不喜欢商人的建议。你找一些要去希腊和塞浦路斯的商人，卖点熏陆香给他们。然后我们就招兵买马，把这该死的和平打破。"

乌里泰梭的想法还是行得通的。哈伊亚通过腓尼基人牵线，推销熏陆香简直不费吹灰之力。在那些对哈图希勒政策不满以及对埃及充满仇恨的人中，有很多都受到了腓尼基的庇护。

"他们应该尊重我，"乌里泰梭继续说："萨哈马纳总是找我麻烦，我只有不干正事，只知道吃喝玩乐，他才会放过我。"

哈伊亚思考了一下。

"您找个贵妇做妻子吧，她必须有丰厚的家产，而且是个寡妇，感情世界很空虚。只有这个办法。"

"这样的女人你认识吗？"

哈伊亚将着山羊胡子，说："我的女客户众多，其中符合条件的有两三个人，我下周安排场宴会，把她们介绍给你认识。"

"距离下一批熏陆香从阿拉伯半岛运出还有多久？"

"我也不清楚，肯定会有我的人向您通风报信，在那之前还有一些时间留给我们。不过我担心，如果继续抢劫，埃及方面会予以重视。"

"他们不会有头绪的，因为没有什么迹象能证明那是抢劫。全年产出的熏陆香都会归我们所有。不过，你为什么说没有了熏陆香，拉美西斯的政权就肯定会受到影响？"

"埃及是一个严格遵守宗教礼仪的国家。他们认为宗教仪式如果不按祖制进行，国家可能会陷入危险之中。缺少了熏陆香和没药，拉美西斯就会遭到所有祭司的非难，到那时候，拉美西斯将毫无办法，不得不承认自己根本就没有预知的本事。人们会责备他不尊重神明，整个宗教界和所有人民都会发怒。要是我们再制造些谣言，使拉美西斯的追随者中有一两个重要人物被迷惑，肯定会在大城市里引起暴动。"

乌里泰梭沉浸在自己的幻想中：埃及陷入战火，尸横遍野，最终被赫梯占领，赫梯战士把法老的皇冠踩在脚底下，恐惧在拉美西斯眼中蔓延……

赫梯王子的脸因仇恨而变得极其狰狞恐怖，哈伊亚害怕极了。乌里泰梭暂时脱离了人间，堕入冥界的黑暗之中。

"哈伊亚，我期待交战的时刻能快点到来。"

"大人，拉美西斯很强大，应对起来很棘手，不能着急，欲速则不达。"

"我曾提到过，虽然有神明庇佑他，但庇佑的力量会逐年衰减。另外，妮菲塔莉去世了，这个可恶的法老再也得不到她的帮助了！"

"此前，拉美西斯的哥哥还有梅布部长，都在我方情报网络的控制之下，"哈伊亚提醒赫梯人，"虽然他们俩都已不在人世，但我和中央行政院的一些官员仍然走得很近，偶尔会听到他们唠叨几句，有人说，埃及和赫梯的关系已岌岌可危。"

"太令人激动了！是什么原因导致两国关系紧张？"

"这件事我早晚会弄清楚的。"

"哈伊亚，我开始转运了，你可别瞧不起我，认为我比拉美西斯差！"

07

　　女仆轻轻抹匀皇后背上的香皂，温水冲在皇后美丽的脊背上，散发出阵阵香气。这种香皂含有丰富的皂苷精华，提取自稀有的巴拉特树的树皮和树干。这时，一名侍从端上来一杯鲜奶。埃及皇后露出满足的神情，享受着美甲师和美发师的服务。

　　伊瑟觉得在拉美西斯城比在底比斯要舒适得多。拉美西斯城有妮菲塔莉的陵墓，坐落在尼罗河左岸的皇后谷中。拉美西斯神庙里也有专门祭奠她的圣殿，拉美西斯经常去那里思念这位故去的皇后。人们生活在法老建立的这座国际都城里，忙碌而充实，无暇去思考过去或者死亡。

　　一面圆盘形状的铜镜映出伊瑟的身体，铜镜的柄是一个裸女雕像，头上戴着伞状的莎草纸帽子，衬出修长的双臂。伊瑟静静看着镜中的自己，仿佛仍如从前一般美丽：容貌仍然年轻，皮肤嫩滑如脂，眼睛里泛着春色。

不过她总也比不上妮菲塔莉。拉美西斯承诺过会忘掉这第一任大皇后，伊瑟对此心存感激。她从没嫉妒过妮菲塔莉，反而常常怀念她。她也没想过要代替妮菲塔莉，能为拉美西斯生下两个儿子，这已经是她理想中的最高成就了。这两个孩子的性格完全不同：大儿子名叫凯，已经三十七岁了，他在教会里担任神职，平时把主要精力都花在神庙的图书馆中；二儿子叫麦伦卜塔，现在二十七岁，痴迷于军事，他的身体像自己的父亲那样健壮。在将来的某一天，他们中的一个可能会登上皇位，但是法老也可能会选择其他皇子，他们在行政官的位子上都很出色。伊瑟没为这种事情考虑过，她只享受眼前的生活。陪伴在拉美西斯左右，出席重大庆典，看着拉美西斯统治整个埃及……这或许就是最美好的人生了。

侍女为皇后扎好辫子，喷上没有掺杂药物的香水，戴上短假发，然后戴上了镶有珍珠和宝玉的后冠。

"哦，皇后，请恕我……您真的是太美丽了！"

伊瑟轻轻笑了笑。她知道自己需要保持美丽，好让拉美西斯忘记她的年龄。她正要站起来，拉美西斯突然出现了。世界上没有一个男人如他这般英俊、智慧和勇敢。神明把一切美好都赐给了他，而他则把一切献给了这个国家。

"我还没有换好衣服，拉美西斯。"

"我要告诉你一个坏消息。"

伊瑟很讨厌这种情况，她一向害怕为国家的事情操心，像妮菲塔莉那样的人才可以从容应对。

"我一切都听你的。"

"这和你有很大关系,伊瑟。"

"和我相关?我没干预过任何事情,我保证。况且……"

"这件事和你息息相关,而且,代价是和平。"

"能不能请你说明白些?"

"哈图希勒逼我娶他的女儿。"

"政治婚姻……没什么不可以啊!"

"他还有其他要求,要把他的女儿封为大皇后。"

伊瑟呆了片刻,眼睛里溢出泪水。幸运之神不再眷顾她了,她须得退位,把位置让给那个将给埃及和赫梯带来和平的美丽的赫梯女人。在这件事上,她无足轻重。

"你来决定吧,你愿意让位吗?"拉美西斯问道。

"那位赫梯公主肯定很年轻吧?"皇后露出一丝苦涩的笑容。

"这并不重要。"

"拉美西斯,你已经给了我足够多的幸福,你就代表着埃及。"

"你……答应了?"

"我担不起阻碍和平的罪名。"

"但是我不愿意。赫梯国王怎么能命令埃及法老。我们跟野蛮人不一样,女人是不可以随意抛弃的。从古至今的哪位埃及法老,敢抛弃与自己同甘共苦的大皇后?安纳托利亚的残暴者竟然要求我违背祖先的法律,这是不能容忍的。"

拉美西斯温柔地握住伊瑟的双手,说道:"你愿意为埃及牺牲自己,这是大皇后该有的表率。不过现在需要我挺身而出了。"

夕阳透过拉美西斯办公室的三扇方窗之一，把金色的光芒洒进这间宽敞的办公室，让塞提雕像也笼罩在一片金色中。这座君王半身像经过雕刻家出神入化的雕刻，和开启口目的祭典之后，看上去如真人一般。在神明的声音回荡的夜晚，向自己的儿子传递着真理，只有儿子能够领会自己的意思。

　　这是一间朴素的办公室。四周都是白色的墙壁，一张近东地图铺在巨大的办公桌上，周围有法老的直背靠椅、几把待客的藤椅，还有一个书架和柜子，书架上摆放的都是宣扬皇族精神的书籍，柜子里则放着莎草纸文件。拉美西斯大帝就是在这间办公室里，独自做出了无数有利于国家的决策。在与艾力欧生命殿堂的智者、主要神庙的大祭司、亚梅尼、首相还有几位部长进行了交谈之后，拉美西斯把自己一个人关在办公室里，与父亲的灵魂进行交流。

　　如果是在过去，他会和妮菲塔莉还有图雅互相商讨，但是现在，伊瑟对国事一窍不通，帮不上任何忙。他觉得自己越来越孤独。过一段时间，他或许该考验一下自己的两个儿子了，看他们有没有资格接掌开国法老传承下来的事业。

　　埃及很强大，但是也很脆弱。玛亚特准则始终是人们信奉的行为标尺，从未改变过，因此说埃及是强大的。但是这个世界每天都在发生改变，人们总是被暴戾、贪婪和自私侵蚀，所以说，埃及也是脆弱的。玛亚特女神代表着正义和爱情，包含宇宙生命的秘密和奥义，最后的勇士——法老，誓为玛亚特女神而战。他们明白，如果没有了玛亚特，这个世界将被毁灭，野蛮人将抛弃诸神，为争夺权力而用凶戾的武器自相残杀。法老们要做的，就是用神明的力量解决这个问题，让玛亚特女神取代混乱、暴力、恶毒、谎言和仇恨。赫梯国王的要求，完全违背了玛亚特准则。

侍卫把亚夏带了进来，亚夏穿着一件亚麻长袍和一件精致的长袖衬衫。

"这里实在太简陋，我不想待在这里工作了。"亚夏对拉美西斯说。

"我和我父亲都不喜欢太多装饰。"

"那些嫉妒你的人真是愚蠢至极，法老哪有享福的。皇后同意了吗？"

"我已经问过所有人的意见了。"

"你同意我的意见吗？"

"不同意，亚夏。"

外交部长双眼紧盯着桌上的近东地图。

"我就担心会这样。"

"哈图希勒的要求是对我的侮辱。如果我答应他了，那就相当于放弃了法老的权力。"

亚夏把食指放在近东地图上，指着赫梯帝国的疆域。

"陛下，拒绝的代价就是战争啊。"

"你不支持我吗？"

"如果换做你父亲，他会做同样的决定。这是法老和拉美西斯大帝的决定。"

"你这是在设圈套考验我？"

"外交官就是追求和平的，我只是做一个外交官应该做的罢了。如果不设点考验，我还怎么做拉美西斯的朋友呢？"

国王嘴角露出一丝微笑。

"那陛下打算什么时候开始动员呢？"

"你真的如此悲观吗？"

"你一旦正式答复，哈图希勒一定会生气的，他必定会立刻向我们宣战。"

"亚夏，你不像以前那样充满自信了。"

"我现在只注重现实。"

"现在只有你能为我们带来和平了。"

"你的意思是，要我去哈图沙，向赫梯国王传达你的意思，然后要他改变主意？"

"你一下就明白了我的心意。"

"这肯定不会成功的。"

"亚夏，你当初做出了那么多的功绩……"

"陛下，我已经老了。"

"但你是最有经验的。我们不光要和赫梯国王抗争这场无理婚姻，还要争取更多的东西。"

外交部长皱起了眉头。他原本认为自己对拉美西斯了解得很透彻，但是现在看来，自己错了。

国王又说道："我们的盟友哈图希勒曾和我们签订过一份互助条约。你就跟他说，我国的西部边境正遭受利比亚的威胁，但是自从讲和以后，我国的军队就只剩残兵弱勇，而且很缺乏铁块，现在非常需要赫梯国王的支持。只有他遵守约定，我们才能抵挡这次威胁。"

亚夏愣愣地看着拉美西斯，双手叠放在一起。

"你真的打算这么做吗？"

"对了，还有一点，我希望他能尽快支援我们铁块。"

08

拉美西斯和伊瑟的儿子凯不打算进入军队。他只对古代先贤的作品以及帝国的文物感兴趣，俗世的事情并不能吸引他的目光。凯瘦瘦高高的，有着严肃而消瘦的脸庞，两只眼睛是灰蓝色的，由于患有关节痛，走路姿势不太自然。但他有学者的天赋，在和摩西及其魔法作战时，他有着突出的表现，在对孟菲斯卜塔神庙神职人员的管理方面，他也有独到的经验。很长的时间里，凯都把俗世的事务交给他人处理，自己则专注于探索空气里、土地里、水里和树木里隐藏的神秘力量。

"灵之光"安放在艾力欧生命殿堂里，它是远古法老在建造金字塔和早期的智者们制定宗教规则那段辉煌年代的珍贵资料。在那神明昌盛的时期，他们是否已经获知了生命和死亡的奥秘？那些先贤并不停步于自己获取知识，而是用象形文字将其记录下来，传给后代。

　　凯被公推为拉美西斯执政三十周年纪念庆典的总策划，他对传统礼仪非常熟悉，可以说是策划这一庆典的最佳人选。在经历了如此长的岁月洗礼后，法老的神力已经大不如前了，所以必须召唤神明，请求神明再次把神力赐予法老。以前有很多恶魔想要阻止拉美西斯再生，只不过都失败了。凯并不是书呆子，他有好几个宏伟的构想，但是要想实现的话，必须得到法老的帮助。在将自己的想法告诉法老之前，他要把所有的细节都构思好。为此，天刚亮他就跑到艾力欧附近赭山的采石场去寻找大块的石英石了。在神话传说里，神明曾经在这里消灭那些企图毁坏光明的恶魔，将他们的血溅洒在石头上，留下永久的痕迹。凯虽然没有学过采集矿石或者雕刻，但是他天生就对这些石头有感应，能够找到石头中潜藏的力量。

　　"孩子，你在找什么呢？"拉美西斯看着凯，他身上的光芒仿佛黑暗的克星，照亮了整个沙漠王国。

　　这位国王的长子屏住了呼吸。妮菲塔莉曾经为了帮他解除一名邪恶巫师的诅咒，而献出了自己的生命。所以他的心底常常回荡这样一句话：拉美西斯不会恨我吗？

　　"不，凯，我不会怨你的。"

　　"您看到了我心底的想法。"

　　"你不想见到我吗？"

　　"我以为您在底比斯的，没想到您来这里了。"

　　"我想来这里静静思考一些问题。埃及现在正面临一个很大的危难，我要去解决它。"

"我们之前不是已经和赫梯讲和了吗？"

"也许只是休战。"

"您是打算应战，还是议和？不管怎么样，我都相信您能保护埃及的安全。"

"你不打算帮助我吗？"

"政治……恐怕我帮不上忙。如果您严格遵守先祖成法，您的权力是不会衰落的。我正要跟您说这件事呢。"

"说说吧。"

"应该为您下次的重生庆典做准备了。"

"第一次的庆典，三年前才办过啊。"

"根据我的研究，从今以后这个庆典要定期且频繁地举行。"

"那就听你的。"

"父王，这是您给予我的最美好的承诺了。在今后的五十年里，众神将为您的执政祝福，上下埃及也将高歌欢舞，天空中将布满努特女神的孔雀石和绿松石。"

"凯，你还有别的计划吧？你打算把这些石英石运到哪座神庙？"

"这些年，我一直在研究我们的起源。在所有古老的祭典中，都有一场公牛赛。公牛的名字叫阿匹斯，象征着超越空间的国王神力。我们应该对这头公牛着重祭祀，为它建立雕像，彰显它的力量。还有，应该修缮那些远古的遗迹，比如那几座经岁月摧残和西克索人毁坏的金字塔。您能不能派一些建筑工人给我，好让工程按期完成？"

"你可以自行选择施工者和石匠。"

一丝笑容在凯那严肃的脸上绽开。

拉美西斯说:"这个地方很特别,恶徒的血液已经渗透到了石心里。赭山是权力圣地,在这里一定要小心在意,因为光与暗的战斗在这里留下了永久的印痕。凯,你来这里一定是有什么事吧,要找什么?"

凯坐到了一块浅褐色的石头上。

"透特书,上面记载了象形文字的秘密。它就藏在萨卡拉墓中。不管用多长时间,我都要找到它。"

五十四岁的塔妮特夫人是个腓尼基人,她容貌秀丽,体态丰盈,对年轻男人有着着实的吸引力。她死去的丈夫是位富商,留了一笔巨款给她,哈伊亚是她的好朋友。她的身家可以让她无忧无虑地在拉美西斯城的豪宅中享受挥霍。她很早就厌倦了丈夫的粗俗无趣,因此在丈夫死去不久,她假装悲伤地守了几个礼拜的丧之后,便恢复了正常生活,还勾搭上了一位英俊的努比亚男子。不过这个男子和她之前的几个情夫一样,虽然身体健壮,但是还没等她满足就会败下阵来。塔妮特肉欲需求如此之高,当然很快就厌倦了这位新情人。

塔妮特早就应该回腓尼基了,不过她不愿意离开埃及。在拉美西斯这位优秀法老的治理下,埃及已经成了天堂般的存在。除了埃及,没有哪个地方能让一个女人如此自由地享受生活。

到了夜晚,宾客们涌进豪宅,里面有和塔妮特有生意往来的富商、有垂涎她身体的大臣、有觊觎她金钱的老乡,还有一些她未见过但是想要结识的人。男人们灼热的目光聚集在她身上，再没有比这更令她兴奋的事了。塔妮特时时变换自己的形象，时而娇俏动人，时而冷艳高贵，总是让那些存非分之想的人摸不着头脑。跟任何人交往，她都掌握主动，还没有哪个男人能够征服她。

美味佳肴还是那么让人胃口大开，尤其是啤酒烹兔肉、茄汁鱼子酱，再加上上等美酒。这还是拉美西斯在执政二十一年的时候，和赫梯议和签订条约时酿的，塔妮特因为和皇族有些交情，所以弄来了几坛。这位迷人的女子还是和平常一样，不断向席上的英俊男子施展魅力，让他们拜倒在自己的石榴裙下。

"朋友，最近可好啊？"

"哈伊亚！见到你真是太好了。我很好啊。"

"可不要说我吹捧你，你真的是越来越漂亮了。"

"这里的气候真是太适合居住了，而且我一天天从失去丈夫的阴影中走出来了。"

"嗯，不错，你这样的尤物怎么能就此孤独一生。"

"每一个男人都那么粗俗，只会甜言蜜语地哄女人开心，我得小心点才行。"塔妮特嗲声嗲气地说道。

"你确实得小心些，我相信上天肯定会让你重获幸福生活的。"

"你最近的生意怎么样啊？"

"唉，每天都是不停地工作……高级技工才能生产出优质的罐头，但是他们要的酬劳很高。贵族们喜欢的外国花瓶经营起来很费事，进口之前要讨价还价，还要处理运输之类的事情。那些手艺高明的工艺家们也不好打发。你知道的，我们的宗旨向来是追求高品质，也就只好这样经营下去了，所以这些年来我都没怎么攒下钱。"

"现在你的机会来了……我觉得你可以放心了。"

"以前人们都觉得我偏向赫梯人，但我只是和他们做生意而已啊，我们从来没有谈论过政治上的事情。议和之后，埃及就再也不追究以前的事，现在还鼓励商人跟外国做生意。这真是拉美西斯做的最伟大的事啦。"

"法老真是太有魅力了……唉，可惜没办法亲近。"

拉美西斯和哈图希勒签订的和约让赫梯无心再战，埃及最终获胜。可是哈伊亚无法忍受那些引发这场灾难的叛徒，为了让安纳托利亚军队能够在近东维持力量，他曾付出了不少努力。

哈伊亚问塔妮特："可以给你介绍一位朋友吗？"

塔妮特装作很惊喜的样子。

"是谁啊？"

"一位赫梯王子，现在在埃及居住。他很早就听说你了，只不过因为不善交际，不好意思来见你，我劝了很久他才同意来参加宴会的。"

"是哪一个？指给我看一下。"

"就是在月桂玫瑰盆栽旁边的那个。"

乌里泰梭远离人群，倚靠在石柱上，似乎消融在墙上的灯光之中。明亮的灯光照耀下，他脸上的轮廓显得越发棱角分明，头上长满浓密的长发，健壮结实的胸膛上长满了红色的胸毛。塔妮特突然有些心动，她从没有见过这么有野性的男人。她的眼中不再有宴会了，脑子里只剩下一个念头，就是和这匹纯正良马做爱。

09

拉美西斯观看了萨哈马纳和麦伦卜塔的比武。撒丁人穿着护胸甲，头戴圆顶牛角钢盔，手上拿着圆形盾牌，另一手持短剑进攻。麦伦卜塔手持长盾牌抵挡，但显然已处下风。法老下令侍卫队不得干涉，眼前的对手，正好让麦伦卜塔展现自己的战斗力。麦伦卜塔刚二十七岁，正当壮年，擅长运动，勇敢而聪明。萨哈马纳已经五十多岁了，不过仍然身手灵敏，身强力壮。麦伦卜塔只要不被他击中，就已经算是赢了。

麦伦卜塔向后退了几步，调整姿势重新发动进攻，佯攻几下之后，侧过身子。他打算一点点地消耗萨哈马纳的体力。不过萨哈马纳巨大的身躯突然停下了，他扔掉手里的长剑和盾牌，说道："这么打没什么意思，我们来空手搏斗。"

麦伦卜塔愣了一下，紧接着也扔掉自己的武器。拉美西斯想起了在地中海岸的那次战斗，他打败了萨哈马纳，然后让这位海盗当上了自己的贴身护卫队队长。

巨人突然低头冲向王子，打了王子一个出其不意。麦伦卜塔在军校的时候并没有学习如何应对这样野蛮的招式，因此被掀翻在地，溅起一片尘土。他觉得自己快要被这个海盗压得窒息了。

"到此为止。"拉美西斯喊道。

两人站起来，麦伦卜塔看上去生气了。

"他把我当盗贼一样。"

"孩子，敌人总是如此野蛮的。"

"我要求再打一次。"

"不用了，我想知道的都已经展现出来了。这堂课会让你终身受益。你学到了该学的，现在，我就任命你为埃及军队总司令。"

萨哈马纳点头表示赞同。

拉美西斯又说道："一个月之内，给我一份详细的报告，包括士兵的状况和装备情况。"

没等麦伦卜塔有所反应，拉美西斯就坐上车离开了。

拉美西斯要把埃及的未来交给谁呢？是博学的凯还是英勇的麦伦卜塔？如果能把两个人的优点集中在一个人身上，那就太好了。其他王子有的表现也不错，但终归不如伊瑟的这两个儿子优秀。妮菲塔莉再也没办法向君主提出建议，至于她的女儿梅莉达蒙，早已经扎根神庙了。

拉美西斯需要考虑一下今天早上亚梅尼给出的意见："您应该利用祭典再生，继续执掌埃及，一直到生命终结。法老从来都没得选择，从前没有，以后也没有。"

哈伊亚从仓库出来，从工厂和皇宫中穿过，来到连接拉美西斯几座神庙的小巷。道旁种满了洋槐树和无花果树，遮蔽了整个天空，这宏伟而祥和的景象，彰显了拉美西斯之都的气象。左边是阿蒙神庙，右边是瑞神庙，这名商人从中间穿过，愉悦地走向卜塔神庙。来到庙门前，他被吓得差点摔倒。神庙的外墙上镶了几块石碑，上面密密麻麻地雕刻着眼睛和耳朵。难道卜塔神看不到人的心底、听不到人们的密语吗？

哈伊亚在心底喊了声："迷信！"不过却总觉得哪里不对劲。他从墙壁的突出部分绕过去，那里有一座小小的玛亚特女神庙。玛亚特准则永恒存在，超越时空，人们可以从中发现法老文明的奥秘。

在一间作坊前，哈伊亚停了下来，跟相识的侍卫聊起天。他们聊了聊这壮美的首都，哈伊亚又抱怨了几句顾客不愿花钱，然后就得到侍卫的允许，进入了神庙的金银作坊。

哈伊亚跟那些花瓶制作高手做生意很久了，问候一下这位的家庭情况，又问候一下那位的身体情况。

"你肯定是想把我们的技术都偷学走。"一名老工匠喃喃说道，手里不停地把金块放到车床上。

"我已经放弃这个想法了，"哈伊亚并没有否认，"能够看到你们工作，于愿足矣。"

"你来这里肯定是有事吧？"

"我想买一两个上好的产品。"

"然后用三倍的价钱卖出去。"

"伙计，这才叫买卖啊。"

老工匠不再搭理他，哈伊亚早已习惯了被拒绝。他悄悄走到学徒旁边，默默看着他们把金条传给下一道工序的人，那些人为金条称重，记录员则记录下数字。然后金条被放进一个密闭容器中，放到火上熔化。有专门的人用麦管拨动火源，有人鼓起嘴向里面吹气，好让火烤得比较均匀。另外一些工人把熔化的金属液体倒进各种形状的模型中，然后交给金银器工匠，由他们用铁砧和石锤锤炼，打造成各种项链、手镯、坛坛罐罐、神庙门上的饰品和神像。徒弟们从师父手中接过这门手艺，要经过很多年的学习锻炼才能掌握。

一位工匠刚刚打造完成一枚胸饰，哈伊亚赞叹道："太漂亮了！"

"这是神像上的装饰品。"工匠说道。

"可以聊两句吗？"哈伊亚低声问道。

"这里噪声很大，不会有人听到我们说话。"

"听说你的两个儿子想娶妻。"

"没错。"

"如果我送几件家具给他们，你不会介意吧。"

"多少钱？"

"只要一条消息就行。"

"我不会把这套工艺告诉你的。"

"我要的不是这个。"

"那你要什么？"

"有一些叙利亚人移居到埃及了，我很想帮助他们，不知道他们中有没有人在这里工作？"

"有一个。"

"他对这份工作满意吗？"

"还好吧。"

"我想跟他聊两句，能不能告诉我他叫什么名字？"

"你就想知道这个吗，哈伊亚？"

"我这么大年纪了，没有孩子，只不过有点钱，想要帮助一下我的同胞。"

"你在埃及学到了慷慨这种品质，很不错。将来在审判你的灵魂时，冥王肯定会赞赏你的慷慨。你找的那个叙利亚人就在那扇火，扇风耳，最胖的那个胖子。"

"希望我的礼物能帮你的儿子们得到幸福。"

作坊停工之后，哈伊亚才找到机会去结识那位叙利亚人。他之前曾试图拉拢一个木匠和一个泥水匠，但是他们对工作要求不高，因此他没有成功。这一次，他终于成功了。这个来自叙利亚的扇火员曾经在卡迭石之战中被俘，不过他不承认赫梯战败，不想要和平就这么延续下去。这正是乌里泰梭和哈伊亚想要寻找的人，愤怒、仇恨、复仇，这些他都具备了。而且，这个人还有几个朋友跟他有相同的想法。不久，他们便听从哈伊亚的劝说，加入了反动组织，为打击埃及的根基而努力。

乌里泰梭从情人的脖子上吻过，猛地进入她的身体。塔妮特发出满足的呻吟声，她很久没有过这种体验了，原始的欲望让她娇喘连连。

"再来！"她恳求道。

在安纳托利亚军营的时候，乌里泰梭就已经学会了如何征服这些有利用价值的女人。他肆意享受着这个腓尼基女人的身体。塔妮特心底突然升起一种恐惧感，她从没有如此被动过。这个像野兽一样的男人仿佛永不疲倦一样，完美契合了她的爱好。到了午夜时分，她投降了。

"我不想要了……我投降了。"

"投降了？"

"你就像一头野兽。"

"美人，你以前那些不过是乳臭未干的小子。而我，是真正的男人。"

她的身体紧贴他的腹部。

"你真是太棒了……要是天永远不亮就好了。"

"为什么？"

"如果天亮了，你就得离开了。我们明晚再见吧。"

"我不走。"

"在埃及，你知道这代表了什么吗？"

"一个男人和一个女人公开生活在一起，就代表他们结婚了。也就是说，我们结婚了。"

她松开他的身体，满脸吃惊的表情。

"我们有机会再见的，只不过……"

乌里泰梭用力一按，让她平躺下来，然后压在她的身体上。

"我是前赫梯国王的儿子，赫梯帝国的合法继承人。而你只是个腓尼基婊子，我的玩物。你只能服从我。我愿意娶你，你应该感到高兴。"

塔妮特想要反抗，但是乌里泰梭像一只野蛮的公羊，用力进入了她的身体。她再次沉沦了。

"如果你背叛我的话，"赫梯人用沙哑的声音说道，"我会让你尝到死亡的滋味。"

塞达武把灯芯草篮子里的东西一样样取出来，有一个圆面包、一碗燕麦粥、一些鱼干、一只闷鸽子、一只烤鹌鹑、两个醉酱腰子、一块洋葱烤牛排、一些无花果还有一块奶酪。这些食物逐一被摆上亚梅尼的办公桌，然后塞达武伸手拉开亚梅尼眼前的莎草纸文件。

"这些都是什么？"

"你没看到吗？这是让你两三个小时里都不会再饿的丰盛的菜肴。"

"我向来不需要……"

"你现在很需要。不吃东西你还怎么继续工作呢？"

"你这是在侮辱我吗？"脸色苍白的书记员说道。

"只有这样才能吸引你的注意力。"

"你是不是想要我……"

"对啊！我想让你提高努比亚的贷款额度，但是我不想像其他官员一样去填写五十多份资料，那简直是在浪费生命。"

"你的上级，那位努比亚次王，有些顽固不化啊。"

"而且懒惰，不明事理。他只想着自己的前途，毫不理会拉美西斯要我管理那么多省份。我需要劳动力和物资，才能修建神庙和祭坛，才能扩大耕地面积。"

"不过，规章制度还是要遵守的吧。"

"哼，制度，不过是为了束缚人的手脚。别提那些了，亚梅尼。"

"塞达武，我也不是什么都能做的。国库的支出都是由巴哲首相和国王本人监督的。"

"先把我的那部分拨给我，然后你再入账吧。"

"你是说，你犯错误，却要我来担责？"

塞达武用不解的眼神看着亚梅尼。

"不过……你一定可以帮我们遮掩这个问题吧，你们书记员有那么多术语。"

闷鸽子的味道让亚梅尼有了食欲。

"这是莲花做的吧？"

"我妻子的巫术简直神了。"

"你这是在行贿啊。"

"这么说，你答应我了？"

"也就是拉美西斯太重视努比亚……"

"等着瞧吧，不出几年，努比亚肯定会成为埃及最富裕的省份。"

亚梅尼把烤鹌鹑放进嘴里。

"那些小困难都没问题了，不过说实话，我有些担心。"塞达武说。

"担心什么？"

"昨天晚上，我正和莲花缠绵，她突然跳起来喊：'有恶魔正到处游荡。'她说的不是我们床尾的那两条眼镜蛇，也不是将来拉美西斯要面对的赫梯军队。"

"你能认出那个恶魔吗？"

"是的，我知道他就是乌里泰梭，那个野蛮的赫梯人。"

"我们不能拿他怎么样。"

"你告诉萨哈马纳了吗？"

"告诉了。"

"他说什么？"

"跟你一样，他也特别憎恨乌里泰梭。他觉得不该释放他，但是又找不到他的罪名。我倒是觉得，不必怕他，这个手下败将不过是个穷困潦倒的王子罢了。"

萨哈马纳的眼睛随着第一缕阳光洒进屋里睁了开来。一名努比亚女子正睡在他的左边，右边是一名更年轻的利比亚女子。不过，这位撒丁巨人并不记得她们叫什么。

"起床啦，丫头们。"

巨人一巴掌打在这两个一夜情女孩的屁股上，不过下手重了些，女孩们的尖叫声让他脑袋疼。

"穿上你们的衣服，赶紧离开这。"

花园中一多半的面积都被游泳池占了，萨哈马纳跳进泳池里，游了二十分钟。他觉得要洗去宿醉和一夜做爱的疲惫感，游泳是最有效的方法。游完之后，他正打算好好享用刚出炉的圆面包、洋葱、腊肉和牛肉干，一名下人禀告，说有位手下前来求见。

"报告队长，我们找到乌里泰梭了。"

"死了没有？"

"没有，而且……他还结婚了。"

"跟谁结婚？"

"塔妮特，那个富有的腓尼基寡妇。"

"你们是不是弄错了？那可是拉美西斯城最大的富户之一。"

"队长，您可以亲自去察看。"

"走！"萨哈马纳飞身上马，嘴里还嚼着一大块牛肉干。

塔妮特别墅的警卫原本还想要求撒丁巨人出示搜查证，但看着萨哈马纳凶恶的眼神，此时什么话也不敢说了。他只能把园丁叫来，让园丁带着这位拉美西斯的贴身护卫队队长去找女主人。塔妮特穿一身透明的亚麻长袍，展现出完美的身材。在她的身边，是上身赤裸、长满红色胸毛的乌里泰梭。两人正坐在树荫遮盖的阳台上吃着早餐。

"著名的萨哈马纳！"赫梯人大声招呼着，看上去对萨哈马纳的到来很欢迎，"亲爱的，能不能邀请他们共享早餐呢？"

腓尼基女人靠在乌里泰梭身上，眼前是撒丁巨人笔直高大的身体。

"塔妮特夫人，你知道这个人的身份吗？"

"当然知道。"

"那请说一下。"

"前赫梯国王的儿子，赫梯王子，乌里泰梭。"

"他曾担任赫梯军总司令，是一个妄图征服埃及的危险人物。"

"那都过去很久了，"乌里泰梭满不在乎地说道，"拉美西斯和哈图希勒都已经讲和了，大家罢手言和，法老也给了我自由。萨哈马纳，难道你对此有疑义吗？"

撒丁巨人看到了腓尼基女神脖子上咬啮的痕迹。

"昨天晚上他睡在了这里，而且不打算走了……塔妮特夫人，你应该知道这代表什么。"

"是的，我当然知道。"

"他是不是以生命相要挟，逼您跟他结婚？"

"亲爱的，跟他说吧，"乌里泰梭以命令的口吻说道，"你跟埃及女人一样，有自己的自由，可以决定自己的私事，不必征求别人的同意。"

"是我自己要嫁给他的，我爱他。法律也无权干涉我的婚姻。"腓尼基女人强硬地说道。

"塔妮特夫人，请您好好考虑一下。如果您现在说他冒犯了您，我会立马逮捕他，您将获得绝对的安全。我会把他送上法庭，侵犯妇女可是犯罪行为，法官一定不会轻判的。"

"请你马上离开这里。"

"太扫兴了，"乌里泰梭揶揄道，"本来我还想好好招待老朋友，结果却遭到粗鲁警察的盘问。萨哈马纳，你闯进私人住所，可有官方的许可证啊？"

"塔妮特夫人，还请三思，不然您会有很多麻烦。"

"本来我妻子和我可以告你，"赫梯人说道，"不过，这次就放过你了。赶紧滚吧，萨哈马纳，不要打扰我们享受爱情。"说着，乌里泰梭和腓尼基女人拥吻起来，塔妮特热情地抚摸着自己的丈夫，丝毫不理会撒丁人仍站在旁边。

亚梅尼那些厚厚的档案文件，几乎要把书柜和资料箱压塌了。国王的机要秘书还是第一次尝试同时处理这么多文件。他每天只睡两个小时，每件事都要亲自处理，而且取消了下个季度的休假，这引起了同事们的抱怨。不过，足够高的加班费最终还是堵住了他们的嘴。不管那位顽固的次王如何抗议，亚梅尼最终还是答应了塞达武，将提高努比亚的贷款额度。然后，他向那位向来鄙视经济学家的首相巴哲汇报了自己对此事的看法。为了满足拉美西斯的严格要求，他每天还要精心准备各种资料，然后朝见君王，征求每一件事的处理意见。埃及每天都有无数的大小事情等着他来处理，为了保持住大国威严，以及在国际上的地位，他只能把个人利益抛弃一旁，全身心扑在国家事务上。

当萨哈马纳闯到办公室里，这位脸色苍白、脸颊消瘦的机要秘书忽然想到，如果再接手一件新的事务，自己会不会被压垮。

"又出了什么事？"

"他们两个真的结婚了，乌里泰梭和那个腓尼基女人。"

"这个人蛮有艳福的嘛。那个女人的钱财就像她身上的肉一样多。"

"亚梅尼，这可不是件好事啊。"

"为什么这么说？因为这位前总司令已经沉迷于肉欲和享乐了？"

"我们没办法再合法地监视他了啊！以后如果我们再监视他，被他发现的话，他就可以控告我们了，而且很可能胜诉。他现在获得了自由，就没办法公开逮捕他了。他已经在暗中积蓄力量，准备反击了。"

"你跟塔妮特谈过了吗？"

"是的，我可以肯定，乌里泰梭打过她，胁迫了她。不过她却盲目地爱着他。"

"刚说了他耽于享乐，他就勾搭女人去了。萨哈马纳，你放心，乌里泰梭虽然这一轮赢了，不过他的征途还远着呢。"

11

赫梯帝国的首都哈图沙依然是这样的景况：夏季酷热难耐，冬季天寒地冻。这座建立在安纳托利亚高原中央地区的军事要塞，包括下城和上城。下城最有名的建筑就是雷神和太阳女神庙；上城外围是一道九公里长、布满哨塔和枪眼的城墙，护卫着里面恢宏壮丽的皇宫。

面对着眼前这座象征着赫梯军事力量的石头城市，亚夏的心里激荡万分。就在卡迭石之战之前，他曾因执行一项非常凶险的间谍任务，而差点死在这里。想到达这里，这位埃及外交部长要带着自己的使团穿越广袤的草原和荒芜的军事禁区。这座城市建于群山之中，让敌人望而却步。山顶之上的哈图沙就像一座坚固的城堡，其工程的浩瀚让人心惊。

此时埃及和那些亲人般的城市，已经离他们十分遥远了。

哈图沙共有五个城门，其中两个在下城，三个在上城，都可以进入哈图沙城里。迎接埃及使者的队伍在城外大约一百公里的地方等待，在赫梯军队的引领下，使者走向了最高的城门——斯芬克斯门。亚夏通晓这里的习俗，在进入城门之前，他掰断了三根面包，往那块石头上倒了一些酒，然后念诵了一句经文："愿此石永恒不灭。"埃及人发现，旁边还有个油瓶以及几罐蜂蜜罐头，目的是防止把恶魔的气息带进城里。哈图希勒国王始终遵循着传统习俗。

这一次长途劳顿，让亚夏感觉很疲累。年轻的时候他总是闲不住，要到各处去寻求刺激。等年纪大了，他便再也不愿离开埃及。而且，他现在不得不暂停自己最大的爱好，那就是看着拉美西斯管理政务。法老始终遵守玛亚特准则，卜塔·霍特普——妮菲塔莉最喜欢的作家，说的那句"倾听是最重要的"，成了他的座右铭。拉美西斯会让每个官员都畅所欲言，倾听他们的意见和看法。他的决断之快速，就好像索贝克鳄神蹦出水面的速度，而且他的决定通常只有一句简单明了却充满智慧的话。整个国家就好像一艘军舰，他是军舰的所有者和掌舵者，只有他可以准确无误地掌握行驶的方向。诸神选对了自己的代言者，人民也选对了自己的领路人。

在两位身着头盔、战甲、铁靴的军官的引领下，亚夏来到了哈图希勒的会客室。这座宫殿在三座山峰相连的山巅，在高塔旁有士兵二十四小时守卫。不管是什么样的力量，都无法攻进这里。所以那些争夺王位的人，多半都是采用毒药暗杀的方式，而不敢通过武力正面进攻。当初哈图希勒原本有机会杀死乌里泰梭，但是在聪明的亚夏的帮助下，这位要为自己的父亲穆瓦翻力的死负责的总司令，顺利地逃到了国外。乌里泰梭得到了埃及的政治保护，然后向拉美西斯泄露了大量赫梯军队的情报。

百姓们把这座人人敬畏的建筑私下称作"大堡垒"，只有一条通道可以进入。亚夏听到身后沉重的青铜门关闭的声音，感觉自己像是进入了监狱。对于此行要向哈图希勒转达的意见，他觉得得到赞同的希望非常渺茫。这位国王马上就接见了他，这让他非常高兴。亚夏被引领进一间大厅，这里冷冰冰的，厅柱很粗，四周的墙壁上挂满了军队的战利品。

哈图希勒仍然穿着自己那身红黑长袍，他看上去很瘦小，头上系着发带，脖子上戴着银项链，左臂上箍了一只铁环。初次见他的人，大多会以为这个人没什么力量，但那是因为他们不清楚他执着的性格和身为太阳女神祭司长的战略头脑。他是经过了一场多么艰苦卓绝的战斗，才最终战胜了可怕的乌里泰梭。在这场残酷的战斗中，他得到了妻子普杜赫芭的支持，也因为自己的能力得到了军人和商人们的敬仰。

国王夫妇端坐在笨重而简朴的王座上，亚夏跪下行礼。

"愿国王和皇后得埃及与赫梯众神庇佑，愿国王和皇后福治永享。"

"别说那些客套话啦，亚夏，我们都认识这么长时间了。上来，上来，来我身边坐。好兄弟拉美西斯还好吧？"

"挺好的。陛下，请恕我直言，皇后的容颜真的为这座皇宫添色不少。"

"埃及外交部长还是这么擅长说奉承话。"普杜赫芭温柔地笑了笑。

"我们两国已经建立了和平，我已经不需要说太多奉承话了。我的话也许不太恰当，但确实是发自内心的。"

皇后脸上露出一抹红晕。

"如果你还是那么贪恋美色，恐怕我得小心点了。"国王说道。

"我在这方面确实没办法改变，而且难以专一。"

"但是你帮助拉美西斯摆脱了赫梯的圈套，还让我们的间谍计划落空了。"

"陛下，请不要再夸我了，我不过是遵照法老的指示行事罢了。只是我运气好一点而已。"

"好了，那都是过去的事了，我们应该着眼于未来。"

"这也是拉美西斯的意见。他此时最希望的就是能够让两国的和平关系更加牢固，这样才有两国人民获取幸福的基础。"

"真为你的看法感到开心。"普杜赫芭说道。

亚夏接着说道："请允许我继续阐述我们法老的意思。他认为，那个为利益而争抢的时代已经过去了，今后不管是什么事情，都不值得再发动战争。"

"什么意思？"哈图希勒看上去有些不高兴。

"陛下，没有其他的意思，您的好朋友拉美西斯相信您能了解到他的心中所想。"

"对于他的信任，请你代我向他致谢。请告诉他，我们两国肯定会和平共处的。"

"相信两国人民和盟国必定会为此高兴的。但是……"埃及外交部长紧握拳头，顶在下巴上，像是在思考什么。

"怎么？"

"陛下，埃及如此富有，有没有办法让别人不觊觎这个国家呢？"

"有谁在威胁埃及吗？"皇后问道。

"利比亚，那里已经有动乱的苗头了。"

"法老没办法镇压那里的动乱吗？"

"拉美西斯想要借一些强大的兵器尽快把动乱镇压下去。"

"你们没有足够的武器吗？"哈图希勒用质疑的眼神看着亚夏。

"法老希望他最好的朋友——赫梯国王，能够慷慨地支援一些铁块，来铸造防御武器，抵挡利比亚的进攻。"

埃及外交部长说完后，现场陷入沉寂。哈图希勒从座位上站起来，来回踱着步。

"拉美西斯，好兄弟啊，向我要的这份礼物可价值不菲。别说我没有铁块，就算有，我也只会给自己的军队用。法老这是想削弱我的实力，让他自己强大，然后再消灭赫梯。我们的铁块已经用完了，而且也没到采集铁矿的时候。"

"我知道。"亚夏毫无情绪地回应。

"希望好兄弟拉美西斯能用他手头的武器击败利比亚人。如果以后他还需要铁块的话，我倒是可以给他一些。说实话，我对他这次的请求感到很意外。"

"我一定会转告的，陛下。"

哈图希勒回到了座位上。

"好了，说正事吧。我的女儿什么时候可以成为拉美西斯的大皇后？"

"这个……还没有确定正式的日期。"

"你这次来不是为了这件事吗？"

"这么重要的事情，我想需要多考虑考虑，而且……"

"别绕你那些外交弯子了，"皇后说道，"拉美西斯到底愿不愿意废掉伊瑟，让我女儿成为大皇后？"

"皇后，这是一件很困难的事情，按照埃及的法律，任何人都不可以抛弃自己的妻子。"

"不能制定一项新的法律吗？"哈图希勒直接问道，"伊瑟和她的那些阴谋根本不值一提。妮菲塔莉才是真正为维持和平起到关键作用的皇后，伊瑟唯一的作用就是填补拉美西斯皇后的空缺，除此之外，她一无是处。拉美西斯须要迎娶赫梯女人，这样才能永远维持两国同盟。"

"也许，可将你们的女儿封为妃子，而且……"

"我们的女儿必须要做埃及的大皇后，不然的话……"哈图希勒突然住口不说了，好像他将要出口的那些话会把自己也吓到。

皇后恢复了平静，问道："拉美西斯为什么一定要拒绝我们呢？"

"因为按照玛亚特准则，法老不可以废掉自己的大皇后。"

"他坚持要这么做吗？"

"我想是的，陛下。"

"他知不知道坚持这么做的后果？"

"拉美西斯只注重是否遵守了玛亚特准则。"

哈图希勒从座位上站起来，说道："那就没必要再谈下去了。请你把我接下来的话一字不落地转达给我的好兄弟：要么尽快确定何时迎娶我的女儿，要么，就准备迎接战争吧。"

12

　　亚梅尼一直为自己的背痛而苦恼，但始终抽不出时间来去按摩一下。这次他竟然又承担了帮助凯策划第二次国王重生庆典的任务，似乎还嫌自己身上的担子不够重。拉美西斯以身体仍然健康为由，希望推迟这项庆典，但是凯引用书中先贤的话，拒绝了这个要求。亚梅尼很喜欢凯这种严谨的人，经常和他一起讨论文学，不过由于工作繁重，亚梅尼很难腾出时间来好好读一首诗。

　　拉美西斯在会议上宣布将在南部各省大量种树。那位主管修筑堤坝的官员，因为未能如期完工，遭到了拉美西斯的训斥。

　　会议结束后，亚梅尼和国王到御花园里散步。

　　"亚夏有消息了吗？"

　　"他已经顺利到达哈图沙了。"

"想说服哈图希勒放弃原本的想法，恐怕会很困难。"

"亚夏曾完成过那么多不可思议的任务。"

"但是这一次他恐怕没多少发挥的余地。"

"还有什么机密的事情不适合在大会上讨论的？"

"第一件事是摩西，另外还有一件奇怪的事。"

"摩西？"

"是的，他跟他的希伯来子民相处不太融洽。但是人们都畏惧他，因此只得跟着他走。如果我们能够插手的话，那问题就很好解决了。不过摩西是我们儿时的好友，你又答应让他自谋生路。"

"你知道该怎么做，不需要问我。"

"沙漠警卫还没有放弃。如果希伯来人想要回到埃及，你打算怎么办？"

"等他们想回来的时候，我和摩西都已经入土了。奇怪的事情是什么？"

"有一批熏陆香始终没有运到。"

"为什么？"

"一名为制造商做代加工的腓尼基商人给我发来了一份说明，上面说今年熏陆香树受到了冰雹侵袭，还有一棵树生了病。所以，今年一点收成都没有。"

"以前有没有遇到过这种灾害？"

"我查过档案了，这种情况很少发生。"

"我们的存货还够吗？"

"除去神庙的用量，还有剩余。我已经让腓尼基商人汇报下一季的产量了，方便我们及时进货。"

哈伊亚兴奋到了极点。他平时一点酒都不喝的，这次竟然一口气干了两大杯烈啤酒。头晕是不可避免的，但是这已经让他为这重大突破而喜出望外了。

跟几位叙利亚同胞的交流，比预想中的还要顺利。哈伊亚只用星星之火，就点燃了这些灰心、嫉妒的战败者的士气。还有一些赫梯人，他们对哈图希勒的政策感到极度失望，正是由于他的懦弱，赫梯才再也没办法向埃及进攻。在哈伊亚的仓库中，这两伙人和乌里泰梭见了面。相互间都感到很投合。有这么强大的人作为头领，取胜可说轻而易举。

三位努比亚舞女正赤身裸体为赫梯王子和塔妮特夫人这对新婚夫妇的客人做表演，等她们表演完，哈伊亚还会告诉乌里泰梭其他让人高兴的好消息。

这个富有的腓尼基女人感觉自己正生活在冰火两重天的世界里。当她的丈夫以强大的冲击力和日以继夜的无穷精力满足她的性欲时，她感觉自己生活在一个热情似火的世界；而当她的丈夫喜怒无常，动手毒打她时，她又感觉世界降到了冰点。这个原本自由自在的女人，现在成了一个欲罢不能又苦恼不断的奴隶。

宴会上有将近一百名客人，三位年轻的舞女吸引了他们所有的目光。姑娘们的胸部圆润挺拔，随着身体的节奏而纵情跳动，光滑修长的双腿让那些自认正经的人也忍不住神魂颠倒。不过这些漂亮的舞者是高冷的艺术家，表演一结束便会离开这里。如果想再欣赏这么高超的表演，那只能等另一场大型宴会了。

两位商人把自己的目光紧紧锁定在舞者身上，生怕错过任何一个画面，他们的心里已经答应签约了。乌里泰梭把自己的新娘扔在一边，上前与两人交谈了一会儿；然后又抓起一把葡萄，坐到了画着葡萄藤的圆柱旁边的沙发上。在圆柱的另一边坐着的是哈伊亚，两人即使看不到对方，也能在音乐声中低声交谈。

"出了什么急事，哈伊亚？"

"我跟一个当官的老头交谈过，他曾在我手里低价买了几个高档花瓶。他跟我说，最近宫里有一条传言，把宫里的人弄得人心惶惶。我这两天正在确认这件事。不过我觉得，这件事不简单。"

"关于哪方面的？"

"哈图希勒要让拉美西斯娶自己的女儿，以此来维持和平。"

"不过是政治婚姻而已，有什么可注意的。"

"这次不一样，哈图希勒要让自己的女儿当大皇后。"

"让一个赫梯女人做埃及人的皇后？"

"不错。"

"太让人意外了。"

"拉美西斯拒绝了哈图希勒的要求，他不愿抛弃伊瑟。"

"那就是说……"

"没错，大人，战争也许马上就要降临了。"

"那会打乱我们的计划。"

"不要随便下判断。我觉得现在最好静以待变，等弄清楚事情真相之后再决定怎么做。亚夏正在哈图沙跟赫梯国王谈判。在那里我人脉颇广，应该很快就能知道事情发展到哪一步了。对了，我还想给你介绍一个有意思的人。"

"在哪里？"

"在花园里躺着呢。我们去……"

"让他去我房间等着我。从葡萄藤那里走，从洗衣房进房间。等宴会结束了，我立刻过去。"

最后一位客人离开之后，塔妮特把自己的胳膊环绕在乌里泰梭的脖子上。只有她的丈夫才能浇灭她内心的火焰。他用手掌安抚着她，带着她走进卧室，那里有豪华家具和香炉，到处都摆放着鲜花。

还没进门，塔妮特就脱掉了身上的长袍。乌里泰梭猛地将她推进卧室。她还以为这是丈夫发明的新花样，结果却发现屋子里多出了叙利亚商人哈伊亚和一个方脸卷发的陌生人，他那黑色的眼睛里放出残忍疯狂的光芒。塔妮特愣在了原地。

"你……你们是谁？"

"朋友。"乌里泰梭答道。

塔妮特慌乱中抓起旁边的亚麻床单，盖在自己丰腴的身体上。哈伊亚觉得有些尴尬，不知道乌里泰梭为什么要把这个腓尼基女人弄进来。那个眼神疯狂的男人表情没有丝毫波动。

"我想要让她听一听我们的谈话，"乌里泰梭说道，"她将加入我们，成为我们的一员，她的财产也将是我们的。如果出了问题，她就得为此付出生命的代价。都明白了吗？"

陌生人和哈伊亚一起点了点头。

"亲爱的，看到了吗？你必须要服从我们三个人，还有我们的那些手下。你明白吗？"

"明……明白！"

"你愿意对我们绝对支持吗？"

"会的，我保证，乌里泰梭。"

"你会得到很好的回报。"

赫梯人用右手抚摸着妻子的乳房，塔妮特惊恐交加的内心瞬间平复了下来。

赫梯人转过身对哈伊亚说："把你的客人给我介绍一下吧。"

叙利亚商人也平复了一下心情，慢慢说道："我们的运气真是太好了。以前，我们的情报组织是由利比亚巫师欧菲尔领导的，虽然他能力超群，让皇族成员遭受了惨重损失，但最终还是被捕身亡了。他的死亡对我们来说是一项重大损失。不过欧菲尔的弟弟麦勒飞，已经决定继承他的事业，为他报仇。"

乌里泰梭上下打量着这个利比亚人。

"想法很不错……但是要怎么去做呢？"

"麦勒飞是位部落酋长，在利比亚的所有部落中，他的军事力量最强大。他这一生唯一的理想就是打倒埃及。"

"他愿意对我绝对服从吗？"

"只要目标是毁灭拉美西斯和埃及，他都会听您的。"

"好，就这么说定了。你来做我和利比亚联邦之间的联系人。告诉他们，抓紧训练，随时做好开战的准备。"

"大人，麦勒飞很有耐心的。这么多年里，他脑子里想的只有如何洗刷法老带给他们的耻辱。"

"那让他等我的命令吧。"

利比亚人一句话都没说，转身离开了。

13

时间不早了，可拉美西斯皇宫里一点动静都没有。每个人都默默干着自己的工作，一点声音都不敢出。从厨师到女仆，都像幽灵一样毫无声息地忙碌着。

拉美西斯的怒火让所有人都惊惧万分，那些看着他从小长大的老仆人，也没有见他发过这么大火。塞特神让那些倒霉的人感受到了末日般的力量。拉美西斯被牙疼折磨得无所适从，有生以来这还是第一次被病痛打败。他对宫里牙医的医术非常不满，愤怒地要他们滚出自己的视线。只有亚梅尼知道，让法老如此烦恼的另有其事：哈图希勒以谈判为名，把亚夏扣在了赫梯首都。很明显，这是在要挟拉美西斯。

御医总长现在成了整座皇宫的希望所在，假如她也没办法治疗拉美西斯的话，君王的怒气恐怕会淹没整座皇宫。拉美西斯强忍着牙痛，与亚梅尼一起工作，这个时候，也只有亚梅尼能为他分担压力了。亚梅尼看不惯朝廷官员的谄媚，经常发出抱怨。他认为工作的时候没必要逢迎，因此还能与这位暴怒的君王一起处理国事。

"哈图希勒在戏弄我们。"法老对此非常肯定。

"也许他只是让自己面子上下得来，"亚梅尼说，"你拒绝了他，这对他来说是件很没有面子的事，他打算以此为借口重新发动战争。"

"老奸巨猾！他想让我担负发动战争的责任。"

"亚夏的表演肯定很精彩，让哈图希勒摸不着头脑了。"

"不，他只是急于复仇而已。"

"等我们拿到亚夏的信，就可以知道原委了。从他的密码里可以得知他到底是还能继续谈判，还是已经被囚禁了。"

"他已经被扣押了，这不是很明显的吗？"

这时响起了轻轻的敲门声。

"我谁都不想见。"国王说道。

"也许是御医总长。"亚梅尼转身去开门，拒绝了国王的要求。

贴身护卫队队长站在门外，看上去很害怕。

"御医总长来了，"贴身护卫队队长小声说道，"陛下愿意见她吗？"

亚梅尼和贴身护卫队队长都侧过身子，一位像春光般明媚的年轻女子走了进来。她的头发闪耀着金黄的光泽，脸上有一股天真的气质，蔚蓝的眼睛正视前方，一条天青石项链挂在她细长的脖

子上，手腕和脚踝上各有几只玉镯；在亚麻长袍的掩映下，她坚挺的乳房若隐若现，平整的双胯，修长的双腿……

"完美的女人""神明打造的躯体"……该用什么来称赞尼菲瑞呢？亚梅尼向来轻视女人，认为她们浮躁得无法通读一篇专业的公文，但是此刻面对尼菲瑞，他也不得不承认眼前的美人比起妮菲塔莉毫不逊色。

"为什么来这么晚？"拉美西斯埋怨起来。

"十分抱歉，陛下，我去城外做了一个手术，一个小女孩急需我的帮助。"

"你的那些同事都是庸医。"

"医学是艺术也是科学，也许他们只是在技巧方面有所欠缺罢了。"

"还好年老的帕瑞尔马库医生退休了，否则不知还得有多少人死在他手底下。"

"您还觉得不舒服吗？"

"赶快替我医治，尼菲瑞，我的时间很宝贵。"

亚梅尼跟尼菲瑞打过招呼，便拿起刚刚交给拉美西斯的会计文件，回到自己的办公室。他怕见血，也不愿听到病人喊叫的声音。

"陛下，请您把嘴张开。"尼菲瑞开始进行诊治。

在进入人们羡慕的普通科之前，她对很多科都有研究，包括牙科、外科还有眼科。

"陛下，我想您需要一位高明的牙科医生来减轻疼痛。"

"那你就是最佳人选了。"

"我可以为您推荐一位很优秀的牙医……"

"就是你了，赶快给我治病。这是你的分内之事。"

"陛下，请跟我来。"

皇家的医务室很明亮，空气流通很好，白色的墙壁上画着各种药物。国王舒舒服服地倚坐在一张带扶手的沙发上，把头仰起来，脖子下面垫了一张靠枕。

"我会用塞达武炼制的一种麻药为您局部麻醉，您会完全感觉不到疼痛。"尼菲瑞说道。

"是什么引起的牙痛？"

"龋齿发炎引起的脓肿，我会帮您消肿。患病的牙齿不需要拔掉，我会帮您补好，用的是一种树脂和矿物的混合物。还有一颗病牙，我会用一种特效药粉为您医治，牙医们都称这种药为'立竿见影'，里面含有赭石、蜂蜜、石英粉、开口的无花果、蚕豆粉、干芋头、苦黄瓜、泻根还有洋槐树胶等。"

"你是怎么选择药物的？"

"陛下，我有一本医书，是古代先贤所著。里面每一个处方的成分我都用自己的方法检验过了。"

尼菲瑞用大拇指和食指捏着一根细麻绳，绳子的下面系着一块菱形花岗岩，它正在药物的上方快速旋转着。

"你跟我父亲一样，可以感应到物体的放射性。"

"陛下，您也有同样的能力。之前在沙漠里，您不是找到了水源吗？治疗还没完成，在做完这个小手术之后，您还需要注意保护您的牙龈，每天按时咀嚼一种药膏，里面包含泻根、翠柏、苦菊、无花果、熏陆香和药用赭石。如果还是疼的话，就喝一点柳树皮煎的汤药，这种药有止疼奇效。"

"有没有别的坏消息？"

"我为您测过脉搏，也检查了眼白，发现您在很多疾病上都有特殊的自愈能力。不过，在年老之后，您会患上风湿病……我想这是没办法避免的。"

"希望可以在那种灾难降临前便离开这个世界。"

"陛下，您代表着和平与幸福，埃及的每一个子民都希望您万寿无疆。我的职责就是为您治病。那些伟大的人物，不都活到了一百一十岁吗？卜塔·霍特普也是到了这个年纪才开始编著《格言集》的。"

"见到你，又听你这么说，我就一点都不疼了。"拉美西斯露出微笑。

"陛下，那是麻药的功劳。"

"你觉得我的医疗政策怎么样？"

"我马上就要开始写年度报告了。从总体情况来看，效果非常好，不过还需要普及公共和个人卫生知识。埃及就是因为有良好的环境卫生才没有发生瘟疫。那位管理金银殿的官员，应该再大方些，拿出钱来采购一些可以用作药材的珍稀物品。熏陆香是我们的必需品，但是我刚刚才知道，我们并没有得到应有的配给。"

"放心吧，我们的存货够用了。"

"陛下，准备好……"

在卡迭石之战中，拉美西斯面对汹涌而来的赫梯军队时，都没有眨一下眼睛，此刻面对尼菲瑞慢慢伸到自己嘴里的工具，却紧紧地闭上了双眼。

拉美西斯的马车再次飞驰起来，萨哈马纳铆足了劲跟在后面。尼菲瑞以神奇的手段治好了国王的牙痛，此后国王便精神陡涨。亚梅尼依旧忍受着背痛的折磨，一丝不苟地做着自己的工作。

亚夏的密信到了，拉美西斯感到心底放松了些。埃及外交部长没有被软禁，而是留在哈图沙继续谈判，只不过这场谈判看不到尽头。就像亚梅尼说的，战争结果有无限可能，赫梯国王也不敢贸然开启战端。

到了九月底，温柔的阳光照得人心暖，潮水从下埃及退了回去。在穿过城镇的运河旁，国王驾着马车疾驰。没有人知道是什么紧急的事情需要拉美西斯亲自去办，连亚梅尼都被蒙在鼓里。自从国王的大哥和他的同谋不在了之后，保护拉美西斯的任务就变得简单了。不过乌里泰梭获得了自由，让萨哈马纳有些坐立难安。而现在国王那充沛的精力更让他钦佩至极，感叹就连时间也无法打败拉美西斯。

拉美西斯把车停在运河边的一棵大树旁，茂密的针叶看上去很漂亮。

"快过来，萨哈马纳。这棵是埃及最古老的柳树，生命殿堂的资料中有所记载。用它的树皮可以提炼一种消炎的药物，我的牙痛就是它治好的。我来这里，就是要感谢它。我将下令在全国种植柳树，还会亲手在拉美西斯城每一个池塘旁边栽满柳树。神明和自然把这么贵重的礼物赐给我们，我们应该让它变得更加丰厚。"

这位从前的海盗暗想："再没有哪片土地能孕育出一位这样的君王。"

14

哈图沙的秋天有时会像冬天一样寒冷，安纳托利亚高原不时有冷风吹过。说实话，亚夏没什么可抱怨的，哈图希勒招待客人非常周到。每天的饮食虽然简单，但是都很美味，还有两位体贴的赫梯女子陪伴在他身旁。只不过他满脑子都是埃及和拉美西斯。亚夏只想在那位自己效忠了一生的君王手下安享晚年，就算有再人的困难，他都可以克服。

在孟菲斯求学的时候，亚夏曾痴迷于权力，他以为自己是受到了摩西的影响，后来他才明白不是，而是拉美西斯影响了他。摩西为响应神的召唤和真理而全力以赴，而拉美西斯却慢慢建起了文明和人民的真理，他用自己的双手，表达了对玛亚特、隐身之神和生命的赞颂。和以往的法老一样，拉美西斯明白保守只会让自己走向灭亡，于是他像一位卓越的音乐家同时演奏不同的乐器一样，用固有的音符创造出了全新的旋律。拉美西斯并没有利用神明赠予他的权力压榨人民，而是把这份权力当作一种义务。正是因为严格遵循玛亚特的训诫，他才没有变成一位暴戾的君王。他明白自己的责任不是驱使人民，而是让人民获得自由。看着拉美西斯执政，就好像在观赏一位雕刻家在为神像精雕细琢。

哈图希勒穿了一件红黑色的羊毛大衣——这跟他的兄长生前经常穿的衣服很相似，来到埃及外交部长的房间。

"亚夏，是否有招待不周的地方？"

"陛下，这已经很周到了。"

"提前到来的寒冷，有没有让你感觉到不舒服？"

"说实话，我的确感觉到了。尼罗河岸在这个时候依然很温暖。"

"每个国家都有自己的优点，你不喜欢赫梯了吗？"

"陛下，我年纪越来越大了，也越来越感觉离不开家乡。"

"我来是想告诉你一个好消息，我改变了想法，明天你就可以回埃及了。不过还有个坏消息要告诉你，我依然坚持我的要求，必须让我的女儿做拉美西斯大皇后。"

"如果法老还是不同意呢？"

哈图希勒转过身去，背对着亚夏。

"我昨天召开了军事会议，要求我的将领们随时准备开战。法老向我索要铁块，我就用这些铁块打造了一种独特的武器。"

国王从大衣内兜掏出一把铁匕首，转身放到亚夏手里。

"是不是很特殊？轻便又好用，没有什么盾牌能阻挡这种匕首。我把它拿给我的将领们看，同时立下誓言，如果拉美西斯仍然拒绝我，我将用这把匕首亲手杀了他。"

塞特神庙是拉美西斯城中最奇特的建筑，此时正沐浴在夕阳的光辉之中，庙里供奉的是混沌神。神庙建在西克索人首都的遗址上，那些可恶的入侵者曾经驱逐了第十八代王朝的几位君王。拉美西斯把这个充满邪恶的地方变成了正义之地，他与塞特战斗，并占有了他的力量。在这个只有塞提之子敢闯入的禁地，法老将所有的力量融入身体，准备面对即将到来的战争。

拉美西斯从神庙出来，麦伦卜塔迎面走了过来。

"父王，我的任务完成了。"

"你的效率很高……"

"我检查了拉美西斯城和孟菲斯所有的兵营。"

"你根本不相信将领的报告？"

"呃……"

"没关系，直说吧。"

"是的，我不相信。"

"为什么呢，麦伦卜塔？"

"我对他们进行过仔细的观察，发现他们眷恋您建立的和平，这群衣食无忧的人根本就忘记了要进行训练。他们沉迷于过去的功绩，自傲又自大。"

"武器装备情况呢？"

"数量是够了，但是质量堪忧。这些年里铁匠也变得懒散了，很多战车都需要大修。"

"你来负责这件事吧。"

"我怕会遭到大家嫉恨。"

"埃及现在面临着生死存亡的危难，那些小困难还值得一提吗？要想成为一名真正的总司令，就要果断撤掉堕落的军官，提拔忠勇的将士，提振军队的士气。等你做到这些了，再来见我吧。"

麦伦卜塔向法老弯腰鞠躬，然后转身去了军队司令部。

这并不像是父亲对儿子说话该有的口吻，不过拉美西斯的身份是上下埃及的统治者，麦伦卜塔将来则很有可能继承他的王位。

整个晚上，伊瑟都没有合眼。虽然她每天都生活在幸福之中，看着拉美西斯执政，跟他谈心里话，陪他参加宗教仪式庆典……而且两个儿子各有不俗的成就。但是，她却感觉自己越来越孤独，就好像过剩的幸福侵蚀了她的身体和力量。伊瑟很清楚自己失眠的原因：妮菲塔莉建立了和平，而她自己却带来战争。在百姓们眼里，她就是引发埃及和赫梯新的战争的源头，就好像海伦引发了残酷的特洛伊战争。

没有人敢质疑麦伦卜塔的权威，在他的引领下，拉美西斯城开始如火如荼地备战。武器生产昼夜不停，部队重又开始频繁地训练。

"皇后陛下，我该什么时候帮您梳妆打扮？"皇后的美发师有些焦虑。

"国王陛下起床了吗？"

"很早就起来了。"

"我们会一起吃早餐吗？"

"国王已经告知了总管家，说他今天一整天都要和首相还有从迦南紧急召回的将领商讨国事。"

"让人帮我准备轿子。"

"皇后陛下，我还没帮您梳头呢，还要戴假发、化妆……"

"快去！"

伊瑟的身体很轻，十二位健壮的轿夫抬她毫不费力。轿子沿着皇宫大道，飞快地移向亚梅尼的办公室。皇后答应给轿夫额外的赏赐和假期，只要他们走得足够快。

二十多名书记员正快速地处理堆积的文件，根本没空说一句话。他们是亚梅尼的书记团队，正在检阅资料，为这位机要秘书摘录和建档。在这里，皇后看到了什么是真正的忙碌。

伊瑟从圆柱大厅走过，那些忙碌的人都没余暇抬头看她一眼。皇后走进办公室的时候，亚梅尼嘴里叼着一块涂满鹅油的面包，正在写一份给某个仓库管理员的警告函。看到皇后，拉美西斯的秘书吃了一惊，立刻站了起来。

"皇后陛下。"

"我有事要告诉你，亚梅尼。请坐！"

皇后关上木门，插上门闩。书记员感觉有些不自在。他对伊瑟的讨厌程度，堪比他对妮菲塔莉的欣赏程度，甚至和她产生过矛盾。

伊瑟双眼无神，脸上没有了往日的光芒，化妆品也盖不住她脸上的疲倦。

"亚梅尼，我希望你能帮我。"

"皇后陛下，我不觉得您需要我的帮助。"

"亚梅尼，请不要再排斥我了。我知道，如果法老废掉我，整个朝廷都可以安心了。"

"皇后陛下！"

"看来真的是这样。可是我什么都做不了。你了解这个国家所有的事情，百姓们是怎么看待这件事的？"

"这个不太好说……"

"请跟我说实话。"

"您是大皇后，没人敢对您不敬的。"

"亚梅尼，告诉我真相吧。"

亚梅尼把目光移向下方，假装在看文件。

"皇后陛下，您应该知道，人们已经习惯和平了。"

"百姓们怀念妮菲塔莉，却无视我的存在。这就是你不愿说实话的原因吧？"

"皇后陛下，这是情势所迫。"

"请你告诉拉美西斯，我不是个不明事理的人。为了和平，我愿意做出牺牲。"

"拉美西斯有自己的想法。"

"那就请你说服他，亚梅尼。拜托你了。"

伊瑟的态度打动了机要秘书，他第一次觉得伊瑟没有愧对自己的身份。

15

"怎么还不出发？"哈图希勒问亚夏。

"我还是希望您能改变主意。"

赫梯国王穿着那件红黑色的羊毛大衣，头戴一顶毡帽，不过还是忍受不住城外凛冽的寒风。埃及外交部长也是一样，虽然披了一件大斗篷，但仍然觉得冷到了骨子里。

"别指望了，亚夏。"

"您愿意为了一个女人便发动一场莫名的战争？特洛伊之战不是最好的教训吗？为什么要让我们两国陷入战争的泥潭呢？皇后应该为人民带来生命，而不是死亡。"

"真是精彩，不过你的话有太浓的埃及味道。赫梯人民不会允许我妥协的。如果我向拉美西斯低头，他们肯定会推翻我的。"

"有谁敢这么做！"

"如果我的所作所为为赫梯军队带来耻辱，那我就命不久矣了。亚夏，我们是战斗的民族，我的继任者将会比我更加好战，相信我。"

"陛下，拉美西斯相信您可以长久统治下去。"

"我还能信你吗？"

"我愿用最宝贵的东西——拉美西斯的生命发誓。"

城墙的巡城通道上站满了哨兵，两个男人来回走着，俯视着这座都城，每个角落都站着士兵。

"陛下，你不会讨厌战争吗？"

"我很讨厌军队，但是只有军队才能保证赫梯王国不会灭亡。"

"埃及向来厌恶战争，崇尚友善，热衷于建立神庙。卡迭石之战已经过去很久了。"

"亚夏，不要让我太为难，难道你想让我表示我愿意做一个埃及人吗？"

"只要发动战争，我们两国都将遭受惨重损失，国力大大削弱，最后让亚述渔翁得利。不如保留伊瑟大皇后的位置，让您的女儿成为埃及的外交官夫人吧。"

"我已经别无选择了，亚夏。"

外交部长注视着下城，中心处是雷神和太阳女神庙。

"人类真的是太邪恶了，最后他们必定会毁灭自己。"亚夏说道，"当他们互相争斗时，所有真理都是无力的。明知前方是灭亡，为什么非要走这条路呢？"

"因为人类离神明越来越远了，"哈图希勒说道，"等神明再也不眷顾人类，世间将只剩那些崇拜狂暴君王的人。"

"陛下，您的话深入我的内心。我终生追随创造完美天地的玛亚特，其他所有的事情对我来说都不值一提。"

"当然，要不你怎么会成为拉美西斯的朋友。"

温度又低了一些，寒风彻骨。

"亚夏，我们回房间里吧。"

"陛下，您不觉得这很蠢吗？"

"虽然是我做的决定，但是我们都已经没办法改变了，只能寄希望于赫梯和埃及众神的眷顾。"

人们聚集在拉美西斯城河边的码头上，那里有几艘从孟菲斯、底比斯和南部城市来的货船，正在往下卸货。平时就十分热闹的市集，此时更是人潮涌动。这对于商贩来说是个赚钱的好时机，尤其是那些摊位位置较好的，其中大部分都是精明的女商贩。

人群中，可以看到乌里泰梭和塔妮特正拉着手四处闲逛。他们一会儿看看布料，一会儿看看凉鞋，或者看看高档木盒或者其他感兴趣的东西。拉美西斯城的民众全都来到街头，美丽的腓尼基女人保持着微笑，和每个熟悉的人打着招呼。身边的赫梯王子充满男性魅力，引来无数人的关注。不过萨哈马纳的警察队不在这些人当中，这让乌里泰梭非常高兴。埃及法律不允许警察骚扰优秀的公民，如果自己被跟踪了，乌里泰梭一定会进行控诉的。

"我……能不能买点东西？"腓尼基女人小心地问道。

"当然可以，你可以随意买你想要的东西。"

塔妮特开始大买特买，好忘掉自己内心的忧虑。两个人沿街购物，一路走到了哈伊亚的摊位前边。叙利亚商人为他们推荐了锡杯、又细又高的大理石花瓶还有贵族女性最喜欢的彩色玻璃香水瓶。塔妮特忙着跟哈伊亚的助手砍价，哈伊亚则趁机走到了乌里泰梭旁边。

"从哈图沙传来了好消息，谈判破裂了，亚夏没能说服赫梯国王。"

"谈判是彻底破裂了吗？"

"亚夏已经动身回埃及了。哈图希勒以一把铁匕首发誓，要亲手杀掉法老，这就是他给拉美西斯的答复。"

乌里泰梭很长时间没有说话。

"今天晚上你亲自来送我妻子买的东西。"

强壮的塞达武每天都能得到惊喜。他的妻子莲花——漂亮的努比亚女人，到底是如何永葆青春的，真的让人很好奇。这位女巫师平时并不涂抹那些胭脂花粉，但却一直保持着美丽的容颜，让她的丈夫欲罢不能。她让塞达武体验到了爱情的惊险刺激。

塞达武亲吻着莲花的酥胸。

突然，莲花的身体颤抖起来。

"你有没有听到什么奇怪的声音？"

"是你的心跳比平时快了。"

莲花沉浸在塞达武的激情之中，只想跟他共同进入迷幻的仙境。

陌生的客人正犹豫着要不要继续向前。在进入实验室之前，她还期盼着这对夫妻出门了。但是塞达武和莲花一心守着这些装满眼镜蛇和响尾蛇毒液的容器，即便身处拉美西斯城也不能让他们

远离这个地方。在皇家御医总长的支持下，他们醉心于自己的研究，希望可以发明出新的药物，至少也要改进已有的药物。他们对交际应酬没有丝毫兴趣，对于他们来说，这些能杀人但也能救人的毒液比那些无聊的交际要有趣多了。

陌生人听到夫妻两人迷醉的呻吟声就放心多了，他们根本没有察觉到她的到来。现在她要做的，就是稳定心神，小心地偷走一瓶毒液。到底应该偷哪一瓶呢？不过这个问题有些多余，每一瓶都可以。这些毒液还没有经过处理，效力非常强。

一步一步地，她光着双脚慢慢从地板上挪过去。现在，她距离目的地只差一米了。突然，有什么东西从地上冲了上来。陌生女人吓得定在了原地，借着昏暗的光线，她发现眼前是一条正前后摇摆的眼镜蛇。在极度惊吓之后，她连声音都发不出来。凭借着本能，她一点点向后挪动，渐渐远离了眼镜蛇。

在她的感觉里，自己好像已经跑了几个小时了。在她离开之后，那条眼镜蛇守卫又重新睡下了。

亚梅尼又数了一遍莎草纸，一共有四十二张，每个省份一张。在运河和水池的数量方面，各省之间有不小的差异。法尤姆省拥有各种各样的树种，在各省中拔得头筹，这得益于中古时期的法老挖掘的大片湖泊。拉美西斯已经下达命令，要求各地广泛种植柳树，由神庙实验室用柳树皮提炼医务人员使用的消炎止痛药。亚梅尼不但要承担这项额外工作，还要保证最终的成绩，这让他非常不开心，不过法老的命令无法违背。唯一能让他开心的是，他只是个机要秘书，不用为军事操心。麦伦卜塔的能力很突出，从没到他的办公室来找过麻烦。

国王正打算到阿蒙神庙进行晚间祈祷的时候，亚梅尼抱着厚厚的文件拦住了他。

"陛下，能不能耽搁您几分钟时间？"

"只有紧急事件才可以。"

"那好吧，我就不……"

"你做了这么多准备，是什么事困扰你？"

"伊瑟来找我谈了一些事情。"

"她要干涉国事了吗？"

"她不想因为她而使埃及和赫梯开战。不得不说，我为她的真诚而感动。"

"难道伊瑟打动了你，就能让埃及脱离危险了？"

"陛下，大皇后确实不愿意引发新的战争。"

"亚梅尼，你不必再担心这个问题了。我们不能向赫梯人让步，否则将前功尽弃。如果废掉了大皇后，就会把祸患引入埃及。哈图希勒才是灾祸的根源，伊瑟无须为此事负任何责任。"

16

雨滴从天空飘落，让人感觉到丝丝寒意。埃及外交部长的使者团正准备离开哈图沙。皇后不畏寒冷，来与亚夏道别。她穿着红色的流苏长袍，看上去端庄典雅。

"国王生病了，没办法起身。"皇后说道。

"严重吗？"

"有些发烧而已，很快就会康复的。"

"祝愿国王陛下早点好起来。"

"我为这次谈判的失败感到惋惜。"普杜赫芭说道。

"我深有同感，皇后陛下。"

"如果拉美西斯最后同意了呢？"

"那不过是幻想而已。"

"亚夏，你以前从不这么悲观的。"

"现在的希望只有两个了，一个是出现奇迹，一个就是您了。您真的不能劝说国王陛下改变心意吗？"

"起码现在还无法做到。不过我会继续劝的。"

"皇后陛下，我想说……算了，已经没必要了。"

"我听着呢。"

"真的没必要了。"

亚夏无法把这句话说出来：在他见过的那么多女人当中，她是唯一能让他动心的。他知道，这句话一旦出口，将造成无法挽回的错误。他深情地注视着普杜赫芭，好像要把这张无法亲近的脸永远印在脑子里。深鞠一躬，亚夏转身离开。

"亚夏，不要带着悲伤离开。我会尽我所能阻止战争发生。"

"我也会尽我所能，皇后陛下。"

使者团向南方渐行渐远，亚夏再也没有回头。

一番畅快淋漓之后，塞达武走出房间，没有惊醒莲花。她的裸体如此美妙动人，让他的心里不停掀起波澜。踟蹰了片刻，他终于走向实验室。今天需要处理昨天采集的毒液，这是这位巫师必须要做的工作，他并没有因为努比亚省的工作而忘记这件事情。

年轻的女仆手里端着果盘愣在原地，塞达武那粗犷的外貌吓到她了。她丝毫不敢动弹，眼前的这个男人可是曾经赤手抓捕毒蛇、无惧蛇毒的巫师啊。

"我饿了，去拿点鱼干、牛奶和新鲜的面包来，小美人。"

年轻的女仆哆哆嗦嗦地去了。塞达武来到花园，往草地上一躺，呼吸着泥土的芬芳。畅饮一番后，他哼起古老的曲调，这是一首只有内行人能懂的曲子。随后，他回到了皇宫旁边的实验室。

平时他都穿着一件用解毒药浸泡过的羚羊皮外套，如果稍有不慎，这些毒液会比毒蛇本身更危险。这件便携的外套帮他抵挡了很多次毒液的侵袭，不过现在外套不在他身上。在和莲花缠绵之前，他好像把外套放在了一张矮凳上。不对，好像是另一个房间。会客室、圆柱客厅、浴室、洗手间？塞达武到处寻找自己的外套，却找不到。卧室，这是最后的地方了。没错，他到了卧室才把那件珍贵的外套脱下来的。

塞达武亲吻着莲花的胸脯，她终于睁开眼睛。

"亲爱的，你把我的外套放在哪儿了？"

"我没碰过你的外套啊。"

塞达武有些紧张了，把房间翻了个底朝天，仍然没见到外套的踪影。最后他确定："外套不见了。"

萨哈马纳期待着即将到来的战事，拉美西斯会带他一起屠杀赫梯人。许多年来，这位曾经的海盗一直期待有一天能亲手杀掉安纳托利亚的野蛮人，把他们的手臂斩下来，彰显自己的功绩。在卡迭石之战时，国王亲自上了战场，却让他留下来守卫拉美西斯城，保护皇族成员。那个时候，他训练了一批得力的警卫助手，不过现在，他只想上战场尽情杀戮。

萨哈马纳对塞达武的来访感到意外。两人的关系并不是那么紧密，不过他们尊重彼此，知道相互间的共同点，那就是忠于拉美西斯。

"出什么事了，塞达武？"萨哈马纳停下击打木头人的拳头。

"我那件医用外套，我最珍贵的东西，被人偷走了。"

"有没有可疑的人？"

"肯定是哪个妒忌心重的医生，他根本不知道这件外套的价值。"

"说清楚些。"

"我也不知道……"

"肯定是有人在跟你开玩笑。你知道，你在努比亚太招摇了，在皇宫里你也不怎么受欢迎。"

"赶紧下令去搜查皇宫、别墅、工厂还有……"

"塞达武，别着急。你知道的，现在正在进行战争动员，你的外套并不是最紧急的事情。我会派两个人去调查的。"

"可它救过无数人的性命啊。"

"这个我不清楚，我建议你弄一件新的外套。"

"说得容易，那一件我穿了那么久，已经习惯了。"

"好了，塞达武，不要啰唆了，跟我去喝一杯吧。然后我们去最有名的那家皮草店。蛇终归是得蜕皮的，你说是不是？"

"我一定要查出是谁偷了我的外套。"

拉美西斯手里拿着一份麦伦卜塔新呈上来的报告，内容简洁明了，很符合这位次子做事有条理的风格。

亚夏回到埃及之后，法老就要和哈图希勒进行最终谈判了。赫梯国王肯定不会轻易让步的，他和埃及国王一样，正想趁这段时间好好备战。

拉美西斯没有料到，埃及的主力部队展现出如此高涨的士气。

接下来的事情就简单多了，招募一批外国佣兵，然后对新兵加强训练。在工厂加班加点生产之后，武器装备也很快便可充足。麦伦卜塔得到拉美西斯的批准，任命了一批新军官，训练出一批足以击垮赫梯军队的新士兵。拉美西斯率军北伐的前夕，全军将士都充满了对胜利的渴望。

哈图希勒不应该抛弃和平的。这一次，埃及将拼尽全力，主动出击，让安纳托利亚的士兵们惊慌失措。拉美西斯下定决心，必将占领卡迭石城堡。

不过在法老的心中，始终有一种莫名的不安，让他生出一丝犹豫。妮菲塔莉不在了，不能为他解开迷惑，他只能去祈求神明的指引。

萨哈马纳为拉美西斯准备了一艘帆船，载着法老前往中埃及的赫尔蒙城。法老登上甲板的时候，伊瑟来了。

"我能不能陪您一起去？"伊瑟请求道。

"不行，我只能一个人去。"

"亚夏有消息了吗？"

"他很快就会回来了。"

"陛下，我的心意您是清楚的。只要您下令，我一定会遵守的。我个人的幸福在全埃及的幸福面前不算什么。"

"伊瑟，我非常感谢你。但是如果我们屈服于邪恶，那就再没什么幸福可言了。"

白帆船渐渐向南方驶去。

透特神大祭司的公墓位于沙漠边缘，旁边有一棵高大的姜果棕榈树，比其他同品种的树高很多。在神话传说中，透特是神光的中心，也是神谕的主宰者。它曾在这里显示神迹，要求信徒们守信重诺，不要做信口雌黄的人。这位受书记员共同敬奉的神明，赞同沉默，反对多嘴饶舌。因此，拉美西斯选择在这里冥想，用一天一夜的时间让自己起伏不定的心静下来。

黎明时候，太阳在一声吼叫中升起。在拉美西斯前面不到三米的地方，出现了一只下颚前突的狒狒。

法老注视着眼前的狒狒，说道："请为我指引方向，透特。你无所不知，掌握神和人的真理，你的话就是力量。请为我指引道路，为埃及带来福祉。"

狒狒直立起来，只用后脚撑地，它的身体比拉美西斯还要高大。狒狒的手指向太阳，做出祈祷的样子。法老效仿它的动作，直视太阳，并不畏惧耀眼的阳光。

透特的声音通过狒狒的吼叫，从天空直降大地，法老把这个声音纳入心中。

17

连着下了几天的雨，此时又起了大雾，埃及外交使团一路上并不顺利。对于这几头驴子的耐力，亚夏感到很敬佩，不管天气多么恶劣，它们都能驮着七十多公斤的物品安稳前行。埃及人认为如此耐劳的驴子是塞特神在人间的化身之一，没有了它们，人间就不会如此繁华。

亚夏加快速度，离开了叙利亚北部边境，经过腓尼基，便能回到埃及领土。以前最喜欢旅行的他，这次出行却感到异常疲倦。他没心思观赏沿途的风景，满脑子都想着其他的事情。

负责使团武装的是后备军的一名老兵，当初在卡迭石之战中，他曾帮助过陷入重围的拉美西斯。这个人对亚夏很了解，也很敬重。亚夏探寻神迹的经历和丰富的地理知识使人们对他充满敬佩，也因为口才极佳和为人随和而被人们喜欢。不过这一路上，他始终一副忧虑重重的样子。

使团在一家客栈停下来休息，老兵趁机坐到亚夏身边。

"您生病了吗？"

"没有，感觉有点累。"

"是不是因为谈判的失败？"

"唉，本来局面不会这么糟的。不过只要拉美西斯还在位，结局就不会太坏。"

"我非常了解赫梯人，他们野蛮而自大，这些年的太平，让他们更想报仇了。"

"不，战乱也许真的会因为一个女人而降临世间。不过这个女人是埃及的大皇后，不可以当普通人看待。拉美西斯的观点是对的：如果威胁到了我们的价值观，那就要抗争到底。"

"这可不像是外交说辞。"

"我之前说过，如果哪天我对外交说辞感到厌烦了，那就该退休了。我想现在到了退休的时候了。"

"国王不会允许您辞职的。"

"我会坚持自己的想法，这一点上我和国王倒是很像。我会和他谈好条件，找个合适的人来继承我的位置应该不会太难。那些身为行政官的皇子并非个个无能，他们当中也有很优秀的人才。如果对外交工作不感兴趣了，就应该离开这个位置。我现在已经对外面的世界不感兴趣，只想坐在棕榈树下，静静地看着流淌的尼罗河水。"

"只不过是暂时感到疲倦吧？"老兵问道。

"外交和谈判已经丝毫不能让我动心，我的想法不会改变的。"

"我也打算退休了，这是我的最后一次任务。我也该好好休息了。"

"您家在哪里？"

"在卡纳克附近的一个村子。我的母亲年纪很大了，我现在唯一的愿望，就是陪伴母亲安享晚年。"

"您没有结婚吗？"

"根本没有时间啊。"

"我也一样。"亚夏说着，似乎想到了什么。

"您还年轻呢。"

"我希望在我对女人失去兴趣的时候，已经老迈无力，那样的话，也不会有任何遗憾了。希望典狱神能宽恕我。"

老兵用火石点燃了柴火。

"我们有优质牛肉干和上等好酒。"

"给我来杯酒吧。"

"您不想吃东西吗？"

"我对一些食物再也提不起胃口了，也许我即将羽化成仙。"

雨停了。

"可以启程了。"

"人和牲畜都需要休息，休息好了才能走得更远。"老兵说道。

"我先进去睡一会儿。"其实亚夏知道，自己一点都不困。

使团从一片橡树密林经过，脚下是一条遍布石头碎块的陡坡。道路狭窄，人们只能排成一字长队前行。此时天色又起了变化。

亚夏心中突然升起一种奇怪的感觉。他尝试去想尼罗河畔，去想拉美西斯城里别墅中的美丽花园，他的童年就是在那里度过的，以后他有大把的时间在那里照料自己的猫、狗和猴子等宠物。但是，不管他想什么，都赶不走心里那股奇怪的感觉。

他的右手握住了哈图希勒交给他的那把铁匕首。哈图希勒想要迷惑拉美西斯，简直太天真了，法老从不受人要挟的。亚夏一度想把这把匕首扔到奔流的河水中，但是它本身没有引发战争啊。

之前亚夏总以为把各国风俗统一融合起来，将会是一件很美好的事情，但是现在他的想法改变了。太过统一会让一些国家的人民不相信神明，让一些人变成恶魔，他们将沉迷于追名逐利，沉迷于各种罪恶。只有拉美西斯能改变人们的愚昧和懒惰，让人们信奉神明。如果拉美西斯没有降临世间，那么这个世界将变成一座炼狱。拉美西斯为人类带来了真理，他师从的是神明和上天。即便是在神庙中独自面对神明，他心心念念的也是全国的百姓，从不把个人得失放在心上。几百年里，法老制度帮助埃及度过了无数次的艰难险阻，就是因为这种制度使人们遵从神明的旨意行事。

亚夏想好了，等他辞掉外交部长职务后，就去整理记载法老半人半神属性的古老书籍，汇集成编，然后献给拉美西斯。夜晚的时候，神话将会在葡萄藤下或者莲花池边永久流传。亚夏为自己感到庆幸，能够成为拉美西斯最亲近的朋友，帮拉美西斯化解一次又一次的危险，甚至战胜了挑动战争的赫梯王国……还有什么样的经历更值得夸耀呢？亚夏曾一度因为屈辱、压抑和无奈而对未来失去希望，是拉美西斯的出现，让他感受到了阳光的温暖。

眼前是一棵干枯的大树。这棵树看上去上接苍穹、下连大地，树根坚不可摧，树干高大粗壮。亚夏笑了，这棵树死了，也就意味着其他生命的开始。它可以为飞鸟提供栖息之地，可以为昆虫提供避难之所和食物。死亡本就是生命轮回中的一环。法老代表什么呢？不就是代表供养和守护一个民族的大树吗？不过拉美西斯不会死，他重担在身，必须跨过死亡的威胁，这种超越自然的能力将帮助他更好地治理这个国家。

亚夏没有去过神庙，但是由于跟拉美西斯思想上的默契，他也知道了一些只有历代法老才能知道的秘密。虽然还没有退休，但这位外交部长也许已经对乏味的退休生活失去兴趣了。远离人群或许会有趣些，那样可以让自己的心灵经历另一场冒险。

狭窄的小路越来越难走了，亚夏的坐骑走得跌跌撞撞。从下个山口出去，经过通往迦南的下坡路，就到达埃及三角洲北部的边境大道了。以前亚夏从不认为自己有一天会甘心回到家乡，居住在这片喧闹的土地上，过上简单平静的生活。而在启程回埃及的那天早晨，当他在镜子里看到自己的第一根白头发时，恰好安纳托利亚山巅的雪花飘至，他才意识到一个严峻的问题：自己一向畏惧的衰老终于到来了。

其实他心里清楚，多年来到处奔走，经历了那么多冒险和意外，他的身体早就已经被榨干了。皇家御医总长尼菲瑞虽然能够帮他治愈疾病、减轻痛楚，甚至帮他延缓衰老，但他不是拉美西斯，没有那种宗教赋予的再生能力。埃及外交官一生忙碌，精力已经消耗殆尽了。

前行的队伍被一声突如其来的惨叫止住。亚夏停下车，回头查看情况，后面又传来几声惨叫。原来，橡树上下了一阵密集的箭雨，而在下面，双方已经展开了肉搏。两边突然冲出来一批利比亚人和赫梯人，手里拿着匕首和长矛。

短短几分钟时间，埃及队伍就损失了一半的人。剩余的人奋力拼斗，杀了几名袭击者。

"赶快跑，向前冲！"老兵对亚夏说道。

亚夏立刻拿出那把铁匕首，锁定一名利比亚弓箭手，弓箭手头上系着黑绿色发带，上面插了两根羽毛，非常显眼。亚夏冲到他身边，一个利落的挥手，将弓箭手割喉。

"小心，小心……"

老兵大声喊着，但是随即变成一声惨嚎。一名长发披肩，长着红色胸毛的魔鬼，用长剑砍下了老兵的头。

亚夏背部中了一箭，他张开嘴，但是没发出任何声音，无力地跌倒在淤泥里。

所有的打斗都停止了，魔鬼走向受伤的外交部长。

"乌里泰梭……"

"没错，亚夏，我终于战胜你了。就是你让我落到如此境地的，今天我终于报仇了。不过你还不是最终的目标，下一个就该轮到拉美西斯了。他会认为是那个懦弱的哈图希勒杀了你。你认为我的计划怎么样？"

"你才……懦……"

乌里泰梭从亚夏手里夺过铁匕首，刺进了亚夏的胸口。其他人早就已经开始劫掠，要不是赫梯人阻止，说不定利比亚人已经开始内讧了。

亚夏抬起染满血的食指，但是他的力气已经不足以让他写下"乌里泰梭"的名字，他只能积聚起最后的力量，在胸口的衣服上画了一个象形字母，然后弓着身子死去了。

相信拉美西斯会明白这个象形字母的意思的。

18

皇宫里一片寂静。拉美西斯刚从艾力欧回来，马上感觉到了不对劲。所有官员都缩在自己家里不敢出来。

"把亚梅尼叫来，带到阳台。"国王向萨哈马纳下令。

在皇宫的最高处，拉美西斯可以看到整座城市。当初建造城池的时候，摩西也是建筑师之一。绿色的墙壁，白色的房屋，城里种满棕榈树，三三两两的行人游走在花园或者池塘。神庙塔门两边竖起旗杆，上面悬挂着皇室军旗，象征着神明的永恒庇佑。

透特神要求国王无论如何都要维持和平。他必须在这充满杀机的局势里，找到一条通往和平的道路。在为国王解开迷惑的同时，智慧之神也赐给了他一个新的愿望。之前他因神光照耀而成为太阳瑞神之子，现在他又成了黑夜太阳透特神之子。

亚梅尼的眼神中流露出一股哀伤，脸色看上去比以前更加苍白。

"只有你敢跟我说实话了。"

"陛下……亚夏去世了。"

拉美西斯强迫自己镇定下来。

"出了什么事？"

"使团在路上遭到袭击。一位牧民发现了他们的尸体，报告给了迦南省警察。到现场后，一名警察认出了亚夏。"

"经过最终确认了吗？"

"已经确认了，陛下。"

"他的遗体现在在哪儿？"

"和其他使团成员的遗体一起，存放在一座城堡里。"

"有人幸存吗？"

"没有。"

"有没有目击者？"

"没有。"

"让萨哈马纳马上前往现场，搜集所有可能的线索。把亚夏和使团其他成员的遗体运回来，要将他们安葬在埃及的土地上。"

撒丁巨人率领一队佣兵火速赶往安放遗体的城堡，将遗体带回了埃及。回到拉美西斯城，萨哈马纳把亚夏的遗体交给一位干尸匠，经过清洗和防腐香料的处理后，交给了法老。拉美西斯把亚夏的遗体抱起来，放到了皇宫寝室的床上。遗体上盖着白布，露出亚夏安详的面容，看上去就像在沉睡一样。

拉美西斯正对着遗体，亚梅尼和塞达武站在他的两旁。

"凶手是谁？"塞达武红着眼睛，像是要哭出来。

"萨哈马纳很快会给我报告，我们一定会查出凶手的。"国王说道。

"已经为亚夏准备好了墓穴。他这一生功劳颇多，极少犯错，诸神肯定会让他转生为人的。"亚梅尼说道。

"我会让我的儿子凯来主持殡葬典礼，并在典礼上念诵转生的古老经文。亚夏将把自己在人间的一切带到天国，他为国家鞠躬尽瘁，一定会在天国得到安宁的。"

"我发誓，一定要亲手杀了那个凶手。"塞达武说。

萨哈马纳前来汇报。

"发现了什么？"

"亚夏的右肩中箭，但是并不致命。真正的致命伤是这个造成的。"

拉美西斯接过萨哈马纳递过来的铁匕首。

"铁的！这是赫梯国王的报复吗？是他杀了亚夏！"亚梅尼喊道。

萨哈马纳还没见过亚梅尼这么愤怒。

"现在已经找到凶手了，"塞达武的表情变得冷酷，"哈图希勒以为躲在城堡里就安全了？哼！我会潜进城堡，把他的尸体从城墙上丢出来。"

"我有不同的见解。"萨哈马纳说道。

"不，我一定能杀了他。"

"塞达武，我并不是说你能不能杀他的问题，而是在说凶手到底是谁。"

"这不是赫梯人的铁匕首吗？"

"是他们的，不过我在现场还找到了另一样东西。"

萨哈马纳拿出一根残破的羽毛。

"利比亚战士的装饰品！"

"利比亚人和赫梯人联合……不会的。"

"当恶魔有共同目标时，就什么都做得出来了。哈图希勒决心对抗，从古代的赫梯国王到他，无一不想让埃及消失，为此，他们不惜联合最恐怖的恶魔。"亚梅尼说道。

"还有一个很重要的细节，"萨哈马纳说，"使团人数并不多，而袭击者则出动了四五十人，而且他们善于使用陷阱。可以看出来，这是一群匪徒，而不是正规军。"

"这是你的一厢情愿。"亚梅尼表示反对。

"这是事实。我观察了现场的地形、道路宽度和马蹄印，对此有绝对把握。而且我可以确认，赫梯战车没有在现场出现过。"

"这有什么不一样吗？"塞达武问道，"哈图希勒派人抢夺这把给拉美西斯的回礼作为凶器，杀死了亚夏。赫梯人真的是太野蛮了，永远也改变不了他们的本性。法老不过就是拒绝了娶他的女儿，他便派人谋杀了这个居间调停的人。"

"陛下，我虽然厌恶战争，但是法律不允许我们纵容这样的罪恶。必须要消灭赫梯，埃及才能得到永远的和平。亚夏的死，正是告诉了我们这个道理。"亚梅尼一脸严肃地说道。

拉美西斯静静地听着每个人的见解。

"还有没有其他的线索，萨哈马纳？"

"没有了，陛下。"

"亚夏有没有在地上留下什么字迹？"

"恐怕是没有时间，匕首深入胸膛，他很快就死了。"

"他的行李在哪儿？"

"被人夺走了。"

"那他的衣服呢？"

"干尸匠为他脱掉了。"

"拿来给我。"

"应该……应该已经被处理掉了。"

"赶快去拿来。"

萨哈马纳第一次感到如此不解，为什么对染满血迹的衣服如此重视？他大步从皇宫跑出来，跨上马背，冲向干尸匠所在的村子。

木乃伊作坊的老板把亚夏的遗体整理好之后，已经在准备迎接法老和他的朋友进行最终的告别了。

"亚夏的衣服在哪里？"撒丁人问道。

"已经送走了。"干尸匠回答道。

"送到哪里去了？"

"就像平常那样交给了北村的洗衣工。"

"他住在哪儿？"

"就在运河旁边，沿着小路一直走，最后一栋房子就是。"

萨哈马纳飞跃上马背，再次疾驰起来，穿过花园，从矮墙上一跃而过，在街道上差点撞到行人，一路马不停蹄地赶往目的地。

来到最后一栋房子前，萨哈马纳勒停早已满身是汗的马，从马上下来，拍打着屋子的窗户。

"洗衣工！"

门打开，是一个女人。

"他到运河边洗衣服去了。"

萨哈马纳直接跑步赶往那条运河。洗衣工手里拿着肥皂，正准备清洗亚夏的衣服。萨哈马纳直接拽住了那人的头发。

外套上沾满了血迹，上衣也是一片污红，不过有一点不同，上衣上有一个亚夏颤抖着写下的符号。

"看上去是个象形字母，亚梅尼，你觉得是哪个字母？"拉美西斯问道。

"双臂和掌心向下，我觉得应该是表示否定的意思。"

"嗯，我也是同样的想法，'不是'的意思。"

"难道是一个字或者名字的首字母？亚夏想告诉我们什么？"

塞达武、亚梅尼和萨哈马纳都一脸不解，拉美西斯则陷入沉思。

"亚夏从受伤到去世只有几秒钟，这只够让他写一个象形字母。他肯定已经猜到我们会认为哈图希勒是凶手，而我必定会向赫梯帝国宣战。那这个字母的意思，也就是'真正的凶手并不是哈图希勒'。亚夏是想用最后的力量阻止战争的爆发。"

19

埃及外交部长亚夏的葬礼十分隆重。他的木乃伊被放入金色洋槐木棺中，凯穿着豹皮祭司礼服，亲自进行开眼、开口、开耳的仪式。拉美西斯进行了最后的封棺。

公墓安静了下来，拉美西斯一个人待在开放的灵堂之中。他把一朵莲花、一束鸢尾花、一块新鲜面包和一杯酒放在祭坛上，成为首个为这位挚友进行护卫灵仪式的祭司。之后的每一天，都会有一名皇家祭司来为亚夏进行祭祀，并守护墓地。

儿时的故人越来越少了，摩西为了自己的理想而远行，现在亚夏又去世了。拉美西斯也会不时感叹，统治者的道路为何如此曲折难行。亚夏在他心中有独特的位置，就和塞提、图雅、妮菲塔莉一样。两人的心灵无比默契，尊重彼此的秘密，都为自己的一生而骄傲。现在的和平，是亚夏和妮菲塔莉带来的，如果没有他们的勇气和果敢，赫梯人怎么可能接受和平？亚夏用自己生命最后的力量，揭穿了阴谋者的谎言。凶手并不了解友情有着怎样的力量。

在这世上，每个人都可以用酒来麻醉自己，忘掉忧愁，或者与朋友分担悲伤，然而只有法老不可以。

作为拉美西斯的次子和军队总司令，麦伦卜塔在和自己的父亲单独相处时，仍然感觉到不自在。他知道父亲时刻关注着自己，就像透特神在关注着人类，因此他始终保持克制，不敢丝毫逾矩。

"父王，我觉得……"

"麦伦卜塔，不必安慰我。亚夏是我而不是你的儿时好友。我的痛苦没办法得到任何言语的宽慰。只有永生不灭的护卫灵能让我稍稍心安。我们军队的备战怎么样了？"

"已经做好了全部准备，陛下。"

"以后要时刻保持严格的戒备。麦伦卜塔，这个世界将会巨变，我们应该时刻做好准备，迎接即将到来的变化。"

"也就是说，两国即将开战了？"

"亚夏为我们揭穿阴谋，防止我们主动撕毁和约。但是和平并不能因此而得以维持。哈图希勒觉得自己的尊严受到侵犯，决定进攻迦南，侵略三角洲地区。"

麦伦卜塔满脸吃惊的表情。

"难道我们……不加防范吗？"

"我会让他误认为我们毫无斗志，无法抵抗。等他进入尼罗河支流，军力分散的时候，我们再将他们一举而歼。在埃及的土地上，怎能让赫梯人猖狂。"

麦伦卜塔感觉有些不安。

"你觉得这个想法怎么样？"

"是不是……太过冒险了？"

"你觉得冒险？"

"您是法老，我一切听从您的命令。"

"麦伦卜塔，跟我说心里话。"

"陛下，我和所有埃及人一样，对您抱有绝对的信心。"

"那随时等我的命令吧。"

身为曾经的海盗，萨哈马纳对自己的直觉非常有信心。他认为这次事件并不是哈图希勒命令哪个军官谋划作案的。他的直觉认为，凶手应该是个残忍的恶魔，目的是削弱拉美西斯的力量，让他失去自己可以依赖的臂膀。

撒丁人每天守在塔妮特夫人的别墅附近，等着乌里泰梭出门。刚过晌午，赫梯人从别墅出来，确认了一下自己没有被跟踪，然后骑着一匹黑白斑点的马离开了。萨哈马纳随即敲响了别墅的门。

"我要见塔妮特夫人。"

这是 间温暖的小会客厅，里面有两根圆柱，四扇高窗保证了厅里的采光，也让厅里的空气保持新鲜。萨哈马纳在这里见到了那个腓尼基女人，她看上去瘦了很多。

"是为了公事吗，萨哈马纳？"

"现在还不是，接下来是不是，就要看你怎么回答我了。"

"那也算是审讯了？"

"不，我只把这当作与一位高贵但走上了歪路的女子进行的普通聊天。"

"我不懂您的意思。"

"你当然懂。最近发生了几件悲惨的事情，外交部长亚夏，在从赫梯返回埃及的时候，被人谋杀了。"

"谋杀！"

塔妮特的脸瞬间变得苍白。其实她只要大喊一声，藏在里屋的四名利比亚人就会冲出来，杀死撒丁人。但是如果把拉美西斯的贴身护卫队队长杀了，肯定会惊动警察的，她也不会有好果子吃。现在最好的办法，还是尽力敷衍吧。

"请告诉我，这两个月里，您的丈夫乌里泰梭的具体行踪。"

"因为我们比较恩爱，他多半时间都在家陪我。就算出门，也只是去酒馆喝喝酒，或者在城里散散步。我们的生活很幸福。"

"他离开拉美西斯城是在什么时间？又是什么时候回来的？"

"我们结婚以后，他就从来没有离开过这座城市，他喜欢这里。而且他已经把过去的事都忘记了。跟我结婚以后，他已经和我们一样，是法老的子民了。"

"乌里泰梭是个罪犯，"萨哈马纳厉声说道，"他威胁了你。如果你跟我说实话的话，就可以得到我们的保护，法律也将保护你的自由。"

在这一刻，塔妮特有种逃去花园的冲动。只要萨哈马纳跟去花园，她向他坦白那几名利比亚人的存在，就可以摆脱束缚了。但是，如果这样的话，她也将永远失去乌里泰梭，这个男人真是让她欲罢不能。只要他不在家，她就控制不住地想他，她对他已经渴望成瘾。塔妮特从乌里泰梭这里尝到了欲望的快乐，那是她耗尽家财也要求得的东西。

"就算在法官面前，我仍然会这么说，萨哈马纳。"

"因为乌里泰梭会杀了你吗，塔妮特夫人？"

塔妮特笑了起来。就在撒丁人到来前的几分钟里，她还沉浸在情欲的欢乐之中。

"如果您这无礼的审讯已经完成了，就请离开吧。"

"我是真的想帮你，塔妮特夫人。"

"我不需要帮忙。"

"如果你想通了，可以随时联系我。"

塔妮特用手指轻轻滑过撒丁巨人那健壮的胳膊。

"您是位真正的男子汉。可惜的是，我已经有了中意的人。"

伊瑟脖子上戴着一条金项链，下面坠着一块乌龟形状的天青石，手腕上戴着手镯，脚上戴着足链，身上穿一件有褶皱的皇室亚麻长袍，上面罩了一条粉红色的披肩，头上戴着一顶两列羽毛装饰的皇冠。皇后坐在马车上，拉着马车的是两匹上等好马，马身上罩了一件色彩斑斓的马袍，马头上插着蓝、红、黄色的鸵鸟羽毛。马车载着皇后穿行在拉美西斯城的街道上，巡视着这座城市的人民。

人们得知皇后出巡，纷纷走出家门观看，想一睹皇后的容颜。大街小巷都挤满了人，年幼的孩子在街道上撒满莲花瓣，到处都能听到欢呼的声音。人们都以瞻仰皇后的容颜为荣，根本不理会关于战争的传闻。他们从心底支持拉美西斯的决定，不管发生什么事，都不能废掉伊瑟。

伊瑟虽然出身贵族，不过这种受万民拥戴的感觉，仍让她醉心不已。拉美西斯城的子民全都在这里，他们代表了社会的所有阶层和文明。皇后要到几个平民区去巡视，车夫虽然有所顾忌，但是不敢违背皇后的旨意。在这些地方，伊瑟受到了前所未有的欢迎，并因此体会到了更多的幸福感觉。

回到皇宫之后，伊瑟仍然感觉回味无穷。能得到这么多积极的子民的拥戴，于愿足矣。从这座黄金宫殿出来，她才真正认识到这个屹立在她背后的国家。

各个省的省长都出席了宫廷晚宴，拉美西斯宣布了即将开战的消息。大皇后的美丽容颜吸引了所有人的目光，她虽然还没有办法媲美妮菲塔莉，但是已经足以胜任这个位置，得到大部分人的认可。她用宽慰的语言和每个客人交谈：有拉美西斯在，埃及就无须惧怕赫梯。皇后的信念鼓舞了在场的省长们。

在全城最高点的阳台，拉美西斯和伊瑟终于有了独处的时间。国王轻轻地搂住皇后。

"伊瑟，你今天体现出了皇后的风采。"

"我总算为你争光了。"

"我没有选错人，你适合大皇后这个位置。"

"跟赫梯已经完全停止谈判了吗？"

"我们已经准备好开战了。"

伊瑟把头靠在拉美西斯的肩膀上。

"我相信你，可以克服所有的困难。"

20

"开战？为什么要开战呢？"凯的忧虑表露无遗。

"这是为埃及好，也是为你好，让你可以专心地研究那些古籍。"拉美西斯说道。

"真的找不到和平解决的办法吗？"

"赫梯军队马上就要到达我国边境了。我们必须要守卫我们的国家。我会带麦伦卜塔去前线，你留下处理国事。"

"父王，就算时间不长，我也没办法代替你的。"

"凯，亚梅尼会帮你处理事务。相信你自己，你可以的。"

"但是，如果我犯下什么错误……"

"只要你心中牵挂着子民，就不会犯下大错。"

拉美西斯坐在战车上，即将率军亲征，指挥守卫三角洲和东北边境。麦伦卜塔和四名将领跟在他的身后。就在他即将下达出发命令的时候，一名骑士飞快地冲了进来。

萨哈马纳从马上跃下，抢到拉美西斯车前。

"陛下，请听我说……"

法老早已经布置妥当，萨哈马纳依旧担任守卫皇宫的重任。虽然他知道这位撒丁巨人立志要毁灭赫梯，但他是最适合保护凯和伊瑟的人。

"萨哈马纳，我已经下令要你留守了，这个决定不会改变的。"

"陛下，我不是为了自己的事。有更重要的事，请您跟我来。"撒丁人看上去已经失了魂。

"出什么事了？"

"陛下，请您跟我来。"

拉美西斯让麦伦卜塔传下命令，暂不出发，然后驾车跟随萨哈马纳回到皇宫。

走廊里，所有的女仆、洗衣女工都在痛哭。萨哈马纳走到伊瑟的寝室门口，眼睛里露出无法掩饰的惶恐。拉美西斯走进房间。

房间里充满了百合花的香味，中午的阳光照得房间亮堂堂的。伊瑟躺在床上，穿着一袭白色的长袍，头上戴着绿色的皇冠，双眼圆睁，双臂摆在身体的两侧。塞达武的羚羊皮外套，此时正放在无花果木的床头柜上，那是她从实验室偷来的。

"伊瑟……"

这位拉美西斯的初恋，埃及的大皇后，凯和麦伦卜塔的母亲，已经去往了天国。就在刚刚，拉美西斯还即将为她出战。

"皇后为了阻止战争，选择了上吊自杀，并且吃掉了残留在塞达武外套上的毒液。她不想背负破坏和平的罪过。"萨哈马纳说道。

"胡说！"

"我看过了皇后的遗言，然后让萨哈马纳通知了您。"亚梅尼走到旁边说道。

按照习俗，逝者应该直视冥间，因此拉美西斯没有为皇后合上眼睛。

伊瑟被葬在皇后谷，她的陵墓比妮菲塔莉的简单很多。拉美西斯对着皇后的灵柩举行了复活仪式。一众男女祭司将为皇后祭祀护卫灵。法老把一根无花果树枝放在大皇后的棺木上，那棵树是他十七岁时在孟菲斯别墅的花园里亲手栽种的。有这根树枝的陪伴，伊瑟的灵魂将永不逝去。

葬礼结束后，亚梅尼和塞达武立马求见拉美西斯。国王一句话都不说，只默默地往山顶上爬，塞达武拼尽全力跟在他身后，亚梅尼也把自己虚弱身体的所有力气都用上了。拉美西斯的步伐稳健快速，沙土和石子根本无法阻挡他的前进。在山顶上，他远远眺望着妮菲塔莉和伊瑟安眠的皇后谷。亚梅尼虽然有所怨言，但还是跟了上来。塞达武一言不发，安静地欣赏秀美的风景。亚梅尼坐到石头上，喘着粗气，用手背不停擦拭如注的汗水。随后，他打破了沉默。

"陛下，现在应该做抉择了。"

"对我来说，现在最重要的就是好好看一看这个被众神眷顾的国家。神明的话语都化作了天地、高山和流水。逝者长眠在塞特的红土地上，墓穴中的复活灵殿汲取着自然原始的力量。我们利用宗教仪式，可以收藏太阳初升的精华，这个国家也因此可以永恒不灭。"

"国家要想永恒不灭，必须要自我拯救。如果法老抛弃了自己的子民，那众神也就不会再加以眷顾了。"

塞达武以为亚梅尼的话会惹怒拉美西斯，没想到拉美西斯并没有动怒，只是一动不动地看着远处庄稼和沙漠的分界线，那里正是轮回与永生的分界。

"你有什么好主意吗，亚梅尼？"

"我已经给赫梯国王哈图希勒写了一封信，告知他伊瑟已经去世，国丧期间不应作战。"

"伊瑟是没办法活转过来了，她服下的东西混合了多种药物，非常致命。拉美西斯，那件该死的外套已经被我烧掉了。"塞达武说道。

"伊瑟是为了埃及才这么做的，你无须负任何责任。"

"她的做法是对的，陛下。"亚梅尼站起来说道。

"你竟敢说这样的话，亚梅尼？"国王愤怒地转过头。

"我必须如实说出我的想法，即便会触动您的怒火。我认为伊瑟正是为了和平才去世的。"

"塞达武，你怎么看？"

塞达武同样感受到了拉美西斯的怒火，不过他还是得实话实说。

"拉美西斯，如果不愿意遵从伊瑟的意愿，那就相当于再次谋杀她了。难道要让她白白牺牲吗？"

"那我到底该怎么办？"

"迎娶赫梯公主。"亚梅尼严肃地说道。

"现在没有借口不这么做了。"塞达武表示赞同。

"伊瑟刚刚去世，就跟我说迎娶的事，你们没有一点慈悲之心吗？"拉美西斯握紧了拳头。

"您不该沉浸在痛苦中，"塞达武说道，"您是埃及法老，埃及的子民与和平是您的责任。百姓们都盼着您能为他们带来和平。不然的话，他们会嘲笑您因私废公的。"

"但是……埃及法老和赫梯大皇后，你们不觉得这很荒唐吗？"

"不，"亚梅尼说道，"这是将两国人民融合起来的最正当的方式了。只要您愿意这么做，战争便不会降临。您的父母，塞提和图雅，在天有灵的话会为此开心。还有亚夏，他可是为了和平而献出了自己的生命。"

"亚梅尼，你变成了一个辩论家。"

"我只是一个书记员，身体孱弱，也没有什么高明的想法，但是我有幸能够为上下埃及的主人服务，便有责任阻止他的脚上沾满鲜血。"

"按照法律，您必须和大皇后共同治理这个国家。迎娶这个异国女子，将成为您最英明的抉择。"塞达武强调说。

"我对那个女人已经憎恨至极。"

"拉美西斯，这不是你所能左右的。这是你对埃及的责任。"

"朋友，你们真的要让我这么做？"

亚梅尼和塞达武一起点头。

"你们下去吧，让我好好想想。"

过了一夜，拉美西斯在清晨的阳光中沐浴许久，然后在皇后谷流连了一段时间，终于回到了随从的队伍中。他跳上马车，沉默不言，直接驾车奔向拉美西斯神庙，那座百万年神殿。做完祷告，他在妮菲塔莉的神坛前呆立了一会儿，然后回到皇宫洗了个澡，吃了一些无花果、新鲜面包和鲜奶。

国王像是经过充足的休息，再次神采奕奕。他来到亚梅尼的办公室，此时亚梅尼正思考着一份公文的起草问题。

"拿一张干净的上等莎草纸来，我要给我的兄弟哈图希勒写封信。"

"写什么？"

"我将迎娶他的女儿，让她成为埃及的大皇后。"

21

　　乌里泰梭一口气喝掉了杯子里的绿洲烧酒，这已经是第三杯了。这种酒里面含有香料和树脂，味道甜腻而浓烈，是干尸匠保存内脏和医生消毒的常用药物。

　　"你已经喝了不少了。"哈伊亚说。

　　"这酒真是美味，埃及的好东西都要尽情享受。没有人跟踪吗？"

　　"放心吧，绝对没有。"

　　叙利亚商人哈伊亚来到别墅的时候，已经是半夜了，路上并没有发现有人跟踪。

　　"为什么突然过来？"

　　"大人，有很重要的消息。"

"要开战了吗？"

"不，大人，埃及和赫梯再也不会开战了。"

乌里泰梭把酒杯一扔，抓住哈伊亚的衣领。

"你再说一遍？我的计划怎么可能失败？"

"伊瑟自杀了，拉美西斯决定迎娶哈图希勒的女儿。"

乌里泰梭松开手。

"赫梯人要做埃及的皇后？这简直是笑话。你没弄错吧，哈伊亚？"

"不会错的，大人，官府已经放出消息了。看来杀死亚夏并没有起到作用。"

"他是必须要死的，拉美西斯身边再没有人能比他聪明。现在我们就没有什么顾虑了。"

"大人，我们失败了。这份和平，是坚不可摧的。"

"笨蛋，你知道那个将要成为大皇后的女人是个什么样的人吗？哈伊亚，她是个真正的赫梯女人，野蛮、傲慢，而且狡诈。"

"但她是哈图希勒的女儿，而哈图希勒是您的死敌。"

"那都不重要，重要的是她是个赫梯女人。她不会向任何人屈服，包括埃及法老。我们的机会来了。"

哈伊亚暗自叹息，看来这位前赫梯军总司令已经被绿洲烧酒烧昏了头脑，产生幻觉了。

"不要再留在埃及了。"哈伊亚劝道。

"如果能够把这位赫梯公主拉拢过来，我们就可以在皇宫里有自己人了，哈伊亚。"

"大人，您喝多了。"

"没有，是机会来了，这是我绝佳的机会。"

"您会失望的。"

乌里泰梭又喝掉了第四杯绿洲烧酒。

"刚才漏掉了一个细节，不过还可以补救。哈伊亚，这次要用到利比亚人。"

窗帘忽然动了一下，哈伊亚用食指指了指。乌里泰梭轻轻地走过去，猛地拉开窗帘。塔妮特正站在窗帘后面，浑身发抖。

"你在偷听？"

"不，不是的，我是过来找你……"

"没关系，亲爱的，反正我们也没必要瞒你。你不会背叛我的。"

"我发誓，绝对不会背叛。"

"好了，你去睡吧，我很快就过来。"

塔妮特眼中的欲火，让乌里泰梭预感这个夜晚将会十分美妙。简单的交谈之后，他向哈伊亚下达了命令。

拉美西斯城里主要的兵器制造厂仍然在赶制长剑、长矛和盾牌等兵器。在迎娶赫梯公主之前，战备工作不能有丝毫松懈。

从赫梯人那里得到的战利品武器，都存放在冶金厂旁边的一间库房里。这些武器可以供埃及铁匠们研究赫梯武器的秘密。此时，一名头脑灵活的年轻冶金工人，手里正拿着一把铁匕首，聚精会神地研究着，这是不久前皇宫交给他的任务。

这把匕首的刀身比较厚重，刀柄非常合手，铁的质地很好，简直是一把完美的匕首。要想仿制一把这样的匕首，恐怕要经过很多试验了。年轻的冶金工人拿着这把匕首，完全沉浸其中。

"有人找你。"值班的士兵说道。

来的人是个外国佣兵，从他的容貌上就能很明显地看出来。

"找我有什么事？"

"皇宫命我取回这把匕首。"

"有文件吗？"

"当然有。"

"拿给我看一下。"

佣兵的腰带上挂着一个皮囊，他从皮囊里拿出一块木板，递给年轻的冶金工人。

"这……不是象形文字啊？"

哈伊亚派来的这名利比亚人猛地一拳打中了冶金工人的太阳穴，冶金工人立刻倒在地上。利比亚人把木板和匕首放进皮囊，逃离了冶金厂。

萨哈马纳对冶金工人进行了一遍遍审讯，最终确定他不是盗走匕首的人的同伙。歹徒应该是一名在埃及军队中常见的贪图财物的佣兵。

"是乌里泰梭雇来的外国佣兵。"萨哈马纳对亚梅尼说道。

"有没有证据？"亚梅尼仍然低着头，没有停笔。

"我的直觉就是证据。"

"恐怕你的调查会落空。现在乌里泰梭富有而又悠闲，有什么理由去偷哈图希勒的那把匕首呢？"

"他的目标是毁掉拉美西斯。"

"我们和赫梯之间不会再有战争了。你现在最重要的事，是调查亚夏的案子。最近有没有什么进展？"

"没有。"

"拉美西斯已经严令捉拿凶手了。"

"这个案子跟盗窃匕首的案子有很大关联。如果我殉职了，一定要先调查乌里泰梭。"

"殉职？你怎么会有这种想法？"

"要想有进展，我必须到利比亚部落中去调查。只要查到了线索，他们肯定会杀掉我的。"

"你是拉美西斯的贴身护卫队队长，怎么会有人敢动你！"

"法老的外交部长和童年好友不是也遇难了吗？"

"有没有安全一些的办法？"

"没有，亚梅尼。"

麦勒飞的大本营在沙漠的中心地带，距离每个绿洲都很遥远，几位忠实的奴仆守卫着这里，显得相当怪异。

这位酋长从不喝酒，他认为酒是惑人心智的毒药，因此只喝牛奶和椰枣。他的侍卫都是他的老乡，身上佩带着长矛、长剑、弓身和投石器。正是因为他，这些人才摆脱贫困，从此好吃好穿，身边美女如云。他们认为麦勒飞是沙漠精灵的化身，对他忠诚之至。他的身手敏捷如猎豹，爪子锋利如刀，眼睛可探察到任何风吹草动。

"有人在打架，大人。"挑水的仆人前来报告。

白色的头巾盖在麦勒飞方形的脸上，遮住了宽额头的一大半。他慢悠悠地站起来，走出帐篷。现在正是中午，太阳炙烤着大地，麦勒飞非常喜欢这种太阳和沙漠组合的条件，如此严酷的环境使他能够挑选出那些真正的战士。此时有五十多名战士正聚集在训练场上，赤膊或手拿兵器互殴。

得进行更严格的训练了，因为接下来的任务是消灭拉美西斯的部队，必须让这些利比亚新兵尽快成长。麦勒飞脑子里总是闪过历代利比亚酋长被法老羞辱的画面。在这几个世纪里，双方总是处于对立的状态，利比亚人虽然勇猛，但是像一盘散沙，多次被埃及人打败，因此双方的仇恨深到不可消弭。

麦勒飞的大哥欧菲尔曾相信巫术可以摧毁敌人，并以此组织了一个为赫梯服务的间谍组织，但是最终失败被杀了。麦勒飞发誓，要为自己的兄长报仇。他把散落各地的利比亚部落逐渐统一起来，在不久的将来，他会成为整个利比亚的首领。

与赫梯人乌里泰梭的结识是他的一大机遇，这个人让他感觉到胜利在望。几百年来的耻辱，终于要在自己手里得到洗刷。

一名矮个子但身体强壮的战士，完全忘记了这是在训练营，好战的他竟然用拳头打晕了两名高大强壮而且拿着长矛的战士。矮个子战士一脸傲慢，用脚踩在倒地者的脸上，浑然不觉麦勒飞已经走到身旁。麦勒飞从上衣里掏出一把匕首，刺进了矮个子战士的脖子。

正在训练的人都停止了动作，转头望向麦勒飞。

"接着训练，不过要注意分寸，"麦勒飞做出指示，"还有，敌人可能从任何方位发动袭击，一定要留神。"

22

拉美西斯城的大议事厅可以说是一处美景，让身处其间的人叹为观止。在厅前阶梯的两旁，雕刻着敌人的形象，他们都曾被法老以玛亚特准则击败，最终臣服。那些官员虽然经常在这里走过，但看到这些时仍禁不住慨叹。在大门的白色边框上，用蓝色字写满了拉美西斯的封号，封号旁边有一些圆形的图形，象征着宇宙的运行，也象征着法老对埃及的统治。

这种各级官员都参加的大型会议并不多见，除非发生一些关系到埃及命运的重大事情。在会议上，拉美西斯会向所有与会者发表演说。

有消息称，赫梯国王依然感到愤怒，因为拉美西斯拒绝迎娶他的女儿本就让他感觉受到了羞辱，现在虽然答应了，但是仍然无法挽回他失去的颜面。整个埃及因此而感到不安。

大厅的地上铺着彩色的瓷砖，上面画着池塘、开满鲜花的花园、游泳的鸭子还有白莲花下隐约的鱼群。墙壁上五彩缤纷，有淡绿、深红、淡蓝、金黄和粉色，描绘出了戴胜鸟、蜂鸟、燕子、山雀、夜莺和翠鸟穿梭飞行的美景。宗教礼仪长、书记员、部长、省长、神庙大祭司、机要秘书和女官看到这样的壁画，都发出了由衷的赞叹。在大厅圆柱上，刻画着美丽的仙女蒿、罂粟花、莲花、雏菊和矢车菊。

在阶梯的终点，有一尊狮子雕塑，它的嘴里叼着一只妄想破坏玛亚特和平的恶魔。拉美西斯登上阶梯，走向黄金王座，大厅里立刻静了下来。他头戴代表着双重王权的双皇冠，上埃及的白色皇冠嵌在下埃及的红色皇冠里面。他的额头上有一个金黄色的眼镜蛇冠饰，这是一条雌性的蛇，它用口中的火焰驱赶世间的黑暗。他的右手拿着权杖，看上去就像牧羊人放牧用的木杖，为迷路的羔羊指引归途，法老正需要为埃及指引归途。拉美西斯身上的金色罩袍，发出耀眼的光芒。有那么一刻，法老的目光凝视在了一幅画面上，一名年轻美丽的女子正对着蜀葵花坛思考着什么。他忍不住想起妮菲塔莉那超越死亡的容颜，以及她曾经为自己指点迷津的日子。不过法老没有时间多想，他还要决定整个埃及的命运。

"把你们召集来，是为了向你们传达几件事情。由于最近谣言四起，我希望你们能将事实传达给民众。"

亚梅尼和其他的书记员都站在最后一排，虽然看上去职位低微，但是这更利于他们观察其他官员的举动。而萨哈马纳则选择了第一排，从不同的角度去观察众人。只要有乱象发生，他可以立刻上前制止。塞达武则站在努比亚次王的左侧，在百官的前列，这正是他该站的位置。莲花穿着一件粉红色的吊带长袍，微露的胸部吸引了不少官员的目光。

下埃及道丰省的省长出列跪下，说道："陛下，我请求发言。"

"说吧。"

"外交部长亚夏是不是被囚禁在哈图沙了？我们与赫梯的和平协议还有效吗？"

"我的挚友亚夏，已经在埃及的土地上长眠了，他在回拉美西斯城的路上遭到刺杀。这件事仍在调查当中，我们一定会抓到凶手。他在回来之前，已经完成了大部分与赫梯的谈判。接下来，我们会继续和赫梯谈判。以前的和平条约仍然有效，而且会永远有效。"

"陛下，能不能告诉我们，将由谁来继承大皇后的位置？"

"赫梯国王哈图希勒的女儿。"

大厅里响起了一片低语声。一名将军说道："陛下，这么做的话，不是对我们昔日的敌人太宽容了吗？"

"大皇后伊瑟在世的时候，我曾经拒绝了哈图希勒的要求。但是现在这种形势下，只有跟赫梯联姻，才能维持和平。"

"您会准许赫梯军队进入我国领土吗？"

"不会的，将军，只有这个女人可以进入埃及。"

"但是陛下，让一名赫梯女子坐上埃及大皇后的位置……这难道不是对那些曾经打败安纳托利亚战士的军人的挑战吗？我们为什么要惧怕开战呢？在您的儿子麦伦卜塔的带领下，我们的军队已经做好了充足的作战准备。我们没必要向他们妥协，直接开战吧。"

这位将军如此冲动的言语，恐怕会为自己带来不好的结果。

"你的说法很有道理，但是没有看到更多的东西。"拉美西斯说道，"如果埃及主动发起战争，那就是我们背弃约定了。你觉得法老可以做这样的事情吗？"

将军被拉美西斯说服了，退回到自己的位置。运河主管又走上前来发言。

"陛下，假如赫梯国王改变主意，不把女儿嫁到埃及了，那岂不是让埃及蒙羞？"

孟菲斯大祭司凯穿着祭司长袍走到前面，说道："法老，我可不可以代替您回答这个问题？"

拉美西斯点头同意。

国王的长子说道："在我看来，国家无法完全依靠政治和外交来保证安全，遵守约定和玛亚特准则才是最重要的，当然还有从先祖传承下来的法律。拉美西斯大帝执政三十年的时候，举行了第一次重生庆典，以后应该更多地举行重生庆典，以此保证国王的神力。现在是他执政的第三十三年，最重要的事情就是为他举行第二次重生庆典。然后所有的问题都将得到解决。"

"筹备这项典礼需要花费大量的时间，还有人力、物力，我们不能把这项活动取消吗？"金银宝殿的主管反对道。

"不能，"大祭司说道，"无论根据相书推算，还是根据命格推算，都得到同一个结果，就是在两个月之内，必须举行拉美西斯大帝的第二次重生庆典。希望大家能够一起祈祷，请诸神保佑法老。"

在东北边境驻防的军营总指挥经历了诸多战争，是人们眼中的英雄，他决定应该代表军人发言。

"大祭司的意见很值得考虑。但是，假如赫梯真的向我国发起进攻，我们该怎么应对呢？如果哈图希勒知道我们只顾重生庆典，而将他女儿的婚礼抛之脑后，那他会不会因为感到耻辱而突然发动进攻？还有一点，如果法老去主持庆典了，谁来指挥军队呢？"

"举办这项庆典正是为了保护我们。"凯的声音依然沉稳。

"这就是一个沉迷于宗教礼仪的人与久经沙场的人的看法的不同。哈图希勒为什么不敢贸然攻打埃及？就是因为我们有卡迭石的英雄拉美西斯，因为他拥有超自然的能力。如果他不能亲临战场的话，那么赫梯国王必然会全力进攻的。"

"埃及最大的保障是神明，"凯坚持自己的看法，"不管我们的敌人是赫梯人还是谁，都不过是恶魔的爪牙，人类军队是无法消灭恶魔的。而我们都知道，在卡迭石之战中，阿蒙神曾经化身为拉美西斯的双臂，帮他打败敌人。"

如此有力的话语，让那些军官们都不再反对。

"我很想参加法老的重生庆典，但是法老，我应不应该继续留在边境驻守？"

"在举办庆典的时候，你和另外十名皇子负责埃及领土的安全。"

众人都十分满意拉美西斯的决定，不过典祭长仍有疑虑。这个人圆头长脸，看上去就像个苦行僧。他排众而前，走到最前面。

"陛下，我有几个问题想要问大祭司。"

国王同意了，凯虽然已经做好准备，但是他倒是希望这种质问是在宫廷外面。

"孟菲斯大祭司，请问您认为应该在哪里举办第二次重生庆典？"

"拉美西斯城神庙，那是专门为重生庆典建造的。"

"国王接到明确的神谕了？"

"没错。"

"那谁来主持庆典呢？"

"永远的塞提的灵魂。"

"要从哪里得到作为法老神力之源的光明呢？"

"在法老的心中，法老内心光明不灭。"

典祭长发现不能问住凯，便不再向凯提问，满脸不悦地把矛头指向拉美西斯。

"陛下，大祭司确实深谙宗教仪式，不过我认为举行重生庆典还有一个为难的地方。"

"是什么？"凯没有想到。

"在庆典中，大皇后是很重要的一环。然而法老现在还没有迎娶赫梯公主，仍是独身。况且就算迎娶了，也没有外国人参加这项庆典的先例。"

拉美西斯站了起来，说道："你觉得法老没有想到这一点吗？"

23

德尔松是利比亚人的后代，从小就开始学习皮革工艺。他的父亲曾因为偷羊而被埃及警察囚禁多年，得到释放后，便回到家乡揭竿而起，开始组织反对法老的人民军。德尔松没有跟随自己的父亲，而是在布巴斯蒂生活了一段时间，随后来到拉美西斯城找了一份工作。几年时间里，他渐渐成长为一个有名的匠人。

在五十岁的时候，德尔松突然感觉到对自己祖国的愧疚。他现在一身富贵，却忘记了埃及带给他的耻辱和人民军的失败。他成为手艺匠人之后，收入颇丰，现在拥有自己的工厂，手下有三十名工人。他一直对穷困的利比亚人抱有热心，几个月里接纳了很多在埃及流浪的同胞。这些人中有一些融入了埃及的社会，有一些则仍然抱着复仇的心理。德尔松以前没有过毁灭埃及的想法，但是现在心里也慢慢兴起了复仇的念头。如果利比亚真的获胜了，并且统治了埃及……要做到这一点，首先就要毁灭拉美西斯。

德尔松对自己的这一想法感到恐惧，只好全身心地投入工作，好甩掉这可怕的念头。此时他正在重新检查刚刚收上来的山羊、绵羊、羚羊等动物皮革的质量。这些皮革需要经过晾干、腌渍、烟熏等工序，然后覆上一层赭石，用尿、鸟粪和马粪使皮革软化。在进行这道工序时，味道极其难闻，卫生主管部门还会定期前来检查。

皮革的粗鞣工序用的是油和明硼，接下来的精鞣用的是从生长在尼罗河岸的洋槐树果实中提取的含有丹宁酸的物质，有时还会再加一道油渍工序，然后锻打拉伸，使皮革变软。这道工序德尔松十分拿手，尤其是用油进行鞣革。另外在皮革的切割和折叠方面他也十分擅长。正是由于手艺好，顾客们都十分乐意照顾他的生意。德尔松工厂的产品种类包括皮带、皮链、皮绳、皮鞋、短刀和长剑刀鞘、皮帽子、箭筒、盾牌等，还有一些写字支架。

德尔松正拿着一块上好的羚羊皮，用一把半圆形的刀子将其切割成皮带。这时一个身材高大、满脸胡子的人走了过来。这个人是拉美西斯的贴身护卫队队长萨哈马纳。

刀子在皮革上滑了一下，割到了德尔松左手的手指，血立马流了出来。德尔松痛得叫出声来，赶紧为伤口消毒，然后抹上蜂蜜，同时让一名助手去清洗染上了血的皮革。

萨哈马纳停下脚步，看着德尔松的动作。德尔松向他鞠躬问候。

"让您等了这么长时间，真是抱歉。刚才出了点小意外。"

"我听说你的刀法是一绝啊，怎么会有这种失误？"

德尔松有些心虚。身为利比亚人的后代，他本来应该用目光击退来者，但是此时他面对的，是来自撒丁岛的巨人，一名雇佣兵。

"有什么可以帮到您的？"

"我要一个上好的皮护手。最近用斧子的时候感觉手腕不舒服。"

"我拿几个上等的来供您挑选。"

"我可以确定那些上等的好货都被你藏在后面的房间里。"

"哪有……"

"德尔松，我说了，我很确定。"

"哦，我想起来了，确实是的。"

"那带路吧。"

德尔松背上冒出冷汗。萨哈马纳发现什么线索了吗？怎么可能呢？利比亚人强迫自己镇定下来，不要露出破绽。埃及讲究法律，撒丁人如果敢对自己动武，完全可以控告他。

萨哈马纳跟着德尔松来到一个狭窄的房间，这里存放的都是德尔松珍藏的东西，包括一个精美的红色皮护手。

"德尔松，你是想向我行贿吗？"

"怎么会？"

"只有国王才能拥有这么好的东西。"

"不敢当。"

"德尔松，你如此优秀，生意又这么好……唉，可惜了。"

利比亚人的脸色瞬间变得苍白。

"我不懂您的意思。"

"你这么幸运，为什么还要做那些违法的事情呢？"

"我没有……"

萨哈马纳用手摸了摸栗色的盾牌，这么漂亮的盾牌，只有总司令的身份才配得上。

"德尔松，恐怕你惹祸上身了，我真为你感到惋惜。"

"什……什么？"

"你认识这个吗？"

萨哈马纳拿出一个用来装文件的皮筒，递到德尔松面前。

"这是你们工厂生产的吗？"

"是的，不过……"

"你只需要说是或者不是。"

"没错，是我们生产的。"

"是谁定做的？"

"是一位祭司，负责神庙的神秘仪式。"

"我相信你，德尔松，你很诚实。"撒丁人笑了笑。

"大人，我不会做违法的事。"

"但是你却犯下了大罪。"

"什……么罪？是……是……"利比亚人突然变得有点结巴，喘不过气来，太阳穴突突地跳。

"教唆罪，"萨哈马纳说道，"在这个文件筒里，那位祭司发现了一份写给身在埃及的利比亚人的传单，号召他们组建军队反对拉美西斯。"

"不，这怎么可能……"

"德尔松，这个皮筒是你们生产的，而且那份传单是你亲手写的。"

"不，大人，不是我写的，我可以对天发誓。"

"你的手艺很好，但是你不擅长搞阴谋。德尔松，以你的年纪和地位，何必做这样的事情呢？你会因此一败涂地的。你为什么如此糊涂？"

"我……我……大人。"

"不要胡乱发誓，不然即使到了阴间你也会受到惩罚的。朋友，你走错道路了。不过，人都有犯错的时候，我宁愿相信你是被人利用了。"

"我……大人，这是个误会。"

"不用解释了，我的手下已经盯了你很长时间。你在窝藏利比亚的暴民。"

"大人，他们不是暴民，只是一些穷人。我们是同乡，我得帮助他们，这难道不应该吗？"

"德尔松，不要轻视你自己。任何阴谋组织都需要你才能组建起来。"

"大人，我只是一个守法的商人啊。"

"那我就直说吧。我手里有些证据，对你很不利，可能会让你被砍头，也可能让你坐一辈子牢。只要我把这张传单交给首相，让他下令逮捕你，你就会被审判，甚至被处死。"

"我……我真的是冤枉的。"

"德尔松，你求我也没用的。这份证据让你毫无辩解的余地，任何法官都不可能宽恕你的，除非我帮你。"

利比亚人突然感觉这个装满自己藏品的房间如此压抑。

"怎么……帮，大人？"

萨哈马纳继续摸着那块盾牌。

"一个人不管职位有多高，都会有欲望，我当然也是如此。我虽然有丰厚的报酬，有无数的女人，但我还是希望自己能有更多的财产，希望能够安享晚年。你要我扔掉这个证据，闭嘴不说，也不是不可以，只不过……德尔松，你得付出点什么。"

"付出……多少？"

"把你的收入，按照合适的比例分给我一部分就行了，我还得去让那位祭司闭嘴呢。"

"只要约定好，您就愿意放过我吗？"

"还有其他的事情。"

"什么事情？"

"亚夏被利比亚人谋杀了，我需要这些人的名单。"

"大人，我对这件事一点都不知情啊。"

"德尔松，只要你愿意做我的卧底，不管你知不知情，我都可以帮你免去牢狱之灾。"

"如果我没办法得到您想要的东西呢？"

"那就十分抱歉了……不过，我相信你的能力，朋友。我会以官方的名义为我的手下订购一百个盾牌和剑鞘，你到时知道送到皇宫找我就行。"

德尔松满脸惊讶地看着萨哈马纳离去的背影。

这是亚梅尼给萨哈马纳的建议，让他装作一副贪得无厌的样子，降低德尔松的戒心，从而更容易地找到对方的破绽。

24

　　这是拉美西斯执政的第三十三年，冬天的底比斯虽然不时有些寒冷，但总体来说还算温暖。晴朗的天空下，尼罗河静静地流淌着。自从上次发过洪水之后，两岸的土地变得异常肥沃，长出了茂盛的庄稼。运粮队押运着粮食，从沿途的村庄走过。牧童和牧犬赶着为人们提供大量牛奶的母牛，赶往牧场。在白色的民居前面，女童玩着娃娃，男童玩着布球……埃及好像一直是这番场景，并且将永远持续下去。

　　拉美西斯欣赏着眼前的一切。他很佩服自己的祖先，选择了左岸来建造百万年神殿和皇室陵墓，是个正确的选择。每天早晨，历代国王和皇后的遗体都会在朝阳的光芒中再生。天地此时融为一体，人类也成为神圣的存在。

拉美西斯在古尔纳的塞提护卫灵神庙里进行了祈祷，然后留在圣殿里进行冥想，在这里，他可以通过墙上的象形文字和父亲的灵魂进行沟通。冥冥之中，他听到了天国里法老的声音。

拉美西斯来到阳光照耀的庭院时，女子唱诗班和乐团正排队走出圆柱大厅。看见自己的父亲走来，梅莉达蒙离开队伍，来到父亲面前，双手交叉放在胸前行礼。她跟妮菲塔莉越来越像了，如朝阳晨露，沁人心脾。拉美西斯和女儿走在种满洋槐树和柽柳的斯芬克斯小道上，挽着胳膊聊天散步。

"你听到那些传闻了吗？"

"没有。不过父王，我知道您遵循玛亚特准则，打败了黑暗和混乱。俗世的流言无法干扰神的秩序，不是吗？"

"这正是你母亲想要的生活，但是命运将她推向了另一条道路。"

"您不是命运的掌管者吗？"

"我虽然也想探索神庙中的真理，但是身为法老，我必须做我该做的事情。梅莉达蒙，我现在必须迎娶赫梯国王的女儿，这样才能维护和平。"

"她会成为埃及的大皇后吗？"

"没错。不过迎娶之前，我会先举行我的第二次重生庆典。所以我要作一个艰难的决定，这个决定必须征得你的同意。"

"我并不想卷入国家事务当中。"

"这个庆典必须有埃及大皇后的参与才可以。所以，能不能请你充当这个角色？"

"您是说，要我离开底比斯去拉美西斯城？但是，接下来呢？"

"你只是暂时充当大皇后的角色，过后你仍然可以回这里来，不会对你的生活造成干扰。"

"您以后会不会要求我参与更多的国家事务？"

"只有举行庆典的时候。凯说，每隔三四年都要举行一次重生庆典，到我离世为止。梅莉达蒙，即使你拒绝，我也不会介意的。"

"为什么是我呢？"

"这些年来你一直在这里修行，只有你拥有足够担当这一角色的神力。"

梅莉达蒙停了下来，转过身子，看着古尔纳神庙。

"父王，虽然您的要求有些过分，但您是法老。"

塞达武嘴里喃喃地抱怨着。努比亚是蛇的天堂，要他离开那里，就好像被判了流刑一样。幸好有莲花的帮助，让他每天晚上都可以在田野里抓到几条毒蛇，这让他每天的工作更忙碌了。他那制造解毒血清的实验室，再次焕发了生机。在拉美西斯城的这段时间，他按照亚梅尼的建议，开始学习处理行政事务。年纪越来越大，塞达武也知道，像以前那么蛮横的话，无法从官员那里帮努比亚申请到所需的物资和贷款，所以他开始尝试改变行事方式，终于取得了比较好的效果。商船主管部门的官员被他说服，答应为努比亚建造三艘货轮。

从商船主管的办公室出来的时候，他遇到了凯，凯看上去有些忧虑。

"出什么事了？"

"重生庆典的所有细节都不能忽略，现在其中一个细节出了问题。我刚刚得知，向三角洲神庙要求的一批凉鞋、亚麻布和水晶杯，都无法得到满足了。我得想更多的办法进行筹备。"

"对方给出理由了吗？"

"他们的仓库管理员的妻子回信说，管理员出门旅行了。"

"真是太大胆了。连我这个刚刚开始履行行政职务的人也看不下去了。我们去找亚梅尼处理这件事。"

亚梅尼手里拿着一只泡过了红酒酱的烤鹅腿，很快就看完了三角洲神庙仓库管理员呈递上来的报告。按照行政区域划分，那里位于孟菲斯北部。

"有些蹊跷。凯的要求很正常，按理说他不应该拒绝的。我很讨厌遇到这种情况。"拉美西斯的机要秘书给出自己的意见。

"有没有可能是公文写错了？"凯问道。

"有这种可能，但是不会发生在我的部门里。"

"恐怕庆典要从简了，"大祭司说道，"我们原本需要优质的亚麻布、漂亮的凉鞋等东西来迎接诸神降临。"

"我会派人彻底调查这件事的。"亚梅尼说道。

"你太书生气了。手续那么复杂，凯可等不了那么久。"塞达武说道，"我看这样吧，你任命我为特别调查员，由我来调查这件事，这样就快多了。"

亚梅尼一撇嘴，说道："我们的职位是同一级别的……况且，如果有什么意外……"

"我有一支非正规的军队，非常可靠。不要啰嗦了，赶紧写任命文件吧。"

在孟菲斯北部的仓库里，谢丽夫人正像一位指挥千军万马的统帅一样，指挥手下人展开工作。这名女子身材娇小，一头棕色长发，长相漂亮却表情严厉，她正指挥着驮运队伍前行，为搬运工分配任务，检查发货单。对于那些敢偷懒的人，她会毫不留情地痛骂。

塞达武很喜欢这个女人的作风。此刻他浑身脏兮兮的，满脸胡茬，身上的新羚羊皮外套看上去比原来的那件更脏。在这个场合，他的形象有些显眼。

"懒鬼，别磨磨蹭蹭的。"

"我想和您聊一下。"

"这里是工作场所，禁止聊天。"

"我正要和您聊工作的事。"

谢丽夫人发出一声嗤笑。

"你是觉得我指导工作有问题吗？还是……"

"我关注的正是您的工作效率。"

普通的流浪汉是不会说出这种话的，小个子女人感觉眼前的人不简单。

"你到底是干什么的？"

"我是官方委派的特别调查员。"

"但是，您的样子……"

"我的领导也不喜欢这身打扮，不过后来都接受了，因为我的工作很有成效。"

"能不能请您按照程序，给我看一下您的证件？"

"当然可以。"

证件上面盖满了印章，还有一枚首相印章，使得亚梅尼和塞达武可以行此荒唐之事。另外还有一份搜查令，允许特别调查员彻底搜查这座仓库。谢丽夫人拿着搜查令看了好几遍。

"本来应该是您丈夫来接这份命令的。"

"他出门旅行了。"

"他可以擅自离开岗位吗？"

"他的母亲岁数大了，需要照顾。"

"然后您就代替他行使职务？"

"我很清楚工作流程。"

"但是现在有一个问题，谢丽夫人。国王重生庆典需要您提供祭品，但是您拒绝了。"

"这个……不在我的计划之中，现在确实无法办到。"

"能不能解释一下？"

"我不太清楚，不过，有一批物资被运到了其他地方。"

"运到哪里了？"

"不知道。"

"是谁下的令？"

"不知道。还是等我丈夫回来吧，他会向您解释清楚的。"

"明天开始，我要清查仓库所有物品，还有物资清单。"

"我明天计划要打扫仓库的，况且……"

"谢丽夫人，我奉命调查这件事，时间不多，请您尽快把我需要的资料交给我。"

"资料非常多。"

"没关系。谢丽夫人，记着，明天给我。"

25

谢丽夫人要抓紧时间了。

她的丈夫本就喜欢敷衍上级，这次又错误地回复皇宫的要求，她看了公文副本后，大发雷霆。但是公文已经发出去了，没有办法追回。谢丽马上让丈夫去底比斯南部的一个小镇躲一躲，希望风头过去，皇宫会向其他仓库求助，这个错误就此消弭。但是她想错了，皇宫的态度完全出乎她的意料。这位特别调查员虽然看上去邋里邋遢，但是明显是要彻查这件事的。谢丽想过用行贿的方法，但是万一行不通，就全砸了。现在来看，只能用备用计划了。

仓库关门之后，谢丽把四名搬运工留了下来。目前能帮她渡过难关的，只有这个办法了，虽然会让她损失很多东西，包括本来可以从公家的货物中得到的利润。

"你们几个人，午夜的时候去主仓库左边的那间屋子。"谢丽向四名工人交代道。

"但是那里锁着呢。"一名搬运工说道。

"我会把门打开的。你们把主仓库的东西搬空，一定要快，不要发出声音。"

"夫人，这不在正常工作时间内。"

"我会多给你们一个星期的工资，干得好的话，还有额外奖赏。"

几位搬运工都笑了。

"干完活后，谁也不要对外说，就当没发生过，知道了吗？"

谢丽虽然是在下命令，但是不会让人有被逼迫的感觉。

"知道了，夫人。"

仓库位于比较偏僻的地方，每隔一段时间都会有警察到这里来巡逻。仓库里停放着大型拖车，四名搬运工刚喝过啤酒吃过面包，在轮班警戒。午夜时分，谢丽夫人来了。

"跟我来。"

谢丽撕掉门上"禁止入内"的封条，打开门闩，里面有她丈夫私藏的专供神庙使用的铜块。四名搬运工行动起来，搬出了一百个高级酒坛、四百五十匹亚麻布、六百双皮凉鞋、一些马车部件、一千三百块铜块、三百捆羊毛线还有一百多个水晶杯。

塞达武早就躲藏在一边观察，当搬运工搬完最后一部分水晶杯的时候，他突然现身了。

"谢丽夫人，您真是太精明了。"塞达武说道，"你这是想转移赃物，躲避我的调查吗？不过太晚了。"

小个子女人保持着警惕。

"你怎么才能不再追究？"

"把需要这些东西的顾客说出来，你打算把这些侵吞的货物卖给谁？"

"我不能说。"

"谢丽夫人，您必须说。"

"您没有答应我的要求。"

"我的性格让我无法答应。"

"那只好……可惜您只有一个人。"

"怎么会，我带了一个很好的帮手。"

微露着胸脯的莲花出现在仓库门旁，她的身上只穿了一件纸莎草短裹腰布，手上提了一个藤条篮子，篮子上面盖着一个皮盖子。谢丽夫人都要笑出声来了。

"这就是您的帮手？"谢丽夫人揶揄地说道。

"让这几个工人离开这儿。"塞达武冷冷地说道。

"把他们两个都给我抓起来。"谢丽夫人凶狠地向四名搬运工下令。

莲花把手里的篮子放到地上，打开盖子，四条响尾蛇从里面爬了出来，它们的脖子上都有三条蓝绿色的斑纹，看上去很醒目。响尾蛇不断吐动蛇信，发出嘶嘶的声音，让人心生恐惧。

四名搬运工转身就跑，从山一般的布堆上逃走了。谢丽夫人花容失色，惊恐地看着几条响尾蛇将自己围住。

"我觉得您还是说实话吧，"塞达武说道，"这几条蛇的毒液或许不会杀死你，但是会让你尝到极度痛苦的滋味。"

"我说，什么都说。"谢丽夫人说道。

"到底是谁在侵吞神庙的资产？"

"我丈夫。"

"你确定是他吗？"

"是我丈夫……还有我。"

"从什么时候开始这么做的？"

"两年以前。如果没有这次重生庆典的话，根本不会有人知道，我们会这么做下去。"

"那些书记员被你们买通了吧？"

"没有，不需要买通他们，只要在货物清单上做些文章就可以。我们都是把货物分批卖出去的，这次卖的货物比较紧俏。"

"是谁买的？"

"是一名船长。"

"他叫什么名字？"

"我们没问。"

"描述一下他的长相。"

"身材很高大，栗色的眼睛，留着胡子，左边小臂上有一道疤痕。"

"他付钱了？"

"对，用的是金子和一些宝石。"

"那下次什么时候交货呢？"

"后天。"

"嗯，不错，我可以亲自看一看这个人了。"塞达武高兴地说道。

经过一天的航行，货轮终于抵达目的地。船上装满了陶罐，这些陶罐都是由埃及中部的陶艺匠人精心制造的，如果用来装水的话，可以让水在长达一年的时间里保持新鲜。不过这艘船上的陶罐不是用来装水的，而是用来装谢丽夫人送来的货物。

船长是商船部门的人员，对自己的专业很有研究。他在工作上从来没有出过大的纰漏，只是偶尔会有延误，船员们都非常敬佩他。不过他的那些情妇把他的钱都花光了，他的薪酬远远不够开销。有人建议他进行走私，经过一番游说后，他终于答应了，因为走私可以让他富裕起来，足以应付那些情妇。

谢丽夫人和船长一样，都是精明干练的人，早就准备好了要交付的货物。这次的行动没有引起人们怀疑，因为柜子和篮子里的东西都是登记的食物。

船长每一次交易都得为讨价还价而大伤脑筋。谢丽夫人的要价越来越高，而船长的利润也越来越少。大量的时间花在了争论价格上，不过还好，各方都愿意促成交易。

船长走向官方为谢丽夫妇提供的住房。谢丽站在阳台上，如约向他挥了挥手。这一次的交易应该不会出什么问题。

过了花园，就是会客室，船长走进屋子里，可以看到两根蓝色的柱子，沙发长凳在墙边摆放成一排。谢丽夫人从楼梯上轻轻走下来，一位美丽的努比亚女子跟在她后面。

"她是谁？"

"不要动，船长，"塞达武用低沉的嗓音说道，"您后面有一条眼镜蛇。"

"没错。"谢丽夫人跟着说道。

"你们是什么人？"船长问道。

"法老特派的调查员，我们是来阻止你们的走私行动的。另外，我们还想知道主谋是谁。"

船长觉得眼前的一切都是幻觉。

"谁是主谋？"塞达武再次问道。

船长知道事情暴露，自己不会有好果子吃，不过接受法律制裁的不会只有他一个。

"我只跟他见过一次。"

"他叫什么？"

"叫……亚梅尼。"

塞达武心里一跳，走到了船长面前。

"说一说他的长相。"

船长看到眼前的人后，以为这个人就是那条眼镜蛇，只是为了吓住自己才这么说，于是马上转身逃跑。毒蛇飞身咬住了他的脖子。他感到一阵疼痛，在恐惧中失去了知觉，倒在地上。谢丽夫人发现已经没有人挡在自己面前，于是快步冲向花园。

"别出去！"莲花喊道，但是已经晚了。

这位棕色头发的女子即将踏出门槛的时候，又一条眼镜蛇出现，咬住了她的腰。谢丽感觉自己的心很疼，无法呼吸。她用尽力气向前爬去，在地上抓出一道道痕迹，最后终于不再动弹了。而这条母蛇慢慢爬回了公蛇的旁边。

"救不活了。"莲花说道。

"他们利用职务贪污,就算去了阴间也会受到审判的。"塞达
武说道。

他坐在地上,感觉有些迷惑。

"是……是亚梅尼在贪污。"

26

　　拉美西斯看着哈图希勒国王的最后一封回信，这真是一份外交辞令的集合，拉美西斯看了十几遍，仍然不明白其中的意思。这位赫梯国王，到底是想要和平还是战争？到底是答应把女儿嫁给拉美西斯，还是因愤怒而打算拒绝？

　　"亚梅尼，你有什么看法？"

　　这位机要秘书虽然食量很大，但是看上去更加瘦了。尼菲瑞给他做过全面检查，认为他身体健康，不过要适当减少工作。

　　"要是亚夏在就好了，他肯定能懂其中的意思。"

　　"你自己怎么看？"

　　"虽然我是一个悲观主义者，不过我觉得，哈图希勒还是留有余地的。明天的重生庆典上，神明会为你指点迷津的。"

"能得到神的指示当然最好。"

"凯的工作很到位，"亚梅尼说道，"塞达武刚刚打掉了一个侵吞国家财物的团伙，那些丢掉的东西都已经运到拉美西斯城了。"

"那些犯人呢？"

"在一次混乱中死掉了。法庭会审理这个案子，犯人可能会被判终身不得任用。"

"一直到明天早晨，我都会一个人待着。"

"愿您得到护卫灵的指引，愿您与埃及万寿无疆。"

夏天即便到了晚上，依然炎热。拉美西斯打算睡在皇宫的阳台上，就像露宿的百姓一样。地上铺了一张普通的凉席，拉美西斯躺在上面，望着法老灵魂化作的点点星辰。天空的轴心穿过了密布的星斗，也穿过了北极星。自从金字塔时期开始，先人们便已经对天空有所研究。

拉美西斯现在五十五岁，统治埃及已经三十三年了，回想自己这些年的政绩，的确做出了很多堪称伟大的事。如今他虽然仍有满腹热情，但是已经不再那么不顾后果地向前冲了。他并不是在用人类的法律统治埃及，而是用的玛亚特准则。

他当初继承王位，抱有改变人类本性的宏愿，想要人们不再自私自利，按照他制定的轨迹前行。但是随着时间的推移，他认识到这不过是一场空想。人类终究本性难移，不因任何训诫、信仰、法律而改变。只有用玛亚特准则和法律才能让埃及永存。

父亲塞提当年对他的教导，他始终遵循着。他本想成为上下埃及空前绝后的大法老，拥有无上的权力，得到整个世界的拥戴。

然后现在他改变了想法，只想为埃及献出自己的所有。

　　塞达武在房间里蹒跚地踱着步，虽然已经有明显的醉意，但是仍然不停地往嘴里灌着绿洲烧酒。

　　"莲花，先别睡，现在还不能休息。我们得好好想想该怎么办。"

　　"这几个小时里你一直在重复这句话。"

　　"你听到我的话了，嗯，这很好。我们已经知道亚梅尼贪污受贿了，我恨他，我要让他下地狱接受审判。但是……他是我的好朋友，也是拉美西斯的朋友……如果我们不说，他就永远不会得到制裁。"

　　"这个案子会不会跟反对拉美西斯的组织有什么关系？"

　　"我们得好好考虑一下，看看该怎么办。如果报告给国王……可是他正忙着重生庆典，不能打扰他。如果报告给大法官，亚梅尼肯定会被捕的。你有什么想法？"

　　"我觉得还是先睡一觉，然后才能更好地思考。"

　　"这不光是思考的问题，我们还得决定怎么做。不能睡觉！亚梅尼啊亚梅尼，你到底干了些什么？"

　　"你说到点子上了。"莲花说道。

　　塞达武看着自己的努比亚女人，像雕像一般僵立不动，双手不停地颤动。

　　"什么意思？"

　　"你应该先想一想，亚梅尼到底做了什么。"

　　"那个船长已经招认了啊，就是亚梅尼在指挥这桩走私案，就是我的好朋友亚梅尼。"

　　萨哈马纳一整天都在忙着为重生庆典布置防卫力量，确保神庙周边的安全。回到家后，便独自一人睡了，都没来得及跟新认识的性感的叙利亚女子亲热。

　　突然，外面响起了一声惊叫，把萨哈马纳从睡梦中吵醒。他极不情愿地从床上爬起来，抖了抖身体，来到走廊。喝得半醉的塞达武把管家吓得不轻。

　　"必须立刻调查。"

　　萨哈马纳让管家回去，自己拎起塞达武的衣领，把他拎到卧室，然后一壶凉水浇在了他头上。

　　"这……这是什么？"

　　"水，你太长时间没喝水了。"

　　塞达武躺倒在床上。

　　"你必须要帮我。"

　　"是不是你那些毒蛇又发现了什么新目标了？"

　　"你得赶快去调查。"

　　"调查什么啊？"

　　塞达武犹豫了一下，最终下定决心。

　　"调查亚梅尼，他的财产。"

　　"什么？"

　　"亚梅尼还有一笔财产，是非法的。"

　　"塞达武，你是不是吃错药了，比蛇毒还毒的药？"

　　"亚梅尼有非法财产，而且……而且可能会威胁到拉美西斯！"

　　"你把话说清楚。"

塞达武说了自己和莲花共同破获走私案的过程，虽然表达有些不清楚，但是所有的细节都没漏掉。

"这种人的话怎么能信？也许只是谎话呢？"

"我看他不像是说谎。"塞达武说道。

萨哈马纳有些迷惑。

"亚梅尼……他会背叛拉美西斯吗？我无论如何不能相信。"

"你是在质疑我？"

"不要瞎计较这些，现在可是关系到亚梅尼。"

"萨哈马纳，必须要调查他。"

"你说得容易。调查……我得在重生庆典期间保护拉美西斯的安全。亚梅尼是个谨慎的人，如果他真的犯了法，就先不要惊动他，防止他把证据全都毁掉。我们不能空口无凭地控告他。"

塞达武紧紧抱住自己的脑袋。

"我和莲花都可以作证啊！还有那个船长，他也可以作证。"

萨哈马纳心里烦躁不已，亚梅尼是如此忠心勤奋，怎么可能做出这种贪婪的事情？如果世人真的都如此贪财，那就太让人寒心了。而且，万一这跟反对拉美西斯的组织有关，那就麻烦了，这笔钱正好可以供他们购买武器。

"现在只有我们三个知情者。我虽然醉了，但是我说的都是实话。"塞达武说道。

"我倒是更想你跟我说其他的秘密。"

"你觉得该怎么办？"

"皇宫里有一间亚梅尼的居室，但是他几乎不回去睡，每天晚上都睡在办公室里。需要先找个借口让他离开，才能进去搜查。

如果他在里面藏了宝石或者金子，就可以查获赃物了。等他出去的时候，我会派人跟着，每一个跟他接触的人，我都会进行调查。他肯定会跟阴谋组织的人有交往，只要我的手下谨慎行事……不过要是法警知道了我们的调查，那就麻烦了。"

"萨哈马纳，我们应该站在拉美西斯的立场。"

"你觉得我站在谁的立场？"

27/

清晨，每个埃及人都在为拉美西斯祈祷。他是怎么得到神明赐予的神力，维持永恒统治的？如果哪一天他的身体无法容纳护卫灵了，必然会很快枯萎的，他的身体太脆弱了。到时拉美西斯的统治只能成为传说，他的身体只能成为木乃伊。不过有了重生庆典，他将获得新的力量，继续自己的统治。

凯将各省进献的神像安置到拉美西斯城的再生神庙中。在庆典进行期间，拉美西斯会以统治者的身份，在远离俗世的圣地与神明交流。

拉美西斯更衣的时候，想到了亚梅尼。这些天里，这位机要秘书一定忙坏了吧。在这段时间里，他无法向拉美西斯请示任何事情，如果遇到紧急的事件，只能放到等待批示的文件堆里。亚梅尼认为所有的公务员都是敷衍了事的，埃及永远不会完美。

拉美西斯戴着双皇冠，身上穿着带有褶皱的亚麻长袍，腰间系一条金色的裹腰布，脚上穿着镀金的凉鞋，站在皇宫前。两位皇子头戴长假发，穿着带褶皱的宽袖上衣，下身穿长裙，手里拿着一根长杆，杆顶的公羊象征着隐神阿蒙。他们向拉美西斯跪拜行礼。

在两名旗手的引领下，法老慢慢走到再生神庙的花岗岩庙门前。庙门有十二米高，前面竖立着方尖碑和法老巨像，与存放皇家护卫灵的阿布辛贝神殿前的布置一样。拉美西斯在当初建立首都的时候，仿佛就已经预见到自己的执政时间会超过三十年，于是在这里预留了神庙用地。

迎接法老的两名祭司戴着狼头面具，其中一位在北边开道，另一位在南边开道。开道之后，经过一处十米高的圆柱大厅，拉美西斯来到衣冠室，在这里换上了一件只到膝盖的亚麻外衣，看上去就像一块裹尸布。拉美西斯左手拿着牧杖，右手拿着权杖，权杖上垂下三条皮带，象征着法老诞生于天国、人间、冥间。

拉美西斯是经历过战争洗礼的，打败过野牛，也在卡迭石之战中打败过赫梯军队。对于他而言，重生庆典同样是一场战争，只不过消耗的是看不见的力量。死亡、轮回、重生，拉美西斯将在诸神的眷顾中重归自我。这个仪式可以让他将人民与神明、人民与自己的形象紧密联系起来。

戴着狼头面具的祭司引领拉美西斯来到一处宽阔的庭院，这里看上去和萨卡拉左赛尔法老神庙里的天台很像。这是凯的主意，因为他崇拜古老的建筑，于是在这里再现了古建筑的风采。

梅莉达蒙走上前来，与拉美西斯站到一起。她既是妮菲塔莉的

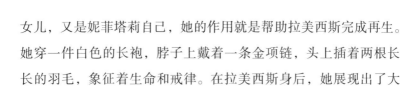

女儿，又是妮菲塔莉自己，她的作用就是帮助拉美西斯完成再生。她穿一件白色的长袍，脖子上戴着一条金项链，头上插着两根长长的羽毛，象征着生命和戒律。在拉美西斯身后，她展现出了大皇后的神韵。在仪式进行时，她将以唱诵的方式，用神力来保护拉美西斯。

凯点燃火把，周围的神像、圣殿，还有在拉美西斯再生后坐的椅子，都反射出火的光芒。埃及的高级官员，包括塞达武、亚梅尼、卡纳克神庙大祭司、首相、御医总长尼菲瑞、几名皇子和公主，都尽心竭力协助大祭司。

塞达武在清醒之后，便把心思全部投入到帮助拉美西斯重获神力的再生仪式上，不再想亚梅尼的事情了。

所有官员向法老跪拜行礼，塞达武和亚梅尼以好友的身份为法老清洗双脚。经过圣水的清洗，拉美西斯的双脚可以经受水、火和道路的考验。水罐的外形是一个象形字母的形状，代表着心脏和血管，延伸为团结的意思。通过水罐里的圣水，法老可以用自己神圣的躯体团结全国的子民。

凯始终全心筹划着，以便让这持续多天的仪式顺利进行。

拉美西斯穿着的外衣包住了膝盖，所以他只能小步前行。来到神坛前，拉美西斯吟诵"法老献祭"的经文，为祭祀品做祈祷，好让其生发出神圣的护卫灵。

皇后代行天牛之职，为国王提供星之乳汁，帮助国王驱除疾病和弱点。

拉美西斯向神像逐个行礼，祈祷诸神将神力赐予自己并融为一体。通过这个仪式，每座神像都成了特殊的生灵，昭示出神明本为一体。

　　环行、祈祷、祭祀，三天的时间里，宽阔的庭院中不断进行着这些仪式。在台阶起始的地方，窄小的神明圣殿中，诸神利用有限的空间施舍神力。祭司按照手中的乐谱敲鼓，弹奏竖琴、里拉 [1]，吹奏双簧管，演奏出或舒缓或欢快的动听乐曲。

　　法老和神明展开了交流，从圣牛阿匹斯和鳄神索贝克那里获得神意，用手中的鱼叉抗击河马，将诸神和子民连为一体，让神明化为实质，让人与自然和谐共荣。

　　在神庙中的另一个庭院里，有一座很高的祭台，上面并排放着两张王椅。拉美西斯要沿着台阶一步步登高，坐上王椅。如果坐在上埃及的宝座上，就戴白色皇冠，如果坐在下埃及的宝座上，就戴红色皇冠。有两组皇室成员帮助拉美西斯完成这个仪式，看上去像是在对抗，但实际是和平相处。这象征着上下两地和平共处，互为兄弟。拉美西斯轮流登上两个宝座，一会儿是目光敏锐的荷鲁斯，一会儿是身强力壮的塞特，而下一刻，两者便合二为一。

　　还有一天，庆典就要结束了。国王把白色的外套换成了金字塔时代的国王裹腰布，上面挂着一条公牛尾。

　　接下来，就是要验证法老是不是真正得到了神明赐予的力量，是不是沟通了天地的时刻了。荷鲁斯和塞特这对对立的兄弟都将自己的神力赐予了法老，他便得到了继续统治埃及的权力。

　　拉美西斯用自己的手指轻轻触碰燕尾形状的皮封，里面藏有一

----

　　[1]　里拉，一种弹拨乐器。——译者注

份重要的文件。周围的人全部屏住了呼吸。此人虽然是埃及的统治者，但毕竟是人类，他真的能拥有神明的力量吗？

只要拥有神谕，就证明自己的行事得到了神明的庇佑，走在了正确的道路上。拉美西斯迈开大步，快速游走于这个映照天地、象征埃及的庭院。他需要如此行走四次，每次都通行上埃及和下埃及。神明之力随着法老的脚步而降临上下两地，让各省都焕发出新的生机。在拉美西斯的足下，所有的法老都重生过来，神意充盈了整个埃及。

拉美西斯颂道："神明予我旨意！我穿行天下各方，至于天边，至于四极，至于深海，至于苍穹，光明与我同在。我将这大地，献于至高的存在——生命法则。"

庆典进行到最后一天，埃及各地都在庆贺，拉美西斯经历考验，重新获得了统治埃及的神力。不过神明的旨意还没有传达，人们还不能大肆庆祝。

天将亮时，拉美西斯坐上了由高级官员充当轿夫的轿子。亚梅尼也是轿夫之一，却丝毫不顾背痛的侵袭。轿子周行四方，法老以弓箭昭告天下，法老之权永存。

拉美西斯离开轿子后，坐上了王座，王座的底座上雕刻着十二个狮子头。他向四方行礼，昭示着玛亚特准则将打败恶魔。

拉美西斯重登法老宝座，和他初登王位的情形一样。他向历代法老叩拜，正是这些先人开创了如今的埃及。塞达武即便自诩是真正的男子汉，此时也忍不住落下泪来。从未有一个法老能到达拉美西斯如今的成就，能让埃及如此强大。

从这个重生之地出来，经过圆柱大厅，拉美西斯来到塔门前。

他站在两塔之间，向世人展示神谕，瞬间如阳光洒满大地。

欢呼声响彻云霄。百姓因神谕而认同拉美西斯重获统治权力，他将为埃及带来新生，他的能力将照耀天地。尼罗河将永不枯竭，为人们源源不断地供应清水和鱼虾，让埃及的土壤变得肥沃，粮食将会像尼罗河岸的沙子一样充足。神明与人民，均为国王欢呼，赞颂这位让埃及如此强大的拉美西斯大帝。

28

两个月过去了，到了关键时刻。

在这两个月里，萨哈马纳用尽所有办法暗中调查亚梅尼，派出最得力的手下和经验最丰富的佣兵，搜查亚梅尼住的地方，跟踪他本人，并且没有露出丝毫马脚。他用休假和名酒向执行任务的人许以重酬，同时也强调，如果被发现了，将得不到他的保护，如果把他供出来，他会亲手杀了他们。

亚梅尼很少离开办公室，萨哈马纳找不到搜查的机会。终于，亚梅尼要前往法尤姆省视察，这是个绝佳的时机，萨哈马纳立刻安排搜查。可是没有查到任何线索，在他的住处、他的保险箱里、他的书架和柜子的隐蔽地方，都没能发现他藏有走私品。

亚梅尼的工作正常继续，他很少睡觉，饭量倒是很大。来拜访他的人，都是政府的工作人员，亚梅尼也经常把他们召来，查问账目上的事情，鼓励他们好好工作。

萨哈马纳把自己的调查结果告诉了塞达武，塞达武开始反思是不是自己弄错了，但是他明明听到那名船长指证亚梅尼啊，他的妻子莲花也同样听到了。这真的是难以理解。萨哈马纳的手下们也开始变得躁动，疏漏不断，他已经准备取消调查行动了。

然而就在这一天，发生了一件惊人的事情。午后时分，亚梅尼在会客室单独接见了一位访客，这位访客穿着简单，满脸皱纹，一只眼睛瞎了，看上去非常凶狠，没人知道这个人是从哪里来的。

萨哈马纳派出一名佣兵跟踪他，一直跟到拉美西斯城海港，佣兵随即确认，这个人是一名商船船长。

"确定吗？"塞达武问道。

"他的船上装了一些瓶瓶罐罐的货物，商船开向了南方，这足以证明。"萨哈马纳回答。

亚梅尼真的是这个走私团伙的幕后主使！他对这个国家的行政体系如此熟悉，竟然真的以权谋私！也许，实际情况比这更糟糕……

"这段时间亚梅尼肯定是在克制自己，不过他终究得和自己的同伙见面。"塞达武说道。

"这太让人震惊了。"

"塞达武，我想，我必须向拉美西斯报告这件事情了。"

法老收到了赫梯国王的信：

抛掉你的愤怒吧，张开双臂，让我们共同拥抱生命。你是无可替代的塞特神之子，赫梯子民已经如你所愿，向你臣服了！

"你看看吧，"拉美西斯把信交到亚梅尼手里，"这语气跟以前比可是天差地别啊。"

"拥护和平的人最终还是说服了哈图希勒，普杜赫芭皇后对他也有很大影响。我想是时候发出正式的文件，请赫梯公主来担任埃及大皇后了。"

"你帮我写一些比较冠冕堂皇的话，由我来盖章。亚夏的心愿即将达成，他应该可以瞑目了。"

"我这就回办公室起草。"

"不用回办公室，就在这里吧。亚梅尼，坐到我椅子上去写吧，正好还有些光亮。"

国王的机要秘书感觉有些惶恐。

"让我去坐……法老的椅子？这绝对不行！"

"你不敢坐吗？"

"不敢！之前就有人做出这种愚蠢的举动，最后遭到了上天的惩罚。"

"那就去阳台吧。"

"那怎么写信呢？"

"过会儿再写。"

拉美西斯城的景色壮阔美丽，此时已经从喧闹变得沉静。

"亚梅尼，这就是和平的样子，我们一直期盼的景象不就在眼前吗？人们可以尽情地享受这甜美的果实，品味它的意义。只不过总有人厌恶和平，千方百计破坏它。亚梅尼，你知道为何会如此吗？"

"不知道，陛下。"

"就没思考过这个问题？"

"我的工作很忙，而且有法老可以解决一切。"

"萨哈马纳已经向我报告了。"拉美西斯说道。

"报告？报告什么？"

"你在办公室接待了一个陌生人。"

亚梅尼一脸坦然。

"哪一个？"

"这需要你告诉我。"

亚梅尼回忆了一下，说道："应该是那个商船船长，他没有预约便闯到我的办公室。正常的情况下，我是不会接待这种人的。他语焉不详地说到了几名码头的工人，还有货物没有及时送到什么的……后来我让一名侍卫把他赶了出去。"

"你之前从没见过他吗？"

"是的，我想以后也不会见到他。您为什么会问到这个人呢？"

拉美西斯的眼中闪烁着光芒，像塞特的眼神一样敏锐，仿佛要穿透天边的云彩。

"亚梅尼，你有没有骗过我？"

"陛下，我从来没有骗过您，以后也永远不会。我愿以法老的生命发誓。"

接下来的几秒钟，显得如此漫长。亚梅尼屏住呼吸，等待拉美西斯对自己的评判。

拉美西斯把手放到亚梅尼的肩膀上，亚梅尼感觉一股柔善的气息传遍全身。

"我相信你，亚梅尼。"

"他们以什么罪名控告我？"

"以权谋私，走私神庙供品。"

"以权谋私！"亚梅尼惊呼。

"说正事吧。虽然和平近在眼前，但是还是得赶快召开军事会议。"

塞达武与亚梅尼和解了，萨哈马纳也为自己的行为向亚梅尼道歉。

"既然法老也认为你是清白的……"

"你们居然认为我会走私！"亚梅尼绷着脸说道，观察着眼前两人的反应。

"我背叛了我们的友情，只因为我太关心拉美西斯的安全了。"

"你没有做错，换作是我也会这么做。"亚梅尼说道，"如果你有了新的怀疑，可以再次调查我。最主要的，就是保护法老的安全。"

"我想，这个走私团伙中有人想要破坏亚梅尼在国王眼中的形象。"萨哈马纳说道。

"能不能跟我说一下事情经过？"亚梅尼说道。

塞达武和萨哈马纳把整个经过原原本本地告诉了亚梅尼。

"这个团伙的主谋是想要拿我作掩护，"亚梅尼给出自己的判断，"那名被塞达武的眼镜蛇毒死的船长不过是个替死鬼罢了。嫁祸于我之后，只要再派一名船长来拜访我，就可以坐实你们对我的猜疑。我不在了，这个国家的行政系统就难以运转起来。"

大家都沉默下来。

此时亚梅尼说话了："嫁祸我的朋友，就是向我的政府宣战。一定是有人想趁着赫梯与埃及现在的紧张局势，在埃及搞破坏。这不单单是走私案，背后是一桩极大的阴谋。我们必须立刻找出那个幕后主使。"

"我去找那个船长。"亚梅尼说道。

"还是我去吧。我肯定让他说出幕后主使。"萨哈马纳说。

"我会为你提供帮助的，以弥补我对亚梅尼的愧疚。"塞达武说。

"一定要谨慎行事，我希望见见那个幕后的人。"拉美西斯提出自己的要求。

"会不会是乌里泰梭？他可是复仇心切啊。"萨哈马纳说道。

"不会的，"亚梅尼表示反对，"他对埃及的行政体系不了解，不会策划这样的走私行动。"

国王并没有否决萨哈马纳的怀疑。他曾将乌里泰梭赶下权力之巅，此人势必会阻止他迎娶赫梯国王的女儿。

"肯定是乌里泰梭指使别人干的。"萨哈马纳坚持自己的意见。

"好了，不要再争了。现在立刻开始调查。亚梅尼，你以后就在皇宫大厅里办公。"

"为什么？"

"你是一个遭到怀疑的人，正常情况下需要被监督。这样做可以让阴谋者误以为自己成功了。"

29

　　大风从赫梯首都哈图沙的城门前吹过，带来无尽的寒意。安纳托利亚高原从秋天一下子进入了凛冬。道路因大雨而难以通行，商队陷入了极大的困难中。哈图希勒生来就畏惧寒冷，此时正躲在火炉旁边喝着烧酒，驱赶这彻骨的寒意。

　　哈图希勒非常开心，因为他刚刚收到了拉美西斯的回信，这表示赫梯和埃及之间可以永远维持和平了。哈图希勒重视外交胜于军事，军事只是非常时期的非常手段。之前的长期征战，已经让赫梯人心生厌倦。与埃及签订和平条约这么多年，赫梯国人已经习惯和平了。

　　普杜赫芭回来了。她到雷神庙去祈求神谕，用了好几个小时。这位皇后兼祭司美丽端庄，受人敬仰，连军队将领都对她敬若神明。

"怎么样？"哈图希勒焦急地问道。

"不太好。天气会越来越差，气温也会越来越低。"

"但是我这里有个好消息。"

哈图希勒举起拉美西斯的回信。

"拉美西斯同意了？"

"他的重生庆典已经顺利完成了。而且为了完成庆典，他的女儿还象征性地做了皇后。这位埃及法老，我们的好兄弟，已经答应娶我们的女儿了。以后她就是上下埃及的大皇后！我们的梦想要实现了。"

普杜赫芭笑了笑。

"你同意向拉美西斯臣服了吗？"

"是的，亲爱的，你的建议很好，我应该照办。怎么样都好，只要能达成我们的目的。"

"但是天气并不眷顾我们。"

"终究会好转的。"

"神谕给出的结果非常糟糕。"

"如果我们再不抓紧把女儿送去埃及，恐怕拉美西斯会以为我们有其他企图。"

"那我们该怎么做？"

"跟他说实话，让他来帮助我们。埃及的巫师向来很强大，但愿他们能改变这糟糕的天气，让道路通畅。我现在就给拉美西斯写信。"

一脸严肃的凯独自行走在萨卡拉大公墓，他的走路姿势仍因关节痛而显得不自然。在这个远离俗世的地方，他觉得自己的心更能平静下来。这位拉美西斯的长子很少离开孟菲斯，因为他是卜塔神庙的大祭司。对于金字塔时期的憧憬，让他可以整天注视胡夫、考夫拉、门卡马拉几位法老在吉萨建造的金字塔。正午的阳光照在白色的石墙上，让每一处墓穴、陵园和沙漠都闪闪发光。金字塔是创世后浮现于海面的第一颗石子，也是阳光的化身，拥有无穷的力量。凯通过研究古籍，得知了每一座金字塔代表的意义，每一座都是他获得的真理中的一个象形字母。

此时的孟菲斯大祭司看上去满腹心事。位于左赛尔法老陵园附近的乌纳斯国王陵墓，是一座独特的阶梯金字塔，建造于第五王朝末期，已经有一千多年的历史了。如此长的岁月洗礼，已经让它伤痕斑驳，需要重新修整，边上的几块石头也需要更换。

在这座公墓里，凯可以和自己的祖先进行沟通。他研读着刻画在陵园圣堂圆柱上的象形文字，这些文字描绘了几位正义先贤通往天国的道路，以及在天国的幸福景象，他们在世时，完全遵守玛亚特准则。这些文字映在凯的心底，让陵墓的主人也重获新生，降临在这片土地之上。

拉美西斯进来时，卜塔神庙大祭司正在乌纳斯金字塔前面踱步。这位法老和陵园中的先贤灵魂一样，会在固定的时刻降临在通神祭司的面前。

"凯，有什么新的想法吗？"

"现在最要紧的是修缮几座古老的金字塔，而且要立刻开始。"

"有没有找到透特书？"

"找到了零星的部分……我会继续找下去的。萨卡拉的珍宝如此之多，或许需要我用永恒的生命去寻找。"

"你才刚刚三十八岁。卜塔·霍特普撰写格言集的时候，已经百岁了。"

"父王，人们在这里用时间来追求永恒，然后将其变成灵性之石。无论是圣堂、经文还是探索生命法则的法老，都沐浴着永恒的光辉，这正是埃及最辉煌的文明啊。"

"孩子，你就不能抽出一些时间关心一下国事吗？"

"国家有您就足够了，我不需要操心。"

"凯，我终将离开人世，再过几年，我也会前往天国。"

"陛下，您刚刚再生。而且三年后还会有一场更加隆重的重生庆典。"

"你根本不关心政治、经济、军事……"

"我对这些不感兴趣。我们的国家，是建立在履行宗教仪式上的，这才是人民幸福的关键。我会为此更加努力。您不赞同我的想法吗？"

拉美西斯抬头注视着乌纳斯金字塔顶。

"你没有错，人们本就应该追求更根本的事物。但是法老必须到地狱去击垮恶魔，否则他们将吸干尼罗河之水，毁灭光明之船。正是因为法老的征战，庆典才能够顺利举行。"

凯的手抚摸着那些古老的石头，仿佛要从中得到启示。

"那我要怎么帮助法老？"

"赫梯国王要把女儿送到埃及，但是安纳托利亚高原阻挡了送行的队伍。哈图希勒来信请求我们的巫师帮他们改变目前的局面。你能帮我的，就是尽快找到能帮助他们的经文。"

没有人知道商船船长雷勒科藏在这个地方。他遵照雇主的指示，去见了一名身体孱弱的书记员，胡搅蛮缠一番，然后就在拉美西斯城的亚裔区躲了起来。雇主给了他丰厚的酬劳，比他开船三个月的收入都高。此后他跟雇主又见了一面，雇主称赞了他一番，他认为雇主对他的表现是十分满意的。不过雇主提出了另一个条件，就是要他改变自己的外貌。船长对自己的络腮胡子和体毛非常在意，不想因此而改变，但是为了安全起见，他还是答应了。刮掉胡子和体毛之后，他会回到南方继续当自己的船长，警察永远不会追查到他。

雷勒科住的地方是一栋白楼的底层，白天没事的时候，他就躲在屋子里睡觉。挑水的人从门前经过的时候，女主人会叫醒他，帮他买几块大蒜洋葱馅饼充饥。

"刮脸师傅到广场来了。"女主人提醒他。

这个声音把船长从床上拉了起来。

如果刮掉胡子，船长感觉自己的男性魅力可能会减弱，对女人的吸引力也没有那么强了，不过还好他有其他的优点，不至于完全丧失男人味。

雷勒科的视线透过窗口投向广场。刮脸师傅支起了四根杆子，上面铺一块帆布，营造出一块阴凉的地方。下面摆了两张凳子，高的给自己坐，矮的给客人坐。这时有十几个人在排队，自己还得等一段时间。有三名排队的客人玩起了骰子，其他人则靠着墙壁直直地坐着。雷勒科重新躺回床上，再次进入了梦乡。

"赶快去吧，就剩你一个了。"女主人把他摇醒。

没办法，他只好去了。船长两眼惺忪，走下楼梯，来到广场，坐在三角凳上，压得凳子吱吱响。

"理成什么样？"刮脸师傅问道。

"把下巴和脸上的胡子全刮掉。"

"这么漂亮的胡子，你确定要全刮掉？"

"让你刮你就刮。"

"好的，听您的。您给多少钱？"

"一双莎草叶凉鞋。"

"全刮掉要用很长时间的。"

"如果你不想做，我就去找别人。"

"别，我这就刮……"

刮脸师傅把肥皂水涂到他的脸上，剃刀在左脸一划而过，以确定刀锋是否足够锋利。然后剃刀快速下移，搭在了船长的脖子上。

"雷勒科，不要试图逃跑。我问你什么，你就答什么，如果敢说谎的话，我就杀了你。"

"你……你是谁？"

塞达武拿刀子的手稍稍用了下力，鲜血便顺着刀刃滴到了船长的胸口上。

"不说的话，你的小命可就没了。"

"好，我说。"

"你认不认识一个栗色眼睛，左边小臂有一道疤痕的商船船长？"

"认识。"

"那谢丽夫人呢？"

"也认识，我帮她运过货。"

"走私吗？"

"是做生意。"

"你的雇主是谁？"

"是……亚梅尼。"

"我要见他。"

30

拉美西斯坐在办公室，看着刚刚进来的面带笑容的凯。

"我连续寻找了三个日夜，终于在艾力欧生命殿堂的图书馆里找到了能够帮助赫梯改变天气的降魔之书。根据上面的记载，是塞克梅特女神派遣神兵布下云气，让阳光无法抵达地面。"

"有什么办法吗？"

"这要看情况了。我们可以不停念诵经文来向塞克梅特祈祷，让女神把神兵调往亚洲，我们这边的天气就会好转。塞克梅特神庙的祭司们已经开始布置了。有他们进行诵唱和祭祀，相信很快就能起作用的。"

麦伦卜塔一路小跑赶来，正好遇到了将要离开的凯。兄弟两人互相打了招呼。

国王的这两个儿子，性格相差如此之大，但同时也可以成为互相的补充。凯刚才的举止，颇有国王的风范，他的深邃思想正是治理国家最重要的品质，麦伦卜塔则拥有威严，最适合统领军队。国王的女儿梅莉达蒙，已经回到底比斯，继续主持塞提神庙和拉美西斯百万年神殿的祭祀仪式去了。有三个这样的孩子，法老感到心满意足了，他们以各自的方式传承着埃及的文明、国家的尊严以及生命的价值。妮菲塔莉和伊瑟泉下有知，也可以瞑目了。

麦伦卜塔向法老跪拜行礼。

"陛下，找我什么事？"

"哈图希勒和普杜赫芭的女儿很快就要从赫梯首都来到拉美西斯城了。从外交上来说，她将来是埃及大皇后，可以维持赫梯与埃及永久的和平。不过某些组织对这种和平有些意见，因此我要你去保护赫梯公主，保证她一路上的安全。"

"保证完成任务。陛下，我可以带多少人马？"

"你想要多少都可以。"

"带整个军团的话，有些累赘，还要顾及行军和辎重。我觉得最好是带一百名熟悉地形的精兵，还有几名善于奔驰的信使。如果遭到袭击的话，这样可以保证一定的抵抗能力。我会定期和陛下通信，如果联络断掉的话，距离最近的军队一定要立刻支援。"

"麦伦卜塔，这项任务非常重要。"

"父王，请您放心。"

哈图沙从早上就下起大雨，下城随时都有暴发洪水的危险，人们因此担惊受怕。普杜赫芭皇后公开发表了演讲，以抚慰民众。

赫梯国的祭司们不停向雷神祈祷，埃及的巫师也开始了宗教仪式。

几个小时之后，效果显现，雨停了，遮天蔽日的乌云不见了，阳光重新照耀大地。

皇后来到公主的房间。公主马上就要出发了。

安纳托利亚女子的野性美在二十五岁的公主身上展露无遗。公主一头金色的长发，乌黑的眼睛，玲珑的鼻子，皮肤白嫩，瘦高的身材，充满着性感的韵味，更是与她高贵的身份相匹配。她的一言一行中，都表现出无限的情意，是每个贵族男子都梦寐以求的爱人。

"天晴了。"普杜赫芭说道。

公主自己梳好头发，喷洒香水。

"我马上就要离开了。"

"害怕吗？"

"不，恰恰相反。我是古往今来第一个与法老成亲的赫梯女子，而且是这么威风的法老，曾经消弭了赫梯与埃及的战争。我做过的最离奇的梦，都没有如此疯狂。"

普杜赫芭对公主的想法感到惊奇。

"我们马上就要分开了，而且今后再也不会见面，你也永远不会回到家乡了。这是我们的永别。"

"我已经长大了，马上就要嫁给拉美西斯了，去往那片繁荣昌盛的土地，统治整座美丽的皇宫，享受美妙的生活以及我没见过的东西。不过，我想要的不只这些。"

"什么意思？"

"我要征服他。法老的眼中只有外交与和平，我不过是和平的附加条件罢了，他的心里本就没有我。我想我得改变他的态度。"

"恐怕很难办到。"

"我不漂亮吗？我不聪明吗？"

"拉美西斯不是个懵懂的年轻人。也许他根本就不会正眼看你。"

"我必须要掌控自己的命运，谁都帮不了我。我远嫁他乡，不就是为了征服拉美西斯吗？"

"这次联姻的目的是保证两国的和平。"

"我不是奴隶，也不是祭司，以后拉美西斯不会把我当成一个赫梯女子，而是当成他的大皇后。我们一起统治埃及，每个埃及人都将为我屈膝。"

"希望你的梦想能实现。"

"我的梦想比你的梦想要高远。"

虽然阳光依然微弱，但是有胜于无。冬季的严寒与狂风让人心生畏惧，不过好在前往埃及的道路很快就可以通行了。普杜赫芭本来还想和自己的女儿互道惜别之情，但是她早已把自己当作拉美西斯的妻子，把自己的国家当作异国他乡了。

与乌里泰梭大吵一架之后，哈伊亚愤怒地离开了。在前赫梯总司令看来，哈图希勒的女儿会帮助毁灭拉美西斯，因此不应该阻止公主的到来。而哈伊亚则认为一旦公主来到埃及，将会对组织成员的斗志造成致命打击。

哈图希勒同意拉美西斯的要求，放弃战争，这让哈伊亚心痛不已。他气得想扯掉自己的山羊胡，撕掉漂亮的彩色条纹外套。支撑他活到现在的唯一的信念，就是打倒拉美西斯，打倒这个在各个神庙前雕塑自己的巨像的法老，为此他愿意付出任何代价。

不能再这样了，不能让拉美西斯就这样活下去！乌里泰梭沉迷于肉欲和安逸，已经丧失了斗志，而哈伊亚的意志依然坚定。拉美西斯也只是个凡人而已，只要力量足够大，一定能够击垮他。现在最重要的事情，就是阻止赫梯公主来到埃及。

哈伊亚联络麦勒飞，开始谋划针对赫梯公主的刺杀计划，这次行动并未告知乌里泰梭和他的手下。得知拉美西斯的二儿子麦伦卜塔将成为赫梯公主的护卫，利比亚酋长大喜过望。如果能把国王的二儿子和妻子一起杀掉，那将是一件多么令人痛快的事情。

埃及护卫队的成员将无一幸存，埃及法老肯定会认为是某些好战的赫梯军人进行的谋杀。为了达到这个目的，需要在事发现场布置一些赫梯军人特有的武器，还要摆放几具农民尸体，给他们穿上赫梯军人的衣服。要让现场看上去战斗比较激烈，利比亚部落也得损失一些人。麦勒飞并不认为这是最终目标，他还想要一场更加残酷、激烈的战争。哈图希勒和拉美西斯各自失去自己的孩子，必将因此而爆发规模空前的战争。亚夏不在了，没人能把事态平息下去。而乌里泰梭会成为战争的牺牲品，要么臣服于埃及，要么被处死。将埃及从内部击垮，让拉美西斯永远活在痛苦之中，这是哈伊亚矢志不忘的信念。

有人在敲仓库的门，这里面存放着哈伊亚最珍视的花瓶。这么晚了，肯定是有顾客来找自己。

"是谁啊？"

"雷勒科。"

"我现在没办法见你。"

"我刚刚遇到件麻烦事，不过已经解决了。我需要跟你汇报一下。"

哈伊亚打开了门。还没等叙利亚商人看清雷勒科船长的脸，雷勒科已经被推进仓库，将哈伊亚撞倒在地，并连着翻了几个跟头。萨哈马纳和塞达武利落地进入了仓库。

"他叫什么？"撒丁巨人用手指着哈伊亚，向雷勒科船长问道。

"亚梅尼。"船长说道。

他们把雷勒科的双手铐牢，又用绳子捆住他的双脚，让他无法逃跑。此时哈伊亚看到仓库最里边十分昏暗，于是趁机逃跑，通过梯子爬上了屋顶。还好，摆脱了这两个人。不过随即他看到在屋顶的一角坐着一个美丽的努比亚女人，正用凌厉的目光盯着他。

"你跑不掉的。"

"让开，不然我就杀了你。"哈伊亚从右边的外套袖子里拿出一把匕首。

他正扬手准备刺出匕首，突然他的右脚跟被一条大理石斑纹的毒蛇咬中。剧痛之下，哈伊亚松开手里的匕首，失去重心，随即脚下踩空，向地面落去。

叙利亚商人在落到地面的时候，脖子已经摔断了。萨哈马纳低头看着哈伊亚，露出仇视的笑容。

31

　　塔妮特躺在乌里泰梭的怀抱中，心满意足，爱人的冲劲让她
着迷。

　　"再来一次吧！"

　　乌里泰梭刚要行动，外面响起了脚步声。他离开床，从刀鞘里
抽出匕首。房门响了。

　　"是谁？"

　　"是我，管家。"

　　"我说了不许打扰我们。"塔妮特夫人吼道。

　　"你丈夫的朋友过来……说有要紧的事情。"

　　"说不定是个圈套。"塔妮特握住乌里泰梭的手腕。

　　"放心，我有武器。"

乌里泰梭叫来一名赫梯人，让他到花园放哨。那人为能效命于前总司令而暗自欢喜，向乌里泰梭报告情况后就退下了。

乌里泰梭回来后，塔妮特光着身子上前抱住他的脖子，热情地吻着。她看到他的脸上有一些担忧，便帮他拿过来一杯酒。

"出什么事了？"

"哈伊亚死了。"

"是意外死的还是……"

"萨哈马纳要抓捕他，他从屋顶跌到地面，摔死了。"

"这个撒丁人真是该死。也许会牵连到你的。"塔妮特的脸色变得苍白。

"没错。"

"那你赶快跑吧，现在就走。"

"不行，萨哈马纳肯定有所防备。如果哈伊亚死前没有供出我来，那我就没事。他死了对我来说也不是没有好处，反正他现在如此浮躁。而且我现在可以和利比亚人直接联系，不再需要他这个中间人了。"

"那我们就可以专心在一起了？"

乌里泰梭使劲揉着塔妮特的胸部。

"只要乖乖听我的，少说话，就肯定会幸福的。"

他热情地吻着她，让她深深地陶醉其中。

德尔松挑选着猎人们带来的皮货。对于要采购的皮革，他始终坚持亲自挑选，因为他觉得别人无法胜任这项工作。他对皮货的要求十分严格，通常会有四分之三的猎人被他拒绝。就在今天上午，他还拒绝了两个带来低等皮货的猎人。

一件彩色条纹的外套出现在他的脚边。

"认识这件衣服吗？"萨哈马纳问道。

这个利比亚人手捧自己的大肚子，感觉肠子在打转。

"这……这种衣服很常见啊。"

"好好看看。"

"我真的……真的觉得它挺普通的。"

"德尔松，让我帮帮你吧，我实在是太喜欢你了。这件衣服原本是穿在叙利亚商人哈伊亚身上的。只不过他图谋不轨，在逃跑的时候摔死了。他的身份暴露了。我可以确定，你们要么是朋友，要么是同党。"

"我不认识他。"

"不要插嘴！虽然我手头还没有证据，不过我敢肯定，你、乌里泰梭，还有这个死去的哈伊亚，打算共同推翻拉美西斯。哈伊亚的死，只是警告你们，如果还敢做这种阴谋勾当，将会和哈伊亚的结果一样。好了，把我要的东西交给我吧。"

"我会派人给您送去的。几双高级凉鞋，还有一面皮盾牌。"

"不错，我很高兴。有没有探听到那些人的身份？"

"现在利比亚人安定得很，他们是真心服从拉美西斯的统治的，大人。"

"希望他们能一直这么做。"

哈图希勒和自己的妻子普杜赫芭吵了起来。普杜赫芭平时对丈夫的判断力和观察力一直非常信任，然而这一次两人的分歧很严重，谁也不能说服对方。

"我们应该把女儿出发的日期告知拉美西斯。"普杜赫芭坚持自己的意见。

"不用通知，"哈图希勒表示反对，"而且还可以趁机观察一下那些反对我的人是不是有能力推翻我们。"

"你这是在拿你的女儿冒险啊！到时候推翻的不是我们，而是你的女儿和护送她的那些人。"

"放心吧，普杜赫芭，我们的女儿不会有危险的。一旦有人袭击，赫梯军队就会立刻出击，把袭击者一网打尽。这样一来，就可以同时达到两个目的，既可以打击反对我的那些势力，又可以和拉美西斯讲和。"

"我不会让女儿冒这样的风险的。"

"我已经传下命令了，让女儿明天出发。等她将要进入埃及领地的时候，我会派人通知拉美西斯，他的妻子提前到了。"

赫梯军队装备精良，身穿铁甲，头戴钢盔，赫梯公主身处这群强壮的士兵之间，显得那么弱小。这支护卫队骑着高头大马，手握新式武器，看上去似乎能击败天下任何敌人。哈图希勒虽然知道这么做会危及自己的女儿，但这是难得的机会，为了稳固自己的权力，他只能选择牺牲至亲。

公主的嫁妆和给拉美西斯的贡品都装在了几辆战车上，包括金银、铜块、珠宝和布匹。另外还有十匹好马，是专门献给拉美西斯的礼物，这些马将由拉美西斯亲自照顾，并担任为他拉战车的职责。

此时骄阳当空，气温逐渐升高。士兵们身上穿着厚厚的冬衣，在阳光的炙烤下大汗淋漓。这让他们感觉似乎到了夏天。不过应该不会一直这样的，再过几个小时，肯定会下大雨，大到灌满池塘。

哈图希勒为跪在面前的公主涂上结婚圣油。

"婚礼上的涂圣油仪式，会由拉美西斯亲自主持。将来的埃及大皇后，一路多保重。"

护卫队启程了。年轻的公主坐在一辆马车上，在这辆车后面，还有一辆相同的马车。里面是普杜赫芭，她正坐在一把软木宝座上。

"我要把女儿送到边境。"皇后在国王面前走过时，提出了这个要求。

在山高林密、道路崎岖的地方，很容易隐藏杀手。普杜赫芭看了这样的地形，心里不禁有些害怕，护卫队的士兵们都保持着高度的戒备，任何图谋不轨之人看到这种阵势，也会被吓退的。不过赫梯国内一直斗争不断，难保乌里泰梭或者其他的敌人不会趁此机会杀掉即将带来和平的公主。

此时的天气不像是冬季，这让护卫队有些难过。他们穿戴的都是冬季装备，但是现在头顶的太阳炙烤着他们，让他们备受煎熬，很快就疲惫了。看到护卫队士兵都打不起精神，普杜赫芭不禁怀疑，如果敌人大举进攻，这支队伍是否能够抵挡。公主此时则镇定自若，并不为眼前的境况担心。无论什么困难，都阻挡不了她走向光明远大的前程。

松涛阵阵，不断刺激着普杜赫芭的神经，敌人到底在哪里？会怎么样发动进攻？晚上的时候，皇后经常被细微的声音惊醒。到了白天，她就警惕地注视着旁边的树林和悬崖。皇后和公主都不说话，公主以沉默来斩断与过去的联系。她的眼里此时只有拉美西斯，赫梯对她而言已经不存在了。

护卫队经过卡迭石，到达叙利亚南部的埃亚边界，士兵们又渴又热又累。再往前，是埃及的一处军事基地，到这里就进入法老的领地了。

基地大门关闭着，里面的人以为是敌人来袭，所有的弓箭手都已经就位。

公主从车上下来，从献给拉美西斯的马中选了一匹，然后翻身上马。身后的皇后和赫梯士兵都惊讶地看着她。她一个人骑马走到基地前面，在门前停下。埃及的弓箭手们都不敢放箭。

"我是赫梯国王的女儿，是来与拉美西斯大帝成亲的。将来我会成为埃及大皇后，你们要好好招待我，否则我会让你们尝尝法老怒火的滋味。"

"可是在您后面有一支军队。"埃及的指挥官现身说道。

"他们不是军队，只是我的仆人。"

"每个赫梯人都十分善战。"

"不，我没有骗你，指挥官。"

"我们没有收到上面下达的命令。"

"那就请您立刻通知拉美西斯，我来了。"

32

亚梅尼有些感冒，胸闷、胸口痛、两眼红肿。二月的晚上寒意彻骨，白天的阳光根本无法赶走这份寒意。亚梅尼订购了很多木炭来度过冬天，但是总也收不到货。他的心情很不好，正在对一名手下发脾气。这时一名军营的信使来到，送来了一封来自叙利亚南部埃亚军事基地的信。

亚梅尼把信中的密码翻译出来，刚看完，便不顾喷嚏连天、支气管炎发作，匆匆穿上厚亚麻长袍和羊毛大衣，把围巾缠在脖子上，向拉美西斯的办公室跑去。

"陛下……陛下，得到一个意外消息。哈图希勒的女儿已经到达埃亚了。那里的指挥官正在等待命令。"

这时已经是傍晚，位于无花果木高脚灯架上的油灯照亮了办公室，没有一丝烟气，昏黄的灯光发出柔和的光线。拉美西斯一直在这里工作。

"哈图希勒应该通知我她的出发时间的。他这是故意的。"拉美西斯说道。

"此时驻扎在基地外面的，是自称送嫁仆人的赫梯军队。"

火炉让办公室暖和起来，拉美西斯来回踱着步。

"亚梅尼，这是他的圈套，用来试探他的权力扩张程度。这支护卫队是很可能在路上遭到袭击的。"

"这是……在用他的女儿设陷阱？"

"哈图希勒现在应该已经放心了。立刻下令，让麦伦卜塔和他调遣的护卫队前往叙利亚保护公主，让埃亚指挥官开门迎接赫梯人。"

"可是，就怕……"

"总要试一下的。"

大厅里的人都有些不相信自己的眼睛，埃及人和赫梯人竟然可以在一起共享宴乐。普杜赫芭心里悬着的石头终于落下，准备启程返回哈图沙。她的女儿将在几名赫梯军人和官员以及麦伦卜塔的护送下，前往拉美西斯城。

从此以后，就再也无法见面了。皇后凝视着自己美丽而又骄傲的女儿，双眼满含泪水。

"你的心里，不感到有些失落吗？"普杜赫芭问道。

"不，我从没像现在这么开心过。"

"我们以后再也见不到了。"

"这不是很正常的人生经历吗？每个人都有自己的命运，我以后的人生将会更加精彩。"

"希望你今后过得幸福。"

"肯定会的。"

对于女儿的反应，普杜赫芭非常难过，都没有吻女儿一下就离开了。两人的母女情，到此为止。

埃亚基地的指挥官长着一张方脸，声音有些嘶哑。他对面前的麦伦卜塔说："现在的天气太反常了。往年的冬季，大雪早就铺满了山顶，平原上也应该每天下大雨。现在这破天气如果持续下去的话，肯定会缺水的。"

"我们路上加快了行军速度，"麦伦卜塔说道，"几名士兵体力不支，倒在了半路。沿途的水源地基本都没有水了。我怕这么艰难的旅行公主会受不了。"

"这太反常了，"指挥官又说道，"能让天气变成这样的只有那一位神明。"

麦伦卜塔不愿听到这样的话。

"恐怕这是事实。军营里有没有可祈祷的神像？"

"有是有，不过只能辟邪，无法改变天气。只有另一位拥有通天之力的神明能帮我们。"

"你们的储备水，够我们回去用的吗？"

"不够，你们得等天降大雨之后再启程。"

"如果天气一直这样糟糕，埃及人和赫梯人都会缺水的。"

"应该不会一直这样的，现在是冬季。"

"指挥官，你也说了，这种天气很反常。启程回去是比较危险，不过留在这里也不一定安全啊。"

"那您觉得该怎么做呢？"指挥官皱着眉头问道。

"把这里的情况告诉拉美西斯，只有他才能改变这种状况。"

拉美西斯办公室里，凯把三卷文件摆在拉美西斯的办公桌上，这些都是从艾力欧生命殿堂的档案室里找到的。

"陛下，这些资料的记录是一致的，亚洲所有地方的天气都由塞特神控制。但是没有巫师团能够跟他直接沟通，只有您能够和塞特神交流，让他改变目前的状况。不过……"

"有什么问题直接说吧。"

"不过我不愿意您这么做，塞特神的力量太强大了。"

"你是担心我的力量不足以承担？"

"虽然您是塞提之子，但是塞特神经常违背约定。况且要改变天气，还需要有能力控制雷电、暴风雨。我觉得您不应该冒这个险，埃及还需要您的领导。不如往叙利亚输送几尊神像还有补给品。"

"你觉得塞特神会轻易罢手吗？"

"不会的，陛下。"凯低下头。

"这就是了，我没得选。要么让我直接面对他，要么让麦伦卜塔、赫梯公主还有那些属下缺水而死。"

凯没有办法反对拉美西斯。

"如果我无法从塞特神庙安全回来，"法老说，"你就继承我的位置，保埃及平安。"

　　赫梯公主暂住在指挥官原先的住所，准备与麦伦卜塔讨论目前的状况。麦伦卜塔觉得这位公主虽然有些颐指气使，不过在公众场合的举止还算符合大皇后的身份。

　　"为什么还不启程？"

　　"公主，现在还不行。"

　　"现在天气这么好……"

　　"正是这种天气导致干旱，所以现在我们缺水。"

　　"我们不能在这里待一辈子啊。"

　　"是上天让我们留在这里的。"

　　"埃及的巫师都没有办法吗？"

　　"我已经派人向拉美西斯报告了，他自己就是最厉害的巫师。"

　　"麦伦卜塔，你真是机灵。我会替你跟我丈夫说几句好话的。"

　　"希望神明能够聆听我们的心愿。"

　　"放心吧，我跑这么远不是为了在这渴死的。法老能够控制一切，不是吗？"

　　塞达武和亚梅尼都不能改变国王的主意。拉美西斯晚饭吃了一块牛大腿肉——塞特神降世时正是化为这种动物，又喝了一杯绿洲烈酒，这种酒是受塞特神保护的。然后又用盐水漱了口，因为盐也是受塞特神保护的。同时，塞特神还是火源守护神，可以保证食物不腐烂。

　　拉美西斯在父亲的雕像面前静静冥想，他的父亲曾自封为人世间的风雨掌管者。没有塞提的帮助，拉美西斯根本没办法战胜塞特神。一旦拜奉的姿势出错，或者心有旁骛，不管哪里不对，都会立刻遭到雷电的打击。只有一种武器可以对抗塞特神真身，那就是正直无私。在拉美西斯向塞提学习法老事务时，塞提就已经向他说明何为正直。

在阿瓦瑞斯——这座曾遭西克索人入侵的都城，拉美西斯于午夜时分走进了塞特神庙。这里安静异常，仿佛与世间隔离，只有法老敢置身于此。要想直面塞特神，就要先战胜心底的恐惧，以勇者的姿态掌控他的力量，之后转化成自己的力量，掌握深不可测的宇宙智慧。

拉美西斯在祭坛上摆放了一尊洋槐羚羊神像和一杯酒。羚羊能够抵挡沙漠的酷暑，它的身上有塞特神的火焰。

"您顶天立地，力掌乾坤。"国王向塞特神祈祷，"您让酷热与干旱降临人间，请您将雨水交还。"

塞特神目空一切，眼神中没有任何波澜。

"您现在面对的是塞提之子，拉美西斯。四季循环乃是天道，任何神明都应服从。您也不能破坏天道。"

神像的双眼变成赤色，神庙中瞬间变得灼热。

"我身为法老，是荷鲁斯和塞特的结合，您不能对我使用神力。您即是我，我将用您的力量打败黑暗和混沌。塞特，请听我祈祷，降冬雨于北部。"

拉美西斯城的上空雷电交加，这将是个斗争的夜晚。

33

"我不想再等了，赶紧带我去埃及。"公主向麦伦卜塔发着牢骚。

"恐怕不行。我的使命是保护您的安全，这种天气不改变的话，我们上路就会有危险。"

"法老怎么还不赶紧行动？"

突然，公主感觉有一滴水落在自己的左边肩膀上，接着右手上也出现了一滴水。她和麦伦卜塔一起望向天空，发现天上阴云密布。一道闪电之后，雷声滚滚而来，紧接着就下起了大雨。没过一会儿，气温就降了下来。天气终于正常了，冬雨来了。

"拉美西斯已经给出了回应。"麦伦卜塔说道。

公主仰着头，张开嘴，让雨水落进自己嘴里。

"马上出发！"

在国王卧室门前，亚梅尼正来回踱着步。塞达武坐在地上，双眼直视前方，两只胳膊抱在胸前，脸上有一些怒气。凯手里捧着一本经书，默默祷诵。萨哈马纳用一块吸油布慢慢擦拭着自己的匕首，来来回回已经几十遍了。

"法老什么时候从塞特神庙出来的？"萨哈马纳问道。

"天亮的时候。"亚梅尼回答道。

"他有没有跟谁交代什么？"

"没有，他反锁了房门。我请来御医总长，他让御医总长进去了。"凯说道。

"可是御医总长已经为他治疗一个小时了。"塞达武抱怨道。

"被塞特的神力击伤，无论有没有伤口，都要慎重诊治。我们应该相信尼菲瑞的医术。"大祭司说道。

"我告诉了他几个用来治疗心脏的药方。"塞达武说道。

房门打开，四个男人把尼菲瑞围在中间。

"放心吧，拉美西斯安全了。"御医总长说道，"只要休养一天，就可以重新正常工作。天气要变冷了，多给他穿些衣服。"

拉美西斯城也下起了雨。

麦伦卜塔带领埃及人和赫梯人组成的队伍，穿过迦南和西奈半岛海岸线，到达了尼罗河三角洲。每当在驿站休息的时候，士兵们都好像在参加盛宴。几名士兵还用身上的武器和居民交换了喇叭、横笛和铃鼓。

公主注视着眼前绿色的山水、丛林、农田以及水渠，不由得发出赞美的声音。跟自己的家乡安纳托利亚高原的狂野相比，这里的风景别有风味。

护卫队伍到达拉美西斯城，大街小巷挤满了围观的人。赫梯公主即将到达拉美西斯皇宫的消息，不知怎么就在民间传了开来。所有人心里都欢呼雀跃。

"真是厉害，拉美西斯竟然能把这件事情办得如此顺利。"乌里泰梭带着自己的妻子，挤在人群前面。

"他战胜了塞特神，让冬雨重回大地，他的力量真是强大。"塔妮特对此也感叹不已。

"拉美西斯对百姓而言，就是空气和水，"一名石匠也说道，"他用爱让我们获得温饱，他就是埃及人民的父母。"

"他的目光能够直达人的心底。"哈托尔女神庙的一位女祭司接着说道。

乌里泰梭失去了信心。一位拥有神力的法老，怎么可能被打败？拉美西斯能控制自然，改变亚洲的天气！正像他想的那样，没有人胆敢威胁赫梯公主的安全，任何向护卫队发起挑战的人都将失败。

安纳托利亚军队的前总司令稳定了一下自己的心神。不能就这样失败！他不相信拉美西斯拥有神力。他毕生的信念，就是打倒拉美西斯——这个毁掉自己的人生、让赫梯精神臣服于埃及法老的人。虽然他很强大，但他毕竟是个凡人，是人就总会有弱点。拉美西斯终有一天会沉迷于自己的成就，无法自拔。时间会改变一切。何况即将嫁给他的，是一名赫梯公主，她身上流淌着赫梯人傲慢和仇恨的血液。拉美西斯想利用这场婚姻达到和平的目的，也许会因此一败涂地。

"她到了。"塔妮特喊道，身后热情的欢呼声像潮水一样涌来。

公主开始在马车里梳妆打扮。她在眼睑处涂上了绿色的水性硅酸铜眼影，又用铅、银和植物炭做成的眉笔画了一条椭圆形的黑色眼线。完美的妆容！她看着镜子里的自己，不禁露出满意的笑容。

麦伦卜塔扶着公主走下马车。人们看到公主的容颜，不禁发出赞叹之声。绿色的长袍和她娇嫩的脸庞相互辉映，让她此时已经具有了皇后的风采。

一阵马蹄和车轮声传来，人们转头望向城里最宽阔的大道。拉美西斯来迎接自己的未婚妻了。

拉车的两匹马年轻而有活力，它们的父母，曾与法老同历生死。当初在卡迭石之战中，法老失去自己的军队、独自面对重重叠叠的赫梯军队，是那对战马和狮子屠夫伴其左右的。两匹马的头上装饰着红色的羽毛，羽毛的尾端是蓝色的，马背上披着马袍，有红、蓝、绿三种颜色。缰绳系在国王的腰上，国王右手拿着一根神引法杖。镀金的马车在拉美西斯的轻声吆喝下，缓缓向前行进，不紧不慢。

国王头上戴着象征法老制度起源的皇冠，身上仿佛在发光。没错，确实有光芒，此时太阳在他的后方，正照耀着整个埃及。

在离赫梯公主还有几米远的时候，国王的马车停下了。天上乌云散去，阳光如君王重新降世。拉美西斯代表着光明，不正是他创造了这场奇迹吗？

年轻的公主垂着眼帘。她戴了一条普通的银项链，还有几个细细的银手环，穿着没什么装饰的长袍，这种朴素反而让她的身体更加动人。

凯走到拉美西斯身边，交给他一个蓝色的瓷瓶。拉美西斯把圣油涂在公主的额头上。

"我为你涂上结婚圣油，"法老说道，"从此你将成为上下埃及主人的大皇后。愿所有的邪恶远离你。依玛亚特准则，你今日起成为大皇后，取名'玛赫—倪斐露—瑞'。[1] 我的妻子，玛赫，看着我。"

拉美西斯伸出双手，他的妻子慢慢把手放进法老的手中。从来没有怕过任何事的她，此时竟然心生畏惧。她一直盼望着这一刻，希望能尽展风采，此时却像个小女孩一样，怕自己因恐惧而逃离。她从拉美西斯身上感觉到了神明般的力量，让她的心里一片茫然。她原本还想征服拉美西斯，此时才发现太高估自己了。她真想立马转身，回到遥远的赫梯王国。但是，现在已经没办法回头了。

双手被国王握着，她鼓起勇气，抬起双眼看着面前的男人。拉美西斯虽然已经五十六岁，但是依然俊美非凡，宽额丰颐，眉清目朗，鼻子挺拔，双耳饱满，胸膛厚实。在他身上，可以看到力与美的完美结合。

这位已经变成埃及人但身体里仍流淌着热情的赫梯女子，深深地爱上了面前的男人。

拉美西斯拉着她登上了自己的马车。

---

[1]　这个名字意为"能见到荷鲁斯和神明光芒的女子"。——译者注

"现在，是我执政的第三十五年，此后我们将与赫梯永远维持和平。"法老的声音远远回荡，表情庄严肃穆，"在卡纳克、拉美西斯城、象岛、阿布辛贝和努比亚各省的神庙前，将竖起纪念这场婚姻的方尖碑。皇家将提供美酒，供全国的百姓欢庆这一盛典。从此以后，埃及与赫梯的边界线将消失，人与物都将在这广阔的地域上流通。"

拉美西斯的话，引发了又一场欢呼的浪潮。乌里泰梭身处其中，也忍不住发出呼声。

34

北风吹在连接桅杆与甲板的长方形亚麻帆上，让这艘皇船飞速航行，向着底比斯逆流前进。船长隔一段时间就用长杆探测一下尼罗河的水位，这是位熟手了，对河水的流速和河中的沙洲位置非常熟悉。这是拉美西斯和玛赫乘坐的船只，必须保证万无一失。

法老亲手将船帆升起，年轻的妻子坐在摆满鲜花的船舱中，厨师们则忙着收拾鸭子，为他们准备晚餐。船舵由三名年轻的舵手操控，上面画着一只神眼，用来指引船的航向。一名水手拉着栏杆，伸手到河中取水。还有一名更加年轻的水手，灵敏地爬上桅杆顶，一旦发现前方有河马出现，便会及时通知船长。

船员们聚在一起，兴高采烈地喝着拉美西斯城大葡萄园产的上等好酒。这些酒是在拉美西斯执政第二十二年，与赫梯签订和平条约的时候酿的。装酒的坛子用的是浅粉色的圆锥形陶瓶，瓶口整齐，上面塞着用黏土和稻草做成的塞子。瓶身上刻画的是莲花和贝斯神，所有伟大的秘密都是由他向人类启迪的，他胸口厚实，双腿短而粗壮，口中伸出的红舌头代表了语言的权威。

拉美西斯到舱外呼吸了一下新鲜空气，然后回到船舱。此时玛赫已经醒来，袒露着上身，下身穿着短裙，身上喷洒了茉莉香水，散发出迷人的魅力。

"法老是光芒的主宰，是明亮的流星，是不可阻挡的公牛，是威猛的鳄鱼，是翱翔的鹰，是不败的狮身鹰头神，是狂怒的暴风雨，是驱赶黑暗的火焰。"玛赫轻声念诵着。

"玛赫，你很了解埃及的古典经文啊。"

"我专门读过埃及文学，所有关于法老的文字，都能吸引我的目光。因为法老是这个世界上最伟大的人。"

"那你应该知道，法老最讨厌别人的奉承。"

"我的话出自真心。我想我现在是世界上最幸福的人。当初你和我父亲之间爆发战争，我就梦到过你。当时我就想，只有埃及的阳光能够让我的生命完美，现在我确认了我是对的。"玛赫轻轻握住拉美西斯的右脚，蜷起身体，卧在他的旁边。"难道我不应该爱上埃及的统治者吗？"

对于拉美西斯来说，他早已不奢望再得到女人的爱情。他最爱的是妮菲塔莉，伊瑟则给了他激情，只不过这些都过去了。他本以为自己已经心如止水，眼前这个赫梯女子却让他的心里重新起了波澜。她知道如何克制地展示自己的魅力，又会主动出击，用自己的迷人体香、野性气质和乌黑的大眼睛让拉美西斯深深迷醉。

"玛赫，你太年轻了。"

"陛下，我是您的妻子，我的身体已经属于您了，不应该得到您的心吗？"

"到外面去看看埃及吧，那才是我真正的妻子。"

国王把一条披肩披在玛赫身上，两人一起来到船头。拉美西斯告诉她沿途各个地方的名字，以及当地的状况，详细讲述那里的风土人情甚至灌溉系统。

这个地方，是底比斯。船只航行在欧伦特河上，可以看到雄伟的卡纳克神庙、诸神的护卫灵圣堂以及美丽的卢克索神庙，玛赫为之赞叹不已。在河西岸边，沉默女神所在的鑫温山脚下，赫梯女子以敬仰的目光参拜了拉美西斯的百万年神殿、拉美西斯神庙，还有那尊凝结了国王护卫灵的象征神力的巨像。

"蜜蜂一样的人"，法老这个称号可谓贴切至极，玛赫发现埃及就像一个精密的蜂窝，所有人都在自己的职位上辛勤工作，安居乐业，没有任何人偷懒。神庙里的神职人员也兢兢业业，不停地念诵经文。神庙周围的人们，也都忙碌着各自的事业。到了晚上，星相学家便开始研究天象。

大皇后没有时间来适应新的环境，她居住在拉美西斯神庙的皇宫中，每时每刻都要履行自己的职责，学会如何做好一个皇后。玛赫知道，只有绝对地服从，才能得到拉美西斯的心。

马车停在隐修院门口，这里有警察和军队护卫。工匠们正在这里建造和修缮国王和皇后谷的陵墓。运输队为他们送来了日常所需，包括圆形面包、豆子、蔬菜、鱼类、肉类，还有用盐腌过的肉干。行政部门也带来了凉鞋、布匹和油。

玛赫和拉美西斯互挽着胳膊，从马车上下来。

"到这里来做什么？"

"是为你来的。"

工匠和家属们夹道欢迎，国王夫妇走向一栋白色的两层小楼。那里是工匠领头人的住所，这位领头人大概五十岁，十分擅长雕刻，其工艺远超同辈。

"陛下的赏赐让我惶恐。"他跪下说道。

"你们工艺精湛，又不辞辛劳，我作为埃及的守护者理应关照你们，让你们能够做出永传人世的好作品。"

"陛下，只要您有要求，我们必定全力以赴。"

"你跟我来，有两个地方，我需要立刻开工。"

马车走上了通往帝王谷的大道。看着这荒凉的地方和阳光下陡峭的山崖，玛赫心中渐渐升起一丝恐惧。从小生长在皇宫的她，对砂石裸露的景象感到有些不适。

六十多名年纪不等的官员在帝王谷入口一字排开，欢迎拉美西斯的到来。他们脖子上都挂着一串沉重的项链，身上穿着带褶皱的裹腰布，手里拿着一根长长的无花果木杆子，顶上装饰着一根鸵鸟羽毛。

"他们是我的皇子。"拉美西斯说道。

官员们举起长杆，跟随在国王身后。拉美西斯走到自己的陵墓入口，停了下来。他向工匠的领头人说道："从这里向下挖掘一个大墓穴，要能够容纳几间圆柱大厅，以及和皇子数量同样多的墓室。我和奥西里斯神会永远守护他们的。"

说完，拉美西斯把一份亲手绘制的图纸交到他手里。

"你在皇后谷找个地方，按照这份图纸建造玛赫大皇后的陵墓。要跟伊瑟的陵墓有一定距离，要远离妮菲塔莉的陵墓。"

年轻的赫梯女子的脸色瞬间变得苍白。

"要为我建造陵墓？但……"

"这是我们的传统，"拉美西斯说道，"一个担负重任的人，必须思考自己死去以后的事情。死亡是人类最忠实的朋友，会让人们约束自己的行为，分清事情的轻重。"

"但我不想如此悲观。"

"你现在的身份是埃及皇后，玛赫，不再是毫无负担的赫梯公主，也不是一个普通人。你身上担负着职责，为此你必须直面死亡，以便更好地履行职责。"

"不！"

赫梯女子看到拉美西斯的眼神，立马意识到自己说错了话，于是跪在地上，请求国王的饶恕。

"陛下，我知错了。"

"起来，玛赫，你不是我的奴仆，而是玛亚特准则的奴仆，是它给了埃及过去和将来。来吧，让我们去看一看你的将来。"

玛赫努力压抑心中的恐惧，看完了皇后谷。她觉得此处虽然荒凉，却比帝王谷更加亲切。在意识到这里并非与世隔绝，而是和外界相通之后，她觉得心里稍稍安定了一些。看着蓝色的天空，她想起了当初看到尼罗河的景色时，对未来幸福生活的憧憬。

拉美西斯心中浮现的，是妮菲塔莉的身影。她时时化身为凤凰、阳光或者温柔的暖风，从那座大墓的黄金圣堂里重生。她坐在天国的圣船里，航行于光明流淌的天河中。

　　玛赫不敢惊扰到拉美西斯，于是闭口不言。此地的庄严氛围，让她更为拉美西斯的威严而心动。她发誓，将来不管有多少困难，都要征服拉美西斯。

35

不管是来软的还是来硬的，萨哈马纳都得不到自己想要的答案。他等不下去了，决定直击要害。吃完鸡心豆和牛排，他便骑着马冲向了德尔松的工厂。无论如何，这次都要让那个叙利亚人如实回答自己，包括是谁杀了亚夏。

从马上下来，萨哈马纳发现这里人群聚集，老人、小孩、妇女和工人们都在一起吵吵嚷嚷，这让他感到有些奇怪。

"让我过去。"萨哈马纳喊道。

只这一句话，人群便很快安静下来。

工厂里面充满呛人的味道。萨哈马纳还没想好要不要进去，因为他的身上喷了香水，这是埃及人的潮流。当他看到工人们甚至把脸凑到用盐浸泡过的羚羊皮跟前时，便下定决心要深入察看了。

他跨过一串串的含有丹宁酸的洋槐果，从一个红色的土瓮边绕过，用手拍了拍前面两名学徒的肩膀。

"出了什么事？"

学徒让开了一条通道。萨哈马纳看到一个人的头浸在装满屎尿的粪桶里，那是德尔松。

"这绝对是意外。"一名身材粗矮的利比亚人说道，他是这里的领班。

"知道经过吗？"

"不知道。我们来的时候就是这样子的，老板应该是很早就到工厂了。"

"没有人看到是怎么发生的吗？"

"没有。"

"不会的，德尔松一向小心谨慎，怎么会出这种意外。这一定是谋杀，而且你们当中肯定有人了解情况。"

"你这完全是猜测。"领班说道，不过声音很小。

"这件事将会由我来调查。"萨哈马纳果断宣布。

他对在场的人进行了仔细的盘问。

这里年纪最小的学徒悄悄跑了出去，萨哈马纳立马从后面跟上。优渥的生活并没有让他变得迟钝。学徒在工厂宿舍的巷子里东绕西拐，但是始终没能摆脱拉美西斯的贴身护卫队队长。就在他打算从墙上翻越的时候，萨哈马纳一把拉住了他的裹腰布。学徒尖叫一声，被拉了下来，重重地摔在地上。

"啊……我的腰摔坏了。"

"招供完再看腰伤也不迟。不要耍什么花样，否则我就掰断你的胳膊。"

年轻的学徒吓坏了，连忙招供道："是个利比亚人杀的老板，他长着一头卷发，方脸盘，眼睛乌黑……他说德尔松是个叛徒……老板说什么都没告诉你，但是那个人不信，然后就杀了他，然后又把他的头泡到了粪桶里。他威胁我们说：'我是利比亚的领袖麦勒飞，如果你们敢把这件事说出去，我就让你们死无葬身之地。'就是这样的，我全都说了。我想我完蛋了。"

"别害怕，小子。不要再回工厂了，收拾你的东西，到皇宫总务部门报到。"

"你不抓我吗？"

"我喜欢勇敢的人。来吧，孩子。"

年轻的学徒一瘸一拐地追上萨哈马纳。

萨哈马纳有些愤怒，虽然德尔松不是乌里泰梭杀的，这有些出乎意料，但是这个赫梯叛徒竟然敢和麦勒飞合谋，他可是埃及的死敌。虽然萨哈马纳洞悉了他们的阴谋，但是得让拉美西斯相信他的想法才行。

铜碗、葫芦和各种过滤器堆在一起，塞达武正在用力地清洗这些东西，莲花忙着擦拭实验室的柜子和架子。清洗完之后，塞达武把那件羚羊皮外套脱下来，在水里浸泡片刻，然后用力绞，让衣服上的药物溶解到水里。莲花拿起那件衣服，又在上面涂上了眼镜蛇、响尾蛇等蛇类的毒液，让这件衣服成为一个小型的药房。性感的努比亚女子弯腰稀释浓稠的棕色药物，将其制成一种特效药，可用来治疗供血不足和心脏衰竭。

　　拉美西斯走进实验室，莲花鞠躬行礼，塞达武依然忙着自己的事情。

　　"不太高兴吗？"国王看出他不对劲。

　　"是的。"

　　"你对我和赫梯公主结婚有意见？"

　　"嗯。"

　　"为什么呢？"

　　"她会让你陷入深渊的。"

　　"塞达武，你说得太夸张了。"

　　"我和莲花都知道，只有最熟悉蛇的人才能躲避毒蛇的攻击。但她是条赫梯毒蛇，我们对她都不了解。"

　　"你不是已经让我免疫毒蛇了吗？"

　　塞达武小声说了句什么。从年轻的时候，他就让拉美西斯服用一种药，其中含有微量的蛇毒，这种做法持续了很多年，使拉美西斯可以抵抗任何毒蛇咬伤。

　　"陛下，恐怕你有些自信过头了。虽然莲花相信你能免疫各种毒物入侵，但是我认为那个赫梯女人的危险超过任何毒物。"

　　"据说那是个痴情女子。"莲花小声说道。

　　"那又能说明什么呢？"塞达武反对道，"当她把爱变成恨，那就可怕至极了。她将来肯定会为自己的民族复仇的。那时她的战场，可是埃及的皇宫！唉，反正拉美西斯不听我的。"

　　"你怎么看？"拉美西斯又问莲花。

　　"玛赫很聪明，而且漂亮，不过她很有野心，而且是个赫梯人……"

"这一点我一直记得。"拉美西斯说道。

亚梅尼把萨哈马纳的报告整理成文件,递交给了拉美西斯。这位国王的机要秘书脸色越发苍白,头发也变得更少了。

拉美西斯仔细看过报告之后,说道:"乌里泰梭杀了亚夏,而且和利比亚人麦勒飞合谋……可是我们没有证据啊。"

"没错,没有法官可以治他们的罪。"亚梅尼说道。

"麦勒飞是谁?可有人说起过他?"

"我查了外交部的档案和亚夏的笔记,还咨询了一些利比亚研究者。麦勒飞是一名酋长,他的部落十分好战,并且仇恨埃及。"

"只是一群暴力分子罢了,难道真的有威胁吗?"

"我希望能提供好消息,但是听说麦勒飞已经把几个分散的部落统一了起来。"亚梅尼想了一会儿,回答道。

"这是事实吗?"

"沙漠警卫还没有找到他们的老巢。"

"麦勒飞进入了埃及,在工厂里杀掉了他的同伙,然后又毫无踪迹地逃走了。"

亚梅尼真怕拉美西斯突然发怒,那将是非常可怕的场景。

"我们确实不知道他到底有多强。"亚梅尼说道。

"如果我们没办法分清好人和坏人,还何谈治理国家?"

拉美西斯站起来,走到办公室的落地窗前,直直地看着太阳,眼睛却丝毫不感到难受。因为太阳是他的守护者,让他有无穷的精力和战胜困难的勇气。

"要加强对麦勒飞的调查。"国王说道。

"利比亚人对我们是构不成威胁的。"

"危险是会逐渐扩大的，亚梅尼。他是生长于沙漠的利比亚人，又学会了邪恶的巫术，用来打击我们。跟赫梯的战争不同，这场战争更加危险和残酷。我能感觉到麦勒飞的仇恨，它离我们越来越近，也越来越强大。"

以前拉美西斯会用妮菲塔莉的占卜来指导自己的决定，她去往天国之后，拉美西斯感觉自己仍能和她的灵魂沟通，并继续跟随她的指引。

"萨哈马纳会继续调查的。"亚梅尼说道。

"还有没有其他的事情？"

"和平常一样，都是些小问题，麻烦不断，又都'万分紧急'。"

"我想你是没办法休息了。"

"等到了太平盛世，我就可以休息了。"

36

　　皇宫里最熟练的按摩师正为玛赫按摩皮肤，用草灰、泡碱混合碳酸盐和小苏打，为她清除污垢。然后用龟甲、树皮、树干制成的富含皂苷精华的香皂，为皇后清洗身体。最后一步是让她躺在发热的地砖上，为她进行全身按摩。按摩油可以帮她驱除一身的疲惫和隐藏的疾病，并能让她的身体散发迷人的芬芳。

　　在赫梯的时候，她从未享受过如此贴心的服务，化妆师和美甲师的技艺让她感觉犹如身处温柔的海洋。这些技师神奇的双手，让埃及大皇后变得更加美丽动人，浑身散发出青春的气息。这种魅力正是征服拉美西斯的最佳手段。

　　"现在涂抹的是去皱霜。"按摩师说道。

　　"我还这么年轻！"玛赫有些不高兴。

"从现在开始就应该注意防衰老，如果等真的衰老了就晚了。"

"但……"

"皇后陛下，请您放心，保持皇后的容颜是埃及的一件大事。"

玛赫终于听从了劝说。按摩师把一种含有蜂蜜、红泡碱、石灰粉、葫芦巴豆和驴奶的面霜涂在她的脸上。皇后感到脸上微凉，之后又有些发热。这些面霜将为她除掉老化的角质。

玛赫不停地穿梭于大小宴会，拜访大小官员，观看后殿中对织工、音乐家和诗人的训练，每天都让自己更加融入埃及人的生活。这比她想象中的生活更加美好，她已经忘掉了那座只有军队没有色彩的赫梯首都哈图沙。在拉美西斯城里，没有了高高的围墙，到处都是花园、水池和釉瓦装饰的房屋，还有悦耳的鸟鸣和快乐的居民，人们都称这里为绿城。

她曾经的梦想实现了，她成了埃及的皇后，拥有了整个埃及。但是她手中没有权力。妮菲塔莉曾帮助拉美西斯治理国家，甚至推动了埃及和赫梯签订和平条约。而她则每天耽于享乐，和拉美西斯见面的时间都很少。虽然国王也热情地和她做爱，但平时却很少沟通。她丝毫影响不到国王，更不知道国王是如何管理国家的。

不过这些都只是暂时的，她拥有漂亮、聪明和狡猾这些武器，总有一天会让拉美西斯臣服于她的石榴裙下。不过拉美西斯并不是个普通人，要征服他恐怕得花费很长的时间。但是赫梯女子有自信，以前只要她想要的东西，没有得不到的，这次肯定也能得到。现在她的目标，就是取代妮菲塔莉在埃及人民心中的位置，成为一位万民敬仰的皇后。

"皇后，"女仆犹豫着说道，"现在……法老应该是在花园里。"

"去看一下，如果法老真在那里，立刻向我报告。"

为什么拉美西斯不告诉自己他去哪儿了呢？他平时中午从来不休息的，现在竟然改变了这个习惯，难道是发生什么事了？

女仆匆忙回来报告："皇后，法老确实在那里。"

"只有他一个人吗？"

"是的。"

"把那件最薄的长袍拿过来，对，就是没有装饰的那件。"

"是不是应该穿那件细亚麻、有红色花边的……"

"照我的吩咐去做。"

"要戴什么首饰呢？"

"不要首饰。"

"假发呢？"

"也不戴假发。赶紧去！"

茂盛的洋槐树上布满花蕾，结了不少青中带红的果子。拉美西斯坐在树下，穿着老式的裹腰布——这是金字塔时期法老的经典穿着，手上戴着两只金镯。

他好像正在跟谁说话，玛赫静静地看着他。她光着双脚，走到附近。树叶在微风吹拂下发出"沙沙"的响声。当看到国王竟然在对着一条狗说话时，玛赫感到十分惊讶。那是夜巡。

"陛下……"

"玛赫，来这里。"

"你早就发现我了。"

“我闻到了你身上的香水味。”

玛赫坐在拉美西斯旁边，夜巡则一个翻身，跑到一边趴着去了。

“你是在跟它交谈吗？”

“不管是什么动物，只要跟人熟悉了，都可以与之交流。就好像我的狮子，和这条夜巡家族的狗。只要静下心来听，就可以听懂它们想要说的话。”

“它都跟你说了些什么？”

“它在表达对我的忠诚与信任，并告诉我通往天国的道路是怎样的。”

“又是死亡。为什么要谈论这么可怕的事情呢？”玛赫噘着嘴说道。

“只有人类才会犯错。死亡不过是自然界的规律罢了，只要我们一切的行为都遵守玛亚特准则，那么即便到了阴间也会幸福的。”

玛赫用一双乌溜溜的眼睛看着拉美西斯，贴到他的身上。

“你的衣服会弄脏的。”

“我还没有换衣服呢，陛下。”

“你为什么要这么朴素，简单的长袍，既不戴首饰，也不戴假发？”

“你是在怪罪我吗？”

“玛赫，你一定要时刻注意自己的言行，以符合如今的身份地位。”

玛赫心里有些怨气。

"我向来是这样的啊。以前是国王的女儿，现在是埃及法老的妻子。我的哪一点不符合礼仪和权力呢？"

"礼仪当然是符合的，但是跟权力有什么关系呢？你在你父亲的皇宫中从没有担任过职务啊。"

玛赫感觉自己掉进了陷阱里。

"以前是我太年轻，而且赫梯以军事治国，女人从来不被重视。但是在埃及不一样，埃及的皇后不就是为国家付出的吗？"

玛赫把自己的头发散开，搭在拉美西斯的腿上。

"你真的认为自己是个埃及人了吗，玛赫？"

"当然，我不想再提到赫梯。"

"你也不愿意承认你的父母了吗？"

"那倒不是，但是他们离我那么远。"

"你现在刚刚开始接受生活的考验。"

"怎么会是考验？现在的生活正是我想要的啊，我可不想再回忆过去。"

"只有了解过去，才能更好地面对未来。玛赫，你年纪还小，心还不够安定，应该努力提高自己的修养。这不是件容易的事情。"

"我的将来是明确的，那就是永远做埃及的皇后。"

"要想治理好国家，必须一点一滴积累经验，不是一下子就能学会的。"

"我听不懂这些。"赫梯女子非常不高兴。

"你象征着埃及与赫梯的和平，"拉美西斯说，"为了和平，很多人失去了生命，而你最终达成了这项伟业，玛赫。"

"我只是象征吗？"

"等再过很多年，等你学会了如何侍奉代表真理与正义的玛亚特女神，你的人生就会变得丰富起来了。"

玛赫站了起来，看着拉美西斯。

"我想帮助你治理国家，拉美西斯。"

"你现在还小，先努力去改变自己的性格，做好现在该做的事情，等时间到了，你自然会达成心愿。让我独自待一会儿吧，玛赫，夜巡还有话想对我说。"

赫梯女子愤怒地跑回了自己的寝室，拉美西斯对此毫无察觉。

37

　　自从与拉美西斯谈话发生了不愉快，在接下来的几个月时间里，玛赫很注意自己的打扮，一直明艳照人。她穿着华贵的衣服，参加底比斯的各种宴会，用她迷人的容颜和女性魅力让那些贵族人士认识到了皇后的高贵姿态。她牢牢记着国王的嘱咐，熟练地掌握了宫廷礼仪，对古埃及文化的认识也更深了，并体会到了其中的乐趣。

　　如此有魅力的玛赫，却无法得到亚梅尼的尊敬，而他是国王最信任的人。另一个国王信赖的朋友，塞达武，早已经带着莲花前往努比亚了。他要去采集心爱的毒液，并实现对努比亚的理想。

　　玛赫虽然名义上拥有埃及，但是没有任何实际的权力，这让她的内心一天天陷入痛苦之中。她用尽浑身解数，始终无法得到拉美西斯的心，这是她第一次对自己的能力产生怀疑。不过这一切她都不会在国王面前表露出来，仍然以皇后的高贵姿态，游走于各种宴乐场所。

此时已经是深秋，玛赫一到晚上就感觉疲惫不堪。她把所有的女仆都赶出去，一个人躺在床上，睁着眼睛，脑子里想的却都是那个若即若离的拉美西斯。

亚麻窗帘动了一下，玛赫以为是刚才的那阵风吹动的，但是窗帘后面突然出现了一个长头发的健壮男子。

"你是谁？"玛赫坐起身，双手交叉抱在胸前。

"我和你来自同一个地方。"

借着明亮的月光，玛赫看清了来者的模样。

"乌里泰梭！"

"你竟然还记得我！"

"你胆子好大，竟敢闯进我的寝室。"

"要进来也挺难的，我已经潜伏了好几个小时了。都是因为那个该死的萨哈马纳，我过了这么久才找到机会。"

"乌里泰梭……你不但杀死了穆瓦珇力，还计划谋杀我的父母。"

"那都是过去的事了。我们现在都是被放逐到埃及的赫梯人。"

"你忘了我现在身处什么位置了吗？"

"一个不得不声色犬马的年轻女人。"

"我是拉美西斯的妻子，埃及的皇后。"

乌里泰梭坐到了床上。

"不要再安慰自己了。"

"你再不走我就叫侍卫了。"

"随便，叫吧。"

两人圆睁双眼对视片刻，玛赫站起来喝了一杯凉水。

"你是个叛徒、无赖、杀人狂！我为什么要相信你。"

"因为我们是同胞啊，我们的民族和埃及永远都是死敌。"

"两国签订了和平条约，你的想法已经过时了。"

"玛赫，不要被蒙蔽了。你即将被拉美西斯囚禁在后殿。"

"胡说！怎么可能！"

"那他有没有跟你分享权力呢？"

玛赫说不出话来。

"拉美西斯从没重视过你。你在他眼里不过是个赫梯人，是和平条约的筹码。等时机到来之后，法老一定会撕毁条约，击溃防范松懈的敌人的。拉美西斯的城府太深，他设了一个天大的圈套，让哈图希勒自缚手脚。你只是个被父亲出卖的可怜孩子。时间转瞬即逝，玛赫，你得把握住机会。"

皇后转过身去，不再看乌里泰梭。

"还有别的要说的吗？"

"好好想想我说的话吧，你会看清真相的。如果你还想见我，就由你来安排。不过记住，不要让萨哈马纳发觉。"

"我想不出见你的理由。"

"我们都如此热爱祖国，何况你是个不服输的人。"

玛赫想了半天，转过身子，乌里泰梭早已离开了，只剩下亚麻窗帘在微风中摆动。

他到底是怀揣恶意的魔鬼，还是真心来唤醒她的？

六名男子站在装着葡萄的酿酒槽里，大声唱着歌，跟随节拍上下跳动。这些用于酿造优质红酒的葡萄在他们脚下一颗颗被踩碎。他们轻轻倚靠在葡萄架上，一只手握着架杆，迷醉于酒槽中散发出的酒气。掌握节拍的人是萨哈马纳，他对属下大声呼喊着，完全投入其中。

"有人找你。"一名酿酒师前来报告。

"你们都继续，不要偷懒。"萨哈马纳对自己的手下说道。

来的人是沙漠警卫队的一名警官，他长着四方头，脸上皱纹颇多，身上佩带着弓箭和匕首。

"这几个月里，我们为了找麦勒飞和他的部落，把整个利比亚沙漠都翻过来了。现在来向你报告情况。"警官向萨哈马纳汇报说。

"找到他们的老巢了吗？"

"还没有。沙漠太过广阔，我们的势力范围只在埃及附近，再想深入的话就非常困难了。而且贝都因人可能还会向麦勒飞通风报信。所以，我们始终找不到他的踪影。"

萨哈马纳感到非常失望。他了解沙漠警卫的能力，既然连他们都无法做到，看来麦勒飞确实很强。

"你觉得麦勒飞已经统一了多少个部落了。"

"我对此持保留意见，也许这只是谣言。"警官说道。

"麦勒飞有没有跟别人吹嘘，自己有一把铁匕首？"

"没有这方面的消息。"

"提高警惕，有什么情况立刻向皇宫报告。"

"是。不过……利比亚人真的有这么可怕吗？"

"他以前可能犯下过重罪。而现在，他会以各种方式来摧毁埃及，这一点我们十分确定。"

亚梅尼把所有的资料都保留了下来。只几年的时间，莎草纸和木板就塞满了他的办公室。旁边的三间办公室也都装满了这种文件。他的属下曾经劝说过他几次，要他扔掉一部分已经过时的资料。不过亚梅尼还是坚持保留文件的习惯，他可不想在有需要的时候去求其他部门，那些部门的效率之低令人发指。他认为拖延会加深问题的严重程度，因此他自己的工作效率是非常高的。而且他平日里极其厌烦人际应酬，通常都是孤身一人。

亚梅尼吃完一大盘对他增肥毫无效果的水煮肉，便继续埋头于灯下的文件。这时萨哈马纳进来了。

"你还在工作啊。"

"国家如此，总得有人处理这些小事吧。"

"亚梅尼，你这样身体早晚会垮掉的。"

"已经垮掉了。"

"我能坐下吗？"

"随便，只要别妨碍到我。"

撒丁巨人站着没动。

"找不到麦勒飞的踪影，他依然躲在利比亚的沙漠里。"萨哈马纳叹息道。

"乌里泰梭那边怎么样了？"

"还是跟那个腓尼基女人过着逍遥的生活。我要不是知道他过去的作为，也会认为他已经成为一个只追求安乐生活、没有任何野心的大富豪了。"

"也有可能啊。那些外国人，不都想要这种平淡的生活吗？"

"没错……"撒丁人说话的语气让亚梅尼感到困惑。

"你有什么想法？"

"你工作非常出色，但是一年年过去，你已经不年轻了。"

亚梅尼放下手里的笔，双手抱胸。

"我认识的女孩子里，有一个非常漂亮，还有些害羞，"撒丁人说道，"只是不适合我。我觉得你应该会感兴趣的。"

"你是想让我结婚吗？"

"我经常换女人，但是你不会，你会专心对待自己的妻子的。"

亚梅尼有些生气。

"办公室和文件就是我的一切。你弄个女人来，只会指手画脚，徒增烦恼。"

"我只是想要……"

"别想那么多了，赶紧去调查是谁杀害了亚夏吧。"

38

　　拥有五公顷土地面积的拉美西斯百万年神殿，矗立在底比斯左岸。根据法老的要求，城门被建造得十分高大，里面景色秀美，殿门为黄铜打造，地板镶银，中庭里立着几座护卫灵的雕像。在神殿旁边，有一座图书馆和几间库房。神殿中间分为三座灵堂，分别纪念拉美西斯的父亲塞提、他的母亲图雅，还有大皇后妮菲塔莉。拉美西斯经常来这里缅怀这几位常住他心间的亲人，不过今天则是有其他目的。

　　他和妮菲塔莉的女儿梅莉达蒙，正准备为他举行一场祭祀仪式，祝愿他长生不老。梅莉达蒙身穿一袭长袍，两朵玫瑰插在胸前，看上去就像文字女神瑟霞。她的耳朵上戴着碟状的耳环，让她看上去更加美丽。拉美西斯看着自己的女儿，觉得她和她的母亲越来越像了。

国王紧紧抱住自己的女儿。

"女儿,你还好吗?"

"您能让我在这里静修,侍奉神明,是我最大的幸福。我感觉母亲一直在我身边。"

"你是唯一得到各神庙认同的埃及皇后,你让我来底比斯,是想向我展示什么呢?"

梅莉达蒙向国王鞠了一躬。

"陛下,请您跟我来。"

梅莉达蒙化身为一名女神,引领拉美西斯来到一处祭坛,那里有一名戴着白鹭面具、象征透特神的祭司正在等着他。拉美西斯屹立不动,透特和瑟霞在一棵石雕树的枝叶上写下了国王的五个荣誉称号。

"这样编年史就会不断记录你,你将永远被人铭记。"梅莉达蒙说道。

拉美西斯心潮澎湃。他不过是个普通人,只是身负重任,而这位得神明认同的妻子却让法老的灵魂得以永久流传。

两名祭司离开了,拉美西斯一个人站在那棵象征永恒的石雕树下。

梅莉达蒙在返回乐师住处的途中,被一名衣饰华丽的女子拦住了。

"我是玛赫,"她表明身份,但是眼神中露出一丝狡诈,"我们没见过,但是我觉得我们应该谈一谈。"

"你是我父亲正式迎娶的皇后，我们有什么可谈的？"

"不，你才是埃及最正宗的皇后。"

"我只是宗教上的象征。"

"那也就意味着你才是最重要的。"

"不管怎么说，玛赫，在我眼里，埃及的大皇后只有妮菲塔莉。"

"但是她已经死了，而我还活着。既然你无心插手国事，为什么还要做我的绊脚石呢？"

"你有点异想天开了。我一直居住在这里，从没插手过国事。"梅莉达蒙笑着回答。

"但是国家的重大庆典，都是由你来担任皇后的身份。"

"那都是国王的命令，你有意见吗？"

"你可以左右他的决定。跟他说，让他把皇后的位置还给我。"

"玛赫，你究竟要干什么？"

"我的婚姻告诉我，我有权力管理国家。"

"管理埃及靠的是爱心，而不是权力。在埃及大地上，必须时刻牢记玛亚特准则，如果你违背了自己的职责，肯定会受到神明惩罚的。"

"你不用教导我，我只是要你帮我，梅莉达蒙。我不会放弃权力的。"

"你比我勇敢，玛赫。希望你能如愿。"

卡纳克神庙的圆柱大厅是由拉美西斯的父亲塞提兴建的，最终完成于拉美西斯之手。拉美西斯此刻正在圆柱大厅中沉思。阳光从方形石窗照进大厅，让每一幅雕刻都清晰起来，上面描绘着法老的祈祷，请求众神降临人间。

阿蒙是埃及的生命之神，在很多建筑中都可以看到他的雕像，但他却是最为神秘的。颂歌中称他来自风中，但是人们却看不到他的身影。他存在于时间和空间中，只要了解了他，就会认识到人类的渺小。他的力量可以让人驱逐邪恶，通晓未来，让国家清明太平。

一名方脸男子向拉美西斯走过来，他的面貌看上去让人难以心生好感，虽然看上去很沧桑，却看不出性情的沉淀。他原来是皇宫的马厩管理员，后来被调派到卡纳克阿蒙神庙，又跨越式地成了神明的第二继承人。离国王只有几步远的时候，身穿白色祭司长袍的巴肯停了下来。

"陛下，很高兴再见到您。"

"诸神能安居在卡纳克和卢克索神庙，你居功至伟。勒布怎么样？"

"大祭司虽然年纪大了，但是从未忘记职责，一直待在圣湖边的屋子里。"

巴肯是世上为数不多的正直的人，一直以公正无私为信念，他对国家的忠诚得到了拉美西斯的肯定。这片埃及规模最大的神庙区，终于能由合适的人管理了。不过今天的巴肯看上去有些不安。

"出什么事了吗？"拉美西斯问道。

"底比斯的各个神庙都给我寄来信件，向我抱怨用来祭祀的熏陆香、香料和没药很快就要用完了。现在卡纳克的存量只能供应两三个月的需求，再之后就没有办法了。"

"冬天马上就要来了，各个神庙都不进货了吗？"

"陛下，即便进货，数量也微不足道啊。最近几年的产量都严重不足，恐怕马上就要断货了。如果宗教祭祀不能进行下去的话，那对国家会造成什么样的影响啊！"

国王刚刚回到拉美西斯城，就看到亚梅尼抱着一堆文件跑了过来。人们都惊讶于亚梅尼这么瘦弱的身体，竟能抱得起那么多东西。

"陛下，有件事要立刻办理，对货船征的税太高了，何况……"

看到拉美西斯一脸严肃，亚梅尼打住了自己的话头。

"熏陆香、香料和没药现在还有多少库存？"

"我得查查资料才知道。不过据我所知，没出现异常情况。"

"你确定吗？"

"我建立了一套物品管理系统，只要库存减少太快的话，我很快就会知道。"

"但是底比斯就快要断货了。"

"可以先从拉美西斯城的神庙调一部分过去。希望明年能有个好收成。"

"把你现在手头的工作交给手下去办，你立刻去解决这件事。"

双白宫负责人、财政部长和管理货物分配的仓储官此时都站在了亚梅尼的办公室，他们都处在精力充沛的壮年阶段。

"我正在参加一场重要的会议，就被你叫了过来，希望不要是什么无关紧要的小事。"财政部长说道。

"你们三位负责着全国的熏陆香、香料和没药的库存。在此之前，你们都没有向我反映过库存有问题，那看来应该情况良好了？"亚梅尼说道。

"我那里的熏陆香快要断货了，"双白宫负责人承认道，"不过他们两位肯定不会是这种情况。"

"我这里有些存货，因为还没有达到告急的标准，所以我没有跟他们两位说。"财政部长说道。

"我也是，如果今后几个月的库存减少，我会报告的。"仓储官说道。

亚梅尼感到非常吃惊。这三位高官都是工作认真的人，但是他们之间从来不沟通。

"告诉我你们具体的存量。"

随后亚梅尼通过计算，得出结论：在明年春天之前，全国的实验室和神庙就会将所有库存用光，到时人民会群起暴动，批判拉美西斯管理不当。

39

御医总长尼菲瑞总是让人如沐春风,她正将黄连树脂、蜂蜜、铜屑和少量没药混在一起,制成一贴膏药,用来为面前的尊贵病人治疗牙痛。

"已经消肿了,"尼菲瑞对拉美西斯说道,"不过牙龈还没有完全恢复,还是有可能发炎的。您要保持漱口的习惯,经常涂抹柳树皮药水。"

"我已经下令在全国的河岸和池塘边种植柳树,你很快就可以做出用不尽的消炎药了。"

"谢谢陛下。还有一种用于咀嚼的药,里面含有泻根、翠柏、无花果和熏陆香。熏陆香和没药在止痛方面有奇效,不过我想说的是,这两种药很快就要用光了。"

"嗯，我知道了，尼菲瑞。"

"请问医生们什么时候才能补充这些药品？"

"只要有新货了，我马上会派人送过去的。"

尼菲瑞看拉美西斯有些不安，便不再问了。也许现在面临的情况很糟糕，不过她相信拉美西斯会带领埃及战胜困难的。

塞提的雕像栩栩如生，多亏了雕刻家神奇的双手。拉美西斯正在塞提的雕像前冥想。拉美西斯总是在这间简陋的办公室里，通过雕像和自己的父亲交流。这位前任法老曾用严厉的教育，让拉美西斯明白如何成为一名合格的法老，因此拉美西斯每遇到关乎国家兴亡的大事时，都会来向父亲的灵魂请教。拉美西斯在担任法老的这些年里，能够治国有功，多亏当初塞提的教导有方。在这么长的执政岁月里，拉美西斯的热情始终不减，不过当初的年少轻狂，已经变成了对国家的奉献精神。

拉美西斯的目光扫过那张中东地图，他突然想到了年少时的好友摩西。摩西也是以心底的热情为向导，在沙漠中寻找自己向往中的福祉。拉美西斯的军事顾问曾多次向他建议抓捕摩西和希伯来人，但是法老都拒绝了。他认为应该让摩西去探索自己的命运。

亚梅尼和萨哈马纳被叫到国王的办公室。

"我对几件事做了决定。萨哈马纳，其中一个决定会让你高兴的。"

听了国王的话，撒丁巨人脸上露出了笑容。

塔妮特已经完全被乌里泰梭的身体俘虏了。虽然赫梯人经常对她使用暴力，但是她丝毫没有反抗之心，因为只有他才能让她领略身体的魅力。在她的眼里，乌里泰梭已经化身为神明。

在狂热的拥吻后，乌里泰梭从床上起来，显露出迷人的身体。

"塔妮特，你就是一匹迷人的母马，让我感觉像是生活在温柔乡。"

塔妮特也从床上下来，跪在地上，吻着乌里泰梭的小腿。

"我们就是在幸福的天国。尽情享受就好了，其他的什么都不要想。"

"你在法尤姆不是还有幢别墅吗，我们明天去那里。"

"不，还是拉美西斯城舒服些。"

"到了那里之后，我就要去办别的事情。你就负责掩人耳目，让人们以为我们都在那里。"

塔妮特站起来，把丰硕的乳房贴在乌里泰梭的胸口。

"去哪儿？多长时间才能回来？"

"你还是不知道的好。我回来之后，如果萨哈马纳问你，你就说我们一直在一起。"

"亲爱的，告诉我吧，相信我……"

赫梯人用力扇了腓尼基女人一个耳光，塔妮特惨呼出声。

"臭娘们，不要管男人的事。你要做的就是服从命令。"

乌里泰梭打算联合麦勒飞一起抢劫运送熏陆香、香料和没药的队伍。这样一来，拉美西斯必定会丧失在民间的声望，整个国家也将陷入动乱之中，这正是利比亚人发动攻击的最佳时机。到时候在赫梯国，反对埃及的组织也会推翻哈图希勒，乌里泰梭将重新拿回自己统领军队的权力。

这时候一名女仆来到卧室门前，慌慌张张地说道："夫人，警察来了。有一个全身穿戴盔甲的大个子……"

"找借口让他离开。"塔妮特说道。

"等一下，"乌里泰梭说道，"让我们瞧瞧萨哈马纳到底想干什么。你让他等一下，我们很快过去。"

"我可不想跟那么野蛮的人讲话。"

"宝贝，我们可是世界上最幸福的夫妻。听我的，穿一件低胸的衣服，再洒点香水。"

"喝酒吗，萨哈马纳？"乌里泰梭和塔妮特手挽着手，向萨哈马纳问道。

"我正在执行公务。"

"跟我们有关系吗？"腓尼基女人问道。

"当初在战争时期，拉美西斯答应庇护乌里泰梭，此时他已经融入埃及，拉美西斯感到非常高兴。因此他决定赋予你们一项特殊权力。"

"什么样的特殊权力？"塔妮特惊讶地问道。

"皇后要周游埃及各地的后殿，并且以她的名义举行庆典。我来是告诉你们，你们是受邀的嘉宾，并且可以全程陪同皇后。"

"真……真是太棒了。"塔妮特欢呼道。

"乌里泰梭，你看上去不怎么开心啊。"撒丁人说道。

"我？我当然开心，我是一个赫梯人……"

"正好，玛赫皇后也是赫梯人。而且你已经和腓尼基人结婚，并遵守埃及的法律，你早就已经是合格的法老子民了。"

"为什么是你来通知我们呢？"

"所有嘉宾的安全都由我来负责，"撒丁人大笑道，"我会时刻关注着你的。"

麦勒飞组建了一支一百来人的突击队，队员们训练有素、装备齐全，其中有他得力的手下和经历过多场战役的老将，还有正值精力旺盛期的年轻勇士。

进行完最后一次训练，有十来名承受不住的士兵丧生，剩下的人离开位于利比亚沙漠中的训练营，向北进入埃及，到达三角洲西部边境。他们一路上或者乘船，或者步行，从西到东穿过三角洲，最后到达阿拉伯半岛，即将对运输物资的队伍进行伏击。在边境地带，他们会与乌里泰梭还有他的同伙会和，由乌里泰梭提供情报，躲避埃及军队的巡逻和哨探。

曾经遭受压迫的利比亚人坚信，这次行动一定会成功，而麦勒飞，则成了这批人的精神领袖。在他的带领下，埃及人的鲜血将灌满尼罗河。现在的首要目标，是阻止供奉玛亚特准则的宗教和祭祀仪式的举行，因为这是埃及的精神支柱。一旦没有了熏陆香、香料和没药，祭司们就没办法和神明沟通了，拉美西斯便会遭到谴责。

前方的探子回来了，对麦勒飞说道："前面过不去了。"

"怎么可能？"

"大人，您自己看。"

麦勒飞趴在一处山坡上，这里有荆棘杂草可以掩盖身形。麦勒飞看到眼前的景象，感到有些意外。陆地上有大量埃及步兵，海上和沼泽上则有大量船只，上面站满了弓箭手。在用木头建起的哨塔上，哨兵可以观察到远方的情况。这几千名埃及士兵是由麦伦卜塔带队指挥的。

"我们没办法过去，"探子说道，"否则肯定会被发现，并且被消灭。"

自己的手下和利比亚士兵可不能就这么牺牲了。运输物资的队伍是很好消灭的，但是跟埃及军队对抗，无异于以卵击石。

麦勒飞气得抓起一把荆棘，捏得粉碎。

40

看着眼前的珍宝，负责往埃及运送物资的沙漠商队的队长呆住了。这名队长是叙利亚人，已经四十五岁，在近东地区经商，经验丰富。他和制造商约定在阿拉伯半岛西北边境的一处荒凉地带会合，那里昼夜温差极大，还有各种毒虫蛇蝎。但是从另一个角度讲，那里是藏匿财宝最好的地方，这三年里他已经从埃及政府那里盗取了无数的财宝。

他是麦勒飞和乌里泰梭的同谋，他向两人保证过，那些贵重的物资产量非常少，而且已经全部被毁掉了。麦勒飞和乌里泰梭只擅长军事，不懂经商，因此不了解商人逐利的心机。

叙利亚商人脑袋圆圆的，黑色的头发贴在头皮上，脸颊丰满，身材粗矮，小时候偷盗成性，不过在贿赂那些可能告发他的人方面倒是有一手。他跟哈伊亚是朋友——那个可怜的叙利亚商人原本为赫梯人做间谍，结果意外死亡了。通过哈伊亚的关系，他这几年赚了不少黑心钱，不过跟不久前的这笔生意相比，就小巫见大巫了。

阿拉伯香料树大概有三米高，每年产三次香料，每次到了收获的时候，都要加倍招聘采集技工。生长在棕色树皮上的绿色的叶子和带有紫红色花蕊的黄色花簇并没有什么用处，有用的是树皮下面的树脂，只要把树皮刮开，树脂就会流出来。之后工匠会把这些树脂做成颗粒状，点燃之后就有浓郁的香气了。

熏陆香的产量是非常大的。那白色的熏陆香流动的景象，甚至可以让人想到当初的黄金时代。这些熏陆香树脂的形状跟梨子有些像，有白、灰、黄几种颜色。它有很多用处，如可以消炎、防腐，可以做成油脂、药膏、粉末或者饮品，还可以治疗肿瘤、溃疡、脓肿、眼睛和耳朵发炎，另外还可以排毒、止血，促进伤口愈合，因此成为医生常用的药物。叙利亚商人对此非常了解，而闻名埃及的尼菲瑞对此更是了如指掌，如果有这么一批货物，她肯定愿意高价购买。

古蓬香脂的绿色树脂、劳丹脂的深色树脂、没药的黏稠油脂……这些东西摆在叙利亚商人的面前，让他欣喜若狂，他从没见过如此多的财富。

但是要想得到这些，他还得动点小心思。在乌里泰梭和麦勒飞设伏的道路上，他派出的运输队伍只运送了少量的货物。不过自己的这两个同伙很可能起疑，因为现在到处都传闻今年的收成非常理想，也许那个赫梯人和那个利比亚人早就听说了。

得抓紧时间了。两天之后，将会有很多希腊、塞浦路斯和黎巴嫩的商人来洽谈生意，只要把仓库的物资出售给他们，自己就可以躲到克里特岛去享福了。这两天他得赶紧布置，不过他很怕那两个可怕的同谋什么时候就突然来找自己了。

"有个赫梯人想要见你。"一名下人前来报告。

这名叙利亚商人感觉头晕目眩。这下完了，乌里泰梭肯定是产生了怀疑。如果他硬要打开仓库的话……应该应付一下他，还是立刻逃跑？就在叙利亚商人紧张到无以复加的时候，那名客人被带到他的面前，并不是乌里泰梭。

"你就是那个……赫梯人？"

"没错。"

"那么你是……"

"不用明说，那个唯一能带领赫梯复仇的人，正是我的朋友。"

"嗯，那就好，希望神明保佑他。我什么时候能见他呢？"

"还得再过些日子。"

"他现在怎么样？"

"他很好，你放心吧。现在埃及要举行几场庆典，他被留在了那里，没办法脱身。不过他相信你会按照信上的约定去做的。"

"放心吧，我已经按照计划开始行动了。"

"那我可以向他禀报了？"

"是的。但愿我们两个都能达成愿望。等我到埃及之后，会立刻联系他的。"

赫梯人走了之后，叙利亚商人一口气喝下三杯烈酒。幸好，躲过了这一劫。乌里泰梭没办法脱身，这是最好的消息了，真得谢谢神明的庇佑。

那个疯狂的麦勒飞，脑子很少有清醒的时候，他只会沉迷于杀戮。只要杀了运送物资的人，他应该就会满足，从而忘了察看那批物资。只不过万一他脑子突然灵光，产生怀疑，那该怎么办？叙利亚商人脑子很好使，但是身体不行，跟麦勒飞根本没办法对抗。

远处掀起一片尘土。叙利亚商人知道此时没有人拜访自己，那就只可能是麦勒飞和他的突击队了。叙利亚商人心里恐惧到了极点，瘫倒在席子上，想象麦勒飞将刀架在自己脖子上，割断自己喉咙的场景。

尘土落了下去，但是那看上去并不是马，而是几只驴子。难道是运输队？他们怎么可能会出现？

叙利亚商人虽然仍然害怕，不过已经能站起来了，他的目光紧紧盯着那几只驮着货物的驴子。然后他也看清了驱赶驴子的人，正是他的手下，他们原本应该在路上被麦勒飞杀掉的。难道这是幻觉吗？可是此时运输队伍的队长，那个比自己年纪还大的同乡已经站在面前了。

"路上还顺利吗？"

"一帆风顺。"

叙利亚商人脸上露出惊讶的表情。

"没有什么意外情况吗？"

"没有，我们就正常赶路。你愿意帮忙把货物卸下来吗？"

"哦，当然。你们去休息一下吧。"

运输队没有丝毫损失，货物也安全运到了。难道是麦勒飞和他的利比亚人遇到麻烦了，或者是被沙漠警卫给拦住了？幸运之神把运气和财富都给了他，这实在是最幸福的时刻。这次总算没有白冒险。

他沉浸在幸运的喜悦中，奔向那只有他自己能打开的仓库。推开门之后，他的脸瞬间变得苍白。一个穿着豹皮衣服的男子，站在那堆宝藏前面。

"你……你是谁？"

"拉美西斯的长子，孟菲斯大祭司，凯。我来拿回属于埃及的东西。"

叙利亚商人抽出了一把匕首。

"不要冲动，法老看着你呢。"

叙利亚人回过头，发现在沙丘的后面站满了弓箭手。拉美西斯戴着蓝色皇冠，正站在阳光下的战车上。叙利亚商人一下子跪在了地上。

"我……我是被逼的……不是我要这么做的……"

想到将来站在法庭上，听法官宣判自己的死刑，叙利亚人的心底升起一丝恐惧。当弓箭手走上前来，要为他戴上手铐和手臂夹板的时候，他举起匕首冲了过去。远处的三名弓箭手见自己的同伴有危险，立刻松手放箭。叙利亚商人中箭之后，倒在地上。

虽然亚梅尼强烈反对，但是拉美西斯还是亲自带队前来了。有了沙漠警卫的情报和神奇的感应树枝，拉美西斯最终找到了运输队的目的地。与此同时，他还发现了另一个奇怪的现象。

法老驾起战车，直接冲进沙漠，军队随后赶上，但是终究不如那两匹骏马的速度，被远远甩开。一直奔驰到远方，眼前的景物始终只有沙漠和石头。

"国王为什么突然抛下我们独自走了？"一名战车中尉向旁边的弓箭手问道。

"我曾经参加卡迭石之战，拉美西斯这么做肯定是有原因的，也许是受到了神明的指引。"

翻过一座沙丘之后，法老停了下来。前面是一片无边的树林，树皮都是灰黄颜色。这是一片茂盛的熏陆香树林，将来必可为埃及提供源源不断的树脂。

41

　　乌里泰梭遇到了极大的困难，他已经无心欣赏美丽的景色或动听的音乐，也无心享用美食，心里只有该死的萨哈马纳和他那该死的笑脸。而塔妮特此时则兴高采烈，能够陪同这么美丽的，连最苛刻的官员都能打动的皇后参观后殿，是她一辈子的荣幸。在官员们奉承的话语中，玛赫也有些飘飘然了。

　　"有一个好消息，"萨哈马纳对乌里泰梭说，"就在不久前，拉美西斯发现了一片广袤的熏陆香树林，而且几支运输物资的商队也都到达拉美西斯城了。"

　　为什么麦勒飞没有行动？乌里泰梭攥紧拳头，如果麦勒飞被逮捕或者被杀，那自己就再也不能摧毁埃及了。

　　塔妮特正和几名女商人交谈，她们受皇后的邀请前来参观曾受摩西管理的梅室后殿。趁此机会，乌里泰梭离开众人，来到水池旁边的矮墙上。

"你在思考什么，亲爱的同胞？"

这位赫梯军队前总司令抬起头，看到面前站着的是风华绝代的玛赫。

"我现在心里极度悲伤。"

"为什么而悲伤呢？"

"为了你，玛赫。"

"为我？我有什么问题吗？"

"你还没有意识到拉美西斯的手段吗？"

"请你告诉我，乌里泰梭。"

"你的梦想马上就要化为泡影了。拉美西斯已经率军出征在外，打算把殖民地的人都变成埃及的奴隶。接下来，他就会向赫梯发动进攻。在此之前，他会先搞定两个碍事的人，一个是我，另一个就是你。他会把我监视起来，或者让我死于意外。而你则会被幽禁在某个你参观过的后殿。"

"后殿可不是关人的地方。"

"他会给你一个名义上的职务。从此之后，你便再也见不到国王了，因为他只醉心于战争。"

"你怎么知道会这样？"

"我有自己的盟友，玛赫，他们会向我提供准确无误的情报，那些事情你是无法得知的。"

"你认为我该怎么办？"皇后看上去有些焦虑。

"国王非常喜欢美食，曾经自创了一种泡菜：拉美西斯的佳肴，里面有甜蒜、洋葱、绿洲红酒、牛肉和尼罗河鲈鱼。他自己很喜欢这种泡菜，我想这是你的最佳入手点。"

"你竟然让我……"

"不要这么虚伪。你在哈图沙的时候不就已经学会下毒了吗？"

"你就是个魔鬼。"

"反正你们两个，要么你毁灭他，要么他毁灭你。"

"乌里泰梭，你以后不许对我胡说八道。"

这个赫梯人早就做好了准备，如果他不能成功地勾起玛赫的疑虑，那她肯定会向萨哈马纳揭发。如果他成功，那将再次掌握主动。

凯的内心忧虑难安。

在萨卡拉，由他负责的工程已经快完成了。而且他精心修缮了那座位于乌纳斯的左赛尔法老时代的金字塔上面的第一部完整的金字塔文——记录灵魂重生方法的佩比一世纪念碑。另外，他还把目光转向萨卡拉北部的阿布西尔地区，让工匠把那里所有第五朝代的金字塔和法老神庙上的伤痕都修补了一番。在孟菲斯，他扩建了卜塔神庙，在其中兴建了一座塞提纪念堂。最近拉美西斯大殿堂也很快就要完工了。

在感到自己的精力不敷使用时，凯会来到位于萨卡拉沙漠高原的陵墓，那是为开国的各位君王修建的，从那里可以看到广袤的棕榈林和稻田。吉德国王的陵墓就在里面，他的墓室周围有三百个陶制公牛，头上的角都是真正的牛角。在这里，凯可以为自己补充足够的精力，以完成与神明的沟通。

透特书仍不见踪影，凯有时候会有些气馁。他将此归结为自己对公牛神的崇敬之心不足，以及自己的粗心大意。他认为自己需要及时改正这些问题，不过现在最要紧的事情还是那些修缮工程。不过这并不容易做到。

凯让人驾车带他前往米凯里诺斯金字塔，等这里的工程完成，他想在此刻一篇纪念碑文。这是他第三次来这里了，跟前两次一样，工地上静得可怕，只有一名老石匠在吃大蒜面包。

"别的工人都去哪里了？"凯问道。

"回家了。"

"鬼魂又出现了？"

"没错。有几个人看见它了，它的手上有几条蛇，声称谁敢靠近它就杀了谁。就算薪酬再丰厚，也没人愿意在有鬼魂的地方工作。"

这样一来，就没办法恢复吉萨高原的原貌了。这就是凯的忧虑所在。这里的鬼魂能够从山上把石头推下来，造成意外事件。人们都知道，这是什么人的冤魂回来报仇了。凯已经想尽办法，但还是无济于事。

他向拉美西斯寻求帮助，当他看到拉美西斯的马车驶来，终于再次恢复了信心。不过如果国王也没办法的话，那就只能把一部分吉萨高原封闭起来，抛弃那些古老的遗迹了。

"陛下，目前状况很糟糕，工人都跑光了。"

"你有没有每天念诵驱鬼经文？"

"念了，但是不管用。"

拉美西斯看着由花岗岩堆砌而成的米凯里诺斯金字塔，每年他都会来这里，吸取当初建造者灌入其中的联络天地的精气。

"知不知道鬼魂在哪儿？"

"没人敢跟踪鬼魂。"

国王看到那名石匠若无其事地吃着面包，便朝他走过去。石匠看到国王过来，吓得立刻扔掉手里的面包，跪在地上，伸直胳膊，向国王磕头。

"你为什么不逃走呢？"

"陛……陛下，我……我也不知道。"

"你是不是知道鬼魂躲在哪儿？"

如果谁敢对国王说谎，将会被处死。

"带我们去。"

老石匠迈着颤抖的脚步，带着国王走在陵墓小道上，小道的两旁埋葬的是米凯里诺斯法老的陪葬者，他们将在阴间重建王朝。凯细心观察着，看哪里还需要修缮。

在石匠的带领下，一行人来到一个铺满碎石灰的院子。在院子的一角，堆着一堆石块。

"已经到了，不要再往前走了。"

"这是谁的鬼魂？"凯问道。

"一个雕刻师，也没人祭奠他。他只想为同伴报仇。"

石碑上对此有所记录，这个雕刻师在米凯里诺斯法老时期担任某项任务的管理工作。

"把那堆石头挪开。"拉美西斯下令。

"陛下……"

"赶紧做。"

挪开石堆后，下面露出一个方形井口。凯捡起一颗小石头丢进去，就好像丢进了无底深渊。

石头落地的声音传来，石匠说道："深度超过了十五米。陛下，不能冒这个险啊。"

一条绳子被顺进了井里。

"必须下去。"拉美西斯决绝地说道。

"即便下去，也应该由我去。"石匠说道。

"如果你见到了那个鬼魂，会念诵驱鬼经文吗？"凯问道。

石匠低着头不再说话。

"我是卜塔神庙的大祭司，本就应该我下去。父王，让我去吧。"凯说道。

凯顺着绳子爬进井里，感觉像是到了冥府。石灰抹成的井壁发出微弱的异样光芒，让里面不会黑不见物。当脚碰到并不平整的地面时，大祭司知道自己到达井底了。前面是一扇假门，后面有一条狭窄的通道。门上刻的是死者的头像，周围有一圈刻有文字的圆柱。在圆柱的顶部有一道很明显的裂纹。看到这里，凯终于明白，正是这道裂纹让轮回经文无法发挥作用。死者的灵魂无法进入轮回，便成为恶鬼，惩戒那些不注重祭祀的人们。

从井里出来，凯已经筋疲力尽，不过他很开心。只要把假门重新修好，再重新雕刻死者头像，这件事便会完美解决。

42

虽然离开了拉美西斯城，不过乌里泰梭心里的怒火仍然难以平息。一路上萨哈马纳始终监视着他，让他无法自由行动，也不能跟其他人接触。这让他毁灭拉美西斯和埃及的念头越来越强烈。而且塔妮特这个肉体上永远不满足的女人，每天都求着他亲热。此时她半裸着身子，又站在了乌里泰梭面前，身上散发出浓郁的香味。

"亲爱的……赫梯人。"

"什么赫梯人？"

"有几百个赫梯人进攻了拉美西斯城的中心。"

乌里泰梭双手紧紧抓住腓尼基女子的肩膀。

"你说什么？"

"女仆们是这么说的。"

"赫梯人打过来了，他们打到了拉美西斯帝国的最中心！这……这简直是天大的好事，塔妮特。"

乌里泰梭把塔妮特推到一边，换上一件黑红条纹的短衣，以王者的气概跨上马，做好随时作战的准备。哈图希勒倒台了，反埃及组织取得了胜利，攻进埃及，那么近东地区也唾手可得了。

人们聚集在连接卜塔神庙和皇宫的大道上，看上去十分欢乐，丝毫看不到开战的痕迹，而且路上也看不到士兵。乌里泰梭带着满腹的猜疑，来到一位满脸欢愉的警官身边。

"不是说赫梯人进入拉美西斯城了吗？"

"对啊。"

"在哪里呢？"

"进皇宫了。"

"那他们杀掉拉美西斯了？"

"你在说什么？他们是首批来埃及朝贡的赫梯人，而且带了很多献给国王的礼物。"

乌里泰梭惊呆了，他从人群中挤过，向皇宫大门走去。

"正等你呢，"萨哈马纳喊道，"你是不是也打算参加欢迎典礼？"

乌里泰梭完全失神了，由着撒丁巨人带着他走进官员聚集的议事厅。

站在前面的，都是前来朝贡的使者，他们手中都捧着贵重的礼物。拉美西斯走进大厅后，人们立刻静了下来。使者们依次把手里的礼物献给法老：天青石、绿松石、铜器、铁器、祖母绿、紫水晶、肉红玉髓、翡翠。

国王最关注的是那几块漂亮的绿松石，他判断那都是出自西奈半岛的。年轻的时候，他和摩西一起到那里去过，那里红黄色的山脉、山谷，以及奇形怪状的石头，都给他留下了深刻的印象。

"你们把宝石献给我的路上，有没有看到摩西或者希伯来人？"

"没有，陛下。"

"那有没有听说过他们的情况？"

"他们总是处于作战状态，因此人们都怕他们。不过摩西说，他们终究会找到理想中的福地的。"

看来，这位拉美西斯的老朋友还在追逐自己的理想。想起当初的时光，眼前的这些宝物便没有丝毫价值了。

使者团的团长最后献上自己的礼物。

"陛下，请问我们能不能在埃及自由来去？"

"和平条约上已认同了此事。"

"那我们能不能在埃及首都祭祀我们的神明？"

"在城东有一座叙利亚女神阿斯塔德的神庙，她是塞特神的伴侣，也是我的战车和战马的守护神。我会请求她保护孟菲斯港。你们在哈图沙祭祀完雷神和太阳神之后，拉美西斯城也会予以欢迎的。"

赫梯使者团走出议事厅之后，乌里泰梭马上跟其中的一名使者交谈起来。

"你认识我吗？"

"不认识。"

"我叫乌里泰梭，穆瓦鞑力国王是我的父亲。"

"穆瓦靼力早就去世了，现在是哈图希勒统治赫梯。"

"这次朝贡是不是……是不是一个阴谋？"

"阴谋？哪来的阴谋？我们是来朝贡的，今后还会有更多的赫梯人来朝贡。再也不会有战争了，这是个和平的时代。"

乌里泰梭在拉美西斯城大街上呆呆地站了好几分钟。

有了亚梅尼的陪伴，财政总长才有勇气来见拉美西斯。此前他一直希望能够用沉默将这件事敷衍过去。赫梯人来到埃及之后，或者说得更准确些，是他们进献了那么多珍贵的礼物之后，他不得不开口了。不过他可不敢独自面对拉美西斯，所以只好求助于亚梅尼。亚梅尼耐心地听他讲完之后，立刻请求面见国王。他告诉财政部长，必须将经过一五一十地告诉拉美西斯。

"亚梅尼，你有没有什么想补充的？"

"陛下，我说什么也无济于事了啊。"

"你知道全部的经过是吗？"

"这次我确实大意了，不过我依然秉持谨慎的态度。"

"这件事在你们那里就此揭过了。"

财政部长不敢看国王的眼睛，暗中舒了一口气，庆幸国王没有处罚自己。而亚梅尼相信，拉美西斯肯定会重新整顿玛亚特准则在宫中的权威的。

"陛下，"玛赫大声喊道，"我以为您不会再见我了呢！我的族人前来朝贡，您为什么不让我去见他们呢？他们看到我肯定会很高兴的。"

玛赫穿上镶有银色玫瑰的红色长袍，看上去端庄美丽，但是她却做出了如此幼稚的行为，而且是当着众多女仆的面。

女仆们把室内打扫得异常洁净，把新款的首饰和衣服送到皇后面前，为寝室换上几百朵鲜花，让室内充满香气。

"让你的女仆休息吧。"法老命令道。

皇后并不想照办。

"我都不能抱怨两句吗？"

现在站在玛赫面前的，不是那个她心爱的男人，而是埃及法老。他曾在卡迭石之战中直面铺天盖地的赫梯军队。现在他眼神中的愤怒，正和他当初面对成千上万的敌人时一样。

"都给我下去！滚！"皇后吼道。

女仆们还没怎么遇到过这种情况，于是随手把手上的东西放到地上，匆匆忙忙退了下去。

"出什么事了，陛下？"玛赫说道，并努力保持脸上的笑容。

"你觉得自己的行为符合皇后的身份吗？"

"我一直遵从您的吩咐，保持应有的风度。"

"但实际上你就像一位残忍的暴君。"

"我哪里做得不对了吗？"

"你下令让财政部长将原本属于神庙的珍宝从国库里取出来给你。昨天你竟然还侵吞了赫梯使者进献的宝石。"

"我是皇后，那些都是我的。"玛赫反驳道。

"不，埃及不是建立在自私和贪婪之上的，而是建立在玛亚特准则之上的。这片土地是神明交付在法老手上的，法老的职责就是保持这片土地的和平与繁荣。玛赫，不管在哪里，你都应该表现出公正的姿态。如果一个国家的统治者行为不端，那这个国家便会灭亡。而你现在的行为，会危及法老的统治和百姓的幸福。"

拉美西斯的语气并不如何严厉，但是每个字都像一把锋利的刀，狠狠割着玛赫的心。

"我想……"

"皇后的形象是做出来的，不是想出来的。对于你之前下的命令，我已经收回了。为了防止你再次做出这种荒唐的行为，我命你今后就住在梅室后殿，没有我的命令，不得回皇宫。你会得到充足的衣食保障，不过禁止其他一切花销。"

"拉美西斯，难道你忍心抛弃我的爱情？"

"玛赫，我真正的妻子是埃及。你是不会懂的。"

43

努比亚次王认为，塞达武在努比亚的作为严重威胁到了自己。

塞达武听取妻子莲花，也就是那位努比亚女巫师的建议，下大力气发展这个省的经济，而且让各个族群的人都和平共处。这种情形，努比亚次王原本认为，都是无法做到的。石匠们也十分拥戴塞达武，在塞达武的带领下，他们建造了无数颂扬法老和他的保护神的庙宇。另外，塞达武还在农业、户口、税收方面采取了多项措施。

次王不得不承认，塞达武在其他官员眼中不过是个无所作为的毒虫巫师，但实际上他是个优秀的管理者。如果任由塞达武取得这么好的政绩，那么自己的官职恐怕就要不保了，他将被指责为懒政和无能者。

塞达武是个顽固的人，拒绝一切娱乐活动，而且所有的工作都认真完成。次王根本没办法和他达成协议，甚至都不敢向他行贿。塞达武虽然是一名高级官员，但是他和莲花生活向来朴素，完全融入了当地人的生活习惯。

现在只有一个办法了，就是制造一场意外，让塞达武不留痕迹地死去，让其他任何人都查不出原因来。为此，次王从阿布辛贝聘请了一名努比亚佣兵，他刚刚从监狱里出来。这个人犯过很多罪，在他眼中，只要有钱就行，道德什么的根本毫无价值。

四尊代表拉美西斯护卫灵的坐像矗立在大神庙的门前，在深沉的夜色中眺望远方，仿佛在观察世俗所看不到的时空。

一名努比亚人站在这里等人，此人窄额头、高颧骨、厚嘴唇，手里拿着一把标枪。

"我是次王。"

"我知道，以前在监狱的时候见过你。"

"我要你帮我做事。"

"从前我只为族人做事，而现在我只是个普通人罢了。"

"别装了。有人指控你偷东西，证据确凿。"

"谁……谁指控我？"努比亚人把手里的标枪扔在地上，愤怒地说道。

"如果你不听我的，我就让你回到监狱，以后再也出不来。如果愿意跟我合作，你以后将衣食无忧。"

"要做什么？"

"我要你帮我去杀一个妨碍我的人。"

"是努比亚人吗？"

"不，埃及人。"

"这种事，报酬可得高一些。"

"你有什么讨价还价的资本吗？"次王直接回绝了。

"要杀的是谁？"

"塞达武。"

"那钱少了可不行。"努比亚人把标枪捡起来，挥舞着说道。

"我会给你一大笔钱的，不过你得让他看上去像是意外死亡的。"

"这个可以放心。"

次王高兴得有点晕了，摇晃着跌倒在地。努比亚人还没笑出声，便也倒在地上。他们想要站起来，但是却再次摔倒。

"大地在摇晃，"努比亚人说道，"我们惹土地神生气了。"

山里发出巨大的响声，石像看上去仿佛也要跌倒。当看到一座石像的头滚落的时候，次王和努比亚人的身体都僵住了。拉美西斯的石像头颅从两人身上滚过，把他们压得支离破碎。

已经有一个多星期没有和乌里泰梭亲热了，这让塔妮特心里感觉空落落的。乌里泰梭每天一早就骑马出去，在野地里奔驰，一直跑到累了才回家，吃完饭后就一句话也不说，躺在床上睡觉。

塔妮特曾经壮着胆子问了他一句，结果被他狠狠打了一顿，差点晕过去。随后她便只能跟自己的小虎猫玩耍，生意上的事也不再管了。

又是百无聊赖的一天，小虎猫在塔妮特的腿上叫着，这时外面响起了马蹄声。是乌里泰梭回来了！

"过来，小宝贝。"乌里泰梭兴致勃勃地走进来。

塔妮特冲进爱人的怀抱。乌里泰梭一把扯掉她身上的长袍，压着她躺倒在椅子上。

"你回来了……亲爱的。"

乌里泰梭野性的回归让她心花怒放，两人疯狂地拥吻着。

"亲爱的，你到底在烦恼什么？"

"我原本以为我的愿望要全部落空了。但是没想到，麦勒飞没有死，而且他还在增加自己部落的规模。他派人跟我联系，让我不要气馁。塔妮特，战争仍在继续，拉美西斯并不是不可战胜的神明。"

"亲爱的，可我还是觉得……觉得麦勒飞太恐怖了。"

"如今的赫梯人沉湎于安乐，只有靠利比亚人来让他们清醒了，麦勒飞就是最好的人选。武力是我们唯一的指望了，我们必须取得胜利。"

塔妮特进入甜美的梦乡，乌里泰梭独自坐在花园的躺椅上，看着天上的月亮，祈祷它能帮助自己实现那残酷的梦想。

"我的力量比月亮更大。"一个女人的声音出现在他的背后。

"玛赫！你竟然……"

"皇后依然可以自由行动。"

"你终于想清楚了。拉美西斯已经废掉你了吗？"

"没有，他不会的。"

"那你为什么要来这里？"

赫梯女子抬起头，望着天上的星星。

"乌里泰梭，你是对的，我永远都是个赫梯人。我无法取代妮菲塔莉，拉美西斯甚至不承认我是埃及的大皇后。"

玛赫哭了起来，乌里泰梭想要抱住她，结果被她推开了。

"我真是太蠢了，干吗要为此伤心！这是懦弱的表现，赫梯公主不应这样。"

"我们都是为战斗而生的。"

"拉美西斯羞辱了我，他把我当作奴隶。"玛赫说道，"我全心全意地爱他，努力变成他心目中的皇后，但是他却如此侮辱我。"

"你想要报复吗？"

"我……我不知道。"

"玛赫，你要清醒些，你怎能被侮辱而不反抗？况且，既然你来找我了，就代表你已经作出了选择。"

"不要说了！"

"我不能不说，赫梯人是永不屈服的。玛赫，我拥有一批优秀的同伴，而且我们共同的目标就是毁灭拉美西斯。"

"但他是我的丈夫。"

"你错了，他只是个把你弃如敝屣的暴君。玛赫，听我的，大胆去做吧。这是毒药。"

玛赫是否会放弃自己的梦想，抛弃想象中美好的未来，去毁灭那个她心爱的男人呢？

"赶快下定决心吧。"乌里泰梭说道。

皇后趁着夜色离开了。

乌里泰梭心满意足，微笑着走上阳台，要向自己刚刚祈祷的月亮致以谢意。

"是谁？"

"我，塔妮特。"

赫梯人一把掐住腓尼基女子的脖子。

"你敢偷听我们谈话？"

"我没有……"

"你都听到了，是不是？"

"听……听到了，不过我发誓，我不会跟任何人说的。"

"谅你也不敢！来，亲爱的，看这里，看清楚。"

乌里泰梭从上衣里掏出一把铁匕首，刀尖冲着月亮。

"看清没有？这就是杀死拉美西斯的好友亚夏的武器，也将会是杀死法老的武器。如果你敢背叛我，它同样会刺进你的喉咙。"

拉美西斯邀请凯和麦伦卜塔，还有无比忠诚的亚梅尼共进晚餐，以庆祝自己的生日。亚梅尼想出一个主意，让御厨准备了"拉美西斯的佳肴"，还有塞提执政三年时酿的好酒。

凯和麦伦卜塔之间毫无芥蒂，这让埃及的未来看上去无比光明。长子身为祭司，专心研究古籍经文和宗教文物；次子身为总司令，则负责整个国家的安全。其他的皇子都没有他们这么成熟稳重，有大局观念。等拉美西斯认为时机合适的时候，他会对外宣布王位的继承人。拉美西斯虽然已经六十岁了，但仍然魅力不减，谁也不会贸然想象自己继承王位。

这些年里，拉美西斯的故事已经传遍埃及内外，从努比亚南部到克里特岛，到处都有他的传说。他是这世界上最英明神武的君王，是光明的象征，是永恒的建造者。他是上天赐予人类的最美好的礼物。

"敬我们伟大的拉美西斯大帝。"亚梅尼举杯提议。

"不，"国王说道，"应该先敬埃及，这片上天赐予并养育我们的土地。"

四个人心灵相通，他们把自己献给国家，也享受着国家的恩惠。

"梅莉达蒙怎么没来？"凯问道。

"她在祭祀神明呢。她坚持这么做，我也没办法。"

"也没有邀请玛赫吗？"麦伦卜塔问道。

"她以后就住在梅室后殿。"

"但我刚刚还在厨房见过她啊。"亚梅尼有些吃惊。

"她应该离开这里了。亚梅尼，从明天开始，严格执行这项命令。麦伦卜塔，有没有利比亚人的消息？"

"还没有，麦勒飞像是个疯子，幻想着他的进攻。"

"吉萨的鬼魂也不见了，石匠们都恢复了工作。"凯说道。

皇室总管呈上来一封信，是一封急件，上面盖着塞达武的印章。拉美西斯拆开印封，打开信件，看完之后立马站了起来。

"我要立刻去阿布辛贝。你们继续用餐吧，不用等我了。"

剩下的三个人也没有心情再吃那道拉美西斯的佳肴了。御厨和帮厨原本想要偷吃，但是想到偷吃御膳会犯欺君之罪，便也忍住了。最后，这道被玛赫投入毒药的佳肴，就被御厨略感疼惜地扔掉了。

拉美西斯来到努比亚，再次尝到了那种令人迷醉的感觉。空气清新，天空湛蓝，从尼罗河吸取水分的棕榈林和农田展现出了盎然生机。鹈鹕、戴冕鹤、火鹤还有白鹭在天空飞翔，金盏菊盛开在道路两旁，赭红色的山丘伫立在远方。眼前的景色，让人能够尽情与大自然中的神明沟通。

拉美西斯站在前往阿布辛贝的快艇船头上，一动不动。他把随行的人数降到最低，只带了一些出色的水手，他们都对尼罗河的情况非常熟悉。

快要达到目的地的时候，国王坐回船舱，坐在一把镶着象牙、椅脚像是鸭头的椅子上，进食一些食物。这时，快艇前进的速度突然慢了下来。

"出什么事了？"拉美西斯向船长问道。

"岸边趴着一群鳄鱼，围成的圈子至少七米，河里还有一群河马。我们不能往前走了，陛下，您先到岸上休息一下吧。那些动物如果躁动起来，可能会攻击我们的。"

"继续前进，勇敢些，船长。"

"可是陛下……"

"努比亚真的很神奇。"

水手们继续划船前进，不过背后都直冒冷汗。

河马群有些骚动。岸上的鳄鱼群中有一条摆动着尾巴，向前快速爬了几米之后，又趴着不动了。

拉美西斯能感知到自己的朋友，虽然它的身影还没有出现。突然，一只身躯庞大的公象用鼻子拨开洋槐树丛的树枝，发出巨大的吼声。水手们呆若木鸡，附近栖息的小鸟也都被吓得飞起来。

鳄鱼群中有一些躲进草里，半露着身躯，还有一些冲向河里的河马。激烈的战斗很快就结束了，尼罗河面又恢复了平静。

拉美西斯向大象挥手致意，大象则用吼声回应。很久以前，拉美西斯救了一只受伤的小象，从那以后，每当拉美西斯有需要时，这只长鼻子的动物都会出来帮助他。

"要不要把它抓住，带到埃及去？"船长问道。

"不，应该让它保持自由。"

拉美西斯看着阿布辛贝的美景，心旷神怡。两座高高的山峰相对耸立，山峰间有一条山谷，海边有一片金色的沙滩，洋槐树散发出迷人的香气，努比亚花岗岩让人备感庄严……拉美西斯曾命人在这里建造两座神庙，象征着自己和妮菲塔莉的永久结合。

塞达武在信中的描述完全属实，这里的地震非常严重，这也是国王所忧虑的。四座巨像的其中一座的，头和身躯都倒在地上。

塞达武和莲花来到国王面前。

"有伤亡吗？"拉美西斯问道。

"死了两个人，一个是努比亚次王，另一个是一名惯犯。"

"他们怎么会在一起？"

"这个就不知道了。"

"神庙的情况怎么样？"

"您可以自己去看一下。"

进入神庙，拉美西斯发现石匠们已经开始工作了。他们在受损的圆柱周围竖起了支架，并采取措施扶正了那些有可能倒塌的圆柱。

"妮菲塔莉神庙的庙门受到损伤了吗？"

"没有，陛下。"

"感谢神明庇佑。"

"各处都已经开始进行修复了，这些损伤都会很快修好。不过要修复那座巨像有些难度，我想汇报一下我的几个方案。"

"不用修复了。"

"总不能让庙门就保持现状吧！"

"土地神用地震改变了庙门，那我们就应该遵从他的旨意。"

塞达武对拉美西斯的决定感到惊讶，不过他只能遵从。以后象征护卫灵的就只剩下三座巨像了，第四尊巨像将成为人类工程并不完美的证明。损毁的巨像并不会损害整体的威严，反而让其他三座更显神圣。

国王和塞达武还有莲花坐在棕榈树下一起用餐。塞达武没有让国王涂上阿魏，那是一种可以驱赶蛇虫但是味道难闻的树脂。

"你增加了祭祀品的数量，"拉美西斯向塞达武说道，"增加了粮仓的存粮，建造了大量神庙，并且让这里变得和平。还有，你依然喜欢有话直说。对于主持此地的玛亚特正义，你有什么想法？"

"陛下，那是次王的权力啊。"

"我没有忘记他。不过在我执政第三十八年的时候，我就已经下诏让你担任新的努比亚次工了啊。"

塞达武想要反对，但是不知道该说什么。

"你不应该拒绝担当这个职位的。这次地震对你来说具有深意，你从今天开始就要踏入另一片天地了。塞达武，你了解我对这里的热爱，帮我好好经营这里吧。"

塞达武转身走进了浓浓的夜色中，他需要独自思考一下这个突然而来的、让他成为国家支柱之一的转变。

"陛下，请恕我冒昧，我有一个问题。"莲花对拉美西斯说道。

"你不觉得今晚的聚会很有意义吗？"

"为什么到今天，您才正式升任塞达武为努比亚次王？"

"要让他顺利成为这里的主人，必须要让他的心里没有阻碍。今天的事情，已经让他意识到了自己的使命所在。他是个有品格的人，在污浊的环境中能够洁身自好，而且他所想的都是辖下子民的幸福。这些都需要他慢慢去体会。"

45

拉美西斯一个人走进阿布辛贝神庙进行晨祷。中间的通道连接了阿蒙神坐像、皇家护卫灵和瑞神像,国王经过通道走进内堂。此时的法老不再只是那个担负重责的普通人类,他是隐身、光之灵和造物主的集合,以阿门和瑞神的名义,诸神将他打造得异常完美。

这里的第四尊神像是卜塔神,此时仍不可见。拉美西斯是卜塔的传承者,也是埃及和百姓的主宰,同时还是文字解读者,万物正是通过文字展现其具体的形象。国王想到了自己的儿子凯,那个专心侍奉神明的卜塔神庙大祭司。

拉美西斯走出神庙,眼前的广场沐浴在阳光之中,努比亚花岗岩仿佛在燃烧,金色的石头发出神明皮肤般的光辉。拉美西斯迈步走向妮菲塔莉神庙。太阳是妮菲塔莉的光芒凝结而成的，它高挂天空，照耀埃及，昭示着埃及大皇后的美丽与智慧。

皇后在画家和雕刻家的手下重新焕发出生机，拉美西斯望着皇后的容颜，甚至想要到阴间去陪伴她。她将挽住他的手，带他穿过几堵黄色高墙，后面有诸神相伴。她让这个世界充满生机，让尼罗河水缓缓流淌。然而，妮菲塔莉只是站在太阳船上微笑，远远望着拉美西斯。法老还担负着俗世的责任，就算再困难，也要完成自己的事业。妮菲塔莉会继续以自己的容颜和正义精神引导拉美西斯，带领国家向玛亚特的方向前进，直到玛亚特卸下拉美西斯身上的重担。

日落西山，国王该与妮菲塔莉的灵魂道别了，回到那个仍有职责等待他的世界。

几百名身着华服的努比亚人聚集在广场上，他们头戴红色的假发，耳朵上坠着金耳环，身上穿着白色的长袍和满是花草图案的裹腰布。他们是各个种族的酋长和村子的代表，手里捧着献给拉美西斯的礼物：豹皮、金戒指、象牙、乌木、鸵鸟毛、鸵鸟蛋、大袋的宝石和几把扇子。

塞达武引领着乡村大会的会长，来到拉美西斯面前。

"拜见光明之子。"

"你好，爱好和平的努比亚之子，这两座阿布辛贝神庙是我的心中所爱，希望它们能将努比亚和埃及连为一体。"拉美西斯说道。

"陛下，塞达武升任努比亚次王的消息，已经传遍了努比亚。"

乡村大会没有发出一点声音。如果酋长们反对这项任命，那么还是会发生暴动。不过拉美西斯坚持自己的决定，塞达武命中注定要管理这片土地，并为这里的子民带来幸福。

会长转身面向穿着羚羊皮外套的塞达武，说道："塞达武深得民心，必将造福万民，感谢拉美西斯赐予我们这样的管理者。"

塞达武感动得流下泪来，跪下向拉美西斯行礼致谢。但是当他弯下腰时，却看见一条蛇正在慢慢接近国王的脚。他想要大声呼喊，但是努比亚人正在为拉美西斯欢呼，器乐声掩盖了一切，他的呼喊不会有人听得见。

千钧一发之时，一只白鹭从天上冲下来，在蛇发动攻击的瞬间，咬住了蛇头，然后叼着蛇飞向天空。看到这个情景，人们都认为是透特神化身白鹭，拯救了国王。看来透特神已经表明了态度，塞达武管理这片土地，是正确无误的。

塞达武终于挤开众人，来到国王身边。

"那条蛇……"

"要相信自己，塞达武，你不是已经为我造就了不惧蛇毒的身体吗，还担心什么呢？"

塞达武简直要累垮了。担任次王的职务之后，塞达武的工作量直线增加，比他原本想象的要累上许多倍。每天都要接见许多前来陈情的人，而且似乎每个人的事情都很着急。他只用几天就想明白了一件事情，那就是只要牵涉到利益，多数人都会抛弃道德和尊严。如果不是国王把这么重大的责任交给自己，他早就抛弃官职，回去捉自己的毒蛇了，相比起来，那简直是无比轻松的工作。

幸好，他还有两位得力的助手。

一名助手是莲花。自从塞达武当上努比亚次王之后，莲花发生了令人惊讶的改变。她既懂得如何令自己的御蛇巫师丈夫享受肉体的快乐，又懂得如何利用女性的优势帮助他从事管理工作。在和各个族群的代表谈判时，她那仿佛永不老去的美丽脸庞，常常能让她取得意想不到的胜利。那些代表常常因为痴迷于她的美丽，而忘记了自己原本要求的东西。不管怎么说，她替塞达武摆平了一大群男人。

第二名助手，便是拉美西斯了。他亲自参加了塞达武召开的第一次军事会议，这便足以说明国王的态度。而且在会议召开过程中，拉美西斯一句话都不说，所有的决策都由塞达武来做，这足以说明，塞达武得到了国王的绝对支持。那些与会的军官虽然气量不大，不过也不敢挑战有国王做靠山的次王的威严。

塞达武的就职仪式是在布衡堡垒中举行的，仪式结束之后，塞达武和拉美西斯一起来到城墙上散步。

"我从来没有感激过谁，"塞达武说道，"但是这次……"

"没人强迫你做什么，我所做的不过是帮你省去了一些不必要的麻烦。"

"拉美西斯，您将神力赐予了我，这是最重要的。"

"是你对国家的忠诚让你愿意为之付出一切，你愿意承担这个重任，说明你是一位勇敢的战士。"

"您也将和平托付给了这名战士。"

"这正是世界上最美妙的事情啊。你位居次王，而且你的妻子能力出众，你们要联手管理好努比亚。"

"陛下，您还会回来吗？"

"我也不知道。"

"这里不是您心爱的土地吗？"

"如果我能够来这里生活的话，我会抛弃所有的国家大事，坐在尼罗河岸的棕榈树下，面对沙漠，遥望太阳，想念心爱的妮菲塔莉。"

"成为次王之后，我才体会到您肩上的担子是如此之重。"

"因为你有了另外的身份，塞达武。"

"陛下，我无法拥有您的能力，不知能不能担起这么重的担子。"

"你已经利用蛇学会了驾驭心中的恐惧，管理努比亚之后，你将学会驾驭权力，而不是被权力驾驭。"

萨哈马纳的训练项目很多，有拳击、射击、跑步还有游泳。不过这些训练并不能将他对乌里泰梭的恨意削减分毫。那名赫梯人这段时间安静了下来，从不做出格的事情，让萨哈马纳抓不到丝毫把柄。而且他和塔妮特的婚姻羡煞了拉美西斯城的所有大家族。这跟萨哈马纳的预期完全相反。

拉美西斯的贴身护卫队队长把刚刚带给他肉体欢乐的努比亚舞女赶走了，心头的怒气感觉稍稍平息了一些。这时一名侍从敲响了门。

"吃过饭了吗，小子？"

"吃过了。"

"尼罗河鲈鱼、酱爆腰子、鸽肉馅饼和那些时鲜蔬菜，味道怎么样？"

"还不错，长官。"

"我在肚子饿的时候，耳朵就会打卷。跟我去吃饭，有什么事情先放一下。"

吃完饭之后，萨哈马纳靠在垫子上。

"你来找我干什么啊，小子？"

"长官，是您吩咐的啊，让我在他出门之后，监视塔妮特房前的动静。我发现有个男人到她家去了三次，这个人一头卷发，穿着一件彩色的衣服。"

"你有没有跟踪他？"

"长官，您没有吩咐这一点。"

"所以，我不能怪你。"

"不过他第三次去的时候，我……跟踪了他，不知道会不会违反纪律？"

萨哈马纳站起来，双手拍在佣兵的肩膀上。

"不错，小子。某些情况下纪律也是要违反的。你都发现什么了？"

"我发现了他的住处。"

46

到底是该先问一下亚梅尼的意见，还是直接去找那名嫌犯，逼他说实话？萨哈马纳有些难以抉择。要是放在以前，他肯定会果断采取行动，但是现在他已经是一名埃及人了，必须遵守法律，那也是对神明的尊重。最终，拉美西斯的贴身护卫队队长来到了亚梅尼的办公室。国王的机要秘书这时正在昏暗的灯光下努力工作着。他一边看文件，一边吃着蚕豆粥、新鲜面包和蜂蜜蛋糕。不过这些食物还是和其他食物一样，不能让他胖起来。

"这么晚了，肯定不是什么好事吧？"亚梅尼对萨哈马纳说道。

"不，这次是一条很好的线索，不过我还没有采取行动。"

亚梅尼有些惊讶。

"难道是透特神化身白鹭点化了你，让你拥有了智慧？萨哈马纳，你这么做是对的。首相绝对不会在是进是退的问题上出差错。"

"是有关腓尼基商人纳瑞歇的，他到塔妮特那里去了几次，现在住在一幢别墅里。"

"也许只是礼节上的互相拜访。"

"纳瑞歇不知道塔妮特和乌里泰梭陪同皇后参观的事情。这次他们回来后，纳瑞歇就只去过一次，而且是在深夜的时候。"

"你监视了塔妮特的住所？这是擅自行动！"

"不，不，亚梅尼，我只是从一名夜间巡逻警员那里听说的。"

"变着法骗我，你这是在侮辱我的智商。萨哈马纳，你真是变了啊。"

亚梅尼停下了进食的动作。

"你让我吃不下去饭了。"

"我哪里做错了？"撒丁人心里感到有些不安。

"不是你，是你说的事情，有些奇怪……纳瑞歇……听到这个名字我感到有些不安。"

"他很有钱，而且可能很有影响力。不过他为什么要违反法律呢？"

"他的影响力比你想象的要大多了。纳瑞歇是个来自泰尔市的商人，和外交部一起参与了国王巡视腓尼基的行程安排工作。"

萨哈马纳的眼中仿佛要冒出火星。

"他和乌里泰梭合谋，设计了一个陷阱。"

"但是他和塔妮特夫人都是商人，又是同乡，我们没有证据证明他和乌里泰梭合谋。"

"亚梅尼，我们不能坐视不管啊。"

"这有些难以抉择。我为了参加塞达武的就职仪式，在努比亚待了几个月。拉美西斯在那里又看了一遍埃及北方领土和商业伙伴的文件，发现埃及和腓尼基好像比以前疏远一些了，所以决定去那里巡视，增进双方的感情。你对国王是很了解的，他不会因为可能存在的刺杀而退却。"

"必须要深入调查，找出纳瑞歇和乌里泰梭合谋的证据。"

"我们肯定不会什么都不做的。"

尼罗河的水面反射出金色的光芒，岸上的村庄飘起了炊烟。灵魂在原野中游荡，捕食足够的能量之后，便回到坟墓，重归安宁，然后积聚起重生的力量。

守卫萨卡拉陵墓的警犬全都处在警惕状态，守卫着在这里的两个尊贵人物——拉美西斯和凯。凯的脸上满是喜悦的神色。

"陛下，能在萨卡拉见到您真是太开心了。"

"工作怎么样？有没有找到透特书？"

"那些遗迹已经修复了大部分，就剩最后收尾了。说到透特书，我正打算让您看一下其中一页的内容呢，而且我准备把那些散乱的书页重新拼凑起来。您在努比亚的这段时间，卜塔神庙的工匠们都在认真工作。"

凯平时很少流露如此兴奋的情绪，拉美西斯看到他兴致勃勃，感到十分安心。

位于广袤的萨卡拉高原上的左赛尔和伊姆霍特普金字塔，可以说是金字塔之祖，是第一座用巨石修建的天梯形式的金字塔。不过凯并不是要让父亲观看这座金字塔，他引领拉美西斯走上了一条位于这座金字塔西北边的曲折的小道。

到达目的地后，可以看到一座增加了高度的圆柱小庙，底座为石碑，上面刻着捐赠者的姓名。几名祭司举着火把站在门口。

"在法老祭祀用的裹腰布上，有一条公牛尾，"凯说道，"它代表了无上的权力。这种权力来自圣牛阿匹斯，上下埃及的主人可以借此突破任何阻碍。当初正是阿匹斯驮着奥西里斯的木乃伊穿过天国，使他得以重生的。我曾经立誓，要以古老的形制，为阿匹斯建造一座神庙，现在，这个誓言已经实现了。"

国王和凯跟随那些举着火把的祭司，走进了阿匹斯圣牛的地下神庙。不管时间如何流转，这位神明的灵魂始终以动物的形象出现，它的神力也在其中得以流传。在那些灵堂中安放着巨大的石棺，各代圣牛便安睡其中。它们的尸体经过了干化处理，并有其当时时代的珍宝陪葬，有贵重的珠宝和精美的花瓶，还有一些牛头人身的雕塑。这些圣牛将在阴间继续为神明服务。在连接各个灵堂的通道中，还设置了几条画廊。

"每天都有祭司专门到灵堂祭拜，请求阿匹斯赐予法老神力。"凯说道，"我还派人额外建造了一处疗养院，里面都是用石膏粉刷的白墙，可以帮助那些使用睡眠疗法的病人在其中养病。我想御医总长尼菲瑞听到这个消息肯定会开心的。"

"儿子，你的成就必将永远传于世间。"

"陛下，阿匹斯神来了。"

一头全身黑色、身躯庞大的公牛从黑暗中走出来，向着法老走去。这头阿匹斯神情温和，有着君主般的威仪。拉美西斯想起在阿拜多斯的时候，他的父亲命令他与一头公野牛搏斗，至今想起仍心有余悸。不知不觉，已经过了这么多年。

公牛渐渐走近了，拉美西斯站着不动。

"过来吧，我的好朋友。"

拉美西斯用手摸着牛角，公牛则用粗糙的舌头舔着国王的手背。

对于拉美西斯巡视腓尼基的决定，外交部大力称赞，认为这是一项伟大的举动，必将赢得埃及和赫梯子民的一致拥戴。没有任何一个人表示反对，在他们看来，拉美西斯的决定就代表了神明的旨意。

亚梅尼走进国王的办公室，发现国王并不怎么高兴。

"需要我去请御医总长尼菲瑞吗，陛下？"

"我现在的病她可治不好。"

"那我斗胆猜一下，您是无法忍受那些人的奉承？"

"我统治埃及已经接近三十九年了，但是那些官员仍然如此虚伪，只知道拍我的马屁。他们什么事都要向我请示，从来不会独立思考。我怎么可能高兴得起来。"

"您难道还看不出他们的本性吗？陛下，这可不像您，您从来不会这么气馁的。还有，您看我是一个什么样的人？虽然我没有上天赐予的智慧，不过我还是有自己的想法的。"

拉美西斯笑了笑。

"你反对我去腓尼基？"

"根据萨哈马纳的情报，有人计划在这次旅途中行刺您。"

"这次出行本来就会遇到危险，只要我有足够的神力，就不用惧怕那些。"

"我知道陛下不会取消这次行动的，所以我建议加强守卫。不过泰尔之行是不是可以取消？我们的商人有足够的能力应对困难。"

"你还是不了解这次出行的价值。"

"难道是有其他的目的？"

"亚梅尼，智慧是最能让人心安的。"

47

　　一直到太阳升得老高，乌里泰梭才起床。他来到花园里，边晒太阳边吃早餐。

　　"我妻子去哪儿了？"他向管家问道。

　　"到城里去处理生意上的事情了。"

　　为什么她没事先告诉自己？乌里泰梭有些愤怒，等她回来之后一定要好好问问她。

　　"你到哪里去了？"

　　"生意上的事情总要打理啊。"

　　"去见谁了？"

　　"一个老乡，非常富有。"

"他叫什么？"

"你吃醋了吗？"

乌里泰梭狠狠扇了塔妮特一个耳光。

"不要觉得这很有趣。我问你你就老实回答。"

"你打痛我了。"

"他叫什么？"

"纳瑞歇。他想要增加和埃及的交易规模。拉美西斯巡视腓尼基的时候，他还想成为中间商。"

乌里泰梭吻上了腓尼基女子的嘴唇。

"亲爱的，你怎么不早说呢，早说我就不会动手了。这真是太棒了，你下次什么时候见他？"

"我们的生意已经做成了，所以……"

"那就再和他做些别的生意，然后用你的魅力探听尽可能多的关于巡视的消息。我相信你可以做到的。"

塔妮特本来还想拒绝的，可是乌里泰梭的身体已经压住了她。腓尼基女子再也不管别的了，肉体的享受才是最有吸引力的。

塔妮特把手交给指甲师，享受着手部按摩的舒适。

"皇家禁止了所有宴会项目。"她对乌里泰梭说道。

"为什么？"

"公牛神阿匹斯去世了。守丧期内不得举办宴会。"

"真是奇怪的习俗。"

"埃及人可不这么想。"

指甲师被塔妮特支了出去。

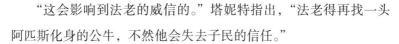

"这会影响到法老的威信的。"塔妮特指出，"法老得再找一头阿匹斯化身的公牛，不然他会失去子民的信任。"

"这对拉美西斯来说太容易了。"

"这可不是件简单的事，要找的那头牛必须要严格符合要求。"

"都有哪些要求？"

"这得先举行祭祀阿匹斯的仪式，然后询问那些祭司。"

"一定要弄到观礼的资格。"

死去的是孟菲斯神庙修道院里的阿匹斯公牛，它的皮铺在圣堂中的棺木上，为它守灵的有拉美西斯和凯，还有奥西里斯。轮回的经文念诵不停，这位卜塔神的神力象征、建造者之神，将得到符合自己身份的葬礼。

阿匹斯的尸体经过干化，由一辆木头车送到皇家丧葬船只上，越过尼罗河。丧葬队伍紧接着来到萨卡拉和埋葬公牛的地下陵墓。在黄金圣堂中，拉美西斯为公牛开口、开眼、开耳。

乌里泰梭和塔妮特虽然没能参加这场葬礼，但是从一位喜欢炫耀的祭司那里获悉了所有细节。

"被选为阿匹斯的公牛，首先要有一身黑色的毛，"祭司说道，"上面要有白色的斑点，额头上要有一个二角形的白色块斑，胸前和后脑要有月牙形状的斑，尾巴要黑白相间。"

"符合这些条件的牛多吗？"乌里泰梭问道。

"怎么可能，上天只赐予世间一头这样的牛。"

"如果法老找不到这样的牛呢？"

"他会失去自己的神力，整个国家也会遇到大难。不过拉美西斯肯定能找到的。"

"我们也是如此认为。"

乌里泰梭和塔妮特转身离开。

"如果真的有这样的牛，"乌里泰梭说道，"我们一定要先于拉美西斯找到它，将它斩成碎块。"

亚梅尼满脸的疲惫。即便在受疾病折磨的情况，拉美西斯也没办法让自己的朋友放下工作，他怎能不疲惫。

"陛下，有很多好的消息要向您汇报。比如……"

"先说最坏的，亚梅尼。"

"您是怎么知道的？"

"你把一切都表露在脸上了。"

"正像您想的那样……哈图希勒寄来了一封信。"

"外交官不是会定期发送这样的信件吗，哪里有问题？"

"这是专门写给您的，'哈图希勒的兄弟'。玛赫向她的父亲抱怨自己受到的待遇，哈图希勒对此十分惊讶，想要得知为何会这样。"

拉美西斯的目光一下子变得锋利起来。玛赫也许在信中编排了他的不是，好让哈图希勒生气，让两国再次开战。

"哈图希勒想知道什么，就告诉他什么。"

"我看过了以前亚夏写的一些信件，从中学到了一些东西。我为您起草了一封回信，相信可以平息哈图希勒的怒火。"

亚梅尼递给拉美西斯一块刮削刻画了不知多少次的木板，上面是他起草的回信。

"真是完美的外交信件，你进步了。"拉美西斯称赞道。

"那我现在就把它交给一位写字漂亮的书记员。"

"不用了，亚梅尼。"

"怎么？"

"我要亲自写这封信。"

"不过陛下，这会不会……"

"你是怕我实话实说吗？我会告诉哈图希勒，他的女儿并不适合做大皇后，所以以后在大型庆典上，将由梅莉达蒙承担皇后的角色，玛赫则会安静地居住在后殿。"

亚梅尼的脸上写满沮丧。

"虽然哈图希勒和您互称兄弟，但他如此多疑，如果回信措辞不够严谨的话，也许会引起他的猜忌。"

"每个人都应该说实话。"

"可是，陛下……"

"去做你的事吧，亚梅尼。明天把我的回信寄到赫梯。"

乌里泰梭感觉自己娶塔妮特是个正确的选择，她美丽、性感，又对自己感情极深，而且在上流社会交游极广。正是因为塔妮特有如此多的财产，乌里泰梭才能收买这么多的眼线，到处寻找那头黑色皮毛带有白色斑点的公牛。由于拉美西斯还没开始寻找这样的牛，乌里泰梭很可能会抢先。

腓尼基女子宣称要从事畜牧业，打算购买一群牛，还有几头健壮的种牛。从拉美西斯城附近开始找起，然后一步步扩展到首都和孟菲斯之间的地区。

"这段时间拉美西斯都在干什么？"乌里泰梭向塔妮特问道。她刚刚参加完双白宫召开的讨论国王经济政策执行计划的会议。

"和他的儿子凯在一起的时间居多，据说，他们正在筹备新的阿匹斯任职的典礼。"

"难道他们已经找到那头牛了？"

"还没有，只有法老能认出它来。"

"那他为什么还不去找呢？"

"现在还在守丧期内。"

"如果我们能提前一步，把那头新的公牛的尸体放到地下神庙的门口……那拉美西斯就再也没办法重生了。"

"管家说有你的一封信。"

"快让他拿过来。"

乌里泰梭一把夺过塔妮特手中的石灰片。有一名线人汇报称，在孟菲斯北部的一个村子里，发现了一头公牛，完全符合那些条件。牛的主人想要卖个大价钱。

"我这就过去。"乌里泰梭说。

48

太阳高挂天空，村子里的人都在午休。棕榈树下，两个小女孩正在井边拿着娃娃玩耍。她们的母亲则坐在不远的地方，修理着几个柳条篮子。

乌里泰梭骑着马冲了过来，吓得两个小女孩赶紧躲到母亲身后，那名母亲也被吓得呆住了。

"女人，告诉我，他在哪儿，那头健壮的黑色公牛的主人？"

那个女人抱住自己的孩子，三个人缩在一起。

"赶紧说，不然我就动手了。"

"在……在村南，那里有个农场，外边有围墙……"

乌里泰梭顺着女人所指的方向，策马狂奔，没过几分钟，他看到了那堵围墙，也看到了那头正在吃草的公牛。它身体匀称，毛色黑亮，身上有白色的斑点。乌里泰梭从马上下来，走过去仔细看了一遍，这头公牛确实符合成为阿匹斯的所有条件。

他跑到农场的住房那里，看到几名刚锄草回来的农人。

"你们的主人呢？"

"在花棚那边。"

马上就能达到目的了，乌里泰梭为此愿意做任何事。

农场主人躺在席子上，睁大眼睛看着他。

"路上还顺利吗？"

乌里泰梭愣在原地。

"怎么……"

萨哈马纳站起来，把头上的头盔摘下来。

"乌里泰梭，你想要从事畜牧业？嗯，一个埃及人应该有这样的思路。"

"你怎么……"

"没错，我就是这座农场的主人。拉美西斯对我很好，让我能够拥有这么大的农场，等老了我就在这里享受生活。你是不是想要买我的那头公牛？"

"不是，我没有……"

"亚梅尼和我早就知道你开始行动了，所以他想了个主意，跟你开个玩笑。这头公牛身上符合阿匹斯条件的特征，都是画上去的。只有我们了解这个玩笑，你说对不对？"

守丧期就快要结束了，祭司们心里都有些迷惑：国王为什么还不去寻找新的阿匹斯呢？

拉美西斯到公牛木乃伊的地下陵墓巡视过几次，又花了几天时间钻研开国时复活阿匹斯的宗教仪式，随后凯又向他讲解了阿匹斯曾经展示的神迹。这位建造者之神，在天上就如蜜蜂一样工作。语言之神卜塔把自己的想法全部化为文字，他的每个思想火花都有完美的呈现方式。

就在最终日期的前一个星期，凯也渐渐感到有些困惑了。

"陛下，守丧期已经……"

"儿子，我知道你要问什么，放心吧，阿匹斯的继承者是存在的。"

"如果它太远的话，把它接来也是要花费一定时间的。"

"我今天晚上会一个人睡在地下陵墓中，请求神明和妮菲塔莉为我指引方向。"

太阳下山之后，国王来到存放阿匹斯木乃伊的墓室。他知道每头公牛的名字，也记得它们的样子，并和它们的灵魂进行沟通。拉美西斯来到祭司的单人房间，躺在床上，在梦中与神明相会。他的心灵没有休息，仿佛长出翅膀，像小鸟一样飞到空中，俯视着大地。他看到了埃及两地、城市、农村、神庙、祠堂、尼罗河、农田、水渠还有沙漠。

船只在呼啸的北风中鼓动双帆，快速驶往阿拜多斯。拉美西斯站在船头，欣赏着山河美景，体验着乘风破浪的感觉。

凯向其他祭司和宫廷宣布，他将陪伴拉美西斯出行，寻找阿匹斯圣牛，将其带回萨卡拉。他知道如果寻找不到会有什么后果，因此他充满斗志。

"我们到了。"凯对拉美西斯说。

"这么快就到了！美好的时光总是短暂的。"

码头上挤满了阿拜多斯的神职人员，他们前来迎接国王，大祭司也向凯致意。

"陛下这次来，是要为奥西里斯的祭祀典礼做准备吗？"

"不是，"凯说道，"拉美西斯认为，新的阿匹斯圣牛就在这里。"

"不知陛下是从哪里得到的消息？如果圣牛在这里，我们早就报告了。"

"只有他自己最了解。"

阿拜多斯大祭司有些惊讶。

"你有没有跟你父亲讨论过这件事？"

"他可是拉美西斯！"

人们想要看看拉美西斯在附近能找到什么，不过国王并没有四处观看，而是径直朝开国君王的陵墓走去。那些君王的木乃伊都安葬在萨卡拉，永远陪伴阿拜多斯。

陵墓里有大片的柽柳，拉美西斯看到了站在树荫下的黑色公牛，它昂起头，警惕地注视着向它走来的那个男人。

这就是法老在阿匹斯陵墓的梦中看到的场景。

公牛的敌意消失了，反而充满了久别重逢的兴奋。它的额头有个三角形的白斑，胸前和后脑都有月牙形的斑纹，尾巴是黑白相间的。

"阿匹斯，来，我带你回你住的地方。"

皇家船只来到孟菲斯港口，全城的居民都开始欢呼。拉美西斯

城的所有官员都来到这里，迎接这头赋予法老继续执政权力的新
阿匹斯圣牛。亚梅尼也来了，不过他不是来欢呼的，而是有个坏
消息要告诉拉美西斯。

国王和公牛在欢呼声中一起从船上走下来，径直走向卜塔神
庙。以后，这头阿匹斯圣牛会在神庙旁的大围栏里，与身边的母
牛共享美好生活。它来到围栏前，开始举行一场传统仪式。一名
颇有声誉的妇女站在公牛面前，掀起自己的长袍，露出下体，这
是哈托尔女神的象征。在众人的欢笑声中迎来播种者，祈祷那些
母牛能够多繁育后代，让阿匹斯子孙遍地。

乌里泰梭也挤到了围观的人群中，他不知道该看哪里。无聊
的把戏，放肆大笑却不知羞耻的女人，不为所动的公牛，还有
那些视拉美西斯为神明的愚昧人群……这让拉美西斯看上去不
可战胜。

如果换成其他人，恐怕早就放弃复仇的念头了。不过乌里泰梭
是个赫梯人，同时还是名战士，他发誓要把拉美西斯夺走的王位
抢回来。一个原本战无不胜的国家，现在却对自己的敌人俯首帖
耳，这是他不能容忍的。

关上神庙的双座大门，人群的喧嚣被隔绝在外，任由他们享用
法老提供的美食，拉美西斯、凯和一群祭司则在神庙里面，举行
新阿匹斯任职的典礼。典礼的最关键部分，是公牛把重生的奥西
里斯的木乃伊驮在背上，向前奔跑。

"这个时候到处奔波真是让人厌烦！我办公桌上需要解决的问
题都已经堆成一座山了。"亚梅尼抱怨着。

"你既然亲自前来，肯定是有什么重要的事情。"拉美西斯说道。

"您是不是认为我扰乱了庆典？"

"我这么怪过你吗？"

亚梅尼喃喃说了一句什么。

"哈图希勒这次回信很快，"亚梅尼说道，"只消看几句，就能知道他现在有多么愤怒。他对您非常不满意，说话的语气里充满威胁。"

沉默了一段时间之后，拉美西斯说道："既然他对我原本的说法不满意，那我们就换个方式。亚梅尼，去拿一张新的莎草纸和你最好的笔来，我会让我的好兄弟哈图希勒大吃一惊的。"

49

"对巡视的讨论结束了，"塔妮特对乌里泰梭说道，"纳瑞歇会回到泰尔，和那里的市长还有一些要员迎接拉美西斯。"

乌里泰梭轻轻抚摸着那把贴身铁匕首上的圆球饰物。

"那你有没有得到比较可靠的情报？"

"所有的行程都是公开的，一路上由军队总司令率领两个军团的士兵进行保护。没有什么人能够刺杀拉美西斯。"

乌里泰梭怒火中烧。麦勒飞的那点人手，根本不是埃及军队的对手。

"不过奇怪的是，"塔妮特继续说道，"双白宫的官员竟然没有什么特别的要求，好像法老根本不关心经济似的。但是有些问题很明显啊，他们不可能忽略过去的。"

"那你的意思是……"

"拉美西斯此行还有其他的目的。"

乌里泰梭感到有些迷惑。

"也许你的推测是对的，那我们就找出他的真正目的。"

"该怎么办呢？"

"你到皇宫里去跟那些官员攀谈，随便聊些什么，只要能套到情报就可以。你去想办法，塔妮特。"

"亲爱的，可是……"

"我让你做你就去做，我要尽早把情报弄到手。"

一条平坦的大路盘绕在迦美山脚下，稍有些向大海倾斜。很多士兵还从来没见过如此广阔的水面，那些经验丰富的老兵注视着从未见过此景的新兵，稍微玩一玩水可以，但是如果游太远，可能会被海中的怪兽吃掉。

拉美西斯的前面是麦伦卜塔和侦察兵，这一路上，国王的次子始终保持警惕。有他的保护，国王感到很安心。

"如果你将来执政的话，"拉美西斯对麦伦卜塔说道，"一定要定期巡视国土。如果将来由凯执政，那你就提醒他这一点。假如法老忽略了对边远地区的关注，那里很可能会发生暴动的。只有看到法老，民心才能稳定。"

老兵虽然向新兵传授了自己的经验，但是面对如此汹涌的海水，新兵依然感到畏惧，并深深怀念尼罗河的平静。

这里的农业好像比较发达，到处都是葡萄园、橄榄林还有农田，这样的景象让人感到心安。泰尔旧城面朝大海而建，一道海湾在城前形成天堑，可以挡住敌人的脚步。泰尔新城是在三座小岛上建立的，中间由浅水运河分隔开来，沿岸设有很多船坞。

泰尔人在哨塔上远远望见了法老的队伍，纳瑞歇率领代表团前去迎接拉美西斯。在热烈的欢迎之后，纳瑞歇引领拉美西斯在泰尔城的大街小巷中参观。麦伦卜塔则时刻注视着屋顶，警惕着那里可能存在的危险。

泰尔城的商业很发达，到处都有商贩，贩卖的商品有玻璃器具、金银花瓶、绘有鲜红图案的彩色布料，还有从港口运来的琳琅满目的商品。所有的房屋都紧紧挨在一起，楼房均有四五层高。

泰尔市长是纳瑞歇的好友，他把自己的豪华住所提供给了拉美西斯。这处宅院位于整个泰尔市的最高点，可以欣赏美丽的海景。阳台上摆满鲜花，仿佛花园一般。为了避免法老思念埃及，这位市长还把宅子装饰成了埃及风格，真是煞费苦心。

"陛下，希望您对此满意。"纳瑞歇说道，"您能来这里，是我们最大的荣耀。从今天开始，这将是一场盛况，足以被历史铭记。不知我们能不能借此契机，增进和埃及的贸易关系？"

"没问题，但是有个条件。"

"是不是要降低我们的利率？没关系，只要能增加贸易额度就可以。"

"不，我要提的是另一个条件。"

虽然此时温度宜人，但是这名腓尼基商人却感到自己身体发冷。自从签订和平条约，这里虽然有自治权，但名义上仍然是受赫梯管辖的。难不成拉美西斯要放弃和平，插手腓尼基的事务？这会导致战争的。

"请问陛下，是什么条件？"

"走，到海港那里。麦伦卜塔会负责我们的安全。"

随后，麦伦卜塔带领一小队人马，跟随在国王身后出发。

在海港的左边，有大概一百多名老人，以及其他肤色的人种，他们赤身裸体，手脚被绑在一起。有些人还想要维持自己的仪态，而其他人则眼中全无神采。

这是一些即将被出售的奴隶，卷头发的泰尔人高声叫嚷着，正在讨价还价。

"让那些人恢复自由。"拉美西斯提出自己的条件。

纳瑞歇觉得拉美西斯是在开玩笑。

"这些奴隶的价格都很高的。不如……以泰尔市的名义把他们献给您。"

"只要想和埃及做生意，就不得贩卖奴隶。这就是我这次巡视的真正目的。"

腓尼基商人心底无比震惊，努力克制住自己反唇相讥的冲动。

"可是，陛下……经商行业向来是实行奴隶制度的。"

"埃及不允许有奴隶，"拉美西斯说道，"每个人都是上天的恩赐，没人有权力将他人视为奴隶。"

简直荒唐！腓尼基商人从来没听到过这样的说法。要不是他确信站在面前的是埃及法老，恐怕会认为这句话是出自一个疯子之口。

"陛下，那您俘获的那些战俘呢？他们也没有成为奴隶吗？"

"他们会因为自己所犯的罪行，而被判处刑期不等的劳役。刑期到了之后，他们便可以成为自由人，过上正常人的生活。他们当中的很多人都留在埃及，成了埃及的子民。"

"有很多工作都需要奴隶去完成。"

"按照玛亚特准则，主从双方应该签订合同，确定双方的权利，不然做什么工作都不会快乐的。这份合同应该是双方都认可的。你以为单凭奴隶，就可以建造金字塔和神庙吗？"

"陛下，但这是自古以来的传统，我们没办法改变……"

"我都了解，而且有很多国家仍保持奴隶制。不过我的条件是确定的。"

"恐怕埃及会失去一个重要的商贸伙伴。"

"但是埃及保留了纯洁的灵魂。法老不是商业的保护神，他是玛亚特的代言人和所有子民的仆人。"

麦伦卜塔将拉美西斯的话牢牢记在心里，这次经历会是他人生中的一个重要节点。

乌里泰梭暴躁异常，他用斧子砍倒了一棵百岁高龄的无花果树，用来平息怒火。这棵树原本是用来为池水遮阴的，鸭子们每天都会在池塘中游泳。

园丁吓坏了，躲进了自己的工具间。

看到塔妮特从门外进来，乌里泰梭忍不住吼道："你终于回来了！"

"你这是……"看到眼前的情景，塔妮特大吃一惊。

"我在自己家，做什么都可以。你从皇宫有没有探听到什么情报？"

"我太累了，先歇一会儿。"

虎猫跳到女主人的腿上，发出撒娇的叫声。塔妮特很自然地抚摸着它的头。

"赶紧说！"

"恐怕你要失望了。拉美西斯这次去泰尔，是要取消那里的奴隶制。"

乌里泰梭狠狠扇了塔妮特一耳光。

"这是在耍我！"

看到主人受到攻击，小虎猫立马用爪子保护主人。乌里泰梭抓住它脖子上的毛，把它拎起来，用铁匕首刺进了它的脖子。

鲜血溅在塔妮特身上，吓得她失魂落魄，赶紧跑回了自己的房间。

50

亚梅尼神色怡然，相反，萨哈马纳却愁容满面。

国王的机要秘书坦诚道："这趟腓尼基之行算是顺利结束了，拉美西斯终于安全返回，我也松了一口气。可是萨哈马纳，你怎么反倒一副惴惴不安的样子？"

萨哈马纳答道："还不是因为纳瑞歇嘛，从他那里再也得不到任何有价值的信息了。"

"你原来打算如何？"

"我本想找出他与塔妮特夫人共同从事罪恶勾当的证据，这样一来，如果她在乌里泰梭的事情上不说实话，我就以此来胁迫她。"

"那个赫梯人简直要把你搞魔怔了！"

"是他杀害亚夏的，难道你不记得了？"

"没用的，空口无凭。"

"是的，亚梅尼，你说的那些我不承认也没办法。"

这一瞬间，萨哈马纳忽然觉得自己不再年轻了。他不得不面对现实：他败了，乌里泰梭这个人精钻了埃及法律的空子。

"我该回去了，告辞。"

"怎么，又觅得佳人了？"

"别扯了，亚梅尼。我很疲惫，现在只想蒙头大睡。"

萨哈马纳家的总管来汇报："府上来了个女人。"

"我好像没邀请哪个女孩到家里。"

"不，先生，是个贵气的女人，不是女孩。她正坐在客厅里等您。"

带着一肚子的狐疑，萨哈马纳迅速跨进门槛。

"塔妮特！"

这位原本艳光四射的腓尼基女人此时竟浑身脏兮兮的，而且满脸都是伤，看到萨哈马纳的时候，她立刻跑过去扑进他怀里，眼里都是泪。

"救救我吧，求你了！"

"我义不容辞，可能否先告诉我，发生什么事了？还是谁欺负你了？"

"那个恶棍把我当奴隶一样，对我百般凌辱。"

萨哈马纳暗暗自得，但脸上却一点都没流露出这种情绪。

"塔妮特太太，你应该先诉诸法律，这样，我才有立场帮你解决问题。"

"我的猫死在了乌里泰梭的手下，花园里那些无花果树也被他砍了，不仅如此，他还动不动就对我又打又骂。"

"这些行为已经触犯法律了，按照法律规定，他应该被罚款甚至服劳役。不过，如果他还想继续杀人的话，光靠以上刑罚是阻止不了他的。"

"让你的手下护我周全，这样行吗？"

"恐怕不行，虽然他们是我的手下，但他们的职责是护卫国王，其他人的事他们是不会管的，但如果是关乎国家的大事……"

听了这话，塔妮特拭去眼中的泪，一把将萨哈马纳推开，同时盯着他的眼睛说："我知道一件事，乌里泰梭有杀死拉美西斯的企图。他还有同党，是个利比亚人。就在我房间里，他们两个谋划好了一切。还有，亚夏是乌里泰梭杀的，凶器是那把他随时带在身上的匕首。他打算用同样的方法杀死国王。怎么样，这是不是关乎国家的大事？"

塔妮特太太的寓所被几百人团团围住了。寓所对面有一棵大树，弓箭手已经在树上做好了准备，其余人各自候在周围的屋顶上待命。

乌里泰梭是一个人在家，还是那个叙利亚人也在？如果赫梯人发现屋顶的人是来围捕自己的，有没有可能抓起随从，作为要挟？

所有人进出时都没有一点声响，这是萨哈马纳的命令，以免打草惊蛇。

然而，行动还是出了纰漏，有个士兵在翻墙时不小心掉到下面的草丛里了。

听到惊叫声时，萨哈马纳的手下在原地愣了几分钟，随后，撒丁人发出命令，所有人继续向前。

虽然已经被死死困住，但坐以待毙不是乌里泰梭的作风。萨哈马纳想让罪犯接受法庭的审判，所以不想将他就地正法。

一束微弱的光从塔妮特太太的屋里露出来。

屋前的地上湿漉漉的，萨哈马纳带着十名手下趴在地上，慢慢地接近屋子，随后一拥而入。

女仆人发出尖厉的叫声，随着她手中的油灯掉落，陶片碎了一地。

短短几分钟的工夫，屋里屋外乱作一团。士兵们看不清对手在哪儿，举着刀四处乱劈。

萨哈马纳大喝一声："马上住手，把灯点着！"

油灯点亮后才发现，两名士兵的刀正架在女仆人的脖子上，女仆人被吓得浑身发抖。

萨哈马纳审问道："乌里泰梭哪儿去了？"

"他发现太太不见了，然后就上了那匹最快的马，迅速离开了。"

萨哈马纳悔恨不已，他伸出拳头，把一件克里特岛产的瓷瓶砸得粉碎。身为一名赫梯斗士，乌里泰梭预感到危险即将来临，于是马上逃之夭夭了。

萨哈马纳第一次走进拉美西斯的办公室，这间屋子布置得很简洁。对他来说，进入这间办公室意味着迈进了这个国家最机密的核心。

除了拉美西斯之外，办公室里还有两个人——亚梅尼和麦伦卜塔。

萨哈马纳向国王汇报："塔妮特已经在法官那留下证词，随后她准备回腓尼基。有人发现了乌里泰梭的逃窜路线，根据方向判断，他应该是去叙利亚找他的同伙麦勒飞了。"

亚梅尼说："这只是无法证实的猜测而已。"

"不，我认为事实就是如此。除了那里，乌里泰梭没别的地方可躲。再说，以他的性格，肯定还会继续谋划如何进攻埃及。"

麦伦卜塔有些悲观地说道："那个利比亚人经常换地方，直到现在，我们还无法确定他们的老窝在什么地方，哎，真是可惜。不过换个角度想想，从这次失败的行动中，我倒是发现了一件值得庆幸的事，那就是，麦勒飞现在应该还没组建起一支强有力的部队。"

拉美西斯说："即便如此，我们也不能忽视这两个人，他们一样阴险毒辣，对我们来说是个严重的威胁。"

萨哈马纳面色凝重地说："国王陛下，属下有件事想请求您批准。"

"说吧。"

"我们与乌里泰梭之间早晚会有一战，希望陛下恩准我到时与他决一死战，好让这个魔鬼死在我的剑下。"

"准了。"

"属下谢恩。我敢保证，无论未来遇到什么事，我的生命都将因为您的存在而灿烂无比。"

说完，撒丁人离开了。

拉美西斯对麦伦卜塔说："怎么了，你看起来有心事。"

"摩西和希伯来人经过无数险地，现在，他们离心中的圣地迦南越来越近了。"

"祝福摩西，愿他幸福。"

"可那几个部落与您的想法不同，在他们看来，这个英勇善战的民族是他们最大的隐患。为免祸起萧墙，我想请求陛下恩准出兵讨伐。"

"我的孩儿，我相信摩西会实现理想，为所有信徒找到一片净土，这件事我们还是不要插手才好。我们明天就要跟这个新的国家会谈了，到时还有可能会结成同盟。"

"可是，他们一旦与我们作对，就会是一支劲敌，那时我们该如何应对？"

"不会的，麦伦卜塔。摩西绝对不可能跟自己的故乡对立，所以我们需要提防的不该是希伯来人，而是利比亚人。"

对于这种观点，麦伦卜塔并不赞同，但他没有别的选择，只能遵从父亲的决定。

亚梅尼说："你兄弟哈图希勒的回信到了。"

"是好消息，还是坏消息？"

"赫梯国王还没有决定。"

虽然外面天气晴朗，但哈图希勒还是感觉有一股寒意袭来。他被关在城堡里面，城堡的墙壁那样坚固厚重，这让他无论如何也找寻不到温暖。他身边是一个偌大的壁炉，里面的火焰噼啪作响，这时，他又跟妻子普杜赫芭说起了埃及法老提出的建议。

"拉美西斯的胆子也太大了！我给他写了封信，信里指责了他的所作所为，可他居然在回给我的信中说，为了维持两国的友好关系，我得另外安排一位公主去和亲。更有甚者，他居然向我发出邀请，要我去埃及一趟！"

普杜赫芭皇后说："这主意听起来不错啊，趁着这次埃及之行，正好可以向世人昭示，我们两国结下的盟约永远作数，永不改变。"

"说的什么话！我身为一国之君，怎么能向法老俯首称臣，岁岁纳贡？这实在有损我赫梯国的颜面。"

"你多虑了，我相信他们一定会以礼相待，不会怠慢我们的。前往埃及的回复已经写好了，现在就差你的盖章了。"

"容我再想想，我要跟他们讲讲条件。"

"准备一下，去埃及访问吧，现在已经不是称臣纳贡的时代了。"

"你的意思是搞和平政策？"

"如今这个稳定的局面是我和妮菲塔莉一起开创下来的，她是我的好妹妹，我希望赫梯国王能沿着这条路走下去。"

此时此刻，普杜赫芭格外思念亚夏，那个拉美西斯的挚友，同时也是她有生以来见过的最令人着迷的男人。如今，他已离开人世，但如果见到今天这局面，他一定会很高兴吧。

51

　　玛赫的父母就要到埃及进行正式访问了，她把这件事对外公布了。在她看来，自己的好日子就要来了，因为整个埃及都被她搅得天翻地覆。不过虽然如此，她依然住在梅室后殿，每天无忧无虑地进行着与自己身份相符的娱乐活动。而且目前看来，这种生活会一直持续下去。可是，她没有任何参与政治的权利，所以她实际上跟一个和亲的媳妇没什么两样。

　　想到这些，这位来自赫梯的女人给亚梅尼写了封信，信上说了很多，其中最重要的就是她向国王的机要秘书提出了两个要求：其一，在迎接赫梯国王和皇后时，她本人对外界宣称的身份必须是大皇后；其二，返回拉美西斯城的时候，为了保护她的安全，埃及要多派些兵力随行。

很快，她收到了回信。信上说，不准许玛赫去迎接来宾，她只能一个人留在梅室后殿。这封信上还有拉美西斯的签名。

看完回信后，玛赫大怒，与此同时，她又再翻来覆去地思索应对之策：我是应该把法老除掉呢？还是应该想办法让哈图希勒先别来埃及访问？

她日思夜想，唯愿能有机会见到那个身负盛名的鳄神祭司。

她说："赫梯人信奉的神可以通过动物的脏器来占卜吉凶，因此赫梯人遇到疑难之事无法决策时，都会借助于占卜。"

"这么做会不会很……不讲礼法？"

"怎么？难不成你们还有别的法子？"

"知晓明天会发生什么的只有一个人，他就是法老。"

"可是，身为祭司，你们多少会点法术的，对吧？"

"回皇后的话，我们国家有一个巫师团体，可是那些人都需要经过多年培养，而且还要守很多规矩。"

"求神问卜这种事，难道你们这儿就没人做过？"

"那倒也不是。遇到特殊情况时，阿蒙神的大祭司也会请求造物神降福祉。而后，神明会传下旨意，但前提是，必须国王首肯才行。"

"哦，我知道了，到时候神的旨意就没人敢拂逆了，对吧？"

"阿蒙神的旨意没有人敢不遵从。"

玛赫意识到，自己是无法说动眼前这位祭司了，于是只好离开。就在这天，她去了底比斯，临行前，她警告随从，谁也不准把她今天出去过的事告诉任何人。

卡纳克神庙圣湖湖畔的小房子里，年事已高的勒布离开了人世。这位阿蒙神的大祭司脸上挂着笑容，因为他确信，对于万物主宰、隐身之神赋予他的使命，他已经尽力完成了，而作为拉美西斯的臣子，他也没有辜负法老的重托。

作为阿蒙的第二位继承人，巴肯立刻将这个消息告知了国王。得到消息后，国王赶去灵前祭奠。勒布为人清廉正直，埃及悠久的文化之所以能长久传播，正是因为这个国家有一群像勒布一样的人。

宏伟的卡纳克神庙四处弥漫着庄严而悲痛的情绪。清晨，拉美西斯参加过祷告仪式，随后便赶来见巴肯。见面的地点在圣湖的西北角，那个代表太阳击退黑夜、重见天日的巨大的金龟神旁边。

"巴肯，是时候了。多年以前，我们两个有过激烈的争执。从那以后，你不顾任何人，一心只追逐自己心中的梦，是你成就了底比斯那诸多宏伟的神庙。就管理手段来说，你是完美无缺的，由你来主持事务，是人民之福。不错，就是现在，我正式宣布，你已成为卡纳克大祭司，同时也是阿蒙神的第一继承人。"

"不，陛下，我始终觉得勒布他还没有……"巴肯的声音低哑，这位曾管理王室马厩的管家心中充满了感激之情。

"勒布的眼光可真准。多年前，他就向我推荐过你，在他看来，你是最适合接替他的人选。好了，接过权杖和金戒指吧，这是你执掌权力的象征。以后这圣城就交给你打理了，许多未竟事业还要靠你去达成。"

这时候，巴肯平复了激动的情绪。国王将许多人梦寐以求的至高无上的权力和职位赋予了他，然而，他现在根本没心思理会这些，因为从现在开始，他将面对各种纷繁复杂的局面。巴肯心里在想什么，拉美西斯非常明白。

"陛下，有些话我不得不说。南方有人对您的旨意不屑一顾，而且这些人都位高权重。"

"你指的是赫梯国王和皇后要来正式访问，对吗？"

"就是这件事。"

"不只南方吧，北方某些有权势的人不也跟他们一样？不过，为了政局的稳固，这次访问势在必行。"

"一些教会中人主张通过问卜来定吉凶。我觉得，如果对于您的决策，阿蒙神是赞成的，那么自然不会有人再敢提出异议。"

"你说得不错，巴肯。筹备一下，我要向神明问卜。"

这一次，玛赫总算找对了人，她来到一位叙利亚人的家门口。据说他不仅是个成功的商人，还是底比斯城的万事通。来找这人的主意是梅室后殿一个主事给她出的。

叙利亚商人的住所位于卡纳克神庙附近，是幢别墅，非常豪华。在一间有两根大柱子的客厅里，商人迎接了皇后。这间客厅到处挂着油画，上面画的是矢车菊和鸢尾花。

"鄙人只是个不起眼的生意人，能够见皇后陛下一面，真是三生有幸啊！"

"听着，我来见你的事情不准说出去，记住了吗？"

玛赫把一条金链子给了叙利亚人，对方喜笑颜开，千恩万谢。

"只要按我说的做，我保你有享不尽的富贵。"

"皇后想知道什么，请尽管问吧。"

"关于向阿蒙神问卜的事，你都知道什么，说来听听。"

"现在已经可以肯定，拉美西斯会向神明问卜的事并非捕风捉影。"

"问卜的目的何在？"

"关于皇后的父母亲大人访问埃及的事，他想获得神明的赞同。"

她的运气真不错，如今机会就在眼前，只要她顺势而为，一切便可水到渠成。

她追问道："要是阿蒙神不赞同，结果会怎样？"

"那么就算拉美西斯再怎么不情愿，这件事也必定告吹。只是不知赫梯国王如果知道了会怎么想？不过话说回来，神明的旨意大概不会与法老相悖吧，他们可是兄弟。"

"我想让神明降下不赞成此事的旨意。"

"您说什么？"

"记住我之前说的话：只要按我说的做，我保你有享不尽的富贵。告诉我，神明是如何降下旨意的？"

"在仪式上，阿蒙神会坐在船上，几名祭司负责抬着神船，在那之后，阿蒙神的第一继承人向神明请旨。如果神明赞同，神船会一直往前，如果不赞同，神船会倒退。"

"买通抬船的人，不可以赞同拉美西斯的决定。"

"这绝办不到。"

"那就把冥顽不灵的人换下来，找些听话的人顶替，对于那些收买不了的人，就用毒药解决掉好了。总之，不管用什么办法，我想做的事情一定要成。放心，事后少不了你的好处。"

"这怕是……"

"你最好搞清楚，如今你我已在一条船上，摆在你面前的只有一条路——乖乖按我说的做。除此之外，你没有任何退路。要是敢背叛的话，我会让你死得很难看，劝你别干这种蠢事。"

赫梯女人把几袋金子和珠宝放在叙利亚人面前，这些还只是订金。商人盯着那堆财宝左思右想。现在关于玛赫有两种传言，一种说国王已经不再宠信她了，而另一种却说，这个女人深得国王宠信。另外，他还得到些风声，是关于巴肯的。有几个卡纳克祭司非常眼红巴肯手中的权力，他们正在寻找机会，想让巴肯当众出丑。

可以肯定，把抬船的祭司全都买通绝办不到，不过买通一部分人倒不算难，只要把其中那几个臂力强的人买通，让他们暗中作梗即可。如此一来，神船就会前后晃动，在外人看来，这就意味着神明不答应，这样不就行了？

对，就这么办！如此丰厚的回报摆在眼前，谁能不动心！

底比斯因即将举行问卜仪式而变得热闹起来。无论在城里，还是在乡下，问卜仪式几乎无人不知，无人不晓。臣民们将再一次见证阿蒙神和拉美西斯之间的默契。

难得一次的盛典吸引了各界人士，这座南部大城市的市长、政府要员、各区区长以及富豪乡绅纷纷赶到问卜仪式的举办地——神庙大院。

阿蒙神船出来了，围在庙门口的人们鸦雀无声，所有人都在注视着神船。在神船的正中心，有一个木制的笼子，金灿灿的，阿蒙神的神像被罩在里面。人们连他的样子都看不到，可今天，一件难以抉择的大事却将由这座神像来决断。

铺银的路上，抬船之人缓慢前行。这时，巴肯这位刚上任的阿蒙神大祭司发现，队伍里有几个人看起来很面生，或许是有几个抬船的人因为对酬劳有意见，所以不愿意为这次问卜仪式出力，但这件事没有人跟他说起过。

来到法老跟前时，神船停住了，巴肯开始代法老向神明问卜。

"作为阿蒙神之仆从，我谨代表拉美西斯这位光明之子，请神明降下旨意：法老希望赫梯国王和皇后能来埃及正式访问，请问神明，您准许他做出这个决定吗？"

晴朗的天空中，燕子们互相追赶嬉戏，然而此时，就连它们都安静下来。只要神明的回答是赞同的，那么在场的人一定会欢声雷动。

抬船的人里面，那几个力气大的已经被叙利亚人收买了。此时，他们通过眼神交流了一下，然后一起用力退后。然而，几个人再怎么使坏都无济于事。

在他们看来，其他人用不了多久就坚持不住了，因此，他们想尽各种办法往后退。可不知什么原因，他们感到有种外力在阻拦，眼前的神坛中忽然冒出耀眼的金色光芒。见此情景，他们只好停止挣扎，听天由命。

最后的结果是，拉美西斯的决定获得了阿蒙神的许可，这样一来，迎接宾客的仪式总算能提上日程了。

52

就是那个人。目光还是如此锐利，虽然脊背已微微弯曲，白发也已布满双鬓。不管是寒冷的冬天，还是炎热的夏天，他总是穿着一件厚厚的羊毛外套。第一眼看上去，他泯然如众人，毫不显眼。这个人就是赫梯国王——哈图希勒。

他是一个勇猛好斗的君王，只要有人敢反对，他就会把对方全部消灭。他既是卡迭石战争中指挥千军万马的首领，同时，又是两国和平盟约的缔造者。

如今，哈图希勒居然带着两个女人来到埃及。那两个女人一个是他的妻子，普杜赫芭，另一个是赫梯国的公主，满脸羞涩。

普杜赫芭轻声地自言自语："不，这是埃及吗？真是难以置信，我一定是在做梦。"

可事实证明，走过来的那个人真的是拉美西斯，他正在跟昔日的对头彼此拥抱。

"哈图希勒，我的好哥哥，最近过得怎么样？"

"我岁数大啦，拉美西斯，我的好弟弟。"

从这时开始，哈图希勒此次来访埃及的一切危险因素都消除了，乌里泰梭成了埃及和赫梯两国合力缉拿的逃犯。

普杜赫芭身穿一件红色长袍，佩戴的是法老所赠的饰品，纯金打造，产自埃及。她看起来是那么光彩照人。

拉美西斯对她说："如果妮菲塔莉还在的话，看到这个特别的景象，她一定非常安慰。"

皇后诚实地回答道："这一路上，她的身影总是在我眼前浮现。我想，只要你在位一天，她就是你的大皇后，在你的心里，不会再有别的女人。"

至此，两国之前的一切隔阂都随着普杜赫芭的这番话而消弭。拉美西斯城今天晴朗炎热，城中上下一片欢腾。

为了亲眼见证赫梯国王和皇后来埃及访问这件盛事，各地的官员都争相来到这座盛产绿松石的城市，加起来有好几千人。

国都上下一派繁华景象，赫梯国王和皇后看得眼花缭乱。国民得知阿蒙神赞同拉美西斯的决定，便全都赶来迎接尊贵的客人。哈图希勒和拉美西斯并肩站在马车上，两匹特别装饰的良驹在前面拉着车。

眼前的景象让哈图希勒感到非常诧异："我的好兄弟，这种情况身边怎能没有侍卫？"

拉美西斯说："我有一支近身侍卫队，他们都在一旁跟着呢。"

"可这些平民离我们这么近，我们会有危险的！"

"哈图希勒，你好好看看，我的所有臣民都热爱和平，他们对你没有丝毫恶意。今天是我们两国交好的大喜日子，理当普天同庆。"

"不可思议！你居然可以不用残酷的手段治理百姓！我想知道，你的军队为什么能够那样强大，强大到可以抵抗赫梯？"

"就像神明爱护所有人一样，埃及人民也热爱自己的国家。"

"拉美西斯，我真心实意地佩服你。真的，只服你一个，我根本不是你的对手。"

此时，赫梯国王再也不觉得冷了，他把羊毛外套脱下身，说道："这里真是适合居住的好地方，要是能在这生活该多好，只可惜……"

第一次迎宾宴会是在宫殿里举办的，场面十分盛大。桌上摆着各式美食，赫梯国王夫妇顾不上别的，一直端着酒杯品尝美酒。

奏乐的琴师穿着性感的服装，这场面是他们以往从未见过的。婢女们穿着漂亮的长裙，皇后对那些服装很感兴趣。

此情此景，普杜赫芭不由得心生感慨："如此隆重的盛典理应敬献给亚夏，若非他献出生命，我们两国不会有今天这样和平欢乐的景象。"

听了这话，哈图希勒点头表示赞同，虽然如此，他心里的不满还是从脸上表露出来。

哈图希勒的语气有些失望："我的女儿没有到场。"

拉美西斯说："先前做出的决定，我不打算改变。玛赫犯下了不可饶恕的过错，但她的存在意味着两国的友好，所以我依然会让她得到应有的尊重，她的身份就是一道护身符。还用我再说什么吗？"

"我的好兄弟，不必再说了，那些细枝末节的东西追究无益。"

既然如此，拉美西斯也没再说什么。事实上，叙利亚商人被捕后，为了逃避责罚，便把所有罪责都推到了玛赫一人身上。

"法老，这位就是你即将迎娶的妻子，你们要不要说会儿话？"

"我看不必了。哈图希勒，关于第二次和亲盛典的所有事宜，我已让人去办。两国臣民都会为我们祝福的，这点我深信不疑。不过，我已心如止水，不会再陷入男女之情爱。"

"不可否认，妮菲塔莉确实让人念念不忘。我要跟你说的是，这次为你选的公主长得虽然很美，但缺乏智慧，如果想跟拉美西斯大帝倾心相交，她恐怕没那个本事。在埃及住久了，她一定会迷上这里，再也舍不得离开。而玛赫，这个国家收留了她，她对这里是有感情的，希望长居此地，不想回赫梯。以后她年龄大了，成熟了，这些道理她就会懂了。"

就这样，哈图希勒对两位公主的将来做了安排。普杜赫芭皇后棕色的眼眸闪动着耀眼的光芒，她是如此高兴，因为埃及与赫梯之间消弭了隔阂，从此再没有什么能使两国产生嫌隙。这一年，是拉美西斯即位的第四十个年头。

哈图希勒欣赏着塔门、方尖碑、巨石像、一排排石柱、宽阔的庭院、祭坛、用银打造的地面……眼前的每一样景物都令他沉迷其中。生命殿堂、藏书阁、仓库、牲口棚、厨房和书记员的办公室，这些地方也令他颇感兴趣。埃及的神庙建筑宏伟壮观，社会制度同样先进，赫梯国王每次跟首相和各级官员谈话时都兴趣盎然。

当神庙建成后，为了让神明住进来，会举行焚香仪式，因为神明喜欢香火的味道。拉美西斯请哈图希勒一同焚香。皇后参加降鬼仪式去了，这种肃穆的仪式一向由凯主持。在这之后，他们去往城内的各个神庙参观，当然也包括那几间供奉别国神明的神庙。当游览到御花园时，赫梯国王更是心花怒放。

哈图希勒对拉美西斯说："这座城市真是太美了！这么美丽的城市如果毁在赫梯军队的手下，未免太可惜。能来这里参观访问，皇后非常开心。现在我们两国已经定下了和平协议，在此情形下，为兄有个不情之请，不知拉美西斯兄弟能否应允？"

初到埃及，哈图希勒深深沉迷于眼前的繁盛景象，但他毕竟是一位富有谋略的国家领导人，在短暂的迷失后，他迅速找回方向，开始以主人的姿态发问。他的态度令拉美西斯感到疑惑。

哈图希勒说："不可否认，埃及的繁华景象令我和皇后沉迷，不过，眼前有些实际问题也很令人头疼。比如，在共同抵御外敌的问题上，我们曾经签订过一份互相利好的协议，所以我想到拉美西斯城里的军营本部参观一下，这有利于我了解埃及目前的军事力量，法老能同意我的这个请求吗？"

原来如此，哈图希勒此次来埃及的真正用意是要了解埃及的军备情况。在这种情况下，如果拉美西斯说这属于国家机密，或是把他带到并非核心的军营参观，对方可能就会认为自己在耍诡计。

于是拉美西斯说："那么，就让我的二儿子麦伦卜塔带你去参观吧，他是埃及军队的最高指挥官。"

为了欢迎普杜赫芭皇后的到来，拉美西斯城内又专门举办了一场宴会。宴会结束后，哈图希勒和拉美西斯两人来到水池边散步，水池中的荷花开得正盛。

哈图希勒坦承道："一直以来，我对自己都没有充足的信心，这个问题困扰了我许久。好兄弟，你如此气量非凡，只有埃及这片土地才能培育出像你这么优秀的人。我们两国能够化敌为友，这简直是个奇迹，一切都要归功于你高超的智慧。可是，眼前有个问题是我们不得不面对的，那就是，我们都上了岁数，总要考虑挑选继承人的事情。你子嗣众多，不知心里是否已经有了中意的人选？"

拉美西斯说："我有两个儿子适合做储君——凯和麦伦卜塔。凯成熟稳重，且在某些专业领域内颇有成就。在处理国事时，他能以维护和平为出发点，而且能够安抚民众的情绪，冷静地处理问题。麦伦卜塔呢，他正义果敢，长于指挥战争和人事管理，因此在军队中有很高的声望，大臣们对他也很敬畏。"

"这么说，到底该选谁做继承人，你还没有最终决定，是吗？关于这个问题，我相信命运帮你做出选择。这样我就放心了，埃及能有这样的人来治理，将来一定会更加繁荣昌盛。"

"那么老兄你呢？打算选谁做继承人？"

"我只能从平民百姓中选出一个人来接替大位了。想当初，我除了选择和平之外，没有别的出路，于是我作出了选择。从那以后，野心勃勃的赫梯再也不复往日的辉煌，眼下已经显露出垂暮的态势。即便如此，我仍丝毫不后悔当初的决定，因为这个决定至少能让百姓们过上几年无忧无虑的幸福生活。但令人遗憾的是，赫梯已经不可能再有大的发展了，甚至随时面临亡国的危险。因此，我还有件事想请你帮忙，希望你能答应。我的双脚经常疼痛难忍，连走路都很困难，我国的医师都束手无策。听说埃及的大医师有妙手回春的本领，不仅如此，据说她还是个难得一见的美女。"

赫梯国王被双脚的病痛折磨，皇后为此专门请尼菲瑞去一趟皇宫，两人在会客室见了面，皇后向她请教了医治方法。

尼菲瑞为哈图希勒做了一番细致的检查，然后笃定地说："放心吧，我有把握治好这种病症，对此我有丰富的经验。具体的医治方法是，今天用红赭石、蜂蜜和大麻三样东西混合制成膏剂，涂于患处。明早，再另换一种经过研磨的药粉敷上。敷完后，你的脚踝就会觉得既凉爽又舒服。这种药粉的成分主要是洋槐树和枣树的叶子，另外再加一些孔雀石的粉末。如果你想正常走路的话，还应该用纱布裹住脚踝才行。"

"尼菲瑞，我想请你跟我回国，做我的专属医师。我会给你丰厚的酬劳，你愿意吗？"

"很抱歉，陛下，我不能答应。"

哈图希勒笑着说："好吧，看来我这辈子注定无法打败埃及了。"

之后，尼菲瑞便离开了。

53

　　飞毛腿一边哼唱着歌颂拉美西斯的赞歌，一边不紧不慢地朝三角洲的西北边境走着，身后的驴子驮着些陶器和瓷器。他已经快走到烟波浩渺的地中海了。这名小商贩对这里很熟悉，知道哪里能赚到钱。他在靠近海岸的地方转进了一条羊肠小道，七转八转之后，来到一个小渔村。

　　"飞毛腿"这个称号是他参加海边泥地赛跑时，那些观赛的少女给封的。对于这个称号，他自己很得意。在过去的两年里，还没有人能跑得比他快。有些倾慕者甚至慕名而来，要看看这个光着膀子、竭尽全力地吸引她们注意力的运动员平时是怎么锻炼的。不知有多少少女倾心于这位跑步速度称霸三角洲西岸的人，这都得益于他那两条跑得飞快的腿。

不过，他很清楚，这只是虚名，没有什么实际用处。那些少女喜欢的是能给她们买漂亮衣服的人，不是只能跑得飞快的人。为了让自己美好的胜利者形象长存，也为了让自己有慷慨的条件，飞毛腿必须卖力工作。他想尽可能地多赚钱，于是天南海北地到处闯荡，从来不怕辛苦。

白鹤飞过他头顶上的天空，微风轻轻吹动着白云。飞毛腿抬头看天，根据太阳所在的位置判断，在天黑之前，他怕是到不了想去的地方了。在海边，天黑之后魔鬼便会出动，去侵扰那些没有任何防备的旅行者。为了稳妥起见，他决定在路上找一间茅草屋歇息一晚再赶路。

飞毛腿用火石点燃了一个火把，然后用火把生了一大堆火。他卸下驴子背上的货物，给它吃些东西，自己也吃了两条熏鱼，喝了些凉水。然后，他就躺到草席上进入了梦乡。

梦中，他正在参加下一届的比赛，眼看着就要获胜了。突然，一种古怪的声音惊醒了他。驴子正在用前蹄刨土，告诉他的主人：有危险！

飞毛腿当即起身，灭掉火堆后借着荆棘丛躲藏了起来。是的，有危险，黑暗中三十几个戴着头盔、身穿铠甲的士兵突然闯了进来。借着明亮的月光，飞毛腿看清了那个领头的人。他没有戴头盔，长头发披散下来，胸口处长着浓密的棕红色胸毛。

乌里泰梭用标枪刺穿了草席，说："这里曾有一个间谍，这是确定无疑的，不过让他给逃了。"

"我看未必是间谍。"一个利比亚士兵说出了自己的意见，"只不过是个小商贩在此留宿，看看这些陶器，还有这头驴子。"

"我们已经占领了西岸的这些村子，这个消息不能走漏出去。大家分头行动，一定要把他找出来，找到后格杀勿论。"

哈图希勒帝王带着皇后普杜赫芭访问埃及，那已经是四年前的事了。这四年间，埃及和赫梯一直保持着友好的外交关系，战争的阴云早已经散去。每年在特定的某段时间，都会有些赫梯的访客到三角洲观光，游览城市乡镇。

嫁给拉美西斯的两位赫梯女子很合得来。锦衣玉食的生活将玛赫曾经的野心消弭殆尽，而她的好姐妹也终日沉迷于享乐，每天都觉得良宵苦短。拉美西斯大帝已是六十六岁高龄，且还将继续自己的传奇人生。不过，这都跟这两姐妹没什么关系。对于这一点，她们两人倒是姐妹一心，觉得并没什么值得遗憾的。法老见这两位妻子不再心心念念地想着毁灭埃及了，便给了特别恩赐，准许她们列席某些庆典活动。

拉美西斯在位的第四十三年，在凯的坚持下举行了拉美西斯的第五次重生庆典。拉美西斯城迎来了各路保护神的神像。从此以后，年事日高的法老需经常举办这个仪式，为自己已经衰老的身体祈福，获得力量。

御医总长尼菲瑞也会定期为拉美西斯检查身体。但是法老并不是个听话的患者，他非常执拗，甚至拒绝承认自己已经老了。不过，尼菲瑞对他的态度不理不睬，仍坚持给他治疗牙疼，养护他的身体，不让他的关节炎变得更严重。得益于她的悉心照顾，法老身体康健，仍能高效地处理政务。

早晨，拉美西斯移驾神庙，举行召唤神力的仪式，做完晨祷，他召见了首相、亚梅尼和麦伦卜塔，让这三个人去负责将决策实践到具体的事务中。下午他便和凯待在一起，专门研究国家的大型祭礼，以求做些改革，让它们更具神圣感。

法老将大部分政务交给了下面的能臣，自己逐渐抽身出来。他时常去看望身在底比斯的女儿梅莉达蒙，然后再去他的百万年神殿里沉思默想。

大祭司巴肯将那里管理得井井有条，令拉美西斯十分满意。当他从卡纳克视察完回到拉美西斯城港口时，他却看到满面愁容的麦伦卜塔正在等他。乘上皇家马车，埃及军队总司令亲自驾车，他们朝皇宫飞奔而去。

"陛下，我们收到一个坏消息。如果这个消息是真的，我愿领失职之罪。"

"怎么回事，麦伦卜塔？说清楚。"

"一支军队袭击了位于利比亚边境的锡瓦绿洲。这支军队的头儿是麦勒飞。"

"这是什么时候的事？"

"大约十天以前。不过，我刚刚得到消息。"

"你为什么会怀疑？"

"因为发来消息的人并不是在绿洲布防的将领。但也可能是因为事情紧急才没走程序。如果这个消息属实，我们势必要反击。特别是，麦勒飞涉事其中，更应该尽早解决。"

"你为什么觉得自己失职了？"

"陛下，这都怪我放松了警惕。在与赫梯休战之后，我被和平麻痹了神经，以为两国不会重燃战火。更何况，乌里泰梭这个不安定分子仍然逃亡在外……我请求亲自率领一个师团去剿灭他们。"

"儿子，你都已经三十八岁了，怎么还是如此冲动！想要予以还击，只要派遣一个作战经验丰富的将领就可以了。而你，则是要责成全军进入戒备状态。"

戍边警卫一副无精打采的样子。飞毛腿则焦急地一再强调："那些暴徒是利比亚人，真的，我发誓！"

"小子，这附近压根儿就没有利比亚人，别在这儿胡说八道了。"

"他们怕走漏消息，想杀了我，我拼了命地跑才逃掉。幸亏我一直保持着跑得最快的纪录，要不然肯定被他们抓住了。他们戴着头盔，穿着铠甲，配有长剑和标枪……他们是军人。"

戍边警卫都快睡着了，打了几个哈欠，他开始怀疑这个人的居心。

飞毛腿提醒说："逃跑前，我借着月光看到了他们的头儿。他个子很高，头发很长，长着浓密的红色胸毛。"

听到这些细节，那位警卫不由得重视起来。他收到了逃犯乌里泰梭的画像，实际上所有军官、警察和海防人员都收到了，他们同时收到的还有重金悬赏捉拿这名赫梯罪犯的命令。

戍边警卫拿出画像，在飞毛腿面前晃了几晃，问道："你看到的是这个人吗？"

"是他，就是他，他是那些人的头儿。"

三角洲西岸地处埃及和大海之间，人烟稀少。此地有几座军事堡垒，堡垒附近零散地分布着几个村子。从一座堡垒到另一座堡垒，驾车的行程是一日，步行需两日。各堡垒的驻军已收到命令，一旦发现利比亚人的踪迹，不管有没有可疑之处，都要上报给拉美西斯城或是孟菲斯的将领。最高指挥部认为，对于这个地区，怎么严防都不过分。

边防的指挥官收到一份报告，称一位小商贩发现了乌里泰梭的踪迹。指挥官没有立即上报，他实在很怀疑这个消息的可靠性，怕贸然上报会闹笑话。但是，万一是真的呢，他们就能抓到乌里泰梭了，想到这里，他决定先派遣一支巡逻队前去确定消息的真实性。

于是，那克提和他的属下便被派去执行这个任务。他们迈着大步朝一个充满危险的地方走去，那里蚊蝇横飞。他们一边告诉自己不要害怕，一边想着赶紧完成这次艰险的任务。

那克提一心想回到拉美西斯城，回到那舒适的军营里，可是现在他们要抓的敌人只闻风声不见其人，到底什么时候才能回去？他骂骂咧咧地走着。

"长官，前面就是堡垒了。"

那克提想："或许在那些哨兵看来，我们太没用了。不过，我们总算有水喝、有饭吃了。况且，我们只是想休息一晚，明早再出发。"

这时，一个士兵将他往后拉了几步，喊道："长官，小心！"

原来前面路上趴着一只个头儿很大的黑毒蝎子，它已经准备好发动攻击了。这个心不在焉的长官再往前走的话，肯定会被它蜇到。

那克提命令那个拉了他一把的士兵道："杀死它。"

突然，堡垒的枪眼处飞出几支利箭，这位埃及士兵还没来得及拉弓就被射穿了。在乌里泰梭的指挥下，利比亚人凭借精湛的箭术将那克提带领的巡逻队队员悉数击倒在地。有些士兵没有马上死去，乌里泰梭就亲自动手，用那把铁匕首割断了他们的喉咙。

54

到办公室去查看其他军营发来的报告，是驻守在利比亚边防的指挥官每天早晨的例行公事。每天重复让人很厌烦，不过幸好花不了多少时间，因为一般情况下，他收到的消息都是"一切正常"。

可是，这天早上他照例去查看时，却没有任何消息寄来。

指挥官非常恼火，认定不是别人失职了，肯定是那个送信的士兵还没起床呢。如此玩忽职守，一定要撤掉他的职务，让他去做个洗衣工。他想着，缓步迈进庭院里。一个士兵拿着扫帚扫地，一副有气无力的样子，另外还有两个年轻的步兵正在练习使用短刀。指挥官继续朝通信兵和侦察兵的营区走去。

床铺上一个人也没有。这让指挥官大惑不解，没有送来任何消息，传信的士兵也不在，这太不合常理了，他想不通这是怎么回事。

发生了什么事？到底是怎么回事？

突然，堡垒的大门被撞开了。那些头上插着羽毛的利比亚士兵合力抱着一根梁柱狂暴地冲了进来。军官被惊得目瞪口呆。

那个扫地的士兵，还有那两个步兵当即被砍倒在地。利比亚士兵挥舞着斧头朝指挥官的头砍过来。由于过度惊吓，指挥官来不及反应，连躲都没躲就被砍死了。乌里泰梭朝他的尸体啐了一口唾沫，以发泄自己的愤恨之情。

军官向麦伦卜塔报告说："我们被虚假消息误导了，受到袭击的不是锡瓦绿洲。"

"没有任何死伤？"

"没有，实际上并没有什么暴动。这一趟我白跑了。"

这个消息加深了麦伦卜塔的忧虑。这只是敌人的烟幕弹！假如他们的真正目标不是这里，那就只能是想要把我们的注意力吸引过来，好趁机攻击别处。必须马上向拉美西斯报告，只有他能看穿这个阴谋的真相。

麦伦卜塔正要跳上马车，他的军事助理跑过来，向他报告说："将军，利比亚边陲的守军发来消息……我们在当地的军事堡垒都遭到了袭击，情况紧急！守军大部分都已被杀，连最高指挥官可能也已经殉难了！"

麦伦卜塔的马车飞也似的朝皇宫奔去，他从没像今天这样心急如焚。到了皇宫后，这位王子一跃跳下马车，冲了进去。萨哈马纳看得出事态严重，也没有阻拦他去觐见法老。麦伦卜塔的慌张都写在脸上了，拉美西斯一看就知道一定是出了很严重的事情。

于是，法老当即中断了与几位省长的交谈，表示日后一定会再与他们叙话，然后命人将他们送了出去。

将军说："陛下，利比亚人袭击了三角洲的西北边陲，有些堡垒已经沦陷了，目前还没有明确消息说明，具体是哪些地方受难。"

萨哈马纳忍不住喊出声："是乌里泰梭和麦勒飞！"

"实际上，在我收到的报告中，已经不断有提到那个赫梯人了的。让人不可思议的是，那些互相仇恨的利比亚部族竟愿意听麦勒飞指挥，团结起来。我们必须在最短时间内给予有力反击。除非……这只是个圈套，就像攻击锡瓦的消息。"

如果埃及将全部的兵力都集中到三角洲的西北边陲，那必然是中了麦勒飞的圈套。届时，他会长驱直入直接攻打底比斯北部。在他的铁蹄下，这座阿蒙圣城必将血流成河。

埃及受到了威胁，拉美西斯的决定关系着埃及有没有未来。

"陛下，你曾允诺我……"萨哈马纳有点害羞地开口道。

"我还记得。我们将一同前往。"

麦勒飞被下属称为沙漠中的魔鬼。他的方脸上长着一对冷酷无情的黑眼睛，双手如锉刀，遒劲有力，徒手就能撕裂敌人。他长期在利比亚各部落间活动，终于再次将他们对埃及的仇恨煽动起来，让他们忽略彼此间的不睦而对埃及同仇敌忾。现在这些部落全都愿意听从他的调遣。一面是杀戮成性的利比亚战士，一面是习惯了在和平里安乐度日的埃及人，两方交战，可想而知，埃及人有多么不堪一击。更何况，敌人还有以善战闻名的乌里泰梭助阵，士气自然高涨。

　　乌里泰梭用右手指着远处，说："朝那个方向行进，用不了两个小时就是三角洲前的几个村子了。很快，那里就会成为我们的地盘。此时，拉美西斯城已经兵力空虚。拿下这里之后，我们正好乘胜追击，进军拉美西斯城。"

　　"乌里泰梭，你对自己的筹谋可有把握？"

　　"当然。要知道，我是十分了解拉美西斯的。我们假意袭击锡瓦，这一假象必然会误导他以为我们会开辟几个战场同时作战。在他的心目中，底比斯和那里的神庙最为重要，因此必定先往南方派两个师的兵力，并且让麦伦卜塔担当统帅。然后，再派一个师去守卫孟菲斯。剩下一个师，他将亲自担当统帅前来与我们对抗。拉美西斯太过自大，以为自己战不无胜，这使我们只需对抗几千兵力。麦勒飞，拿下他们，对你来说不是轻而易举的吗？我只有一个小小的要求：务必让我用这把匕首手刃拉美西斯！还望你能应允。"

　　利比亚人点头表示应允。本来，他的计划是让军队进行充分的操练后再进攻，但是因为那个小商贩，他们的行踪已经暴露，他只好立即行动起来。

　　对方只有一个师的兵力，麦勒飞根本不放在眼里。在药物的作用下，利比亚的战士个个摩拳擦掌，想要大干一场，而那些埃及士兵则通通一副畏畏缩缩的样子。光在士气上，埃及人就远逊色于利比亚人。

　　军中情报员报告，前方无军营。

　　乌里泰梭说："就是这儿了。"

　　麦勒飞的眼中闪出一道光芒，兴奋之情溢于言表。好几百年了，利比亚一直遭受埃及法老的欺辱压迫，现在终于到了报仇的时候。他要踏平前方那些丰饶的村子，毁掉他们的良田；那些活下来的人，都要卖为奴隶。

前方便是埃及军队，乌里泰梭情绪激动，说："在军队最前面的就是拉美西斯。"

"在他右边的那个人，是谁？"

赫梯人的脸沉了下来："那是他的次子，麦伦卜塔。"

"他不是该在底比斯吗？"

"来得正好。我们可以将他们父子俩一网打尽。"

"还有法老左边那个人，他是谁？"

"是法老的贴身护卫队队长，名叫萨哈马纳……麦勒飞，我们的运气真是不错，我要将那个家伙剥皮抽筋。"

战场上，步兵、弓箭手、战车开始按作战队形列队摆开。很快，整个平原上布满了埃及的士兵。

麦勒飞说："这兵力不止一个师。"

乌里泰梭也很惊讶，目瞪口呆，一句话也说不出来。但转瞬，他和麦勒飞就明白过来了：拉美西斯将阿蒙、瑞、卜塔、塞特四大军团——埃及的全部军力——都调集过来了。法老要孤注一掷，跟他们二人拼个你死我活。

麦勒飞的拳头不由得攥紧了，"这就是你对拉美西斯的了解吗，乌里泰梭？"

"这太违反常理了……他，他竟然敢如此不顾后果？"

在他们后方，次王塞达武已经率领努比亚弓箭手堵死了他们的退路。很快，麦勒飞也发现，自己已经没有退路了。既然退无可退，只能拼死一搏了。他高声命令道："利比亚人要以一敌四，进攻！"

他们首先攻向埃及军阵前排的步兵。拉美西斯立于战车之上，岿然不动。步兵半跪着，给后方的弓箭手留出空隙射击敌军。利比亚军队也发动弓箭手还击，只不过并没起到什么作用。他们的第二波攻击遭遇塞特师团，被打得溃不成军，无法保持队形。麦伦卜塔率领战车队列乘胜追击，一声令下，士气高涨的埃及军队冲向敌军。麦勒飞的士兵抱头鼠窜，不管他怎么呵斥叫骂也遏制不住。

很不幸，这些逃兵其实已经无路可逃。塞达武率领的努比亚人手持弓箭和标枪已经等着截击他们了。到了这个时候，战场形势已经很明朗，利比亚人是无法战胜兵力是自己四倍的埃及军队的，很多利比亚士兵缴械投降。

麦勒飞已无力挽回战场颓势，命令那些仍在顽强抵抗的利比亚士兵朝自己靠拢。这时，他才发现乌里泰梭已经不见了踪影。但是，他已无暇顾忌这个临阵脱逃的懦夫了。这个利比亚人被逼急了眼，满心只想杀掉埃及人。

战场上非常混乱，麦勒飞举目四望，一眼就看到了麦伦卜塔。麦伦卜塔也看到了他，彼此的眼中都充满了怒火。王子能感受到对方强烈的恨意。两个人之间的距离不过几米远，恰好在彼此标枪的射程内，于是两人同时朝对方射出了标枪。麦伦卜塔的肩膀被射中，而麦勒飞则直接被刺穿了前额。

麦勒飞立在当地，摇晃了几下，便倒地不起。

萨哈马纳手握长剑，出手迅捷，手起剑落间他自己都不知道杀死了多少利比亚人。他只知道，今天这场仗他打得非常畅快。麦勒飞已经战死，那些负隅顽抗的利比亚战士瞬间也没了士气。这个大块头儿也停了下来，朝拉美西斯走去。这时，他看到的一幕让他倒吸一口凉气。

乌里泰梭混进了埃及军队，他戴着头盔，穿着战袍，红色的胸毛被遮盖起来了，没有人认出他来。这个赫梯人正从后面一步步地靠近拉美西斯的战车。他要从背后行刺法老！

萨哈马纳没命地狂奔起来，奔跑中几名皇子都被他撞倒了。在最后一刻，他用身体挡住了刺向拉美西斯的利刃。乌里泰梭的那把铁匕首插进了这个大块头儿的胸口。

这个撒丁人危在旦夕，即便如此他还是用那双巨大的手死死地扼住敌人的脖子。

"乌里泰梭，你已经一败涂地了，是个彻底的失败者！"这个巨人拼尽全力，直到赫梯人停止了呼吸，他这才放开手。他知道自己也命不久矣，终于无力地倒了下去。

拉美西斯托起这个巨人的头，就是这个人刚刚用生命救了他。

"陛下，胜利是属于您的……是您使我的生命变得有意义……"

萨哈马纳为自己最后的战斗感到骄傲，在拉美西斯的臂弯里，他永远地闭上了眼睛。

55

为了感谢神明保佑，战胜利比亚人，使埃及免受危难，拉美西斯向底比斯和拉美西斯神庙提供了丰厚的祭礼，其中包括：几只镶金的银质花瓶和水壶，总重约十五公斤；几张纯金和纯银打造的供桌，总重超三百公斤；一条黎巴嫩松树船，上面镶满金饰，长达六十五米；一些金锁片，用来镶在神庙的圆柱上；还有四百公斤叶蜡石、八百公斤绿松石等，简直数不胜数。

在努比亚的格尔夫侯赛因，塞达武改造了一座位于岩洞里的老旧神坛，要将其建成一座神庙。在拉美西斯在位的第四十五年，这座神庙竣工了，是一座崭新的卜塔神庙。法老亲临这座小阿辛贝，主持它的竣工祭典。大阿布辛贝神庙也是建在一座砂岩山里，而且神殿里也矗立着君王的奥西里斯神像，一如其他的许多神庙。

　　庆典结束了，拉美西斯和塞达武并肩而立，欣赏着尼罗河上的落日。

　　"塞达武，你要当个不辞辛苦的建筑师吗？"

　　"陛下，是您给我树立了典范。努比亚充满热情，我们要做的是将这种热情注入神庙中去。这不正是您对后人的期望吗？完成这一任务，我们就可以瞑目了。人生苦短，唯有不倦地努力工作才能留下些许痕迹，也唯有这样才能让我们的生命得以延续。"

　　"你接任新职务以来，一切可还顺利？"

　　"没有什么困难是解决不了的。在您当政的这些年，与赫梯达成了和平共处的盟约、使努比亚得以在和平中发展、平息了利比亚的战乱。因为您，埃及人民得以免受战争之苦……这些成就毫不逊色于那些伟大的建筑，只这些就足以使您永垂不朽。我想，亚夏即便在天国也会为您感到高兴。"

　　"我总是想起萨哈马纳，是他救了我，并付出了生命的代价。"

　　"陛下，在您身边，那些忠于您的人都会这么做的。您将在另一个世界为我们说话，既然如此，我们当然义无反顾。"

　　在拉美西斯继位的头一年，他在底比斯的御花园里种了一棵无花果树。如今这棵树已经长得枝繁叶茂，郁郁葱葱。拉美西斯在树荫下坐着，认真地听女儿为他弹琴，琴声婉转，连山雀都跟着唱和。

　　在埃及各地的神庙，祭司们每天都会用圣湖的水进行洗礼，替法老举行祭祀。每天的贡品也都是新的，种类丰富，举行完祭祀典礼之后，这些供品就会分送给那些信徒。女神玛亚特的力量每天都会被唤起，对国王说："你承担着我赋予的使命，我给予你力量，以玛亚特之眼看待众生。"

无花果树下，梅莉达蒙将琴放在一边，陪在拉美西斯身旁。

"梅莉达蒙，你会成为埃及的皇后。"

"父王，您这样说，是让我舍弃眼前的岁月静好。"

"我已经老了，梅莉达蒙。在巴肯兢兢业业的管理下，卡纳克繁盛兴旺，他每天尽职的时长，比规定的工作时间要长很多。我的好女儿，我想请你来守卫我的百万年神殿。这座神庙曾显灵庇护我和你的母亲。在它的守护下，各种庆典和节日都不曾逾时，拉美西斯神庙神圣的力量也历久不怠。"

梅莉达蒙低下身，托起国王的手，在手背上亲吻了一下。

"父王……您会一直陪在我们身边的，您知道的。"

"不必强求！要知道，没人能逃得过死亡。"

"身为法老，也不可以吗？它曾多次让您陷入痛苦，最后还不是被您战胜了？我以为，它已经被您降服。"

"梅莉达蒙，它最厉害的一招还没使出来。"

"不，父王！去埃及的各大建筑物看看吧，上面都有您的名字，您的威名已经家喻户晓。死亡已经错过了带走您的时机。您将万寿无疆！"

那些利比亚叛逆者已经被全部镇压，和平重新降临。虽然拉美西斯盛名远播，却并没有使公务减少，亚梅尼的办公桌上堆满了公文，上报的都是些令人头疼的棘手事件。亚梅尼只觉得这些公文比以前的更难处理。有些问题一直悬而未决，令机要秘书大伤脑筋，就连总司令麦伦卜塔和大祭司凯都束手无策。首相自己也已经明白地说了，自己实在束手无策。亚梅尼一肚子苦水，只好向拉美西斯诉苦。

亚梅尼倾诉道："陛下，您四处游历，对此我本无异议。但是，那些敌对势力时刻都在关注您，待您离开都城，便会伺机而动。"

"怎么，国内不再安宁了吗？国家的繁荣富强出问题了吗？"

"一个不起眼的小问题，就可能倾覆一座巨大的建筑物。更别提，我做的事情了。那不过是些琐碎的日常难题，并不是什么惊天动地的大事。"

"你可否有话直说？"

"我收到埃及索摩努市长发来的一封信。信中他抱怨说，为当地提供饮用水的圣井不知何故枯竭了，可是当地神庙里的工作人员却一点办法也没有。"

"你可曾派专业的技术人员前去检测？"

"您觉得我会出现这种失误？专家已经去过了，但并没勘测出什么问题来。这口水井就是不肯出水，当地居民十分愤懑，我真是一点办法也没有！"

午后，几个家庭主妇结伴在索摩努市的运河边浣洗衣物。这条运河也是当地灌溉农田的水源。在这些主妇的不远处，便是一条灌注河川的水源。她们天南海北地聊着天，交换着心中的想法，对那些街头巷尾的传闻尖刻地予以评论。在这些人当中，芭露瑞特是最爱嚼舌根的了。她长得很漂亮，是一位细木工匠的妻子，因为喜欢嚼舌根闻名全城。

她说："如果那口井再也不出水了，我们就得举家搬迁了。"

一位女仆并不同意她的观点，说："我绝对不搬离这里！我家祖上好几辈前就生活在索摩努市，我不能让我的孩子离开自己的根。"

她说："水井干枯了，没有饮用水了，你怎么生活？"

"不是还有祭司们吗？他们总能想出解决的办法。"

"他们想出什么办法了？连神力最厉害的那个都无计可施了，我们躲不过这个灾祸了。"

这时，一位眼盲的老者一瘸一拐地走到这群妇女跟前。

"我口很渴……求求你们，给我点水喝吧。"

芭露瑞特恶狠狠地呵斥道："走开，懒货！想要喝水，就自己去挣钱。"

"我运道不佳，现在又一身的病痛，再加上……"

"这话听得耳朵都长茧子了。快离我们远点，要不然我可朝你扔石头了。"

眼盲的老人用棍子点着地，向后退去。那些妇人不再理他，继续大声谈论起来。

"我也口渴了，你们可否给些水喝呢？"

听到这声音，那几个洗衣的妇人全都转过头来，看到的是一个六十多岁的老人。他气度不凡，一看就知道是个有名望的人。她们都定定地看着他。

芭露瑞特先开口说："大人，能帮到您，我们深感荣幸！"

"那个人很可怜，你们为什么要驱赶他？"

"他身无分文，还不停地纠缠，让我们很厌烦。"

"玛亚特是怎样告诫我们的，你们可还记得？'我们所有人，不管是肢体健全，还是身有残疾，都是受苍天庇佑的。所以不要看不起瞎子，不要嘲弄矮子，不要伤害瘸子。唯愿众生友好，能互相尊重和关爱。'"

那些主妇面露愧色，一个个低下了头，只有芭露瑞特还挺胸抬头，一脸的不甘愿。

"竟然这样教训我们，敢问您是哪位？"

"埃及的法老。"

芭露瑞特惊得瞪大了眼睛，不过很快就回过神儿来，赶紧躲到了女伴当中。

"我已在此地生活了几天，现在终于知道为何索摩努的大水井会枯竭了。因为当那位可怜人向你们求助时，却遭到如此粗鄙的对待。"

芭露瑞特走上前，向拉美西斯跪倒，问："要是我们变得友好了，水井会继续出水吗？"

"你们使井里的水神生气了，我要想办法平复他的怒气。"

巨大的鳄神索贝克的雕像——他头顶皇冠，长着鳄鱼的头人的形体——已经完工。它面世的那天，全城的居民争相跑到索摩努生命殿堂的雕刻工坊来，想要看一看这座雕像的真容。湿地上的石匠们排成一队，转动圆木，雕像便随之慢慢移动。到达主井时，拉美西斯已经等在这里了。他念诵经文，祈求鳄神索贝克让人类的生命之源、滋养大地的源泉重新从地下涌出。

完成祈祷后，法老命石匠将这位水神沉到井底，那儿是他拯救世人的地方。

明天开始，索摩努的这口水井将重新涌出甘泉，为城内的百姓们提供源源不断的生命力量。百姓们自然要回报神明，于是大摆宴席，木匠的妻子就坐在那位盲眼的老者旁边。

56

哈法的父母分别为埃及人和腓尼基人。在求学期间，他非常勤奋，后来进入孟菲斯贵族学校，也是成绩斐然。他有很高的数学天赋，令最严苛的老师都赞叹不已。如今，他已小有成就，有很多职位向他投去橄榄枝。一开始他自己也难以抉择，考虑再三他决定接受中央水务局的职务。这是个负责管理尼罗河的部门，职权范围广泛，从监测河水是否泛滥到浇灌农田的方法，无所不包。

没过几年，哈法就成长为重要的参谋，首相、部长和各省首席长官都会找他征询意见。此人非常精通阿谀奉承之道，能不露痕迹地将上级吹捧得欢欣无比，因此一路高升。这一官场套路令人不自觉地联想到法老的兄长谢纳。谢纳身居高位，野心勃勃，不过已经犯了叛国罪。

哈法仕途顺畅、人生得意，不过他自己仍处处谨小慎微，生怕人们将他和谢纳联系起来。要知道，谢纳的结局可不怎么好。哈法大约五十岁，已婚，有两个儿子。他精力旺盛，政治手腕强硬，他辖下的各部门都对他俯首帖耳，看起来这位显贵在官场的地位十分稳固。可是，谁能想到，当初谢纳为了谋取王位，建立了一个间谍组织，而哈法正是这个组织中最后一个重要成员！

那已经是很多年之前的事了，如果这位显贵没有认识那位腓尼基商人纳瑞歇，这件事本来可以悄无声息地被遗忘掉。见识到这位商人惊人的财富后，哈法内心无法平静。他自认才华出众、能力超群，也应该坐拥那样的财富。

在与这位商人共进晚餐后，哈法一下子觉得豁然开朗了。拉美西斯年近七十，已经十分老迈，必须依赖御医总长尼菲瑞的护理和重生庆典的神力来保证身体的健康。目前，掌管国家政务的人都是些守旧派，缺乏锐意进取的雄心。他的大儿子凯醉心神职，对政事不感兴趣；次子麦伦卜塔则没有主见，只知道对父亲唯命是从，一旦拉美西斯去世，他马上就会变得茫然不知所措。至于拉美西斯最信任的那个书记员亚梅尼，也已经垂垂老矣，很快就得离职养老了。

拉美西斯，还有他的权位都已日薄西山，政权实际上已经外强中干。这难道不是老天给的机会，让自己去完成谢纳的夙愿？

麦伦卜塔来到拉美西斯城皇宫的会客大厅，后面跟着赫梯国的使者。今天，这位使者是一个人来的，不像以前后面跟着一大群随从，每人手里都捧着贡品。他来到拉美西斯跟前，跪倒行礼，说道："陛下，我给您带来一个沉痛的消息：近日，您的兄长，赫梯的君王，去世了。"

一时之间，法老的脑海中涌现出很多回忆。从卡迭石之战到赫梯君王亲访埃及，哈图希勒一度是个非常危险的敌人，但最终他们结成了坚定的同盟，真诚相待，联手建立了一个没有纷争的世界。

"已经确定谁来继位了吗？"

"是的，陛下。"

"他会遵守两国的友好条约吗？"

这个问题也正是麦伦卜塔担心的。

使者答道："先王的决策，继位者不得随意推翻。我们会继续遵守每一个条款。"

"我深感哀痛，请代我传达这一心意，并请普杜赫芭皇后不要太难过，一定保重身体。"

"唉，陛下，皇后缠绵病榻已有些时日。如今哈图希勒王去世了，她衰弱得更加厉害了。"

"请代为向赫梯帝国的新王奉上我的祝贺，请他相信，我们愿与赫梯国修万世之好。如有需要，我们一定鼎力相助。"

使者退下后，拉美西斯马上对麦伦卜塔吩咐道："立即联系我国的情报员，让他们搜集赫梯国最近的动向，并以最快的速度报告给我。"

在拉美西斯城的高档别墅里，埃及人哈法正在设宴招待腓尼基人纳瑞歇。他将自己的妻子和两个儿子介绍给纳瑞歇，不无骄傲地说，自己有幸能让孩子们接受优质的教育，他们的前途很光明。他们一边享用丰盛的午餐，一边聊聊家常。午餐结束后，这位水务局的高官将腓尼基商人引至精致华丽的无花果凉亭，继续谈天。

纳瑞歇开门见山地说："受到您的邀请，我深感荣幸，但也有些意外。恕我唐突，您如此招待我到底有何用意？我是一个商人，您是个身居高位的官员，我们之间似乎没什么交集。"

"我听到一些传言，对于拉美西斯的经济政策，您有些微词。"

"我认为，奴隶制度是被历史验证了的，可是他却对这个制度诸多批判，这是个可笑的错误。看着吧，埃及早晚会意识到，自己已是孤家寡人，危如累卵。"

"这是很多年之后的事了……眼下，我们需要尽快积累财富。"

这话让纳瑞歇惊诧不已。

"哈法，我不明白您在说什么。"

"现在的埃及由拉美西斯一人掌控着，不过这样的光景维持不了多久了。因为他无法超越年龄的问题，这是一人专政的隐性而重要的缺陷。再加上，他钟爱的那两个继承人，凯和麦伦卜塔，都是无能之辈。"

"我对政治不感兴趣，更何况是埃及的政治。"

"可是你崇拜利益，相信它是无所不能的，不是吗？"

"这关系到人类的未来，不是吗？"

"现在有个机会，你一定要抓牢啊。拉美西斯已经越来越老迈虚弱、无力执政了，你和我虽然出发点不同，但是不都想报复他吗？不过，这还不是最重要的。最重要的是，他的权力不断弱化，我们正好借机做个交易，从中大捞一笔。"

"这一笔有多大？"

"可以让腓尼基的财富至少翻三番。实际上，我肯定真实的收益不止这些。另外，你作为这件为人民谋福利事件的主要策划者，到时候肯定会受到众人膜拜。"

"您怎么办呢，哈法？"

"刚开始时，我甘愿做您背后的那个人。"

"说说您的计划吧！"

"你必须保证对外人守口如瓶，我再告诉你。"

纳瑞歇笑了笑，说："哈法，我的朋友，信守诺言这种事只在埃及还有。要跟商人打交道，这种陈词滥调的老规矩最好赶紧抛诸脑后。"

这位高官还是不敢完全信任这个腓尼基人，要知道一旦事情败露，他的后半生都将在牢狱中度过。因此，他本来还有些犹疑。

"好吧，纳瑞歇，我来详细地说一下我的计划。"

哈法慢条斯理地说起了他的计划。纳瑞歇心底不免惊诧，身为法老的子民，哈法竟然包藏着这样的祸心。他并不是个喜欢冒险的人，但是这个埃及人的计划打动了他。是的，如果这个计划执行顺利，他可以将巨额的财富收入囊中，而且由此引发的动乱，势必将拉美西斯从法老之位上拉下来。

对于利比亚的暴动，麦伦卜塔始终耿耿于怀。他身负军队总司令之职，担负着守卫国土安全的职责，但是面对麦勒飞挑起的暴动，却如此手足无措。幸好拉美西斯有远见卓识，尽早结束了这场动乱。否则，那些匪徒怕是已经侵占了三角洲，攻进了都城，肆意掠夺，屠杀埃及的子民了。

麦伦卜塔吸取了经验教训，亲自给负责看管押送利比亚部落的步兵团训话，要他们保持警惕，发现任何可疑之处立即上报。他重新整顿军务，调整了某些军中人员的职务，并加强了军纪，要求接受这个艰巨任务的士兵必须尽职尽责。

在麦伦卜塔看来，利比亚人不会善罢甘休。麦勒飞是落败了，但是像他一样对埃及怀着满腔仇恨的人大有人在，很快这些人就会取代他，对埃及实施报复。总司令建议加强三角洲西北部的防御力量，拉美西斯非常赞同。于是，总司令往那里加派了军队。

不过，现在赫梯国内的局势到底是怎样的呢？哈图希勒是个英明、沉稳的君主，如今他死了，会不会因此引发内乱？赫梯使者看似平静，会不会只是有意掩饰实情的障眼法？赫梯人为了夺权，惯于使用投毒或是发动武装政变这样的方法，逝去的君王会不会只是自以为已经消灭了所有的反对者？

苦苦等待赫梯方面的消息，实在不是明智之举，于是麦伦卜塔决定整顿好军备，随时应战。

夜巡并不讨厌吃鱼，不过如果可以选的话，它当然更愿吃肉。这只狗的眼睛炯炯有神，对主人忠贞不二，拉美西斯也十分信任它。不过，和它共进午餐，却不能谈心聊天，实在没什么趣味。

法老和夜巡的午餐刚吃完，麦伦卜塔就来到了皇宫里。

"陛下，从赫梯搜集来的情报我都仔细看过了，还特地跟潜伏在哈图沙的特务机关总长了解了情况。"

拉美西斯将酒倒入一个银杯里，递给总司令。

"麦伦卜塔，我要听实话，不要对我有所隐瞒。"

"赫梯的新君王的确如他们的使者所言，会遵守两国的友好盟约，与埃及和平相处。那个使臣没有撒谎。"

57

每年，尼罗河都会定期涨水……这简直是个奇迹。这是天神的恩赐，是对人间热情子民的奖赏，同时也是在向法老表达感谢之意——只有法老可以利用水位上升来灌溉土地。

今年，尼罗河涨水后水量充足，水位表显示水位高度有十一米。在拉美西斯执掌埃及的数十年里，每到灌溉的季节，尼罗河的水量都非常丰沛。

与赫梯国的战争威胁解除了，两国将继续友好的外交关系。今年夏季，有接连不断的庆典，有在不同城市徒步的旅行，幸亏埃及的民众在冬天时修整了大量船只，才为这些活动顺利进行提供了保证。和很多埃及人一样，权贵哈法也乘船游览了尼罗河，欣赏它的水光天色。河水很平静，不远处露出一个小小的山顶，山顶之上是个村落。哈法的家人都去了住在底比斯的父母家，要在那里住上几周。所以，他此行不必受任何人的约束，可以想去哪儿就去哪儿。

即使灌溉期结束，灌溉工人仍没能闲下来。针对河水暴涨，哈法想到了一个新的举措。他趁着涨水期将各地的蓄水池注满，然后再根据需要依次放水。哈法觉得这简直是个天才的想法，将使他拥有比拉美西斯还多的财富，成为比拉美西斯更伟大的人。

埃及的各级行政官准备了一份他们觉得合情合理的意见书，请求面呈拉美西斯。这份意见书并不是他们共同讨论得出的，不过没有人对此有异议。

法老认真地听完他们的发言后，没有明确说反对，却表示并不支持。在那些官员看来，拉美西斯是同意他们的意见的。于是，在同僚们的鼓励下，财政部长于当天傍晚来到了机要秘书亚梅尼的办公室。此时，亚梅尼送走了其他的同人，已经回来了。

亚梅尼也快七十岁了，但内心仍是当年那个在拉美西斯当上法老之前就发誓追随并效忠于他的学生。如今的他脸色苍白，仍不损不凡的气度。每天他只睡几个小时，其余的时间都奉献给了工作。他会阅读每份公文，对工作全心付出，勤奋而专注，非常高效。因此，尽管他吃得很多，却依然非常瘦。多年来，他备受后背疼痛的折磨，却依然承受了常人难以承受的工作量。

他问道："有难题？"

财政部长答道："算不上难题。"

"那到底是什么事？我很忙。"

"我们根据首相的指示开了个会……"

"'我们'里都有谁？"

"呃……有双白宫主任、农业部长……"

"可以了。你们的议题是什么？"

"实际上，是两个。"

"第一个是什么？"

"数十年来，您宵衣旰食地服务于埃及，对此所有的同僚都十分钦佩，为了表达钦佩之情，我们想送您一栋别墅，由您自己来选址。"

亚梅尼放下手中的笔，抬起头饶有兴味地说："这个有点意思……说说第二个吧。"

"您工作起来废寝忘食，工作量已经远超职位的要求。这么多年，你如此忘我地工作，恐怕还没意识到……或许已经到了可以颐养天年的时候了。退休后，坐拥一栋深宅大院，过着平静安详的生活，人们对您的敬意不会减少分毫。您觉得如何？"

亚梅尼没有回答。财政部长觉得这说明他有希望接受这个建议。

"您是个通情达理的人，我向来都这么认为。对于您的决定，同僚们也都非常赞同。"财政部长喜滋滋地说。

"我可没那么说。"

"那您对这个建议的态度是？"

"我永远不会离开这间办公室。"亚梅尼的语气里满含愠怒，"除非是法老亲自下令，否则谁也不能让我离职。我会坚持一贯的工作方法和效率，直到死的那一天。听懂了吗？"

"我们是希望您能得享清福……"

"还是省省心吧。"

某天，哈法再次在家中宴请腓尼基商人纳瑞歇。席间，商人对于能在炎炎夏日喝上清凉开胃的淡啤酒满心赞叹。

纳瑞歇说："腓尼基人已经准备好将整个埃及买下来了，这可不是我说大话，这样一件堪称创举的事情将由我来完成。可是，哈法，你可准备好了将它卖掉？"

"我的想法从没变过。"

"到底是哪一天呢？"

"自然自有其规律，不是我能掌控得了的。不过，这个日子很快就要到了。"

"可有什么障碍？"

哈法胸有成竹地说："在这个行政系统里，我最有决定权，没人能妨碍得了我。"

"文件不是必须要由孟菲斯的大祭司来签署吗？"

"没错。但凯这个大祭司醉心探求神性、研究古石，早就不关心俗务了。他恐怕连看都不会看就盖章了。"

纳瑞歇说："有一点我一直无法理解，为什么你会对自己的国家充满恨意？"

"我那不是恨，而是拯救。我要让埃及摆脱迷信的传统和腐旧的风俗，让它从水深火热中脱离出来，焕然成为一个新世界。这也是我的偶像谢纳未竟的事业。我要推翻的是拉美西斯，埃及之所以如此都是因为这个专政的暴君。可是拉美西斯简直百无禁忌，赫梯人、利比亚人、巫术都拿他没有办法。既然如此，就由我——

哈法来担起除掉他的大任，我一定可以马到成功！"

"我说了，不行！"亚梅尼对双鹰省长说。

这位下巴突出的大个子不解地问："为什么？"

"因为会损害其他省的权益，任何一个省份都没有这样的权力。"

"可是，中央已经同意了！"

"也许吧。但是，行政部门是无权制定法律的。位高权重就要肆意而为，如果我放任此行为，早就没有现在的埃及了。"

"你的决定已经没有改变的可能了，是吗？"

"不允许更改灌溉系统，也不允许提前排放蓄水池的水。"

"既然如此，我请求当面向法老陈情。"

"可以。不过，他的时间很宝贵，别说些没用的。"

省长的提案被亚梅尼否决了，他又没办法见到拉美西斯，他实在没有别的办法了，只好回去。

已经陆续有六个大省的省长或是写信，或是当面会谈，要求支持孟菲斯水务局的新举措——为了扩大耕地面积，将蓄水池的水全部排放出来。亚梅尼百思不得其解，这些省长何以会如此心有灵犀。

根据亚梅尼的分析，这个提案有两个漏洞。首先，国家在发展农业上，并没有扩大耕地面积的计划。其次，灌溉是件有次序、需要一步步慢慢来的事情，冒失地将水全都排放了，只会适得其反。幸好大部分省长们一贯都非常谨慎，在遇到难以做决定的事时会来请示法老的机要秘书。这真是一个好习惯。而工程师们并不知道省长们有此处事之道。

　　这一提案的真正主谋是谁？亚梅尼真想自己调查出来，可是他实在公务繁忙，脱不开身。他前面放着一份报告书，是一个关于在埃及中部种植柳树的提案。机要秘书想要专心地看看这份报告，却发现难以集中精神去阅读，于是干脆不去看了。他无法无视之前的那件事，它实在太蹊跷了！

　　在艾力欧城，拉美西斯和凯穿过透特神庙前的塔门进入洒满阳光的中庭，穿过中庭，他们来到神庙的门口。庙门大开，大祭司已经在门口等候迎接法老和他的儿子了。他们两人先去瞻仰了透特神的殿堂，这里只有他的仆从才可以进来。在透特神的祭坛前，父子两人凝神静思。

　　凯说："就是在这里，我的寻觅终于到了尽头。"

　　"已经找到了透特书？"

　　"原本，我以为如此悠久的书籍肯定是某个神庙的图书馆收藏起来了。现在，我终于想通了。神庙中这些大大小小的石块便是这本神奇的书的组成部分，知识之神亲自将生命的意义书写在上面。每个建筑、每个象形文字都蕴含着透特神对人类的教诲。这些知识散落各处，我们好比伊希斯，要像他将奥西里斯碎裂的尸体重新聚合起来一样，将这些知识重新整合起来。我们的国家就是一座神庙，国王是神明赋予我们的保护神。作为法老，应使此书永远打开着，以等待有人能用心去解读它。"

　　拉美西斯面露欣喜之色，听着这些充满智慧的言语，他非常骄傲。此时，即便是像荷马那样的诗人，恐怕也要被震撼，只能静静地聆听了。

58

工程师哈法的计策其实非常简单，但一旦成为现实，后果将不堪设想。把蓄水池排空造成不可挽回的后果，然后将责任推给中央。而第一个被追责的就是拉美西斯的长子凯。因为他担任运河督察长，要执行这一举措需要他在相关的文件上盖章。也就是说，理论上是凯授权去放空蓄水池的。由于对哈法的盲目信任，各省省长都不会怀疑他寄来的那份研究报告其实暗藏祸心。他们还天真地以为他的报告中建议开放更多的蓄水池是为了促进农业发展，让各地更加丰饶。等他们发现别人利用自己的轻信构筑一个陷阱时，错误已经铸成，任谁都无力回天了。到了那时，土地干涸却没有用来灌溉的水了，对大丰收的美好憧憬将成为空想。

凯将成为全民的罪人，备受指责，很快人们的怒火就会转向拉美西斯。埃及将陷入物品奇缺的境地，此时，便是纳瑞歇和腓尼基人登场的时候了。他们会带来救急的物资，只不过是以超高的价格卖给埃及。可财政部别无他法，只能妥协。对于老迈的拉美西斯，埃及的百姓肯定极尽批评指责之能事，而哈法则可坐收渔翁之利。如果事情发展顺利，首相将保不住自己的地位，他则可取而代之；即便不那么顺利，他也可以坐收巨额财富，大不了到腓尼基去过下半生。

现在，这个计划还差最关键的一步，就是由凯在文件上签名盖章。哈法觉得，这位大祭司甚至懒得亲自处理，只是请秘书代劳。

哈法去见凯，秘书热情地对他说："您来得真是时候，大祭司正好有时间，他很高兴见您。"

哈法推拒说："不必了吧，这太打扰了。"

"跟我来吧。"

哈法不由得慌张起来，跟着秘书来到一间阅览室。此时，凯正在审阅文件。他穿着的那件外套据说是用豹子皮剪裁而成的。

"见到你太好了，哈法。"

"是我荣幸之至，王子。但是，要耽误您做研究的时间，这真是我不该犯的过错。"

"有什么需要我做的吗？"

"很简单，只要您签字即可……"

"哦？公文拿来，我看一下。"

凯的声音低沉而有力量，很有威仪。在哈法的想象中，大祭司应该是一副昏庸无能的样子。眼前的情景与想象的差别实在太大了。

"这个提议非常不合理，需要经过研究验证。"凯说出了自己的结论。

哈法的身体不由得发起抖来，辩解道："殿下，没有那么复杂，这只是一个使灌溉变得更简单的方法，非常单纯。"

"你可真是谦虚！这么说，对于判断这个提议合理与否，我的能力还不够。那好，我会找一个专家来评估你的报告。"

哈法一听要找一个专家来评估，暗自松了一口气。在这个行政体系里，他是大权在握的那个，不管哪个专家，最后都得乖乖听他的。

凯说："我要请的就是这位专家。"接着，拉美西斯现身了。他穿着细亚麻长袍，袖子十分宽大，手腕上戴着金手镯——就是非常有名的那两只手镯，上面用天青石镶嵌的野鸭图案做装饰。

在法老面前，哈法无所遁形，连连后退，直到撞到了陈列着文书的书架上。法老气势逼人，说道："哈法，你觉得你有学识就能颠覆一个国家了吗？你犯了一个大错。你不知道贪婪是个绝症吗？它让人目不能见、耳不能听，所以才让你觉得统治埃及的是昏君和一些无能之辈。简直太浅薄了。"

"陛下，求您……"

"闭嘴！你已经失去了辩解的资格。看到你的一言一行，我仿佛看到了谢纳，他自毁前程，都是源于缺乏担当。以后，就由法官来判定你的命运吧。"

此次，埃及险些陷入亡国的危机，幸亏有亚梅尼，要不是他仔细地调查研究，埃及这次真的危险了。挽救国家这样大的功劳，依据法律应该受到表彰，但这样却有可能惹恼了他。他们两人只需一个眼神就能知道彼此的心意，一切身外的奖赏都显得多余了。

亚梅尼一如既往地全身心投入到了新的工作中。

时间静静流逝，在安宁祥和中拉美西斯迎来了自己执政的第五十四个年头。在举行完第九次重生庆典之后，他觉得自己仍精力旺盛，因此想要去巡幸埃及各地的乡村，尽管御医总长尼菲瑞并不支持这个决定。

五月，天气转暖，变得热起来。这样的天气可以缓解法老因风湿引起的疼痛。

又到了收获的季节，一排排成熟的麦梗高高挺立。农夫挥舞着木把的镰刀将稻麦割下，然后打成一捆一捆的，再由驴子一趟一趟地运到打谷场上去。稻麦堆要堆成缺角的金字塔状，这样才稳固，长时间不塌陷，这可是个技术活儿，需要有一双经验丰富的手。农民会在堆好的麦堆上插上两根棍子，以便让它更加稳固。

各个村庄为了表示欢迎，在法老到来后都会奉上一桌粮食穗和鲜花。然后，法老会坐在花棚下倾听百姓的心声。随行书记员会在旁边做记录，然后交给亚梅尼。在旅途中，亚梅尼要求亲自仔细阅读每一份记录。

通过与农民直接对话，国王对农业现状总体上的认识是，离完美还有一定的距离，但是好在没有严重的失误，总的发展趋势还不错。那些前来向君主倾诉的人都没什么怨气，只有一个人情绪激动，不停地抱怨。那是一个名叫贝尼哈萨的农民。

"白天我要种地，到了晚上又得修理农具，还得找那些跑出去的牲口。"他满腹地怨怼，"这还不算完，因为我交不上粮税，那些查税官也来为难我。他们简直拿我当盗贼来对待，用打猎的工具攻击我，强抢我的财物，还把我的老婆和孩子给关押起来了！过着这样的日子，我怎么可能快乐！"

人们都心惊胆战地等着拉美西斯发怒，但是他自始至终都很平静。

"你还有别的不满吗？"

农夫很吃惊，说："没了，陛下，没有了……"

"你家有个亲戚，是书记员，是吗？"

"是，是的，不过……"他已经露出了心虚的样子。

"他给你讲过一篇古老的经文。在书记员学校这篇经文是必修课，经文中对别的职业嗤之以鼻，只赞颂这一个职业。而你对此深以为然。现在说说，你上面说的那些遭遇，都是真的吗？"

"有些牲口的确经常往外跑，它们到处蹿……给我惹了不少官司。"

"如果你和邻里有矛盾，可以向村里的法官求助。不管多小的事，都绝对不接受无理的要求。如能做到，你就是在帮法老治理国家了。"

拉美西斯亲临多个稻谷围场，监督度量稻麦的测量员给粮食称重，要求斤两务必精准。在 个谷仓 这里储存的粮食可以填满阿蒙神庙，拉美西斯主持了卡纳克丰收祭的开幕仪式。神庙的祭司和各级官员都参加了仪式，他们发现，上下埃及之主虽然已过古稀之年，但是仍非常健壮。

在大祭司巴肯的陪同下，这位尊贵无比的客人在神庙附近的一条小路上散步。小路穿过欣欣向荣的田园直通码头。走到码头附近时，拉美西斯已经非常疲惫，同意乘轿前行。

走着走着，巴肯发现有个人正靠着柳树打瞌睡。这时，他的同伴们都在工作。他多么不想让法老看到这一幕啊，可是法老目光锐利，已经发现了。

大祭司惶恐地说："这样消极怠工，我们一定会严加惩处。"

"这一次放过他吧。在埃及各地种植柳树，是我们加给他们的任务啊。"

"陛下，对于您的宽宏大度，这名工人永远都无以为报。"

离码头越来越近了，拉美西斯想要下轿。

巴肯担忧地问："陛下，有什么不妥吗？为什么要下来？"

"那边有一座小庙，你看……它已经很破旧了。"

那座小庙里供奉的是以雌眼镜蛇为身的丰收女神。因为年久失修，又无人重视，裂开的石墙缝里长满了杂草，看上去非常凋零凄惨。这样一座小庙实在无法引人注目。

拉美西斯很是痛心，道："这真是个严重的失误。巴肯，派人来修整并扩建这座庙，给它增建一道石门。然后，请卡纳克的雕刻师打造一尊女神像，让人们供奉。埃及是由神明创造的国度，不管神位多么卑微的神，都不该受到冷落。"

埃及之主和阿蒙大祭司采了些野花，放到神庙门口，以示对这位女守护神的崇敬。一只苍鹰在他们上方的高空中盘旋，久久没有离去。

59

　　拉美西斯计划对旧帝国的遗址进行修缮，最近刚完成了设计图。另外，他还想翻修阿匹斯公牛的地下墓室。针对这两个工程，他想听听儿子凯的意见，因此在回到首都之前，他先来到了孟菲斯。

　　到达码头时，美丽的御医总长尼菲瑞已经在等候迎接了。

　　"陛下，您身体可好？"

　　"身体还算结实，不过现在骨头酸痛，有些疲惫。发生什么事了，尼菲瑞？你为何满面愁容？"

　　"凯生病了，很严重！"

　　"你的意思是……"

　　"我知道那是什么病，但是却不知如何救治。您儿子的心脏已经衰竭到药石罔及了。"

"他人在哪儿？"

"在卜塔神庙的阅览室，仍在看那些读了很多次的文件。"

法老立即赶往凯的身边。已经快六十岁的大祭司脸型仍如雕刻般有棱角，他神情严肃，蓝色的眼睛透着平静的光芒。他将自己的一生奉献给了神明，如今即将前往极乐世界，他无所畏惧。

"陛下，幸好死前还能见到您……"

法老紧握住儿子的手。

"我敬爱的法老，请允许我，一个忠于主人的卑微仆从，能像您的朋友一样长眠于生命的顶峰。这将是我最大的幸福……我一生都在恪守玛亚特准则，听命于您，努力完成您交托的任务……现在我即将前往终极世界，请允许我成为您永远的亲人……"

凯的声音越来越弱，拉美西斯扶着他，好像他是世间最珍贵的宝物。

葬礼是在位于地下的阿匹斯公牛神庙举行的。凯的遗体被做成了木乃伊，法老将一个黄金面具盖在了木乃伊的脸上，他还特地挑选了一些出自卜塔神庙的优秀工匠之手的随葬品，包括家具、花瓶、珠宝等。在这些东西的陪伴下，凯的灵魂将踏上宽阔平坦的永生之路。在他的遗体四周，还摆放了很多动物形体的神像，它们都代表某种神奇的力量。

法老极力压抑悲痛，主持着凯的葬礼。他为儿子开眼开口，让他在去往另一个世界时仍保持活着的样子。葬礼在庄严肃穆的氛围中进行着。

麦伦卜塔寸步不离地陪在父亲身边，以便在他支撑不住时去搀扶他，但是拉美西斯很坚强。亚梅尼知道，自己的老友正在强忍巨大的悲痛，他要保持法老的尊严，以便迎接以后新的不幸。

终于，凯的石棺盖上了棺盖。葬礼完成，众臣不再注视着法老。拉美西斯终于抑制不住，泪流满面。

这天清晨，艳阳高照，拉美西斯很喜欢这样的天气。晨祷仪式是一位大祭司代他主持的，快到中午时他才要去和首相议事。法老现在的身体已经非常衰弱，但他仍尽力处理日常政务，以免让自己陷入悲伤之中。

不过，他发现自己的两条腿失去知觉站立不起来了。他有些着急，呼喊着宫廷总管。过了几分钟，尼菲瑞赶到法老床侧。

"陛下，这次您必须要听我的，按我的要求做。"

"尼菲瑞，那太苛刻了。"

"您得马上做决定，要不然就会永远地失去健康，还有您必须调整作息时间。"

"真不想做你的敌人，你太可怕了。"

"陛下，不是我可怕，是衰老。"

"我听你的……关于我的身体状况，不要瞒着我。"

"您明天就可以行走了，不过因为右侧髋骨出现炎症，走路时不得不借助手杖。我会尽可能地减少您的疼痛，而您必须要多休息，以后也要减少用力。有时关节还是会僵硬麻木，如果有这种感觉也请不要慌张。如果您愿意，最好每天能安排几次按摩，关节麻木的情形就会减少发生。晚上，您可能无法完全平躺下来，我会给您涂一些有助于入眠的药膏。您最好经常到法尤姆去洗一下黑泥浴，增加保健的效果。"

"涂药膏……每天吗？你觉得我是个没用的老头子了，是吗？"

"陛下，我已经说了，你已不再年轻。我现在能做的是帮您减缓衰老，避免健康受损，前提是您得做个听话的病人。以后，您不能再驾车了，游泳、散步这样的日常运动，可以随意做，但是要控制时间。您这一生休息得太少了，不过身体保养得还不错。"

尼菲瑞笑了，拉美西斯也安心不少。面对任何敌人法老都能从容应对，只有衰老，他也无计可施。大智者卜塔·霍特普——妮菲塔莉最喜欢的作家——也曾诅咒这恼人的衰老。可是他那本箴言集是在他活到一百一十岁时才开始写的。衰老！衰老！它倒也有个好处，那就是可以离那些已经前往极乐世界的亲人好友们更近一些了。这是它唯一的好处。

医师继续说道："您的牙齿是目前您的身体中最脆弱的地方。为了防止感染，日后我会多加留意。"

拉美西斯终于还是屈服了，决定遵从尼菲瑞的要求。这样，再过几个星期，他至少可以恢复些体力。不过，他自己知道，在经历了那么多征战和打击后，他现在的身体就像一部老化了的机器。只有听医生的话，才能再次迎来康复。

在塞特神庙威严静穆的气氛里，拉美西斯做了一个决定。他派他的次子麦伦卜塔将三角洲的经济现状做成一份详细的报告。然后，他将首相、各部部长、各级最高行政官等男女官员召集起来——正是经过这些人经年累月的努力埃及才有了现在的样子，商议了许久。在会谈过程中，亚梅尼始终在拉美西斯旁帮助他，并详细地记录会谈内容。

看了记录，拉美西斯总结说："纰漏很少。"

"陛下，您可是已经发现某处？请让我知道。"机要秘书回答。

"我其实是在向你表达，我很满意。"

"就当是吧。"亚梅尼咕哝了一句，"那项任务太艰巨了，为什么要让大将军去做？"

"你真的不明白我的用意吗？"

在一条林荫大道上，拉美西斯拄着手杖与麦伦卜塔并肩而行。

"这次的调查，你可有什么收获，儿子？"

"根据我的调查，三角洲地区一共有八千七百六十个纳税人。在这个地区，有一万三千零八十户以养羊为生，两万三千四百三十人养家禽，三千九百二十个人靠赶驴为生，这些驴夫拥有数千头驴。在养牛业中，每个牛场平均拥有五百头母牛。这里税款缴纳情况很不错，很少有人逃税。底层的行政部门惯于欺软怕硬，不过我已经严厉地告诫那些小公务员了，告诉他们不许欺负老实人，严查逃税漏税的才是正经。"

"看来你已经摸熟三角洲的状况了，儿子。"

"这次的调查任务让我很有收获。我在乡间跟农夫聊天，深为自己的国家感动。"

"祭司、书记员，还有军人，你没去了解吗？"

"过去，我没少和这些人打交道。现在，我真正缺少的是深入底层直接面对那些普通的男女老幼。"

拉美西斯递给麦伦卜塔一份文件，是他亲笔书写的。

麦伦卜塔大声读了出来："王子麦伦卜塔身兼皇家书记员及军队总司令，同时掌管印玺。现我，埃及的法老，拉美西斯将上下埃及的君王之位交托给他，任命他为新一任法老。"

"对这道圣旨，你有什么看法？"

麦伦卜塔定定地看着父亲："陛下……"

"麦伦卜塔，我时日不多，不知还能活几年，现在是时候将埃及交到你手上了。我现在所做的，正是当初我的父亲塞提做过的。我老了，儿子！从你顺利通过了我给你的最后一次考验可以看出，你也已经很成熟。我相信你懂得如何处理政务、管理国家，以及应对战争，你可以担负得起埃及的未来。"

60

　　时光飞逝，转眼十二年过去了。

　　如今，拉美西斯已八十九岁了，而埃及在他的统治下也已逾六十七年。麦伦卜塔遵从了拉美西斯的旨意，开始代他掌管治国重任。然而，作为国王的第二子，每遇国事，他仍常向父王请教。在两地子民的心目中，拉美西斯依然是这个国家的法老，且永远如是。

　　国王每年都会在拉美西斯城待上一段时日，其余的时间便住在底比斯城。无论何时，亚梅尼这位忠诚的秘书都陪伴在他的身旁。不管拉美西斯多么苍老，身体遭受多少病痛的折磨，亚梅尼对自己的工作都从未懈怠。

　　此时已是夏天。

梅莉达蒙为父亲演奏了一曲，这是她自己创作的。拉美西斯听完女儿的演奏，拿起拐杖，起身去往百万年神殿附近的田野间散步，这片田野是他为自己百年之后选择的陵墓。如今，他走起路来越发艰难，所以对于他来说，这拐杖已成了须臾不可离的物件。

去年，人们为拉美西斯举行了第十四次再生庆祝仪式，当天晚上，拉美西斯与塞达武和莲花畅谈，谈了整整一夜。在两人兢兢业业的努力下，努比亚省如今已是物阜民丰，百姓们也都安居乐业。

昔日的御蛇巫师塞达武现在看起来已经十分苍老了，就连以明艳著称的莲花也已容颜不再。

回想过去，他们曾一起经历了多少惊心动魄的时刻啊！那些记忆将永远珍藏在他们心底。时至今日，未来对于他们而言已无法掌控，这是谁都不愿去触碰的话题。

一阵阵烤面包的香味从路边飘了过来，国王顺着香味的指引，来到一位老太太的身边。

"这面包能否给我一个？"国王问站在烤炉边的老太太。

老太太的眼神不太好，没有认出眼前的人便是国王。

"我这份差事非常辛苦不说，还总落埋怨。"

"是是是，我不会白拿您的面包，就用这枚金戒指作为酬劳，怎么样？"

老太太接过戒指，用裙摆使劲擦了擦，戒指闪耀的光泽吸引了她全部的目光。

"这戒指都够我买座大房子了！喏，给你面包，至于这戒指，你还是收回去吧！你到底是什么人？怎么会有这么贵重的东西？"

面包外皮金灿灿的，吃起来松脆可口，法老好久没有吃到这么香的面包了。他忽然忆起了幸福的童年时光，眼前的烦恼顿时被抛到了九霄云外。

"没有谁能比得上您的手艺，所以这枚戒指还请您务必收下。"

陶瓷匠人正用手中的黏土塑着陶罐，一两个小时过去了，拉美西斯始终在一旁注视着。陶瓷匠人塑着陶罐，难道不是如同牧羊神改造世界与人类一样吗？

周围静悄悄的，只有转盘在沙沙作响。国王和陶瓷匠人谁也不说话，他们默默盯着转盘，看原本无用的黏土一点点被塑造成既实用又美观的器具。

这个夏天，拉美西斯很想去首都过，因为那儿比较清凉。

亚梅尼的办公室有好几扇大窗户，按他的说法，这样能增强空气流通。然而，令拉美西斯感到奇怪的是，以往待在办公室里几乎从不出去的亚梅尼，今天居然让他扑了个空。

作为拉美西斯的机要秘书，亚梅尼还是第一次在白天提出休息一会儿的要求。不仅如此，他还站在太阳底下，一点也不在意自己衰老的皮肤被烈日暴晒。

亚梅尼哀伤地说："摩西他……去了。"

"他的愿望达成了吗？"

"回陛下，已经达成了。他已经为百姓找到了一片乐土，那是他终其一生要找寻到的东西。如今，他终于得偿所愿了。"

身为拉美西斯城的缔造者之一，摩西用信念之火终结了漫长的颠沛流离的苦日子。他是条铁骨铮铮的汉子，也是一位充满豪情的预言家！

　　身为埃及之子，同时也是拉美西斯的结义兄弟，摩西的愿望终于成了现实。

　　将近午时，行装已打点妥当，法老与他的机要秘书登上了去往北方的船。

　　法老问亚梅尼："想跟我一起走吗？"

　　"你准备去哪儿？"

　　"今天天气可真好，我打算去百万年神殿旁边的洋槐树下稍事休息，那棵树是在我登基后的第二年种下的。"

　　亚梅尼听法老用这种语气说话，不禁身体一激灵。

　　"可是陛下，马上就要开船了呀！"

　　"亚梅尼，陪我走一趟吧！"

　　屹立在百万年神殿旁的洋槐树枝繁叶茂，风轻轻地吹着，树枝和树叶在微风中翩翩舞动，阳光的照耀使它们闪动着夺目的光芒。

　　洋槐树、怪柳、无花果、波斯树、石榴、柳树……这些树种都是拉美西斯所喜爱的，他以往究竟差人种下了多少棵这样的树呢？

　　那条名唤夜巡的狗紧紧地跟随在拉美西斯身后，年迈的它承袭了家族的忠诚血统。

　　洋槐花开得正盛，成群结队的蜜蜂在花间飞舞，嗡嗡声并没有令拉美西斯和他的忠犬恼怒，此时此刻，他们都陶醉在迷人的花香之中。

拉美西斯倚在大树边，夜巡在他脚下蜷着身子。

"亚梅尼，洋槐树女神在冥界接引灵魂的时候说的那些话，你可记得？"

亚梅尼念道："这是来自祭坛的神圣之水，它会令你的灵魂得到宁静，请你收下。收下这礼物，你便可在我的树荫下长眠。"

拉美西斯接着说道："我们的生命是圣母赋予的，她令法老的灵魂在闪烁不息的群星中安睡。"

"陛下，您是不是想喝水？我这就去为您……"

"等等，亚梅尼！我好疲倦啊，朋友，我已听到了死神的脚步声……你还记得吗，我们曾经讨论过什么是真正的权力这个问题？你曾说，法老堪当重任。如果他能遵从玛亚特准则，并穷尽一生，誓与邪恶对抗的话，我接受你的意见。如果不能妥善使用这权力，国家的凝聚力就会彻底丧失，人民将饱受邪恶的摧残。执掌权力如同主持仪式，昔日我父亲曾说，希望法老能够呵护所有子民，无论是官员还是百姓，希望这世上不会有人因为受到不公正的待遇而做出伤害他人的事。今时今日，女人们均享受自由，孩子们都露出纯真的笑脸，而逝去的人也都得以安息。我之所以能够公正廉明地处事，尽力为百姓谋求福祉，并推动我国的文明向前发展，这全都仰仗亲人和朋友的帮助。我要对他们说声谢谢，尤其是塞提和妮菲塔莉。如今是我等待神明评鉴的时候了。"

"不要啊，陛下，您不能离开！"

夜巡发出了长长的叹息声，这声音沉重得像古老的海，又像傍晚时分尼罗河上的云霞。夜巡随它的主人一道去了，从此这个忠犬家族再无后代。

炎炎夏日，洋槐树下，拉美西斯大帝就这样与世长辞了。

亚梅尼将国王的手轻轻抬起，然后送上了深情的一吻。在他们相识长达八十年的岁月中，这还是第一次。

随后，亚梅尼像书记员一样端坐起来。他找了一块洋槐木板，并用一支崭新的芦苇笔郑重地书写下这样一句话：

"我要用余生为您编撰史册，愿您的功德在天地间永世流传。"